Gerhard von Lentner

# DIE HOHE KUNST DES KARTENLEGENS

Das Kartenlege-Lexikon

Gerhard von Lentner

# DIE HOHE KUNST DES KARTENLEGENS

32 Karten · 10000 Antworten
Das Kartenlege-Lexikon

Ariston Verlag · Genf/München

Andere Werke aus unserem Verlagsprogramm
finden Sie am Schluß dieses Buches verzeichnet.

Die Deutsche Bibliothek-CIP-Einheitsaufnahme

Lentner, Gerhard von:
Die hohe Kunst des Kartenlegens: 32 Karten – 10 000 Antworten;
das Kartenlege-Lexikon/Gerhard von Lentner. – 5. Aufl. – Genf;
München: Ariston-Verlag, 1995
ISBN 3-7205-1263-0
NE: HST

Bei den auf dem Schutzumschlag sowie auf den Seiten 29 bis 36
dieses Buches abgebildeten Spielkarten handelt es sich um
urheberrechtlich geschützte Spielkarten-Bilder der
Wiener Spielkartenfarbrik Ferd. Piatnik & Söhne, Wien.


Erstauflage Oktober 1983
Fünfte Auflage September 1995
Printed in Germany 1995
ISBN 3-7205-1263-0

# Inhaltsverzeichnis

# Das Lesen und Deuten der Karten

Bevor Sie beginnen, die Karten zu legen, sollten Sie sich vollkommen entspannen.

Zünden Sie eine Kerze an – als Symbol der *Kraft der Seele und des Lebens.*

Machen Sie sich Gedanken darüber, was Sie aus den Karten erfahren möchten. Legen Sie sich in Gedanken einen Wunsch oder eine Frage zurecht, auf den beziehungsweise die Sie gerne eine Antwort haben möchten. Sie sollten den Wunsch so äußern oder die Frage so stellen, daß die Antwort entweder positiv oder negativ ausfallen kann. Während des Kartenlegens sollten Sie sich immer auf die Frage oder den Wunsch konzentrieren, damit Sie sich über die Antwort, die Sie aus dem Buch erhalten werden, auch im klaren sind. Jede Antwort, die Sie aus dem Buch erhalten, müssen Sie für sich persönlich interpretieren, denn das Buch soll ein Leitfaden zu Ihrem Innersten sein.

Verwenden Sie entweder Patience-, Rommé-, Skat- oder französische Jaßkarten. Als Hilfe können Sie die Karten numerieren, denn jede Karte besitzt eine Nummer. Diese zeigt an, welche Karte welches Haus repräsentiert. Diese Nummern finden Sie auf Seite 13.

Da wir 32 Karten haben, haben wir auch 32 Häuser zur Verfügung, die uns Auskunft über Ihr Schicksal oder eines andern Schicksal geben sollen.

Sie können am Anfang als Hilfe eine Kartentabelle mit jenen Bedeutungen aufzeichnen, wie sie in der Tabelle c (Seite 14) angegeben sind. In der ersten Zeit wird Ihnen dies beim Kartenlegen sehr helfen. Später werden Sie diese Unterlagstabelle nicht mehr benötigen. Versuchen Sie von Zeit zu Zeit, die Bedeutungen der Karten und deren Zuordnung in ihre Häuser zu lernen. Dies gilt vor allem für jene, die das Kartenlegen lernen wollen.

Das Aufzeichnen der Kartenbilder ist immer zu empfehlen, auch wenn Sie das vorliegende Buch nur als Nachschlagewerk benützen. Sie lernen dadurch, sich die einzelnen Kartenbilder besser einzuprägen. Zudem können Sie jederzeit auf Ihre Notizen zurückgreifen. Die Aufzeichnungen können Ihnen später auch Auskunft geben, ob etwas eingetroffen ist oder nicht. So werden Sie bald herausfinden, ob sich nach dem Lesen der verschiedenen Karten in Ihrem Leben etwas geändert hat.

Versehen Sie die aufgezeichneten Kartenbilder immer mit Datum und Uhrzeit. Gewöhnen Sie sich an, die Karten an einem bestimmten

Wochen- oder Monatstag zu legen. Möchten Sie das Kartenlegen erlernen, sollten Sie sich wöchentlich einmal die Karten legen.

Wünschen Sie hingegen nur zu wissen, wie die Wochen des Monats verlaufen werden, legen Sie sich einmal im Monat die Karten. Hier gilt die Regel, daß die erste Reihe für die erste Woche im Monat und die vierte Reihe für die vierte Woche im Monat maßgebend ist.

Wollen Sie nur ein Quartalbild für vier Monate legen, deuten Sie die erste Reihe – vom Legetag an – als ersten Monat, die zweite als zweiten, die dritte als dritten und die vierte als vierten Monat. Die vier Monate werden als Periode bezeichnet. In den vier Monaten sind auch wieder die Wochen enthalten, das heißt, zwei Karten bilden immer eine Woche; acht Karten ergeben demnach einen Monat.

# Die Aufzeichnung der Kartenbilder

Nach Beendigung des Kartenlegens sollten Sie, wie in der Graphik dargestellt, das Kartenbild aufzeichnen. Zu Anfang können Sie – zur besseren Orientierung – das Kartenbild in zwei Farben aufzeichnen. Nach kurzer Zeit jedoch haben Sie sich die Karten so gut eingeprägt, daß Sie die jeweiligen Kartenbilder einfarbig aufzeichnen können. Hinweis: In Tabelle b und Tabelle c stellen die weißen Kästchen die Farben Herz und Karo und die schwarzen Kästchen Kreuz und Pik dar.

| | | | | | | | | | |
|---|---|---|---|---|---|---|---|---|---|
| | | | | | | | | | |
| | 1 | 2 | 3 | 4 | 5 | 6 | 7 | 8 | |
| | 9 | 10 | 11 | 12 | 13 | 14 | 15 | 16 | |
| | 17 | 18 | 19 | 20 | 21 | 22 | 23 | 24 | |
| | 25 | 26 | 27 | 28 | 29 | 30 | 31 | 32 | |
| | | | | | | | | | |

Tabelle a: Anzahl der Häuser.

| | | | | | | | | | |
|---|---|---|---|---|---|---|---|---|---|
| | HE<br>AS | HE<br>KÖ | HE<br>DA | HE<br>BU | HE<br>ZE | HE<br>NE | HE<br>AC | HE<br>SI | |
| | KA<br>AS | KA<br>KÖ | KA<br>DA | KA<br>BU | KA<br>ZE | KA<br>NE | KA<br>AC | KA<br>SI | |
| | KR<br>AS | KR<br>KÖ | KR<br>DA | KR<br>BU | KR<br>ZE | KR<br>NE | KR<br>AC | KR<br>SI | |
| | PI<br>AS | PI<br>KÖ | PI<br>DA | PI<br>BU | PI<br>ZE | PI<br>NE | PI<br>AC | PI<br>SI | |
| | | | | | | | | | |

Tabelle b: Farben der Karten und die zu schreibenden Abkürzungen in der Reihenfolge Herz, Karo, Kreuz und Pik (die Abkürzungen finden Sie auf Seite 16)

| | | | | | | | | | |
|---|---|---|---|---|---|---|---|---|---|
| | PI<br>BU | HE<br>NE | KA<br>SI | HE<br>AC | KA<br>NE | HE<br>BU | HE<br>AS | KR<br>ZE | |
| | KA<br>KÖ | KR<br>KÖ | HE<br>ZE | HE<br>SI | HE<br>KÖ | KR<br>SI | KR<br>BU | PI<br>SI | |
| | KA<br>ZE | KA<br>DA | HE<br>DA | KR<br>AS | KA<br>BU | PI<br>AC | PI<br>NE | PI<br>AS | |
| | KA<br>AS | KR<br>AC | KA<br>AC | PI<br>KÖ | PI<br>DA | KR<br>DA | KR<br>NE | PI<br>ZE | |
| | | | | | | | | | |

Tabelle c: Zuordnung der Karten in ihre Häuser und die zu schreibenden Abkürzungen.

| | | | | | | | | | |
|---|---|---|---|---|---|---|---|---|---|
| | | | | | | | | | |
| | Gegen-wart | Wunsch | Erfolg | Liebe | Überra-schung | Popula-rität | Wohnung | Reise | |
| | Legale Papiere | Ferien | Heirat | Fröh-lichkeit | Unter-haltung | Nach-richten | Familie | Gesund-heit | |
| | Geld | Jahres-zeit | Freunde | Ge-schenk | Briefe | Ärger | Depres-sion | Tod | |
| | Beruf | Neue Unter-neh-mungen | Erbe | Rufer | Dank-barkeit | Unter-sucher | Glück | Sonne | |
| | | | | | | | | | |

Tabelle d: Grundbedeutung der Karten nach Häusern geordnet.

# Die Abkürzungen der einzelnen Karten

| | | | | | | | |
|---|---|---|---|---|---|---|---|
| HERZ | AS | HE | AS | KREUZ | AS | KR | AS |
| HERZ | KÖNIG | HE | KÖ | KREUZ | KÖNIG | KR | KÖ |
| HERZ | DAME | HE | DA | KREUZ | DAME | KR | DA |
| HERZ | BUBE | HE | BU | KREUZ | BUBE | KR | BU |
| HERZ | ZEHN | HE | ZE | KREUZ | ZEHN | KR | ZE |
| HERZ | NEUN | HE | NE | KREUZ | NEUN | KR | NE |
| HERZ | ACHT | HE | AC | KREUZ | ACHT | KR | AC |
| HERZ | SIEBEN | HE | SI | KREUZ | SIEBEN | KR | SI |
| KARO | AS | KA | AS | PIK | AS | PI | AS |
| KARO | KÖNIG | KA | KÖ | PIK | KÖNIG | PI | KÖ |
| KARO | DAME | KA | DA | PIK | DAME | PI | DA |
| KARO | BUBE | KA | BU | PIK | BUBE | PI | BU |
| KARO | ZEHN | KA | ZE | PIK | ZEHN | PI | ZE |
| KARO | NEUN | KA | NE | PIK | NEUN | PI | NE |
| KARO | ACHT | KA | AC | PIK | ACHT | PI | AC |
| KARO | SIEBEN | KA | SI | PIK | SIEBEN | PI | SI |

# Die Bedeutungen der Karten

Die Herz-Karten repräsentieren *Liebe* und *Freundschaft* sowie alles, was die eigene Intimsphäre berührt.

Die Karo-Karten repräsentieren *Geld, Reichtum,* aber auch *Schriftstücke.* Ferner geben sie Auskunft über alle finanziellen Angelegenheiten.

Die Kreuz-Karten repräsentieren *Glück* und *Weisheit* sowie alles, was mit dem Geschäfts- und Familienleben zu tun hat. (In diesem Buch wurde die ältere Bezeichnung »Kreuz« der aus dem Französischen übernommenen Bezeichnung »Treff« vorgezogen.)

Die Pik-Karten repräsentieren *unangenehme Dinge* im Leben.

# Die Bedeutungen von nebeneinanderliegenden gleichen Karten

| | | |
|---|---|---|
| 4 Asse | bedeuten: | Du wirst eine sehr große Chance in deinem Leben erhalten. |
| 3 Asse | bedeuten: | Der erhebliche Ärger wird bald vorüber sein. |
| 2 Asse | bedeuten: | Es wird noch eine Weile dauern, bis der Ärger vergeht. |
| 4 Könige | bedeuten: | Gute Zeiten kommen auf dich zu. |
| 3 Könige | bedeuten: | Du wirst gute Neuigkeiten wegen eines Prozesses erhalten. |
| 2 Könige | bedeuten: | Du wirst bei einem Prozeß gut unterstützt. |
| 4 Damen | bedeuten: | Du wirst dich bald in angenehmer Gesellschaft befinden. |
| 3 Damen | bedeuten: | Du wirst Streit oder Ärger mit Freunden bekommen (Intrigen!). |
| 2 Damen | bedeuten: | Ein älterer Freund wird dich in einer Angelegenheit unterstützen. |
| 4 Buben | bedeuten: | Jemand aus deiner Familie wird von einer Reise oder aus dem Ausland zurückkehren. |
| 3 Buben | bedeuten: | Ein alter Freund kommt zu dir zurück. |
| 2 Buben | bedeuten: | Du wirst von einer jüngeren Person Unterstützung erhalten. |
| 4 Zehner | bedeuten: | Du wirst sehr viel Glück in Geldangelegenheiten haben. |
| 3 Zehner | bedeuten: | Du wirst deine Freunde positiv beeinflussen oder neue gewinnen. |
| 2 Zehner | bedeuten: | Du wirst in einer schwierigen Angelegenheit Unterstützung erhalten. |
| 4 Neuner | bedeuten: | Du wirst neue Bestrebungen begrüßen oder wichtige auf dich nehmen. |
| 3 Neuner | bedeuten: | Gute Zeiten warten auf dich (Chancen nutzen!). |

| | | |
|---|---|---|
| 2 Neuner | bedeuten: | Kleinere Reisen und Glück werden in naher Zukunft auf deinem Weg liegen. |
| 4 Achter | bedeuten: | Du wirst das Land verlassen oder dich beruflich verändern. |
| 3 Achter | bedeuten: | Dein jetziger Zustand wird sich sehr bald ändern. |
| 2 Achter | bedeuten: | Änderungen brauchen noch eine geraume Zeit (Geduld!). |
| 4 Siebener | bedeuten: | Baldige schlechte Nachrichten werden dich erreichen. |
| 3 Siebener | bedeuten: | Traurige Nachrichten werden dich erreichen. |
| 2 Siebener | bedeuten: | Negative Nachrichten werden nicht so schlecht ausfallen, wie sie auf den ersten Blick erscheinen. |

Wenn zwei Karten von der gleichen Art, zum Beispiel Herz As und Karo As, nebeneinanderliegen, dann bedeutet das immer, daß die Deutung oder die Meinung verstärkt wird.

Liegen zwei rote Karten neben einer schwarzen von der gleichen Art, also zum Beispiel Herz As und Karo As neben Pik As, so ist dies immer positiv zu deuten. Liegen hingegen zwei schwarze Karten neben einer roten von der gleichen Art, also zum Beispiel Kreuz As und Pik As neben Herz As, so ist dies immer negativ zu deuten.

Wenn mehrere Herz-Karten nebeneinanderliegen, so bedeutet dies immer Fröhlichkeit, Heiterkeit und Freude im privaten Bereich.

Fallen mehrere Karo-Karten nebeneinander, so deutet dies immer auf guten Erfolg in Geld- oder Finanzangelegenheiten hin.

Wenn mehrere Kreuz-Karten nebeneinanderliegen, so bedeutet dies sehr guten Erfolg im geschäftlichen und im familiären Bereich. Neue Erkenntnisse werden gesammelt.

Fallen mehrere Pik-Karten nebeneinander, so deutet dies auf Gefahr, Ärger, Streit und auch auf Unfallgefahr hin. Vorsicht ist hier demnach geboten.

Meistens stehen im Leben drei positive Chancen einer negativen Situation gegenüber. Durch intensive Konzentration und durch die *Atemübungen** können wir jedoch lernen, das Positive mit dem Negativen harmonisch zu verbinden. Denn erst ein ausgewogenes Verhältnis zu den inneren und äußeren Gegebenheiten kann uns ein glückliches Dasein ermöglichen.

Lernen Sie daher, dem Leben das Gute abzugewinnen, und versuchen Sie verstärkt, aus dem Negativen das Positive herauszufiltern.

---

* Die Anleitungen zu den erwähnten Atemübungen, die Sie in einen für Ihre Meditation förderlichen Zustand versetzen, finden Sie am Schluß dieses Buches.

# Die Häuser von Herz As bis Pik Sieben

| | | |
|---|---|---|
| Herz As | Wohnung · Besitz · Haus · Eigentum | 7. Haus |
| Herz König | Unterhaltung · Männlicher Freund · Blond · Sponsor | 13. Haus |
| Herz Dame | Freunde · Weiblicher Freund · Blond · Sponsor | 19. Haus |
| Herz Bube | Popularität · Kunst · Jüngerer männlicher Freund · Künstler | 6. Haus |
| Herz Zehn | Heirat · Verbindungen · Vereine · Bruderschaften | 11. Haus |
| Herz Neun | Wunsch · Wünsche · Sehnsucht · Hoffnung | 2. Haus |
| Herz Acht | Liebe · Mondschein · Romanze · Herz | 4. Haus |
| Herz Sieben | Fröhlichkeit · Gute Laune · Herzlichkeit · Frohsinn | 12. Haus |
| Karo As | Beruf · Firma · Unternehmen · Projekte | 25. Haus |
| Karo König | Legale Papiere · Arzt · Anwalt · Notar | 9. Haus |
| Karo Dame | Jahreszeit · Frühjahr · Sommer · Herbst · Winter | 18. Haus |
| Karo Bube | Briefe · Schriftstücke · Telegramme · Bote · Freund | 21. Haus |
| Karo Zehn | Geld · Finanzen · Börse · Einnahmen · Ausgaben | 17. Haus |
| Karo Neun | Überraschung · Überraschungen · Kleine Finanzen | 5. Haus |
| Karo Acht | Erbe · Erbschaften · Hinterlassenschaften · Bekommen | 27. Haus |
| Karo Sieben | Erfolg · Karriere · Aufstieg · Leistung | 3. Haus |
| Kreuz As | Geschenk · Geschenke (mit Pik As: Tod · Last) | 20. Haus |
| Kreuz König | Ferien · Urlaub · Vater · Onkel · Großvater | 10. Haus |
| Kreuz Dame | Untersucher · Untersuchungen · Mutter · Tante · Großmutter | 30. Haus |

| | | |
|---|---|---|
| Kreuz Bube | Familie · Sohn · Neffe (mit Dame: Tochter · Nichte) | 15. Haus |
| Kreuz Zehn | Reise · Straße · Wasser · Meer | 8. Haus |
| Kreuz Neun | Glück · Kleine Reise · Risiko | 31. Haus |
| Kreuz Acht | Neue Unternehmungen · Mut · Heldentat | 26. Haus |
| Kreuz Sieben | Nachrichten · Botschaft · Tränen · Leid | 14. Haus |
| Pik As | Tod · Unfall · Schicksalsschläge · Qual · Not | 24. Haus |
| Pik König | Rufer · Behörde · Schule · Spital · Institution | 28. Haus |
| Pik Dame | Dankbarkeit · Dunkle Dame · Undank · Neid | 29. Haus |
| Pik Bube | Gegenwart · Wahrheit · Dunkler Mann · Uniformierter | 1. Haus |
| Pik Zehn | Sonne · Entfernungen · Andere Länder · Nacht | 32. Haus |
| Pik Neun | Depression · Unannehmlichkeiten · Kälte | 23. Haus |
| Pik Acht | Ärger · Ärgernisse · Streit · Verleumdungen | 22. Haus |
| Pik Sieben | Gesundheit · Krankheit · Kur · Operation | 16. Haus |

# Die Häuser von 1 bis 32

| | | |
|---|---|---|
| 1. Haus | Pik Bube | Gegenwart · Wahrheit · Dunkler Mann · Uniformierter |
| 2. Haus | Herz Neun | Wunsch · Wünsche · Sehnsucht · Hoffnung |
| 3. Haus | Karo Sieben | Erfolg · Karriere · Aufstieg · Leistung |
| 4. Haus | Herz Acht | Liebe · Mondschein · Romanze · Herz |
| 5. Haus | Karo Neun | Überraschung · Überraschungen · Kleine Finanzen |
| 6. Haus | Herz Bube | Popularität · Kunst · Jüngerer männlicher Freund · Künstler |
| 7. Haus | Herz As | Wohnung · Besitz · Haus · Eigentum |
| 8. Haus | Kreuz Zehn | Reise · Straße · Wasser · Meer |
| 9. Haus | Karo König | Legale Papiere · Arzt · Anwalt · Notar |
| 10. Haus | Kreuz König | Ferien · Urlaub · Vater · Onkel · Großvater |
| 11. Haus | Herz Zehn | Heirat · Verbindungen · Vereine · Bruderschaften |
| 12. Haus | Herz Sieben | Fröhlichkeit · Gute Laune · Herzlichkeit · Frohsinn |
| 13. Haus | Herz König | Unterhaltung · Männlicher Freund · Blond · Sponsor |
| 14. Haus | Kreuz Sieben | Nachrichten · Botschaft · Tränen · Leid |
| 15. Haus | Kreuz Bube | Familie · Sohn · Neffe (mit Dame: Tochter · Nichte) |
| 16. Haus | Pik Sieben | Gesundheit · Krankheit · Kur · Operation |
| 17. Haus | Karo Zehn | Geld · Finanzen · Börse · Einnahmen · Ausgaben |
| 18. Haus | Karo Dame | Jahreszeit · Frühjahr · Sommer · Herbst · Winter |
| 19. Haus | Herz Dame | Freunde · Weiblicher Freund · Blond · Sponsor |
| 20. Haus | Kreuz As | Geschenk · Geschenke (mit Pik As: Tod · Last) |
| 21. Haus | Karo Bube | Briefe · Schriftstücke · Telegramme · Bote · Freund |
| 22. Haus | Pik Acht | Ärger · Ärgernisse · Streit · Verleumdungen |
| 23. Haus | Pik Neun | Depression · Unannehmlichkeiten · Kälte |

| | | |
|---|---|---|
| 24. Haus | Pik As | Tod · Unfall · Schicksalsschläge · Qual · Not |
| 25. Haus | Karo As | Beruf · Firma · Unternehmen · Projekte |
| 26. Haus | Kreuz Acht | Neue Unternehmungen · Mut · Heldentat |
| 27. Haus | Karo Acht | Erbe · Erbschaften · Hinterlassenschaften · Bekommen |
| 28. Haus | Pik König | Rufer · Behörde · Schule · Spital · Institution |
| 29. Haus | Pik Dame | Dankbarkeit · Dunkle Dame · Undank · Neid |
| 30. Haus | Kreuz Dame | Untersucher · Untersuchungen · Mutter · Tante · Großmutter |
| 31. Haus | Kreuz Neun | Glück · Kleine Reise · Risiko |
| 32. Haus | Pik Zehn | Sonne · Entfernungen · Andere Länder · Nacht |

# Anleitung zum Kartenlegen

Vor Ihnen liegen 32 Karten auf dem Tisch. Während Sie sie gut durchmischen, sollten Sie sich auf einen Wunsch oder eine Frage konzentrieren. Nach dem Mischen werden keine Karten abgehoben.

Sie beginnen mit dem 1. Haus und legen eine Reihe bis zum 8. Haus, und zwar mit der Rückseite nach oben. Dann folgt die zweite Reihe vom 9. bis zum 16. Haus, die dritte Reihe vom 17. bis zum 24. Haus und die letzte Reihe vom 25. bis zum 32. Haus, dem letzten Haus.

Wenn Sie nun mit der Deutung der Karten beginnen, müssen Sie zunächst einmal nur die erste Karte umdrehen. Liegt zum Beispiel die Karo Sieben im 1. Haus, dann finden Sie die Bedeutung dieser Karte im 1. Haus unter der Farbe Karo. Alle Häuser sind jeweils in der gleichen Reihenfolge angelegt. Als erste Farbe finden Sie Herz, als zweite Karo, als dritte Kreuz und als vierte und letzte Pik. Jede Farbe beginnt mit dem As und endet mit der Sieben (also As, König, Dame, Bube, Zehn, Neun, Acht und Sieben). Wenn Sie die Deutung des 1. Hauses abgeschlossen haben, gehen Sie beim 2. Haus genauso vor. Dies wiederholt sich bis zum 32. Haus. Wenn Sie beim 32. Haus angelangt sind, dann haben Sie das Gesamtbild vor sich liegen. Nun sollten Sie noch einmal alles genauestens durchgehen, denn jetzt können Sie, wie es im Buch angegeben ist, mit den Nebendeutungen der einzelnen Karten beginnen. Damit Verwirrungen vermieden werden, sollten Sie beim ersten Durchgang nur die Grunddeutung vornehmen, damit Sie beim zweiten Durchgang die übrigen Hinweise in Ruhe deuten können.

Nach Beendigung des Kartenlegens ist es ratsam, sich das Kartenbild unter Verwendung der aus Seite 16 ersichtlichen Abkürzungen aufzuschreiben. Damit legen Sie sich im Laufe der Zeit eine beachtliche Kartei über all ihre Kartenbilder an, die es Ihnen ermöglicht, Fehlinterpretationen zu vermeiden (falls Sie zum Beispiel einem Bekannten des öfteren die Karten deuten).

Für bestimmte Zukunftsvorhersagen müssen Sie natürlich auch immer die Grunddeutung miteinbeziehen. So steht das 1. Haus für den Norden, das 8. Haus für den Osten, das 25. Haus für den Westen und das 32. Haus für den Süden. Das heißt: Wenn sich in der Nähe des 8. (oder des 32.) Hauses die Kreuz Zehn befindet, dann werden Sie wahrscheinlich eine Reise in Richtung Osten (oder Süden) antreten. Wenn sich dagegen der Karo Bube in der Nähe des 1. Hauses (oder in der Nähe des 25. Hauses) befindet, dann werden Sie möglicherweise in den nächsten Tagen oder

Wochen eine Nachricht aus dem nördlichen (oder dem westlichen) Bereich erhalten.

Aber jetzt genug der (wichtigen) Hinweise! Ergründen Sie nun selbst die Faszination der Karten!

# Die 32 Häuser im Bild

Das 1. Haus

*Gegenwart · Wahrheit · Dunkler Mann · Uniformierter*

Das 2. Haus

*Wunsch · Wünsche Sehnsucht · Hoffnung*

Das 3. Haus

*Erfolg · Karriere · Aufstieg Leistung*

Das 4. Haus

*Liebe · Mondschein · Romanze Herz*

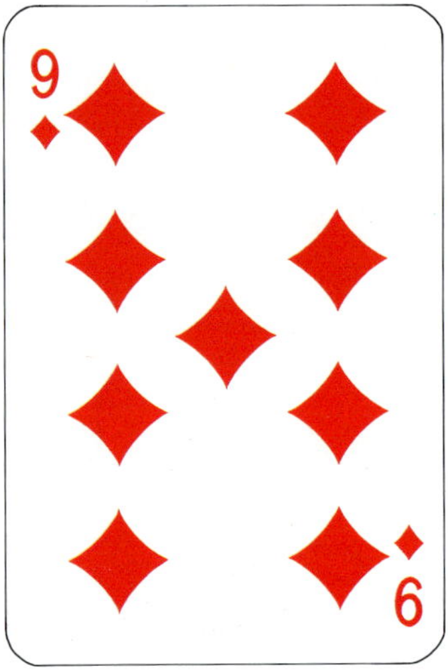


Das 5. Haus

*Überraschung · Überraschungen*
*Kleine Finanzen*

Das 6. Haus

*Popularität · Kunst · Jüngerer*
*männlicher Freund · Künstler*

Das 7. Haus

*Wohnung · Besitz · Haus*
*Eigentum*

Das 8. Haus

*Reise · Straße · Wasser · Meer*

Das 9. Haus

*Legale Papiere · Arzt · Anwalt Notar*

Das 10. Haus

*Ferien · Urlaub · Vater · Onkel Großvater*

Das 11. Haus

*Heirat · Verbindungen · Vereine Bruderschaften*

Das 12. Haus

*Fröhlichkeit · Gute Laune Herzlichkeit · Frohsinn*

Das 13. Haus

*Unterhaltung · Männlicher Freund · Blond · Sponsor*

Das 14. Haus

*Nachrichten · Botschaft Tränen · Leid*

Das 15. Haus

*Familie · Sohn · Neffe (mit Dame: Tochter · Nichte)*

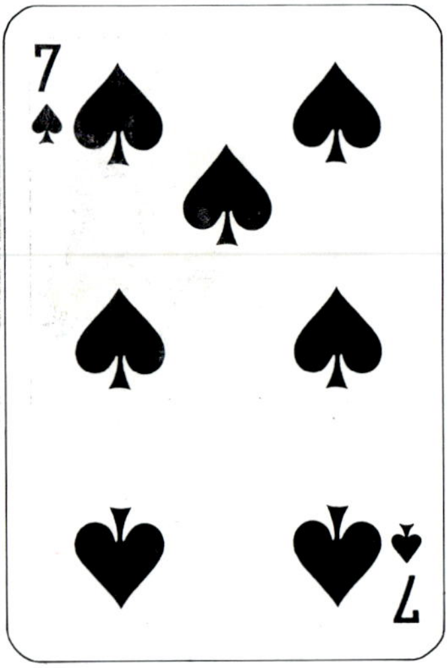


Das 16. Haus

*Gesundheit · Krankheit · Kur Operation*

Das 1. Haus

# PIK BUBE

Das Haus der Gegenwart, der Wahrheit, des dunklen Mannes und des Uniformierten

# HERZ

## HERZ AS · 7. HAUS

WOHNUNG · BESITZ · HAUS · EIGENTUM

Im Haus der Gegenwart wird dir mitgeteilt, daß ein Mensch an dich denkt und sehr gerne bei dir wäre, mit dir ausgehen oder feiern möchte. Es könnte dies auch bedeuten, daß du in Kürze entweder in eine neue Wohnung oder in ein neues Haus einziehst.

Sieh nach, welche Karte in das 7. Haus fällt. Fällt dort eine rote Karte hinein, dann bekommst du sicherlich eine neue Wohnung oder ein neues Haus. Vergleiche auch, in welches Haus der PIK BUBE fällt. Fällt er in ein rotes Haus, so wird sich deine jetzige oder baldige Situation positiv entwickeln.

Fällt aber der PIK BUBE in ein schwarzes Haus, speziell aber in ein PIK-HAUS, so sei vorsichtig und beachte genau, was dir gedeutet wird. Hier könnte es sich um einen unliebsamen Menschen handeln. Fällt die Karte aber in das 8. Haus, so könnte es sich um einen dunklen Menschen handeln. Hier mußt du dann natürlich das 8. Haus gesondert deuten.

## HERZ KÖNIG · 13. HAUS

UNTERHALTUNG · MÄNNLICHER FREUND · BLOND · SPONSOR

Im Haus der Gegenwart wird dir mitgeteilt, daß du dich sehr gut bei einem Fernseh- oder Radioprogramm unterhalten wirst. Auch ist es möglich, daß du dir neue Schallplatten oder Kassetten kaufen wirst.

Sieh nach, welche Karte in das 13. Haus fällt. Fällt dort eine rote Karte hinein, so wirst du einen guten Kauf machen. Sieh auch nach, in welches Haus der PIK BUBE fällt. Fällt er in ein rotes Haus, so kann dies bedeuten, daß du durch einen Kauf auch eine sehr nette Bekanntschaft machen und möglicherweise zu einem Essen eingeladen wirst.

Befindet sich aber eine schwarze Karte im 13. Haus und fällt der PIK BUBE in ein PIK-HAUS, so sei vorsichtig bei Einladungen. Nicht jeder meint es dann ehrlich mit dir. Wenn du Zweifel hegst, solltest du mit den Atemübungen beginnen. Sieh dann eine Woche später wieder nach, in welche Häuser die bestimmten Karten fallen.

## HERZ DAME · 19. Haus

FREUNDE · WEIBLICHER FREUND · BLOND · SPONSOR

Im Haus der Gegenwart wird dir mitgeteilt, daß man dich ehrlich und aufrichtig lieben wird. Das kann auf deine Eltern, aber auch auf deine Freunde zutreffen. Jemand denkt mit Liebe an dich, möglicherweise ein Verlobter oder eine Verlobte.

Sieh nach, welche Karte in das 19. Haus fällt. Fällt dort eine rote Karte hinein, speziell eine Herz-Karte, so dreht es sich hier bestimmt um Liebe. Befindet sich eine Karo-Karte im 19. Haus, so könnte dies bedeuten, eben weil dich jemand liebt, daß er dich in seine Pläne einbezogen hat. Fällt eine Kreuz-Karte in das 19. Haus, könnte sich bald im verwandtschaftlichen oder im geschäftlichen Bereich eine Veränderung ergeben.

Befindet sich eine PIK-KARTE im 19. Haus, dann sieh nach, in welches Haus der PIK BUBE fällt. Fällt er in ein HERZ-HAUS, so ist die Liebe von einem dunklen Jungen. Fällt er in ein schwarzes Haus, speziell in ein PIK-HAUS, so ist Vorsicht geboten: Man könnte durch einen Menschen Schaden erleiden. Immer die spezielle Deutung lesen! Beachte die Atemübungen.

## HERZ BUBE · 6. HAUS

POPULARITÄT · KUNST · JÜNGERER MÄNNLICHER FREUND · KÜNSTLER

Im Haus der Gegenwart wird dir mitgeteilt, daß du – wenn du mit dem Theater zu tun hast und möglicherweise Darsteller bist – in Kürze eine gute Rolle bekommen wirst, mit der du sehr bekannt werden wirst. Hast du aber einen anderen Beruf, so könnte dies bedeuten, daß du durch ein Medium Kontakt bekommst und daß du dich dann für die Grenzwissenschaften zu interessieren beginnst. Es ist auch möglich, daß du zu einem Fernsehauftritt eingeladen wirst.

Sieh nach, welche Karte in das 6. Haus fällt. Fällt dort eine rote Karte hinein, dann ist das ein sehr gutes Zeichen für dich und für deine geistige Arbeit. Sieh aber auch nach, in welches Haus der PIK BUBE fällt. Fällt er in ein rotes Haus, so ist das sehr gut für deinen weiteren Weg.

Fällt er aber in ein schwarzes Haus, speziell in ein PIK-HAUS, so beachte bitte die genaue Deutung. Sie wird sehr wichtig für deinen weiteren Weg sein. Vielleicht stellt sich dir nur ein kleines Hindernis. Dann habe Geduld! Sieh eine Woche später wieder in die Karten und stelle fest, was dir dann mitgeteilt wird. Solltest du unsicher sein, dann beginne mit den Atemübungen und führe sie regelmäßig durch. Sie führen dich zu deinem Ziel.

## HERZ ZEHN · 11. HAUS

HEIRAT · VERBINDUNGEN · VEREINE · BRUDERSCHAFTEN

Im Haus der Gegenwart wird dir mitgeteilt, daß für dich, wenn du in der Geschäftswelt tätig bist, möglicherweise als Welthandelskaufmann, die nächste Zeit sehr profitabel sein wird. Hervorragende Abschlüsse oder Verkäufe werden dann möglich sein. Das kann neue Verbindungen bedeuten, die sich später für dich gut auswirken werden. Das kann aber auch bedeuten, daß du deine Firma mit einem Partner teilen wirst.

Sieh nach, welche Karten in das 11. Haus und in das 25. Haus fallen. Fallen dort rote Karten hinein, sind die Zukunftsaussichten für dich sehr gut. Kreuz-Karten bedeuten weitere gute geschäftliche Abschlüsse. Sieh auch nach, in welches Haus der PIK BUBE fällt. Fällt er in ein rotes Haus, ist dir ein guter Partner gewiß.

Befinden sich aber im 11. und im 25. Haus PIK-KARTEN und fällt auch der PIK BUBE in ein PIK-HAUS, so sei vorsichtig! Man könnte dich betrügen. Es ist möglich, daß du den Umfang des Betruges noch nicht erkennst. Konzentriere dich und beginne mit den Atemübungen. Sie werden dich auf den richtigen Weg und zu den richtigen Partnern führen.

## HERZ NEUN · 2. HAUS

WUNSCH · WÜNSCHE · SEHNSUCHT · HOFFNUNG

Im Haus der Gegenwart wird dir mitgeteilt, daß du dich nach dem Wasser sehnst. Vielleicht hast du eine Reise ans Meer, an einen See oder auch an einen Fluß vor.

Sieh nach, welche Karte sich im 2. Haus befindet. Befindet sich dort die KREUZ ZEHN und fällt in das 8. Haus die KREUZ NEUN, dann bedeutet dies, daß du an das Meer möchtest oder sogar über das Meer reisen wirst. Fallen rote Karten in das 2. und in das 8. Haus, so bedeutet dies, daß es eine kleinere, aber sehr nette Reise sein wird.

Fallen aber PIK-KARTEN in das 2. und 8. Haus und darüber hinaus der PIK BUBE in ein schwarzes Haus, so sei vorsichtig auf deiner Reise. Das kann einen Unfall, eine Panne oder einen Überfall während der Reise bedeuten. Wenn du deine Reise verschieben kannst, dann sieh eine Woche später wieder in den Karten nach. Vielleicht kannst du sie dann besser deuten. Nutze die Zeit und mache regelmäßig deine Atemübungen. Du mußt dein positives Feld aufbauen. Dein Wunsch geht dann in Erfüllung.

## HERZ ACHT · 4. HAUS

LIEBE · MONDSCHEIN · ROMANZE · HERZ

Im Haus der Gegenwart wird dir mitgeteilt, daß sich, wenn du zur Zeit noch allein bist, in nächster Zeit eine erfreuliche Begegnung mit einem Menschen ergeben wird. Daraus kann eine sehr ernste Bindung entstehen. Es kann aber auch bedeuten, daß du einen Briefkontakt zu einem Freund, der im Ausland wohnt, aufnehmen wirst. Möglicherweise bekommst du sehr bald eine wichtige Mitteilung in Sachen Liebe, womöglich einen Heiratsantrag.

Sieh nach, welche Karten in das 4., 11. und in das 21. Haus fallen. Fallen dort rote Karten hinein, so ist das ein sehr gutes Omen für deine Herzenswünsche. Sieh aber auch nach, in welches Haus der PIK BUBE fällt. Fällt er in ein rotes Haus, so wird das eine tiefe Liebe werden.

Befinden sich aber im 4., 11. und im 21. Haus schwarze Karten, speziell PIK-KARTEN, dann sei auf der Hut. Wenn auch der PIK BUBE in ein schwarzes Haus fällt, solltest du aufpassen, daß du nicht um deine Liebe betrogen wirst. Ruhe dich aus, mache deine Atemübungen – und du wirst sehen: Das Tief geht vorüber. Lege dir eine Woche später noch einmal die Karten und vergleiche dann die Deutungen. Auf den ersten Blick sieht es manchmal schlimmer aus, als es ist.

## HERZ SIEBEN · 12. HAUS

FRÖHLICHKEIT · GUTE LAUNE · HERZLICHKEIT · FROHSINN

Im Haus der Gegenwart wird dir folgendes mitgeteilt: Sollte die HERZ SIEBEN in dieses Haus fallen, kann man daraus schließen, daß du ein fröhlicher und lustiger Mensch bist, aber auch manchmal zu Übertreibungen und zur Ausgelassenheit neigst.

Sieh nach, welche Karte in das 12. Haus fällt. Fällt dort eine rote Karte hinein, dann kannst du weiterhin so fröhlich sein wie bisher. Du weißt dich zu beherrschen und brauchst keine Angst zu haben, daß du dich übernimmst. Sieh aber auch noch nach, in welches Haus der PIK BUBE fällt. Fällt er in ein rotes Haus hinein, dann dürftest du in Kürze zu einer Party mit netten Menschen eingeladen werden.

Befindet sich aber im 12. Haus eine schwarze Karte, speziell eine PIKKARTE, so ist es besser, du sagst die Einladung ab. Sie würde dir dann nur unnötigen Streit oder Aufregung bringen. Glaube nicht, daß du dabei etwas versäumst. Mache lieber deine Atemübungen. Sie helfen dir mehr, denn du wirst merken, daß sich dein Selbstvertrauen aufbauen wird.

# KARO

## KARO AS · 25. HAUS

Beruf · Firma · Unternehmen · Projekte

Im Haus der Gegenwart wird dir mitgeteilt, daß du einen Anstoß zu einem neuen Beruf oder zu einem neuen Unternehmen erhältst. Das kann durch eine plötzliche Eingebung in der Nacht erfolgen, zum Beispiel im Traum. Solltest du ein Angebot bekommen, dann überarbeite deinen Traum. Du wirst sehen und erkennen, was dir mitgeteilt wurde. Es kann aber auch bedeuten, daß ein Mensch über dich nachdenkt, der dich in deinen beruflichen Angelegenheiten tatkräftig unterstützt. Ferner kann es bedeuten, daß du in der nächsten Zeit eine bessere berufliche Chance wahrnehmen oder diesbezüglich ein Angebot erhalten wirst.

Sieh nach, welche Karten in das 25., 9. und 17. Haus fallen. Fallen dort rote Karten hinein und fällt auch noch der PIK BUBE in ein rotes Haus, dann steht deinem beruflichen Erfolg eigentlich nichts mehr im Wege. Eine seltene, aber gute Chance eröffnet sich dir.

Werden die Häuser 25, 9 und 17 mit schwarzen Karten, speziell aber mit PIK-KARTEN abgedeckt, und fällt darüber hinaus der PIK BUBE in ein PIK-HAUS, dann mußt du sehr vorsichtig in der nächsten Zeit sein. Du solltest genau prüfen, was man dir anbietet. Versuche dich zu entspannen und mache regelmäßig deine Atemübungen. Vielleicht handelt es sich nur um eine vorübergehende Opposition. Lege dir eine Woche später wieder die Karten und vergleiche sie mit dem aufgezeichneten Kartenbild.

## KARO KÖNIG · 9. HAUS

Legale Papiere · Arzt · Anwalt · Notar

Im Haus der Gegenwart wird dir mitgeteilt, daß du in der nächsten Zeit gute Schwingungen aufnehmen wirst, die der Enfaltung deiner parapsychischen Fähigkeiten, die in jedem Menschen schlummern, dienen werden. Wenn du Arzt bist, kann dir das sehr helfen, bessere Heilmethoden als die bisher angewandten zu finden. Versuche dich ganz gezielt zu konzentrieren. Vielleicht wird dir durch Meditation bewußt, wie du die Aufgabe durchführen und Probleme lösen kannst.

Sieh nach, welche Karte ins 16. Haus fällt. Fällt dort die PIK SIEBEN hinein, so ist dies für einen Arzt bestimmt.

Fallen dort andere Karten hinein, dann mußt du sie speziell deuten! Um die deinem Unbewußten innewohnende Weisheit wahrzunehmen, mußt du dich konzentrieren und mit den Atemübungen beginnen. Zuerst mußt du innere Ruhe finden, denn nur dann kannst du diese positiven Schwingungen verarbeiten. Das gilt für jeden! Du wirst dann merken, wie leicht du Probleme in der Zukunft bewältigen kannst.

## KARO DAME · 18. HAUS

JAHRESZEIT · FRÜHJAHR · SOMMER · HERBST · WINTER

Im Haus der Gegenwart wird dir folgendes mitgeteilt: Du mußt dir noch Zeit lassen, um dich so zu entwickeln, daß du dein Leben für andere so verkörperst und verwirklichst, wie es dir die Zeit und das Schicksal vorschreiben. Besinne dich, gehe in dich und versuche zu erkennen, ob deine Bedürfnisse für dein jetziges Dasein nicht etwas zu hoch gestellt sind.

Sieh nach, welche Karte in das 18. Haus fällt. Fällt dort eine rote Karte hinein, dann prüfe genau ihre Bedeutung. Vielleicht sind es Herzensbedürfnisse oder materielle Bedürfnisse, die du einschränken sollst. Aber es kann natürlich auch sein, daß es »Streberbedürfnisse« in deinem geschäftlichen Bereich sind. Bedenke, daß zuviel Ehrgeiz schaden kann. Befindet sich eine PIK-KARTE im 18. Haus, dann sind es meistens seelische Bedürfnisse. Du wirst vor dir selbst blind. Du verlierst dich in Nebensächlichkeiten.

Sieh auch noch nach, in welches Haus der PIK BUBE fällt. Fällt er in ein rotes Haus, dann wird das Negative geschwächt. Fällt er aber in ein PIK-HAUS, dann wird es höchste Zeit, daß du dich änderst. Versuche es doch mit den Atemübungen! Gehe weg von deinem Vorurteil. Auch du kannst ein positiv denkender Mensch werden.

## KARO BUBE · 21. HAUS

BRIEFE · SCHRIFTSTÜCKE · TELEGRAMME · BOTE · FREUND

Im Haus der Gegenwart wird dir mitgeteilt, daß du mit deinen Gedanken, die du hast, vorsichtig sein sollst. Du neigst zu raschen Entscheidungen, die dir schaden können. Lasse nicht alle wissen, was du denkst. Eines Tages könnten dich deine eigenen Gedanken treffen. Es ist möglich, daß dies mit einem deiner Wünsche zu tun hat und du ihn dir selbst durch übereilte Mitteilung zunichte machst. Versuche dich zu entspannen und überlege genau, was du deinen Mitmenschen mitzuteilen hast.

Sieh nach, welche Karten sich im 21. und im 9. Haus befinden. Befinden sich dort rote Karten und fällt auch der PIK BUBE in ein rotes Haus, ist deine Situation nicht so schlimm.

Befinden sich aber im 21. und 9. Haus schwarze Karten, speziell PIK-KARTEN und fällt auch der PIK BUBE in ein PIK-HAUS, dann ist es besser, wenn du dich für eine kurze Zeit von deiner Umwelt zurückziehst und mit den Atemübungen beginnst. Sie werden dir eine sehr große Hilfe sein, deine negative Schwingung zu meistern. Halte durch, du gewinnst!

## KARO ZEHN · 17. HAUS

### Geld · Finanzen · Börse · Einnahmen · Ausgaben

Im Haus der Gegenwart wird dir mitgeteilt, daß du für die kommende Woche dein Einkommen verbessern solltest. Eine Gehaltserhöhung ist möglich, wenn im 25. Haus eine Karo-Karte liegt. Es ist auch eine sehr gute Schwingung für dich da, wenn du in der Lotterie spielst.

Sieh nach, welche Karte in diesem Haus liegt. Befindet sich dort eine Karo-Karte, so kann das einen Gewinn bedeuten, muß aber nicht. Werden aber die Häuser 5, 9, 17 und 27 mit Karo-Karten abgedeckt, dann ist das ein sicheres Zeichen für einen Gewinn. Sollten diese Häuser jedoch mit anderen Karten abgedeckt werden, zum Beispiel mit Herz-Karten, so kann das einen Gewinn in Herzensangelegenheiten bedeuten, mit Kreuz-Karten einen Gewinn im Geschäftsbereich.

Aber mit PIK-KARTEN kann es einen hohen Verlust bedeuten!

Bei Gerichtsangelegenheiten ziehe man Haus 28 hinzu. Wenn hier aber der PIK BUBE fällt, bedeutet dies, daß man einen Prozeß haushoch verliert. Besser wäre es dann, vernünftiger zu werden und mit den Atemübungen zu beginnen, denn sie sind ein sicherer Gewinn, und zwar ein positiver Gewinn in deinem Leben.

## KARO NEUN · 5. HAUS

ÜBERRASCHUNG · ÜBERRASCHUNGEN · KLEINE FINANZEN

Im Haus der Gegenwart wir dir mitgeteilt, daß jemand an dich denkt und dich mit seinem Besuch überraschen möchte. Dies dürfte in den nächsten Tagen sein.

Wenn in das 5. Haus eine rote Karte fällt, ist es eine sehr nette Überraschung. Herz würde hier bedeuten, daß der Besucher ein herzensguter Mensch ist. Eine Karo-Karte bedeutet in diesem Haus, daß es ein reicher Jemand sein könnte. Eine Kreuz-Karte bedeutet hier, daß es jemand aus der Familie ist.

Sieh auch nach, welche Karte in das 15. Haus fällt. Wenn der PIK BUBE in ein rotes Haus fällt, dann ist der Besucher ein großzügiger und sehr zuvorkommender Mensch.

Fällt aber der PIK BUBE in ein schwarzes Haus, speziell aber in ein PIK-HAUS, so kann dies bedeuten, daß der Besucher mit einer unangenehmen Überraschung aufwarten wird. Es wird jemand sein, der schon des öfteren unangemeldet gekommen ist und einen schlechten Eindruck hinterlassen hat. Sei trotzdem freundlich und nett zu ihm, auch wenn die ganze Angelegenheit ärgerlich erscheint. Es werden noch nettere Menschen zu dir kommen. Mache deine Atemübungen, falls du dich nicht überwinden kannst, nett zu sein!

## KARO ACHT · 27. HAUS

ERBE · ERBSCHAFTEN · HINTERLASSENSCHAFTEN · BEKOMMEN

Im Haus der Gegenwart wird dir mitgeteilt, daß dir jemand eine kleine Geldsumme überweisen wird. Es kann auch sein, daß jemand, der an dich denkt, dir testamentarisch eine kleine Geldsumme vermacht – eine mögliche Rente.

Es ist hier eine gute Schwingung zu einem kleinen Gelderbe vorhanden, wenn sowohl in das 27. als auch in das 17. Haus eine Karo-Karte fällt. Herz-Karten würden in diesen Häusern bedeuten, daß du noch vor dem Tod jener Person von ihr ein kleines Geldgeschenk bekommst. Sieh auch nach, welche Karte in das 20. Haus fällt. Fällt dort eine Herz-Karte hinein, ist dir ein Geschenk von einer älteren, sehr netten Person sicher. Fallen Kreuz-Karten in das 17. und 20. Haus, so könnte dies bedeuten, daß man dir einen Geschäftsanteil vermachen will. Ziehe auch das

9. Haus hinzu! Sowohl Herz- als auch Karo-, als auch Kreuz-Karten sind positiv zu bewerten.

Befindet sich aber im 27. Haus eine PIK-KARTE und fällt der PIK BUBE in ein schwarzes Haus, so will man dir das Geschenk vielleicht sogar unterschlagen. In deiner nächsten Umgebung hast du einen Neider. Konzentriere dich und mache deine Atemübungen. Du wirst dann in Kürze wissen, um wen es sich handelt.

## KARO SIEBEN · 3. HAUS

ERFOLG · KARRIERE · AUFSTIEG · LEISTUNG

Im Haus der Gegenwart wird dir mitgeteilt, daß du von einer positiven Schwingung umgeben bist, die du ausnützen sollst, um angefangene Sachen jetzt zu Ende zu bringen. Neue Gedanken und gute Ideen, neue Planungen, plötzlich gelingt wieder alles.

Sieh nach, welche Karten sich im 3. und im 25. Haus befinden. Befinden sich dort rote Karten und fällt auch der PIK BUBE in ein rotes Haus, dann hast du für die nächste Zeit sehr gute und brauchbare Einfälle.

Befinden sich im 3. und im 25. Haus schwarze Karten, speziell aber PIK-KARTEN und fällt auch der PIK BUBE in ein PIK-HAUS, so überprüfe deine Gedanken noch einmal, bevor du dich an neue Projekte wagst. Hier könnte dir ein unverzeihlicher Fehler unterlaufen. Konzentriere dich! Versuche dich zu entspannen. Beginne mit den Atemübungen. Nach Regen folgt wieder Sonnenschein. Vielleicht bist du etwas überarbeitet. Du brauchst jetzt Ruhe. Eine neue, positive Schwingung wird auf dich zukommen, wenn du lernst, sie in dein Inneres aufzunehmen. Sei offen. Nur so kannst du deine Ideen neu erkennen und verwirklichen. Alle Dinge im Leben brauchen Zeit zum Reifen. Auch du benötigst diese Zeit.

# KREUZ

## KREUZ AS · 20. HAUS

GESCHENK · GESCHENKE (MIT PIK AS: TOD · LAST)

Im Haus der Gegenwart wird dir mitgeteilt, daß jemand an dich denkt und dir ein Geschenk machen möchte. Es wird dies für dich ein sehr brauchbarer Gegenstand sein, den du seit längerer Zeit haben wolltest.

Sieh nach, welche Karte in das 20. Haus fällt. Fällt dort eine Herz-Karte hinein, dann ist es ein sehr persönliches Geschenk. Befindet sich dort eine Karo-Karte, dann kann es ein Ring oder ein anderes Schmuckstück sein. Befindet sich eine Kreuz-Karte in diesem Haus, so kann es ein Geschenk von einem Familienmitglied sein, aber auch ein nützlicher Gegenstand, den du für deinen Beruf gut brauchen kannst. Sieh auch nach, welche Karte in das 25. Haus fällt. Befindet sich der PIK BUBE in einem roten Haus, ist dir ein nettes Geschenk sehr bald sicher.

Befindet sich aber im 20. Haus eine PIK-KARTE und fällt der PIK BUBE ebenfalls in ein schwarzes Haus, speziell in ein PIK-HAUS, so kann es bedeuten, daß du das versprochene Geschenk möglicherweise nicht bekommst. Oder es gefällt dir nicht. Es kann außerdem bedeuten, daß du es in Kürze verlierst. Passe gut auf deine Sachen auf und versuche auch einmal, jemandem etwas Schönes zu schenken. Vielleicht ein Buch? Auch das Wissen oder die Anleitung der Atemübungen kannst du verschenken.

## KREUZ KÖNIG · 10. HAUS

FERIEN · URLAUB · VATER · ONKEL · GROSSVATER

Im Haus der Gegenwart wird dir mitgeteilt, daß du in der nächsten Zeit von einer sehr guten und positiven Schwingung umgeben sein wirst. Es wird für dein Seelenleben eine positive Entwicklung erfolgen. Bete und sei dankbar dafür, wenn sie sich auch bei dir ergeben wird. Vielleicht solltest du auch des öfteren an deinen Vater denken. Es ist hier nicht nur der irdische Vater gemeint, sondern vielmehr Gott oder der Geist kosmischer Dimension – wie immer du es nennen magst. Hast du ihn vielleicht vorübergehend vergessen?

Sieh nach, welche Karte in das 10. Haus fällt. Fällt dort eine Herz-Karte hinein, dann wirst du von einer guten Schwingung in deinem

Herzen erfüllt sein. Für einen Geistlichen wäre das die innere Güte. Befindet sich eine Karo-Karte in diesem Haus, so zeigt diese Schwingung zu etwas Schönem hin, zum Beispiel zur Natur. Sollte sich im 10. Haus eine Kreuz-Karte befinden, so ist es Zeit für einen Familienbesuch.

Befindet sich eine PIK-KARTE, womöglich der PIK BUBE in einem PIK-HAUS, so sollte man versuchen, daß man sein inneres Gleichgewicht wieder in Ordnung bringt. Man will das Schöne und Reine im Leben nicht erkennen. Man neigt zur Sturheit. Befindet sich der PIK BUBE in einem anderen Haus, dann mußt du ihn gesondert deuten! Negatives wird abgeschwächt. Solltest du unsicher sein, so versuche durch die Atemübungen wieder Selbstsicherheit zu erlangen. Auch wirst du dich Gott nähern. Er vergißt niemanden. Denke nach und überzeuge dich selbst, wie leicht man mit Atemübungen zu sich selbst finden kann.

## KREUZ DAME · 30. HAUS

UNTERSUCHER · UNTERSUCHUNGEN · MUTTER · TANTE · GROSSMUTTER

Im Haus der Gegenwart wird dir mitgeteilt, daß du dich mit ehrlichen Gedanken beschäftigen sollst.

Lasse dich nicht so sehr vom Materiellen leiten. Versuche positive Gedanken auszusenden und denke nach, wem du vielleicht helfen kannst. Möglicherweise bist du im Moment mit deinen Gedanken zu festgefahren, um dich mit anderen darüber unterhalten zu können. Du bist entweder zur Zeit zu eigensinnig oder auf dem besten Wege dazu, eigensinnig zu werden. Auch solltest du des öfteren an deine leibliche Mutter denken, denn es könnte sein, daß du sie bald in einer schwierigen Sache unterstützen mußt. Es muß zwar nicht immer die leibliche Mutter sein, aber werde hilfsbereiter zu den Mitmenschen.

Sieh nach, welche Karten sich im 30. und im 29. Haus befinden. Befinden sich dort PIK-KARTEN und fällt auch noch der PIK BUBE in ein schwarzes Haus, speziell in ein PIK-HAUS, dann ist es allerhöchste Zeit, daß du dich vom Negativen zum Positiven wendest. Neid, Habgier, Geltungssucht, Haß lauern unter anderem in deiner Seele. Werden aber die Häuser mit roten Karten abgedeckt, dann lese genau deren Bedeutung. Vieles kann auch auf Mißverständnissen beruhen. Versuche die Atemübungen regelmäßig einzuhalten, dadurch kann man Mißverständnisse leicht aus der Welt schaffen.

## KREUZ BUBE · 15. HAUS

FAMILIE · SOHN · NEFFE (MIT DAME: TOCHTER · NICHTE)

Im Haus der Gegenwart wird dir mitgeteilt, jemand in deiner Familie möchte mit dir über seine Arbeit beim Fernsehen oder Rundfunk sprechen. Es kann dies ein guter Freund von dir sein. Es ist auch möglich, daß du eine rasche Nachricht per Luftpost, per Telephon oder per Fernschreiber bekommst. Es könnte sich aber auch hier um Schwingungen handeln, die dir auf parapsychischem Wege mitgeteilt werden. Versuche dich zu entspannen, versuche die Schwingungen in dir aufzunehmen und lasse sie durch deine Seele auswerten. Wer gelernt hat, sich durch die Atemübungen auf die innere Stimme einzustellen, dem wird es dann ein leichtes sein, diese zu enträtseln. Auf alle Fälle sind es für dich wichtige Nachrichten.

Sieh nach, welche Karte in das 15. Haus fällt. Fällt dort eine rote Karte hinein, so kannst du für dich sehr gute Nachrichten erwarten. Geistige Ströme für geistige Arbeit.

Fällt aber in das 15. Haus eine schwarze Karte, speziell eine PIK-KARTE, so ist diese Karte gesondert zu deuten, um keine Fehldeutung zu machen. Nicht immer haben PIK-KARTEN negative Bedeutungen. Sieh auch noch nach, in welches Haus der PIK BUBE fällt. Erst wenn der PIK BUBE auch in ein PIK-HAUS fällt, kann diese Nachricht, die man dir auf schnellem Wege mitteilen möchte, eine schlechte sein. Lege dir eine Woche später wieder die Karten und vergleiche sie dann mit diesem Kartenbild. Kartenbilder sind immer zu notieren, um für die Zukunft eine bessere Deutungsmöglichkeit zu haben.

## KREUZ ZEHN · 8. HAUS

REISE · STRASSE · WASSER · MEER

Im Haus der Gegenwart wird dir – solltest du ein Reisender sein – mitgeteilt, daß du in der nächsten Zeit sehr viele Städte besuchen und auch sonst einiges zu tun haben wirst. Du wirst dich oft in fremden Gegenden aufhalten. Solltest du aber erst eine Reise planen, so wird es eine Flugreise sein. Es ist auch möglich, daß du in deinem Leben des öfteren deinen Wohnsitz wechseln wirst, bevor du dich wirklich an einem dir geeignet erscheinenden Ort niederlassen wirst. Es besteht eine sehr gute Schwingung zu einem Wohnungswechsel ins Ausland. Möglicherweise wirst du auch nur über das Reisen träumen.

Du kannst dir aber sicher sein, daß dir eine große Reise bevorsteht, wenn im 8. und im 7. Haus rote Karten oder auch Kreuz-Karten liegen. Sieh auch nach, in welches Haus der PIK BUBE fällt. Fällt er in ein rotes Haus oder in ein Kreuz-Haus, dann dürfte die Reise in Kürze durchgeführt werden. Sollte die Reise beruflicher Art sein, so deute auch das 25. Haus.

Befinden sich aber im 8. und im 7. Haus PIK-KARTEN und fällt auch der PIK BUBE in ein PIK-HAUS, kann es zu einer Verzögerung oder Verschiebung der Reise kommen. Sei nicht traurig darüber, im Leben hat alles seinen Sinn. Vielleicht entgehst du dadurch einem großen Unglück. Lege dir eine Woche später wieder die Karten und vergleiche sie mit dem jetzigen Bild. Vergiß nie, die Kartenbilder aufzuzeichnen und die Atemübungen regelmäßig zu machen!

## KREUZ NEUN · 31. HAUS
GLÜCK · KLEINE REISE · RISIKO

Im Haus der Gegenwart wird dir mitgeteilt, daß du von einer sehr glücklichen Schwingung und Strahlung umgeben bist. Du wirst von jemandem hören, dem du vor kurzem oder auch vor längerer Zeit Glück gebracht hast. Er wird dich darum als Glücksboten bezeichnen.

Sieh nach, welche Karte in das 31. Haus fällt. Fällt eine Herz-Karte in dieses Haus, dann hast du der Person ein persönliches, herzliches Glück gebracht. Vielleicht hast du zwei Menschen zueinandergeführt, die jetzt dadurch sehr glücklich sind. Befindet sich eine Karo-Karte im 31. Haus, dann ist es möglich, daß du jemandem in Geldangelegenheiten oder Schriftsachen Glück gebracht hast; ziehe hier auch das 21. Haus hinzu. Befindet sich eine Kreuz-Karte im 31. Haus, dann kann es bedeuten, daß du jemandem auf der Reise Glück gebracht hast. Sieh auch nach, in welches Haus der PIK BUBE fällt. Fällt er in ein Herz-, Karo- oder Kreuz-Haus, dann ist das Glück überwältigend.

Befindet sich aber im 31. Haus eine PIK-KARTE und fällt der PIK BUBE in ein PIK-HAUS, so mußt du vorsichtig sein. Sollte dir zur Zeit das Glück nicht so hold sein, so sage täglich zu dir selbst: »Ich bin ein glücklicher, positiver und gesunder Mensch.« Beachte auch die Atemübungen, sie werden dir helfen und dich wieder zu deinem inneren Glück führen. Auf ein vorübergehendes Tief, das wir alle durchmachen müssen, folgt unweigerlich wieder ein Hoch.

## KREUZ ACHT · 26. HAUS

NEUE UNTERNEHMUNGEN · MUT · HELDENTAT

Im Haus der Gegenwart wird dir mitgeteilt, daß du in der nächsten Zeit mit einer Leistungssteigerung rechnen kannst. Das ist eine sehr positive Schwingung für dich, denn sie wird dich schneller an dein Ziel bringen. Diese Karte besagt auch in diesem Haus, daß du deine Angelegenheiten, die du begonnen hast, prompt erledigen solltest. Es ist wichtig, daß man Angefangenes zu Ende bringt. Sonst könnte dir durch einen anderen die Arbeit genommen werden.

Sieh nach, welche Karten in das 25. und in das 26. Haus fallen. Fallen dort rote Karten hinein, dann bist du auf dem richtigen Weg mit deiner Arbeit.

Befinden sich aber schwarze Karten in diesen Häusern, speziell aber PIK-KARTEN, so scheinst du dich auf deinen Lorbeeren auszuruhen. Sieh nach, in welches Haus der PIK BUBE fällt. Fällt er in ein rotes Haus hinein, so ist deine Hochschwingung gut. Befindet sich der PIK BUBE in einem schwarzen Haus oder sogar in einem PIK-HAUS, dann wird es Zeit, daß du dich änderst und mit den Atemübungen beginnst. Deine Persönlichkeit hat sich zum Negativen gewandelt. Es ist nie zu spät, wenn du heute beginnst. Wir haben unsere Schwächen, nur dürfen wir uns nicht davon leiten lassen.

## KREUZ SIEBEN · 14. HAUS

NACHRICHTEN · BOTSCHAFT · TRÄNEN · LEID

Im Haus der Gegenwart wird dir mitgeteilt, daß jemand an dich denkt und dich in Kürze anrufen wird. Er möchte dir schreiben und wünscht, von dir angerufen oder angeschrieben zu werden. Weißt du nicht, wem du schreiben oder wen du anrufen sollst, dann versuche dich zu entspannen und zu konzentrieren. Du wirst sehen, daß du dann geistigen Kontakt mit jener Person bekommen kannst, die eine Nachricht von dir gerne haben möchte.

Sieh nach, welche Karte in das 14. Haus und welche in das 19. Haus fällt. Vielleicht kann dir das Kartenbild bereits eine Auskunft geben, um wen es sich hier handelt. Befinden sich rote Karten in diesen Häusern, dann will man eine sehr persönliche Nachricht von dir, vielleicht eine mögliche Liebeserklärung per Telephon oder Brief. Sieh auch nach, welche Karten in das 21. und in das 9. Haus fallen. Hier kann sich die Nachricht um Schriftstücke oder auch um Wertpapiere handeln. Befindet sich darüber hinaus der PIK BUBE in einem roten Haus, dann bedeutet dies, daß dich die Nachricht bald erreicht.

Befinden sich aber in den genannten Häusern schwarze Karten, speziell PIK-KARTEN, dann sind sie gesondert zu deuten. Es kann eine Verzögerung einer wichtigen Mitteilung bedeuten. Möglicherweise versucht auch jemand dich daran zu hindern, einer bestimmten Person eine wichtige Nachricht zukommen zu lassen. Wenn du dir im Zweifel bist, dann arbeite an den Atemübungen. Sie werden dir helfen, genau herauszufinden, wer von dir oder von wem du eine wichtige Nachricht erhalten sollst. Nimm dann mit dieser Person Kontakt auf. Es wird dir sicherlich gelingen.

# PIK

## PIK AS · 24. HAUS

Tod · Unfall · Schicksalsschläge · Qual · Not

Im Haus der Gegenwart wird dir mitgeteilt, daß du an eine kürzlich verstorbene Person denken und auf deine innere Stimme hören sollst. Es kann dies ein Mensch gewesen sein, den du sehr geliebt hast. Versuche darüber nachzudenken, wer diese Person ist. Konzentriere dich auf zwei Personen, die erst kürzlich diesen Planeten verlassen haben.

Sieh nach, welche Karte im 24. Haus liegt. Fällt dort eine rote Karte hinein, dann dürfte hier eine sehr enge Verbindung mit dieser Person bestanden haben. Liegt eine Kreuz-Karte im 24. Haus, so kann das eine Person aus dem Familienkreis gewesen sein.

Befindet sich eine PIK-KARTE im 24. Haus, so könnte dies eine prominente Persönlichkeit gewesen sein, mit der du sehr guten Kontakt hattest. Sieh auch nach, in welches Haus der PIK BUBE fällt. Vielleicht kannst du daraus dann Rückschlüsse ziehen, um welche Personen es sich hier handelt. Solltest du es nicht herausfinden, versuche es doch einmal mit den Atemübungen. Es wird dir sicherlich nicht schwerfallen, sie täglich wie ein Gebet durchzuführen. Wenn du herausgefunden hast, um welche Personen es sich handelt, dann schließe sie in dein Gebet oder deine Meditation ein.

## PIK KÖNIG · 28. HAUS

Rufer · Behörde · Schule · Spital · Institution

Im Haus der Gegenwart wird dir mitgeteilt, daß du dich offenhalten sollst für die Erkenntnis, daß jenseits der physikalischen Welt der Materie noch eine andere Wirklichkeit existiert. Zu diesem geistigen Universum höherer Dimension hast du über dein Unbewußtes Zugang. Versuche dich mit dieser höherdimensionalen Realität in Verbindung zu setzen. Es können dir entscheidende Einsichten und Hilfen zuteil werden. Du kannst das durch Meditation bewerkstelligen. Gelingt es dir nicht, dann versuche es mit Atemübungen.

Vor deinem inneren Auge können verstorbene Freunde und Bekannte auftauchen. Konzentriere dich auf diese Personen. Höre, was sie dir sagen; beobachte, was sie tun – ihr Handeln, ihre Gesten.

Wenn du nichts siehst, versuche solche Personen bewußt zu erreichen. Sieh nach, welche Karte in das 28. Haus fällt. Fällt dort eine rote Karte hinein, dann ist das eine sehr liebe verstorbene Person.

Befindet sich dort eine schwarze Karte, speziell eine PIK-KARTE, so kann diese Person früher im öffentlichen Leben gestanden haben. Du kannst erkennen, ob es sich um eine jüngere oder um eine ältere Person handelt. Fällt der PIK BUBE in ein rotes Haus, und zwar in das 6. Haus, so handelt es sich um einen jüngeren Menschen. Fällt er aber in das 9., 10., 18. oder 19. Haus, dann handelt es sich um eine ältere Person.

## PIK DAME · 29. HAUS

DANKBARKEIT · DUNKLE DAME · UNDANK · NEID

Im Haus der Gegenwart wird dir mitgeteilt, daß du von einer sehr guten und einflußreichen Schwingung umgeben bist. Das bezieht sich auch auf eine Person, die dein Bestes für deine Zukunft will. Diese Person ist sehr großzügig. Du wirst von ihr eines Tages für vergangene Gefälligkeiten außerordentlich großzügig belohnt werden.

Sieh nach, welche Karten in das 29., das 17. und in das 27. Haus fallen. Fallen dort rote Karten hinein, so wird diese Belohnung von unschätzbarem Wert sein. Fällt darüber hinaus der PIK BUBE in ein rotes Haus, dann hast du von dieser Person jetzt und in Zukunft nur Gutes zu erwarten.

Fallen in die genannten Häuser schwarze Karten und fällt auch noch der PIK BUBE in ein schwarzes Haus, speziell in ein PIK-HAUS, so kann es aber auch sein, daß man dich entweder mit Undank belohnen wird oder daß der Dank erst in deinem späteren Leben erfolgt. Erwarte nie einen Dank für eine geleistete Tat, dann kannst du auch nicht enttäuscht werden. Beginne mit den Atemübungen.

## PIK BUBE · 1. HAUS

GEGENWART · WAHRHEIT · DUNKLER MANN · UNIFORMIERTER

Im Haus der Gegenwart wird dir mitgeteilt, daß du einmal in deiner Familie oder deinem Freundeskreis einen sehr berühmten Flieger oder

Piloten haben wirst. Es könnte auch bedeuten, daß ein Freund von dir zu großer Berühmtheit gelangen wird. Möglicherweise wirst du einen Freund oder Bekannten haben, der für das Fernseh- und Rundfunkwesen oder irgendeine Institution, die mit Übermittlung zu tun hat, arbeiten wird. Es ist auch möglich, daß du eines Tages einen Freund haben wirst, der Astrologe ist und für Zeitschriften oder Zeitungen arbeiten wird.

Auf alle Fälle sagt diese Karte aus, daß du es in der Zukunft mit großen Entfernungen zu tun haben wirst. Sei es, daß du Nachrichten aus Übersee erhältst, sei es, daß du durch Meditation die in deinem Unbewußten liegenden parapsychischen Fähigkeiten bewußtmachst.

Versuche dich zu entspannen und denke darüber nach. Vielleicht verbirgt sich in deinem Inneren das Talent eines Sensitiven. Wenn ja, sei vorsichtig mit denjenigen Menschen, die glauben, dies ebenfalls zu sein. Versuche dir gute Bücher zu kaufen und studiere sie, denn man unterliegt hier oft der Scharlatanerie. Vergiß aber auch die Atemübungen nicht, sie lassen dich beizeiten erkennen, wem man vertrauen kann und wem nicht.

## PIK ZEHN · 32. HAUS

### SONNE · ENTFERNUNGEN · ANDERE LÄNDER · NACHT

Im Haus der Gegenwart wird dir mitgeteilt, daß du von einer sehr guten Schwingung durch Sonnenschein in deiner Seele umgeben bist. Fröhlichkeit im Herzen umgibt dich. Gehe in dich, denn wenn du die Atemübungen regelmäßig durchführst, wirst du bald sehr ausgeglichen sein. Bedenke: Nach dem Sonnenschein kommt Regen, aber auch er muß sein, denn ansonsten müßten wir alle verdursten.

Sieh nach, welche Karte in das 32. Haus fällt. Fällt dort eine rote Karte hinein, dann scheint zur Zeit die Sonne für dich und deinen Weg. Lasse aber auch andere Menschen an deinem Glück teilhaben. Sieh auch nach, in welches Haus der PIK BUBE fällt. Fällt auch er in ein rotes Haus, so kann es bedeuten, daß du eine Reise in den Süden machen wirst.

Fällt aber in das 32. Haus eine schwarze Karte, speziell eine PIK-KARTE, und fällt auch der PIK BUBE in ein PIK-HAUS, so bedeutet dies, daß du dich am Abend oder in der Nacht vorsichtig im Verkehr bewegen solltest. Das gilt auch für Autofahrer, die spät nach Hause kommen. Sie sollten nicht unter Alkoholeinfluß einen Wagen steuern und Nachtfahrten vermeiden! Für Menschen, die schlecht sehen, sollte man auch das 8. und 16. Haus vergleichen. Rote Karten mindern, schwarze Karten verstärken die negative Schwingung.

## PIK NEUN · 23. HAUS

DEPRESSION · UNANNEHMLICHKEITEN · KÄLTE

Im Haus der Gegenwart wird dir mitgeteilt, daß du in der nächsten Zeit sehr traurig sein wirst; nämlich über Worte, die man über dich gesagt hat. Sei nicht deprimiert darüber, bedenke, daß es für dich hier auf Erden Wichtigeres gibt, als sich mit dummem Geschwätz oder Gerede auseinanderzusetzen. Menschen, die über andere schlecht sprechen, sollte man vergeben, denn sie sind diejenigen, die man bedauern muß.

Versuche über den Dingen zu stehen. Wenn du das nicht kannst, dann versuche es doch einmal mit den Atemübungen – und im Nu kannst du wieder lachen und Sonnenschein ausstrahlen. Deine negative Schwingung wird sehr bald von deiner Seite weichen.

Sieh nach, welche Karte in das 23. Haus fällt, und deute sie ganz allein. Du wirst dann genau erkennen, ob es sich wirklich auszahlt, wegen des Geredes anderer deprimiert zu sein. Sage dir immer: »Ich bin ein glücklicher, positiv denkender und gesunder Mensch.« Im nächsten Moment wirst du dich schon leichter fühlen.

## PIK ACHT · 22. HAUS

ÄRGER · ÄRGERNISSE · STREIT · VERLEUMDUNGEN

Im Haus der Gegenwart wird dir mitgeteilt, daß du dich über Kleinigkeiten des öfteren ärgern wirst. Es kann auch sein, daß man dich mit Kleinigkeiten belästigt, und das ärgert dich. Es ist möglich, daß andere Menschen es gerne sehen, wenn du dich ärgerst. Lasse dich doch nicht von Kleinigkeiten des Alltags zermürben. Lächle und vergiß diese Kleinigkeiten, erst dann wirst du Ruhe finden. Du wirst sehen, es macht sich bezahlt.

Sieh nach, welche Karten in das 22. und 23. Haus fallen. Fallen dort Herz-Karten, hinein, dann scheint deine Aufregung an Herzensangelegenheiten zu liegen. Fallen in diese Häuser Karo-Karten, dann dürfte die Aufregung auf Geldangelegenheiten zurückzuführen sein. Liegen

Kreuz-Karten in diesen Häusern, dann dürfte es sich um deinen Beruf handeln.

Fallen aber PIK-KARTEN in das 22. und das 23. Haus und fällt auch der PIK BUBE in ein schwarzes Haus, speziell in ein PIK-HAUS, dann scheint dein Ärger eine größere Ursache zu haben. Versuche dich dann zu beherrschen, denn es hat keinen Sinn, sich gehen zu lassen. Wenn du noch nicht weißt, wie man sich beherrschen kann, dann beginne mit den Atemübungen. Sie werden dir bestimmt helfen, und es wird sich bezahlt machen.

## PIK SIEBEN · 16. HAUS
### Gesundheit · Krankheit · Kur · Operation

Im Haus der Gegenwart wird dir mitgeteilt, daß du zur Zeit von einer guten Gesundheitsschwingung umgeben bist. Denke immer, daß du ein gesunder Mensch bist, sage dir das täglich – und du wirst dich immer gesund fühlen. Sei aktiv, wandere, umgebe dich immer mit sehr viel frischer Luft. Gesundheit ist das wichtigste in unserem Leben. Dazu trägt auch die richtige Ernährung bei. Vor allem das regelmäßige Essen von Obst und Gemüse ist wichtig.

Sieh nach, welche Karte in das 16. Haus fällt. Befindet sich dort eine rote Karte, so bist du wohlauf.

Befindet sich dort eine schwarze Karte, speziell eine PIK-KARTE, und fällt auch der PIK BUBE in ein schwarzes Haus, dann wird es Zeit, daß du etwas für deine Gesundheit unternimmst. Stelle das Rauchen oder das übermäßige Trinken ein. Du neigst hier zum maßlosen Übertreiben und ruinierst somit langsam deine Gesundheit. Wenn du bereit bist, dich zu ändern, dann beginne mit den Atemübungen. Deine Seele und dein Körper werden dir dafür dankbar sein. Nach einiger Zeit wirst du dich auch wieder wohler und widerstandsfähiger fühlen.

Das 2. Haus

# HERZ NEUN

## Das Haus des Wunsches, der Wünsche, der Sehnsucht und der Hoffnung

# HERZ

## HERZ AS · 7. HAUS

Wohnung · Besitz · Haus · Eigentum

Im Haus des Wunsches wird dir mitgeteilt, daß dein Wunsch mit einem Wohnungswechsel zu tun hat. Es könnte auch sein, daß du für längere Zeit auch einen Untermieter bekommst. Vielleicht ist es auch dein Wunsch, daß jemand zu dir in die Wohnung zieht oder daß du zu jemand anderem ziehst.

Sieh nach, welche Karte in das 7. Haus fällt. Fällt dort eine Herz-Karte hinein, wird dein Wunsch in Erfüllung gehen. Befindet sich entweder eine Karo- oder eine Kreuz-Karte im 7. Haus, so könnte dies bedeuten, daß du deinen Beruf in Zukunft in deiner Wohnung ausüben wirst. Auch könnte ein neuer Besitzerwerb bevorstehen.

Befindet sich eine PIK-KARTE im 7. Haus und fällt die HERZ NEUN in ein PIK-HAUS, so sei vorsichtig, wenn du einen Vertrag bezüglich einer neuen Wohnung unterschreibst. Es ist vielleicht günstiger, noch zu warten. Du wirst etwas Besseres finden. Auch ist noch zu beachten, ob das HERZ AS nach oben zeigt oder nach unten. Wenn das HERZ AS nach oben zeigt, bedeutet dies immer eine Veränderung, ganz gleich welche. Wenn das HERZ AS nach unten zeigt, so heißt dies: Man zieht nicht aus, da die Wohnung beständig ist.

## HERZ KÖNIG · 13. HAUS

Unterhaltung · Männlicher Freund · Blond · Sponsor

Im Haus des Wunsches wird dir mitgeteilt, daß eine sehr nette Person deinen Wunsch beeinflussen wird – oder dir sogar bei der Erfüllung deines Wunsches hilft. Es kann auch sein, daß dein Wunsch durch einen guten Umstand oder durch eine positive Schwingung in Erfüllung geht.

Sieh nach, welche Karten in das 13. und in das 19. Haus fallen. Fallen dort rote Karten hinein, so kannst du dir sicher sein, daß dein Wunsch durch Freunde in Erfüllung gehen wird. Befinden sich im 13. und im 19. Haus Kreuz-Karten, so kann dies bedeuten, daß dir deine Eltern bei der Erfüllung deines Wunsches behilflich sein werden. Auch irgend jemand aus deiner Verwandtschaft könnte dies sein.

Befinden sich aber im 13. und im 19. Haus PIK-KARTEN und fällt die HERZ NEUN in ein schwarzes Haus, speziell in ein PIK-HAUS, so wirst du mit Opposition zu rechnen haben. Lege dir eine Woche später wieder die Karten, vielleicht handelt es sich nur um ein kurzes vorübergehendes Tief. Sei nicht traurig! Sollte dein Wunsch nicht in Erfüllung gehen, denke an jene Menschen, die sich nie im Leben etwas wünschen dürfen. Vielleicht solltest du einmal einem Menschen einen Wunsch erfüllen!

## HERZ DAME · 19. HAUS

FREUNDE · WEIBLICHER FREUND · BLOND · SPONSOR

Im Haus des Wunsches wird dir mitgeteilt, daß dein Wunsch durch Eltern oder durch Freunde beeinflußt wird. Auf jeden Fall werden sie bestimmt etwas damit zu tun haben.

Sieh nach, welche Karten in das 19. und in das 15. Haus fallen. Fällt dort eine rote Karte hinein, so wird dein Wunsch durch die Hilfe von Freunden in Erfüllung gehen. Befinden sich im 19. und im 15. Haus Kreuz-Karten, so wird dein Wunsch durch die Hilfe deiner Eltern (Verwandtschaft) in Erfüllung gehen.

Befinden sich aber im 19. und im 15. Haus PIK-KARTEN und fällt die HERZ NEUN in ein schwarzes Haus, speziell in ein PIK-HAUS, so wird dein Wunsch wahrscheinlich nicht in Erfüllung gehen. Du solltest jedoch nicht verzweifeln, vielleicht ist dieser Wunsch gar nicht so wichtig. Versuche noch einmal, deine Wünsche zu überdenken. Es ist ohne weiteres möglich, daß es für dich Wichtigeres gibt.

## HERZ BUBE · 6. HAUS

POPULARITÄT · KUNST · JÜNGERER MÄNNLICHER FREUND · KÜNSTLER

Im Haus des Wunsches wird dir mitgeteilt, daß dein Wunsch durch sehr einflußreiche Menschen, die im Sozialwesen tätig sind, in Erfüllung gehen wird. Da dein Wunsch nicht sehr persönlich ist, sondern auch für andere Menschen wichtig ist, wird die Erfüllung deines Wunsches mit einer großen Popularität zusammenhängen. Du wirst auf jeden Fall Unterstützung bekommen. Lasse dich daher nicht von anderen Menschen verunsichern, die meinen, daß du dein Ziel nicht erreichen wirst.

Sieh nach, welche Karten in das 6., 9., 13. und 19. Haus fallen. Fallen dort Herz-, Karo- oder Kreuz-Karten hinein, so besteht gute Hoffnung, daß dein Wunsch, den du für andere hegst, in Erfüllung geht. Befindet sich auch die HERZ NEUN in einem roten Haus, dann kannst du sicher sein, daß dir dein Wunsch in Kürze erfüllt wird.

Befinden sich aber im 6., 9., 13. und im 19. Haus PIK-KARTEN und fällt auch die HERZ NEUN in ein PIK-HAUS, dann mußt du mit großer Opposition rechnen. Warte ab, bis bessere Zeiten für deinen Wunsch kommen. Lege dir eine Woche später wieder die Karten und vergleiche sie dann mit dem ersten Bild. Du wirst dann Rückschlüsse ziehen können, wann die Zeit für deinen Wunsch reif ist. Sei dir jedoch sicher: Wenn dein Ziel gut ist, dann wirst du auch Erfolg haben. Lasse dich nicht von deinem Weg abbringen.

## HERZ ZEHN · 11. HAUS

### HEIRAT · VERBINDUNGEN · VEREINE · BRUDERSCHAFTEN

Im Haus des Wunsches wird dir mitgeteilt, daß dein Wunsch mit einer baldigen Heirat zu tun haben wird. Es kann auch sein, daß du – wenn es sich um menschliche Bindungen handelt – eine große Rolle spielen wirst. Möglicherweise wirst du einmal ein Heiratsinstitut gründen. Außerdem könnte es sein, daß du zuerst eine geschäftliche Verbindung eingehen wirst, die sich dann auch privat entwickelt.

Sieh nach, welche Karten in das 11. und in das 4. Haus fallen. Fallen dort Herz-Karten hinein, wird es eine Liebesheirat. Befindet sich eine Karo-Karte im 11. Haus, so wird deine Verbindung materiell ausgerichtet sein. Solltest du im 17. Haus eine Karo-Karte vorfinden, so kann deine Verbindung für die Zukunft sehr viel Geld einbringen.

Befindet sich eine schwarze Karte im 11. Haus und fällt auch die HERZ NEUN in ein schwarzes Haus, speziell in ein PIK-HAUS, so solltest du bei der Verbindung, die du eingehen möchtest, genau prüfen, ob du nicht den Kürzeren ziehen würdest. Es könnte sein, daß du einmal ausgenutzt wirst. Solltest du dir über den jetzigen Partner nicht im klaren sein, so lege dir eine Woche später wieder die Karten und vergleiche sie mit dem ersten Bild. Vielleicht handelt es sich nur um eine vorübergehende Opposition.

## HERZ NEUN · 2. HAUS
WUNSCH · WÜNSCHE · SEHNSUCHT · HOFFNUNG

Im Haus des Wunsches wird dir mitgeteilt, daß dein Wunsch – da die HERZ NEUN in ihr eigenes Haus fällt – mit Sicherheit in Erfüllung gehen wird. Es kann sogar sein, daß dein Wunsch früher, als du vielleicht denkst, in Erfüllung gehen kann.

Sieh in den Häusern nach, die für deinen Wunsch interessant sind. Betrifft er Geld, so muß im 17. Haus eine rote Karte liegen. Betrifft er das Herz, so muß im 4. Haus eine Herz-Karte liegen. Betrifft er den Beruf, so muß im 25. Haus eine rote Karte liegen, zumindest aber eine Kreuz-Karte. Sollte dein Wunsch die Gesundheit betreffen, so mußt du im 16. Haus nachsehen. Eine rote Karte in diesem Haus ist aufzuwerten, eine schwarze hingegen nicht. Wünschst du dir eine Reise, so mußt du im 8. Haus nachsehen. Rote Karten sind positiv und Kreuz-Karten gesondert zu deuten.

PIK-KARTEN bedeuten in diesem Haus nicht immer etwas Negatives. Deute sie daher gesondert. Es kann hier auch der Süden gemeint sein.

## HERZ ACHT · 4. HAUS
LIEBE · MONDSCHEIN · ROMANZE · HERZ

Im Haus des Wunsches wird dir mitgeteilt, daß dein Wunsch durch eine Person beeinflußt wird, die dich sehr liebt. Es kann aber auch sein, daß du jemanden liebst und diese Person dir einen Wunsch erfüllt, weil du sie liebst.

Sieh nach, welche Karte in das 4. Haus fällt. Fällt dort eine Herz-Karte hinein, so ist dein Wunsch ein Herzenswunsch – und er wird dir mit Herzlichkeit erfüllt. Befindet sich eine Karo-Karte in diesem Haus, so ist es ein materieller Wunsch. Sieh nach, welche Karten in das 17. und in das 20. Haus fallen. Fallen dort rote Karten oder Kreuz-Karten hinein, dann wird dein Wunsch durch ein Geschenk in Erfüllung gehen. Sieh auch nach, in welches Haus die HERZ NEUN fällt. Befindet auch sie sich in einem Herz-, Karo- oder Kreuz-Haus, dann geht dein Wunsch in Erfüllung.

Befindet sich aber die HERZ NEUN in einem PIK-HAUS, so ist sie gesondert zu deuten. Möglicherweise handelt es sich um eine Verzögerung deines Wunsches. Es kann auch sein, daß dir jemand die Erfüllung deines Wunsches nicht gönnt. Hier ist vielleicht eine Intrige im Spiel.

Überdenke darum noch einmal deinen Wunsch. Vielleicht verlangst du von einem bestimmten Menschen zuviel. Sei nicht traurig. Denn sollte dein Wunsch nicht in Erfüllung gehen, dann ist er wahrscheinlich gar nicht so wichtig! Mache die Atemübungen.

## HERZ SIEBEN · 12. HAUS

### Fröhlichkeit · Gute Laune · Herzlichkeit · Frohsinn

Im Haus des Wunsches wird dir mitgeteilt, daß dein Wunsch bei einem frohen Fest, wo gute Laune herrscht, in Erfüllung gehen wird. Auch gutes Essen, Trinken und Unterhaltung kommen nicht zu kurz.

Sieh nach, welche Karte in das 12. Haus fällt. Fällt dort eine rote Karte hinein, dann ist das auf jeden Fall ein gutes Zeichen für deinen Wunsch. Aber du mußt auch noch beachten, wohin die HERZ NEUN fällt. Fällt auch sie in ein rotes Haus, dann werden viele fröhliche Menschen bei der Erfüllung deines Wunsches zugegen sein. Möglicherweise steht die Geburt eines neuen Erdenbewohners an. Befindet sich aber eine Karo-Karte im 12. Haus, so kann dies bedeuten, daß du vielleicht eine neue Wohnung, ein neues Haus beziehen oder eine neue Arbeitsstelle antreten wirst. Befindet sich eine Kreuz-Karte im 12. Haus, so kann das für dich einen Geschäftsabschluß innerhalb der Familie bedeuten.

Befindet sich aber eine PIK-KARTE im 12. Haus, so solltest du nicht zu übermütig werden. Es könnte sein, daß du bei einer Feier zuviel trinkst und daher eine »lose Zunge« bekommst (Prahlerei). Es könnte ein Streit entstehen. Sei vorsichtig mit dem, was du sagst. Du kannst dir sehr viele Feinde schaffen. Vorsicht ist auch vor Eifersucht geboten. Es ist besser, eine Party früher als vorgesehen zu verlassen. Vergiß bei eventueller Unsicherheit nie die Atemübungen! Durch sie lernt man auch, sich zu beherrschen.

# KARO

## KARO AS · 25. HAUS

Beruf · Firma · Unternehmen · Projekte

Im Haus des Wunsches wird dir mitgeteilt, daß du in Kürze mit einem Berufswechsel oder mit einer neuen Firma rechnen kannst.

Sieh nach, welche Karte in das 25. Haus fällt. Fällt dort eine Karo-Karte hinein, so ist das ein gutes Zeichen. Es kann dir eine Verbesserung deiner finanziellen Lage in deinem neuen Beruf oder in deiner neuen Firma bringen. Es kann auch sein, daß du den Wunsch hast, eine Firma zu gründen. Dann sieh auch nach, welche Karten in das 9. und in das 17. Haus fallen. Sind diese Häuser auch mit Karo-Karten abgedeckt und fällt auch noch die HERZ NEUN in ein Karo-Haus, so steht der Firmengründung oder dem neuen Beruf nichts mehr im Wege.

Befinden sich aber in den Häusern 9 und 17 schwarze Karten, speziell PIK-KARTEN, und fällt auch die HERZ NEUN in ein schwarzes Haus, speziell aber in ein PIK-HAUS, so überlege dir genau deine Schritte, die du in der nächsten Zeit für eine Firmengründung unternehmen willst. Es ist vielleicht besser, wenn du noch etwas wartest, bis sich die Zeiten bessern und du finanziell flexibler bist. Es kann dies nur eine vorübergehende Opposition bedeuten. Lege dir eine Woche später wieder die Karten und vergleiche sie dann mit dem ersten Bild. Werden die Häuser abermals negativ abgedeckt, dann solltest du nichts riskieren.

## KARO KÖNIG · 9. HAUS

Legale Papiere · Arzt · Anwalt · Notar

Im Haus des Wunsches wird dir mitgeteilt, daß du in Kürze eine Privatklage mittels eines Anwalts bei Gericht einreichen wirst. Es kann auch sein, daß du bald einen Arzt aufsuchen wirst.

Sieh nach, welche Karte in das 9. Haus fällt. Fällt dort eine Karo- oder eine Herz-Karte hinein und liegt auch im 28. Haus eine rote Karte, so wird die Angelegenheit bei Gericht gut für dich ausgehen. Sieh aber auch noch nach, in welches Haus die HERZ NEUN fällt. Befindet sie sich in einem roten Haus, so könnte es sein, daß eine Auseinandersetzung mit Behörden möglicherweise Gewinn einbringen wird.

Befindet sich aber die HERZ NEUN in einem schwarzen Haus, speziell in einem PIK-HAUS, und werden die Häuser 9 und 28 mit schwarzen Karten, speziell mit PIK-KARTEN, abgedeckt, so ist dies gesondert zu deuten, denn du könntest dann Schwierigkeiten mit Behörden bekommen, so daß dein Wunsch nicht in Erfüllung gehen wird. Zeitweise neigst du zu Sturheit und zu Unvernunft. Denke an die Atemübungen!

## KARO DAME · 18. HAUS

JAHRESZEIT · FRÜHJAHR · SOMMER · HERBST · WINTER

Im Haus des Wunsches wird dir mitgeteilt, daß dein Wunsch einerseits durch eine ältere Person beeinflußt wird, andererseits noch eine geraume Zeit braucht, bis er in Erfüllung geht.

Sieh nach, welche Karte im 18. Haus, dem Haus der Jahreszeit, liegt. Befindet sich dort eine rote Karte, so ist das für deinen Wunsch ein gutes Zeichen. Sieh aber auch nach, in welches Haus die HERZ NEUN fällt. Fällt sie in ein rotes Haus, so dürftest du nicht so lange auf die Erfüllung deines Wunsches warten müssen.

Fällt aber in das 18. Haus eine schwarze Karte, speziell eine PIK-KARTE, und fällt auch die HERZ NEUN in ein schwarzes Haus, speziell in ein PIK-HAUS, so kann es sehr lange dauern, bis dein Wunsch in Erfüllung geht. Lege dir eine Woche später wieder die Karten. Vielleicht handelt es sich auch nur um eine vorübergehende Opposition. Überlege dir deine Wünsche noch einmal, bevor du ungeduldig wirst. Denke an die Atemübungen!

## KARO BUBE · 21. HAUS

BRIEFE · SCHRIFTSTÜCKE · TELEGRAMME · BOTE · FREUND

Im Haus des Wunsches wird dir mitgeteilt, daß dein Wunsch etwas mit einer Nachricht oder mit einem Brief zu tun hat, den man dir in Kürze übermitteln wird. Es kann sich hier um sehr rasche Nachrichten handeln, die man dir etwa per Telegramm oder Telephon übermitteln wird.

Sieh nach, welche Karte in das 21. Haus fällt. Fällt dort eine rote Karte hinein, dann wird es eine gute Nachricht für dich sein. Befindet sich auch die HERZ NEUN in einem roten Haus, so handelt es sich um eine Nachricht, auf die du schon seit längerer Zeit gewartet hast.

Befindet sich aber im 21. Haus eine schwarze Karte, speziell eine PIK-KARTE, und fällt auch die HERZ NEUN in ein schwarzes Haus, speziell aber in ein PIK-HAUS, so wird dich die Nachricht enttäuschen. Es könnte aber auch sein, daß sich die Nachricht verzögert. Vielleicht wird sie dir auch falsch mitgeteilt. Sollte dies der Fall sein, so frage zurück, damit keine Irrtümer aufkommen. Sie könnten dir schaden. Vertrauen ist gut – Kontrolle ist besser. Vergiß nie: Wir machen alle Fehler! Sollte einmal einem anderen ein Fehler unterlaufen, so sei nicht nachtragend, vielleicht ist der nächste Fehler schon dein eigener.

## KARO ZEHN · 17. HAUS

GELD · FINANZEN · BÖRSE · EINNAHMEN · AUSGABEN

Im Haus des Wunsches wird dir mitgeteilt, daß dein Wunsch mittels Geld in Erfüllung gehen wird, da es sein könnte, daß du dir Geld gewünscht hast.

Sieh nach, welche Karte in das 17. Haus fällt. Fällt dort eine rote Karte hinein, so wird dein Wunsch in Erfüllung gehen. Vergleiche aber auch noch zur Sicherheit, in welches Haus die HERZ NEUN fällt. Denn sie muß in ein rotes Haus fallen, wenn dein Wunsch in Erfüllung gehen soll. Bestärkt wird seine Erfüllung noch, wenn im 31. Haus eine Karo-Karte liegt, denn dann wird dein Wunsch sogar übererfüllt.

Befindet sich aber im 17. Haus eine schwarze Karte, speziell aber eine PIK-KARTE, und fällt auch die HERZ NEUN in ein schwarzes Haus, speziell aber in ein PIK-HAUS, so ist mit Opposition zu rechnen. Hier könnten durch falsche Spekulationen große Geldverluste entstehen. Sieh nach, welche Karte in diesem Fall in das 9. Haus fällt. Rot mindert die schlechte Welle, eine schwarze Karte verstärkt den Verlust. Angebracht ist hier die Mahnung, daß man nicht über seine Verhältnisse leben sollte. Es ist im Moment keine gute Zeit für Spielernaturen!

## KARO NEUN · 5. HAUS

ÜBERRASCHUNG · ÜBERRASCHUNGEN · KLEINE FINANZEN

Im Haus des Wunsches wird dir mitgeteilt, daß du mit einer Überraschung bezüglich deines Wunsches zu rechnen hast.

Befindet sich im 5. Haus eine Herz-Karte, so wird es für dich eine sehr nette persönliche Überraschung geben. Befindet sich eine Karo-Karte im 5. Haus, so könnte es sein, daß du mit einem Auto, einem Wertgegenstand oder Gebrauchsgegenstand überrascht wirst. Sieh nach, in welches Haus die HERZ NEUN fällt. Fällt sie in ein rotes Haus, so wird sich dein Wunsch, verbunden mit einer wirklichen Überraschung, erfüllen. Solltest du dir ein Kind gewünscht haben, so mußt du im 15. Haus nachsehen, welche Karte sich dort befindet. Befindet sich dort der HERZ BUBE, so wird es sich um einen Jungen, befindet sich dort die HERZ DAME, so wird es sich um ein Mädchen handeln.

Befindet sich aber im 5. Haus eine PIK-KARTE und fällt die HERZ NEUN in ein PIK-HAUS, so kann deine Überraschung ins Auge gehen. Vorsicht ist hier mit der erhaltenen Überraschung geboten. Vielleicht entspricht sie nicht deinem Wunsch. Solltest du schon wissen, daß es eine schlechte Überraschung wird, so bereite dich darauf vor. Dann ist es halb so schlimm. Vergiß nicht die Atemübungen!

## KARO ACHT · 27. HAUS

### ERBE · ERBSCHAFTEN · HINTERLASSENSCHAFTEN · BEKOMMEN

Im Haus des Wunsches wird dir mitgeteilt, daß du bald etwas erben wirst. Du kannst dir daher einen langersehnten Wunsch erfüllen. Es ist möglich, daß man dir eine größere Summe Geld vermacht. Bei Geldangelegenheiten immer das 17. Haus hinzuziehen. Rote Karten sind positiv, schwarze Karten, speziell PIK-KARTEN, sind negativ (mögliche Verluste!) zu bewerten.

Sieh nach, welche Karte in das 27. Haus fällt. Fällt dort eine rote Karte hinein, dann ist dies für dich positiv. Du wirst etwas bekommen. Sieh auch nach, in welches Haus die HERZ NEUN fällt. Fällt sie in ein rotes Haus hinein, so ist das ein sehr gutes Zeichen für dich und deinen Wunsch.

Befindet sich aber im 27. Haus eine schwarze Karte, speziell eine PIK-KARTE, und fällt die HERZ NEUN in ein schwarzes Haus, speziell in ein PIK-HAUS, so könnte dies bedeuten, daß man dir dein Erbe streitig machen wird. In diesem Fall ziehe auch noch das 15. und das 28. Haus hinzu. Rote Karten oder Kreuz-Karten in diesen Häusern vermindern die negative Schwingung. PIK-KARTEN in diesen Häusern könnten bedeuten, daß man dich enterben will. Nichts auf der Welt ist so wertvoll, daß man nicht darauf verzichten könnte. Gott gibt jedem das, was er am nötigsten braucht. Beachte die Atemübungen!

## KARO SIEBEN · 3. HAUS

### Erfolg · Karriere · Aufstieg · Leistung

Im Haus des Wunsches wird dir mitgeteilt, daß dein Wunsch für dich oder für jemand anderen von sehr großer Bedeutung ist. Wenn er für dich in Erfüllung geht, wird er zugleich großen Erfolg nach sich ziehen.

Sieh nach, welche Karte sich im 3. Haus befindet. Befindet sich dort eine rote Karte und fällt auch die HERZ NEUN in ein rotes Haus, so dürfte deinem Wunsch nichts mehr im Wege stehen. Du wirst in Kürze den Erfolg sehen.

Befindet sich aber eine schwarze Karte im 3. Haus, speziell eine PIK-KARTE, und fällt auch die HERZ NEUN in ein schwarzes Haus, speziell in ein PIK-HAUS, so mußt du vorsichtig sein mit dem, was du dir wünschst. Denn das kann bedeuten, daß dein Erfolg zu einem Mißerfolg führt, wenn du nicht auf der Hut bist. Du solltest vorsichtiger mit deinem Geld umgehen. Überprüfe deine Freunde und Bekannten, denen du Geld leihst. Wenn du schon Geld leihst, dann gib es denen, die es wirklich brauchen. Denke auch nach, wem du wirklich helfen kannst.

# KREUZ

## KREUZ AS · 20. HAUS

GESCHENK · GESCHENKE (MIT PIK AS: TOD · LAST)

Im Haus des Wunsches wird dir mitgeteilt, daß dir jemand etwas schenken wird. Du wirst dadurch sehr erfreut sein, weil er deinen Wunsch und auch deinen Geschmack ganz getroffen hat. Ferner kann dies aber auch bedeuten, daß dein Wunsch infolge eines Geschenkes beeinflußt wird.

Sieh nach, welche Karte in das 20. Haus fällt. Fällt dort entweder eine rote Karte oder eine Kreuz-Karte hinein, so ist das ein gutes Zeichen. Wenn darüber hinaus die HERZ NEUN in ein rotes Haus fällt, dann geht dein Wunsch durch ein Geschenk in Erfüllung.

Befindet sich aber im 20. Haus eine PIK-KARTE und fällt die HERZ NEUN in ein PIK-HAUS, so mußt du mit Gegenwehr bezüglich deines Wunsches rechnen. Es könnte aber auch sein, daß man dir ein Geschenk vorenthalten oder dich hinhalten will. Sei gelassen und ruhig. Vielleicht entspricht das Geschenk gar nicht deinen Erwartungen. Möglicherweise wirst du dich noch darüber ärgern. In einem solchen Fall lohnt sich der Ärger wirklich nicht. Vergiß nicht die Atemübungen!

## KREUZ KÖNIG · 10. HAUS

FERIEN · URLAUB · VATER · ONKEL · GROSSVATER

Im Haus des Wunsches wird dir mitgeteilt, daß dein Wunsch durch deinen Beruf beeinflußt wird.

Sieh nach, welche Karte in das 25. Haus fällt. Fällt dort eine rote Karte hinein, so ist dies für deinen Wunsch sehr positiv. Befindet sich dort eine Kreuz-Karte, so kann dein Wunsch etwas mit der Familie zu tun haben. Beachte auch das 15. Haus. Lese genau die Deutung. Befindet sich die HERZ NEUN in einem roten Haus, so wird dein Wunsch sehr persönlich sein. Möglicherweise kannst du in diesem Zusammenhang eine Gehaltserhöhung fordern. Dann mußt du aber auch das 17. Haus miteinbeziehen und vergleichen. Rote Karten und Kreuz-Karten sind hier für dich positiv. Es kann aber auch sein, daß du für geraume Zeit Urlaub machen möchtest. Dann sieh aber nach, in welches Haus der HERZ KÖNIG (beim

Mann) beziehungsweise die HERZ DAME (bei der Frau) fällt. Fällt der HERZ KÖNIG oder die HERZ DAME in ein rotes Haus, speziell in das eigene, dann ist es geboten, daß man nach einer Gehaltserhöhung fragt oder sie fordert. Auch ist die Zeit für einen Urlaub günstig.

Befindet sich im 10. Haus eine PIK-KARTE, so muß diese gesondert gedeutet werden. Es könnte sein, daß man schon geplante Urlaubspläne, möglicherweise durch Erkrankung, verschieben muß. In diesem Falle vergleiche auch das 16. Haus: Rote Karten vermindern das Negative. Befindet sich auch die HERZ NEUN in einem PIK-HAUS, so sollte man generell seine Urlaubswünsche neu überdenken. Lege dir eine Woche später wieder die Karten und vergleiche sie mit dem ersten Bild. Vielleicht handelt es sich um eine vorübergehende Opposition. Sollte jedoch wieder bei den PIK-HÄUSERN die gleiche Konstellation zu sehen sein, so ist es besser, wenn du deine Wünsche für eine Weile zurückstellst. Fordere auf keinen Fall dein Schicksal heraus. In diesem Fall wird es wirklich Zeit, daß du mit den Atemübungen beginnst.

## KREUZ DAME · 30. HAUS

UNTERSUCHER · UNTERSUCHUNGEN · MUTTER · TANTE · GROSSMUTTER

Im Haus des Wunsches wird dir mitgeteilt, daß dein Wunsch ein ganz persönlicher Wunsch von dir ist.

Sieh nach, welche Karte in das 30. Haus fällt. Fällt dort eine Kreuz-Karte hinein, so geht dein Wunsch sicherlich in Erfüllung, erst recht, wenn die HERZ NEUN in einem Herz-Haus liegt. Befindet sich die HERZ NEUN in einem Karo-Haus, so kann dies bedeuten, daß du zuwenig Geld für deinen Wunsch hast. Fällt die HERZ NEUN in ein Kreuz-Haus, so kann es sein, daß dich jemand aus der Familie unterstützen möchte. Sieh auch noch sicherheitshalber im 15. Haus nach.

Befindet sich aber im 30. Haus eine PIK-KARTE und fällt die HERZ NEUN in ein PIK-HAUS, so besteht wenig Hoffnung für die Erfüllung deines Wunsches. Du solltest deinen Wunsch noch einmal überprüfen, ob er auch wirklich angebracht ist. Vielleicht bist du im Moment zu eigensinnig. Du schaffst dir damit nur Feinde und machst dich auf die Dauer unbeliebt. Überprüfe dich selbst, möglicherweise ist es dir noch nicht aufgefallen. Nun, es gibt immer eine Möglichkeit, dies zu ändern: durch Atemübungen!

## KREUZ BUBE · 15. HAUS
### Familie · Sohn · Neffe (mit Dame: Tochter · Nichte)

Im Haus des Wunsches wird dir mitgeteilt, daß dein Wunsch von einer dir nahestehenden Person beeinflußt wird. Möglicherweise sind es deine Eltern oder Großeltern. Auch ein Onkel oder eine Tante ist nicht ausgeschlossen. Es kann sich hier auch um jüngere Personen handeln.

Sieh nach, welche Karte in das 15. Haus fällt. Fällt in das 15. Haus eine Kreuz-Karte, dann besteht eine gute Chance für deinen Wunsch. Andere Karten müssen für dieses Haus gesondert gedeutet werden.

Auf alle Fälle würde es aber Unannehmlichkeiten geben, wenn in das 15. Haus eine PIK-KARTE fällt und wenn die HERZ NEUN sich in einem PIK-HAUS befindet. In diesem Fall mußt du mit großer Opposition rechnen. Man kann sich nicht immer auf Eltern oder auf Freunde verlassen. Vielleicht solltest du deinen Wunsch ändern, um zu deinem Ziel zu gelangen. Oft genügt nur ein kleiner Schritt, aber dieser muß gemacht werden, da du vieles nicht allein schaffen kannst. Solltest du den Schritt noch nicht wissen, hier ist er: Atemübungen!

## KREUZ ZEHN · 8. HAUS
### Reise · Strasse · Wasser · Meer

Im Haus des Wunsches wird dir mitgeteilt, daß dein Wunsch durch eine Änderung oder durch eine Reise beeinflußt wird.

Sieh nach, welche Karte in das 8. Haus fällt. Fällt dort eine Herz-, Karo- oder Kreuz-Karte oder sogar die HERZ NEUN hinein, dann wird dein Wunsch sicherlich in Erfüllung gehen.

Befindet sich aber im 8. Haus eine PIK-KARTE und befindet sich die HERZ NEUN in einem PIK-HAUS, dann solltest du bei einer Änderung deines ursprünglichen Reiseplans vorsichtig sein. Hier lauert Gefahr auf dich. Es kann das eine Gefahr auf der Straße, aber auch am Wasser bedeuten. Versuche dich genau auf dein Vorhaben zu konzentrieren. Vielleicht solltest du eine geplante Reise lieber verschieben. Du kannst dir dadurch Ärger ersparen. Sieh nach, welche Karte in das 22. Haus fällt. Falls nicht HERZ NEUN dort hineinfällt, versuche nicht mit Gewalt etwas zu erzwingen. Du könntest es später bereuen. Es lauern leider im Leben überall Gefahren auf uns. Wir können sie aber zum größten Teil verhindern, wenn wir bereit sind, an uns selbst zu arbeiten. Ein Weg dazu sind die Atemübungen!

## KREUZ NEUN · 31. HAUS

### Glück · Kleine Reise · Risiko

Im Haus des Wunsches wird dir mitgeteilt, daß dein Wunsch – wahrscheinlich im Zusammenhang mit einer glücklichen Fügung – in Erfüllung gehen wird.

Sieh nach, welche Karte in das 31. Haus fällt. Fällt dort eine Kreuz-Karte hinein, so ist das ein sehr gutes Omen für deinen Wunsch. Es könnte dies auch bedeuten, daß dein Wunsch schneller in Erfüllung geht, als du dir erhofft hast. Darüber hinaus solltest du auch die HERZ NEUN deuten. Fällt sie nämlich in ein Herz-, Karo- oder in ein Kreuz-Haus, so steht deinem Wunsch nichts mehr im Wege. Er geht in Erfüllung.

Befindet sich aber im 31. Haus eine PIK-KARTE und fällt die HERZ NEUN in ein PIK-HAUS, so kannst du trotz Nichterfüllung deines Wunsches vielleicht mit ein wenig Glück rechnen. Möglicherweise steht hier ein Unglück an, das dir deinen Wunsch zunichte macht. Solltest du aber trotzdem noch ein wenig Glück haben, dann sei dankbar, denn Glück ist eine bescheidene Angelegenheit. Wer das weiß, wird das Glück auch richtig erkennen können. Je bescheidener du wirst, um so glücklicher kannst du werden. Über die Atemübungen kannst du es am besten erfahren.

## KREUZ ACHT · 26. HAUS

### Neue Unternehmungen · Mut · Heldentat

Im Haus des Wunsches wird dir mitgeteilt, daß dein Wunsch durch Genauigkeit bei der Ausführung deiner Arbeit in Erfüllung gehen wird. Es kann sein, daß du etwas zustande bringst, womit du nicht gerechnet hast. Dies kann auch im geschäftlichen Bereich sein. Möglicherweise überraschst du dich selbst dabei, wie genau du sein kannst. Es kann aber auch sein, daß du jemandem behilflich sein wirst, man deine souveräne Ausführung bewundert und du dadurch zu deinem Wunsch gelangst.

Sieh nach, welche Karte sich im 26. Haus befindet. Befindet sich dort eine Herz-, Karo- oder Kreuz-Karte und fällt die HERZ NEUN in ein Herz-

oder Karo-Haus, so wird dein Wunsch sicherlich sehr bald in Erfüllung gehen.

Befindet sich aber im 26. Haus eine PIK-KARTE und fällt die HERZ NEUN in ein schwarzes Haus, speziell aber in ein PIK-HAUS, so wirst du mit Opposition für deinen Wunsch zu rechnen haben. Du solltest den Ausführungen und Formulierungen deiner Gespräche mehr Beachtung schenken und in der nächsten Zeit etwas vorsichtiger sein. Speziell dann, wenn es um geschäftliche Angelegenheiten geht. Vergiß nicht die Atemübungen!

## KREUZ SIEBEN · 14. HAUS

NACHRICHTEN · BOTSCHAFT · TRÄNEN · LEID

Im Haus des Wunsches wird dir mitgeteilt, daß dein Wunsch durch die Übermittlung eines Briefes, eines Telegramms oder eines Eilbriefes in Erfüllung gehen wird. Es kann aber auch sein, daß man dir per Telephon einen Gewinn mitteilt, mit dem du dir endlich deinen sehnlichsten Wunsch erfüllen kannst. Auch ist es möglich, daß jemand an der Tür läutet und dir eine Freudenbotschaft überbringt.

Sieh nach, welche Karten sich im 14. und im 21. Haus befinden. Befinden sich dort Herz-, Karo- oder Kreuz-Karten und fällt die HERZ NEUN in ein rotes Haus, so wird dein Wunsch sicherlich bald nach Erhalt der Nachricht in Erfüllung gehen.

Befinden sich aber im 14. und im 21. Haus PIK-KARTEN und fällt die HERZ NEUN in ein schwarzes Haus, speziell aber in ein PIK-HAUS, so besteht keine große Hoffnung, daß dein Wunsch in Erfüllung gehen wird. Lege dir eine Woche später noch einmal die Karten und vergleiche sie mit dem ersten Bild. Vielleicht handelt es sich nur um ein vorübergehendes Tief. Atemübungen werden dir in diesem Fall Trost geben. Vertraue auf Gott und verliere nie den Glauben an ihn.

# PIK

## PIK AS · 24. HAUS

TOD · UNFALL · SCHICKSALSSCHLÄGE · QUAL · NOT

Im Haus des Wunsches wird dir mitgeteilt, daß diese Karte im Haus des Wunsches sehr viele Bedeutungen haben kann. Dies kann bedeuten, daß du dich in der nahen Zukunft von einem Menschen wirst trennen müssen, möglicherweise durch einen Todesfall oder durch eine Scheidung. Es kann aber auch sein, daß du durch deine eigene Unachtsamkeit zu einer Gefängnisstrafe verurteilt wirst. Ferner besteht die Möglichkeit, daß du durch eine große Gefühlserregung außer Kontrolle gerätst oder eine unerlaubte Liebesaffäre eingehen wirst. Es könnte aber auch heißen: Eine schlechte Situation wird endgültig zu Ende gehen.

Sieh nach, welche Karte in das 24. Haus fällt. Fällt dort eine Herz-, Karo- oder eine Kreuz-Karte hinein, nicht jedoch KREUZ AS, so wird dein Wunsch trotz einiger Schwierigkeiten in Erfüllung gehen. Sieh auch nach, in welches Haus die HERZ NEUN fällt. Fällt sie in ein rotes Haus oder in ein Kreuz-Haus, dann besteht eine gute Chance für deinen Wunsch.

Befindet sich aber im 24. Haus eine PIK-KARTE und fällt die HERZ NEUN in ein schwarzes Haus, speziell in ein PIK-HAUS, dann mußt du bei der Erfüllung deines Wunsches in der nächsten Zeit mit Widerstand rechnen. Es wäre hier an der Zeit, deine Wünsche und Pläne noch einmal gründlich zu überdenken. Es ist möglich, daß es keinen Sinn hat, deinen Wunsch oder deinen Plan in die Realität umsetzen zu wollen. Du vergeudest damit nur kostbare Zeit und bringst dich keinen Schritt weiter. Du kannst deine Zeit besser nutzen, indem du regelmäßig die Atemübungen machst. Sie bringen dich rascher an dein Ziel.

## PIK KÖNIG · 28. HAUS

RUFER · BEHÖRDE · SCHULE · SPITAL · INSTITUTION

Im Haus des Wunsches wird dir mitgeteilt, daß eine Person dich anrufen und dein Wunsch dadurch beeinflußt wird. Irgend jemand möchte dich dringend sprechen oder auch anrufen. Dieser Jemand ist von einer Behörde. PIK KÖNIG hat sehr viele Bedeutungen. Diese Karte verkörpert beispielsweise das Gesetz, das Recht oder die Polizei. Sie kann weiter für das Militär, die Feuerwehr oder auch das Spital stehen.

Sieh nach, welche Karte in das 28. Haus fällt. Fällt dort eine Herz-, Karo- oder eine Kreuz-Karte hinein, so besteht eine gute Chance für deinen Wunsch. Sieh auch nach, in welches Haus die HERZ NEUN fällt. Fällt sie in ein rotes Haus oder in ein Kreuz-Haus, so wird dein Wunsch sicherlich ohne große Schwierigkeiten in Erfüllung gehen.

Befindet sich aber im 28. Haus eine PIK-KARTE und fällt die HERZ NEUN in ein PIK-HAUS, so wirst du wahrscheinlich auf Schwierigkeiten stoßen, die nicht zu vermeiden sind. Dies kann durch Eigenverschulden oder aber auch durch Unachtsamkeit passieren. Versuche bei deinen Angelegenheiten mit Behörden immer alle Papiere in Ordnung zu haben, denn nur dadurch kannst du Verzögerungen, die lästig für dich sind, vermeiden. Solltest du deine innere Ordnung noch nicht gefunden haben, dann beginne gleich in der nächsten Zeit mit den Atemübungen.

## PIK DAME · 29. HAUS

### Dankbarkeit · Dunkle Dame · Undank · Neid

Im Haus des Wunsches wird dir mitgeteilt, daß dein Wunsch in der nächsten Zeit durch eine Dame beeinflußt wird. Diese Person kann entweder sehr großzügig oder kleinlich sein. Dies hängt ganz davon ab, welche Karte in das 29. Haus fällt. Fällt eine Herz-, Karo- oder eine Kreuz-Karte in das 29. Haus, dann wird dein Wunsch in der Zukunft positiv beeinflußt werden.

Auch hier kannst du Rückschlüsse auf deinen Wunsch ziehen. Fällt die HERZ NEUN in ein rotes Haus oder in ein Kreuz-Haus, dann wird es sich wahrscheinlich um eine Dame handeln, die sehr großzügig zu dir sein wird.

Fällt aber in das 29. Haus eine PIK-KARTE und fällt die HERZ NEUN in ein PIK-HAUS, so mußt du sicherlich mit erheblichem Widerstand für deinen Wunsch rechnen. Möglicherweise schmiedet jemand gegen dich Rachepläne und versucht daher, dich an deinem Vorankommen zu hindern. Deine Wünsche werden von jemandem negativ durchkreuzt. Du mußt auch mit Undankbarkeit rechnen. Deine Hilfe wird man hinter deinem Rücken als dilettantisch darstellen. Wichtig ist für dich, daß du weißt, was du in einer solchen Situation zu tun hast. Man will dich sicherlich nervös machen und dich hintergehen. Mache die Atemübungen regelmäßig, denn diese werden dir immer helfen.

## PIK BUBE · 1. HAUS

GEGENWART · WAHRHEIT · DUNKLER MANN · UNIFORMIERTER

Im Haus des Wunsches wird dir mitgeteilt, daß dein Wunsch mit der Wahrheitsfindung anderer Menschen zu tun hat. Es kann auch sein, daß du dir Gedanken über deinen Weg zur Wahrheit machen wirst. Möglicherweise macht sich jemand auch über dich und deine Ehrlichkeit Gedanken. Vielleicht sorgt sich jemand um dich und hat den Wunsch, dich umzuformen. Lerne die Menschen zu beobachten, dabei läßt sich sehr viel lernen.

Sieh nach, welche Karte sich im 1. Haus befindet. Befindet sich eine Herz-, Karo- oder eine Kreuz-Karte in diesem Haus und fällt die HERZ NEUN in ein rotes Haus oder in ein Kreuz-Haus, so wird dein Wunsch sicherlich in der nächsten Zeit in Erfüllung gehen.

Befindet sich aber im 1. Haus eine PIK-KARTE und fällt die HERZ NEUN in ein PIK-HAUS, so wirst du in der nächsten Zeit mit einem erheblichen Widerstand rechnen müssen. Es kann dies aber auch noch eine andere Bedeutung haben. So könnte es sein, daß du zur Zeit entweder von einem Tief oder einer jüngeren Person schlecht beeinflußt wirst. Du mußt hier gewarnt werden. Dem Anschein nach beschäftigen sich deine Freunde oder beschäftigst du dich mit nicht ganz legalen Dingen. Vorsicht vor dem Gefängnis! Sieh auch nach, welche Karte sich im 28. Haus befindet. Befindet sich dort eine rote Karte und fällt der PIK KÖNIG in ein rotes Haus, so wird die Angelegenheit für dich nicht so schlimm werden. Vertraue daher auf Gott. Es kann aber auch sein, daß eine Verlobung genau so rasch wieder aufgelöst wird, wie sie geschlossen wurde. Darum sei vorsichtig. Andernfalls wirst du in der nächsten Zeit durch deine eigene Schuld sehr enttäuscht werden. Suche niemals die Schuld bei anderen, sondern beginne bei dir selbst zu suchen. Studiere, was du falsch machst. Schließe die Atemübungen in deinen Tagesablauf ein, und dein Leben wird ruhiger und sonniger werden.

## PIK ZEHN · 32. HAUS
### Sonne · Entfernungen · Andere Länder · Nacht

Im Haus des Wunsches wird dir mitgeteilt, daß du dir Gedanken machst, wie du an so manche Dinge oder Sachen herangehen sollst. Du machst dir Gedanken, wie ein Endresultat aussehen wird und wie es weitergehen soll. Du stellst auch Überlegungen an, die andere Menschen nicht verstehen werden. Es ist oft nicht wichtig, daß andere dich verstehen, denn nur du weißt, was du willst und wie du deine Vorstellungen umsetzen kannst, um dir deine Wünsche zu erfüllen.

Sieh nach, welche Karte in das 32. Haus fällt. Fällt dort eine Herz-, Karo- oder eine Kreuz-Karte hinein, dann wirst du freudig überrascht werden. Dein Wunsch wird in Erfüllung gehen. Sieh aber auch nach, in welches Haus die HERZ NEUN fällt. Fällt sie in ein rotes Haus, so ist das Omen für deine Durchführungen sehr gut. Das Ergebnis wird dich sehr beruhigen, und du wirst mit dem Endresultat äußerst zufrieden sein. Trotzdem sollte man sich nicht auf seinen Lorbeeren ausruhen. Neue Taten werden verlangt und auch gelingen.

Befindet sich aber im 32. Haus eine PIK-KARTE und fällt die HERZ NEUN in ein schwarzes Haus, speziell aber in ein PIK-HAUS, dann kannst du dir sicher sein, daß dich etwas sehr aufregen wird. Vielleicht wirst du in diesem Moment alle hassen. Es kann aber auch sein, daß du jemandem geholfen hast und daß dieser jemand später schlecht über dich sprechen wird. Rege dich nicht auf, es lohnt sich nicht. Mache weiterhin die Atemübungen, sie helfen dir über so manchen Kummer hinweg.

## PIK NEUN · 23. HAUS
### Depression · Unannehmlichkeiten · Kälte

Im Haus des Wunsches wird dir mitgeteilt, daß dein Wunsch durch eine ungewöhnliche Situation beeinflußt wird. Hier darfst du mit keiner guten Lage rechnen. Es ist ein schlechtes Vorzeichen, wenn diese Karte in das 2. Haus fällt. Es ist möglich, daß du einen Verlust erleiden wirst. Vielleicht nimmst du den Verlust im ersten Moment gar nicht so wahr, aber er wird entscheidend für dich sein. Dein Wunsch wird dadurch sehr behindert oder läßt sich überhaupt nicht erfüllen.

Sieh nach, welche Karte sich im 23. Haus befindet. Befindet sich dort eine Herz-Karte, so kann das einen Verlust in Herzensangelegenheiten bedeuten – ein schwerer Schlag für dich. Befindet sich eine Karo-Karte in diesem Haus, so kann das für dich einen erheblichen finanziellen Verlust bedeuten. Deute dann auch das 17. Haus. Befindet sich eine Kreuz-Karte im 23. Haus, so kann das einen Verlust einer dir bekannten Person bedeuten, möglicherweise die Auflösung einer langjährigen Freundschaft.

Befindet sich eine PIK-KARTE im 23. Haus, so wirst du zur Erfüllung deines Wunsches gar keine Chance bekommen. Nur wenn die HERZ NEUN in ein rotes Haus fällt, wird die Situation geschwächt. Fällt aber die HERZ NEUN in ein schwarzes Haus, speziell aber in ein PIK-HAUS, so sei mit deiner eigenen Person sehr vorsichtig. Deine Wünsche haben jeden Bezug zur Realität verloren. Es könnte auch sein, daß man dich von einem Psychiater in bezug auf deinen Geisteszustand untersuchen lassen will. Versuche auf jeden Fall deine Gedanken zu ordnen und beginne regelmäßig die Atemübungen durchzuführen. Sie werden dir sehr helfen, und du wirst sehen, daß man dich wieder verstehen wird. Jeder Mensch kommt in seinem Leben in Situationen, die ihn glauben lassen, er könne sich und die Umwelt nicht mehr verstehen. Das gibt sich durch die Atemübungen wieder. Im Notfall kannst du auch einen Arzt aufsuchen.

## PIK ACHT · 22. HAUS
### ÄRGER · ÄRGERNISSE · STREIT · VERLEUMDUNGEN

Im Haus des Wunsches wird dir mitgeteilt, daß du Sorgen um deine Wünsche hast. Die Sorgen sind berechtigt, denn sie bereiten dir schon seit längerer Zeit Ärger. Es ist für dich jetzt nicht leicht, die Oberhand wieder zu gewinnen. Wenn du aber den Glauben an dich und an Gott nicht verlierst, so wird sich für dich die Lage bald wieder ändern.

Sieh nach, welche Karte in das 22. Haus fällt. Fällt dort eine Herz-Karte hinein, wird der Ärger deine Herzensangelegenheiten betreffen. Deute dann auch das 4. Haus. Befindet sich eine Karo-Karte im 22. Haus, so wird dein Ärger Gelddinge betreffen. Deute dann auch das 17. und das 9. Haus. Befindet sich eine Kreuz-Karte im 22. Haus, dann wirst du Ärger mit deiner Familie, mit Bekannten oder Freunden bekommen. Hier mußt du dann das 15. und das 19. Haus noch deuten. Rote Karten in diesen Häusern schwächen den Ärger immer ab, schwarze Karten, speziell PIK-KARTEN, verstärken den Ärger.

Befindet sich im 22. Haus eine PIK-KARTE und fällt die HERZ NEUN in ein schwarzes Haus, speziell aber in ein PIK-HAUS, dann wird es Zeit, daß du deinen Ärger abzubauen beginnst. Du scheinst dich über jede Kleinigkeit aufzuregen. Das schadet dir, deiner Gesundheit und deiner Umgebung. So kannst du keine Freunde gewinnen. Beginne mit den Atemübungen, denn auch du kannst dich ändern. Nach kurzer Zeit wirst du dich selbst wieder leiden können.

## PIK SIEBEN · 16. HAUS
### Gesundheit · Krankheit · Kur · Operation

Im Haus des Wunsches wird dir mitgeteilt, daß deine Gesundheit oder die eines anderen Menschen einen großen Einfluß auf deinen Wunsch hat. Diese Karte hat aber auch noch andere Bedeutungen. Es könnte sein, daß dir jemand etwas verspricht. Da dieser Jemand jedoch zu Übertreibung und Angeberei neigt, kann er das Versprochene nicht einhalten. Vielleicht stehst du dir bezüglich deines Wunsches selbst im Wege. Möglicherweise bist du auch unzufrieden mit dem, was du hast. Oder dich bedrückt Liebeskummer, der sich aber gar nicht lohnt, weil die Person, von der du annimmst, daß sie dich liebt, kein Interesse an dir hat. Vielleicht befindet sich ein anderer in einer solchen Situation, dann wäre es sehr nett von dir, wenn du ihm in seiner Einsamkeit eine Stütze sein könntest. Dein Helfen und dein Handeln werden eines Tages belohnt werden. Die Belohnung muß nicht immer materieller Art sein.

Sieh nach, welche Karte in das 16. Haus fällt. Fällt dort eine Herz-, Karo- oder Kreuz-Karte hinein, so besagt dies, daß du mit deiner Gesundheit vorsichtig umgehen solltest. Noch bist du vital – aber bald schon kann es anders werden.

Befindet sich im 16. Haus eine PIK-KARTE und fällt die HERZ NEUN in ein schwarzes Haus, speziell aber in ein PIK-HAUS, dann wird dein Wunsch nicht in Erfüllung gehen. Du solltest dich mehr um deine Gesundheit sorgen als um deine Wünsche, ansonsten lebst du am Leben vorbei. Beginne regelmäßig mit den Atemübungen – und du wirst ein neuer Mensch werden, der gesund und vital durch das Leben gehen wird. Gott gab uns die Natur, damit wir sie auch richtig für unseren Körper einsetzen. Vielleicht machst du dir einmal Gedanken über deinen Zigarettenkonsum.

Das 3. Haus

# KARO SIEBEN

## Das Haus des Erfolges, der Karriere, des Aufstiegs und der Leistung

# HERZ

## HERZ AS · 7. HAUS
WOHNUNG · BESITZ · HAUS · EIGENTUM

Im Haus des Erfolges wird dir mitgeteilt, daß deine Wohnungssituation einen sehr großen Einfluß auf deinen Erfolg hat. Das bezieht sich vor allen Dingen auf geschäftliche Angelegenheiten. Möglicherweise machst du des öfteren eine Transaktion in deiner Wohnung. Sie ist nett eingerichtet, und darum ist man gerne bei dir. Du bist ein hervorragender Gastgeber, und das wirkt sich wiederum für deinen Beruf gut aus. Es ist auch möglich, daß du generell deinen Beruf zu Hause ausübst, zum Beispiel als Schriftsteller, Astrologe oder Steuerberater. Möglicherweise siehst du dich auch nach einer neuen Wohnung oder einem neuen Haus um.

Sieh nach, welche Karte in das 7. Haus fällt. Fällt in dieses Haus eine rote Karte hinein, so wird die Suche für dich mit einem vollen Erfolg enden. Sieh auch noch nach, in welches Haus die KARO SIEBEN fällt. Fällt sie in ein rotes Haus hinein, so handelt es sich um eine hübsche Wohnung oder um ein schönes Haus. Dein neues Heim wirst du eines Tages reich und vornehm gestalten.

Befindet sich aber im 7. Haus eine schwarze Karte, speziell eine PIK-KARTE, und fällt die KARO SIEBEN in ein schwarzes Haus, speziell in ein PIK-HAUS, so sieh zu, daß dein Haus oder deine Wohnung vor Dieben gut geschützt wird. Sieh auch nach, ob deine Versicherungsprämie für das Haus oder die Wohnung bezahlt ist. Vielleicht mußt du dein Eigentum höher versichern lassen.

## HERZ KÖNIG · 13. HAUS
UNTERHALTUNG · MÄNNLICHER FREUND · BLOND · SPONSOR

Im Haus des Erfolges wird dir mitgeteilt, daß du dich in der Unterhaltungsbranche umsehen solltest. Deine Linie liegt eindeutig im Showbusineß. Du machst gerne andere Menschen fröhlich und glücklich. Es kann aber auch sein, daß eine freundliche Person auf deinen Erfolg Einfluß nimmt. Dies dürfte sehr bald sein. Es ist auch möglich, daß du schon beeinflußt wirst. Vielleicht hast du es nur noch gar nicht bemerkt. Diese

Person wird einen sehr großen Einfluß auf deine zukünftige Arbeit haben, es kann sich um einen möglichen Sponsor handeln.

Sieh nach, welche Karte sich im 13. Haus befindet. Befindet sich dort eine rote Karte und fällt die KARO SIEBEN in ein rotes Haus, dann wird der Mensch von großem Vorteil für dich im positiven Bereich sein. Hier handelt es sich um einen wirklich guten und seltenen Freund. Befindet sich eine Kreuz-Karte im 13. Haus, so könnte das auch bedeuten, daß du durch deinen Vater oder durch deinen Onkel Erfolg haben wirst.

Befindet sich aber im 13. Haus eine PIK-KARTE und fällt die KARO SIEBEN in ein PIK-HAUS, so sei vorsichtig vor älteren Freunden. Es könnte sein, daß man dein Talent ausnutzen will. Vorsicht ist vor übereilten Vertragsabschlüssen geboten. Wenn man Zweifel hat, sollte man immer einen Anwalt oder Notar hinzuziehen. Lasse dich nicht durch verlokkende Angebote täuschen. Man kommt oft sehr schwer wieder aus abgeschlossenen Verträgen heraus. Beachte die Atemübungen!

## HERZ DAME · 19. HAUS

FREUNDE · WEIBLICHER FREUND · BLOND · SPONSOR

Im Haus des Erfolges wird dir mitgeteilt, daß du mit dem Einfluß eines Freundes rechnen kannst, der weiblich oder männlich sein kann – ein sehr gutes Vorzeichen zu einem neuen Freund oder einem neuen Kameraden. Diese Person wird dir auch in der Zukunft in schwierigen Zeiten zur Seite stehen. In schwierigen Zeiten hat man meistens gar keine Freunde, aber hier ist sicher, daß jemand zu dir hält. Du solltest diesen Menschen immer achten, denn er ist ein wahrer und selbstloser Freund. Durch ihn wirst du sehr große Chancen erhalten. Die Hälfte deines Erfolges wird dir durch diese Person ermöglicht.

Sieh nach, welche Karte in das 19. Haus fällt. Fällt dort eine männliche Karte hinein, so deutet dies auf einen männlichen Freund hin. Befindet sich dort eine weibliche Karte, so deutet dies auf einen weiblichen Freund hin. Sieh auch nach, in welches Haus die KARO SIEBEN fällt. Fällt sie in ein Herz-, Karo- oder in ein Kreuz-Haus, so kannst du mit guten Freunden rechnen.

Befindet sich aber im 19. Haus eine PIK-KARTE, PIK KÖNIG ausgenommen, und fällt die KARO SIEBEN in ein PIK-HAUS, so sei vorsichtig mit der Wahl deiner Freunde. Verrat, Verlust oder sogar Verleumdung kann dir durch die Falschheit eines »Freundes« geschehen. Du könntest sogar eine

Gefängnisstrafe abbüßen, wenn du dir deine Freunde nicht sorgfältiger aussuchst. Beachte die Atemübungen!

## HERZ BUBE · 6. HAUS

Popularität · Kunst · Jüngerer männlicher Freund · Künstler

Im Haus des Erfolges wird dir mitgeteilt, daß dein Erfolg entweder im künstlerischen (Schauspieler, Sänger, Theater, Bühne, Film) oder im sportlichen Bereich liegt. Du wirst aber nur in den Sportarten erfolgreich sein, die künstlerisch ausgerichtet sind. Dazu gehören Tanz, Kunstturnen, Eiskunstlauf, aber auch Sportarten aus asiatischen Breiten. Du solltest jedoch wissen, welche Linie dir am besten zusagt. Nach einer intensiven Ausbildung wirst du eines Tages großen Erfolg haben. Versuche deine Talente oder eines deiner Talente bis zur Perfektion auszubauen, denn darin liegt deine ganze Zukunft. Folge deiner inneren Stimme. Lasse dich durch andere nicht beirren, denn du weißt am besten, was genau du willst.

Sieh nach, welche Karte in das 6. Haus fällt. Fällt dort eine rote Karte hinein, dann bist du auf dem richtigen Weg zu deinem Erfolg. Sieh auch noch nach, in welches Haus die KARO SIEBEN fällt. Fällt sie in ein rotes Haus, so steht deinem Erfolg und deinem Ziel nichts mehr im Wege.

Befindet sich aber im 6. Haus eine schwarze Karte, speziell eine PIK-KARTE, und fällt die KARO SIEBEN in ein schwarzes Haus, speziell in ein PIK-HAUS, so solltest du weiter an dir arbeiten und nicht nachlassen. Zeitweise glaubst du, daß du dein Ziel nicht erreichen wirst. Versuche dich zu entspannen und mache die Atemübungen. Sie werden dich einen Schritt weiter zu deinem Erfolg bringen, und du wirst dann genau wissen, wo deine Stärke liegt. Wir alle haben im Leben Hürden zu meistern. Warum solltest gerade du ausgeschlossen sein, der du doch Großes leisten möchtest? Nur wer an sich und an Gott glaubt, dem wird auch geholfen. Überprüfe die Menschen, mit denen du in der nächsten Zeit zusammenarbeiten wirst – und sei kritisch. Dann werden sich die richtigen Personen herauskristallisieren. Trenne die Spreu vom Weizen.

## HERZ ZEHN · 11. HAUS
### Heirat · Verbindungen · Vereine · Bruderschaften

Im Haus des Erfolges wird dir mitgeteilt, daß du in deinem Leben großen Erfolg durch eine Heirat haben wirst. Diese Partnerschaft muß nicht unbedingt gleich durch einen Ehevertrag besiegelt werden, es kann sich auch um eine langjährige Partnerschaft handeln. Solltest du zur Zeit ein »Lebenskünstler« sein, so wird das bald aufhören. Du wirst dich einem Klub oder einer anderen Vereinigung anschließen, um dadurch festen Boden unter deinen Füßen zu bekommen. Es ist auch möglich, daß sich in Kürze innerhalb deiner Firma eine positive Wende für dich abzeichnet. Vielleicht bietet man dir eine Partnerschaft an. Man will dir die Führung anderer Menschen übertragen und überträgt dir somit einen sehr großen Verantwortungsbereich, weil man dein Organisationstalent erkannt hat.

Sieh nach, welche Karten das 11. und 25. Haus abdecken. Werden beide Häuser mit roten Karten abgedeckt, so nehme die Aufgabe an, die man dir stellt. Du wirst sehr großen Erfolg haben. Sieh auch noch nach, in welches Haus die KARO SIEBEN fällt. Fällt sie in ein rotes Haus, so kannst du mit sehr gutem Erfolg in der Zukunft rechnen.

Wenn aber in das 11. und in das 25. Haus schwarze Karten, speziell PIK-KARTEN, fallen und wenn die KARO SIEBEN in ein PIK-HAUS fällt, so mußt du vorsichtig sein. Möglicherweise steigt dir dein Erfolg zu Kopf. Bleibe menschlich und werde nicht überheblich. Beachte die Atemübungen!

## HERZ NEUN · 2. HAUS
### Wunsch · Wünsche · Sehnsucht · Hoffnung

Im Haus des Erfolges wird dir mitgeteilt, daß dein Erfolg zugleich mit einem Wunsch in Erfüllung gehen kann. Es kann auch sein, daß du hier mit einer Verbindung zu tun haben wirst, die für dich sehr erfolgreich sein wird. Schon sehr bald kann dies eintreffen. Vielleicht weißt du jetzt schon, um was es sich hier handeln kann.

Sieh nach, welche Karte in das 2. Haus fällt. Fällt dort eine rote Karte hinein, dann ist das ein sehr gutes Zeichen für deinen Erfolg. Vergleiche aber auch noch, in welches Haus die KARO SIEBEN fällt. Fällt auch sie in ein rotes Haus, so ist dir Erfolg – ausgehend von deinem Wunsch – auf der ganzen Linie sicher.

Befindet sich aber im 2. Haus eine schwarze Karte, speziell eine PIK-KARTE, und fällt die KARO SIEBEN in ein schwarzes Haus, speziell aber in ein PIK-HAUS, so mußt du noch ein Weilchen warten, bis du Erfolg haben wirst. Lege dir eine Woche später wieder die Karten und vergleiche sie mit dem ersten Bild. Sollte sich wieder eine PIK-KARTE im 2. Haus zeigen, so wirst du mit Widerstand rechnen müssen. Andere schwarze Karten deuten meistens nur eine kleine Verzögerung an.

## HERZ ACHT · 4. HAUS

LIEBE · MONDSCHEIN · ROMANZE · HERZ

Im Haus des Erfolges wird dir mitgeteilt, daß du wirklich durch die Liebe eines Menschen zu dem Erfolg kommen wirst, den du dir nicht einmal im Traum hast vorstellen können. Du bist sehr beliebt oder wirst sehr beliebt sein. Möglicherweise bist du ein Lebenskünstler oder wirst noch einer werden. Die Menschen bewundern dich. Es könnte auch sein, daß du ein Mensch bist, der sehr gut wirtschaften kann. Denn man muß hart an sich arbeiten, will man mit wenigen Mitteln noch etwas zustande bringen. Du brauchst jedoch nicht hart an dir zu arbeiten, da du über Talent zum Wirtschaften verfügst. Solltest du noch zur Schule gehen, so lieben dich deine Schulkollegen. Sie hätten dich gerne als Klassensprecher. Nimm die Verantwortung auf dich, wenn du dich der Aufgabe gewachsen fühlst. Auch wirst du Erfolg in der Liebe haben! Was willst du mehr?

Sieh nach, welche Karte in das 4. Haus fällt. Fällt dort eine rote Karte hinein, dann ist das ein gutes Omen für die weitere Zukunft. Sieh auch nach, in welches Haus die KARO SIEBEN fällt. Fällt sie in ein rotes Haus, so kannst du im Glauben an Erfolg deinen Weg weitergehen.

Befindet sich aber im 4. Haus eine schwarze Karte, speziell eine PIK-KARTE, und fällt die KARO SIEBEN in ein PIK-HAUS, so solltest du dir noch etwas Zeit lassen, denn im Moment ist die Aussicht auf deinen Erfolg etwas geschmälert. Lege dir eine Woche später wieder die Karten und vergleiche sie mit dem ersten Bild. Vielleicht handelt es sich nur um einen vorübergehenden Widerstand. Atemübungen!

## HERZ SIEBEN · 12. HAUS
FRÖHLICHKEIT · GUTE LAUNE · HERZLICHKEIT · FROHSINN

Im Haus des Erfolges wird dir mitgeteilt, daß für deine Zukunft schon etwas festgelegt worden ist, das dich später sehr fröhlich stimmen wird. Du bist ein netter, freundlicher Mensch, und daher wirst du auf deinem Weg mit Herzlichkeit belohnt. Möglicherweise zeigt sich jemand sehr dankbar für vergangene Leistungen, die du ihm selbstlos entgegengebracht hattest. Diese Person wird dir helfen, deine Zukunftspläne zu verwirklichen.

Sieh nach, welche Karten in das 12. und in das 29. Haus fallen. Fallen dort rote Karten hinein, so ist das ein sichtbar gutes Zeichen für deinen Erfolg. Sieh auch noch nach, in welches Haus die KARO SIEBEN fällt. Fällt sie in ein rotes Haus, so kann dein Erfolg auch mit einem wertvollen Geschenk verbunden sein. Hier könnte es sich um eine Hinterlassenschaft handeln.

Befindet sich aber im 12. Haus eine schwarze Karte, speziell eine PIK-KARTE, liegt darüber hinaus auch im 29. Haus eine PIK-KARTE und fällt die KARO SIEBEN in ein schwarzes Haus, speziell in ein PIK-HAUS, so sei vorsichtig, denn du wirst von Neidern und eifersüchtigen Menschen umgeben sein. Sei auf der Hut! Sieh nach, welche Karte in das 19. Haus fällt. Jede rote Karte schwächt die Situation immer ab. Jede schwarze Karte, speziell eine PIK-KARTE, verschlechtert die Situation. Es kann sein, daß du eine große Liebesaffäre hast und den Überblick verlierst. Versuche dich zu konzentrieren und stürze dich nicht übereilt in Abenteuer, die du dann nicht mehr bewältigen kannst. Überprüfe auch deine Freunde. Es kann sein, daß du ausgenutzt wirst. Solltest du dir nicht ganz im klaren sein, so beginne mit den Atemübungen! Es wird für dich nicht zu spät sein, wenn du bald damit beginnst.

# KARO

## KARO AS · 25. HAUS
Beruf · Firma · Unternehmen · Projekte

Im Haus des Erfolges wird dir mitgeteilt, daß dein Erfolg sich durch ein neues Unternehmen – oder durch eine neue Unternehmung deinerseits – einstellen wird. Es kann sein, daß du erst durch dieses neue Unternehmen neue Gedanken oder auch neue Einfälle haben und dadurch sehr erfolgreich sein wirst. Es kann aber auch sein, daß du die Gedankengänge anderer auffängst. Dadurch wirst du zum Sprachrohr anderer. Dir wird es dann gelingen, diese Gedanken real umzusetzen. Möglich ist auch, daß man dir rät, Kurse zu besuchen, die dir nichts kosten werden. Tu dies, denn man kann nicht genug an seiner Weiterbildung arbeiten. Du wirst also lernen können, ohne dafür bezahlen zu müssen. Nicht jedem wird diese Möglichkeit geboten. Sei dankbar dafür.

Sieh nach, welche Karte in das 25. Haus fällt. Fällt dort eine Herz-, Karo- oder eine Kreuz-Karte hinein, so ist das ein gutes Zeichen für eine Förderung oder Unterstützung. Wenn du eine Unterstützung von staatlicher Seite erwarten solltest, so sieh auch im 28. Haus nach. Rote Karten sind positiv, schwarze Karten, speziell PIK-KARTEN, negativ zu deuten. Befindet sich jedoch die KARO SIEBEN in einem roten Haus, so ist das Angebot, das dir gemacht wird, sehr gut.

Befindet sich aber im 25. Haus eine PIK-KARTE und fällt die KARO SIEBEN in ein schwarzes Haus, speziell in ein PIK-HAUS, so scheinst du auf Widerstand zu stoßen. Du mußt vielleicht noch eine Prüfung absolvieren, bevor du zu deinem Erfolg gelangst. Studiere weiter, und dein Erfolg wird dir sicher sein. Bei möglicher Unkonzentriertheit solltest du die Atemübungen regelmäßig einhalten. Sie fördern auch die Durchblutung deines Gehirns.

## KARO KÖNIG · 9. HAUS.
Legale Papiere · Arzt · Anwalt · Notar

Im Haus des Erfolges wird dir mitgeteilt, daß dein Erfolg auf legalem Wege zustande kommen wird. Das kann, da das Recht auf deiner Seite ist, nur gerichtlich geschehen. Solltest du eine Universität besuchen, so ist es auch möglich, daß du in Kürze promovieren wirst. Vielleicht wird dir auch bald klar sein, welche Studienrichtung du einschlagen mußt, um in deinem späteren Leben großen Erfolg erzielen zu können. Solltest du aber noch nicht wissen, was du später machen sollst, so ruhe dich aus, konzentriere dich und mache die Atemübungen!

Sieh nach, welche Karte in das 9. Haus fällt. Fällt dort eine rote Karte hinein, dann weißt du sicherlich schon, in welchem Bereich du Erfolg haben wirst. Sieh auch nach, in welches Haus die KARO SIEBEN fällt. Fällt sie in ein rotes Haus, dann führe deine Vorhaben aus.

Befindet sich aber im 9. Haus eine schwarze Karte, speziell eine PIK-KARTE, und fällt die KARO SIEBEN in ein schwarzes Haus, speziell in ein PIK-HAUS, so solltest du dich vor der Wahl deines Studiums beraten lassen. Du bist dir noch nicht ganz im klaren darüber, was du unbedingt willst. Lasse dir Zeit, übereile nichts, auch später ist noch die Möglichkeit für ein geeignetes Studium gegeben. Versuche dich zu konzentrieren und mache täglich deine Atemübungen. Früher als du glaubst, wirst du wissen, welcher Bereich dir Erfolg verspricht.

## KARO DAME · 18. HAUS

JAHRESZEIT · FRÜHJAHR · SOMMER · HERBST · WINTER

Im Haus des Erfolges wird dir mitgeteilt, daß du mit einem dauerhaften Erfolg rechnen kannst. Allerdings kommt nicht alles von allein, du mußt schon intensiv studieren oder arbeiten, aber das wird sich später für dich bezahlt machen. Lerne intensiv, wenn du studierst, arbeite hart, wenn du arbeitest. Lerne bei deiner Arbeit, das Beste für dich und deine Mitmenschen herauszuholen. Lasse dich nicht von deinem Weg abbringen, bleibe ehrlich, denn so manche Versuchungen werden deinen Weg kreuzen. Du wirst in Zukunft immer mehr leisten können, ohne daß du dich deswegen mehr anstrengen mußt. Eine große Hilfe werden die Atemübungen sein, wenn du sie täglich durchführst. Möglicherweise wird man dir eine neue Position anbieten, in der du später für mehrere Firmen arbeiten wirst. Vielleicht wirst du in Zukunft selbst mehrere Firmen besitzen. Verlange immer nur das von deinen Untergebenen, was du selbst zu leisten imstande bist.

Sieh nach, welche Karten in das 18. und in das 25. Haus fallen. Fallen dort rote Karten hinein, dann wirst du in Zukunft viel Freude an deiner Arbeit haben. Sieh auch nach, in welches Haus die KARO SIEBEN fällt.

Fällt sie in ein rotes Haus, so ist dir der Erfolg durch Studium oder durch Arbeit gewiß.

Befindet sich aber im 18. Haus eine PIK-KARTE und fällt die KARO SIEBEN in ein PIK-HAUS, so mußt du mit Widerstand in der nächsten Zeit rechnen. Vielleicht bist du überarbeitet? Dann ruhe dich aus, schone dich, denn es muß immer Zeit für die eigene Gesundheit bleiben. Sieh auch nach, welche Karte sich im 16. Haus befindet. Befindet sich dort eine rote Karte, bedeutet das nur ein vorübergehendes Tief. Eine schwarze Karte bedeutet, daß du einen Arzt aufsuchen und mit den Atemübungen beginnen solltest. In Kürze wirst du dich wieder besser fühlen.

## KARO BUBE · 21. HAUS

BRIEFE · SCHRIFTSTÜCKE · TELEGRAMME · BOTE · FREUND

Im Haus des Erfolges wird dir mitgeteilt, daß dein Erfolg im Nachrichtenwesen liegt. Das kann bedeuten, daß du den Beruf eines Reporters, eines Nachrichtensprechers oder eines Journalisten ausüben solltest, möglicherweise auch den Beruf des Briefträgers. Des weiteren könntest du in der Telephonvermittlung oder in einer Organisation als Geheimnisträger arbeiten. Sogar der Weg in die Politik steht dir offen.

Sieh nach, welche Karten in das 21. und in das 25. Haus fallen. Fallen dort rote Karten hinein, dann wirst du in Zukunft einen sehr interessanten Beruf ausüben. Sieh auch nach, in welches Haus die KARO SIEBEN fällt. Befindet sie sich in einem roten Haus, dann kannst du bald auf einen sehr erfolgreichen Beruf stolz sein. Ferner ist dir der Aufstieg in diesem Beruf gewiß.

Fallen aber in das 21. und in das 25. Haus schwarze Karten, speziell PIK-KARTEN, und fällt die KARO SIEBEN in ein PIK-HAUS, so mußt du in Zukunft vorsichtiger bei den Mitteilungen in deinen Briefen sein. Mögliche Schriftstücke oder Dokumente solltest du sorgfältig aufbewahren. Versuche Ordnung in deinem schriftlichen Bereich zu halten. Du solltest einmal Inventur machen. Sieh nach, ob deine Versicherungsprämien auch alle termingerecht bezahlt wurden oder bezahlt sind. Es könnte auch sein, daß du vergessen hast, angemahnte Rechnungen zu bezahlen. Diese sollten sofort beglichen werden, damit man sich unnötigen Ärger erspart. Atemübungen werden dir helfen, schneller Ordnung in deine Angelegenheiten zu bringen.

## KARO ZEHN · 17. HAUS

### Geld · Finanzen · Börse · Einnahmen · Ausgaben

Im Haus des Erfolges wird dir mitgeteilt, daß du sehr erfolgreich in Finanzangelegenheiten bist. Du wirst in naher Zukunft zu einer sehr großen Geldsumme kommen – einer wirklich sehr großen Summe, die es dir ermöglicht, deinen Besitz zu vermehren. Dadurch wirst du noch erfolgreicher sein, als du es schon bist. Du solltest dabei aber jene Menschen nicht vergessen, die wenig oder gar nichts besitzen. Versuche jedoch nicht, ausschließlich auf deinen Vorteil zu schauen. Geiz wird dir kein Glück, kein seelisches Glück, bringen. Viele Menschen leiden – dir ist es gegeben, das Leid auf dieser Erde etwas zu lindern.

Sieh nach, welche Karte in das 17. Haus fällt. Fällt dort eine rote Karte hinein, dann sind deine finanziellen Chancen in der nächsten Zeit sehr gut. Befindet sich darüber hinaus die KARO SIEBEN in einem roten Haus, so kannst du dein Geld durch gezielte Anlage vermehren. Befindet sich die KREUZ NEUN im 17. Haus und fällt eine Karo-Karte in das 31. Haus, dann wirst du auch Glück im Spiel (Roulett) haben.

Befindet sich aber im 17. Haus eine schwarze Karte, die KREUZ NEUN ausgenommen, speziell eine PIK-KARTE, und fällt die KARO SIEBEN in ein schwarzes Haus, das Haus 31 ausgenommen, speziell in ein PIK-HAUS, dann solltest du in der nächsten Zeit vorsichtiger mit deinem Geld umgehen und vielleicht noch einmal überprüfen, ob eine Investition sich auch wirklich lohnt. Lege dir eine Woche später wieder die Karten und vergleiche sie mit dem ersten Bild. Vielleicht handelt es sich nur um einen vorübergehenden Widerstand. Vergiß, gerade bei Ungeduld, nie die Atemübungen. Sie sollten wie das »Amen« im Gebet zu deiner täglichen Einrichtung werden.

## KARO NEUN · 5. HAUS

### Überraschung · Überraschungen · Kleine Finanzen

Im Haus des Erfolges wird dir mitgeteilt, daß du in Kürze sehr überrascht sein wirst, wie erfolgreich du sein kannst. Zuerst wirst du es selbst nicht glauben können, daß du durch deine Tätigkeit so großen Erfolg hast. Sie wird dir auch in Zukunft sehr viel Geld einbringen. Du kannst dir dann Wünsche erfüllen, von deren Verwirklichung du vorher nur geträumt hast. Dein Erfolg und die damit verbundene bessere finanzielle Lage ist auch deshalb wichtig, weil du das Geld nicht allein für dich gebrauchen wirst, sondern auch für einen sozialen Zweck benötigst. Es ist ferner möglich, daß du Geld für ein neues Fortbewegungsmittel bekommst. Dies muß nicht immer ein Auto sein. Des weiteren bestehen auch gute Anlagemöglichkeiten!

Sieh nach, welche Karten in das 5., 9. und in das 17. Haus fallen. Fallen dort rote Karten hinein, so wird die Überraschung sehr groß für dich sein. Sieh auch nach, in welches Haus die KARO SIEBEN fällt. Fällt sie in ein rotes Haus oder in ein Kreuz-Haus, dann ist das für deinen Erfolg sehr von Vorteil.

Befinden sich aber im 5., 9. und im 17. Haus schwarze Karten, speziell aber PIK-KARTEN, und fällt die KARO SIEBEN in ein PIK-HAUS, dann solltest du nicht alles glauben, was man dir verspricht. Man will dich mit einem Versprechen hinhalten, um dadurch deine Pläne zunichte machen zu können. Versuche dich zu entspannen und mache die Atemübungen. Du wirst bald wissen, wer dich hinters Licht führen will.

## KARO ACHT · 27. HAUS

### ERBE · ERBSCHAFTEN · HINTERLASSENSCHAFTEN · BEKOMMEN

Im Haus des Erfolges wird dir mitgeteilt, daß du in Kürze eine größere Erbschaft machen wirst. Das heißt aber nicht unbedingt, daß jemand stirbt. Es kann auch sein, daß man dir einen Teil einer Firma anbietet, ohne daß du hierfür etwas zu bezahlen brauchst. Möglicherweise spielst du mit einigen Leuten in deiner Firma Toto, Lotto oder nimmst an einer Lotterie teil. Das wird dir und anderen Glück bringen. Du erhältst einiges an Geld und kannst dir dadurch das, was du dir schon des längeren gewünscht hast, anschaffen. Für Wünsche beachte bitte das 2. Haus genau. Rote Karten sind hier positiv, schwarze negativ zu deuten. Es ist auch möglich, daß du eine Tankstelle erbst. Wenn du etwas bekommst, dann lege das Geld gut an. Es wird sich dann vermehren.

Sieh nach, welche Karte in das 27. Haus fällt. Fällt dort eine rote Karte hinein, so ist das ein gutes Zeichen für eine Erbschaft, die du von jemandem erhältst, der noch lebt. Sieh auch nach, in welches Haus die KARO SIEBEN fällt. Fällt sie in ein rotes Haus, so wird dir deine Erbschaft in Zukunft zusätzlichen Gewinn bringen.

Befindet sich aber im 27. Haus eine schwarze Karte, speziell eine PIK-KARTE, und fällt die KARO SIEBEN darüber hinaus in ein schwarzes Haus, speziell aber in ein PIK-HAUS, so wirst du dich in einer Erbschaftsangelegenheit streiten müssen. Sieh nach, ob sich in den Häusern 9 und 28 Herz-, Karo- oder Kreuz-Karten befinden. Ist das der Fall, kannst du den Streit aufnehmen. Sollten aber auch diese Häuser mit PIK-KARTEN besetzt sein, so ist es besser, du verzichtest auf das Erbe, denn es würde dir nur Verluste einbringen. Auf Verlust kann man gut verzichten. Beachte die Atemübungen!

## KARO SIEBEN · 3. HAUS

ERFOLG · KARRIERE · AUFSTIEG · LEISTUNG

Im Haus des Erfolges wird dir mitgeteilt, daß dir – da die KARO SIEBEN in ihr eigenes Haus fällt – der Erfolg für lange Zeit gesichert ist. Du wirst expandieren und vergrößern. Alles wird dir mehr einbringen, es wird dir alles gelingen, nichts scheint dir in nächster Zukunft im Wege zu stehen. Aber es muß auch gesagt werden, daß der Erfolg nicht auf alle Bereiche unbedingt zutreffen muß.

Beachte daher auch jene Häuser, die für dich und deinen Erfolg wichtig sind. Rote Karten in den befragten Häusern deuten immer auf ein positives Zeichen hin.

Solltest du aber im befragten Haus eine PIK-KARTE vorfinden, dann darfst du die Deutung nie bagatellisieren. Sei nicht neidisch auf andere, wenn du Erfolg haben willst, und werde auch nicht überheblich. Nichts dauert ewig außer Gott. Entdecke dich immer neu durch die Atemübungen. Du wirst sehen, sie werden dir weiterhin bei deinen Erfolgen helfen, außerdem dein Gerechtigkeitsempfinden und deine »Geberseite« weiter ausbauen. Lasse andere an deinem Erfolg teilhaben. Erwarte nie Dank von anderen, sondern handle aus Liebe zu den Menschen und zu Gott. Das wird dir innere Stärke verleihen.

# KREUZ

## KREUZ AS · 20. HAUS

GESCHENK · GESCHENKE (MIT PIK AS: TOD · LAST)

Im Haus des Erfolges wird dir mitgeteilt, daß ein Geschenk etwas mit deinem Erfolg zu tun haben wird. Es kann auch sein, daß du durch ein Geschenk sehr erfolgreich sein wirst. Möglich ist es auch, daß man dir etwas anbietet. Dies kann eine Arbeit oder ein Angebot für einen Berufswechsel sein, das dir großen Erfolg bringen würde.

Sieh nach, welche Karte sich im 20. Haus befindet. Befindet sich dort eine rote Karte und fällt die KARO SIEBEN in ein rotes Haus, so wird es für dich in der nächsten Zeit einen guten Erfolg geben, was immer du tust. Befindet sich eine Kreuz-Karte im 20. Haus und fällt die KARO SIEBEN in ein Kreuz-Haus, dann kann es sein, daß du ein Geschenk aus deiner Verwandtschaft erhalten wirst, das dir einen guten Erfolg bringt. Es ist auch möglich, daß ein nahestehender Freund dir ein Geschenk machen wird, welches dir Erfolg bringt – außerdem wirst du dich erfolgreicher fühlen.

Befindet sich aber eine PIK-KARTE im 20. Haus und fällt die KARO SIEBEN in ein PIK-HAUS, so kann es sein, daß du auf den Erfolg eine geraume Zeit warten mußt. Vielleicht gefällt dir das Geschenk nicht, vielleicht vermittelt dir das Geschenk nicht das Gefühl des Erfolges. Es kann auch sein, daß man dir das Geschenk neidet. Möglicherweise handelt es sich um einen Aufstieg in deiner Firma – was dir wie ein Geschenk vorkommt. Deute auch das 25. Haus mit, wenn du von deiner Firma ein Geschenk erwartest. Vergiß auch nicht, regelmäßig die Atemübungen zu machen! Sie sind das beste Geschenk, das du im Leben erhalten kannst.

## KREUZ KÖNIG · 10. HAUS

FERIEN · URLAUB · VATER · ONKEL · GROSSVATER

Im Haus des Erfolges wird dir mitgeteilt, daß du in eine sehr erfolgreiche Arbeit verwickelt werden wirst, die dir wie eine Erholung vorkommt. Es kann auch sein, daß du bei deiner jetzigen Tätigkeit sehr erfolgreich bist und dich dabei nicht so anstrengen mußt. Zumindest kommt es dir so vor. Du kannst so die Arbeit mit dem Hobby verbinden. Arbeit und Entspannung werden sich bei dir in der nächsten Zeit die Waage halten.

Sieh nach, welche Karte sich im 10. Haus befindet. Befindet sich dort eine rote Karte und fällt die KARO SIEBEN in ein rotes Haus, so stehen die Zeiten für dich und deinen Erfolg sehr gut. Alles, was du neu anpackst und auch zu Ende führst, scheint dir zu gelingen. Befindet sich eine Kreuz-Karte im 10. Haus und fällt die KARO SIEBEN in ein Kreuz-Haus, so ist es möglich, daß du ein Ferienzentrum gründest. Vielleicht beteiligst du dich auch an solch einem Zentrum oder willst nur eine kleine Arbeit dort übernehmen. Insgesamt stehen die Zeichen für Erfolg und auch für Erholung gut.

Befindet sich aber eine PIK-KARTE im 10. Haus und fällt die KARO SIEBEN in ein PIK-HAUS, so solltest du bei deinem Erfolg auf dich achtgeben, denn du neigst dazu, dich zu überarbeiten. Du müßtest dann einen Zwangsurlaub machen, der für dich bestimmt keine Erholung ist. Vielleicht entspannst du dich in deinem Urlaub nicht und strengst dich viel zu sehr an. Das bringt dir dann keine Erholung. Versuche dich, so oft es möglich ist, zu entspannen und mache regelmäßig die Atemübungen. Du wirst bald merken, daß du mehr leisten kannst, ohne dich auch mehr anstrengen zu müssen.

## KREUZ DAME · 30. HAUS

UNTERSUCHER · UNTERSUCHUNGEN · MUTTER · TANTE · GROSSMUTTER

Im Haus des Erfolges wird dir mitgeteilt, daß deine Zukunft für dich sehr erfolgreich sein wird, weil du dich bei deiner Arbeit auch entspannen kannst. Solltest du schon längere Zeit keinen Erfolg gehabt haben, so wird er sich für dich überraschend einstellen. Es hängt auch von deinem Lebenswandel ab, ob du Erfolg haben wirst oder nicht. Du wirst eine gute Karriere machen, wenn du deinen Lebensstil änderst. Vielleicht bist du schon dabei, es zu tun.

Sieh nach, welche Karte sich im 30. Haus befindet. Befindet sich dort eine rote Karte und fällt die KARO SIEBEN in ein rotes Haus, dann steht deiner Karriere nichts mehr im Wege. Du bist auf dem richtigen Weg des Erfolges. Befindet sich eine Kreuz-karte im 30. Haus und fällt die KARO SIEBEN in ein Kreuz-Haus, wo wirst du Erfolg beim Verkauf eines Geschäftes, das entweder dir oder einem anderen gehört, haben. Es kann auch sein, daß du in nächster Zeit ein guter Verkäufer wirst. Deute auch das 25. Haus.

Befindet sich aber im 30. Haus eine PIK-KARTE und fällt die KARO SIEBEN in ein PIK-HAUS, so solltest du in der nächsten Zeit auf deine Tätigkeit genau achtgeben. Erfolg ist für dich nur begrenzt da. Übernimm dich nicht bei Spekulationen, bei einem Kauf oder Verkauf. Warte lieber ein bis zwei Wochen ab und sieh nach, wie die Karten dann fallen. Vergleiche sie mit dem jetzt aufgezeichneten Bild. Versuche nicht übereilt zu handeln. Mache regelmäßig deine Atemübungen, so kannst du dein Gespür für Geschäfte gut aufbauen.

## KREUZ BUBE · 15. HAUS

### FAMILIE · SOHN · NEFFE (MIT DAME: TOCHTER · NICHTE)

Im Haus des Erfolges wird dir mitgeteilt, daß deine Eltern und deine Verwandtschaft in Zukunft etwas mit deinem Erfolg zu tun haben werden. Sie werden dir helfen oder dich fördern, damit du erfolgreich sein wirst. Es kann sein, daß die Weichen für den späteren Erfolg in deinem Leben durch einen frühen Unterricht deiner Eltern oder einem Lehrer gestellt werden. Möglicherweise wirst du noch unterrichtet, um im späteren Leben erfolgreich sein zu können. Vielleicht hast du einen populären Freund oder Bekannten in deiner Familie, von dem du in bezug auf ein erfolgreiches Leben noch etwas lernen kannst.

Sieh nach, welche Karte sich im 15. Haus befindet. Befindet sich dort eine rote Karte und fällt die KARO SIEBEN in ein rotes Haus, so steht deinem Erfolg nichts mehr im Wege – oder du bist schon ein erfolgreicher Mensch. Nutze aber deinen Erfolg so aus, daß du auch anderen Menschen damit behilflich sein kannst. Befindet sich eine Kreuz-Karte im 15. Haus und fällt die KARO SIEBEN in ein Kreuz-Haus, so hat deine Familie oder dein Freund großen Einfluß auf deinen Erfolg, den du entweder schon hast oder in deinem späteren Leben haben wirst. Folge den Ratschlägen deiner Förderer, denn sie werden dir sehr gut helfen.

Befindet sich aber eine PIK-KARTE im 15. Haus und fällt die KARO SIEBEN in ein PIK-HAUS, so solltest du vorsichtig sein mit dem, was du in nächster Zeit tun wirst. Du glaubst vielleicht an Erfolg, doch er wird sich nicht einstellen. Du solltest besser auf deine Freunde und deine Familie hören, denn man meint es gut mit dir. Du möchtest meistens mit dem Kopf durch die Wand – aber oftmals brauchst du nur ganz einfach die Tür zu öffnen! So wirst du auch Erfolg haben. Versuche immer die Atemübungen regelmäßig zu machen. Durch sie wirst du deinen Weg zum Erfolg finden.

## KREUZ ZEHN · 8. HAUS
REISE · STRASSE · WASSER · MEER

Im Haus des Erfolges wird dir mitgeteilt, daß du durch eine Reise oder eine andere Änderung sehr erfolgreich sein wirst. Es kann auch sein, daß du intensiv arbeiten mußt, um erfolgreicher zu sein. Das gilt vor allen Dingen für Selbständige. Auf jeden Fall ist in der nächsten Zeit mit einer positiven Wendung zu rechnen. Es kann auch sein, daß du ein gutes Geschäft bei einem Kauf oder Verkauf machen wirst.

Sieh nach, welche Karte sich im 8. Haus befindet. Befindet sich dort eine rote Karte und fällt die KARO SIEBEN in ein rotes Haus, so wird sich bald für dich etwas zum Positiven ändern. Wenn sich im 31. Haus eine rote Karte befindet und die KREUZ NEUN in ein rotes Haus fällt, so wirst du bald eine große Reise antreten. Befindet sich eine Kreuz-Karte im 8. Haus und fällt die KARO SIEBEN in ein Kreuz-Haus, so wirst du Erfolg auf Geschäftsreisen haben. Bewegung, Freiheit und freie Zeiteinteilung sind für dich außerdem wichtig. Du wirst in der nächsten Zeit viel verreisen müssen. Deute auch das 25. Haus mit.

Befindet sich aber im 8. Haus eine PIK-KARTE und fällt die KARO SIEBEN in ein PIK-HAUS, dann solltest du, wenn du eine Reise oder eine andere Veränderung geplant hast, dir noch einmal Gedanken darüber machen, ob die Pläne auch gut sind. Vielleicht solltest du eine geplante Reise verschieben. Es kann auch sein, daß sich die Reise durch einen Umstand verschiebt, der für dich gut sein wird. Versuche immer, auch wenn du dich auf Reisen befindest, regelmäßig die Atemübungen zu machen.

## KREUZ NEUN · 31. HAUS
GLÜCK · KLEINE REISE · RISIKO

Im Haus des Erfolges wird dir mitgeteilt, daß du für die nächste Zeit viel Glück und Erfolg zu erwarten hast. Auch wenn die Dinge für dich sehr düster aussehen, wirst du auf einmal Glück und Erfolg haben. Die nächsten vierzehn Tage – angefangen vom Lesen dieser Kartenbilder – dürften für dich sehr erfolgreich werden.

Sieh nach, welche Karte sich im 31. Haus befindet. Befindet sich dort eine rote Karte und fällt die KARO SIEBEN in ein rotes Haus, so ist sicher, daß du bald ungemeinen Erfolg auf der ganzen Linie haben wirst. Deute das 4. Haus für die Liebe und das 25. Haus für den Beruf mit. Befindet sich im 31. Haus eine Kreuz-Karte und fällt die KARO SIEBEN in ein Kreuz-Haus, so wird dir sicherlich jemand aus deiner Familie helfen, damit du Erfolg haben wirst. Dies kann auch bedeuten, daß du Hilfe aus der universellen Welt höherer, multidimensionaler Realitäten erhältst. Versuche dich auf einen Menschen zu konzentrieren, den du zu Lebzeiten sehr gemocht hast – vielleicht auf deinen Großvater, deine Großmutter, eine Tante oder einen Onkel.

Befindet sich aber im 31. Haus eine PIK-KARTE und fällt die KARO SIEBEN in ein PIK-HAUS, dann scheinst du zwar in der nächsten Zeit Glück zu haben, aber du gehst zu leichtsinnig mit deinem Glück um. Das wird jedoch nicht gutgehen. Denke über das nach, was du willst, und glaube nicht, daß bei dir alles vom Glück abhängt. Mache regelmäßig die Atemübungen, und du wirst lernen, das Glück zu schätzen und nicht leichtfertig damit umzugehen.

## KREUZ ACHT · 26. HAUS

NEUE UNTERNEHMUNGEN · MUT · HELDENTAT

Im Haus des Erfolges wird dir mitgeteilt, daß du außerhalb deines privaten Lebensbereiches arbeiten wirst. Diese Tätigkeit wird dir eines Tages Erfolg bringen – oder sie hat dir schon Erfolg gebracht. Aber es wird noch besser werden. Du bist auf dem richtigen Weg. Sehr viel Arbeit, bei der gute Geschäfte abgewickelt werden, steht für die kommende Zeit an.

Sieh nach, welche Karte sich im 26. Haus befindet. Befindet sich dort eine rote Karte und fällt die KARO SIEBEN in ein rotes Haus, so wirst du mit sehr viel Erfolg dein zukünftiges Leben bestreiten. Es ist auch möglich, daß du in deinem Leben einmal so viel Erfolg haben wirst, wie ihn du dir zur Zeit nicht vorstellen kannst. Befindet sich im 26. Haus eine Kreuz-Karte und fällt die KARO SIEBEN in ein Kreuz-Haus, so wird dein Erfolg zwar etwas auf sich warten lassen, aber dafür wirst du stetige

Unterstützung von anderen haben. Das können Freunde oder Verwandte sein, die dir helfen werden. Vielleicht wirst du auch einmal etwas machen, das dir anschließend einen Erfolg einbringt, den du vorher nicht einkalkuliert hast.

Befindet sich aber eine PIK-KARTE im 26. Haus und fällt die KARO SIEBEN in ein PIK-HAUS, so wirst du noch geraume Zeit warten müssen, bis sich der Erfolg einstellt. Vielleicht solltest du eine andere Richtung einschlagen. Es kann auch sein, daß du einmal einen erfolgreichen Weg einschlagen wirst, ohne ihn jedoch als solchen zu erkennen. Versuche an dir zu arbeiten und mache regelmäßig deine Atemübungen, dann wirst du in deinem Leben den Erfolg haben, den du dir vorstellst.

## KREUZ SIEBEN · 14. HAUS

NACHRICHTEN · BOTSCHAFT · TRÄNEN · LEID

Im Haus des Erfolges wird dir mitgeteilt, daß du sehr bald eine Nachricht erhalten wirst, die auf deinen Erfolg in einer bestimmten Angelegenheit hinweist. Solltest du zur Zeit keine Arbeit haben, so wird dir bald ein positiver Bescheid zugehen, in dem dir mitgeteilt wird, daß du für eine bestimmte Arbeit genau der richtige bist. Für Verkäufer beginnt eine sehr gute Zeit, wenn die KREUZ SIEBEN in dieses Haus fällt. Man wird gebraucht, und man kann zeigen, was man kann.

Sieh nach, welche Karte sich im 14. Haus befindet. Befindet sich dort eine rote Karte und fällt die KARO SIEBEN in ein rotes Haus, so ist das ein gutes Zeichen für Erfolg. Schlechte Zeiten scheinen vorbei zu sein, man kann wieder aufatmen, es geht wieder aufwärts. Gute Nachrichten kommen, und es ist Zeit, auch wieder Nachrichten zu senden: Briefe, die man schon lange schreiben wollte, sollten jetzt geschrieben werden. Befindet sich eine Kreuz-Karte im 14. Haus und fällt die KARO SIEBEN in ein Kreuz-Haus, so wird sich durch eine bestimmte Nachricht Erfolg für dich wieder einstellen. Vielleicht mußt du auch kurze Zeit warten. Eine positive Nachricht kommt auf alle Fälle. Bis sie dich erreicht, solltest du die Zeit bis dahin sinnvoll nutzen.

Befindet sich eine PIK-KARTE im 14. Haus und fällt die KARO SIEBEN in ein PIK-HAUS, dann solltest du dich nicht zu sehr auf die »faule Haut« legen, denn damit wirst du nichts ändern. Du glaubst, es wird sich mit der Zeit etwas ändern – aber nichts wird sich ändern! Versuche die Atemübungen regelmäßig zu machen, und du wirst bald merken, wie deine Aktivität zurückkehrt. Erfolg stellt sich nur ein, wenn man bereit ist, etwas für ihn zu tun. Sicher ist es richtig, wenn man sich von Zeit zu Zeit entspannt, aber das soll nicht heißen, daß man gar nichts mehr tut. Wie lautet doch ein altes Sprichwort? »Wer rastet, der rostet.«

# PIK

## PIK AS · 24. HAUS

Tod · Unfall · Schicksalsschläge · Qual · Not

Im Haus des Erfolges wird dir mitgeteilt, daß durch einen Todesfall in deiner nächsten Umgebung eine erfolgreiche Schwingung an dich herankommt. Es kann auch sein, daß ein Mensch in deiner nächsten Umgebung, zum Beispiel an deiner Arbeitsstätte, vermißt wird und du dadurch seinen Posten erhältst. Möglich ist aber auch, daß man dir eine Mitteilung zukommen läßt, in der du als erfolgreich angepriesen wirst. Doch bei dieser Nachricht ist Vorsicht geboten, denn man wird dir gegenüber nicht ehrlich sein. Den Weg, den diese Person geht, ist für dich nicht der richtige. Vielleicht wirst du auch generell deinen Arbeitsplatz wechseln – und das ist gut für dich.

Folge deiner eigenen Linie und lasse dich durch andere nicht beeinflussen. Vertraue deiner eigenen Intuition. Solltest du dir selbst im Zweifel sein, so arbeite an dir. Beachte die Atemübungen!

## PIK KÖNIG · 28. HAUS

Rufer · Behörde · Schule · Spital · Institution

Im Haus des Erfolges wird dir mitgeteilt, daß dich jemand anrufen wird. Von diesem Anruf wirst du profitieren. Der Anrufer kann dir zu deinem Erfolg sehr dienlich sein. Doch hier ist Vorsicht angebracht, denn dieses Haus repräsentiert auch das Gesetz.

Entscheidend für die Aussagekraft ist das 28. Haus, das Haus des Rufers. Findest du dort eine positive Karte, so ist auch der Anruf positiv zu deuten. Befindet sich aber eine PIK-KARTE in diesem Haus, so sei auf der Hut. Solltest du zur Zeit eine Verhandlung bei Gericht haben, so stehen die Zeichen für einen erfolgreichen Ausgang nicht gut. Schau auch nach, ob alle deine Zahlungen erledigt sind. Es könnte sonst eine Mahnung folgen. Solltest du eine Karte, die mit Geld in Zusammenhang gebracht werden kann, im Haus des Rufers vorfinden, so mußt du mit einer Nachforderung der Steuerbehörde rechnen. Auch eine PIK-KARTE bedeutet eher Verlust: eine Zahlung an die Behörde, eine mögliche Geldstrafe.

## PIK DAME · 29. HAUS

### DANKBARKEIT · DUNKLE DAME · UNDANK · NEID

Im Haus des Erfolges will man dir mitteilen, daß du in deiner jetzigen Situation mit Verzögerungen für deinen Erfolg rechnen mußt. Lasse dich nicht von falschen Versprechungen verleiten. Bedenke, daß nicht alle Menschen ehrlich zu dir sind.

Undankbarkeit wird man dir entgegenbringen, wenn du eine PIK-KARTE im 29. Haus, dem Haus der Dankbarkeit, vorfindest. Eine Herz-, Karo- oder eine Kreuz-Karte zeigt eine Besserung für deinen Erfolg. Ferner deutet die PIK DAME auch auf eine dunkle Dame hin. Wird sie mit PIK-KARTEN umgeben, so ist dieser Dame mit Vorsicht entgegenzutreten. Ein möglicher Betrug könnte hier die Folge sein.

Wird jedoch die dunkle Dame von roten Karten umgeben, so übt jene Dame einen sehr großen Einfluß auf deinen Erfolg aus. Da du ihr einmal in einer schwierigen Situation behilflich warst, wird sie für dich in naher Zukunft eine große Hilfe sein. Beobachte daher immer die Farbe der umliegenden Karten.

## PIK BUBE · 1. HAUS

### GEGENWART · WAHRHEIT · DUNKLER MANN · UNIFORMIERTER

Im Haus des Erfolges will man dir sagen, daß eine dir nicht gut gesinnte Person dich bei deinem Erfolg behindern wird. Es kann auch sein, daß dir deine jetzige Arbeit nicht gefällt, sie dir keinen Erfolg entweder für die nächste Zeit oder sogar für immer einbringen wird. Möglicherweise ist auch jemand gegen dich, der dir keinen Erfolg wünscht.

Versuche in dieser Situation Atemübungen zu machen. Du mußt um dich ein positives Feld aufbauen, damit diese negativen Schwingungen dir keinen Schaden zufügen können.

Bei der angesprochenen Person dürfte es sich um einen dunklen jüngeren Mann handeln (beobachte deine Freunde). Ist der PIK BUBE jedoch von positiven Karten umgeben, so ist es möglich, daß man dir – solltest du in irgendeiner Form selbständig tätig sein – eine Arbeit beim Radio oder Fernsehen anbietet. Auf jeden Fall bekommst du ein Arbeitsangebot. Mit Sicherheit werden bei deiner Tätigkeit große Entfernungen eine Rolle spielen. Es zeichnet sich ein Erfolg für dich ab. Bedenke: Deine Umgebung trägt wesentlich zu deinem Erfolg bei.

## PIK ZEHN · 32. HAUS
SONNE · ENTFERNUNGEN · ANDERE LÄNDER · NACHT

Im Haus des Erfolges wird dir mitgeteilt, daß alle Schwierigkeiten, die du bisher hattest, bald vorbei sein werden. Konzentriere dich in Zukunft auf diese Schwingung, und der Erfolg ist dir gewiß. Die Sonne wird für dich scheinen, auch wenn die Gegebenheiten sehr schwarz aussehen. Doch wer sich positiv zu seinem Leben einstellt, der wird sich auch um den nötigen Erfolg keine Sorgen zu machen brauchen. Es zeigt sich zur Zeit eine gute Möglichkeit zu einem Verkauf oder zu einer Vermehrung eines Besitzes. Auch bietet sich die Möglichkeit zu einer guten Investition an.

Deute bitte die Karten im 17. Haus, dem Haus des Geldes, dem 32. Haus, dem der Sonne, und natürlich die Umgebung des 3. Hauses. Nimm die speziellen Hinweise wahr und entscheide dich dann. Wenn du positive (rote) Karten vorfindest, dann kann deinem Erfolg nichts mehr im Wege stehen. Solltest du jedoch schwarze (negative) Karten vorfinden, so ist in der nächsten Zeit eine gewisse Vorsicht angebracht, denn ein vermeintlicher Erfolg kann auch zu einem Mißerfolg führen. Untersuche genau, was du willst und was du zu erwarten hast.

## PIK NEUN · 23. HAUS
DEPRESSION · UNANNEHMLICHKEITEN · KÄLTE

Im Haus des Erfolges wird dir mitgeteilt, daß du mit deinem Erfolg nicht zufrieden bist. Es kann dein eigenes Verschulden sein, daß es ein Mißerfolg wird. Vorsicht vor finanziellen Verlusten ist geboten! Wenn die PIK NEUN in dieses 3. Haus fällt, so bedeutet das nichts Gutes.

Sieh nach, welche Karte in das 23. Haus, das Zuordnungshaus der PIK NEUN, fällt. Anhand der Karte, die in dieses Haus fällt, kannst du erkennen, ob der Mißerfolg in der Liebe, im finanziellen, im geschäftlichen oder im seelischen und gesundheitlichen Bereich liegt. Versuche dich zu konzentrieren und denke genau über deine Situation nach. Alles im Leben läßt sich ändern, wenn man dazu bereit ist, sich zu ändern. Siehst du im Moment keinen Ausweg, so beginne mit den Atemübungen. Wenn du ausdauernd bist, werden sie dir den Weg zeigen, der für dich bestimmt ist. Versuche in der nächsten Zeit nicht leichtsinnig zu sein, versuche dich zu beherrschen. Es lohnt sich. Sei vorsichtig mit dem, was du zu anderen sagst.

## PIK ACHT · 22. HAUS

ÄRGER · ÄRGERNISSE · STREIT · VERLEUMDUNGEN

Im Haus des Erfolges wird dir eine wichtige Nachricht mitgeteilt. Bevor du Erfolg haben wirst, werden dir noch einige Unannehmlichkeiten widerfahren. Du selbst kannst dir durch Eigenverschulden Ärger aufbürden: Ärger mit Vorgesetzten, mit Freunden oder auch mit Behörden. Es wird Zeit, daß du etwas anderes unternimmst. Du mußt deine Einstellung zur Umwelt grundsätzlich ändern.

Wenn du dir in Zukunft Ärger ersparen möchtest, so rate ich dir, mit den Atemübungen zu beginnen. Ändere deine Meinung über die Menschen. Denn wenn du Erfolg haben willst, mußt du den ersten Schritt tun. Du wirst sehen, der Erfolg wird sich bald einstellen.

Sieh nach, welche Karte in das 22. Haus, das Haus des Ärgers, fällt. Du wirst eine gezielte Nachricht über den Grund deines Ärgers erhalten. Nun konzentriere dich und versuche mit aller Kraft, den Ärger aus dem Weg zu schaffen. Wer positiv handelt, wird Positives ernten.

## PIK SIEBEN · 16. HAUS

GESUNDHEIT · KRANKHEIT · KUR · OPERATION

Im Haus des Erfolges wird dir mitgeteilt, daß dein Erfolg von deiner Gesundheit abhängt. Ein momentaner Schreck über so viel Erfolg könnte aber deiner Gesundheit schaden. Es könnte aber auch sein, daß du dich krank fühlst, weil du keinen Erfolg hast.

Deute das 16. Haus, das Haus der Gesundheit. Wenn du dort eine rote Karte vorfindest, so werden sich deine jetzige Lage und deine momentane Gesundheit bald bessern.

Solltest du aber eine schwarze Karte, speziell eine PIK-KARTE, vorfinden, so rate ich dir, bald einen Arzt aufzusuchen. Regelmäßige Untersuchungen gehören zu einem gesunden Leben. Achte auch auf deinen Alkohol- und Zigarettenkonsum. Oftmals ist hier Enthaltsamkeit besser angebracht. Denke an die Atemübungen! Sollte im Moment der Erfolg im geschäftlichen Bereich gering sein, so achte wenigstens auf deine Gesundheit. Es ist Zeit für eine Kur!

Das 4. Haus

# HERZ ACHT

Das Haus der Liebe, des Mondscheins,
der Romanze und des Herzens

# HERZ

## HERZ AS · 7. HAUS

Wohnung · Besitz · Haus · Eigentum

Im Haus der Liebe wird dir mitgeteilt, daß du ein nettes Zuhause liebst, da du dir deine Wohnung sehr liebevoll eingerichtet hast. Solltest du aber zur Zeit keine eigene Wohnung besitzen, so wirst du in Kürze in eine Wohnung ziehen, die du mit sehr viel Liebe einrichten wirst. Es sind hier sichere Zeichen für eine neue Wohnung vorhanden.

Sieh auch im 7. Haus nach, denn dort hat das HERZ AS seine Zuordnung. Wenn du dort eine rote Karte vorfindest, so ist das sicher ein positives Zeichen für dein Zuhause. Solltest du jedoch eine Kreuz-Karte vorfinden, so mußt du mit einer geringen Verzögerung rechnen.

Wenn du aber eine PIK-KARTE dort vorfindest, so sei vorsichtig. Du solltest alles das, was mit der neuen Wohnung zusammenhängt, noch einmal genauestens prüfen – besonders den Miet- oder Kaufvertrag. Ziehe vielleicht auch einen Anwalt zu Rate. Deute nun auch noch die HERZ ACHT, um die nötigen Rückschlüsse zu finden.

## HERZ KÖNIG · 13. HAUS

Unterhaltung · Männlicher Freund · Blond · Sponsor

Im Haus der Liebe wird dir mitgeteilt, daß dich eine wirklich nette, männliche Person liebt und deine Zukunft – sehr zu deinem Vorteil – beeinflussen wird. Durch diese Person kannst du bald einen gewissen Wohlstand erreichen.

Sieh nach, welche Karte in das 13. Haus fällt. Fällt dort eine Herz-Karte hinein, so wirst du von dieser Person sehr geliebt. Eine Karo-Karte bedeutet: Diese Person hat im geschäftlichen Bereich sehr großen Einfluß. Eine PIK-KARTE – PIK KÖNIG ausgenommen – bedeutet: Diese Person ist nicht ganz ehrlich. Deute aber auch die anderen Karten: Du mußt immer die Zuordnung der Karten in den Häusern vergleichen.

Darüber hinaus deutet sich in der nächsten Zeit eine sehr positive Schwingung zu einflußreichen Menschen an. Es kann bedeuten, daß du Einladungen zu Partys, zu netten Unterhaltungen, zu Theater-, Kino- oder Opernbesuchen erhalten wirst. Bilde dich! Es wird dir helfen. Du kannst hier wirklich von guten Menschen lernen. Vertraute gewinnt man nicht alle Tage, aber hier scheinst du einen guten Freund gefunden zu haben. Versuche möglichst viel von ihm zu lernen, er wird gerne dein Lehrer sein.

## HERZ DAME · 19. HAUS

### Freunde · Weiblicher Freund · Blond · Sponsor

Im Haus der Liebe wird dir mitgeteilt, daß du gute weibliche Freunde hast. Es kann dies auch bedeuten: Du hast sehr nette Eltern, die dich lieben und die man daher als gute Freunde betrachten kann. Es kann aber auch sein, daß du eine weibliche Person liebst. Diese Person liebt dich, wenn das 19. Haus mit einer Herz-Karte abgedeckt ist.

Sieh nach, in welches Haus die HERZ ACHT fällt. Fällt sie in ein positives Haus, so handelt es sich hier um wahre Liebe.

Andere Karten zeigen andere Umstände an. Folge dieser Linie – und du kannst nicht betrogen werden. Sollten bei Freundschaften Unsicherheiten auftreten, so sind die Atemübungen zu empfehlen. Sie sollten zur täglichen Gewohnheit werden.

## HERZ BUBE · 6. HAUS

### Popularität · Kunst · Jüngerer männlicher Freund · Künstler

Im Haus der Liebe wird dir mitgeteilt, daß du sehr beliebt bist – bei Freunden, Geschäftspartnern und Bekannten. Auch das andere Geschlecht zollt dir Bewunderung. Solltest du zur Zeit keine Partnerbeziehung haben, so dürfte sich in Kürze eine neue Liebesbeziehung anbahnen. Solltest du verheiratet sein, erhältst du durch eine neue Freundschaft weitere Anerkennung.

Sieh im 6. Haus nach. Findest du dort eine Herz-Karte vor, so dürfte es sich um eine große Liebesbeziehung handeln – vor allem dann, wenn darüber hinaus die HERZ ACHT in ein positives Haus fällt. Liebe und Bewunderung sind dir gewiß.

Es könnte auch sein, daß sich zu einer sehr prominenten Persönlichkeit eine innige Freundschaft entwickelt. Werde jedoch nicht überheblich und vergiß deine alten Freunde nicht, die dir einmal in einer Notsituation geholfen haben. Vielleicht ist es nun Zeit für dich, anderen zu helfen.

Denn wer Liebe erntet, soll auch Liebe geben. Vergiß jedoch nie: Niemand ist vor Fehlern gefeit, wenn er die Sprossen des Erfolges emporklettert und bewundert wird.

## HERZ ZEHN · 11. HAUS

Heirat · Verbindungen · Vereine · Bruderschaften

Im Haus der Liebe wird dir mitgeteilt, daß du in Kürze wieder eine neue Romanze haben wirst. Solltest du zur Zeit allein sein, könnte sich daraus sogar eine mögliche Heirat entwickeln. Wenn du verheiratet bist, so wirst du in Kürze ein Zusammentreffen mit Verwandten oder alten Freunden haben, die du schon des längeren nicht mehr gesehen hast. Es wird eine sehr nette Zusammenkunft geben, wenn in das 11. Haus eine rote Karte fällt.

Sollte eine schwarze Karte in das 11. Haus fallen, so deute sie genau. Du wirst dann erfahren, welche Bereiche bei dieser Zusammenkunft eine Rolle spielen. Es kann aber auch möglich sein, daß du in Kürze zu einer Hochzeit eines sehr nahestehenden Freundes oder eines engen Verwandten eingeladen wirst.

Auf alle Fälle bahnen sich erfreuliche Verbindungen an, wenn die HERZ ACHT in ein positives Haus fällt.

## HERZ NEUN · 2. HAUS

Wunsch · Wünsche · Sehnsucht · Hoffnung

Im Haus der Liebe wird dir mitgeteilt, daß du sehr glücklich sein wirst und dein Wunsch schon bald in Erfüllung gehen wird. Es ist ebenfalls möglich, daß dein Wunsch von einer einflußreichen Person, die von deinem Verlangen weiß, erfüllt wird. Dies wird dich natürlich sehr fröhlich stimmen. Möglicherweise hast du bis jetzt deinen großen Gönner noch gar nicht bemerkt. Er lebt in deiner unmittelbaren Umgebung. Öffne daher die Augen – und du wirst ihn erkennen.

Natürlich müssen wir auch das 2. Haus – das Haus des Wunsches – beachten. Fällt dort eine Herz-Karte hinein, so handelt es sich hier um einen ganz persönlichen Wunsch. Sieh auch nach, in welches Haus die HERZ ACHT fällt. Fällt sie in ein positives Haus, so steht eine wirklich große Erfüllung deines Wunsches bevor.

Vergiß jedoch eines nicht: Sollte sich dein Wunsch erfüllen, dann denke an die Menschen, denen ein solches Glück nicht widerfahren ist. Teile – und dein Glück wird sich vermehren. Lasse daher andere an deinem Glück teilhaben, vielleicht durch eine Spende. Wenn du teilst, dann teile selbstlos. Es erweist sich als Erfüllung.

## HERZ ACHT · 4. HAUS

LIEBE · MONDSCHEIN · ROMANZE · HERZ

Im Haus der Liebe wird dir mitgeteilt, daß du – da diese Karte in ihr eigenes Haus fällt – wirklich von deinem Partner geliebt wirst. Wenn du verheiratet bist und auch noch Kinder hast, wirst du sowohl von deinem Partner als auch von deinen Kindern geliebt. Du bist in der Familie sozusagen der »Hahn ihm Korb«. Es kann auch sein, daß dich ein sehr naher Verwandter liebt. Solltest du aber zur Zeit noch allein sein, dann kannst du in der nächsten Zeit mit einer erfüllten Liebesbeziehung rechnen.

Wichtig ist auch, daß du dir die Häuser 11, 13 und 19 ansiehst. Findest du dort rote Karten vor, so handelt es sich wirklich um eine deiner wichtigsten Partner- oder Freundschaften in deinem Leben.

Nicht jeden Tag findet man den geeigneten Partner, aber wenn er da ist, dann ist das die wahre Liebe. Gehe damit sorgsam um. Zu leicht verdirbt man sich selbst eine große Chance. Nach einem Hoch folgt wieder ein Tief. Baue dein Hoch durch Atemübungen auf.

## HERZ SIEBEN · 12. HAUS

FRÖHLICHKEIT · GUTE LAUNE · HERZLICHKEIT · FROHSINN

Im Haus der Liebe wird dir mitgeteilt, daß du in der nächsten Zeit guten Freunden begegnen wirst. Auch kannst du mit Fröhlichkeit rechnen. Es kann aber auch sein, daß du zur Zeit zum Übermut neigst. Sei vorsichtig, denn in deiner nahen Verwandtschaft hast du einen Menschen, der sehr eifersüchtig auf dich ist. Du bist eine fröhliche Natur, und daher fällt dir vieles leichter als ihm. Versuche dich nicht mit dieser Person anzulegen, denn es könnte dein Schaden sein.

Sieh im 12. Haus nach. Wenn sich dort eine rote Karte befindet, so besteht keine Gefahr für dich.

Eine schwarze Karte jedoch, speziell eine PIK-KARTE, bedeutet nichts Gutes. Solltest du eine PIK-KARTE vorfinden, so sieh in jenem Haus nach, in dem diese Karte ihre Zuordnung hat. Dann wirst du wissen, wie du dich zu verhalten hast. Im Zweifelsfalle helfen Atemübungen! Verliere nie deinen Optimismus – er ist besser als Neid und Habgier. Versprühe Fröhlichkeit, sei frohen Mutes und gib jenen Mut, die nicht fröhlich sein können. Du kannst es! Sage immer: »Ich bin ein fröhlicher, glücklicher und gesunder Mensch.«

# KARO

## KARO AS · 25. HAUS

BERUF · FIRMA · UNTERNEHMEN · PROJEKT

Im Haus der Liebe wird dir mitgeteilt, daß du bald mit einem neuen Unternehmen zu tun haben wirst. Es kann auch sein, daß du durch deine Fähigkeiten und durch deine Freundlichkeit möglicherweise sogar eine Partnerschaft eingehen wirst (Einheirat). Es ist aber möglich, daß du deinen Beruf ändern wirst, eventuell aufgrund der Liebe eines Partners.

Vergleiche hierzu das 25. Haus (dort hat das KARO AS seine Zuordnung). Befindet sich im 25. Haus eine positive Karte und fällt die HERZ ACHT in ein positives Haus, so wird für dich das neue Unternehmen einen sehr guten und erfolgreichen Aufstieg – verbunden mit der Liebe eines anderen Menschen – bringen.

Sollte dies jedoch nicht der Fall sein, so beachte die Nachricht, die du durch jene Karten erhältst. Es wird für dein neues Unternehmen von sehr großer Wichtigkeit sein. Man darf sich im Leben nicht blenden lassen, auch wenn Liebe noch so schön ist. Wer nur nach materiellen Dingen strebt, wird kein erfülltes Leben finden.

## KARO KÖNIG · 9. HAUS

LEGALE PAPIERE · ARZT · ANWALT · NOTAR

Im Haus der Liebe wird dir mitgeteilt, daß du ein Verfahren bei Gericht hast, das für dich von Vorteil ist. Du kannst davon für die Zukunft gut profitieren. Es ist natürlich auch möglich, daß du die Hilfe eines Freundes oder eines Anwalts in einer Angelegenheit erhältst, die dir helfen wird, zu deinem Recht zu kommen. Solltest du aber selbst Anwalt sein, dann wirst du deinen nächsten Fall bei Gericht gewinnen – und dies wird dir in bezug auf deinen weiteren Berufsweg sehr gut weiterhelfen. Wenn du aber eine andere Fähigkeit besitzt, so wird es dir möglich sein, etwas für die Menschen zu tun. Das wird dir wiederum soziales Ansehen einbringen. Es könnte auch sein, daß man dich als Trauzeugen haben möchte.

Vergleiche das 9. Haus und sieh nach, in welches Haus die HERZ ACHT fällt. Findest du im 9. Haus eine positive Karte vor und fällt die HERZ

ACHT in ein positives Haus, so wird eine offizielle Angelegenheit mit sehr gutem Erfolg beendet werden.

Eine schwarze Karte im 9. Haus, speziell eine PIK-KARTE, bedeutet, daß die Botschaft, die man dort erhält, genau beachtet werden muß.

## KARO DAME · 18. HAUS

JAHRESZEIT · FRÜHJAHR · SOMMER · HERBST · WINTER

Im Haus der Liebe wird dir mitgeteilt, daß mit der Zeit deine Liebe zur Zufriedenheit erwidert wird. Auch wird dir deine Zukunft Wohlwollen und Wohlstand bescheren. Der Wohlstand müßte sich in etwa sechs Monaten einstellen. Wahrscheinlich wirst du noch einige Dinge in deinem jetzigen Dasein ändern müssen, aber es ist Zeit zur Änderung. Es ist die Änderung zum Besseren hin. Du wirst Hilfe durch eine alte Dame bekommen, die ein Interesse für dein Vorankommen zeigt.

Vergleiche auch das 18. Haus und sieh nach, in welchem Haus die HERZ ACHT liegt. Befindet sich im 18. Haus eine rote Karte und liegt die HERZ ACHT in einem positiven Haus, so werden die nächsten sechs Monate für dein Leben sehr entscheidend sein.

Wird jedoch das 18. Haus mit einer schwarzen Karte, speziell mit einer PIK-KARTE, abgedeckt, so kann es sein, daß du mit Verzögerungen rechnen mußt. Sollte dies der Fall sein, so habe Geduld, denn nach Regen folgt immer Sonnenschein.

## KARO BUBE · 21. HAUS

BRIEFE · SCHRIFTSTÜCKE · TELEGRAMME · BOTE · FREUND

Im Haus der Liebe wird dir mitgeteilt, daß du in Kürze einen Brief per Eilboten oder ein Telegramm erhalten wirst. Es wird dies ein Liebesbrief sein. Den Inhalt möchte man dir sehr rasch mitteilen. Es wird sich um sehr gute Nachrichten handeln, wenn im 21. Haus eine rote Karte liegt. Liegt eine Herz-Karte dort, so ist es ein Liebesbrief.

Sieh auch nach, wo die HERZ ACHT liegt. Liegt diese Karte in einem positiven Haus, noch dazu in einem Herz-Haus, so wird dieser Brief eine wirkliche Liebeserklärung zum Inhalt haben – eventuell einen möglichen Heiratsantrag. Wird das 21. Haus mit einer Karto-Karte abgedeckt, so kann sich in diesem Brief auch ein Geschenk für dich ankündigen – ein wertvolles Geschenk! Liegt eine Kreuz-Karte im 21. Haus, so könnte es sein, daß man dich um eine Partnerschaft im geschäftlichen oder im freundschaftlichen Bereich bittet, eventuell auch um eine Gefälligkeit. Führe sie aus, es macht sich später für dich bezahlt.

Findest du eine PIK-KARTE im 21. Haus vor, so kann es sein, daß sich der Brief verzögert oder daß er auf seinem Weg verlorengeht. Frage in diesem Fall nach seinem Verbleib. Er wird gefunden. Nicht immer bedeutet PIK etwas Schlechtes.

## KARO ZEHN · 17. HAUS

GELD · FINANZEN · BÖRSE · EINNAHMEN · AUSGABEN

Im Haus der Liebe wird dir mitgeteilt, daß du sehr viel Geld und Ruhm in Zukunft erwarten kannst. Dies kann entweder bedeuten, daß du einen Partner heiraten wirst, der sehr wohlhabend ist, oder daß der Partner, mit dem du zur Zeit zusammenlebst, sehr bald eine große Erbschaft machen wird, von der du auch profitieren wirst. Das kann schon innerhalb eines Jahres sein.

Liegt im 17. Haus eine Karo-Karte, so wird es sich um ein sehr großes Vermögen handeln, speziell dann, wenn die KARO ACHT dieses Haus abdeckt. Jede andere Karte mußt du speziell deuten. Ferner muß auch noch nach der HERZ ACHT gesehen werden. Liegt sie in einem positiven Haus, noch dazu in einem Karo-Haus, dann steht deinem Wohlstand nichts mehr im Wege.

Denke aber auch an jene, die wenig oder gar nichts haben. Werde glücklich in deinem Wohlstand, indem du auch anderen Wohltaten angedeihen läßt.

## KARO NEUN · 5. HAUS

ÜBERRASCHUNG · ÜBERRASCHUNGEN · KLEINE FINANZEN

Im Haus der Liebe wird dir mitgeteilt, daß eine Person – wenn du noch allein bist oder wieder allein sein solltest – dir unerwartet einen Liebesantrag machen wird. Das wird sicherlich eine große Überraschung für dich sein. Es kann aber auch sein, daß jemand deinen Charakter und deine Persönlichkeit verteidigt, ohne daß du davon in Kenntnis gesetzt wirst. Darüber hinaus wirst du von einer Person verteidigt, von der du es niemals annehmen würdest. Das ist wirklich eine sehr schöne Überraschung, wenn du später davon in Kenntnis gesetzt wirst.

Sieh im 5. Haus nach. Vielleicht wirst du dann erfahren, um was es sich hier handelt. Liegt eine Herz-Karte im 5. Haus, so geht es um Herzensangelegenheiten, möglicherweise um Eifersucht. Liegt dort eine Karo-Karte, so geht es um Geld, möglicherweise um eine falsche Verdächtigung. Liegt dort eine Kreuz-Karte, dann kann es sich um eine geschäftliche Angelegenheit handeln, möglicherweise um den Verlust eines Schriftstückes.

Findest du dort aber eine PIK-KARTE vor, dann kann es sein, daß man dich fälschlicherweise als Betrüger hinstellen möchte. Aber, wie gesagt, du wirst angenehm überrascht. Sei dankbar!

## KARO ACHT · 27. HAUS

### Erbe · Erbschaften · Hinterlassenschaften · Bekommen

Im Haus der Liebe wird dir mitgeteilt, daß dein Leben von Liebe und von Geschenken begleitet ist (Erbschaften, Erfolg oder Fröhlichkeit). Eine gute Schwingung ist gegeben, wenn diese Karte in das Haus der Liebe fällt. Es wird in der nächsten Zeit für dich ein Geldgeschenk übersandt.

Sieh im 27. Haus nach. Wenn du dort eine Karo-Karte vorfindest, noch dazu die KARO ZEHN, dann kannst du ein großes Geldgeschenk erwarten. Wenn du eine Herz-Karte vorfindest, so könntest du unter Umständen eine Wohnung von einer lieben Person erhalten. Eventuell handelt es sich auch um wertvolle Gegenstände. Findest du eine Kreuz-Karte vor, so kann es sein, daß man dir ein Geschäft vermachen möchte.

Solltest du jedoch eine PIK-KARTE vorfinden, so kann das bedeuten, daß du dich um eine mögliche Erbschaft streiten mußt. Vergiß nicht nachzusehen, in welches Haus die HERZ ACHT fällt. Auch auf diese Bedeutung muß achtgegeben werden. In einem positiven Haus wird die Deutung verstärkt, in einem negativen Haus geschwächt.

## KARO SIEBEN · 3. HAUS
### Erfolg · Karriere · Aufstieg · Leistung

Im Haus der Liebe wird dir mitgeteilt, daß dein Leben durch eine oder mehrere Personen sehr erfolgreich sein wird. Es ist auch möglich, daß sich eine Liebesbeziehung sehr gut entwickelt.

Wenn im 3. Haus die HERZ ACHT liegt, dann kann man hier eine wirklich erfolgreiche Liebesbeziehung erkennen.

Wenn die HERZ ACHT in ein negatives Haus fällt, so solltest du dein Sexualleben etwas näher betrachten. Denn Sex ist nicht unser ganzes Leben. Es gibt, wie in allen Bereichen des Lebens, Wichtigeres als nur Sex. Liebe kann anders gedeutet werden: Bescheidenheit dem anderen und sich selbst gegenüber, Toleranz, Nachsicht, Verständnis. Prüfe dich, ob du jene Eigenschaften besitzt. Sei dann kritisch bei der Beurteilung deiner Person. So rasch man auch Erfolg haben kann, so rasch kann man auch fallen. Bedenke: Erfolg ist innere Ausstrahlung. Beachte die Atemübungen!

# KREUZ

## KREUZ AS · 20. HAUS

GESCHENK · GESCHENKE (MIT PIK AS: TOD · LAST)

Im Haus der Liebe wird dir mitgeteilt, daß du ein Geschenk von einer Person bekommst, die dich sehr liebt. Möglicherweise willst du einer Person, die du sehr gerne hast, ein Geschenk geben. Es ist möglich, daß du einen Verlobungsring schenken möchtest, wenn du noch allein bist. Außerdem ist es möglich, daß man dir ein gutes Angebot im geschäftlichen Bereich machen wird, das dir wie ein Geschenk vorkommt. Zeigt KREUZ AS nach oben, handelt es sich um ein sehr schönes Geschenk. Zeigt KREUZ AS nach unten, dann bekommst du das versprochene Geschenk möglicherweise etwas später.

Sieh auch im 20. Haus nach. Eine Kreuz-Karte bedeutet: Hier handelt es sich um ein geschäftliches Geschenk. Eine Karo-Karte bedeutet: Hier handelt es sich um ein mögliches Geld- oder Juwelengeschenk.

Eine PIK-KARTE im 20. Haus kann hier die Verzögerung oder sogar den Verlust eines Geschenkes bedeuten. Sieh auch nach, in welches Haus die HERZ ACHT fällt. Findest du diese Karte in einem roten Haus vor, noch dazu in einem Herz-Haus, dann ist es ein sehr persönliches und nettes Geschenk – ein mit sehr viel Sorgfalt ausgesuchtes Geschenk, über das du dich sehr freuen wirst.

## KREUZ KÖNIG · 10. HAUS

FERIEN · URLAUB · VATER · ONKEL · GROSSVATER

Im Haus der Liebe wird dir mitgeteilt, daß du durch einen Geschäftsmann oder eine mit ihm befreundete Person protegiert wirst. Es dürfte sich hier um eine neue Arbeitsstelle handeln – eine neue Position, die dir sehr gefallen wird und deinen Fähigkeiten entspricht. Es wird dies ein Posten sein, den du gerne ausübst. Durch ihn wirst du weiter in deiner Karriere aufsteigen.

Sieh im 10. Haus nach, welche Karte dort hineinfällt. Findest du dort das KARO AS vor, dann ist das ein sehr gutes Zeichen für deine Karriere, jede Karo-Karte bedeutet hier Erfolg. Findest du eine Herz-Karte vor, so wirst du sowohl im privaten als auch im beruflichen Bereich erfolgreich sein. Eine Kreuz-Karte besagt, daß es sich nur um den beruflichen und geschäftlichen Erfolg drehen wird. Das bedeutet sehr viel Arbeit für dich. Beachte auch, in welches Haus die HERZ ACHT fällt. Fällt sie in ein rotes Haus, ist dies ein sehr gutes Omen.

Fällt sie in ein schwarzes Haus, so nimm Notiz davon, speziell wenn diese Karte in ein PIK-HAUS fällt. PIK-KARTEN könnten unter Umständen Komplikationen bedeuten. Denke bei eventueller Unsicherheit an die Atemübungen!

## KREUZ DAME · 30. HAUS

UNTERSUCHER · UNTERSUCHUNGEN · MUTTER · TANTE · GROSSMUTTER

Im Haus der Liebe wird dir mitgeteilt, daß du von einem Menschen sehr beeindruckt bist und daß du ihn sehr bewunderst. Es könnte dies ein naher Verwandter oder auch ein sehr guter Freund von dir sein: ein Vorbild, ein mögliches Idealbild deiner Vorstellung. Aus irgendeiner Quelle sprudelt dir plötzlich Liebe entgegen, und zwar so reichhaltig, daß du im ersten Moment nicht einmal erkennst, wer dich von all denen, die dir Liebe entgegenbringen, besonders liebt. Lerne aus deiner Bewunderung für andere – und du wirst erkennen, daß man auch dich bewundern kann für jene Taten, die du auf einmal so ohne weiteres schaffen kannst. Untersuche dies, und du wirst die Lösung deiner Bewunderung finden. Gehe achtsam damit um.

Sieh im 30. Haus nach. Eine Herz-Karte bedeutet herzliche, ehrliche Bewunderung, eine Karo-Karte materielle und eine Kreuz-Karte berufliche und geschäftliche Bewunderung.

Eine PIK-KARTE jedoch deutet auf Bewunderung einhergehend mit Selbsttäuschung hin. Sieh nach, in welches Haus die HERZ ACHT fällt. Fällt sie in ein rotes Haus, so ist die Bewunderung ehrlich. Fällt sie aber in ein schwarzes Haus, dann sei mit deiner Bewunderung vorsichtig. Vertrauen ist zwar gut, Kontrolle (Selbstkontrolle) jedoch ist besser.

## KREUZ BUBE · 15. HAUS

FAMILIE · SOHN · NEFFE (MIT DAME: TOCHTER · NICHTE)

Im Haus der Liebe wird dir mitgeteilt, daß dich ein Familienmitglied sehr bewundert. Das kann sowohl eine jüngere als auch eine ältere Person sein

(Schwester, Bruder, Neffe, Nichte). Es kann sich sogar um ein Tier handeln, zum Beispiel um einen Hund. Es ist auch möglich, daß ein Freund oder eine Freundin dir Liebe entgegenbringt. Wenn du verheiratest bist, so scheint dich hier dein Partner von ganzem Herzen zu lieben – gute Partnerschaft und gute Gemeinschaft!

Sieh nach, in welches Haus die HERZ ACHT fällt. Fällt diese Karte in ein rotes Haus, dann handelt es sich wirklich um eine sehr gute Verbindung. Fällt die HERZ ACHT in ein schwarzes Haus, so lies genau, was dir mitgeteilt wird. Es ist wichtig für dich! Sie auch im 15. Haus nach. Wenn du dort eine Kreuz-Karte vorfindest, dann betrifft es die Familie. Findest du eine Herz-Karte vor, so könnte das bedeuten, daß eine neue Liebe in die Familie kommt. Das heißt: Vielleicht wird ein neuer Erdenbürger geboren. Es könnte weiterhin heißen, daß ein Tier in die Familie kommt. Möglicherweise läuft ein Tier zu, möglicherweise bekommt man eines geschenkt. Findest du eine Karo-Karte vor, so kann das bedeuten, daß man dir, da man dich liebt, Geld oder etwas anderes Wertvolles schenken möchte, das du dann mit anderen teilen wirst.

Fällt aber eine schwarze Karte in das 15. Haus hinein, speziell eine PIK-KARTE, so kann das Opposition in deiner Familie, die Unstimmigkeiten nach sich zieht, bedeuten. Denke daran: Bei Unstimmigkeiten hilft keine Sturheit. Zeit und Geduld können viel zum Positiven beitragen.

## KREUZ ZEHN · 8. HAUS

### Reise · Strasse · Wasser · Meer

Im Haus der Liebe wird dir mitgeteilt, daß du – solltest du eine Reise geplant haben – einen sehr schönen Urlaub haben wirst. Es kann dies auch sein, daß du mit einem Freund oder einer Freundin, mit deinem oder deiner Verlobten auf Reisen gehst. Solltest du aber erst kürzlich geheiratet haben, so handelt es sich hier um deine Hochzeitsreise (für ältere Menschen möglicherweise um die zweite, die dritte oder sogar die versäumte Hochzeitsreise). Es kann aber auch bedeuten, daß du, um deine jetzige Lage zu verbessern, das Land verlassen und das Ausland aufsuchen wirst.

Es handelt sich um einen guten Entschluß im geschäftlichen Bereich, wenn im 8. Haus eine Kreuz-Karte liegt. Eine Karo-Karte in diesem Haus bedeutet für dich ein besseres Einkommen und somit auch einen finanziellen Aufstieg.

Beobachte auch das 17. Haus. Solltest du dort eine Herz-Karte vorfinden, so wirst du wegen einer Liebe das Land verlassen. Hierzu mußt du auch die HERZ ACHT deuten. Fällt die HERZ ACHT in ein rotes Haus, so ist dies sehr gut für eine Veränderung. Bei einem schwarzen Haus mußt du die besondere Deutung beachten.

## KREUZ NEUN · 31. HAUS

GLÜCK · KLEINE REISE · RISIKO

Im Haus der Liebe wird dir mitgeteilt, daß du in Liebesangelegenheiten sehr viel Glück hast. Glück ist dir förmlich in die Wiege gelegt. Es kann auch sein, daß du von Menschen umgeben bist, die dich sehr lieben und dir sehr viel Glück bringen.

Wenn du eine Herz-Karte im 31. Haus vorfindest, so ist das ein sehr gutes Zeichen für Liebesangelegenheiten. Findest du im Haus des Glücks sogar die HERZ ACHT vor, so mußt du Glück in der Liebe haben. Findest du eine Karo-Karte im 31. Haus vor, so kann dies bedeuten – falls auch die HERZ ACHT in einem roten, vielleicht sogar in einem Karo-Haus liegt –, daß dir Glück durch Liebe und sogar Glück im Spiel beschert ist. Hier kann man nur sagen: »Mehr Glück als Verstand.«

Sollte sich aber eine PIK-KARTE im 31. Haus befinden, so sei vorsichtig mit deinem Glück und fordere es nicht heraus. Sieh nach, was dir mitgeteilt wird. Allzu leicht vergißt man sich bei einem Höhenflug.

## KREUZ ACHT · 26. HAUS

NEUE UNTERNEHMUNGEN · MUT · HELDENTAT

Im Haus der Liebe wird dir mitgeteilt, daß du in Kürze eine Romanze in deinem unmittelbaren Berufsbereich haben wirst. Möglicherweise verliebst du dich in die Tochter oder in den Sohn des Chefs. Dies kann aber zuerst nur aus beruflichem Ehrgeiz entstehen, weil man etwas vor dir will oder weil du etwas anstrebst. Es kann natürlich auch sein, daß erst deine große Liebe durch deinen Beruf kommt. Möglicherweise wirst du in eine Firma einheiraten, wodurch sich dir neue Wege eröffnen. Bei einem Heiratsantrag oder einer Partnerschaft bedeutet das hier, daß dein Beruf mit dem Privatleben zusammenfällt.

Sieh nach, welche Karte in das 26. Haus fällt. Fällt dort eine Kreuz-Karte hinein, so wird diese Verbindung oder das Angebot nur rein geschäftlich sein. Findest du eine Karo-Karte vor, so wird dies zwar auch geschäftlich und beruflich sein, aber hier kann es sich um eine Firmenzusammenlegung handeln, die sich für deine Zukunft sehr positiv auswirkt. Findest du eine Herz-Karte im 26. Haus vor und befindet sich die HERZ ACHT in einem roten Haus, dann kannst du hier vom Regen – im positiven Sinne – in die Traufe kommen. Hier laufen dann für die Zukunft Geschäft und Liebe sehr gut zusammen.

Solltest du aber eine PIK-KARTE vorfinden, so sieh nach, was dir Spezielles mitgeteilt wird. Möglicherweise mußt du mit Opposition rechnen.

## KREUZ SIEBEN · 14. HAUS
### NACHRICHTEN · BOTSCHAFT · TRÄNEN · LEID

Im Haus der Liebe wird dir mitgeteilt, daß du in den nächsten Tagen einen Liebesbrief erhalten wirst. Möglicherweise sendest du jemandem, den du liebst, einen Liebesbrief. Es kann auch sein, daß du in Kürze ein Telephongespräch führen wirst, welches eine oder mehrere Liebeserklärungen beinhalten wird. Liebesgeheimnisse werden ausgetauscht.

Sieh nach, welche Karte in das 14. Haus fällt. Wenn dort eine Kreuz-Karte hineinfällt, so wird es sich um eine gute geschäftliche Nachricht handeln. Eine Karo-Karte bedeutet, daß diese Nachricht sowohl mit Geld als auch mit deinem Beruf zu tun haben wird. Eine Herz-Karte sagt aus, daß – falls darüber hinaus die HERZ ACHT in ein rotes Haus fällt – diese Nachricht sehr persönlich sein wird. Hierbei dreht sich nun alles nur noch um Liebe. Es scheint so, daß du in der nächsten Zeit im »siebenten Himmel« schweben wirst.

Eine PIK-KARTE bedeutet, daß du nicht alles glauben sollst, was man dir schreibt oder sagt. Sei vorsichtig mit dem, was du jemandem schreibst. Dies ist wichtig! Fertige dir von deinen Briefen Kopien an, um späteren Verleumdungen entgegnen zu können. Reagiere nicht sofort auf eine schlechte Nachricht. Überlege dir, was du mitteilen möchtest, mache die Atemübungen und schreibe erst dann. Dies gilt natürlich auch, wenn du telephonieren solltest.

# PIK

## PIK AS · 24. HAUS

TOD · UNFALL · SCHICKSALSSCHLÄGE · QUAL · NOT

Im Haus der Liebe wird dir mitgeteilt, daß irgend jemand dich anrufen wird oder dir eine Mitteilung zukommen läßt, die aussagt, daß dich jemand liebt. Überprüfe dies genau, denn es kann für dich eine Falle sein. Es ist auch möglich, daß man dich in ein Liebesabenteuer stürzen möchte oder daß du dich selbst in ein Liebesabenteuer stürzt, dessen Folgen du noch nicht erkennen kannst. Sei vorsichtig, denn es könnte sein, daß du dann der Schuldige bist.

Sieh nach, in welches Haus die HERZ ACHT fällt. Fällt sie in ein rotes Haus, so sieht die Angelegenheit schlimmer aus, als sie ist.

Wenn die HERZ ACHT jedoch in ein schwarzes Haus, speziell in das 24. Haus fällt, so spielst du mit deinem Leben und auch mit deiner Liebe. Es könnte hier eine lange Beziehung rasch beendet werden. Versuche dich zu konzentrieren, und wenn du dich unsicher fühlst, dann ist es an der Zeit, daß du mit den Atemübungen beginnst. Überschätze dich nicht und übertreibe nichts! Man kann leicht in die Tiefe stürzen, wenn man zu leichtsinnig wird.

## PIK KÖNIG · 28. HAUS

RUFER · BEHÖRDE · SCHULE · SPITAL · INSTITUTION

Im Haus der Liebe wird dir mitgeteilt, daß dich jemand anrufen oder mit dir sprechen wird, dem du nicht vertrauen solltest. Es ist möglich, daß es zu Streitereien kommt, die dann vor Gericht ausgetragen werden müssen. Hier ist keine gute Deutung möglich. Diese Karte im 4. Haus besagt auch, daß du Streitereien in deinem Eheleben haben wirst, sofern du verheiratet bist. Andernfalls erlebst du Streitereien mit Bekannten und Freunden. Überprüfe, ob du im Recht bist.

Sieh nach, welche Karte in das 28. Haus fällt. Fällt dort eine Herz-Karte, speziell die HERZ ACHT, hinein, dann sei vorsichtig bei Liebesbeziehungen oder bei vertrauten Gesprächen. Wenn du andere Karten vorfindest, mußt du die spezielle Bedeutung beachten.

Befindet sich eine PIK-KARTE dort, dann solltest du an dir selbst arbeiten, denn Streitereien scheinen von dir selbst verursacht zu werden. Atemübungen sind hier wichtig. Es wird Zeit, daß du dich zum Positiven änderst. Je früher du beginnst, um so eher kommst du zum Erfolg. Neid, Haß und Mißgunst sind hier deine möglichen Fehler. Lerne positiv zu denken: »Ich bin ein glücklicher, positiver und gesunder Mensch.« Sage dir diesen Satz mehrmals am Tag vor.

## PIK DAME · 29. HAUS

### Dankbarkeit · Dunkle Dame · Undank · Neid

Im Haus der Liebe wird dir mitgeteilt, daß du Ärger bekommen wirst, weil man dir dein Liebstes entführt. Dies gilt sowohl für männliche als auch für weibliche Personen. Es könnte auch sein, daß sich ein Mann oder eine Frau in deine Eheangelegenheiten einmischt. Sie oder er stiftet Unruhe und Intrigen. Möglich ist auch, daß du in der Vergangenheit einem Menschen geholfen hast, der sich in der Zukunft als sehr undankbar erweisen wird. Erwarte für deine Hilfe nie Dank von einem Menschen – so kannst du nicht enttäuscht werden. Es kann auch sein, daß du zur Zeit sehr verliebt in jemanden bist, dein Herzenspartner sich jedoch sehr undankbar verhält oder verhalten wird, obwohl du ihm einmal geholfen hast. Prüfe dich und deinen Partner.

Es ist möglich oder sogar wahrscheinlich, daß – wenn die HERZ ACHT in ein schwarzes Haus fällt – ihr füreinander nicht bestimmt seid.

Sieh auch im 29. Haus nach. Findest du dort eine Herz-Karte vor, so kann es sich hier nur um ein Mißverständnis, möglicherweise von dir ausgehend, handeln. Findest du eine Karo-Karte vor, so kann es Differenzen in Geldangelegenheiten oder wegen Wertgegenständen geben. Findest du eine Kreuz-Karte vor, so versuche dein Privatleben nicht mit deinem Berufsleben zu vermischen.

Befindet sich eine PIK-KARTE im 29. Haus, dann könnte ein unmittelbares Unglück durch Eigenverschulden oder durch falsche Freunde bevorstehen. Versuche es doch einmal mit den Atemübungen.

## PIK BUBE · 1. HAUS

GEGENWART · WAHRHEIT · DUNKLER MANN · UNIFORMIERTER

Im Haus der Liebe wird dir mitgeteilt, daß du eine neue Bekanntschaft machst, die betreffende Person jedoch sehr eifersüchtig ist. Möglicherweise bemerkst du es am Anfang noch nicht, doch mit der Zeit wird sich diese Person nicht als Freund, sondern als Feind herausstellen. Sie ruft große Schwierigkeiten nicht nur im privaten, sondern auch im beruflichen Bereich hervor.

Solltest du allein sein, jedoch gut befreundet, so denkt diese Person an dich, wenn die HERZ ACHT in ein rotes Haus fällt. Fällt die HERZ ACHT in ein schwarzes Haus, so beachte die Deutung genau – sie wird dir weiterhelfen. Sieh auch im 1. Haus nach. Befindet sich dort eine Herz-Karte, so könnte die Eifersucht nur eine vorübergehende Erscheinung sein. Eine Karo-Karte bedeutet, daß man eifersüchtig wegen deines Einkommens ist. Befindet sich eine Kreuz-Karte im 1. Haus, so kann das eine Eifersucht im beruflichen Bereich bedeuten.

Solltest du aber eine PIK-KARTE vorfinden, so sei in nächster Zeit sehr vorsichtig. Es scheint so, als ob dir manche Menschen nicht gut gesinnt sind. Versuche positiv zu denken, damit du diese negative Schwingung von dir abweisen kannst. Befolge die Atemübungen. Zweimal fünfzehn Minuten am Tag solltest du opfern, um ein Unglück abwenden zu können und möglicherweise andere vor einem Unglück zu bewahren.

## PIK ZEHN · 32. HAUS

SONNE · ENTFERNUNGEN · ANDERE LÄNDER · NACHT

Im Haus der Liebe wird dir mitgeteilt, daß du in Kürze herausfinden wirst, was du willst. Auch wirst du die Hilfe einer Person bekommen, für die du dich sehr interessierst. Durch deine Ausdauer, und hier ist Ausdauer sehr wichtig, wirst du dein Ziel erreichen. Durch Liebe und sehr nette Menschen wird Sonnenschein in dein Leben einkehren.

Sieh auch im 32. Haus nach. Wenn du dort die HERZ ACHT vorfindest, dann bedeutet dies ein segensreiches Leben mit sehr viel Liebe und Anmut. Befindet sich eine Karo-Karte im 32. Haus, so bedeutet das, daß du eine sagenhafte Karriere vor dir hast. Eine Kreuz-Karte bedeutet, daß es mit dir im Berufsleben rasch aufwärtsgehen wird.

Eine PIK-KARTE in diesem Haus bedeutet allerdings, daß du noch ein Weilchen auf deinen Erfolg warten mußt. Deute genau die PIK-KARTE – und du weißt warum. Konzentriere dich, dann weißt du, warum es eine Verzögerung gibt. Es ist auch möglich, daß hier deine Zeit noch nicht gekommen ist. Lege dir nach einer bestimmten Zeit wieder die Karten und beachte dann, welche Karte in dieses Haus fällt. Es kann sich hier nur um ein vorübergehendes Tief handeln.

## PIK NEUN · 23. HAUS
### Depression · Unannehmlichkeiten · Kälte

Im Haus der Liebe wird dir mitgeteilt, daß du sehr enttäuscht sein wirst, nämlich von einem Menschen, den du sehr liebst. Dies dürfte sich auch um einen engen Freund von dir handeln, um die mögliche Trennung vom Ehepartner, um die Auflösung einer Verlobung oder um die Trennung von Freunden. Möglicherweise hat eine dir nahestehende Person vor, einen anderen Wohnsitz zu nehmen, jedoch nicht in deiner unmittelbaren Nähe. Des weiteren kann es heißen, daß ein alter Freund oder Bekannter zu dir zurückkehren möchte, die Rückkehr jedoch mit Hindernissen verbunden ist.

Sieh im 23. Haus nach. Befindet sich eine rote Karte in diesem Haus, so wird die Trennung ein kleineres Übel sein. Entfernungen bedeuten nicht, nicht mehr verbunden zu sein. Wer lernt, auch seelisch-geistig zu lieben, wird nie alleine sein.

Solltest du aber eine schwarze Karte vorfinden, speziell eine PIK-KARTE, so kann das eine Trennung für immer in diesem Dasein bedeuten. Wenn du dich einsam fühlst und traurig bist, versuche es doch einmal mit den Atemübungen. Du wirst in deinem Leben auf einmal das entdecken, was dir bisher verborgen blieb. Beginne heute, nicht erst irgendwann.

## PIK ACHT · 22. HAUS
### Ärger · Ärgernisse · Streit · Verleumdungen

Im Haus der Liebe wird dir mitgeteilt, daß sich ein Mensch um dich Sorgen macht; Sorgen, die du nur bagatellisierst. Vielleicht stört dich die Liebe eines Menschen, und du ärgerst dich darüber. Möglicherweise hast du einen Menschen in deiner Nähe oder auch in einiger Entfernung, den du sehr liebst und um den du dir große Sorgen um dessen Wohlergehen machst. Möglicherweise ist diese Person krank oder erst kürzlich verstorben.

Sieh im 22. Haus nach. Solltest du dort das PIK AS vorfinden, so dürfte es sich um einen Todesfall handeln. Jede andere Karte mußt du gesondert deuten. Rote Karten schwächen die Situation ab. Schwarze Karten verstärken das Negative. Sieh auch nach, in welchem Haus die HERZ ACHT liegt. Liegt sie in einem roten Haus, so dürften Ärger und Sorgen nur dich persönlich betreffen.

Liegt die HERZ ACHT in einem schwarzen Haus, so hängt die Sorge wohl auch mit dir zusammen, aber es kann auch sein, daß dies deine eigenen Sorgen oder Ärgernisse sind. Denke darüber nach, ob sich Ärger lohnt. Ärger macht oft krank. Gehe in dich und beginne mit den Atemübungen. Jeder Tag kann ein neuer Beginn im Leben sein und Zufriedenheit mit sich und der Umwelt bringen.

## PIK SIEBEN · 16. HAUS

### Gesundheit · Krankheit · Kur · Operation

Im Haus der Liebe wird dir mitgeteilt, daß du die Krankheit eines Menschen als schrecklicher darstellst, als sie in Wirklichkeit ist. Du neigst zu Übertreibungen, weil du deine Liebe dadurch in ein besseres Licht stellen möchtest. Wer sozial denkt, fühlt, handelt und wirkt, braucht keine Bewunderer und schon gar nicht die Angeberei. Auch tendierst du zu Überanstrengungen im sexuellen Bereich. In jedem Bereich des Lebens muß Maß gehalten werden.

Befindet sich die HERZ ACHT in einem roten Haus, so kann man hier von einem gesunden Sexualleben sprechen.

Befindet sich aber die HERZ ACHT in einem schwarzen Haus, speziell in einem PIK HAUS, womöglich im 16. Haus, dann wird es Zeit, daß man einen Arzt aufsucht oder sich Gedanken über sein Liebesverhalten macht. Jedes andere Haus ist gesondert zu deuten. Versuche deinen Lebensweg mit Maß und Ziel zu begehen. Beachte die Atemübungen!

Das 5. Haus

# KARO NEUN

## Das Haus der Überraschung, der Überraschungen und der kleinen Finanzen

# HERZ

## HERZ AS · 7. HAUS

WOHNUNG · BESITZ · HAUS · EIGENTUM

Im Haus der Überraschung wird dir mitgeteilt, daß es eine Wohnungsveränderung geben kann, wenn HERZ AS nach oben zeigt. Es könnte sich aber auch um ein Haus handeln. Möglicherweise steht dir eine positive Überraschung bevor – eine sehr gute Überraschung! Vielleicht hast du vor, dir eine neue Wohnung oder ein neues Haus zu kaufen.

Sieh nach, welche Karte in das 7. Haus fällt. Fällt dort eine Herz-Karte hinein, so ist dies eine herzliche Überraschung. Befindet sich eine Karo-Karte in diesem Haus, so könnte dies bedeuten, daß du für dein neues Zuhause ein wertvolles Geschenk erhältst oder eine finanzielle Unterstützung bekommst. Befindet sich eine Kreuz-Karte in diesem 7. Haus, so kann das bedeuten, daß du eine freiberufliche Tätigkeit im eigenen Haus ausüben wirst.

Befindet sich eine PIK-KARTE im 7. Haus, so muß diese speziell gedeutet werden. Vielleicht braucht dein neues Zuhause einen besseren Versicherungsschutz. Denkbar ist aber auch, daß sich der Bezug des Hauses etwas verzögert.

## HERZ KÖNIG · 13. HAUS

UNTERHALTUNG · MÄNNLICHER FREUND · BLOND · SPONSOR

Im Haus der Überraschung wird dir mitgeteilt, daß dich in Kürze eine freundliche Person überraschen wird – eine angenehme Überraschung für dich durch eine Person, die weiß, was du willst. Vielleicht wirst du in das Theater oder in die Oper eingeladen. Es kann auch sein, daß man dich zu einer kurzen Reise auf das Land einlädt.

Sieh nach, welche Karte in das 13. Haus fällt. Fällt dort eine Herz-Karte hinein, so ist dies eine sehr persönliche Überraschung mit einem guten Ausgang. Solltest du jedoch das 13. Haus mit der KARO NEUN besetzt haben, so wird es die Überraschung deines Lebens sein. Befindet sich eine Kreuz-Karte im 13. Haus, so hat das mit einem Geschäft oder mit der Familie zu tun. Es steht eine familiäre Überraschung bevor!

Solltest du aber eine PIK-KARTE im 13. Haus vorfinden, so beachte genau ihre Deutung. Nicht immer deuten PIK-KARTEN auf etwas Schlechtes hin. PIK AS könnte zum Beispiel bedeuten, daß dir jemand, da er dich zu Lebzeiten sehr liebte, ein Vermächtnis hinterlassen hat. Auf jeden Fall mußt du mit Überraschungen rechnen.

## HERZ DAME · 19. HAUS

FREUNDE · WEIBLICHER FREUND · BLOND · SPONSOR

Im Haus der Überraschung wird dir mitgeteilt, daß du von einer weiblichen Person – einem Familienmitglied oder auch einer Freundin – eine sehr nette Überraschung erhalten wirst. Es könnte sein, daß man für dich eine Party veranstaltet – extra für dich! Du solltest diese Einladung auf alle Fälle annehmen. Du wirst dort neue und liebe Menschen kennenlernen.

Sieh nach, welche Karte in das 19. Haus fällt. Fällt eine Herz-Karte in dieses Haus, so wird diese Party sehr nett werden. Vielleicht wirst du dort eine sehr interessante Persönlichkeit kennenlernen. Fällt die KARO NEUN in dieses Haus, so wird für dich die Party einen profitablen Ausgang haben – womöglich in Form eines Gewinns bei einer Tombola. Eine Kreuz-Karte kann bedeuten, daß du sogar durch diese Party einen geschäftlichen oder beruflichen Erfolg erzielen kannst.

Eine PIK-KARTE in diesem Haus kann bedeuten, daß ein unangenehmer Gast bei dieser Party zugegen ist. Lasse dich in keine Diskussionen mit diesem Mann ein. Er will die Party nur stören. Behandle ihn freundlich, aber mit Abstand. Sei ein Diplomat.

## HERZ BUBE · 6. HAUS

POPULARITÄT · KUNST · JÜNGERER MÄNNLICHER FREUND · KÜNSTLER

Im Haus der Überraschung wird dir mitgeteilt, daß man über dich spricht, und das freut dich sehr. Man spricht sehr nett über dich und deine Art, wie du mit Menschen umgehen kannst. Wenn du noch keinen Partner hast, so wirst du in Kürze von einer sehr netten Person eingeladen; einer Person, die dich schon des längeren bewundert. Durch deine Bescheidenheit ist dir das noch gar nicht aufgefallen.

Es wird dies eine Einladung von einer sehr prominenten Persönlichkeit sein. Nimm diese Einladung an, wenn du im 6. Haus eine rote Karte vorfindest. Dieser Person kannst du deine Talente zeigen, denn sie wird für dich Verständnis haben und dir weiterhelfen. Sie ist eine gute Förderin der Kunst. Sei in diesem Falle nicht zu bescheiden. Solltest du eine Kreuz-Karte im 6. Haus vorfinden, so liegt dein Talent eventuell im kaufmännischen Bereich.

Eine PIK-KARTE bedeutet, daß du vorsichtig sein mußt mit dem, was du zu sagen hast. Überlege dir genau deine Worte. In diesem Fall sei zurückhaltend. Hier ist weniger mehr. Denke bei Unsicherheiten an die Atemübungen! Vergiß nicht: Es geht um deine Person.

## HERZ ZEHN · 11. HAUS

HEIRAT · VERBINDUNGEN · VEREINE · BRUDERSCHAFTEN

Im Haus der Überraschung wird dir mitgeteilt, daß es dir in kürzester Zeit gelingen wird, ein getrenntes Ehepaar durch dein Zureden wieder zu vereinigen. Überraschend daran ist für dich, daß du zum erstenmal an dir selbst das Talent entdeckt hast, Frieden mit den richtigen Worten zu stiften. Gebrauche diese Fähigkeit und baue sie noch mehr durch geistige und körperliche Arbeit aus. Es ist auch möglich, daß du hilfreich in einer Eheangelegenheit oder einer anderen Beziehung tätig sein wirst. Du hast die Fähigkeit, Menschen zusammenzuführen, und du solltest dir überlegen, ob du nicht dafür bestimmt bist, sehr vielen Menschen zu helfen.

Für eine Heldentat, die du begangen hast, wird man für dich eine Feier veranstalten: ein Treffen mit alten Freunden. Versuche bei dieser Feier, eine Spendensammlung für einen guten Zweck zu veranstalten. Dir wird es gelingen. Solltest du im Geschäftsleben stehen, so wirst du überrascht sein, daß du bei einer Versammlung zum Vorsitzenden gewählt wirst. Nimm diese Aufgabe an, denn du bist befähigt, wenn im 11. Haus eine rote Karte liegt, diese Aufgabe bestens durchzuführen und Verbesserungen für deine Mitmenschen zu bringen. Sie werden auf dich hören.

Solltest du eine schwarze Karte im 11. Haus vorfinden und sollte die KARO NEUN in einem schwarzen Haus liegen, so wirst du mit sehr viel Opposition zu rechnen haben. Sei vorsichtig, wenn du eine so große Aufgabe übernimmst. Neider, Feinde und Heuchler werden dich umschwärmen. Verlasse dich auf deine innere Stimme. Folge ihr – und du wirst als Sieger hervorgehen. Vergiß bei Unsicherheiten nie die Atemübungen. Dich will man als Vorbild, also mußt du auch als Vorbild deine innere Strahlung nach außen verstärken, um dem Negativen zu widerstehen.

Zum Schluß sei für dieses Haus noch gesagt: Es könnte auch sein, daß dich eine Hochzeit von zwei älteren Menschen sehr angenehm überraschen wird – möglicherweise die deiner Großeltern.

## HERZ NEUN · 2. HAUS

WUNSCH · WÜNSCHE · SEHNSUCHT · HOFFNUNG

Im Haus der Überraschung wird dir mitgeteilt, daß eine Überraschung in Verbindung mit deinem Wunsch zusammenhängt; eine sehr gute Überraschung, die auch wirklich gelungen ist.

Sieh nach, welche Karte in das 2. Haus fällt. Fällt dort eine Herz-Karte hinein und liegt die KARO NEUN in einem roten Haus, dann wird dein Wunsch durch eine gelungene Überraschung in Erfüllung gehen. Liegt eine Kreuz-Karte im 2. Haus, dann kann dies mit deiner Familie oder mit Geschäftspartnern zusammenhängen – und dein Wunsch wird hier zur Überraschung.

Befindet sich eine PIK-KARTE im 2. Haus, so lies genau die Deutung dieser Karte. Es könnte sein, daß deine Überraschung eine unvorhergesehene Verzögerung erfährt oder daß jemand dir eine für dich geplante Überraschung zunichte macht. Sollte dies der Fall sein, so behalte einen klaren Kopf. Versuche über den Dingen zu stehen, und wenn du das noch nicht kannst, dann helfen die Atemübungen. Du wirst sehen, sie werden dir helfen. Vielleicht bist du dann dir selbst deine größte Überraschung.

## HERZ ACHT · 4. HAUS

LIEBE · MONDSCHEIN · ROMANZE · HERZ

Im Haus der Überraschung wird dir mitgeteilt, daß du äußerst überrascht sein wirst, weil du eine Liebeserklärung bekommst – von einer Person, an die du nicht im Traum gedacht hättest. Du selbst verehrst diese Person schon seit längerer Zeit. Diese Überraschung hängt möglicherweise zusammen mit einem Gefallen, um den man dich bittet und dem du auch in einer selbstlosen Weise entsprichst. Aufgrund dessen wird der Funken überspringen, und es wird eine deiner größten Überraschungen in Sachen Liebe.

Sieh nach, welche Karte in das 4. Haus fällt und wo die KARO NEUN liegt. Fällt in das 4. Haus eine Herz-Karte und fällt die KARO NEUN in ein rotes Haus, so ist dir Fortuna hold. Danke deinem Schicksal, indem du jemandem hilfst, dem nicht so viel Gutes widerfährt.

Solltest du im 4. Haus eine schwarze Karte vorfinden und liegt die KARO NEUN in einem schwarzen Haus, speziell in einem PIK-HAUS, so solltest du, auch bei großem Glück auf deinem Weg, dich nicht zum Hochmut treiben lassen. Lies die genaue Deutung dieser Häuser und befolge sie. Auch bei noch so viel Glück solltest du deine Atemübungen nicht vergessen. Sie werden dir gerade in glücklichen Zeiten helfen, andere nicht zu vergessen.

## HERZ SIEBEN · 12. HAUS

FRÖHLICHKEIT · GUTE LAUNE · HERZLICHKEIT · FROHSINN

Im Haus der Überraschung wird dir mitgeteilt, daß du in der nächsten Zeit sehr ausgelassen und humorvoll sein wirst. Außerdem liegen viele Überraschungen auf deinem Weg. Du wirst zu einer Party eingeladen und durch deinen Humor, dein sonniges und erfrischendes Verhalten der Mittelpunkt dieser Party sein. Es scheint so, als sei ein Komiker an dir verlorengegangen. Versuche eifersüchtige Menschen und Neider von dir fernzuhalten. Sie werden dich nicht verstehen. Überraschende Neuigkeiten gibt es für dich, die dich sehr bald fröhlich stimmen werden. Versprühe weiter deinen Charme, denn er wirkt ansteckend.

Sieh im 12. Haus nach, welche Karte dort hineinfällt, und beachte auch die KARO NEUN. Wenn in das 12. Haus eine rote Karte und wenn die KARO NEUN in ein rotes Haus fällt, dann kannst du mit deiner Fröhlichkeit sehr viele Menschen glücklich machen.

Fällt in das 12. Haus jedoch eine PIK-KARTE und fällt KARO NEUN in ein schwarzes Haus, speziell in ein PIK-HAUS, so lasse dir durch Neider deine gute Laune nicht verderben. Es ist gut, wenn man im Leben lachen kann. Wer lacht, hat Freude im Herzen. Versprühe deine innere Herzlichkeit.

# KARO

## KARO AS · 25. HAUS

Beruf · Firma · Unternehmen · Projekte

Im Haus der Überraschung wird dir mitgeteilt, daß du sehr überrascht sein wirst, weil du entweder ein Angebot von einer Firma erhältst oder ein neues Unternehmen beginnst. Dies ist ein Zeichen der Selbständigkeit und der Unabhängigkeit, ein Zeichen für freies Arbeiten – wie ein Künstler. Man wird dir eine Stelle übertragen, in der du dich frei entfalten kannst, da man auf deine Intelligenz zählt. Wird dir dieses Angebot in Kürze unterbreitet, so zögere nicht.

Sieh nach, welche Karte im 25. Haus liegt. Befindet sich dort eine Karo-Karte und fällt die KARO NEUN in ein rotes Haus, dann ist das die berufliche Chance deines Lebens. Hier erwartet man große Leistungen von dir. Dir werden sehr viele Menschen unterstellt sein. Fällt in das 25. Haus eine Herz-Karte, so kann dies bedeuten, daß du mit der Musik zu tun haben wirst. Baue dein Talent weiter aus. Wenn die KARO NEUN in ein rotes Haus fällt, so kannst du gewiß sein, daß du durch deine Arbeit berühmt wirst.

Fällt in das 25. Haus eine schwarze Karte und fällt die KARO NEUN in ein schwarzes Haus, so nimm spezielle Notiz von dem, was dir gedeutet wird. Vielleicht müssen noch gewisse Papiere in Ordnung gebracht werden. Ein schnelles Hoch kann auch manchmal ein schnelles Tief bedeuten. In diesem Fall mußt du die Sachlage oder das Vorhaben noch einmal überdenken und überarbeiten. Übe nicht Kritik an anderen, sondern versuche es einmal mit Selbstkritik. Auch bei kleinsten Unsicherheiten solltest du mit den Atemübungen beginnen.

## KARO KÖNIG · 9. HAUS

Legale Papiere · Arzt · Anwalt · Notar

Im Haus der Überraschung wird dir mitgeteilt, daß du in Kürze durch ein Schreiben einer staatlichen oder privaten Schule von einer Rechtsangelegenheit unterrichtet wirst. Dies kommt deshalb für dich so überraschend, da du weder mit einem Gericht noch mit einem Anwalt zur Zeit zu tun hast. Dir wird eine Erbschaft zuteil, und deshalb wirst du einen Notar aufsuchen müssen, der für dich deine Interessen wahrnimmt. Hier, speziell in diesem Fall, ist es wichtig, daß dies ein Fachmann in die Hand nimmt, damit du keine bösen Überraschungen erlebst.

Wenn du im 9. und im 27. Haus Karo-Karten vorfindest, dann handelt es sich mit Sicherheit um eine Erbschaft. Liegt darüber hinaus die KARO NEUN in einem roten Haus, könnte es sich hier um ein Vermögen für dich handeln.

Werden die Häuser 9 und 27 mit schwarzen Karten, speziell mit PIK-KARTEN, abgedeckt, so könnte eine böse Überraschung auf dich warten. Man möchte dich um ein Vermögen oder um eine Erbschaft bringen. Beachte genau, was dir durch diese Karten mitgeteilt wird. Möglicherweise erfährst du daraus, wer dich betrügen will.

Wenn der KARO KÖNIG hier in dieses 5. Haus fällt, so kann die Deutung auch lauten: Du wirst in Kürze einen Vertrag unterzeichnen. Natürlich muß auch in diesem Fall wieder das 9. Haus beachtet werden. Rote Karten deuten in diesem Fall auf einen guten Vertrag hin, bei schwarzen Karten dagegen ist Vorsicht geboten, vielleicht schlitterst du in einen negativen Vertrag hinein. Lerne die eigene Intuition zu beachten und denke an die Atemübungen!

## KARO DAME · 18. HAUS

### JAHRESZEIT · FRÜHJAHR · SOMMER · HERBST · WINTER

Im Haus der Überraschung wird dir Folgendes mitgeteilt: Noch bevor die kommende Jahreszeit vorbei ist, wirst du von einem Elternteil überrascht werden – angenehm überrascht werden, denn es wird dir in einer finanziellen Angelegenheit weiterhelfen und dir Vorteile bringen. Auch wird sich in der nächsten oder sogar noch in dieser Jahreszeit eine große Wende in deinem Leben ereignen. Es handelt sich hier um eine einmalige Chance für dich.

Vergleiche das 18. Haus. Befindet sich dort eine Karo-Karte und fällt die KARO NEUN in ein rotes Haus, so wird dies eine sehr große Überraschung für dich werden.

Fällt in das 18. Haus eine schwarze Karte und fällt die KARO NEUN in ein schwarzes Haus, speziell in ein PIK-HAUS, so ist mit Verzögerung oder mit Opposition zu rechnen. Bei Opposition brauchst du jedoch nicht zu verzweifeln. Eine gute Überraschung ist dir auf jeden Fall sicher – wenn nicht gleich, dann etwas später.

## KARO BUBE · 21. HAUS
Briefe · Schriftstücke · Telegramme · Bote · Freund

Im Haus der Überraschung wird dir mitgeteilt, daß du sehr bald über eine Neuigkeit, die dir zu Ohren kommt oder die man dir per Telegramm, Telephon oder durch einen Brief übermittelt, sehr überrascht sein wirst. Hier könnte es sich um die Nachricht handeln, daß zwei ältere Menschen wieder heiraten wollen. Es könnte auch sein, daß dir eine Person einen Brief schreibt, von der du nie angenommen hättest, daß sie dir jemals schreiben würde.

Vergleiche das 21. und auch das 9. Haus und sieh nach, in welches Haus die KARO NEUN fällt. Fallen in das 21. und in das 9. Haus rote Karten und fällt die KARO NEUN in ein rotes Haus, so sei dir gewiß, daß diese Nachricht von großer Bedeutung für dich sein wird. Eine selten gute Überraschung steht dir bevor.

Werden die Häuser mit schwarzen Karten abgedeckt, so lies die genaue Deutung. Es hat sicherlich mit einer Überraschung zu tun. Es könnte sich aber hier auch um eine Verzögerung oder sogar um eine amtliche Überraschung handeln. In amtlichen Angelegenheiten ist auch das 28. Haus, das Haus des Rufers oder der Behörde, zu beachten. Alles andere hat eine private Bedeutung.

## KARO ZEHN · 17. HAUS
Geld · Finanzen · Börse · Einnahmen · Ausgaben

Im Haus der Überraschung wird dir mitgeteilt, daß du in Kürze durch eine finanzielle Angelegenheit überrascht werden wirst. Es kann sich hier um eine sehr große Summe Geld handeln.

Sieh nach, welche Karte in das 17. Haus und in welches Haus die KARO NEUN fällt. Deute außerdem noch das 9. Haus. Sind beide Häuser mit roten Karten belegt und fällt die KARO NEUN in ein rotes Haus, so handelt es sich hier um eine große Geldüberraschung. Diese Überraschung kann schon in Kürze erfolgen. Vergiß nicht: Sollte dich das Glück mit Geld überhäufen, denke auch an jene, die nichts haben. Lerne hier zu geben – und du wirst deinen Reichtum vermehren können.

Werden die genannten Häuser mit schwarzen Karten abgedeckt, speziell mit PIK-KARTEN, dann sei vorsichtig mit deinem Vermögen – wenn eines vorhanden ist. Du könntest einen großen Verlust und eine böse Überraschung erleben. Gehe also behutsam mit deinem Geld um. Auch Habgier ist hier möglich. Es wird daher Zeit, daß du dich prüfst. Beachte die Atemübungen!

## KARO NEUN · 5. HAUS

### Überraschung · Überraschungen · Kleine Finanzen

Im Haus der Überraschung wird dir mitgeteilt, daß du eine deiner größten Überraschungen in deinem Leben haben wirst. Da diese Karte in ihr eigenes Haus fällt, ist das ein sicheres Zeichen.

Sieh in jenem Haus nach, welches dich besonders in diesem Fall interessiert. Du kannst dann Rückschlüsse auf deine Überraschung ziehen. Solltest du an Geldangelegenheiten interessiert sein, so sieh im 17. Haus nach. Möchtest du wissen, wie es um deine Aktien steht, so sieh im 9. Haus nach. Willst du aber wissen, wie es um deine Gesundheit steht, dann mußt du im 16. Haus nachsehen. Möchtest du wissen, ob dir vielleicht eine große Überraschung im beruflichen Bereich bevorsteht, so sieh im 25. Haus nach.

Je nachdem, welche Karten in diese Häuser fallen, kannst du dir deine Überraschung schon im vorhinein nach diesen Karten deuten. Rote Karten bedeuten immer eine positive Überraschung, Kreuz-Karten können familiäre Überraschungen bedeuten und PIK-KARTEN behördliche oder auch negative Überraschungen. In diesem Fall ist immer das dazugehörige Haus der PIK-KARTE zu vergleichen. Rote Karten schwächen die Situation ab – schwarze verstärken das Negative.

## KARO ACHT · 27. HAUS

### Erbe · Erbschaften · Hinterlassenschaften · Bekommen

Im Haus der Überraschung wird dir mitgeteilt, daß du in Kürze durch die Überweisung einer kleinen Geldsumme überrascht sein wirst. Es könnte sein, daß du in der Vergangenheit Geld ausgeliehen hast und dieses auf einmal unerwartet mit Zinsen zurückbekommst – eine Geldsumme, mit der du nicht mehr gerechnet hast. Es kann aber auch sein, daß dir eine kleine Summe vermacht wird – von einer Person, mit der du nicht gerechnet hättest. Es ist auf alle Fälle eine Geldüberraschung.

Vergleiche das 27. und das 17. Haus. Befinden sich dort Karo-Karten, so kann dies sogar eine größere Summe bedeuten. Andere Karten müssen speziell gedeutet werden.

PIK-KARTEN könnten hier bedeuten, daß sich jemand um eine Erbschaft betrogen fühlt. Möglicherweise versucht er in diesem Fall, dir die Erbschaft streitig zu machen. Hier muß das 28. Haus bei der Deutung mit einbezogen werden. Es ist möglich, daß du die Behörde oder einen Anwalt einschalten mußt. Versuche es, denn du wirst dabei nur gewinnen.

## KARO SIEBEN · 3. HAUS

### Erfolg · Karriere · Aufstieg · Leistung

Im Haus der Überraschung wird dir mitgeteilt, daß du sehr bald Erfolg haben wirst. Du bekommst etwas früher als erwartet, und es wird dich sehr überraschen. Es kann dies sein, weil du auf eine Arbeit schon des längeren gewartet hast – und nun kannst du dir endlich das kaufen, was du schon längst haben wolltest. Du wirst eine Begegnung haben, die sehr erfolgreich verlaufen wird.

Vergleiche das 3. Haus und jenes Haus, das dich besonders in diesem Fall interessiert. Befinden sich rote Karten im 3. Haus und in dem Haus, das für dich besonders interessant ist, so wird dir klarwerden, worin für dich der Erfolg und die Überraschung liegen.

Wird das 3. Haus mit einer schwarzen Karte, speziell mit einer PIK-KARTE, abgedeckt, so achte genau auf ihre Deutung. Die Deutung muß nicht unbedingt etwas Negatives beinhalten. Nur wenn für dich wichtige Häuser mit PIK-KARTEN abgedeckt werden, dann heißt es hier: Geduld aufbringen, um nicht eine böse Überraschung zu erleben. Hier kann sich aber für dich das Negative zum Positiven kehren. Man sammelt Erfahrungswerte, und diese sind für ein harmonisches Leben sehr wichtig – nicht nur für dich, auch für andere.

# KREUZ

## KREUZ AS · 20. HAUS

Geschenk · Geschenke (mit Pik As: Tod · Last)

Im Haus der Überraschung wird dir mitgeteilt, daß du durch ein Geschenk, mit dem du nie im Leben gerechnet hättest, angenehm überrascht werden wirst. Möglich ist, daß man dir für eine frühere Leistung einen Auftrag vermittelt, der dir wie ein Geschenk vorkommt. Auch kann diese Karte im 5. Haus bedeuten, daß dein Gehalt erhöht oder deine Position verbessert wird.

In diesem Falle solltest du in den Häusern 17, 20 und 25 nachsehen, wenn du wissen möchtest, ob es sich um deinen Beruf oder möglicherweise um deine Firma dreht. Rote Karten bedeuten, sofern es Karo-Karten sind, mehr Geld. Kreuz-Karten bedeuten, daß du in deinem Bereich aufsteigen wirst. Sollten sich Herz-Karten dort befinden, so ist dies ein Aufstieg mit Hilfe einer Privatperson.

Befinden sich PIK-KARTEN in diesen Häusern, so kann dies eine Mahnung sein. Vorsicht ist bei dem Geschenk oder der Überraschung geboten. Deute die PIK-KARTEN daher speziell. Oberflächlichkeit macht sich in diesem Fall nämlich nicht bezahlt. Zu schnell neigt man hier zum Übermut. Vielleicht hast du für jemanden nicht das passende Geschenk ausgesucht. Oder dein Geschenk erfolgt nur aus Berechnung. Beachte die Atemübungen!

## KREUZ KÖNIG · 10. HAUS

Ferien · Urlaub · Vater · Onkel · Grossvater

Im Haus der Überraschung wird dir mitgeteilt, daß du durch eine Begegnung mit einem Ereignis oder durch eine Begegnung mit einer bestimmten Person, möglicherweise deinem Vater oder deinem Onkel, überrascht werden wirst. Überraschung kann dir auch dein neuer Lebensstil bringen. Es ist möglich, daß du damit auch andere Menschen überraschen wirst.

Du kannst dich hier auf eine fröhliche Überraschung vorbereiten, wenn sich im 10. Haus eine rote Karte befindet und die KARO NEUN in ein rotes Haus fällt. Die Überraschung wird herzlich sein, wenn eine Herz-

Karte in das 10. Haus fällt. Die Überraschung wird mit Geld zu tun haben, wenn eine Karo-Karte in dieses Haus fällt. Die Überraschung wird die Familie betreffen, wenn eine Kreuz-Karte in das 10. Haus fällt.

Fällt eine PIK-KARTE in das 10. Haus, so kann dies eine Überraschung, die von einer Behörde ausgeht, bedeuten. Es handelt sich um eine positive Überraschung, wenn sich im 28. Haus, im Haus des Rufers, eine rote Karte befindet. Eine schwarze Karte in diesem Haus ist dagegen gesondert zu deuten. Hier mußt du genau sein und darfst nicht oberflächlich werden! Vergiß nie die wichtige Lebenshilfe, die Atemübungen!

## KREUZ DAME · 30. HAUS

UNTERSUCHER · UNTERSUCHUNGEN · MUTTER · TANTE · GROSSMUTTER

Im Haus der Überraschung wird dir mitgeteilt, daß du dich in der nächsten Zeit für eine große Überraschung vorbereiten sollst. Vielleicht weißt du schon, um welche Überraschung es sich hier handeln wird. Bereite dich gut vor, man erwartet es von dir.

Es wird eine angenehme Überraschung werden, wenn sich im 30. Haus eine rote Karte befindet. Eine Herz-Karte bedeutet hier eine persönliche Überraschung. Wenn sich die KARO NEUN im 30. Haus befindet, so ist die Überraschung perfekt: Du wirst für die nächste Zeit sehr viel Erfolg haben, und es scheint so, als würde dir alles gelingen. Befindet sich im 30. Haus eine Kreuz-Karte, so wird die Überraschung familiärer Art sein.

Sollte sich eine PIK-KARTE, speziell die PIK DAME, im 30. Haus befinden, so kann diese Überraschung aus Dankbarkeit für dich geschehen. Du mußt jedoch hier das 29. Haus für die Deutung hinzuziehen. Um wirkliche Dankbarkeit handelt es sich, wenn sich entweder eine Herz- oder eine Karo-Karte darin befindet. Die schwarzen Karten sind gesondert zu deuten.

## KREUZ BUBE · 15. HAUS

FAMILIE · SOHN · NEFFE (MIT DAME: TOCHTER · NICHTE)

Im Haus der Überraschung wird dir mitgeteilt, daß dich ein Freund, eine Freundin oder ein Elternteil überraschen wird. Es kann sein, daß du –

wenn deine Freunde oder Verwandten sehr entfernt von dir leben – überraschend angerufen wirst.

Sieh nach, welche Karten in das 15. und in das 28. Haus fallen. Fallen dort rote Karten hinein, so wird das eine sehr reizende Überraschung für dich werden. Es kann sein, daß man dich ins Ausland einladen wird. Nimm diese Einladung an, sie hat auch mit deiner Fortbildung zu tun. Sollten sich schwarze Karten in diesen Häusern befinden, so sind sie gesondert zu deuten. Es ist möglich, daß du – sollten Kreuz-Karten die Häuser 15 und 28 abdecken – eine Familienangelegenheit im Ausland oder in weiterer Entfernung zu regeln hast.

PIK-KARTEN in diesen Häusern können eine unangenehme Situation bedeuten. Möglicherweise mußt du jemanden im Spital aufsuchen und seine Angelegenheiten regeln. Wenn das so ist, dann tu es gerne und aus Liebe. Du weißt nie, in welche Not du einmal geraten kannst. Dann wirst auch du froh sein, wenn sich jemand um dich kümmert. Bedenke: Viele Menschen geraten in Not und haben keine Hilfe. Hier kannst du dein Ich selbst beweisen. Vergiß nie die Atemübungen! Sie bestärken dein Tun.

## KREUZ ZEHN · 8. HAUS
Reise · Strasse · Wasser · Meer

Im Haus der Überraschung wird dir mitgeteilt, daß du durch eine Änderung, die du möglicherweise selbst herbeiführst, entdeckst, zu welchen Taten du fähig bist. Es kann dies auch bedeuten, daß du zu einer kurzen kleinen Reise eingeladen wirst: im Winter zum Schifahren, im Sommer zum Schwimmen, im Herbst zum Wandern und im Frühjahr zum Abbauen des angesammelten Winterspecks oder zu einer Sportveranstaltung. Hier sei erwähnt: Solltest du zuwenig Bewegung haben, so ist es höchste Zeit für Gymnastik. Auch geistige Übungen sind sehr wichtig. Beginne daher mit den Atemübungen. Reinige Geist und Körper – so wie es die vier Jahreszeiten auch tun. Sie übernehmen das natürliche Geschehen der Natur, in das wir Menschen leider so oft störend eingreifen. Versuche deinen Teil beizutragen und beobachte dann deine Leistungen.

Wenn das 8. Haus mit einer roten Karte besetzt ist, dann plane eine Reise. Sie wird für dich Überraschungen bringen. Schwarze Karten sind gesondert zu deuten.

Eine PIK-KARTE könnte Unfallgefahr bedeuten! Werden das 8. und das 32. Haus mit PIK-KARTEN abgedeckt, so könnte dies bedeuten, daß Unfallgefahr am Abend besteht. Verlagere dann den Zeitpunkt deiner Reise. Man kann böse Überraschungen vermeiden, wenn man seiner inneren Stimme und den Karten vertraut. Die Karten spiegeln das eigene Ich wider.

## KREUZ NEUN · 31. HAUS
### Glück · Kleine Reise · Risiko

Im Haus der Überraschung wird dir mitgeteilt, daß du sehr überrascht wirst, weil dir auf einmal Dinge gelingen, die dir bisher nicht gelungen sind. Wenn das 31. Haus mit einer roten Karte abgedeckt ist, dann liegt das wahre Glück auf deinem Weg. Auch wenn eine Kreuz-Karte in das 31. Haus fällt, hast du Glück.

Sieh auch nach, in welches Haus die KARO NEUN fällt. Fällt sie in ein rotes Haus, noch dazu in ein Karo-Haus, speziell aber in das 17. Haus, dann hast du Glück in Geldangelegenheiten. Was immer du machst, du hast Glück! Für Schüler bedeutet dies Glück in der Schule; für Geschäftsleute Glück im Geschäft; für Reisende Glück auf Reisen; für Verliebte Glück in der Liebe. Aber hierzu mußt du das 4. Haus vergleichen.

Solltest du eine PIK-KARTE im 31. Haus vorfinden, dann mußt du diese Karte speziell deuten. Das heißt: Wenn du zum Beispiel die PIK ZEHN, also die 32. Haus-Karte, im 31. Haus vorfindest, so kann dies heißen, daß dich das Glück förmlich »erdrückt«. Liegt darüber hinaus eine rote Karte im 32. Haus, dann ist dein Glück überwältigend. Eine PIK-KARTE in diesem Haus schwächt das Glück nur etwas ab, aber nicht sonderlich. Merke dir aber: Lasse dich nicht vom Glück treiben, denn es hält nicht ewig an. Behalte einen klaren Kopf, wenn du viel Glück hast, denn zu leicht wird man übermütig und überheblich. Vergiß zudem nie, an deiner Person zu arbeiten – auch das kann für dich Glück bedeuten.

## KREUZ ACHT · 26. HAUS

### Neue Unternehmungen · Mut · Heldentat

Im Haus der Überraschung wird dir mitgeteilt, daß man dich wegen deiner Genauigkeit und wegen deiner exakten Ausführung eines Auftrags auszeichnen wird. Das kommt insofern für dich überraschend, als es für dich eine Selbstverständlichkeit ist, ordentlich und genau zu arbeiten. Das sollte auch für jüngere Menschen, die noch zur Schule oder zur Universität gehen, gelten. Das heißt in diesem Fall: Du wirst gute Noten, eine Auszeichnung vor der gesamten Klasse oder sogar der ganzen Schüler- oder Studentenschaft erhalten. Es ist auch möglich, daß du in deiner Firma an mehreren Aufgaben gleichzeitig arbeitest, diese Arbeiten jedoch aber für verschiedene Mitarbeiter gedacht sind.

Sieh nach, in welches Haus die KARO NEUN fällt. Fällt sie in ein rotes Haus, möglicherweise in ein Geld-Haus, so kann das für dich einen Extrabonus oder eine Gehaltserhöhung bedeuten. Vielleicht sprichst du mit deinem Chef darüber, der dann deinen Wunsch billigen wird.

Solltest du im 26. Haus eine schwarze Karte vorfinden, speziell eine PIK-KARTE, so könnte dies bedeuten, daß du einen Konzentrationsverlust erleidest. Versuche dich dann zu entspannen. Mache die Atemübungen, und du wirst in kürzester Zeit wieder fit sein. Man erwartet es von dir.

## KREUZ SIEBEN · 14. HAUS

### Nachrichten · Botschaft · Tränen · Leid

Im Haus der Überraschung wird dir mitgeteilt, daß du über eine Nachricht, die du in Kürze erhältst, sehr überrascht sein wirst. Dies kann durch einen Brief oder auch durch ein Telephongespräch geschehen. Auf jeden Fall wird sich jemand melden, mit dem du nicht gerechnet hättest.

Dieser Schreiber oder Anrufer wird dich positiv überraschen, wenn im 14. Haus eine rote Karte liegt und die KARO NEUN in ein rotes Haus fällt. Fällt in das 14. Haus eine schwarze Karte und ist dies eine Kreuz-Karte, so kann es sich bei dem Brief oder dem Telephongespräch nur um eine belanglose Sache handeln.

Fällt aber eine PIK-KARTE in das 14. Haus und fällt die KARO NEUN in ein schwarzes Haus, so kann der Brief oder die Nachricht etwas Unangenehmes andeuten. Sei hier dann sehr vorsichtig mit dem, was du antwortest. Ziehe noch das 9. Haus, das Haus der legalen Papiere, und das 28. Haus, das Haus des Rufers, hinzu, denn vielleicht kannst du dir hier ein Bild zusammenreimen. Bei Unsicherheit solltest du nie die Atemübungen vergessen! Durch sie lernt man, sich zu beherrschen und gezielt und ruhig zu denken. Keine Überraschung kann dann für dich so groß sein, als daß du nicht schon vorbereitet wärst. Das gilt natürlich auch für negative Überraschungen. Aber wenn man weiterhin positiv wirken möchte, muß man die Atemübungen regelmäßig fortsetzen.

# PIK

## PIK AS · 24. HAUS

TOD · UNFALL · SCHICKSALSSCHLÄGE · QUAL · NOT

Im Haus der Überraschung wird dir mitgeteilt, daß dich ein Todesfall, von dem du hören wirst, sehr überraschen wird. Es ist möglich, daß ein Freund oder eine Freundin von dir den Partner durch den Tod verloren hat. Dagegen aber bedeutet es auch, daß die schlechte Zeit, die du bisher hattest, endlich zu Ende geht.

Sieh im 24. Haus nach, welche Karte dort hineinfällt. In diesem Fall wird jede Karte einzeln gedeutet, weil hier keine Sammeldeutung möglich ist. Eine Ausnahme bildet das KREUZ AS, wenn es in das 24. Haus fällt. Es könnte sich dann um einen Todesfall in deiner unmittelbaren Nähe handeln. Hier mußt du dann die Häuser hinzuziehen, die etwas über deine Freunde oder deine Familie aussagen können.

Auch das 8. Haus kannst du hinzuziehen, denn es zeigt, ob es sich möglicherweise um einen Unfall handeln kann. Du selbst bist hier nicht in Gefahr, sei aber trotzdem vorsichtig, wenn diese Häuser schlecht abgedeckt werden, denn es droht eine unangenehme Überraschung mit Gefahr! Innere Ruhe ist hier das Wichtigste. Beachte die Atemübungen!

## PIK KÖNIG · 28. HAUS

RUFER · BEHÖRDE · SCHULE · SPITAL · INSTITUTION

Im Haus der Überraschung wird dir mitgeteilt, daß dir ein Polizist oder ein Feuerwehrmann ein Tombolalos zum Verkauf anbietet. Lehne den Kauf des Loses nicht ab. Es ist für einen guten Zweck. Es kann aber auch möglich sein, daß dich eine »verflossene Liebe« wieder anruft. Möglich ist aber auch, daß du einen Anruf vom Finanzamt bekommst.

Wenn im 28. Haus eine rote Karte liegt, wird es ein guter Anruf für dich sein. Das Positive wird verstärkt, wenn sich die KARO NEUN in einem roten Haus befindet (Steuerrückzahlung, Steuervergünstigung oder ähnliches).

Befindet sich aber eine schwarze Karte im 28. Haus und fällt die KARO NEUN in ein schwarzes Haus, speziell in ein PIK-HAUS, so kann es für dich ein böses Erwachen geben. Sieh nach, ob alle deine Papiere in Ordnung sind. Ein möglicher Verlust des Reisepasses oder wichtiger Dokumente kann hier gegeben sein. Lege dir vorsichtshalber Duplikate an. Bringe Ordnung in deine persönlichen Angelegenheiten. Es sieht so aus, als käme diese Situation gar nicht so überraschend für dich.

## PIK DAME · 29. HAUS

DANKBARKEIT · DUNKLE DAME · UNDANK · NEID

Im Haus der Überraschung wird dir mitgeteilt, daß du sehr überrascht sein wirst, weil sich ein Mensch dir gegenüber als sehr undankbar erweisen wird, nämlich für einen Gefallen, den du ihm in einer Notlage getan hast.

Sieh im 29. Haus, dem Haus der Dankbarkeit, nach. Befindet sich eine rote Karte in diesem Haus, so brauchst du es dieser Person nicht übelzunehmen, denn sie wird sich später dafür entschuldigen.

Befindet sich aber eine schwarze Karte in diesem Haus, noch dazu eine PIK-KARTE, so wirst du hier sehr enttäuscht werden. Merke dir: »Undank ist der Welten Lohn.« Aber wer sich innerlich vorbereitet, das heißt sich selbst kennenlernt, und weiß, daß er selbst schon einmal undankbar war, der hat schon einen Schritt gewonnen. Solltest du hier aber noch unsicher sein und dieser Person nicht verzeihen können, so beginne mit den Atemübungen. Du wirst sehen, daß du bald über den Dingen stehen wirst. Lerne den Menschen zu vergeben. Wenn du an dir entdeckt hast, daß du es schon kannst, bist du deinem inneren Seelenfrieden ein Stück näher.

## PIK BUBE · 1. HAUS

GEGENWART · WAHRHEIT · DUNKLER MANN · UNIFORMIERTER

Im Haus der Überraschung wird dir mitgeteilt, daß dich ein Freund oder eine Freundin mit einer Aktion überrascht, die du nie für möglich gehalten hättest. Es ist möglich, daß dir jemand so offen die Wahrheit ins Gesicht sagt, daß du im ersten Moment ganz außer dir bist. Auch hier sei vorsichtig mit dem, was du Privatpersonen anvertraust, denn möglicherweise kann man dir oder will man dir ganz bewußt schaden. Jemand verhält sich heuchlerisch dir gegenüber. Sei vorsichtig, daß du ihm nicht in die Falle gehst.

Betrachte das 1. Haus. Befindet sich dort eine rote Karte, so wird das Gesagte ehrlich gemeint sein.

Befindet sich eine schwarze Karte in diesem Haus, speziell eine PIK-KARTE, so sei auf der Hut, daß man dir keinen Schaden zufügt. Achte auch auf die KARO NEUN, wo sie hinfällt. Ein rotes Haus ist positiv zu bewerten, bei einem schwarzen ist Vorsicht geboten! Nimm dich außerdem vor Geldverleihern in acht und prüfe genau, wem du Geld borgst. Bei Unsicherheit bezüglich deiner Freunde solltest du die Atemübungen regelmäßig machen. Deine innere Stimme wird dir dann mitteilen, wem du vertrauen kannst und wem nicht. Es wird Zeit, daß du dein Selbstvertrauen aufbaust und dich nicht immer nach den anderen richtest. Du bist doch selbst eine Persönlichkeit.

## PIK ZEHN · 32. HAUS

SONNE · ENTFERNUNGEN · ANDERE LÄNDER · NACHT

Im Haus der Überraschung wird dir mitgeteilt, daß du in Kürze an einem Abend etwas ausfindig machen wirst, das dich sehr überraschen wird. Es kann sein, daß du an eine befreundete Person denkst und du wissen möchtest, wie es ihr geht. Kurz darauf wirst du es erfahren.

Sieh im 32. und im 19. Haus, dem Haus der Freunde, nach. Liegen dort rote Karten und liegt die KARO NEUN in einem roten Haus, so wird die Überraschung für dich sehr angenehm sein.

Liegen jedoch im 32. und im 19. Haus schwarze Karten und liegt die KARO NEUN in einem schwarzen Haus, speziell in einem PIK-HAUS, so wird es für dich eine schreckliche Überraschung geben. Bereite dich vor und konzentriere dich, vielleicht kannst du noch im letzten Moment ein Unglück verhindern. Versuche dich zu entspannen und mache deine Atemübungen! Vielleicht hilft dir die Meditation bei der Suche desjenigen, der in Gefahr schwebt. Sei vorsichtig mit wichtigen Geschäftsangelegenheiten, die du jemandem anvertraust. Es könnte sein, daß man dir berufliche Geheimnisse entlocken möchte. In diesem Fall betrachte auch das 25. Haus. PIK-KARTEN bedeuten hier, daß du von einem Spion umgeben bist.

## PIK NEUN · 23. HAUS
### Depression · Unannehmlichkeiten · Kälte

Im Haus der Überraschung wird dir mitgeteilt, daß du über einen Verlust sehr enttäuscht sein wirst. Es kann sein, daß dir in Kürze etwas gestohlen wird und du dadurch Unannehmlichkeiten haben wirst.

Keine gute Überraschung steht dir bevor, wenn im 23. Haus eine schwarze Karte, speziell eine PIK-KARTE, liegt. Herz-Karten können hier den Verlust des Liebespartners oder das Ende einer Liebesbeziehung bedeuten. In diesem Fall muß das 4. Haus mitgedeutet werden. Wenn eine Karo-Karte im 23. Haus liegt, kann es einen finanziellen Verlust durch Leichtsinn oder Fehlkalkulation bedeuten. Wenn eine Kreuz-Karte in das 23. Haus fällt, so könnte es einen Verlust in der Familie bedeuten. Hier muß das 15. Haus noch mit einbezogen werden.

Andere Karten müssen gesondert gedeutet werden. Vorsicht ist auch in geschäftlichen Angelegenheiten geboten. Geschäftsverträge solltest du genau überprüfen lassen. Ein Schwindler lauert dir auf. Lasse dich nicht blenden. Vertraue deiner inneren Stimme. Beginne mit den Atemübungen! Dein Selbstvertrauen muß für die Zukunft gestärkt werden.

## PIK ACHT · 22. HAUS
### Ärger · Ärgernisse · Streit · Verleumdungen

Im Haus der Überraschung wird dir mitgeteilt, daß du in Kürze eine schlechte Überraschung erleben wirst. Möglicherweise machst du dir um jemanden oder um eine Angelegenheit berechtigte Sorgen.

Sieh nach, in welches Haus die KARO NEUN fällt. Fällt sie in ein rotes Haus, dann ist die Sorge oder der Ärger nicht so groß.

Fällt sie aber in ein schwarzes Haus, noch dazu in ein PIK-HAUS, dann solltest du jedem Streit, auch wenn du im Recht bist, aus dem Weg gehen, denn er würde dir keine Vorteile einbringen. Vergleiche auch noch, welche Karte in das 22. Haus fällt. Befindet sich dort eine Herz-Karte, dann ist es ein Streit in Privatangelegenheiten. Befindet sich dort eine Karo-Karte, dann ist es ein Streit in Geld- oder Vermögensangelegenheiten. Befindet sich eine Kreuz-Karte im 22. Haus, so ist es ein Streit mit Nachbarn oder der Familie. Versuche dich zu entspannen und mache deine Atemübungen! Sie werden dich beruhigen, und du wirst sehen: Bald wird die Welt für dich wieder angenehmer erscheinen. Beginne mit der Stärkung deines Selbstvertrauens. Wenn du glaubst, Ärger zu bekommen, so sage dir immer: »Ich bin ein glücklicher, positiver und ruhiger Mensch.«

## PIK SIEBEN · 16. HAUS

### Gesundheit · Krankheit · Kur · Operation

Im Haus der Überraschung wird dir mitgeteilt, daß du durch eine unangenehme Überraschung ganz verzweifelt sein wirst. Sie macht dich sichtlich krank. Es kann aber auch sein, daß du dir sehr große Sorgen um einen dir nahestehenden Menschen machst, dem es zur Zeit nicht gut geht. Versuche dich zu entspannen, und du wirst sehen: Es wird bald wieder vorüber sein.

Sieh nach, welche Karte in das 16. Haus fällt. Fällt eine Herz-Karte in das 16. Haus, so kann es sich um Liebeskummer oder Kummer mit einem dir nahestehenden Menschen handeln. Liegt eine Karo-Karte im 16. Haus, so scheint der Kummer im finanziellen Bereich zu liegen. Versuche dich positiv einzustellen. Geld ist nicht alles auf der Welt. Denke an jene, die keines haben. Befindet sich eine Kreuz-Karte im 16. Haus, so befindet sich der Kummer innerhalb der Familie.

Eine PIK-KARTE bedeutet hier, daß es Zeit wird, sich einem Arzt anzuvertrauen. Möglicherweise steckt eine ernst zu nehmende Krankheit in dir, speziell dann, wenn die KARO NEUN in ein PIK-HAUS fällt. Du solltest dich regelmäßig untersuchen lassen und auch regelmäßig die Atemübungen einhalten! Versuche es, wenn du noch nicht begonnen hast, denn kurz vor deinem Tod wird es zu spät sein. Aber sonst ist es nie zu spät! Jede Krankheit hat ihre Ursache, und meistens ist sie im seelischen Bereich zu finden.

Das 6. Haus

# HERZ BUBE

Das Haus der Popularität, der Kunst,
des jüngeren männlichen Freundes und des Künstlers

# HERZ

## HERZ AS · 7. HAUS

WOHNUNG · BESITZ · HAUS · EIGENTUM

Im Haus der Popularität wird dir mitgeteilt, daß du – solltest du von Beruf Innenarchitekt oder Designer sein – für viele deiner Freunde und auch für sehr prominente Menschen arbeiten wirst. Es kann auch sein, daß dein jetziges oder zukünftiges Zuhause sehr schön und antik möbliert sein wird. Du wirst sehr viele prominente Persönlichkeiten in deinem Wohnbereich empfangen. Es ist aber auch möglich, daß du sehr viele günstige Angebote bezüglich des Verkaufs deiner Wohnung oder deines Hauses bekommen wirst.

Fällt der HERZ BUBE in ein rotes Haus, so ist das ein gutes Omen für dein Zuhause.

Fällt jedoch der HERZ BUBE in ein schwarzes Haus, speziell in ein PIK-HAUS, dann mußt du genau dessen Bedeutung beachten. Möglicherweise muß man hier mit kleinen Störungen oder Verzögerungen – eventuell durch Handwerker – rechnen. Wenn das der Fall sein sollte, so sind diese Störungen jedoch nur von kurzer Dauer.

## HERZ KÖNIG · 13. HAUS

UNTERHALTUNG · MÄNNLICHER FEUND · BLOND · SPONSOR

Im Haus der Popularität wird dir mitgeteilt, daß du deine Freunde sehr gut unterhalten kannst. Dadurch bist du sehr beliebt. Es kann auch sein, daß du deswegen sehr viele Einladungen erhältst, weil du so prominent bist oder weil man deine Unterhaltungen und deinen Charme in der Gesellschaft schätzt. Denn sowohl Humor als auch Charme hat dir das Schicksal reichlich in die Wiege gelegt.

Befindet sich im 13. Haus eine rote Karte, so wird für dich die nächste Zeit sehr turbulent sein, denn du wirst oft zu Partys eingeladen werden. Befindet sich darüber hinaus der HERZ BUBE in einem roten Haus, so wirst du viele neue, vor allem jüngere Menschen kennenlernen.

Befindet sich der HERZ BUBE in einem schwarzen Haus, speziell in einem PIK-HAUS, so könnte es sein, daß ein jüngerer Freund von dir in großen Schwierigkeiten steckt und dich um Hilfe bittet. Gib sie ihm, denn du hast die Möglichkeiten durch deinen Charme und durch dein Auftreten. Solltest du dir im Zweifel sein, so arbeite an dir und mache die Atemübungen. Ansonsten liegt in der nächsten Zeit sehr viel Fröhlichkeit auf deinem Weg. Versprühe weiterhin Charme und Anmut, denn wenige Menschen in deiner Umgebung können das. Reiße sie mit, und du wirst ihnen sehr viel Freude bereiten, auch wenn manchmal einige nicht verstehen werden, warum du so fröhlich sein kannst. Lachen ist die beste Medizin.

## HERZ DAME · 19. HAUS

FREUNDE · WEIBLICHER FREUND · BLOND · SPONSOR

Im Haus der Popularität wird dir mitgeteilt, daß du unter deinen Freunden und möglicherweise auch in deiner Familie die populärste Persönlichkeit bist. Du (oder ein anderer in deiner Familie) wirst (wird) in Kürze sehr berühmt werden. Wenn in das 19. Haus eine rote Karte fällt und wenn der HERZ BUBE in ein rotes Haus fällt, ist wirklich ein sehr großer Bekanntheitsgrad gegeben.

Fällt in das 19. Haus eine Herz-Karte und fällt der HERZ BUBE in ein Herz-Haus, so wirst du sehr beliebt sein. Liegt im 19. Haus eine Karo-Karte und liegt der HERZ BUBE in einem Karo-Haus, so wird dir dein Bekanntheitsgrad sehr viel Geld einbringen – möglich ist auch die Heirat mit einem Aristokraten oder einer Aristokratin. Fällt in das 19. Haus eine Kreuz-Karte und fällt der HERZ BUBE in ein Kreuz-Haus, so wirst du in deiner Familie sehr erfolgreich und bekannt werden, zum Beispiel durch eine Entdeckung.

Fällt in das 19. Haus eine PIK-KARTE und fällt der HERZ BUBE in ein PIK-HAUS, so ist Vorsicht geboten. Du könntest durch Unachtsamkeit deine Popularität verlieren. Es kann auch sein, daß du durch deine Popularität von Freunden ausgenutzt wirst. Sei vorsichtig! Vergiß nicht, täglich deine Atemübungen zu machen.

## HERZ BUBE · 6. HAUS

POPULARITÄT · KUNST · JÜNGERER MÄNNLICHER FREUND · KÜNSTLER

Im Haus der Popularität wird dir mitgeteilt, daß du großen Erfolg durch deine Phantasie haben wirst. Hier kann es sein, daß du Talent zum

Schreiben hast. Wenn du bereits eine Profession hast, so bringt sie dir großen Bekanntheitsgrad.

Vergleiche, welche Karten in das Haus der Schriftstücke, das 9. Haus, und in das Haus des Berufes, das 25. Haus, fallen. Befinden sich dort rote Karten, dann ist das ein sicheres Zeichen, daß du zu schreiben beginnen solltest. Hier ist es möglich, daß du für die Filmindustrie arbeiten wirst. Es ist aber auch möglich, daß du ein sehr berühmter Bühnenautor oder Filmemacher wirst. Es kann auch ein Schauspieler oder Sänger in dir stecken. Wenn du dich für Tanz interessieren solltest, dann versuche es doch mit Jazzgymnastik oder anderen Bewegungstechniken.

Werden aber die Häuser 9 und 25 von PIK-KARTEN besetzt, so beachte sie, denn es könnte für dich eine vorübergehende Opposition bedeuten. Bedenke: Auch wenn man noch so berühmt ist, sollte man nie die Entfaltung der seelisch-geistigen Kräfte vergessen. Immer wieder die Atemübungen machen!

## HERZ ZEHN · 11. HAUS

### Heirat · Verbindungen · Vereine · Bruderschaften

Im Haus der Popularität wird dir mitgeteilt, daß du durch eine Heirat sehr bekannt werden wirst. Es kann aber auch bedeuten, daß du durch einen Klub, der sich zum Beispiel um das Wohl der Mitmenschen kümmert, zu Ruhm und Ehre gelangst. Außerdem kann es noch bedeuten, daß du für eine sehr bekannte Firma arbeiten wirst. Vergleiche hierzu das 25. Haus. Befindet sich dort eine rote Karte, so hast du die besten Möglichkeiten, durch deine Arbeit mit sehr prominenten Leuten selbst zu Ruhm zu gelangen.

Sieh auch nach, in welches Haus der HERZ BUBE fällt. Fällt er in ein rotes Haus, so kann es bedeuten, daß du für einen prominenten Freund arbeiten wirst. Vergleiche auch das 11. Haus. Befindet sich dort eine rote Karte, so liegt dir in Zukunft sozusagen die »Welt zu Füßen«.

Befinden sich schwarze Karten im 25. und 11. Haus und fällt der HERZ BUBE in ein schwarzes Haus, speziell in ein PIK-HAUS, so sind hier die genauen Deutungen zu beachten. Hier mußt du mit Verzögerungen und Widerständen rechnen. Sei in diesem Fall nicht ungeduldig. Lege dir eine Woche später wieder die Karten und vergleiche dann die Kartenbilder. Zeigen sich im nächsten Kartenbild Parallelen, so befolge den Rat, der dir dadurch erteilt wird. Beachte auch die Atemübungen!

## HERZ NEUN · 2. HAUS
WUNSCH · WÜNSCHE · SEHNSUCHT · HOFFNUNG

Im Haus der Popularität wird dir mitgeteilt, daß dein Wunsch mit Ruhm und Erfolg zu tun haben wird. Dein Wunsch wird dir erst durch Ruhm und Erfolg in Erfüllung gehen.

Ein sicheres Zeichen für dein Streben nach Popularität ist gegeben, wenn in das 2. Haus der HERZ BUBE fällt. Sollte dein Wunsch mit dem Beruf zusammenhängen, so vergleiche auch das 25. Haus. Für Geld vergleiche das 17. Haus, für die Familie das 15. Haus. Es ist wichtig, daß du hier genau weißt, was du willst und um welchen Wunsch es sich hier handelt. Fallen für deine Wünsche und Fragen rote Karten in diese Häuser, so wird dein Wunsch in Erfüllung gehen.

Fallen in diese Häuser schwarze Karten, speziell PIK-KARTEN, so ist ihre genaue Deutung zu beachten, denn nicht immer muß PIK Opposition bedeuten, wenn zugleich mehrere PIK-HÄUSER mit roten Karten abgedeckt sind. Bist du dir im Zweifel, so lege dir eine Woche später wieder die Karten und vergleiche sie mit dem zuletzt aufgezeichneten Kartenbild. Hieraus lassen sich immer wieder Rückschlüsse ziehen. Vergiß nicht die Atemübungen, auch wenn dein Wunsch in Erfüllung gegangen ist.

## HERZ ACHT · 4. HAUS
LIEBE · MONDSCHEIN · ROMANZE · HERZ

Im Haus der Popularität wird dir mitgeteilt, daß du von sehr vielen Bewunderern umgeben bist. Das hat damit zu tun, daß du selbst ein sehr höflicher und zuvorkommender Mensch bist. Deine Art wird dir eines Tages sehr viel Liebe und Popularität einbringen, wenn beides nicht schon vorhanden ist.

Sieh nach, welche Karte im 4. Haus liegt und wohin der HERZ BUBE fällt. Fällt in das 4. Haus eine Herz-Karte und fällt der HERZ BUBE in ein Herz-Haus, so wird auf deinem Weg sehr viel Liebe sein. Hier werden dich die Menschen von ganzem Herzen lieben. Fällt in das 4. Haus eine Karo-Karte und fällt der HERZ BUBE in ein Karo-Haus, so wird man dich als Chef oder Vorgesetzten sehr verehren. Ziehe jedoch noch das 25. Haus hinzu.

Fällt aber eine schwarze Karte, speziell eine PIK-KARTE, in das 4. Haus und fällt der HERZ BUBE in ein schwarzes Haus, speziell in ein PIK-HAUS, so ist hier die genaue Deutung zu beachten, denn es können sich hier Verzögerungen oder Widerstände ergeben. Möglicherweise bist du von Neidern umgeben. Du bist aufgrund deines Charakters auf dem richtigen Weg, aber es werden einige Menschen versuchen, dir Fallen zu stellen. Lasse dich nicht hereinlegen. Versuche dich, wenn du unsicher sein solltest, mit den Atemübungen positiv zu stärken. Man kann nicht nur geben, sondern man muß auch an sich selbst aufbauend arbeiten, um auch in Zukunft für die Menschen eine freundliche, nette und herzliche Ausstrahlung zu haben.

## HERZ SIEBEN · 12. HAUS

FRÖHLICHKEIT · GUTE LAUNE · HERZLICHKEIT · FROHSINN

Im Haus der Popularität wird dir mitgeteilt, daß du sehr viele Zuhörer haben wirst oder schon hast. Deine Art, Vorträge zu halten oder Verhandlungen zu führen, wird dich prominent machen. Du verstehst es, die richtigen Worte zur richtigen Zeit zu sagen. Würdest du in der Showbranche tätig sein, wärst du ein geeigneter Quizmaster. Deine Ausstrahlung wirkt so überzeugend, daß du bei allen Menschen sofort beliebt bist. Verbreite weiterhin soviel Fröhlichkeit wie bisher. Auch wirst du von fröhlichen Freunden umgeben. Sie sind alle auf deiner Linie, und man vertraut dir.

Sieh im 12. Haus nach und schau auch nach, wohin der HERZ BUBE fällt. Fällt in das 12. Haus eine rote Karte und fällt der HERZ BUBE in ein rotes Haus, dann bist du von guten und aufrichtigen Menschen umgeben.

Fällt aber in das 12. Haus eine schwarze Karte und fällt auch der HERZ BUBE in ein schwarzes Haus, speziell in ein PIK-HAUS, so ist hier die genaue Deutung zu beachten. Hier kann es sein, daß du mit zunehmender Popularität mit sehr viel Eifersucht zu rechnen hast. Versuche dich aus diesem Schwingungsbereich zu entfernen und mache täglich deine Atemübungen, denn nur so kannst du dein Aurafeld positiv erhalten. Sieh auch wieder eine Woche später in deinem Kartenbild nach, wie für dich die einzelnen Kartenbilder abgedeckt werden. Dann vergleiche es mit deinem vorher gelegten Kartenbild. Die Deutungen werden dann für dich immer klarer.

# KARO

## KARO AS · 25. HAUS

BERUF · FIRMA · UNTERNEHMEN · PROJEKTE

Im Haus der Popularität wird dir mitgeteilt, daß man dir – wenn du sehr beliebt in deiner Firma oder in deiner beruflichen Umgebung bist – in Kürze eine neue Position anbieten wird. Du wirst jedoch dieselbe Linie beibehalten, in der du dich jetzt bewegst. Hier kann es auch sein, daß der Betrieb, in dem du jetzt arbeitest, erweitert wird und dir die Aufgabe des Erweiterns übertragen wird, denn du hast Organisationstalent. Das wird in Kürze für dich eintreffen.

Sieh nach, welche Karte in das 25. Haus fällt. Eine rote Karte ist hier für dich sehr gut, aber es ist natürlich noch besser, wenn darüber hinaus der HERZ BUBE in ein rotes Haus fällt. Für den Beruf speziell gelten Karo-Häuser, für das Geschäft Kreuz-Häuser.

Fällt aber in das 25. Haus eine PIK-KARTE und fällt der HERZ BUBE in ein PIK-HAUS, so ist hier speziell zu beachten, was dir durch diese Häuser mitgeteilt wird. PIK-KARTEN würden in diesem Falle großen Widerstand in deinem Weiterkommen bedeuten. Versuche, dich nicht zu überarbeiten. Es läßt sich nichts erzwingen. Manches Mal ist eben die Zeit noch nicht reif. Versuche es mit den Atemübungen, sie werden dich schrittweise an dein Ziel führen. Lege dir eine Woche später wieder die Karten und vergleiche dann das Bild mit dem jetzigen, das du dir aufzeichnen solltest. Vielleicht ist es nur eine kurze negative Schwingung, die dich umgibt.

## KARO KÖNIG · 9. HAUS

LEGALE PAPIERE · ARZT · ANWALT · NOTAR

Im Haus der Popularität wird dir mitgeteilt, daß du während deiner Ausbildungszeit sehr prominente Freunde hast oder haben wirst. Du wirst in Zukunft sehr populär und sehr erfolgreich sein. Es kann dies auch bedeuten, daß du, wenn du schon berühmt bist, dich trotzdem einer anderen Profession zuwenden möchtest. Hier kann es sein, daß du dich dem Theater zuwendest – das Gegenteil von deiner jetzigen Tätigkeit. Es ist auch möglich, daß du ein Schriftsteller bist, einen Roman geschrieben hast und ein anderer ihn kopiert hat. Hier müßtest du dann einen Anwalt einschalten. Man will dir dein Urheberrecht streitig machen.

Sieh nach, welche Karte in das 9. Haus fällt. Fällt dort eine rote Karte hinein, so wird dies für dich eine Vertragsunterzeichnung bedeuten.

Eine schwarze Karte bedeutet, speziell eine PIK-KARTE, daß du sehr vorsichtig sein mußt mit dem, was du der Öffentlichkeit preisgibst. Denn man kann auch durch negative Ursachen berühmt werden. Sieh auch nach, in welches Haus der HERZ BUBE fällt. Fällt er in ein rotes Haus, so wird die Zukunft für dich sehr gut werden.

Fällt er aber in ein schwarzes Haus, speziell in ein PIK-HAUS, so beachte die spezielle Deutung, die dir gegeben wird. Möglicherweise handelt es sich um einen falschen Freund. Im Zweifelsfalle solltest du immer die Atemübungen machen und auch eine Woche später wieder in die Karten sehen. Oft wird man nur von einer kurzen negativen Schwingung umgeben, dann heißt es, daß man sich entspannen und durch die Atemübungen neue Kräfte schöpfen soll.

## KARO DAME · 18. HAUS

JAHRESZEIT · FRÜHJAHR · SOMMER · HERBST · WINTER

Im Haus der Popularität wird dir mitgeteilt, daß du für andere Geld verwalten wirst. Das wird dir einen großen Bekanntheitsgrad einbringen. Möglicherweise bist du Treuhänder oder Bankier. Auch kann es bedeuten, daß du das Management sehr gut führst und darüber hinaus ein guter Börsenmakler sein könntest. Das gilt auch für Frauen. Es bedeutet weiterhin, daß du erfolgreich bist oder wirst und dein Talent später in bare Münze umwandeln kannst.

Sieh nach, welche Karte in das 18. Haus fällt. Fällt der HERZ BUBE in dieses Haus, dann wirst du mit Talent und Arbeit eines Tages sehr viel Geld verdienen. Sieh auch im 25. Haus nach. Befindet sich dort eine rote Karte, gar der HERZ BUBE, dann wirst du eines Tages selbst Herr über einige Firmen sein.

Fällt der HERZ BUBE in ein schwarzes Haus, speziell in ein PIK-HAUS, so beachte die Deutung, denn es kann sein, daß du noch viel lernen mußt, um erfolgreich zu sein. Es kann auch sein, daß dir ein Hindernis kurze Zeit den Weg versperrt. Dann wird es Zeit, daß du nach der Ursache suchst und die Dinge selbst in die Hand nimmst. Versuche dich durch deine Atemübungen zu konzentrieren. Dann wirst du das Hindernis erkennen und aus dem Weg räumen.

## KARO BUBE · 21. HAUS

Briefe · Schriftstücke · Telegramme · Bote · Freund

Im Haus der Popularität wird dir mitgeteilt, daß du in Kürze Veröffentlichungen über dich selbst lesen wirst, denn es wird jemand über dich in einer Zeitung oder Zeitschrift berichten. Dadurch könntest du über Nacht ein berühmter Mensch werden. Das kann mit einem Schreiben oder Schriftstück zusammenhängen. Es ist auch möglich, daß dir jemand ein Geschenk macht und dir die Zeitung oder Zeitschrift, die du haben möchtest, abonniert. Möglicherweise wirst du auch einen Brief bekommen, der für dich sehr wichtig ist und der einen Vertrag oder ein anderes wichtiges Schriftstück enthält.

Sieh nach, welche Karte in das 21. Haus fällt. Befindet sich dort eine rote Karte, so handelt es sich um eine gute und positive Nachricht für dich. Vergleiche auch noch, wohin der HERZ BUBE fällt. Fällt er in ein rotes Haus, so ist es die Nachricht, auf die du schon lange gewartet hast.

Fällt in das 21. Haus eine schwarze Karte und fällt der HERZ BUBE in ein PIK-HAUS, so ist hier auf die genaue Deutung zu achten. Es ist möglich, daß dir jemand ein wichtiges Schriftstück oder einen Brief unterschlagen will. Konzentriere dich und mache deine Atemübungen. Dann wirst du herausfinden, wer diese Person ist.

## KARO ZEHN · 17. HAUS

Geld · Finanzen · Börse · Einnahmen · Ausgaben

Im Haus der Popularität wird dir mitgeteilt, daß du – weil du eine nette Art hast und sehr beliebt bist – sehr viel verdienen kannst. Du scheinst gute kaufmännische Kenntnisse zu besitzen, die dir eines Tages durch überlegte Investitionen viel Geld einbringen können. Wenn du im Berufsleben stehst, wird dir deine Popularität eine erhebliche Geldsumme einbringen. Es ist möglich, daß du in Kürze einen Vertrag unterzeichnen wirst, der dir wiederum viel Geld einbringen kann. Vielleicht eröffnest du einen Geldverleih.

Sieh nach, welche Karten sich im 17. Haus und im 9. Haus befinden. Befinden sich dort rote Karten, bedeutet das eine gute Zeit für deine Geldgeschäfte. Sieh auch nach, in welches Haus der HERZ BUBE fällt. Befindet er sich in einem roten Haus, dann wirst du in Zukunft mit sehr vielen prominenten Leuten zu tun haben.

Befinden sich aber im 17. und im 9. Haus schwarze Karten, speziell PIK-KARTEN, und fällt der HERZ BUBE in ein PIK-HAUS, so mußt du vorsichtig sein, mit wem du Geldgeschäfte machst. Es könnte sein, daß du einem cleveren Gauner in die Falle gehst. Geldverluste sind hier leicht möglich. Beachte die Atemübungen!

## KARO NEUN · 5. HAUS

### Überraschung · Überraschungen · Kleine Finanzen

Im Haus der Popularität wird dir mitgeteilt, daß du sehr angenehm überrascht sein wirst über Äußerungen, die man über dich verbreitet, denn man hebt dein Talent hervor oder lobt Waren, die du verkaufst. Es kann auch sein, daß man dich bitten wird, eine Arbeit zu verrichten, weil man weiß, daß du der Richtige dafür bist. Das wird dich sehr populär machen. Die Überraschung wird insofern sehr groß für dich sein, weil das Angebot von einem sehr berühmten Menschen gemacht wird. Vielleicht wirst du als Double oder Stuntman beim Film arbeiten oder anderweitige Tätigkeiten für prominente Leute verrichten.

Sieh nach, welche Karte in das 5. Haus fällt. Fällt dort eine rote Karte hinein und fällt auch in das 25. Haus ein rote Karte, dann wird es für dich in der Arbeit eine große Überraschung geben. Sieh auch nach, in welches Haus der HERZ BUBE fällt. Fällt er in ein rotes Haus, dann wird für dich diese Tätigkeit sehr ausbaufähig sein.

Befinden sich aber im 5. und im 25. Haus PIK-KARTEN und fällt der HERZ BUBE in ein PIK-HAUS, so sei vorsichtig mit dem, was dir versprochen wird. Plauderer, die viel versprechen, umgeben dich. Sie wollen mit dem, was du kannst, prahlen. Verlasse dich auf deine eigene Intuition, und keiner wird dich hintergehen können. Zu viele Menschen möchten gerne etwas Besseres sein. Wer aber bescheiden und von seinem Können überzeugt ist, wird auch immer bei den richtigen Menschen Erfolg haben. Bei Unsicherheit solltest du die Atemübungen regelmäßig einhalten.

## KARO ACHT · 27. HAUS

ERBE · ERBSCHAFTEN · HINTERLASSENSCHAFTEN · BEKOMMEN

Im Haus der Popularität wird dir mitgeteilt, daß du – wenn du ein Vorzugsschüler bist und du für dein Studium ein Stipendium benötigst – von einer einflußreichen Persönlichkeit unterstützt wirst. Es ist auch möglich, daß man dir – weil du ein höflicher und charmanter Mensch bist – auch in deinem Beruf weiterhelfen wird. Doch es kann auch sein, daß du eine kleine Geldsumme bei einem Preisausschreiben gewinnst – möglicherweise bei einer Quizsendung im Fernsehen oder im Radio.

Sieh nach, welche Karten in das 27. und in das 17. Haus fallen. Fallen dort rote Karten hinein, dann wird man dich in Zukunft unterstützen. Vielleicht gewinnst du auch bei einem Quiz. Sieh auch nach, wohin der HERZ BUBE fällt. Fällt er in ein rotes Haus, dann wirst du möglicherweise dein Talent vor einem Publikum beweisen können.

Befinden sich aber im 27. und im 17. Haus PIK-KARTEN und fällt der HERZ BUBE in ein schwarzes Haus, speziell aber in ein PIK-HAUS, so sei vorsichtig! Manche versprechen dir mehr, als sie halten können. Versuche dich nicht durch Schmeicheleien irreführen zu lassen. Die Atemübungen helfen dir, dich und deine Umwelt besser zu erkennen.

## KARO SIEBEN · 3. HAUS

ERFOLG · KARRIERE · AUFSTIEG · LEISTUNG

Im Haus der Popularität wird dir mitgeteilt, daß deine Zukunft ganz von deinem eigenen Einsatz abhängt. Zur Zeit besitzt du eine große Leistungsfähigkeit, die du durch die Atemübungen noch mehr ausbauen kannst, ohne daß du dich dabei besonders anstrengen mußt. Erfolg und Popularität fallen hier zusammen. Wenn du mit prominenten Menschen zusammenarbeitest, ist dein Weg zum Ruhm nicht mehr weit. Eine umfangreiche Arbeit wird dir in der nächsten Zeit großes Ansehen einbringen. Dies gilt für Menschen, die unter anderem im Theater, als Arzt oder als Anwalt arbeiten.

Sieh aber auch nach, welche Karte in das 3. Haus fällt. Fällt dort eine rote Karte hinein, dann bist du auf dem besten Wege dazu, bekannt zu werden. Befindet sich darüber hinaus der HERZ BUBE in einem roten Haus, so wirst du mit berühmten Menschen zusammenarbeiten. Das wird dir großen Erfolg einbringen.

Befindet sich aber im 3. Haus eine schwarze Karte, speziell eine PIK-KARTE, dann kann es sein, daß du noch auf deinen Erfolg warten mußt – auch wenn der HERZ BUBE in ein rotes Haus fällt. Fällt aber der HERZ BUBE in ein PIK-HAUS, dann prüfe noch einmal die Menschen, mit denen du beruflich zu tun hast. Vielleicht hat man dein Talent noch nicht erkannt, vielleicht brauchst du eine bessere Ausbildung. Wenn dem so ist, dann versuche diese Ausbildung nachzuholen, und du wirst später Erfolg haben. Nimm die Atemübungen zu Hilfe, dann wird es dir leichter gelingen. Denn wenn du dich kennst, dann kannst du auch deine Chance im Leben besser wahrnehmen.

# KREUZ

## KREUZ AS · 20. HAUS
Geschenk · Geschenke (mit Pik As: Tod · Last)

Im Haus der Popularität wird dir Folgendes mitgeteilt: Wegen einer ausgeführten Arbeit, die du zur vollsten Zufriedenheit erledigt hast, und wegen deiner großen Beliebtheit wird man dir ein Geschenk machen. Es kann aber auch sein, daß du zu einer Party mit sehr prominenten Leuten eingeladen wirst, die an dir sehr interessiert sind, da sie von deinem Talent gehört haben. Hier handelt es sich um eine interessante Begegnung, die dir in Zukunft einiges bringen wird.

Sieh nach, welche Karte sich im 20. Haus befindet. Befindet sich dort eine Herz-, Karo- oder Kreuz-Karte, so wirst du dich entweder über das Geschenk oder über die Einladung sehr freuen. Sieh auch nach, in welches Haus der herz bube fällt. Fällt er in ein rotes Haus hinein, dann wird dir das Geschenk von einer sehr freundlichen und prominenten Persönlichkeit übergeben.

Fällt aber in das 20. Haus eine pik-karte und fällt der herz bube in ein schwarzes Haus, speziell in ein pik-haus, so könnte es sein, daß du das Geschenk in Kürze verlierst oder daß die Einladung zurückgenommen wird. Diese Absage muß nichts mit dir persönlich zu tun haben, denn es gibt des öfteren Umstände, die eine Nichteinhaltung von Terminen notwendig erscheinen lassen. Sei nicht traurig darüber, vielleicht wirst du später eingeladen. Nutze die »verlorene Zeit«, um die Atemübungen zu machen, denn sie helfen dir über den Schmerz hinweg.

## KREUZ KÖNIG · 10. HAUS
Ferien · Urlaub · Vater · Onkel · Grossvater

Im Haus der Popularität wird dir mitgeteilt, daß man dich sehr gut leiden kann und dich sehr schätzt. Daher wirst du in Kürze von einer netten männlichen Person eine Arbeit bekommen. Hier ist es möglich, daß du durch diese Person und deren Einfluß eine geeignete Stelle bekommst. Möglicherweise braucht man deine Qualifikationen auch anderweitig. Da andere im Urlaub sind und man dadurch deine Fähigkeiten entdeckt, wird man dich befördern. Es ist auch denkbar, daß du für erfolgreiche Menschen arbeiten wirst.

Sieh nach, welche Karte in das 10. Haus fällt. Fällt dort eine Herz-, Karo- oder Kreuz-Karte hinein, dann wird dir deine nächste Arbeit viele Vorteile bringen. Sieh aber auch nach, welche Karte in das 25. Haus fällt. Diese Karte mußt du gesondert deuten. Wichtig ist, wo sich der HERZ BUBE befindet. Befindet er sich in einem roten Haus, dann wirst du mit populären Leuten zusammenarbeiten.

Befindet sich aber im 10. Haus eine PIK-KARTE und fällt der HERZ BUBE in ein schwarzes Haus, speziell in ein PIK-HAUS, so wird deine Arbeit durch einen Menschen gestört, der dich nicht leiden kann. Finde heraus, wer diese Person ist, und vesuche den Kontakt vorübergehend zu meiden. Sollte sich die Situation nicht bessern, so stelle diese Person zur Rede. Solltest du dich unsicher fühlen, weil du nicht weißt, wie man mit dieser Person fertig werden kann, so mache deine Atemübungen. Du wirst dadurch eine positive Schutzmauer um dich aufbauen, und somit kann dir diese Person in Zukunft nichts mehr anhaben. Vielleicht gelingt es dir, diese Person dann positiv zu beeinflussen. Es ist ein Versuch wert. Empfiehl ihr die Atemübungen.

## KREUZ DAME · 30. HAUS

UNTERSUCHER · UNTERSUCHUNGEN · MUTTER · TANTE · GROSSMUTTER

Im Haus der Popularität wird dir mitgeteilt, daß Popularität auf deinem Weg liegen wird – nämlich dann, wenn du sie am wenigsten erwartest. Du wirst etwas machen, mit dem du sehr bekannt werden wirst. Wenn das so ist, dann verliere nicht den Kopf, sondern bleibe auf dem Boden der Realität. So mancher hat sich damit nur Feinde geschaffen.

Sieh nach, welche Karte sich im 30. Haus befindet. Befindet sich dort eine Herz-, Karo- oder Kreuz-Karte, so wird man dich sehr bald überall kennen. Sieh auch nach, in welches Haus der HERZ BUBE fällt. Fällt er in ein rotes Haus, so wirst du überall beliebt sein.

Befindet sich im 30. Haus eine PIK-KARTE und fällt der HERZ BUBE in ein schwarzes Haus, speziell in ein PIK-HAUS, so mußt du wirklich aufpassen. Du neigst durch deine gewonnene Popularität zur Überheblichkeit. Solltest du erkennen, daß du etwas falsch machst, so ist es gut, denn es läßt sich alles mit der Zeit mit den Atemübungen bereinigen. Versuche zu bleiben, wie du warst, bevor du bekannt geworden bist.

## KREUZ BUBE · 15. HAUS
### FAMILIE · SOHN · NEFFE (MIT DAME: TOCHTER · NICHTE)

Im Haus der Popularität wird dir mitgeteilt, daß du in deiner Familie eine sehr berühmte Persönlichkeit haben dürftest. Diese Person würde dir sehr gerne helfen, daß auch du durch dein Talent bekannt wirst. Solltest du noch nicht verheiratet sein, so ist es möglich, daß dich deine Hochzeit bekannt machen wird. Vielleicht heiratet auch jemand in deiner Familie eine bekannte Person.

Sieh nach, welche Karten in das 11. und in das 15. Haus fallen. Fallen dort Herz-, Karo- oder Kreuz-Karten hinein, dann ist dies ein sehr gutes Zeichen entweder für eine Unterstützung, die man dir gewährt, oder für eine Hochzeit, bei der sehr viele Menschen erscheinen werden.

Befindet sich im 15. Haus eine PIK-KARTE und fällt der HERZ BUBE in ein schwarzes Haus, speziell in ein PIK-HAUS, so scheint es, daß jemand in deiner Familie dir deinen Einfluß und dein Glück mißgönnt. Ärgere dich nicht darüber, denn diese Person ist es nicht wert, daß man sich über sie ärgert. Mache statt dessen die Atemübungen, und du wirst dich wohler fühlen.

## KREUZ ZEHN · 8. HAUS
### REISE · STRASSE · WASSER · MEER

Im Haus der Popularität wird dir mitgeteilt, daß du – wenn du bekannt bist – in Kürze eine Veränderung vornehmen wirst. Es wird irgendeine Veränderung sein, die dir Vorteile bringt. Du wirst möglicherweise das Land verlassen, in dem du lebst, denn eine bessere Aufgabe erwartet dich im Ausland. Es kann auch sein, daß du eine Reise gewonnen hast, die du bald antreten wirst. Da du beliebt bist, könntest du zu einer Reise eingeladen werden. Dies könnte eine Seereise sein. Auf alle Fälle stehen die Chancen für bessere Zeiten sehr gut.

Sieh nach, welche Karte in das 8. Haus fällt. Fällt dort eine Herz-, Karo- oder Kreuz-Karte hinein, dann ist die Gelegenheit für eine Reise oder eine Veränderung sehr gut. Sieh auch nach, in welches Haus der HERZ BUBE fällt. Fällt er in ein rotes Haus, dann wird die Veränderung, da sie von einer sehr prominenten Persönlichkeit beeinflußt wird, positiv für dich.

Befindet sich aber im 8. Haus eine PIK-KARTE und fällt der HERZ BUBE in ein schwarzes Haus, speziell aber in ein PIK-HAUS, so solltest du vielleicht deine Reise zu einem späteren Zeitpunkt antreten. Lege dir eine Woche später wieder die Karten und achte darauf, womit das 8. Haus besetzt ist und wohin der HERZ BUBE fällt. Wenn die Karten nun ein positiveres Bild ergeben, dann handelt es sich nur um eine vorübergehende Opposition. Ergibt sich aber die gleiche Konstellation, so solltest du die Warnung unbedingt beachten. Jeder ist Herr seines Schicksals. Wenn man Negatives rechtzeitig erkennt, kann man es sehr gut durch die Atemübungen abbauen. Dann weiß man, wie man zu handeln hat.

## KREUZ NEUN · 31. HAUS
### Glück · Kleine Reise · Risiko

Im Haus der Popularität wird dir mitgeteilt, daß du ein ehrlicher und glücklicher Mensch bist und daß sich deine Eigenschaften auf andere übertragen. Solltest du noch keine Funktion im Sozialwesen haben, so mache dir einmal Gedanken darüber, ob du nicht geeignet wärst, eine solche Funktion zu übernehmen. Durch deine Aktivitäten wirst du sehr viele Menschen treffen und sehr viele Verbindungen herstellen. Das macht dich sehr glücklich, und du machst auch andere damit glücklich. Hier liegen dein Glück und deine Popularität. Nutze diese einmalige Chance, denn nicht jedem Menschen ist jene Fähigkeit gegeben.

Sieh nach, welche Karte in das 31. Haus fällt. Fällt dort eine Herz-, Karo- oder Kreuz-Karte hinein, dann ist dies ein sehr gutes Zeichen für dich, wenn du im Sozialwesen tätig wirst oder wenn du dich für andere Menschen einsetzt. Sieh auch nach, in welches Haus der HERZ BUBE fällt. Fällt er in ein rotes Haus, dann wirst du auch von populärer Seite unterstützt werden. Für einen Politiker bedeutet dies, daß er sich mehr um soziale Belange kümmern sollte.

Befindet sich aber im 31. Haus eine PIK-KARTE, dann mußt du vorsichtig sein. Wenn darüber hinaus noch der HERZ BUBE in ein schwarzes Haus fällt, speziell aber in ein PIK-HAUS, könnte dies bedeuten, daß man bei der Ausführung seiner Ideen behindert wird. Sei vorsichtig am Abend, es droht ein Überfall. Nicht alle Menschen sind Gleichgesinnte, schon gar nicht, wenn es um eine gute Sache geht. Bleibe stark! Außerdem kannst du dich mit Atemübungen stärken.

## KREUZ ACHT · 26. HAUS
### NEUE UNTERNEHMUNGEN · MUT · HELDENTAT

Im Haus der Popularität wird dir mitgeteilt, daß du durch die Ausführung einer Arbeit oder eines Projektes sehr bekannt werden wirst. Dadurch wird es dir möglich, neue Ideen zu verwirklichen und neue Unternehmungen zu planen. Es kann sein, daß die Öffentlichkeit auf dich aufmerksam wird. Dein Geschäft und auch dein Einkommen werden sich daher vergrößern. Es könnte auch sein, daß man dir einen besseren Posten anbieten wird – womöglich einen Posten im Aufsichtsrat.

Sieh nach, welche Karten in das 26. und in das 25. Haus fallen. Fallen dort Herz-, Karo- oder Kreuz-Karten hinein, dann ist dies ein sehr positives Zeichen für deine Zukunft und für deine gesellschaftliche Stellung. Sieh auch nach, in welches Haus der HERZ BUBE fällt. Fällt er in ein rotes Haus, dann wirst du in der nächsten Zeit mit sehr viel Prominenz zu tun haben.

Befinden sich im 26. und im 25. Haus PIK-KARTEN und fällt der HERZ BUBE in ein schwarzes Haus, speziell in ein PIK-HAUS, so kann es sein, daß du dich mit neuen Unternehmungen, die du planst, noch etwas gedulden solltest, denn möglicherweise mußt du noch mit einigen Leuten über dein Projekt sprechen, ehe es realisiert werden kann. Es ist auch möglich, daß dir jemand den Auftrag streitig macht. Nicht jeder, von dem du annimmst, daß er dir wohlgesinnt ist, ist wirklich dein Freund. Mache täglich deine Atemübungen. Sie helfen dir bei der Wahl deiner Freunde und Vertrauenspersonen.

## KREUZ SIEBEN · 14. HAUS
### NACHRICHTEN · BOTSCHAFT · TRÄNEN · LEID

Im Haus der Popularität wird dir mitgeteilt, daß du durch geschriebene oder gesprochene Worte populär werden wirst. Man wird dir einen sehr guten Posten anbieten und dir das per Telephon oder durch einen Boten mitteilen. Du wirst in der nächsten Zeit sehr viele Nachrichten und Anrufe erhalten. Man wird dich in vielen Angelegenheiten befragen. Deine Meinung zu den verschiedensten Fragen wird man hören wollen.

Sieh nach, welche Karte in das 14. Haus fällt. Fällt dort eine Herz-, Karo- oder Kreuz-Karte hinein, so wirst du eine Unmenge von Fragen zu beantworten haben. Du solltest ein Beratungsbüro eröffnen, wenn im 25. Haus eine rote Karte liegt. Fällt der HERZ BUBE in ein rotes Haus, so wirst du durch deine Ratschläge bekannt werden. Auch die Presse interessiert sich für dich.

Befindet sich aber im 14. Haus eine PIK-KARTE und fällt der HERZ BUBE in ein schwarzes Haus, speziell in ein PIK-HAUS, so könnte dies bedeuten, daß man dich mit gefälschten oder fingierten Nachrichten irreführen möchte. Bleibe immer bei der Sache und lasse dich nicht aus der Ruhe bringen. Vor Befragungen solltest du dich durch Atemübungen vorbereiten, denn diese erhöhen deine Konzentrationsfähigkeit.

# PIK

## PIK AS · 24. HAUS

Tod · Unfall · Schicksalsschläge · Qual · Not

Im Haus der Popularität wird dir mitgeteilt, daß du in Kürze von dem Todesfall einer sehr prominenten Person hören wirst. Es könnte auch sein, daß du von einer Persönlichkeit hörst, die durch unsachgemäßes Sprechen oder Handeln ihre Popularität verliert. Solltest jedoch du sehr populär sein, so wirst du möglicherweise durch einen unangenehmen Umstand deinen guten Ruf verlieren. Aber durch eine Änderung entweder im Firmenbereich oder im geschäftlichen Bereich kann deine Popularität wieder aufleben. Auch durch den Tod eines Mitarbeiters kann sich deine Situation wieder bessern.

Sieh nach, welche Karte in das 24. Haus fällt. Fällt dort eine rote Karte hinein, so scheint sich die Situation für dich wirklich zu bessern. Befindet sich der HERZ BUBE in einem roten Haus, dann wirst du durch die positive Veränderung sehr bekannt werden.

Befindet sich aber im 24. Haus eine schwarze Karte, speziell eine PIKKARTE, und fällt der HERZ BUBE in ein schwarzes Haus, speziell in ein PIKHAUS, so solltest du dich in Zukunft vorsichtiger bewegen. Es könnte sein, daß du dir durch ein Mißgeschick selbst schadest. Versuche dich zu entspannen und mache täglich deine Atemübungen. Bald wird die Sonne wieder für dich scheinen.

## PIK KÖNIG · 28. HAUS

Rufer · Behörde · Schule · Spital · Institution

Im Haus der Popularität wird dir mitgeteilt, daß jemand dir erzählen wird, wie berühmt er ist – doch das dürfte nur ein Vorwand sein. Er will dich zuerst blenden und sich von dir dann später Geld ausborgen wollen. Es kann aber auch sein, daß sehr bekannte Menschen deine Hilfe brauchen und dich anrufen werden.

Sieh nach, welche Karte in das 28. Haus fällt. Fällt dort eine rote Karte hinein und befindet sich im 17. Haus, dem Haus des Geldes, ebenfalls eine rote Karte, dann kannst du, wenn dich jemand um ein Darlehen bitten sollte, ohne weiteres Geld ausborgen. Sieh aber auch nach, in welches Haus der HERZ BUBE fällt, denn auch er muß sich in einem roten Haus befinden, wenn du etwas ausborgen willst.

Befinden sich aber im 28. und im 17. Haus schwarze Karten, speziell PIK-KARTEN, und fällt der HERZ BUBE in ein PIK-HAUS, so solltest du dich vor Hochstaplern in acht nehmen. Sie erwecken einen Anschein, dem sie jedoch in Wirklichkeit nicht gerecht werden. Spende lieber Geld für einen wohltätigen Zweck, denn damit ist der Menschheit mehr gedient. Beachte die Atemübungen!

## PIK DAME · 29. HAUS

### DANKBARKEIT · DUNKLE DAME · UNDANK · NEID

Im Haus der Popularität wird dir mitgeteilt, daß jemand über dich schlecht sprechen und sich hinter deinem Rücken als sehr undankbar erweisen wird, obwohl du ihm einmal geholfen hast. Versuche den Grund herauszufinden und meide diese Person. Manche Menschen lassen sich nicht ändern.

Sieh nach, welche Karte in das 29. Haus fällt. Fällt dort eine rote Karte hinein, so könnte es sein, daß diese Person in deinem Freundeskreis zu suchen ist. Fällt eine Kreuz-Karte in das 29. Haus, so mußt du diese Person in deiner Familie suchen. Befindet sich eine PIK-KARTE im 29. Haus, so könnte diese Person im öffentlichen Dienst arbeiten. Sieh auch nach, in welches Haus der HERZ BUBE fällt. Fällt er in ein rotes Haus, so wird dir das Gerede nicht schaden. Es handelt sich hier nur um das Geschwätz älterer Männer oder Frauen. Fällt der HERZ BUBE aber in ein Kreuz-Haus, so stammt das Gerede über dich aus dem familiären Bereich.

Befindet sich der HERZ BUBE in einem PIK-HAUS, so möchte man dich mit dem Gerede absichtlich verletzen. Möglicherweise wird man auch gegen dich bei Gericht eine Klage einreichen. Du mußt hier dann unbedingt einen Anwalt einschalten, denn hier scheint es um mehr zu gehen als nur um Verleumdungen – hier ist auch dein Ruf in Gefahr! Beachte die Atemübungen!

## PIK BUBE · 1. HAUS
GEGENWART · WAHRHEIT · DUNKLER MANN · UNIFORMIERTER

Im Haus der Popularität wird dir mitgeteilt, daß eine sehr »unmögliche« Person dir schmeichelt, dich jedoch hinter deinem Rücken sehr kritisieren wird. Sei vorsichtig mit dem, was du dieser Person sagst. Sie hat ein sehr gefährliches Mundwerk – und das kann dir in der Zukunft schaden. Möglicherweise bist du aber auch jemand, der mit sehr prominenten Menschen zusammenarbeitet. Jedoch: Auch hier ist Vorsicht geboten, denn nicht allen kannst du vertrauen. Nicht jeder meint es ehrlich mit dir.

Sieh nach, welche Karte in das 1. Haus fällt. Fällt dort eine rote Karte hinein und fällt der HERZ BUBE in ein rotes Haus, dann wirst du es mit netten Menschen zu tun haben.

Befindet sich aber im 1. Haus eine schwarze Karte, speziell eine PIK-KARTE, und fällt auch der HERZ BUBE in ein schwarzes Haus, speziell in ein PIK-HAUS, so mußt du sehr vorsichtig in der Zukunft sein. Es scheint so, als ob man dich um deinen Arbeitsplatz beneiden würde. Man versucht nun, dich schlecht zu machen, damit man dich entläßt. Sieh nach, welche Karte in diesem Fall in das 25. Haus fällt. Fällt dort eine rote Karte hinein, dann besteht keine Gefahr, daß du deinen Arbeitsplatz verlierst.

Befindet sich aber eine schwarze Karte im 25. Haus, speziell eine PIK-KARTE, dann wird man dir möglicherweise in Kürze kündigen. Denke an die Atemübungen! Vielleicht bringt dir eine Kündigung Vorteile, denn es gibt immer Arbeitsplätze, die eine freiere Entfaltung ermöglichen.

## PIK ZEHN · 32. HAUS
SONNE · ENTFERNUNGEN · ANDERE LÄNDER · NACHT

Im Haus der Popularität wird dir mitgeteilt, daß du in der nächsten Zeit von mehreren Menschen getäuscht werden wirst. Aber du wirst dies sehr bald durchschauen. Daher wirst du im geeigneten Augenblick richtig handeln. Diese Karte hat jedoch noch eine andere Aussage. Möglicherweise hast du ehrliche und treue Freunde, auf die man zählen kann, wenn man sie braucht. Wenn du im Berufsleben stehst, dann wird in Zukunft die Sonne für dich scheinen.

Sieh nach, welche Karte in das 32. Haus fällt. Fällt dort eine rote Karte hinein, und fällt darüber hinaus der HERZ BUBE in ein rotes Haus, dann hast du wirklich gute und einflußreiche Freunde, auf deren Wort man sich verlassen kann.

Befinden sich aber im 32. und im 19. Haus schwarze Karten, speziell PIK-KARTEN, und fällt der HERZ BUBE in ein schwarzes Haus, speziell in ein PIK-HAUS, so ist es besser, wenn du dir in der nächsten Zeit Gedanken darüber machst, wer nun deine guten Freunde sind. Solltest du dir noch im Zweifel sein, so beginne mit den Atemübungen, denn sie werden dir helfen, die Freunde zu finden, die dann ehrlich zu dir sind. Du mußt lernen, auf deine innere Stimme zu hören. Sie wird dich nicht irreführen, wenn du dir selbst objektiv die Fragen stellst.

## PIK NEUN · 23. HAUS

Depression · Unannehmlichkeiten · Kälte

Im Haus der Popularität wird dir mitgeteilt, daß du – wenn du in der nächsten Zeit nicht besser auf dich achtgibst – deinen guten Ruf und dein Ansehen durch Eigenverschulden verlierst. Möglicherweise wickelst du mit jemandem ein schlechtes Geschäft ab, welches nicht ganz legal sein dürfte. Vielleicht betrinkst du dich auch sinnlos und beginnst eine Rauferei. Es ist aber auch möglich, daß du mit der Fertigstellung einer Arbeit nur etwas verspätet fertig wirst. Es handelt sich um ein kurzes Tief, wenn im 23. Haus eine rote Karte liegt und wenn der HERZ BUBE in ein rotes Haus fällt.

Befindet sich aber im 23. Haus eine schwarze Karte, speziell eine PIK-KARTE, und fällt der HERZ BUBE in ein schwarzes Haus, speziell aber in ein PIK-HAUS, so solltest du deinen Alkoholkonsum bremsen oder gar einstellen. Du scheinst auch viel zu rauchen. Glaube mir: Du bist kein »Held«, wenn du an einem Tag Unmengen alkoholischer Getränke konsumieren kannst und dazu auch noch fünfzig bis siebzig Zigaretten rauchst. Frage dich doch selbst, warum du das brauchst. Vielleicht möchtest du dir selbst etwas vormachen. Versuche die Atemübungen regelmäßig einzuhalten. Drogenabhängige sollten sich dagegen unbedingt einem Arzt anvertrauen.

## PIK ACHT · 22. HAUS
### Ärger · Ärgernisse · Streit · Verleumdungen

Im Haus der Popularität wird dir mitgeteilt, daß du durch deine Popularität in Schwierigkeiten geraten wirst. Möglicherweise machst du dir auch Sorgen um deine eigene Person, weil du glaubst, daß man dich nicht mag oder dich nicht leiden kann. Vielleicht gerätst du auch mit einer sehr aggressiven Person in Streit, aus dem sich sogar eine Schlägerei entwickeln könnte.

Sieh nach, welche Karte in das 22. Haus fällt. Fällt dort eine rote Karte hinein und fällt darüber hinaus der HERZ BUBE in ein rotes Haus, dann machst du dir unnötige Sorgen um deinen Beliebtheitsgrad. Vielleicht hast du nur ein vorübergehendes Tief. Dann sage zu dir selbst: »Ich bin ein glücklicher, positiver, ruhiger und beliebter Mensch.«

Befindet sich aber im 22. Haus eine schwarze Karte, speziell eine PIKKARTE, und fällt der HERZ BUBE in ein schwarzes Haus, speziell in ein PIKHAUS, dann solltest du dich für die nächste Zeit etwas aus dem öffentlichen Leben zurückziehen und neue Kräfte sammeln. Die letzte Zeit war doch zu anstrengend für dich. Ruhe dich aus und mache regelmäßig deine Atemübungen. Sie werden dich richtig aufbauen.

## PIK SIEBEN · 16. HAUS
### Gesundheit · Krankheit · Kur · Operation

Im Haus der Popularität wird dir mitgeteilt, daß du dich in Kürze gar nicht wohl fühlen wirst, weil man über dich ein böses Gerücht verbreitet. Möglicherweise verlierst du auch durch eine Krankheit deine Popularität oder Beliebtheit. Vielleicht willst du bei einem öffentlichen Wettbewerb teilnehmen, aber dein Gesundheitszustand erlaubt es nicht. Es könnte aber auch sein, daß du Sportler oder Sportlerin bist und daher auf deinen Gesundheitszustand Rücksicht nehmen mußt.

Sieh nach, welche Karte in das 16. Haus fällt. Fällt dort eine rote Karte hinein und fällt der HERZ BUBE in ein rotes Haus, dann brauchst du in der nächsten Zeit in bezug auf deine Gesundheit keine Bedenken zu hegen.

Befindet sich aber im 16. Haus eine schwarze Karte, speziell eine PIKKARTE, und fällt der HERZ BUBE in ein schwarzes Haus, speziell aber in ein PIK-HAUS, dann solltest du einen Arzt aufsuchen. Deine Gesundheit ist nicht die allerbeste. Baue für bessere Tage vor.

Das 7. Haus

# HERZ AS

## Das Haus der Wohnung,
## des Besitzes, des Hauses und des Eigentums

# HERZ

## HERZ AS · 7. HAUS

WOHNUNG · BESITZ · HAUS · EIGENTUM

Da das HERZ AS in das eigene Haus fällt, wird dir im Haus der Wohnung mitgeteilt, daß du ein nettes Zuhause liebst, welches du daher auch mit sehr schönen Möbeln ausgestattet haben wirst. Möglich ist auch eine Übersiedlung in eine bessere Wohnung oder in ein eigenes Haus. Es könnte aber auch sein, daß du deine Wohnung oder die von jemand anderem verschönern wirst. Möglicherweise schaffst du dir auch Antiquitäten an.

Sieh nach, welche Karten in das 9. und in das 17. Haus fallen. Fallen dort rote Karten hinein, so ist das ein gutes Zeichen, wenn du umziehen möchtest oder wenn du planst, dir eine neue Wohnung oder ein neues Haus zu kaufen.

Befinden sich aber in diesen Häusern schwarze Karten, speziell aber PIK-KARTEN, dann solltest du genau überlegen, ob du den Kauf tätigen sollst. Vielleicht sind einige Punkte im Vertrag nicht ganz klar. Gib acht, lies auch das Kleingedruckte. Eine Unterschrift ist schneller unter ein Schriftstück gesetzt, als du glaubst. Lasse dich nicht von deiner ersten Begeisterung leiten, sondern überlege wie ein Geschäftsmann.

## HERZ KÖNIG · 13. HAUS

UNTERHALTUNG · MÄNNLICHER FREUND · BLOND · SPONSOR

Im Haus der Wohnung wird dir mitgeteilt, daß du eine nette Unterhaltung in einer schönen Wohnung mit einem sympathischen Menschen hattest, die durch eine sehr freundliche Person bewerkstelligt wurde. Möglicherweise erhältst du auch von einer älteren freundlichen Person Hilfe in Form von Pfandbriefen. Die Hilfe kommt von einer reizenden Person, der du auch schon einmal geholfen hast.

Sieh nach, welche Karten sich im 13., 17. und 9. Haus befinden. Befinden sich dort rote Karten und fällt das HERZ AS in ein rotes Haus, so wird eine Investition in Immobilien für dich später von sehr großem Vorteil sein, und eine gute Wertsicherung ist die Folge.

Befinden sich aber im 13., 17. und 9. Haus schwarze Karten, speziell aber PIK-KARTEN, und fällt das HERZ AS in ein schwarzes Haus, speziell in ein PIK-HAUS, so könnte es sein, daß sich eine Investition hinterher als falsch herausstellt. Vielleicht bekommst du auch später sogar mit Behörden Ärger. Sieh daher nach, ob alle deine Papiere in Ordnung sind.

## HERZ DAME · 19. HAUS

FREUNDE · WEIBLICHER FREUND · BLOND · SPONSOR

Im Haus der Wohnung wird dir mitgeteilt, daß du durch einen Freund eine Wohnung erhalten wirst. Es kann aber auch sein, daß du in der nächsten Zeit zu einem Freund ziehen wirst. Möglicherweise bittet dich ein Freund, eine gewisse Zeit bei dir wohnen zu dürfen. Du wirst sicherlich Hilfe durch Freunde bekommen.

Sieh nach, welche Karte sich im 19. Haus befindet. Befindet sich dort eine rote Karte und fällt das HERZ AS in ein rotes Haus, so wirst du sicherlich Hilfe von Freunden bekommen.

Befindet sich aber im 19. Haus eine schwarze Karte, speziell eine PIK-KARTE, so solltest du dich vor falschen Versprechungen in acht nehmen. Man wird dich hinhalten, während du dringend eine Wohnung brauchst. Verlasse dich nicht auf deine Freunde, sondern suche selbst eine Wohnung. Gib ein Inserat in der Zeitung auf. Du wirst sehen, so wirst du schneller zu einer Wohnung kommen, als du denkst. Auch Vorsicht bei Maklern ist geboten, denn dort bist du unter Umständen dein Geld los, noch ehe du eine Wohnung bekommst.

## HERZ BUBE · 6. HAUS

POPULARITÄT · KUNST · JÜNGERER MÄNNLICHER FREUND · KÜNSTLER

Im Haus der Wohnung wird dir mitgeteilt, daß dein zukünftiges Heim einen wichtigen Platz in deinem Leben einnehmen wird. Es wird eine schön ausgestattete Wohnung sein, und es werden sich des öfteren dort Menschen treffen. Möglicherweise bewahrst du ein wertvolles Möbelstück oder ein Bild in deiner Wohnung auf, das dir später einmal, wenn du es verkaufst, viel Geld einbringen kann. Der Wert des Gegenstandes steigt von Tag zu Tag – eine gute Lebensversicherung für dich.

Sieh nach, welche Karte in das 6. Haus fällt. Fällt dort eine rote Karte hinein, so kann es sein, daß sich – falls darüber hinaus das HERZ AS in ein rotes Haus fällt – in deinem zukünftigem Heim sehr viele prominente Menschen aufhalten werden. Viele werden sich bei dir treffen.

Befindet sich aber im 6. Haus eine schwarze Karte, speziell eine PIK-KARTE, und fällt das HERZ AS in ein PIK-HAUS, dann solltest du dein Heim immer gut absichern. Mögliche Einbrecher wollen dein Haus oder deine Wohnung ausräumen. Sieh in deinen Papieren nach, ob du nicht unterversichert bist. Lasse dir eine Warnanlage installieren. Hebe nicht zu viele Wertgegenstände zu Hause auf. Auch Banken haben einen Safe. Dort sind Wertgegenstände besser aufgehoben.

## HERZ ZEHN · 11. HAUS

### Heirat · Verbindungen · Vereine · Bruderschaften

Im Haus der Wohnung wird dir mitgeteilt, daß in Kürze in deiner Wohnung ein Fest stattfinden wird. Es heiratet jemand, und man wird die Hochzeit bei dir feiern. Es kann aber auch sein, daß dich in Kürze Freunde oder Verwandte besuchen werden. Möglicherweise findet ein Familientreffen in deinem Heim statt. Auch eine Einweihung deines Heims ist möglich. Eine gute Zeit liegt vor dir.

Sieh nach, welche Karte sich im 11. Haus befindet. Befindet sich dort eine rote Karte oder eine Kreuz-Karte und fällt das HERZ AS auch in ein rotes Haus, dann wird es ein sehr nettes Treffen mit Verwandten oder alten Freunden werden.

Befindet sich aber im 11. Haus eine PIK-KARTE und fällt das HERZ AS in ein PIK-HAUS, dann solltest du die Wahl der Gäste zu deiner Einweihungsfeier vorsichtiger treffen. Es könnte sein, daß in Kürze in deiner Wohnung ein Streit zwischen Freunden entsteht, wobei du gar nicht einmal beteiligt sein mußt. Es würde aber den Hausfrieden stören. Unfrieden kommt meistens von außen.

## HERZ NEUN · 2. HAUS

### Wunsch · Wünsche · Sehnsucht · Hoffnung

Im Haus der Wohnung wird dir mitgeteilt, daß deine jetzige Wohnungssituation etwas mit deinem Wunsch zu tun hat. Es könnte sein, daß du dir neue Möbel kaufen oder einen Umbau vornehmen möchtest. Dein Wunsch kann aber auch folgenden Inhalt haben: Du möchtest dich einmal aufs Land zurückziehen oder zumindest ein Bauernhaus kaufen.

Dein Wunsch scheint in Erfüllung zu gehen, wenn in das 2. Haus eine rote Karte fällt und wenn das HERZ AS in ein rotes Haus fällt. Befindet sich das HERZ AS in einem Kreuz-Haus, so mußt du mit einer Verzögerung deines Wunsches rechnen, die aber gar nicht ins Gewicht fällt.

Befindet sich aber im 2. Haus eine PIK-KARTE und fällt das HERZ AS in ein PIK-HAUS, so mußt du mit Widerstand rechnen. Denn wenn dein Wunsch in Erfüllung geht, kann es sein, daß du mit dem neu erstandenen Heim Schwierigkeiten haben wirst. Überprüfe, ob dir bei deinem neuen Heim wirklich alles gefällt, und lasse dich nicht vom Äußeren blenden.

## HERZ ACHT · 4. HAUS

Liebe · Mondschein · Romanze · Herz

Im Haus der Wohnung wird dir mitgeteilt, daß du bald ein neues Zuhause haben wirst. Ein guter Geist wird für dich arbeiten. Ein guter Geist wird dir helfen, auch wenn es dir nicht bewußt ist. Das Heim, in dem du einmal leben wirst, wird sehr schön werden. Möglicherweise wird es nahe am Wasser liegen und von sehr viel Rasen umgeben sein. Solltest du in der Stadt dein neues Heim beziehen, dann wirst du auf dem Balkon viele Blumen haben, denn du holst dir die Natur in die Wohnung. Auch in kleinen Wohnungen kann man glücklich sein.

Sieh nach, welche Karte sich im 4. Haus befindet. Befindet sich dort eine rote Karte und fällt auch das HERZ AS in ein rotes Haus, dann wirst du dir in der nächsten Zeit ein wirklich schönes Zuhause errichten.

Befindet sich aber im 4. Haus eine schwarze Karte, speziell eine PIK-KARTE, und fällt das HERZ AS in ein PIK-HAUS, so könnte es sein, daß du in Zukunft unangenehme Nachbarn bekommst. Versuche immer freundlich zu bleiben, auch wenn es dir manchmal schwerfällt. Hier sollten wir uns an den Chinesen orientieren: »Ein Lächeln ist ein halbes Leben, wer immer lächelt, wird auch immer leben.«

## HERZ SIEBEN · 12. HAUS

### Fröhlichkeit · Gute Laune · Herzlichkeit · Frohsinn

Im Haus der Wohnung wird dir mitgeteilt, daß du am Anfang Schwierigkeiten haben wirst, bis du dir ein eigenes Heim schaffen kannst. Wenn es aber dann soweit ist, wirst du sehr fröhlich sein, denn du hast deine Lektion gelernt. Auch wenn die Schwierigkeiten noch so groß sind, soll man nicht aufgeben, wenn man sein Ziel erreichen will. Gib dein Wissen auch an andere weiter. Du mußt jedoch in der Zukunft noch mit Eifersucht rechnen. Dein Heim ist schöner als das anderer, aber der Unterschied ist, daß du es dir erarbeiten mußtest. Das hast du mit viel Fleiß, Mühe und Liebe gemacht, hast auch viele Entbehrungen in Kauf nehmen müssen, aber das wissen andere nicht, und darum beneiden sie dich.

Sieh nach, welche Karte sich im 12. Haus befindet. Befindet sich dort eine rote Karte und fällt das HERZ AS in ein rotes Haus, dann wirst du sehr nette Nachbarn haben. Befindet sich eine Kreuz-Karte im 12. Haus und fällt das HERZ AS in ein Kreuz-Haus, so kann es sein, daß deine Nachbarn mit dir verwandt sind.

Befindet sich aber eine PIK-KARTE im 12. Haus und fällt das HERZ AS in ein PIK-HAUS, so werden deine Nachbarn nicht die angenehmsten sein. Mache gute Miene zum bösen Spiel. Wenn sie deine positive Schwingung auf Dauer nicht vertragen, ist es möglich, daß sie wegziehen werden. Kannst du jedoch deine Nachbarn nicht ertragen, so solltest du dich nach einem neuen Heim umsehen. Mancher muß im Leben des öfteren umziehen, bis er das Geeignete gefunden hat. Mit Ausdauer wirst du das Richtige finden, und es wird dich fröhlich stimmen.

# KARO

## KARO AS · 25. HAUS

### BERUF · FIRMA · UNTERNEHMEN · PROJEKTE

Im Haus der Wohnung wird dir mitgeteilt, daß du dein Geld in eine neue Wohnung oder in eine neue Firma investieren wirst. Es kann aber auch sein, daß du ein neues Unternehmen in deiner Wohnung planst oder sogar dort starten wirst. Das dürfte für dich dann sehr erfolgreich sein. Möglicherweise wirst du auch ein neues Geschäft eröffnen.

Sieh nach, welche Karte in das 25. Haus fällt und in welchem Haus sich das HERZ AS befindet. Befindet sich das HERZ AS in einem roten Haus und wird das 25. Haus mit einer roten Karte oder mit einer Kreuz-Karte abgedeckt, so ist das ein gutes Zeichen für dein Unternehmen.

Befindet sich aber im 25. Haus eine PIK-KARTE und fällt das HERZ AS in ein schwarzes Haus, speziell in ein PIK-HAUS, so mußt du mit heftigen Widerständen für dein neues Unternehmen rechnen. Überprüfe noch einmal genauestens alle deine Unterlagen. Vielleicht hat sich ein Fehler eingeschlichen, den du noch rechtzeitig beheben kannst. Anderenfalls könnte für dich ein großer Verlust entstehen. Sieh auch nach, welche Karten in das 9. und in das 17. Haus fallen. Rote Karten in diesen Häusern sind positiv, schwarze Karten, speziell aber PIK-KARTEN, negativ zu deuten.

## KARO KÖNIG · 9. HAUS

### LEGALE PAPIERE · ARZT · ANWALT · NOTAR

Im Haus der Wohnung wird dir mitgeteilt, daß sich – solltest du Arzt sein – viele Patienten telephonisch bei dir anmelden werden. Man hat viel Gutes von dir gehört, und deshalb will man dich aufsuchen. Möglicherweise beherrschst du auch eine andere Form der Heilkunst, so zum Beispiel das Magnetisieren, das Handauflegen oder das Heilen mit Akupunktur. Vielleicht hat dein Heim auch etwas mit deinem Beruf zu tun. Möglicherweise hältst du Kurse ab oder gründest einen Klub, der sich dann regelmäßig bei dir trifft. Es ist auch möglich, daß dich ein Anwalt zu Hause aufsuchen wird. Oder du möchtest deine alten Möbel verkaufen und dir neue anschaffen.

Sieh nach, welche Karte sich im 9. Haus befindet. Befindet sich dort eine rote Karte und fällt auch das HERZ AS in ein rotes Haus, so werden deine Unternehmungen, die dein Heim betreffen, sehr erfolgreich sein. Außerdem kannst du dich in der nächsten Zeit über Beschäftigung nicht beklagen. Befindet sich eine Kreuz-Karte im 9. Haus und fällt das HERZ AS auch in ein rotes Haus oder in ein Kreuz-Haus, so könnte es sein, daß du dich mit deiner Familie besprechen willst. Hier ist es jedoch angebracht, einen Anwalt oder Notar zu Rate zu ziehen.

Befindet sich aber im 9. Haus eine PIK-KARTE und fällt das HERZ AS in ein PIK-HAUS, so solltest du gewisse Verhandlungen auf einen späteren Zeitpunkt verschieben, denn zur Zeit hast du eine Oppositionslinie. Verträge würden sich jetzt als ungünstig erweisen. Wenn du bei einem Vertrag unsicher bist, so suche einen Fachmann auf. Solltest du deinem eigenen Anwalt nicht trauen und dich übervorteilt fühlen, so suche einen anderen auf. Vergleiche die Ratschläge, dann kannst du leicht deine Schlüsse ziehen. Beachte die Atemübungen!

## KARO DAME · 18. HAUS

### Jahreszeit · Frühjahr · Sommer · Herbst · Winter

Im Haus der Wohnung wird dir mitgeteilt, daß du in der nächsten Jahreszeit mit einer sehr großen Chance in deinem Leben rechnen kannst. Diese kann durch eine liebenswürdige Dame, der du schon einmal begegnet bist, herbeigeführt werden.

Sieh nach, welche Karte sich im 18. Haus befindet. Befindet sich dort eine rote Karte und fällt das HERZ AS in ein rotes Haus, so wird es für dich eine sehr große Änderung in deinem Leben geben. Möglicherweise vertraut man dir ein Haus zur Verwaltung an. Vielleicht erwirbst du auch eines. Wenn in das 18. Haus eine Kreuz-Karte fällt und das HERZ AS in ein Kreuz-Haus fällt, so kann es sein, daß eine Tante dich sehr mag und in Zukunft sehr positiv auf dich einwirken wird. Möglicherweise sucht sie einen Nachfolger für ihre Geschäfte.

Befindet sich im 18. Haus eine PIK-KARTE und fällt das HERZ AS in ein PIK-HAUS, so mußt du auf die große Chance deines Lebens noch warten. Gewisse Umstände lassen dich noch nicht an dein Ziel kommen. Habe Geduld und nütze die Zeit anderweitig. Bei Ungeduld solltest du immer die Atemübungen machen!

## KARO BUBE · 21. HAUS

### Briefe · Schriftstücke · Telegramme · Bote · Freund

Im Haus der Wohnung wird dir mitgeteilt, daß du in den nächsten Tagen eine Menge Post erhalten wirst. Auch viele Anrufe wirst du bekommen. Oder du erhältst außergewöhnlich viele Telegramme. Vielleicht handelt es sich um Glückwunschtelegramme, denn möglicherweise hast du bei einem öffentlichen Wettstreit gewonnen. Auch aus Übersee kannst du einen Anruf erhalten. Möglicherweise wolltest du schon seit längerer Zeit Möbel kaufen. Jemand hat die passenden Stücke jetzt gesehen und erzählt dir diese Neuigkeit. Auf jeden Fall wirst du gute Neuigkeiten erfahren.

Sieh nach, welche Karte in das 21. Haus fällt. Fällt dort eine rote Karte oder aber auch eine Kreuz-Karte hinein und fällt das HERZ AS in ein rotes Haus, so kann es sein, daß du das ersehnte Möbelstück endlich bekommst. Du solltest auch deine erhaltene Post jetzt beantworten, falls du es noch nicht getan hast. Es ist die beste Zeit dafür.

Befindet sich aber eine PIK-KARTE im 21. Haus und fällt das HERZ AS in ein PIK-HAUS, dann könnte es sein, daß du noch eine Weile auf das ersehnte Möbelstück warten mußt oder daß es dir in einem schlechten Zustand übergeben wird. Stelle jeden Schaden fest! Wenn es nötig ist, dann schalte die Versicherung ein und fordere unbedingt Schadensersatz. In diesem Fall mußt du auch das 17. Haus deuten. Vielleicht erreicht dich eine dringende Nachricht nicht rechtzeitig. Wenn du weißt, um welche Nachricht es sich handelt, dann versuche selbst herauszufinden, wo die Nachricht verblieben ist. Es kann dies nur eine kurze Opposition bedeuten. Es gibt Schlimmeres.

## KARO ZEHN · 17. HAUS

### Geld · Finanzen · Börse · Einnahmen · Ausgaben

Im Haus der Wohnung wird dir mitgeteilt, daß du in deinem Leben einmal ein eigenes Haus oder eine eigene Wohnung haben wirst. Dieses Haus oder diese Wohnung wird sehr schön eingerichtet sein. Denkbar ist auch die Ausübung deines Berufes in deinen eigenen vier Wänden, mit der du eines Tages viel Geld verdienen kannst. Vielleicht verkaufst du für viel Geld Antiquitäten.

Sieh nach, welche Karte sich im 17. Haus befindet. Befindet sich dort eine Herz-Karte, dann wirst du eines Tages deinen Beruf mit viel Liebe in deinen vier Wänden ausüben (zum Beispiel als Schriftsteller, Maler, Gesangsprofessor oder durch Schauspielunterricht). Befindet sich eine Karo-Karte im 17. Haus, dann wird diese Wohnung einmal sehr wertvoll eingerichtet sein. Vergiß aber nicht, dein Heim immer gut abzusichern. Befindet sich eine Kreuz-Karte im 17. Haus und fällt das HERZ AS in ein Kreuz-Haus, so könnte es sein, daß du mit deiner Familie unter einem Dach leben wirst. Du wirst später das Haus, das Grundstück oder den Hof übernehmen.

Befindet sich aber eine PIK-KARTE im 17. Haus und fällt das HERZ AS in ein PIK-HAUS, so solltest du mit einem möglichen Verkauf deines Grundbesitzes, deines Hauses oder deiner Wohnung sehr vorsichtig sein. Man will dir weniger geben, als dein Objekt wert ist. Wenn du nicht unbedingt verkaufen mußt, dann warte ab. Lege dir eine Woche später wieder die Karten und vergleiche sie mit dem ersten Kartenbild. Vielleicht handelt es sich nur um ein vorübergehendes finanzielles Tief. Es könnte aber auch sein, daß dir jemand ein Möbelstück oder einen anderen Gegenstand abkaufen möchte, dessen Wert du gar nicht kennst. Hole dir immer ein Gutachten über die Wertsachen ein. Es gibt auch geeignete Bücher darüber. Lasse dich von »Aasgeiern« nie in die Enge treiben. Sie warten nur darauf, dich übers Ohr zu hauen.

## KARO NEUN · 5. HAUS

ÜBERRASCHUNG · ÜBERRASCHUNGEN · KLEINE FINANZEN

Im Haus der Wohnung wird dir mitgeteilt, daß du in Kürze mit einer großen Überraschung bezüglich deiner Wohnung rechnen kannst. Man wird dir schöne Einrichtungsgegenstände für dein Heim schenken.

Es handelt sich um eine wirklich sehr schöne Überraschung, wenn in das 5. Haus eine rote Karte fällt und wenn das HERZ AS in ein rotes Haus fällt. Die Gegenstände, die man dir geben wird, werden sehr wertvoll sein. Sie müssen nicht unbedingt großen Sachwert besitzen, der Wert der Stücke kann auch ein ideeller sein, weil sie schon lange im Besitz deiner Familie sind. Befindet sich eine Kreuz-Karte im 5. Haus, so kann es sich bei dem Geschenk auch um ein kleines Wochenend- oder Landhaus handeln. In diesem Fall mußt du das 20. Haus hinzuziehen. Herz-, Karo- oder Kreuz-Karten sind positiv zu bewerten.

Befindet sich aber im 5. Haus eine PIK-KARTE und fällt das HERZ AS in ein PIK-HAUS, so könnte die Überraschung dir sehr mißfallen. Man will dich mit irgend etwas überraschen, was schon lange dir gehört. Mache dir nichts daraus. Im Leben begehen wir alle so manche Irrtümer. Es muß nicht böse gemeint sein. Man glaubte, man würde dich überraschen. Freue dich trotzdem, denn man hat es nur gut gemeint. Die Freude wird dir und auch den anderen inneren Frieden schenken.

## KARO ACHT · 27. HAUS

### Erbe · Erbschaften · Hinterlassenschaften · Bekommen

Im Haus der Wohnung wird dir mitgeteilt, daß du eines Tages eine Erbschaft machen wirst. Das können Möbelstücke sein, die du gut gebrauchen kannst, oder aber ein kleines Haus, das du dir schon lange gewünscht hast. Möglicherweise kaufst du eine kleine Wohnung oder ein kleines Haus und kannst den Kaufpreis in kleinen Raten abzahlen. Vielleicht verkaufst du auch deine Wohnung oder ein Haus und legst für die Abzahlung kleine Rückzahlungsraten fest.

Sieh nach, welche Karte sich im 27. Haus befindet. Befindet sich dort eine rote Karte und fällt das HERZ AS auch in ein rotes Haus, so dürftest du etwas erben. Befindet sich eine Kreuz-Karte im 27. Haus und fällt das HERZ AS in ein Kreuz-Haus, so wirst du eine Wohnung oder ein Haus an deine Familie verkaufen.

Befindet sich aber im 27. Haus eine PIK-KARTE und fällt das HERZ AS in ein PIK-HAUS, so könnte es sein, daß du eine versprochene Erbschaft nicht erhältst oder beim Verkauf eines Objekts Verlust erleidest. Vielleicht wird man dir die ausgemachte Summe nicht bezahlen wollen. In diesem Fall mußt du auch das 17. und das 9. Haus deuten. Vergewissere dich immer, daß du alles schriftlich bekommst.

## KARO SIEBEN · 3. HAUS

### Erfolg · Karriere · Aufstieg · Leistung

Im Haus der Wohnung wird dir mitgeteilt, daß dein Erfolg dir schon in die Wiege gelegt wurde. Möglicherweise hat man dir auch zu Hause eine sehr gute Erziehung angedeihen lassen, die dir jetzt oder später zugute kommt. Vielleicht wirst du auch in deinem Heim sehr erfolgreich sein, zum Beispiel als Wohnungseinrichter, Architekt oder Baumeister. Oder du bist ein sehr guter Häuser- und Grundstücksmakler, einer von den ehrlichen.

Sieh nach, welche Karte sich im 3. Haus befindet. Befindet sich dort eine rote Karte und fällt das HERZ AS in ein rotes Haus, so ist das ein gutes Zeichen für deinen Erfolg. Die Zeiten sind für dich erfolgversprechend. Dir fliegt im Moment der Erfolg nur so zu. Befindet sich eine Kreuz-Karte im 3. Haus und fällt das HERZ AS in ein Kreuz-Haus, so wirst du sehr erfolgreich sein.

Befindet sich aber im 3. Haus eine PIK-KARTE und fällt das HERZ AS auch in ein PIK-HAUS, so solltest du aufpassen, daß dir dein Erfolg nicht zu Kopf steigt. Du fühlst dich auf einmal als »der Größte«. Es wird Zeit, daß du wieder Boden unter die Füße bekommst, denn ansonsten wird es für dich ein böses Erwachen geben. Mache regelmäßig die Atemübungen! Sie werden dir helfen, bei den größten Erfolgen auch weiterhin menschlich zu bleiben. Du willst doch weiterhin Erfolg haben und hast es sicherlich sehr gerne, wenn du beliebt bist? Niemand kann auf einem hohen Podest so fest sitzen, daß er nicht wieder herunterfallen könnte.

# KREUZ

## KREUZ AS · 20. HAUS

GESCHENK · GESCHENKE (MIT PIK AS: TOD · LAST)

Im Haus der Wohnung wird dir mitgeteilt, daß du in der nächsten Zeit ein Geschenk erhalten wirst, welches für deine Wohnung bestimmt ist und welches du sehr gut gebrauchen kannst. Das kann zum Beispiel eine Polstergruppe, das kann auch ein Musikinstrument, vielleicht ein Klavier, sein. Auf jeden Fall ist es etwas, das einen sehr großen Umfang hat. Möglicherweise bekommst du eine Information über ein Haus oder eine Wohnung, die dir wie ein Geschenk vorkommt.

Sieh nach, welche Karte sich im 20. Haus befindet. Befindet sich dort eine Herz-, Karo- oder Kreuz-Karte und fällt das HERZ AS in ein rotes Haus, so wirst du ein sehr schönes Geschenk bekommen.

Befindet sich aber im 20. Haus eine PIK-KARTE und fällt das HERZ AS in ein schwarzes Haus, speziell in ein PIK-HAUS, so könnte es sein, daß du das Geschenk überhaupt nicht bekommst oder, wenn ja, verspätet oder so beschädigt, daß man es gar nicht mehr gebrauchen kann. Vielleicht siehst du dir eine Wohnung oder ein Haus an. Durch dein Zögern wird es dir jedoch vor der Nase weggeschnappt. Suche weiter, vielleicht findest du etwas Passendes oder sogar noch etwas Besseres.

## KREUZ KÖNIG · 10. HAUS

FERIEN · URLAUB · VATER · ONKEL · GROSSVATER

Im Haus der Wohnung wird dir mitgeteilt, daß du vorhast, dir ein Ferien- oder Wochenendhaus zu kaufen. Dort möchtest du arbeiten, sei es auf geistigem Gebiet oder handwerklich-schöpferisch (zum Beispiel als Kunsttischler, Maler, Dichter, Bildhauer). Möglicherweise willst du dich auch nur entspannen, indem du eventuell die Gartenarbeit zu deinem Hobby machst. Solltest du auf der Suche nach einem geeigneten Objekt zum Wohnen sein, so arbeitet in der nächsten Zeit eine gute Schwingung für dich. Du wirst das Geeignete finden.

Sieh nach, welche Karten sich im 10. und im 6. Haus befinden und in welches Haus der HERZ BUBE fällt. Befinden sich im 10. und im 6. Haus Herz-, Karo- oder Kreuz-Karten und fällt der HERZ BUBE in ein rotes

Haus oder in ein Kreuz-Haus, dann wirst du sehr viel Talent in deinem Heim entfalten können. Sieh auch nach, wohin das HERZ AS fällt. Fällt es in ein rotes Haus, dann ist dies ein gutes Zeichen für deine Publicity – oder aber auch für deine künstlerische Tätigkeit.

Befindet sich im 10. Haus eine PIK-KARTE und fällt das HERZ AS in ein schwarzes Haus, speziell aber in ein PIK-HAUS, so wirst du erhebliche Widerstände in bezug auf dein Projekt finden. Sieh eine Woche später wieder in die Karten, vielleicht handelt es sich nur um eine momentan schlechte Phase. Vergleiche das jetzige Kartenbild mit dem in der nächsten Woche. Werden die Häuserkarten besser abgedeckt, so kannst du von einer vorübergehenden schlechten Welle ausgehen. Versuche in der nächsten Zeit, die Atemübungen regelmäßig einzuhalten.

## KREUZ DAME · 30. HAUS

UNTERSUCHER · UNTERSUCHUNGEN · MUTTER · TANTE · GROSSMUTTER

Im Haus der Wohnung wird dir mitgeteilt, daß du in der nächsten Zeit eine Wohnung besitzen wirst, in der geschäftiges Treiben die Regel sein wird. Dafür wirst du einen großen Aufwand leisten müssen, um die anderen damit zu beeindrucken. Du brauchst nämlich für deinen Beruf auch den richtigen Rahmen.

Sieh nach, welche Karten sich im 30. und im 25. Haus befinden. Befinden sich dort Herz-, Karo- oder Kreuz-Karten, dann wirst du für deine zukünftige Wohnung sehr viel tun müssen, denn du wirst viele Menschen in deiner Wohnung versammelt haben. Es ist möglich, daß du ein Privatsanatorium aufmachen möchtest. In diesem Fall mußt du auch das 16. Haus deuten. Rot ist immer positiv zu sehen – schwarz hingegen zeigt Verzögerungen an, speziell dann, wenn eine PIK-KARTE in das 16. Haus fällt. Sieh auch nach, in welchem Haus sich das HERZ AS befindet. Befindet es sich in einem roten Haus, dann kommen in Zukunft sehr wohlhabende Menschen zu dir. Solltest du Schneider sein, dann wirst du die oberen Zehntausend einkleiden.

Wenn sich aber im 30. Haus eine PIK-KARTE befindet und das HERZ AS in ein schwarzes Haus fällt, speziell in ein PIK-HAUS, so solltest du vorsichtiger sein in bezug auf deine Großzügigkeit Freunden gegenüber. Es scheint so, als würdest du dich ausnutzen lassen. Sei genauer bei der Auswahl von Freunden und Bekannten. Mache deine Untersuchungen und die Atemübungen.

## KREUZ BUBE · 15. HAUS
### FAMILIE · SOHN · NEFFE (MIT DAME: TOCHTER · NICHTE)

Im Haus der Wohnung wird dir mitgeteilt, daß du entweder bei deinen Eltern lebst oder zu ihnen ziehen wirst. Möglicherweise wirst du eine Wohngemeinschaft gründen oder einer beitreten.

Sieh nach, welche Karte sich im 15. Haus befindet. Befindet sich dort eine Herz-, Karo- oder Kreuz-Karte und fällt das HERZ AS in ein rotes Haus, so kannst du zu deinen Eltern ziehen, eine Wohngemeinschaft gründen oder einer beitreten. Ein neuer Aufgabenbereich würde dich erwarten, vielleicht auf dem sozialen Sektor.

Befindet sich aber im 15. Haus eine PIK-KARTE und fällt das HERZ AS in ein schwarzes Haus, speziell aber in ein PIK-HAUS, so solltest du dir deinen Umzug genauestens überlegen. Opposition würde dich in der Gemeinschaft erwarten. Du scheinst kein »Herdentier« zu sein, und es fällt dir schwer, dich unterzuordnen. Du bist nicht gerade ein anpassungsfähiger Charakter, denn du brauchst deine eigenen vier Wände, um produktiv für dich und andere zu sein. Du mußt abschalten können, um eigene Ideen zu entwickeln. Mache immer die Atemübungen. Wenn du in einer Gemeinschaft lebst, werden sie dir helfen, auch mit deinen Mitbewohnern gut auszukommen.

## KREUZ ZEHN · 8. HAUS
### REISE · STRASSE · WASSER · MEER

Im Haus der Wohnung wird dir mitgeteilt, daß du die richtige Wahl triffst, wenn du in der nächsten Zeit umziehen solltest. Endlich hast du mehr freien Raum für dich, womöglich einen kleinen Balkon mit Blumen oder sogar einen Garten. Es kann sein, daß du deine Wohnung oder dein Haus verkaufst, um ins Ausland auszuwandern. Vielleicht kaufst du dir eine Farm oder ein Bauernhaus.

Sieh nach, welche Karte sich im 8. Haus befindet. Befindet sich dort eine rote Karte und fällt das HERZ AS in ein rotes Haus, so wirst du eine bessere Wohnung oder ein besseres Haus bekommen. Befindet sich im 8. Haus eine KREUZ-KARTE, speziell aber die Karte des 31. Hauses, die KREUZ NEUN, und fällt darüber hinaus das HERZ AS in das 31. Haus, dann wirst du auswandern.

Befindet sich aber im 8. Haus eine PIK-KARTE und fällt das HERZ AS in ein PIK-HAUS, so solltest du dir doch einmal überlegen, ob du jetzt schon übersiedeln willst oder ob es nicht besser ist, noch etwas zu warten. Es hat den Anschein, als würdest du zu überstürzten Handlungen neigen. Versuche dies durch Atemübungen abzubauen, denn ansonsten wirst du bald enttäuscht werden. Die Enttäuschung würdest du dir selbst bereiten.

## KREUZ NEUN · 31. HAUS
GLÜCK · KLEINE REISE · RISIKO

Im Haus der Wohnung wird dir mitgeteilt, daß du eines Tages in deinem Leben durch Glück oder durch ein glückliches Ereignis eine Wohnung dein eigen nennen darfst. Das könnte durch ein Preisausschreiben der Fall sein. Du brauchst dich nicht besonders anzustrengen, denn du hast das Glück, das hier für dich arbeitet. Du hast auch viel Glück, wenn du dir eine neue Wohnung oder ein neues Haus kaufst. Hier gehen Glück und das eigene Heim auf einen Nenner.

Sieh nach, welche Karte sich im 31. Haus befindet. Befindet sich dort eine Herz-, Karo- oder Kreuz-Karte und fällt das HERZ AS auch in ein rotes Haus, dann hast du sehr viel Glück auf dem Weg zu deinem neuen Heim.

Befindet sich aber im 31. Haus eine PIK-KARTE und fällt das HERZ AS in ein schwarzes Haus, speziell in ein PIK-HAUS, so solltest du mit deinem Glück nicht so leichtfertig umgehen. Du glaubst, du hättest immer Glück, das ist falsch; Glück ist nichts anderes als innere Bescheidenheit. Wenn du glaubst, daß dir materielle Dinge Glück bringen oder Glück gebracht haben, dann bist du nicht auf dem richtigen Weg. Versuche die Atemübungen zu machen, denn da wirst du erfahren, was Glück wirklich ist. Je weniger du brauchst, um zu leben, desto glücklicher kannst du werden.

## KREUZ ACHT · 26. HAUS
NEUE UNTERNEHMUNGEN · MUT · HELDENTAT

Im Haus der Wohnung wird dir mitgeteilt, daß du zufrieden in deinem Heim lebst. Das wird dir helfen bei einer Idee, in deinem Beruf oder in deinem Geschäft etwas zu ändern. Wenn du Konstrukteur oder Planer bist, so wirst du in der nächsten Zeit viel zu tun bekommen. Neue Pläne können durch guten Umwelteinfluß realisiert werden.

Sieh nach, welche Karten sich im 25. und im 26. Haus befinden. Befinden sich dort Herz-, Karo- oder Kreuz-Karten und fällt das HERZ AS in ein rotes Haus oder in ein Kreuz-Haus, so werden dir deine Unternehmungen gelingen. Neugründungen von Firmen, Gesellschaften oder Vereinen sind hier möglich.

Befindet sich aber im 26. Haus eine PIK-KARTE und fällt das HERZ AS auch in ein PIK-HAUS, so solltest du bei Neugründungen von Gesellschaften, wenn du mit der Idee nicht einverstanden bist, sehr vorsichtig sein. Ein Betrug durch einen Gesellschafter wäre möglich, und man würde dich in eine schlimme Sache hineinziehen. Mache die Atemübungen regelmäßig, und du wirst sehr leicht herausfinden, wer zu deinen Ideen und Plänen paßt und wer nicht.

## KREUZ SIEBEN · 14. HAUS
### Nachrichten · Botschaft · Tränen · Leid

Im Haus der Wohnung wird dir mitgeteilt, daß du in den nächsten Tagen eine Nachricht bekommen wirst, die für dich eine entscheidende Wende in deinem Leben bringen kann. Es ist auch möglich, daß man dir die Nachricht per Telephon übermittelt. Vielleicht lebst du gerne in Hotels oder Appartements. Wenn du Hotelbesitzer bist, wirst du in nächster Zeit sehr viele Hotelgäste beherbergen.

Sieh nach, welche Karte sich im 14. Haus befindet. Befindet sich dort eine Herz-, Karo- oder Kreuz-Karte und fällt das HERZ AS in ein rotes Haus, so wirst du in der nächsten Zeit viel zu tun haben, entweder in deinem eigenen Hotel oder in einem Restaurant. Auf alle Fälle wirst du viele Menschen um dich versammelt haben.

Befindet sich aber im 14. Haus eine PIK-KARTE und fällt das HERZ AS in ein schwarzes Haus, speziell in ein PIK-HAUS, so könnte es sein, daß du in deinem Haus sogar Diebe beherbergst. Du würdest dann Schwierigkeiten mit den Behörden bekommen. Sieh dir die Menschen gut an, die du beherbergst oder in deiner Wohnung übernachten läßt. Es ist gut, daß du anderen Menschen hilfst, sei aber trotzdem vorsichtig. Bei Unsicherheit solltest du niemals die Atemübungen vergessen! Solltest du nicht nein sagen können, obwohl dir deine innere Stimme dazu rät, so atme kurz einige Male tief durch, und deine innere Stimme wird an die Oberfläche dringen können und dir die richtige Entscheidung mitteilen. Du wirst verblüfft sein, daß dies möglich ist. Sieh dazu die Atemübungsanleitung am Schluß dieses Buches noch einmal genau durch!

# PIK

## PIK AS · 24. HAUS

TOD · UNFALL · SCHICKSALSSCHLÄGE · QUAL · NOT

Im Haus der Wohnung wird dir mitgeteilt, daß in deinem Heim oder in deiner unmittelbaren Nähe jemand krank ist oder diesen Planeten bald verlassen muß. Möglicherweise sterben auch alte Leute in deinem Haus, während du in dieser Zeit bei ihnen bist. Es ist auch möglich, daß ein älteres Ehepaar aus deiner Umgebung wegzieht. Vielleicht ziehen auch deine Eltern aus ihrer Wohnung aus.

Sieh nach, welche Karte sich im 24. Haus befindet. Befindet sich dort eine Herz- oder Karo-Karte und fällt das HERZ AS in ein rotes Haus, so hat das nur die Bedeutung, daß jemand von dir wegziehen wird.

Befindet sich aber im 24. Haus eine schwarze Karte, speziell eine PIK-KARTE, und fällt das HERZ AS in ein PIK-HAUS, so dürfte in der nächsten Zeit jemand sehr schwer erkranken und wahrscheinlich sterben. Es kann auch jemand aus deiner Familie sein. Bei der Befragung für deine Familie mußt du das 15. Haus hinzuziehen. Rot ist positiv zu deuten – Schwarz negativ.

## PIK KÖNIG · 28. HAUS

RUFER · BEHÖRDE · SCHULE · SPITAL · INSTITUTION

Im Haus der Wohnung wird dir mitgeteilt, daß Personen zu dir kommen und dich zu einem Menschen bringen werden, dem es gesundheitlich sehr schlecht geht. Es kann aber auch sein, daß in deiner Nähe ein Rettungswagen benötigt wird. Möglicherweise sucht dich auch die Polizei auf, um nähere Informationen bezüglich eines Unfalls, den du gesehen hast, von dir zu erfahren. Auch ein unangenehmer Anrufer könnte dich belästigen. Vielleicht mußt du den Installateur verständigen, weil in deiner Wohnung ein Rohrbruch sein wird.

Sieh nach, welche Karte sich im 28. Haus befindet. Befindet sich dort eine rote Karte und fällt das HERZ AS in ein rotes Haus, dann wird die Sache für dich nur halb so schlimm sein, wie sie im ersten Moment aussieht.

Befindet sich aber im 28. Haus eine schwarze Karte, speziell eine PIK-KARTE, und fällt das HERZ AS auch in ein schwarzes Haus, speziell aber in ein PIK-HAUS, so kann es für dich Schwierigkeiten mit der Behörde geben. Es ist sogar möglich, daß du dich einem Verhör unterziehen mußt, weil dich jemand verdächtigt, obwohl du gar nichts verbrochen hast. Bleibe ruhig dabei, atme des öfteren nach der Regel der Atemübungen durch – und du wirst sehen, daß sich sehr bald deine Unschuld herausstellen wird.

## PIK DAME · 29. HAUS
### Dankbarkeit · Dunkle Dame · Undank · Neid

Im Haus der Wohnung wird dir mitgeteilt, daß dich in den nächsten Stunden oder Tagen eine sehr unangenehme Person anrufen wird. Es kann aber auch sein, daß eine nicht vertrauenswürdige Person für dich arbeitet. Kontrolliere daher deine Freunde und Angestellten. Du hast einen Dieb darunter.

Sieh nach, welche Karte sich im 29. Haus befindet. Befindet sich dort eine Herz-Karte, dann wirst du möglicherweise von einem »Freund« bestohlen. Fällt darüber hinaus das HERZ AS in ein rotes Haus, so kann sich dies auf deine unmittelbare Umgebung beziehen. Fällt eine Karo-Karte in das 29. Haus, so solltest du deine Finanzen genauestens prüfen. Vielleicht wirst du von deiner Buchhaltung betrogen. Fällt hingegen eine Kreuz-Karte in das 29. Haus, so könnte es sein, daß man dich – wenn du mit jemandem aus deiner Familie eine Partnerschaft oder eine Firma hast – von dieser Seite her betrügt.

Befindet sich aber im 29. Haus eine PIK-KARTE und fällt das HERZ AS in ein schwarzes Haus, speziell aber in ein PIK-HAUS, dann will man dich um deine ganze Barschaft bringen. Sieh nach, welche Karten in das 17., 15. und in das 9. Haus fallen. Du wirst sicherlich daraus Rückschlüsse ziehen können, um welche Person es sich hier handelt. Rote Karten sind positiv zu deuten – schwarze hingegen zeigen eine negative Situation an.

## PIK BUBE · 1. HAUS
### GEGENWART · WAHRHEIT · DUNKLER MANN · UNIFORMIERTER

Im Haus der Wohnung wird dir mitgeteilt, daß dir jemand eine negative Strahlung in dein Heim sendet. Vielleicht wird deine Wohnung ausgeraubt. Versichere dich genau, ob Fenster und Türen immer gut abgeschlossen sind. Es kann auch sein, daß du zur Zeit ziemlich deprimiert bist. Versuche dich zu entspannen und mache die Atemübungen. Sie werden dir in den schwarzen Stunden über deine Sorgen hinweghelfen.

Sieh nach, welche Karte sich im 1. Haus befindet. Befindet sich dort eine PIK-KARTE und fällt das HERZ AS in ein schwarzes Haus, speziell in ein PIK-HAUS, so wirst du in Kürze entweder von einer Person verleumdet, oder man wird dich anlügen.

Befindet sich aber im 1. Haus eine Herz-, Karo- oder Kreuz-Karte, dann wirst du dir neue Sicherheitsvorrichtungen für deine Wohnung anschaffen. Vielleicht wirst du auch um Rat gefragt, wie man sein Heim am besten absichern soll. Möglicherweise hilfst du auch jemandem, dessen Heim vor Einbrechern zu schützen. Wenn du ein Sicherheitsexperte bist, so wirst du in der nächsten Zeit gute Aufträge erhalten. Auch für Schlosser steht diese Karte in diesem Haus.

## PIK ZEHN · 32. HAUS
### SONNE · ENTFERNUNGEN · ANDERE LÄNDER · NACHT

Im Haus der Wohnung wird dir Folgendes mitgeteilt: Du mußt aufpassen, daß in deinem Heim kein Brand ausbricht und du dabei verletzt wirst. Möglicherweise wird auch in der nächsten Zeit durch Feuer etwas vernichtet. Vielleicht läßt du dir eine neue Feuerlöschvorrichtung in deinem Heim einbauen. Prüfe nach, ob alle deine Versicherungen auch immer rechtzeitig bezahlt wurden. Vielleicht bist du zur Zeit unterversichert.

Sieh nach, welche Karte in das 32. Haus fällt. Fällt dort eine Herz-, Karo- oder Kreuz-Karte hinein, dann solltest du jetzt Reparaturen vornehmen lassen. Solltest du gegen Feuerschäden nicht versichert sein, so ist es ratsam, eine Versicherung abzuschließen.

Befindet sich aber im 32. Haus eine schwarze Karte, speziell eine PIK-KARTE, und fällt das HERZ AS in ein schwarzes Haus, speziell in ein PIK-HAUS, dann ist es dringend notwendig, daß du an deinem Heim etwas vornimmst, bevor es zur Katastrophe kommt. Vielleicht braucht dein Ofenabzug einmal eine gründliche Reinigung. Alles in dieser Richtung sollte nachgesehen und repariert werden. Du ersparst dir später unnötigen Ärger.

## PIK NEUN · 23. HAUS

### Depression · Unannehmlichkeiten · Kälte

Im Haus der Wohnung wird dir mitgeteilt, daß du dich vorsehen solltest, damit du dein Heim nicht verlierst. Möglicherweise benötigst du auch etwas für dein Heim, weil mehrere alte Sachen wirklich nicht mehr zu gebrauchen sind – vielleicht hast du einen alten Ofen, den du nur zu Dekorationszwecken gebrauchen kannst. Man muß jedoch nicht alle alten Sachen wegwerfen, sondern nur diejenigen, die nicht mehr deine und die Sicherheit anderer gewährleisten. Es kann aber auch bedeuten, daß du endlich aus deiner unkomfortablen Wohnung in eine neue einziehen kannst.

Eine gute Situation zeichnet sich ab, wenn das HERZ AS in ein rotes Haus fällt und wenn im 23. Haus eine Herz-, Karo- oder Kreuz-Karte liegt.

Befindet sich aber im 23. Haus eine PIK-KARTE und fällt das HERZ AS in ein schwarzes Haus, speziell in ein PIK-HAUS, so wird es wirklich Zeit, daß du in deiner Wohnung Ordnung schaffst. Du willst ja selbst nicht mehr in deinen vier Wänden leben! Du solltest lernen, mit dir und mit deiner Umwelt ordnungsbewußter umzugehen. Du neigst sehr zur Schlamperei. Wenn du noch nicht Ordnung halten kannst, beginne jetzt mit den Atemübungen! Bei regelmäßiger Durchführung der Atemübungen wirst du rasch ein ordentlicher und gewissenhafter Mensch werden. Du wirst dich bald selbst nicht wiedererkennen. Auch deine Mitmenschen werden dich bestaunen und bewundern. Jeder Mensch kann sich wandeln, sowohl zum Guten als auch zum Schlechten.

## PIK ACHT · 22. HAUS

### Ärger · Ärgernisse · Streit · Verleumdungen

Im Haus der Wohnung wird dir mitgeteilt, daß du in deinem Heim aufpassen solltest. Du könntest die Treppen herunterfallen und dich dabei schwer verletzen. Es kann aber auch sein, daß du mit deinem jetzigen Heim sehr unzufrieden bist. Vielleicht wirst du auch Streit mit einem Nachbarn haben. Möglicherweise hast du auch Angst um deine Wohnung. Denkbar ist auch, daß dein Vermieter in Schwierigkeiten ist. Versuche die Miete immer pünktlich zu bezahlen. Wenn das einmal nicht geht, dann sprich mit dem Vermieter, denn ein Aufschub ist meistens möglich.

Versuche dich zu konzentrieren – und du wirst sehen: Wenn in das 22. Haus eine rote Karte oder auch eine Kreuz-Karte fällt und sich das HERZ AS in einem roten Haus befindet, wird dein Tief bald vorüber sein.

Befindet sich aber im 22. Haus eine PIK-KARTE und fällt das HERZ AS in ein schwarzes Haus, speziell aber in ein PIK-HAUS, dann wird es Zeit, deine Verpflichtungen genauestens einzuhalten. Du tendierst zur Vernachlässigung deiner Verpflichtungen und glaubst, daß die anderen Menschen mit deinen Vorschlägen immer einverstanden sein müssen. Wenn du lernen willst, wie man Ordnung mit sich selbst und der Umwelt schafft, dann mache regelmäßig die Atemübungen.

## PIK SIEBEN · 16. HAUS
### Gesundheit · Krankheit · Kur · Operation

Im Haus der Wohnung wird dir mitgeteilt, daß deine jetzige Wohnung sehr deine Gesundheit beeinflußt oder beeinflussen wird. Es kann aber auch sein, daß du traurig bist, weil du dir gewisse Anschaffungen für dein Heim nicht leisten kannst. Möglicherweise zieht jemand in eine andere Stadt, und du wirst sein Tier oder seine Tiere zu dir nehmen müssen. Tiere bringen immer Freude, obwohl sie oftmals Arbeit machen.

Sieh nach, welche Karte in das 16. Haus fällt. Fällt dort eine rote Karte hinein, dann bist du gesund, und alles geht seinen geregelten Lauf.

Befindet sich aber im 16. Haus eine schwarze Karte, und zwar eine PIK-KARTE, und fällt das HERZ AS in ein schwarzes Haus, speziell in ein PIK-HAUS, dann solltest du so bald wie möglich eine Änderung in deiner Wohnung vornehmen. Vielleicht ist deine Wohnung feucht, und es kann sein, daß du gesundheitlichen Schaden erleidest. Lasse dich auf alle Fälle von einem Arzt untersuchen. Beginne auch, die Atemübungen regelmäßig einzuhalten. Es ist auch möglich, daß unter deiner Wohnung eine Wasserader verläuft. Solltest du deswegen Schlafstörungen haben, so lasse dir die Wohnung von einem Fachmann auspendeln.

Das 8. Haus

# KREUZ ZEHN

## Das Haus der Reise, der Straße, des Wassers und des Meeres

# HERZ

## HERZ AS · 7. HAUS

Wohnung · Besitz · Haus · Eigentum

Im Haus der Reise wird dir mitgeteilt, daß du in der nächsten Zeit den Wohnort wechseln wirst. Möglicherweise ersetzt du aber auch in deiner Wohnung alte durch neue Möbelstücke. Auf alle Fälle steht jedoch eine Änderung bezüglich deiner Wohnung oder deiner Einrichtungsgegenstände bevor. Es kann auch sein, daß jemand aus deiner Familie aus deiner Wohnung auszieht.

Sieh nach, welche Karte sich im 7. Haus befindet. Befindet sich dort eine Herz-, Karo- oder Kreuz-Karte und fällt die KREUZ ZEHN in ein rotes Haus oder in ein Kreuz-Haus hinein, so wird sich für dich eine sehr erfreuliche Änderung im Hinblick auf eine neue Wohnung ergeben. Es kann sogar sein, daß du entweder in einen anderen Ort oder aufs Land übersiedelst.

Befindet sich aber im 7. Haus eine PIK-KARTE und fällt die KREUZ ZEHN in ein schwarzes Haus, speziell in ein PIK-HAUS, so solltest du vielleicht deine Umzugspläne verschieben. Möglicherweise ist auch die Renovierung der neuen Wohnung noch nicht abgeschlossen. Denkbar ist auch, daß der Umzug sich wegen eines Unfalls, bei dem du nicht beteiligt sein mußt, verzögert.

## HERZ KÖNIG · 13. HAUS

Unterhaltung · Männlicher Freund · Blond · Sponsor

Im Haus der Reise wird dir mitgeteilt, daß du in der nächsten Zeit zu Besuch gehen oder daß du Besuch von einer sehr netten Person bekommen wirst. Dies wird für dich ein angenehmer Besuch werden. Ihr werdet euch köstlich unterhalten und gut amüsieren. Geh mit deinem Besuch essen, ins Theater, ins Kino oder spazieren. Ihr werdet eine sehr schöne Zeit miteinander haben.

Sieh nach, welche Karten sich im 13. und im 19. Haus befinden. Befinden sich dort rote Karten und fällt die KREUZ ZEHN in ein rotes Haus oder in ein Kreuz-Haus, dann solltest du mit deinem Besuch eine kleine Reise unternehmen. Möglicherweise wirst aber du zu einer Reise eingeladen werden.

Befinden sich aber im 13. und im 19. Haus PIK-KARTEN und fällt die KREUZ ZEHN in ein PIK-HAUS, so sollte man von der Einladung Abstand nehmen, denn aus dem netten Zusammensein kann eine herbe Enttäuschung werden. Es kann aber auch sein, daß dein angesagter Besuch durch einen Umstand dich nicht besuchen kann. Forsche nach, vielleicht braucht die betreffende Person deine Hilfe.

## HERZ DAME · 19. HAUS

FREUNDE · WEIBLICHER FREUND · BLOND · SPONSOR

Im Haus der Reise wird dir mitgeteilt, daß dich in der nächsten Zeit Freunde anrufen werden, um ihren Besuch anzukündigen. Vielleicht kehren sie von einer längeren Reise wieder heim, und nun wollen sie wieder mit dir zusammen sein. Du wirst in der nächsten Zeit sicherlich sehr viel mit Besuchern zu tun haben. Man weiß, daß du ein gastfreundlicher Mensch bist.

Sieh nach, welche Karten in das 19. und in das 13. Haus fallen. Fallen dort Herz-, Karo- oder Kreuz-Karten hinein und befindet sich die KREUZ ZEHN in einem Herz-, Karo- oder Kreuz-Haus, dann ist dies ein gutes Zeichen für dich. Viele Freunde werden kommen, um einen Rat bei dir einzuholen. Außerdem wollen sie dich zu einer Reise einladen. Dies kann eine kleine Reise nur über das Wochenende sein.

Befinden sich aber im 19. und im 13. Haus PIK-KARTEN und fällt die KREUZ ZEHN in ein PIK-HAUS, dann sollte man Einladungen am späten Abend oder Nachtfahrten mit dem Auto meiden. Es besteht eine mögliche Unfallgefahr durch Alkoholeinfluß. Es muß nicht unbedingt sein, daß du etwas getrunken hast – vielleicht fährt jemand in dein Auto hinein, oder dein Fahrer ist nicht mehr ganz nüchtern.

## HERZ BUBE · 6. HAUS

POPULARITÄT · KUNST · JÜNGERER MÄNNLICHER FREUND · KÜNSTLER

Im Haus der Reise wird dir mitgeteilt, daß man dich – wenn du sehr beliebt und sehr berühmt oder ein Künstler sein solltest – in Kürze zu einer Reise einladen wird, über die du dich freuen wirst und die dir sehr gefallen wird. Solltest du Pilot sein, dann wirst du viele Jahre mit Fliegen dein Geld verdienen. Wenn du Busfahrer bist, dann liegen noch etliche Berufsjahre vor dir. Das gilt für alle Berufe, die etwas mit Bewegung zu tun haben.

Sieh nach, welche Karten sich im 6. und im 25. Haus befinden. Befinden sich dort Herz-, Karo- oder Kreuz-Karten und fällt die KREUZ ZEHN in ein Herz-, Karo- oder Kreuz-Haus, so ist das sehr gut für dich, denn dann wirst du deinen Beruf bis ins hohe Alter ausüben können.

Befinden sich aber im 6. und im 25. Haus PIK-KARTEN und fällt die KREUZ ZEHN in ein PIK-HAUS, dann solltest du in deinem Beruf vorsichtiger sein. Gefahr lauert durch Unkonzentriertheit auf der Straße oder in der Luft. Wenn du dich müde fühlst, dann ruhe dich aus. Versuche nicht, Höchstleistungen zu erbringen, die dir im Endeffekt vielleicht nur schaden werden. Beachte die Atemübungen!

## HERZ ZEHN · 11. HAUS

### Heirat · Verbindungen · Vereine · Bruderschaften

Im Haus der Reise wird dir mitgeteilt, daß dich vielleicht ein jungverheiratetes Paar anruft und zu einem kleinen Ausflug einlädt. Möglicherweise plant deine Verwandtschaft ein Familientreffen im Ausland und möchte dich zu diesem Treffen einladen. Solltest du noch nicht verheiratet sein, so wirst du dich in Kürze an einem dir noch nicht bekannten Ort verloben, solltest du hingegen jetzt heiraten, so wirst du auf eine Hochzeitsreise gehen.

Sieh nach, welche Karte sich im 11. Haus befindet. Befindet sich dort eine Herz-, Karo- oder Kreuz-Karte und fällt die KREUZ ZEHN in ein Herz-, Karo- oder Kreuz-Haus, dann wirst du dich in der nächsten Zeit sehr gut unterhalten.

Befindet sich aber im 11. Haus eine PIK-KARTE und fällt die KREUZ ZEHN in ein PIK-HAUS, dann solltest du sowohl bei deinen Einladungen als auch bei deinen Reisen auf der Straße vorsichtiger sein. Durch deinen Übermut machst du die unmöglichsten Dinge auf der Straße, die dann leicht ins Auge gehen können. Hier lauert der Tod auf der Straße. Bleibe vernünftig und rase nicht dahin. Man ist schneller von einem Partner getrennt, als man sich das denkt. Denke an die Atemübungen! Dann wirst du schon zurechtkommen.

## HERZ NEUN · 2. HAUS
WUNSCH · WÜNSCHE · SEHNSUCHT · HOFFNUNG

Im Haus der Reise wird dir mitgeteilt, daß in der nächsten Zeit eine Begebenheit eintreten wird, die dein ganzes Leben verändern wird. Auch geht durch sie dein Wunsch in Erfüllung. Hier dürfte es sich um eine sehr große und einmalige Chance in deinem Leben handeln. Auf alle Fälle hat dies alles etwas zu tun mit einer Reise oder mit einer Veränderung, die du schon seit längerer Zeit vorhast.

Sieh nach, welche Karte sich im 2. Haus befindet. Befindet sich dort eine rote Karte und fällt die KREUZ ZEHN in ein rotes Haus, dann ist das die Chance in deinem Leben. Befindet sich im 2. Haus eine Kreuz-Karte, möglicherweise die KREUZ NEUN, und fällt die KREUZ ZEHN in das 31. Haus, dann kann das für dich bedeuten, daß du eine Reise über das Wasser, somit über das Meer, machen wirst – vielleicht eine Weltreise oder eine Kreuzfahrt.

Befindet sich aber im 2. Haus eine PIK-KARTE und fällt die KREUZ ZEHN in ein PIK-HAUS, dann solltest du eine möglicherweise schon geplante Reise verschieben. Es kann sein, daß eine Reise durch einen Streik oder durch eine andere Ursache – vielleicht durch schlechtes Wetter – abgesagt werden muß. Mache dir nichts daraus. Solltest du am Flughafen auf deine Maschine warten müssen, so nutze die Zeit mit Atemübungen.

## HERZ ACHT · 4. HAUS
LIEBE · MONDSCHEIN · ROMANZE · HERZ

Im Haus der Reise wird dir mitgeteilt, daß die Reise, die du vorhast, sehr erfreulich sein wird. Solltest du noch allein sein, so wirst du einer anziehenden Person begegnen, in die du dich verliebst. Diese Begegnung wird für dich eine Änderung zum Besseren sein.

Sieh nach, welche Karten sich im 4. und im 31. Haus befinden. Befinden sich dort Herz-Karten und fällt die KREUZ ZEHN in ein Herz-Haus, dann dürftest du dich auf dieser Reise Hals über Kopf verlieben. Befinden sich Karo- oder Kreuz-Karten im 4. und im 31. Haus und fällt die KREUZ ZEHN in ein Karo- oder in ein Kreuz-Haus, dann wird die Reise für dich sehr erfolgreich und schön werden.

Befindet sich aber im 4. Haus eine PIK-KARTE und fällt die KREUZ ZEHN in ein PIK-HAUS, dann solltest du die Reise vielleicht um ein bis zwei

Wochen verschieben. Möglicherweise mußt du sie wegen gewisser Umstände sowieso verschieben. Mache dir jedoch nichts daraus, es ist nur gut für dich. Dadurch wird ein mögliches Unglück vermieden.

## HERZ SIEBEN · 12. HAUS

FRÖHLICHKEIT · GUTE LAUNE · HERZLICHKEIT · FROHSINN

Im Haus der Reise wird dir mitgeteilt, daß eine Änderung, die mit einer Reise zusammenhängt, dich sehr fröhlich stimmen wird. Du kannst auch endlich deine Eifersucht verdrängen. Es kann auch sein, daß du eine kurze Flugreise in die Ferne machen wirst, um dir neue Kleider zu kaufen. Eine sehr nette Begebenheit wird sich auf der Reise ereignen.

Sieh nach, welche Karte sich im 12. Haus befindet. Befindet sich dort eine Herz-, Karo oder eine Kreuz-Karte und fällt die KREUZ ZEHN in ein rotes Haus, dann wirst du einen erfreulichen Einkaufsbummel in einer anderen Stadt unternehmen (London, Rom, Paris, New York, San Francisco, Rio oder Caracas).

Befindet sich aber im 12. Haus eine PIK-KARTE und fällt die KREUZ ZEHN in ein schwarzes Haus, speziell in ein PIK-HAUS, dann sollte die geplante Reise ein bis zwei Wochen verschoben werden. Vielleicht fällt der Flug wegen schlechten Wetters sogar aus. Versuche nicht, gegen dein Schicksal zu arbeiten. Horche auf deine innere Stimme, denn sie sagt dir, ob du eine Reise absagen sollst oder nicht. Du verlängerst dir damit die Freude am Leben. Beachte die Atemübungen!

# KARO

## KARO AS · 25. HAUS

Beruf · Firma · Unternehmen · Projekte

Im Haus der Reise wird dir mitgeteilt, daß du in Kürze deinen Arbeitsplatz wechseln und ins Ausland gehen wirst. Möglicherweise wirst du auch eine neue Firma eröffnen, die sehr erfolgreich sein wird. Vielleicht bekommst du auch von deiner Firma eine Filiale zur Betreuung oder den Auftrag, eine neue Filiale zu eröffnen.

Sieh nach, welche Karten in das 25. und in das 3. Haus fallen. Fallen dort rote Karten hinein und befindet sich die KREUZ ZEHN in einem roten Haus, dann wirst du entweder ins Ausland gehen oder eine Firma eröffnen oder deine Firma erweitern oder aber auch einen Weiterbildungskurs für deine Firma besuchen, um dann eine ausländische Filiale übernehmen zu können. Befinden sich im 25., 15. und im 3. Haus Kreuz-Karten und fällt die KREUZ ZEHN in ein Kreuz-Haus, so kann es sein, daß du einen Familienbetrieb erweitern oder ausbauen möchtest. Zur Zeit sind dafür die Chancen gut. Hier solltest du aber das 9. Haus noch mitdeuten.

Befinden sich aber im 25. und im 3. Haus PIK-KARTEN und fällt die KREUZ ZEHN in ein PIK-HAUS, so solltest du vorsichtig sein, wenn du deinen Beruf ändern möchtest. Es könnte sein, daß dir deine neue Tätigkeit nicht gefallen wird. Überprüfe noch einmal, was du vorhast. Erst wenn du dir ganz sicher bist, solltest du etwas unternehmen. Sei vorsichtig, wenn du deinen Betrieb vergrößern möchtest. Sieh auch nach, ob im 17. Haus eine positive Karte liegt. Du mußt mit Widerständen in bezug auf deine Pläne und mit möglichen Verlusten rechnen. Lege dir eine Woche später wieder die Karten und vergleiche sie mit dem jetzigen Bild. Vielleicht handelt es sich nur um ein kurzes Tief. Beachte die Atemübungen!

## KARO KÖNIG · 9. HAUS

Legale Papiere · Arzt · Anwalt · Notar

Im Haus der Reise wird dir mitgeteilt, daß du in Kürze eine Reise machen wirst, um umfangreiche Projekte von dir unter »Dach und Fach« zu bringen. Es wird hier ein wichtiges Gespräch mit einem Anwalt oder Notar geben. Möglich ist auch, daß man dir aus der Ferne wichtige Schriftstücke per Eilboten übersenden wird. Vielleicht läßt du dir aus dem Ausland wichtige Unterlagen schicken, um gewisse Informationen zu sammeln.

Sieh nach, welche Karte sich im 9. Haus befindet. Befindet sich dort eine rote Karte und fällt die KREUZ ZEHN in ein rotes Haus, so wirst du durch einen neuen Vertrag, der für ein wichtiges Projekt abgeschlossen wird, sehr erfolgreich sein. Befindet sich im 9. Haus eine Kreuz-Karte und fällt die KREUZ ZEHN in ein Kreuz-Haus, dann kann es sein, daß du Verträge mit einigen Familienangehörigen abschließen mußt.

Befindet sich aber im 9. Haus eine PIK-KARTE und fällt die KREUZ ZEHN in ein PIK-HAUS, dann solltest du dir die Schriftstücke vor deiner Unterschrift genauestens ansehen. Sie könnten eine Klausel beinhalten, die dir, wenn du sie nicht beachtest, in Zukunft große Verluste einbringen wird. Man will dich mit dem Vertrag hereinlegen! Sei vorsichtig, lasse dich nicht zu einer Unterschrift drängen. Es muß immer genügend Zeit zum Überlegen möglich sein. Leidest du unter Streß, so mache täglich die Atemübungen!

## KARO DAME · 18. HAUS

JAHRESZEIT · FRÜHJAHR · SOMMER · HERBST · WINTER

Im Haus der Reise wird dir mitgeteilt, daß du innerhalb der nächsten drei Monate eine Reise unternehmen oder eine Änderung durch eine Reise vornehmen wirst. Da sich deine finanzielle Lage verbessert, verbessert sich alles zum Guten für dich.

Sieh nach, welche Karten sich im 18. und im 17. Haus befinden. Befinden sich dort rote Karten und fällt die KREUZ ZEHN in ein rotes Haus, so bringt dir deine Reise die gewünschte Änderung. Deute jedoch hier das 2. Haus mit. Befindet sich im 18. Haus eine Kreuz-Karte und fällt die KREUZ ZEHN in ein Kreuz-Haus, dann wirst du eine Änderung durch deine Familie erfahren. Das 15. Haus muß hier dann mitgedeutet werden.

Befindet sich aber im 18. Haus eine PIK-KARTE und fällt die KREUZ ZEHN in ein PIK-HAUS, so solltest du dir genau überlegen, was du in deinem Leben verändern möchtest. Sieh in jenen Häusern nach, die dich am meisten interessieren. Rote Karten sind positiv zu deuten. Schwarze

Karten hingegen deuten auf Widerstand hin. Vielleicht mußt du auch ganz umdenken. Du solltest jedoch regelmäßig die Atemübungen machen – sie werden deinen Charakter festigen.

## KARO BUBE · 21. HAUS

Briefe · Schriftstücke · Telegramme · Bote · Freund

Im Haus der Reise wird dir mitgeteilt, daß du sehr bald mit einer Neuigkeit konfrontiert werden wirst. Möglicherweise erreichen dich die Nachrichten aus Übersee. Dies kann brieflich oder auch telephonisch erfolgen. Auf jeden Fall wird sich etwas in deinem Leben durch die Nachricht ändern. Vielleicht beschäftigst du dich auch schon lange mit dem Gedanken, in ein anderes Land auszuwandern. Da du durch die Nachricht eine Stelle im Ausland angeboten bekommst, ist die Möglichkeit zum Auswandern jetzt für dich gegeben.

Sieh nach, welche Karte in das 21. Haus fällt. Fällt dort eine Herz-, Karo- oder Kreuz-Karte hinein und befindet sich die KREUZ ZEHN in einem Herz-, Karo- oder Kreuz-Haus, so wird die Nachricht für dich sehr wichtig sein, da sie unter Umständen dein Leben von Grund auf ändern wird.

Befindet sich aber im 21. Haus eine PIK-KARTE und fällt die KREUZ ZEHN in ein PIK-HAUS, so könnte sich die Nachricht für dich verzögern. Werde aber nicht ungeduldig. Lege dir eine Woche später wieder die Karten und vergleiche sie mit dem jetzigen Kartenbild. Sicherlich handelt es sich nur um eine vorübergehende Opposition. Vergiß die Atemübungen nicht.

## KARO ZEHN · 17. HAUS

Geld · Finanzen · Börse · Einnahmen · Ausgaben

Im Haus der Reise wird dir mitgeteilt, daß du durch eine Reise zu Geld kommen wirst. Möglicherweise wird man dir auch für eine Reise Geld geben. Auf jeden Fall ist die Reise, die eine Änderung in deinem Leben darstellt, mit Geld verbunden. Solltest du ein Vertreter sein, so wirst du in der nächsten Zeit viel zu tun haben und auch sehr viel Geld einnehmen.

Sieh nach, welche Karte sich im 17. Haus befindet. Befindet sich dort eine rote Karte und fällt die KREUZ ZEHN in ein rotes Haus, so kannst du sicher sein, daß dir die Reise Geld einbringen wird. Vielleicht hast du vor, im Ausland durch Spiel dein Glück zu versuchen. In diesem Fall muß aber in das 31. Haus eine Karo-Karte fallen. Befindet sich im 17. Haus eine Kreuz-Karte und fällt die KREUZ ZEHN in ein Kreuz-Haus, dann könnte es sein, daß du für deine Familie eine Transaktion vornehmen mußt. Denkbar ist auch ein möglicher Verkauf des Firmeneigentums ins Ausland. Gute Geschäfte deuten sich an, wenn im 25. Haus eine positive Karte liegt.

Befindet sich aber im 17. Haus eine PIK-KARTE und fällt die KREUZ ZEHN in ein PIK-HAUS, dann solltest du auf deinen Auslandsgeschäftsreisen sehr vorsichtig sein, besonders dann, wenn du mit dem Auto unterwegs bist. Es besteht eine erhöhte Unfallgefahr! Lasse außerdem nie Wertgegenstände in deinem Wagen und schließe ihn immer gut ab. Auch wenn du mit der Bahn fährst, solltest du vorsichtig sein. Sei deinen Mitreisenden gegenüber nicht zu vertrauensselig. Beachte die Atemübungen!

## KARO NEUN · 5. HAUS
### Überraschung · Überraschungen · Kleine Finanzen

Im Haus der Reise wird dir mitgeteilt, daß du über eine Einladung, die man dir überbringt, sehr überrascht sein wirst. Du wirst deswegen überrascht sein, weil du nie damit gerechnet hast, daß dich gerade diese Person zu einer längeren Reise einladen würde. Möglicherweise wirst du auch von einem Ferngespräch überrascht, in dessen Verlauf man dich zu einem Besuch oder einer Reise einladen wird. Es kann aber auch sein, daß man dich mit einer Änderung bezüglich einer Reise überrascht.

Sieh nach, welche Karte in das 5. Haus fällt. Fällt dort eine Herz-, Karo- oder Kreuz-Karte hinein, so wirst du eine erfreuliche Überraschung hinsichtlich einer Einladung oder irgendeiner Änderung erleben. Sieh auch nach, in welches Haus die KREUZ ZEHN fällt. Fällt sie in ein Herz-, Karo- oder Kreuz-Haus, so kann es für dich von Vorteil sein, daß eventuelle Pläne geändert werden. Es wird dich sehr überraschen, was dabei herauskommt. Mit dieser Überraschung wird sich einiges in deinem Leben ändern. Bereite dich daher darauf vor.

Befindet sich aber im 5. Haus eine PIK-KARTE und fällt die KREUZ ZEHN in ein PIK-HAUS, so kann es sein, daß die Überraschung nicht so gut ausfällt. Es hat den Anschein, als möchte man durch eine Reise dich einer

Chance berauben. Es scheint halt nicht immer die Sonne in unserem Leben. Beachte die Atemübungen!

## KARO ACHT · 27. HAUS

### Erbe · Erbschaften · Hinterlassenschaften · Bekommen

Im Haus der Reise wird dir mitgeteilt, daß man dir in den nächsten Tagen Geld aus dem Ausland überweisen oder übersenden wird. Es kann auch sein, daß du eine Erbschaft gemacht hast. Nun schickt man dir bereits einen Vorschuß. Auf alle Fälle dürfte diese Erbschaft mit einer Reise zusammenhängen. Wenn du im Geschäftsleben tätig bist, dann wird dir Geld von verschiedenen Orten und Firmen überwiesen.

Sieh nach, welche Karte sich im 27. Haus befindet. Befindet sich dort eine rote Karte und fällt die KREUZ ZEHN in ein rotes Haus, dann wird man dir mit Sicherheit Geld überweisen. Für einen Geschäftsmann bedeutet dies, daß er – sollte sich im 25. Haus eine rote Karte befinden – durch eine Überweisung sehr viel Geld erhält. Befindet sich im 27. Haus eine Kreuz-Karte und fällt die KREUZ ZEHN in ein Kreuz-Haus, dann dürftest du – wenn sich darüber hinaus im 15. Haus der KREUZ BUBE befindet – eine Erbschaft antreten. Du mußt hier dann noch das 24. Haus gesondert deuten.

Befindet sich aber im 27. Haus eine PIK-KARTE und fällt die KREUZ ZEHN in ein PIK-HAUS, so kann es sein, daß du dich um dein Erbe streiten mußt. Vielleicht geht auch Geld durch die Überweisung verloren. Verlust ist auch im Geschäftsbereich möglich. Es ist dann gut, sich zu entspannen, bis das Tief vorüber ist. Lege dir eine Woche später erneut die Karten und vergleiche sie mit dem ersten Kartenbild. Vielleicht handelt es sich wirklich nur um ein kurzes Tief. Beachte die Atemübungen!

## KARO SIEBEN · 3. HAUS

### Erfolg · Karriere · Aufstieg · Leistung

Im Haus der Reise wird dir mitgeteilt, daß du durch eine Reise oder durch die Vorbereitung zu einer Reise sehr erfolgreich sein wirst. Es kann aber auch sein, daß du in der Touristikbranche dein Geld verdienst – entweder als Angestellter oder als gelegentlicher Reiseleiter. Vielleicht unternimmst du auch eine Reise, auf der du dich weiterbildest, um erfolgreicher zu werden. Solltest du dich auf eine Reise begeben, so wirst du eventuell jemanden kennenlernen, der sehr erfolgreich ist und der dir durch einige gute Ratschläge weiterhelfen wird. Auch hast du keine Gefahren während deiner Reise zu befürchten.

Sieh nach, welche Karte in das 3. Haus fällt und in welchem Haus sich die KREUZ ZEHN befindet. Fällt in das 3. Haus eine Herz-, Karo- oder Kreuz-Karte und befindet sich die KREUZ ZEHN in einem positiven Haus, dann wird deine Reise sehr erfolgreich werden. Wenn sich darüber hinaus im 25. Haus eine rote Karte befindet, so wird deine Reise hinsichtlich deines Berufes sehr erfolgreich sein.

Befindet sich aber im 3. Haus eine PIK-KARTE und fällt die KREUZ ZEHN in ein PIK-HAUS, so solltest du auf deiner Reise bei Bekanntschaften vorsichtig sein. Du scheinst einigen Angebern zu begegnen. Nicht allen darfst du trauen, die nett zu dir sind. Ein gesundes Mißtrauen kann hier nicht schaden. Versuche auch immer, die Atemübungen einzuhalten. Du lernst durch sie auch, die Menschen besser einzuschätzen. Vertraue deinem Ich, denn es wird dich nie betrügen.

# KREUZ

## KREUZ AS · 20. HAUS

GESCHENK · GESCHENKE (MIT PIK AS: TOD · LAST)

Im Haus der Reise wird dir mitgeteilt, daß du ein Geschenk erhalten wirst, welches dir eine Reise ermöglichen wird. Man schenkt dir vielleicht einen außergewöhnlichen Personenwagen, ein Boot oder ein anderes Fortbewegungsmittel. Es ist aber auch denkbar, daß du dank Protektion deinen Posten ändern wirst. Vielleicht wirst du dann des öfteren reisen müssen. Denkbar ist auch ein Standortwechsel deiner Firma.

Sieh nach, welche Karte in das 20. Haus fällt und in welchem Haus sich die KREUZ ZEHN befindet. Fällt in das 20. Haus eine Herz-, Karo- oder eine Kreuz-Karte und befindet sich die KREUZ ZEHN in einem Herz-, Karo- oder Kreuz-Haus, dann wird das Geschenk für dich eine wahre Freude sein. Für den Beruf mußt du das 25. Haus separat deuten.

Befindet sich aber im 20. Haus eine PIK-KARTE und fällt die KREUZ ZEHN in ein PIK-HAUS, dann könnte es möglich sein, daß dir das versprochene Geschenk später als vorgesehen ausgehändigt wird. Sollte in das 25. Haus eine PIK-KARTE fallen, so kann das für deinen beruflichen Aufstieg eine kurzfristige Verschiebung bedeuten. Beachte die Atemübungen!

## KREUZ KÖNIG · 10. HAUS

FERIEN · URLAUB · VATER · ONKEL · GROSSVATER

Im Haus der Reise wird dir mitgeteilt, daß du – sofern du Fernfahrer bist – in nächster Zeit viel zu tun bekommen wirst. Möglicherweise wirst du auch in deinen nächsten Ferien sehr viel reisen. Es ist auch möglich, daß du ein Transportunternehmen eröffnen oder dich an einem beteiligen wirst. Was du auch in der nächsten Zeit unternimmst: du wirst sehr erfolgreich sein. Alles, was mit Reisen zu tun hat, hat auch zugleich mit Ferien und Urlaub zu tun. Du kannst beides, sowohl Arbeit als auch Urlaub, miteinander verbinden.

Sieh nach, welche Karte sich im 10. Haus befindet und in welches Haus die KREUZ ZEHN fällt. Befindet sich im 10. Haus eine Herz-, Karo- oder

Kreuz-Karte und fällt die KREUZ ZEHN in ein Herz-, Karo- oder Kreuz-Haus, so solltest du auf alle Fälle deine Pläne so ausrichten, daß du auch reisen kannst. Sieh auch noch nach, welche Karte in das 25. Haus fällt, wenn du Rückschlüsse über deinen Beruf ziehen willst. Eine rote Karte in diesem Haus ist sehr positiv zu deuten.

Befindet sich aber im 10. Haus eine PIK-KARTE und fällt die KREUZ ZEHN in ein PIK-HAUS, so solltest du dein Fahrzeug auf eventuelle Defekte genauestens überprüfen lassen. Vielleicht brauchst du neue Reifen. Lasse das Fahrzeug auch deswegen überprüfen, damit du im Ausland keinen Ärger bekommst. Vorsicht vor fremden Leuten, die du in deinem Auto mitnimmst! Nicht jedem kann man trauen. Wenn diese Häuser negativ abgedeckt werden, dann wäre es besser, wenn du kein Risiko eingehst. Beachte die Atemübungen!

## KREUZ DAME · 30. HAUS

UNTERSUCHER · UNTERSUCHUNGEN · MUTTER · TANTE · GROSSMUTTER

Im Haus der Reise wird dir mitgeteilt, daß du vorhast, dich in Kürze zu verändern. Du möchtest die große, weite Welt und auch andere Menschen kennenlernen, da dir dein Heimatort zu eng wird. Nun, wenn du vorhast, dich zu verändern, dann solltest du das bald tun. Die Sterne stehen für dich günstig! Oder anders ausgedrückt: Eine positive Schwingung umgibt dich. Solltest du deinen Plan aber noch nicht durchführen können, so wirst du zuvor in deinen Träumen reisen. Später jedoch werden diese Träume für dich Wirklichkeit. Lasse dich daher von deinen Plänen nicht abbringen.

Sieh nach, welche Karte in das 30. Haus fällt und in welchem Haus sich die KREUZ ZEHN befindet. Befindet sich die KREUZ ZEHN in einem Herz-, Karo- oder Kreuz-Haus und fällt in das 30. Haus eine Herz-, Karo- oder Kreuz-Karte, dann dürften sich deine Pläne schneller erfüllen, als du erwartet hast.

Befindet sich aber im 30. Haus eine PIK-KARTE und fällt die KREUZ ZEHN in ein PIK-HAUS, so solltest du deine Zukunftspläne noch einmal überprüfen. Vielleicht mußt du einige Änderungen an ihnen vornehmen. Versuche dich auf deine innere Stimme zu konzentrieren, mache die Atemübungen, denn neue Gedanken, Ideen und Anregungen werden in dein Bewußtsein kommen und dir helfen, das Geplante auch durchzuführen.

## KREUZ BUBE · 15. HAUS
### Familie · Sohn · Neffe (mit Dame: Tochter · Nichte)

Im Haus der Reise wird dir mitgeteilt, daß du über eine Reise, die du durchführen möchtest, mit deinen Eltern oder Verwandten in Kürze sprechen wirst. Vielleicht möchtest du nicht alleine fahren und suchst deshalb eine Begleitperson. Es kann aber auch sein, daß du Besuch von deinen Eltern oder von Verwandten bekommst.

Sieh nach, welche Karte sich im 15. Haus befindet. Befindet sich dort eine Kreuz-Karte und fällt die KREUZ ZEHN in ein Kreuz-Haus, dann dürftest du Besuch von deinen Verwandten bekommen. Befindet sich im 15. Haus eine rote Karte und fällt die KREUZ ZEHN in ein rotes Haus, so wirst du bald zu deinen Verwandten reisen. Möglicherweise wirst du entweder von einem Bruder oder einer Schwester oder von einer Tante oder einem Onkel begleitet.

Befindet sich aber im 15. Haus eine PIK-KARTE und fällt die KREUZ ZEHN in ein PIK-HAUS, so mußt du die vereinbarte Reise möglicherweise verschieben. Denkbar ist auch, daß dein Besuch den vereinbarten Besuchstermin nicht einhalten kann. Möglicherweise wird jemand kurzfristig krank – daher die Verschiebung. Sieh auch noch nach, welche Karte in das 16. Haus fällt. Rote Karten sind positiv, schwarze negativ zu deuten.

## KREUZ ZEHN · 8. HAUS
### Reise · Strasse · Wasser · Meer

Im Haus der Reise wird dir mitgeteilt, daß du in deinem Leben einmal eine sehr große Chance erhalten und deinen Heimatort für immer verlassen wirst. Dein neuer Aufenthaltsort wird von deinem Geburtsort sehr weit entfernt sein. Es kann aber auch sein, daß du eine lange Seereise, eine ausgedehnte Reise mit dem Personenwagen oder eine Bahn- oder Flugreise unternehmen wirst, die einige Monate dauern wird.

Wenn, wie in diesem Fall, die KREUZ ZEHN in ihr eigenes Haus fällt, so ist das immer ein sicheres Zeichen für eine ausgedehnte Reise. Vergiß nicht, auf deinen Reisen die Atemübungen zu machen. Auch solltest du das vorliegende Buch immer mitnehmen. Es wird dir in allen Lebensbereichen ein guter Ratgeber und in einsamen Stunden und ausweglos scheinenden Situationen eine verläßliche Hilfe sein.

Das wichtigste ist jedoch, daß du deine seelisch-geistigen Fähigkeiten und Kräfte zur Entfaltung bringst.

## KREUZ NEUN · 31. HAUS

### Glück · Kleine Reise · Risiko

Im Haus der Reise wird dir Folgendes mitgeteilt: Solltest du für die nächste Zeit eine Reise geplant haben, so wird sie für dich sehr nützlich sein. Diese Reise wird unter einem glücklichen Stern stehen und dir große Vorteile bringen. Möglicherweise hast du das Glück, daß du den richtigen Menschen begegnest. Sie werden dich positiv beeinflussen. Auf jeden Fall wirst du in der nächsten Zeit außerordentlich viel Glück haben.

Sieh nach, welche Karte sich im 31. Haus befindet. Befindet sich dort eine Kreuz-Karte und fällt die KREUZ ZEHN in ein Kreuz-Haus, möglicherweise sogar in das 31. Haus, dann kannst du dich jetzt schon auf eine sehr große Seereise freuen. Befindet sich die KREUZ ZEHN in einem anderen Kreuz-Haus oder einem roten Haus, so wirst du eine kleinere, aber trotzdem schöne Reise machen. Befindet sich die KREUZ ZEHN in einem roten Haus und fällt in das 31. Haus eine rote Karte, so bedeutet das, wenn dies Herz-Karten sind, daß du auf deiner Reise Glück in der Liebe haben wirst. Dazu ist noch das 4. Haus zu deuten.

Befindet sich eine Karo-Karte in einem der Häuser, so bedeutet das, daß du Glück in Geldangelegenheiten und im Spiel haben wirst. Hier solltest du den Einsatz jedoch so bemessen, daß ein eventueller Verlust deine allgemeine finanzielle Substanz nicht beeinträchtigen kann. Wenn du das Gefühl hast, du könntest in nächster Zeit beim Spiel verlieren, so mache die Atemübungen! Denke bei einem Gewinn immer auch an deine Mitmenschen.

Befindet sich aber im 31. Haus eine PIK-KARTE und fällt die KREUZ ZEHN in ein PIK-HAUS, so solltest du mit deinem Glück etwas vorsichtiger umgehen. Du bist auf dem besten Wege, dich in ein Unglück zu stürzen. Glaube nicht, du hättest das Glück gepachtet. Sei in der nächsten Zeit vorsichtig. Vergiß auch nie, deine Atemübungen täglich zu machen. Gerade durch sie wirst du ein glücklicher und froher Mensch.

## KREUZ ACHT · 26. HAUS
### Neue Unternehmungen · Mut · Heldentat

Im Haus der Reise wird dir mitgeteilt, daß sich in deinem Leben durch die Erledigung einer Angelegenheit oder durch eine Unternehmung einiges ändern wird. Diese Erledigung kann von dir ausgehen oder aber auch von einer anderen Person, die sich für dich einsetzt. Sie wird so überzeugt von deinen Fähigkeiten reden, daß man ihren Ausführungen Glauben schenkt. Wenn du im Geschäftsleben tätig bist, so wird die nächste Zeit für dich sehr einträglich sein.

Sieh nach, welche Karte sich im 26. Haus befindet. Befindet sich dort eine Herz-, Karo- oder Kreuz-Karte und fällt die KREUZ ZEHN in ein Herz-, Karo- oder Kreuz-Haus, so ist das sehr positiv zu deuten. Denn durch deine Ausführungen oder die eines anderen wird man dich unter mehreren Bewerbern auswählen. Bald wirst du in ferne Länder reisen.

Befindet sich aber im 26. Haus eine PIK-KARTE und fällt die KREUZ ZEHN in ein PIK-HAUS, so solltest du bei geplanten Unternehmungen während deiner Reise vorsichtig sein. Stürze dich auf keinen Fall in ein Abenteuer und werde nicht oberflächlich. Denn sehr leicht kann sich bei der Planung ein Fehler eingeschlichen haben. Denke auch immer an die Atemübungen. Sie sind es, die dich nicht im Stich lassen werden.

## KREUZ-SIEBEN · 14. HAUS
### Nachrichten · Botschaft · Tränen · Leid

Im Haus der Reise wird dir mitgeteilt, daß du sehr bald eine Nachricht erhalten wirst. Man wird anfragen, ob du Interesse hast, an einer Expedition teilzunehmen. Es ist auch möglich, daß man dich über die Rückkehr eines Bekannten informiert, der von einer Forschungsreise wieder nach Hause kommt. Eventuell lernst du auch Leute kennen, die auf dem Gebiet der Archäologie arbeiten. Vielleicht fragt man dich während eines Ferngespräches, ob du nicht Lust hast, jemanden, der in der Ferne lebt, zu besuchen.

Sieh nach, welche Karte sich im 14. Haus befindet. Befindet sich dort eine Herz-, Karo- oder Kreuz-Karte und fällt die KREUZ ZEHN in ein Herz-, Karo- oder Kreuz-Haus, dann solltest du ruhig verreisen. Möglicherweise erfährst du auch von deinem Besuch, der dir seine Reiseerlebnisse erzählt, sehr viele interessante Neuigkeiten, die sich ohne weiteres zur Veröffentlichung eignen. Sichere dir aber auf jeden Fall dein Urheberrecht, wenn ein von dir verfaßter Reisebericht publiziert wird.

Befindet sich aber im 14. Haus eine PIK-KARTE und fällt die KREUZ ZEHN in ein PIK-HAUS, dann solltest du auf deinen Reisen äußerst vorsichtig sein. Wenn du zum Beispiel für eine Zeitschrift oder für eine Zeitung arbeiten solltest, so droht dir ein möglicher Verlust deines Informationsmaterials. Es kann aber auch sein, daß du deine Dokumente auf der Reise verlierst, eventuell durch Diebstahl. Sei also auf der Hut und versuche dich immer auf das Wesentliche zu konzentrieren. Solltest du unter Konzentrationsschwäche leiden, dann vergiß nicht, regelmäßig deine Atemübungen zu machen.

# PIK

## PIK AS · 24. HAUS

TOD · UNFALL · SCHICKSALSSCHLÄGE · QUAL · NOT

Im Haus der Reise wird dir mitgeteilt, daß du eine Reise machen wirst, um bei einem Begräbnis teilzunehmen. Möglicherweise hörst du auch von einem Todesfall, der in einiger Entfernung stattgefunden hat. Vielleicht wirst du auch in einen Unfall verwickelt, bei dem es Tote geben wird. Hier könnte es sich um eine Massenkarambolage handeln. Eventuell wirst du des öfteren einen Friedhof aufsuchen, da ein dir nahestehender Bekannter verstorben ist, in dessen Nähe du sein willst.

Sieh nach, welche Karte sich im 24. Haus befindet. Befindet sich dort eine rote Karte und fällt die KREUZ ZEHN in ein rotes Haus, so dürfte es sich nicht um einen Unfall handeln. Du wirst sehr wahrscheinlich des öfteren einen bestimmten Friedhof aufsuchen, um dort ein Grab zu pflegen. Befindet sich im 24. Haus eine Kreuz-Karte und fällt die KREUZ ZEHN in ein Kreuz-Haus, möglicherweise in das 15. Haus, so könnte es sein, daß jemand in deiner Familie einem Unfall zum Opfer fällt.

Befindet sich aber im 24. Haus eine PIK-KARTE und fällt die KREUZ ZEHN in ein PIK-HAUS, so solltest du eine eventuell geplante Reise unbedingt verschieben, denn du befindest dich in Lebensgefahr! Handle nicht gegen deine innere Stimme, sie warnt dich immer, wenn dir Gefahr droht. Lasse dich auch nicht von anderen beeinflussen.

## PIK KÖNIG · 28. HAUS

RUFER · BEHÖRDE · SCHULE · SPITAL · INSTITUTION

Im Haus der Reise wird dir mitgeteilt, daß dich jemand in den nächsten Tagen oder Wochen anrufen wird, um dir den Tod eines Bekannten mitzuteilen. Der Anruf kann jedoch auch von der Polizei kommen, da der Bekannte tödlich verunglückt ist. Eventuell mußt du ihn identifizieren. Denkbar ist aber auch, daß du ein Strafmandat bekommst, weil du zu schnell gefahren bist. Vielleicht erhältst du auch einen ungebetenen Besuch am Abend.

Sieh nach, welche Karte sich im 28. Haus befindet. Befindet sich dort eine Herz-, Karo- oder Kreuz-Karte und fällt die KREUZ ZEHN in ein

Herz-, Karo- oder Kreuz-Haus, dann wird die Nachricht, die man dir übermittelt, nicht so schlimm ausfallen, wie du im ersten Moment glaubst.

Befindet sich aber im 28. Haus eine PIK-KARTE und fällt die KREUZ ZEHN in ein PIK-HAUS, dann wird es für dich eine böse Nachricht geben. Sieh aber noch nach, welche Karten in das 14. und in das 15. Haus fallen. Rote Karten schwächen die Situation ab, schwarze verstärken die Situation zum Negativen hin. Sei auf alle Fälle auf eine böse Nachricht vorbereitet. Mache immer deine Atemübungen, denn dann wird man auch den Tod als etwas Natürliches im Leben begreifen. Wir befinden uns auf diesem Planeten nur in einer Übergangsphase.

## PIK DAME · 29. HAUS
### Dankbarkeit · Dunkle Dame · Undank · Neid

Im Haus der Reise wird dir mitgeteilt, daß jemand sich dir gegenüber sehr undankbar verhalten wird, obwohl du diesem Menschen einmal auf einer Reise eine Gefälligkeit erwiesen hast. Möglicherweise nimmst du auch eine Person auf einer Reise mit – und diese »dankt« dir, indem sie dich bestiehlt oder sogar überfällt. Es kann auch sein, daß du mit Freunden eine Reise unternimmst, die nicht gut endet. Möglicherweise wird sich auch jemand sehr dankbar zeigen, weil du vorher zu ihm sehr großzügig warst.

Sieh nach, welche Karte sich im 29. Haus befindet. Befindet sich dort eine rote Karte und fällt die KREUZ ZEHN in ein rotes Haus, dann wirst du dich dankbar zeigen für eine Gefälligkeit, die man dir auf einer Reise erwiesen hat. Befindet sich eine Kreuz-Karte im 29. Haus und fällt die KREUZ ZEHN in ein Kreuz-Haus, dann ist es möglich, daß du nach einer Reise mit Verwandten Streit haben wirst.

Befindet sich aber im 29. Haus eine PIK-KARTE und fällt die KREUZ ZEHN in ein PIK-HAUS, so solltest du auf deinen Reisen vorsichtig sein. Nimm daher die Personen in Augenschein, die dich begleiten. Auch solltest du dich vor Anhaltern in acht nehmen. Das heißt nicht, daß alle Anhalter Schlechtes im Schilde führen! Aber zur Zeit arbeitet eine negative Welle gegen dich. Diese negative Schwingung könnte zu einem Unglück führen. Sage zur Zeit lieber einmal mehr nein als ja. Mache auch immer die Atemübungen!

## PIK BUBE · 1. HAUS

GEGENWART · WAHRHEIT · DUNKLER MANN · UNIFORMIERTER

Im Haus der Reise wird dir mitgeteilt, daß du auf einer deiner Reisen einer sehr unangenehmen Person begegnen wirst. Um sie solltest du besser einen großen Bogen machen. Sei in den nächsten Tagen vorsichtig bei den Menschen, die du auf der Straße triffst. Wenn du aber eine künstlerisch tätige Person bist, zum Beispiel ein Regisseur, so wirst du in Kürze zu einer Premiere fliegen.

Sieh nach, welche Karte sich im 1. Haus befindet. Befindet sich dort eine rote Karte und fällt die KREUZ ZEHN in ein rotes Haus, dann stehen die Zeichen für dich eigentlich ganz gut. Du solltest aber trotzdem in der nächsten Zeit vorsichtig mit deinen neuen Bekannten sein. Befindet sich im 1. Haus eine Kreuz-Karte und fällt die KREUZ ZEHN in ein Kreuz-Haus, so könnte es sein, daß du entweder auf einer Reise einen Bekannten triffst oder aber eine Auseinandersetzung mit der Verwandtschaft haben wirst. Hier ist das 15. Haus zu deuten.

Befindet sich aber im 1. Haus eine PIK-KARTE und fällt die KREUZ ZEHN in ein PIK-HAUS, dann solltest du eine Reise, die du vielleicht schon morgen antreten willst, um ein paar Tage verschieben. Nichts läuft dir davon! Du würdest nur Schwierigkeiten haben. In jedem Fall kannst du ihnen aber ausweichen, wenn du auf deine innere Stimme hörst. Halte vor allen Dingen die Atemübungen regelmäßig ein!

## PIK ZEHN · 32. HAUS

SONNE · ENTFERNUNGEN · ANDERE LÄNDER · NACHT

Im Haus der Reise wird dir mitgeteilt, daß du eine Reise in den Süden machen wirst, um eine Information einzuholen. Es kann auch sein, daß du eine kurze Reise am Abend unternimmst. Möglicherweise wird es auch eine Veränderung im positiven Sinne für dich geben.

Sieh nach, welche Karte sich im 32. Haus befindet. Befindet sich dort eine rote Karte und fällt die KREUZ ZEHN in ein rotes Haus, dann wird es für dich eine sehr angenehme Änderung in deinem Leben geben. Diese Änderung hängt mit einer Reise zusammen. Befindet sich eine Kreuz-Karte im 32. Haus, so wirst du auf deiner Reise entweder etwas erforschen wollen oder aber etwas erfahren, das du schon lange wissen wolltest. Es kann sich hier um eine Familienangelegenheit handeln. Dann mußt du aber auch das 15. Haus deuten.

Befindet sich aber im 32. Haus eine PIK-KARTE und fällt die KREUZ ZEHN in ein PIK-HAUS, dann solltest du vorsichtig sein, wenn du am Abend eine Reise oder eine kleine Tour unternehmen willst. Führe deine Reisen lieber am Tage durch, wenn die Sonne scheint. Es ist auch möglich, daß du wegen Übermüdung einen Unfall erleiden wirst. Ruhe dich aus und mache regelmäßig die Atemübungen!

## PIK NEUN · 23. HAUS
### Depression · Unannehmlichkeiten · Kälte

Im Haus der Reise wird dir mitgeteilt, daß du dich sehr deprimiert fühlen wirst, wenn eine geplante Reise nicht stattfindet. Es kann auch sein, daß du einen großen Verlust durch eine Reise oder durch einen Unfall erleiden wirst und sich dadurch dein Leben grundsätzlich ändert. Vielleicht findet auch der Verkauf von einem großen Grundstück oder einem Gebrauchsgegenstand statt. Der Gegenstand könnte beim Transport beschädigt werden.

Sieh nach, welche Karte sich im 23. Haus befindet. Befindet sich dort eine Herz-, Karo- oder Kreuz-Karte, dann wird es für dich nicht so schlimm sein. Wenn darüber hinaus die KREUZ ZEHN in ein Herz-, Karo- oder Kreuz-Haus fällt, so machst du dir nur unnötige Sorgen.

Befindet sich aber im 23. Haus eine PIK-KARTE und fällt die KREUZ ZEHN in ein PIK-HAUS, so scheint es schlimm um dich zu stehen. Du bist zu depressiv. Es wird Zeit, daß du dich besser in der Hand hast. Mache immer regelmäßig die Atemübungen, dann wirst du dem Leben wieder voll ins Auge sehen können. Lasse dich auch nicht von anderen bemitleiden. Dies führt dich nicht zum Ziel. Sage dir folgenden Text ein paarmal vor, und zwar etwa fünf Minuten, bevor du im Kartenbild weitersiehst: »Ich bin ein glücklicher, positiver, gesunder und ruhiger Mensch.«

## PIK ACHT · 22. HAUS
### Ärger · Ärgernisse · Streit · Verleumdungen

Im Haus der Reise wird dir mitgeteilt, daß eine Reise dir viel Ärger einbringt. Möglicherweise wirst du mit einem Reisebüro Ärger bekommen, weil das im Prospekt angegebene Hotel nicht das hält, was es verspricht. Plane für die nächsten vierzehn Tage keine Reise. Du ersparst dir damit unnötigen Ärger.

Lege dir eine Woche später wieder die Karten und vergleiche dann das neue Kartenbild mit dem jetzigen. Sicherlich handelt es sich nur um ein vorübergehendes Tief, wenn im 22. Haus eine Herz-, Karo- oder Kreuz-Karte liegt und wenn die KREUZ ZEHN in ein Herz-, Karo- oder Kreuz-Haus fällt.

Befindet sich aber im 22. Haus eine PIK-KARTE und fällt die KREUZ ZEHN in ein PIK-HAUS, so solltest du in den nächsten Tagen keine Reise unternehmen. Wenn sie schon geplant ist, so versuche sie aufzuschieben. Ärger und viele Hindernisse würden auf deinem Weg liegen. Versuche deine Atemübungen immer einzuhalten. Sie bewahren dich vor Unglück.

## PIK SIEBEN · 16. HAUS
GESUNDHEIT · KRANKHEIT · KUR · OPERATION

Im Haus der Reise wird dir mitgeteilt, daß du verreisen wirst, um einen kranken Freund zu besuchen. Es kann aber auch sein, daß du eine Reise für dich und deine Gesundheit unternimmst. Möglicherweise machst du eine Kur. Spanne aber auch nach der Kur einige Tage aus und beginne nicht gleich wieder mit deiner Arbeit. Es kann auch sein, daß du Familienzuwachs bekommen wirst. Vielleicht bist du aber auch zur Zeit um deine momentane Lage besorgt.

Befinden sich im 16. und 15. Haus Herz-Karten und fällt die KREUZ ZEHN in ein Herz-Haus, so wird es bald Familienzuwachs geben. Entweder wird – möglicherweise auf einer Reise – ein neuer Erdenbürger geboren, oder ein liebes Haustier wird in die Familie aufgenommen. Befindet sich im 16. Haus eine Karo-Karte und fällt die KREUZ ZEHN in ein Karo-Haus, dann dürftest du bald eine Kur antreten. Diese Kur wird dein Befinden auf jeden Fall verbessern. Befindet sich eine Kreuz-Karte im 16. Haus und fällt die KREUZ ZEHN in ein Kreuz-Haus, so wird dich ein Verwandter besuchen. Denkbar ist auch, daß einer deiner Verwandten erkrankt. Du mußt ihn dann pflegen. Tue es von ganzem Herzen, denn er wird dadurch schneller wieder gesund. Mache mit ihm gemeinsam die Atemübungen! Er wird sich dafür einmal sehr erkenntlich zeigen.

Befindet sich aber im 16. Haus eine PIK-KARTE und fällt die KREUZ ZEHN in ein PIK-HAUS, so wirst du wahrscheinlich einen kranken Freund besuchen. Sieh aber auch nach, welche Karten in das 13. und in das 19. Haus fallen. Rote Karten sind positiv zu deuten: Der Kranke wird durch dein Erscheinen bald wieder gesund. Schwarze Karten bedeuten: Es steht sehr schlimm um deinen Freund. Gib aber trotzdem die Hoffnung nicht auf und versuche, mit ihm gemeinsam die Atemübungen zu machen. Sie werden ihm und dir helfen. Danke Gott dafür, daß er dir die Kraft gibt, anderen zu helfen. Zünde auch, wenn du kannst, immer eine Kerze an und versuche Gott so nahe wie möglich zu sein.

Das 9. Haus

# KARO KÖNIG

Das Haus der legalen Papiere,
des Arztes, des Anwalts und des Notars

# HERZ

## HERZ AS · 7. HAUS

WOHNUNG · BESITZ · HAUS · EIGENTUM

Im Haus der legalen Papiere wird dir mitgeteilt, daß du einen Vertrag für eine neue Wohnung oder einen Pachtvertrag für ein Grundstück unterzeichnen wirst. Vielleicht handelt es sich aber auch nur um die Miete für ein Haus oder um eine Abzahlungsrate. Möglicherweise hast du auch vor, dir ein Haus zu kaufen.

Sieh nach, welche Karte sich im 7. Haus befindet. Befindet sich dort eine Herz-, Karo- oder Kreuz-Karte und fällt der KARO KÖNIG in ein Herz-, Karo- oder Kreuz-Haus, so kann es sein, daß du dir ein Haus kaufen wirst, speziell dann, wenn in den Häusern 7 und 17 Karo-Karten liegen.

Befindet sich aber im 7. Haus eine PIK-KARTE und fällt der KARO KÖNIG in ein PIK-HAUS, so solltest du vorsichtig sein mit dem, was du in der nächsten Zeit unterschreibst. Es ist möglich, daß du durch einen Vertrag einen Verlust erleiden kannst. Sieh auch noch nach, welche Karten in das 17. und in das 28. Haus fallen. Befinden sich dort rote Karten, so wird das Negative geschwächt. Schwarze Karten in diesen Häusern warnen dich verstärkt vor einer leichtfertigen Unterschrift. Sei sehr vorsichtig und lasse Verträge vor einer Unterschrift von einem Fachmann überprüfen! Versuche auch immer, die Atemübungen regelmäßig einzuhalten.

## HERZ KÖNIG · 13. HAUS

UNTERHALTUNG · MÄNNLICHER FREUND · BLOND · SPONSOR

Im Haus der legalen Papiere wird dir mitgeteilt, daß du in der nächsten Zeit entweder Versicherungspapiere, Aktien, Staatsanleihen oder auch Pfandbriefe erhalten wirst. Möglicherweise übergibt man sie dir treuhänderisch. Du wirst das in dich gesetzte Vertrauen rechtfertigen, indem du entweder sehr rasch Gewinne buchen kannst oder aber in kürzester Zeit einen guten Verkaufspreis erzielst.

Sieh nach, welche Karten sich im 13. und im 17. Haus befinden. Befinden sich dort Karo-Karten und fällt der KARO KÖNIG in ein rotes

Haus, so wirst du bei deinen Finanzgeschäften in nächster Zeit sehr erfolgreich sein. Viele neue Verträge werden bald unterzeichnet.

Befinden sich aber im 13. und im 17. Haus schwarze Karten, speziell PIK-KARTEN, und fällt der KARO KÖNIG in ein PIK-HAUS, dann mußt du bei Papieren, die den Anschein haben, als wären sie in Ordnung, sehr vorsichtig sein. Überprüfe genau die Unterlagen, die man dir übergibt, denn es ist möglich, daß diese gestohlen sind. Du könntest Schwierigkeiten bekommen. Lasse dich nicht von möglichen Gewinnen blenden. Das »große Geld« hat schon so manche ins Verderben geritten. Versuche mit dem zufrieden zu sein, was für dich bestimmt ist. Habgier und Geiz machen keinen Menschen glücklich. Solltest du labil sein, so versuche es mit den Atemübungen! Sie werden dir helfen, den Verlockungen zu widerstehen. Versuche es – es macht sich bezahlt.

## HERZ DAME · 19. HAUS

FREUNDE · WEIBLICHER FREUND · BLOND · SPONSOR

Im Haus der legalen Papiere wird dir mitgeteilt, daß du in Kürze einen Freund gewinnen wirst, weil du ein bestimmtes Schriftstück unterzeichnet hast. Entweder vertraut er dir sein Testament an oder setzt dich als Erben ein. Solltest du noch Student sein, so wirst du von einer Dame unterstützt werden, die äußerst nett ist und über sehr viel Einfluß verfügt.

Sieh nach, welche Karten sich im 19. und im 27. Haus befinden. Befinden sich dort rote Karten und fällt der KARO KÖNIG in ein rotes Haus, so wird dich eine Dame finanziell und auch anderweitig unterstützen. Befinden sich Kreuz-Karten im 19. und im 27. Haus und fällt der KARO KÖNIG in ein Kreuz-Haus, so wirst du von deiner Tante, eventuell von deiner Schwester, auf jeden Fall aber von einem Mitglied deiner Familie unterstützt werden.

Befinden sich aber im 19. und im 27. Haus PIK-KARTEN und fällt der KARO KÖNIG in ein PIK-HAUS, so solltest du auf Versprechungen, die man dir macht, keinen Wert legen. Das muß nicht unbedingt heißen, daß man ein Versprechen nicht einhalten will. Möglicherweise ist das Versprochene überhaupt nicht realisierbar. Nicht immer ist das Leben so, wie man es sich vorstellt. Versuche aus eigener Kraft dein Lebenswerk zu schaffen, ohne dich von anderen abhängig zu machen. Du würdest noch des öfteren enttäuscht werden. Denke vor allen Dingen immer an die

Atemübungen. Sie werden dir helfen, von Versprechungen nicht abhängig zu werden.

## HERZ BUBE · 6. HAUS

Popularität · Kunst · Jüngerer männlicher Freund · Künstler

Im Haus der legalen Papiere wird dir mitgeteilt, daß du – sofern du Künstler bist – bei einem Wettbewerb einen guten Gewinn erzielen wirst. Möglicherweise erhältst du sogar den ersten Preis! Man wird dann mit dir einen Vertrag unterzeichnen, der dir den Weg für die Zukunft ebnen wird. Es kann auch sein, daß du ein wichtiges Dokument für einen Freund unterzeichnen mußt. Solltest du in der Filmbranche tätig sein, so wirst du in Kürze einen sehr guten Vertrag unterzeichnen.

Sieh nach, welche Karte sich im 6. Haus befindet. Befindet sich dort eine rote Karte und fällt der KARO KÖNIG in ein rotes Haus, dann ist das ein sehr gutes Zeichen für deine Zukunft und auch für eine Vertragsunterzeichnung. Greife also zu, wenn man dir ein Angebot macht. Dir wird nicht an jedem Tag in deinem Leben eine so gute Chance geboten. Nun kannst du zeigen, was in dir steckt.

Befindet sich aber im 6. Haus eine schwarze Karte, speziell eine PIKKARTE, und fällt der KARO KÖNIG in ein PIK-HAUS, so solltest du sehr vorsichtig sein. Man wird dir »Honig um den Mund« schmieren wollen, und zwar in bezug auf ein Projekt, bei dem du dich beteiligen sollst. Dieses Projekt wird aber keinen Erfolg bringen! Vergleiche auch noch das 3. und das 17. Haus. Solltest du dort PIK-KARTEN vorfinden, so beachte genau die Deutungen. Möglicherweise wirst du durch einen Vertrag dein ganzes Vermögen verlieren! Ein altes Sprichwort lautet: »Es ist nicht alles Gold, was glänzt.« Versuche dich durch die Atemübungen auf deine innere Stimme zu konzentrieren. Wenn du lernst, auf deine innere Stimme zu hören, dann wirst du auf Schmeichler und Heuchler nicht hereinfallen.

## HERZ ZEHN · 11. HAUS

Heirat · Verbindungen · Vereine · Bruderschaften

Im Haus der legalen Papiere wird dir mitgeteilt, daß du in Kürze deine Heiratsurkunde unterzeichnen wirst. Möglicherweise trittst du auch als

Trauzeuge auf. In diesem Falle mußt du ja ebenfalls die Heiratsurkunde unterschreiben. Vielleicht wirst du auch einen Vertrag mit einem Freund unterzeichnen: Ihr werdet Partner in einer gemeinsamen Firma. Es kann aber auch sein, daß du versuchen wirst, verschiedene Firmen zu einer Firma zu verschmelzen.

Sieh nach, welche Karten sich im 11., 25. und im 3. Haus befinden. Befinden sich dort rote Karten und fällt der KARO KÖNIG in ein rotes Haus oder in ein Kreuz-Haus, so ist eine Bindung in allen Bereichen erfolgversprechend. Aber es ist immer wichtig, alles schwarz auf weiß zu haben. Auch bei guten Freunden müssen klare Verhältnisse herrschen. Ebenso sollte man in einer Ehegemeinschaft frühzeitig die Vermögensverhältnisse durch einen Notar klären lassen. Hierdurch kann man sich Ärger und Leid ersparen. Auf jeden Fall ist man dann vor unliebsamen Überraschungen geschützt.

Befindet sich aber im 11., 25. und im 3. Haus eine PIK-KARTE und fällt der KARO KÖNIG in ein PIK-HAUS, dann solltest du die angestrebte Partnerschaft noch einmal überdenken. Wird sie auch in der Zukunft Bestand haben? Versuche nichts zu übertreiben! Werden die Häuser 25 und 3 mit anderen Karten abgedeckt, so schwächt sich die Gefahr bezüglich einer Partnerschaft ab. Achte also genau darauf, was dir angedeutet wird. Hieraus kannst du Rückschlüsse auf die Schwachstellen in der Partnerschaft ziehen. Vergiß nicht, die Atemübungen zu machen.

## HERZ NEUN · 2. HAUS
### WUNSCH · WÜNSCHE · SEHNSUCHT · HOFFNUNG

Im Haus der legalen Papiere wird dir Folgendes mitgeteilt: Wenn dein Wunsch mit einem Schriftstück zusammenhängt, möglicherweise mit einem Vertrag oder einem wichtigen Dokument, dann stehen die Zeichen für dich so gut, daß dein Wunsch in Erfüllung geht. Vielleicht hoffst du auch auf einen wichtigen Brief. Er wird kommen und deinen Wunsch erfüllen. Deine Sehnsucht wird durch ein wichtiges Schreiben gestillt werden.

Sieh nach, welche Karten sich im 2. und im 21. Haus befinden. Befinden sich dort Herz-, Karo- oder Kreuz-Karten und fällt der KARO KÖNIG in ein Herz-, Karo- oder Kreuz-Haus, dann wird dein Wunsch, bedingt durch eine schriftliche Mitteilung, erfüllt. Es ist endlich soweit – du kannst aufatmen!

Befindet sich aber eine PIK-KARTE im 2. und im 21. Haus und fällt der KARO KÖNIG in ein PIK-HAUS, dann solltest du nicht traurig darüber sein, daß dein Wunsch noch nicht in Erfüllung geht. Vielleicht handelt es sich nur um eine Verzögerung. Manchmal ist es im Leben besser, wenn sich gewisse Dinge, die man sich gewünscht hat, nicht erfüllen. Versuche dich zu entspannen und die Atemübungen zu perfektionieren. Durch diese Übungen werden dir viele Dinge im Leben, die du heute als wichtig ansiehst, vielleicht gar nicht mehr so wichtig erscheinen. Du wirst erkennen, daß das Leben auch andere schöne Dinge für dich bereithält.

## HERZ ACHT · 4. HAUS
Liebe · Mondschein · Romanze · Herz

Im Haus der legalen Papiere wird dir mitgeteilt, daß dich jemand sehr liebt und dir in seinem letzten Willen sein Vermögen vermacht. Du hast diesem Menschen viel Liebe und Wärme angedeihen lassen, und er wird sich dafür sehr großzügig und erkenntlich zeigen. Möglicherweise wirst du ein außerordentlich positives Erlebnis haben, denn es ist durchaus denkbar, daß diese Person nicht stirbt. Sie kann dir also das Geschenk noch zu ihren Lebzeiten überreichen. Nur aus Sicherheitsgründen hat sie das Geschenk testamentarisch absichern lassen.

Sieh nach, welche Karten sich im 4. und im 27. Haus befinden. Befinden sich dort rote Karten und fällt der KARO KÖNIG in ein rotes Haus, dann kannst du sicher sein, daß du eines Tages etwas sehr Schönes erhalten wirst, das dir auch in deinem Leben weiterhelfen wird. Befindet sich eine Kreuz-Karte im 4. Haus und fällt der KARO KÖNIG in ein Kreuz-Haus, so kann das Geschenk aus deiner Verwandtschaft oder deiner Familie kommen.

Befindet sich aber eine PIK-KARTE im 4. und im 27. Haus und fällt der KARO KÖNIG in ein PIK-HAUS, so wirst du dich um dein Erbe oder das dir Hinterlassene einmal streiten müssen. Es kann auch sein, daß ein anderer dich um etwas, das dir zusteht, betrügt. Ärgere dich nicht darüber, denn es wird demjenigen, der es sich erschlichen hat, kein Glück bringen. Versuche immer deine Atemübungen regelmäßig zu machen.

## HERZ SIEBEN · 12. HAUS

FRÖHLICHKEIT · GUTE LAUNE · HERZLICHKEIT · FROHSINN

Im Haus der legalen Papiere wird dir mitgeteilt, daß du ein sehr wertvolles Schriftstück oder Dokument erhalten wirst. Du kannst durch dieses Dokument zu einem beachtlichen Gewinn kommen, den du für andere Zwecke benötigst. Es kann aber auch sein, daß du ein Diplom oder eine Gratulationsurkunde bekommst, was dir sehr viel Freude bereiten wird. Möglicherweise handelt es sich um eine Heiratsurkunde – ein wichtiges Schriftstück ist es auf jeden Fall.

Sieh nach, welche Karten sich im 12. und im 28. Haus befinden. Befinden sich dort Herz-, Karo- oder Kreuz-Karten und fällt der KARO KÖNIG in ein Herz-, Karo- oder Kreuz-Haus, dann wird das Schriftstück für dich sehr wichtig sein und dir auch sehr viel Freude bereiten.

Befindet sich aber im 12. und im 28. Haus eine PIK-KARTE und fällt der KARO KÖNIG in ein PIK-HAUS, dann solltest du mit deinen Schriftstücken etwas vorsichtiger umgehen. Bewahre sie vor allem immer sorgfältig auf. Es kann sein, daß du nämlich eines Tages ein wichtiges Dokument brauchst. Versuche daher Ordnung zu schaffen. Mache auch immer regelmäßig die Atemübungen. Sie werden dir helfen, sowohl äußere als auch innere Ordnung zu schaffen.

# KARO

## KARO AS · 25. HAUS
Beruf · Firma · Unternehmen · Projekte

Im Haus der legalen Papiere wird dir mitgeteilt, daß du nur dann sehr erfolgreich sein kannst, wenn du alles, was du unternimmst und auch unterschreibst, immer genau überlegst, um damit Fehler zu vermeiden. Möglicherweise wirst du ein sehr wichtiges Dokument unterzeichnen, welches dir für deine berufliche und wirtschaftliche Zukunft enorme Vorteile bringt.

Sieh nach, welche Karten sich im 25. und im 17. Haus befinden. Befinden sich dort Herz-, Karo- oder Kreuz-Karten und fällt der KARO KÖNIG in ein Herz-, Karo- oder Kreuz-Haus, dann wirst du mit deiner Unterschrift einen sehr großen persönlichen Erfolg einleiten. Ziehe auch noch das 3. Haus hinzu und beachte die Deutung dieser Karte.

Befindet sich aber im 25. Haus eine PIK-KARTE und fällt der KARO KÖNIG in ein PIK-HAUS, dann solltest du mit deiner Unterschrift vorsichtig sein. Du wirst vielleicht mit einem Dokument oder Schriftstück hereingelegt. Werde in wichtigen Angelegenheiten nicht oberflächlich. Du nimmst zeitweise die Dinge zu leicht. Wenn du nicht achtgibst, wird man dich sehr bald hintergehen. Versuche dich innerlich zu sammeln und vergiß die Atemübungen nicht.

## KARO KÖNIG · 9. HAUS
Legale Papiere · Arzt · Anwalt · Notar

Im Haus der legalen Papiere wird dir mitgeteilt, daß für dich – da der KARO KÖNIG in sein eigenes Haus fällt – in jeder Angelegenheit, die du auf schriftlicher Basis zu erledigen hast, die Zeichen günstig sind.

Für Herzensangelegenheiten mußt du das 4. Haus, bei Finanzangelegenheiten das 17. Haus, bei Geschäftsangelegenheiten das 17. und das 25. Haus und in Familienangelegenheiten das 15. Haus hinzuziehen.

Wenn du wissen möchtest, ob es Schwierigkeiten geben wird, mußt du die PIK-HÄUSER deuten. Du wirst auf jeden Fall immer genaueste Information über deine schriftlichen Angelegenheiten bekommen, ob sie für dich nun gut oder schlecht sind. Es ist hier möglich, daß du in Kürze einen Arzt oder Notar kennenlernen wirst. Wenn du an der Bekanntschaft eines Arztes interessiert bist, dann mußt du das 4., das 16. und und das 25. Haus hinzuziehen. Wenn du an der Bekanntschaft eines Notars interessiert bist, dann mußt du das 28., das 25. und das 4. Haus hinzuziehen. Vergiß auch nicht, beständig deine Atemübungen zu machen. Wer nicht beständig ist, wird sein Ziel auch nicht erreichen können.

## KARO DAME · 18. HAUS

JAHRESZEIT · FRÜHJAHR · SOMMER · HERBST · WINTER

Im Haus der legalen Papiere wird dir mitgeteilt, daß du vor Gericht erscheinen mußt – entweder als Zeuge oder als Schöffe. Möglicherweise mußt du dich auch in deinem eigenen Interesse vor Gericht verantworten. Es ist für dein persönliches Erscheinen eine Frist gesetzt worden. Du solltest sie daher nicht versäumen – es ist zu deinem eigenen Vorteil!

Sieh nach, welche Karten sich im 18. und im 28. Haus befinden. Befinden sich dort rote Karten und fällt der KARO KÖNIG in ein rotes Haus, so wird die Angelegenheit für dich mit einem guten Ausgang enden. Befindet sich eine Kreuz-Karte im 18. und im 28. Haus und fällt der KARO KÖNIG in ein Kreuz-Haus, dann handelt es sich um einen möglichen Familienstreit, der aber mit Hilfe deines Anwalts bei Gericht erfolgreich verlaufen wird. Es ist jedoch auch denkbar, daß du durch den Starrsinn eines Familienmitglieds nicht gleich in der ersten Instanz Erfolg haben wirst.

Befindet sich aber im 18. und im 28. Haus eine PIK-KARTE und fällt der KARO KÖNIG in ein PIK-HAUS, so könnte es sein, daß du eine Gerichtsangelegenheit besser einem Anwalt übergeben solltest. Du würdest durch deine Unwissenheit nur scheitern und sehr viel Geld verlieren. Versuche nicht immer deinen Kopf durchzusetzen. Wenn du glaubst, im Recht zu sein, so versetze dich auch einmal in die Lage des anderen. Möglicherweise ließe sich außergerichtlich eine Einigung erzielen. Auf jeden Fall wäre dies hier nicht unangebracht. Vergiß nicht die Atemübungen!

## KARO BUBE · 21. HAUS

Briefe · Schriftstücke · Telegramme · Bote · Freund

Im Haus der legalen Papiere wird dir mitgeteilt, daß dir in der nächsten Zeit ein äußerst wichtiges Dokument vom Gericht zugesandt wird. Es kann aber auch sein, daß du in der Zeitung laufend ein Gerichtsverfahren verfolgst, das dich sehr mitreißen wird. Vielleicht werden dir auch Nachrichten über Funk oder Telephon mitgeteilt. Es handelt sich hier um sehr wichtige Nachrichten.

Sieh nach, welche Karte in das 21. Haus fällt. Fällt dort eine rote Karte hinein und befindet sich der KARO KÖNIG in einem roten Haus, so handelt es sich hier sowohl um wichtige als auch um sehr gute Nachrichten für dich. Es müssen jedoch nicht alle Nachrichten für dich persönlich bestimmt sein. Möglicherweise will man dich als Vermittler einsetzen, weil man dir vertrauen kann.

Befindet sich aber im 21. Haus eine schwarze Karte, speziell eine PIK-KARTE, und fällt der KARO KÖNIG in ein schwarzes Haus, speziell in ein PIK-HAUS, dann solltest du vorsichtig sein. Vielleicht will man dich als Vermittler von Nachrichten nur ausnutzen. Es kann aber auch sein, daß die Nachrichten, die dich erreichen, nicht gerade erfreulich sind. Nun hast du die undankbare Aufgabe, sie weiterzuleiten. Da diese Nachrichten aber äußerst wichtig sind, solltest du sie schon gewissenhaft weiterleiten. Wenn du dich dabei nicht wohl fühlst, so führe sofort die Atemübungen durch. Sie werden dir helfen, die richtigen Worte bei der Übermittlung zu finden.

## KARO ZEHN · 17. HAUS

Geld · Finanzen · Börse · Einnahmen · Ausgaben

Im Haus der legalen Papiere wird dir mitgeteilt, daß du durch eine Angelegenheit, die bei einem Anwalt abgewickelt wurde, eine größere Geldsumme erhalten wirst. Vielleicht mußt du auch einen Übernahmebescheid unterschreiben. Es ist auch möglich, daß du bei einem Glücksspiel teilnehmen wirst. Hier mußt du etwas ausfüllen.

Sieh nach, welche Karte sich im 17. Haus befindet. Befindet sich dort eine rote Karte und fällt der KARO KÖNIG in ein rotes Haus, so stehen für dich die Zeichen bei Finanzangelegenheiten in der nächsten Zeit sehr gut. Für einen Finanzexperten ist im Moment die Börse interessant. Befindet sich eine Kreuz-Karte im 17. Haus und fällt der KARO KÖNIG in ein Kreuz-Haus, dann kann es sein, daß du mit deiner Familie eine größere Investition, entweder mit Familien- oder mit Firmenkapital, tätigen willst. Die Zeiten sind zwar nicht schlecht hierfür, aber lege für den Notfall immer etwas auf die Seite. Denn die Ausgaben werden immer höher, während die Einnahmen auf sich warten lassen.

Befindet sich aber im 17. Haus eine PIK-KARTE und fällt der KARO KÖNIG in ein PIK-HAUS, so solltest du prüfen, ob du dein Geld auch in die richtigen Papiere investierst. Es scheint, als hättest du einen Berater, der dir schlechte Tips für die Börse gibt. Manchmal hast du den Hang, das Geld mit vollen Händen auszugeben. Das ist aber sinnlos! Wenn du schon Geld ausgeben willst, dann tue es sinnvoll. Es gibt genügend soziale Einrichtungen, die Geld benötigen.

## KARO NEUN · 5. HAUS
ÜBERRASCHUNG · ÜBERRASCHUNGEN · KLEINE FINANZEN

Im Haus der legalen Papiere wird dir mitgeteilt, daß du bei einer Gerichtsverhandlung, bei der du beteiligt bist, sehr überrascht sein wirst. Jemand will dich als Zeugen benennen, ohne mit dir vorher darüber gesprochen zu haben. Es kann auch sein, daß jemand von dir verlangt, ein bestimmtes Schriftstück zu unterzeichnen. Vielleicht wirst du auch über das Angebot einer hochdotierten Stellung überrascht sein.

Sieh nach, welche Karte sich im 5. Haus befindet. Befindet sich dort eine rote Karte und fällt der KARO KÖNIG in ein rotes Haus, so wird es für dich eine positive Überraschung geben. Möglicherweise wird dich dein Anwalt mit einem Dokument überraschen, das längere Zeit vermißt wurde. Befindet sich im 5. Haus eine Kreuz-Karte und fällt der KARO KÖNIG in ein Kreuz-Haus, so könnte es sein, daß dich deine Familie mit einem Schriftstück überraschen wird. Sie hat vielleicht für dich eine Versicherung abgeschlossen oder Geld in Aktien investiert. Ziehe hier jedoch noch das 17. Haus hinzu.

Befindet sich aber im 5. Haus eine PIK-KARTE und fällt der KARO KÖNIG in ein PIK-HAUS, dann solltest du sehr vorsichtig sein, bevor du eine Unterschrift unter ein Schriftstück setzt. Untersuche auch immer, ob die Kopie des Schriftstückes mit dem Original identisch ist. Sei nicht voreilig mit dem Unterschreiben. Zu leicht macht man einen Fehler und liest das Kleingedruckte nicht. Lasse dich nicht drängen! Nimm dir Zeit und lies die Sätze in einem Vertrag genauestens durch. Wenn du ihn dann immer noch nicht verstehen solltest, dann leiste auf keinen Fall deine Unterschrift. Bedenke: Wer sauber arbeitet, wird dich auch gut beraten. Bei Unsicherheit solltest du die Atemübungen immer regelmäßig machen. Sie müssen zu einer täglichen Einrichtung werden.

## KARO ACHT · 27. HAUS

ERBE · ERBSCHAFTEN · HINTERLASSENSCHAFTEN · BEKOMMEN

Im Haus der legalen Papiere wird dir mitgeteilt, daß du vor Gericht geladen wirst, um eine Erbschaft zu übernehmen. Du wirst dort einige Schriftstücke unterzeichnen müssen. Ein Anwalt wird dir jedoch hilfreich zur Seite stehen. Solltest du als Sekretär tätig sein, so ist es denkbar, daß du für einen Arzt, Anwalt oder Notar arbeiten wirst. Du wirst sehr viel zu tun haben, die Arbeit ist jedoch angenehm. Da man zu dir Vertrauen hat, wird dein Aufgabenbereich sehr umfangreich sein.

Sieh nach, welche Karten sich im 27. und im 28. Haus befinden. Befinden sich dort Herz-, Karo- oder Kreuz-Karten und fällt der KARO KÖNIG in ein Herz-, Karo- oder Kreuz-Haus, dann wirst du bei Gericht keine Schwierigkeiten bekommen und sehr zufrieden sein. Du erhältst mehr, als du erwartet hast. Für Sekretärinnen stehen die Zeichen für einen Arbeitswechsel günstig.

Befinden sich aber im 27. und im 28. Haus PIK-KARTEN und fällt der KARO KÖNIG in ein PIK-HAUS, so wirst du dich bei Gericht um deine Erbschaft vielleicht streiten müssen. Frage einen Anwalt, ob es sich überhaupt lohnt, einen Streit vor Gericht auszufechten. Möglicherweise entstehen dir nur unnötige Kosten. Es kann aber auch sein, daß du um dein Recht streiten mußt. Wenn es sich um eine Geldsumme handelt, so ziehe noch das 17. Haus hinzu. Wenn es sich dagegen um ein Grundstück oder um ein Haus handelt, so ziehe noch das 7. Haus hinzu. Rot ist positiv, Schwarz negativ zu deuten. Vergiß nie die Atemübungen!

## KARO SIEBEN · 3. HAUS

ERFOLG · KARRIERE · AUFSTIEG · LEISTUNG

Im Haus der legalen Papiere wird dir mitgeteilt, daß du bei einer Gerichtsverhandlung als Gewinner hervorgehen wirst. Es werden dort einige Schriftstücke als Beweis vorgelegt, die durch einen Sachverständigen geprüft werden. Vielleicht hast du auch eine Tätigkeit, die irgendwie mit Schriftstücken oder mit Geschriebenem zu tun hat. Hier kann es sich um die Arbeit bei einer Zeitung oder in einem Verlag handeln. Es kann auch sein, daß du ein Testament anfertigst – womöglich dein eigenes. Unter Umständen wirst du auch Zeuge bei einer Testamentseröffnung. Es ist auch denkbar, daß du ein Testament als Zeuge unterschreibst. Möglicherweise bittet man dich dann, das Testament aufzubewahren.

Sieh nach, welche Karten sich im 3. und im 28. Haus befinden. Befinden sich dort rote Karten und fällt auch der KARO KÖNIG in ein rotes Haus, dann stehen deine Chancen bei Gericht sehr gut. Du bist im Recht – und du wirst dein Recht bekommen. Befindet sich eine Kreuz-Karte im 3. Haus und fällt der KARO KÖNIG in ein Kreuz-Haus, so wirst du geschäftliche oder berufliche Erfolge haben. Deute auch das 25. Haus.

Befindet sich aber eine PIK-KARTE im 3. Haus und fällt der KARO KÖNIG in ein PIK-HAUS, so ist es möglich, daß man bei Gericht gefälschte Papiere als Beweismaterial vorlegt. Lasse immer durch einen Anwalt oder einen Sachverständigen die betreffenden Schriftstücke überprüfen. Es kann auch sein, daß jemand deine Unterschrift unter ein Schriftstück gesetzt hat und dich dadurch in Schwierigkeiten bringt. Sei vorsichtig mit deinen Unterschriften! Vielleicht bekommst du in der nächsten Zeit Falschgeld in die Hand. Versuche immer, korrekt zu bleiben und irgendwelchen Versuchungen zu widerstehen. Mache die Atemübungen! Sie werden dir helfen, auf dem rechten Weg zu bleiben.

# KREUZ

## KREUZ AS · 20. HAUS

GESCHENK · GESCHENKE (MIT PIK AS: TOD · LAST)

Im Haus der legalen Papiere wird dir mitgeteilt, daß du von jemandem ein wertvolles Geschenk erhalten wirst. Möglicherweise schenkt man dir Wertpapiere oder den Erlös eines sehr wichtigen Dokuments, das von einer verstorbenen Person stammt und kopiert wurde. Man könnte dir auch sehr wichtige alte Dokumente schenken, die du im Notfall zu Geld machen kannst.

Auf jeden Fall bekommst du ein sehr schönes Geschenk, wenn im 20. Haus eine Herz-, Karo- oder Kreuz-Karte liegt und wenn der KARO KÖNIG in ein Herz-, Karo- oder Kreuz-Haus fällt.

Befindet sich aber im 20. Haus eine PIK-KARTE und fällt der KARO KÖNIG in ein PIK-HAUS, so kann das bedeuten, daß entweder ein sehr wichtiges Dokument verlorengeht oder daß man dir das Dokument nicht aushändigen will. Jemand gönnt dir dieses Geschenk nicht. Möglicherweise mußt du dann einen Anwalt aufsuchen. Sieh auch nach, welche Karte in das 21. Haus fällt. Rote Karten sind positiv, schwarze negativ zu deuten. Sollte in dieses Haus eine schwarze Karte fallen, so lege dir eine Woche später wieder die Karten und vergleiche sie mit den jetzigen. Vielleicht handelt es sich nur um eine vorübergehende Störung. Verlorenes kann auch wieder gefunden werden. Vergiß nicht die Atemübungen!

## KREUZ KÖNIG · 10. HAUS

FERIEN · URLAUB · VATER · ONKEL · GROSSVATER

Im Haus der legalen Papiere wird dir mitgeteilt, daß dein nächster Urlaub in einem Ort stattfinden wird, in dem sehr viel Trubel herrscht. Auch wird in diesem Ort sehr viel Papier eine Rolle spielen. Das kann bedeuten, daß du entweder bei einem Faschingsumzug teilnehmen wirst oder daß du dich in der Nähe einer Papierfabrik aufhältst. Möglicherweise machst du eine Exkursion dorthin. Wenn du noch Schüler bist, so kann das bedeuten, daß du in den Ferien noch einigen Stoff aufarbeiten mußt. Hierfür brauchst du natürlich einige Schulhefte. Vielleicht stößt du auch während der Ferien beim Lesen einer Zeitung auf ein geeignetes

Stelleninserat. Auf alle Fälle spielt in deinem jetzigen und auch in deinem zukünftigen Beruf Papier eine Rolle.

Sieh nach, welche Karten sich im 10. und im 25. Haus befinden. Befinden sich dort Herz-, Karo- oder Kreuz-Karten und fällt der KARO KÖNIG in ein Herz-, Karo- oder Kreuz-Haus, so wirst du sehr schöne und erfolgreiche Ferien erleben. Nutze diese Gelegenheit auch für deine Gesundheit und ... die Atemübungen!

Befindet sich aber im 10. Haus eine PIK-KARTE und fällt der KARO KÖNIG in ein PIK-HAUS, so könnte es sein, daß du eine gebuchte Ferienreise absagen mußt. Vielleicht wird dir deine Reise auch nicht sehr gefallen. Ziehe in diesem Fall auch das 8. Haus hinzu. Rote Karten sind positiv, schwarze negativ zu deuten. Gib auf deine Gesundheit acht und fahre nicht zu schnell. Auch solltest du Alkohol und Zigaretten meiden. Die Atemübungen tragen mehr zu deiner Gesundheit bei.

## KREUZ DAME · 30. HAUS

UNTERSUCHER · UNTERSUCHUNGEN · MUTTER · TANTE · GROSSMUTTER

Im Haus der legalen Papiere wird dir mitgeteilt, daß du in der nächsten Zeit Papiere unterzeichnen wirst, die für dich und auch für andere sehr wichtig sein werden. Vielleicht weißt du schon, um welche Schriftstücke es sich hier handelt. Auch kann es bedeuten, daß du einen Kaufvertrag gegenzeichnen mußt, wenn du etwas kaufst oder verkaufst.

Sieh nach, welche Karte sich im 30. Haus befindet. Befindet sich dort eine Herz-, Karo- oder Kreuz-Karte und fällt der KARO KÖNIG in ein Herz-, Karo- oder Kreuz-Haus, so werden die Schriftstücke, die du zu unterzeichnen hast, legal sein. Für dich handelt es sich hier um eine wichtige Angelegenheit für die Zukunft!

Befindet sich aber im 30. Haus eine PIK-KARTE und fällt der KARO KÖNIG in ein PIK-HAUS, so solltest du deine wichtigen Schriftstücke nicht offen herumliegen lassen, sondern sie in einem Ordner aufbewahren, denn sehr leicht geht ein wichtiges Dokument verloren. Man vergeudet dann nur unnötige Zeit mit dem Suchen. Außerdem ist es dann wahrscheinlich nicht mehr auffindbar. Du solltest einmal in deinem schriftlichen Material eine Inventur machen. Vielleicht findest du einiges wieder, von dem du schon geglaubt hast, man hätte es dir gestohlen oder du hättest es verloren.

## KREUZ BUBE · 15. HAUS

### FAMILIE · SOHN · NEFFE (MIT DAME: TOCHTER · NICHTE)

Im Haus der legalen Papiere wird dir mitgeteilt, daß du dich in der nächsten Zeit mit deinen Eltern oder auch mit deinen Verwandten unterhalten wirst, und zwar über eine Angelegenheit, die möglichst schnell und stillschweigend erledigt werden muß. Vielleicht handelt es sich um eine wichtige geschäftliche Besprechung, bei der der Familienrat einberufen werden muß. Möglicherweise wirst du auch einen Freund zu einer Gerichtsverhandlung begleiten. Denkbar ist auch, daß man dich als Sachverständigen in einer dringenden Angelegenheit bei Gericht, bei einem Anwalt oder bei einem Arzt benötigt.

Sieh nach, welche Karte sich im 15. Haus befindet. Befindet sich dort eine rote Karte und fällt der KARO KÖNIG in ein rotes Haus, so werden die Besprechungen für dich sehr erfolgreich sein. Befindet sich eine Kreuz-Karte im 15. Haus und fällt der KARO KÖNIG in ein Kreuz-Haus, so werden die Gespräche innerhalb der Familie sehr wichtig sein – besonders dann, wenn sich im 25. und im 28. Haus ebenfalls Kreuz-Karten befinden. Es kann sich um die Geschäftsführung im Familienunternehmen, um Finanzfragen, beispielsweise die Erhöhung des Aktienkapitals, handeln, Fragen, die sogar die Öffentlichkeit beschäftigen dürften.

Befindet sich aber im 15. Haus eine PIK-KARTE und fällt der KARO KÖNIG in ein PIK-HAUS, so solltest du lieber die Gespräche auf einen späteren Zeitpunkt verschieben, denn es würde nichts Vernünftiges dabei herauskommen. Man redet nur um den »heißen Brei« herum und wird sich nicht einig. Versuche dich zu entspannen! Lege dir eine Woche später wieder die Karten und vergleiche sie mit den jetzigen. Vielleicht handelt es sich nur um ein kurzes Tief. Versuche jedem Streit aus dem Weg zu gehen, denn du kannst dich im Moment nicht durchsetzen. Sammle frische Kräfte durch die Atemübungen und setze einen neuen Termin für die Gespräche an. Ein späterer Erfolg ist dir gewiß. Deute aber auch das 3. Haus mit. Rote Karten sind positiv, schwarze negativ zu deuten!

## KREUZ ZEHN · 8. HAUS
REISE · STRASSE · WASSER · MEER

Im Haus der legalen Papiere wird dir mitgeteilt, daß du Schriftstücke erhalten wirst, die dein Leben verändern werden. Möglicherweise verkaufst du dein Haus, ein Grundstück oder irgend etwas anderes aus deinem Besitz. Es kann aber auch sein, daß du eine Reise wegen einer Rechtsangelegenheit mit einem Arzt oder einem Notar unternehmen mußt. Hier kann es sich um einen Verkauf von einem Stück Land handeln. Vielleicht wird auch ein Vertrag geändert. Wenn du eine Fabrik besitzt und bestimmte, wichtige Bestandteile für den Staat herstellst, so wirst du einen sehr großen Auftrag vom Staat bekommen und auch mit dem Ausland zu tun haben.

Sieh nach, welche Karten sich im 8. und im 25. Haus befinden. Befinden sich dort rote Karten und fällt der KARO KÖNIG in ein rotes Haus, so wirst du einiges von deinem Eigentum veräußern. Befinden sich im 8. und im 28. Haus Kreuz-Karten und fällt der KARO KÖNIG in ein Kreuz-Haus, so wirst du vom Staat einen sehr großen Auftrag erhalten – besonders dann, wenn sich im 25. Haus ebenfalls eine positive Karte befindet. Ziehe auch noch das 17. Haus hinzu.

Befindet sich aber im 8. Haus eine PIK-KARTE und fällt der KARO KÖNIG in ein PIK-HAUS, so solltest du dir mit dem Verkauf noch etwas Zeit lassen. Später kannst du einen besseren Profit erzielen. Sieh deshalb nach, welche Karte in das 17. Haus hineinfällt. Nur wenn dort eine Karo-Karte hineinfällt, kannst du verkaufen. Jede andere Karte bedeutet in diesem Zusammenhang Verlust. Lasse dir Zeit, übereile nichts. Halte die Atemübungen ein!

## KREUZ NEUN · 31. HAUS
GLÜCK · KLEINE REISE · RISIKO

Im Haus der legalen Papiere wird dir mitgeteilt, daß du eine sehr große Investition tätigen wirst, die dir einen beachtlichen finanziellen Erfolg einbringen wird. Man wird dich ob deines Glückes bestaunen. Solltest du wegen eines Rechtsstreits vor Gericht geladen sein, so wirst du auch dort Glück haben. Dein Schutzengel arbeitet für dich. Denke aber gerade bei deinem Glück an die, die vom Leben nicht so verwöhnt werden, und versuche ihnen zu helfen.

Sieh nach, welche Karte sich im 31. Haus befindet. Befindet sich dort eine Herz-, Karo- oder Kreuz-Karte und fällt der KARO KÖNIG in ein Herz-, Karo- oder Kreuz-Haus, dann ist dir auf deinem Weg das Glück sicher. Alles gelingt dir, und du wirst sehr erfolgreich sein. Deine Hochschwingung wirkt sich auch auf andere positiv aus. Versuche weiterhin durch die Atemübungen in dieser Schwingung zu bleiben.

Befindet sich aber im 31. Haus eine PIK-KARTE und fällt der KARO KÖNIG in ein PIK-HAUS, dann solltest du bei großen Investitionen sehr vorsichtig sein! Eine negative Schwingung umgibt dich, und du könntest dich selbst in ein Unglück stürzen. Ein möglicher Konkurs deiner Firma könnte bevorstehen. Du scheinst mit deinem Glück zu spielen. Aber das Glück ist dir nicht immer hold. Außerdem kannst du nie erkennen, wann das Glück für dich arbeitet. Du mußt lernen, dich gewissen Naturgesetzen unterzuordnen. Glaube ja nicht, du wärest mehr als andere Menschen! Gehe in dich, mache regelmäßig deine Atemübungen . . . und bald wird das Glück dir wieder gewogen sein.

## KREUZ ACHT · 26. HAUS

NEUE UNTERNEHMUNGEN · MUT · HELDENTAT

Im Haus der legalen Papiere wird dir mitgeteilt, daß du in einer schriftlichen Angelegenheit mit einem Geschäft oder mit einer Firma zu tun haben wirst. Diese Angelegenheit wird gut ausgehen und dir Erfolg bescheren. Es kann auch sein, daß du deine Firma oder die eines anderen verkaufst. Hierfür erhältst du eine gute Provision. Es wird für dich sehr leicht sein, den Hebel richtig anzusetzen, um gewisse Geschäfte in die gewünschte Bahn zu lenken, damit sie dir auch einen guten Profit einbringen. Für Manager zeigt sich ein gutes Omen für die Zukunft.

Sieh nach, welche Karten sich im 26. und im 25. Haus befinden. Befinden sich dort Herz-, Karo- oder Kreuz-Karten und fällt der KARO KÖNIG in ein Herz-, Karo- oder Kreuz-Haus, dann stehen die Zeichen für deine Zukunft sehr gut. Du kannst sehr viel in sehr kurzer Zeit mit wenig Aufwand erreichen.

Befindet sich aber im 26. Haus eine PIK-KARTE und fällt der KARO KÖNIG in ein PIK-HAUS, so solltest du vorsichtig sein. Du scheinst dir zuviel zuzumuten. Tritt in Zukunft lieber etwas kürzer. Lege dir eine Woche später wieder die Karten. Vielleicht liegen sie dann besser für dich. Die Atemübungen solltest du jedoch regelmäßig einhalten.

## KREUZ SIEBEN · 14. HAUS
### Nachrichten · Botschaft · Tränen · Leid

Im Haus der legalen Papiere wird dir mitgeteilt, daß du über ein sehr wichtiges Schriftstück eine Nachricht erhalten wirst, obwohl du im ersten Moment die Nachricht noch nicht richtig einzuordnen verstehst. Vielleicht erhältst du auch von der Post ein Paket, welches sehr lustige Gegenstände beinhaltet. Möglicherweise wirst du auch ein Telephongespräch führen, in dem sehr wichtige geschäftliche Dinge besprochen werden. Hier könnte es sich um eine bevorstehende Vertragsunterzeichnung für ein großes Projekt handeln.

Befindet sich im 14. Haus eine Herz-, Karo- oder Kreuz-Karte und fällt auch in das 25. Haus eine rote Karte hinein, dann ist das für die nächste Zeit ein sehr gutes Zeichen. Positive Schwingungen werden deinen Weg begleiten.

Befindet sich aber im 14. Haus eine PIK-KARTE und fällt der KARO KÖNIG in ein PIK-HAUS, so solltest du in der nächsten Zeit keine größeren Geschäfte abschließen. Negative Wellen kommen auf dich zu und lassen dich unruhig werden. Es kann sein, daß du dann sehr gereizt bist. Beherrsche dich und bewahre deine innere Ruhe, damit dir nichts Böses geschieht. Du kannst dich zur Zeit selbst nicht leiden und kommst daher mit dir nicht ins reine. Gewissenskonflikte trüben deinen klaren Verstand. Wenn du regelmäßig die Atemübungen machst, dann wirst du bald wieder zu dir selbst finden und voller Tatendrang sein. Wir müssen von Zeit zu Zeit ein Tief durchstehen, damit wir das Hoch wieder schätzen lernen und es besser erkennen.

# PIK

## PIK AS · 24. HAUS
Tod · Unfall · Schicksalsschläge · Qual · Not

Im Haus der legalen Papiere wird dir mitgeteilt, daß du in der Zeitung über einen Todesfall lesen wirst, der dich sehr betroffen machen wird, da es sich um den Tod eines Freundes oder eines Bekannten von dir handelt. Möglicherweise liest du auch einen Artikel über das Ableben einer berühmten Persönlichkeit. Vielleicht übersendest du wegen eines Todesfalles eine Mitteilung. Es ist also auch möglich, daß du ein wichtiges Schriftstück, beispielsweise ein Testament, von jemandem unter Verwahrung nimmst.

Sieh nach, welche Karte sich im 24. Haus befindet. Befindet sich dort eine Herz-Karte und fällt der KARO KÖNIG in ein Herz-Haus, so kann es sein, daß du vom Ableben einer dir nahestehenden Person hörst. Befindet sich eine Karo-Karte im 24. Haus und fällt der KARO KÖNIG in ein Karo-Haus, so wirst du ein wichtiges Schriftstück von einem Freund oder einem Bekannten in Verwahrung nehmen. Befindet sich eine Kreuz-Karte im 24. Haus und fällt der KARO KÖNIG in ein Kreuz-Haus, so wird man in deiner Familie wegen eines überraschenden Todesfalles sehr traurig sein.

Befindet sich aber im 24. Haus eine PIK-KARTE und fällt der KARO KÖNIG in ein PIK-HAUS, so könnte es sein, daß eine berühmte Persönlichkeit stirbt und daß ein Staatsbegräbnis angeordnet wird. Es kann aber auch möglich sein, daß du zu einem Begräbnis gehen wirst. Bewege dich abends auf der Straße äußerst vorsichtig. Mache die Atemübungen.

## PIK KÖNIG · 28. HAUS
Rufer · Behörde · Schule · Spital · Institution

Im Haus der legalen Papiere wird dir mitgeteilt, daß dich in Kürze einige Bekannte anrufen und dir berichten werden, was sie in der Zeitung gelesen haben. Die betreffenden Artikel werden auch dich sehr interessieren. Es kann aber auch sein, daß dich jemand anruft und seinen Besuch ankündigt. Hierüber freust du dich jedoch nicht, denn es handelt sich um einen unangenehmen Gast. Vielleicht verlangt auch jemand von dir, daß du ihm ein bestimmtes Schriftstück unterzeichnen sollst. Möglicherweise ruft dich auch jemand an und bittet dich, mit ihm einen Stadtbummel zu machen. Es ist besser, wenn du in der nächsten Zeit gewissen Personen etwas aus dem Wege gehst, denn deine Schwingung arbeitet zur Zeit nicht gerade positiv für dich. Vielleicht wirst du auch in die Schule gerufen, weil eines deiner Kinder nur mit sehr schwachen Leistungen aufwartet. Vielleicht handelt es sich hier nur um eine Konzentrationsschwäche des Kindes. Versuche mit dem Kind die Atemübungen zu machen. Dann wird es sehr bald wieder mit ihm aufwärtsgehen.

Sieh nach, welche Karte in das 28. Haus fällt. Fällt dort eine rote Karte hinein, so handelt es sich nur um ein vorübergehendes Tief. Bald wirst du wieder aufatmen können. Sieh aber auch noch nach, ob der KARO KÖNIG in ein rotes Haus fällt. In diesem Fall würde das Tief schon morgen wieder vorbei sein.

Befindet sich aber im 28. Haus eine PIK-KARTE und fällt der KARO KÖNIG in ein schwarzes, speziell in ein PIK-HAUS, so solltest du in der nächsten Zeit besonders auf dich achtgeben. Es besteht die Gefahr, daß du Schwierigkeiten mit bestimmten Behörden bekommst oder daß du sogar in ein Spital eingeliefert wirst. Die Gefahr ist zur Zeit für dich sehr groß. Verhalte dich daher in der nächsten Zeit besonders passiv. Lege dir eine Woche später wieder die Karten und vergleiche sie mit den jetzigen. Vielleicht handelt es sich nur um ein vorübergehendes Tief, das du aber nicht bagatellisieren solltest. Versuche die Atemübungen immer regelmäßig einzuhalten! Sie helfen dir auch in schlimmen Situationen und bauen deine inneren Kräfte auf. So kannst du dein Tief besser durchstehen. Es hängt nur von uns selbst ab, wie wir von einem Tief wieder zu einem Hoch gelangen. Auf jeden Fall hilft uns hierbei positives Denken.

## PIK DAME · 29. HAUS
### Dankbarkeit · Dunkle Dame · Undank · Neid

Im Haus der legalen Papiere wird dir mitgeteilt, daß du dich mit einer sehr unangenehmen Person auseinandersetzen mußt. Sie will einiges an dir oder bei dir ändern. Meide diese Person, denn sie begegnet dir nur mit Undank. Es kann auch sein, daß sich diese Person in einem Testament sehr schlecht über dich äußert. Vielleicht weißt du schon, um welche Person es sich hier handelt. Möglicherweise erfährst du erst nach ihrem Tod, daß sie dir zu Lebzeiten dein Erbe unterschlagen hat. Vielleicht erhält auch jemand von dir Nachhilfestunden. Möglicherweise unterzeichnest du auch einen Vertrag mit einer Privatschule, die von einer Dame geführt wird.

Es handelt sich hier um eine positive Angelegenheit, wenn im 29. Haus eine rote Karte liegt und wenn der KARO KÖNIG in ein rotes Haus fällt. Befindet sich im 29. Haus eine Kreuz-Karte und fällt der KARO KÖNIG in ein Kreuz-Haus, dann ist es möglich – wenn im 27. Haus ebenfalls eine Kreuz-Karte liegt –, daß du dich mit deiner Familie wegen einer Hinterlassenschaft auseinandersetzen wirst. Sieh auch noch im 28. Haus nach. Befindet sich dort eine rote Karte, so wird man sich außergerichtlich einig.

Befindet sich aber im 29. Haus eine PIK-KARTE und fällt der KARO KÖNIG in ein PIK-HAUS, so überprüfe, ob auch alle Papiere, die deine Person betreffen, ordnungsgemäß verwahrt werden. Zur Zeit scheinst du dich in deiner Haut nicht mehr wohl zu fühlen. Vielleicht möchte man dich mittels eines geschriebenen Wortes oder mittels eines Briefes hintergehen. Wenn du dich nicht wohl fühlst, so mache die Atemübungen! Sie werden dir helfen, daß du wieder ganz allein zu dir findest. Du wirst den Tatsachen wieder voll ins Auge blicken können. Auch der Undank irgendeiner Person kann dich dann nicht mehr erschüttern.

## PIK BUBE · 1. HAUS

GEGENWART · WAHRHEIT · DUNKLER MANN · UNIFORMIERTER

Im Haus der legalen Papiere wird dir mitgeteilt, daß eine etwas mißliche Angelegenheit mit einer Versicherung in Kürze beendet sein wird. Möglicherweise warst du mit einer Rückzahlung in Verzug und kannst nun die Restsumme überweisen. Vielleicht möchte man dich auch um ein Schriftstück betrügen, das dir rechtmäßig zusteht. Es kann sich hier um eine Versicherungspolice handeln. Du bist im Recht, und die Versicherung will nicht bezahlen. Gib nicht auf und beharre auf deinem Recht. Informiere dich bei einem Anwalt. Es gibt jedoch auch in jeder größeren Stadt eine kostenlose Rechtsberatung. Es kann aber auch sein, daß du über Informationen verfügst, die über Radio oder Fernsehen verbreitet werden.

Sieh nach, welche Karte sich im 1. Haus befindet. Befindet sich dort eine rote Karte und fällt der KARO KÖNIG in ein rotes Haus, so brauchst du dir keine Sorgen zu machen. Das betrifft sowohl die Versicherung als auch deine Angelegenheit mit den Schriftstücken. Befindet sich eine Kreuz-Karte im 1. Haus und fällt der KARO KÖNIG in ein Kreuz-Haus, so könnte es sein, daß du oder jemand aus deiner Familie den Rat eines Versicherungsagenten einholen wirst bzw. wird.

Befindet sich aber im 1. Haus eine PIK-KARTE und fällt der KARO KÖNIG in ein PIK-HAUS, so solltest du dir deine Versicherungspolicen noch einmal zur Hand nehmen. Vielleicht bist du nicht ausreichend versichert. Wende dich auf jeden Fall an einen Experten.

## PIK ZEHN · 32. HAUS
### SONNE · ENTFERNUNGEN · ANDERE LÄNDER · NACHT

Im Haus der legalen Papiere wird dir mitgeteilt, daß du möglicherweise in einem anderen Land eine Heiratsurkunde unterschreiben wirst – entweder deine eigene oder, als Trauzeuge, die eines anderen. Es kann auch sein, daß du ein Schriftstück, nach dem du lange gesucht hast, endlich findest. Verwahre deine wichtigen Papiere immer an einem sicheren Ort. Wenn du nicht über einen eigenen Safe verfügst, dann miete dir einen auf der Bank. Möglicherweise wirst du in der nächsten Zeit ein Dokument unterschreiben, das für deine Zukunft äußerst wichtig ist.

Sieh nach, welche Karte sich im 32. Haus befindet. Befindet sich dort eine rote Karte und fällt der KARO KÖNIG in ein rotes Haus, so ist das ein gutes Zeichen für Verträge, für Unterschriften, kurzum für alles, was mit wichtigen Papieren zusammenhängt. Das kann auch in bezug auf andere Länder zutreffen. Befindet sich eine Kreuz-Karte im 32. Haus und fällt der KARO KÖNIG in ein Kreuz-Haus, so handelt es sich hier um wichtige Dokumente, die du entweder für deine Familie aufbewahren oder sichten sollst.

Befindet sich aber im 32. Haus eine PIK-KARTE und fällt der KARO KÖNIG in ein PIK-HAUS, dann wird es Zeit, daß du deine Papiere an einen sicheren Ort legst. Möglicherweise wird man am Abend oder in der Nacht in deine Wohnung einbrechen. Es droht der Verlust eines sehr wichtigen Schriftstückes! Halte immer die Atemübungen regelmäßig ein! Du neigst zur Vergeßlichkeit, und das könnte für dich schlimme Folgen haben.

## PIK NEUN · 23. HAUS
### Depression · Unannehmlichkeiten · Kälte

Im Haus der legalen Papiere wird dir mitgeteilt, daß du in Kürze – falls du nicht auf deine privaten Papiere achtgibst – ein wichtiges Schriftstück verlieren oder liegenlassen wirst. Solltest du auch ein Formular ausfüllen müssen, so kann es sein, daß du die Unterschrift vergißt oder an eine falsche Stelle setzt. Somit ist das Formular nicht korrekt ausgefüllt. Wenn es um eine wichtige Sache geht, kannst du dabei viel verlieren. Vielleicht kommst du bei einem Projekt nicht weiter. Eventuell muß die Ausführung eingestellt werden. Hierbei kannst du fast dein ganzes Vermögen verlieren. Das wäre deine eigene Schuld, weil du ziemlich leichtsinnig bist. Solltest du dich bei wichtigen Schriftstücken und Papieren nicht auskennen, so ziehe einen Anwalts zu Rate. Das macht sich immer bezahlt.

Sieh nach, welche Karte sich im 23. Haus befindet. Befindet sich dort eine rote Karte und fällt der KARO KÖNIG in ein rotes Haus, so wird die Angelegenheit für dich einen positiven Ausgang nehmen. Der Verlust kann wieder ersetzt werden. Befindet sich eine Kreuz-Karte im 23. Haus und fällt der KARO KÖNIG in ein Kreuz-Haus, dann sollten auch wichtige Familienangelegenheiten immer mit einem Notar oder einem Anwalt besprochen werden.

Befindet sich aber im 23. Haus eine PIK-KARTE und fällt der KARO KÖNIG in ein PIK-HAUS, so mußt du sehr vorsichtig sein. Wenn du dich in bestimmten Dingen nicht auskennst, so frage lieber einmal zuviel als zuwenig. Denn sehr leicht kann sich durch Unwissenheit ein Fehler einschleichen. Es ist auch möglich, daß du dir die Anwaltskosten sparen wolltest und dich von einem Winkeladvokaten beraten läßt. Lasse dich nicht auf irgendwelche Risiken ein, wenn es dabei um Geld geht. Ziehe noch das 17. Haus hinzu. Rote Karten sind positiv, schwarze negativ zu deuten. Wenn du dir bei Menschen unsicher bist, so mache immer deine Atemübungen!

## PIK ACHT · 22. HAUS
### Ärger · Ärgernisse · Streit · Verleumdungen

Im Haus der legalen Papiere wird dir mitgeteilt, daß du Schwierigkeiten mit einem Schriftstück haben wirst, das entweder von dir stammt oder das in einer Schule oder von einer Behörde ausgefertigt wurde. Vielleicht fällst du auch bei deinem Examen durch. Es kann auch sein, daß du Ärger wegen einer geleisteten Unterschrift haben wirst. Du kannst dich unter Umständen an diese Unterschrift gar nicht mehr erinnern. Möglicherweise verlegst du auch ein wichtiges Schriftstück, und es wird sehr lange dauern, bist du es wiederfindest.

Sieh nach, welche Karten sich im 22. und im 28. Haus befinden. Befinden sich dort rote Karten und fällt der KARO KÖNIG in ein rotes Haus, dann wird sich hinsichtlich deines Schriftstückes bald alles aufklären. Befindet sich eine Kreuz-Karte im 22. Haus und fällt der KARO KÖNIG in ein Kreuz-Haus, dann kann es in deiner Familie wegen eines Schriftstücks Ärger geben. Ziehe hier noch das 15. Haus hinzu. Bei Finanzangelegenheiten mußt du das 17. Haus hinzuziehen. Hier ist eine Klärung eventuell erst später möglich.

Befindet sich aber im 22. Haus eine PIK-KARTE und fällt der KARO KÖNIG in ein PIK-HAUS, so ist es besser für dich, wenn du deinen Anwalt, deinen Arbeitsplatz oder deine Schule wechselst. Ziehe das 25. Haus noch hinzu. Wenn du des öfteren wichtige Schriftstücke verlegst, so lege dir einen Ordner an und mache dir eine Liste, in der du deine wichtigsten Aufzeichnungen in Kurzform festhältst. Hier noch ein guter Tip: Von allen wertvollen Gegenständen solltest du Photos anfertigen lassen, damit bei einem möglichen Verlust der Gegenstände deren Auffindung erleichtert wird. Beachte die Atemübungen!

## PIK SIEBEN · 16. HAUS
### GESUNDHEIT · KRANKHEIT · KUR · OPERATION

Im Haus der legalen Papiere wird dir mitgeteilt, daß du in einer Zeitung oder Zeitschrift einen bestimmten Artikel lesen wirst, der dich sehr traurig stimmt. Vielleicht machst du dir auch große Sorgen um die Gesundheit eines anderen Menschen. Es kann auch sein, daß du als Zeuge bei einer letztwilligen Verfügung eine Unterschrift leisten mußt. Auch ein Zahnarztbesuch liegt im Bereich des Möglichen.

Sieh nach, welche Karte sich im 16. Haus befindet. Befindet sich dort eine rote Karte und fällt der KARO KÖNIG in ein rotes Haus, so ist es um deine Gesundheit zur Zeit sehr gut bestellt. Aber die Atemübungen solltest du trotzdem machen! Befinden sich im 16. und im 15. Haus Kreuz-Karten und fällt der KARO KÖNIG in ein Kreuz-Haus, so kann es sein, daß in Kürze in deiner Familie jemand erkrankt oder sich einer Operation unterziehen muß. Hier handelt es sich aber nur um einen kleinen, ungefährlichen Eingriff.

Befindet sich im 16. Haus eine PIK-KARTE und fällt der KARO KÖNIG in ein PIK-HAUS, so solltest du mehr auf deine Gesundheit achten. Die Zeit für eine gründliche Untersuchung solltest du dir schon nehmen. Vielleicht kannst du dadurch eine Operation vermeiden. Lasse dich auf jeden Fall zweimal im Jahr gründlich untersuchen. Möglicherweise bekommst du auch eine Rechnung über eine Nachzahlung von deiner Krankenkasse. Mache aber immer die Atemübungen! Sie sind für dich eine wichtige Lebenshilfe.

Das 10. Haus

# KREUZ KÖNIG

## Das Haus der Ferien, des Urlaubs, des Vaters, des Onkels und des Großvaters

# HERZ

## HERZ AS · 7. HAUS

Wohnung · Besitz · Haus · Eigentum

Im Haus der Ferien wird dir mitgeteilt, daß du dich in deinem Heim sehr gut beschäftigen kannst. Da du Behaglichkeit liebst, macht es dir immer wieder Freude, dein Zuhause zu verschönern. Auch arbeitest du gerne im Garten. Du gestaltest mit sehr viel Liebe alles noch schöner. Gärtner ist vielleicht ein geeigneter Beruf für dich.

Sieh nach, welche Karten sich im 7. und im 25. Haus befinden. Befinden sich dort Herz-, Karo- oder Kreuz-Karten und fällt der KREUZ KÖNIG in ein Herz-, Karo- oder Kreuz-Haus, so solltest du dich zu Hause entspannen und deine Ferien zu Hause verbringen. Du fühlst dich dort am wohlsten.

Befindet sich aber im 7. Haus eine PIK-KARTE und fällt der KREUZ KÖNIG in ein PIK-HAUS, so kann es sein, daß du in nächster Zeit größere Reparaturarbeiten in deinem Heim vornehmen mußt. Vielleicht wird in deiner Wohnung eine Leitung beschädigt. Möglicherweise fällt auch der Strom durch eine unsachgemäße Reparatur aus. Verzichte lieber darauf, den Elektriker zu spielen, und lasse entsprechende Reparaturen durch einen Fachmann ausführen. Vergiß auch nie, deine Atemübungen einzuhalten!

## HERZ KÖNIG · 13. HAUS

Unterhaltung · Männlicher Freund · Blond · Sponsor

Im Haus der Ferien wird dir mitgeteilt, daß du in deinem Beruf vorankommen und eine ausgezeichnete Position erreichen wirst. Möglicherweise hilft dir ein Freund bei deinen Bemühungen. Denkbar ist aber auch, daß du für einen Freund arbeitest, der dich und dein Talent fördert. Vielleicht bist du in der Unterhaltungsbranche tätig, und die Menschen werden nur wegen dir kommen, weil du eine so große Anziehung auf sie ausübst. Es kann auch sein, daß du sehr gerne deinen Beruf ausübst. Das merken die Menschen, mit denen du zusammenarbeitest. Möglicherweise kann es sein, daß du für sehr nette Menschen arbeitest. Man liebt deine Gesellschaft.

Sieh nach, welche Karten sich im 13. und im 25. Haus befinden. Befinden sich dort rote Karten und fällt der KREUZ KÖNIG in ein rotes Haus, so bist du der »geborene« Arbeiter, dem die Arbeit Freude bereitet und der seine Tätigkeit zu seinem Hobby macht. Befindet sich eine Kreuz-Karte im 13. Haus, der KREUZ KÖNIG in einem Kreuz-Haus und fällt außerdem in das 25. Haus eine rote Karte oder eine Kreuz-Karte, so könnte dies bedeuten, daß du entweder nur für deine Familie arbeiten wirst oder deine Arbeit nur für deine Familie machst. Du liebst deine Familie, und deswegen arbeitest du auch so gerne für sie.

Befinden sich im 13. und im 25. Haus PIK-KARTEN und fällt der KREUZ KÖNIG in ein PIK-HAUS, so solltest du dich bei deiner Arbeit nicht übernehmen. Du arbeitest in der letzten Zeit zuviel, und dies könnte deiner Gesundheit schaden. Du solltest einmal ausspannen und Ferien machen. Niemand hat etwas davon, wenn du im Krankenhaus liegst, am wenigsten du. Lasse dich nicht ausbeuten, sondern fordere gerechten Lohn! Bei Unsicherheit und Ermüdungserscheinungen helfen dir die Atemübungen. Sie werden dir wieder neue Lebenskraft vermitteln. Bald wirst du mehr leisten können, ohne deswegen mehr arbeiten zu müssen.

## HERZ DAME · 19. HAUS

FREUNDE · WEIBLICHER FREUND · BLOND · SPONSOR

Im Haus der Ferien wird dir mitgeteilt, daß du sehr viele Freunde an deiner Arbeitsstätte haben wirst. Solltest du zur Zeit arbeitslos sein, so wird dir einer deiner Freunde bei der Suche nach einer geeigneten Arbeit behilflich sein. Es kann auch sein, daß du durch eine Agentur eine gute Arbeitsstelle in einer Firma bekommst, wo du Aufstiegschancen und eine erfolgversprechende Zukunft hast.

Sieh nach, welche Karten sich im 19. und im 25. Haus befinden. Befinden sich dort rote Karten und fällt der KREUZ KÖNIG in ein rotes Haus, so hast du große Chancen, in den nächsten Tagen eine gute Arbeit zu finden. Die Hilfe von Freunden ist dir gewiß. Befindet sich im 19. Haus eine Kreuz-Karte und fällt der KREUZ KÖNIG in ein Kreuz-Haus, so wirst du vielleicht noch eine Woche oder einen Monat warten müssen, ehe du eine geeignete Stelle bekommst. Eine rote Karte im 25. Haus verkürzt die Wartezeit.

Befindet sich aber im 19. Haus eine PIK-KARTE und fällt der KREUZ KÖNIG in ein PIK-HAUS, so könnte es sein, daß eine dir von deinen

Freunden versprochene Arbeitsstelle anderweitig vergeben wird. Möglicherweise handelt es sich hier um dein eigenes Verschulden: Du hast einen vereinbarten Termin versäumt! Wenn du von jemandem etwas möchtest, dann solltest du auch verläßlich sein. Schließlich und endlich suchen ja auch andere Menschen eine Arbeit. Wenn du dir deine Zeit noch nicht richtig einteilen kannst, dann mache die Atemübungen!

## HERZ BUBE · 6. HAUS

Popularität · Kunst · Jüngerer männlicher Freund · Künstler

Im Haus der Ferien wird dir mitgeteilt, daß du dort, wo du arbeitest, sehr beliebt bist. Möglicherweise bittet man dich auch, jemanden in den Ferien zu vertreten. Vielleicht nimmst du auch in deinen Ferien eine kleine Arbeit beim Film an. Hier kann es sich um eine kleine Rolle handeln, die aber möglicherweise einmal für dich von Vorteil in dieser Branche sein wird.

Sieh nach, welche Karte in das 6. Haus fällt. Fällt dort eine rote Karte hinein, so ist es um dich und um deine Arbeit gut bestellt. Es handelt sich um eine Arbeit, die du gerne annimmst, weil sie nicht zu anstrengend ist, dir Freude bereitet und bei der du dich beliebt machen kannst. Befindet sich eine Kreuz-Karte im 6. Haus und fällt der KREUZ KÖNIG in ein Kreuz-Haus, so kann es sein, daß du über das Wochenende zu Verwandten aufs Land fährst. Erhole dich gut und spanne aus.

Befindet sich aber im 6. Haus eine PIK-KARTE und fällt der KREUZ KÖNIG in ein PIK-HAUS, so solltest du bei deiner jetzigen Tätigkeit vorsichtig sein. Du verkühlst dich leicht, da du dazu neigst, bei großer Hitze kalte Getränke in dich »hineinzuschütten«. Es kann auch sein, daß das Wochenende nicht so ausfällt, wie du es dir vorgestellt hast. Du mußt für jemanden einspringen, und deine Wochenendfahrt fällt dadurch ins Wasser. Mache dir nichts daraus, es kommt ja wieder ein anderes Wochenende, und dann kannst du Versäumtes nachholen. Vielleicht ist dann auch das Wetter besser. Versuche an allen Unannehmlichkeiten etwas Positives zu sehen. Vergiß auch nicht die Atemübungen!

## HERZ ZEHN · 11. HAUS
### Heirat · Verbindungen · Vereine · Bruderschaften

Im Haus der Ferien wird dir mitgeteilt, daß du während des Urlaubs eine sehr gute Bekanntschaft machen wirst. Hiervon profitierst nicht nur du, sondern auch deine Firma. Das Geschäft kann so gut sein, daß sich daraus eventuell eine Firmenzusammenlegung ergeben kann. Solltest du zur Zeit eine schlechte Phase in deiner Firma haben, so kann sich durch die neue Konstellation alles zum Positiven wenden. Vielleicht wird auch ein schon lange versprochener Urlaub fällig. Es kann aber auch sein, daß du in eine Firma einheiraten wirst und danach Ferien machst.

Es wird sich eine sehr gute Änderung für dich ergeben, wenn sich im 11. und im 25. Haus rote Karten befinden und wenn der KREUZ KÖNIG in ein rotes Haus oder in ein Kreuz-Haus fällt. Befindet sich im 11. Haus eine Kreuz-Karte, so bedeutet das, daß du dich möglicherweise einem Verein anschließen wirst oder selbst einen Klub gründest.

Befindet sich im 11. Haus eine PIK-KARTE und fällt der KREUZ KÖNIG in ein PIK-HAUS, so solltest du dir genau überlegen, welchem Verein oder welcher Bruderschaft du beitrittst. Du machst dir vielleicht eine andere Vorstellung von dem, was dann von dir verlangt wird. Es ist auch möglich, daß man dich aus einer Gesellschaft entläßt, weil du dich einer bestimmten Gruppe anschließt. Sei vorsichtig den Menschen gegenüber, denen du dich anschließen möchtest. Versuche die Atemübungen zu machen. Vielleicht ist es gar nicht notwendig, daß du dich einer bestimmten Gruppe anschließen mußt.

## HERZ NEUN · 2. HAUS
### Wunsch · Wünsche · Sehnsucht · Hoffnung

Im Haus der Ferien wird dir mitgeteilt, daß dir – solltest du dich in den Ferien befinden – ein neuer Gedanke kommen wird und du dir wünschst, deinen Beruf zu ändern. Möglicherweise findest du auch im Urlaub die nötige Ruhe, um deine Konzentrationsfähigkeit zu steigern; dies wird dir in deinem Beruf sehr nützlich sein.

Dein Wunsch wird in Erfüllung gehen, wenn im 2. und im 25. Haus rote Karten liegen. Befindet sich darüber hinaus der KREUZ KÖNIG in einem roten Haus, so kann dein Wunsch rascher in Erfüllung gehen, als du dir das gedacht hast. Befinden sich im 2. und im 25. Haus Kreuz-

Karten und fällt der KREUZ KÖNIG in ein Kreuz-Haus, so bedeutet dies, daß du mit Sehnsucht auf die Erfüllung deines Wunsches wartest. Er wird auch in Erfüllung gehen, jedoch mußt du noch etwas Geduld aufbringen. Manches wird sich bei dir noch ändern, und es wird sich zum Positiven ändern! Vielleicht solltest du in den Ferien einen Kurs besuchen, von dem du dann später profitieren wirst.

Befindet sich aber im 2. Haus eine PIK-KARTE und fällt der KREUZ KÖNIG in ein PIK-HAUS, so könnte es sein, daß dich jemand aus deiner Familie, zum Beispiel dein Onkel oder dein Vater, daran hindert, das zu machen, was du vorhast. Es ist auch möglich, daß man deinen Berufswünschen zuerst positiv gegenübersteht, sich später jedoch ablehnend dazu äußert. Gehe in dich, überlege dir, was du wirklich willst – und setze dann deinen Willen in die Tat um. Du kannst deine Vorstellung realisieren! Und sollte man dich zur Zeit noch daran hindern, so versuche es eben später noch einmal. Zur Stärkung deines Willens und deiner Durchsetzungskraft solltest du regelmäßig die Atemübungen machen. Bald wirst du merken, welch positiven Einfluß sie auf dich ausüben.

## HERZ ACHT · 4. HAUS

LIEBE · MONDSCHEIN · ROMANZE · HERZ

Im Haus der Ferien wird dir mitgeteilt, daß du deine Arbeit und die Menschen, mit denen du zusammenarbeitest, liebst. Möglicherweise wirst du auch durch eine Urlaubsbekanntschaft eine neue Positition erhalten. Vielleicht triffst du während deines Urlaubs deinen Chef, den du bis dato noch nicht gekannt hast. Da er ein äußerst netter Mensch ist, werdet ihr euch von Anfang an gut verstehen. Das wird dir sehr weiterhelfen. Es kann aber auch sein, daß du durch die Fürsprache eines Freundes eine bessere Stellung erhältst. Generell stehen die Zeichen für die kommenden sechs Monate sehr gut. Du kannst viel verändern.

Sieh nach, welche Karte sich im 4. Haus befindet. Befindet sich dort eine rote Karte und fällt der KREUZ KÖNIG in ein rotes Haus, so wird sich in der Zukunft einiges für dich zum Positiven ändern. Befindet sich eine Kreuz-Karte im 4. Haus und fällt der KREUZ KÖNIG in ein Kreuz-Haus, so könnte es sein, daß du durch einen Verwandten einen besseren Posten erhältst. Die Familie zeigt äußerstes Interesse für deine Zukunft.

Befindet sich aber im 4. Haus eine PIK-KARTE und fällt der KREUZ KÖNIG in ein PIK-HAUS, so könnte es sein, daß du Streit mit deinem Vater oder eine Auseinandersetzung mit einem Familienangehörigen haben wirst. Möglicherweise macht man dir Vorwürfe, weil du deine Arbeitsstelle verloren hast. Ziehe in diesem Fall auch das 15. Haus hinzu. Rote Karten sind positiv zu deuten, schwarze zeigen an, daß sich die Spannungen innerhalb deiner Familie verstärken werden. Es scheint so, als wärest du das »schwarze Schaf« in der Familie. Mache jedoch die Atemübungen und glaube fest daran, daß du in den nächsten zwei Wochen Arbeit finden wirst.

## HERZ SIEBEN · 12. HAUS
### Fröhlichkeit · Gute Laune · Herzlichkeit · Frohsinn

Im Haus der Ferien wird dir mitgeteilt, daß du noch im Urlaub eine Mitteilung erhalten wirst, deren Inhalt sehr positiv ist. Man bietet dir eine bessere Stellung in deiner Firma an. Anschließend wird es eine kleine Feier geben, da es sich bei der neuen Position um eine Kaderstelle handelt.

Sieh nach, welche Karten in das 12. und in das 25. Haus fallen. Fallen dort rote Karten hinein, so kannst du mit einem steilen Aufstieg rechnen. Wenn darüber hinaus der KREUZ KÖNIG in ein rotes Haus fällt, so wird sich auch dein Einkommen beträchtlich erhöhen. Befindet sich eine Kreuz-Karte im 12. Haus und fällt der KREUZ KÖNIG in ein Kreuz-Haus, so wirst du in der nächsten Zeit gute geschäftliche Erfolge verzeichnen können. Kontinuierlicher Aufstieg ist dir gewiß, wenn du hart arbeitest. Man wird dir nichts schenken, und zeitweise mußt du auch Überstunden machen, um Erfolg zu haben. Stärke dich mit den Atemübungen! Sie machen dich fit!

Befindet sich aber im 12. Haus eine PIK-KARTE und fällt der KREUZ KÖNIG in ein PIK-HAUS, so könnte das bedeuten, daß du deinen Arbeitsplatz verlieren wirst – besonders dann, wenn im 25. Haus ebenfalls eine PIK-KARTE liegt. Man ist mit deinen Leistungen nicht zufrieden. Du nimmst deine Arbeit zu leicht. Wenn zu befürchten ist, daß dir gekündigt wird, solltest du dir überlegen, ob es nicht ratsamer wäre, wenn du die Kündigung einreichst; vielleicht wartet in einem anderen Bereich eine bessere Aufgabe auf dich. Sieh noch nach, welche Karte in das 31. Haus fällt. Rote Karten bedeuten: Wage das Risiko, denn du kannst nur gewinnen. Schwarze Karten, speziell PIK-KARTEN, bedeuten: Gehe in der nächsten Zeit kein Risiko ein!

# KARO

## KARO AS · 25. HAUS

Beruf · Firma · Unternehmen · Projekte

Im Haus der Ferien wird dir mitgeteilt, daß du in deinen Ferien eine Eingebung zu einem neuen Projekt haben wirst. Dieses Vorhaben wird sich auch verwirklichen lassen. Du wirst damit sehr erfolgreich sein, da dir der Gedanke zur richtigen Zeit gekommen ist. Hier handelt es sich um einen ganz neuen Start für dich. Du wirst deine Umwelt in Erstaunen setzen, weil niemand annimmt, daß du so etwas leisten kannst.

Sieh nach, welche Karten sich im 25. und im 5. Haus befinden. Befinden sich dort rote Karten und fällt der KREUZ KÖNIG in ein rotes Haus, so handelt es sich um eine gute Idee, die darüber hinaus sehr erweiterungsfähig ist. Befindet sich im 25. Haus eine Kreuz-Karte und fällt der KREUZ KÖNIG auch in ein Kreuz-Haus, so kannst du sicher sein, daß deine Idee von deinem Vater oder deinem Großvater unterstützt wird.

Befindet sich im 25. Haus eine PIK-KARTE und fällt der KREUZ KÖNIG in ein PIK-HAUS, so mußt du mit Widerständen seitens deiner Familie rechnen. Man wird deine Ideen nicht unterstützen. In bezug auf Geld solltest du auch das 17. Haus hinzuziehen. In bezug auf Risiko mußt du das 31. Haus deuten. Es ist sehr wichtig! Wenn du auf Opposition stößt, so warte lieber eine gewisse Zeit ab, denn es kann sein, daß du noch eine Weile brauchst, um bestimmte Dinge zu realisieren. Auch Eltern können recht haben. Vielleicht wollten sie dich nur warnen. Versuche die Atemübungen zu machen und habe Geduld, wenn deine Pläne sich nicht gleich realisieren lassen.

## KARO KÖNIG · 9. HAUS

Legale Papiere · Arzt · Anwalt · Notar

Im Haus der Ferien wird dir mitgeteilt, daß du dich sehr gerne im Freien bewegst und kein »Stubenhocker« bist. Du solltest einen Beruf wählen, der mit der Fauna oder der Flora zu tun hat. Vielleicht wirst du Förster, Tierarzt, Gartentechniker oder Architekt. Auch kannst du sehr gut organisieren. Es ist aber auch möglich, daß du aufs Land ziehst, um dort als Lehrer zu unterrichten.

Sieh nach, welche Karte in das 9. Haus fällt. Fällt dort eine rote Karte hinein, so wäre es gut, wenn du den Beruf eines Tierarztes oder Biologen ergreifen würdest. Befindet sich darüber hinaus der KREUZ KÖNIG in einem roten Haus, so solltest du den Beruf des Architekten ergreifen. Befindet sich im 9. Haus eine Kreuz-Karte und fällt der KREUZ KÖNIG in ein Kreuz-Haus, so könnte es sein, daß du ein sehr guter Erzieher wirst. Die Arbeit als Erzieher in einem Internat würde dir sehr behagen. Auch das Sozialwesen würde in deinen Bereich fallen.

Befindet sich aber im 9. Haus eine PIK-KARTE und fällt der KREUZ KÖNIG in ein PIK-HAUS, so scheinst du dir hinsichtlich deines Berufes noch nicht ganz schlüssig zu sein. Befindet sich im 28. Haus eine rote Karte, so würdest du dich für den Staatsdienst eignen. Befindet sich aber in diesem Haus eine PIK-KARTE, dann mache die Atemübungen und entscheide später, welchen Beruf du ergreifen willst. Du bist mit dir selbst noch nicht ins reine gekommen, lebst in einer Konfliktsituation und fühlst dich von anderen Menschen mißverstanden, weil sie deine Ideen nicht verstehen. Arbeite weiter an dir – und eines Tages wirst du deine Ideen durchsetzen können.

## KARO DAME · 18. HAUS

JAHRESZEIT · FRÜHJAHR · SOMMER · HERBST · WINTER

Im Haus der Ferien wird dir mitgeteilt, daß du in der nächsten Jahreszeit deinen jetzigen Beruf aufgeben und einen ganz anderen wählen wirst. Dies kann dir in den Ferien bei einem Gespräch in den Sinn gekommen sein. Ein sehr gutes Angebot wird dich dazu bewegen, deinen alten Beruf aufzugeben. Für einen Schüler kann das bedeuten, daß er frühzeitig von der Schule abgeht. Deine neue Arbeit wird dir sehr gut gefallen, und du wirst in kürzester Zeit großes Ansehen erringen. Wenn du ein Kind hast und es die Schule früher als geplant verläßt, so kann das bedeuten, daß es sich im Berufsleben wohler fühlt als in der Schule. Es hätte im Berufsleben gute Chancen.

Sieh nach, welche Karte in das 18. Haus fällt. Fällt dort eine rote Karte hinein und befinden sich im 16. und im 25. Haus ebenfalls rote Karten, so kann das bedeuten, daß du sehr bald für einen Arzt oder in einem Spital arbeiten wirst. Befindet sich der KREUZ KÖNIG in einem roten Haus, so kann es sein, daß du neben deinem Beruf ein Studium beginnst. Sieh noch nach, welche Karte in das 28. Haus fällt. Rote Karten sind positiv, schwarze negativ zu deuten. Beachte die Deutung genau! Befindet sich im 12. Haus eine Kreuz-Karte und fällt der KREUZ KÖNIG in ein Kreuz-Haus, dann wirst du von deinem Vater oder deinem Onkel unterstützt, falls du noch einmal mit dem Studium beginnen möchtest.

Befindet sich aber im 18. Haus eine PIK-KARTE und fällt der KREUZ KÖNIG in ein PIK-HAUS, dann solltest du dir noch einmal genau überlegen, ob ein neuer Beruf für dich das richtige ist. Übereile nichts! Vielleicht ist das neue Angebot doch nicht so gut, wie du meinst. Halte dir immer eine Hintertür offen. Wenn du neben dem Beruf noch einmal ein Studium aufnehmen möchtest, so warte noch eine Weile. Beginne erst dann damit, wenn die Karten dir dazu raten. Beachte die Atemübungen!

## KARO BUBE · 21. HAUS

BRIEFE · SCHRIFTSTÜCKE · TELEGRAMME · BOTE · FREUND

Im Haus der Ferien wird dir mitgeteilt, daß du in deinen Ferien jemanden von einer Zeitung kennenlernen wirst. Er wird dir vielleicht eine Stelle bei einer Zeitung anbieten. Es kann aber auch sein, daß du eine Fliegerschule besuchst. Auf jeden Fall wirst du einen Beruf ausüben, der sowohl mit Geschwindigkeit als auch mit Nachrichten in irgendeiner Form zu tun haben wird. Vielleicht wirst du auch Rennfahrer oder Reporter.

Sieh nach, welche Karte sich im 21. Haus befindet. Befindet sich dort eine rote Karte und fällt der KREUZ KÖNIG in ein rotes Haus, so wird in deinem Urlaub der Grundstein für eine große Änderung in deinem Leben gelegt. Befindet sich eine Kreuz-Karte im 21. Haus und fällt der KREUZ KÖNIG in ein Kreuz-Haus, so wird dich dein Vater oder dein Onkel hinsichtlich deiner beruflichen Karriere unterstützen.

Befindet sich eine PIK-KARTE im 21. Haus und fällt der KREUZ KÖNIG in ein PIK-HAUS und der PIK KÖNIG in ein rotes Haus, so wirst du einen offiziellen Bescheid erhalten, in dem man dich ersucht, für den Staat zu arbeiten. Nimm das Angebot an. Es bietet sich nicht jeden Tag so eine Gelegenheit. Liegt im 28. Haus eine PIK-KARTE, so sei vorsichtig mit dem, was dir angeboten wurde oder was man dir anbieten wird. Vielleicht will man dich in einen Skandal verwickeln. Mache stets deine Atemübungen und höre auf deine innere Stimme.

## KARO ZEHN · 17. HAUS

### Geld · Finanzen · Börse · Einnahmen · Ausgaben

Im Haus der Ferien wird dir mitgeteilt, daß du in deinem Urlaub einen Menschen treffen wirst, der dich sehr fördern wird. Bei dieser Person kann es sich um einen Bankier oder um einen Kasinodirektor handeln. Auf alle Fälle wird es jemand sein, der mit Geld zu tun hat. Interessante Wege werden sich für dich durch Investitionen eröffnen. Dein neuer Ratgeber wird dich durch eine Anweisung über Nacht reich machen.

Befinden sich im 17. und im 3. Haus Karo-Karten und fällt der KREUZ KÖNIG in ein Karo-Haus, dann solltest du investieren. Du wirst dadurch deinen Beruf ändern und möglicherweise Börsenmakler werden. Herz- oder Kreuz-Karten im 17. Haus haben eine gute und positive Bedeutung, wenn darüber hinaus der KREUZ KÖNIG in ein Herz- oder Kreuz-Haus fällt. Hier winken kleine Gewinne im Lotto, Toto oder in der Klassenlotterie.

Befindet sich aber im 17. Haus eine PIK-KARTE und fällt der KREUZ KÖNIG in ein PIK-HAUS, dann lasse dich nicht zu einer Investition verleiten. Du würdest einem Betrüger aufsitzen und deine Existenz gefährden. Sieh nach, welche Karten in das 3. und in das 31. Haus fallen. Rote Karten mindern den Verlust. Wenn sich dort jedoch schwarze Karten befinden, dann solltest du vorsichtig sein. Mache deine Atemübungen, bevor du dich entscheidest.

## KARO NEUN · 5. HAUS

### Überraschung · Überraschungen · Kleine Finanzen

Im Haus der Ferien wird dir mitgeteilt, daß du in deinen Ferien von einem günstigen Angebot, das dir eine Firma unterbreitet, überrascht wirst. Möglicherweise erhältst du auch von deinem Arbeitgeber ein Geschenk. Er weiß deinen Arbeitseinsatz zu schätzen. Solltest du zur Zeit keine Arbeit haben und Arbeitslosengeld erhalten, so wirst du sehr bald von einem günstigen Angebot eines großen Konzerns überrascht werden. Du bekommst die einmalige Chance, auf längere Sicht eines Tages einmal Generaldirektor dieses Konzerns zu werden. Das Schicksal geht manchmal seltsame Wege.

Sieh nach, welche Karten sich im 5. und im 25. Haus befinden. Befinden sich dort rote Karten und fällt der KREUZ KÖNIG in ein rotes

Haus, dann solltest du das Angebot ohne zu zögern sofort annehmen. Befindet sich im 5. Haus eine Kreuz-Karte und fällt der KREUZ KÖNIG in ein Kreuz-Haus, dann könnte es sein, daß du auf Wunsch deines Vaters in dessen Firma eine Stelle bekommst.

Befinden sich aber im 5. und im 25. Haus PIK-KARTEN und fällt der KREUZ KÖNIG in ein PIK-HAUS, dann wirst du dich noch einige Zeit gedulden müssen hinsichtlich eines neuen Postens. Versuche dich weiterzubilden und gib nicht auf. Dein Weg nach oben ist dir gewiß; du mußt nur deinen Teil dazu beitragen.

## KARO ACHT · 27. HAUS

ERBE · ERBSCHAFTEN · HINTERLASSENSCHAFTEN · BEKOMMEN

Im Haus der Ferien wird dir mitgeteilt, daß du irgendwann einmal während eines Urlaubs jemanden kennenlernen wirst. Diesem Menschen wirst du in einer schwierigen Situation helfen. Später wirst du dich nicht mehr an ihn erinnern, er sich jedoch an dich. Er wird dir gegenüber seinen Dank erst zeigen, wenn er schon verstorben ist: Er wird dir ein Vermögen hinterlassen. Es kann auch sein, daß du durch einen Todesfall einen neuen Arbeitsplatz erhalten wirst. Dieser Arbeitsplatzwechsel zieht für dich sowohl finanziellen Gewinn als auch gesellschaftlichen Aufstieg nach sich. Möglicherweise nimmt dich auch jemand in seine Firma auf und bietet dir die Partnerschaft an. Dadurch wirst du ein ständiges und sicheres Einkommen haben.

Wenn in das 27. Haus eine rote Karte fällt und wenn der KREUZ KÖNIG in ein rotes Haus fällt, dann greife zu. Sieh auch nach, in welchem Haus sich das KARO AS befindet. Rote Karten bedeuten für deine Zukunft immer etwas Positives. Befindet sich im 27. Haus eine Kreuz-Karte und fällt der KREUZ KÖNIG in ein Kreuz-Haus, so könnte dies bedeuten, daß du einmal die Firma deines Vaters übernimmst und weiterführst. Somit ist eine bedeutende Lebensumstellung für dich gegeben. Du mußt zwar umdenken, aber du wirst einen guten Start haben. Nach kurzer Zeit wird es dir gelingen, die Firma zu modernisieren.

Befindet sich aber im 27. Haus eine PIK-KARTE und fällt der KREUZ KÖNIG in ein PIK-HAUS, so kann es sein, daß du für dein Erbe oder für eine Hinterlassenschaft vor Gericht gehen mußt. Dir wird zwar der rechtmäßige Anteil zugesprochen, aber du wirst auch Feinde haben. Schütze dich, indem du einen positiven Schutzmantel um dich aufbaust. Hierbei helfen dir die Atemübungen!

## KARO SIEBEN · 3. HAUS
ERFOLG · KARRIERE · AUFSTIEG · LEISTUNG

Im Haus der Ferien wird dir mitgeteilt, daß deine Zukunft für dich sehr erfolgreich sein wird. Du wirst in ein neues Unternehmen einsteigen, und dies wird von Anfang an zu einer erfolgreichen Sache. Natürlich mußt du dich voll einsetzen, denn man verlangt Höchstleistungen von dir, die du jedoch gerne erbringst. Aber ab und zu solltest du ausspannen. Mache des öfteren Ferien, damit du dir immer wieder neue Energien zuführen kannst. Denke auch immer an die Atemübungen.

Befindet sich im 3. Haus eine rote Karte und fällt der KREUZ KÖNIG in ein rotes Haus, dann dürftest du dich in Höchstform befinden. Befindet sich eine Kreuz-Karte im 3. Haus und fällt der KREUZ KÖNIG in ein Kreuz-Haus, dann solltest du einmal deine Arbeit und deinen Erfolg vergessen und deinen Vater oder Großvater besuchen. Sie werden sich über deinen Besuch freuen.

Befindet sich aber im 3. Haus eine PIK-KARTE und fällt der KREUZ KÖNIG in ein PIK-HAUS, dann wird es Zeit, daß du dir eine Ruhepause gönnst. Auch du bist kein »Supermensch«, der alles ohne Rast und Ruh durchstehen kann. Es wird Zeit, daß du dein Arbeitspensum etwas einschränkst. Bei deinem Arbeitspensum benötigst du einfach gewisse Ruhepausen. Wenn du diese nicht einhältst, wird es eines Tages sehr schlimm um deine Gesundheit stehen. Dann wirst du dich an dem, was du dir aufgebaut hast, nicht mehr erfreuen können. Beginne jetzt mit den Atemübungen! Wenn du dir täglich auch nur eine halbe Stunde Zeit nimmst, so wirst du aus dir bald einen anderen Menschen machen können – einen Menschen, der auch wieder Zeit für andere und sich selbst findet.

# KREUZ

## KREUZ AS · 20. HAUS

GESCHENK · GESCHENKE (MIT PIK AS: TOD · LAST)

Im Haus der Ferien wird dir mitgeteilt, daß du ein sehr großzügiger Mensch bist und anderen Personen mittels Geschenken gerne Freude machst. Dieser Charakterzug zahlt sich für dich aus: Er bringt dir inneren Frieden. Es ist auch möglich, daß du in einem Spielwaren- oder Geschenkartikelgeschäft tätig bist.

Sieh nach, welche Karte sich im 20. Haus befindet. Befindet sich dort eine Herz-, Karo- oder Kreuz-Karte und fällt der KREUZ KÖNIG in ein Herz-, Karo- oder Kreuz-Haus, dann wirst du bei Kindern sehr beliebt sein. Wenn du Kindern begegnest, so kannst du ihnen immer eine nette kleine Geschichte erzählen. Du bist der gute Onkel oder die liebe Tante, und die Kinder lieben dich, weil du auf sie eingehst und ihnen auch zuhörst, wenn sie dir etwas erzählen. Pflege daher dein Talent und diese Gabe Gottes! Wenn dich Kinder lieben, so wirst auch du glücklich sein. Die gleiche Zuneigung bringst du Tieren entgegen.

Befindet sich im 20. Haus eine PIK-KARTE, im 25. Haus eine rote Karte und fällt der KREUZ KÖNIG in ein PIK-HAUS, so bist du der geborene Friedensrichter in Sachen Arbeitsrecht. Befindet sich aber im 25. Haus eine PIK-KARTE, so solltest du mit Geschenken vorsichtig sein. Nicht jeder ist dir dafür dankbar. Es kann auch sein, daß ein Geschenk verlorengeht oder daß die Person, der du etwas schenken willst, deine Geste nicht versteht. Sei jedoch darüber nicht gekränkt. Wenn du die Atemübungen machst, so wirst du über diese Angelegenheit schnell hinwegkommen.

## KREUZ KÖNIG · 10. HAUS

FERIEN · URLAUB · VATER · ONKEL · GROSSVATER

Im Haus der Ferien wird dir mitgeteilt, daß du – da der KREUZ KÖNIG in sein eigenes Haus fällt – in der nächsten Zeit einen sehr schönen Urlaub verbringen wirst. Möglicherweise wirst du eine längere Reise antreten. Sie wird für dich sehr erfolgreich sein, denn du wirst vielen Menschen begegnen und neue Kontakte schließen, die wiederum für deinen Beruf sehr nützlich sind.

Sieh auch nach, welche Karten in das 8. und in das 31. Haus fallen. Fallen dort Kreuz-Karten hinein, speziell aber die KREUZ ZEHN und KREUZ NEUN, dann ist es sogar denkbar, daß du eine Weltreise unternehmen und dich später einmal in einem anderen Land niederlassen wirst. Diese Kartenkonstellation ist ein sehr gutes Omen für dich. Dir werden sich neue Wege eröffnen, du wirst interessante Erkenntnisse sammeln und vielfältige Eindrücke in dich aufnehmen.

Vergiß auf deinen Reisen jedoch nie, die Atemübungen regelmäßig zu machen, denn wer sich auf Reisen begibt und sich in ein Abenteuer stürzt, ist vielen Gefahren ausgesetzt. Die Karten deuten zwar nicht an, daß dir etwas passiert, aber Vorsicht ist immer geboten.

## KREUZ DAME · 30. HAUS

UNTERSUCHER · UNTERSUCHUNGEN · MUTTER · TANTE · GROSSMUTTER

Im Haus der Ferien wird dir mitgeteilt, daß auf dich – wenn du aus deinem Urlaub zurückkehrst – eine Menge Arbeit wartet. Möglicherweise willst du auch neue Arbeitsformen durchsetzen. Im Urlaub hattest du genug Zeit, dir hierüber deine Gedanken zu machen.

Die Chancen stehen gut für deinen Plan, wenn in das 30. und in das 25. Haus rote Karten fallen. Befinden sich dort aber Kreuz-Karten und fällt der KREUZ KÖNIG in ein Kreuz-Haus, dann könnte das bedeuten, daß du dich für deine Mutter oder für deine Tante sehr einsetzen wirst, da man ihr Unrecht getan hat.

Befindet sich aber im 30. Haus eine PIK-KARTE und fällt der KREUZ KÖNIG in ein PIK-HAUS, so ist es möglich, daß man eine Untersuchung gegen dich einleitet. Vielleicht hast du in der letzten Zeit einen kleinen Unfall gehabt, den du nicht der Polizei gemeldet hast. Es kann aber auch sein, daß du in den nächsten Tagen einen Unfall verursachst und Fahrerflucht begehst. Überlege dir, ob das rechtens ist. Sieh auch im 8. Haus nach. Rote Karten mindern den Schaden, schwarze Karten verstärken das Negative.

## KREUZ BUBE · 15. HAUS

Familie · Sohn · Neffe (mit Dame: Tochter · Nichte)

Im Haus der Ferien wird dir mitgeteilt, daß du deine nächsten Ferien mit deiner Familie verbringst. Möglicherweise unternehmt ihr eine gemeinsame Reise. Vielleicht arbeitest du auch in den Ferien für deine Familie. Es kann auch sein, daß du für deine Eltern tätig wirst. Über deine Aktivitäten würden sie sich sehr freuen.

Sieh nach, welche Karten sich im 15. und im 25. Haus befinden. Befinden sich dort Herz-, Karo- oder Kreuz-Karten und fällt der KREUZ KÖNIG in ein Herz-, Karo- oder Kreuz-Haus, dann werden deine zukünftigen Ferien sehr zufriedenstellend für dich verlaufen. Außerdem wirst du weit herumkommen.

Befinden sich aber im 15. und im 25. Haus PIK-KARTEN und fällt der KREUZ KÖNIG in ein PIK-HAUS, so könnte es sein, daß du, bevor du noch in den Urlaub fährst, deinen Arbeitsplatz verlierst. Das muß nicht dein eigenes Verschulden sein. Möglicherweise meldet die Firma Konkurs an. Nur wenn das KARO AS in ein rotes Haus fällt und sich im 25. Haus eine rote Karte befindet, brauchst du dir hinsichtlich deines Arbeitsplatzes keine allzu großen Sorgen zu machen. Denke auch immer an die Atemübungen!

## KREUZ ZEHN · 8. HAUS

Reise · Strasse · Wasser · Meer

Im Haus der Ferien wird dir mitgeteilt, daß deine nächsten Ferien sehr viel mit Reisen zu tun haben werden. Du planst eine große Reise mit dem Auto oder mit dem Schiff. Es kann auch sein, daß du deinen Arbeitsplatz sehr oft wechseln wirst. Du wirst dadurch sehr viele Länder und Sprachen kennenlernen und auch deinen Horizont erweitern. Erst im späteren Alter wirst du einen geeigneten Ort finden, wo du dich niederlassen kannst. Es kann aber auch bedeuten, daß du für ein Unternehmen arbeitest, für das du sehr oft unterwegs bist, zum Beispiel als Reiseleiter, Monteur, Zugschaffner, Matrose, Stewart oder Pilot. Deine zukünftige Arbeit hat auf jeden Fall mit großen Entfernungen zu tun. Hier kann auch das Weltall gemeint sein, denn eventuell wirst du als Auslandskorrespondent für den Rundfunk oder das Fernsehen tätig sein.

Befindet sich im 8. Haus eine Herz-, Karo- oder Kreuz-Karte und fällt der KREUZ KÖNIG in ein Herz-, Karo- oder Kreuz-Haus, dann werden dich deine Reisen mehrmals um den Erdball führen.

Befindet sich aber im 8. Haus eine PIK-KARTE und fällt der KREUZ KÖNIG in ein PIK-HAUS, so solltest du auf deinen Reisen vor allen Dingen die Gewohnheiten und Sitten anderer Länder akzeptieren, denn du bist ja als Gast in diesen Ländern. Zeitweise mangelt es dir an Anpassungsfähigkeit. Vergiß nicht, auch wenn du dich im Ausland befindest, die Atemübungen regelmäßig einzuhalten. Nimm auch das vorliegende Buch immer auf deine Reisen mit. Es wird dir ein treuer Begleiter und hilfreicher Wegweiser sein.

## KREUZ NEUN · 31. HAUS

### GLÜCK · KLEINE REISE · RISIKO

Im Haus der Ferien wird dir mitgeteilt, daß du sehr glücklich bist bei dem, was du tust und was du zu Ende bringst. Alle Dinge werden bei dir mit Liebe gemacht – und deine ganze Persönlichkeit spiegelt sich in diesen Dingen wider. Durch deine gewissenhafte Arbeit wirst du im Leben sehr viel Glück erfahren.

Sieh nach, welche Karte sich im 31. Haus befindet. Befindet sich dort eine Herz-, Karo- oder Kreuz-Karte und fällt der KREUZ KÖNIG in ein Herz-, Karo- oder Kreuz-Haus, dann wird dein Leben sehr ausgefüllt sein. Gegebenheiten nimmst du mit Leichtigkeit, auch wenn es einmal nicht so reibungslos läuft. Außerdem wirst du in der nächsten Zeit eine kleine Reise unternehmen. Ziehe jedoch noch das 8. Haus hinzu und deute dessen Aussage.

Befindet sich aber im 31. Haus eine PIK-KARTE und fällt der KREUZ KÖNIG in ein PIK-HAUS, so solltest du keine Reisen in den nächsten Tagen unternehmen. Auch mußt du bei deiner Arbeit vorsichtig sein, denn durch Unkonzentriertheit drohen dir kleinere Unfälle. Auf jeden Fall bist du in den nächsten Tagen unfallgefährdet. Es ist auch möglich, daß jemand deine Gutmütigkeit ausnützt. Hilf, wo du helfen kannst, aber lasse dich nicht ausnützen. Vergiß auch die Atemübungen nicht!

## KREUZ ACHT · 26. HAUS
### Neue Unternehmungen · Mut · Heldentat

Im Haus der Ferien wird dir mitgeteilt, daß du deine Arbeit mit den Ferien verbinden kannst. Du wirst auch sehr Bedeutendes in deiner Arbeit schaffen können. Eine große Zukunft liegt vor dir, egal was immer du machen oder beginnen wirst.

Gute Geschäfte sind dir gewiß, wenn der Kreuz König in ein Herz-, Karo- oder Kreuz-Haus fällt und wenn in das 25. und in das 26. Haus rote Karten fallen. Befinden sich im 26. und im 25. Haus Kreuz-Karten und fällt in das 28. Haus eine Herz-, Karo- oder Kreuz-Karte, speziell aber der Karo König, dann hast du das Zeug zu einem Politiker. Du findest mit deinen Ideen Anklang. Dein Weg wird zwar nicht immer leicht sein, aber du wirst aufgrund deiner Konstitution und deines Denkschemas großen Erfolg erzielen.

Befindet sich aber im 26. Haus eine Pik-Karte und fällt der Kreuz König in ein Pik-Haus, dann solltest du in den Ferien achtgeben, besonders dann, wenn du dich in der Nähe von Wasser aufhältst. Du wirst dich entweder sehr verkühlen oder gerätst in ein Gewitter. Hierbei könntest du verletzt werden. Sieh auch nach, welche Karte in das 8. Haus fällt. Rote Karten sind positiv zu sehen, während du bei schwarzen Karten die genaue Deutung beachten mußt. Mache auch immer regelmäßig deine Atemübungen! Sie lassen dich rechtzeitig Gefahren erkennen oder erahnen. Deine innere Stimme wird dich nie im Stich lassen, wenn du lernst, auf sie zu hören. Bei Verkühlung mußt du das 16. Haus hinzuziehen.

## KREUZ SIEBEN · 14. HAUS
### Nachrichten · Botschaft · Tränen · Leid

Im Haus der Ferien wird dir mitgeteilt, daß dir jemand eine Nachricht in deinen Urlaubsort übermitteln und dir eine neue Arbeit anbieten wird. Möglicherweise wirst du angerufen, und man bespricht mit dir ein neues Projekt oder wichtige Angelegenheiten, die deinen zukünftigen Beruf betreffen. Es kann auch sein, daß du durch eine Nachricht oder eine Botschaft das herausfindest, was du schon des längeren wissen wolltest. Vielleicht besuchst du in den Ferien auch einen Kurs. Es kann sich hier um einen Kurs handeln, in dem du entweder deine sportlichen Leistungen oder deine Sprachkenntnisse verbessern kannst.

Sieh nach, welche Karte sich im 14. Haus befindet. Befindet sich dort eine rote Karte und fällt der KREUZ KÖNIG in ein rotes Haus, so ruhe dich in deinem Urlaub aus, sammle neue Kräfte, mache die Atemübungen, denn du wirst durch diese Nachricht deinen Urlaub möglicherweise unterbrechen müssen. Es ist jedoch nur zu deinem eigenen Vorteil. Befindet sich eine Kreuz-Karte im 14. Haus und fällt der KREUZ KÖNIG in ein Kreuz-Haus, dann könnte es sein, daß du deinen Urlaub kurz unterbrechen mußt, weil dein Vater oder eine andere männliche Person aus deiner Familie plötzlich in ein Spital eingewiesen wird und weil du dann für kurze Zeit die Firmenleitung übernehmen mußt. Möglicherweise mußt du auch deinen Chef kurz vertreten.

Befindet sich aber im 14. Haus eine PIK-KARTE und fällt der KREUZ KÖNIG in ein PIK-HAUS, so kann das bedeuten, daß du an deinem Urlaubsort eine unangenehme Nachricht erhalten wirst, die dich zwingt, deinen Urlaub abzubrechen. Sei vor allen Dingen im Straßenverkehr und im Wasser vorsichtig. Ziehe auch noch das 16. Haus hinzu. Wenn du dich nicht wohl fühlst, so denke an die Atemübungen!

# PIK

## PIK AS · 24. HAUS

TOD · UNFALL · SCHICKSALSSCHLÄGE · QUAL · NOT

Im Haus der Ferien wird dir mitgeteilt, daß du in deinem Leben einmal einen sehr gefährlichen Beruf ausüben wirst. Möglicherweise triffst du diesbezüglich in deinem Urlaub eine Entscheidung. Vielleicht siehst du einem Autorennen, einem Motorradrennen oder einer Vorführung von Kunstflügen zu. Du wirst so begeistert sein, daß du beschließt, auch einen gefährlichen Beruf zu ergreifen – wie zum Beispiel den des Stuntmans. Wenn du im Urlaub bist, solltest du aufpassen, daß du nichts Verdorbenes zu dir nimmst.

Sieh nach, welche Karte sich im 24. Haus befindet. Befindet sich dort eine rote Karte und fällt der KREUZ KÖNIG in ein rotes Haus, dann ist die Gefahr für dich halb so schlimm. Du solltest aber trotzdem eine Kranken- und Unfallversicherung abschließen. Sorge auch für dein Alter vor. Befindet sich eine Kreuz-Karte im 24. Haus und fällt der KREUZ KÖNIG in ein Kreuz-Haus, so könnte das bedeuten, daß jemandem aus deiner Familie im Urlaub etwas Schreckliches zustößt. Auch du solltest in der nächsten Zeit etwas vorsichtiger sein.

Befindet sich aber im 24. Haus eine PIK-KARTE und fällt der KREUZ KÖNIG in ein PIK-HAUS, dann ist es besser, gefährlichen Tätigkeiten aus dem Weg zu gehen. Durch deinen eigenen Leichtsinn könntest du frühzeitig zum Invaliden werden. Die Gefahr reizt dich, aber du kannst sie nicht richtig einschätzen. Mache die Atemübungen! Sie lassen dich rechtzeitig erkennen, was du machen kannst und was du besser bleiben läßt.

## PIK KÖNIG · 28. HAUS

RUFER · BEHÖRDE · SCHULE · SPITAL · INSTITUTION

Im Haus der Ferien wird dir mitgeteilt, daß du während deines Urlaubs negativ beeinflußt und dadurch deinen jetzigen Beruf für eine andere, unsichere Tätigkeit aufgeben wirst. Lasse dich nicht negativ beeinflussen! Das Angebot, das man dir macht, ist schlecht, und du müßtest vor Gericht um dein Recht kämpfen.

Sieh nach, welche Karten sich im 28. und im 25. Haus befinden. Befinden sich dort rote Karten und fällt der KREUZ KÖNIG in ein rotes Haus, so wirst du rechtzeitig die Täuschung erkennen.

Befinden sich aber im 28. und im 25. Haus PIK-KARTEN und fällt der KREUZ KÖNIG in ein PIK-HAUS, dann ist es für dich besser, wenn du dich in der nächsten Zeit zurückziehst. Mache dir klar, was du vom Leben erwartest. Zeitweise willst du mehr erreichen, als in deinen Kräften steht. Gib auch auf deinen Reisen acht! Du bist in der letzten Zeit sehr unkonzentriert, und wenn du dich gehenläßt, genügt nur ein Funke, der die Lunte des Unglücks anzündet. Du wirst das Ausmaß des Unglücks am Anfang gar nicht richtig überblicken und nicht erkennen, daß deine ganze Existenz auf dem Spiel steht. Du mußt lernen, dich zu beherrschen. Lasse deinem Jähzorn keinen freien Lauf und mache die Atemübungen, um das Unglück abzuwehren. Alles im Leben läßt sich erarbeiten – sowohl Ruhe und Güte als auch Beherrschung.

## PIK DAME · 29. HAUS

### DANKBARKEIT · DUNKLE DAME · UNDANK · NEID

Im Haus der Ferien wird dir mitgeteilt, daß du das ewige Nörgeln deiner Eltern und deiner Verwandtschaft leid bist. Lasse dich jedoch nicht aus der Fassung bringen, denn es wäre dein eigener Schaden. Es kann auch sein, daß du schon seit längerem Geldschwierigkeiten hast. Vielleicht glauben dir auch viele Menschen nicht, wenn du ihnen die Wahrheit sagst. Es ist auch möglich, daß, wenn du von einem deiner Urlaube zurückkommst, dir gekündigt wird und du ohne Arbeit dastehst.

Sieh nach, welche Karte sich im 29. Haus befindet. Befindet sich dort eine rote Karte und fällt der KREUZ KÖNIG in ein rotes Haus, dann kann es sein, daß du mit einer unangenehmen Angelegenheit konfrontiert wirst, mit sehr viel Glück aber die Situation noch einmal meisterst. In diesem Falle mußt du auch das 31. Haus zudeuten.

Befindet sich aber im 29. Haus eine PIK-KARTE und fällt der KREUZ KÖNIG in ein PIK-HAUS, so steht dir ein Schicksalsschlag bevor, der aber von dir selbst verursacht wird. Du löst durch deine Unbeherrschtheit ein Unglück aus. Versuche die Atemübungen zu machen, damit es nicht dazu kommt. Wenn eine Kreuz-Karte in das 29. Haus und der KREUZ KÖNIG in ein Kreuz-Haus fällt, so wird das Unglück etwas abgeschwächt. Es könnte dann sein, daß jemand aus deiner Familie durch deine Schuld zu Schaden kommt. Da die ganze Angelegenheit jedoch glimpflich ausgeht, verzeiht man dir noch einmal. Du mußt aber lernen, dankbarer zu sein. Hier helfen dir die Atemübungen!

### PIK BUBE · 1. HAUS
GEGENWART · WAHRHEIT · DUNKLER MANN · UNIFORMIERTER

Im Haus der Ferien wird dir mitgeteilt, daß du dir deinen Kopf über deine Zukunft zerbrechen wirst. Neue Erkenntnisse wirst du jedoch nicht erhalten. Du mußt lernen, dich besser zu konzentrieren. Mache die Atemübungen! Sie können dir helfen, rechtzeitig günstige Gelegenheiten zu erkennen. Beginne daher gleich mit ihnen, denn je früher du anfängst, desto eher wird sich für dich einiges ändern. Du wirst dein Ziel erreichen, wenn du nur fest an dich glaubst und dein Selbstvertrauen durch Atemübungen aufbaust. Warte nicht auf Mitleid und gib auch nicht anderen Menschen die Schuld, wenn du keinen Erfolg verbuchen kannst.

Sieh nach, welche Karte sich im 1. Haus befindet. Befindet sich dort eine rote Karte und fällt der KREUZ KÖNIG in ein rotes Haus, so wird dein Tief bald vorüber sein. Befindet sich im 1. Haus eine Kreuz-Karte und fällt der KREUZ KÖNIG in ein Kreuz-Haus, dann solltest du dich mit deinen Schwierigkeiten an deinen Vater oder an deine Familie wenden. Du wirst sicherlich Hilfe erhalten.

Befindet sich aber im 1. Haus eine PIK-KARTE und fällt der KREUZ KÖNIG in ein PIK-HAUS, so wird es Zeit, daß du dich änderst, bevor noch ein Unglück geschieht. Noch hast du Gelegenheit, vieles zu ändern. Warte nicht ab, bevor es zu spät ist. Ergreife die Chance der Atemübungen – und schon bald wird sich das Blatt für dich wenden. Du kannst durch deine eigene Kraft wieder zu dir finden.

### PIK ZEHN · 32. HAUS
SONNE · ENTFERNUNGEN · ANDERE LÄNDER · NACHT

Im Haus der Ferien wird dir mitgeteilt, daß du dir von einer Urlaubsbekanntschaft etwas versprichst, das nicht eingehalten werden kann. Löse diese Bindung, denn es droht Gefahr für dich. Es kann auch sein, daß du für jemanden im Urlaub arbeiten wirst, der der Polizei nicht ganz unbekannt ist. Lasse dich nicht von Menschen beeinflussen, die du erst kurze Zeit kennst. Möglicherweise wirst du gebeten, für jemanden etwas aufzuheben. Vorsicht! Hier könnte es sich um gestohlene Wertgegenstände handeln! Willst du mit dem Gesetz in Konflikt kommen? Solltest du Gärtner sein oder einen anderen Beruf haben, den du in der freien Natur ausübst, so wirst du in der nächsten Zeit viel zu tun bekommen.

Sieh nach, welche Karte in das 32. Haus fällt. Fällt dort eine Herz-, Karo- oder Kreuz-Karte hinein, so wird sich für dich alles zum Positiven wenden. Du wirst in der nächsten Zeit sehr beschäftigt sein. Bleibe auf deiner Linie, denn du weißt, was für dich gut oder schlecht ist.

Befindet sich aber im 32. Haus eine PIK-KARTE und fällt der KREUZ KÖNIG in ein PIK-HAUS, dann sei vorsichtig mit deinen neuen Bekanntschaften! Du setzt dich zu leicht für die falschen Menschen ein. Beginne regelmäßig mit den Atemübungen! Sie helfen dir, dein Inneres zu stabilisieren.

## PIK NEUN · 23. HAUS
### DEPRESSION · UNANNEHMLICHKEITEN · KÄLTE

Im Haus der Ferien wird dir mitgeteilt, daß du über den Ort, in dem du lebst, und über deinen Arbeitsplatz sehr deprimiert sein wirst. Möglicherweise verlierst du auch in der nächsten Zeit durch Unkonzentriertheit deinen Arbeitsplatz. Vielleicht bist du auch von einem Urlaub, den du gemacht hast, ziemlich enttäuscht. Versuche negative Spannungen mit Hilfe von Atemübungen abzubauen.

Sieh nach, welche Karte sich im 23. Haus befindet. Befindet sich dort eine Herz-, Karo- oder Kreuz-Karte und fällt der KREUZ KÖNIG in ein Herz-, Karo- oder Kreuz-Haus, dann solltest du über Vergangenes nicht so deprimiert sein. Du ärgerst dich umsonst und schadest dir damit nur selbst. Sage dir immer wieder: »Ich bin ein glücklicher, positiver und gesunder Mensch.«

Befindet sich aber im 23. Haus eine PIK-KARTE und fällt der KREUZ KÖNIG in ein PIK-HAUS, dann solltest du deine Gefühlskälte anderen Menschen gegenüber abbauen. Du kannst dich selbst nicht mehr leiden. Es kann auch sein, daß du in der nächsten Zeit sehr viel Streit mit anderen Menschen haben wirst. Der Streit wird von dir ausgelöst. Du suchst beim Alkohol oder bei Drogen Zuflucht. Versuche den Alkohol- oder Drogenkonsum abzubauen und mache regelmäßig die Atemübungen! Bald werden dich die Menschen wieder lieben, wenn du dein inneres Gleichgewicht wiedergefunden hast. Oft genügt nur ein kleiner Schritt, aber er muß gemacht werden.

## PIK ACHT · 22. HAUS

### Ärger · Ärgernisse · Streit · Verleumdungen

Im Haus der Ferien wird dir mitgeteilt, daß du – solltest du zur Zeit ohne Arbeit sein – es in der nächsten Zeit schwer haben wirst, eine Beschäftigung zu finden. Du mußt vorübergehend Zwangsurlaub machen. Es kann aber auch sein, daß du großen Ärger bezüglich deiner Arbeitsstelle haben wirst und Gefahr läufst, diese zu verlieren. Führe deine Tätigkeit ordentlich aus, dann kann dir nichts passieren. Vielleicht möchte dich auch jemand aus dem Betrieb »hinausekeln«. Gehe daher in der nächsten Zeit jedem Ärger und jedem Streit aus dem Wege.

Sieh nach, welche Karte sich im 22. Haus befindet. Befindet sich dort eine rote Karte und fällt der KREUZ KÖNIG in ein rotes Haus, so wirst du sehr bald eine neue Arbeitsstelle antreten. Befindet sich eine Kreuz-Karte im 22. Haus und fällt der KREUZ KÖNIG in ein Kreuz-Haus, so ist es denkbar, daß du kurzarbeiten mußt.

Befindet sich aber im 22. Haus eine PIK-KARTE und fällt der KREUZ KÖNIG in ein PIK-HAUS, dann hast du Schwierigkeiten, in der nächsten Zeit einen geeigneten Arbeitsplatz zu finden. Du solltest deine Vorurteile anderen Menschen gegenüber einschränken. Oft beurteilst du Situationen falsch, wenn du glaubst, im Recht zu sein. Versuche dich zu ändern – und du wirst sehr bald wieder eine Arbeit haben. Mache vor allen Dingen immer die Atemübungen! Damit wirst du dir eine positive Schwingung aufbauen – und bald wird man dich für eine bestimmte Aufgabe haben wollen.

## PIK SIEBEN · 16. HAUS

### Gesundheit · Krankheit · Kur · Operation

Im Haus der Ferien wird dir mitgeteilt, daß die Gesundheit eines Menschen für deine Zukunft sehr wichtig sein wird. Möglicherweise verbringst du diese Zukunft mit einem Invaliden. Denkbar ist auch, daß du wegen deines schlechten gesundheitlichen Zustandes in die Frühpension gehen mußt. Solltest du Krankenschwester sein, dann wirst du in der nächsten Zeit sehr viel zu tun haben.

Sieh nach, welche Karte sich im 16. Haus befindet. Befindet sich dort eine rote Karte und fällt der KREUZ KÖNIG in ein rotes Haus, so wirst du dich in Zukunft sehr viel um kranke Menschen kümmern. Es ist sogar möglich, daß du dich entschließt, bei einer Hilfsorganisation zu arbeiten, weil du den Wunsch verspürst, anderen Menschen zu helfen. Befindet sich im 16. Haus eine Kreuz-Karte und fällt der KREUZ KÖNIG in ein Kreuz-Haus, so kann es sein, daß du in Zukunft für deinen Vater oder für ein anderes Familienmitglied sorgen mußt. Betrachte diese Aufgabe als eine Fügung des Schicksals.

Befindet sich aber im 16. Haus eine PIK-KARTE und fällt der KREUZ KÖNIG in ein PIK-HAUS, dann solltest du auf deine Gesundheit aufpassen. Entspanne dich! Es kann auch sein, daß jemand in deiner Familie sehr krank wird und du ihn betreuen mußt. Denkbar ist auch die Erkrankung einiger deiner Kollegen. Die Folge ist, daß du Mehrarbeit bewältigen mußt. Sollte dies der Fall sein, dann rege dich nicht auf. Dies schadet nur deiner Gesundheit. Mache regelmäßig die Atemübungen! Bald wirst du sehen, daß du mehr leisten kannst, als du angenommen hast.

Das 11. Haus

# HERZ ZEHN

## Das Haus der Heirat, der Verbindungen, der Vereine und der Bruderschaften

# HERZ

## HERZ AS · 7. HAUS

WOHNUNG · BESITZ · HAUS · EIGENTUM

Im Haus der Heirat wird dir mitgeteilt, daß du – solltest du noch ohne Partner sein – in Kürze heiraten und eine neue Wohnung beziehen wirst. Wenn du schon verheiratet bist oder mit einem Partner zusammenlebst, dann ist es denkbar, daß du in ein neues Haus ziehen wirst. Möglicherweise zieht auch jemand bei dir ein.

Sieh nach, welche Karte sich im 7. Haus befindet. Befindet sich dort eine rote Karte und fällt die HERZ ZEHN in ein rotes Haus, so wirst du sehr bald eine eheliche Bindung eingehen und in eine neue Wohnung oder in ein neues Haus ziehen. Befindet sich eine Kreuz-Karte im 7. Haus und fällt die HERZ ZEHN in ein Kreuz-Haus, so wird jemand zu dir kommen, um bei dir zu wohnen. Möglicherweise handelt es sich um jemanden aus deiner Familie.

Befindet sich aber im 7. Haus eine PIK-KARTE und fällt die HERZ ZEHN in ein PIK-HAUS, dann ist es möglich, daß jemand bei dir wohnen möchte. Sei aber nicht zu vertrauensvoll, denn ein möglicher Unruhestifter könnte für Unfrieden sorgen. Beachte die Atemübungen!

## HERZ KÖNIG · 13. HAUS

UNTERHALTUNG · MÄNNLICHER FREUND · BLOND · SPONSOR

Im Haus der Heirat wird dir mitgeteilt, daß du – solltest du verheiratet sein – ein erfülltes Leben haben wirst. Wenn du noch nicht verheiratet bist, so wirst du eine nette Person treffen, mit der du ausgehst und eine wunderschöne Zeit verlebst. Bald wird man dir einen Heiratsantrag machen – und kurz darauf findet die Hochzeit statt.

Sieh nach, welche Karten sich im 13. und im 4. Haus befinden. Befinden sich dort Herz-Karten und fällt die HERZ ZEHN in ein Herz-Haus, dann handelt es sich um Liebe auf den ersten Blick. Befinden sich im 13. und im 4. Haus Karo-Karten und fällt die HERZ ZEHN in ein Karo-Haus, speziell in das 17. Haus, so wirst du eine äußerst wohlhabende Person heiraten. Befinden sich im 13. und im 15. Haus Kreuz-Karten und fällt die HERZ ZEHN in ein Kreuz-Haus, so wirst du zu einer Hochzeit innerhalb deiner Familie eingeladen.

Befinden sich aber im 13. und im 4. Haus PIK-KARTEN und fällt die HERZ ZEHN in ein PIK-HAUS, dann solltest du dir noch einmal durch den Kopf gehen lassen, ob du deinen jetzigen Partner ehelichen sollst. Liebst du ihn wirklich? Hegst du an deinen Gefühlen keinen Zweifel? Versuche dich zu entspannen und mache die Atemübungen. Vielleicht kommst du dann hinsichtlich deines Partners zu neuen, objektiveren Erkenntnissen.

## HERZ DAME · 19. HAUS

FREUNDE · WEIBLICHER FREUND · BLOND · SPONSOR

Im Haus der Heirat wird dir mitgeteilt, daß ein dir nahestehender Freund bald verheiratet sein wird. Möglicherweise wirst du auch zu einem Hochzeitsfest eingeladen, bei dem es sehr fröhlich zugeht. Es kann aber auch sein, daß deine Tante noch einmal heiraten wird.

Sieh nach, welche Karte sich im 19. Haus befindet. Befindet sich dort eine Herz-, Karo- oder Kreuz-Karte und fällt die HERZ ZEHN in ein Herz-, Karo- oder Kreuz-Haus, so wirst du bei einer sehr schönen und wunderbaren Hochzeit dabeisein. Viele Menschen werden eintreffen, um dieses Ereignis zu erleben. Diese Hochzeit steht unter einem guten Stern, und du wirst dich für das Brautpaar freuen. Du bist ein heimlicher Glücksbringer.

Befindet sich aber im 19. Haus eine PIK-KARTE und fällt die HERZ ZEHN in ein PIK-HAUS, so könnte es sein, daß jemand versucht, die Zeremonie der Hochzeitsmesse zu stören. Hier kann es sich um einen enttäuschten Liebhaber eines Ehepartners handeln. Vielleicht bist du aber auch traurig darüber, daß jemand deinen Freund oder deine Freundin »weggeheiratet« hat. Du fühlst dich durch diese Hochzeit auf einmal so allein. Du bist jedoch nicht allein, wenn du regelmäßig deine Atemübungen machst.

## HERZ BUBE · 6. HAUS

POPULARITÄT · KUNST · JÜNGERER MÄNNLICHER FREUND · KÜNSTLER

Im Haus der Heirat wird dir mitgeteilt, daß eine prominente Person in Kürze heiraten wird und daß du als Ehrengast eingeladen wirst. Das freut dich sehr, denn du hast seit längerem nichts mehr von dieser Person gehört. Du wirst sehr interessante Menschen bei dieser Hochzeit treffen und hieraus großen Nutzen ziehen.

Sieh nach, welche Karte sich im 6. Haus befindet. Befindet sich dort eine Herz-, Karo- oder Kreuz-Karte und fällt die HERZ ZEHN in ein Herz-, Karo- oder Kreuz-Haus, so wird durch diese Heirat ein Wunsch für dich in Erfüllung gehen.

Befindet sich aber im 6. Haus eine PIK-KARTE und fällt die HERZ ZEHN in ein PIK-HAUS, so ist es denkbar, daß man dich zu der Hochzeit nicht einlädt. Das wird dich sehr traurig stimmen, denn lange Zeit galtest du als der beste Freund der Braut oder des Bräutigams. Sehr wahrscheinlich ist die Einladung auf dem Weg zu dir verlorengegangen. Frage daher telephonisch kurz an. Man wird sich über deinen Anruf sehr freuen – und du wirst sehen: Man hat dich nicht vergessen! Denke auch immer an die Atemübungen!

## HERZ ZEHN · 11. HAUS
### Heirat · Verbindungen · Vereine · Bruderschaften

Im Haus der Heirat wird dir mitgeteilt, daß du – da die HERZ ZEHN in ihr eigenes Haus fällt – sicher sein kannst, sehr bald in den Stand der Ehe zu treten. Solltest du jedoch schon Kinder im heiratsfähigen Alter haben, so wird es hier bald eine Hochzeit geben. Vielleicht wirst du auch in nächster Zeit zu sehr vielen Hochzeiten eingeladen. Möglicherweise kehrt auch ein alter Freund zu dir zurück. Denkbar ist auch, daß du mit deinen Eltern endlich Frieden schließt. Sie waren seinerzeit gegen deine frühe Heirat, haben jetzt jedoch erkannt, daß du damals den richtigen Partner geheiratet hast. Möglicherweise erhältst du von ihnen noch ein Hochzeitsgeschenk. Hier kann es sich eventuell sogar um ein Haus handeln.

Sieh nach, welche Karte in das 7. Haus fällt. Beachte deren Deutung genau. Sollten dir deine Eltern eine Reise schenken, so ziehe das 8. Haus hinzu. Möglicherweise holst du auch deine bis jetzt aufgeschobene Hochzeitsreise nach. Denkbar ist auch, daß du schon lange mit einem Partner zusammenlebst und daß ihr euch nach zwanzig oder dreißig Jahren des Zusammenlebens doch noch entschließt zu heiraten.

## HERZ NEUN · 2. HAUS
WUNSCH · WÜNSCHE · SEHNSUCHT · HOFFNUNG

Im Haus der Heirat wird dir Folgendes mitgeteilt: Wenn sich im 2. Haus eine Herz-Karte befindet und die HERZ ZEHN in ein Herz-Haus fällt, so wird dein Wunsch, dein Partner möge zu dir zurückkehren, bald in Erfüllung gehen. Kurz darauf werdet ihr heiraten. Solltest du den Wunsch hegen, eine wohlhabende Person zu heiraten, so muß sich im 2. Haus eine Karo-Karte befinden und die HERZ ZEHN in ein Karo-Haus fallen. Besonders günstig sieht es für dich aus, wenn die HERZ ZEHN in das 17. Haus fällt. Solltest du dir eine Ehe wünschen, in der sich dein Partner liebevoll um eure Kinder kümmert, so müssen sich im 2. und im 15. Haus Kreuz-Karten befinden, während die HERZ ZEHN in ein Kreuz-Haus fallen muß. Äußerst günstig wäre es, wenn sie in das 15. Haus fiele.

Befindet sich aber im 2. Haus eine PIK-KARTE und fällt die HERZ ZEHN in ein PIK-HAUS, dann solltest du deine Wünsche bezüglich einer Heirat noch einmal genau überdenken. Übereile nichts und heirate nicht aus Trotz deinen Eltern gegenüber. Mache die Atemübungen und entscheide dich dann.

## HERZ ACHT · 4. HAUS
LIEBE · MONDSCHEIN · ROMANZE · HERZ

Im Haus der Heirat wird dir mitgeteilt, daß du in deinen Partner sehr verliebt bist und ihn bald heiraten wirst. Solltest du noch allein sein, so wirst du sehr bald eine Romanze erleben und dich entschließen, diesen Partner zu ehelichen.

Wenn in das 4. Haus eine Herz-Karte und die HERZ ZEHN in ein Herz-Haus fällt, so wirst du von deinem Partner sehr geliebt. Befindet sich im 4. Haus eine Karo-Karte und fällt die HERZ ZEHN in ein Karo-Haus, so wird deine zukünftige Ehe sehr erfolgreich verlaufen. Dies kann auch für den beruflichen Bereich gelten. Sieh nach, welche Karten in das 17. und in das 25. Haus fallen. Rote Karten zeigen hier etwas Positives an, während schwarze Karten gesondert gedeutet werden müssen. Befindet sich im 4. Haus eine Kreuz-Karte und fällt die HERZ ZEHN in ein Kreuz-Haus, so wirst du in deiner zukünftigen Ehe sehr viele Turbulenzen überstehen müssen. Es kann auch sein, daß du für deinen Mann (oder deine Frau) arbeiten wirst. Die Ehe wird bei der nötigen Toleranz sehr gut funktionieren.

Befindet sich aber im 4. Haus eine PIK-KARTE und fällt die HERZ ZEHN in ein PIK-HAUS, dann solltest du noch einmal deinen Partner prüfen: Paßt er wirklich zu dir? Ist er ehrlich zu dir? Ziehe hier noch das 1. Haus hinzu. Eine rote Karte in diesem Haus bedeutet, daß er ehrlich zu dir ist – vorausgesetzt, der PIK-BUBE fällt in ein rotes Haus. Befindet sich der PIK-BUBE in einem Kreuz-Haus, so mußt du dieses Haus noch deuten. Wenn sich im 1. Haus eine schwarze Karte befindet, so mußt du diese ebenfalls gesondert deuten. Es ist nicht unbedingt gesagt, daß dein Partner dich ständig anlügt, aber einiges deutet darauf hin. Mache immer die Atemübungen! Du wirst sie in der nächsten Zeit sehr gut gebrauchen können.

## HERZ SIEBEN · 12. HAUS
### FRÖHLICHKEIT · GUTE LAUNE · HERZLICHKEIT · FROHSINN

Im Haus der Heirat wird dir mitgeteilt, daß du zu einer Hochzeit gehen und dich dort köstlich amüsieren wirst. Vielleicht unterhältst du dort die Gäste. Solltest du Musiker oder Entertainer sein, so wirst du möglicherweise des öfteren zu Hochzeiten eingeladen. Die Einladungen hast du deiner frohen Natur zu verdanken. Manche beneiden dich darum.

Sieh nach, welche Karte sich im 12. Haus befindet. Befindet sich dort eine Herz-, Karo- oder Kreuz-Karte und fällt die HERZ ZEHN in ein Herz-, Karo- oder Kreuz-Haus, so könnte das bedeuten, daß du dich auf einem Hochzeitsfest verlieben wirst. Deute in diesem Fall auch das 4. Haus mit.

Befindet sich aber im 12. Haus eine PIK-KARTE und fällt die HERZ ZEHN in ein PIK-HAUS, so kann das Unfrieden bei einer Hochzeit, zu der du eingeladen bist, bedeuten. Man wird zuviel Alkohol trinken. Es wird zu einem Wortwechsel kommen. Auch du solltest auf deinen Alkoholkonsum achten. Beginne sofort mit den Atemübungen und sei vorsichtig hinsichtlich des Alkohols! Deine Gesundheit ist durch übermäßigen Alkoholgenuß stark gefährdet, wenn im 1., 16. und im 24. Haus schwarze Karten liegen.

# KARO

## KARO AS · 25. HAUS
Beruf · Firma · Unternehmen · Projekte

Im Haus der Heirat wird dir mitgeteilt, daß du in deiner Firma sehr erfolgreich sein wirst. Du wirst dort Teilhaber – möglicherweise bedingt durch eine Heirat. Auch die Gründung einer Firma oder einer Aktiengesellschaft ist hier denkbar. Solltest du jedoch schon eine Firma oder ein Unternehmen besitzen, so kann es sein, daß du mit einer anderen Firma fusionieren wirst.

Es handelt sich um eine gute Verbindung, wenn sich im 25. Haus eine rote Karte befindet und wenn die HERZ ZEHN in ein rotes Haus fällt. Deute auch das 9. und das 17. Haus sowie die jeweiligen Zuordnungskarten mit. Befinden auch sie sich in roten Häusern, so kann es sich sogar um einen großen Konzern handeln. Befindet sich die HERZ ZEHN in einem Kreuz-Haus, so wirst du möglicherweise in eine Familie einheiraten, die schon mehrere Firmen besitzt. Ziehe auch das 15. Haus hinzu. Karo- und Herz-Karten deuten auf eine »gute Partie« hin, zwar nicht so sehr in finanzieller, dafür aber in familiärer Hinsicht.

Befindet sich aber im 25. Haus eine PIK-KARTE und fällt die HERZ ZEHN in ein PIK-HAUS, dann solltest du mit einer Fusionierung vorsichtig sein. Es ist denkbar, daß dann deine Kompetenzen beschnitten werden. Ziehe auch das 9. und das 17. Haus hinzu. Rote Karten sind hier positiv zu sehen – sie zeigen nur ein vorübergehendes Tief bei Vertragsabschlüssen an. Verschiebe daher die Vertragsunterzeichnung um eine Woche. Überlege dir alles noch einmal ganz genau und denke an die Atemübungen!

## KARO KÖNIG · 9. HAUS
Legale Papiere · Arzt · Anwalt · Notar

Im Haus der Heirat wird dir mitgeteilt, daß du in Kürze ein Heiratsdokument unterzeichnen wirst. Entweder unterzeichnest du als Ehepartner oder als Trauzeuge. In deiner zweiten Funktion wird man dir dankbar dafür sein, daß du als Trauzeuge zugegen bist. Vielleicht führst du auch mit einem Notar oder mit deinem Partner Gespräche über Vermögensangelegenheiten.

Sieh nach, welche Karte sich im 9. Haus befindet. Befindet sich dort eine Herz-, Karo- oder Kreuz-Karte und fällt die HERZ ZEHN in ein Herz-, Karo- oder Kreuz-Haus, so wird dein Partner mit einer rechtlichen Regelung hinsichtlich eurer finanziellen Angelegenheiten einverstanden sein. Das ist auch für eure Kinder sehr wichtig. Vielleicht schließt ihr auch eine Versicherung für euch ab. Es ist gut, wenn du jetzt vorsorgst – die Zeit ist sehr günstig. Befindet sich eine Kreuz-Karte im 9. Haus und fällt die HERZ ZEHN in ein Kreuz-Haus, dann könnte es sein, daß ihr nach eurer Hochzeit bei euren Eltern oder Schwiegereltern wohnen werdet. Ziehe das 15. Haus noch hinzu.

Befindet sich aber im 9. Haus eine PIK-KARTE und fällt die HERZ ZEHN in ein PIK-HAUS, so solltest du dir noch Zeit mit dem Heiraten lassen. Es hat den Anschein, als ob dich dein Partner nur wegen des Geldes oder wegen des angesehenen Namens deiner Familie heiraten will. Beobachte deinen Partner noch einige Wochen und mache in dieser Zeit regelmäßig die Atemübungen!

## KARO DAME · 18. HAUS

JAHRESZEIT · FRÜHJAHR · SOMMER · HERBST · WINTER

Im Haus der Heirat wird dir mitgeteilt, daß man dir – solltest du noch nicht verheiratet sein – in der nächsten Jahreszeit einen Heiratsantrag machen wird oder daß du um jemanden wirbst. Vielleicht lädt man dich auch zu einer Hochzeit ein.

Sieh nach, welche Karte sich im 18. Haus befindet. Befindet sich dort eine rote Karte und fallen in das 21. und in das 4. Haus rote Karten, speziell Herz-Karten, so wirst du einen Heiratsantrag per Brief oder per Telegramm erhalten. Möglicherweise verschickst du auch einen Heiratsantrag. Fällt die HERZ ZEHN in ein rotes Haus, speziell in ein Herz-Haus, so wird von beiden Seiten der Heiratsantrag angenommen. Befinden sich Kreuz-Karten im 18. sowie im 15. Haus und fällt die HERZ ZEHN in ein Kreuz-Haus, so kannst du mit deiner Wahl sehr zufrieden sein.

Befindet sich aber im 18. Haus eine PIK-KARTE und fällt die HERZ ZEHN in ein PIK-HAUS, so solltest du noch mit dem Heiraten warten. Vielleicht willst du gar nicht heiraten, während dich deine Familie dazu drängt.

Lasse dich zu einer Ehe niemals zwingen. Du untergräbst dir deine Freiheit und deine Würde. Denke auch an die Atemübungen!

## KARO BUBE · 21. HAUS

### Briefe · Schriftstücke · Telegramme · Bote · Freund

Im Haus der Heirat wird dir mitgeteilt, daß du in den nächsten Tagen Post erhalten wirst: Ein Bekannter von dir hat geheiratet. Möglicherweise bereitest du auch deine eigene Hochzeit oder die eines Freundes vor und verschickst Einladungen. Vielleicht bietet dir deine Firma die Teilhaberschaft an.

Sieh nach, welche Karten sich im 21. und im 25. Haus befinden. Befinden sich dort rote Karten und fällt die HERZ ZEHN in ein rotes Haus, so wirst du in deiner Familie bald als »Chef« fungieren. Befindet sich im 21., 13. oder 19. Haus eine Herz-, Karo- oder Kreuz-Karte und fällt die HERZ ZEHN in ein Herz-, Karo- oder Kreuz-Haus, so wirst du Hochzeitsvorbereitungen treffen – entweder für dich oder für einen Freund.

Befindet sich aber im 21. Haus eine PIK-KARTE und fällt die HERZ ZEHN in ein PIK-HAUS, so kann es sein, daß dir jemand nicht wohlgesonnen ist und dir daher die Verbindung mit deinem Partner nicht gönnt. Vielleicht erhältst du von ihm einen Brief, in dem er dir nur Schlechtes zu deiner Vermählung wünscht. Ignoriere diesen Brief und mache deine Atemübungen! Verzeihe diesem unglücklichen Menschen und lade ihn zu deiner Hochzeit ein. Er wird deine großzügige Geste zu würdigen wissen.

## KARO ZEHN · 17. HAUS

### Geld · Finanzen · Börse · Einnahmen · Ausgaben

Im Haus der Heirat wird dir mitgeteilt, daß man dir – solltest du in Kürze heiraten – eine größere Geldsumme geben wird. Du wirst das Geld gut anlegen, da dein Partner in Finanzangelegenheiten sehr erfahren ist. Möglicherweise heiratest du auch einen Partner, dessen Familie sehr wohlhabend ist.

Sieh nach, welche Karten in das 17. und in das 4. Haus fallen. Befinden sich dort rote Karten und fällt die HERZ ZEHN in ein rotes Haus, dann wirst du durch deine Heirat zu Ansehen und Wohlstand gelangen. Vergiß jedoch nie diejenigen Menschen und Institutionen, die auf Hilfe und Spenden angewiesen sind. Vielleicht übernimmst du auch einmal die Patenschaft eines Waisenkindes. Befindet sich im 17. Haus eine Kreuz-Karte und fällt die HERZ ZEHN in ein Kreuz-Haus, so wirst du in eine Familie einheiraten, die im Geschäftsleben einen tadellosen Namen hat. Deute hier das 4. und das 15. Haus noch separat.

Befindet sich aber im 17. Haus eine PIK-KARTE und fällt die HERZ ZEHN in ein PIK-HAUS, dann wirst du keine gute Partie machen. Deine Ehe dürfte bald wieder aufgelöst werden. Wer nur des Geldes wegen heiratet, handelt hinterhältig. Solltest du so vorgehen, so mache dir einmal Gedanken über deine Verhaltensweise. Denke auch an die Atemübungen!

## KARO NEUN · 5. HAUS

Überraschung · Überraschungen · Kleine Finanzen

Im Haus der Heirat wird dir Folgendes mitgeteilt: Du wirst von der nochmaligen Heirat einer älteren Person sehr überrascht sein. Es kann auch sein, daß eine Person heiratet, der du diesen Schritt nie zugetraut hast. Vielleicht wird dich aber auch ein Vorschlag sehr überraschen.

Sieh nach, welche Karte sich im 5. Haus befindet. Befindet sich dort eine Herz-, Karo- oder Kreuz-Karte und fällt die HERZ ZEHN in ein Herz-, Karo- oder Kreuz-Haus, so wirst du eine sehr erfreuliche Überraschung erleben.

Befindet sich aber im 5. Haus eine PIK-KARTE und fällt die HERZ ZEHN in ein PIK-HAUS, so kann es sein, daß du eine Nachricht erhältst, die dich sehr überraschen wird, und zwar im negativen Sinne. Vielleicht erhältst du die Mitteilung, daß dein Partner schwer erkrankt ist. Ziehe in diesem Fall auch das 16. Haus hinzu. Befindet sich dort eine rote Karte, so steht es um die Gesundheit deines Partners nicht ganz so schlimm. Mache regelmäßig mit deinem Partner die Atemübungen! Sie haben schon manches Wunder bewirkt. Bitte auch Gott aufrichtig und aus tiefstem Herzen um Hilfe – dann wird sie auch gewährt.

## KARO ACHT · 27. HAUS

ERBE · ERBSCHAFTEN · HINTERLASSENSCHAFTEN · BEKOMMEN

Im Haus der Heirat wird dir mitgeteilt, daß du einer Hochzeit beiwohnen wirst, die unter einem guten Stern steht. Das kann deine eigene, die deiner Eltern oder die deiner Großeltern sein. Es ist auch denkbar, daß du einen alten Freund oder eine alte Freundin ausgerechnet bei einer Hochzeit wiedertriffst. Möglicherweise erhältst du Geld, Edelsteine oder andere wertvolle Dinge, die du sehr gut gebrauchen kannst.

Sieh nach, welche Karten sich im 27. und im 20. Haus befinden. Befinden sich dort rote Karten und fällt die HERZ ZEHN in ein rotes Haus, so wirst du bei deiner Heirat sehr schöne und wertvolle Geschenke erhalten. Befindet sich im 17. Haus eine Karo-Karte und fällt die HERZ ZEHN in ein Karo-Haus, so wird man dir Geld für ein Grundstück, das schon für dich ausgesucht wurde, zur Verfügung stellen. Befindet sich eine Kreuz-Karte im 27. Haus und fällt die HERZ ZEHN in ein Kreuz-Haus, dann wirst du nach deiner Eheschließung entweder bald in dem Familienbetrtieb deines Lebenspartners oder deiner Braut arbeiten oder ein Wald- oder Landstück erhalten.

Befindet sich aber im 27. Haus eine PIK-KARTE und fällt die HERZ ZEHN in ein PIK-HAUS, so wird man dir deine erhaltenen Geschenke nicht gönnen, da man glaubt, daß du sie dir erschlichen hast. Vielleicht ist dieser Gedanke berechtigt. Du mußt das selbst am besten wissen. Gehe in dich, mache die Atemübungen und frage dich, ob du solche Hintergedanken gehegt hast. Vielleicht trifft dies auch auf deinen Partner zu. Dann wird es Zeit, daß ihr euch beide ändert. Die Atemübungen helfen euch, eure Seelen zu reinigen.

## KARO SIEBEN · 3. HAUS

ERFOLG · KARRIERE · AUFSTIEG · LEISTUNG

Im Haus der Heirat wird dir mitgeteilt, daß, solltest du verheiratet sein, deine Ehe ruhig und harmonisch verlaufen wird.

Befindet sich im 3. Haus eine Herz-, Karo- oder Kreuz-Karte und fällt die HERZ ZEHN in ein Herz-, Karo- oder Kreuz-Haus, so hast du deinen Ehepartner fürs Leben gefunden. Was willst du mehr? Danke Gott, daß er dein Schicksal so gut gelenkt hat.

Wenn in das 4. Haus eine rote Karte fällt, so liebt dich dein Partner von ganzem Herzen. Befindet sich im 4. Haus eine Kreuz-Karte, so bedeutet das, daß dein Partner sehr viel Familiensinn zeigt. Du kannst dich bei deinem Partner auf dessen Ehrlichkeit hundertprozentig verlassen, wenn in das 1. Haus eine rote Karte fällt. Schwarze Karten mußt du in diesem Falle gesondert deuten, denn sie zeigen nicht immer etwas Negatives an.

Befindet sich aber im 3. Haus eine PIK-KARTE und fällt die HERZ ZEHN in ein PIK-HAUS, so scheint die Harmonie zwischen dir und deinem Partner gestört zu sein. Gehe auf deinen Partner ein! Vielleicht läßt du ihm nicht genug freien Raum. Sprecht über euer Problem – eine Trennung über eine gewisse Zeit ist hier oftmals der richtige Weg. Ihr braucht Abstand voneinander, damit ihr euch später wieder schätzen werdet. Sieh nach, welche Karte in das 4. Haus fällt. Wenn sich dort eine rote Karte befindet, so handelt es sich vielleicht nur um ein vorübergehendes Tief. Denkt vor allen Dingen an die Atemübungen!

# KREUZ

## KREUZ AS · 20. HAUS

GESCHENK · GESCHENKE (MIT PIK AS: TOD · LAST)

Im Haus der Heirat wird dir mitgeteilt, daß du in Kürze heiraten und sehr viele Geschenke erhalten wirst. Möglicherweise lädt man dich auch zu einer Hochzeit ein. Dort wirst du dem Brautpaar ein wertvolles Geschenk überreichen. Es ist auch möglich, daß du – ohne besonderen Anlaß – deiner Familie ein Geschenk machst, mit dem du sozusagen »ins Schwarze« triffst, da du durch das Geschenk einen langgehegten Wunsch erfüllst.

Sieh nach, welche Karten in das 20. und in das 5. Haus fallen. Fallen dort rote Karten hinein, so wird es sich um ein sehr persönliches Geschenk für deinen Partner und dich handeln – besonders dann, wenn die HERZ ZEHN in ein rotes Haus fällt. Befindet sich im 20. Haus eine Kreuz-Karte und fällt die HERZ ZEHN in ein Kreuz-Haus, dann wirst du deiner Familie in Kürze ein nettes Geschenk überreichen. Sie wird über deinen treffsicheren Geschmack sehr erstaunt sein.

Befindet sich aber im 20. Haus eine PIK-KARTE und fällt die HERZ ZEHN in ein PIK-HAUS, speziell in das 24. Haus, so könnte es möglich sein, daß du einmal deinen Lebenspartner verlieren wirst. Möglicherweise erhältst du auch ein Geschenk zu deiner Hochzeit, welches dir nicht gefällt. Zeige dich trotzdem erfreut, da man dir mit dem Geschenk eine Freude bereiten wollte. Beachte auch immer die Atemübungen!

## KREUZ KÖNIG · 10. HAUS

FERIEN · URLAUB · VATER · ONKEL · GROSSVATER

Im Haus der Heirat wird dir mitgeteilt, daß du – solltest du eine unverheiratete Frau sein – einmal für deinen Mann und deine Kinder den Haushalt besorgen wirst. Solltest du ein Mann und verheiratet sein, so wirst du deine Arbeit zu Hause ausüben und somit immer in der Nähe deiner Familie sein. Vielleicht wechselst du auch öfters deinen Arbeitsplatz, da du dich gerne neuen Aufgaben stellst. Du willst auch nicht das ganze Jahr über arbeiten und siehst deine Tätigkeit zugleich auch als dein

Hobby an. Es kann auch sein, daß jemand in deiner Firma heiratet, die Firma verläßt und du den freigewordenen Arbeitsplatz erhältst.

Sieh nach, welche Karten sich im 10. und im 25. Haus befinden. Befinden sich dort rote Karten und fällt die HERZ ZEHN in ein rotes Haus, so wirst du ein sehr guter Ehemann beziehungsweise eine sehr gute Ehefrau sein. Befindet sich im 10. Haus eine Kreuz-Karte und fallen in das 15. und in das 25. Haus ebenfalls Kreuz-Karten, so bist du der geborene Babysitter – besonders dann, wenn darüber hinaus die HERZ ZEHN in ein Kreuz-Haus fällt. Auch als Erzieher, als Kindergärtnerin oder als Leiter eines Internats würdest du dich eignen, da du junge Menschen sehr gerne hast. Wenn du deinen Beruf dahingehend ausrichtest, wird er dir sehr viel Freude bereiten.

Befindet sich aber im 10. Haus eine PIK-KARTE und fällt die HERZ ZEHN in ein PIK-HAUS, so kann es sein, daß du dich mit deinem Vater oder deinem Onkel verfeinden wirst, und zwar wegen deiner Heirat oder der eines anderen. Versuche immer bei Meinungsverschiedenheiten sachlich zu bleiben. Vergiß vor allen Dingen nicht die Atemübungen!

## KREUZ DAME · 30. HAUS

UNTERSUCHER · UNTERSUCHUNGEN · MUTTER · TANTE · GROSSMUTTER

Im Haus der Heirat wird dir mitgeteilt, daß du – solltest du noch nicht verheiratet sein – dich bald vermählen wirst. Du wirst voraussichtlich im stillen heiraten – ohne Pomp und Aufwand. Denkbar ist auch, daß in deiner Familie eine Hochzeit stattfindet oder daß du für eine fremde Person als Trauzeuge fungierst. Dadurch lernst du neue Freunde kennen.

Sieh nach, welche Karte sich im 30. Haus befindet. Befindet sich dort eine rote Karte und fällt die HERZ ZEHN in ein rotes Haus, so wirst du in Kürze heiraten und Kinder haben. Befindet sich eine Kreuz-Karte im 30. Haus und fällt die HERZ ZEHN in ein Kreuz-Haus, so wirst du per Zufall als Trauzeuge fungieren.

Befindet sich aber eine PIK-KARTE im 30. Haus und fällt die HERZ ZEHN in ein PIK-HAUS, so wird dich dein Partner nicht lieben. Ihr werdet euch bald wieder scheiden lassen, denn ihr paßt nicht zueinander. Du hast zu übereilt gehandelt und wirst daher sehr enttäuscht sein. Gräme dich jedoch nicht, sondern halte Ausschau nach einem Partner fürs Leben, wenn du glaubst, nicht allein sein zu können. Sei aber vorsichtig bei deiner Wahl, damit dir derselbe Fehler nicht noch einmal unterläuft. Suche Unterstützung bei den Atemübungen!

## KREUZ BUBE · 15. HAUS

FAMILIE · SOHN · NEFFE (MIT DAME: TOCHTER · NICHTE)

Im Haus der Heirat wird dir mitgeteilt, daß sich entweder einer deiner Freunde oder aber deine Schwester vermählen wird. Solltest du einen Sohn haben, so wird er dich mit einer Frau besuchen, die er nach deiner Einwilligung heiratet. Vielleicht wirst du auch von einem jungen Ehepaar Besuch erhalten. Es wird einige Zeit bei dir bleiben, da es noch auf Wohnungssuche ist. Möglicherweise stellst du, wenn du geheiratet hast, auch einen Diener an. Es ist aber auch denkbar, daß ein neuer Erdenbürger das Licht der Welt erblickt.

Sieh nach, welche Karte sich im 15. Haus befindet. Befindet sich dort eine rote Karte und fällt die HERZ ZEHN in ein rotes Haus, so wird sehr bald einer deiner Freunde oder ein Familienmitglied heiraten. Auch wirst du in der nächsten Zeit viele Besucher empfangen. Befindet sich im 15. Haus eine Kreuz-Karte und fällt die HERZ ZEHN in ein Kreuz-Haus, so ist es möglich, daß du dir – wenn du Kinder hast – den Kopf über ihre Aussteuer zerbrichst. Mache dir jedoch keine Sorgen darüber, denn es wird sich alles regeln.

Befindet sich aber im 15. Haus eine PIK-KARTE und fällt die HERZ ZEHN in ein PIK-HAUS, so kann es sein, daß dich in der nächsten Zeit ungebetene Gäste besuchen werden. Vielleicht besucht dich auch jemand aus deiner Familie, mit dem du vor langer Zeit im Streit auseinandergegangen bist. Versuche, wenn es dir möglich ist, Vergangenes nicht wieder aufzufrischen und Streit zu vermeiden. Die Zeit heilt alle Wunden! Mache immer den ersten Schritt zum Frieden, dann wirst auch du inneren Frieden und innere Stärke verspüren. Die Atemübungen helfen dir, über gewissen Dingen zu stehen.

## KREUZ ZEHN · 8. HAUS

REISE · STRASSE · WASSER · MEER

Im Haus der Heirat wird dir mitgeteilt, daß du dich auf einer Reise sehr verlieben und diesen Partner später auch heiraten wirst. Möglicherweise ziehst du mit deinem Partner später ins Ausland. Vielleicht unternimmst du auch eine Reise, um alle Freunde, die dir etwas bedeuten, wiederzusehen. Es besteht eine sehr gute Schwingung zu Freunden und Verwandten.

Sieh nach, welche Karte sich im 8. Haus befindet. Befindet sich dort eine Herz-, Karo- oder Kreuz-Karte und fällt die HERZ ZEHN in ein Herz-, Karo- oder Kreuz-Haus, so wirst du im Ausland heiraten. Da du eine gewisse menschliche Wärme ausstrahlst, akzeptiert dich die neue Familie in jeder Beziehung. Aufgrund deiner Charaktereigenschaften schließt du mit vielen Menschen Freundschaft. Behalte sie bei!

Befindet sich aber im 8. Haus eine PIK-KARTE und fällt die HERZ ZEHN in ein PIK-HAUS, so solltest du deine eventuelle Hochzeitsreise auf einen späteren Termin verschieben. Zur Zeit besteht keine gute Schwingung für dich. Es kann auch sein, daß dich die neue Familie nicht gerade herzlich aufnimmt, da sie gegen die Heirat war. Du wirst jedoch mit deinem Partner, der fest an dich glaubt, die Anfangsschwierigkeiten meistern – besonders dann, wenn auch du fest an ihn und darüber hinaus an die Liebe Gottes glaubst. Du kannst deinen Glauben an Gott, an deinen Partner und an dich stärken, wenn du jeden Tag mit deinem Partner gemeinsam die Atemübungen machst.

## KREUZ NEUN · 31. HAUS
GLÜCK · KLEINE REISE · RISIKO

Im Haus der Heirat wird dir mitgeteilt, daß du in deiner zukünftigen Ehe immer wieder von neuen Ereignissen und angenehmen Dingen überrascht werden wirst. Möglicherweise umschmeichelt dich dein Partner immer wieder mit netten Worten und Gesten, was du sehr schätzt. Solltest du jedoch noch allein sein, so findest du durch ein glückliches Geschick bald den idealen Partner.

Sieh nach, welche Karte sich im 31. Haus befindet. Befindet sich dort eine rote Karte und fällt die HERZ ZEHN in ein rotes Haus, so wirst du mit deinem zukünftigen Partner viele glückliche Stunden erleben. Befindet sich eine Kreuz-Karte im 31. Haus und fällt die HERZ ZEHN in ein Kreuz-Haus, so wirst du mit deinem zukünftigen Partner sehr oft auf Reisen sein – besonders dann, wenn sich im 8. Haus eine Herz- oder eine Kreuz-Karte befindet. Vielleicht heiratest du auch einen Artisten oder eine Artistin. Ziehe hier noch das 6. und das 25. Haus hinzu.

Befindet sich aber im 31. Haus eine PIK-KARTE und fällt die HERZ ZEHN in ein PIK-HAUS, dann solltest du dir über deine geplante Heirat noch einmal Gedanken machen. Wenn du jetzt heiratest, verläuft deine Ehe sehr wahrscheinlich recht unglücklich. Lasse dir noch Zeit mit dem Heiraten und übereile nichts. Fordere dein Schicksal nicht heraus, denke an die Atemübungen und warte ab, bis deine Zeit gekommen ist. Auch dir wird Glück in der Liebe beschieden sein.

## KREUZ ACHT · 26. HAUS

NEUE UNTERNEHMUNGEN · MUT · HELDENTAT

Im Haus der Heirat wird dir mitgeteilt, daß du durch deine Heirat zu einer wichtigen Erkenntnis kommen wirst. Vielleicht benutzt du auch deine Heirat, um dich entweder geschäftlich zu verbessern oder um einen Skandal zu verhindern, der dich in deinem Ansehen schädigen oder der dir deine Stellung kosten könnte. Möglicherweise heiratest du auch, um in eine Firma als Partner einsteigen zu können.

Sieh nach, welche Karte sich im 26. Haus befindet. Befindet sich dort eine rote Karte und fällt die HERZ ZEHN in ein rotes Haus, dann wirst du durch deine Heirat auch zu größerem Wohlstand gelangen. Befindet sich eine Kreuz-Karte im 26. Haus, fallen in das 13. und in das 19. Haus rote Karten und befindet sich der KREUZ KÖNIG in einem Herz-Haus, so wird deine Eheschließung einen humanitären Grund haben. Durch diese Heirat wird dein Partner, der vielleicht ein Flüchtling ist, wieder eine Staatsbürgerschaft erlangen.

Befindet sich aber im 26. Haus eine PIK-KARTE und fällt die HERZ ZEHN in ein PIK-HAUS, dann solltest du vorsichtig sein, wenn du nur des lieben Geldes wegen heiraten willst. Überlege dir genau, was du tust! Ist es das Geld wert, um sich in ein Abenteuer zu stürzen, das keine Zukunft hat? Die Atemübungen helfen dir bei dem Aufbau und der Festigung deines Charakters und deiner Persönlichkeit.

## KREUZ SIEBEN · 14. HAUS

NACHRICHTEN · BOTSCHAFT · TRÄNEN · LEID

Im Haus der Heirat wird dir mitgeteilt, daß du bald eine Nachricht übermittelt bekommst, die für dich sehr vorteilhaft sein wird, falls du ein

Geschäft haben solltest. Vielleicht berichtet die Presse ausführlich über deine Heirat und wirbt somit kostenlos für dich und dein Geschäft. Möglicherweise erfährst du auch von der Fusion zweier Firmen, mit denen du zusammenarbeitest. Dieser Umstand kann für deinen geschäftlichen Bereich von äußerster Wichtigkeit sein.

Sieh nach, welche Karten sich im 14. und im 25. Haus befinden. Befinden sich dort rote Karten und fällt die HERZ ZEHN in ein rotes Haus, so kannst du auf dem beruflichen Sektor hinsichtlich deiner Zukunft mit großen Erfolgen rechnen. Befindet sich eine Kreuz-Karte im 14. Haus und fällt die HERZ ZEHN in ein Kreuz-Haus, so ist es möglich, daß du deinen Familienbetrieb veräußerst und ein neues Unternehmen aufbaust.

Befindet sich aber im 14. Haus eine PIK-KARTE und fällt die HERZ ZEHN in ein PIK-HAUS, dann solltest du auf eine eventuell geplante Zusammenlegung deiner Firma mit einer anderen verzichten – besonders dann, wenn sich schwarze Karten, speziell aber PIK-KARTEN, im 17. und im 25. Haus befinden. Du könntest große Verluste erleiden und dein ganzes Vermögen über Nacht verlieren. Lasse dich von sogenannten »Experten« nicht beeinflussen, sondern folge lieber deiner eigenen Intuition. Mache die Atemübungen und vertraue deiner inneren Stimme. Sie wird dich führen und dich vor Verhängnissen bewahren.

# PIK

## PIK AS · 24. HAUS
Tod · Unfall · Schicksalsschläge · Qual · Not

Im Haus der Heirat wird dir mitgeteilt, daß du durch einen Todesfall von einer Person getrennt werden wirst. Entweder verlierst du den Ehepartner, eines deiner Kinder oder einen Freund. Möglich ist aber auch, daß deine Ehe geschieden wird.

Sieh nach, welche Karte sich im 24. Haus befindet. Befindet sich dort eine Herz-Karte und fällt die HERZ ZEHN in ein Herz-Haus, dann könnte es sein, daß eine dir nahestehende Person bald stirbt. Befindet sich die HERZ ZEHN in einem Karo-Haus, so wirst du möglicherweise nach dem Tod einer dir lieben Person sehr viel erben. Ziehe hier das 17. und das 27. Haus noch hinzu. Befindet sich im 24. Haus eine Kreuz-Karte und fällt die HERZ ZEHN in ein Kreuz-Haus, so kann es sein, daß du einen Elternteil durch den Tod verlieren wirst oder daß erst kürzlich jemand aus deiner Familie gestorben ist. Das 15. Haus ist hier mitzudeuten.

Befindet sich aber im 24. Haus eine PIK-KARTE und fällt die HERZ ZEHN in ein PIK-HAUS, dann kann es sein, daß du bald Witwer oder Witwe sein wirst. Wir alle müssen unseren Planeten einmal verlassen. Sei nicht verzweifelt, wenn du eine dir nahestehende Person verlierst. Denn ihre Seele muß weiterwandern, weiterreifen und lernen. Denke immer an deinen Partner, auch wenn er verstorben ist. Du kannst den Kontakt immer aufrechterhalten, und zwar in deinem Herzen. Die regelmäßigen Atemübungen unterstützen dich dabei.

## PIK KÖNIG · 28. HAUS
Rufer · Behörde · Schule · Spital · Institution

Im Haus der Heirat wird dir mitgeteilt, daß du von Personen angerufen wirst, die sich überzeugen wollen, ob du zu Hause bist. Sei vorsichtig – hier kann es sich um Einbrecher handeln. Gib acht und vergewissere dich, ob deine Wohnung auch immer gut abgesichert ist. Möglicherweise dringt auch jemand aus deiner Familie gewaltsam in deine Wohnung ein. Begegne den Menschen, mit denen du in der nächsten Zeit regen Kontakt pflegst, mit äußerster Vorsicht.

Sieh nach, welche Karte sich im 28. Haus befindet. Befindet sich dort eine rote Karte und fällt die HERZ ZEHN in ein rotes Haus, so wirst du möglicherweise zu einer Hochzeit eines Politikers offiziell eingeladen. Befinden sich Kreuz-Karten im 28. und im 15. Haus und fällt die HERZ ZEHN in ein Kreuz-Haus, so kann es sein, daß jemand aus deiner Familie gewaltsam in deine Wohnung eindringt.

Befindet sich aber im 28. Haus eine PIK-KARTE und fällt die HERZ ZEHN in ein PIK-HAUS, dann genieße in der nächsten Zeit die Personen, mit denen du ausgehst, mit Vorsicht. Es ist auch möglich, daß du nach einer Rauferei in ein Spital eingeliefert wirst. Vielleicht hast du auch jemanden schwer verletzt und wirst daher zu einer Gefängnisstrafe verurteilt. Denke immer an die Atemübungen!

## PIK DAME · 29. HAUS
DANKBARKEIT · DUNKLE DAME · UNDANK · NEID

Im Haus der Heirat wird dir mitgeteilt, daß du – solltest du verheiratet sein – in Kürze durch deinen Partner Undank ernten wirst. Möglicherweise schaltet er einen Anwalt ein. Es kann auch sein, daß sich Menschen, von denen du glaubst, sie seien deine besten Freunde, sehr undankbar zeigen. Vielleicht hat sich auch deine Familie sehr großzügig dir gegenüber verhalten.

Sieh nach, welche Karten in das 29., 13. und in das 19. Haus fallen. Fallen dort rote Karten hinein, dann kannst du auf gute und dankbare Freunde zählen – besonders dann, wenn darüber hinaus die HERZ ZEHN in ein rotes Haus fällt. Befinden sich im 29. und im 15. Haus Kreuz-Karten und fallen die HERZ ZEHN und der KREUZ BUBE in Kreuz-Häuser, dann werden dich deine Eltern in vielen wichtigen Angelegenheiten immer wieder unterstützen.

Befindet sich aber im 29., 13. oder im 19. Haus eine PIK-KARTE und fällt die HERZ ZEHN in ein PIK-HAUS, so solltest du dir einen neuen Freundeskreis suchen, bevor du Undank ernten wirst. Vielleicht bist aber auch du manchmal undankbar. Überlege dir genau, was hier zutrifft, und sei vor allen Dingen objektiv. Mache deine Atemübungen!

## PIK BUBE · 1. HAUS
### Gegenwart · Wahrheit · Dunkler Mann · Uniformierter

Im Haus der Heirat wird dir mitgeteilt, daß du sehr bald eine unangenehme Überraschung erleben wirst: Einer deiner Freunde bewegt sich am Rande der Legalität. Da du oft sehr unkonzentriert bist, vergißt du manchmal, deine Wohnungstür abzuschließen. Möglicherweise wird dich auch in den nächsten Tagen ein Vertreter aufsuchen und dich drängen, einen Vertrag zu unterzeichnen. Sei hier in der nächsten Zeit äußerst vorsichtig.

Sieh nach, welche Karte in das 9. Haus fällt, und beachte genau die Deutung. Sieh auch nach, welche Karte in das 1. Haus fällt. Fällt dort eine rote Karte hinein, so kann es sein, daß dir der Briefträger eine erfreuliche Nachricht überbringt. Wenn in diesem Falle die HERZ ZEHN in ein rotes Haus fällt, so wirst du entweder von der Geburt eines Kindes oder von einer Vermählung unterrichtet. Befindet sich im 1. Haus eine Kreuz-Karte und fällt die HERZ ZEHN in ein Kreuz-Haus, so kann es sein, daß du eine Einladung von deiner Familie erhältst. Wenn im 15. Haus eine Herz-, Karo oder Kreuz-Karte liegt, so wird das Zusammentreffen mit deiner Familie sehr harmonisch verlaufen.

Befindet sich aber im 1. Haus eine PIK-KARTE und fällt die HERZ ZEHN in ein PIK-HAUS, dann solltest du Vorsicht walten lassen bei den Leuten, die dich besuchen. Nicht alle sind vertrauenswürdig. Lerne, auch einmal »Nein« zu sagen, und denke an die regelmäßigen Atemübungen!

## PIK ZEHN · 32. HAUS
### Sonne · Entfernungen · Andere Länder · Nacht

Im Haus der Heirat wird dir mitgeteilt, daß in deiner Ehe nicht immer die Sonne scheinen wird. Möglicherweise sprichst du auch mit jemandem und verletzt ihn durch deine Offenheit. Vielleicht bekommst du auch von deiner Firma oder von einer behördlichen Instanz einen Verweis. Möglich ist auch, daß du jemandem einen Verweis erteilst. Denkbar ist auch eine Partnerschaft mit einem Ausländer. Es kann auch sein, daß du dich nach einem behördlichen Verweis so aufregen wirst, daß du eine Klage gegen diese Institution einreichen willst. Tue es nicht, du würdest den Prozeß verlieren!

Sieh nach, welche Karte sich im 32. Haus befindet. Befindet sich dort eine rote Karte und fällt die HERZ ZEHN in ein rotes Haus, so könntest du bald eine Partnerschaft mit einem südländischen Mädchen oder Jungen eingehen. Befindet sich im 8. Haus eine rote Karte, so wird dein Partner aus dem Osten oder dem asiatischen Raum stammen. Befindet sich jedoch im 1. Haus eine rote Karte, so wird dein Partner aus dem Norden kommen, während dein Partner aus dem westlichen Bereich stammt, wenn sich im 25. Haus eine rote Karte befindet. Befindet sich im 32. Haus eine Kreuz-Karte und fällt die HERZ ZEHN in ein Kreuz-Haus, so ist es möglich, daß du Unannehmlichkeiten im Geschäft oder mit deiner Familie haben wirst. Ziehe hier das 15. und das 25. Haus hinzu.

Befindet sich aber im 32. Haus eine PIK-KARTE und fällt die HERZ ZEHN in ein PIK-HAUS, dann solltest du – wenn auch in das 8. Haus eine PIK-KARTE fällt – zum einen ferne Länder meiden und zum anderen auch keine Geschäfte im Ausland abwickeln. Ziehe hier das 25. und das 26. Haus hinzu. Denke an die Atemübungen!

## PIK NEUN · 23. HAUS

DEPRESSION · UNANNEHMLICHKEITEN · KÄLTE

Im Haus der Heirat wird dir mitgeteilt, daß du von deinem Partner nach einem wichtigen Gespräch sehr enttäuscht sein wirst. Möglicherweise verlierst du auch einen guten Freund durch eine Partnerschaft. Denkbar ist auch, daß sich dein Partner einem anderen zuwendet. Aber noch andere Geschehnisse sind denkbar: Entweder wirst du bald geschieden sein, oder dein Gefährte stirbt plötzlich. Solltest du jedoch beabsichtigen zu heiraten, so könnte die Trauung kurzfristig abgesagt werden.

Sieh nach, welche Karte sich im 23. Haus befindet. Befindet sich dort eine rote Karte und fällt in das Haus dieser Karte eine rote Karte, so handelt es sich bezüglich deiner Partnerschaft nur um eine vorübergehende Störung, die jedoch sehr bald wieder vorbei sein wird, wenn die HERZ ZEHN in ein rotes Haus fällt. Befindet sich im 23. Haus eine Kreuz-Karte und fällt die HERZ ZEHN in ein Kreuz-Haus, so ist es möglich, daß deine Familie mit deinem zukünftigen Partner nicht einverstanden ist, was dich sehr kränkt. Hier kann es zu einer Trennung zwischen deinen Eltern und den Eltern deines Partners kommen. Grundsätzliche Meinungsverschiedenheiten deuten sich jedenfalls an. Ziehe hier das 15. Haus noch hinzu.

Befinden sich aber im 23. und im 24. Haus PIK-KARTEN und fällt die HERZ ZEHN in ein PIK-HAUS, so kann es sein, daß du deinen Freund oder deinen Lebensgefährten über Nacht durch einen Unfall oder durch einen Schicksalsschlag verlieren wirst. Das muß nicht unbedingt morgen der Fall sein. Dieser Schicksalsschlag kann dich auch in zehn Jahren treffen. Auf jeden Fall zeigt sich aber ein schwerer Verlust in deinem Leben an. Mache die Atemübungen!

## PIK ACHT · 22. HAUS

ÄRGER · ÄRGERNISSE · STREIT · VERLEUMDUNGEN

Im Haus der Heirat wird dir mitgeteilt, daß du in Geldangelegenheiten entweder jetzt oder in Kürze mit deinem Ehepartner Ärger hast oder haben wirst. Ihr neigt dazu, Schulden zu machen. Vermeide und unterbinde dies! Es kann aber auch sein, daß du einen Streit zwischen Eheleuten schlichten willst und dadurch selbst Ärger bekommst. Vielleicht werden dein Partner und du auch durch einen Besuch sehr gekränkt. Vermeide in der nächsten Zeit Streit mit deinen Freunden und Arbeitskollegen!

Sieh nach, welche Karte in das 22. Haus fällt. Fällt dort eine rote Karte hinein, dann läßt sich ein Streit zwischen deinen Freunden, deinem Partner und dir schlichten. Hier muß aber die HERZ ZEHN in ein rotes Haus fallen! Befindet sich die HERZ ZEHN in einem Kreuz-Haus und fallen Kreuz-Karten in das 22. und in das 23. Haus, so kann es sein, daß sich ein Freund oder eine Freundin sehr depressiv zeigt. Sieh hier in jedem Fall nach, welche Karte in das 24. Haus fällt, und deute sie genau. Rote Karten zeigen den Kummer dieser Person an. Schwarze Karten zeigen an, daß sie schwer krank ist. Hier kann nur ein Arzt helfen.

Befindet sich aber im 22. Haus eine PIK-KARTE und fällt die HERZ ZEHN in ein PIK-HAUS, so wirst du dich mit deinem Partner streiten und eine Scheidung ins Auge fassen. In der nächsten Zeit werdet ihr kaum miteinander reden, da ihr beide sehr eigensinnig seid. Versuche den Anfang zu machen, gehe auf ihn ein, mache mit ihm die Atemübungen – dann wirst du ihn verstehen. Wage diesen Schritt, der zur Rettung deiner Partnerschaft notwendig ist.

## PIK SIEBEN · 16. HAUS
### Gesundheit · Krankheit · Kur · Operation

Im Haus der Heirat wird dir mitgeteilt, daß deine Gesundheit oder die eines anderen deine Ehe sehr beeinflussen wird. Möglicherweise erkrankst du auch plötzlich nach deiner Eheschließung. Hier kann es sich um ein unerwartetes Nervenfieber handeln, das durch die Aufregung der letzten Tage entstanden ist. Vielleicht regst du dich über eine finanzielle Angelegenheit innerhalb deiner Partnerschaft so auf, daß du erkrankst. Versuche dich zu entspannen und mache die Atemübungen.

Sieh nach, welche Karte sich im 16. Haus befindet. Befindet sich dort eine rote Karte und fällt die HERZ ZEHN in ein rotes Haus, so regst du dich über eine Nichtigkeit auf. Beruhige dich daher wieder. Befindet sich eine Kreuz-Karte im 16. Haus und fällt die HERZ ZEHN in ein Kreuz-Haus, so ist es möglich, daß du dich über deine Eltern oder Schwiegereltern aufregst.

Befinden sich aber im 16. und im 28. Haus PIK-KARTEN und fällt die HERZ ZEHN in ein PIK-HAUS, so ist es denkbar, daß dein Partner wegen einer kleinen Operation, die aber sehr viel Aufregung mit sich bringt, ins Spital muß. Nimm diese Angelegenheit gelassen hin und mache regelmäßig die Atemübungen!

Das 12. Haus

# HERZ SIEBEN

Das Haus der Fröhlichkeit, der guten Laune,
der Herzlichkeit und des Frohsinns

# HERZ

## HERZ AS · 7. HAUS

WOHNUNG · BESITZ · HAUS · EIGENTUM

Im Haus der Fröhlichkeit wird dir mitgeteilt, daß du zum einen ein fröhlicher Mensch bist und zum anderen ein gemütliches Zuhause hast. Auch lebst du mit einem netten Partner zusammen, der dich und das Zuhause sehr liebt und der immer wieder versucht, die Wohnung schöner zu gestalten.

Sieh nach, welche Karten sich im 7. und im 25. Haus befinden. Befinden sich dort rote Karten und fällt die HERZ SIEBEN in ein rotes Haus, so ist der Beruf des Raumgestalters genau der richtige für dich. Möglicherweise wirst du auch deinen jetzigen oder zukünftigen Beruf zu Hause ausüben. Befindet sich im 7. Haus eine Kreuz-Karte und fällt die HERZ SIEBEN in ein Kreuz-Haus, so kann es sein, daß du Besuch von deiner Familie erhalten wirst. Sie wird sich über dein geschmackvoll eingerichtetes Heim lobend äußern.

Befindet sich aber im 7. Haus eine PIK-KARTE und fällt die HERZ SIEBEN in ein PIK-HAUS, so solltest du in den nächsten Tagen keine Party bei dir zu Hause veranstalten, denn dein Heim könnte bei dieser Gelegenheit sehr in Mitleidenschaft gezogen werden. Nicht jeder ist ein anständiger Gast. Versuche dich in deinen vier Wänden zu erholen und vergiß dabei die Atemübungen nicht.

## HERZ KÖNIG · 13. HAUS

UNTERHALTUNG · MÄNNLICHER FREUND · BLOND · SPONSOR

Im Haus der Fröhlichkeit wird dir mitgeteilt, daß du in der nächsten Zeit sehr nette Gäste bei dir beherbergen wirst. Bei dir ist es sehr gemütlich, und dein Besuch schätzt dein Heim und deine Gastfreundschaft. Vielleicht bekommst du auch ein Angebot von einem Freund, der dir seine Unterstützung bei der Eröffnung eines Restaurants anbietet. Das Restaurant könnte bald zum Künstlertreffpunkt avancieren.

Nimm das Angebot an, wenn sich im 13. und im 25. Haus rote Karten befinden und wenn die HERZ SIEBEN in ein rotes Haus fällt. Es ist ein sehr gutes Zeichen, wenn du beabsichtigst, dich selbständig zu machen.

Befindet sich im 13. Haus eine Kreuz-Karte und fällt die HERZ SIEBEN in ein Kreuz-Haus, so wird dich jemand aus deiner Familie bei bestimmten Plänen unterstützen. Ziehe hier auch das 15. Haus hinzu!

Befindet sich aber im 13. Haus eine PIK-KARTE und fällt die HERZ SIEBEN in ein PIK-HAUS, so solltest du bei großen Versprechungen sehr vorsichtig sein. Es kann gut sein, daß man dich nur ausnützen will. Deute in diesem Fall auch das 17. und das 25. Haus mit. Sei nicht zu leichtgläubig und versuche immer regelmäßig deine Atemübungen zu machen. Sie helfen dir, deine Sicht der Dinge auszuweiten.

## HERZ DAME · 19. HAUS

FREUNDE · WEIBLICHER FREUND · BLOND · SPONSOR

Im Haus der Fröhlichkeit wird dir mitgeteilt, daß durch sehr gute Freunde Heiterkeit in dein Haus einziehen wird. Du liebst die Gesellschaft. Vielleicht bist du auch wegen deiner Fröhlichkeit der Liebling einer Tante. Du versprühst Charme – und das macht dich sehr beliebt.

Sieh nach, welche Karten sich im 19., 6. und im 13. Haus befinden. Befinden sich dort Herz-Karten und fällt die HERZ SIEBEN in ein Herz-Haus, dann wirst du von einem Menschen sehr geliebt. Wenn sich im 4. Haus eine Herz- oder Karo-Karte befindet, so ist das ein sehr gutes Zeichen für Liebe und eine glückliche Verbindung. Befindet sich im 19. Haus eine Karo- oder eine Kreuz-Karte und fällt die HERZ SIEBEN in ein Karo- oder in ein Kreuz-Haus, dann wirst du wegen deiner heiteren, fröhlichen Art von vielen geliebt.

Befindet sich aber im 19. Haus eine PIK-KARTE und fällt die HERZ SIEBEN in ein PIK-HAUS, so kann es sein, daß du durch deine heitere Art andere Menschen zum Verzweifeln bringst, da sie glauben, du seiest zu oberflächlich. Du solltest dir Freunde suchen, mit denen du auch einmal lachen kannst. Vorsicht ist geboten vor einem Menschen, der versucht dich zu blenden. Mache die Atemübungen regelmäßig, dadurch wirst du lernen, deine Freunde richtig einzuschätzen.

## HERZ BUBE · 6. HAUS

Popularität · Kunst · Jüngerer männlicher Freund · Künstler

Im Haus der Fröhlichkeit wird dir mitgeteilt, daß du durch deine fröhliche Art sehr bekannt werden wirst. Vielleicht wird bei einer öffentlichen Veranstaltung dein Talent entdeckt. Aufgrund deiner fröhlichen Art könnte es sein, daß deine Berufung beim Theater oder Film liegt. Leute wie du, die Ideen und Einfälle haben, werden immer gesucht. Möglicherweise hast du auch Talent zum Schreiben oder zum Malen. In der Kunst kannst du deinen Humor und deine Fröhlichkeit richtig ausdrücken. Wenn du deine Begabung richtig umsetzt, kannst du sehr viel Erfolg haben.

Sieh nach, welche Karten sich im 6. und im 25. Haus befinden. Befinden sich dort rote Karten und fällt die HERZ SIEBEN in ein rotes Haus, so wirst du sehr bald mit deinem Talent bekannt werden und mit vielen fröhlichen Menschen zusammenkommen. Befindet sich im 6. Haus eine Kreuz-Karte und fällt die HERZ SIEBEN in ein Kreuz-Haus, so kann es sein, daß du durch einen Künstler unterstützt wirst, der deine nette und fröhliche Art sehr schätzt. Sieh auch nach, welche Karte in das 4. Haus fällt.

Befindet sich aber eine PIK-KARTE im 6. Haus und fällt die HERZ SIEBEN in ein PIK-HAUS, so kann es sein, daß du mit deiner fröhlichen Art bei vielen Menschen nicht ankommst oder daß man dich nicht verstehen will. Warte ab, die Zeit ist noch nicht reif für dich. Gib jedoch nicht auf und bewahre deine sonnige Art. Wenn du an dich und an deine Arbeit glaubst, wirst du bald überall beliebt sein. Mache regelmäßig die Atemübungen! Sie werden dir helfen, dich weiterhin bei guter Laune zu halten.

## HERZ ZEHN · 11. HAUS

Heirat · Verbindungen · Vereine · Bruderschaften

Im Haus der Fröhlichkeit wird dir mitgeteilt, daß du sehr fröhlich sein wirst, da du von der Heirat eines Menschen hörst, dem du von ganzem Herzen Glück und den richtigen Partner gewünscht hast. Vielleicht heiratest du auch, und das stimmt dich und deinen Partner sehr fröhlich. Es kann auch sein, daß ein naher Freund oder jemand aus der Verwandtschaft heiratet.

Es wird sich um eine gute Verbindung handeln, wenn in das 11. Haus eine rote Karte fällt. Sieh auch nach, in welches Haus die HERZ SIEBEN fällt. Fällt sie in ein rotes Haus, so wird es ein fröhliches Fest werden. Befindet sich im 11. Haus eine Kreuz-Karte und fällt die HERZ SIEBEN in ein Kreuz-Haus, so werden möglicherweise zwei ältere Menschen heiraten, vielleicht deine Großmutter. Denkbar ist auch eine goldene oder gar eine diamantene Hochzeit. Auf jeden Fall wird es ein sehr großes Familienfest geben. Ziehe das 15. Haus noch hinzu. Rote Karten und Kreuz-Karten sind sehr positiv zu werten, PIK-KARTEN bedeuten hier nur eine kurze Unstimmigkeit.

Befindet sich aber im 11. Haus eine PIK-KARTE und fällt die HERZ SIEBEN in ein PIK-HAUS, so kann das bedeuten, daß die Feier um ein paar Tage verschoben werden muß, weil einer der Hauptakteure einen kleinen Unfall hatte. Ziehe in diesem Fall auch das 16. Haus hinzu. Insgesamt sind PIK-KARTEN hier nicht so negativ zu deuten, wie es oftmals der Fall ist. Trotzdem solltest du die Atemübungen nicht vergessen.

## HERZ NEUN · 2. HAUS

WUNSCH · WÜNSCHE · SEHNSUCHT · HOFFNUNG

Im Haus der Fröhlichkeit wird dir mitgeteilt, daß du – sollte ein bestimmter Wunsch demnächst in Erfüllung gehen – äußerst glücklich sein wirst.

Wenn sich im 2. Haus eine Herz-Karte befindet, die HERZ SIEBEN in ein Herz-Haus fällt und sich jene Karte, in deren Haus die HERZ SIEBEN fällt, auch in einem Herz-Haus befindet, so wird dein Wunsch sicherlich bald in Erfüllung gehen. Befindet sich im 2. Haus eine Karo-Karte und fällt die HERZ SIEBEN in ein Karo-Haus, so werden deine Wünsche hinsichtlich finanzieller Sicherheiten in Erfüllung gehen. Vergiß auch nicht, an jene Menschen und Tiere zu denken, die leiden müssen. Hilf ihnen wie auch notleidenden Kindern, indem du versuchst, ihnen etwas von deiner Fröhlichkeit zu vermitteln. Befindet sich im 2. Haus eine Kreuz-Karte und fällt die HERZ SIEBEN in ein Kreuz-Haus, so kann es sein, daß dir jemand aus deiner Familie einen Wunsch erfüllt.

Befindet sich aber im 2. Haus eine PIK-KARTE und fällt die HERZ SIEBEN in ein PIK-HAUS, so kann es sein, daß dein Wunsch in nächster Zeit nicht in Erfüllung gehen wird. Das kann besondere Umstände haben.

Bedenke: Nicht alles im Leben Erwünschte kann in Erfüllung gehen. Mache die Atemübungen!

## HERZ ACHT · 4. HAUS

LIEBE · MONDSCHEIN · ROMANZE · HERZ

Im Haus der Fröhlichkeit wird dir mitgeteilt, daß deine Fröhlichkeit in deiner Liebe zu anderen Menschen begründet ist. Wenn du noch alleine bist, so wirst du sehr bald fröhlich gestimmt werden, denn du bekommst ein Angebot von einem Menschen, der dich sehr gerne hat. Durch diesen Menschen wird dein Leben noch reicher an Erfüllung und an Liebe werden.

Wenn sich im 4. Haus eine Herz-Karte befindet und die HERZ SIEBEN in ein Herz-Haus fällt, so bist du romantisch veranlagt. Befindet sich im 4. Haus eine Karo-Karte und fällt die HERZ SIEBEN in ein Karo-Haus, so wirst du in deinem Leben einmal etwas sehr Wertvolles erhalten, mit dem du anderen Menschen helfen kannst. Zu dieser Hilfe gehören auch viel Liebe und Idealismus, aber du wirst unterstützt werden. Ziehe hier auch die Häuser 9, 13 und 19 hinzu. Befindet sich im 4. Haus eine Kreuz-Karte und fällt die HERZ SIEBEN in ein Kreuz-Haus, so werden deine Fröhlichkeit und die Liebe zu anderen von deinen Eltern und Verwandten oder auch von deinen Kollegen honoriert werden.

Befindet sich aber im 4. Haus eine PIK-KARTE und fällt die HERZ SIEBEN in ein PIK-HAUS, so kann es sein, daß du von einem Menschen schwer enttäuscht werden wirst. Du bist davon überzeugt, daß diese Person ein wahrer Freund ist. Deute auch die Häuser 13 und 19. Vielleicht handelt es sich nur um eine kleine Enttäuschung. Sollten sich dort jedoch schwarze Karten, speziell PIK-KARTEN, befinden, so wirst du eines Tages durch einen Vertrauensbruch sehr enttäuscht werden! Denke daher immer an die Atemübungen!

## HERZ SIEBEN · 12. HAUS

FRÖHLICHKEIT · GUTE LAUNE · HERZLICHKEIT · FROHSINN

Im Haus der Fröhlichkeit wird dir mitgeteilt, daß du – da die HERZ SIEBEN in ihr eigenes Haus fällt – eine sehr lange schöne und fröhliche Zeit in deinem Leben haben wirst. Durch deinen Optimismus wird dir auch vieles gelingen. Sollte dies jedoch einmal nicht der Fall sein, so wird deine Fröhlichkeit dafür sorgen, das Tief zu überwinden. Sicherlich werden dich die Menschen um deinen Optimismus beneiden, aber du kannst ihnen helfen, indem du ihnen gute Ratschläge gibst.

Deine zukünftige Arbeit hat bestimmt etwas mit Fröhlichkeit zu tun. Vielleicht wirst du eines Tages im Varieté auftreten oder für Kinder Theater spielen. Sie werden dich gleich in ihr Herz schließen, weil sie deine positive Strahlung spüren. Es kann aber auch sein, daß du Tieren Hilfe bringen wirst. Vielleicht beherbergst du bald einige Tiere in deiner Wohnung oder auf dem Land. Möglicherweise schenkt man dir auch einen Verlobungsring – oder du verschenkst einen. Auf jeden Fall liegt eine sehr schöne Zukunft vor dir. Deute jene Häuser gesondert, die dich am meisten interessieren.

Bei all diesen erfreulichen Aussichten solltest du aber nicht die Atemübungen vergessen, denn sie werden dich in deinem Glauben bestärken. Du könntest ein überzeugender Prediger oder auch ein hervorragender Pädagoge werden.

# KARO

## KARO AS · 25. HAUS

Beruf · Firma · Unternehmen · Projekte

Im Haus der Fröhlichkeit wird dir mitgeteilt, daß du etwas unternehmen wirst, das dir und auch anderen Menschen Fröhlichkeit bringt. Möglicherweise spielst du gerne den Unterhalter.

Sieh nach, welche Karte sich im 25. und im 6. Haus befindet. Befinden sich dort rote Karten und fällt die HERZ SIEBEN in ein rotes Haus, so besuche eine Theater- oder Schauspielschule. Sieh aber auch nach, welche Karte in das 28. Haus fällt. In diesem Fall müßte auch dort eine rote Karte liegen. Befindet sich im 25. Haus eine Kreuz-Karte und fällt die HERZ SIEBEN in ein Kreuz-Haus, so kann es sein, daß du dich in der nächsten Zeit als Zauberkünstler ausbilden wirst. Du hast Fingerfertigkeit, die aber noch trainiert werden muß.

Befindet sich im 25. Haus eine PIK-KARTE und fällt die HERZ SIEBEN in ein PIK-HAUS, dann solltest du dich von einem »Freund« nicht negativ beeinflussen lassen. Du möchtest oftmals nach den Sternen greifen, weil du geschickt und intelligent bist, läufst aber Gefahr, dich am Rande der Legalität zu bewegen. Versuche deine Geschicklichkeit anderweitig einzusetzen. Wenn du nicht weißt, wie du das bewerkstelligen kannst, so beginne mit den Atemübungen – und schon in einigen Wochen wird aus dir ein anderer Mensch. Dein guter Kern dringt durch, und du beginnst, dich auf Sinnvolles zu konzentrieren.

## KARO KÖNIG · 9. HAUS

Legale Papiere · Arzt · Anwalt · Notar

Im Haus der Fröhlichkeit wird dir mitgeteilt, daß du ein sehr wichtiges Schriftstück von einem Anwalt oder einem Notar erhalten wirst, das dich sehr fröhlich stimmt. Das wird möglicherweise schon in den nächsten Tagen der Fall sein. Es kann auch sein, daß du die Fröhlichkeit von deiner Verwandtschaft geerbt hast, da du eine nette und aufgeschlossene Familie hast. Dies kann sich auch auf einen Freund beziehen. Es kann auch sein, daß du in der nahen Zukunft mit einflußreichen Menschen zusammentreffen wirst, die mit Wertpapieren handeln.

Sieh nach, welche Karte sich im 9. Haus befindet. Befindet sich dort eine rote Karte und fällt die HERZ SIEBEN in ein rotes Haus, so werden die Schriftstücke, die du erhalten wirst, dich bald sehr wohlhabend machen. Ziehe hier das 17. und das 25. Haus hinzu. Befindet sich eine Kreuz-Karte im 9. Haus und fällt die HERZ SIEBEN in ein Kreuz-Haus, dann wirst du von einem Verwandten eine Erbschaft erhalten. Hier mußt du das 27. Haus hinzuziehen.

Befindet sich aber im 9. Haus eine PIK-KARTE und fällt die HERZ SIEBEN in ein PIK-HAUS, so wird es wegen eines Schriftstückes Ärger geben. Es kann sein, daß ein Testament nicht gefunden wird. Möglicherweise werden auch durch einige Briefe schlechte Nachrichten über dich verbreitet, weil man auf dich neidisch ist, da du so erfolgreich und fröhlich bist. Sieh in diesem Falle auch nach, welche Karten in das 14. und in das 21. Haus fallen. Fällt in eines dieser Häuser eine Personenkarte hinein, so kannst du vielleicht herausfinden, um welche Person es sich hier handelt. Ziehe auch das 15. Haus noch hinzu. Wenn du die Atemübungen regelmäßig machst, dann baust du dir einen positiven Schutzmantel auf – und das Negative kann dir nichts mehr anhaben.

## KARO DAME · 18. HAUS
### JAHRESZEIT · FRÜHJAHR · SOMMER · HERBST · WINTER

Im Haus der Fröhlichkeit wird dir mitgeteilt, daß du sehr enttäuscht sein wirst, weil eine Abmachung nicht eingehalten wird. Möglicherweise mußt du auch noch etwas auf deinen Erfolg warten. Eventuell dauert dein Studium noch einige Semester. Werde nicht ungeduldig, gib nicht so schnell auf, du wirst dein Ziel erreichen.

Sieh nach, welche Karte sich im 18. Haus befindet. Befindet sich dort eine rote Karte und fällt die HERZ SIEBEN in ein rotes Haus, so wirst du dein Ziel entweder im Frühjahr oder im Sommer erreichen. Befindet sich eine Kreuz-Karte im 18. Haus und fällt die HERZ SIEBEN in ein Kreuz-Haus, so wirst du dein Ziel im Herbst oder im Winter erreichen.

Befindet sich aber eine PIK-KARTE im 18. Haus und fällt die HERZ SIEBEN in ein PIK-HAUS, so solltest du dein Studium nicht auf die leichte Schulter nehmen, sondern ernsthaft betreiben. Anderenfalls wirst du dein gestecktes Ziel nie erreichen. Lasse dich nicht von schlechten Freunden beeinflussen! Sie wollen dich nur ablenken, weil du so ein netter und fröhlicher Mensch bist. Benutze deine Intelligenz und lerne weiter. Solltest du unter Konzentrationsschwäche leiden, so mache die Atemübungen! Du wirst in kürzester Zeit wieder aufnahmefähig sein und mühelos lernen können.

## KARO BUBE · 21. HAUS

Briefe · Schriftstücke · Telegramme · Bote · Freund

Im Haus der Fröhlichkeit wird dir mitgeteilt, daß du sehr bald eine Nachricht erhalten wirst, die dich sehr fröhlich stimmen wird. Hier kann es sich um einen Liebesbrief, eine Einladung von einem guten Freund zu einem ausverkauften Konzert oder um eine Einladung zu einem guten Essen handeln.

Sieh nach, welche Karte sich im 21. Haus befindet. Befindet sich dort eine rote Karte und fällt die HERZ SIEBEN in ein rotes Haus, so wird dich die Nachricht sehr fröhlich, ja sogar übermütig stimmen. Du könntest sozusagen »Bäume ausreißen«. Ziehe hier das 5. und das 14. Haus noch hinzu. Befindet sich im 21. Haus eine Kreuz-Karte und fällt die HERZ SIEBEN in ein Kreuz-Haus, so wirst du bald einen Schulausflug oder einen Firmenausflug machen. Ziehe hier das 8. und das 31. Haus noch hinzu.

Befindet sich aber im 21. Haus eine PIK-KARTE und fällt die HERZ SIEBEN in ein PIK-HAUS, so wird deine Vorfreude durch eine schlechte Nachricht getrübt werden – besonders dann, wenn sich im 14. Haus eine schwarze Karte, speziell eine PIK-KARTE, befindet: Ein mögliches Treffen, auf das du dich schon lange gefreut hast, findet nicht statt; ein Konzert wird kurzfristig abgesagt; ein Abend mit netten Freunden endet mit einem Mißklang. Versuche die Atemübungen immer regelmäßig zu machen, dann wirst du mit der Zeit lernen, über den Dingen zu stehen.

## KARO ZEHN · 17. HAUS

Geld · Finanzen · Börse · Einnahmen · Ausgaben

Im Haus der Fröhlichkeit wird dir mitgeteilt, daß du durch deinen persönlichen Einsatz eine beachtliche Geldsumme erhalten wirst. Vielleicht sparst du auch Geld für schlechte Zeiten an. Es ist auch möglich, daß du in der nächsten Zeit ein Bankkonto eröffnen wirst, um für dein Alter vorzusorgen.

Sieh nach, welche Karte sich im 17. Haus befindet. Befindet sich dort eine rote Karte und fällt die HERZ SIEBEN in ein rotes Haus, so kannst du ein Glücksspiel wagen, bei dem du deinen Einsatz mehrfach zurückgewinnst – besonders dann, wenn sich im 31. und im 27. Haus Karo-Karten befinden. Befindet sich im 17. Haus eine Kreuz-Karte und fällt die HERZ SIEBEN in ein Kreuz-Haus, so wird jemand aus deiner Familie dich finanziell unterstützen. Eventuell nimmst du auch einen Geschäftspartner in deine Firma auf. Für die Deutung der Familie mußt du das 15. Haus, für die der Firma das 9. und das 25. Haus hinzuziehen.

Befindet sich aber im 17. Haus eine PIK-KARTE und fällt die HERZ SIEBEN in ein PIK-HAUS, so solltest du in der nächsten Zeit keine Glücksspiele wagen, denn du könntest deine ganze Barschaft verlieren. Sieh nach, welche Karte in das 31. Haus fällt, und beachte die genaue Deutung. Du solltest in der nächsten Zeit auch gewisse Nachtlokale meiden, denn dort wirst du sicherlich nicht den Trost finden, den du benötigst. Versuche, wenn du schon seit längerer Zeit etwas verwirrt bist, die Atemübungen zu machen. Sie bringen dir wieder klare Gedanken und helfen dir, dich selbst zu erkennen.

## KARO NEUN · 5. HAUS

### Überraschung · Überraschungen · Kleine Finanzen

Im Haus der Fröhlichkeit wird dir mitgeteilt, daß du möglicherweise noch in dieser Woche ein Geschenk erhalten wirst, daß dich sehr fröhlich stimmen wird. Vielleicht erhältst du ein Buch, Karten für die Oper, für das Theater oder für ein Pferderennen. Du wirst über das Geschenk sehr überrascht sein, da die Person dein Steckenpferd genau zu kennen scheint.

Sieh nach, welche Karte sich im 5. Haus befindet. Befindet sich dort eine rote Karte und fällt die HERZ SIEBEN in ein rotes Haus, so wirst du über das Geschenk sehr erfreut und überrascht sein. Du wirst noch des öfteren in deinem Leben angenehm überrascht werden. Da du ein fröhlicher Mensch bist und vielen durch deine Fröhlichkeit hilfst, wirst du auch oft Dankbarkeit ernten. Befindet sich eine Kreuz-Karte im 5. Haus und fällt die HERZ SIEBEN in ein Kreuz-Haus, so wirst du – vielleicht in Form einer Gehaltserhöhung – möglicherweise von deiner Firma überrascht.

Befindet sich aber im 5. Haus eine PIK-KARTE und fällt die HERZ SIEBEN in ein PIK-HAUS, so könnte es eine böse Überraschung für dich geben. Ein fröhlicher Abend oder ein fröhliches Beisammensein kann plötzlich sehr unerfreulich enden, vielleicht sogar mit einer Schlägerei. Du mußt nicht daran beteiligt sein, aber trotzdem befindest du dich in Gefahr. Denkbar ist auch, daß auf der Straße ein Unfall passiert oder daß jemand in ein Spital eingeliefert wird. Ziehe hier auch das 8. Haus hinzu. Rote Karten mindern die schlechte, schwarze Karten verstärken die negative Deutung. Mache immer regelmäßig die Atemübungen! Durch sie kannst du den Aufbau deiner inneren Entfaltung fördern, Gefahren rechtzeitig erkennen und ihnen aus dem Weg gehen.

## KARO ACHT · 27. HAUS

ERBE · ERBSCHAFTEN · HINTERLASSENSCHAFTEN · BEKOMMEN

Im Haus der Fröhlichkeit wird dir mitgeteilt, daß du eine Erbschaft machen wirst. Das stimmt dich sehr fröhlich, weil du dich dadurch endlich wieder freier fühlen kannst. Auch wird dich eine Person sehr fröhlich stimmen, weil du spürst: sie liebt dich! Auch wirst du in Zukunft ein ständiges Einkommen haben. Dein Partner und du können einer schönen Zeit entgegensehen.

Sieh nach, welche Karten sich im 27. und im 17. Haus befinden. Befinden sich dort rote Karten und fällt die HERZ SIEBEN in ein rotes Haus, dann wird eure Zukunft durch eine Erbschaft erfreulich verlaufen. Befindet sich eine Kreuz-Karte im 27. Haus und fällt die HERZ SIEBEN in ein Kreuz-Haus, so kann es sein, daß du durch deine Verwandtschaft ein Geschäft oder eine Fabrik erben wirst. Ziehe hier noch das 25. Haus hinzu.

Befindet sich aber im 27. Haus eine PIK-KARTE und fällt die HERZ SIEBEN in ein PIK-HAUS, so kann es sein, daß dich jemand um dein Erbe bringen will. Dieser jemand gönnt dir dein Erbe nicht und fälscht möglicherweise das Testament. Mache dir nichts daraus, wenn du etwas nicht bekommst. Materielle Werte sind nicht die alleinigen Werte, nach denen ein Mensch streben sollte. Versuche die Atemübungen regelmäßig zu machen – und du wirst erkennen, welche Werte deinem Leben Sinn und Erfüllung geben können.

## KARO SIEBEN · 3. HAUS
ERFOLG · KARRIERE · AUFSTIEG · LEISTUNG

Im Haus der Fröhlichkeit wird dir mitgeteilt, daß in Zukunft sehr viel Erfolg und sehr viel Fröhlichkeit auf deinem Weg liegen werden. Möglicherweise hat deine Fröhlichkeit ihren Ursprung in zufriedenstellenden Geschäftsabschlüssen oder in ausgedehnten Reisen mit guten Freunden. Da deine nahe Zukunft abwechslungsreich verlaufen wird, solltest du dich schon jetzt sehr darauf einstellen: Viele Einladungen und Verpflichtungen warten auf dich. Man liebt deine Gesellschaft, und auch dein Humor wird geschätzt.

Sieh nach, welche Karte sich im 3. Haus befindet. Befindet sich dort eine rote Karte und fällt die HERZ SIEBEN in ein rotes Haus, so wird die nächste Zeit und auch die fernere Zukunft für dich sehr erfolgreich verlaufen. Befindet sich im 3. Haus eine Kreuz-Karte und fällt die HERZ SIEBEN in ein Kreuz-Haus, so wird dein Erfolg von anderen Menschen zum Positiven beeinflußt. Dein Aufstieg wird zwar nicht im »Eiltempo« vor sich gehen, aber der Erfolg wird sich auf jeden Fall einstellen. Außerdem hat ein schneller Aufstieg schon manchen zu Fall gebracht.

Befindet sich aber im 3. Haus eine PIK-KARTE und fällt die HERZ SIEBEN in ein PIK-HAUS, so solltest du bei all deinen Aktivitäten sehr vorsichtig sein. Du investierst vielleicht in deine Zukunft, ohne dir vor Augen zu führen, was du eigentlich willst. Konzentriere dich auf das für dich Wesentliche und überlege genau, wie du deine Stärken richtig zur Geltung bringen kannst. Hierbei helfen dir die regelmäßigen Atemübungen. Bald merkst du, wie es mit dir aufwärtsgeht und wie deine Beliebtheit bei deinen Mitmenschen steigt.

# KREUZ

## KREUZ AS · 20. HAUS

GESCHENK · GESCHENKE (MIT PIK AS: TOD · LAST)

Im Haus der Fröhlichkeit wird dir mitgeteilt, daß du durch ein Geschenk sehr froh und gut gelaunt sein wirst. Hier handelt es sich um ein sehr nettes und persönliches Geschenk. Möglicherweise erhältst du eine wertvolle Halskette oder einen kostbaren Ring, vielleicht auch ein hübsches, zierliches Möbelstück, das du dir schon sehr lange gewünscht hast. Vielleicht handelt es sich auch um ein Geschenk aus einem fernen Land.

Sieh nach, welche Karte sich im 20. Haus befindet. Befindet sich dort eine rote Karte und fällt die HERZ SIEBEN in ein rotes Haus, so ist es möglich, daß du von deinem Freund oder von deinem Partner ein herrliches Geschenk erhälst. Befindet sich im 20. Haus eine Kreuz-Karte und fällt die HERZ SIEBEN in ein Kreuz-Haus, so bekommst du von deinen Eltern oder deinen Verwandten ein Geschenk, das du dir schon lange gewünscht hast.

Befindet sich aber im 20. Haus eine PIK-KARTE und fällt die HERZ SIEBEN in ein PIK-HAUS, so kann es sein, daß du das versprochene Geschenk nicht erhalten wirst. Vielleicht freut sich ein anderer über das dir zugesagte Geschenk. Sei nicht traurig darüber, sondern freue dich mit ihm! Dein zukünftiger Lebensweg hängt nicht von einem einzelnen Geschenk ab! Wenn du täglich die Atemübungen machst, erkennst du bald, daß sie mehr wert sind als alle Geschenke dieser Erde. Du spürst: Gott wohnt in dir – und du wirst ein zufriedener und bescheidener Mensch. Das ist das wahre Geschenk des Himmels.

## KREUZ KÖNIG · 10. HAUS

FERIEN · URLAUB · VATER · ONKEL · GROSSVATER

Im Haus der Fröhlichkeit wird dir mitgeteilt, daß du dich über deine Arbeit und über deinen regelmäßigen Urlaub sehr freust. Möglicherweise hängt deine Fröhlichkeit aber auch mit einer Erkenntnis, zu der du während deines Urlaubs gekommen bist, zusammen. Vielleicht ergreifst du daraufhin einen neuen Beruf.

Sieh nach, welche Karte sich im 10. Haus befindet. Befindet sich dort eine rote Karte und fällt die HERZ SIEBEN in ein rotes Haus, dann hast du es gerne, wenn du dich in deinem Beruf mit interessanten Dingen beschäftigen kannst. Vielleicht solltest du einen Beruf wählen, der mit Reisen zu tun hat. In diesem Fall mußt du auch das 8. und das 25. Haus hinzuziehen. Es kann aber auch sein, daß du Ferienbekanntschaften schließt und mit diesen Leuten auch nach dem Urlaub brieflichen Kontakt pflegst. Hier mußt du das 21. Haus zur Deutung hinzuziehen. Befindet sich im 10. Haus eine Kreuz-Karte und fällt die HERZ SIEBEN in ein Kreuz-Haus, so ist es möglich, daß dein nächster Beruf etwas mit Familienplanung zu tun haben wird. Dein zukünftiger Beruf kann für dich so wichtig sein, daß du dich für andere Menschen so einsetzen wirst wie Eltern für ihre Kinder.

Befindet sich aber im 10. Haus eine PIK-KARTE und fällt die HERZ SIEBEN in ein PIK-HAUS, so könnte deine Familie in Zukunft mit deinem Beruf nicht einverstanden sein, da du dich ihrer Meinung nach zu sehr um andere Menschen kümmerst. Es ist denkbar, daß du Rückschläge erleiden wirst – aber wer an sich und an Gott glaubt, für den ist alles überwindbar. Um dein Kraftfeld weiterhin positiv auszubauen, solltest du regelmäßig die Atemübungen machen. Sie werden dir auch helfen, dein inneres Gleichgewicht zu festigen.

## KREUZ DAME · 30. HAUS

UNTERSUCHER · UNTERSUCHUNGEN · MUTTER · TANTE · GROSSMUTTER

Im Haus der Fröhlichkeit wird dir mitgeteilt, daß dein Leben oftmals sehr fröhlich und heiter verlaufen wird. Auch wirst du einmal in deinem Leben etwas herausfinden oder erfinden, das andere Menschen sehr fröhlich machen wird.

Sieh nach, welche Karte sich im 30. Haus befindet. Befindet sich dort eine rote Karte und fällt die HERZ SIEBEN in ein rotes Haus, dann kannst du ein ausgefülltes und fröhliches Leben erwarten. Durch deinen Optimismus wird dir einiges im Leben äußerst leichtfallen. Befindet sich im 30. Haus eine Kreuz-Karte und fällt die HERZ SIEBEN in ein Kreuz-Haus, so wird dir etwas gelingen, das andere Menschen sehr fröhlich machen wird – besonders dann, wenn in das 25. Haus eine rote Karte fällt. Ziehe hier zur Deutung noch das 6. Haus hinzu.

Befindet sich aber im 30. Haus eine PIK-KARTE und fällt die HERZ SIEBEN in ein PIK-HAUS, so kann es sein, daß dein Humor in der nächsten Zeit nicht verstanden wird. Möglicherweise erlaubt sich auch jemand einen derben Spaß mit dir. Sollten zur Zeit auf deine gewohnte Fröhlichkeit einige Schatten fallen, so mache regelmäßig die Atemübungen! Sie helfen dir, bald wieder ein lächelnder und positiver Mensch zu sein.

## KREUZ BUBE · 15. HAUS

FAMILIE · SOHN · NEFFE (MIT DAME: TOCHTER · NICHTE)

Im Haus der Fröhlichkeit wird dir mitgeteilt, daß jemand aus deiner Familie versucht, Unruhe in dein privates Leben zu bringen. Distanziere dich von dieser Person, denn sie wird immer wieder versuchen, sich in dein Leben einzumischen.

Sieh nach, welche Karte sich im 15. Haus befindet. Befindet sich dort eine Herz-Karte und fällt die HERZ SIEBEN in ein HERZ-HAUS, so versucht diese Person, dich bei deinem Liebespartner schlechtzumachen. Vergleiche auch die Häuser 13. und 19. Befinden sich in diesen Häusern Personenkarten, so kannst du herausfinden, um wen es sich hier handelt. Befindet sich im 15. Haus eine Karo-Karte und fällt die HERZ SIEBEN in ein KARO-HAUS, so kann es sein, daß sich in nächster Zeit jemand aus deiner Firma in dein Privatleben einmischen und Unruhe stiften wird. Befindet sich in diesem Fall im 22. oder im 23. Haus eine Karo-Personenkarte, dann kannst du daraus vielleicht schließen, wer sich in deine Privatspähre drängen will. Karo-Karten sind in diesem Fall negativ zu deuten. Als Abschwächung müssen im 13. und im 19. Haus Herz-Karten liegen. Hier könnte es sich um eine heimliche Verehrerin oder einen heimlichen Verehrer aus deiner Firma handeln. Hier mußt du das 25. Haus hinzuziehen. Rot ist positiv zu deuten! Befindet sich im 15. Haus eine Kreuz-Karte und fällt die HERZ SIEBEN in ein KREUZ-HAUS, so ist die betreffende Person in deiner Familie zu suchen. Ihr gefällt deine lockere Art nicht! Eine Personenkarte in diesem Haus gibt dir Aufschluß darüber, um wen es sich hier handelt.

Befindet sich aber im 15. Haus eine PIK-KARTE und fällt die HERZ SIEBEN in ein PIK-HAUS, so wirst du in der nächsten Zeit nicht gerade Grund haben, sehr fröhlich zu sein. Du wirst möglicherweise sehr schlecht gelaunt sein, ohne recht zu wissen warum. Versuche dich zu entspannen und mache regelmäßig deine Atemübungen!

## KREUZ ZEHN · 8. HAUS
### Reise · Strasse · Wasser · Meer

Im Haus der Fröhlichkeit wird dir mitgeteilt, daß du in Zukunft sehr erfreut sein wirst, da du viel reisen kannst. Sieh dir die Welt an, wann immer es dir möglich ist. Deine Fröhlichkeit resultiert nicht zuletzt aus deiner Bereitschaft, mit vielen Menschen Kontakte zu schließen. Dadurch ergibt sich auch oft für dich die Möglichkeit, deine oder die Produkte deiner Firma weltweit zu verkaufen.

Sieh nach, welche Karte sich im 8. Haus befindet. Befindet sich dort eine Herz-, Karo- oder Kreuz-Karte und fällt die HERZ SIEBEN in ein Herz-, Karo- oder Kreuz-Haus, so lernst du künftig sehr viele Menschen kennen. Du wirst sehr viel reisen, und zwar mit dem Schiff, der Bahn, dem Flugzeug und dem Auto. Sieh auch nach, welche Karten in das 31. und in das 25. Haus fallen. Diese Häuser stehen für große Geschäftsreisen und Abenteuer.

Befindet sich aber im 8. Haus eine PIK-KARTE und fällt die HERZ SIEBEN in ein PIK-HAUS, so mußt du bei deinen Reisen ins Ausland sehr vorsichtig sein. Nicht immer wird dein Verhalten auch richtig verstanden. Informiere dich vor deinen Reisen über die Menschen des Landes, über ihre Mentalität, ihre Kultur und ihre Sitten, dann kannst du dich dementsprechend verhalten. Denke auch immer an die Atemübungen! Sie werden dir helfen, fremde Menschen und fremde Länder besser zu verstehen.

## KREUZ NEUN · 31. HAUS
### Glück · Kleine Reise · Risiko

Im Haus der Fröhlichkeit wird dir mitgeteilt, daß du eine brillante Zukunft vor dir hast. Das wird dich sehr fröhlich stimmen. Eine Hochstimmung ergreift dich geradezu! Werde aber nicht zu übermütig! Alles hat seine Grenzen. Wenn du es jedoch verstehst, dein Hoch richtig »einzuteilen«, so wird es sehr lange anhalten.

Sieh nach, welche Karte sich im 31. Haus befindet. Befindet sich dort eine Herz-, Karo- oder Kreuz-Karte und fällt die HERZ SIEBEN in ein Herz-, Karo- oder Kreuz-Haus, so liegt viel Glück auf deinem Weg. Auch mehrere kleine Reisen wirst du unternehmen. Wenn sich im 17., 27. und im 5. Haus eine Karo-Karte befindet, so wirst du auch Glück im Spiel haben. Wenn im 25. und im 27. Haus eine Herz- oder eine Karo-

Karte liegt, so wirst du Glück im Beruf haben. Und sollte sich im 25., 9. und im 17. Haus eine Karo- oder eine Kreuz-Karte befinden, so wirst du Glück im Geschäft haben.

Befindet sich aber im 31. Haus eine PIK-KARTE und fällt die HERZ SIEBEN in ein PIK-HAUS, so scheint dein Glück in der nächsten Zeit gestört zu sein. Das kann entweder durch Eigenverschulden oder durch äußere Einflüsse geschehen. Du mußt in der nächsten Zeit sehr aufpassen mit dem, was du unternimmst. Sei auch vorsichtig bei abendlichen kleinen Reisen. Gehe keine Risiken ein. Lege dir eine Woche später wieder die Karten und vergleiche sie mit dem jetzigen Bild. Vielleicht handelt es sich nur um ein vorübergehendes Tief. Denke auch immer an die Atemübungen!

## KREUZ ACHT · 26. HAUS
### Neue Unternehmungen · Mut · Heldentat

Im Haus der Fröhlichkeit wird dir mitgeteilt, daß du während deiner Arbeit oder deinem Schulbesuch immer gute Laune zeigst. Daher bist du auch bei deinen Kollegen äußerst beliebt. Dein Einfallsreichtum wird sehr bewundert. Da du nicht kompliziert denkst, fällt es dir sehr leicht, Veränderungen auf eine einfache Basis zu bringen. Und da dir das alles so leicht gelingt, bist du sehr froh über diese positive Eigenschaft.

Sieh nach, welche Karte sich im 26. Haus befindet. Befindet sich dort eine Herz- oder eine Karo-Karte und fällt die HERZ SIEBEN in ein Herz- oder in ein Karo-Haus, so wirst du mit »Leib und Seele« bei der Sache sein und sehr viele Erfolge verzeichnen können. Bewahre dir dein Verhalten und lasse dich nicht von der Profitgier verleiten! Befindet sich im 26. Haus eine Kreuz-Karte und fällt die HERZ SIEBEN in ein Kreuz-Haus, so kann es sein, daß du einmal durch deinen Mut einem Menschen das Leben retten wirst.

Befindet sich aber im 26. Haus eine PIK-KARTE und fällt die HERZ SIEBEN in ein PIK-HAUS, dann solltest du nicht immer versuchen, deinen Mut vor anderen Menschen unter Beweis zu stellen. Du läßt dich zu leicht in Dinge ein, die sehr waghalsig sind, aber im Endeffekt nichts einbringen. Wenn du schon deinen Mut beweisen möchtest, dann gehe dorthin, wo Menschen mit Mut und Zivilcourage dringend benötigt werden, zum Beispiel in die Entwicklungshilfe. Die Atemübungen helfen dir, deinen Mut zu stärken, damit du Großes und Sinnvolles leisten kannst.

## KREUZ SIEBEN · 14. HAUS
NACHRICHTEN · BOTSCHAFT · TRÄNEN · LEID

Im Haus der Fröhlichkeit wird dir mitgeteilt, daß du in der nächsten Zeit sehr viele Einladungen erhalten wirst. Es ist aber unmöglich für dich, allen Verpflichtungen nachzukommen. Gehe daher nur zu den wichtigsten Einladungen. Es kann auch sein, daß du bald eine sehr erfreuliche Nachricht erhältst, in der du sehr gelobt wirst.

Sieh nach, welche Karte sich im 14. Haus befindet. Befindet sich dort eine rote Karte und fällt die HERZ SIEBEN in ein rotes Haus, so wird für dich eine Einladung von großer Wichtigkeit für deine Zukunft sein. Befindet sich eine Kreuz-Karte im 14. Haus und fällt die HERZ SIEBEN in ein Kreuz-Haus, so kann die wichtige Nachricht von deiner Familie kommen. Möglicherweise handelt es sich auch um eine geschäftliche Nachricht.

Befindet sich aber im 14. Haus eine PIK-KARTE und fällt die HERZ SIEBEN in ein PIK-HAUS, so solltest du dich auf eine schlechte Nachricht vorbereiten. Sie wird in den nächsten Tagen kommen und dir einige Tränen kosten. Sieh auch nach, welche Karte in das 21. Haus fällt. Fällt dort eine rote Karte hinein, dann ist die Nachricht nicht so schlimm. Befindet sich aber dort eine schwarze Karte, speziell eine PIK-KARTE, so wirst du eine traurige Nachricht erhalten. Mache aber auf jeden Fall die Atemübungen. Wenn du traurige Nachrichten erhältst, so überlege dir, daß auch in der Trauer ein Sinn liegen kann; an ihr kannst du reifen und ein bewußterer Mensch werden.

# PIK

## PIK AS · 24. HAUS
TOD · UNFALL · SCHICKSALSSCHLÄGE · QUAL · NOT

Im Haus der Fröhlichkeit wird dir mitgeteilt, daß der Tod einer bestimmten Person dich nicht gerade sehr traurig stimmt, da sie dich oftmals sehr schlimmen Qualen ausgesetzt hat. Möglicherweise wirst du aber auch über den Tod eines geliebten Menschen trauern müssen. Vielleicht stirbt auch ein Tier, das dich sehr lange während deines Lebens begleitet hat. Denkbar ist auch das Ende einer unangenehmen Situation. Hier kann es sich nur um das Ende eines sehr langen Streites innerhalb deiner Familie handeln.

Sieh nach, welche Karte sich im 24. Haus befindet. Befindet sich dort eine Herz-Karte und fällt die HERZ SIEBEN in ein Herz-Haus, so ist es möglich, daß jemand stirbt, den du sehr liebst oder geliebt hast. Befindet sich eine Karo- oder Kreuz-Karte im 24. Haus und fällt die HERZ SIEBEN in ein Karo- oder Kreuz-Haus, so kann es sein, daß eine Firma Konkurs anmelden muß – entweder deine eigene oder die, bei der du arbeitest. Es ist auch möglich, daß dein Vorgesetzter oder jemand aus deiner Familie stirbt. Vergleiche für die Firma das Haus 24 und für die Familie das Haus 15.

Befindet sich aber im 24. Haus eine PIK-KARTE und fällt die HERZ SIEBEN in ein PIK-HAUS, so bist du möglicherweise nach einem Todesfall so traurig, daß du selbst nicht mehr leben möchtest. Da jeder eines Tages diesen Planeten verlassen muß und der Tod nichts anderes ist als der Übergang in eine andere, höhere Dimension, solltest du versuchen, den Todesfall zu akzeptieren. Wer sich im Leben nicht mit dem Tod auseinandersetzt, der hat nie bewußt gelebt und weiß nicht, was Tod und was Leben ist. Tod bedeutet nichts anderes, als befreit von der Materie zu leben. Die Seele aber hat ewige Gültigkeit, sie strömt mehr und mehr dem Licht zu, um sich Erleuchtung und Frieden zu holen. Denke auch an die Atemübungen! Sie werden dir helfen, das Leben und den Tod besser zu verstehen.

## PIK KÖNIG · 28. HAUS
### Rufer · Behörde · Schule · Spital · Institution

Im Haus der Fröhlichkeit wird dir Folgendes mitgeteilt: Du wirst jemandem mitteilen, daß ein Freund von dir zu einer Gefängnisstrafe verurteilt worden ist. Denkbar ist aber auch, daß dir etwas gestohlen wird. Vielleicht mußt du dich aber auch selbst vor Gericht verantworten – eine unangenehme Situation und ein unangenehmes Ereignis.

Sieh nach, welche Karte sich im 28. Haus befindet. Befindet sich dort eine Herz-Karte und fällt die HERZ SIEBEN in ein Herz-Haus, dann wird jemand verurteilt, den du sehr gerne hast. Du wirst um ihn kämpfen und deswegen einen Anwalt aufsuchen. Sieh hier nach, welche Karte in das 9. Haus fällt. Rote Karten sind positiv zu deuten. Befindet sich im 28. Haus eine Karo-Karte und fällt die HERZ SIEBEN in ein Karo-Haus, dann ist es möglich, daß du eine Buße bezahlen mußt. Befindet sich eine Kreuz-Karte im 28. Haus und fällt die HERZ SIEBEN in ein Kreuz-Haus, speziell in das 15. Haus, so wirst du jemanden aus deiner Familie oder einen Freund im Spital oder im Gefängnis besuchen.

Befindet sich aber im 28. Haus eine PIK-KARTE und fällt die HERZ SIEBEN in ein PIK-HAUS, so ist es möglich, daß du zu einer Gefängnis- oder zu einer hohen Geldstrafe verurteilt wirst. Sieh nach, welche Karte in das 1. Haus fällt. Befindet sich dort eine rote Karte, so kannst du für die nahe Zukunft hoffen. Befindet sich dort aber eine schwarze Karte, speziell eine PIK-KARTE, so solltest du dich vorsehen. Du neigst dazu, schnell deine Beherrschung zu verlieren. Mache regelmäßig die Atemübungen! Sie werden dir helfen, dich gegenüber deiner Umwelt ruhiger und toleranter zu verhalten.

## PIK DAME · 29. HAUS
### Dankbarkeit · Dunkle Dame · Undank · Neid

Im Haus der Fröhlichkeit wird dir mitgeteilt, daß dich jemand anrufen oder dir schreiben wird. Die Person zeigt sich erkenntlich für eine Hilfe, die du ihr einmal gewährt hast. Sie wird sich äußerst großzügig erweisen. Es ist auch möglich, daß dich jemand nicht leiden kann und sich dir gegenüber als sehr undankbar zeigen wird.

Sieh nach, welche Karte sich im 29. Haus befindet. Befindet sich dort eine rote Karte und fällt die HERZ SIEBEN in ein rotes Haus, so wirst du eines Tages mit Dankbarkeit »überhäuft« werden. Das wird dich sehr glücklich und fröhlich stimmen. Befindet sich eine Kreuz-Karte im 29. Haus und fällt die HERZ SIEBEN in ein Kreuz-Haus, so kann es sein, daß du später in deinem Leben ein Vermögen von einer alten Dame, die du einmal betreut hast, erben wirst.

Befindet sich aber im 29. Haus eine PIK-KARTE und fällt die HERZ SIEBEN in ein PIK-HAUS, so wirst du in deinem Leben durch Undank einmal sehr enttäuscht werden. Jemand wird dich verleumden, obwohl du ihn aus einer Notlage befreit hast. Mache dir nichts daraus, sondern bedaure diesen Menschen. Die regelmäßigen Atemübungen werden dir über die Enttäuschung hinweghelfen.

## PIK BUBE · 1. HAUS

GEGENWART · WAHRHEIT · DUNKLER MANN · UNIFORMIERTER

Im Haus der Fröhlichkeit wird dir mitgeteilt, daß ein Vertreter dir etwas, das du nicht benötigst, verkaufen will. Möglicherweise ruft dich auch heute abend jemand an, den du nicht leiden kannst. Denkbar ist auch ein Anruf von einer Person, von der du weißt, daß sie dich anlügen wird. Vielleicht diskutierst du auch mit jemandem, ohne zu einem Ergebnis zu gelangen. Solche Gespräche sind es nicht wert, geführt zu werden.

Sieh nach, welche Karte sich im 1. Haus befindet. Befindet sich dort eine rote Karte und fällt die HERZ SIEBEN in ein rotes Haus, so solltest du in dieser Woche keine Einkäufe tätigen und keine Verträge unterschreiben. Die Zeichen stehen für dich in dieser Hinsicht nicht sehr gut. Auch solltest du in der nächsten Zeit etwas besser mit deinem Geld haushalten, denn du neigst dazu, zuviel auszugeben. So vergißt du wichtige Zahlungen. Befindet sich im 1. Haus eine Kreuz-Karte und fällt die HERZ SIEBEN in ein Kreuz-Haus, so ist es denkbar, daß du dir von deiner Familie Geld borgen willst. Man wird dir jedoch diese Bitte abschlagen, da du dir schon des öfteren Geld geborgt, es aber noch nie zurückgezahlt hast. Auch du solltest in der nächsten Zeit kein Geld verborgen, denn du wirst es nicht zurückbekommen. Spende lieber!

Befindet sich aber im 1. Haus eine PIK-KARTE und fällt die HERZ SIEBEN in ein PIK-HAUS, so kann es sein, daß dich in den nächsten Tagen ein Gerichtsvollzieher aufsuchen wird. Möglicherweise erhältst du auch ein Mahnschreiben. Vielleicht wird dir auch der Strom oder das Gas abgesperrt, da du die fällige Rechnung noch nicht beglichen hast. Du neigst dazu, vieles auf die leichte Schulter zu nehmen. Die Atemübungen helfen dir dabei, diese negative Angewohnheit zu bekämpfen.

## PIK ZEHN · 32. HAUS

### Sonne · Entfernungen · Andere Länder · Nacht

Im Haus der Fröhlichkeit wird dir mitgeteilt, daß dich einige Leute anrufen werden. Sie wollen dir bestimmte vertrauliche Informationen entlocken, die du jedoch nicht preisgeben kannst. Es kann aber auch sein, daß dich jemand um die Vermittlung eines Jobs bittet und bereit ist, dir etwas anzuvertrauen, das eigentlich sehr geheim ist. Vertraue dieser Person nicht, denn du würdest in eine unangenehme Situation geraten. Es ist auch möglich, daß die Sonne für dich scheinen wird, da dich ein Freund anruft, den du schon lange nicht mehr gesehen hast.

Sieh nach, welche Karte sich im 32. Haus befindet. Befindet sich dort eine rote Karte und fällt die HERZ SIEBEN in ein rotes Haus, so solltest du oft die Sonne und die frische Luft genießen. Auch das Wiedersehen mit einem Freund wird dir Sonnenschein bringen. Befindet sich eine Kreuz-Karte im 32. Haus und fällt die HERZ SIEBEN in ein Kreuz-Haus, so wirst du möglicherweise bald einen Besuch auf dem Land antreten. Vielleicht besuchst du auch einige Familienangehörige.

Befindet sich aber im 32. Haus eine PIK-KARTE und fällt die HERZ SIEBEN in ein PIK-HAUS, so solltest du dich vor Heuchlern vorsehen, die dir ein »Geheimnis« anvertrauen, um dadurch ihre eigene Stellung verbessern zu können. Falle auf solche Schmeicheleien nicht herein – du würdest nur Schaden erleiden. Denke an die Atemübungen! Sie stärken deinen Charakter.

## PIK NEUN · 23. HAUS

### Depression · Unannehmlichkeiten · Kälte

Im Haus der Fröhlichkeit wird dir mitgeteilt, daß du von jemandem einen Anruf erwartest oder eine bestimmte Person zum Abendessen eingeladen hast. Durch gewisse Umstände wirst du aber weder den Anruf erhalten noch deine Einladung erfüllen können. Möglicherweise wird auch eine anberaumte Konferenz nicht abgehalten. Denkbar sind auch Meinungsverschiedenheiten mit Geschäftspartnern.

Sieh nach, welche Karte sich im 23. Haus befindet. Befindet sich dort eine Herz- oder eine Karo-Karte und fällt die HERZ SIEBEN in ein Herz- oder in ein Karo-Haus, so wirst du sehr traurig sein. Entweder kannst du die Einladung zu einem Essen nicht einhalten, oder eine bestimmte Person kommt nicht zu einer Verabredung. Befindet sich eine Kreuz-Karte im 23. Haus und fällt die HERZ SIEBEN in ein Kreuz-Haus, so kann es sein, daß du bei einer Familiensitzung nicht dabeisein kannst. Ziehe hier das 15. Haus hinzu. Willst du Klarheit wegen einer Konferenz haben, so ziehe das 25. Haus hinzu. Bei einer Aussprache mit deinem Partner sind das 4. und das 11. Haus wichtig. Rote Karten sind in jedem Falle positiv zu deuten.

Befindet sich aber eine PIK-KARTE im 23. Haus und fällt die HERZ SIEBEN in ein PIK-HAUS, so kann es sein, daß du durch gewisse Äußerungen schnell gekränkt bist oder daß du jemanden beleidigst. Möglicherweise fällt auch das Ergebnis einer Konferenz zu deinen Ungunsten aus, da du dich nicht beherrschen kannst. Mit Hilfe der Atemübungen kann es dir gelingen, dein Temperament zu zügeln und ruhiger zu werden.

## PIK ACHT · 22. HAUS
### Ärger · Ärgernisse · Streit · Verleumdungen

Im Haus der Fröhlichkeit wird dir mitgeteilt, daß du sehr unglücklich sein wirst, weil du nicht das sein kannst, was du gerne sein möchtest. Das hat sehr großen Einfluß auf deinen Erfolg und auch auf deine Ausdauer. Es kann auch sein, daß du mit einem Anrufer Ärger haben wirst. Sei in der nächsten Zeit etwas toleranter mit den Menschen, die mit dir zusammentreffen. Vermeide auch Streit und unnötige Diskussionen.

Sieh nach, welche Karte sich im 22. Haus befindet. Befindet sich dort eine rote Karte und fällt die HERZ SIEBEN in ein rotes Haus, so kann es sein, daß du mit Freunden, Bekannten oder Kollegen Ärger haben wirst. Vielleicht streitest du dich auch mit deinem Partner wegen Nichtigkeiten. Starrsinn, den du gerne an den Tag legst, bringt dich nicht weiter. Denke einmal darüber nach! Befindet sich eine Kreuz-Karte im 22. Haus und fällt die HERZ SIEBEN in ein Kreuz-Haus, so kann es sein, daß du in deinem Geschäft Ärger haben wirst. Deute in diesem Fall auch das 25. Haus mit. Rote Karten zeigen dir, um welchen Ärger es sich hier handeln kann. Schwarze Karten zeigen dir, worauf du dein Augenmerk richten mußt.

Befindet sich aber im 22. Haus eine PIK-KARTE und fällt die HERZ SIEBEN in ein PIK-HAUS, so heißt es, in den nächsten Tagen vorsichtig zu sein. Es ist vielleicht angebracht, wenn du dich eine Zeitlang zurückziehst, um wieder zu dir selbst zu finden. Die Atemübungen sind hier sehr nützlich.

## PIK SIEBEN · 16. HAUS

### Gesundheit · Krankheit · Kur · Operation

Im Haus der Fröhlichkeit wird dir mitgeteilt, daß dich deine gute Gesundheit sehr froh stimmen wird. Oftmals fühlst du dich aber nicht wohl, weil du der Meinung bist, du seiest schlecht gekleidet. »Kleider machen Leute«, sagt man im allgemeinen, aber sie allein machen nicht die Persönlichkeit eines Menschen aus. Wenn du jedoch glaubst, du fühltest dich in einem neuen Kleid oder in einem neuen Anzug besser, so solltest du deinen Glauben unterstützen, indem du dir etwas Neues zum Anziehen kaufst. Das Neue wird dir auch neuen Aufschwung geben.

Sieh nach, welche Karte sich im 16. Haus befindet. Befindet sich dort eine rote Karte und fällt die HERZ SIEBEN in ein rotes Haus, so solltest du aufgrund deiner guten Gesundheit viel Sport an der frischen Luft betreiben. Befindet sich eine Kreuz-Karte im 16. Haus und fällt die HERZ SIEBEN in ein Kreuz-Haus, so kann es sein, daß du mit deiner Mutter, deinem Vater oder mit einem anderen Familienmitglied eine Reise planst, die für die Gesundheit der betreffenden Person sehr wichtig sein wird. Vielleicht besuchst du auch jemanden im Spital oder bei einem Kuraufenthalt. Möglicherweise wirst du auch jemanden gesund pflegen.

Befindet sich aber im 16. Haus eine PIK-KARTE und fällt die HERZ SIEBEN in ein PIK-HAUS, so solltest du auf deine Gesundheit achten und einen Arzt aufsuchen. Dein Kreislauf und auch deine Zähne könnten eine gründliche Untersuchung ohne weiteres vertragen. Wenn du dich unwohl fühlst, so helfen dir die Atemübungen, wieder gesünder durchs Leben zu gehen.

Das 13. Haus

# HERZ KÖNIG

Das Haus der Unterhaltung,
des männlichen Freundes und des Sponsors

# HERZ

## HERZ AS · 7. HAUS

WOHNUNG · BESITZ · HAUS · EIGENTUM

Im Haus der Unterhaltung wird dir mitgeteilt, daß du in Kürze eine Party geben wirst, zu der sehr viele Menschen erscheinen werden. Viele sind mit dir befreundet. Deine Partys sind bekannt und beliebt, und viele interessante Menschen treffen sich bei dir. Du selbst bist sehr kontaktfreudig und gerne bereit, auch gute Kontakte zu vermitteln. Da deine Wohnung oder dein Haus äußerst geschmackvoll eingerichtet ist, wirkt bei dir alles sehr ausgewogen. Viele Menschen haben bei dir Platz, auch in deiner Seele.

Sieh nach, welche Karte sich im 7. Haus befindet. Befindet sich dort eine rote Karte und fällt der HERZ KÖNIG in ein rotes Haus, so wird es bei dir sehr bald »hoch hergehen«. Es ist nichts Neues, daß du gerne Menschen um dich hast. Aber manchmal brauchst du deine Ruhe. Denke dann an die Atemübungen! Befindet sich im 7. Haus eine Kreuz-Karte und fällt der HERZ KÖNIG in ein Kreuz-Haus, so wirst du eine Party für deine Geschäftsfreunde geben, in deren Verlauf du auch sehr wichtige Gespräche führen wirst. Ziehe hier das 25. Haus hinzu. Für Verträge mußt du das 9. Haus deuten.

Befindet sich aber im 7. Haus eine PIK-KARTE und fällt der HERZ KÖNIG in ein PIK-HAUS, dann solltest du vorsichtig sein bei den Leuten, die du einlädst. Es könnte sein, daß es auf deiner Party zu Streitereien kommt. Versuche sie gleich im Keim zu ersticken, denn dein Ruf als hervorragender und angesehener Gastgeber könnte Schaden erleiden, wenn du nichts unternimmst.

## HERZ KÖNIG · 13. HAUS

UNTERHALTUNG · MÄNNLICHER FREUND · BLOND · SPONSOR

Im Haus der Unterhaltung wird dir mitgeteilt, daß du – da der HERZ KÖNIG in sein eigenes Haus fällt – dich sehr bald entweder köstlich unterhalten wirst oder andere Menschen hervorragend unterhältst. Bei deinem Talent solltest du vielleicht den Beruf des Conférenciers ergreifen.

In den nächsten Jahren wird dir viel Freude beschieden sein. Bedenke aber, daß nicht jeden Tag die Sonne scheinen kann. Versuche vor allen Dingen, dich immer fest in der Hand zu haben, damit du keinen Ausrutscher erleidest. Es gibt Menschen, die nur darauf warten, dich fallen zu sehen. Bleibe standhaft, dann liegt dir die Zukunft zu Füßen. Lasse dich zu nichts verleiten, was du selbst nicht willst.

Vielleicht wirst du auch einmal ein Kind fördern oder adoptieren. Wenn du die Möglichkeit hast, Kindern und Tieren zu helfen, dann tue es, denn sie werden sehr oft in unserer Welt vernachlässigt. Du verfügst über eine große Seele, die es dir ermöglicht, anderen zu helfen. Alles das, was du in diesem Leben an Gutem vollbringen kannst, wird dir für dein anderes Leben angerechnet.

Jedes Leben hat seinen Sinn, lerne daher diesen Sinn zu erkennen. Die Atemübungen werden dir hierbei auf jeden Fall helfen. Wenn du dich weiter vervollkommnen willst, so besorge dir gute Bücher über Meditation. Lasse dich aber beraten, denn nicht alle Bücher, die geschrieben wurden, werden dir helfen können. Der beste Weg zur Erkenntnis ist aber immer noch der Glaube an das eigene Selbst und an Gott.

## HERZ DAME · 19. HAUS

FREUNDE · WEIBLICHER FREUND · BLOND · SPONSOR

Im Haus der Unterhaltung wird dir mitgeteilt, daß eine Tante, die dich sehr gern hat, dich in Kürze einlädt. Versäume diese Einladung nicht, denn sie kann für dich sehr nützlich sein. Möglicherweise erhältst du in der nächsten Zeit sehr viele Einladungen, da du äußerst beliebt bist. Auch du selbst liebst es, im Kreis guter Freunde zu sein.

Sieh nach, welche Karte sich im 19. Haus befindet. Befindet sich dort eine rote Karte und fällt der HERZ KÖNIG in ein rotes Haus, so bist du bei deinen Freunden sehr beliebt. Solltest du Sportler sein, so wirst du bald Höchstleistungen vollbringen können. Befindet sich eine Kreuz-Karte im 19. Haus und fällt der HERZ KÖNIG in ein Kreuz-Haus, so bist du in deinem Beruf außerordentlich gut angesehen. Deine Arbeitskollegen schätzen dich sehr, da du ein Aufsteiger, aber kein Streber bist.

Befindet sich aber im 19. Haus eine PIK-KARTE und fällt der HERZ KÖNIG in ein PIK-HAUS, so solltest du dich in der nächsten Zeit etwas von deinen gesellschaftlichen Verpflichtungen zurückziehen. Du hast den Bogen schon etwas überspannt – und das ist nicht gerade deiner

Gesundheit förderlich. Noch spielt dein Körper mit, aber treibe es nicht zu weit. Denke an die Atemübungen!

## HERZ BUBE · 6. HAUS

### Popularität · Kunst · Jüngerer männlicher Freund · Künstler

Im Haus der Unterhaltung wird dir mitgeteilt, daß dir dein Bekanntheitsgrad sehr angenehm ist. Vielleicht möchtest du auch gerne bekannt und berühmt sein. Es kann auch sein, daß es dir überaus gefällt, von sehr wichtigen Leuten eingeladen zu werden. Wenn du noch jung bist, so steht dir eine große Zukunft bevor. Da du über viel Talent verfügst, solltest du eine erstklassige Ausbildung anstreben. Sage dir immer wieder: »Ich bin der Beste, und ich kann es am besten.« Nur wenn du von dir selbst überzeugt bist, wirst du Berühmtheit erlangen können. Überlege dir deinen Schritt genau. Berühmt sein heißt auch, auf sehr vieles verzichten zu müssen. Außerdem mußt du für viele Vorbild sein. Mache jeden Tag konsequent die Atemübungen. Sie werden dir bei deiner Entscheidung helfen.

Sieh nach, welche Karte sich im 6. Haus befindet. Befindet sich dort eine Herz-, Karo- oder Kreuz-Karte und fällt der HERZ KÖNIG in ein Herz-, Karo- oder Kreuz-Haus, so bist du auf dem besten Wege – falls du hart an dir arbeitest –, ein sehr bekannter und erfolgreicher Mensch zu werden. Sei jedoch vorsichtig. Ruhm hat schon manchem geschadet.

Befindet sich aber im 6. Haus eine PIK-KARTE und fällt der HERZ KÖNIG in ein PIK-HAUS, so nimmst du das Berühmtwerden etwas zu leicht. Ein gutes Aussehen ist noch keine Garantie für den Erfolg. Du mußt lernen, dich in der Hand zu haben, du mußt dich selbst erziehen und dir Aufgaben stellen, die nur du lösen kannst. Die Atemübungen stärken deine Willenskraft.

## HERZ ZEHN · 11. HAUS

### Heirat · Verbindungen · Vereine · Bruderschaften

Im Haus der Unterhaltung wird dir mitgeteilt, daß du gerne bei Hochzeitsgesellschaften anwesend bist. Auch bereitet es dir große Freude, solche Feiern zu arrangieren. Du liebst die Gesellschaft und bist ein gern gesehener Gast auf Partys und Empfängen.

Sieh nach, welche Karte sich im 11. Haus befindet. Befindet sich dort eine rote Karte und fällt der HERZ KÖNIG in ein rotes Haus, so kannst du sicher sein, daß du immer mit vielen Leuten zu tun haben wirst. Solltest du Hotelier oder Restaurantbesitzer sein, so wirst du sehr oft Hochzeitsfeierlichkeiten arrangieren müssen. Dein Haus ist wegen seiner gemütlichen und geschmackvollen Einrichtung sehr beliebt, da es nicht zuletzt durch die vielen Pflanzen und Aquarien eine angenehme Atmosphäre vermittelt. Befindet sich eine Kreuz-Karte im 11. Haus und fällt der HERZ KÖNIG in ein Kreuz-Haus, so wirst du bald einem Verein beitreten, eventuell einem Kegelklub.

Befindet sich aber im 11. Haus eine PIK-KARTE und fällt der HERZ KÖNIG in ein PIK-HAUS, so solltest du dir genau überlegen, welchem Verein du beitrittst. Überprüfe genau, ob du auch bei dem Verein oder bei der Bruderschaft, dem (der) du beitreten willst, deine Interessen verwirklichen kannst. Wichtig ist auch, ob die Gelder, die dieser Verein zur Verfügung hat, richtig verwendet werden. Bist du überzeugt, so trete dem Verein bei und setze deine ganze Kraft für ihn ein. Mache auch immer regelmäßig die Atemübungen.

## HERZ NEUN · 2. HAUS

WUNSCH · WÜNSCHE · SEHNSUCHT · HOFFNUNG

Im Haus der Unterhaltung wird dir mitgeteilt, daß dir ein Wunsch in Kürze erfüllt wird. Dies kann ein neues Kleid, ein neuer Anzug oder irgendein anderes Kleidungsstück sein, das dich sehr modisch kleidet.

Dein Wunsch wird ganz sicher in Erfüllung gehen, wenn sich im 2. Haus eine rote Karte befindet und wenn der HERZ KÖNIG in ein rotes Haus fällt. Dein Wunsch kann durch einen sehr netten Menschen in Erfüllung gehen. Befindet sich im 2. Haus eine Kreuz-Karte und fällt der HERZ KÖNIG in ein Kreuz-Haus, so wird dir den Wunsch jemand aus der Familie erfüllen, weil er dich sehr gerne hat. Es kann aber auch sein, daß dir ein Kollege ein Präsent überreicht.

Befindet sich aber im 2. Haus eine PIK-KARTE und fällt der HERZ KÖNIG in ein PIK-HAUS, so mußt du mit Widerständen hinsichtlich deines Wunsches rechnen. Versprochenes wird nicht eingehalten werden können. Vielleicht verlangst du auch zuviel. Du solltest bescheidener werden. Wenn sich deine ganzen Gedanken nur mit Wunschvorstellungen beschäftigen, so wirst du mit der Zeit immer unzufriedener. Für jeden

Menschen ist im Leben das bestimmt, was ihm zusteht – nicht mehr, aber auch nicht weniger. Wenn du die Atemübungen machst, wirst du feststellen, daß materieller Besitz allein nicht das wahre Glück darstellt.

## HERZ ACHT · 4. HAUS

Liebe · Mondschein · Romanze · Herz

Im Haus der Unterhaltung wird dir mitgeteilt, daß dich – solltest du im Moment noch allein sein – in Kürze jemand sehr lieben wird. Es kann daraus etwas Ernsteres entstehen, da auch du diese Person sehr gerne hast. Wenn du verheiratet bist, so werden dich deine Freunde sehr lieben, da du immer ein offenes Ohr für ihre Sorgen und Probleme hast.

Sieh nach, welche Karte sich im 4. Haus befindet. Befindet sich dort eine Herz-Karte und fällt der HERZ KÖNIG in ein Herz-Haus, so wirst du bald sehr verliebt sein. Befindet sich eine Karo-Karte im 4. Haus und fällt der HERZ KÖNIG in ein Karo-Haus, dann wirst du immer für deine Freunde da sein, wenn diese in finanzielle Not geraten. Aber Vorsicht: Du kannst auch ausgenützt werden! Mache die Atemübungen, wenn du jemanden nicht richtig einschätzen kannst. Vertraue deiner inneren Stimme. Befindet sich eine Kreuz-Karte im 4. Haus und fällt der HERZ KÖNIG in ein Kreuz-Haus, so bist du bei deinen Eltern und Kollegen äußerst beliebt. Der Beruf des Sozialhelfers oder des Lehrers wäre genau der richtige für dich.

Befindet sich aber im 4. Haus eine PIK-KARTE und fällt der HERZ KÖNIG in ein PIK-HAUS, so solltest du bei der Wahl deines Partners ebenso wie bei der deiner Freunde vorsichtig sein. Nicht jeder ist so aufrichtig, wie er sich gibt. Vertraue auf die Atemübungen!

## HERZ SIEBEN · 12. HAUS

Fröhlichkeit · Gute Laune · Herzlichkeit · Frohsinn

Im Haus der Unterhaltung wird dir mitgeteilt, daß du in den nächsten Monaten sehr viel ausgehen und viele Menschen treffen wirst. Du wirst dich kulturell bilden, wichtige Debatten führen und dich köstlich amüsieren. Auch wirst du dich des öfteren neu einkleiden, weil es dir gerade so gefällt. Du fühlst dich in der nächsten Zeit sehr frei. Auch werden sich deine Gedanken freier bewegen als bisher. Du machst eine neue Phase in deinem Leben durch, denn du erkennst auf einmal, daß das Verlassen von vorgeschriebenen Bahnen sehr nützlich für deine Entwicklung ist.

Sieh nach, welche Karten sich im 12. und im 25. Haus befinden. Befinden sich dort Herz-Karten und fällt der HERZ KÖNIG in ein Herz-Haus, so solltest du vielleicht Designer oder Schneider werden, eventuell auch Goldschmied, da du über einen sehr guten Geschmack verfügst. Da das viele erkennen, wirst du bald über einen erheblichen Kundenkreis verfügen. Befindet sich eine Karo-Karte im 12. Haus und fällt der HERZ KÖNIG in ein Karo-Haus, so wirst du hinsichtlich der Anlage deines Geldes verschiedene Menschen um Rat ersuchen. Aber du könntest selbst ein guter Anlageberater sein. Ziehe hier das 9. und das 17. Haus hinzu. Rote Karten sind positiv, schwarze negativ zu deuten. Befindet sich im 12. Haus eine Kreuz-Karte und fällt der HERZ KÖNIG in ein Kreuz-Haus, so wirst du oft ins Theater und in die Oper gehen.

Befindet sich aber im 12. Haus eine PIK-KARTE und fällt der HERZ KÖNIG in ein PIK-HAUS, so kann es sein, daß dich in der nächsten Zeit mehrere Unterhaltungen nicht befriedigen werden. Vielleicht fühlst du dich nicht wohl, bist du abgespannt und müde. Ruhe dich aus und mache die Atemübungen! Bald wirst du wieder fit sein.

# KARO

## KARO AS · 25. HAUS
Beruf · Firma · Unternehmen · Projekte

Im Haus der Unterhaltung wird dir Folgendes mitgeteilt: Da du etwas fertiggestellt hast, das deine Zeit sehr lange in Anspruch genommen hat, wirst du dich in der nächsten Zeit wieder unterhalten können. Es kann auch sein, daß du zum Kartenlegen, zu einer spiritistischen Sitzung oder zu einer Loge eingeladen wirst. Vielleicht willst du dich auch selbständig machen und eröffnest ein Lokal, wo sich die Menschen unterhalten können.

Sieh nach, welche Karte sich im 25. Haus befindet. Befindet sich dort eine Herz-, Karo- oder Kreuz-Karte und fällt der HERZ KÖNIG in ein Herz-, Karo- oder Kreuz-Haus, dann wird die nächste Zeit für dich sehr turbulent werden, da du vielen Verpflichtungen nachkommen mußt. Vielleicht solltest du auch einen Vergnügungspark eröffnen. Versuche es, die Chancen stehen gut. Ziehe hier das 9. und das 17. Haus hinzu. Rote Karten sind positiv, schwarze negativ zu deuten.

Befindet sich aber im 25. Haus eine PIK-KARTE und fällt der HERZ KÖNIG in ein PIK-HAUS, dann solltest du in der nächsten Zeit von neuen Projekten Abstand nehmen, denn es kann sein, daß du gewisse Dinge nicht richtig erkennst. Eventuell erlebst du eine enorme Pleite und verlierst alles, was du dir bis jetzt aufgebaut hast. Gib dich zur Zeit mit dem zufrieden, was du hast, und warte auf bessere Zeiten. Lege dir eine Woche später wieder die Karten und vergleiche sie mit dem jetzigen Bild. Beachte genau die Deutung, die dir gegeben wird. Denke auch immer an die Atemübungen!

## KARO KÖNIG · 9. HAUS
Legale Papiere · Arzt · Anwalt · Notar

Im Haus der Unterhaltung wird dir mitgeteilt, daß du zu einer Verlobungsparty eingeladen wirst. Hier kann es sich auch um deine – sehr überraschende – Verlobung handeln. Auch ist es möglich, daß du zu einem Konzert oder einem Liederabend, der im Kreise deiner Familie abgehalten wird, eingeladen wirst. Vielleicht bekommst du auch ein

Schriftstück zugesandt oder geschenkt. Kopiere das Schriftstück und bewahre die Kopien an verschiedenen Orten auf.

Sieh nach, welche Karte sich im 9. Haus befindet. Befindet sich dort eine rote Karte oder eine Kreuz-Karte und fällt der HERZ KÖNIG in ein rotes Haus oder in ein Kreuz-Haus, so ist es sehr wichtig für dich, eine Einladung zu einer Party oder einem Konzert einzuhalten. Es kann auch sein, daß das Schriftstück von großer Bedeutung ist. Nimm die Sache nicht zu leicht. Lasse es auf jeden Fall mehrmals kopieren.

Befindet sich aber im 9. Haus eine PIK-KARTE und fällt der HERZ KÖNIG in ein PIK-HAUS, so solltest du mit deinen Schriftstücken sorgfältiger umgehen. Es ist auch denkbar, daß du dich eines Abends unter starkem Alkoholeinfluß verlobst. Das ist natürlich keine gute Grundlage für eine Partnerschaft. Du solltest dir hinsichtlich deines Alkoholkonsums einmal ernsthaft Gedanken machen. Des weiteren neigst du dazu, Schriftstücke zu unterschreiben, ohne vorher das Kleingedruckte zu lesen.

## KARO DAME · 18. HAUS

JAHRESZEIT · FRÜHJAHR · SOMMER · HERBST · WINTER

Im Haus der Unterhaltung wird dir mitgeteilt, daß du mit einer wohltätigen Organisation zu tun haben oder selbst eine gründen wirst. Für diese Organisation wirst du oftmals Unterhaltungsprogramme erstellen, um somit Spenden für einen guten Zweck zu erhalten. Nächstenliebe ist sehr wichtig, nur die wenigsten halten sich an dieses Gebot.

Sieh nach, welche Karte sich im 18. Haus befindet. Befindet sich dort eine Herz- oder eine Karo-Karte und fällt der HERZ KÖNIG in ein Herz- oder Karo-Haus, so wirst du einmal für eine Hilfsorganisation arbeiten, die die dritte Welt unterstützt. Befindet sich eine Kreuz-Karte im 18. Haus und fällt der HERZ KÖNIG in ein Kreuz-Haus, so wirst du dich einer Hilfsorganisation für Behinderte anschließen. Dazu gehört sehr viel Einsatz, weil von staatlicher Seite oftmals wenig Unterstützung gewährt wird. Sieh auch nach, welche Karten in das 28. und in das 9. Haus fallen. Fallen dort rote Karten hinein, so kannst du sowohl mit staatlicher als auch mit privater Hilfe rechnen. Befinden sich schwarze Karten in diesen Häusern, dann solltest du dir Menschen zur Zusammenarbeit aussuchen, die viel Idealismus mitbringen.

Befindet sich aber im 18. Haus eine PIK-KARTE und fällt der HERZ KÖNIG in ein PIK-HAUS, dann solltest du aufpassen, für welche Organisation du arbeitest. Nicht alle Wohltätigkeitsvereine handeln nach dem Prinzip der Nächstenliebe. Es gibt viele darunter, die nur für die eigene Tasche arbeiten. Mache regelmäßig die Atemübungen! Sie werden dir helfen, die richtige Entscheidung zu treffen.

## KARO BUBE · 21. HAUS

BRIEFE · SCHRIFTSTÜCKE · TELEGRAMME · BOTE · FREUND

Im Haus der Unterhaltung wird dir mitgeteilt, daß du sehr bald eine Einladung zu einer Tanzveranstaltung erhalten wirst. Vielleicht wirst du auch zu einer Hochzeit, zu einer Theaterpremiere oder von wohlhabenden Freunden eingeladen.

Sieh nach, welche Karte sich im 21. Haus befindet. Befindet sich dort eine rote Karte und fällt der HERZ KÖNIG in ein rotes Haus, dann wirst du dich bei einer Tanzveranstaltung, bei einem Essen oder während einer Theateraufführung blendend unterhalten. Es kann auch sein, daß du eine Theateraufführung vorbereitest, die dann beim Publikum glänzend ankommt. Befindet sich eine Kreuz-Karte im 21. Haus und fällt der HERZ KÖNIG in ein Kreuz-Haus, so kann es sein, daß du mit deinen Eltern oder mit einigen Verwandten eine Wanderbühne gründest, da deine Familie künstlerisch veranlagt ist. Möglicherweise seid oder werdet ihr aber Handelsreisende. Ziehe hier das 8. und das 25. Haus hinzu.

Befindet sich aber im 21. Haus eine PIK-KARTE und fällt der HERZ KÖNIG in ein PIK-HAUS, so kann das bedeuten, daß du eine Absage zu einer Veranstaltung erhältst. Vielleicht wird auch eine Veranstaltung kurzfristig verschoben. Ärgere dich nicht darüber – es gibt Schlimmeres. Mache immer regelmäßig die Atemübungen! Sie helfen dir, gewisse Dinge und Situationen gelassener zu betrachten.

## KARO ZEHN · 17. HAUS

GELD · FINANZEN · BÖRSE · EINNAHMEN · AUSGABEN

Im Haus der Unterhaltung wird dir mitgeteilt, daß du dich sehr bald über eine kleinere Geldsumme, die du erhältst, außerordentlich freuen wirst. Auch wirst du von einflußreichen Menschen eingeladen, oftmals hast du auch sehr viel Erfolg bei unterhaltsamen Glücksspielen.

Sieh nach, welche Karte sich im 17. Haus befindet. Befindet sich dort eine Herz-Karte und fällt der HERZ KÖNIG in ein Herz-Haus, so wird dir ein Sponsor regelmäßig Geld überweisen, um deine Ausbildung oder etwas anderes zu finanzieren. Befindet sich eine Karo-Karte im 17. Haus und fällt der HERZ KÖNIG in ein Karo-Haus, so stehen die Zeichen für ein Glücksspiel sehr gut – besonders dann, wenn sich im 5. und im 31. Haus auch eine Karo-Karte befindet. Am besten stehen deine Chancen, wenn sich die KARO NEUN, die KREUZ NEUN und die KARO ACHT ebenfalls in Karo-Häusern befinden. Dann kannst du dir ein Vermögen erspielen oder bei der Börse hohe Gewinne erzielen. Auf jeden Fall können dir deine Spekulationen in der nächsten Zeit sehr viel Geld einbringen. Befindet sich eine Kreuz-Karte im 17. Haus und fällt der HERZ KÖNIG in ein Kreuz-Haus, so wird dich entweder deine Familie oder du wirst jemanden aus deiner Familie finanziell unterstützen.

Befindet sich aber eine PIK-KARTE im 17. Haus und fällt der HERZ KÖNIG in ein PIK-HAUS, so solltest du mit deinem Geld in der nächsten Zeit sehr sparsam umgehen. Lege dir für schlechte Zeiten einen Notgroschen an, denn du wirst ihn eines Tages benötigen. Lasse dich in den nächsten vierzehn Tagen auf keine Spekulationen ein. Lege dir später wieder die Karten und vergleiche das Bild mit dem jetzigen. Denke auch immer an die Atemübungen!

## KARO NEUN · 5. HAUS
### ÜBERRASCHUNG · ÜBERRASCHUNGEN · KLEINE FINANZEN

Im Haus der Unterhaltung wird dir mitgeteilt, daß du während einer Überraschungsparty für etwas, das du geleistet hast, geehrt wirst. Möglicherweise nimmst du auch Reitstunden, gehst zum Eislaufen oder Schwimmen, spielst Fußball, Tennis oder übst sonst einen Sport aus. Man wird dich, was immer du machst, auf jeden Fall mit irgend etwas überraschen.

Sieh nach, welche Karte sich im 5. Haus befindet. Befindet sich dort eine rote Karte und fällt der HERZ KÖNIG in ein rotes Haus, so wird man dich mit einem wertvollen Geschenk überraschen. Ziehe hier auch das 20. Haus hinzu. Befindet sich eine Kreuz-Karte im 5. Haus und fällt der HERZ KÖNIG in ein Kreuz-Haus, so kann es sein, daß du bei einem Wettbewerb eine Reise gewinnst oder eine überraschende Einladung zu einer Wandertour erhältst.

Befindet sich aber im 5. Haus eine PIK-KARTE und fällt der HERZ KÖNIG in ein PIK-HAUS, so kann es sein, daß dir eine Überraschung keine große Freude bereiten wird. Vielleicht handelt es sich auch nur um einen Scherz, den sich deine Freunde erlauben. Möglicherweise erhältst du auch ein behördliches Schreiben, in dem falsche Anschuldigungen gegen dich stehen. Ziehe hier auch das 28. Haus hinzu. Rote Karten sind positiv, schwarze negativ zu deuten. Denke auch immer an die Atemübungen!

## KARO ACHT · 27. HAUS

### ERBE · ERBSCHAFTEN · HINTERLASSENSCHAFTEN · BEKOMMEN

Im Haus der Unterhaltung wird dir mitgeteilt, daß du ein Geschenk erhältst, mit dem du dich sehr gut unterhalten kannst. Möglicherweise handelt es sich um ein bestimmtes Sport- oder Tonbandgerät. Vielleicht schenkt man dir auch äußerst wertvolle Juwelen. Denkbar ist auch, daß du dir durch eine Erbschaft etwas kaufen kannst, das du unbedingt benötigst.

Sieh nach, welche Karte sich im 27. Haus befindet. Befindet sich dort eine rote Karte und fällt der HERZ KÖNIG in ein rotes Haus, so wird für dich ein langersehnter Wunsch in Erfüllung gehen. Möglicherweise wird dir auch dein Erbe schon früher ausbezahlt. Befindet sich eine Kreuz-Karte im 27. Haus und fällt der HERZ KÖNIG in ein Kreuz-Haus, dann wird dich jemand aus deiner Familie bei der Verwirklichung eines Planes unterstützen.

Befindet sich aber im 27. Haus eine PIK-KARTE und fällt der HERZ KÖNIG in ein PIK-HAUS, so kann es sein, daß dich einmal in deinem Leben jemand sehr schwer enttäuschen wird, und zwar mit einem nicht eingehaltenen Versprechen. Er wird jemandem etwas vermachen, das eigentlich für dich bestimmt war. Wenn du regelmäßig die Atemübungen machst, berührt dich der Verlust materieller Werte immer weniger.

## KARO SIEBEN · 3. HAUS

### ERFOLG · KARRIERE · AUFSTIEG · LEISTUNG

Im Haus der Unterhaltung wird dir mitgeteilt, daß dich dein Erfolg oder der eines anderen sehr froh stimmen wird: Es geht aufwärts. Du wirst, wahrscheinlich durch einen Freund oder einen Bekannten, in eine neue Gesellschaft eingeführt. Es kann auch sein, daß du zu einem Vortrag reisen wirst, von dem du sehr profitierst. Vielleicht werden auch einmal bestimmte Gäste zu deinem Erfolg beitragen.

Sieh nach, welche Karte sich im 3. Haus befindet. Befindet sich dort eine Herz-, Karo- oder Kreuz-Karte und fällt der HERZ KÖNIG in ein Herz-, Karo- oder Kreuz-Haus, so wird deine Zukunft sehr erfolgreich verlaufen und viele Bewunderer zeitigen. Bleibe aber menschlich in dem, was du tust.

Befindet sich aber im 3. Haus eine PIK-KARTE und fällt der HERZ KÖNIG in ein PIK-HAUS, dann ist es denkbar, daß du gerade wegen deines Erfolgs viele Neider haben wirst. Viele werden eifersüchtig auf dich sein und versuchen, dich zu verleumden. Blocke diese Bestrebungen ab. Die Atemübungen helfen dir dabei.

# KREUZ

## KREUZ AS · 20. HAUS

GESCHENK · GESCHENKE (MIT PIK AS: TOD · LAST)

Im Haus der Unterhaltung wird dir mitgeteilt, daß du ein Geschenk erhalten und dieses mit anderen teilen wirst. Hier kann es sich um ein Auto, einen Fernseher, ein Radio, aber auch um ein opulentes Essen handeln, zu dem du mehrere Freunde einlädst. Bei dem gemeinsamen Essen werdet ihr euch sehr gut unterhalten. Vielleicht wirst du ein Geschenk erhalten, von dem auch andere profitieren können.

Sieh nach, welche Karte sich im 20. Haus befindet. Befindet sich dort eine Herz-, Karo- oder Kreuz-Karte und fällt der HERZ KÖNIG in ein Kreuz-Haus, dann wirst du ein sehr nettes Geschenk erhalten, das du gut gebrauchen kannst.

Befindet sich aber im 20. Haus eine PIK-KARTE und fällt der HERZ KÖNIG in ein PIK-HAUS, so kann es sein, daß das Geschenk bald beschädigt wird und dadurch unbrauchbar ist. Möglicherweise beschädigst du es selbst. Denkbar ist auch, daß es schon bei Erhalt unbrauchbar ist. Vielleicht ist auch das Abonnement, das du geschenkt bekommst, schon verfallen. Ärgere dich nicht darüber, man hat es sicher gut gemeint. Versuche dich zu entspannen und mache regelmäßig deine Atemübungen! Kein Geschenk kann den Gewinn ersetzen, den du durch sie erhältst.

## KREUZ KÖNIG · 10. HAUS

FERIEN · URLAUB · VATER · ONKEL · GROSSVATER

Im Haus der Unterhaltung wird dir mitgeteilt, daß du dich immer gut unterhalten wirst – ganz gleich, was du tust. Möglicherweise hilfst du auch beim Aufbau eines Unterhaltungsprogramms mit. Das kann auch bedeuten, daß man dir die Leitung und Organisation dieses Programms überträgt. Vielleicht wird man dich auch bei einem Bankett zum Vorsitzenden wählen.

Sieh nach, welche Karte sich im 10. Haus befindet. Befindet sich dort eine Herz-, Karo- oder Kreuz-Karte und fällt der HERZ KÖNIG in ein Herz-, Karo- oder Kreuz-Haus, dann wird man dir irgendeine Organisierung übertragen. Vielleicht organisierst du für einige Leute einen Ausflug, bereitest einen Urlaub vor, organisierst ein Bankett oder leitest eine Tombola.

Befindet sich aber im 10. Haus eine PIK-KARTE und fällt der HERZ KÖNIG in ein PIK-HAUS, dann solltest du dich für eine Wahl nicht bewerben. Das zukünftige Amt würde dir zuviel Kraft und Ausdauer kosten. Oftmals mutet man sich einiges zu, dem man nachher nicht gerecht werden kann. Wir Menschen sind wohl bestimmten Aufgaben gewachsen, aber sehr oft trauen wir uns zuviel zu. Wenn du immer regelmäßig deine Atemübungen machst, wirst du bald Wesentliches von Unwesentlichem unterscheiden können.

## KREUZ DAME · 30. HAUS

UNTERSUCHER · UNTERSUCHUNGEN · MUTTER · TANTE · GROSSMUTTER

Im Haus der Unterhaltung wird dir mitgeteilt, daß du dich in der nächsten Zeit sehr gut unterhalten wirst. Man wird dich oft einladen, und auch du wirst sehr viele Besuche erhalten. Auch in der Firma oder im Beruf läuft alles so, wie du es dir vorstellst. Du hast gute Vorarbeit geleistet, die dir jetzt zugute kommt.

Sieh nach, welche Karte sich im 30. Haus befindet. Befindet sich dort eine rote Karte und fällt der HERZ KÖNIG in ein rotes Haus, so wirst du bald deinen Erfolg voll auskosten können. Du wirst bewundert, erhältst neue Aufträge und triffst dich in der nächsten Zeit mit vielen Menschen. Außerdem gewinnst du neue Freunde und prüfst wichtige Neuheiten auf deren Verwendung. Befindet sich im 30. Haus eine Kreuz-Karte und fällt der HERZ KÖNIG in ein Kreuz-Haus, so kann es sein, daß du eine Familie gründest, deinen Familienbetrieb vergrößerst oder etwas untersuchen läßt, das deine Familie betrifft.

Befindet sich aber im 30. Haus eine PIK-KARTE und fällt der HERZ KÖNIG in ein PIK-HAUS, dann solltest du in nächster Zeit vorsichtig sein. Man wird dich zu etwas verleiten wollen, das dir großen Schaden zufügen kann. Lasse dich nicht von anderen zu einer Unterschrift oder Investition überreden. Vertraue deiner inneren Stimme, denn sie sagt dir, was du zu tun hast.

## KREUZ BUBE · 15. HAUS

### Familie · Sohn · Neffe (mit Dame: Tochter · Nichte)

Im Haus der Unterhaltung wird dir mitgeteilt, daß deine Eltern Unterhaltung in dein Leben bringen werden. Das kann durch ein Geschenk erfolgen – wie zum Beispiel durch ein Radio, einen Fernseher oder durch die Bezahlung deines Telephonanschlusses. Eventuell schenkt man dir auch ein Tier. Es kann auch sein, daß du in nächster Zeit auf einige Kinder aufpaßt, mit denen du dich sehr gut unterhalten wirst. Hier kann es sich um deine eigenen Kinder oder um die eines Freundes handeln. Du bist der geborene Babysitter.

Sieh nach, welche Karte sich im 15. Haus befindet. Befindet sich dort eine Herz-, Karo- oder Kreuz-Karte und fällt der HERZ KÖNIG in ein Herz-, Karo- oder Kreuz-Haus, so steht es um deine Zukunft sehr gut. Viele Kinder werden dich auf deinem Lebensweg begleiten. Du scheinst Kinder zu lieben – und sie dich ebenfalls. Sieh auch nach, welche Karte in das 25. Haus fällt. Fällt dort eine rote Karte hinein, so kann dein zukünftiger Beruf etwas mit Kindern zu tun haben. Vielleicht gründest du einen Jugendklub. Ziehe hier auch das 11. Haus hinzu.

Befindet sich aber im 15. Haus eine PIK-KARTE und fällt der HERZ KÖNIG in ein PIK-HAUS, so solltest du dich in der nächsten Zeit etwas mehr mit deiner eigenen Familie beschäftigen. Vielleicht hat eines deiner Kinder Schwierigkeiten in der Schule. Wirf dem Kind nichts Unberechtigtes vor und stelle deine eigenen Schuljahre nicht besser hin, als sie in Wirklichkeit waren. Sei bei der Kindererziehung immer ehrlich. Ein Kind bemerkt eine Lüge sehr schnell und verliert dann das Vertrauen, das es in jemanden gesetzt hat. Es ist nichts Schlimmes, deinem Kind zu erklären, daß du in der Schule selbst nicht so gut warst. Solch eine Offenheit wird deinem Kind imponieren. Sollte jedoch eines deiner Kinder wirkliche Schwierigkeiten haben, so mache mit dem Kind die Atemübungen! Sie werden dir und deinem Kind sehr helfen. Oft handelt es sich bei dem Kind nur um eine vorübergehende Konzentrationsschwäche. Zum Schluß bleibt immer noch der Weg zum Schulpsychologen.

## KREUZ ZEHN · 8. HAUS
Reise · Strasse · Wasser · Meer

Im Haus der Unterhaltung wird dir mitgeteilt, daß du dir in Kürze einige schöne Sachen kaufen wirst. Vielleicht planst du auch für den Sommer eine große Seereise und triffst jetzt schon die Vorbereitungen. Solltest du von einer Reise zu deiner Familie zurückkehren, so denke daran, jedem ein hübsches Andenken mitzubringen.

Sieh nach, welche Karte sich im 8. Haus befindet. Befindet sich dort eine rote Karte und fällt der HERZ KÖNIG in ein rotes Haus, so wirst du eine Reise unternehmen – möglicherweise eine Kreuzfahrt –, die dir sehr gefallen wird und auf der du dich köstlich unterhalten sowie neue Bekanntschaften machen wirst. Befindet sich im 8. Haus eine Kreuz-Karte und fällt der HERZ KÖNIG in ein Kreuz-Haus, so wirst du möglicherweise mit deiner Familie oder mit Freunden eine Bildungsreise unternehmen.

Befindet sich aber im 8. Haus eine PIK-KARTE und fällt der HERZ KÖNIG in ein PIK-HAUS, so solltest du in der nächsten Zeit vorsichtig sein, wenn du mit dem Auto auf der Straße unterwegs bist. Du neigst dazu, zu schnell zu fahren. Es kann auch sein, daß du von einer Reise zurückkehrst und dich nicht sehr wohl fühlst.

## KREUZ NEUN · 31. HAUS
Glück · Kleine Reise · Risiko

Im Haus der Unterhaltung wird dir mitgeteilt, daß du in irgendeiner Form Glück haben wirst. Vielleicht triffst du in Kürze alte nette Freunde oder lädst gute Bekannte zu einem Essen oder zu einem Theaterbesuch ein. Möglicherweise lädt man auch dich ein. Auf jeden Fall wirst du dich so gut unterhalten, daß du sehr glücklich darüber bist.

Sieh nach, welche Karte sich im 31. Haus befindet. Befindet sich dort eine Herz-Karte und fällt der HERZ KÖNIG in ein Herz-Haus, so wird dich ein Freund, der dich liebt, sehr glücklich machen. Ziehe hier auch die Häuser 4 und 19 hinzu. Rote Karten in diesen Häusern bedeuten etwas Positives, schwarze Karten schwächen das Positive ab. Befindet sich im 31. Haus eine Karo-Karte und fällt der HERZ KÖNIG in ein Karo-Haus, so wirst du vielleicht ein Kasino besuchen, um dort dein Glück zu machen. Ziehe in diesem Fall die Häuser 5, 17 und 27 hinzu. Befinden sich dort

Karo-Karten, zumindest jedoch Herz-Karten, dann stehen deine Chancen für einen Gewinn sehr gut. Schwarze Karten deuten an, daß du nicht zuviel riskieren solltest. Befindet sich im 31. Haus eine Kreuz-Karte und fällt der HERZ KÖNIG in ein Kreuz-Haus, so wirst du mit deiner Familie oder mit Geschäftsfreunden ein gutes Eßlokal aufsuchen oder dich anderweitig in geselliger Runde unterhalten. Ein netter Abend steht dir bevor.

Befindet sich aber im 31. Haus eine PIK-KARTE und fällt der HERZ KÖNIG in ein PIK-HAUS, so könnte es sein, daß du von einem geliebten Menschen Abschied nehmen mußt. Es wird vielleicht eine Trennung für lange Zeit sein. Sei nicht traurig. Oft leitet ein Abschied nur eine Phase ein, die uns Muße läßt, über den Sinn des Lebens nachzudenken, und die uns neue Erkenntnisse bringen kann. Zeit ist nur eine subjektive Empfindung – nur eine Erscheinungsform. Durch die Atemübungen wirst du erfahren, was mit diesen Worten gemeint ist. Es gibt vieles, daß nur in innerer Schau erfahren werden kann; Worte würden nur verwirren.

## KREUZ ACHT · 26. HAUS

### Neue Unternehmungen · Mut · Heldentat

Im Haus der Unterhaltung wird dir mitgeteilt, daß du bei deinen Unternehmungen sehr viel Glück haben wirst. Möglicherweise bringt dich auch irgendeine Begebenheit einen Schritt vorwärts. Vielleicht wird man dir etwas Besonderes schenken, über das du dich freust und mit dem du dich sehr gut unterhalten kannst.

Sieh nach, welche Karte sich im 26. Haus befindet. Befindet sich dort eine Herz- oder Karo-Karte und fällt der HERZ KÖNIG in ein Herz- oder Karo-Haus, dann wirst du von deinen Freunden, die dich gerne im Mittelpunkt sehen, sehr geschätzt. Vielleicht willst du auch etwas Neues unternehmen und kannst deine Freunde für diese Sache begeistern. Befindet sich eine Kreuz-Karte im 26. Haus und fällt der HERZ KÖNIG in ein Kreuz-Haus, so ist es möglich, daß du mit deiner Familie neue Pläne für die Zukunft besprichst. Vielleicht sprecht ihr auch über Vergangenes und schwelgt in Erinnerungen. Möglicherweise werden dir auch deine Großeltern einiges aus ihrem Leben erzählen. Wenn du ihnen aufmerksam zuhörst, werden sie sehr glücklich sein, denn auch sie brauchen ihre »heimlichen Bewunderer«.

Befindet sich aber im 26. Haus eine PIK-KARTE und fällt der HERZ KÖNIG in ein PIK-HAUS, dann überdenke deine Pläne für die Zukunft noch einmal. In deiner Vorfreude übersiehst du vielleicht gravierende Mängel, die sich später verhängnisvoll auswirken können. Die Atemübungen zeigen dir den richtigen Weg, den du zu gehen hast. Vertraue dir und deiner inneren Stimme.

## KREUZ SIEBEN · 14. HAUS
### Nachrichten · Botschaft · Tränen · Leid

Im Haus der Unterhaltung wird dir mitgeteilt, daß du in nächster Zeit sehr viele wichtige Nachrichten erhalten wirst. Auch erhältst du viele Einladungen, die gute Unterhaltung garantieren.

Sieh nach, welche Karte in das 14. Haus fällt. Fallen dort Herz- oder Karo-Karten hinein, so werden die Nachrichten sowohl privat als auch beruflich für dich sehr wichtig sein. Sollte darüber hinaus der HERZ KÖNIG in ein rotes Haus fallen, so werden deine gesellschaftlichen Verpflichtungen für dich außerordentlich wichtig sein, denn du wirst durch sie sehr viele neue Nachrichten erhalten. Befindet sich eine Kreuz-Karte im 14. Haus und fällt der HERZ KÖNIG in ein Kreuz-Haus, so wirst du viele Nachrichten oder Briefe von deiner Verwandtschaft oder von Freunden erhalten.

Befindet sich aber im 14. Haus eine PIK-KARTE und fällt der HERZ KÖNIG in ein PIK-HAUS, so kann das bedeuten, daß du in Kürze sehr schlechte Nachrichten bekommen wirst. Möglicherweise erreicht dich während einer Feier die Nachricht von dem Tod oder von der Erkrankung einer für dich wichtigen Person. Achte in Zukunft auch auf deine Gesundheit. Sie ist gefährdet, nicht zuletzt durch übermäßigen Alkoholkonsum. Vergiß nicht, die Atemübungen regelmäßig zu machen. Durch sie gelangst du wieder zu deiner inneren Stärke!

# PIK

## PIK AS · 24. HAUS

TOD · UNFALL · SCHICKSALSSCHLÄGE · QUAL · NOT

Im Haus der Unterhaltung wird dir mitgeteilt, daß in der nächsten Zeit entweder deine Ratenzahlungen beendet sind, dir eine Restsumme erlassen wird, ein Vertrag ausläuft, eine schlechte Zeit zu Ende geht oder daß ein Streit mit sehr lieben Menschen beendet wird.

Sieh nach, welche Karte sich im 24. Haus befindet. Befindet sich dort eine Herz-Karte und fällt der HERZ KÖNIG in ein Herz-Haus, so wird ein Streit zwischen dir und anderen endlich beigelegt. Befindet sich eine Karo-Karte im 24. Haus und fällt der HERZ KÖNIG in ein Karo-Haus, so wird entweder eine schlechte Zeit in deiner Firma zu Ende gehen, du erhältst endlich eine Rückzahlung, Verträge laufen aus oder deine Belastung wird in Zukunft geringer. Befindet sich eine Kreuz-Karte im 24. Haus und fällt der HERZ KÖNIG in ein Kreuz-Haus, so kann es sein, daß du nach einem Unfall wieder das Spital verlassen kannst. Vielleicht wird auch ein Bekannter von dir aus dem Krankenhaus, in dem er sich längere Zeit aufhalten mußte, entlassen.

Befindet sich aber eine PIK-KARTE im 24. Haus und fällt der HERZ KÖNIG in ein PIK-HAUS, dann kann es sein, daß du für längere Zeit in ein Krankenhaus mußt oder daß einer deiner Angehörigen in ein Spital eingeliefert wird. Trage also in der nächsten Zeit Sorge um deine Gesundheit und sei sowohl beim Sport als auch im Straßenverkehr vorsichtig. Mache vor allen Dingen regelmäßig die Atemübungen!

## PIK KÖNIG · 28. HAUS

RUFER · BEHÖRDE · SCHULE · SPITAL · INSTITUTION

Im Haus der Unterhaltung wird dir mitgeteilt, daß Anrufer versuchen, dich am Telephon zu ärgern. Möglicherweise kennst du diese Leute gar nicht. Es kann auch sein, daß du bedroht wirst. Solltest du in nächster Zeit auf eine Party gehen, so wird vielleicht nach einem unangenehmen Vorfall die Polizei gerufen. Es ist aber auch denkbar, daß dich ein alter Freund anruft, von dem du so lange nichts gehört hast, daß du annahmst, er sei vielleicht gestorben.

Sieh nach, welche Karte sich im 28. Haus befindet. Befindet sich dort eine rote Karte und fällt der HERZ KÖNIG in ein rotes Haus, so kann es sein, daß der Anrufer, der dich ärgern will, unter deinen Freunden oder Bekannten zu finden ist. Befindet sich eine Kreuz-Karte im 28. Haus und fällt der HERZ KÖNIG in ein Kreuz-Haus, so ist es denkbar, daß du jemanden aus deiner Familie im Krankenhaus besuchen oder jemanden dorthin begleiten wirst. Sieh auch nach, welche Karten in das 15. und in das 16. Haus fallen, und deute sie.

Befindet sich aber im 28. Haus eine PIK-KARTE und fällt der HERZ KÖNIG in ein PIK-HAUS, so solltest du in der nächsten Zeit keine Veranstaltungen besuchen. Du würdest dich zum einen schlecht unterhalten, und zum anderen könntest du in Schwierigkeiten geraten. Du kannst sehr viel Unangenehmes in deinem Leben abwehren, wenn du deiner inneren Stimme folgst und ihr vertraust. Mache auch immer regelmäßig die Atemübungen.

## PIK DAME · 29. HAUS

### Dankbarkeit · Dunkle Dame · Undank · Neid

Im Haus der Unterhaltung wird dir mitgeteilt, daß du – solltest du anderen Menschen des öfteren kleine Gefälligkeiten erweisen – immer Dank ernten wirst. Das stimmt dich sehr fröhlich. Es kann aber auch sein, daß du für vergangene Gefälligkeiten Undank ernten wirst. Du mußt in der nächsten Zeit eine große Entscheidung treffen, und von dieser Entscheidung hängt es ab, ob du Dank erhältst oder nicht. Es ist auch leicht möglich, daß du für eine kleine Gefälligkeit einmal sehr großzügig entlohnt wirst.

Sieh nach, welche Karte sich im 29. Haus befindet. Befindet sich dort eine rote Karte und fällt der HERZ KÖNIG in ein rotes Haus, so wirst du in deinem Leben viel Dank ernten. Befindet sich eine Kreuz-Karte im 29. Haus und fällt der HERZ KÖNIG in ein Kreuz-Haus, so wirst du möglicherweise Dank aus deiner Familie ernten oder auf sehr dankbare Freunde oder Kollegen zählen können.

Befindet sich aber im 29. Haus eine PIK-KARTE und fällt der HERZ KÖNIG in ein PIK-HAUS, so wirst du des öfteren in deinem Leben enttäuscht werden. Einige Menschen werden dir für die Hilfe, die du ihnen gewährt hast, Undank entgegenbringen. Sei deswegen nicht traurig. Mache regelmäßig die Atemübungen – und du wirst für Hilfe, die du anderen gewährst, keinen Dank benötigen. Sei froh, daß du selbstlos helfen kannst.

## PIK BUBE · 1. HAUS

### GEGENWART · WAHRHEIT · DUNKLER MANN · UNIFORMIERTER

Im Haus der Unterhaltung wird dir mitgeteilt, daß jemand, der an dich denkt, dich irgendwohin mitnimmt. Dort werdet ihr euch sehr gut unterhalten. Sei aber in der nächsten Zeit mit dem, was du sagst, sehr vorsichtig. Allzuleicht könntest du in eine unangenehme Situation geraten. Vielleicht bist du sehr leicht erregbar. Denkbar ist auch, daß du dir eine Radio- oder Fernsehstation oder auch eine andere Sehenswürdigkeit ansiehst.

Sieh nach, welche Karte sich im 1. Haus befindet. Befindet sich dort eine rote Karte und fällt der HERZ KÖNIG in ein rotes Haus, so wirst du dich in Kürze sehr gut unterhalten. Befindet sich eine Kreuz-Karte im 1. Haus und fällt der HERZ KÖNIG in ein Kreuz-Haus, so wirst du vielleicht an einer Stadtrundfahrt teilnehmen oder mit deinen Kollegen eine Exkursion unternehmen.

Befindet sich aber im 1. Haus eine PIK-KARTE und fällt der HERZ KÖNIG in ein PIK-HAUS, dann wird die nächste Zeit für dich sehr unruhig werden. Vielleicht bist du überarbeitet, macht dir das Wetter zu schaffen oder fühlst du dich so schlaff und lustlos, daß du am liebsten einen »Winterschlaf« machen möchtest. Wenn du Ermüdungserscheinungen spürst, dann kann das eine Folge von Sauerstoff- oder Vitaminmangel sein. Mache die Atemübungen und suche einen geeigneten Arzt auf. Bald wirst du wissen, um was es sich handelt. Vielleicht handelt es sich nur um eine vorübergehende Erschöpfung. Auch wenn du dich beschwerdefrei fühlst, so solltest du trotzdem zweimal im Jahr einen Arzt aufsuchen.

## PIK ZEHN · 32. HAUS

### SONNE · ENTFERNUNGEN · ANDERE LÄNDER · NACHT

Im Haus der Unterhaltung wird dir mitgeteilt, daß du mehr für deinen Körper tun solltest. Geh schwimmen, wandern und mache jeden Tag Gymnastikübungen sowie die Atemübungen. Es wird dich sehr fröhlich stimmen, wenn die Sonne scheint und wenn du die frische Luft atmen kannst.

Sieh nach, welche Karte sich im 32. Haus befindet. Befindet sich dort eine rote Karte, dann solltest du dich richtig erholen und sehr viel Gymnastik betreiben. Befindet sich darüber hinaus der HERZ KÖNIG in einem roten Haus, so wirst du mit anderen Personen deine Fitneß trainieren oder mit ihnen eine Wanderung unternehmen. Befindet sich eine Kreuz-Karte im 32. Haus und fällt der HERZ KÖNIG in ein Kreuz-Haus, so wirst du vielleicht eines Abends eine Reise in den Süden antreten.

Befindet sich aber im 32. Haus eine PIK-KARTE und fällt der HERZ KÖNIG in ein PIK-HAUS, so solltest du eine mögliche Reise verschieben. Vielleicht kannst du auch eine geplante Reise nicht antreten. Sei vorsichtig bei Nachtreisen und lasse vorsichtshalber deine Augen auf Nachtblindheit prüfen. Vergiß auch nicht, immer regelmäßig die Atemübungen zu machen.

## PIK NEUN · 23. HAUS

DEPRESSION · UNANNEHMLICHKEITEN · KÄLTE

Im Haus der Unterhaltung wird dir mitgeteilt, daß du einen bestimmten Ort aufsuchen wirst. Dort gefällt es dir aber nicht, da du jemanden vermißt, den du sehr gerne hast. Das deprimiert dich. Es kann auch sein, daß du mit deinem Partner zu einer Tanzveranstaltung gehst, um ihn dort an jemanden zu verlieren. Möglicherweise verlierst du auch ein wertvolles Schmuckstück bei einer Party. Hier kann es sich um ein Erbstück handeln. Vielleicht erhältst du auch von behördlicher Seite eine schlechte Nachricht.

Sieh nach, welche Karte sich im 23. Haus befindet. Befindet sich dort eine Herz-Karte und fällt der HERZ KÖNIG in ein Herz-Haus, so kann es sein, daß dein Partner sich nach einer Party von dir trennt. Denkbar ist auch eine Vergewaltigung. Befindet sich eine Karo-Karte im 23. Haus und fällt der HERZ KÖNIG in ein Karo-Haus, so wirst du mit Sicherheit ein sehr wertvolles Objekt verlieren, wenn du nicht hinreichend darauf achtgibst. Befindet sich eine Kreuz-Karte im 23. Haus und fällt der HERZ KÖNIG in ein Kreuz-Haus, so wird dir möglicherweise eine Einladung nicht zusagen. Vielleicht wirst du auch eine Meinungsverschiedenheit haben.

Befindet sich aber im 23. Haus eine PIK-KARTE und fällt der HERZ KÖNIG in ein PIK-HAUS, so kann es sein, daß man dich während einer Party sehr beleidigt. Vielleicht wirst auch du dort jemanden beleidigen. Du solltest versuchen, dich zurückzuhalten, auch wenn du jemanden nicht leiden kannst. Sei ein Diplomat! Eine mögliche Katastrophe könnte über dich hereinbrechen, wenn du dich nicht beherrschen kannst. Mache die Atemübungen und überlege dir genau, welche Einladungen für dich wichtig sind.

## PIK ACHT · 22. HAUS

### Ärger · Ärgernisse · Streit · Verleumdungen

Im Haus der Unterhaltung wird dir mitgeteilt, daß du – solltest du auf dem Weg zu einer Unterhaltungssendung sein – Ärger mit deinem Wagen bekommen wirst. Möglicherweise wirst du in einen kleineren Unfall verwickelt. Nimm nicht zuviel Geld mit, denn ein möglicher Verlust zeigt sich an. Nimm dir auch genügend Zeit, damit du nicht zu spät zu dem vorgesehenen Termin erscheinst. Du könntest dir sonst Ärger einhandeln.

Sieh nach, welche Karte sich im 22. Haus befindet. Befindet sich dort eine Herz-Karte und fällt der HERZ KÖNIG in ein Herz-Haus, so hast du möglicherweise Ärger mit deinem Partner. Vorsicht, es könnte zu einer Trennung kommen. Befindet sich eine Karo-Karte im 22. Haus und fällt der HERZ KÖNIG in ein Karo-Haus, so hast du vielleicht Ärger mit deiner Firma oder deinem Beruf. Eine mögliche Kündigung durch eine Auseinandersetzung zeigt sich an. Befindet sich eine Kreuz-Karte im 22. Haus und fällt der HERZ KÖNIG in ein Kreuz-Haus, so kann es sein, daß du wegen deiner Unpünktlichkeit Ärger mit Kollegen oder Freunden bekommen wirst.

Befindet sich aber im 22. Haus eine PIK-KARTE und fällt der HERZ KÖNIG in ein PIK-HAUS, so wirst du dich mit Menschen verfeinden, die einmal deine Freunde waren. Gib ihnen nicht die Schuld, sondern suche sie bei dir selbst. Du glaubst, sie müßten sich immer nach dir richten! Das ist jedoch nicht die richtige Voraussetzung für eine Partnerbeziehung oder eine Freundschaft. Mache regelmäßig die Atemübungen! Bald wirst du wieder neue Freunde gewinnen und auch alte Freundschaften wieder erneuern können.

## PIK SIEBEN · 16. HAUS
### Gesundheit · Krankheit · Kur · Operation

Im Haus der Unterhaltung wird dir mitgeteilt, daß du in den nächsten Jahren sehr gesund sein wirst. Natürlich mußt du trotzdem auf deine Gesundheit achtgeben, aber deine Zeichen hinsichtlich deines Wohlbefindens stehen sehr gut. Solltest du krank sein, so wirst du rasch wieder gesund werden. Es kann auch sein, daß du zu Übertreibungen neigst, wenn du krank bist. Du machst zu gerne aus einem Floh einen Elefanten und möchtest von deinen Mitmenschen bemitleidet werden. Doch durch Mitleid wirst du kaum gesunden. Denke nicht ununterbrochen an deine Krankheit, durch positive Gedanken wirst du bald wieder gesund.

Sieh nach, welche Karte sich im 16. Haus befindet. Befindet sich dort eine rote Karte, und fällt der HERZ KÖNIG in ein rotes Haus, dann bist du ein sehr gesunder und fröhlicher Mensch. Nimm auch regelmäßig Vitamine zu dir. Befindet sich eine Kreuz-Karte im 16. Haus und fällt der HERZ KÖNIG in ein Kreuz-Haus, dann wirst du vielleicht ein Sanatorium aufsuchen oder eine Kur beginnen, um dich vollkommen auszukurieren. Möglicherweise willst du auch einige Kilo abnehmen. Tue dies langsam, denn dein Übergewicht hast du ja auch nicht von gestern auf heute bekommen.

Befindet sich im 16. Haus eine PIK-KARTE und fällt der HERZ KÖNIG in ein PIK-HAUS, so ist es an der Zeit, das übermäßige Essen und den Alkoholgenuß etwas einzuschränken. Du neigst zur Maßlosigkeit. Das kann der gesündeste Körper nicht aushalten. Wenn du weiterhin so bedenkenlos bist, dann wird es dir schwerfallen, dein Übergewicht abzubauen. Meide auch das Rauchen, denn es trägt zu deiner Gesundung nicht bei. Mache alles im Leben mit Maß und Ziel und vergiß auch nicht die täglichen Atemübungen!

Das 14. Haus

# KREUZ SIEBEN

## Das Haus der Nachrichten, der Botschaft, der Tränen und des Leids

# HERZ

## HERZ AS · 7. HAUS

WOHNUNG · BESITZ · HAUS · EIGENTUM

Im Haus der Nachrichten wird dir mitgeteilt, daß du in Kürze eine Nachricht erhalten wirst, und zwar über einen Gegenstand, den du gekauft hast und der endlich eingetroffen ist. Vielleicht wirst du auch, da du etwas verloren hast, eine Suchanzeige in der Zeitung aufgeben.

Sieh nach, welche Karte sich im 7. Haus befindet. Befindet sich dort eine rote Karte und fällt die KREUZ SIEBEN in ein rotes Haus, so kann das bedeuten, daß du eine Partnerschaftsanzeige in der Zeitung aufgeben wirst. Befindet sich eine Kreuz-Karte im 7. Haus und fällt die KREUZ SIEBEN in ein Kreuz-Haus, so wirst du möglicherweise einen Leserbrief beantworten oder einen Leserbrief an die Zeitung schicken.

Befindet sich aber im 7. Haus eine PIK-KARTE und fällt die KREUZ SIEBEN in ein PIK-HAUS, so wirst du vielleicht in den nächsten Tagen von einer Behörde einen Anruf erhalten, in dem man dir mitteilt, daß der verlorene Gegenstand nicht gefunden worden ist. Das kann der Fall sein, wenn eine schwarze Karte im 28. Haus liegt. Liegt dagegen eine rote Karte im 28. Haus, so kannst du hoffen, daß der Gegenstand gefunden wird. Beachte auch immer die Atemübungen!

## HERZ KÖNIG · 13. HAUS

UNTERHALTUNG · MÄNNLICHER FREUND · BLOND · SPONSOR

Im Haus der Nachrichten wird dir mitgeteilt, daß du eine Nachricht von einem sehr netten Menschen erhalten wirst. Er lädt dich zu einem Essen ein, um mit dir wichtige Dinge für die Zukunft zu besprechen. Vielleicht erhältst du auch Nachrichten von einem Arzt oder einem Anwalt. Die Nachricht wird für dich sehr wichtig sein.

Sieh nach, welche Karte sich im 13. Haus befindet. Befindet sich dort eine Herz-Karte und fällt die KREUZ SIEBEN in ein Herz-Haus, so wird das Gespräch deine Zukunft entscheidend verändern. Befindet sich eine Karo-Karte im 13. Haus und fällt die KREUZ SIEBEN in ein Karo-Haus, so wird dir eine wichtige Nachricht von einem Arzt, einem Notar oder von einer Agentur zugesandt. Die Nachricht enthält positive Neuigkeiten für deinen zukünftigen Weg. Befindet sich eine Kreuz-Karte im 13. Haus und fällt die KREUZ SIEBEN in ein Kreuz-Haus, so wirst du von einem Kollegen oder von deinen Eltern eine wichtige Information erhalten, die deine Zukunft entscheidend beeinflussen wird.

Befindet sich aber im 13. Haus eine PIK-KARTE und fällt die KREUZ SIEBEN in ein PIK-HAUS, dann solltest du während der nächsten sieben bis acht Tage keine Nachricht aussenden, denn sie könnte falsch interpretiert werden. Es kann auch sein, daß man dir eine Nachricht falsch übermittelt. Frage immer nach, um eventuelle Irrtümer aufzuklären. Vergiß nicht die Atemübungen!

## HERZ DAME · 19. HAUS

FREUNDE · WEIBLICHER FREUND · BLOND · SPONSOR

Im Haus der Nachrichten wird dir mitgeteilt, daß dich Freunde besuchen und von ihren Erlebnissen erzählen werden. Ihr werdet euch sehr gut unterhalten. Möglicherweise wirst du auch in diesen Tagen einen Einkaufsbummel unternehmen.

Sieh nach, welche Karte sich im 19. Haus befindet. Befindet sich dort eine rote Karte und fällt die KREUZ SIEBEN in ein rotes Haus, so kannst du auf Freunde zählen, die mit dir alle Annehmlichkeiten und auch alle Unannehmlichkeiten teilen werden. Befindet sich eine Kreuz-Karte im 19. Haus und fällt die KREUZ SIEBEN in ein Kreuz-Haus, dann verhalten sich deine Eltern wie gute Freunde zu dir. Ziehe hier noch das 15. Haus hinzu.

Befindet sich aber im 19. Haus eine PIK-KARTE und fällt die KREUZ SIEBEN in ein PIK-HAUS, dann befindet sich unter deinen Freunden einer, dem du nicht gerade großes Vertrauen entgegenbringen solltest. Vielleicht ahnst du schon, um wen es sich hier handelt. Mache die Atemübungen und entscheide dich dann, ob derjenige für dich als Freund tragbar ist oder nicht. Es kann auch sein, daß eine langjährige Freundschaft plötzlich zu Ende geht. Ziehe in diesem Fall das 13. Haus hinzu. Rote Karten sind positiv, schwarze negativ zu deuten.

## HERZ BUBE · 6. HAUS

POPULARITÄT · KUNST · JÜNGERER MÄNNLICHER FREUND · KÜNSTLER

Im Haus der Nachrichten wird dir mitgeteilt, daß du eine Einladung erhalten wirst, weil du sehr bekannt oder auf dem besten Wege bist, bekannt zu werden. Möglicherweise befindest du dich auch des öfteren in Gesellschaft mit sehr wichtigen Persönlichkeiten.

Sieh nach, welche Karte sich im 6. Haus befindet. Befindet sich dort eine rote Karte und fällt die KREUZ SIEBEN in ein rotes Haus, so wirst du zu einem Künstlerball eingeladen, dich dort bestens unterhalten, sehr viele Informationen sammeln und für die Zukunft gute und einflußreiche Freunde gewinnen. Befindet sich eine Kreuz-Karte im 6. Haus und fällt die HERZ SIEBEN in ein Kreuz-Haus, so kann es sein, daß du zu einem Presseball eingeladen wirst. Auch dort kannst du gute Kontakte knüpfen. Ziehe hier das 25. Haus hinzu. Hier erfährst du Bedeutsames für deinen weiteren beruflichen Weg. Rote Karten sind positiv, schwarze negativ zu deuten.

Befindet sich aber im 6. Haus eine PIK-KARTE und fällt die KREUZ SIEBEN in ein PIK-HAUS, so kann es sein, daß du eine Einladung zu einem Ball absagen mußt, weil du anderweitigen Verpflichtungen nachgehen mußt. Möglicherweise bist du auch von einer Feier sehr enttäuscht. Die Atemübungen helfen dir, schnell über die Enttäuschung hinwegzukommen.

## HERZ ZEHN · 11. HAUS

HEIRAT · VERBINDUNGEN · VEREINE · BRUDERSCHAFTEN

Im Haus der Nachrichten wird dir mitgeteilt, daß man dich gerne als Mitglied in einem bestimmten Verein sehen würde. Vielleicht erhältst du auch eine wichtige Nachricht über eine Hochzeit. Es ist auch möglich, daß du einer Bruderschaft beitrittst.

Sieh nach, welche Karte sich im 11. Haus befindet. Befindet sich dort eine rote Karte und fällt die KREUZ SIEBEN in ein rotes Haus, so werden die Nachrichten, die du in nächster Zeit erhalten wirst, äußerst wichtig für dich sein. Befinden sich im 11. und im 28. Haus Kreuz-Karten und fällt die KREUZ SIEBEN in ein Kreuz-Haus, so wirst du vielleicht einem Verein oder einer Partei beitreten.

Befindet sich aber im 11. Haus eine PIK-KARTE und fällt die KREUZ SIEBEN in ein PIK-HAUS, dann solltest du über einen eventuellen Beitritt zu einem Verein oder zu einer Bruderschaft genauestens nachdenken. Allzuleicht kann dein Privatleben unter solch einem Engagement leiden. Auch kann es sein, daß du zu rasch ein Heiratsversprechen gibst. Sei vorsichtig mit dem, was du sagst, denn du bist zur Zeit von einem schlechten Einfluß umgeben. Versuche diesem Einfluß durch regelmäßige Atemübungen entgegenzutreten.

## HERZ NEUN · 2. HAUS
### WUNSCH · WÜNSCHE · SEHNSUCHT · HOFFNUNG

Im Haus der Nachrichten wird dir mitgeteilt, daß du den sehnlichen Wunsch hast, bald von einem Menschen eine Nachricht zu bekommen. Dieser Wunsch geht in Erfüllung. Möglicherweise wirst du auch eine Nachricht erhalten, die mit einem Wunsch zusammenhängt. Hier kann es um eine mögliche Bestellung, die eingetroffen ist, oder auch um eine Herzenssache, die in einem Brief angesprochen wird, handeln.

Sieh nach, welche Karte sich im 2. Haus befindet. Befindet sich dort eine Herz-Karte und fällt die KREUZ SIEBEN in ein Herz-Haus, so wird dein Herzenswunsch bald in Erfüllung gehen. Befindet sich eine Karo-Karte im 2. Haus und fällt die KREUZ SIEBEN in ein Karo-Haus, so wird ein Wunsch, den du beruflich hegst, sehr schnell in Erfüllung gehen. Ziehe hier das 21. und das 25. Haus hinzu. Rote Karten sind positiv, schwarze negativ zu deuten. Befindet sich eine Kreuz-Karte im 2. Haus und fällt die KREUZ SIEBEN in ein Kreuz-Haus, so kann es sein, daß dein Wunsch deine Eltern, bestimmte Verwandte, einige Freunde oder Mitglieder der eigenen Familie erfüllen werden.

Befindet sich aber im 2. Haus eine PIK-KARTE und fällt die KREUZ SIEBEN in ein PIK-HAUS, so kannst du mit der Erfüllung deines Wunsches zur Zeit noch nicht rechnen. Im Moment besteht eine Opposition hinsichtlich deines Wunsches. Ist deine Vorstellung überhaupt realistisch? Mache die Atemübungen – bald wirst du wissen, ob dein Wunsch eines Tages in Erfüllung geht.

## HERZ ACHT · 4. HAUS

LIEBE · MONDSCHEIN · ROMANZE · HERZ

Im Haus der Nachrichten wird dir mitgeteilt, daß du sehr bald einen Liebesbrief, auf den du schon lange gewartet hast, erhalten wirst. Möglicherweise wirst du auch solch einen Brief schreiben. Vielleicht wirst du auch eingeladen und den Eltern deines oder deiner Liebsten vorgestellt.

Sieh nach, welche Karte sich im 4. Haus befindet. Befindet sich dort eine Herz-Karte und fällt die KREUZ SIEBEN in ein Herz-Haus, so wirst du eine unvergeßliche Romanze erleben, aus der auch noch mehr entstehen kann (ein sehr gutes Vorzeichen für Verliebte). Befindet sich eine Karo-Karte im 4. Haus und fällt die KREUZ SIEBEN in ein Karo-Haus, so werden in einem Brief Geldangelegenheiten und Zukunftschancen erörtert. Befindet sich eine Kreuz-Karte im 4. Haus und fällt die KREUZ SIEBEN in ein Kreuz-Haus, dann wirst du entweder über einen möglichen Hochzeitstermin mit den Eltern sprechen oder vielleicht schon Einladungen zu deiner Vermählung verschicken.

Befindet sich aber im 4. Haus eine PIK-KARTE und fällt die KREUZ SIEBEN in ein PIK-HAUS, so solltest du dir über deinen zukünftigen Partner noch einmal Gedanken machen. Lies eventuell noch einmal seine Briefe durch. Vielleicht merkst du, daß ihr nicht füreinander geschaffen seid. Lasse dich nicht subjektiv leiten und betrachte nicht nur das Äußere eines Menschen. Es kann oft blenden! Wenn du nicht versuchst, das Innere deines Partners zu ergründen, wirst du vielleicht eine große Enttäuschung erleben. Denke auch an die Atemübungen!

## HERZ SIEBEN · 12. HAUS

FRÖHLICHKEIT · GUTE LAUNE · HERZLICHKEIT · FROHSINN

Im Haus der Nachrichten wird dir mitgeteilt, daß du in Kürze eine unerwartete Nachricht erhalten wirst, mit der du nicht mehr gerechnet hast und die dich daher sehr froh stimmen wird. Vielleicht sendest du auch eine Nachricht, auf die jemand schon lange wartet. Möglicherweise bist du in den nächsten Wochen sehr gut gelaunt. Behalte die gute Laune bei, sie wird dir über manches Tief hinweghelfen.

Sieh nach, welche Karte sich im 12. Haus befindet. Befindet sich dort eine rote Karte und fällt die KREUZ SIEBEN in ein rotes Haus, so stehen die

Zeichen für Nachrichten, die du erhältst oder sendest, sehr gut. Befindet sich eine Kreuz-Karte im 12. Haus und fällt die KREUZ SIEBEN in ein Kreuz-Haus, so bekommst du eine verspätete Nachricht von deinen Eltern, deinen Freunden oder deinen Geschäftspartnern.

Befindet sich aber im 12. Haus eine PIK-KARTE und fällt die KREUZ SIEBEN in ein PIK-HAUS, so kann es sein, daß dich eine wichtige Nachricht nicht oder sehr spät erreicht. Vielleicht sendest du auch eine wichtige Nachricht aus, die den Empfänger nicht erreichen wird. Versuche noch zu retten, was zu retten ist. Lasse nichts unversucht. Vielleicht kannst du die Nachricht doch noch an den Mann bringen. Beachte die Atemübungen!

# KARO

## KARO AS · 25. HAUS
Beruf · Firma · Unternehmen · Projekte

Im Haus der Nachrichten wird dir mitgeteilt, daß dir mittels einer Nachricht ein neuer Job angeboten wird, durch den du dich finanziell verbessern kannst. Du solltest die einmalige Gelegenheit wahrnehmen. Es kann auch sein, daß dich eine Zeitung ersucht, einen Artikel für sie zu schreiben.

Sieh nach, welche Karte sich im 25. Haus befindet. Befindet sich dort eine Herz-, Karo- oder eine Kreuz-Karte und fällt die KREUZ SIEBEN in ein Herz-, Karo- oder Kreuz-Haus, so erhältst du eine sehr positive Nachricht für deine Zukunft. Sie könnte eine Änderung für dich auf der ganzen Linie nach sich ziehen.

Befindet sich aber im 25. Haus eine PIK-KARTE und fällt die KREUZ SIEBEN in ein PIK-HAUS, dann solltest du das Angebot, das du erhältst, einer gewissenhaften Prüfung unterziehen. Lege dir eine Woche später noch einmal die Karten und vergleiche sie mit dem jetzigen Bild. Vielleicht handelt es sich nur um eine vorübergehende negative Schwingung, die aber beobachtet werden muß. Lasse dich nicht zu einem unüberlegten Schritt verleiten. Mache die Atemübungen und entscheide dich dann.

## KARO KÖNIG · 9. HAUS
Legale Papiere · Arzt · Anwalt · Notar

Im Haus der Nachrichten wird dir mitgeteilt, daß du eine Nachricht folgenden Inhalts erhalten wirst: Entweder möchte man einen Artikel über dich verfassen oder dich interviewen. Es kann auch sein, daß man dich als Künstler in der Presse vorstellen will. Vielleicht hast du auch etwas erfunden, das wert ist, daß man es der breiten Masse zugänglich macht. Möglicherweise wirst du auch zu einer Vernissage einer Galerie eingeladen. Du wirst auf alle Fälle mit der »weiten Welt« zu tun haben.

Sieh nach, welche Karte sich im 9. Haus befindet. Befindet sich dort eine Herz-Karte und fällt die KREUZ SIEBEN in ein Herz-Haus, so wirst du durch eine Veröffentlichung oder einen Artikel in einer Zeitung oder

Zeitschrift sehr bekannt werden. Befindet sich im 9. Haus eine Karo-Karte und fällt die KREUZ SIEBEN in ein Karo-Haus, so solltest du alles, was du auf dem Kunstsektor erstellst, seien es Erfindungen, schriftstellerische Arbeiten oder andere Kunstwerke, als dein geistiges Eigentum absichern lassen. Befindet sich eine Kreuz-Karte im 9. Haus und fällt die KREUZ SIEBEN in ein Kreuz-Haus, so kann es sein, daß du einmal einen Familienroman schreiben oder deine Lebensgeschichte veröffentlichen wirst. Ziehe auch das 6. Haus hinzu. Rote Karten sind positiv, schwarze negativ zu deuten.

Befindet sich aber im 9. Haus eine PIK-KARTE und fällt die KREUZ SIEBEN in ein PIK-HAUS, so solltest du vorsichtig sein, wenn du etwas veröffentlichen willst. Prüfe vor einer Unterschrift auch eingehend die Verträge und beachte, daß dein Urheberrecht genau festgehalten ist. Lasse dich nicht in die Enge treiben, nur weil du vielleicht dringend Geld brauchst, denn hier geht es um deine Werke und um deine Zukunft. Mache regelmäßig die Atemübungen.

## KARO DAME · 18. HAUS
JAHRESZEIT · FRÜHJAHR · SOMMER · HERBST · WINTER

Im Haus der Nachrichten wird dir mitgeteilt, daß du durch einige Anrufe gewisse Termine festlegen wirst. Möglicherweise hast du auch oft mit Menschen zu tun, die dich sprechen wollen. Du wirst in der nächsten Zeit einen vollen Terminkalender und für dich persönlich fast keine freie Minute haben.

Sieh nach, welche Karte sich im 18. Haus befindet. Befindet sich dort eine rote Karte und fällt die KREUZ SIEBEN in ein rotes Haus, so wirst du in deinem Leben sehr oft mit Menschen zu tun haben. Man wird deine Hilfe und deine Ratschläge benötigen. Du hast die seltene Gabe, mit den richtigen Worten zu helfen. Mißbrauche das Vertrauen, das man dir entgegenbringt, niemals, denn das wäre eine tiefe Enttäuschung für diejenigen, die deine Hilfe suchen. Befindet sich eine Kreuz-Karte im 18. Haus und fällt die KREUZ SIEBEN in ein Kreuz-Haus, so wird dich deine Familie oder werden dich enge Freunde zukünftig öfter um Ratschläge bitten.

Befindet sich aber im 18. Haus eine PIK-KARTE und fällt die KREUZ SIEBEN in ein PIK-HAUS, so wirst du jemandem einen Ratschlag geben, trotzdem wird dieser genau das Gegenteil von dem machen, was du ihm gesagt hast. Hiermit mußt du rechnen, denn viele Menschen handeln oftmals in die »falsche Richtung«. Ärgere dich nicht darüber! Irren ist menschlich. Denke lieber an die Atemübungen.

## KARO BUBE · 21. HAUS

### Briefe · Schriftstücke · Telegramme · Bote · Freund

Im Haus der Nachrichten wird dir mitgeteilt, daß dich entweder bald die Post oder das Telegraphenamt anrufen wird. Möglicherweise erhältst du sehr gute Nachrichten im Hinblick auf günstige Investitionen. Gehe überlegt vor, wenn es sich hier um deine Zukunft handelt.

Sieh nach, welche Karte sich im 21. Haus befindet. Befindet sich dort eine Herz-Karte und fällt die KREUZ SIEBEN in ein Herz-Haus, so wirst du Nachrichten aussenden oder erhalten, die mit deiner privaten Sphäre zusammenhängen. Ziehe hier das 4. Haus hinzu. Befindet sich im 21. Haus eine Karo-Karte und fällt die KREUZ SIEBEN in ein Karo-Haus, so stehen die Zeichen für Investitionen sehr gut. Ziehe auch das 17. und das 31. Haus hinzu. Rote Karten sind positiv, schwarze negativ zu deuten. Befindet sich im 21. Haus eine Kreuz-Karte und fällt die KREUZ SIEBEN in ein Kreuz-Haus, so wirst du Nachrichten von deiner Familie oder von Freunden erhalten. Es kann auch sein, daß du einen sehr netten Brief an mehrere Freunde versendest.

Befindet sich aber im 21. Haus eine PIK-KARTE und fällt die KREUZ SIEBEN in ein PIK-HAUS, so wirst du eine schlechte Nachricht in Briefform übermittelt bekommen. Es kann auch sein, daß du jemandem eine schlechte Nachricht übermitteln mußt. Versuche dich immer zu entspannen, wenn du schlechte Nachrichten erhältst oder bevor du schlechte Nachrichten mitteilen mußt. Mache daher regelmäßig die Atemübungen! Sie helfen dir, alles ein bißchen leichter im Leben zu nehmen.

## KARO ZEHN · 17. HAUS

### Geld · Finanzen · Börse · Einnahmen · Ausgaben

Im Haus der Nachrichten wird dir mitgeteilt, daß du eine sehr dringende Nachricht erhalten wirst, worin man dir den Rat gibt, Geld sehr schnell in ein Projekt zu investieren, um eine hohe Rendite zu erreichen.

Vielleicht möchtest du auch, daß jemand in deiner Firma Teilhaber wird oder dich bei einem Projekt finanziell unterstützt.

Sieh nach, welche Karte sich im 17. Haus befindet. Befindet sich dort eine rote Karte und fällt die KREUZ SIEBEN in ein rotes Haus, so wirst du ganz sicher eine Nachricht erhalten, die finanzielle Angelegenheiten anspricht. Befindet sich eine Kreuz-Karte im 17. Haus und fällt die KREUZ SIEBEN in ein Kreuz-Haus, so wird dich möglicherweise jemand telephonisch um Geld bitten. Ziehe in diesem Fall auch das 13. und das 19. Haus hinzu. Rote Karten sind positiv, schwarze negativ zu deuten.

Befindet sich aber im 17. Haus eine PIK-KARTE und fällt die KREUZ SIEBEN in ein PIK-HAUS, so wirst du eine schlechte Nachricht in einer finanziellen Angelegenheit erhalten. Möglicherweise verlierst du dein investiertes Kapital. Vielleicht bittet dich auch jemand um finanzielle Unterstützung. Hier ist Vorsicht geboten, denn dieser jemand muß nicht unbedingt ehrlich sein. Vergiß nie die Atemübungen!

## KARO NEUN · 5. HAUS

ÜBERRASCHUNG · ÜBERRASCHUNGEN · KLEINE FINANZEN

Im Haus der Nachrichten wird dir mitgeteilt, daß du eine Nachricht erhalten wirst, die eine Überraschung beinhaltet.

Es handelt sich um eine sehr gute Überraschung, wenn in das 5. Haus eine rote Karte und wenn die KREUZ SIEBEN in ein rotes Haus fällt. Diese Überraschung kann von einem Freund, von deiner Firma oder von einem Kollegen kommen. Deute auch das 25. Haus, wenn du eine Überraschung von deiner Firma erwartest. Bei Freunden mußt du die Häuser 13 und 19 hinzuziehen. Befindet sich eine Kreuz-Karte im 5. Haus und fällt die KREUZ SIEBEN in ein Kreuz-Haus, so kann es sein, daß dich deine Familie mit einer sehr guten Nachricht überraschen wird.

Befindet sich aber im 5. Haus eine PIK-KARTE und fällt die KREUZ SIEBEN in ein PIK-HAUS, so wirst du in Kürze eine Nachricht erhalten, die eine böse Überraschung beinhaltet. Sieh in diesem Fall in jenen Häusern nach, die deiner Meinung nach mit dieser Botschaft in Zusammenhang zu bringen sind. Vergiß auch nicht, daß wir alle im Laufe des Lebens halt manchmal schlechte Nachrichten bekommen. Mache regelmäßig die Atemübungen! Durch sie lernst du, schlechte Nachrichten besser zu verkraften.

## KARO ACHT · 27. HAUS

Erbe · Erbschaften · Hinterlassenschaften · Bekommen

Im Haus der Nachrichten wird dir mitgeteilt, daß du sehr bald eine Nachricht über eine Erbschaft erhalten wirst. In diesem Zusammenhang wird man dir bald eine größere Geldsumme überweisen. Es kann auch sein, daß du etwas gewonnen hast. Vielleicht hast du auch früher einmal in ein Projekt investiert, das dir jetzt Gewinn einbringt.

Sieh nach, welche Karte sich im 27. Haus befindet. Befindet sich dort eine rote Karte und fällt die KREUZ SIEBEN in ein rotes Haus, so wirst du in Kürze eine Nachricht erhalten, die besagt, daß dir Geld überwiesen wird. Ziehe hier das 17. Haus hinzu. Befindet sich eine Kreuz-Karte im 27. Haus und fällt die KREUZ SIEBEN in ein Kreuz-Haus, so kann es sein, daß du Wertvolles aus dem Familienbesitz erben wirst. Hier mußt du das 17. und das 5. Haus hinzuziehen.

Befindet sich aber im 27. Haus eine PIK-KARTE und fällt die KREUZ SIEBEN in ein PIK-HAUS, so kann es sein, daß du aufgrund deines jugendlichen Alters deine Erbschaft noch nicht antreten kannst. Wenn du jedoch ein gewisses Alter erreicht hast, wird dir dein Erbe ausbezahlt. Vielleicht mußt du auch um das Erbe streiten! Denke hier an die Atemübungen!

## KARO SIEBEN · 3. HAUS

Erfolg · Karriere · Aufstieg · Leistung

Im Haus der Nachrichten wird dir mitgeteilt, daß du eine sehr wichtige Nachricht erhalten wirst, die deine Zukunft entscheidend verändern wird. Wenn dich diese Nachricht erreicht, so konzentriere dich auf den Inhalt, denn dieser wird nur dir mitgeteilt. Es kann auch sein, daß dir eine Botschaft im Traum mitgeteilt wird oder daß du als Medium fungieren wirst.

Sieh nach, welche Karte sich im 3. Haus befindet. Befindet sich dort eine rote Karte, so scheinst du über parapsychische Kräfte zu verfügen. Sei aber vorsichtig! Viele Scharlatane haben hier oft ihre Hände im Spiel. Befindet sich eine Kreuz-Karte im 3. Haus und fällt die KREUZ SIEBEN in ein Herz-, Karo- oder Kreuz-Haus, so bist du telepathisch veranlagt. Diese Fähigkeit kannst du durch die Atemübungen erweitern und vervollkommnen. Lasse dich aber bei der Übermittlung von Gedanken nicht subjektiv beeinflussen.

Befindet sich aber im 3. Haus eine PIK-KARTE und fällt die KREUZ SIEBEN in ein PIK-HAUS, so lasse dich als Medium nicht für negative Zwecke mißbrauchen. Es kann auch sein, daß du dir einbildest, ein Medium zu sein, und auf Heuchler oder Schwindler hereinfällst. Gebrauche deinen Verstand und hüte dich, dich von irgendeinem Scharlatan in Trance versetzen zu lassen, denn das ist ein gefährliches Abenteuer, wenn du einen labilen Charakter hast. Beschäftige dich immer regelmäßig mit den Atemübungen! Sie werden dir helfen, einen positiven Schutzmantel um dich aufzubauen, damit dich keine negative Schwingung erreichen kann. Pfusche nie in Gottes Handwerk, sondern mache das, was dir auferlegt worden ist.

# KREUZ

## KREUZ AS · 20. HAUS

GESCHENK · GESCHENKE (MIT PIK AS: TOD · LAST)

Im Haus der Nachrichten wird dir mitgeteilt, daß du eine wichtige Nachricht per Boten oder durch einen Anruf erhalten wirst. Möglicherweise offeriert man dir auch eine Stelle oder einen Job.

Nimm das Angebot an, denn die Zeit ist günstig, wenn sich im 20. Haus eine rote Karte befindet und die KREUZ SIEBEN in ein rotes Haus fällt. Ziehe auch das 25. Haus hinzu. Befindet sich eine Kreuz-Karte im 20. Haus und fällt die KREUZ SIEBEN in ein Kreuz-Haus, so ist es möglich, daß dir deine Verwandtschaft eine wichtige Nachricht übermitteln wird.

Befindet sich aber im 20. Haus eine PIK-KARTE und fällt die KREUZ SIEBEN in ein PIK-HAUS, so wird man dir möglicherweise mitteilen, daß ein Geschenk, das du für jemanden bestellt hast, nicht mehr vorrätig ist. Hier bahnt sich ein denkbarer Streit mit einem Versandhaus oder einem Geschäft an. Beruhige dich und mache regelmäßig die Atemübungen! Bald wirst du dich über solche Kleinigkeiten nicht mehr aufregen.

## KREUZ KÖNIG · 10. HAUS

FERIEN · URLAUB · VATER · ONKEL · GROSSVATER

Im Haus der Nachrichten wird dir mitgeteilt, daß man dir – solltest du zur Zeit ohne Arbeit sein – bald eine Stelle anbietet. Vielleicht schickt dir auch jemand einen Vorschuß und bittet dich, bei ihm zu arbeiten.

Sieh nach, welche Karte sich im 10. Haus befindet. Befindet sich dort eine rote Karte und fällt die KREUZ SIEBEN in ein rotes Haus, so wirst du bald eine Arbeit finden, die dir Freude bereitet. Befindet sich eine Kreuz-Karte im 10. Haus und fällt die KREUZ SIEBEN in ein Kreuz-Haus, so wirst du möglicherweise für jemanden aus deiner Familie, der auf dem Land lebt, arbeiten.

Befindet sich aber im 10. Haus eine PIK-KARTE und fällt die KREUZ SIEBEN in ein PIK-HAUS, dann kann es sein, daß dich während deines Urlaubs schlechte Nachrichten erreichen. Möglicherweise ruft man dich an deinen Arbeitsplatz zurück. Vielleicht erleidet auch jemand aus deiner Familie einen Unfall, der deine Rückkehr aus dem Urlaub erfordert. Zur

Zeit stehen die Zeichen für positive Nachrichten nicht gerade gut. Denke jetzt vor allen Dingen an die Atemübungen!

## KREUZ DAME · 30. HAUS

UNTERSUCHER · UNTERSUCHUNGEN · MUTTER · TANTE · GROSSMUTTER

Im Haus der Nachrichten wird dir mitgeteilt, daß du sehr bald eine wichtige Nachricht erhalten wirst. Möglicherweise erhältst du nach einer gut abgeschlossenen Prüfung ein hervorragendes Diplom. Vielleicht mußt du aber auch eine Aufnahmeprüfung absolvieren, um einen Kurs besuchen zu können.

Sieh nach, welche Karte sich im 30. Haus befindet. Befindet sich dort eine rote Karte und fällt die KREUZ SIEBEN in ein rotes Haus, so wirst du deine Prüfung sehr gut bestehen – besonders dann, wenn auch im 28. Haus eine Herz-, Karo- oder Kreuz-Karte liegt. Befindet sich im 30. Haus eine Kreuz-Karte und fällt die KREUZ SIEBEN in ein Kreuz-Haus, so wirst du einen eingeschriebenen Brief erhalten, der dir eine gute Nachricht bringt. Ziehe hier auch das 21. Haus hinzu.

Befindet sich aber im 30. Haus eine PIK-KARTE und fällt die KREUZ SIEBEN in ein PIK-HAUS, so prüfe genau, ob du alles für das Bestehen der Prüfung getan hast. Solltest du mit dem intensiven Lernen Schwierigkeiten haben, so mache regelmäßig die Atemübungen! Sie helfen dir, konzentrierter und ruhiger zu werden.

## KREUZ BUBE · 15. HAUS

FAMILIE · SOHN · NEFFE (MIT DAME: TOCHTER · NICHTE)

Im Haus der Nachrichten wird dir mitgeteilt, daß du aus deiner Verwandtschaft einen Anruf oder einen Brief erhalten wirst, in dem man dir von einem Skandal berichtet. Möglicherweise wirst du aber auch bei einer Scheidung als Zeuge vor Gericht geladen.

Sieh nach, welche Karte sich im 15. Haus befindet. Befindet sich dort eine rote Karte und fällt die KREUZ SIEBEN in ein rotes Haus, so wird die Nachricht, die du erhältst, für dich sehr wichtig sein. Es geht hier für dich um deine Familie oder sogar um die Familienehre. Möglicherweise kannst du durch rasches Einschreiten einen Skandal verhindern. Befindet sich eine Kreuz-Karte im 15. Haus und fällt die KREUZ SIEBEN in ein

Kreuz-Haus, so wirst du bei Gericht vorgeladen und dort für einen Freund aussagen. Möglicherweise mußt du dir ein Dokument bei Gericht besorgen oder auch einen Auszug aus einer Akte oder einem Protokoll.

Befindet sich aber im 15. Haus eine PIK-KARTE und fällt die KREUZ SIEBEN in ein PIK-HAUS, dann solltest du in der nächsten Zeit aufpassen. Sehr schnell kannst du in eine üble Angelegenheit hineingezogen werden. Sei auch nicht zu vertrauensselig mit Nachrichten, die geheimer Natur sind. Halte dich in den nächsten Wochen etwas zurück, denn die Karten liegen zur Zeit nicht gut für dich. Das einzig Gute sind im Moment für dich die Atemübungen! Sie helfen dir, aus deinem Tief herauszukommen.

## KREUZ ZEHN · 8. HAUS

REISE · STRASSE · WASSER · MEER

Im Haus der Nachrichten wird dir mitgeteilt, daß du eine Nachricht erhalten wirst, die aus weiter Ferne kommt. Hier kann es sich auch um eine telepathische Mitteilung handeln. Vielleicht erhältst du auch eine Mitteilung, die eine weite Reise zur Folge hat.

Sieh nach, welche Karte sich im 8. Haus befindet. Befindet sich dort eine rote Karte und fällt die KREUZ SIEBEN in ein rotes Haus, so erhältst du eine Mitteilung aus einer sehr großen Entfernung. Antworte prompt darauf, denn sie ist für deine Zukunft sehr entscheidend. Befindet sich eine Kreuz-Karte im 8. Haus und fällt die KREUZ SIEBEN in ein Kreuz-Haus, so wirst du sehr wahrscheinlich zu einer Schiffsreise eingeladen.

Befindet sich aber im 8. Haus eine PIK-KARTE und fällt die KREUZ SIEBEN in ein PIK-HAUS, so kann das bedeuten, daß du aus einer sehr großen Entfernung eine schlechte Nachricht erhältst. Solltest du dich mit Jenseitsspekulationen beschäftigen, so begibst du dich in ein negatives Feld, aus dem du dich nur sehr schwer befreien kannst. Auch das Negative sucht seine Opfer. Gib acht, mit welchen Menschen du in Kontakt trittst. Mache die Atemübungen und lasse dein Inneres entscheiden, ob deine Lehrer es ehrlich meinen. Versuche nicht aus reiner Neugierde mehr wissen zu wollen, als dir in diesem Leben zusteht. Vertraue auf Gott, er führt dich. Die Atemübungen weisen dir den richtigen Weg zu dir und zu Gott.

## KREUZ NEUN · 31. HAUS
### Glück · Kleine Reise · Risiko

Im Haus der Nachrichten wird dir mitgeteilt, daß du eine Nachricht erhalten wirst, in der dir offenbart wird, wo du dein Geld investieren kannst, um eine hohe Rendite zu erreichen. Möglicherweise erhältst du auch von einem Freund einen guten Vorschlag hinsichtlich einer Investition.

Sieh nach, welche Karte sich im 31. Haus befindet. Befindet sich dort eine Herz-Karte und fällt die KREUZ SIEBEN in ein Herz-Haus, so wirst du von einer lieben Person eine gute Nachricht hinsichtlich einer erfolgversprechenden Investition erhalten. Eventuell hat diese Person die betreffende Investition schon für dich getätigt. Befindet sich im 31. Haus eine Karo-Karte und fällt die KREUZ SIEBEN in ein Karo-Haus, dann bekommst du sehr bald die Nachricht, daß du bei einem Wettbewerb oder Preisausschreiben gewonnen hast. Befindet sich eine Kreuz-Karte im 31. Haus und fällt die KREUZ SIEBEN in ein Kreuz-Haus, so ist es denkbar, daß du mit sehr viel Glück eine schwierige Situation überstehst. Dies kann jedoch auch auf ein anderes Familienmitglied zutreffen.

Befindet sich aber im 31. Haus eine PIK-KARTE und fällt die KREUZ SIEBEN in ein PIK-HAUS, so riskiere in nächster Zeit nicht allzuviel. Du neigst leicht zu lebensgefährlichen Aktionen. Setz dein Leben nicht sinnlos aufs Spiel! Geh in dich und mache regelmäßig die Atemübungen!

## KREUZ ACHT · 26. HAUS
### Neue Unternehmungen · Mut · Heldentat

Im Haus der Nachrichten wird dir mitgeteilt, daß du eine sehr wichtige Nachricht erhalten wirst, in der dir geraten wird, neue Gedanken zu Papier zu bringen. Möglicherweise hast du auch vor, die Schule frühzeitig zu verlassen, da dir zur Zeit nicht nach Lernen zumute ist. Tu es nicht, denn die Zeichen für einen positiven Abschluß in der Schule stehen gut! Das trifft auch zu, wenn du voll im Beruf stehen solltest.

Sieh nach, welche Karte sich im 26. Haus befindet. Befindet sich dort eine Herz-, Karo- oder Kreuz-Karte und fällt die KREUZ SIEBEN in ein Herz-, Karo- oder Kreuz-Haus, so solltest du nicht aufgeben, denn eine gute Zeit wartet auf dich.

Befindet sich aber im 26. Haus eine PIK-KARTE und fällt die KREUZ SIEBEN in ein PIK-HAUS, so kann es sein, daß du eine schlechte Nachricht erhältst. Möglicherweise hast du dich bei einer Aktion total übernommen. Spiele dich nicht als »Held« auf! Zu schnell kannst du von der Realität eingeholt werden. Zeige Mut und gestehe dein Versagen ein! Dann bist du wirklich ein Held. Denke auch an die Atemübungen!

## KREUZ SIEBEN · 14. HAUS
### NACHRICHTEN · BOTSCHAFT · TRÄNEN · LEID

Im Haus der Nachrichten wird dir mitgeteilt, daß du – da die KREUZ SIEBEN in ihr eigenes Haus fällt – außerordentliches Talent für den Journalistenberuf mitbringst. Vielleicht hegst du auch den Wunsch, in der Nachrichtenübermittlung tätig zu sein. Bald wird es sich hier nicht mehr um einen Wunsch handeln.

Deute in diesem Fall auch die HERZ NEUN und das 2. Haus. Wenn du wissen willst, ob du im Nachrichtenwesen eine berufliche Chance hast, so ziehe das 25. Haus hinzu. Wenn du gerne Nachrichten über das Finanzwesen vermitteln willst, so ziehe das 17. Haus hinzu, über medizinische Tatsachen das 16. Haus. Rote Karten sind positiv, Kreuz-Karten gesondert zu deuten.

Befinden sich in den besagten Häusern PIK-KARTEN, so mußt du mit Widerstand rechnen. Lege dir eine Woche später wieder die Karten und vergleiche sie mit dem jetzigen Bild.

# PIK

## PIK AS · 24. HAUS

TOD · UNFALL · SCHICKSALSSCHLÄGE · QUAL · NOT

Im Haus der Nachrichten wird dir mitgeteilt, daß du in Kürze eine Nachricht über einen Todesfall erhalten wirst. Möglicherweise erleidet auch jemand einen Unfall und stirbt kurz darauf. Vielleicht teilt dir auch dein Partner mit, daß er dich für immer verlassen will.

Sieh nach, welche Karte sich im 24. Haus befindet. Befindet sich dort eine Herz-Karte und fällt die KREUZ SIEBEN in ein Herz-Haus, so kann es sein, daß du einen lieben Menschen verlieren wirst. Befindet sich eine Karo-Karte im 24. Haus und fällt die KREUZ SIEBEN in ein Karo-Haus, so wird dir möglicherweise eine Lebensversicherung ausbezahlt. Ziehe hier auch das 9., 17. und 27. Haus hinzu. Befindet sich eine Kreuz-Karte im 24. Haus, so könnte es sein, daß jemand nach einem Unfall stirbt. Ziehe hier das 15. Haus hinzu. Wenn eine Personenkarte in das 15. Haus fällt, so kannst du erfahren, um wen es sich hier handeln kann.

Befindet sich aber im 24. Haus eine PIK-KARTE und fällt die KREUZ SIEBEN in ein PIK-HAUS, so kann es sein, daß du eine schlechte Nachricht erhalten wirst, und zwar entweder über einen Freund, der beim Militär ist, oder über eine Freundin, die Krankenschwester und zur Zeit in einem Kriegsgebiet tätig ist. Achte bei deiner Deutung vor allen Dingen auf die Häuser, die für Personen maßgebend sind.

## PIK KÖNIG · 28. HAUS

RUFER · BEHÖRDE · SCHULE · SPITAL · INSTITUTION

Im Haus der Nachrichten wird dir mitgeteilt, daß du mit deinen Antworten auf Nachrichten, die dich per Telephon oder mittels Telegramm erreichen, achtgeben mußt. Vielleicht wird dir auch ein Auftrag gekündigt. Es können auch im geschäftlichen Bereich einige Unannehmlichkeiten auf dich zukommen.

Sieh nach, welche Karte sich im 28. Haus befindet. Befindet sich dort eine rote Karte und fällt die KREUZ SIEBEN in ein rotes Haus, so wirst du eine gute Nachricht entweder erhalten oder versenden. Das kann aber auch bedeuten, daß dir ein kürzlich gekündigter Auftrag wieder neu erteilt wird. Befindet sich im 28. Haus eine Kreuz-Karte und fällt die KREUZ SIEBEN in ein Kreuz-Haus, so kannst du eventuell mit einem behördlichen Auftrag rechnen. Sieh auch nach, welche Karten in das 9. und in das 25. Haus fallen. Befinden sich dort Kreuz-Karten, so ist das ein gutes Zeichen für einen Auftrag und für eine positive Nachricht von offizieller Seite.

Befindet sich aber im 28. Haus eine PIK-KARTE und fällt die KREUZ SIEBEN in ein PIK-HAUS, dann solltest du vorsichtig sein mit dem, was man dir anbietet. Lasse dich nicht auf krumme Geschäfte ein. Sie verbessern deine Zukunftsaussichten auf keinen Fall. Eventuell werden Versprechungen nicht eingehalten. Mache, wenn du dich unsicher fühlst, die Atemübungen! Bald wirst du genau wissen, wie du dich im Hinblick auf deine Zukunft zu verhalten hast.

## PIK DAME · 29. HAUS

### Dankbarkeit · Dunkle Dame · Undank · Neid

Im Haus der Nachrichten wird dir mitgeteilt, daß du sehr bald einen Anruf erhältst, in dessen Verlauf man dir einige »Klatschgeschichten« mitteilt. Dies kann aber auch mittels eines Briefes geschehen. Vielleicht erhältst du auch einen unfreundlichen Brief von einer undankbaren Person. Behalte diesen Brief, denn möglicherweise benötigst du ihn eines Tages als Beweis. Denkbar ist aber auch, daß du einmal zu einem Menschen, dem du einiges verdankst, sehr großzügig sein wirst.

Sieh nach, welche Karte sich im 29. Haus befindet. Befindet sich dort eine Herz-Karte und fällt die KREUZ SIEBEN in ein Herz-Haus, so wird dir einmal eine Person sehr helfen – oder du wirst jemandem helfen. Befindet sich eine Kreuz- oder eine Karo-Karte im 29. Haus und fällt die KREUZ SIEBEN in ein Kreuz-Haus, so kann es sein, daß du von deiner Verwandtschaft einen Brief oder einen Anruf erhältst, in dem man dich um Geld bittet. Ziehe hier das 17., 19. und das 15. Haus hinzu. Danach wirst du die richtige Entscheidung treffen.

Befindet sich aber im 29. Haus eine PIK-KARTE und fällt die KREUZ SIEBEN in ein PIK-HAUS, so wirst du eines Tages durch den Undank einiger Menschen sehr enttäuscht sein. Möglicherweise gibt man dir , nachdem du etwas aufgebaut hast, zu verstehen, daß du nicht mehr benötigt wirst. Sei nicht gekränkt, sondern mache die Atemübungen!

## PIK BUBE · 1. HAUS
### Gegenwart · Wahrheit · Dunkler Mann · Uniformierter

Im Haus der Nachrichten wird dir mitgeteilt, daß du von einer Person eine Nachricht erhalten wirst, die du jedoch nicht glaubst, weil dir deine innere Stimme etwas anderes sagt. Eventuell will man dich hinters Licht führen. Sei auf der Hut und versuche die wahren Umstände zu erfahren. Es ist aber auch sehr gut möglich, daß diese Person niemanden, nicht einmal sich selbst liebt. Empfiehl ihr in diesem Falle das vorliegende Buch oder schenke es ihr. Vielleicht findet sie dann wieder zu sich selbst. Lasse dich auch nicht in nächster Zeit von irgendwelchen Schmeichlern und Heuchlern täuschen. Denkbar ist aber auch, daß man versucht, deine Gewohnheiten herauszufinden, um dann bei dir einbrechen zu können. Vielleicht hörst du auch schlechte Nachrichten im Radio oder im Fernsehen.

Sieh nach, welche Karte sich im 1. Haus befindet. Befindet sich dort eine rote Karte und fällt die KREUZ SIEBEN in ein rotes Haus, so wirst du eine Nachricht über deinen Partner erhalten, die dich in Erstaunen versetzen wird. Sieh auch nach, welche Karten in das 11., 13. und in das 19. Haus fallen. Fallen dort rote Karten hinein, so kannst du den Aussagen über deinen Partner nicht trauen. Lasse dich nicht irreführen! Befindet sich eine Kreuz-Karte im 1. Haus und fällt die KREUZ SIEBEN in ein Kreuz-Haus, so kann sich die ungute Nachricht auf deine Familie beziehen. Untersuche auch hier den Wahrheitsgehalt der Aussagen.

Befindet sich aber im 1. Haus eine PIK-KARTE und fällt die KREUZ SIEBEN in ein PIK-HAUS, dann solltest du dich selbst einmal fragen, ob du immer die Wahrheit sagst. Versuche dich zu ändern und lasse dich nicht von anderen Menschen negativ beeinflussen. Mache regelmäßig die Atemübungen – und bald kannst du genau unterscheiden, was wahr ist und was nicht.

## PIK ZEHN · 32. HAUS
### Sonne · Entfernungen · Andere Länder · Nacht

Im Haus der Nachrichten wird dir mitgeteilt, daß du entweder am Morgen oder am Abend eine Nachricht erhalten wirst, die für dich von großem Nutzen sein wird. Sie kann deinen Beruf, dein Geschäft oder das, was du für die Zukunft planst, betreffen. Die Nachricht wird für dich sehr wichtig sein, da du schon geraume Zeit auf sie wartest.

Sieh nach, welche Karte sich im 32. Haus befindet. Befindet sich dort eine rote Karte und fällt die KREUZ SIEBEN in ein rotes Haus, so ist die Nachricht, die du bald erhältst, sehr positiv für dich. Befindet sich eine Kreuz-Karte im 32. Haus und fällt die KREUZ SIEBEN in ein Kreuz-Haus, so kann es sein, daß du eine wichtige Nachricht von deiner Familie erhältst. Ziehe hier auch das 15. und das 21. Haus hinzu.

Befindet sich aber im 32. Haus eine PIK-KARTE und fällt die KREUZ SIEBEN in ein PIK-HAUS, so kann es sein, daß eine wichtige Nachricht für dich unterschlagen wird. Denkbar ist hier auch die absichtliche Verzögerung der für dich bestimmten Nachricht, die sehr wichtig für deinen Beruf, dein Geschäft oder auch für eine Angelegenheit mit einer bestimmten Behörde sein kann. Deute hier jene Häuser, die dir in diesem Fall als wichtig erscheinen. Rote Karten sind, auch bei einer eventuellen Verzögerung, positiv zu deuten, während schwarze Karten hier einen Verlust oder auch ein Komplott anzeigen. Versuche dich zu konzentrieren und mache regelmäßig die Atemübungen, dann wirst du sehr bald erkennen, wer hier seine Hand im Spiel hat.

## PIK NEUN · 23. HAUS

### Depression · Unannehmlichkeiten · Kälte

Im Haus der Nachrichten wird dir mitgeteilt, daß du bald eine Nachricht erhalten wirst, und zwar über einen schweren Verlust, den du erlitten hast oder erleiden wirst. Möglicherweise erfährst du während eines Telephongesprächs etwas über deinen Verlust. Denkbar ist jedoch auch, daß du eine Verlustanzeige aufgibst. Vielleicht wird auch bei einem wichtigen Gespräch die Leitung unterbrochen, und zwar durch einen Defekt, dessen Behebung mehrere Tage in Anspruch nimmt.

Sieh nach, welche Karte sich im 23. Haus befindet. Befindet sich dort eine rote Karte und fällt die KREUZ SIEBEN in ein rotes Haus, so wirst du über den Verlust eines Gegenstandes möglicherweise sehr betrübt sein. Befindet sich eine Kreuz-Karte im 23. Haus und fällt die KREUZ SIEBEN in ein Kreuz-Haus, so kann es sein, daß sich der Verlust in irgendeiner Weise auf deine Firma oder dein Geschäft bezieht. Ziehe hier auch das 25. und das 17. Haus hinzu. Rote Karten können anzeigen, um welchen

Verlust es sich hier eventuell handelt. Schwarze Karten können vielleicht etwas über die Rückgewinnung aussagen.

Bei schwarzen Karten ist jedoch Vorsicht geboten. Ziehe auf jeden Fall die Häuser der schwarzen Karten für deine Deutung hinzu. Mache dir diese Mühe, denn es muß nicht alles verloren sein. Vergiß auch niemals die regelmäßigen Atemübungen! Sie weisen dir immer den richtigen Weg aus einer verfahrenen Situation.

## PIK ACHT · 22. HAUS
ÄRGER · ÄRGERNISSE · STREIT · VERLEUMDUNGEN

Im Haus der Nachrichten wird dir mitgeteilt, daß du eine Nachricht erhalten wirst, über die du dich sehr ärgerst. Möglicherweise wird auch dein Telephon bald gesperrt, weil du die Telephonrechnungen nicht bezahlt hast.

Sieh nach, welche Karte in das 22. Haus fällt. Fällt dort eine rote Karte hinein und fällt die KREUZ SIEBEN in ein rotes Haus, so wirst du dich über einen dir nahestehenden Menschen ärgern, weil er dich bei anderen schlechtmacht. Vielleicht ärgerst du dich auch über jemanden, der dir etwas, das du ihm geborgt hast, beschädigt oder gar nicht mehr zurückbringt. Befindet sich eine Kreuz-Karte im 22. Haus und fällt die KREUZ SIEBEN in ein Kreuz-Haus, so kann es sein, daß du Ärger im Geschäft haben wirst.

Befindet sich aber im 22. Haus eine PIK-KARTE und fällt die KREUZ SIEBEN in ein PIK-HAUS, dann stehen in nächster Zeit einige schlechte Nachrichten für dich an. Amtspersonen oder Polizisten suchen dich möglicherweise auf, weil du gewisse Verpflichtungen nicht eingehalten hast. Hier mußt du, um dir in Zukunft Ärger zu ersparen, sorgfältiger werden. Denke an die Atemübungen.

## PIK SIEBEN · 16. HAUS
GESUNDHEIT · KRANKHEIT · KUR · OPERATION

Im Haus der Nachrichten wird dir mitgeteilt, daß man dich anrufen und deinen Rat einholen wird, da jemand erkrankt ist. Möglicherweise wird man dich auch über eine Krankheit aufklären, über die du noch nie etwas gehört hast. Vielleicht erhältst du auch von deinem Arzt ein wichtiges Untersuchungsergebnis.

Befindet sich im 16. Haus eine rote Karte und fällt die KREUZ SIEBEN in ein rotes Haus, so wird es sich bei deiner Krankheit nicht um etwas Ernstes handeln. Befindet sich im 16. Haus eine Kreuz-Karte und fällt die KREUZ SIEBEN in ein Kreuz-Haus, so ist es möglich, daß jemand aus deiner Familie oder aus deiner Firma plötzlich in ein Krankenhaus muß.

Befindet sich aber im 16. Haus eine PIK-KARTE und fällt die KREUZ SIEBEN in ein PIK-HAUS, dann solltest du dich wieder einmal gründlich untersuchen lassen. Vielleicht ersparst du dir damit eine größere Operation. Achte auf deine Gesundheit und mache auch immer die Atemübungen! Sie unterstützen deine Gesundheit und deine Vitalität.

Das 15. Haus

# KREUZ BUBE

## Das Haus der Familie, des Sohnes, des Neffen, der Tochter und der Nichte

# HERZ

## HERZ AS · 7. HAUS
Wohnung · Besitz · Haus · Eigentum

Im Haus der Familie wird dir mitgeteilt, daß deine Familie auf dein Heim Einfluß nehmen wird. Möglicherweise wirst du auch mit deinen Eltern zusammenwohnen. Auch ist es denkbar, daß dich deine Eltern besuchen werden.

Sieh nach, welche Karte sich im 7. Haus befindet. Befindet sich dort eine rote Karte und fällt der KREUZ BUBE in ein rotes Haus, so stellst du deine Wohnung für viele Menschen zur Verfügung. Du führst ein sehr gastfreundliches Haus. Befindet sich im 7. Haus eine Kreuz-Karte und fällt der KREUZ BUBE in ein Kreuz-Haus, so wirst du mit deinen Eltern unter einem Dach wohnen. Vielleicht bittet dich auch ein Kollege oder eine Kollegin darum, einige Zeit bei dir wohnen zu können.

Befindet sich aber im 7. Haus eine PIK-KARTE und fällt der KREUZ BUBE in ein PIK-HAUS, so solltest du bei der Wahl derer, die du in deinen vier Wänden beherbergst, vorsichtiger sein. Schau auch nach, ob in deiner Wohnung oder deinem Haus alles in Ordnung ist. Vielleicht führst du auch Reparaturarbeiten in deinem Haus oder in deiner Wohnung durch. Vorsicht vor Verletzungen!

## HERZ KÖNIG · 13. HAUS
Unterhaltung · Männlicher Freund · Blond · Sponsor

Im Haus der Familie wird dir mitgeteilt, daß ein Freund, der wie ein Vater zu dir ist, dich sehr oft unterstützen wird – auch im Hinblick auf deine Zukunft.

Sieh nach, welche Karte sich im 13. Haus befindet. Befindet sich dort eine rote Karte und fällt der KREUZ BUBE in ein rotes Haus, so kannst du immer auf deinen guten und einflußreichen Freund zählen. Befindet sich eine Kreuz-Karte im 13. Haus und fällt der KREUZ BUBE in ein Kreuz-Haus, so ist auf deine Eltern – solltest du in Schwierigkeiten geraten – immer Verlaß.

Befindet sich aber im 13. Haus eine PIK-KARTE und fällt der KREUZ BUBE in ein PIK-HAUS, so scheinst du sozusagen das schwarze Schaf in der

Familie zu sein. Oft wird dir Hilfe, die du dringend benötigst, nicht gewährt. Ärgere dich nicht darüber! Gott hat auch dich mit Talenten ausgestattet – du brauchst sie nur zu nutzen. Wenn du dein Talent noch nicht erkannt hast, so mache regelmäßig die Atemübungen! Bald wirst du wissen, was in dir steckt. Vieles im Leben bedarf der jahrelangen Erfahrung – und gerade die schmerzlichen Erfahrungen sind es, die die Entwicklung eines Menschen positiv beeinflussen.

## HERZ DAME · 19. HAUS

FREUNDE · WEIBLICHER FREUND · BLOND · SPONSOR

Im Haus der Familie wird dir mitgeteilt, daß du dort, wo du lebst, sehr viele Freunde hast, die dir mehr bedeuten als deine Eltern. Des weiteren verfügst du über einflußreiche Freunde, auf die du dich immer verlassen kannst. Möglicherweise findest du auch sehr schnell Kontakt zu anderen Menschen, was sich positiv auf deine Zukunft auswirken kann.

Sieh nach, welche Karte sich im 19. Haus befindet. Befindet sich dort eine Herz-Karte und fällt der KREUZ BUBE in ein Herz-Haus, so kannst du auf liebe und herzliche Freunde zählen. Befindet sich eine Karo-Karte im 19. Haus und fällt der KREUZ BUBE in ein Karo-Haus, so sind deine Freunde sehr wohlhabend und unterstützen dich im Hinblick auf deine Zukunft. Befindet sich eine Kreuz-Karte im 19. Haus und fällt der KREUZ BUBE in ein Kreuz-Haus, so sind dir deine Freunde fast lieber und näher als deine Verwandten.

Befindet sich aber im 19. Haus eine PIK-KARTE und fällt der KREUZ BUBE in ein PIK-HAUS, so scheinen deine Freunde nicht gerade ehrlich zu sein. Vielleicht solltest du deinen Freundeskreis ändern. Mache die Atemübungen! Sie unterstützen dich bei deiner Suche nach verläßlicheren Freunden.

## HERZ BUBE · 6. HAUS

POPULARITÄT · KUNST · JÜNGERER MÄNNLICHER FREUND · KÜNSTLER

Im Haus der Familie wird dir mitgeteilt, daß jemand aus deiner Familie sehr bekannt ist oder sehr bekannt werden wird. Diese Person ist sehr nett zu dir und liebt dich. Solltest du verheiratet sein und Kinder haben, so wird eines Tages eines deiner Kinder sehr berühmt werden. Solltest du noch nicht verheiratet sein, so ist es möglich, daß dein zukünftiger Partner sehr berühmt ist oder sehr berühmt werden wird.

Sieh nach, welche Karte sich im 6. Haus befindet. Befindet sich dort eine rote Karte und fällt der KREUZ BUBE in ein rotes Haus, dann verfügst du wirklich über einen netten und sehr berühmten Freund. Befindet sich eine Kreuz-Karte im 6. Haus und fällt der KREUZ BUBE in ein Kreuz-Haus, dann wird jemand aus deiner Familie einmal ein sehr berühmter Mann oder eine sehr berühmte Frau werden.

Befindet sich aber im 6. Haus eine PIK-KARTE und fällt der KREUZ BUBE in ein PIK-HAUS, so kann es sein, daß aus deiner Familie ein Politiker hervorgeht, dessen Leben einmal tragisch enden wird – sei es durch einen politischen Umsturz, durch einen Krieg oder durch ein Attentat. Du selbst solltest immer die Atemübungen machen, damit du deine positiven Kräfte verstärken kannst.

## HERZ ZEHN · 11. HAUS

### HEIRAT · VERBINDUNGEN · VEREINE · BRUDERSCHAFTEN

Im Haus der Familie wird dir mitgeteilt, daß dich jemand aus deiner Familie, der sehr bald heiratet, hinsichtlich seiner Zukunft um Rat fragen wird. Möglicherweise bittet dich auch ein Freund, bei seiner Trauung zugegen zu sein. Vielleicht wirst du auch in der nächsten Zeit ein Familientreffen vorbereiten.

Sieh nach, welche Karte sich im 11. Haus befindet. Befindet sich dort eine Herz-Karte und fällt der KREUZ BUBE in ein Herz-Haus, so wird jemand aus deiner Familie heiraten, und eine sehr schöne Hochzeitstafel wird die Gäste erwarten. Befindet sich eine Karo-Karte im 11. Haus und fällt der KREUZ BUBE in ein Karo-Haus, so wird die Hochzeit eines Freundes oder Bekannten sehr aufwendig gestaltet sein. Befindet sich eine Kreuz-Karte im 11. Haus und fällt der KREUZ BUBE in ein Kreuz-Haus, so kann das bedeuten, daß in deiner Familie eine silberne Hochzeit gefeiert wird, die du vorbereitest.

Befindet sich aber im 11. Haus eine PIK-KARTE und fällt der KREUZ BUBE in ein PIK-HAUS, so kann es sein, daß sich jemand aus deiner Familie oder dein Partner scheiden lassen will. Mache die Atemübungen, bevor du übereilte Schritte unternimmst, die du später eventuell bereust.

## HERZ NEUN · 2. HAUS
Wunsch · Wünsche · Sehnsucht · Hoffnung

Im Haus der Familie wird dir mitgeteilt, daß deine Eltern einen Wunsch von dir beeinflussen werden. Das kann auch auf einen Verwandten zutreffen. Möglicherweise wirst du auch von einem Freund so sehr unterstützt, daß du dessen Nähe häufiger suchst als die deiner Eltern.

Sieh nach, welche Karte sich im 2. Haus befindet. Befindet sich dort eine Herz-Karte und fallen sowohl der KREUZ BUBE als auch die HERZ DAME in Herz-Häuser, dann hast du einen Freund, auf den du ein ganzes Leben lang zählen kannst. Hüte diese Freundschaft wie ein Juwel. Befindet sich eine Karo-Karte im 2. Haus und fallen sowohl der KREUZ BUBE als auch die HERZ DAME in Karo-Häuser, so wirst du eines Tages einen sehr reichen Freund haben, der dir jeden Wunsch von den Augen abliest. Befindet sich eine Kreuz-Karte im 2. Haus und fallen sowohl der KREUZ BUBE als auch die HERZ DAME in Kreuz-Häuser, so kann es sein, daß du einen Freund haben wirst, mit dem du ein Geschäft gründen wirst. Ziehe hier auch das 13., 17. und das 25. Haus hinzu.

Befindet sich aber im 2. Haus eine PIK-KARTE und fallen sowohl der KREUZ BUBE als auch die HERZ DAME in PIK-HÄUSER, dann werden deine Wünsche, die du hegst, nicht erfüllt. Auch andere Menschen können zu der Erfüllung nicht beitragen. Arbeite hingegen an dir selbst und schaffe dir somit die Grundlage für zukünftige Erfolge. Nicht ohne Grund heißt ein altes Sprichwort: »Hilf dir selbst, dann hilft dir Gott.« Denke auch an die regelmäßigen Atemübungen!

## HERZ ACHT · 4. HAUS
Liebe · Mondschein · Romanze · Herz

Im Haus der Familie wird dir mitgeteilt, daß dich jemand aus deiner Familie sehr liebt. Freunde, Eltern, Verwandte, Kinder und auch Tiere lieben dich.

Sieh nach, welche Karte sich im 4. Haus befindet. Befindet sich dort eine Herz-Karte und fällt der KREUZ BUBE in ein Herz-Haus, dann solltest du versuchen ein Waisenhaus zu gründen, denn Gott hat dir die nötige Kraft gegeben, durch deinen Glauben und durch die Liebe zu den Menschen Großes zu vollbringen. Befindet sich eine Karo-Karte im 4. Haus und fällt der KREUZ BUBE in ein Karo-Haus, so kann es sein, daß du eines Tages eine wohltätige Gesellschaft entweder gründen oder unterstützen wirst. Ein sehr gutes Zeichen ist es, wenn in das 17. Haus eine Karo-Karte fällt. Befindet sich eine Kreuz-Karte im 4. Haus und fällt der KREUZ BUBE in ein Kreuz-Haus, dann wirst du eines Tages ein Altersheim leiten.

Befindet sich aber im 4. Haus eine PIK-KARTE und fällt der KREUZ BUBE in ein PIK-HAUS, dann scheinst du keinen Familiensinn mehr zu besitzen. Du liebst dich anscheinend selbst nicht mehr – und kannst daher auch anderen Menschen keine Liebe mehr entgegenbringen. Versuche doch einmal die Atemübungen zu machen – und du wirst sehen, wie du auftaust. Die Menschen werden wieder zu dir kommen und deine Ratschläge einholen. Oftmals genügt ein kleiner Schritt!

## HERZ SIEBEN · 12. HAUS

FRÖHLICHKEIT · GUTE LAUNE · HERZLICHKEIT · FROHSINN

Im Haus der Familie wird dir mitgeteilt, daß dir deine Eltern oder deine Verwandten sehr viel Liebe entgegenbringen, da du ein froher und herzlicher Mensch bist. Du kannst andere mit deiner Herzlichkeit anstecken – und das sollst du auch. Lasse viele Menschen deine Strahlung aufnehmen, damit sie glücklich werden. Aber dir schlägt auch manchmal Eifersucht entgegen, speziell von deinen Verwandten. Sie verfügen einfach nicht über die Kraft, die dir eigen ist.

Sieh nach, welche Karte sich im 12. Haus befindet. Befindet sich dort eine Herz-Karte und fällt der KREUZ BUBE in ein Herz-Haus, dann verfügst du über die Gabe, andere Menschen nur durch deine Ausstrahlung glücklich zu machen. Du wirkst beruhigend auf sie. Befindet sich eine Karo-Karte im 12. Haus und fällt der KREUZ BUBE in ein Karo-Haus, so kann es sein, daß du durch deine Ausstrahlung anderen Menschen in vielerlei Angelegenheiten helfen kannst. Vermarkte jedoch nicht dein Talent! Du würdest sehr schnell deine Fähigkeit verlieren. Hilf denen, die wirklich Hilfe brauchen! Befindet sich eine Kreuz-Karte im 12. Haus und fällt der KREUZ BUBE in ein Kreuz-Haus, so kann das bedeuten, daß du gut mit Kindern zurechtkommst.

Befindet sich aber im 12. Haus eine PIK-KARTE und fällt der KREUZ BUBE in ein PIK-HAUS, so solltest du dich in der nächsten Zeit etwas von deiner

Familie zurückziehen. Man hat dich überfordert oder wird dich noch sehr fordern. Aus diesem Grunde benötigst du einfach eine gewisse Ruhepause. Außerdem läufst du, da du sehr hilfsbereit bist, Gefahr, ausgenutzt zu werden. Mache die Atemübungen – und du wirst erkennen, wer wirklich deine Hilfe benötigt.

# KARO

## KARO AS · 25. HAUS
Beruf · Firma · Unternehmen · Projekte

Im Haus der Familie wird dir mitgeteilt, daß du mit jemandem aus deiner Familie oder mit einem Freund ein neues Unternehmen starten wirst. Sei jedoch vorsichtig und gehe wie ein Geschäftsmann vor. Die Menschen, auch Verwandte oder Freunde, unterliegen oftmals Schwächen, wenn es um Geld geht.

Sieh nach, welche Karte sich im 25. Haus befindet. Befindet sich dort eine rote Karte und fällt der KREUZ BUBE in ein rotes Haus, so kannst du das Unternehmen mit deinem Freund starten. Ziehe aber auch das 9., 13., 17. und das 19. Haus hinzu. In diesen Häusern sollten auch rote Karten liegen. Befindet sich eine Kreuz-Karte im 25. Haus und fällt der KREUZ BUBE in ein Kreuz-Haus, so kannst du das Unternehmen mit deiner Verwandtschaft starten. Ziehe hier die Häuser 9, 7 und 28 hinzu. In diesen Häusern sollten entweder rote Karten oder Kreuz-Karten liegen.

Befindet sich aber im 25. Haus eine PIK-KARTE und fällt der KREUZ BUBE in ein PIK-HAUS, so solltest du dir das geplante Unternehmen noch einmal durch den Kopf gehen lassen. Es ist leicht möglich, daß die ganze Arbeit auf deinen Schultern lasten wird. Mache, wenn du unsicher sein solltest, die Atemübungen! Lasse dir mit deiner Entscheidung Zeit und entschließe dich erst, wenn du glaubst, deiner inneren Stimme vertrauen zu können.

## KARO KÖNIG · 9. HAUS
Legale Papiere · Arzt · Anwalt · Notar

Im Haus der Familie wird dir mitgeteilt, daß du in der nächsten Zeit in Anwesenheit deiner Eltern bei einem Anwalt oder einem Notar ein Schriftstück unterzeichnen wirst. Verlasse bei deiner Unterzeichnung auf keinen Fall den Bereich der Legalität! Es kann auch sein, daß durch ein Schriftstück innerhalb deiner Familie ein Mißverständnis aufkommt und man deswegen einen Anwalt aufsuchen wird. Möglicherweise braucht auch deine Familie sehr bald einen Anwalt. Denkbar ist auch, daß jemand aus deiner Familie Anwalt, Notar oder Arzt ist.

Sieh nach, welche Karte sich im 9. Haus befindet. Befindet sich dort eine rote Karte und fällt der KREUZ BUBE in ein rotes Haus, dann kann es sein, daß man bei einem Anwalt die Vermögensverhältnisse innerhalb deiner Familie klären will. Ziehe das 7. Haus hinzu. Befindet sich eine Kreuz-Karte im 9. Haus und fällt der KREUZ BUBE in ein Kreuz-Haus, dann kann es sein, daß man geschäftliche Dinge innerhalb der Familie bei einem Notar regeln muß. Hier kann es sich um eine Firmenaufteilung unter Geschwistern handeln. Ziehe das 25. Haus hinzu.

Befindet sich aber im 9. Haus eine PIK-KARTE und fällt der KREUZ BUBE in ein PIK-HAUS, so ist es möglich, daß aufgrund einer schweren Krankheit eines Familienmitglieds ein Anwalt für das Testament des Kranken benötigt wird. Denkbar sind aber auch Streitigkeiten innerhalb der Familie wegen einer Hinterlassenschaft. Ziehe hier das 22. und das 27. Haus hinzu. Halte dich bei Streiterein zurück, denn im Leben zählen nicht nur die erhaltenen materiellen Werte, sondern auch die seelisch-geistigen, die du durch die Atemübungen zur Entfaltung bringen kannst.

## KARO DAME · 18. HAUS
### JAHRESZEIT · FRÜHJAHR · SOMMER · HERBST · WINTER

Im Haus der Familie wird dir mitgeteilt, daß – solltest du Kinder haben – eines deiner Kinder sehr berühmt werden wird. Das Kind kann schon in frühen Lebensjahren einen gewissen Ruhm erlangen. Insgesamt kannst du auf ein sehr gutes Jahr hoffen, das dich und deine Pläne weiterbringt.

Sieh nach, welche Karte sich im 18. Haus befindet. Befindet sich dort eine rote Karte und fällt der KREUZ BUBE in ein rotes Haus, dann solltest du eine gesunde Grundlage für dieses Jahr und für deine weitere Zukunft schaffen. Denn was du in diesem Jahr säst, wirst du später auch ernten. Befindet sich eine Kreuz-Karte im 18. Haus und fällt der KREUZ BUBE in ein Kreuz-Haus, so kann es sein, daß du in deinem Leben einmal ein Tierheim gründen wirst. Du hast Tiere gern – und es ist gut zu wissen, daß es Menschen gibt, die sich für Tiere einsetzen.

Befindet sich aber im 18. Haus eine PIK-KARTE und fällt der KREUZ BUBE in ein PIK-HAUS, so mußt du noch eine gewisse Zeit warten, bis du dein Ziel erreicht hast. Aber harre aus, denn du wirst es erreichen. Mache die Atemübungen! Sie helfen dir, gewisse Hürden leichter zu überwinden.

## KARO BUBE · 21. HAUS

BRIEFE · SCHRIFTSTÜCKE · TELEGRAMME · BOTE · FREUND

Im Haus der Familie wird dir mitgeteilt, daß du sehr bald einen wichtigen Brief von deinen Eltern oder von einem Freund erhalten wirst, den du auch prompt beantworten solltest. Es ist sehr entscheidend für deinen weiteren Lebensweg. Es kann auch sein, daß du eine Nachricht erhältst, in der dir eine Geburt mitgeteilt wird.

Sieh nach, welche Karte in das 21. Haus fällt. Befindet sich dort der HERZ BUBE und fällt der KREUZ BUBE in ein rotes Haus, dann wird der neue Erdenbürger möglicherweise ein Junge sein. Wenn die HERZ DAME in das 21. Haus fällt, dann handelt es sich sehr wahrscheinlich um ein Mädchen. Es kann auch sein, daß du Mutter oder Vater wirst. Befindet sich eine Karo-Karte im 21. Haus und fällt der KREUZ BUBE in ein Karo-Haus, so wirst du möglicherweise eine wichtige Nachricht erhalten, in der man dir eine lohnende Investition vorschlägt. Investiere, wenn im 9., 17. und im 27. Haus Karo-Karten liegen. Befindet sich eine Kreuz-Karte im 21. Haus und fällt der KREUZ BUBE in ein Kreuz-Haus, so wird dir jemand aus deiner Familie möglicherweise ein Glückwunschtelegramm zu einem besonderen Anlaß schicken.

Befindet sich aber im 21. Haus eine PIK-KARTE und fällt der KREUZ BUBE in ein PIK-HAUS, so wirst du einen Brief von einem deiner Familienangehörigen erhalten, in dem man dich eventuell um Unterstützung bittet. Versuche zu helfen, wenn es dir möglich ist – und du wirst deinen Lohn einmal auf andere Art erhalten. Zögere nie, wenn man dich um Hilfe bittet; wenn du selbstlos handelst, dann handelst du richtig. Natürlich kannst du enttäuscht werden, aber das gleichst du durch deine innere Stärke, die du auch durch die Atemübungen erlangst, aus.

## KARO ZEHN · 17. HAUS

GELD · FINANZEN · BÖRSE · EINNAHMEN · AUSGABEN

Im Haus der Familie wird dir mitgeteilt, daß du in der nächsten Zeit Geld erhalten wirst, und zwar von Menschen, die dir sehr nahestehen oder mit denen du verwandt bist. Möglicherweise erhältst du auch Geld, das du ausgeliehen hast, zurück. Vielleicht vertraut man dir auch Geld an, damit du es für eine bestimmte Person investierst.

Sieh nach, welche Karte sich im 17. Haus befindet. Befindet sich dort eine rote Karte und fällt der KREUZ BUBE in ein rotes Haus, so erhältst du von deiner Verwandtschaft das Geld, das du ihr geliehen hast, zurück. Möglicherweise überläßt sie dir auch finanzielle Mittel, damit du ein von dir geplantes Projekt verwirklichen kannst. Ziehe hier das 7. Haus hinzu. Befindet sich eine Kreuz-Karte im 17. Haus und fällt der KREUZ BUBE in ein Kreuz-Haus, dann wird man dir Geld anvertrauen, damit du es gut anlegst. Rechtfertige unter allen Umständen das in dich gesetzte Vertrauen.

Befindet sich aber im 17. Haus eine PIK-KARTE und fällt der KREUZ BUBE in ein PIK-HAUS, dann solltest du mit dem Geld, das man dir anvertraut hat, gewissenhafter umgehen. Du scheinst das Geld für deine eigenen Zwecke zu verwenden! Noch gibt es für dich eine Chance, aus diesem Fahrwasser herauszukommen. Stelle deine Wünsche und Bedürfnisse hintan, denn sonst mußt du mit äußersten Schwierigkeiten rechnen. Denke vor allen Dingen jetzt an die Atemübungen!

## KARO NEUN · 5. HAUS
### Überraschung · Überraschungen · Kleine Finanzen

Im Haus der Familie wird dir mitgeteilt, daß du von deinen Eltern oder von einem nahen Freund überrascht werden wirst. Hier kann es sich um ein Geldgeschenk oder auch etwas anderes handeln. Möglicherweise überrascht dich dein Freund auch mit einer Einladung zu einer Feier, auf der du sogar etwas gewinnen kannst.

Sieh nach, welche Karte sich im 5. Haus befindet. Befindet sich dort eine rote Karte und fällt der KREUZ BUBE in ein rotes Haus, dann kann es sein, daß du bei einem Preisausschreiben gewinnst, und zwar möglicherweise ein Haus. Befindet sich eine Kreuz-Karte im 5. Haus und fällt der KREUZ BUBE in ein Kreuz-Haus, so werden dich deine Eltern überraschen – vielleicht mit einem kleinen Haus oder mit einem Garten. Ziehe das 7. Haus hinzu.

Befindet sich aber im 5. Haus eine PIK-KARTE und fällt der KREUZ BUBE in ein PIK-HAUS, so bereiten dir möglicherweise deine Eltern eine wenig erfreuliche Überraschung. Auch eine Feuersbrunst oder ein anderes Unglück ist denkbar. Beachte die Atemübungen!

## KARO ACHT · 27. HAUS

### Erbe · Erbschaften · Hinterlassenschaften · Bekommen

Im Haus der Familie wird dir mitgeteilt, daß du einmal von deinen Eltern etwas erben wirst. Hier kann es sich um Wertpapiere, Briefmarken, Möbel oder auch um ein Grundstück handeln. Du scheinst der Liebling deiner Eltern oder eines anderen Menschen zu sein. Möglicherweise erhältst du auch Geld. Denkbar ist auch, daß dir jemand eine kleine Summe hinterläßt.

Sieh nach, welche Karte sich im 27. Haus befindet. Befindet sich dort eine rote Karte und fällt der KREUZ BUBE in ein rotes Haus, so wirst du einmal sehr viel erben. Befindet sich eine Kreuz-Karte im 27. Haus und fällt der KREUZ BUBE in ein Kreuz-Haus, so kann das bedeuten, daß dir schon sehr früh eine Erbschaft ausbezahlt wird. Vielleicht erhältst du sie auch, wenn du heiratest.

Befindet sich aber im 27. Haus eine PIK-KARTE und fällt der KREUZ BUBE in ein PIK-HAUS, dann solltest du – wenn du Geschwister hast – frühzeitig dein Erbe absichern. Letztendlich kommt es jedoch darauf an, ob du Wert auf dein Erbe legst. Möglicherweise bitten dich deine Eltern, das Erbe anzunehmen, da sie wissen: Bei dir ist es in guten Händen. Sollte dies der Fall sein, so kämpfe um dein Erbe! Es ist für dich nämlich eine Ehre, den Wunsch der Verstorbenen zu erfüllen.

## KARO SIEBEN · 3. HAUS

### Erfolg · Karriere · Aufstieg · Leistung

Im Haus der Familie wird dir mitgeteilt, daß dein Erfolg einmal von deinen Eltern, deinem Partner oder von einem dir sehr nahestehenden Freund abhängig sein kann. Versuche den Anweisungen, die man dir gibt, zu folgen – das ist nur zu deinem Vorteil. Es kann auch sein, daß dein Leben einmal von einem Freund gerettet wird, der dann in deinen Augen dein einzig wahrer Freund sein wird. Das ist zwar ein seltenes, aber ein wunderbares Ereignis. Du wirst es dein Leben lang nie vergessen.

Sieh nach, welche Karte sich im 3. Haus befindet. Befindet sich dort eine rote Karte und fällt der KREUZ BUBE in ein rotes Haus, so wird dein Leben von sehr guten Menschen positiv beeinflußt. Befindet sich eine Kreuz-Karte im 3. Haus und fällt der KREUZ BUBE in ein Kreuz-Haus, dann kann es sein, daß deine Eltern oder ein dir nahestehender Freund dich einmal vor einer großen Gefahr oder einem Unfall bewahren werden. Du hast bestimmt einen Schutzengel an deiner Seite, denn du wurdest schon einige Male und wirst noch des öfteren aus schwierigen Situationen gerettet.

Befindet sich aber im 3. Haus eine PIK-KARTE und fällt der KREUZ BUBE in ein PIK-HAUS, dann solltest du nicht größenwahnsinnig werden ob des Erfolges, den du zur Zeit hast. Lasse dich nicht in den Sog der Gier treiben und beachte die Warnungen deiner Freunde. Beachte auch die Atemübungen!

# KREUZ

## KREUZ AS · 20. HAUS

GESCHENK · GESCHENKE (MIT PIK AS: TOD · LAST)

Im Haus der Familie wird dir mitgeteilt, daß du von deinen Eltern oder von einem Freund ein Geschenk erhalten wirst. Möglicherweise wird man dir ein Tier schenken. Es kann auch sein, daß bei dir zu Hause ein Kindchen auf die Welt kommt.

Sieh nach, welche Karte sich im 20. Haus befindet. Befindet sich dort eine rote Karte und fällt der KREUZ BUBE in ein rotes Haus, so wirst du ein sehr nettes Geschenk erhalten. Befindet sich eine Kreuz-Karte im 20. Haus und fällt der KREUZ BUBE in ein Kreuz-Haus, dann erhält deine Familie möglicherweise Nachwuchs.

Sieh nach, welche Karte in das 1. Haus fällt. Rote Karten sind sehr gut für ein freudiges Ereignis. Ziehe auch das 16. Haus hinzu. Schwarze Karten im 1. und im 16. Haus können auf eine Komplikation während der Geburt hinweisen.

Befindet sich aber im 20. Haus eine PIK-KARTE und fällt der KREUZ BUBE in ein PIK-HAUS, so kann es sein, daß du ein Geschenk erhältst, das dir keine Freude bereitet. Möglicherweise schenkt man dir ein Tier, welches du in deiner Wohnung gar nicht halten kannst. Vielleicht kommt dir auch die Geburt des neuen Erdenbürgers höchst ungelegen. Denke jetzt vor allen Dingen an die Atemübungen! Sie werden dir helfen, Mittel und Wege zu finden, deinem zusätzlichen Bewohner ein angenehmes Zuhause zu bieten.

## KREUZ KÖNIG · 10. HAUS

FERIEN · URLAUB · VATER · ONKEL · GROSSVATER

Im Haus der Familie wird dir mitgeteilt, daß du in deinem Urlaub eventuell für deine Familie arbeiten wirst. Möglicherweise besitzen deine Eltern ein Hotel, in dem du die Ferien verbringst. Vielleicht haben sie auch einen Bauernhof, auf dem du deinen Urlaub verbringen wirst. Es kann auch sein, daß du dich in deinem Urlaub sehr für Landwirtschaft interessierst.

Sieh nach, welche Karte sich im 10. Haus befindet. Befindet sich dort eine Herz-Karte und fällt der KREUZ BUBE in ein Herz-Haus, so wirst du deinen Eltern in den Ferien helfen, und zwar weil dir die Arbeit gefällt und weil du deine Eltern sehr gerne hast. Befindet sich eine Karo-Karte im 10. Haus und fällt der KREUZ BUBE in ein Karo-Haus, so kann es sein, daß du in deinem Urlaub ein Grundstück findest, auf dem du ein Feriendorf errichten willst. Befindet sich eine Kreuz-Karte im 10. Haus und fällt der KREUZ BUBE in ein Kreuz-Haus, so wirst du mit deinen Eltern einmal gemeinsam in deren Betrieb arbeiten. Möglicherweise werden sie aber auch dir helfen.

Befindet sich aber im 10. Haus eine PIK-KARTE und fällt der KREUZ BUBE in ein PIK-HAUS, so kann es sein, daß du Ärger mit der Familie bekommst, weil du dich ausgenutzt fühlst. Vielleicht wird man dich auch in deinem Urlaub ausnutzen. Denke jetzt an die Atemübungen!

## KREUZ DAME · 30. HAUS

UNTERSUCHER · UNTERSUCHUNGEN · MUTTER · TANTE · GROSSMUTTER

Im Haus der Familie wird dir mitgeteilt, daß entweder deine Mutter, eine Tante oder deine Großmutter sehr großen Einfluß auf dich ausübt und dir helfen wird, eine Existenz aufzubauen. Möglicherweise wird auch dein Leben durch deine Erziehung sehr beeinflußt. Es besteht auf alle Fälle ein sehr gutes Zeichen hinsichtlich einer netten Verwandtschaft.

Sieh nach, welche Karte sich im 30. Haus befindet. Befindet sich dort eine rote Karte und fällt der KREUZ BUBE in ein rotes Haus, so wirst du von deiner Familie sehr unterstützt. Es kann auch sein, daß sich dir aufgrund deiner Erziehung jetzt sehr gute Zukunftschancen bieten. Befindet sich im 30. Haus eine Kreuz-Karte und fällt der KREUZ BUBE in ein Kreuz-Haus, so wirst du von einer älteren Dame aus deiner Familie unterstützt werden.

Befindet sich aber im 30. Haus eine PIK-KARTE und fällt der KREUZ BUBE in ein PIK-HAUS, so ist es möglich, daß du keine Unterstützung von deinen Eltern oder deiner Verwandtschaft erhältst, obwohl die Möglichkeiten vorhanden sind. Mache dich daher nicht abhängig! Denn nur so gehst du Streitereien und Ärgernissen aus dem Wege. Denke an die Atemübungen!

## KREUZ BUBE · 15. HAUS

### Familie · Sohn · Neffe (mit Dame: Tochter · Nichte)

Im Haus der Familie wird dir mitgeteilt, daß du – da der KREUZ BUBE in sein eigenes Haus fällt – sozusagen der »Hahn im Korb« in deiner Familie zu sein scheinst. Du wirst von deinen Familienangehörigen förmlich umschwärmt. Sollte eine Geburt bevorstehen, so wird es eine große Überraschung hinsichtlich der Kinderzahl geben. Ziehe das 5. Haus hinzu.

Es kann auch sein, daß deine Familie einmal sehr viele Kinder aufnehmen wird. Möglicherweise so viele, daß du gezwungen bist, in ein großes Haus zu ziehen. Deute hier das 7. Haus mit. Sollten deine Eltern schon verstorben sein, so wirst du in deinem Leben sehr viele ältere Freunde haben, und deren Kinder werden wie Geschwister zu dir sein. Es kann auch sein, daß dich in Zukunft eine soziale oder pädagogische Aufgabe erwartet.

Ziehe auch die Häuser 25 und 28 hinzu, denn aus deren Karten kannst du erkennen, ob du auf deinem geraden Weg bleibst. Durch die Atemübungen wirst du die nötige Kraft erhalten, um auf diesem Weg weiterschreiten zu können. Es werden zwar sehr viele Verlockungen auf deinem Weg liegen, aber du mußt standhaft bleiben, denn du sollst ein Vorbild sein. Eine sehr wichtige Aufgabe stellt sich dir, die viel Opferbereitschaft verlangt, die dir aber auch ein ausgefülltes Leben und großes Ansehen bringen wird. Viele Menschen werden deine Hilfe suchen. Gewähre sie ihnen, so wie auch Gott dir immer seine Hilfe gewährt.

## KREUZ ZEHN · 8. HAUS

### Reise · Strasse · Wasser · Meer

Im Haus der Familie wird dir mitgeteilt, daß jemand aus deiner Familie eine Reise plant oder auch auf Reisen geht. Möglicherweise teilt dir auch jemand aus der Familie mit, daß er eine große Reise machen wird, vielleicht sogar, daß er auswandert. Vielleicht wirst du auch einen Freund verlieren, da er in ein anderes Land ziehen will. Eventuell unternimmst auch du eine Reise, um Eltern oder Freunde zu besuchen.

Sieh nach, welche Karte sich im 8. Haus befindet. Befindet sich dort eine Herz-Karte und fällt der KREUZ BUBE in ein Herz-Haus, so wirst du eine Reise machen, die dir sehr gefällt, da du liebe Verwandte oder

Freunde besuchst. Befindet sich eine Karo-Karte im 8. Haus und fällt der KREUZ BUBE in ein Karo-Haus, so ist es möglich, daß du mit deinen Eltern Reisepläne anstellst. Vielleicht hilfst du auch jemandem bei dessen Reisevorbereitungen. Befindet sich eine Kreuz-Karte im 8. Haus und fällt der KREUZ BUBE in ein Kreuz-Haus, speziell aber in das 31. Haus, so kann es sein, daß du entweder eine sehr weite Reise antreten oder Besuch aus dem Ausland erhalten wirst.

Befindet sich aber im 8. Haus eine PIK-KARTE und fällt der KREUZ BUBE in ein PIK-HAUS, dann solltest du deine geplante Reise entweder in dieser Woche antreten oder sie auf einen späteren Zeitpunkt verschieben. Es kann auch sein, daß du eine Nachricht erhältst und gezwungen bist, deine Reise zu verschieben. Vielleicht verunglückt auch jemand aus deiner Familie auf einer Reise. Auch auf Reisen solltest du immer die Atemübungen machen!

## KREUZ NEUN · 31. HAUS
GLÜCK · KLEINE REISE · RISIKO

Im Haus der Familie wird dir mitgeteilt, daß du sehr gute und glückliche Eltern hast. Möglicherweise werden auch dein Partner und du einmal sehr gute Eltern sein. Es kann aber auch sein, daß du durch einen Verwandten in deiner Familie sehr glücklich gemacht wirst. Vielleicht lädt er dich zu einer kleinen Reise auf das Land ein. Eventuell ermöglicht er dir auch eine Reise, die du schon lange planst.

Sieh nach, welche Karte sich im 31. Haus befindet. Befindet sich dort eine rote Karte und fällt der KREUZ BUBE in ein rotes Haus, so wirst du in den nächsten Tagen eine kleine, aber sehr nette Reise antreten. Befindet sich eine Kreuz-Karte im 31. Haus und fällt der KREUZ BUBE in ein Kreuz-Haus, so wird dich deine Familie in den nächsten Tagen besuchen. Denkbar ist aber auch, daß du einen Besuch bei deinen Eltern oder bei Freunden machst, der dich sehr glücklich stimmt.

Befindet sich aber im 31. Haus eine PIK-KARTE und fällt der KREUZ BUBE in ein PIK-HAUS, so kann es sein, daß jemand aus deiner Familie sehr unglücklich ist, weil er dich schon lange nicht mehr gesehen hat oder weil du gar nichts von dir hören läßt. Vielleicht bist du selbst auch unglücklich, weil sich niemand aus deiner Familie bei dir meldet. Sei nicht unglücklich, sondern denke immer positiv. Beachte hier die Atemübungen!

## KREUZ ACHT · 26. HAUS

### Neue Unternehmungen · Mut · Heldentat

Im Haus der Familie wird dir mitgeteilt, daß du einmal etwas machen wirst, das sehr viel Mut erfordert. Vielleicht wirst du einem Menschen mit einer waghalsigen Aktion das Leben retten.

Sieh nach, welche Karte sich im 26. Haus befindet. Befindet sich dort eine rote Karte und fällt der KREUZ BUBE in ein rotes Haus, so bist du in deiner Familie sehr beliebt, weil dir immer etwas einfällt, das anderen sehr nützlich sein kann. Befindet sich eine Kreuz-Karte im 26. Haus und fällt der KREUZ BUBE in ein Kreuz-Haus, so kann es sein, daß du jemanden einmal unter Lebensgefahr retten wirst. Ziehe hier das 31. Haus hinzu.

Befindet sich aber im 26. Haus eine PIK-KARTE und fällt der KREUZ BUBE in ein PIK-HAUS, so ist es möglich, daß du jemanden retten wirst, der sich nicht einmal bei dir bedanken wird. Betrachte deine Hilfe als etwas Selbstverständliches und warte nicht ab, bis man sich bei dir bedankt. Denke auch immer an die Atemübungen.

## KREUZ SIEBEN · 14. HAUS

### Nachrichten · Botschaft · Tränen · Leid

Im Haus der Familie wird dir mitgeteilt, daß du von deinen Eltern oder von einem Freund zu einer Party oder zur Taufe eines Kindes eine Einladung erhalten wirst. Vielleicht bittet man dich sogar, Taufpate zu sein. Es kann auch sein, daß du in den nächsten Tagen ein erfreuliches Telephongespräch führst.

Sieh nach, welche Karte sich im 14. Haus befindet. Befindet sich dort eine rote Karte und fällt der KREUZ BUBE in ein rotes Haus, so wirst du als Taufpate auftreten. Anschließend gibt es ein großes Fest. Befindet sich eine Kreuz-Karte im 14. Haus und fällt der KREUZ BUBE in ein Kreuz-Haus, so wird dir jemand aus der Familie eine Mitteilung zukommen lassen, in der man dich bittet, einem Neugeborenen Taufpate zu sein. Nimm diese ehrenvolle Aufgabe an!

Befindet sich aber im 14. Haus eine PIK-KARTE und fällt der KREUZ BUBE in ein PIK-HAUS, so scheinst du in Kürze aus deiner Familie traurige Nachrichten zu erhalten. Es kann auch sein, daß du eine traurige Nachricht zu deiner Familie oder zu einem deiner Freunde aussenden wirst. Vielleicht kannst du aber auch aufgrund gewisser Umstände ein Versprechen nicht einhalten. Versuche dich zu entspannen und mache regelmäßig die Atemübungen. Sie helfen dir immer, wenn du eine schwierige Zeit vor dir hast oder wenn du dich in einer schlechten Phase befindest.

# PIK

## PIK AS · 24. HAUS
Tod · Unfall · Schicksalsschläge · Qual · Not

Im Haus der Familie wird dir mitgeteilt, daß sich in deiner Familie sehr wahrscheinlich ein Todesfall ereignen wird. Möglicherweise ist auch ein naher Verwandter oder ein Familienmitglied kürzlich gestorben. Vielleicht will sich auch jemand aus deiner Familie scheiden lassen. Eventuell steht auch deine eigene Scheidung bevor.

Sieh nach, welche Karte sich im 24. Haus befindet. Befindet sich dort eine Herz-Karte und fällt der KREUZ BUBE in ein Herz-Haus, so wird es eine Trennung von einer dir nahestehenden Person geben. Befindet sich eine Karo-Karte im 24. Haus und fällt der KREUZ BUBE in ein Karo-Haus, dann kann es sein, daß sich jemand aus materiellen Gründen scheiden läßt. Ziehe das 11. Haus hinzu. Befindet sich eine Kreuz-Karte im 24. Haus und fällt der KREUZ BUBE in ein Kreuz-Haus, so ist es möglich, daß ein naher Verwandter von dir in ein Spital eingeliefert wird und dort stirbt. Vielleicht mußt du auch zu einem Begräbnis eines Freundes oder eines Kollegen.

Befindet sich aber im 24. Haus eine PIK-KARTE und fällt der KREUZ BUBE in ein PIK-HAUS, so ist es möglich, daß du von einem Todesfall sehr erschüttert sein wirst. Aber auch du selbst solltest auf dich achtgeben. Durch deinen Leichtsinn gerätst du oftmals in große Gefahr. Geh kein waghalsiges Risiko ein! Ziehe das 31. Haus hinzu. Gerade jetzt sind die Atemübungen von größter Wichtigkeit für dich.

## PIK KÖNIG · 28. HAUS
Rufer · Behörde · Schule · Spital · Institution

Im Haus der Familie wird dir mitgeteilt, daß dich jemand aus deiner Familie anrufen und dich bitten wird, eine behördliche Angelegenheit für deine Eltern zu regeln. Sei vorsichtig im Umgang mit deinen Eltern! Möglicherweise benötigt auch jemand aus deiner Familie, der bei der Polizei, der Feuerwehr oder der Rettungswacht arbeitet, deine Unterstützung. Sei vorsichtig mit jeder Hilfe, die du gewährst, auch wenn der

Hilferuf aus deiner eigenen Verwandtschaft kommt. Vielleicht will man durch dich eine Protektion erreichen.

Sieh nach, welche Karte sich im 28. Haus befindet. Befindet sich dort eine rote Karte und fällt der KREUZ BUBE in ein rotes Haus, so wirst du für deine Familie eine behördliche Angelegenheit erledigen. Hier kann es sich um eine Verhandlung bei Gericht, um eine Beglaubigung oder um die Anmeldung zu einer Untersuchung beim Gesundheitsamt handeln. Befindet sich eine Kreuz-Karte im 28. Haus und fällt der KREUZ BUBE in ein Kreuz-Haus, so kann es sein, daß du für deine Familie bei einer Behörde vorstellig wirst, da du über gute Beziehung zu den Ämtern verfügst. Möglicherweise läßt du auch für jemanden ein Dokument ausstellen.

Befindet sich aber im 28. Haus eine PIK-KARTE und fällt der KREUZ BUBE in ein PIK-HAUS, so kann es sein, daß du eine unangenehme Angelegenheit bei einer Behörde erledigen mußt. Hier kann es sich um eine Scheidung, eine Vermißtenmeldung oder um verlorene Dokumente, die neu erstellt werden müssen, handeln. Vielleicht mußt du auch jemanden identifizieren. Das ist natürlich nicht gerade angenehm für dich, aber so etwas muß auch gemacht werden.

## PIK DAME · 29. HAUS

### DANKBARKEIT · DUNKLE DAME · UNDANK · NEID

Im Haus der Familie wird dir mitgeteilt, daß du in deiner Familie auf einige sehr großzügige Menschen zählen kannst. Möglicherweise kannst du auch dein Ziel durch das Verhalten bestimmter Verwandter nicht so schnell erreichen, wie du dir das vorgestellt hast. Vielleicht wirst du dich auch eines Tages sehr großzügig deinen Eltern gegenüber zeigen. Eventuell kaufst du ihnen ein Haus oder ein Grundstück.

Sieh nach, welche Karte in das 29. Haus fällt. Fällt dort eine rote Karte hinein und fällt der KREUZ BUBE in ein rotes Haus, so wirst du dankbare Eltern und auch sehr großzügige Freunde haben. Es kann auch sein, daß du dich dankbar zeigst für die Hilfe, die man dir gewährt hat. Befindet sich eine Kreuz-Karte im 29. Haus und fällt der KREUZ BUBE in ein Kreuz-Haus, so ist es möglich, daß jemand aus deiner Familie dir nicht gut gesinnt ist. Wenn du weißt, um wen es sich hier handelt, solltest du mit ihm ein ausführliches Gespräch führen, um eventuelle Mißverständnisse aus dem Weg zu räumen.

Befindet sich im 29. Haus eine PIK-KARTE und fällt der KREUZ BUBE in ein PIK-HAUS, so wirst du in deinem Leben noch viel Undank ernten. Vielleicht zeigst auch du dich manches Mal sehr undankbar, indem du Gefälligkeiten als selbstverständlich betrachtest. Lerne dankbar zu sein und mache regelmäßig die Atemübungen! Du wirst sehen, wie sich die Menschen, die dir helfen, freuen, wenn du ihnen deine Dankbarkeit zeigst.

## PIK BUBE · 1. HAUS
GEGENWART · WAHRHEIT · DUNKLER MANN · UNIFORMIERTER

Im Haus der Familie wird dir mitgeteilt, daß in deiner Familie einige Menschen sind, die dich nicht leiden können. Vielleicht bist du auch das »schwarze Schaf« in der Familie. Eventuell versucht man auch des öfteren, in dir den Schuldigen für bestimmte Vorfälle zu sehen. Es ist auch möglich, daß Menschen zwar ausgesprochen höflich zu dir sind, aber schlecht über dich sprechen. Halte dich von solchen Menschen fern.

Sieh nach, welche Karte sich im 1. Haus befindet. Befindet sich dort eine rote Karte und fällt der KREUZ BUBE in ein rotes Haus, so gibt es in deiner Familie einige junge Menschen, die einmal am Theater oder im Rundfunk arbeiten werden. Befindet sich eine Kreuz-Karte im 1. Haus und fällt der KREUZ BUBE in ein Kreuz-Haus, so liegt in deiner Familie vieles im argen. Es hat den Anschein, als könnten sich deine Eltern mit dir nicht mehr richtig verständigen. Es kann aber auch sein, daß eines deiner Geschwister bevorzugt behandelt wird.

Befindet sich aber im 1. Haus eine PIK-KARTE und fällt der KREUZ BUBE in ein PIK-HAUS, dann wirst du dein Elternhaus früh verlassen. Vielleicht haben dich deine leiblichen Eltern gleich nach der Geburt zur Adoption freigegeben. Es kann auch sein, daß du einmal eine Abtreibung vornehmen lassen wirst. Sei dir im klaren über das, was du tust. Denke vor allen Dingen an die Atemübungen! Frage dich einmal, ob es richtig ist, Leben zu zeugen, um es dann zu vernichten.

## PIK ZEHN · 32. HAUS
### Sonne · Entfernungen · Andere Länder · Nacht

Im Haus der Familie wird dir mitgeteilt, daß dich jemand aus deiner Verwandtschaft über eine günstige Geldanlage informieren wird. Möglicherweise versucht auch jemand, Informationen hinsichtlich bestimmter Investitionsmöglichkeiten zurückzuhalten. Es kann auch sein, daß eine wichtige Nachricht bezüglich deiner Familie dich erst am Abend, durch eine Verzögerung bedingt, erreichen wird.

Sieh nach, welche Karte sich im 32. Haus befindet. Befindet sich dort eine rote Karte und fällt der KREUZ BUBE in ein rotes Haus, so wirst du von einem Verwandten in deinem Leben immer unterstützt werden, auch wenn es die anderen nicht gerne sehen. Befindet sich eine Kreuz-Karte im 32. Haus und fällt der KREUZ BUBE in ein Kreuz-Haus, so ist jemand in deiner Familie sehr eifersüchtig auf dich und versucht immer wieder, dich überall schlechtzumachen.

Befindet sich aber im 32. Haus eine PIK-KARTE und fällt der KREUZ BUBE in ein PIK-HAUS, so kann es sein, daß du dein Leben gänzlich verändern wirst, weil du dich in deiner Familie nicht wohl fühlst. Wenn die Bindungen zu deiner Familie immer stärker nachlassen, dann versuche dein Leben neu zu gestalten. Mache auch immer regelmäßig die Atemübungen!

## PIK NEUN · 23. HAUS
### Depression · Unannehmlichkeiten · Kälte

Im Haus der Familie wird dir mitgeteilt, daß du nicht gerade sehr nette Eltern hast. Sie sind nur dann nett zu dir, wenn sie etwas von dir erwarten können. Wenn du eines Tages sehr bekannt bist, werden sie jedoch versuchen, deinen Erfolg als ihren Verdienst hinzustellen. Ärgere dich nicht darüber, daß du solche Eltern hast, sondern sei dir bewußt, daß unser aller Vater Gott ist. Möglicherweise verlierst du auch bald jemanden aus deiner Familie durch einen Todesfall. Eventuell wird auch jemand aus deiner Familie oder aus deinem Freundeskreis in eine Nervenheilanstalt eingewiesen. Es ist auch denkbar, daß einer deiner Freunde ohne ersichtlichen Grund Selbstmord begeht.

Sieh nach, welche Karte in das 23. Haus fällt. Fällt dort eine rote Karte hinein und fällt der KREUZ BUBE in ein rotes Haus, dann sind deine Eltern zwar sehr nett, ziehen jedoch andere aus deiner Familie vor. Befindet sich eine Kreuz-Karte im 23. Haus und fällt der KREUZ BUBE in ein Kreuz-Haus, so wirst du des öfteren Meinungsverschiedenheiten mit deinen Eltern haben. Zeitweise denkst du auch an Selbstmord. Doch frage dich, ob wir das Recht haben, freiwillig aus dem Leben zu scheiden.

Befindet sich aber im 23. Haus eine PIK-KARTE und fällt der KREUZ BUBE in ein PIK-HAUS, so wird es bald einen Bruch zwischen dir und deinen Eltern geben. Möglicherweise leidest du danach an Depressionen. Versuche die Atemübungen regelmäßig zu machen! Sie werden dir helfen, in kürzester Zeit die Depressionen zu überwinden.

## PIK ACHT · 22. HAUS
ÄRGER · ÄRGERNISSE · STREIT · VERLEUMDUNGEN

Im Haus der Familie wird dir mitgeteilt, daß du in der nächsten Zeit mit deinen Eltern Streit haben wirst. Möglicherweise befinden sich auch deine Eltern in Schwierigkeiten, aus denen du ihnen heraushilfst. Vielleicht werden auch Lügen über dich verbreitet, denen deine Eltern Glauben schenken. Es wird dir schwerfallen, das Gegenteil zu beweisen.

Sieh nach, welche Karte sich im 22. Haus befindet. Befindet sich dort eine rote Karte und fällt der KREUZ BUBE in ein rotes Haus, so kannst du dich immer auf die Unterstützung deiner Eltern verlassen. Aber auch sie können zu jeder Zeit auf dich zählen. Darüber hinaus ist es denkbar, daß ein Freund dir helfen wird. Befindet sich eine Kreuz-Karte im 22. Haus und fällt der KREUZ BUBE in ein Kreuz-Haus, dann hast du jemanden in der Familie, der versucht, überall Lügen über dich zu verbreiten. Fatal ist, daß man ihm sehr oft Glauben schenkt. Vielleicht wirst du auch einmal einem älteren Menschen begegnen, der dir deine Eltern ersetzt.

Befindet sich aber im 22. Haus eine PIK-KARTE und fällt der KREUZ BUBE in ein PIK-HAUS, so wirst du dich mit deinen Eltern so überwerfen, daß eine Versöhnung auf lange Sicht nicht möglich erscheint. Denke jetzt an die Atemübungen! Bald wirst du über den Dingen stehen.

## PIK SIEBEN · 16. HAUS
### GESUNDHEIT · KRANKHEIT · KUR · OPERATION

Im Haus der Familie wird dir mitgeteilt, daß du über die Behandlung von seiten deiner Familie sehr traurig bist. Sie zeigt dir, daß du kein »Wunschkind« bist. Möglicherweise wird auch jemand aus deiner Familie sehr schwer krank. Du mußt dann diese Person pflegen, obwohl sie dich nicht mag. Vergelte jedoch nie Gleiches mit Gleichem.

Sieh nach, welche Karte sich im 16. Haus befindet. Befindet sich dort eine rote Karte und fällt der KREUZ BUBE in ein rotes Haus, so kann es sein, daß du zu einer Untersuchung mußt oder jemanden zu einer Untersuchung begleitest. Vielleicht hat ein Kind Angst vor dem Zahnarzt. Wenn du mit ihm gehst, wird es die Angst verlieren. Befindet sich eine Kreuz-Karte im 16. Haus und fällt der KREUZ BUBE in ein Kreuz-Haus, so ist es möglich, daß jemand aus deiner Familie sich in einem Krankenhaus einer kleinen Operation unterziehen muß. Vielleicht machst du auch einen Krankenbesuch. Ziehe das 28. Haus hinzu.

Befindet sich aber im 16. Haus eine PIK-KARTE und fällt der KREUZ BUBE in ein PIK-HAUS, so scheint es jemandem aus deiner Familie sehr schlecht zu gehen. Wahrscheinlich muß eine dringende Operation vorgenommen werden, um diese Person noch retten zu können. Möglicherweise verlierst du auch deinen Vater oder deine Mutter durch eine Operation. Es ist auch denkbar, daß du dich einer ärztlichen Generaluntersuchung unterziehen mußt. Mache auch immer regelmäßig die Atemübungen!

Das 16. Haus

# PIK SIEBEN

## Das Haus der Gesundheit, der Krankheit, der Kur und der Operation

# HERZ

## HERZ AS · 7. HAUS

Wohnung · Besitz · Haus · Eigentum

Im Haus der Gesundheit wird dir mitgeteilt, daß deine Wohnungssituation sehr viel mit deiner Gesundheit zu tun haben wird. Du wirst jedoch in deinem Haus oder in deiner Wohnung keine gefährliche Krankheit erleiden. Sollte aber zur Zeit in deinem Heim jemand krank sein, so wird er durch deine Pflege bald wieder gesund. Du würdest dich sehr gut als Pfleger oder Krankenschwester eignen. Ziehe hier das 25. Haus hinzu.

Sieh nach, welche Karten sich im 7. und im 25. Haus befinden. Befinden sich dort Herz-Karten und fällt die PIK SIEBEN in ein Herz-Haus, so solltest du den Beruf eines Kinderarztes ergreifen. Befindet sich eine Karo-Karte im 7. Haus und fällt die PIK SIEBEN in ein Karo-Haus, so kann es sein, daß du einmal als Drogist oder Apotheker tätig sein wirst. Befindet sich eine Kreuz-Karte im 7. Haus und fällt die PIK SIEBEN in ein Kreuz-Haus, so kann es sein, daß einmal sehr viele Menschen in deine Wohnung kommen werden und deine Hilfe suchen. Vielleicht wirst du Magnetiseur oder Heilpraktiker.

Befindet sich aber im 7. Haus eine PIK-KARTE und fällt die PIK SIEBEN in ein PIK-HAUS, so solltest du bei der Behandlung der kranken Menschen, die zu dir kommen, etwas mehr Vorsicht walten lassen. Trau dir nicht zuviel zu, auch wenn du glaubst, über besondere Kräfte zu verfügen. Ziehe immer einen Arzt hinzu, wenn deine Möglichkeiten als nicht ausreichend erscheinen. Du mußt auch die gesetzlichen Vorschriften beachten. Mache auch immer regelmäßig die Atemübungen! Bald wirst du wissen, wofür du bestimmt bist.

## HERZ KÖNIG · 13. HAUS

Unterhaltung · Männlicher Freund · Blond · Sponsor

Im Haus der Gesundheit wird dir mitgeteilt, daß eine Person, die dir sehr nahesteht, nach einer langwierigen Krankheit auf dem Weg der Besserung ist. Das freut dich sehr, denn nun könnt ihr bald wieder gemeinsame Unternehmungen starten. Es kann auch sein, daß du in deinem Leben immer richtig vorgehen und andere überzeugen wirst, was gut für sie ist.

Sieh nach, welche Karte sich im 13. Haus befindet. Befindet sich dort eine rote Karte und fällt die PIK SIEBEN in ein rotes Haus, dann wirst du einmal einen dir nahestehenden Menschen pflegen, der sich dir gegenüber dann als sehr dankbar erweisen wird. Es kann auch sein, daß du durch eine Krankheit einem Menschen sehr nahekommst und daraus eine wirkliche Partnerschaft entsteht. Befindet sich eine Kreuz-Karte im 13. Haus und fällt die PIK SIEBEN in ein Kreuz-Haus, so gehst du möglicherweise zu der Veranstaltung einer Organisation, die für die Gesundheit der Menschen eintritt. Vielleicht übernimmst du auch den Ehrenvorsitz einer Wohltätigkeitsveranstaltung, die für behinderte Kinder stattfindet.

Befindet sich im 13. Haus eine PIK-KARTE und fällt die PIK SIEBEN in ein PIK-HAUS, dann solltest du dich einmal gründlich untersuchen lassen. Es kann auch sein, daß du jemanden besuchst, der plötzlich erkrankt ist. Vielleicht wirst du auch ein Fitneßtraining machen. Denke immer an die Atemübungen!

## HERZ DAME · 19. HAUS

FREUNDE · WEIBLICHER FREUND · BLOND · SPONSOR

Im Haus der Gesundheit wird dir mitgeteilt, daß du sehr bald erfreuliche Neuigkeiten über einen erkrankten Freund oder über deine erkrankten Eltern erfahren wirst. Möglicherweise mußt du dich auch wegen einer leichten Erkältung für einen Tag ins Bett legen. Vielleicht ist auch ein Freund von dir erkrankt und braucht deine Hilfe.

Sieh nach, welche Karte sich im 19. Haus befindet. Befindet sich dort eine rote Karte und fällt die PIK SIEBEN auch in ein rotes Haus, so wirst du in den nächsten Wochen nicht die Befürchtung haben müssen, daß du erkrankst. Befindet sich eine Kreuz-Karte im 19. Haus und fällt die PIK SIEBEN in ein Kreuz-Haus, dann wirst du bald erfahren, daß eine dir nahestehende Person wieder gesund geworden ist.

Befindet sich aber im 19. Haus eine PIK-KARTE und fällt die PIK SIEBEN in ein PIK-HAUS, so kann es sein, daß du einen Freund zum Arzt begleiten oder daß du für jemanden den Notarzt rufen wirst. Möglicherweise mußt du auch Erste Hilfe leisten. Solltest du noch keinen Erste-Hilfe-Kurs absolviert haben, so hole ihn nach. Du wirst sicher einmal auf ihn zurückgreifen müssen. Vergiß auch nicht die Atemübungen!

## HERZ BUBE · 6. HAUS

POPULARITÄT · KUNST · JÜNGERER MÄNNLICHER FREUND · KÜNSTLER

Im Haus der Gesundheit wird dir mitgeteilt, daß du sehr bald erkrankst oder daß jemand aus deiner unmittelbaren Nähe wegen Überarbeitung erkrankt. Möglicherweise erkrankt auch eine dir bekannte berühmte Persönlichkeit. Vielleicht erkrankt auch jemand aus deiner Familie oder deinem Freundeskreis plötzlich an einer Virusinfektion.

Sieh nach, welche Karte sich im 6. Haus befindet. Befindet sich dort eine rote Karte und fällt die PIK SIEBEN in ein rotes Haus, dann wird die Erkrankung einer dir bekannten Person oder deine eigene sehr bald vorüber sein. Befindet sich eine Kreuz-Karte im 6. Haus und fällt die PIK SIEBEN in ein Kreuz-Haus, so erkrankt jemand aus deiner Verwandtschaft, und es kann sein, daß du ihn pflegen mußt.

Befindet sich aber im 6. Haus eine PIK-KARTE und fällt die PIK SIEBEN in ein PIK-HAUS, so kann es sein, daß du eine sehr bekannte Persönlichkeit im Spital besuchen oder sie dorthin bringen mußt. Es muß sich hier nicht um eine ernste Krankheit handeln, aber es ist immer besser, Vorsicht walten zu lassen. Vielleicht kaufst du dir auch ein Gesundheitsmagazin, um dich zu informieren. Die beste Vorsorge für die Zukunft sind jedoch die täglichen Atemübungen!

## HERZ ZEHN · 11. HAUS

HEIRAT · VERBINDUNGEN · VEREINE · BRUDERSCHAFTEN

Im Haus der Gesundheit wird dir mitgeteilt, daß du von einer Hochzeit erfahren wirst. Da die Braut oder der Bräutigam dein ehemaliger Partner ist, bist du so betrübt, daß deine Psyche angegriffen wird. Vielleicht wirst du auch einmal für das Gesundheitsamt arbeiten. Es ist auch möglich, daß du an einem Lehrgang über Ernährungswissenschaft teilnimmst oder dich zum Masseur oder zur Masseurin ausbildest.

Sieh nach, welche Karte sich im 11. Haus befindet. Befindet sich dort eine rote Karte und fällt die PIK SIEBEN in ein rotes Haus, dann wirst du einmal im Gesundheitswesen sehr erfolgreich sein. Du verfügst über die Fähigkeit, andere Menschen durch deine Hände zu heilen. Befindet sich eine Kreuz-Karte im 11. Haus und fällt die PIK SIEBEN in ein Kreuz-Haus, so kann es sein, daß du einmal in einem Altersheim arbeiten wirst.

Befindet sich aber im 11. Haus eine PIK-KARTE und fällt die PIK SIEBEN in ein PIK-HAUS, dann solltest du dich einmal untersuchen lassen. Dein Kreislauf scheint nicht in Ordnung zu sein. Möglicherweise wird auch durch die Verhaltensweise eines anderen Menschen deine Psyche schwer angegriffen. Lerne daher Toleranz zu üben. Hierbei unterstützen dich die Atemübungen! Sie helfen dir auch, andere Menschen in einem positiven Licht zu sehen.

## HERZ NEUN · 2. HAUS

WUNSCH · WÜNSCHE · SEHNSUCHT · HOFFNUNG

Im Haus der Gesundheit wird dir mitgeteilt, daß deinem Wunsche, sehr lange ein gesunder Mensch zu sein, entsprochen wird. Gott hat dich mit einer unwahrscheinlichen Vitalität ausgestattet. Du wirst in deinem Leben des öfteren wandern und sehr viel im Freien verweilen. Überzeuge auch andere Menschen davon, wie gesund es ist, sich tagtäglich in Gottes Natur aufzuhalten. Du wirst dich in deinem Leben für die Natur und die Tiere einsetzen und möglicherweise einen Wanderverein oder einen Verein, der sich für Tiere einsetzt, gründen. Ziehe hier das 11. und das 9. Haus hinzu. Rote Karten in diesen Häusern sind positiv zu deuten. Aber auch schwarze Karten zeigen nicht unbedingt nennenswerte Schwierigkeiten an.

Sieh nach, welche Karte sich im 2. Haus befindet. Befindet sich dort eine rote Karte und fällt die PIK SIEBEN in ein rotes Haus, so kann es sein, daß du dein Leben einmal in den Dienst der Gesundheit stellen wirst. Befindet sich eine Kreuz-Karte im 2. Haus und fällt die PIK SIEBEN in ein Kreuz-Haus, so pflegst du möglicherweise jemanden aus deiner Familie und wünschst dir, daß diese Person sehr rasch wieder gesund wird. Vielleicht hast du den Wunsch, einmal eine Wallfahrt für deine Gesundheit zu unternehmen.

Befindet sich aber im 2. Haus eine PIK-KARTE und fällt die PIK SIEBEN in ein PIK-HAUS, dann solltest du mit deinem Körper keinen Raubbau betreiben. Nimm dir vor, Rauchen und Trinken aufzugeben. Dein Körper kann diese Belastung auf Dauer nicht vertragen. Denke jetzt vor allen Dingen an die Atemübungen!

## HERZ ACHT · 4. HAUS

LIEBE · MONDSCHEIN · ROMANZE · HERZ

Im Haus der Gesundheit wird dir mitgeteilt, daß du über eine sehr gute Lunge und auch über ein gutes Herz verfügst. Beginne daher nicht mit dem Rauchen, denn damit zerstörst du auch die beste Lunge. Möglicherweise wirst du auch mit deinen Freunden sehr viel Sport betreiben. Du hast auch eine gesunde Einstellung zur Sexualität.

Sieh nach, welche Karte sich im 4. Haus befindet. Befindet sich dort eine rote Karte und fällt die PIK SIEBEN in ein rotes Haus, dann bist du ein gesunder und tüchtiger Mensch, der in seinem Leben viel leisten wird. Befindet sich eine Kreuz-Karte im 4. Haus und fällt die PIK SIEBEN in ein Kreuz-Haus, so kann es sein, daß es in deiner Familie einen hervorragenden Sportler gibt. Vielleicht verspürst auch du den Wunsch, mehr Sport zu treiben oder einmal Sportler zu betreuen. Ziehe hier das 25. Haus hinzu.

Befindet sich aber im 4. Haus eine PIK-KARTE und fällt die PIK SIEBEN in ein PIK-HAUS, so solltest du achtgeben, mit wem du sexuell verkehrst. Es besteht die Gefahr, daß durch eine Geschlechtskrankheit dein gesamter Organismus beeinträchtigt wird. Bei etwaigen Anzeichen solltest du sofort einen Arzt aufsuchen. Beachte auch immer die Atemübungen.

## HERZ SIEBEN · 12. HAUS

FRÖHLICHKEIT · GUTE LAUNE · HERZLICHKEIT · FROHSINN

Im Haus der Gesundheit wird dir mitgeteilt, daß gute Gesundheit, frische Luft und Sonnenschein dich sehr fröhlich stimmen werden. Du verfügst über eine gesunde Einstellung zum Leben. Lasse dich nicht durch andere Menschen, die versuchen, mit dir zu streiten, nervös machen. Konzentriere dich lieber voll auf das, was du willst.

Sieh nach, welche Karte sich im 12. Haus befindet. Befindet sich dort eine rote Karte und fällt die PIK SIEBEN in ein rotes Haus, so wirst du dich in deinem Leben sehr oft in warmen Gefilden aufhalten. Du liebst die Sonne und – verliebst dich auch unter der Sonne. Befindet sich eine Kreuz-Karte im 12. Haus und fällt die PIK SIEBEN in ein Kreuz-Haus, so wirst du möglicherweise eines Tages in einem Geschäftsbereich tätig sein, der für das Gesundheitswesen arbeitet. Ziehe hier das 25. Haus hinzu.

Befindet sich aber im 12. Haus eine PIK-KARTE und fällt die PIK SIEBEN in ein PIK-HAUS, so solltest du mehr auf deine Gesundheit achtgeben. Jemand versucht dich zu einer Handlung zu verleiten, die deiner Gesundheit schadet. Vielleicht animiert er dich zum Rauchen oder gar zur Einnahme von Drogen. Bleibe standhaft und vertraue deiner inneren Stimme! Die Atemübungen unterstützen dich bei deinem Bemühen, standhafter und widerstandsfähiger zu werden.

# KARO

## KARO AS · 25. HAUS

BERUF · FIRMA · UNTERNEHMEN · PROJEKTE

Im Haus der Gesundheit wird dir mitgeteilt, daß du Gefahr läufst, dich zu überarbeiten. Solltest du krank sein, so wirst du dich durch ein neues Medikament bald besser fühlen. Befindest du dich jedoch zur Zeit bei sehr guter Gesundheit, so solltest du sie durch die Einnahme von Vitaminen und Obst unterstützen. Vielleicht fängst du auch bald mit einem Fitneßtraining an. Denkbar ist auch, daß du ein Gesundheitszentrum eröffnen wirst.

Sieh nach, welche Karte sich im 25. Haus befindet. Befindet sich dort eine rote Karte und fällt die PIK SIEBEN in ein rotes Haus, so wird es um deine Gesundheit sehr gut bestellt sein. Befindet sich eine Kreuz-Karte im 25. Haus und fällt die PIK SIEBEN in ein Kreuz-Haus, so kann es sein, daß du ein Obst- und Gemüsegeschäft, ein Vegetarierrestaurant oder ein Reformhaus eröffnen wirst.

Befindet sich aber im 25. Haus eine PIK-KARTE und fällt die PIK SIEBEN in ein PIK-HAUS, so solltest du während deiner Arbeit sehr vorsichtig sein, denn hier lauert Gefahr auf dich. Schütze dich dort, wo Schutz verlangt wird, und sei nicht leichtsinnig! Mache auch immer regelmäßig die Atemübungen.

## KARO KÖNIG · 9. HAUS

LEGALE PAPIERE · ARZT · ANWALT · NOTAR

Im Haus der Gesundheit wird dir mitgeteilt, daß du – solltest du den Beruf des Arztes oder einen anderen Beruf im Gesundheitswesen ausüben – in Zukunft sehr viele Patienten haben wirst, da du es verstehst, sie erfolgreich zu behandeln. Es kann auch sein, daß du selbst in der nächsten Zeit einen Arzt aufsuchen mußt.

Sieh nach, welche Karte sich im 9. Haus befindet. Befindet sich dort eine rote Karte und fällt die PIK SIEBEN in ein rotes Haus, so kannst du beruhigt in die Zukunft schauen. Möglicherweise richtest du dir eine neue Arztpraxis ein. Denkbar ist aber auch, daß du für das Gesundheitswesen arbeitest. Ziehe hier das 25. Haus hinzu. Befindet sich eine Kreuz-

Karte im 9. Haus und fällt die PIK SIEBEN in ein Kreuz-Haus, so eröffnest du vielleicht ein Sanatorium oder wirst für eines arbeiten. Es ist auch möglich, daß du den Beruf des Pharmareferenten ergreifst. Ziehe hier das 25. Haus hinzu.

Befindet sich aber im 9. Haus eine PIK-KARTE und fällt die PIK SIEBEN in ein PIK-HAUS, dann solltest du etwas besser mit deiner Gesundheit umgehen. Achte auch immer darauf, daß du krankenversichert bist und daß deine Papiere in Ordnung sind. Vielleicht hast du auch vergessen, eine fällige Arztrechnung zu begleichen. Denke auch immer an die regelmäßigen Atemübungen!

## KARO DAME · 18. HAUS
### Jahreszeit · Frühjahr · Sommer · Herbst · Winter

Im Haus der Gesundheit wird dir mitgeteilt, daß du deine Gesundheit durch lange Wanderungen und viel frische Luft unterstützen solltest. Möglicherweise hast du auch in den nächsten Tagen schwere Kopfschmerzen. Verzichte daher auf jede Form des Alkohols und sorge für ausreichende Sauerstoffzufuhr, dann bist du nach einigen Tagen wieder beschwerdefrei.

Sieh nach, welche Karte sich im 18. Haus befindet. Befindet sich dort eine rote Karte und fällt die PIK SIEBEN in ein rotes Haus, so wirst du in den nächsten Tagen eventuell eine leichte Verkühlung haben. Es ist zwar nichts Ernstes, aber kuriere dich trotzdem aus. Befindet sich eine Kreuz-Karte im 18. Haus und fällt die PIK SIEBEN in ein Kreuz-Haus, so kann es sein, daß du jemanden in der Firma vertreten mußt, weil dieser plötzlich erkrankt ist. Möglicherweise kommt dir auch in den nächsten Monaten eine Idee, die in Zukunft den Menschen sehr viel helfen wird.

Befindet sich aber im 18. Haus eine PIK-KARTE und fällt die PIK SIEBEN in ein PIK-HAUS, so solltest du dich einmal gründlich untersuchen lassen, denn du scheinst seit einiger Zeit eine Grippe mit dir herumzuschleppen. Kuriere dich einmal richtig aus – auch wenn man dich dringend in deiner Firma benötigt. Gib immer auf deine Gesundheit acht und mache auch regelmäßig die Atemübungen! Sie fördern deine Gesundheit.

## KARO BUBE · 21. HAUS
Briefe · Schriftstücke · Telegramme · Bote · Freund

Im Haus der Gesundheit wird dir mitgeteilt, daß du sehr bald eine Nachricht per Brief oder sogar durch Eilboten oder per Telegramm erhalten wirst, durch die du erfährst, daß jemand erkrankt ist. Vielleicht besorgst du dir auch einige bestimmte Medizinbücher oder willst einmal Medizin studieren. Solltest du Arzt sein, so wirst du in der nächsten Zeit sehr viel Post erhalten. Möglicherweise veröffentlichst du auch einen Artikel in einer Zeitung oder einer Fachzeitschrift.

Sieh nach, welche Karte sich im 21. Haus befindet. Befindet sich dort eine rote Karte und fällt die PIK SIEBEN in ein rotes Haus, so erhältst du eine Eilnachricht über einen dir nahestehenden Menschen, der schwer erkrankt ist. Es kann auch sein, daß du jemanden zum Arzt begleiten wirst. Befindet sich eine Kreuz-Karte im 21. Haus und fällt die PIK SIEBEN in ein Kreuz-Haus, so wirst du dir Unterlagen über das gesunde und vernünftige Leben besorgen. Solltest du Arzt sein, so wird man dir Werbematerial über neue Geräte zusenden. Vielleicht wirst du auch eines Tages eine andere Heilmethode in einem anderen Land studieren.

Befindet sich aber im 21. Haus eine PIK-KARTE und fällt die PIK SIEBEN in ein PIK-HAUS, so wirst du sehr bald einen Brief erhalten, in dem man dir mitteilt, daß es jemandem sehr schlecht geht und dieser Mensch nicht mehr lange zu leben hat. Eventuell wirst auch du einen Brief, der eine schlechte Nachricht enthält, versenden. Denke auch immer an die Atemübungen!

## KARO ZEHN · 17. HAUS
Geld · Finanzen · Börse · Einnahmen · Ausgaben

Im Haus der Gesundheit wird dir mitgeteilt, daß du über das Geld verfügst, das dich dein Leben angenehm gestalten läßt, und daß du bei guter Gesundheit bist. Auch wirst du dich während deiner vielen Reisen angenehm entspannen. Das gilt aber nur für ältere Menschen. Möglicherweise fühlst du dich auch unwohl und wirst dir daher einige Naturpräparate kaufen. Solltest du eine anstrengende Arbeit verrichten, so schalte wenn möglich mehrmals täglich kurze Pausen ein, damit sich keine gesundheitlichen Probleme ergeben.

Sieh nach, welche Karte sich im 17. Haus befindet. Befindet sich dort eine rote Karte und fällt die PIK SIEBEN in ein rotes Haus, so wirst du dir für dein momentanes Unwohlsein bestimmte Teesorten, spezielle Gesundheitscremes oder andere naturbelassene Heilmittel kaufen. Achte auch auf die alten Hausrezepte! Sie sind in bestimmten Büchern aufgeführt. Befindet sich eine Kreuz-Karte im 17. Haus und fällt die PIK SIEBEN in ein Kreuz-Haus, so wirst du vielleicht einmal für eine Kosmetikfirma arbeiten oder Gesundheitsartikel verkaufen. Ziehe das 25. Haus hinzu.

Befindet sich aber im 17. Haus eine PIK-KARTE und fällt die PIK SIEBEN in ein PIK-HAUS, so kann es sein, daß man dir an der Türe etwas verkaufen will. Sei hier vorsichtig, denn vieles hält nicht das, was es verspricht. Lasse dich von Fachleuten beraten, wenn du etwas für deine Gesundheit kaufen willst. Auch gibt es sehr einfache und preiswerte Hausmittel, die sehr wirksam sind und die du selbst herstellen kannst. Denke auch immer an die Atemübungen!

## KARO NEUN · 5. HAUS
### ÜBERRASCHUNG · ÜBERRASCHUNGEN · KLEINE FINANZEN

Im Haus der Gesundheit wird dir mitgeteilt, daß dich der Gesundheitszustand eines Bekannten sehr überraschen wird. Möglicherweise hörst du auch von der Geburt eines Kindes und bist sehr erstaunt, daß du Vater geworden bist. Bei einer Frau hingegen kann es auf eine Schwangerschaft hinweisen.

Sieh nach, welche Karte sich im 5. Haus befindet. Befindet sich dort eine rote Karte und fällt die PIK SIEBEN in ein rotes Haus, so wird – solltest du eine Frau sein – ein Schwangerschaftstest positiv ausfallen. Für einen Mann bedeutet das, daß er Vater wird. Vielleicht entschließt du dich auch in der nächsten Zeit, ein krankes Kind zu dir zu nehmen, das du später adoptieren wirst. Befindet sich eine Kreuz-Karte im 5. Haus und fällt die PIK SIEBEN in ein Kreuz-Haus, so wirst du sehr überrascht sein, wenn ein Kind dich aufsucht. Leite die nötigen Schritte ein, um die Eltern des Kindes herauszufinden. Es ist auch denkbar, daß das Kind erst kürzlich zum Vollwaisen wurde. Wenn es dir möglich ist, so nimm das Kind auf und gib ihm die nötige Wärme, die es braucht. Sollte dir ein Tier zulaufen, so setze es nicht wieder aus, sondern versuche den rechtmäßigen Besitzer zu finden. Sollte dir das nicht gelingen, so behalte es, denn es hat dich als Bezugsperson ausgesucht.

Befindet sich aber im 5. Haus eine PIK-KARTE und fällt die PIK SIEBEN in ein PIK-HAUS, dann kann es sein, daß du auf der Straße ein krankes Tier findest. Verständige sofort einen Tierarzt oder die Polizei, denn das Tier könnte die Tollwut haben. Möglicherweise siehst du auch in der nächsten Zeit, wie ein Mensch auf der Straße zusammenbricht. Sorge dafür, daß er sofort in das nächste Spital eingeliefert wird. Denke an die Atemübungen!

## KARO ACHT · 27. HAUS

ERBE · ERBSCHAFTEN · HINTERLASSENSCHAFTEN · BEKOMMEN

Im Haus der Gesundheit wird dir mitgeteilt, daß du über eine sehr gute Gesundheit verfügst. Möglicherweise wirst du auch jemanden pflegen, damit dieser bald wieder gesund wird. Vielleicht wirst auch du einiges für deine Gesundheit tun, damit du in der nächsten Zeit nicht krank wirst.

Sieh nach, welche Karte sich im 27. Haus befindet. Befindet sich dort eine rote Karte und fällt die PIK SIEBEN in ein rotes Haus, so verfügst du über eine blühende Gesundheit und eine positive Lebenseinstellung. Möglicherweise eröffnest du auch eine Gesundheitsfarm oder ein Fitneßzentrum. Ziehe das 25. Haus hinzu. Befindet sich eine Kreuz-Karte im 27. Haus und fällt die PIK SIEBEN in ein Kreuz-Haus, so wirst du möglicherweise in nächster Zeit, bedingt durch deine Einstellung und deine Ausstrahlung, jemanden gesundpflegen.

Befindet sich aber im 27. Haus eine PIK-KARTE und fällt die PIK SIEBEN in ein PIK-HAUS, so solltest du in nächster Zeit besser auf deine Gesundheit achtgeben, auch wenn du der Auffassung bist, kerngesund zu sein. Möglicherweise handelt es sich um ein Leiden, das dir im Moment zwar keine Schmerzen verursacht, aber eventuell eine spätere Operation erfordert. Denke auch an die Atemübungen!

## KARO SIEBEN · 3. HAUS

ERFOLG · KARRIERE · AUFSTIEG · LEISTUNG

Im Haus der Gesundheit wird dir mitgeteilt, daß dein Wohlergehen auch deinen beruflichen Erfolg beeinflussen wird. Sei vorsichtig mit deiner Gesundheit, geh mit ihr behutsam um, denn es steht nicht gerade zum besten mit ihr. Dem Streß und den nervlichen Belastungen bist du auf

Dauer nicht gewachsen, wenn du nicht rechtzeitig dagegen etwas unternimmst.

Sieh nach, welche Karte sich im 3. Haus befindet. Befindet sich dort eine rote Karte und fällt die PIK SIEBEN in ein rotes Haus, so wirst du möglicherweise einmal Chirurg oder Orthopäde. Ziehe hier das 25. Haus hinzu. In nächster Zeit wirst du über eine gute Gesundheit verfügen. Befindet sich eine Kreuz-Karte im 3. Haus und fällt die PIK SIEBEN in ein Kreuz-Haus, dann wirst du möglicherweise einmal ein hervorragender Gymnastiklehrer. Achte aber in der nächsten Zeit auf deine Gesundheit!

Befindet sich aber im 3. Haus eine PIK-KARTE und fällt die PIK SIEBEN in ein PIK-HAUS, so solltest du auf dein Rückgrat achtgeben. Es kann sein, daß du dir durch sehr gewaltige Anstrengungen einen Bandscheibenschaden zuziehst. Vielleicht hast du schon seit deiner Kindheit einen Senk- oder Spreizfuß, der nur noch nicht bemerkt worden ist. Unterziehe dich auf jeden Fall einer orthopädischen Untersuchung. Sollte man bei dir einen Haltungsfehler feststellen, so unternimm sofort etwas dagegen! Denke an die Atemübungen! Sie fördern auch die Durchblutung und die Sauerstoffzufuhr.

# KREUZ

## KREUZ AS · 20. HAUS

Geschenk · Geschenke (mit Pik As: Tod · Last)

Im Haus der Gesundheit wird dir mitgeteilt, daß du ein Geschenk für deine Gesundheit erhalten wirst. Vielleicht schenkt man dir Geräte für deinen Garten oder auch bestimmte Heilpflanzen. Möglicherweise erhältst du auch ein neues Vitaminpräparat. Eventuell eröffnest du auch ein Reformhaus.

Sieh nach, welche Karte sich im 20. Haus befindet. Befindet sich dort eine rote Karte und fällt die pik sieben in ein rotes Haus, so schenkt man dir einiges für deine Gesundheit. Vielleicht schenkst auch du jemandem gewisse Heilkräuter. Des weiteren ist denkbar, daß man dir die Teilnahme an einem Kurs für Pflanzen- und Kräuterkunde ermöglicht oder dir ein Buch schenkt. Befindet sich eine Kreuz-Karte im 20. Haus und fällt die pik sieben in ein Kreuz-Haus, so wirst du dich in der nächsten Zeit auf Anraten eines guten Freundes mit der Heilkunde beschäftigen.

Befindet sich aber im 20. Haus eine pik-karte und fällt die pik sieben in ein pik-haus, so solltest du bei der Auswahl der Präparate, die du zu dir nimmst, sehr vorsichtig sein. Es ist möglich, daß sich einige Medikamente in deiner Hausapotheke befinden, die das Verfallsdatum schon weit überschritten haben. Möglicherweise hat man dir auch Präparate geschenkt, die für dich nicht geeignet sind. Hier ist der Rat eines Arztes von größter Wichtigkeit! Denke an die Atemübungen!

## KREUZ KÖNIG · 10. HAUS

Ferien · Urlaub · Vater · Onkel · Grossvater

Im Haus der Gesundheit wird dir mitgeteilt, daß du deine Gesundheit durch regelmäßige Spaziergänge an der frischen Luft fördern wirst. Möglicherweise bist du auch durch die Anspannung in deinem Beruf übernervös. Dieser Umstand ist nicht gerade für die Gesundheit förderlich. Werde ruhiger! Die Atemübungen können dich hier sehr gut unterstützen.

Sieh nach, welche Karte sich im 10. Haus befindet. Befindet sich dort eine rote Karte und fällt die pik sieben in ein rotes Haus, so wirst du deinen Urlaub nutzen, um etwas für deine Gesundheit zu tun. Vielleicht bist du auch als Schiffsarzt oder als Sportarzt tätig. Möglicherweise übernimmst du auch eine Urlaubsvertretung. Ziehe hier das 25. Haus hinzu. Befindet sich eine Kreuz-Karte im 10. Haus und fällt die PIK SIEBEN in ein Kreuz-Haus, dann wirst du eventuell jemanden zu einem Arzt bringen. Vielleicht bemerkst du auch, daß du bald einmal einen Arzt aufsuchen solltest. Beachte bei Auslandsreisen die Impfbestimmungen!

Befindet sich aber im 10. Haus eine PIK-KARTE und fällt die PIK SIEBEN in ein PIK-HAUS, so solltest du dich bald einer Untersuchung unterziehen und prüfen lassen, ob du auch alle wichtigen Impfungen erhalten hast. Möglicherweise verletzt du dich auch oder erkrankst an deinem Urlaubsort. Denke auch im Urlaub immer an die Atemübungen!

## KREUZ DAME · 30. HAUS

UNTERSUCHER · UNTERSUCHUNGEN · MUTTER · TANTE · GROSSMUTTER

Im Haus der Gesundheit wird dir mitgeteilt, daß du in den nächsten zehn Jahren bei guter Gesundheit sein wirst. Solltest du zur Zeit gerade krank sein, so wirst du dich rasch wieder erholen. Vielleicht nimmst du auch ein Vitaminpräparat zu dir, welches dir dein Arzt empfohlen hat.

Sieh nach, welche Karte in das 30. Haus fällt. Fällt dort eine rote Karte hinein, so verfügst du über eine sehr gute Gesundheit und solltest alles tun, um sie dir zu erhalten. Befindet sich eine Kreuz-Karte im 30. Haus und fällt die PIK SIEBEN in ein Kreuz-Haus, so kann es sein, daß du ein krankes Familienmitglied oder auch einen anderen Menschen pflegen wirst.

Befindet sich im 30. Haus eine PIK-KARTE und fällt die PIK SIEBEN in ein PIK-HAUS, so wirst du für die Pflege eines Menschen sehr viel physische und psychische Kraft aufbringen müssen. Mache die Atemübungen! Sie werden immer wieder deine Substanz aufbauen.

## KREUZ BUBE · 15. HAUS

FAMILIE · SOHN · NEFFE (MIT DAME: TOCHTER · NICHTE)

Im Haus der Gesundheit wird dir mitgeteilt, daß du dir große Sorgen um jemanden in der Familie machen wirst, dessen Gesundheitszustand sehr ernst ist. Möglicherweise sorgst du dich auch um die Gesundheit eines

Freundes. Bewege dich vor allen Dingen im Straßenverkehr sehr vorsichtig, denn zur Zeit lauert dort für dich Gefahr. Vielleicht besitzen deine Eltern oder bestimmte Verwandte ein Sanatorium oder ein Kurhaus. Möglicherweise wirst du in der nächsten Zeit dort arbeiten. Ziehe hier das 25. Haus hinzu.

Sieh nach, welche Karte sich im 15. Haus befindet. Befindet sich dort eine rote Karte und fällt die PIK SIEBEN in ein rotes Haus, so wirst du dich einmal sehr für die Gesundheit anderer Menschen interessieren. Befindet sich eine Kreuz-Karte im 15. Haus und fällt die PIK SIEBEN in ein Kreuz-Haus, so wirst du dir um einen dir nahestehenden Menschen wegen seiner Gesundheit Sorgen machen und alles versuchen, um ihm zu helfen. Mache, wenn es möglich ist, mit ihm gemeinsam die Atemübungen.

Befindet sich aber im 15. Haus eine PIK-KARTE und fällt die PIK SIEBEN in ein PIK-HAUS, so ist es möglich, daß man dich oder jemanden aus deiner Familie in ein Spital oder ein Sanatorium einweisen muß. Das kann für eine längere Zeit sein. Vielleicht bringst du auch jemanden in ein Krankenhaus oder wirst dort jemanden besuchen. Sei aufmerksam gegenüber kranken Menschen, denn sie benötigen gerade während ihrer Krankheit eine Person, an die sie sich wenden können. Mache immer, wenn es möglich ist, mit deinen Freunden oder Verwandten gemeinsam die Atemübungen! Alle werden erkennen, wie wichtig diese für das Wohlbefinden sind.

## KREUZ ZEHN · 8. HAUS
### REISE · STRASSE · WASSER · MEER

Im Haus der Gesundheit wird dir mitgeteilt, daß du eine Seereise unternehmen wirst, die deiner Gesundheit sehr förderlich ist. Möglicherweise trittst du auch eine Reise an, um dich zu erholen. Es ist aber auch möglich, daß du jemanden auf einer Erholungsreise begleitest.

Sieh nach, welche Karte sich im 8. Haus befindet. Befindet sich dort eine rote Karte und fällt die PIK SIEBEN in ein rotes Haus, so wirst du dich auf einer sehr angenehmen Reise hervorragend erholen. Befindet sich eine Kreuz-Karte im 8. Haus und fällt die PIK SIEBEN in ein Kreuz-Haus, dann kann es sein, daß du jemanden aus deiner Verwandtschaft, der auf dem Land lebt, besuchen wirst, um dich dort zu erholen.

Befindet sich aber im 8. Haus eine PIK-KARTE und fällt die PIK SIEBEN in ein PIK-HAUS, so solltest du mit deiner Gesundheit besser umgehen. Es steht nicht gut um sie – auch wenn du glaubst, daß du völlig gesund bist. Ausgedehnte Wanderungen in frischer Luft sind für deine Gesundheit förderlicher als Zigaretten und Alkohol. Denke auch immer an die Atemübungen!

## KREUZ NEUN · 31. HAUS
GLÜCK · KLEINE REISE · RISIKO

Im Haus der Gesundheit wird dir mitgeteilt, daß du Glück und gute Gesundheit förmlich gepachtet hast. Solltest du Krankenschwester sein, so wirst du mit deinen Patienten Glück haben. Sie können dich gut leiden, weil sich jeder bei dir gleich geborgen fühlt. Dir würde die Arbeit in einem Kinderkrankenhaus sicherlich auch gefallen. Solltest du Pfleger sein, so hast auch du einen guten Kontakt zu deinen Patienten. Ziehe hier das 25. Haus hinzu.

Sieh nach, welche Karte sich im 31. Haus befindet. Befindet sich dort eine rote Karte und fällt die PIK SIEBEN in ein rotes Haus, so kann es sein, daß du dich einmal in einen Patienten verlieben und ihn auch heiraten wirst. Hier mußt du das 4. und das 11. Haus hinzuziehen. Wenn sich dort rote Karten befinden, so wird diese Partnerschaft sehr harmonisch verlaufen. Befindet sich eine Kreuz-Karte im 31. Haus und fällt die PIK SIEBEN in ein Kreuz-Haus, so wirst du eventuell gerade noch rechtzeitig jemanden in ein Krankenhaus bringen. Weil diese Person noch im letzten Moment gerettet wird, wirst du sehr glücklich sein.

Befindet sich aber im 31. Haus eine PIK-KARTE und fällt die PIK SIEBEN in ein PIK-HAUS, so solltest du aufpassen mit dem, was du tust. Du gehst oftmals gefährliche Risiken ein. Nicht immer wird dir das Glück zur Seite stehen. Möglicherweise trifft dich auch in der nahen Zukunft ein Unglück, von dem du dich nicht so rasch wieder erholen wirst. Denke gerade jetzt an die Atemübungen!

## KREUZ ACHT · 26. HAUS
NEUE UNTERNEHMUNGEN · MUT · HELDENTAT

Im Haus der Gesundheit wird dir mitgeteilt, daß dein Beruf etwas mit dem Gesundheitswesen zu tun hat oder haben wird. Möglicherweise hängt auch deine Arbeit mit deiner Gesundheit zusammen. Vielleicht gehst du auch in den nächsten Tagen zum Blutspenden. Es kann aber auch sein, daß du bald in einem Spital arbeiten wirst.

Sieh nach, welche Karte sich im 26. Haus befindet. Befindet sich dort eine rote Karte und fällt die PIK SIEBEN in ein rotes Haus, dann solltest du einen Beruf im Spital ausüben. Die Menschen dort werden dich brauchen. Es kann aber auch sein, daß du für den Sanitätsdienst arbeiten wirst. Ziehe das 25. und das 28. Haus hinzu. Rote Karten sind positiv zu deuten, schwarze zeigen nur eine vorübergehende Opposition an. Vielleicht benötigst du noch eine zusätzliche Ausbildung. Befindet sich eine Kreuz-Karte im 26. Haus und fällt die PIK SIEBEN in ein Kreuz-Haus, dann wirst du jemandem vielleicht einmal das Leben retten.

Befindet sich aber im 26. Haus eine PIK-KARTE und fällt die PIK SIEBEN in ein PIK-HAUS, dann solltest du deinen Mut nicht gerade bei jeder Gelegenheit unter Beweis stellen – Übermut hat schon manch einem das Leben gekostet. Falscher Stolz und übersteigertes Eitelkeitsbedürfnis helfen weder dir noch anderen Menschen. Die Atemübungen werden dir helfen, die Situation richtig einzuschätzen.

## KREUZ SIEBEN · 14. HAUS
### NACHRICHTEN · BOTSCHAFT · TRÄNEN · LEID

Im Haus der Gesundheit wird dir mitgeteilt, daß du bald über jemanden, dem es sehr gut geht, eine Nachricht erhalten wirst. Möglicherweise wird man dich auch von dem Unfall einer dir bekannten Person unterrichten. Solltest du Arzt, Krankenschwester oder Sanitäter sein, so wirst du in der nächsten Zeit sehr viel zu tun haben. Möglicherweise willst du auch einen Artikel in einer Gesundheitszeitschrift veröffentlichen.

Sieh nach, welche Karte sich im 14. Haus befindet. Befindet sich dort eine rote Karte und fällt die PIK SIEBEN in ein rotes Haus, so wirst du in der nächsten Zeit positive Nachrichten erhalten. Vielleicht wirst du auch für eine medizinische Zeitschrift einen Artikel schreiben. Denkbar ist auch, daß du einmal in der medizinischen Forschung tätig sein wirst. Ziehe das 25. und das 28. Haus hinzu. Befindet sich eine Kreuz-Karte im 14. Haus und fällt die PIK SIEBEN in ein Kreuz-Haus, dann wirst du möglicherweise eine sehr erfolgreiche Zeitschrift auf den Markt bringen. Ziehe hier das 9., 17. und das 21. Haus hinzu.

Befindet sich aber im 14. Haus eine PIK-KARTE und fällt die PIK SIEBEN in ein PIK-HAUS, so erhältst du vielleicht eine schlechte Nachricht über deine oder über die Gesundheit eines anderen. Gib beizeiten auf deine Gesundheit acht und betreibe mit deinem Körper keinen Raubbau. Die Atemübungen helfen dir, ein gesunder und geistig frischer Mensch zu werden.

# PIK

## PIK AS · 24. HAUS

TOD · UNFALL · SCHICKSALSSCHLÄGE · QUAL · NOT

Im Haus der Gesundheit wird dir mitgeteilt, daß du mehr auf deine Gesundheit achten solltest. Wenn du eine gefährliche Tätigkeit ausübst, dann sei doppelt vorsichtig. Es kann auch sein, daß du dich in den nächsten Tagen nicht sehr wohl fühlen wirst.

Sieh nach, welche Karte sich im 24. Haus befindet. Befindet sich dort eine rote Karte und fällt die PIK SIEBEN in ein rotes Haus, so wirst du eventuell eine leichte Krankheit erleiden, die eine kleine, aber notwendige Untersuchung erforderlich macht. Bald wird es dir aber wieder besser gehen. Befindet sich eine Kreuz-Karte im 24. Haus und fällt die PIK SIEBEN in ein Kreuz-Haus, so kann es sein, daß dich jemand aus deiner Familie aufsucht und plötzlich bei dir erkrankt. Es muß nichts Schlimmes sein, aber du solltest auf alle Fälle einen Arzt zu Rate ziehen.

Befindet sich aber im 24. Haus eine PIK-KARTE und fällt die PIK SIEBEN in ein PIK-HAUS, so solltest du dich wirklich bald einer Untersuchung unterziehen. Geh zum Arzt, bevor du vielleicht operiert werden mußt. Die Zeichen für deine Gesundheit stehen nicht sehr günstig, wenn du nicht rasch etwas unternimmst. Mache auch immer regelmäßig die Atemübungen!

## PIK KÖNIG · 28. HAUS

RUFER · BEHÖRDE · SCHULE · SPITAL · INSTITUTION

Im Haus der Gesundheit wird dir mitgeteilt, daß ein Anrufer eventuell etwas mit deiner Gesundheit zu tun haben wird. Möglicherweise ruft dich ein Arzt an und erkundigt sich, wie ein verabreichtes Medikament bei dir wirkt. Vielleicht ruft dich auch jemand aus deiner Familie an und fragt nach deinem Befinden. Möglicherweise wird dir auch vom Arzt eine Kur verschrieben, eventuell eine Abmagerungskur, weil du zu dick bist. Mache eine solche Kur immer unter ärztlicher Aufsicht!

Sieh nach, welche Karte sich im 28. Haus befindet. Befindet sich dort eine rote Karte und fällt die PIK SIEBEN in ein rotes Haus, so kann es sein, daß dich das Gesundheitsamt zu einer Pflichtuntersuchung vorlädt. Hier kann es sich um eine Vorsorgeuntersuchung handeln. Befindet sich eine Kreuz-Karte im 28. Haus und fällt die PIK SIEBEN in ein Kreuz-Haus, so wirst du möglicherweise bald eine Kur antreten. Vielleicht schließt du auch eine Unfall- oder eine Zusatzversicherung ab.

Befindet sich aber im 28. Haus eine PIK-KARTE und fällt die PIK SIEBEN in ein PIK-HAUS, so kann es sein, daß du in ein Krankenhaus eingeliefert wirst. Möglicherweise erhältst du auch eine Rückerstattung nach einem Krankenhausaufenthalt. Achte immer darauf, daß du krankenversichert bist. Vergiß auch die Atemübungen nicht!

## PIK DAME · 29. HAUS
### DANKBARKEIT · DUNKLE DAME · UNDANK · NEID

Im Haus der Gesundheit wird dir mitgeteilt, daß du jemanden gesundpflegst, dafür aber keinen Dank erhältst. Möglicherweise wirst du auch jemanden täglich im Rollstuhl spazierenfahren. Der »Dank« ist, daß diese Person sehr schlecht über dich spricht.

Sieh nach, welche Karte sich im 29. Haus befindet. Befindet sich dort eine rote Karte und fällt die PIK SIEBEN in ein rotes Haus, so kann es sein, daß du einmal einen alten Menschen betreuen wirst. Zu Lebzeiten erhältst du zwar keinen Dank, jedoch nach dem Tod dieser Person. Ziehe das 27. Haus hinzu. Befindet sich dort eine rote Karte, so ist dies positiv zu deuten. Bei einer schwarzen Karte mußt du mit Undank rechnen. Befindet sich eine Kreuz-Karte im 29. Haus und fällt die PIK SIEBEN in ein Kreuz-Haus, so wirst du deiner Familie helfen und für deine Hilfe Dank ernten.

Befindet sich aber im 29. Haus eine PIK-KARTE und fällt die PIK SIEBEN in ein PIK-HAUS, dann solltest du über jeglichen Undank, den du erhältst, hinwegsehen. Erwarte niemals Dank oder Anerkennung für geleistete Hilfe. Gott allein weiß, wie es in deinem Herzen aussieht. Versuche über den Dingen zu stehen! Hier helfen dir die Atemübungen.

## PIK BUBE · 1. HAUS
### GEGENWART · WAHRHEIT · DUNKLER MANN · UNIFORMIERTER

Im Haus der Gesundheit wird dir mitgeteilt, daß du dich, obwohl zur Zeit ein schlechtes Klima herrscht, von Tag zu Tag wohler fühlst.

Möglicherweise wirkt sich auch ein Wohnortwechsel günstig auf deine Gesundheit aus. Vielleicht bewirken auch Überlegungen hinsichtlich deines nächsten Urlaubs bei dir eine gewisse Hochstimmung. Vielleicht hörst oder siehst du auch im Radio oder im Fernsehen eine Werbung über ein Medikament oder über einen Ort, der dich interessiert.

Sieh nach, welche Karte sich im 1. Haus befindet. Befindet sich dort eine rote Karte und fällt die PIK SIEBEN in ein rotes Haus, so kannst du entweder Pläne für deinen Urlaub oder für deine Gesundheit machen. Im Moment ist der Zeitpunkt für einen Wohnortwechsel sehr günstig. Auch der Gedanke an die bevorstehende Veränderung wirkt sich positiv auf deine Gemütslage aus. Befindet sich eine Kreuz-Karte im 1. Haus und fällt die PIK SIEBEN in ein Kreuz-Haus, so wirst du dir möglicherweise etwas kaufen, von dem du gehört oder gelesen hast. Der Kauf wird deine Stimmung heben.

Befindet sich aber im 1. Haus eine PIK-KARTE und fällt die PIK SIEBEN in ein PIK-HAUS, so solltest du nicht alles glauben, was man dir erzählt oder was durch die Werbung angepriesen wird. Denke auch an die Atemübungen!

## PIK ZEHN · 32. HAUS
### Sonne · Entfernungen · Andere Länder · Nacht

Im Haus der Gesundheit wird dir mitgeteilt, daß du dich sehr gut fühlst, wenn die Sonne scheint und wenn du an der frischen Luft bist. Frische Luft und Sonne sind für dich besser als jede Medizin. Das soll nicht heißen, daß etwaige Medikamente schlecht sind, aber du brauchst sie nicht. Solltest du dich schlecht oder krank fühlen, so fahre aufs Land oder ins Gebirge – und du wirst staunen, wie schnell du dich regenerierst. Wenn du schon auf dem Weg der Besserung bist, so kann es sein, daß du leichte Medikamente oder Kräutersäfte einnimmst.

Sieh nach, welche Karte sich im 32. Haus befindet. Befindet sich dort eine rote Karte und fällt die PIK SIEBEN in ein rotes Haus oder in ein Kreuz-Haus, so solltest du für deine Gesundheit den Osten oder den Süden aufsuchen. Befindet sich eine Kreuz-Karte im 32. Haus, so solltest du Länder wählen, die mehr im Westen oder im Norden liegen.

Befindet sich aber im 32. Haus eine PIK-KARTE und fällt die PIK SIEBEN in ein PIK-HAUS, so bist du sehr erholungsbedürftig. Es wird Zeit, daß du etwas für deine Gesundheit tust. Stelle eventuell das Rauchen und das

Trinken ein! Gib auf deinen Körper acht, denn Gott hat uns den Körper gegeben, damit die Seele ihren Reifungsprozeß durchmachen kann. Mache die Atemübungen – und du wirst sehr bald verstehen, was mit diesen Worten gemeint ist.

## PIK NEUN · 23. HAUS

### Depression · Unannehmlichkeiten · Kälte

Im Haus der Gesundheit wird dir mitgeteilt, daß du dich in der nächsten Zeit nicht sehr wohl fühlen wirst, weil du jemanden durch eine Krankheit verloren hast oder verlieren wirst. Du bist deswegen so depressiv, weil du diesem Menschen immer geraten hast, er sollte etwas gegen seine Krankheit unternehmen. Auch du mußt lernen, daß du deine Kräfte nicht immer dort einsetzen kannst, wo du es für richtig hältst. Vielleicht gefällt dir auch deine jetzige Arbeit nicht.

Sieh nach, welche Karte sich im 23. Haus befindet. Befindet sich dort eine rote Karte und fällt die PIK SIEBEN in ein rotes Haus, so wirst du einen dir sehr nahestehenden Menschen durch einen Unfall oder durch eine Krankheit verlieren. Befindet sich eine Kreuz-Karte im 23. Haus und fällt die PIK SIEBEN in ein Kreuz-Haus, so kann es sein, daß jemand aus deiner Familie Psychiater ist. Du wirst ihn aufsuchen, weil du dich in nächster Zeit depressiv fühlen wirst.

Befindet sich aber im 23. Haus eine PIK-KARTE und fällt die PIK SIEBEN in ein PIK-HAUS, so solltest du sehr bald einen Arzt aufsuchen, dem du vertrauen kannst. Du befindest dich in einem sehr schlechten seelischen Zustand. Medikamente lösen das Problem aber nicht. Mache lieber die Atemübungen – und du wirst sehen: Bald bist du ein gesunder und befreiter Mensch!

## PIK ACHT · 22. HAUS

### Ärger · Ärgernisse · Streit · Verleumdungen

Im Haus der Gesundheit wird dir mitgeteilt, daß du jemanden verlieren wirst. Diese Person hatte oft Ärger mit anderen Menschen. Vielleicht wurde sie vorsätzlich getötet oder ist einem Unglück zum Opfer gefallen. Möglicherweise sorgst du dich auch über deine Gesundheit oder über die eines anderen. Paß aber auf, daß du nicht selbst einem Unfall zum Opfer fällst. Oftmals bist du zu sehr in deine Gedanken vertieft. Es kann auch sein, daß du dich über jemanden aufregst, weil dieser schlecht über dich spricht.

Sieh nach, welche Karte in das 22. Haus fällt. Fällt dort eine rote Karte hinein und fällt die PIK SIEBEN in ein rotes Haus, so kann es sein, daß du einen lieben Menschen durch ein Verbrechen verlieren wirst. Befindet sich eine Kreuz-Karte im 22. Haus und fällt die PIK SIEBEN in ein Kreuz-Haus, so kann es sein, daß dich jemand aus deiner Familie anlügt oder dich verleumdet.

Befindet sich aber im 22. Haus eine PIK-KARTE und fällt die PIK SIEBEN in ein PIK-HAUS, so solltest du in nächster Zeit auf deinen Blutdruck achtgeben. Oft regst du dich über Unwahrheiten auf, die man über dich verbreitet. Achte nicht auf solche Boshaftigkeiten, sondern versuche, über den Dingen zu stehen. Die Atemübungen helfen dir, ruhiger und stabiler zu werden. Auch dein Kreislauf wird sich bald wieder regulieren.

## PIK SIEBEN · 16. HAUS
### Gesundheit · Krankheit · Kur · Operation

Im Haus der Gesundheit wird dir mitgeteilt, daß du – da die PIK SIEBEN in ihr eigenes Haus fällt – ein gesunder und vitaler Mensch bist. Solltest du Arzt sein oder einen anderen Beruf im Gesundheitswesen ausüben, so wirst du eines Tages eventuell sehr berühmt sein. Vielleicht wirst du etwas entdecken, das der Menschheit sehr weiterhelfen wird.

Sieh nach, welche Karten in das 25., das 9. und das 28. Haus fallen. Fallen dort rote Karten hinein, so wirst du vielleicht einmal eine große Krankenanstalt leiten. Möglicherweise kommst du auch in deinem Leben zu sehr viel Geld, welches du einmal einer Stiftung vermachst. Ziehe hier das 17. und das 27. Haus hinzu. Eventuell wirst du auch als Missionar in ferne Länder reisen.

Solltest du dich manchmal schwach fühlen, so mache die Atemübungen! Sie werden dich schnell wieder aus deinem Tief herausführen. Auch wenn du manches Mal an Gott zweifelst, helfen dir die Atemübungen weiter. Bald wirst du Gott wieder sehr nahe sein. Jeder Mensch hat Anteil am Göttlichen – auch du. Versuche im Einklang mit den Prinzipien kosmischer Weisheit zu leben.

Das 17. Haus

# KARO ZEHN

## Das Haus des Geldes, der Finanzen, der Börse, der Einnahmen und der Ausgaben

# HERZ

## HERZ AS · 7. HAUS

WOHNUNG · BESITZ · HAUS · EIGENTUM

Im Haus des Geldes wird dir mitgeteilt, daß dir deine Arbeit, die du zu Hause ausübst, sehr viel Geld einbringt. Möglicherweise verkaufst du auch dein Haus. Vielleicht wird man dir auch eine Wohnung oder ein Haus kaufen. Unter Umständen nimmst du auch einen Kredit auf dein Haus auf.

Sieh nach, welche Karte sich im 7. Haus befindet. Befindet sich dort eine rote Karte und fällt die KARO ZEHN in ein rotes Haus, dann ist das ein sehr gutes Zeichen sowohl für deine Arbeit zu Hause als auch für einen Kauf oder Verkauf einer Wohnung oder eines Hauses. Befindet sich eine Kreuz-Karte im 7. Haus und fällt die KARO ZEHN in ein Kreuz-Haus, dann wirst du eines Tages deine Wohnung mit deinem Geschäft oder deinem Beruf verbinden. Ziehe auch das 25. Haus hinzu.

Befindet sich aber im 7. Haus eine PIK-KARTE und fällt die KARO ZEHN in ein PIK-HAUS, dann solltest du vorsichtig sein, wenn du einen Verkauf tätigen willst. Hier kann es sich um einen möglichen Verlust oder um einen Betrüger handeln. Sei vorsichtig bei den Personen, mit denen du deine Geschäfte machst. Denke auch an die Atemübungen!

## HERZ KÖNIG · 13. HAUS

UNTERHALTUNG · MÄNNLICHER FREUND · BLOND · SPONSOR

Im Haus des Geldes wird dir mitgeteilt, daß du eines Tages durch die Vermittlung eines anderen eine große Geldsumme erhalten wirst. Möglicherweise erhältst du diese Summe durch Vermittlung deines Vaters, eines Onkels oder auch eines Freundes. Es ist auch möglich, daß du eine große Geldsumme durch eine Transaktion erhältst. Vielleicht trittst du auch bald als Besitzer eines exklusiven Nachtklubs oder eines Sommertheaters auf.

Sieh nach, welche Karte sich im 13. Haus befindet. Befindet sich dort eine rote Karte und fällt die KARO ZEHN auch in ein rotes Haus, dann kannst du bald mit einer größeren Geldsumme rechnen. Ziehe für das Theater das 6. Haus und für deinen Beruf das 25. Haus hinzu. Befindet sich eine Kreuz-Karte im 13. Haus und fällt die KARO ZEHN in ein Kreuz-Haus, dann wirst du sehr wahrscheinlich von einem Verwandten Geld erhalten.

Befindet sich aber im 13. Haus eine PIK-KARTE und fällt die KARO ZEHN in ein PIK-HAUS, so sei auf der Hut vor den Personen, die dir Geld geben. Oftmals ist ein Hintergedanke dabei. Auch ein Verlust bei einer Transaktion oder einem Aktiengeschäft ist möglich. Sei auch nicht zu leichtgläubig, wenn du von Geschäften wenig verstehst, denn Geld ist leichter verloren als gewonnen. Mache keine übereilten Schritte. Die Atemübungen dagegen fördern dein Empfinden für Geldgeschäfte.

## HERZ DAME · 19. HAUS

FREUNDE · WEIBLICHER FREUND · BLOND · SPONSOR

Im Haus des Geldes wird dir mitgeteilt, daß dir ein Freund mit einem Darlehen helfen wird und daß du dein Geld vermehren wirst. Möglicherweise erhältst du auch von deinen Freunden hinsichtlich deines Berufes oder deiner Pläne gute Ratschläge. Hier kann es sich auch um Arbeitskollegen handeln. Solltest du noch studieren, so wirst du eventuell von einer Dame unterstützt. Vielleicht unterstützt dich auch deine Firma, nachdem deine Ideen bekannt geworden sind.

Sieh nach, welche Karte sich im 19. Haus befindet. Befindet sich dort eine rote Karte und fällt die KARO ZEHN in ein rotes Haus, so kannst du mit einer großzügigen Unterstützung deiner Freunde rechnen. Befindet sich eine Kreuz-Karte im 19. Haus und fällt die KARO ZEHN in ein Kreuz-Haus, so kannst du Unterstützung von deiner Firma oder deinen Arbeitskollegen erwarten. Solltest du mit einer Unterstützung von seiten deiner Familie rechnen, so ziehe das 15. und das 25. Haus hinzu. Rote Karten sind immer positiv zu deuten.

Befindet sich aber im 19. Haus eine PIK-KARTE und fällt die KARO ZEHN in ein PIK-HAUS, so solltest du nicht alles glauben, was man dir verspricht. Man versucht dich hinzuhalten. Wenn du bei einem Versprechen unsicher bist, so verlasse dich auf deine Intuition und folge deiner inneren Stimme. Mache aber auch regelmäßig die Atemübungen!

## HERZ BUBE · 6. HAUS

Popularität · Kunst · Jüngerer männlicher Freund · Künstler

Im Haus des Geldes wird dir mitgeteilt, daß dir – wenn du sehr beliebt bist – das Geld nur so »zufliegen« wird. Vielleicht wirst du auch einmal durch dein Talent viel Geld verdienen. Das könnte durch Schauspiel, Tanz, Gesang oder eine andere künstlerische Tätigkeit geschehen. Möglicherweise wirst du auch einmal einen Verein oder eine ähnliche Institution gründen und dadurch sehr wohlhabend werden. Vielleicht schreibst du auch einen Bestseller, der dir viel Geld einbringt.

Sieh nach, welche Karte sich im 6. Haus befindet. Befindet sich dort eine rote Karte und fällt die KARO ZEHN in ein rotes Haus, so wirst du sehr bekannt werden und viel Geld verdienen. Befindet sich eine Kreuz-Karte im 6. Haus und fällt die KARO ZEHN in ein Kreuz-Haus, so wird dich jemand aus deiner Familie auf deinem Weg als Künstler unterstützen. Vielleicht gibt es in deiner Familie auch eine berühmte Persönlichkeit, die dich fördert.

Befindet sich aber im 6. Haus eine PIK-KARTE und fällt die KARO ZEHN in ein PIK-HAUS, so solltest du vorsichtig sein bei den Menschen, die dir versprechen, dich bekannt oder berühmt zu machen. Sie wollen nur dein Geld. Lasse dich lieber sorgfältig ausbilden. Solltest du dich unsicher fühlen, so mache regelmäßig die Atemübungen. Sie helfen dir, ein kritischer Mensch zu werden.

## HERZ ZEHN · 11. HAUS

Heirat · Verbindungen · Vereine · Bruderschaften

Im Haus des Geldes wird dir mitgeteilt, daß du – solltest du noch nicht verheiratet sein – einmal durch eine Heirat sehr reich werden wirst. Solltest du schon verheiratet sein, so wird dir dein Partner eine große Hilfe sein. Vielleicht bringt dir auch der Eintritt in einen Verein oder in eine Bruderschaft viel Geld. Möglicherweise wird auch die Gründung einer Vereinigung oder eines Klubs finanzielle Vorteile für dich nach sich ziehen.

Sieh nach, welche Karte sich im 11. Haus befindet. Befindet sich dort eine rote Karte und fällt die KARO ZEHN in ein rotes Haus, so wirst du einmal sehr reich sein – wenn du es nicht schon bist. Zu Reichtum kommst du größtenteils dank deinen Verbindungen oder Beziehungen.

Befindet sich eine Kreuz-Karte im 11. Haus und fällt die KARO ZEHN in ein Kreuz-Haus, so kann es sein, daß du durch die Einheirat in eine Firma Ansehen und Reichtum erlangst. Möglicherweise erhältst du auch von deinen Eltern sehr viel Geld.

Befindet sich aber im 11. Haus eine PIK-KARTE und fällt die KARO ZEHN in ein PIK-HAUS, so sei vorsichtig, wenn du einen Verein gründen willst. Gehe auch vorsichtig mit dem Geld um, das du erhalten wirst. Verwende es zweckentsprechend und veruntreue es nicht. Vielleicht möchte dich auch jemand zu etwas Schlechtem verleiten. Bleibe stark und mache jeden Tag die Atemübungen, damit du etwaigen Verlockungen widerstehen kannst.

## HERZ NEUN · 2. HAUS

WUNSCH · WÜNSCHE · SEHNSUCHT · HOFFNUNG

Im Haus des Geldes wird dir mitgeteilt, daß dein finanzieller Wunsch in Kürze erfüllt wird. Vielleicht wünschst du dir, für deine Arbeit mehr Geld zu erhalten. Die Chancen, mehr Geld zu erhalten, sind zur Zeit gut.

Sieh nach, welche Karten sich im 2. und im 5. Haus befinden. Befinden sich dort rote Karten und fällt die KARO ZEHN in ein rotes Haus, so haben deine finanziellen Wünsche gute Chancen, erfüllt zu werden. Befindet sich eine Kreuz-Karte im 2. Haus und fällt die KARO ZEHN in ein Kreuz-Haus, so ist es möglich, daß du in Kürze eine Gehaltserhöhung bekommen wirst. Solltest du noch Schüler sein, so wirst du vielleicht bald über mehr Taschengeld verfügen. Ziehe das 15. und das 25. Haus hinzu.

Befindet sich aber im 2. Haus eine PIK-KARTE und fällt die KARO ZEHN in ein PIK-HAUS, so wirst du noch geraume Zeit auf die Erfüllung deines Wunsches warten müssen. Zur Zeit mußt du noch mit Opposition für deinen Wunsch rechnen. Vielleicht sind aber deine Wünsche zu hochgesteckt. Überlege dir, ob sie sich überhaupt realisieren lassen. Werde bescheidener und denke nicht so materialistisch. Nicht alles Materielle, das wir uns wünschen, macht uns wirklich glücklich. Durch die Atemübungen wirst du erfahren, daß es noch etwas anderes gibt, wofür es sich lohnt zu leben.

## HERZ ACHT · 4. HAUS

LIEBE · MONDSCHEIN · ROMANZE · HERZ

Im Haus des Geldes wird dir mitgeteilt, daß dich jemand sehr liebt und daß du durch diese Person einmal bestimmt viel Geld erhalten wirst. Vielleicht hast du auch schon von dieser Person Geld erhalten. Solltest du noch alleine leben, so wirst du einmal durch deine Ehe oder deine Partnerschaft zu größerem Wohlstand gelangen.

Sieh nach, welche Karte sich im 4. Haus befindet. Befindet sich dort eine Herz-Karte und fallen die KARO ZEHN und die HERZ ZEHN in Herz-Häuser, so wirst du einmal in deiner Partnerschaft das wirkliche Glück finden. Bewahre dieses seltene Glück gut. Befindet sich darüber hinaus im 31. Haus eine Herz-Karte und fällt der PIK BUBE in ein Herz-Haus, so wirst du dein Leben mit einem Partner teilen, wie ihn nur wenige finden. Befindet sich eine Karo-Karte im 4. Haus und fällt die KARO ZEHN in ein Karo-Haus, so »liebst du Geld über alles«. Bedenke aber, daß Geld nicht das einzige im Leben ist. Befindet sich eine Kreuz-Karte im 4. Haus und fällt die KARO ZEHN in ein Kreuz-Haus, so wirst du in deinem Leben durch ein Geschäft, durch die Liebe zu deinem Beruf oder durch die Liebe zu deinen Eltern zu Geld kommen – falls du es noch nicht erhalten hast. Ein sehr gutes Zeichen für den Beruf und für Geld. Ziehe das 15. und das 25. Haus noch hinzu.

Befindet sich aber im 4. Haus eine PIK-KARTE und fällt die KARO ZEHN in ein PIK-HAUS, so wirst du in deinem Leben einmal in Sachen Geld und Liebe sehr enttäuscht werden. Vielleicht wirst du wegen deiner Gutmütigkeit ausgenutzt. Du solltest auch lernen, daß Liebe nicht zu erkaufen und nicht zu erzwingen ist. Lasse jedem die ihm zustehende individuelle Freiheit – und du wirst dir in deinem Leben Enttäuschungen ersparen. Denke auch an die Atemübungen!

## HERZ SIEBEN · 12. HAUS

FRÖHLICHKEIT · GUTE LAUNE · HERZLICHKEIT · FROHSINN

Im Haus des Geldes wird dir mitgeteilt, daß du dir etwas kaufen wirst, das du schon lange haben wolltest. Diese Tatsache wird dich sehr fröhlich stimmen. Vielleicht schenkst du auch jemandem etwas und bereitest ihm damit eine große Freude. Möglicherweise wirst du auch zu einer Reise eingeladen, auf der du nebenbei etwas Geld verdienen kannst. Eventuell wirst du dich auch während eines Gespräches sehr gut unterhalten.

Sieh nach, welche Karte sich im 12. Haus befindet. Befindet sich dort eine Herz-, Karo- oder Kreuz-Karte und fällt die KARO ZEHN in ein Herz-, Karo- oder Kreuz-Haus, so wirst du dich in nächster Zeit sehr gut unterhalten. Vielleicht wirst auch du jemanden unterhalten und dabei sogar entdeckt. Wenn du dich beruflich verändern oder studieren willst, so ist jetzt eine gute Zeit für dich. Ziehe für die Arbeit das 25. Haus, für das Studium das 9. und das 28. Haus hinzu. Rote Karten in diesen Häusern sind sehr positiv, schwarze Karten gesondert zu deuten.

Befindet sich aber im 12. Haus eine PIK-KARTE und fällt die KARO ZEHN in ein PIK-HAUS, so solltest du in nächster Zeit deinen Übermut etwas zügeln. Du scheinst deine Grenzen nicht zu kennen, und das kann dich einmal in eine schwierige Situation bringen. Auch solltest du auf deinen Alkoholkonsum achtgeben. Mache die Atemübungen – und du wirst bald deine Grenzen erkennen. Wer neue Wege sucht und findet, wird auch anderen neue Wege zeigen können.

# KARO

## KARO AS · 25. HAUS

Beruf · Firma · Unternehmen · Projekte

Im Haus des Geldes wird dir mitgeteilt, daß du durch ein neues Unternehmen zu Geld kommen wirst. Vielleicht planst du ein neues Projekt oder hast vor kurzem mit einem neuen begonnen. Möglicherweise erhältst du auch in Kürze ein Angebot bezüglich eines neuen Projektes oder einer neuen Firma.

Sieh nach, welche Karte sich im 25. Haus befindet. Befindet sich dort eine rote Karte und fällt die KARO ZEHN in ein rotes Haus, so sind deine Chancen hinsichtlich deines Berufes und deines Verdienstes sehr gut. Sehr wahrscheinlich wirst du in nächster Zeit Geld in verschiedene Objekte lohnend investieren – wenn du es nicht schon getan hast. Befindet sich eine Kreuz-Karte im 25. Haus und fällt die KARO ZEHN in ein Kreuz-Haus, so kann es sein, daß du Projekte mit einem Partner planst. Im Moment stehen die Zeichen für ein neues Geschäft, für Firmenzusammenschlüsse oder auch für Partnerschaften sehr gut.

Befindet sich aber im 25. Haus eine PIK-KARTE und fällt die KARO ZEHN in ein PIK-HAUS, so solltest du nicht mit jedem deine Geschäfte tätigen. Bringe auch deine Bücher beizeiten in Ordnung. Vorsicht ist in allen Geldangelegenheiten geboten. Möglicherweise verlierst du auch eine größere Geldsumme. Beachte die Atemübungen!

## KARO KÖNIG · 9. HAUS

Legale Papiere · Arzt · Anwalt · Notar

Im Haus des Geldes wird dir mitgeteilt, daß dir nach einer legalen Aktion Geld überwiesen wird. Du wirst aber in dieser Angelegenheit einen Anwalt einschalten müssen. Möglicherweise erhältst du auch in den nächsten Tagen ein Investitionsangebot. Nutze diese Chance! Vielleicht bittet dich auch jemand um ein Darlehen.

Sieh nach, welche Karte sich im 9. Haus befindet. Befindet sich dort eine rote Karte und fällt die KARO ZEHN in ein rotes Haus, so stehen die Zeichen für finanzielle Angelegenheiten sehr günstig. Befindet sich eine

Kreuz-Karte im 9. Haus und fällt die KARO ZEHN in ein Kreuz-Haus, so mußt du mit kleinen Verzögerungen bei einigen finanziellen Angelegenheiten rechnen.

Befindet sich aber im 9. Haus eine PIK-KARTE und fällt die KARO ZEHN in ein PIK-HAUS, so solltest du in den nächsten vierzehn Tagen keine Geldgeschäfte abwickeln. Ansonsten wirst du große Verluste erleiden. Lege dir eine Woche später wieder die Karten und vergleiche sie mit dem jetzigen Bild. Vielleicht handelt es sich nur um ein vorübergehendes Tief. Übe etwas Geduld, denn es kommen wieder bessere Zeiten auf dich zu. Sei aber trotzdem bei Unterschriften sehr vorsichtig. Durch die Atemübungen wirst du sensibler für negative Strömungen.

## KARO DAME · 18. HAUS

JAHRESZEIT · FRÜHJAHR · SOMMER · HERBST · WINTER

Im Haus des Geldes wird dir mitgeteilt, daß du über ständige Einnahmen verfügst. Das kann durch den Gewinn aus einer Pension, durch eine frühere Investition, durch Aktien oder durch eine Lebensversicherung, die du dir auf Rentenbasis ausbezahlen läßt, geschehen. Vielleicht hast du auch vor, eine Lebensversicherung auf eine spätere Rente hin abzuschließen. Tue es jetzt, denn die Zeichen stehen gut für dich. Möglicherweise wirst du auch einen Kredit aufnehmen, den du in kleinen Raten zurückzahlen wirst.

Sieh nach, welche Karte in das 18. Haus fällt. Fällt dort eine rote Karte hinein und fällt die KARO ZEHN in ein rotes Haus, so stehen die Zeichen für alle nur erdenklichen Geldgeschäfte sehr gut. Befindet sich eine Kreuz-Karte im 18. Haus und fällt die KARO ZEHN in ein Kreuz-Haus, dann mußt du möglicherweise in finanziellen Dingen noch etwas Geduld haben. Fällt jedoch in das 9. Haus eine rote Karte oder eine Kreuz-Karte, so wird diese Zeit sehr kurz sein.

Befindet sich aber im 18. Haus eine PIK-KARTE und fällt die KARO ZEHN in ein PIK-HAUS, dann gib acht, von wem du dir in der nächsten Zeit Geld ausleihst. Du könntest Wucherern in die Hände fallen. Wenn du dringend Geld brauchst, so überlege genau, wer dir etwas borgen könnte. Lege dir eine Woche später wieder die Karten und vergleiche sie mit dem jetzigen Bild. Vielleicht handelt es sich nur um ein vorübergehendes Tief. Mache auch immer regelmäßig die Atemübungen!

## KARO BUBE · 21. HAUS

BRIEFE · SCHRIFTSTÜCKE · TELEGRAMME · BOTE · FREUND

Im Haus des Geldes wird dir mitgeteilt, daß du bald eine Nachricht über gewisse finanzielle Angelegenheiten erhalten wirst. Vielleicht hast du dir noch nie Gedanken gemacht, wie man durch gezielten Einsatz finanzielle Gewinne erzielen kann. Möglicherweise überbringt dir auch der Postbote mittels Anweisung eine Geldsumme.

Sieh nach, welche Karte sich im 21. Haus befindet. Befindet sich dort eine rote Karte und fällt die KARO ZEHN in ein rotes Haus, so wirst du gute Nachrichten hinsichtlich bestimmter finanzieller Angelegenheiten erhalten. Es ist auch möglich, daß du im Toto, im Lotto, in einer Lotterie oder in einem anderen Glücksspiel gewonnen hast. Befindet sich eine Kreuz-Karte im 21. Haus und fällt die KARO ZEHN in ein Kreuz-Haus, so kann das bedeuten, daß dir deine Eltern einen größeren Geldbetrag überweisen werden, auf den du schon längere Zeit wartest. Möglicherweise erhältst du auch geborgtes Geld zurück.

Befindet sich aber im 21. Haus eine PIK-KARTE und fällt die KARO ZEHN in ein PIK-HAUS, so solltest du dir weder Geld borgen noch Geld ausleihen. Du wirst einen Brief erhalten, in dem man dich um einen größeren Geldbetrag bittet. Wenn du schon Geld hergeben willst, so verschenke es lieber, denn du ersparst dir damit unnötigen Ärger. Mache auch immer regelmäßig die Atemübungen!

## KARO ZEHN · 17. HAUS

GELD · FINANZEN · BÖRSE · EINNAHMEN · AUSGABEN

Im Haus des Geldes wird dir mitgeteilt, daß du – da die KARO ZEHN in ihr eigenes Haus fällt – bald eine hohe Geldsumme erhalten wirst. Möglicherweise macht man dir auch ein Angebot, das dir eines Tages viel Geld einbringen wird. Sieh nach, welche Karten in die Häuser 3, 5 und 9 fallen. Nimm dieses Angebot an, wenn dort Karo-Karten liegen. Du solltest nicht lange überlegen, sondern zugreifen, auch wenn du im Moment nicht alles überblicken kannst.

Wenn die KARO ZEHN in ihr eigenes Haus fällt, so ist das ein sicheres Zeichen für mehr Geld und ein höheres Einkommen. Sollte die KREUZ NEUN in ein Karo-Haus fallen und sich im 31. Haus eine Karo-Karte befinden, so wirst du quasi über Nacht großen Gewinn machen.

Vielleicht entwickelst du neue Ideen, die sich positiv auf dein Einkommen auswirken. Andere Karten mußt du bei besonderer Fragestellung gesondert deuten.

Vorsicht ist immer geboten, wenn in den Karo-Häusern PIK-KARTEN liegen, denn das zeigt meistens Verlust an. Vorsicht bei Investitionen! Sollten sich Herz-Karten in den Karo-Häusern befinden, dann deutet das auf Großzügigkeit von irgendeiner Seite hin. Befinden sich Kreuz-Karten in den Karo-Häusern, dann solltest du dein Geld gewinnbringend investieren. Vergiß jedoch niemals die Atemübungen! Wenn du über große Geldmengen verfügst, so denke auch an jene, die nichts oder nur sehr wenig besitzen.

## KARO NEUN · 5. HAUS
ÜBERRASCHUNG · ÜBERRASCHUNGEN · KLEINE FINANZEN

Im Haus des Geldes wird dir mitgeteilt, daß du in der nächsten Zeit ein Angebot erhalten wirst, das dich sehr überrascht. Vielleicht bietet man dir eine bessere Stelle an. Möglicherweise erhältst du auch sehr überraschend einen neuen Auftrag. Nimm das an, was man dir in der nächsten Zeit offeriert. Es ist nur zu deinem finanziellen Vorteil.

Sieh nach, welche Karte sich im 5. Haus befindet. Befindet sich dort eine rote Karte und fällt die KARO ZEHN in ein rotes Haus, so ist das ein gutes Omen für deine zukünftigen geschäftlichen Aktivitäten. Schaffe dir auch Rücklagen für die Zukunft an, denn du wirst nicht immer soviel verdienen, wie das in der nächsten Zeit der Fall sein wird. Befindet sich eine Kreuz-Karte im 5. Haus und fällt die KARO ZEHN in ein Kreuz-Haus, so wirst du in nächster Zeit ein guter Manager deiner Finanzen sein.

Befindet sich aber im 5. Haus eine PIK-KARTE und fällt die KARO ZEHN in ein PIK-HAUS, dann solltest du in der nächsten Zeit bei finanziellen Angelegenheiten Vorsicht walten lassen und dein Geld für die Zukunft genauestens einteilen. Schaffe dir auch die nötigen Rücklagen, denn du wirst sie einmal sehr gut gebrauchen können. Zeige auch mehr Interesse für Geldangelegenheiten. Auch neigst du dazu, dir des öfteren Geld auszuborgen, das du nur sehr schwer zurückzahlen kannst. Denke jetzt an die Atemübungen! Bald kannst du dein Geld besser einteilen, ausgeborgtes Geld rechtzeitig zurückzahlen und schaffst es, Ordnung in deinen finanziellen Bereich zu bringen.

## KARO ACHT · 27. HAUS

### Erbe · Erbschaften · Hinterlassenschaften · Bekommen

Im Haus des Geldes wird dir mitgeteilt, daß du in der nächsten Zeit durch eine Erbschaft oder eine Hinterlassenschaft eine kleinere Geldsumme erhalten wirst. Die Erbschaft wird vielleicht auch aus einer kleinen Wohnung oder einem kleinen Haus bestehen. Möglicherweise wirst du das Haus dann vermieten. Ein ständiges Einkommen ist auch ein gutes Einkommen. Vielleicht schenkt man dir auch als Anerkennung für einen Gefallen eine kleinere Geldsumme.

Sieh nach, welche Karte sich im 27. Haus befindet. Befindet sich dort eine rote Karte und fällt die KARO ZEHN in ein rotes Haus, so wirst du mit Sicherheit in der nächsten Zeit eine kleine Geldsumme erhalten oder erben. Möglicherweise erbst du auch ein kleines Haus. Befindet sich eine Kreuz-Karte im 27. Haus und fällt die KARO ZEHN in ein Kreuz-Haus, so kann es sein, daß dir jemand ein Geschäft vermacht oder daß du das Geschäft von deinen Eltern oder Verwandten übernimmst. Nimm es an, denn du wirst etwas Vernünftiges daraus machen können.

Befindet sich aber im 27. Haus eine PIK-KARTE und fällt die KARO ZEHN in ein PIK-HAUS, so wird möglicherweise jemand aus deiner Familie eine für dich bestimmte Geldsumme unterschlagen. Vielleicht erhältst du auch das Geld, das du jemandem geliehen hast, nicht zurück. Auch bei guten Freunden solltest du alles schriftlich fixieren. Denke auch immer an die Atemübungen!

## KARO SIEBEN · 3. HAUS

### Erfolg · Karriere · Aufstieg · Leistung

Im Haus des Geldes wird dir mitgeteilt, daß du – solltest du beruflich mit Geld zu tun haben – in Zukunft große finanzielle Gewinne erzielen wirst. Möglicherweise wirst du auch als Vermögensverwalter tätig sein. Vielleicht erhältst du auch ein Angebot für eine Tätigkeit in einer Bank oder bei einer Börse.

Sieh nach, welche Karte sich im 3. Haus befindet. Befindet sich dort eine rote Karte und fällt die KARO ZEHN in ein rotes Haus, so wirst du in nächster Zeit viel Erfolg in finanziellen Angelegenheiten haben. Die Tätigkeit in einer Bank oder bei einer Börse wäre genau die richtige für dich, wenn sich darüber hinaus im 5. Haus eine rote Karte befindet. Ziehe auch das 25. und das 9. Haus hinzu. Rote Karten sind sehr positiv, schwarze hingegen gesondert zu deuten. Befindet sich im 3. Haus eine Kreuz-Karte und fällt die KARO ZEHN in ein Kreuz-Haus, so wirst du einmal ein sehr erfolgreicher Kaufmann sein – falls du das nicht schon bist.

Befindet sich aber im 3. Haus eine PIK-KARTE und fällt die KARO ZEHN in ein PIK-HAUS, so wird deine Leistung in der nächsten Zeit etwas abfallen. Vielleicht befindest du dich schon in einem Tief. Lege dir eine Woche später wieder die Karten und vergleiche sie mit dem jetzigen Bild. Möglicherweise handelt es sich nur um ein vorübergehendes Tief. Halte jetzt vor allen Dingen die regelmäßigen Atemübungen ein!

# KREUZ

## KREUZ AS · 20. HAUS

GESCHENK · GESCHENKE (MIT PIK AS: TOD · LAST)

Im Haus des Geldes wird dir mitgeteilt, daß man dir einmal eine sehr hohe Geldsumme oder etwas äußerst Wertvolles schenken wird. Hier kann es sich um Juwelen, um Land, um ein Haus oder um ein Gemälde handeln.

Sieh nach, welche Karte sich im 20. Haus befindet. Befindet sich dort eine rote Karte und fällt die KARO ZEHN in ein rotes Haus, so wirst du ein sehr schönes und wertvolles Geschenk oder ein Geldgeschenk erhalten. Befindet sich eine Kreuz-Karte im 20. Haus und fällt die KARO ZEHN in ein Kreuz-Haus, so kann es sein, daß du die elterliche Firma oder Fabrik übernehmen wirst. Vielleicht erhältst du sie auch in Form einer Schenkung. Auf jeden Fall bekommst du von deinen Eltern oder von einem Freund etwas sehr Wertvolles.

Befindet sich aber im 20. Haus eine PIK-KARTE und fällt die KARO ZEHN in ein PIK-HAUS, so wird man dir das Geschenk streitig machen wollen. Es kann sogar sein, daß erst das Gericht eine endgültige Entscheidung trifft. Solltest du das Geschenk nicht erhalten, so denke daran, daß alles im Leben vergänglich ist. Viel bedeutender sind die Atemübungen. Durch sie wirst du deine Seele ergründen und den Weg zu Gott finden. Hier verblassen alle Geschenke, die du je erhalten wirst.

## KREUZ KÖNIG · 10. HAUS

FERIEN · URLAUB · VATER · ONKEL · GROSSVATER

Im Haus des Geldes wird dir mitgeteilt, daß dein Einkommen nach deinem nächsten Urlaub angehoben wird. Vielleicht wirst du auch nach deinem Urlaub finanzielle Gewinne erzielen. Auf alle Fälle werden deine Finanzen in der nächsten Zeit ansteigen.

Sieh nach, welche Karte in das 10. Haus fällt. Fällt dort eine rote Karte hinein und fällt die KARO ZEHN in ein rotes Haus, so ist es Zeit für eine Erholungspause. »Tanke« Kraft, damit du wieder voll in das Geschäftsleben einsteigen kannst. Befindet sich eine Kreuz-Karte im 10. Haus und fällt die KARO ZEHN in ein rotes Haus, so kann es sein, daß du deinen Urlaub mit Arbeit und Hobby verbinden wirst. Solltest du eine Reise antreten, so wirst du auf ihr einige interessante Bekanntschaften knüpfen. Ziehe hier das 8. Haus hinzu. Rote Karten sind sehr positiv, schwarze Karten gesondert zu deuten. Möglicherweise wirst du auch in deinem nächsten Urlaub deine Eltern besuchen und mit ihnen ein wichtiges Gespräch führen.

Befindet sich aber im 10. Haus eine PIK-KARTE und fällt die KARO ZEHN in ein PIK-HAUS, so solltest du dich in der nächsten Zeit nicht überarbeiten. Möglicherweise arbeitest du auch noch im Urlaub. Hoffentlich wirst du dann nicht dein Erspartes für Ärzte und Spitäler ausgeben müssen. Nutze deine Ferien lieber für deine Erholung und vergiß nie, auch im Urlaub die Atemübungen regelmäßig zu machen.

## KREUZ DAME · 30. HAUS
### UNTERSUCHER · UNTERSUCHUNGEN · MUTTER · TANTE · GROSSMUTTER

Im Haus des Geldes wird dir mitgeteilt, daß du Geld erhalten wirst, und zwar von deiner Mutter, deiner Oma oder von einer Tante. Möglicherweise erhältst du das Geld auch von einem Freund, der dir nahesteht. Du bist in der glücklichen Lage, daß du über Freunde verfügst, auf die du immer zählen kannst.

Sieh nach, welche Karte sich im 30. Haus befindet. Befindet sich dort eine rote Karte und fällt die KARO ZEHN in ein rotes Haus, so wirst du sehr bald Geld erhalten. Befindet sich eine Kreuz-Karte im 30. Haus und fällt die KARO ZEHN in ein Kreuz-Haus, so bekommst du das Geld von deinen Eltern oder deinen Verwandten. Vielleicht wirst du auch für deine Verwandten arbeiten.

Befindet sich aber im 30. Haus eine PIK-KARTE und fällt die KARO-ZEHN in ein PIK-HAUS, so prüfe genau, für wen du in der nächsten Zeit arbeitest. Wenn du einen Arbeits- oder Angestelltenvertrag unterschreiben mußt, so lies ihn sorgfältig durch. Sonst wirst du dich eventuell gegenüber deiner vorherigen Stelle finanziell verschlechtern. Vielleicht wartest du auch schon seit längerem auf eine bestimmte Geldsumme, die dir zusteht. Zur Zeit besteht für dich hinsichtlich finanzieller Angelegenheiten eine Opposition. Gehe daher sehr vorsichtig mit deinen Finanzen um, damit dir keine Verluste entstehen. Denke gerade jetzt an die Atemübungen!

## KREUZ BUBE · 15. HAUS

FAMILIE · SOHN · NEFFE (MIT DAME: TOCHTER · NICHTE)

Im Haus des Geldes wird dir mitgeteilt, daß du entweder eine reiche Familie, eine gut betuchte Verwandtschaft oder einen wohlhabenden Freund hast. Dieser wird dir immer zur Seite stehen, wenn du seine Hilfe benötigst. Vielleicht wirst du auch einmal von deinen Eltern oder einem Verwandten unterstützt. Es kann auch sein, daß du einen Fremden bei dir aufnehmen und für ihn sorgen wirst.

Sieh nach, welche Karte sich im 15. Haus befindet. Befindet sich dort eine rote Karte und fällt die KARO ZEHN in ein rotes Haus, so wirst du selbst einmal einer wohlhabenden Familie vorstehen. Befindet sich eine Kreuz-Karte im 15. Haus und fällt die KARO ZEHN in ein Kreuz-Haus, so wirst du einmal einer großen Familie vorstehen. Möglicherweise ist deine Familie schon ziemlich groß und sehr wohlhabend. Vielleicht hast oder wirst du auch sehr viele Geschwister oder auch Kinder haben, die dich sehr lieben.

Befindet sich aber im 15. Haus eine PIK-KARTE und fällt die KARO ZEHN in ein PIK-HAUS, so scheinst du mit deinen Eltern oder mit jemandem aus deiner Verwandtschaft Unannehmlichkeiten wegen bestimmter Geldangelegenheiten zu bekommen. Es kann sein, daß man von dir ein Geldgeschenk wieder zurückverlangt. Vielleicht forderst auch du von jemandem Geld, obwohl du es ihm geschenkt hast. Da du zu Vergeßlichkeit neigst, solltest du sofort mit den Atemübungen beginnen. Durch sie förderst du deine Konzentration.

## KREUZ ZEHN · 8. HAUS

REISE · STRASSE · WASSER · MEER

Im Haus des Geldes wird dir mitgeteilt, daß du in der nächsten Zeit Geld aus weiter Ferne erhalten wirst. Vielleicht kannst du auch durch eine Auslandsreise deine Finanzsituation verbessern. Auf alle Fälle steht eine positive Änderung an. Es kann auch sein, daß du durch den Verkauf deines Autos, eines Grundstücks oder etwas anderem einen guten Gewinn erreichst. Solltest du Autorennfahrer sein, so winken dir viele Preisgelder.

Sieh nach, welche Karte sich im 8. Haus befindet. Befindet sich dort eine Herz-Karte und fällt die KARO ZEHN in ein Herz- oder Karo-Haus, so wirst du deine Geldtransaktionen mit sehr viel Geschick meistern. Befindet sich im 8. Haus eine Karo-Karte, so wirst du sehr viel Geld auf Reisen verdienen. Befindet sich eine Kreuz-Karte, speziell die KREUZ NEUN, im 8. Haus und fällt die KARO ZEHN in ein Kreuz-Haus, so wirst du eine große Reise unternehmen. Möglicherweise gewinnst du auch bei einem Autorennen. Ein großer Erfolg im Ausland ist dir gewiß. Andere Kreuz-Karten deuten zwar auf eine kleinere Reise, jedoch auch auf Gewinn hin.

Befindet sich aber im 8. Haus eine PIK-KARTE und fällt die KARO ZEHN in ein PIK-HAUS, so kann es sein, daß du eine geplante und schon bezahlte Reise nicht antreten kannst. Vielleicht wirst du auch um mehrere Geldsummen bangen, die du investiert hast. Versuche bei deinen Geldgeschäften immer einen eventuellen Schaden so gering wie möglich zu halten. Mit der Zeit wirst du lernen, wie du ein »kalkuliertes Risiko« angehen kannst. Denke auch an die Atemübungen!

## KREUZ NEUN · 31. HAUS
### Glück · Kleine Reise · Risiko

Im Haus des Geldes wird dir mitgeteilt, daß du in der nächsten Zeit bei deinen Finanzangelegenheiten viel Glück haben wirst. Oftmals nutzt du den richtigen Moment aus, um etwas günstig zu kaufen und zu verkaufen. Auch im Spiel scheint dir das Glück hold zu sein.

Sieh nach, welche Karte sich im 31. Haus befindet. Befindet sich dort eine Herz-Karte und fällt die KARO ZEHN in ein Herz-Haus, so wird Geld in deinem Leben eine große Rolle spielen. Das Geld wird in der Zukunft dein »Partner« sein. Du solltest einen Beruf im Finanzwesen anstreben. Ziehe das 25. Haus hinzu. Rote Karten sind positiv, schwarze gesondert zu deuten. Befindet sich im 31. Haus eine Karo-Karte und fällt die KARO ZEHN in ein Karo-Haus, so wird in der nächsten Zeit das Glück bei deinen finanziellen Gewinnen eine bedeutende Rolle spielen. Ziehe das 3. und das 5. Haus hinzu. Sollten sich dort Karo-Karten befinden, so scheinst du gute Chancen im Glücksspiel zu besitzen. Befindet sich im 31. Haus eine Kreuz-Karte und fällt die KARO ZEHN in ein Kreuz-Haus, so wirst du einen großen Einsatz bei einer Transaktion in das Ausland riskieren. Von Vorteil ist es für dich, wenn in das 8. Haus eine Karo- oder eine Kreuz-Karte fällt. Eine Herz-Karte ist hier mit »sehr starken Gefühlen« zu deuten, aber du mußt in diesem Fall wie ein Profi handeln und dich nicht durch die Liebe beeinflussen lassen.

Befindet sich aber im 31. Haus eine PIK-KARTE und fällt die KARO ZEHN in ein PIK-HAUS, so solltest du in nächster Zeit mit Investitionen sehr vorsichtig sein. Baue nicht auf Sand, sonst wirst du dein Vermögen verlieren. Gehe in der nächsten Zeit kein Risiko ein! Lege dir eine Woche später wieder die Karten und vergleiche sie mit dem jetzigen Bild. Vielleicht handelt es sich nur um eine vorübergehende Opposition. Denke an die Atemübungen!

## KREUZ ACHT · 26. HAUS
### Neue Unternehmungen · Mut · Heldentat

Im Haus des Geldes wird dir mitgeteilt, daß du durch deine Arbeit oder durch eine Erfindung einmal viel Geld verdienen wirst. Du wirst ein angesehener Geschäftsmann und erlangst großen Reichtum, wenn du dein Geld richtig anlegst. Du mußt zwar in Zukunft sehr viel arbeiten, aber da du Erfolg siehst, wird dir die Arbeit viel Freude bereiten.

Sieh nach, welche Karte sich im 26. Haus befindet. Befindet sich dort eine rote Karte und fällt die KARO ZEHN in ein rotes Haus, so verfügst du über das Talent zu einem guten Geschäftsmann. Befindet sich eine Kreuz-Karte im 26. Haus und fällt die KARO ZEHN in ein Kreuz-Haus, so wirst du in nächster Zeit große Gewinne erzielen, und es werden dir hervorragende Gedanken kommen. Auch wirst du neue Unternehmungen planen.

Befindet sich aber im 26. Haus eine PIK-KARTE und fällt die KARO ZEHN in ein PIK-HAUS, so solltest du deine Unternehmungen genauestens überdenken, damit du keine großen Verluste erleidest. Die Zeiten scheinen für dich nicht so rosig zu sein, wie du annimmst. Werde realistischer – und du wirst aus deinem Tief herauskommen. Mache auch immer regelmäßig die Atemübungen, damit du nie den Überblick verlierst.

## KREUZ SIEBEN · 14. HAUS
### Nachrichten · Botschaft · Tränen · Leid

Im Haus des Geldes wird dir mitgeteilt, daß du eine wichtige Nachricht erhalten wirst. Du erfährst, wie du gute Investitionen tätigen kannst. Konzentriere dich, wenn du ein Angebot in den nächsten Wochen erhältst. Es könnte für dein zukünftiges Leben von entscheidender Bedeutung sein.

Sieh nach, welche Karte sich im 14. Haus befindet. Befindet sich dort eine rote Karte und fällt die KARO ZEHN in ein rotes Haus, so wird die Nachricht, die du erhalten wirst, dein Leben entscheidend verändern. Vielleicht läßt du dich in einem anderen Land nieder. Es kann aber auch sein, daß man dir eine Information für gutes Geld abkaufen wird. Befindet sich eine Kreuz-Karte im 14. Haus und fällt die KARO ZEHN in ein Kreuz-Haus, so ist es möglich, daß du ein sehr gutes Angebot von einer Firma erhältst, die du später sogar übernehmen wirst.

Befindet sich aber im 14. Haus eine PIK-KARTE und fällt die KARO ZEHN in ein PIK-HAUS, so solltest du nicht alles glauben, was man dir mitteilt. Vielleicht will man dich von einer bestimmten Sache ablenken. Möglicherweise bekommst du auch Schwierigkeiten mit Auslandsbehörden, wenn du bestimmte Informationen, die geheim sind, verkaufst. Es gibt ein weises Sprichwort: »Geld verdirbt den Charakter«. Denke daran, wenn du Gefahr läufst, den Lockungen des Geldes zu erliegen. Mache regelmäßig die Atemübungen, damit du gegen solche Verlockungen gefeit bist.

# PIK

## PIK AS · 24. HAUS

Tod · Unfall · Schicksalsschläge · Qual · Not

Im Haus des Geldes wird dir mitgeteilt, daß man dir eine Erbschaft oder eine Lebensversicherung ausbezahlen wird. Hier kann es sich auch um Wertpapiere handeln. Auf jeden Fall wird sich deine finanzielle Situation durch einen Todesfall bessern.

Sieh nach, welche Karte sich im 24. Haus befindet. Befindet sich dort eine Herz-Karte und fällt die KARO ZEHN in ein Herz-Haus, so wirst du jemanden verlieren, den du sehr gerne hast. Befindet sich eine Karo-Karte im 24. Haus und fällt die KARO ZEHN in ein Karo-Haus, so wirst du auf alle Fälle eine Erbschaft antreten oder durch einen Todesfall Geld erhalten. Ziehe hier auch die Häuser 9 und 27 hinzu. Befinden sich dort Karo-Karten, so wirst du ein großes Vermögen erben. Befindet sich im 24. Haus eine Kreuz-Karte und fällt die KARO ZEHN in ein Kreuz-Haus, so wird dir ein Geschäftspartner etwas hinterlassen. Es kann auch sein, daß dir ein Freund etwas hinterläßt.

Befindet sich aber im 24. Haus eine PIK-KARTE und fällt die KARO ZEHN in ein PIK-HAUS, so scheinst du, da man weiß, daß du eines Tages ein bedeutendes Erbe antreten wirst, viele Feinde zu haben. Befinden sich im 9. und im 27. Haus PIK-KARTEN, so will man dich um deine Erbschaft bringen. Ziehe einen Anwalt zu Rate. Denke gerade jetzt an die Atemübungen!

## PIK KÖNIG · 28. HAUS

Rufer · Behörde · Schule · Spital · Institution

Im Haus des Geldes wird dir mitgeteilt, daß du in der nächsten Zeit für einen wohltätigen Zweck etwas spenden wirst. Möglicherweise erhältst du auch auf ein Angebot oder eine Bewerbung eine Absage. Vielleicht ruft dich auch jemand an und will sich Geld von dir ausleihen. Du solltest dir das reiflich überlegen, denn eventuell erhältst du das Geld nicht mehr zurück. Es ist auch besser, solche Dinge nicht telephonisch zu besprechen.

Sieh nach, welche Karte in das 28. Haus fällt. Fällt dort eine rote Karte hinein und fällt die KARO ZEHN in ein rotes Haus, so erhältst du einen erfreulichen Anruf. Ziehe aber auch das 31. und das 19. Haus hinzu. Rote Karten sind positiv zu deuten, während schwarze Karten, speziell PIK-KARTEN, anzeigen, daß Vorsicht bei dem Anrufer geboten ist. Befindet sich eine Kreuz-Karte im 28. Haus und fällt die KARO ZEHN in ein rotes Haus, so wirst du sehr wahrscheinlich mit jemandem aus deiner Familie oder mit Angehörigen einer Behörde sprechen. Sei aber vorsichtig mit deiner Wortwahl, wenn die KARO ZEHN in ein Kreuz-Haus fällt.

Befindet sich aber im 28. Haus eine PIK-KARTE und fällt die KARO ZEHN in ein PIK-HAUS, so wird sehr wahrscheinlich das Finanzamt an dich herantreten und eine größere Summe von dir verlangen. Hier kann es sich zum Beispiel um Erbschaftssteuer oder Einkommensteuer handeln. Überprüfe genau, ob die Höhe der Forderung gerechtfertigt ist. Suche dir auch die Leute, mit denen du darüber sprichst, genau aus, denn du hast einige Neider in deiner Nähe, die dir Schwierigkeiten bereiten könnten. Mache die Atemübungen – und bald wirst du spüren, wem du etwas anvertrauen kannst.

## PIK DAME · 29. HAUS

### DANKBARKEIT · DUNKLE DAME · UNDANK · NEID

Im Haus des Geldes wird dir mitgeteilt, daß du ein Angebot an einer Beteiligung in der Erdölindustrie oder bei einem Bergwerk erhältst. Schlage das nicht aus, denn du kannst hier einen hohen Profit erzielen. Möglicherweise besitzt du auch eine Treuhandfirma oder wirst eine besitzen. Hier wirst du Investitionen für verschiedene Auftraggeber tätigen, jedoch nicht immer den Erfolg erzielen, den diese sich vorstellen. Vielleicht zeigst du dich auch gegenüber einer Person sehr dankbar, die dich einmal finanziell unterstützt hat.

Sieh nach, welche Karte sich im 29. Haus befindet. Befindet sich dort eine rote Karte und fällt die KARO ZEHN in ein rotes Haus, so wirst du in der nächsten Zeit bei Investitionen sehr erfolgreich sein. Befindet sich eine Kreuz-Karte im 29. Haus und fällt die KARO ZEHN in ein Kreuz-Haus, so solltest du dein Geld in zukunftsweisende Technologien investieren. Das verspricht eine hohe Rendite. Auf alle Fälle stehen zur Zeit die Zeichen für Investitionen gut.

Befindet sich aber im 29. Haus eine PIK-KARTE und fällt die KARO ZEHN in ein PIK-HAUS, so solltest du in nächster Zeit keine großen Investitionen tätigen, denn sehr wahrscheinlich wirst du große Verluste erleiden. Investiere auch nicht für andere. Du könntest bei Verlusten sehr schnell deren Vertrauen verlieren. Bleibe realistisch und denke an die Atemübungen!

## PIK BUBE · 1. HAUS

GEGENWART · WAHRHEIT · DUNKLER MANN · UNIFORMIERTER

Im Haus des Geldes wird dir mitgeteilt, daß du vielleicht Arzt oder Anwalt bist und sehr viele Patienten oder Klienten betreust. Solltest du im Geschäftsleben tätig sein, so wirst du in Zukunft sehr viel zu tun haben.

Sieh nach, welche Karte sich im 1. Haus befindet. Befindet sich dort eine rote Karte und fällt die KARO ZEHN in ein rotes Haus, so wirst du in Zukunft dein geregeltes Einkommen haben. Befindet sich eine Kreuz-Karte im 1. Haus und fällt die KARO ZEHN in ein Kreuz-Haus, so wirst du in Zukunft viele Menschen zu deinen Kunden oder Klienten zählen.

Befindet sich aber im 1. Haus eine PIK-KARTE und fällt die KARO ZEHN in ein PIK-HAUS, so mußt du in nächster Zeit mit Widerständen und geringeren Einnahmen rechnen. Lasse dich auf keinen Fall in dubiose Geschäfte ein, um zu Geld zu kommen! Wenn du über dein Einkommen beunruhigt bist, so lege dir eine Woche später wieder die Karten und vergleiche sie mit dem jetzigen Bild. Vielleicht handelt es sich nur um ein vorübergehendes Tief. Doppelbestätigungen oder -deutungen zeigen jedoch immer ein längeres Tief an, aber deswegen mußt du nicht gleich den Kopf verlieren. Mache gerade jetzt die Atemübungen, damit du wieder über deinen alten Elan verfügst, wenn sich ein Hoch anzeigt.

## PIK ZEHN · 32. HAUS

SONNE · ENTFERNUNGEN · ANDERE LÄNDER · NACHT

Im Haus des Geldes wird dir mitgeteilt, daß für dich der Westen ein interessanter Platz zum Geldverdienen und für Investitionen ist. Möglicherweise wird man dir auch ein Angebot hinsichtlich einer lohnenden Investition unterbreiten. Alles das, was mit Ländern oder auch dem

Wasser zusammenhängt, solltest du genau untersuchen. Es kann für dich von Vorteil sein.

Sieh nach, welche Karte sich im 32. Haus befindet. Befindet sich dort eine rote Karte, dann solltest du dich südwestlich orientieren. Dort bieten sich dir einmalige Chancen. Befindet sich eine Kreuz-Karte im 32. Haus und fällt die KARO ZEHN in ein Herz-, Karo- oder Kreuz-Haus, dann solltest du dich östlich bis westlich orientieren. Befindet sich eine PIK-KARTE im 32. Haus und fällt die KARO ZEHN in ein Herz- oder in ein Kreuz-Haus, dann ist der nordwestliche Raum genau das Gebiet, in dem du Erfolge erringen kannst.

Befindet sich aber im 32. Haus eine PIK-KARTE und fällt die KARO ZEHN in ein PIK-HAUS, so solltest du dich in nächster Zeit nicht gerade verändern, sondern auf bessere Zeiten warten. Lege dir eine Woche später wieder die Karten und vergleiche sie mit dem jetzigen Bild. Vielleicht handelt es sich nur um ein vorübergehendes Tief. Konzentriere dich auf das Wesentliche, wenn dir einige Dinge nicht gelingen. Möglicherweise orientierst du dich auch falsch. Untersuche genau die Marktentwicklung und auch das Gebiet, in dem du tätig bist. Die Atemübungen werden dir helfen, den Ort zu finden, der für deinen Erfolg die optimalsten Voraussetzungen bietet. Ziehe aber noch das 3. Haus hinzu.

## PIK NEUN · 23. HAUS

DEPRESSION · UNANNEHMLICHKEITEN · KÄLTE

Im Haus des Geldes wird dir mitgeteilt, daß du – wenn du nicht achtgibst – in nächster Zeit einige Schwierigkeiten in finanziellen Dingen bekommen wirst. Prüfe genau die Ratschläge, die andere dir erteilen, und höre auf deine innere Stimme, die dir mitteilt, was richtig und was falsch ist. Möglicherweise verlierst du auch einen Freund. Denkbar ist auch, daß ein Einzahlungsbeleg unauffindbar bleibt.

Sieh nach, welche Karte sich im 23. Haus befindet. Befindet sich dort eine rote Karte und fällt die KARO ZEHN in ein rotes Haus, so wird die Angelegenheit, die dich bedrückt, nicht so schlimm sein. Befindet sich eine Kreuz-Karte im 23. Haus und fällt die KARO ZEHN in ein Kreuz-Haus, so sorgst du dich bald um deine Eltern. Möglicherweise sorgt sich auch jemand um dich. Vielleicht verlierst du auch einen guten Freund nach einem Streit.

Befindet sich aber im 23. Haus eine PIK-KARTE und fällt die KARO ZEHN in ein PIK-HAUS, so scheinst du dich zur Zeit in einer depressiven Phase zu befinden und zu glauben, daß du dich hieraus nicht mehr selbst befreien kannst. Das wird sich ändern, wenn du regelmäßig die Atemübungen machst. Solltest du keine Erfolge erzielen, so suche einen Psychotherapeuten auf. Er wird dir sicherlich helfen. Je früher du zu ihm gehst, um so rascher wird dir geholfen. Bald wirst du spüren, wie du durch eigene Kraft das Tief überwinden kannst.

## PIK ACHT · 22. HAUS
### ÄRGER · ÄRGERNISSE · STREIT · VERLEUMDUNGEN

Im Haus des Geldes wird dir mitgeteilt, daß du Schwierigkeiten in finanziellen Angelegenheiten bekommen wirst. Sei in der nächsten Zeit vorsichtig bei Glücksspielen! Vielleicht verlierst du auch Wertpapiere oder tätigst eine unüberlegte Investition. Lasse dich vor allen Dingen nicht auf »gute Ratschläge« ein, die dir andere erteilen.

Sieh nach, welche Karte sich im 22. Haus befindet. Befindet sich dort eine rote Karte und fällt die KARO ZEHN in ein rotes Haus, so kann es sein, daß du noch einmal einen Verlust auffangen kannst. Du solltest aber auf deinen Leichtsinn etwas mehr achtgeben. Gefahr droht dir aber auch, solange du wohlhabend bist, von sogenannten »Freunden«, von denen jedoch viele eher die Bezeichnung »Parasit« verdienen. Befindet sich eine Kreuz-Karte im 22. Haus und fällt die KARO ZEHN in ein Kreuz-Haus, so kann es sein, daß du in den nächsten Tagen eine schlechte Nachricht erhältst. Möglicherweise hast du eine Fehlinvestition getätigt und stehst jetzt vor dem Nichts. Mache die Atemübungen! Sie helfen dir, bald wieder aus dem schlechten Fahrwasser herauszukommen.

Befindet sich aber im 22. Haus eine PIK-KARTE und fällt die KARO ZEHN in ein PIK-HAUS, dann solltest du dich eine Weile aus dem geschäftlichen Leben zurückziehen, wenn du deinen totalen Ruin vermeiden möchtest. Du neigst dazu, dich selbst zu zerstören. Außerdem bewegen sich deine Geldgeschäfte oftmals am Rande der Legalität. Da sich so etwas auf Dauer nicht bezahlt macht, solltest du Mittel und Wege finden, um aus diesem Dilemma wieder herauszukommen. Ziehe auch das 1. Haus hinzu. Rote Karten schwächen die Situation ab. Denke jetzt vor allen Dingen an die Atemübungen!

## PIK SIEBEN · 16. HAUS
### GESUNDHEIT · KRANKHEIT · KUR · OPERATION

Im Haus des Geldes wird dir mitgeteilt, daß du durch eine Krankheit finanzielle Einbußen erleiden wirst. Möglicherweise mußt du auch ins Krankenhaus und bist nicht oder unterversichert. Solltest du Krankenschwester oder Arzt sein, so wird dir ein Patient aufgrund deiner aufopferungsvollen Pflege oder deiner guten Behandlung eine kleinere Geldsumme zukommen lassen. Möglicherweise wirst du auch in nächster Zeit nervlich sehr angespannt sein, weil sich deine finanzielle Situation rapide verschlechtert hat. Hier helfen dir die Atemübungen.

Sieh nach, welche Karte sich im 16. Haus befindet. Befindet sich dort eine rote Karte und fällt die KARO ZEHN in ein rotes Haus, so besteht in nächster Zeit keine Gefahr für deine Gesundheit und finanzielle Situation. Wenn du spürst, daß du dringend einer Erholung bedarfst, so ziehe das 8. Haus hinzu. Befindet sich eine Kreuz-Karte im 16. Haus und fällt die KARO ZEHN in ein Kreuz-Haus, so wirst du in nächster Zeit eine Person betreuen, die für deine Hilfe sehr dankbar sein wird.

Befindet sich aber im 16. Haus eine PIK-KARTE und fällt die KARO ZEHN in ein PIK-HAUS, so solltest du überprüfen, ob du ausreichend versichert bist. Da du nicht gerade der gesündeste Mensch bist, wirst du froh sein, wenn dir wegen einer Krankheit kein finanzieller Verlust entsteht. Lasse dich daher gut beraten, welchen Schutz die Krankenversicherungen anbieten. Wenn du immer regelmäßig die Atemübungen machst, wirst du bald ein gesunder und glücklicher Mensch sein.

Das 18. Haus

# KARO DAME

Das Haus der Jahreszeit,
des Frühjahrs, Sommers, Herbsts und Winters

# HERZ

## HERZ AS · 7. HAUS

WOHNUNG · BESITZ · HAUS · EIGENTUM

Im Haus der Jahreszeit wird dir mitgeteilt, daß du, bevor die nächste Jahreszeit vorüber ist, ein neues Haus oder eine neue Wohnung haben wirst. Es kann auch sein, daß sich deine jetzige Wohnsituation verbessern wird. Vielleicht bekommst du neue Möbel, neue Räume dazu, oder dein neues Haus wird bezugsbereit; eine Übersiedlung kann stattfinden, oder du kaufst ein Wochenendhaus.

Sieh nach, welche Karte in das 7. Haus fällt. Befindet sich dort eine rote Karte und fällt die KARO DAME in ein rotes Haus, so wird sich deine Zukunft bald besser gestalten: ein neues Zuhause, eine neue Wohnung oder auch mehr Geld, um eine Wohnung oder Möbel zu kaufen. Befindet sich eine Kreuz-Karte im 7. Haus und fällt die KARO DAME in ein Kreuz-Haus, so mußt du noch ein Weilchen warten, bis du alles realisieren kannst. Aber nicht sehr lange, denn die Zeichen für eine positive Veränderung stehen gut.

Befindet sich im 7. Haus eine PIK-KARTE und fällt die KARO DAME in ein PIK-HAUS, so kann es sein, daß sich deine Wohnungsprojekte nicht realisieren lassen oder sich verzögern. Auf alle Fälle hast du den falschen Zeitpunkt gewählt. Es ist auch möglich, daß sich Reparaturarbeiten hinauszögern und sich dadurch sehr verteuern. Ziehe auch das 17. Haus hinzu. Wenn du Renovationsarbeiten in deinem Heim planst, verlange zuerst einen verbindlichen Kostenvoranschlag, denn sonst könntest du dein blaues Wunder erleben.

## HERZ KÖNIG · 13. HAUS

UNTERHALTUNG · MÄNNLICHER FREUND · BLOND · SPONSOR

Im Haus der Jahreszeit wird dir mitgeteilt, daß du in den nächsten Tagen etwas hören wirst, das dir große Freude macht. Das kann von einer Person kommen, die deine Interessen wahrnimmt. Vielleicht erhältst du eine Einladung zu einer Party, wo du nette Menschen kennenlernst, mit denen du in Zukunft zu tun haben wirst.

Sieh nach, welche Karte in das 13. Haus fällt. Befindet sich dort eine Herz-Karte und fällt die KARO DAME in ein Herz-Haus, so hast du einen einflußreichen und erfolgreichen Freund, der dir immer helfen wird, wenn du ihn brauchst. Befindet sich im 13. Haus eine Karo-Karte und fällt die KARO DAME in ein Karo-Haus, so wirst du in Zukunft für einen sehr erfolgreichen Menschen arbeiten, der dich auch fördern wird. Nimm seine Ratschläge an, denn sie werden für dich von entscheidender Bedeutung sein. Befindet sich eine Kreuz-Karte im 13. Haus und fällt die KARO DAME in ein Kreuz-Haus, so wirst du im Leben einen wirklichen Freund haben, der dir immer helfen wird, wenn du ihn brauchst. Auch kann es sein, daß du diesen Freund als deinen Erben einsetzt.

Befindet sich im 13. Haus eine PIK-KARTE und fällt die KARO DAME in ein PIK-HAUS, kann es sein, daß du demnächst eine Nachricht erhalten wirst, die dich sehr traurig stimmt. Möglicherweise wird dir der Verlust eines Freundes angezeigt. Deute dazu auch das 14. und das 21. Haus. Befinden sich dort rote Karten, so wird die Nachricht nicht so schlimm sein. Schwarze Karte, speziell PIK-KARTEN, in diesen Häusern bedeuten schlechte Nachrichten. Versuche dich zu entspannen und den Gegebenheiten ins Angesicht zu schauen. Du kannst aber dein positives Denken stärken, indem du regelmäßig deine Atemübungen machst.

## HERZ DAME · 19. HAUS

FREUNDE · WEIBLICHER FREUND · BLOND · SPONSOR

Im Haus der Jahreszeit wird dir mitgeteilt, daß Freunde dich fragen werden, ob du nicht das Wochenende oder den Urlaub mit ihnen verbringen möchtest. Vielleicht kommen deine Freunde zu dir, und ihr fahrt gemeinsam ins Wochenende oder in die Ferien. Es kann auch sein, daß du einen Termin festsetzen wirst, um deine Freunde zu sehen und zu besuchen.

Sieh nach, welche Karte in das 19. Haus fällt. Befindet sich dort eine rote Karte und fällt die KARO DAME in ein rotes Haus, so wirst du mit deinen Freunden einen erfreulichen Urlaub erleben und auch interessante Menschen kennenlernen. Du solltest dich in der nächsten Zeit auch mehr um deine Freunde kümmern oder für sie eine Party geben; ein Freund wartet schon lange auf deine Einladung. Befindet sich im 19. Haus eine Kreuz-Karte und fällt die KARO DAME in ein Kreuz-Haus, so wirst du mit Geschäftsfreunden oder Kollegen einen Betriebsausflug machen. Vielleicht wirst du einen Ausflug für deine Freunde und Kollegen organisieren.

Befindet sich im 19. Haus eine PIK-KARTE und fällt die KARO DAME in ein PIK-HAUS, so kann es sein, daß du deinen Urlaub frühzeitig abbrechen mußt oder daß es Ärger mit Freunden oder Kollegen gibt. Lasse dich in der nächsten Zeit in keinen Streit ein. Deute auch das 13. Haus. Befindet sich dort eine rote Karte, so wird die Situation abgeschwächt. Bei einer schwarzen Karte muß die genaue Deutung beachtet werden.

## HERZ BUBE · 6. HAUS

POPULARITÄT · KUNST · JÜNGERER MÄNNLICHER FREUND · KÜNSTLER

Im Haus der Jahreszeit wird dir mitgeteilt, daß du, wenn du mit dem Theater, Film oder Fernsehen zu tun hast, eines Tages sehr bekannt wirst und daß deine Arbeit geschätzt wird. Das kann schon sehr bald sein. Vielleicht produzierst du einen Film und wirst dadurch sehr bekannt, du erlangst sogar Weltruf. Es kann auch sein, daß sehr prominente Personen deine Hilfe beanspruchen werden und du dir damit einen Namen machst.

Sieh nach, welche Karte in das 6. Haus fällt. Befindet sich dort eine Herz-Karte und fällt die KARO DAME in ein Herz-Haus, so wirst du in deinem Leben liebe Freunde haben. Du mußt aber bei deinen Freunden aus Künstlerkreisen sehr aufpassen, denn sie sind äußerst sensibel. Befindet sich eine Karo-Karte im 6. Haus und fällt die KARO DAME in ein Karo-Haus, so wirst du mit einflußreichen Menschen beim Film oder Fernsehen zu tun haben und dürftest eines Tages selbst einflußreich sein. Die Menschen werden dich und deine Ideen respektieren. Befindet sich eine Kreuz-Karte im 6. Haus und fällt die KARO DAME in ein Kreuz-Haus, kann es sein, daß du in der Filmbranche, in der Verwaltung oder im Verkauf tätig sein wirst.

Befindet sich im 6. Haus eine PIK-KARTE und fällt die KARO DAME in ein PIK-HAUS, kann dies bedeuten, daß du mit einer Persönlichkeit vom Film, Fernsehen oder vom Theater Schwierigkeiten haben wirst. Du solltest aufpassen, was du sagst, denn diese Person sitzt am längeren Hebelarm. Du mußt lernen, das Richtige im richtigen Augenblick zu sagen. Wenn du dich nicht beherrschen kannst und etwas disziplinlos bist, helfen dir die Atemübungen, dich zu stärken, um deine Karriere aufzubauen. Nur wer sich in Disziplin übt, wird im Leben auch erfolgreich sein. Das ist das Geheimnis vieler bekannter Persönlichkeiten.

## HERZ ZEHN · 11. HAUS

HEIRAT · VERBINDUNGEN · VEREINE · BRUDERSCHAFTEN

Im Haus der Jahreszeit wird dir mitgeteilt, daß du, solltest du noch ohne Partner sein, einen Heiratsantrag bekommen oder dich verloben wirst, wenn die nächsten vier Jahreszeiten vorbei sind. Vielleicht wird sich in deinem Beruf etwas ändern, oder du wirst das Land verlassen; dies könnte alles innerhalb eines Jahres geschehen. Du wirst dich aber zu deinem Vorteil verändern.

Sieh nach, welche Karte in das 11. Haus fällt. Befindet sich dort eine rote Karte und fällt die KARO DAME in ein rotes Haus, so wird es für dich eine entscheidende Wende in den nächsten vier Jahreszeiten geben, eine große Veränderung zu deinem Vorteil. Du wirst selbst kaum glauben, was du alles leisten kannst. Befindet sich eine Kreuz-Karte im 11. Haus und fällt die KARO DAME in ein Kreuz-Haus, so kann es sein, daß noch in diesem Jahr in deiner Familie eine Hochzeit stattfindet. Es kann dies deine Vermählung sein oder die eines deiner Familienangehörigen.

Befindet sich im 11. Haus eine PIK-KARTE und fällt die KARO DAME in ein PIK-HAUS, so solltest du nicht allzu schnell heiraten oder dich verloben. Du scheinst noch nicht den richtigen Lebenspartner gefunden zu haben. Es kann auch sein, daß du dich einer extremistischen Gruppe anschließt. Dir könnte durch diese Verbindung großer Schaden entstehen, ja du könntest sogar im Gefängnis landen. Versuche dich auf deine innere Stimme zu konzentrieren und lasse dich nicht von Extremisten in die Irre führen. Versuche auch die Atemübungen regelmäßig zu machen, damit du erkennst, was richtig und was falsch ist.

## HERZ NEUN · 2. HAUS

WUNSCH · WÜNSCHE · SEHNSUCHT · HOFFNUNG

Im Haus der Jahreszeit wird dir mitgeteilt, daß die Zeit etwas mit deinem Wunsch zu tun hat. Du wirst deinen Wunsch realisieren können, doch es kann noch lange dauern. Vielleicht mußt du dich noch weiterbilden oder dein Studium beenden, bevor du dir deine Wünsche erfüllen kannst.

Sieh nach, welche Karte in das 2. Haus fällt. Befindet sich dort eine rote Karte und fällt die KARO DAME in ein rotes Haus, so wird dein Wunsch schneller erfüllt, als du glaubst. Eine rasche und positive Erfüllung deines Wunsches ist möglich. Befindet sich eine Kreuz-Karte im 2. Haus und fällt die KARO DAME in ein Kreuz-Haus, so mußt du dich noch eine Weile gedulden, bis dein Wunsch in Erfüllung geht. Er wird dir erfüllt werden, aber du wirst die Hilfe anderer benötigen.

Befindet sich im 2. Haus eine PIK-KARTE und fällt die KARO DAME in ein PIK-HAUS, erwächst deinem Wunsch große Opposition. Du wirst auf die Erfüllung deines Wunsches längere Zeit warten müssen, oder er wird überhaupt nicht in Erfüllung gehen. Vielleicht verlangst du zuviel von den anderen, und so bleibt dein Wunsch unerfüllt. Du solltest dir einmal überlegen, was du eigentlich willst und ob deine Wünsche auch realisierbar sind. Versuche die Atemübungen zu machen, und du wirst vielleicht deine Wünsche und Zukunftspläne ändern und wirst der glückliche und zufriedene Mensch werden, der du eigentlich sein möchtest. Wenn du lernst, bescheidener zu sein, werden auch deine Wünsche in Erfüllung gehen.

## HERZ ACHT · 4. HAUS
LIEBE · MONDSCHEIN · ROMANZE · HERZ

Im Haus der Jahreszeit wird dir mitgeteilt, daß du, solltest du noch alleine sein, dich verlieben oder sogar verloben wirst, wenn die nächste Jahreszeit vorbei ist. Du wirst einen neuen Freund finden, den du bewunderst und der auch dich bewundert.

Sieh nach, welche Karte in das 4. Haus fällt. Befindet sich dort eine Herz-Karte und fällt die KARO DAME in ein Herz-Haus und befindet sich die HERZ DAME in einem Herz-Haus, so wirst du bald einen weiblichen Freund haben. Befindet sich die HERZ DAME in einem männlichen Herz-Haus, so wirst du bald einen männlichen Freund haben. Befindet sich der HERZ KÖNIG in einem weiblichen Haus, so wirst du in Zukunft einen mütterlichen Freund haben, der dich sehr lieben wird. Befindet sich der HERZ KÖNIG in einem männlichen Haus, so wirst du einen väterlichen Freund haben, der sich um dich sorgen wird. Befindet sich die KARO DAME in einem Karo-Haus, wirst du einen reichen Freund kennenlernen. Das 17. Haus ist mitzudeuten. Befindet sich im 4. Haus eine Kreuz-Karte und fällt die KARO DAME in ein Kreuz-Haus, so wirst du jemanden aus dem Geschäftsleben kennenlernen, der dich auf Händen tragen wird.

Befindet sich im 4. Haus eine PIK-KARTE und fällt die KARO DAME in ein PIK-HAUS, so solltest du vorsichtig sein, daß du auf keinen Betrüger hereinfällst. Lasse dich nicht von Äußerlichkeiten blenden. Folge deiner inneren Stimme, denn nur so kannst du dir in der Zukunft Ärger ersparen. Versuche auch regelmäßig die Atemübungen einzuhalten, denn durch sie lernst du, besser auf deine innere Stimme zu hören.

## HERZ SIEBEN · 12. HAUS

FRÖHLICHKEIT · GUTE LAUNE · HERZLICHKEIT · FROHSINN

Im Haus der Jahreszeit wird dir mitgeteilt, daß du dich in beste Stimmung versetzt fühlen und sehr fröhlich sein wirst, noch bevor diese Jahreszeit vorbei sein wird. Jemand wird dir eine große Freude bereiten. Du kannst dich darauf vorbereiten, denn du bist ein fröhlicher Mensch und kannst auch andere Menschen fröhlich stimmen.

Sieh nach, welche Karte in das 12. Haus fällt. Befindet sich dort eine Herz-Karte und fällt die KARO DAME in ein Herz-Haus, so wirst du andere Menschen fröhlich stimmen können, was dir viel Freude bereitet. Vielleicht wirst du auch in Kürze mit einem sehr netten Menschen in Kontakt kommen; auch das wird dir viel Freude bereiten. Befindet sich eine Karo-Karte im 12. Haus und fällt die KARO DAME in ein Karo-Haus, so kann es sein, daß man dich mit einer Feier überraschen wird, und das stimmt dich sehr fröhlich. Diese Feier wird von einer einflußreichen Persönlichkeit veranstaltet. Befindet sich ein Kreuz-Karte im 12. Haus und fällt die KARO DAME in ein Kreuz-Haus, so kann es sein, daß dich jemand aus der Familie oder Verwandtschaft fröhlich stimmen wird, oder du wirst jemandem Freude bereiten.

Befindet sich im 12. Haus eine PIK-KARTE und fällt die KARO DAME in ein PIK-HAUS, so kann es sein, daß du dich auf etwas freust, das dich später enttäuschen wird. Das kann eine Einladung sein, die du absagen mußt. Vielleicht lädt dich jemand aus, weil er dich nicht mag. Mache dir nichts daraus, denn es gibt Wichtigeres, als auf Partys zu gehen, die dich vielleicht nur langweilen. Versuche immer regelmäßig die Atemübungen einzuhalten, denn so kannst du dich auf die wichtigen Dinge im Leben konzentrieren.

# KARO

## KARO AS · 25. HAUS

### Beruf · Firma · Unternehmen · Projekte

Im Haus der Jahreszeit wird dir mitgeteilt, daß du in den nächsten drei Monaten vorsichtig sein solltest, wenn du ein neues Unternehmen starten möchtest. Es könnte dir etwas in die Quere kommen. Untersuche alles genauestens, damit du keinen Reinfall hast. Wenn du dir Zeit läßt, wird es dir sicher gelingen, etwas Großes zu verwirklichen, und du wirst von allen bewundert werden. Doch habe noch etwas Geduld. Es wird aber sicher etwas Neues auf dich zukommen.

Sieh nach, welche Karte in das 25. Haus fällt. Befindet sich dort eine rote Karte und fällt die KARO DAME in ein rotes Haus, so wird für dich alles so verlaufen, wie du es dir vorgestellt hast. Befindet sich im 25. Haus eine Kreuz-Karte und fällt die KARO DAME in ein Kreuz-Haus, so wirst du von Geschäftsfreunden oder Bekannten unterstützt werden, da deine neue Idee wie eine Bombe einschlägt. Deine guten Ideen werden dir großes Ansehen bringen.

Befindet sich im 25. Haus eine PIK-KARTE und fällt die KARO DAME in ein PIK-HAUS, dann solltest du dir mit einem Neubeginn etwas Zeit lassen. Du scheinst dir der Folgen und dessen, was auf dich zukommt, nicht bewußt zu sein, denn du bist zu oberflächlich. Es kann auch sein, daß du unwürdigen Personen vertraust. Versuche dich zu entspannen und lasse dir alles noch einmal genau durch den Kopf gehen. Mache die Atemübungen, und du wirst erkennen, was du ändern mußt. Verlasse dich nicht zu sehr auf andere, dann wirst du auch nicht enttäuscht werden.

## KARO KÖNIG · 9. HAUS

### Legale Papiere · Arzt · Anwalt · Notar

Im Haus der Jahreszeit wird dir mitgeteilt, daß offizielle Papiere, die du erwartest, pünktlich bei dir eintreffen werden. Es kann auch sein, daß du beruflich mit den verschiedensten Dokumenten zu tun haben wirst, deren Erstellung eine bestimmte Zeit erfordert. Es kann sein, daß eine Rechnung termingerecht bezahlt werden muß, daß du Außenstände für eine Firma einforderst, daß du Belege mit genauen Datenangaben ausstellst, oder du kannst in einem Verleihinstitut tätig sein, wobei du gut verdienst.

Sieh nach, welche Karte in das 9. Haus fällt. Befindet sich dort eine rote Karte und fällt die KARO DAME in ein rotes Haus, so werden in Zukunft wichtige Papiere durch deine Hände gehen. Sei immer vorsichtig mit diesen Schriftstücken, denn sie werden dir eines Tages Glück bringen. Ziehe auch das 31. Haus hinzu. Befindet sich im 9. Haus eine Kreuz-Karte und fällt die KARO DAME in ein Kreuz-Haus, so werden durch deine Hände Geschäftspapiere gehen, die auch für andere von Bedeutung sind. Man setzt sehr großes Vertrauen in dich. Behandle die Dokumente so, als wären sie deine eigenen, denn diese Papiere werden für dich überaus wichtig sein.

Befindet sich im 9. Haus eine PIK-KARTE und fällt die KARO DAME in ein PIK-HAUS, besteht die Gefahr, daß dir durch deine Schlamperei wichtige Papiere abhanden kommen. Es kann auch sein, daß sie dir gestohlen werden und du daher in Schwierigkeiten gerätst. Verwahre wichtige Schriftstücke immer an einen sicheren Ort und halte in schriftlichen Angelegenheiten immer Ordnung! Durch Ordnung ersparst du dir Zeit und Verdruß.

## KARO DAME · 18. HAUS
### JAHRESZEIT · FRÜHJAHR · SOMMER · HERBST · WINTER

Im Haus der Jahreszeit wird dir mitgeteilt, daß deine Wünsche erfüllt werden, aber du mußt dich noch einige Monate gedulden. Wenn die KARO DAME in ihr eigenes Haus fällt, so ist das ein gutes Zeichen und bedeutet, daß die Wünsche in jener Jahreszeit in Erfüllung gehen, in welcher du dir die Karten legst. Wenn du dir beispielsweise Geld wünschst und hoffst, bald Geld zu bekommen, so mußt du die Häuser 2, 3 und 17 mitdeuten. Befinden sich dort rote Karten, dürfte dein Wunsch bald in Erfüllung gehen. Vielleicht schon binnen zwei Wochen.

Befinden sich aber schwarze Karten in diesen Häusern, speziell aber PIK-KARTEN, so wird sich die Erfüllung deines Wunsches verzögern. Wünschst du dir vielleicht in der kommenden Jahreszeit ein Haus, so mußt du die Häuser 2, 7 und 9 zuziehen. Wenn sich auch hier rote Karten befinden, wird dir dein Wunsch schneller in Erfüllung gehen, als wenn dort schwarze Karten, speziell PIK-KARTEN, liegen. Befinden sich PIK-

KARTEN in diesen Häusern, so beachte immer ihre genaue Bedeutung. Du kannst daraus ersehen, wie du in Zukunft deine Wünsche und Hoffnungen in die richtigen Relationen bringst. Halte die Atemübungen regelmäßig ein, denn sie tragen dazu bei, daß dir auch alles gelingen wird. Bei jeder Erfüllung eines deiner Wünsche solltest du auch an jene Menschen denken, die dieses Glück nicht haben. Sei hilfreich, indem du ihnen eine Spende gibst. Du solltest es dir zur Gewohnheit machen, jemanden zu unterstützen. Es gibt unzählige Möglichlichkeiten, und du wirst dich sicher für die richtige entscheiden.

## KARO BUBE · 21. HAUS

BRIEFE · SCHRIFTSTÜCKE · TELEGRAMME · BOTE · FREUND

Im Haus der Jahreszeit wird dir mitgeteilt, daß dir in den nächsten Tagen an einem bestimmten Ort ein Schriftstück hinterlegt wird, auf das du schon lange gewartet hast. Du solltest auch deine Post prompt beantworten, damit dir kein Auftrag durch die Finger gleitet. Vielleicht wirst du aber auch bei der Post oder einer Nachrichtenübermittlung arbeiten.

Sieh nach, welche Karte in das 21. Haus fällt. Befindet sich dort eine rote Karte und fällt die KARO DAME in ein rotes Haus, so werden dich bald wichtige Nachrichten erreichen, die du aber gleich beantworten sollst, da es um deine Zukunft geht. Befindet sich eine Kreuz-Karte im 21. Haus und fällt die KARO DAME in ein Kreuz-Haus, so werden dich Briefe erreichen, die von bestimmten Firmen sind, bei denen du dich möglicherweise beworben hast. Es kann auch sein, daß du Briefe schreibst, um dich bei bestimmten Firmen zu bewerben.

Befindet sich im 21. Haus eine PIK-KARTE und fällt die KARO DAME in ein PIK-HAUS, so solltest du deine Post prompt beantworten, sonst könntest du einen Auftrag verlieren. Es kann auch sein, daß jemand auf dich böse ist, weil du seinen Brief noch immer nicht beantwortet hast. Vielleicht bist du auch mit Zahlungen im Rückstand. Versuche deine Angelegenheiten in Ordnung zu bringen, denn du möchtest doch ein erfolgreicher Mensch sein. Sollte es dir schwerfallen, so beginne mit den Atemübungen und mache sie zweimal täglich, denn sie werden dir helfen, zu innerer Ordnung zu finden. Dann wird sich automatisch die äußere Ordnung wieder einstellen.

## KARO ZEHN · 17. HAUS
### Geld · Finanzen · Börse · Einnahmen · Ausgaben

Im Haus der Jahreszeit wird dir mitgeteilt, daß dir, solltest du Geld von jemandem zu einer bestimmten Zeit erwarten, dieses pünktlich bezahlt wird. Es kann sein, daß du eine monatliche Rente oder eine andere Unterstützung bekommst. Wenn du noch studierst, kann es sein, daß du ein Stipendium erhältst.

Sieh nach, welche Karte in das 17. Haus fällt. Befindet sich dort eine Herz-Karte und fällt die KARO DAME in ein Herz-Haus, so kann es sein, daß du von einem lieben Menschen unterstützt wirst. Befindet sich eine Karo-Karte im 17. Haus und fällt die KARO DAME in ein Karo-Haus, so kann es sein, daß du ein Stipendium von einer Behörde erhalten wirst. Ziehe das 28. Haus hinzu. Eine rote Karte in diesem Haus ist sehr gut, vor allem, wenn auch noch der PIK KÖNIG in ein rotes Haus fällt. Befindet sich im 17. Haus eine Kreuz-Karte und fällt die KARO DAME in ein Kreuz-Haus, so kann es sein, daß du in nächster Zeit die Pensionsversicherungsanstalt aufsuchen wirst, um einige Fragen zu klären. Es kann auch sein, daß du eine Lebensversicherung in eine Rente umwandelst oder sonstwie deine Altersvorsorge regelst.

Befindet sich im 17. Haus eine PIK-KARTE und fällt die KARO DAME in ein PIK-HAUS, so solltest du auf jeden Fall eine Vorsorge für dein Alter treffen, denn man bleibt nicht ewig jung. Wenn du schon im Rentenalter bist, kann es sein, daß man deine monatliche Rente kürzen möchte. Gehe zu einem Fachmann und lasse dich beraten. Oft ist man über seine rechtlichen Ansprüche nur nicht genügend informiert. Doch bei der entsprechenden Amtstelle wirst du die gewünschte Auskunft sicher erhalten. Denke auch an die Atemübungen; sie werden dir helfen, auch im Alter vital und geistig rege zu bleiben.

## KARO NEUN · 5. HAUS
### Überraschung · Überraschungen · Kleine Finanzen

Im Haus der Jahreszeit wird dir mitgeteilt, daß du in den nächsten Tagen sehr überrascht sein wirst, und zwar durch eine nette Überraschung. Es kann sein, daß dir jemand eine kleine Summe Geld schenkt oder daß du eine kleine Summe Geld gewinnen wirst. Vielleicht findest du auch Geld auf der Straße und der Besitzer kann nicht ausfindig gemacht werden. Wenn du das Geld behalten darfst, so spende etwas davon.

Sieh nach, welche Karte in das 5. Haus fällt. Befindet sich dort eine rote Karte und fällt die KARO DAME in ein rotes Haus, so wirst du eine nette Überraschung haben und dir etwas kaufen können, das du dir schon lange gewünscht hast. Ziehe das 20. Haus hinzu. Befindet sich eine Kreuz-Karte im 5. Haus und fällt die KARO DAME in ein Kreuz-Haus, so kann es sein, daß man dich mit einem kleinen Firmengeschenk überraschen wird; die kleine Überraschung kann auch von den Verwandten kommen.

Befindet sich im 5. Haus eine PIK-KARTE und fällt die KARO DAME in ein PIK-HAUS, so kann es sein, daß die Überraschung, die man dir bereiten wollte, ins Wasser fällt, weil ein anderer es dir vorher verrät. Auch kann es sein, daß du über die Überraschung sehr enttäuscht bist. Es scheint so, als könntest du dich nur schwer darüber freuen, wenn man versucht dir eine Freude zu bereiten. Durch die Atemübungen kannst du zu dir finden. Du lernst durch sie, auch wieder zu lachen und dich zu freuen, wenn man dich überrascht. Man hat dich doch gerne, gerade deshalb will man dich überraschen.

## KARO ACHT · 27. HAUS

### ERBE · ERBSCHAFTEN · HINTERLASSENSCHAFTEN · BEKOMMEN

Im Haus der Jahreszeit wird dir mitgeteilt, daß du eine Erbschaft machen wirst, denn eine ältere Person hat dich zum Erben eingesetzt. Es kann auch bedeuten, daß du, solltest du eine Erbschaft erwarten, noch eine geraume Zeit warten mußt, bevor du sie entgegennehmen kannst. Es kann auch sein, daß du auf eine größere Summe Geld wartest, auch hier könnte es lange dauern, bis du es empfangen wirst. Möglicherweise wirst du mit jemandem eine Erbschaftsangelegenheit besprechen, doch es wird in Zukunft nicht so ausfallen, wie es besprochen wurde. Vielleicht setzt du dich in nächster Zeit mit einem Nachlaßverwalter auseinander, um ein gewisses Stück für dich zu beanspruchen. Es stellt sich hier die Frage, ob es sich wirklich auszahlt, um so etwas zu streiten. Meinst du nicht, daß du zur Habgier neigst? Es kann auch sein, daß du in absehbarer Zeit vielleicht jemandem bei einer Nachlaßregelung behilflich sein wirst, und als Dank dafür wirst auch du etwas bekommen, wenn du es nicht schon erhalten hast.

Sieh nach, welche Karte in das 27. Haus fällt. Befindet sich dort eine rote Karte und fällt die KARO DAME in ein rotes Haus, so wirst du sicher einmal eine große Erbschaft machen, vielleicht früher als du denkst. Befindet sich im 27. Haus eine Kreuz-Karte und fällt die KARO DAME in ein Kreuz-Haus, so kann es sein, daß du mit jemandem aus deiner Familie oder mit einem Geschäftsfreund über ein Erbe, auf das du Anspruch hast, sprechen wirst, oder jemand bittet dich um Rat, wie er sich bei einer Erbschaft verhalten oder wie er sein Geld anlegen soll. Informationen über Geldangelegenheiten erhältst du, wenn du das 17. und das 9. Haus hinzuziehst.

Befindet sich im 27. Haus eine PIK-KARTE und fällt die KARO DAME in ein PIK-HAUS, dann kann es sein, daß du schon lange mit einer Erbschaft rechnest; du wirst aber sehr lange warten müssen, bis du sie bekommst, wenn überhaupt. Man spürt, du möchtest, daß jemand stirbt, um so in den Besitz seiner Güter zu gelangen. Du solltest dich ändern und einsehen, daß wir im Leben nichts besitzen, sondern das alles, was auf Erden ist, uns nur zur Benützung gegeben wurde. Mache das zu deinem Grundsatz, und du wirst deine Habgier überwinden.

## KARO SIEBEN · 3. HAUS

ERFOLG · KARRIERE · AUFSTIEG · LEISTUNG

Im Haus der Jahreszeit wird dir mitgeteilt, daß du sieben Tage, Wochen, Monate oder sogar sieben Jahre brauchen wirst, bevor du deinen Erfolg erreichst. Aber du wirst bessere Zeiten sehen als bisher. Wähle den Weg der kleinen Schritte, denn auch sie führen zum Erfolg, ja oft noch besser, da man dabei weniger übersieht. Es kann auch sein, daß du in nächster Zeit eine Änderung vorgesehen hast, vielleicht möchtest du einen Schulungskurs besuchen, um in deinem jetzigen Beruf weiterzukommen, oder es könnte sein, daß du in der nächsten Zeit einen neuen Anlauf nimmst, der dich näher an dein Ziel bringen wird.

Sieh nach, welche Karte in das 3. Haus fällt. Befindet sich dort eine rote Karte und fällt die KARO DAME in ein rotes Haus, dann wirst du rasch zu deinem Erfolg gelangen, denn du bist auf dem richtigen Weg. Vergiß aber nicht, auch die Atemübungen zu machen, damit unterstützt du deinen Erfolg. Auch die kleinen Rückschläge, die es immer wieder geben wird, wirst du dann leichter verkraften. Befindet sich eine Kreuz-Karte im 3. Haus und fällt die KARO DAME in ein Kreuz-Haus, so kann es sein, daß du Unterstützung von deinen Eltern oder aus der Verwandtschaft bekommst. Möglicherweise unterstützt dich ein Geschäftsfreund, damit du in deinem Beruf weiter aufsteigen kannst. Vergiß aber nicht, daß Gefälligkeiten meistens bezahlt werden müssen, speziell in der Geschäftswelt. Du mußt wissen, auf was du dich einläßt.

Befindet sich im 3. Haus eine PIK-KARTE und fällt die KARO DAME in ein PIK-HAUS, so scheinst du deinen Weg zum Erfolg noch nicht erkannt zu haben, oder dir ist jedes Mittel recht, um zum Erfolg zu gelangen, ja, du gehst über Leichen. Du solltest nicht nur dem Erfolg nachjagen, denn dieser ist nicht das ganze Leben. Mache die Atemübungen, damit du zur Besinnung kommst: In deinem Erfolgsstreben übersiehst du deine Mitmenschen. Dies kann dir eines Tages großen gesundheitlichen Schaden zufügen, sofern dieser nicht schon vorhanden ist. Ziehe auch das 16. Haus hinzu. Liegt dort eine schwarze Karte, solltest du bald einmal den Arzt aufsuchen.

# KREUZ

## KREUZ AS · 20. HAUS

GESCHENK · GESCHENKE (MIT PIK AS: TOD · LAST)

Im Haus der Jahreszeit wird dir mitgeteilt, daß du bald ein Geschenk erhalten wirst, auf das du lange warten mußtest; es wird dich sehr freuen. Es kann auch sein, daß du einen Termin festgesetzt hast, um etwas Bestimmtes zu verkaufen, oder du möchtest etwas Bestimmtes kaufen. Vielleicht siehst du auch eine Anzeige, die dich sehr interessiert.

Sieh nach, welche Karte in das 20. Haus fällt. Befindet sich dort eine rote Karte und fällt die KARO DAME in ein rotes Haus, dann wirst du ein schönes und teures Geschenk erhalten. Möglicherweise Juwelen, einen Pelzmantel oder auch etwas anderes, das du dir schon lange gewünscht hast. Das 2. und das 17. Haus sind auch zu deuten. Befindet sich im 20. Haus eine Kreuz-Karte und fällt die KARO DAME in ein Kreuz-Haus, so wirst du ein Geschenk erhalten, das du für deine Arbeit gut brauchen kannst. Vielleicht schenken dir Freunde etwas, oder deine Eltern überschreiben dir einen Anteil ihrer Firma; es wird aber etwas sein, das dir beruflich weiterhelfen wird. Ziehe das 25. und das 9. Haus hinzu. Rote Karten sind hier positiv zu deuten.

Befindet sich im 20. Haus eine PIK-KARTE und fällt die KARO DAME in ein PIK-HAUS, so kann es sein, daß du das versprochene Geschenk nicht bekommst. Vielleicht wird es beim Transport beschädigt. Oder man hat das Versprechen einfach vergessen. Mache dir aber nichts draus, denn es gibt im Leben Wichtigeres für dich als dieses Geschenk. Die Atemübungen sind das beste Geschenk, das du je erhalten hast.

## KREUZ KÖNIG · 10. HAUS

FERIEN · URLAUB · VATER · ONKEL · GROSSVATER

Im Haus der Jahreszeit wird dir mitgeteilt, daß du nach Rückkehr aus dem Urlaub eine neue Arbeit beginnen oder dich selbständig machen wirst. Entweder erhältst du einen langjährigen Arbeitsvertrag, oder du wirst Selbständigerwerbender und dabei sehr erfolgreich sein. Wenn du aber noch eine Prüfung für einen bestimmten Beruf ablegen mußt, so wirst du diese Prüfung mit Auszeichnung bestehen und auch eine entsprechende Stelle finden. Diese Arbeit wird dir dann sehr viel Freude bereiten.

Sieh nach, welche Karte in das 10. Haus fällt. Befindet sich dort eine rote Karte und fällt die KARO DAME in ein rotes Haus, so wird deine nächste Arbeit von Erfolg gekrönt sein, wenn auch im 3. Haus eine rote Karte liegt. Es bedeutet auch, daß du die Anlagen zu einem Karrieremenschen hast. Befindet sich im 10. Haus eine Kreuz-Karte und fällt die KARO DAME in ein Kreuz-, Herz- oder Karo-Haus, so wirst du in nächster Zeit einen sehr verantwortungsvollen Posten erhalten, oder du wirst dich um einen solchen bewerben. Das sollte, so wie die Karten liegen, noch in dieser Jahreszeit sein.

Befindet sich im 10. Haus eine PIK-KARTE und fällt die KARO DAME in ein PIK-HAUS, so kann es sein, daß du deine jetzige Arbeitsstelle verlierst oder daß die Firma aufgelöst wird, weil sie in Zahlungsschwierigkeiten geraten ist. Sollte dies der Fall sein, so lasse den Kopf nicht hängen, sondern begleiche deine Schulden und beginne etwas Neues. Wenn du regelmäßig die Atemübungen machst, werden dir auch neue Ideen kommen. Glaube nicht, daß es schon zu spät ist für einen Neubeginn.

## KREUZ DAME · 30. HAUS

UNTERSUCHER · UNTERSUCHUNGEN · MUTTER · TANTE · GROSSMUTTER

Im Haus der Jahreszeit wird dir mitgeteilt, daß, noch bevor diese Jahreszeit vorbei sein wird, dir etwas über den Weg kommen wird, das dein Leben verändert. Du wirst vielleicht in ein anderes Land ziehen, eine Einladung zu einem Fest erhalten oder dich vom Arzt untersuchen lassen, und du wirst auf etwas Entscheidendes aufmerksam gemacht werden. Vielleicht wechselst du deine Arbeitsstelle oder dein Geschäft.

Sieh nach, welche Karte in das 30. Haus fällt. Befindet sich dort eine rote Karte und fällt die KARO DAME in ein rotes Haus, so kann es sein, daß sich in deiner Partnerschaft etwas verändern wird, dann mußt du auch das 11. Haus deuten. Wenn du zu einer anderen Firma willst, so konsultiere das 25. Haus. Solltest du durch einen überraschenden Gewinn etwas ändern wollen, ziehe das 5., 17. und das 31. Haus hinzu. Befindet sich im 30. Haus eine Kreuz-Karte und fällt die KARO DAME in ein Kreuz-Haus, so kann es sein, daß sich durch deine Eltern etwas in deiner Familie ändert. Es wird nichts Schlimmes sein, möglicherweise hast du für eine geraume Zeit einen Untermieter. Sieh auch im 15. Haus nach. Wenn du für deine Firma etwas testen mußt und für kurze Zeit in eine andere Abteilung versetzt wirst, mußt du auch das 25. Haus beachten.

Befindet sich im 30. Haus eine PIK-KARTE und fällt die KARO DAME in ein PIK-HAUS, dann kann diese Veränderung für dich von Nachteil sein. Es wäre besser, auf eine andere Jahreszeit zu warten, denn dann ist der Zeitpunkt für eine Veränderung günstiger. Lege dir jede Woche zu einem bestimmten Zeitpunkt die Karten und verfolge die Deutung, dann wirst du sicherlich das Richtige tun. Vergiß auch nicht, die Atemübungen regelmäßig zu machen.

## KREUZ BUBE · 15. HAUS

### FAMILIE · SOHN · NEFFE (MIT DAME: TOCHTER · NICHTE)

Im Haus der Jahreszeit wird dir mitgeteilt, daß jemand aus deiner Familie oder ein Freund gerne die Freizeit mit dir verbringen oder mit dir zusammensein möchte. Es kann sein, daß du deine Freizeit für ein Familienmitglied opferst, weil du diese Person betreuen mußt. Das wirst du aber gerne tun, weil du diese Person liebst. Es wäre auch gut, wenn du mehr an dich denken würdest, als immer nur auf die anderen zu achten.

Sieh nach, welche Karte in das 15. Haus fällt. Befindet sich dort eine rote Karte und fällt die KARO DAME in ein rotes Haus, so wirst du wahrscheinlich in der nächsten Zeit mit einem lieben Freund oder mit jemandem aus der Familie einen Stadtbummel machen und dir dabei etwas kaufen. Es kann auch sein, daß du mit jemandem den Urlaub verbringen willst, und diesen wirst du jetzt buchen. Vielleicht bereitest du auch mit jemandem ein Geburtstagsfest vor. Befindet sich eine Kreuz-Karte im 15. Haus und fällt die KARO DAME in ein Kreuz-Haus, so wirst du deine Freizeit deiner Familie widmen, was dir und deiner Familie zugute kommt. Du wirst mit deiner Familie viele Ausflüge machen. Es ist gut, daß du auf deine Gesundheit und auf das Wohlbefinden der anderen achtest.

Befindet sich im 15. Haus eine PIK-KARTE und fällt die KARO DAME in ein PIK-HAUS, so kann das bedeuten, daß du nicht allzusehr auf deine Gesundheit achtgibst. Du solltest mehr für dich selbst als für andere tun, denn gerade du hast es sehr nötig. Es wäre auch an der Zeit, einmal einen Arzt aufzusuchen. Du solltest noch diese Woche zum Zahnarzt gehen. Lasse dich regelmäßig untersuchen, um dir Unannehmlichkeiten zu ersparen. Du predigst zwar anderen Gesundheit, aber selbst hältst du dich nicht daran. Wenn du schon nicht zum Arzt gehst, so halte wenigstens die Atemübungen ein; sie sind zwar kein Allheilmittel, aber sie werden dir helfen, ein gesunder und glücklicher Mensch zu werden. Wichtig ist, daß du auf deine innere Stimme hörst.

## KREUZ ZEHN · 8. HAUS

Reise · Strasse · Wasser · Meer

Im Haus der Jahreszeit wird dir mitgeteilt, daß du noch in dieser oder in der nächsten Jahreszeit eine Reise unternehmen wirst, die dein Leben verändert. Es wäre gut, schon jetzt für diese Reise Pläne zu machen. Vielleicht hast du auch vor auszuwandern. Mache deine Vorbereitungen, denn du wirst schneller verreisen als dir lieb ist. Man wird dich sehr rasch an einem anderen Ort brauchen. Du wirst in Zukunft sehr viel unterwegs sein. Jede Jahreszeit wirst du in einem anderen Land verbringen.

Sieh nach, welche Karte in das 8. Haus fällt. Befindet sich dort eine rote Karte und fällt die KARO DAME in ein rotes Haus, so wirst du die Reise in den Osten oder in den Süden machen. Befindet sich eine Kreuz-Karte im 8. Haus und fällt die KARO DAME in ein Kreuz-Haus, so wirst du die Reise in den Westen oder Norden machen. Wenn die KREUZ NEUN in ihr eigenes Haus fällt, so wird die Reise über das Wasser gehen. Entweder machst du eine große Seereise, oder du wirst zur See fahren. Fällt die KREUZ NEUN in ein anderes Haus, bedeutet dies eine kleine Reise.

Befindet sich im 8. Haus eine PIK-KARTE und fällt die KARO DAME in ein PIK-HAUS, so solltest du deine Reisepläne auf später verschieben. Es kann auch sein, daß du während der Reise krank wirst. Triff alle nötigen Vorsorgen, wenn du eine große Reise unternimmst, und vergiß die Impfungen nicht. Du solltest auf deinen Reisen nicht zuviel riskieren, denn es könnte ins Auge gehen. Mache auch auf deinen Reisen regelmäßig die Atemübungen zu einer bestimmten Tageszeit; sie werden dir helfen, die Gefahren auf deiner Reise zu umgehen.

## KREUZ NEUN · 31. HAUS

Glück · Kleine Reise · Risiko

Im Haus der Jahreszeit wird dir mitgeteilt, daß dir auf einer kleinen Reise das Glück zur Seite stehen wird. Du liebst das Risiko, doch übertreibe nichts. Es kann aber auch sein, daß du eine kleine Reise machst, ehe diese Jahreszeit um ist. Dabei hast du das Glück, dich aus einem Unfall herauszuhalten, aber fordere das Glück nicht zu oft heraus.

Sieh nach, welche Karte in das 31. Haus fällt. Befindet sich dort eine rote Karte und fällt die KARO DAME in ein rotes Haus, so wirst du auf deinen Reisen sehr viel Glück haben. Das gilt auch für das Privatleben. Du wirst viele neue Menschen kennenlernen. Befindet sich eine Kreuz-Karte im 31. Haus und fällt die KARO DAME in ein Kreuz-Haus, so kann es sein, daß du in der nächsten Zeit nur noch unterwegs sein wirst. Du wirst kaum zur Ruhe kommen, so viel hast du zu tun. Viele geschäftliche Abschlüsse warten auf dich. Vielleicht wirst du als Vertreter tätig sein, deute auch das 25. Haus mit.

Befindet sich im 31. Haus eine PIK-KARTE und fällt die KARO DAME in ein PIK-HAUS, dann solltest du Reisen am Abend vermeiden. Wenn sich das aber nicht umgehen läßt, so trinke keinen Alkohol, sonst hast du anstatt des Glücks das Unglück auf deiner Seite. Die Folgen könnten für dich schlimm aussehen, und zwar durch dein eigenes Verschulden. Mache regelmäßig die Atemübungen, so wirst du dich nicht zum Leichtsinn verleiten lassen. Denke an deine Familie.

## KREUZ ACHT · 26. HAUS

### NEUE UNTERNEHMUNGEN · MUT · HELDENTAT

Im Haus der Jahreszeit wird dir mitgeteilt, daß in den nächsten drei Monaten ein Ereignis auf dich zukommen wird, das all deine Kraft und deinen Mut erfordert. Solltest du dich um eine Stelle beworben haben, so wirst du vielleicht einen Test ablegen müssen. Vielleicht wirst du jemanden vor Schaden bewahren, sei es, daß du ins kalte Wasser springen wirst, um einen Ertrinkenden zu retten, sei es, daß du jemanden aus dem Feuer rettest.

Sieh nach, welche Karte in das 26. Haus fällt. Befindet sich dort eine rote Karte und fällt die KARO DAME in ein rotes Haus, so wird sich das Ereignis innerhalb von drei Monaten abspielen, und es wird sich für dich positiv auswirken. Es kann auch sein, daß du einen Erste-Hilfe-Kurs besuchst oder daß du etwas Neues unternehmen möchtest, wozu auch Mut erforderlich ist. Befindet sich eine Kreuz-Karte im 26. Haus und fällt die KARO DAME in ein Kreuz-Haus, so kann es sein, daß du jemandem aus der Familie oder aus deinem Berufskreis einmal das Leben retten wirst. Dann wird man dich als Held feiern.

Befindet sich im 26. Haus eine PIK-KARTE und fällt die KARO DAME in ein PIK-HAUS, dann solltest du nicht zuviel Mut zeigen, denn das wird dir mehr schaden als nützen. Du neigst leider zum Aufschneiden. Die Menschen werden dich bald durchschaut haben und dich herausfordern; das kann für dich schlecht ausgehen. Versuche dich lieber an die Atemübungen zu halten, damit du lernst, echten von unechtem Mut zu unterscheiden. Schön ist es, jemandem in der Not zu helfen, schöner noch, nicht damit zu prahlen.

## KREUZ SIEBEN · 14. HAUS

### NACHRICHTEN · BOTSCHAFT · TRÄNEN · LEID

Im Haus der Jahreszeit wird dir mitgeteilt, daß du dich in den nächsten drei Monaten mit einer Person über ein Geschäft unterhalten wirst, das du gerne mit ihr machen möchtest, ein Geschäft, das sehr viel Profit verspricht. Es kann auch sein, daß du auf eine bestimmte Nachricht noch warten mußt, bevor du ein bestimmtes Geschäft abwickeln kannst. Vielleicht bittet dich auch jemand, sein Geschäft für eine gewisse Zeit zu übernehmen.

Sieh nach, welche Karte in das 14. Haus fällt. Befindet sich dort eine rote Karte und fällt die KARO DAME in ein rotes Haus, so wirst du in den nächsten drei Monaten eine gute Nachricht erhalten. Du wirst dein Geschäft erweitern oder in deinem Beruf aufsteigen können, und zwar blitzartig. Eine steile Karriere steht dir bevor. Dies könnte im Nachrichtenwesen, in der Politik oder in einer diplomatischen Vertretung sein. Deute auch die Häuser 9, 25 und 28. Rote Karten sind sehr gut für einen beruflichen Aufstieg. Schwarze Karten sind gesondert zu deuten, sie müssen nicht unbedingt negativ sein. Es kann sich aber um eine Verzögerung oder um eine Opposition handeln. Befindet sich im 14. Haus eine Kreuz-Karte und fällt die KARO DAME in ein Kreuz-Haus, so kann es sein, daß du in deiner Karriere durch Freunde unterstützt wirst. Es kann auch sein, daß du etwas veröffentlichst und dadurch sehr bekannt wirst oder schon bekannt geworden bist.

Befindet sich im 14. Haus eine PIK-KARTE und fällt die KARO DAME in ein PIK-HAUS, so kann es sein, daß über dich sehr schlechte Nachrichten verbreitet werden, was dich sehr traurig stimmt. Vielleicht mußt aber du den Menschen eine traurige Nachricht mitteilen. Leider gibt es manchmal im Leben auch Tränen, man sollte sich deren nicht schämen. Mache regelmäßig die Atemübungen, sie helfen dir, innerlich ein starker und besonnener Mensch zu werden.

# PIK

## PIK AS · 24. HAUS

TOD · UNFALL · SCHICKSALSSCHLÄGE · QUAL · NOT

Im Haus der Jahreszeit wird dir mitgeteilt, daß du, bevor die nächsten zwei Jahreszeiten um sein werden, noch einen dir nahestehenden Menschen durch den Tod verlieren wirst. Vielleicht wirst du dich aufgrund einer Zeitungsanzeige um eine Stelle bewerben, und dies wird dein Leben verändern. Möglicherweise wirst du in einem Bestattungsinstitut arbeiten oder sonst etwas tun, das mit dem Tod eine Verbindung hat. Du willst dich mit dem Tod auseinandersetzen. Deine nächsten glücklichen Tage werden Montag oder Donnerstag sein.

Sieh nach, welche Karte in das 24. Haus fällt. Befindet sich dort eine Personenkarte, so kannst du Rückschlüsse ziehen, um welche Person es sich handelt, die vom Tod bedroht ist. Sei aber mit der Deutung nicht zu voreilig, denn du mußt auch das Haus der entsprechenden Personenkarte deuten. Nur wenn sich dort das PIK AS oder das KREUZ AS befindet, kann man auf den Tod schließen. Andernfalls kann es sein, daß jemand aus der Familie dieser aus der Personenkarte ermittelten Person stirbt. Befindet sich im 24. Haus eine rote Karte und fällt die KARO DAME in ein rotes Haus, so kann es sein, daß du jemanden, den du sehr liebst, durch den Tod verlierst. Vielleicht wirst du jemanden betreuen, der schon dem Tode geweiht ist. Auch ein dir liebes Tier kannst du verlieren, oder du gehst zu einem Begräbnis. Befindet sich eine Kreuz-Karte im 24. Haus und fällt die KARO DAME in ein Kreuz-Haus, so kann es sein, daß ein Verwandter oder ein Arbeitskollege stirbt. Das 15. und das 25. Haus sind hier beizuziehen.

Befindet sich im 24. Haus eine PIK-KARTE und fällt die KARO DAME in ein PIK-HAUS, so kann es sein, daß du in Gefahr bist, und zwar in Todesgefahr. Sei in der nächsten Zeit vorsichtig, was immer du tust oder unternehmen möchtest. Gehe kein Risiko ein, ein Unglück droht. Lege dir eine Woche später wieder die Karten und vergleiche sie mit dem jetzt aufgezeichneten Kartenbild. Vielleicht handelt es sich nur um ein kurzes Tief. Die Atemübungen sollten aber nicht vergessen werden.

## PIK KÖNIG · 28. HAUS

RUFER · BEHÖRDE · SCHULE · SPITAL · INSTITUTION

Im Haus der Jahreszeit wird dir mitgeteilt, daß du demnächst in einer wichtigen Angelegenheit viele kurze Telephonanrufe haben oder auch viele tätigen wirst. Neue Freundschaften werden geschlossen. Vielleicht wird dich ein Vertreter besuchen und dir neue Möbel anbieten. Es kann auch sein, daß man dir den Kauf eines großen Objekts vorschlägt und du dich für dieses Objekt sehr interessierst.

Sieh nach, welche Karte in das 28. Haus fällt. Befindet sich dort eine rote Karte und fällt die KARO DAME in ein rotes Haus, so kann es sein, daß du vom Staat ein sehr gutes Angebot bekommst. Du wirst ein bestimmtes Objekt besichtigen oder sogar kaufen. Befinden sich im 9., 17. und im 27. Haus rote Karten, dann kannst du den Kauf tätigen, denn es wird für dich ein voller Erfolg werden. Auch das 3. Haus ist zu beachten. Es ist in diesem Fall zwar nicht so entscheidend, hilft aber mit, wenn im 9., 17. und 27. Haus negative Karten liegen. Befindet sich im 28. Haus eine Kreuz-Karte und fällt die KARO DAME in ein Kreuz-Haus, so solltest du deine Geschäfte am Dienstag oder am Freitag abwickeln, denn das sind deine Glückstage. Deute auch noch das 31. Haus.

Befindet sich im 28. Haus eine PIK-KARTE und fällt die KARO DAME in ein PIK-HAUS, dann solltest du bei einem Kaufangebot sehr mißtrauisch sein, denn es entspricht nicht dem angegebenen Wert. Lasse dich nicht hereinlegen, sondern vertraue deiner Intuition, sie hilft dir, zu der richtigen Entscheidung zu gelangen. Vergiß auch nicht, die Atemübungen regelmäßig durchzuführen.

## PIK DAME · 29. HAUS

DANKBARKEIT · DUNKLE DAME · UNDANK · NEID

Im Haus der Jahreszeit wird dir mitgeteilt, daß du zur Zeit sehr unschlüssig bist, was du machen sollst. Nichts ist dir recht, und du weißt nichts mit dir anzufangen. Wenn dir Freunde helfen wollen, lehnst du diese Hilfe ab und glaubst, daß sie im Unrecht sind. Alle müssen dir zuhören, und du merkst gar nicht, daß du im Unrecht bist. Wie lange soll das noch so weitergehen? Willst du dich ruinieren? Versuche dich auf etwas anderes zu konzentrieren und höre auf deine Freunde, das wird dich vielleicht umstimmen. Sie meinen es gut mit dir. Gute Ratschläge sollte man immer beherzigen. Aber du scheinst nur auf Schmeichler zu hören, dadurch kannst du nicht mehr erkennen, was gut für dich ist.

Sieh nach, welche Karte in das 29. Haus fällt. Befindet sich dort eine rote Karte und fällt die KARO DAME in ein rotes Haus, so wirst du dein Tief bald überwunden haben und wirst deine wahren Freunde auch wieder schätzen. Befindet sich eine Kreuz-Karte im 29. Haus und fällt die KARO DAME in ein Kreuz-Haus, dann solltest du auf deine Eltern und Arbeitskollegen hören, denn sie wollen dir helfen. Du solltest dich ihnen gegenüber nicht so verschließen. Denn nichts kann so schlimm sein, daß es andere nicht wissen dürfen. Du schließt dich selbst aus der Gemeinschaft aus. Mache die Atemübungen, damit du wieder zu dir und deinen Freunden zurückfindest.

Befindet sich im 29. Haus eine PIK-KARTE und fällt die KARO DAME in ein PIK-HAUS, so wird es Zeit, daß du endlich aufhörst, dich selbst zu bemitleiden und zu glauben, daß alle Menschen undankbar sind. Wie oft muß man sich bei dir bedanken, damit du merkst, daß man dich mag? Du bist mimosenhaft gegenüber anderen Menschen. Mache regelmäßig deine Atemübungen, damit deine Seele gesunden kann. Sei wieder ein fröhlicher Mensch, denn das willst du doch sein!

## PIK BUBE · 1. HAUS

GEGENWART · WAHRHEIT · DUNKLER MANN · UNIFORMIERTER

Im Haus der Jahreszeit wird dir mitgeteilt, daß du sehr ungehalten sein wirst bei dem, was du tun möchtest – wenn man dich danach fragt. Du fühlst dich gleich verletzt, wenn man dich darauf anspricht. Vielleicht wirst du aber bald in eine Gegend ziehen, in die du schon lange wolltest. Es ist auch möglich, daß du ein bestimmtes Fernseh- oder Radioprogramm verfolgen wirst, das dich sehr interessiert. Deine nächsten guten Tage werden der Mittwoch und der Samstag sein; an diesen Tagen wirst du sehr viel Glück haben.

Sieh nach, welche Karte in das 1. Haus fällt. Befindet sich dort eine rote Karte und fällt die KARO DAME in ein rotes Haus, so wird die nächste Zeit für dich sehr schön werden, weil du dich endlich freier fühlen kannst. Es kann sein, daß du in eine neue Wohnung ziehst oder dir etwas anschaffst, das dich unabhängiger macht. Ziehe das 7. und das 15. Haus hinzu. Befindet sich im 1. Haus eine Kreuz-Karte und fällt die KARO DAME in ein Kreuz-Haus, so ist es möglich, daß du einen besseren Posten bekommst oder daß du einen Mann kennenlernst, der dir sehr gut gefällt. Möglicherweise trägt er eine Uniform.

Befindet sich im 1. Haus eine PIK-KARTE und fällt die KARO DAME in ein PIK-HAUS, so solltest du in der nächsten Zeit auf der Straße mehr achtgeben und nicht so rasch fahren, denn sonst könntest du mit einem Polizisten Schwierigkeiten bekommen. Ein möglicher Gefängnisaufenthalt ist nicht ausgeschlossen. Mache immer regelmäßig deine Atemübungen, damit du lernst, dich mehr zu beherrschen.

## PIK ZEHN · 32. HAUS

### SONNE · ENTFERNUNGEN · ANDERE LÄNDER · NACHT

Im Haus der Jahreszeit wird dir mitgeteilt, daß die nächsten drei bis sechs Monate dein Leben entscheidend verändern werden. Es kann sich aber auch in den vergangenen drei Monaten schon einiges für dich geändert haben. Vielleicht war die Änderung so unbedeutend, daß du es gar nicht bemerkt hast. Die Sonne wird in der nächsten Zeit für dich scheinen; du hast eine gute Zukunft vor dir.

Sieh nach, welche Karte in das 32. Haus fällt. Befindet sich dort eine rote Karte und fällt die KARO DAME in ein rotes Haus, so wirst du möglicherweise in den Süden reisen, um dem Winter zu entfliehen. Es kann auch sein, daß du dich für immer im Süden niederläßt. Die Zeichen sprechen für dich, wenn du dich verändern möchtest. Deute auch die Häuser 3 und 8. Befinden sich dort rote Karten, so bedeutet das, daß es gut ist, wenn du dich veränderst. Befindet sich im 32. Haus eine Kreuz-Karte und fällt die KARO DAME in ein Kreuz-Haus, so kann es sein, daß du nach Westen ziehen möchtest. Wenn dir danach zumute ist, dann tue es, denn die Zeiten sind gut für dich. Es kann auch sein, daß jemand aus der Familie zu dir ziehen oder von dir wegziehen will.

Befindet sich im 32. Haus eine PIK-KARTE und fällt die KARO DAME in ein PIK-HAUS, dann solltest du in der nächsten Jahreszeit keine allzugroßen Veränderungen vornehmen. Vielleicht möchtest du gerne in den Süden ziehen, aber du solltest dir diesen Plan noch einmal durch den Kopf gehen lassen. Denn wo du jetzt bist, gefällt es dir doch am besten. Mache dir später einmal Gedanken über eine Veränderung. Durch die Atemübungen kannst du herausfinden, was du eigentlich willst. Oft sind es bei dir nur so vage Gedanken, daß du etwas anderes machen möchtest, aber die sind rasch wieder verflogen. Konzentriere dich auf das, was du wirklich willst, denn es wird dir inneren Frieden bringen.

## PIK NEUN · 23. HAUS

### Depression · Unannehmlichkeiten · Kälte

Im Haus der Jahreszeit wird dir mitgeteilt, daß du in letzter Zeit sehr depressiv bist. Du möchtest am liebsten nicht mehr leben. Du siehst auch keinen Ausweg, denn deine jetzige Lage ist sehr traurig. Vielleicht gefällt dir deine Arbeitsstelle nicht oder sie hat dir nie gefallen.

Sieh nach, welche Karte in das 23. Haus fällt. Befindet sich dort eine Herz-Karte und fällt die KARO DAME in ein Herz-Haus, so scheinst du der Liebe wegen deprimiert zu sein. Es kann sein, daß du Liebeskummer hast, weil dich dein Partner verlassen hat oder du von jemandem gekränkt worden bist. Sieh in diesem Fall im 4. und im 11. Haus nach. Rote Karten bedeuten, daß der Schmerz bald vorüber sein wird. Schwarze Karten können eine längere und anhaltende Depression oder eine Opposition bedeuten. Versuche daher die Atemübungen zu machen, denn sie werden dir bestimmt helfen, daß dein Seelenleben wieder ins Gleichgewicht kommt. Befindet sich im 23. Haus eine Karo-Karte und fällt die KARO DAME in ein Karo-Haus, so kann es sein, daß du deprimiert bist, weil du wenig verdienst und weil man dir deinen kleinen Verdienst immer anlastet. Vielleicht möchtest du mehr verdienen, aber du weißt nicht wie. Mache die Atemübungen regelmäßig, und du wirst einen Weg finden. Befindet sich eine Kreuz-Karte im 23. Haus und fällt die KARO DAME in ein Kreuz-Haus, so kann es sein, daß du dich über jemanden aus deiner Familie gekränkt hast oder daß dich jemand in der nächsten Zeit sehr enttäuschen wird. Das wird dich äußerst deprimieren. Mache die Atemübungen, damit du wieder klarer denken kannst.

Befindet sich im 23. Haus eine PIK-KARTE und fällt die KARO DAME in ein PIK-HAUS, so wirst du in nächster Zeit eine große Enttäuschung erleben; vielleicht hast du erst kürzlich eine Enttäuschung erlebt. Mache die Atemübungen, sie werden dir darüber hinweghelfen. Es hilft nichts, wenn du dich einschließt und nicht mehr unter die Menschen gehst. Es hilft auch nichts, wenn du dich von jedem bemitleiden läßt. Denk an die alte Weisheit: Hilf dir selbst, so hilft dir Gott!

## PIK ACHT · 22. HAUS

### Ärger · Ärgernisse · Streit · Verleumdungen

Im Haus der Jahreszeit wird dir mitgeteilt, daß du einen sehr großen Streit mit einer Person haben wirst, noch bevor drei Monate vorüber sein werden. Du mußt aufpassen, daß dir dabei kein Schaden entsteht. In der nächsten Zeit wirst du Ärger haben, oder man wird sich bei dir über Ärger beklagen. Du solltest dich nicht zu sehr aufregen, sondern den Ärger mit positiven Gedanken bekämpfen. Die Zeit heilt alle Wunden. Auch für dich werden wieder bessere Zeiten kommen. Deine besten Tage sind der Montag und der Sonntag.

Sieh nach, welche Karte in das 22. Haus fällt. Befindet sich dort eine rote Karte und fällt die KARO DAME in ein Karo-Haus, so wird es private Streitereien wegen Geldes geben, aber du solltest dem aus dem Weg gehen. Vielleicht wirst du auch ungewollt in einen Streit hineingezogen. Möglicherweise wirst du einmal Friedensrichter sein. Befindet sich eine Kreuz-Karte im 22. Haus und fällt die KARO DAME in ein Kreuz-Haus, wirst du vielleicht mit deinen Arbeitskollegen oder deinen Verwandten Streit haben. Es kann aber auch bedeuten, daß man dich verleumdet und du Rechenschaft ablegen mußt. Versuche dich zu entspannen und mache regelmäßig die Atemübungen, damit du den Streitereien möglichst aus dem Weg gehen kannst.

Befindet sich im 22. Haus eine PIK-KARTE und fällt die KARO DAME in ein PIK-HAUS, so kann es sogar sein, daß du nach einem Streit ins Gefängnis wandern mußt. Verzichte auf Alkohol oder reduziere zumindest deinen Alkoholkonsum. Mache auch regelmäßig deine Atemübungen, durch sie wirst du lernen, wie man seine Rechte auch ohne häßliche Streitereien verteidigen kann. Denn merke: Gewalt erzeugt nur Gegengewalt.

## PIK SIEBEN · 16. HAUS

### Gesundheit · Krankheit · Kur · Operation

Im Haus der Jahreszeit wird dir mitgeteilt, daß dir, solltest du dich zur Zeit nicht wohl fühlen, jemand aus der Familie helfen wird, damit du bald wieder gesund wirst. Es kann sein, daß dich ein Freund während deiner Krankheit betreut oder daß dein Partner bei dir ist, wenn du krank bist. Du wirst dich aber in der nächsten Zeit um deine Gesundheit nicht sorgen müssen. Deine besten Tage scheinen der Donnerstag und der Samstag zu sein.

Sieh nach, welche Karte in das 16. Haus fällt. Befindet sich dort eine rote Karte und fällt die KARO DAME in ein rotes Haus, so wirst du, solltest du krank sein, bald wieder gesund werden. Vielleicht wirst du einmal als Pfleger in einem Krankenhaus arbeiten. Auch ein Einsatz im Sanitätsdienst ist denkbar. Deute auch das 25. Haus. Rote Karten in diesem Haus sind für den Beruf des Pflegers sehr gut. Befindet sich eine Kreuz-Karte im 16. Haus und fällt die KARO DAME in ein Kreuz-Haus, so wird sich im Krankheitsfall jemand aus deiner Familie um dich kümmern. Doch es sind weder in der Familie noch bei dir ernste Sachen zu befürchten.

Befindet sich im 16. Haus eine PIK-KARTE und fällt die KARO DAME in ein PIK-HAUS, so solltest du dich von einem Arzt untersuchen lassen. Es scheint bei dir etwas nicht in Ordnung zu sein. Vielleicht mußt du dich nun einer kleinen Operation unterziehen, die du bis jetzt hinausgeschoben hast. Vielleicht erkrankst du oder erkrankt jemand aus deiner Familie an einer akuten Blinddarmentzündung. Möglicherweise mußt du auch Erste Hilfe leisten, kennst dich aber dabei nicht aus. Es wäre gut, einen Erste-Hilfe-Kurs zu besuchen, denn es wird für dich eines Tages sehr wichtig sein, daß du dich auf Erste-Hilfe-Leistungen verstehst. Vergiß auch nicht die Atemübungen, denn sie sind auch eine Erste Hilfe!

Das 19. Haus

# HERZ DAME

Das Haus der Freunde, des weiblichen Freundes, des Sponsors

# HERZ

## HERZ AS · 7. HAUS

WOHNUNG · BESITZ · HAUS · EIGENTUM

Im Haus der Freunde wird dir mitgeteilt, daß deine Freunde dich und dein Heim lieben, ja sie wären am liebsten immer bei dir. Bei dir gibt es immer etwas Neues, und man genießt es, auf einen kleinen Klatsch zu dir zu kommen. Du bist der beste Gastgeber, den man sich vorstellen kann. Bei dir sind jederzeit alle Menschen sehr willkommen, und die Tür steht allen offen. Es kann sein, daß dir Freunde helfen werden, die Wohnungstür gegen Einbrecher abzusichern.

Sieh nach, welche Karte in das 7. Haus fällt. Befindet sich dort eine rote Karte und fällt die HERZ DAME in ein rotes Haus, so wird man sich bei dir wohl und geborgen fühlen. Befindet sich eine Kreuz-Karte im 7. Haus und fällt die HERZ DAME in ein Kreuz-Haus, so bist du zu deinen Freunden wie eine Mutter, ein Vater, ein Bruder oder eine Schwester. Jeder kann mit seinen Problemen zu dir kommen, und du hast auch für jeden ein offenes Ohr. Sei aber vorsichtig, damit du nicht ausgenützt wirst.

Befindet sich eine PIK-KARTE im 7. Haus und fällt die HERZ DAME in ein PIK-HAUS, dann solltest du auf jeden Fall dein Heim absichern, falls du es noch nicht getan hast. Ein Freund wird dir dabei behilflich sein. Vielleicht wird dein Haus durch ein Unwetter Schaden erleiden, oder du hast in Kürze in deiner Wohnung einen Wasserrohrbruch. Prüfe auch, ob du gegen Elementarschäden ausreichend versichert bist. Das 9. Haus ist in diesem Fall auch zu deuten.

## HERZ KÖNIG · 13. HAUS

UNTERHALTUNG · MÄNNLICHER FREUND · BLOND · SPONSOR

Im Haus der Freunde wird dir mitgeteilt, daß deine Freunde immer mit dir rechnen können, wenn Sie sich unterhalten wollen. Du scheinst ein Spaßvogel zu sein, vielleicht solltest du als Komiker auftreten. Wenn du ein ausgesprochenes Komikertalent hast, so deute auch das 6. Haus. Vielleicht wirst du auch zu einem Anlaß mitgenommen, wo du dich köstlich amüsieren wirst. Es kann die Einweihung eines neuen Lokals sein; da darfst du natürlich nicht fehlen.

Sieh nach, welche Karte in das 13. Haus fällt. Befindet sich dort eine rote Karte und fällt die HERZ DAME in ein rotes Haus, so kann es sein, daß du dich selbst an einem Lokal beteiligen wirst oder daß du sogar in die Unterhaltungsbranche einsteigst. Das 6. und das 25. Haus sind auch zu deuten. Befinden sich dort und auch im 17. Haus rote Karten, dann solltest du ein Theater oder ein Unterhaltungslokal leiten. Du wirst von guten Freunden Unterstützung erhalten. Befindet sich im 13. Haus eine Kreuz-Karte und fällt die HERZ DAME in ein Kreuz-Haus, so wirst du von einem Freund gefragt werden, ob du künftig für ihn arbeiten möchtest. Es kann aber auch sein, daß du einmal als Zauberkünstler dein Talent auf der Bühne zur Schau stellen wirst. Vielleicht bist du aber in einem Lokal als Türsteher oder Oberkellner angestellt. Es sind gute Geschäfte für dich. Ziehe 25. Haus hinzu. Rot ist positiv, bei schwarzen Karten im 25. Haus mußt du jedoch vorsichtig sein!

Befindet sich im 13. Haus eine PIK-KARTE und fällt die HERZ DAME in ein PIK-HAUS, so solltest du auf deine »lieben« Freunde achtgeben, damit sie dich nicht in krumme Dinge verwickeln. Solltest du in einem Nachtlokal tätig sein, wirst du es leider nicht immer mit sehr feinen Leuten zu tun haben. Vielleicht wäre es besser, eine andere Arbeit zu suchen. Es könnte dir sonst etwas Schlimmes zustoßen. Mache auch regelmäßig die Atemübungen, denn du wirst sie bald einmal nötig haben. Du mußt dir unbedingt einen positiven Schutzmantel aufbauen, denn es besteht die Gefahr, daß du vom rechten Weg abkommst.

## HERZ DAME · 19. HAUS

### FREUNDE · WEIBLICHER FREUND · BLOND · SPONSOR

Im Haus der Freunde wird dir mitgeteilt, daß du – da diese Karte in ihr eigenes Haus fällt – einmal einen Freund fürs Leben haben wirst, der dir immer zur Seite stehen wird. Du wirst stets auf ihn zählen können. Einen solchen Freund wirst du aber nur einmal im Leben bekommen; schätze und liebe ihn wie einen Bruder oder eine Schwester. Er wird dich unterstützen, und du wirst einiges in deinem Leben erreichen, das du ohne seine Hilfe nie erreichen würdest.

Sieh nach, welche Karte in das 13. Haus fällt. Befindet sich dort eine rote Karte und fällt der HERZ KÖNIG in ein rotes Haus, so wird dein

Freund im gleichen Alter sein wie du, vielleicht nur ein paar Jahre älter. Befindet sich eine Kreuz-Karte im 13. Haus und fällt der HERZ KÖNIG in ein Kreuz-Haus, so wird dein Freund wesentlich älter sein als du. Auf alle Fälle ist er ein wahrer Freund, und er kann dir durch seine Erfahrungen sehr viel helfen. Befindet sich im 13. Haus eine Bube-Karte oder die KARO DAME, so wird dein Freund jünger sein als du, und du solltest ihm ein Vorbild sein, denn er wird deine Hilfe sehr brauchen. Er wird dir treu sein wie ein Hund seinem Herrn, und das das ganze Leben lang.

Befindet sich im 13. Haus eine PIK-KARTE, der PIK BUBE ausgenommen, und fällt der HERZ KÖNIG auch in ein PIK-HAUS, so solltest du dich mehr um deinen Freund oder um deine Freunde kümmern. Deine Beziehung zu ihnen ist zu oberflächlich, sie aber sollen immer für dich da sein, wenn du sie brauchst. Doch wenn sie dich brauchen, dann hilfst du ihnen nicht. Versuche dich zu ändern und mache die Atemübungen regelmäßig, dann wirst du lernen, ein wahrer Freund zu sein.

## HERZ BUBE · 6. HAUS

### Popularität · Kunst · Jüngerer männlicher Freund · Künstler

Im Haus der Freunde wird dir mitgeteilt, daß du einmal die Freundschaft einer sehr einflußreichen Persönlichkeit oder einer Berühmtheit genießen wirst. Es kann sein, daß du anderen ein ehrlicher und aufrichtiger Freund bist. Du wirst auch von Freunden Hilfe bekommen, wenn du sie brauchst. Auch du wirst jemandem helfen, wenn deine Hilfe benötigt wird.

Sieh nach, welche Karte in das 6. Haus fällt. Befindet sich dort eine rote Karte und fällt die HERZ DAME in ein rotes Haus, so wirst du mit Hilfe eines Freundes eines Tages sehr berühmt werden. Er wird dein Talent fördern, und er weiß auch, wie man es richtig vermarktet. Befindet sich eine Kreuz-Karte im 6. Haus und fällt die HERZ DAME in ein Kreuz-Haus, so kann es sein, daß du jemanden in der Familie hast, der sehr berühmt ist oder berühmt werden wird. Durch deinen Einfluß kannst du in deinem Leben sehr vielen Menschen helfen.

Befindet sich eine PIK-KARTE im 6. Haus und fällt die HERZ DAME in ein PIK-HAUS, so wird dich jemand zum Narren halten, indem er vorgibt, daß er die Möglichkeit hat, dich über Nacht berühmt zu machen. Lasse dich nicht bluffen! Wenn du erkannt hast, wie dornenreich der Weg zur Berühmtheit sein kann und wie viele Kompromisse man eingehen muß, hängst du vielleicht nicht mehr so daran, berühmt zu werden. Du wirst kein Privatleben mehr haben, sondern dieses mit der Öffentlichkeit teilen müssen. Nur wenn du dies in Kauf nehmen willst, wirst du zur Berühmtheit gelangen. Doch du mußt auch auf vieles verzichten. Verzichten solltest du aber auf gar keinen Fall auf die Atemübungen, sie werden dir helfen, eine Persönlichkeit zu werden.

## HERZ ZEHN · 11. HAUS
### Heirat · Verbindungen · Vereine · Bruderschaften

Im Haus der Freunde wird dir mitgeteilt, daß man um deine Hand bitten wird. Es kann auch sein, daß du einen Freund fürs Leben finden wirst. Vielleicht hast du aber auch einen Freund deines Geschlechts und lebst mit ihm zusammen. Laß dir von anderen nicht dreinreden, denn wahre Freundschaft und Liebe finden sich auch bei gleichgeschlechtlichen Partnern. Möglicherweise bist du Witwer oder Witwe und möchtest in Kürze wieder heiraten, oder du hörst von einer Witwe, daß sie wieder heiraten möchte. Es kann auch sein, daß du bei einem Klassentreffen mit alten Freunden, die du schon lange nicht mehr gesehen hast, wieder vereint sein wirst.

Sieh nach, welche Karte in das 11. Haus fällt. Befindet sich dort eine rote Karte und fällt die HERZ DAME in ein rotes Haus, so wirst du dich bald verheiraten oder in einer Partnerschaft leben. Befindet sich eine Kreuz-Karte im 11. Haus und fällt die HERZ DAME in ein Kreuz-Haus, so kann es sein, daß du von einem Freund zur Hochzeit eingeladen wirst.

Befindet sich im 11. Haus eine PIK-KARTE und fällt die HERZ DAME in ein PIK-HAUS, so kann es sein, daß du einmal sehr lange um einen Freund trauern wirst. Für dich wird dieser Verlust sehr schmerzlich sein. Mache regelmäßig deine Atemübungen, denn sie werden dir helfen, diesen Schicksalsschlag anzunehmen, und du wirst zur Erkenntnis gelangen, daß unser jetziges Leben eine Vorbereitung auf den Tod und auf ein neues, höheres Leben ist.

## HERZ NEUN · 2. HAUS

WUNSCH · WÜNSCHE · SEHNSUCHT · HOFFNUNG

Im Haus der Freunde wird dir mitgeteilt, daß ein Freund dir bei der Erfüllung eines Wunsches behilflich sein wird. Vielleicht liest er dir den Wunsch von den Augen ab und erfüllt ihn dann. Es kann aber auch bedeuten, daß du neue Menschen kennenlernst und daß daraus eine lange und innige Freundschaft entsteht.

Sieh nach, welche Karte in das 2. Haus fällt. Befindet sich dort eine rote Karte und fällt die HERZ DAME in ein rotes Haus, so wirst du bald die Bekanntschaft eines netten Menschen machen, mit dem du Pferde stehlen kannst. Du wirst mit diesem Menschen gerne und auch sehr lange zusammensein. Befindet sich eine Kreuz-Karte im 2. Haus und fällt die HERZ DAME in ein Kreuz-Haus, so wird einmal ein Freund deine Wünsche intuitiv herausfinden und sie dir auch erfüllen. Ziehe das 5. Haus hinzu. Rote Karte in diesem Haus sind sehr positiv für einen Wunsch.

Befindet sich eine PIK-KARTE im 2. Haus und fällt die HERZ DAME in ein PIK-HAUS, so kann es sein, daß du einmal oder sogar schon bald jemanden triffst, ihm in die Augen siehst und dich sofort in ihn verliebst. Diese Person ist aber nicht für dich bestimmt. Lasse dich nicht blenden; du könntest eines Tages eine herbe Enttäuschung erleben. Mache die Atemübungen regelmäßig, sie stärken dein Selbstbewußtsein, und du wirst mit jedem Tag weniger Fehler machen.

## HERZ ACHT · 4. HAUS

LIEBE · MONDSCHEIN · ROMANZE · HERZ

Im Haus der Freunde wird dir mitgeteilt, daß du in Kürze eine erfreuliche Information von deinem Nachbarn oder jemand anderem aus deiner Nachbarschaft erhalten wirst. Sie haben dich auserkoren, Fürsprecher in einer wichtigen Angelegenheit zu sein. Das kann aber auch an deinem Arbeitsplatz sein. Man hat dich gewählt, denn du bist bei allen beliebt, und man traut dir eine so große Aufgabe zu. Vielleicht wird dir aber auch jemand etwas Gutes tun, ohne daß du es merkst. Es wirkt für dich ein guter Geist, ein Schutzengel, der dir immer dann helfen wird, wenn du Hilfe am dringendsten brauchst.

Sieh nach, welche Karte in das 4. Haus fällt. Befindet sich dort eine rote Karte und fällt die HERZ DAME in ein rotes Haus, so wirst du bei vielen Freunden Favorit sein. Du bist ein guter Freund. Laß dich aber nicht mit zu vielen Freunden ein, denn sonst gibt es Kollisionen. Oft bringen allzu viele Freunde auch viele Feinde! Befindet sich eine Kreuz-Karte im 4. Haus und fällt die HERZ DAME in ein Kreuz-Haus, wo wirst du deinen Freunden wie ein Vater sein, der immer für sie da ist. Deine Kinder oder auch fremde Kinder werden dich sehr lieben; sie spüren, daß auch du sie liebst und sie verstehst.

Befindet sich eine PIK-KARTE im 4. Haus und fällt die HERZ DAME in ein PIK-HAUS, so wird dich in deinem Leben ein Freund sehr enttäuschen, und du wirst darüber sehr niedergeschlagen sein. Vielleicht wird man dir auch ein Leid zufügen. Mit Gott im Herzen und mit Hilfe der Atemübungen wirst du vieles besser verstehen. Leid ist auch Teil des Lebens, aber so manches Leid könnte verhindert werden. Vielleicht kannst auch du beitragen, das Leid in dieser Welt zu mindern, und darüber wirst du dich sehr freuen.

## HERZ SIEBEN · 12. HAUS

FRÖHLICHKEIT · GUTE LAUNE · HERZLICHKEIT · FROHSINN

Im Haus der Freunde wird dir mitgeteilt, daß Freunde zu deiner Zukunft und zu deiner Fröhlichkeit sehr viel beitragen werden. Man liebt deine gute Laune, denn du verstehst es, aus einem trüben einen sonnigen Tag zu machen. Versuche gute Freunde um dich zu haben und eifersüchtige Menschen zu meiden. Eifersucht bringt nur Unruhe in dein Leben. Es ist schon gut, ein gutmütiger Mensch zu sein. Es besteht aber die Gefahr, daß du ausgenützt wirst. Vielleicht wurdest du sogar schon oft ausgenützt.

Sieh nach, welche Karte in das 12. Haus fällt. Befindet sich dort eine rote Karte und fällt die HERZ DAME in ein rotes Haus, so hast du eine fröhliche Zukunft vor dir. Du hast Glück, kannst dich auf deine Freunde verlassen, und sie wiederum können sich auf dich verlassen. Befindet sich eine Kreuz-Karte im 12. Haus und fällt die HERZ DAME in ein Kreuz-Haus, so sind deine Eltern deine besten Freunde. Das stimmt dich immer wieder fröhlich und bringt dir eine gute Laune. Teile deinen Frohmut mit den anderen, sie werden es dir danken.

Befindet sich eine PIK-KARTE im 12. Haus und fällt die HERZ DAME in ein PIK-HAUS, so wirst du eifersüchtige Menschen um dich haben, die dir nichts gönnen und dich um deine Fröhlichkeit und dein Glück beneiden. Versuche durch solche Menschen nicht irre zu werden, bleibe nur so, wie du bist. Diese Menschen wollen einen Keil zwischen dich und deine Freunde treiben. Doch wer wahre Freundschaft kennt, der braucht sich vor Intrigen nicht zu fürchten. Mache regelmäßig die Atemübungen, denn deine innere Stimme ist dein bester Freund.

# KARO

## KARO AS · 25. HAUS

BERUF · FIRMA · UNTERNEHMEN · PROJEKTE

Im Haus der Freunde wird dir mitgeteilt, daß du, solltest du moralische Unterstützung brauchen, diese von einem Freund bekommen wirst. Das kann sein, daß du eine neue Firma eröffnen oder ein Unternehmen starten wirst, wo du Unterstützung brauchst. Vielleicht bist du auch bei einer Firmengründung beteiligt, und ein Freund wird dich durch seine Tatkraft unterstützen und dir seine Partnerschaft anbieten. Gute Zeichen für eine ersprießliche Zusammenarbeit sind hier gegeben.

Sieh nach, welche Karte in das 25. Haus fällt. Befindet sich dort eine Herz-Karte und fällt die HERZ DAME in ein Herz-Haus, so wirst du moralisch unterstützt werden. Befindet sich eine Karo-Karte im 25. Haus und fällt die HERZ DAME in ein Karo-Haus, so kannst du mit moralischer und finanzieller Unterstützung rechnen. Das 13. und das 17. Haus sind auch zu deuten. Rote Karten sind sehr positiv. Befindet sich eine Kreuz-Karte im 25. Haus und fällt die HERZ DAME in ein Kreuz-Haus, so wirst du Unterstützung von Freunden oder von deinen Eltern bekommen.

Befindet sich eine PIK-KARTE im 25. Haus und fällt die HERZ DAME in ein PIK-HAUS, so solltest du vorsichtig sein. Man gibt nämlich nur vor, dir helfen zu wollen, in Wirklichkeit will man dich nur ausnützen. Jemand möchte mit dir in ein Geschäft einsteigen. Sei vorsichtig, es könnte sein, daß du die ganze Arbeit machen mußt und der andere nur kassieren will. Erkundige dich eingehend über die Menschen, mit denen du eine Zusammenarbeit vorgesehen hast, denn so kannst du dir Schmarotzer vom Halse halten. Mache die Atemübungen regelmäßig, und du wirst lernen, auf deine innere Stimme zu hören.

## KARO KÖNIG · 9. HAUS

LEGALE PAPIERE · ARZT · ANWALT · NOTAR

Im Haus der Freunde wird dir mitgeteilt, daß du die Protektion eines Freundes haben wirst, wenn du sie am nötigsten brauchst. Es kann sein, daß du Hilfe in einer Rechtsangelegenheit bekommst, bei der du selbst nichts ausrichten kannst. Rechtsfragen können oft nur durch einen

Spezialisten geklärt werden. Vielleicht wirst du dich in nächster Zeit einer Schönheitsoperation unterziehen. Ziehe das 16. Haus hinzu. Rote Karten bedeuten einen positiven Ausgang der Operation. Bei schwarzen Karten sollte die Deutung immer genau beachtet werden. Es kann auch sein, daß du gemeinsam mit einem Freund ein wichtiges Schriftstück unterschreiben wirst.

Sieh nach, welche Karte in das 9. Haus fällt. Befindet sich dort eine rote Karte und fällt die HERZ DAME in ein rotes Haus, dann hast du gute Freunde und gute Kollegen, auf die du zählen kannst. Du wirst in Zukunft mit sehr vielen Fachleuten zusammenarbeiten. Befindet sich eine Kreuz-Karte im 9. Haus und fällt die HERZ DAME in ein Kreuz-Haus, so ist jemand aus deiner Familie Arzt, Anwalt oder Notar. Er wird dir helfen, wenn du ihn am dringendsten brauchst, ja er wird dir seine Hilfe sogar anbieten.

Befindet sich eine PIK-KARTE im 9. Haus und fällt die HERZ DAME in ein PIK-HAUS, so solltest du vorsichtiger sein, wenn du gemeinsam mit Freunden etwas unterschreibst. Vielleicht will man dich hineinlegen. Versuche auf eigenen Beinen zu stehen und unabhängig von Freunden zu sein. Solltest du Zweifel hegen, mache die Atemübungen. Die Stimme deines Unterbewußtseins kann dir sagen, ob du etwas unterschreiben sollst oder nicht. Lege dir eine Woche später wieder die Karten und vergleiche sie mit dem aufgezeichneten Kartenbild.

## KARO DAME · 18. HAUS
JAHRESZEIT · FRÜHJAHR · SOMMER · HERBST · WINTER

Im Haus der Freunde wird dir mitgeteilt, daß du in deinem Leben einen Freund haben wirst, der sehr berühmt ist und der dir dann helfen wird, wenn du dich von allen verlassen glaubst. Durch seine Hilfe wirst auch du bekannt werden. Es kann sein, daß du durch diesen Freund finanzielle Vorteile haben wirst oder daß du für ihn arbeitest und dabei du eine Menge lernst, das dich einen großen Schritt vorwärtsbringt.

Sieh nach, welche Karte in das 18. Haus fällt. Befindet sich dort eine rote Karte und fällt die HERZ DME in ein rotes Haus, so wirst du bei der Wahl eines Freundes den Haupttreffer ziehen, denn das ist ein sehr gutes Zeichen für eine lange und dauerhafte Freundschaft. Das 11. und das 13. Haus sind auch zu deuten. Befinden sich auch dort rote Karten, so ist es ein gutes Omen. Befindet sich eine Kreuz-Karte im 18. Haus und fällt die

HERZ DAME in ein Kreuz-Haus, bedeutet das, daß du sehr nette Eltern hast, die noch lange leben werden. Solltest du Adoptiv- oder Pflegeeltern haben, so werden sie dir wahre Freunde sein, denn sie lieben dich aufrichtig.

Befindet sich im 18. Haus eine PIK-KARTE und fällt die HERZ DAME in ein PIK-HAUS, so solltest du dich nicht allzusehr auf gewisse Freunde verlassen. Es kann sein, daß dich in Kürze ein Freund sehr enttäuschen wird, vielleicht wurdest du bereits enttäuscht. Verzeihe ihm, aber überlege, ob du diese Freundschaft aufrechterhalten willst. Die Atemübungen können dir helfen herauszufinden, wer als Freund zu dir paßt. Die Wellenlängen müssen übereinstimmen, denn sonst stößt man sich an Kleinigkeiten, und schon manche Freundschaft ist an solchen Kleinigkeiten gescheitert.

## KARO BUBE · 21. HAUS

BRIEFE · SCHRIFTSTÜCKE · TELEGRAMME · BOTE · FREUND

Im Haus der Freunde wird dir mitgeteilt, daß dich in nächster Zeit eine dringende Nachricht erreichen wird, mit der man dich um Geld bittet. Es kann aber auch sein, daß du mit jemandem telephonieren wirst und diese Person bittest, dir Geld zu leihen. Bedenke aber, daß, wenn du jemandem Geld geliehen hast, dies nicht unbedingt heißen will, daß auch er dir nun Geld leiht. Borger haben oft ein kurzes Gedächtnis und vergessen allzuleicht ihre Freunde.

Sieh nach, welche Karte sich im 21. Haus befindet. Befindet sich dort eine rote Karte und fällt die HERZ DAME in ein rotes Haus, so wird man dir Geld leihen. Vielleicht wirst auch du jemandem Geld leihen, das dir aber zurückbezahlt wird. Befindet sich eine Kreuz-Karte im 21. Haus und fällt die HERZ DAME in ein Kreuz-Haus, so kann es sein, daß dich deine Eltern oder Kollegen um ein Darlehen bitten. Du kannst dies gewähren, wenn im 17. Haus eine rote Karte oder eine Kreuz-Karte liegt.

Befindet sich im 21. Haus eine PIK-KARTE und fällt die HERZ DAME in ein PIK-HAUS, dann solltest du weder bei Geldverleihern noch bei jemand anderem Geld borgen. Sei auch vorsichtig und ließ vor einer Vertragsunterschrift auch immer das Kleingedruckte! Solltest du Briefe schreiben, so überlege dir genau, was du darin schreibst. Versuche die Atemübungen regelmäßig einzuhalten. Durch Meditation und Konzentration wird es dir gelingen, in deinen finanziellen Angelegenheiten Ordnung zu halten, so daß du nicht in die Lage kommst, Geld zu Wucherzinsen zu leihen.

## KARO ZEHN · 17. HAUS

### Geld · Finanzen · Börse · Einnahmen · Ausgaben

Im Haus der Freunde wird dir mitgeteilt: Mit Hilfe eines Freundes wirst du in deiner Firma befördert werden, und du wirst dann wesentlich mehr verdienen. Vielleicht protegieren dich auch einflußreiche Freunde.

Sieh nach, welche Karte in das 17. Haus fällt. Befindet sich dort eine rote Karte und fällt die HERZ DAME in ein rotes Haus, so kannst du mit prominenten Freunden rechnen. Sie werden dir auch zu einer Position verhelfen, wo du großen Einfluß auf Menschen haben wirst. Sei aber vorsichtig, daß du keine Fehler machst. Von Freunden abhängig zu sein könnte deine Freiheit beschränken, und leicht wird man dann zur bloßen Marionette. Auf diesen Faktor solltest du achtgeben. Befindet sich eine Kreuz-Karte im 17. Haus und fällt die HERZ DAME in ein Kreuz-Haus, so werden dir Geschäftsfreunde helfen, eine bestimmte Summe aufzutreiben, die du für ein Projekt brauchst, oder deine Eltern werden dich großzügig unterstützen. Ziehe 15. und das 25. Haus hinzu. Rote Karten in diesen Häusern sind sehr positiv, schwarze Karten mahnen zur Vorsicht.

Befindet sich eine PIK-KARTE im 17. Haus und fällt die HERZ DAME in ein PIK-HAUS, so solltest du aufpassen, was du mit deinem Geld machst, denn es scheint, als würdest du es mit vollen Händen ausgeben. Außerdem glaubst du, deine Freunde sollten nur für dich da sein. Versuche die Atemübungen regelmäßig zu machen, denn sie werden dir helfen, dein Geld besser einzuteilen. Verlaß dich nicht auf Versprechen anderer: Selbst ist der Mann oder die Frau!

## KARO NEUN · 5. HAUS

### Überraschung · Überraschungen · Kleine Finanzen

Im Haus der Freunde wird dir mitgeteilt, daß du in Kürze von einem Freund sehr angenehm überrascht werden wirst. Vielleicht lädt man dich zu einer Geburtstagsparty, ins Kino, ins Theater oder in die Oper ein.

Möglicherweise überraschst du deine Freunde, indem du für sie eine Party veranstaltest.

Sieh nach, welche Karte in das 5. Haus fällt. Befindet sich dort eine Herz-Karte und fällt die HERZ DAME in ein Herz-Haus, so wirst du eine Überraschung erleben oder wirst jemanden freudig überraschen. Befindet sich im 5. Haus eine Karo-Karte und fällt die HERZ DAME in ein Karo-Haus, so wirst du durch etwas Wertvolles überrascht werden, oder du wirst jemanden mit etwas Wertvollem überraschen. Befindet sich eine Kreuz-Karte im 5. Haus und fällt die HERZ DAME in ein Kreuz-Haus, so kann es sein, daß du deine Eltern oder Freunde mit etwas überraschen möchtest oder daß du in deiner Firma überrascht wirst.

Befindet sich eine PIK-KARTE im 5. Haus und fällt die HERZ DAME in ein PIK-HAUS, so kann es sein, daß du in den nächsten Tagen eine unangenehme Überraschung erleben wirst. Vielleicht enttäuscht dich ein Freund, Vertrauensbruch kann stattfinden, oder es kann sein, daß du jemandem eine unangenehme Überraschung bereitest. Sei vorsichtig und mäßige deinen Alkoholkonsum, sonst könnte es sein, daß deine Freunde mit dir böse Überraschungen erleben. Mache stets die Atemübungen, sie können dich vor schlimmen Überraschungen, die sogar eine Freiheitsstrafe einschließen können, bewahren.

## KARO ACHT · 27. HAUS

### ERBE · ERBSCHAFTEN · HINTERLASSENSCHAFTEN · BEKOMMEN

Im Haus der Freunde wird dir mitgeteilt, daß du von einem Freund etwas sehr Wertvolles erhalten wirst, möglicherweise ein Gemälde von einem berühmten Meister. Vielleicht ist es eine kleine Geldsumme, die du von einem Freund bekommst, oder es wird dir die Lebensversicherung ausbezahlt. Es kann auch sein, daß ein Freund eine solche abschließt und du als Erbe eingesetzt wirst. Möglich ist auch, daß du in nächster Zeit dein Testament aufsetzen wirst und dir aber noch nicht im klaren bist, wem du deine Werte vermachen willst. Hier ein Tip: Wenn du dir im unklaren bist, wem du was vermachen willst, so bedenke doch in deinem Testament eine wohltätige Gesellschaft oder gründe selbst eine Stiftung. So wird sich niemand um die Erbschaft streiten, und du hast zudem einen guten Zweck erfüllt.

Sieh nach, welche Karte in das 27. Haus fällt. Befindet sich dort eine rote Karte und fällt die HERZ DAME in ein rotes Haus, so wirst du einmal etwas sehr Schönes und Wertvolles erben. Befindet sich eine Kreuz-Karte im 27. Haus und fällt die HERZ DAME in ein Kreuz-Haus, so wirst du mit einem Familienmitglied ein Testament besprechen, oder du wirst zu einem Notar gehen und dort ein Testament hinterlegen.

Befindet sich eine PIK-KARTE im 27. Haus und fällt die HERZ DAME in ein PIK-HAUS, so wirst du dich in deinem Leben schon über eine Hinterlassenschaft ärgern müssen. Entweder versucht man dir etwas zu unterschlagen, und du mußt um dein Recht kämpfen, oder du hast jemandem etwas weggenommen, das dir nicht zusteht. Sei vorsichtig, denn du neigst zur Habgier, das ist kein gutes Omen für deine Zukunft. Du kannst dich aber ändern, wenn du regelmäßig deine Atemübungen machst.

## KARO SIEBEN · 3. HAUS
ERFOLG · KARRIERE · AUFSTIEG · LEISTUNG

Im Haus der Freunde wird dir mitgeteilt, daß du versuchen wirst, einen Freund in deiner Firma unterzubringen oder ihm zu helfen, eine Arbeit zu finden. Vielleicht wird dir jemand helfen, und du kannst durch diese Hilfe wieder jemand anderem helfen. So wäscht eine Hand die andere. Freunde werden deine Zukunft günstig beeinflussen, solange du dir Freunde mit einer positiven Lebenseinstellung suchst.

Sieh nach, welche Karte in das 3. Haus fällt. Befindet sich dort eine rote Karte und fällt die HERZ DAME in ein rotes Haus, so wirst du sehr gute Freunde haben und durch diese anderen Menschen helfen können. Wichtig ist immer die selbstlose Hilfe. Befindet sich eine Kreuz-Karte im 3. Haus und fällt die HERZ DAME in ein Kreuz-Haus, so wirst du deinen Eltern im Alter helfen, oder du wirst ein erfolgreicher Politiker werden, der sich im sozialen Bereich immer für den kleinen Mann einsetzen wird. Hilfe zu leisten ist dein erstes Gebot. Auch wenn du zeitweise enttäuscht sein solltest, so lasse dich nicht entmutigen, denn du bist einer der wenigen, die selbstlos für andere dasein können.

Befindet sich im 3. Haus eine PIK-KARTE und fällt die HERZ DAME in ein PIK-HAUS, so solltest du in nächster Zeit sehr aufpassen, daß dir dein Erfolg nicht zu Kopf steigt, denn du bist auf dem besten Wege dazu, größenwahnsinnig zu werden. Du meinst, daß du der Beste bist, aber dem ist nicht so, denn vor Gott sind wir alle gleich. Wenn du dich nicht in der Hand hast, solltest du die Atemübungen regelmäßig machen, sie werden dir helfen, wieder ein ausgeglichener Mensch zu werden, der auch für die anderen da ist und nicht nur an sich selbst denkt. Eine Portion gesunder Egoismus schadet nicht, aber man kann es auch übertreiben.

# KREUZ

## KREUZ AS · 20. HAUS

GESCHENK · GESCHENKE · (MIT PIK AS: TOD · LAST)

Im Haus der Freunde wird dir mitgeteilt, daß du eine glückliche Art hast, deinen Freunden Geschenke zu machen und ihnen eine Freude zu bereiten. Du triffst immer den Geschmack jedes einzelnen. Vielleicht helfen dir deine Freunde, eine Boutique zu eröffnen, wo du Geschenke entwerfen, herstellen und auch verkaufen kannst.

Sieh nach, welche Karte in das 20. Haus fällt. Befindet sich dort eine rote Karte und fällt die HERZ DAME in ein rotes Haus, so wirst du immer sehr gute Geschenkideen haben. Auch verstehst du dich aufs Basteln. Du solltest vielleicht für eine Spielwarenfabrik arbeiten, wo man deine Ideen braucht. Befindet sich eine Kreuz-Karte im 20. Haus und fällt die HERZ DAME in ein Kreuz-Haus, so wirst du oft mit Kindern spielen und immer für sie dasein. Du wirst des öfteren als Babysitter einspringen, denn du hast die Gabe, Kindern Freude zu machen. Du glaubst auch nicht, ihnen immer gleich etwas kaufen zu müssen, denn du weißt, die schönste Gabe, die man Kindern entgegenbringen kann, ist Liebe. Ziehe das 4. Haus hinzu. Rote Karten sind hier sehr positiv für dich.

Befindet sich im 20. Haus eine PIK-KARTE und fällt die HERZ DAME in ein PIK-HAUS, so mußt du erst lernen, deine Freude auch zu zeigen, wenn man dir ein Geschenk macht. Stellst du vielleicht zu große Ansprüche? Wenn du jemanden beschenkst, so erwarte bitte nicht gleich ein Gegengeschenk. Versuche die Atemübungen regelmäßig zu machen, denn sie sind für dich ein Gottesgeschenk!

## KREUZ KÖNIG · 10. HAUS

FERIEN · URLAUB · VATER · ONKEL · GROSSVATER

Im Haus der Freunde wird dir mitgeteilt, daß dir, solltest du zur Zeit keine Arbeit haben, Freunde helfen werden. Solltest du lieber zu Hause arbeiten, so wird dir dies auch ermöglicht werden. Solltest du invalid sein, wirst du eine Heimarbeit finden. Vielleicht wirst du auch mit netten Menschen zusammenarbeiten, und ihr werdet ein gutes Team sein.

Möglicherweise wirst du auch in Kürze mit Freunden in den Urlaub fahren, oder du machst mit deinen Kollegen einen Betriebsausflug.

Sieh nach, welche Karte in das 10. Haus fällt. Befindet sich dort eine rote Karte und fällt die HERZ DAME in ein rotes Haus, so solltest du dich im Urlaub so richtig erholen und dich von allen Strapazen ausruhen. Wenn du aus dem Urlaub zurückkehrst, wird dich ein neues Tätigkeitsfeld erwarten. Deute auch das 25. Haus. Rote Karten sind für den Beruf sehr gut. Befindet sich eine Kreuz-Karte im 10. Haus und fällt die HERZ DAME in ein Kreuz-Haus, so wirst du bald deine Eltern besuchen oder möchtest ein Verwandtentreffen organisieren. Das 15. Haus ist auch zu beachten. Rote Karten sind für dieses Treffen sehr positiv, schwarze Karten deuten auf Unstimmigkeiten hin.

Befindet sich im 10. Haus eine PIK-KARTE und fällt die HERZ DAME in ein PIK-HAUS, dann solltest du dich bei deiner Arbeit nicht so überanstrengen, denn das wird dir auf Dauer schaden. Du bräuchtest zwar dringend Erholung, aber die Schulden drücken dich. Das Weiterschuften wird dir aber nicht helfen, denn du könntest eines Tages im Spital landen, und dein Schuldenberg würde dadurch nicht kleiner. Sei vernünftig und versuche die Atemübungen zu machen, denn sie werden dir helfen, mehr Kraft für die Arbeit zu bekommen und gesund zu bleiben. Du darfst mit deiner Gesundheit nicht Raubbau treiben, denn sonst wirst du die Pensionierung nicht mehr erleben. Es stellt sich dann die Frage, für wen du eigentlich geschuftet hast.

## KREUZ DAME · 30. HAUS

UNTERSUCHER · UNTERSUCHUNGEN · MUTTER · TANTE · GROSSMUTTER

Im Haus der Freunde wird dir mitgeteilt, daß du sehr viele Freunde zu haben scheinst, die für dich da sind, wenn du sie brauchst, da auch du selbst ein guter Freund bist. Es kann auch sein, daß dich ein Freund beschützen wird, wenn du in Not gerätst. Außerdem wirst du in Kürze einem Menschen begegnen, der dir ein guter Freund sein wird und den du sehr lieben wirst.

Das 4. Haus ist hier auch zu deuten. Rote Karten sind sehr positiv. Auch im 11. Haus sind rote Karten für eine neue Verbindung sehr positiv, bei schwarzen Karten mußt du die genaue Deutung beachten.

Sieh nach, welche Karte in das 30. Haus fällt. Befindet sich dort eine rote Karte und fällt die HERZ DAME in ein rotes Haus, so wirst du bald mit einem Freund etwas unternehmen, oder ihr werdet etwas besprechen, was euch beide sehr interessiert. Vielleicht ist eine Expedition geplant. Das 8. und das 31. Haus sind auch zu deuten. Herz-, Karo- und Kreuz-Karten deuten auf ein Gelingen hin. Eine PIK-KARTE hingegen deutet auf große Opposition.

Befindet sich im 30. Haus eine Kreuz-Karte und fällt die HERZ DAME in ein Kreuz-Haus, so kann es sein, daß dich deine Familiengeschichte interessiert. Vielleicht machst du Familienforschung oder möchtest deinen Stammbaum erstellen.

Befindet sich im 30. Haus eine PIK-KARTE und fällt die HERZ DAME in ein PIK-HAUS, so kann es sein, daß jemand gegen dich eine Untersuchung anstrebt. Er glaubt, daß du etwas angestellt hast, das kann berechtigt sein oder auch nicht. Im Falle einer Untersuchung gegen dich ist das 28. Haus zu deuten. Sollte gegen dich eine Untersuchung laufen, so wird diese für dich positiv ausgehen, wenn sich im 9. und im 28. Haus rote Karten befinden. Liegen dort aber schwarze Karten, speziell PIK-KARTEN, so kann es bedeuten, daß etwas aufgedeckt wird, das du vor längerer Zeit begangen hast. Es wäre nun an der Zeit, an dir selbst zu arbeiten, denn sonst könnte es mit dir bergab gehen. Mache auch die Atemübungen regelmäßig, denn sie helfen dir, zu dir selbst zu finden.

## KREUZ BUBE · 15. HAUS

FAMILIE · SOHN · NEFFE · (MIT DAME: TOCHTER · NICHTE)

Im Haus der Freunde wird dir mitgeteilt, daß du sehr nette Eltern hast, denn sie zeigen dir immer wieder, daß sie für dich da sind, wenn du sie brauchst. Schätze dies, denn es ist nicht selbstverständlich. Vielleicht erweist sich auch ein anderes Familienmitglied als wahrer Freund und hilft dir, ohne daß du es realisierst. Es kann auch sein, daß dir einmal ein Haustier eine Hilfe sein wird.

Sieh nach, welche Karte in das 15. Haus fällt. Befindet sich dort eine rote Karte und fällt die HERZ DAME in ein rotes Haus, so kannst du dich glücklich schätzen, daß du so gute Eltern oder Freunde hast. Vielleicht wirst du auch einen Freund haben, den du mehr liebst als deine Eltern und deine Verwandten. Das soll aber nicht heißen, daß dir deine Verwandten gleichgültig sind. Befindet sich eine Kreuz-Karte im 15. Haus und fällt die HERZ DAME in ein Kreuz-Haus, so wirst du sehr gut mit deinen Eltern auskommen, und du wirst für sie im Alter einmal so sorgen, wie sie für dich gesorgt haben.

Befindet sich eine PIK-KARTE im 15. Haus und fällt die HERZ DAME in ein PIK-HAUS, dann scheinst du das schwarze Schaf in der Familie zu sein. Das hat vielleicht seinen Grund, aber mach dir nichts draus, denn du wirst es auch ohne deine Familie schaffen. Mache die Atemübungen regelmäßig, und du wirst bald einmal merken, wie du ein unabhängiger Mensch wirst, der nicht auf andere angewiesen ist. Durch die Stärkung deines Selbstvertrauens wirst du später in der Lage sein, andere Menschen zu führen.

## KREUZ ZEHN · 8. HAUS
Reise · Strasse · Wasser · Meer

Im Haus der Freunde wird dir mitgeteilt, daß du durch einen Freund sehr bald eine Änderung erfahren wirst. Vielleicht wirst du für ihn eine Reise unternehmen, oder ihr werdet gemeinsam das Land für längere Zeit verlassen. Möglicherweise hast du auch vor, einen Freund im Ausland zu besuchen. Es kann aber auch den Besuch eines Freundes aus dem Ausland bedeuten.

Sieh nach, welche Karte in das 8. Haus fällt. Befindet sich dort eine Herz-Karte und fällt die HERZ DAME in ein Herz-Haus, so wirst du einen Freund wiedertreffen, den du schon lange nicht mehr gesehen hast. Es wird eine enge Bindung daraus entstehen, und ihr beschließt zusammenzubleiben. Ziehe das 11. und das 13. Haus hinzu. Befindet sich eine Karo-Karte im 8. Haus und fällt die HERZ DAME in ein Karo-Haus, so wirst du eine wichtige Geschäftsreise machen und dabei sehr interessante Menschen kennenlernen. Vielleicht triffst du auf einer solchen Reise einen Menschen, in den du dich verliebst. Ziehe das 4. Haus hinzu. Fallen rote Karten in dieses Haus, könnte dies bedeuten, daß du eine lange Bindung eingehst. Befindet sich eine Kreuz-Karte im 8. Haus und fällt die HERZ DAME in ein Kreuz-Haus und sollte auch die KREUZ NEUN in ein Kreuz-Haus fallen, so wirst du mit einem Freund eine Reise über das große Wasser machen.

Befindet sich eine PIK-KARTE im 8. Haus und fällt die HERZ DAME in ein PIK-HAUS, so solltest du auf deinen Reisen mit neuen Bekanntschaften sehr vorsichtig sein. Mache auch auf deinen Reisen stets die Atemübungen, denn sie werden deine Gesundheit und dein Denken positiv beeinflussen. Auch wirst du durch sie vor Gefahren bewahrt.

## KREUZ NEUN · 31. HAUS

Glück · Kleine Reise · Risiko

Im Haus der Freunde wird dir mitgeteilt, daß du durch das Glück eines Freundes im Leben sehr viel Glück haben wirst. Schätze diesen Freund, denn er wird dir immer zur Seite stehen, wenn du ihn brauchst. Vielleicht hast du auch einen Freund, der viel Glück in dein Leben bringen wird, oder du lernst jemanden auf einer Reise kennen, der in deinem Leben eine entscheidende Rolle spielt.

Sieh nach, welche Karte in das 31. Haus fällt. Befindet sich dort eine Herz-Karte und fällt die HERZ DAME in ein Herz-Haus, so wirst du einen sehr guten Freund haben, der dir stets treu zur Seite steht. Vielleicht ist dein bester Freund eine Katze oder ein Hund. Es kann aber auch bedeuten, daß du dir einen treuen Freund wünschst. Dieser Wunsch wird in Erfüllung gehen, wenn sich im 2. und 4. Haus Herz- oder Karo-Karten befinden. Befindet sich im 31. Haus eine Karo-Karte und fällt die HERZ DAME in ein Karo-Haus, so wirst du beim Glücksspiel sehr viel gewinnen oder durch einen Freund im Spiel Glück haben, weil er dir gute Tips gibt. Hier mußt du auch das 17., 27., 3. und 5. Haus deuten. Befinden sich auch dort Karo-Karten, so wird es für dich einen Haupttreffer geben. Befindet sich eine Kreuz-Karte im 31. Haus und fallen die HERZ DAME und auch die KREUZ ZEHN in ein Kreuz-Haus, so zeichnet sich eine große Veränderung ab, die nicht nur dich, sondern viele in deinem Land betreffen wird.

Befindet sich im 31. Haus eine PIK-KARTE und fällt die HERZ DAME in ein PIK-HAUS, dann solltest du in nächster Zeit keine Risiken eingehen, denn es droht Gefahr. Du spielst mit dem Leben! Sei vorsichtig bei allem, das du in nächster Zeit tust. Deute auch die Häuser 22 und 23, sie geben dir Aufschluß, um welche Gefahr es sich handelt. Mache auch immer regelmäßig die Atemübungen und trage Sorge zu deinem Leben. Die Atemübungen werden deine positive Aura verstärken und dich vor negativen Schwingungen schützen.

## KREUZ ACHT · 26. HAUS
NEUE UNTERNEHMUNGEN · MUT · HELDENTAT

Im Haus der Freunde wird dir mitgeteilt, daß du von einem Freund etwas, das du dir schon seit langem gewünscht hast, bekommen wirst. Ein Freund wird dir zu etwas Bestimmtem, das du haben möchtest, verhelfen. Wenn du ein Geschäft hast, dann werden viele Menschen zu dir kommen. Durch deinen Verdienst wirst du dir selbst das leisten können, das du gerne haben möchtest. Es kann auch sein, daß dir ein Freund beim Aufbau eines Geschäftes behilflich ist. Vielleicht wird er die Vermittlerrolle übernehmen und dir in dieser Weise behilflich sein. Auch durch deinen Mut und deine Bereitschaft kannst du etwas erhalten, das dir viel Freude bereitet.

Sieh nach, welche Karte in das 26. Haus fällt. Befindet sich dort eine rote Karte und fällt die HERZ DAME in ein rotes Haus, so wirst du einmal einen sehr guten Freund haben oder jemandem ein sehr guter Freund sein. Du setzt dich für andere ein. Befindet sich eine Kreuz-Karte im 26. Haus und fällt die HERZ DAME in ein Kreuz-Haus, so wirst du deine Eltern oder jemanden aus der Verwandtschaft unterstützen, was von dir eine große Opferbereitschaft erfordert. Diese gute Tat wird dir sicher vergolten werden, sei es in diesem Leben oder in einer höheren, multidimensionalen Welt.

Befindet sich im 26. Haus eine PIK-KARTE und fällt die HERZ DAME in ein PIK-HAUS, so kann es sein, daß du in Kürze einen Freund sehr verletzen wirst, ihn hintergehst und sein Vertrauen mißbrauchst. Es könnte aber auch sein, das dir dasselbe mit einem Freund passiert. Mache immer regelmäßig deine Atemübungen, damit du das Böse in dir bekämpfen kannst.

## KREUZ SIEBEN · 14. HAUS
NACHRICHTEN · BOTSCHAFT · TRÄNEN · LEID

Im Haus der Freunde wird dir mitgeteilt, daß dir eine Nachricht von einem Freund eine Verbesserung deiner finanziellen Lage bringen wird. Du wirst nun das machen können, was du schon lange vorgehabt hast. Vielleicht kauft ein Freund dein Geschäft. Es kann auch sein, daß du telephonisch etwas Geschäftliches mit deinen Freunden besprichst.

Sieh nach, welche Karte in das 14. Haus fällt. Befindet sich dort eine rote Karte und fällt die HERZ DAME in ein rotes Haus, so wirst du in nächster Zeit mit positiven Nachrichten rechnen können. Es kann auch sein, daß du gute Nachrichten aussenden wirst. Befindet sich eine Kreuz-Karte im 14. Haus und fällt die HERZ-DAME in ein Kreuz-Haus, so bekommst du positive Nachrichten von deiner Verwandtschaft. Möglicherweise rufst du jemanden aus deiner Familie an. Du wirst ihm gute Nachrichten übermitteln und ihm vielleicht sagen, wo er sein Geld gut investieren kann. Es ist auch möglich, daß du ihm über eine Geschäftseröffnung berichtest oder jemandem einen Rat gibst, wie einer gewissen Person eine Arbeitsstelle vermittelt werden kann.

Befindet sich eine PIK-KARTE im 14. Haus und fällt die HERZ DAME in ein PIK-HAUS, so wirst du in nächster Zeit schlechte Nachrichten erhalten. Vielleicht mußt auch du jemandem eine schlechte Nachricht überbringen. Denke dir dabei, daß die Zeit deine Verbündete ist, sie heilt alle Wunden. Du solltest dich immer auf das Positive im Leben konzentrieren und die Atemübungen regelmäßig einhalten. Du wirst dadurch intensiver leben und zu höherer Erkenntnis gelangen.

# PIK

## PIK AS · 24. HAUS

TOD · UNFALL · SCHICKSALSSCHLÄGE · QUAL · NOT

Im Haus der Freunde wird dir mitgeteilt, daß du einmal einen Freund haben wirst, der in einem Bestattungsinstitut arbeitet oder ein solches besitzt. Vielleicht stellt er Särge her oder arbeitet in einem pathologischen Institut. Es wird ein Freund sein, der oft mit Toten in Berührung kommt, vielleicht ist er auch Experte der Kriminalpolizei. Möglicherweise wirst du einen Freund durch einen Unfall oder einen anderen Schicksalsschlag verlieren.

Sieh nach, welche Karte in das 24. Haus fällt. Befindet sich dort eine rote Karte und fällt die HERZ DAME in ein rotes Haus, so wirst du oder wird einer deiner Freunde eines Tages ein Begräbnisinstitut eröffnen oder eine Lebensversicherungsgesellschaft gründen. Befindet sich im 24. Haus eine Kreuz-Karte und fällt die HERZ DAME in ein Kreuz-Haus, so kann es sein, daß ein Freund oder einer deiner Angehörigen stirbt. Es kann auch bedeuten, daß du bei einem Notar dein Testament hinterlegen wirst.

Befindet sich im 24. Haus eine PIK-KARTE und fällt die HERZ DAME in ein PIK-HAUS, dann solltest du nachts im Straßenverkehr besonders vorsichtig sein. Das 8., 16. und 32. Haus sind auch zu deuten. Es kann aber auch sein, daß du Zeuge bei einem gräßlichen Verkehrsunfall wirst oder daß jemand dich bittet, die Anzeigen des Todes eines seiner Nächsten zu versenden. Versuche dir auch Gedanken über den Tod zu machen. Wenn du dich schon zu Lebzeiten mit dem Tod auseinandersetzt, wird dir das Sterben einmal leichterfallen.

## PIK KÖNIG · 28. HAUS

RUFER · BEHÖRDE · SCHULE · SPITAL · INSTITUTION

Im Haus der Freunde wird dir mitgeteilt, daß du mit gewissen Freunden rechnen kannst, wann immer du sie brauchst. Es kann sein, daß ein hoher Regierungsbeamter dein Freund ist oder daß du dich in nächster Zeit mit einem Politiker anfreunden wirst. Auch wirst du behördlicherseits in einer bestimmten Sache unterstützt. Vielleicht wirst du auch im Verwaltungsdienst Karriere machen.

Sieh nach, welche Karte in das 28. Haus fällt. Befindet sich dort eine rote Karte und fällt die HERZ DAME in ein rotes Haus, so wirst du von deinen Freunden bei deinen Vorhaben unterstützt. Befindet sich eine Kreuz-Karte im 28. Haus und fällt die HERZ DAME in ein Kreuz-Haus, so kann es sein, daß du mit der Protektion eines Freundes eine politische Laufbahn einschlagen wirst. Befindet sich auch im 9. Haus eine rote Karte oder eine Kreuz-Karte, so kannst du diesen Sprung wagen.

Befindet sich im 28. Haus eine PIK-KARTE und fällt die HERZ DAME in ein PIK-HAUS, so solltest du dich vor deinen politischen Freunden in acht nehmen, denn ihre moralische Haltung ist fragwürdig. Verrat, Neid und Mißgunst scheinen hier zu walten. Es wäre besser, deine Freunde sorgfältiger auszuwählen, sonst wirst du eines Tages ein böses Erwachen haben. Mache regelmäßig die Atemübungen, damit du in Zukunft wahre Freunde findest.

## PIK DAME · 29. HAUS

### Dankbarkeit · Dunkle Dame · Undank · Neid

Im Haus der Freunde wird dir mitgeteilt, daß ein guter Freund mehr wert ist als tausend flüchtige Bekannte. Versuche immer gerecht zu urteilen und aufrichtig zu sein und nicht nur Gefälligkeiten zu erweisen, um dich beliebt zu machen. Du mußt gegen Versuchungen stark bleiben, denn man probiert, dich reinzulegen. Du kannst deine seelische Stärke mit den Atemübungen unterstützen. Möglicherweise mußt du dich in den nächsten drei Wochen für etwas entscheiden. Folge deiner inneren Stimme, denn sie gibt dir die richtige Antwort, durch sie wirst du es richtig machen, auch wenn dich die Menschen vielleicht nicht gleich verstehen.

Sieh nach, welche Karte in das 29. Haus fällt. Befindet sich dort eine rote Karte und fällt die HERZ DAME in ein rotes Haus, so wirst du einen sehr dankbaren Freund haben, oder du selbst wirst ein dankbarer Mensch sein. Befindet sich eine Kreuz-Karte im 29. Haus und fällt die HERZ DAME in ein Kreuz-Haus, so wird man dich um dein Urteil bitten, vielleicht als Schöffe beim Gericht, als Mitglied einer Jury oder als Sachverständiger bei einer Modenschau.

Befindet sich im 29. Haus eine PIK-KARTE und fällt die HERZ DAME in ein PIK-HAUS, so solltest du dich bei der Beurteilung einer Sache nicht mit Geld bestechen lassen. Vielleicht wirst du jemandem helfen und dabei Undank ernten. Erwarte keinen Dank, wenn du hilfst, denn damit ersparst du dir Enttäuschungen. Mache auch die Atemübungen regelmäßig, damit du Verlockungen widerstehst.

## PIK BUBE · 1. HAUS

### Gegenwart · Wahrheit · Dunkler Mann · Uniformierter

Im Haus der Freunde wird dir mitgeteilt, daß du nicht allen deinen Freunden trauen und ihnen zuviel anvertrauen solltest. Man könnte dir manches falsch auslegen und dir Böses andichten. Nicht alle, von denen du es glaubst, sind deine Freunde. Manche wollen dich nur ausnützen. Es kann sein, daß du auf die Treue eines Freundes schwörst, aber du wirst von ihm schwer enttäuscht werden. Vielleicht hörst du auch einen Freund im Radio oder am Fernsehen sprechen.

Sieh nach, welche Karte in das 1. Haus fällt. Befindet sich dort eine rote Karte und fällt die HERZ DAME in ein rotes Haus, so wirst du zwar gute Freunde haben, aber nur einer davon ist ein wirklicher Freund, dem du vertrauen kannst. Befindet sich im 1. Haus eine Kreuz-Karte und fällt die HERZ DAME in ein Kreuz-Haus, so ist jemand aus deiner Familie dein bester Freund, oder du wirst einmal einen älteren, aufrichtigen Freund haben.

Befindet sich im 1. Haus eine PIK-KARTE und fällt die HERZ DAME in ein PIK-HAUS, so wirst du von einem Freund, dem du ein Geheimnis anvertraut hast, verraten werden. Vielleicht lügt dich auch jemand an, und du mußt mühsam die Wahrheit herausfinden. Versuche gegenüber deinen Freunden tolerant zu sein, aber wähle sie klug aus, es werden nicht viele übrigbleiben. Vergiß nie die Atemübungen, denn sie werden dir helfen, zu dir und deiner inneren Stimme zu finden und ein gesundes Selbstvertrauen aufzubauen.

## PIK ZEHN · 32. HAUS

### Sonne · Entfernungen · Andere Länder · Nacht

Im Haus der Freunde wird dir mitgeteilt, daß dir jemand ein Geheimnis anvertrauen wird. Er wird dir sagen, daß er um einen verborgenen Schatz weiß, den du finden kannst und der dich über Nacht reich machen wird. Er wird dir das Blaue vom Himmel versprechen. Sei aber nicht leichtgläubig, die Enttäuschung würde riesig sein. Diese Person möchte dir nur das

Geld aus der Tasche locken und würde dann auf Nimmerwiedersehen verschwinden. Es kann auch sein, daß dies einem deiner Freunde passiert, er mißtrauisch wird und dir davon erzählt. Vor jeder Investition sollte man genaue Informationen einziehen. Vertrauen ist gut, doch blindes Vertrauen hat schon manchem geschadet.

Sieh nach, welche Karte in das 32. Haus fällt. Befindet sich dort eine rote Karte und fällt die HERZ DAME in ein rotes Haus, so wird man dir verlockende Angebote für Auslandsinvestitionen machen. Sieh nach, welche Karten in das 17. und in das 9. Haus fallen.

Befinden sich dort rote Karten und fallen auch in die Häuser 3, 5, 25 und 27 rote Karten, so handelt es sich um risikolose Investitionen. Sollten sich in diesen Häusern aber schwarze Karten befinden, so lasse besser die Finger davon, denn du könntest dein ganzes Vermögen verlieren. Befindet sich im 32. Haus eine Kreuz-Karte und fällt die HERZ DAME in ein Kreuz-Haus, so solltest du in nächster Zeit etwas sparsamer sein, denn es dürften nicht die besten Zeiten auf dich zukommen.

Befindet sich eine PIK-KARTE im 32. Haus und fällt die HERZ DAME in ein PIK-HAUS, so ist die nächste Zeit für deine finanzielle Lage ungünstig. Hohe Verluste könnten dich treffen, wenn du nicht sorgsamer mit Geld und Freunden umgehst. Das viele Geld scheint dir in den Kopf gestiegen zu sein. Du kannst gute nicht von schlechten Freunden unterscheiden. Beginne schleunigst mit den Atemübungen, damit du deine Entscheidungen wieder selbst triffst und dich nicht von anderen manipulieren läßt.

## PIK NEUN · 23. HAUS
### DEPRESSION · UNANNEHMLICHKEITEN · KÄLTE

Im Haus der Freunde wird dir mitgeteilt, daß du einen Freund verlieren wirst oder einem Freund eine Freiheitsstrafe droht. Vielleicht hast du ihm in finanziellen Fragen falsche Informationen gegeben, und er steht jetzt vor dem Konkurs. Du solltest dir auch merken, daß Menschen, die sich von dir Geld ausleihen, dich bald wieder vergessen und dir nicht einmal die Schuld zurückzahlen werden. Es ist möglich, daß du in nächster Zeit Geldes wegen Streit haben wirst.

Sieh nach, welche Karte in das 23. Haus fällt. Befindet sich dort eine rote Karte und fällt die HERZ DAME in ein rotes Haus, so kann es sein, daß du dich in naher Zukunft mit einem Freund streitest. Man wird dir manches an den Kopf werfen, wofür du gar nichts kannst. Sollte dieser

Freund nicht an deine Unschuld glauben, ist es wohl besser, ihn künftig zu meiden. Befindet sich im 23. Haus eine Kreuz-Karte und fällt die HERZ DAME in ein Kreuz-Haus, so kann es sein, daß du dich mit deinen Eltern oder einem Geschäftspartner über eine Fehlinvestition streiten wirst. Versuche dich zu beherrschen und mache die Atemübungen.

Befindet sich im 23. Haus eine PIK-KARTE und fällt die HERZ DAME in ein PIK-HAUS, so scheint es, daß du eine große Dummheit machen wirst oder vor kurzem eine gemacht hast. Gib auf dich acht, sonst kommst du mit den Behörden in Konflikt. Versuche regelmäßig die Atemübungen zu machen, sie werden dich vor Dummheiten bewahren.

## PIK ACHT · 22. HAUS

ÄRGER · ÄRGERNISSE · STREIT · VERLEUMDUNGEN

Im Haus der Freunde wird dir mitgeteilt, daß du bald einmal mit einem Freund Ärger haben oder durch ihn Ärger bekommen wirst. Sei vorsichtig und suche dir die Gesellschaft guter Freunde aus, denn du könntest leicht auf Abwege geraten. Es kann auch sein, daß du einem Freund aus der Not helfen wirst. Möglicherweise kommen auch Freunde, um sich bei dir auszuweinen und über ihre Probleme zu sprechen.

Sieh nach, welche Karte in das 22. Haus fällt. Befindet sich dort eine rote Karte und fällt die HERZ DAME in ein rotes Haus, so wirst du der Seelentröster deiner Freunde sein. Vielleicht eröffnest du mit Freunden ein Heiratsinstitut oder ein Beratungszentrum. Ziehe auch das 25. Haus hinzu. Rote Karten sind sehr positiv. Befindet sich im 22. Haus eine Kreuz-Karte und fällt die HERZ DAME in ein Kreuz-Haus, so kann es sein, daß alte Menschen mit ihren Problemen zu dir kommen, weil sie großes Vertrauen zu dir haben.

Befindet sich im 22. Haus eine PIK-KARTE und fällt die HERZ DAME in ein PIK-HAUS, dann solltest du aufpassen, wen du zu deinem Mitwisser machst. Du mußt selbst wissen, ob du ein Vorkommnis auf sich belassen oder ob du reinen Tisch machen sollst. Lasse dich auch nicht auf schwarze Magie ein. Es besteht die Gefahr, daß du dich in okkultistischen Spekulationen verlierst. Mache die Atemübungen regelmäßig, damit du den richtigen Weg wiederfindest.

## PIK SIEBEN · 16. HAUS
### Gesundheit · Krankheit · Kur · Operation

Im Haus der Freunde wird dir mitgeteilt, daß du dir um die Gesundheit eines Freundes sehr große Sorgen machen wirst. Solltest du dich aber zur Zeit nicht wohl fühlen, so wird dir ein Freund helfen, vielleicht ein Arzt oder eine Krankenschwester.

Sieh nach, welche Karte in das 16. Haus fällt. Befindet sich dort eine Herz-Karte und fällt die HERZ DAME in ein Herz-Haus, so würdest du einen guten Arzt oder Krankenpfleger abgeben. Durch deine positive Ausstrahlung gesunden die Menschen. Auch der Beruf des Psychiaters oder Psychotherapeuten wäre für dich denkbar. Möglicherweise befassest du dich mit Kartenlegen oder Astrologie. Befindet sich eine Kreuz-Karte im 16. Haus und fällt die HERZ DAME in ein Kreuz-Haus, so kann es bedeuten, daß sich einer deiner Freunde einer kleinen Operation unterziehen muß oder daß du in nächster Zeit den Zahnarzt aufsuchen solltest. Auch eine gründliche ärztliche Untersuchung würde nicht schaden.

Befindet sich eine PIK-KARTE im 16. Haus und fällt die HERZ DAME in ein PIK-HAUS, so kann es sein, daß sich dein Freund einer komplizierten Operation unterziehen muß und du ihn später lange Zeit pflegen mußt. Vielleicht mußt du dich operieren lassen und bittest einen befreundeten Arzt, diese Operation auszuführen. Du solltest regelmäßig zur Vorsorgeuntersuchung gehen. Mache immer die Atemübungen, und du wirst ein gesunder Mensch bleiben. Gehe viel an die frische Luft, das wird dir helfen. In einem gesunden Körper wohnt auch ein gesunder Geist.

Das 20. Haus

# KREUZ AS

Das Haus des Geschenkes, der Geschenke (mit PIK AS: das Haus des Todes und der Last)

# HERZ

## HERZ AS · 7. HAUS

WOHNUNG · BESITZ · HAUS · EIGENTUM

Im Haus der Geschenke wird dir mitgeteilt, daß du ein Geschenk erhalten wirst, das du gut in deiner Wohnung oder deinem Haus gebrauchen kannst. Es können Möbel, ein Staubsauger, auch Pflanzen oder aber auch Kunstobjekte sein. Auf alle Fälle wird es etwas sein, das du sehr gut gebrauchen kannst und das dir sehr nützlich sein wird.

Sieh nach, welche Karte in das 7. Haus fällt. Befindet sich dort eine Herz-Karte und fällt das KREUZ AS in ein Herz-Haus, so wird es ein schönes Geschenk sein, das dich sehr freuen wird, da ein Freund es an dich richtet. Befindet sich eine Kreuz-Karte im 7. Haus und fällt das KREUZ AS in ein Kreuz-Haus, so wird man dir Pflanzen schenken. Möglicherweise bekommst du von deinen Eltern ein kleines Grundstück in einem Erholungsgebiet geschenkt.

Befindet sich eine PIK-KARTE im 7. Haus und fällt das KREUZ AS in ein PIK-HAUS, so kann es sein, daß du das erwartete Geschenk gar nicht bekommst oder, wenn ja, beschädigt. Vielleicht hältst du ein Versprechen nicht ein. Halte immer deine Versprechen ein, denn nur so kannst du das Vertrauen anderer gewinnen. Mache die Atemübungen; sie werden dir helfen, daß es dir in Zukunft gelingt, deine Versprechen einzuhalten.

## HERZ KÖNIG · 13. HAUS

UNTERHALTUNG · MÄNNLICHER FREUND · BLOND · SPONSOR

Im Haus der Geschenke wird dir mitgeteilt, daß ein Mensch, der dich sehr liebt, dir ein wertvolles Geschenk machen wird. Es könnte möglicherweise ein Tier sein, mit dem du dich »unterhalten« kannst, vielleicht sogar ein Pferd. Es kann aber auch sein, daß du Freunde, die dir gerne zuhören, unterhalten wirst, in dem du ihnen am Klavier vorspielst oder ihnen aus einem Buch vorliest.

Sieh nach, welche Karte in das 13. Haus fällt. Befindet sich dort eine rote Karte und fällt das KREUZ AS in ein rotes Haus, so wirst du in Kürze ein sehr nettes Geschenk erhalten oder aber wirst du jemandem mit einem

Geschenk eine große Freude machen. Befindet sich eine Kreuz-Karte im 13. Haus und fällt das KREUZ AS in ein Kreuz-Haus, so wirst du in Kürze ein Geschenk von deinen Eltern oder Verwandten erhalten, oder du wirst sie beschenken. Es wird sich in naher Zukunft ein besonderer Anlaß zum Schenken zeigen.

Befindet sich eine PIK-KARTE im 13. Haus und fällt das KREUZ AS in ein PIK-HAUS, so wirst du mit dem erhaltenen Geschenk nicht zufrieden sein oder es in Kürze verlieren. Es kann auch sein, daß du jemandem etwas schenkst, das nachher kritisiert oder zuwenig geschätzt wird. Kränke dich nicht, ein nächstes Mal wirst du mit einem von Herzen gegebenen Geschenk große Freude bereiten. Beschenke lieber Menschen, die wenig besitzen und dir auch dankbarer sind als jene, die schon alles haben. Mache die Atemübungen regelmäßig, denn du beschenkst dich selbst damit.

## HERZ DAME · 19. HAUS

FREUNDE · WEIBLICHER FREUND · BLOND · SPONSOR

Im Haus der Geschenke wird dir mitgeteilt, daß ein Freund dir wunderbare Geschenke machen und etwas dabei sein wird, das du dir schon sehr lange wünschst. Vielleicht wirst du auch von einem Freund unterstützt, damit du dein Talent schulen lassen kannst. Es ist aber auch möglich, daß du jemanden unterstützen und es als Geschenk Gottes empfinden wirst.

Sieh nach, welche Karte in das 19. Haus fällt. Befindet sich dort eine rote Karte und fällt das KREUZ AS in ein rotes Haus, so hast du dir schon sehr lange etwas Bestimmtes gewünscht. Dieser Wunsch wird in Erfüllung gehen. Deute auch das 2. Haus mit, denn dort muß eine rote Karte liegen, wenn dein Wunsch in Erfüllung gehen soll. Schwarze Karten bedeuten eine Verzögerung. Befindet sich eine Kreuz-Karte im 19. Haus und fällt das KREUZ AS in ein Kreuz-Haus, so wirst du möglicherweise von deinen Eltern oder einem mütterlichen Freund ein Geschenk oder für längere Zeit Unterstützung erhalten.

Befindet sich eine PIK-KARTE im 19. Haus und fällt das KREUZ AS in ein PIK-HAUS, so wird das erwartete Geschenk nicht oder mit Verzögerung kommen. Deute das 2. Haus mit. Befindet sich dort eine rote Karte, so ist die Wartezeit kurz. Befindet sich eine schwarze Karte im 2. Haus, wirst du so lange auf dein Geschenk warten müssen, bis du dir möglicherweise das Gewünschte schon selbst leisten kannst. Versuche die Atemübungen zu machen, die für dich ein großes Geschenk sind.

## HERZ BUBE · 6. HAUS

### Popularität · Kunst · Jüngerer männlicher Freund · Künstler

Im Haus der Geschenke wird dir mitgeteilt, daß du bei einem öffentlichen Wettstreit einen Peis gewinnen wirst. Das kann ein Farbfernseher, ein Radio, eine Reise oder ein Gutschein einer bestimmten Firma sein. Versuche an einem Wettbewerb teilzunehmen, denn du wirst sicher unter den ersten zehn Gewinnern zu finden sein. Nütze deine Chance, denn eine solche kommt nicht jeden Tag. Bist du noch jung, wird man dir ein Angebot zu einem Wettstreit vor Publikum machen, und du wirst ihn gewinnen, weil du dem Publikum am besten gefällst.

Sieh nach, welche Karte in das 6. Haus fällt. Befindet sich dort eine rote Karte und fällt das KREUZ AS in ein rotes Haus, so wirst du Favorit bei einer öffentlichen Veranstaltung sein und viele Geschenke erhalten. Befindet sich eine Kreuz-Karte im 6. Haus und fällt das KREUZ AS in ein Kreuz-Haus, so kann es sein, daß jemand aus deiner Familie einen Wettbewerb gewinnen und dir einige seiner Geschenke abgeben wird. Solltest du aber gewinnen, wirst du die Geschenke unter Familie und Freunden verteilen.

Befindet sich eine PIK-KARTE im 6. Haus und fällt das KREUZ AS in ein PIK-HAUS, so passe auf, daß man dich nicht mit leeren Versprechungen nur ins Bett lockt. Sei vorsichtig und folge deiner inneren Stimme. Baue dein Selbstwertgefühl mit den Atemübungen auf.

## HERZ ZEHN · 11. HAUS

### Heirat · Verbindungen · Vereine · Bruderschaften

Im Haus der Geschenke wird dir mitgeteilt, daß du möglicherweise zu einer Hochzeit eingeladen und dem Brautpaar ein Geschenk überreichen wirst. Vielleicht heiratest auch du und erhältst viele Geschenke. Bist du schon verheiratet, so kann es sein, daß du zum Hochzeitstag ein Geschenk erhältst. Das kann von Freunden oder Bekannten sein. Es kann auch sein, daß du zu deiner Promotion eine Feier veranstaltest oder zu einer solchen eingeladen wirst und dort ein kleines Geschenk erhältst.

Sieh nach, welche Karte in das 11. Haus fällt. Befindet sich dort eine rote Karte und fällt das KREUZ AS in ein rotes Haus, so wird man dich einmal mit Geschenken überhäufen. Befindet sich eine Kreuz-Karte im 11. Haus und fällt das KREUZ AS in ein Kreuz-Haus, so wirst du von deinen Eltern ein nettes Geschenk erhalten. Das kann ein Familienerbstück oder ein wertvolles Schmuckstück sein.

Befindet sich eine PIK-KARTE im 11. Haus und fällt das KREUZ AS in ein PIK-HAUS, könnte jemand eine Feier stören, weil er dir die Geschenke, die du erhalten hast, mißgönnt. Vergiß die Atemübungen nicht!

## HERZ NEUN · 2. HAUS

WUNSCH · WÜNSCHE · SEHNSUCHT · HOFFNUNG

Im Haus der Geschenke wird dir mitgeteilt, daß du ein bestimmtes gewünschtes Geschenk schneller erhältst, als du denkst. Vielleicht hast du ein Geschenk, das du jemandem geben möchtest bestellt, und es wird so rasch geliefert, daß du es gleich weitergeben kannst. Solltest du ein bestimmtes Geschenk für jemanden suchen, so wirst du dies finden. Möglicherweise überlegst du, was eine bestimmte Person gerne geschenkt bekommen möchte.

Sieh nach, welche Karte in das 2. Haus fällt. Befindet sich dort eine rote Karte und fällt das KREUZ AS in ein rotes Haus, so wirst du dich bald über ein wunderbares Geschenk freuen und deine Freude mit anderen teilen. Befindet sich eine Kreuz-Karte im 2. Haus und fällt das KREUZ AS in ein Kreuz-Haus, erhältst du vielleicht von Verwandten ein schönes Geschenk.

Befindet sich eine PIK-KARTE im 2. Haus und fällt das KREUZ AS in ein PIK-HAUS, so zerbrichst du dir den Kopf, ob du ein bestimmtes Geschenk bekommst oder nicht, und wenn ja, warum gerade dieses. Vielleicht ärgerst du dich, daß man dir etwas schenkt, das du schon mehrfach besitzt. Ärgere dich nicht, schenke es einfach weiter, denn damit kannst du anderen Freude machen. Mache auch deine Atemübungen, so wird dir in Zukunft alles viel besser gelingen. Die Atemübungen sind ein Geschenk, mit dem du dir und auch anderen helfen kannst.

## HERZ ACHT · 4. HAUS
### Liebe · Mondschein · Romanze · Herz

Im Haus der Geschenke wird dir mitgeteilt, daß du von deinem Partner ein Geschenk erhalten wirst, das dich sehr freut. Solltest du noch allein sein, so wird dir ein Freund ein wunderschönes Geschenk machen, oder ihr werdet einen Stadtbummel machen und für einen Dritten ein Geschenk aussuchen. Vielleicht erhältst du auch von deiner Familie ein langersehntes Geschenk.

Sieh nach, welche Karte in das 4. Haus fällt. Befindet sich dort eine Herz-Karte und fällt das KREUZ AS in ein Herz-Haus, so wirst du von deiner Verlobten, deinem Verlobten oder einem lieben Freund ein sehr nettes Geschenk erhalten. Befindet sich eine Karo-Karte im 4. Haus und fällt das KREUZ AS in ein Karo-Haus, so kannst du mit einem Geldgeschenk rechnen. Befindet sich eine Kreuz-Karte im 4. Haus und fällt das KREUZ AS in ein Kreuz-Haus, so wirst du von deinen Eltern oder Verwandten ein persönliches Geschenk erhalten, oder du wirst jemandem aus deiner Familie ein persönliches Geschenk geben.

Befindet sich im 4. Haus eine PIK-KARTE und fällt das KREUZ AS in ein PIK-HAUS, so kann es sein, daß du jemandem ein Geschenk machen wirst, das bei der Überreichung zerbricht oder bereits beschädigt ist. Vielleicht erhältst du ein kaputtes Geschenk. Mache dir nichts draus, denn es läßt sich bestimmt wieder ersetzen. Mache deine Atemübungen. Sie werden dir helfen, ein gesunder und fröhlicher Mensch zu bleiben.

## HERZ SIEBEN · 12. HAUS
### Fröhlichkeit · Gute Laune · Herzlichkeit · Frohsinn

Im Haus der Geschenke wird dir mitgeteilt, daß dich ein Geschenk, das du sehr bald erhalten wirst, sehr fröhlich stimmen wird. Es könnte ein Musikinstrument sein, ein Radio, ein Fernseher oder etwas anderes, das du dir wünschst. Vielleicht bekommst du sogar ein Haus oder ein Auto; auf alle Fälle etwas, das dich fröhlich und glücklich macht. Auch kann dieses Geschenk von anderen benützt werden.

Sieh nach, welche Karte in das 12. Haus fällt. Befindet sich dort eine rote Karte und fällt das KREUZ AS in ein rotes Haus, so wirst du bald ein Geschenk erhalten, das dir große Freude bereiten wird und das du gleich ausprobieren möchtest. Befindet sich eine Kreuz-Karte im 12. Haus und fällt das KREUZ AS in ein Kreuz-Haus, so wirst du einem Verwandten ein Geschenk geben oder erhältst von einem netten Verwandten ein Geschenk.

Befindet sich eine PIK-KARTE im 12. Haus und fällt das KREUZ AS in ein PIK-HAUS, so kann es sein, daß du ein Geschenk erhalten wirst, das dir nur kurze Zeit Freude bereitet. Vielleicht bekommst du ein von dir gesandtes Geschenk zurück, weil du die Adresse unvollständig vermerkt hast und die Post es nicht weiterleiten kann. Es kann auch sein, daß jemand ein Geschenk von dir nicht annehmen möchte. Mache dir nichts draus und denke an deine Atemübungen. Durch sie wirst du der fröhliche und herzliche Mensch bleiben, der du ja im Grunde bist.

# KARO

## KARO AS · 25. HAUS

BERUF · FIRMA · UNTERNEHMEN · PROJEKTE

Im Haus der Geschenke wird dir mitgeteilt, daß du ein Angebot bekommen wirst, auf das du schon seit langem wartest. Vielleicht will sich eine bestimmte Person revanchieren, weil du einmal für sie eine bestimmte Sache erledigt hast. Es ist auch möglich, das man dich in einer Angelegenheit unentgeltlich unterstützen wird.

Sieh nach, welche Karte in das 25. Haus fällt. Befindet sich dort eine rote Karte und fällt das KREUZ AS in ein rotes Haus, so wird jemand sein Versprechen bald einlösen, und du wirst dir dabei beschenkt vorkommen. Befindet sich eine Kreuz-Karte im 25. Haus und fällt das KREUZ AS in ein Kreuz-Haus, so wird für dich ein Traum in Erfüllung gehen, ohne daß du dich bemühst, denn deine Eltern, Verwandte, Bekannte oder auch Freunde werden dazu beitragen.

Befindet sich im 25. Haus eine PIK-KARTE und fällt das KREUZ AS in ein PIK-HAUS, so wirst du in der nächsten Zeit mit Versprechungen hingehalten werden. Vielleicht möchtest du eine Gehaltserhöhung, oder es wurde dir etwas Bestimmtes versprochen, und du erhältst nun weder das eine noch das andere. Möglicherweise machst du auch öfters Versprechungen, die du dann nicht einhalten kannst. Überlege genau, was du anderen versprichst, sei es bei der Arbeit, zu Hause oder bei Freunden. Wenn du vergeßlich bist, so mache die Atemübungen regelmäßig. Sie werden dir helfen, dein Erinnerungsvermögen zu stärken, so daß du dich deiner Versprechungen auch erinnern kannst.

## KARO KÖNIG · 9. HAUS

LEGALE PAPIERE · ARZT · ANWALT · NOTAR

Im Haus der Geschenke wird dir mitgeteilt, daß du bei einem Anwalt oder einem Notar ein Geschenk abholen kannst. Möglicherweise sind es Aktien oder andere Wertpapiere, auf alle Fälle ein Geschenk, das du in Form von Papieren erhältst. Vielleicht brauchst du die Hilfe eines Anwalts, der das Geschenk für dich verwaltet. Es kann auch sein, daß dir ein Arzt einen guten Ratschlag gibt oder daß dir ein Anwalt einen guten Vorschlag macht.

Sieh nach, welche Karte in das 9. Haus fällt. Befindet sich dort eine rote Karte und fällt das KREUZ AS in ein rotes Haus, so wirst du ein sehr wichtiges Papier geschenkt bekommen und es einem Anwalt zur Verwahrung geben. Es ist auch möglich, daß du einem Arzt ein Dokument aushändigst und daß er dir etwas Bestimmtes dafür gibt, das dir wie ein Geschenk des Himmels vorkommt. Befindet sich eine Kreuz-Karte im 9. Haus und fällt das KREUZ AS in ein Kreuz-Haus, so kann es sein, daß du von deinen Eltern ein wichtiges Schriftstück erhalten wirst, das du bei einem Anwalt oder einem Arzt hinterlegst.

Befindet sich eine PIK-KARTE im 9. Haus und fällt das KREUZ AS in ein PIK-HAUS, so könnte es sein, daß dir jemand Geld schenkt, das aber gefälscht ist. Man möchte dich als Verteiler einspannen. Laß dich aber auf solche Geschäfte nicht ein, denn du stehst sonst mit einem Fuß im Gefängnis. Sei auch etwas weniger großzügig und sparsamer, dann wirst du in Notzeiten leichter über die Runden kommen und brauchst dich nicht in dunkle Geschäfte verwickeln lassen. Mache regelmäßig deine Atemübungen, denn sie werden dir helfen, dubiose Geschäfte zu vermeiden.

## KARO DAME · 18. HAUS

### JAHRESZEIT · FRÜHJAHR · SOMMER · HERBST · WINTER

Im Haus der Geschenke wird dir mitgeteilt, daß du etwas, das du schon lange haben wolltest, in der nächsten Jahreszeit erhältst. Es kann sein, daß du dieses Geschenk von einer älteren Person bekommst. Es wird ein Geschenk sein, das du überall mitnehmen kannst, wo immer du hingehst. Vielleicht ein Amulett, das dir Glück bringen soll. Oder ein interessantes Buch, eine Lebens- oder Studienhilfe, die du stets bei der Hand haben möchtest.

Sieh nach, welche Karte in das 18. Haus fällt. Befindet sich dort eine rote Karte und fällt das KREUZ AS in ein rotes Haus, so wirst du ein Geschenk bekommen, das dich überaus freut und von dem du glaubst, daß es dein Glücksbringer wird. Befindet sich eine Kreuz-Karte im 18. Haus und fällt das KREUZ AS in ein Kreuz-Haus, so kann es sein, daß du Bücher für dein Studium geschenkt bekommst oder auch Bücher, aus denen du sehr viel schöpfen kannst. Möglicherweise schenkst du jemandem ein Buch praktischer Lebenshilfe. Solltest du aber nicht wissen, welches Buch sich zum Schenken eignet, so überlege, ob nicht das Buch, in dem du jetzt gerade liest, vielleicht auch anderen Freude bereiten könnte.

Befindet sich eine PIK-KARTE im 18. Haus und fällt das KREUZ AS in ein PIK-HAUS, so kann es sein, daß du lange nach einem geeigneten Geschenk suchen mußt oder es gar nicht findest. Vielleicht solltest du umdisponieren und etwas anderes kaufen. Halte auch die Atemübungen ein, dann wird dir sicherlich einfallen, wie du in Zukunft andere beschenken kannst.

## KARO BUBE · 21. HAUS

### Briefe · Schriftstücke · Telegramme · Bote · Freund

Im Haus der Geschenke wird dir mitgeteilt, daß man dir schreiben wird, wo du ein Geschenk abholen kannst. Es ist wahrscheinlich sehr groß und kompliziert zu transportieren, und du mußt die Verantwortung für den Transport übernehmen. Vielleicht kann man es gar nicht transportieren, da es sich um ein Grundstück handelt. Es kann auch sein, daß du ein Geschenk in Form von Blumen oder Musik erhältst. Vielleicht bringt man dir ein Ständchen.

Sieh nach, welche Karte in das 21. Haus fällt. Befindet sich dort eine rote Karte und fällt das KREUZ AS in ein rotes Haus, so wirst du dich über dein Geschenk sehr freuen und auch wissen, wie du es sinnvoll anwendest. Befindet sich eine Kreuz-Karte im 21. Haus und fällt das KREUZ AS in ein Kreuz-Haus, dann wird dir vielleicht ein Grundstück geschenkt; ziehe auch das 7. Haus hinzu. Befindet sich auch dort eine rote Karte oder eine Kreuz-Karte und fällt das HERZ AS in ein rotes Haus, so wird es ein Riesengeschenk werden, so daß dich die Überraschung fast umwirft.

Befindet sich eine PIK-KARTE im 21. Haus und fällt das KREUZ AS in ein PIK-HAUS, so wirst du das Geschenk zwar erhalten, aber nur auf dem Papier. Möglicherweise liegt das Geschenk so weit entfernt, daß du es nie zu Gesicht bekommst. Sei nicht traurig, du kannst das Geschenk einmal verkaufen, wenn du dringend Geld brauchst. Vergiß nicht, die Atemübungen regelmäßig einzuhalten; sie tragen zu deinem inneren Gleichgewicht bei.

## KARO ZEHN · 17. HAUS

### Geld · Finanzen · Börse · Einnahmen · Ausgaben

Im Haus der Geschenke wird dir mitgeteilt, daß eine große Überraschung auf dich wartet. Du wirst ein Paket erhalten und darin lauter Geldscheine finden, sehr viel Geld! Möglicherweise wird dir jemand Geld überweisen, weil er nicht weiß, was er dir schenken soll. Auf alle Fälle wirst du in Kürze Geld erhalten.

Sieh nach, welche Karte in das 17. Haus fällt. Befindet sich dort eine rote Karte und fällt das KREUZ AS in ein rotes Haus, so wirst du bestimmt eine Geldüberweisung erhalten. Befindet sich im 17. Haus eine Karo-Karte und fällt das KREUZ AS in ein Karo-Haus und befinden sich auch in den Häusern 3, 9, 27 und 31 Karo-Karten, so solltest du jetzt dein Glück in der Lotterie versuchen. Befindet sich im 17. Haus ein Kreuz-Karte und fällt das KREUZ AS in ein Kreuz-Haus, so werden dir deine Eltern oder Verwandten bei manchen Gelegenheiten Geld schenken. Sie kennen deine Wünsche nicht und sind daher ratlos, wenn sie dir etwas schenken möchten.

Befindet sich eine PIK-KARTE im 17. Haus und fällt das KREUZ AS in ein PIK-HAUS, so solltest du in der nächsten Zeit bei deinen Ausgängen vorsichtig sein. Du könntest dein Geld verlieren und dadurch in Schwierigkeiten geraten. Oft gehst du mit Geld auch zu leichtsinnig um, weil du es dir nicht sauer verdienen mußt. Versuche mit dem erhaltenen Geld, sei es geschenkt oder erarbeitet, vernünftiger umzugehen. Mache regelmäßig deine Atemübungen, denn sie werden dir helfen, das Geld besser einzuteilen.

## KARO NEUN · 5. HAUS

### Überraschung · Überraschungen · Kleine Finanzen

Im Haus der Geschenke wird dir mitgeteilt, daß du in Kürze ein kleines Geschenk erhalten wirst, vielleicht ein neues Kleidungsstück, eine Kleinigkeit für die Wohnung oder etwas sehr Persönliches. Auch ein kleines Geschenk wird dich sehr freuen. Du schenkst auch sehr gerne und bereitest so anderen und dir Freude.

Sieh nach, welche Karte in das 5. Haus fällt. Befindet sich dort eine rote Karte und fällt das KREUZ AS in ein rotes Haus, so wirst du ein Kleidungsstück geschenkt bekommen. Es wird dich freuen, weil man deinen Geschmack getroffen hat. Befindet sich eine Kreuz-Karte im 5. Haus und fällt das KREUZ AS in ein Kreuz-Haus, so werden dir deine Verwandten etwas Nettes schenken, vielleicht ein Haustier, das du dir schon lange wünschtest.

Befindet sich ein PIK-KARTE im 5. Haus und fällt das KREUZ AS in ein PIK-HAUS, so kann es sein, daß man dir etwas schenkt, das du aber nicht behalten darfst, weil es gegen irgendwelche Vorschriften verstößt. Möglicherweise verschenkst du etwas, das der Empfänger aus Platzgründen nicht behalten kann. Trotzdem gib nicht auf, mit etwas Phantasie und Einfühlungsvermögen wirst du in den meisten Fällen das geeignete Geschenk finden. Mache regelmäßig deine Atemübungen!

## KARO ACHT · 27. HAUS

### ERBE · ERBSCHAFTEN · HINTERLASSENSCHAFTEN · BEKOMMEN

Im Haus der Geschenke wird dir mitgeteilt, daß du in den nächsten Monaten eine Erbschaft machen und sie mit anderen Personen teilen wirst. Vielleicht siehst du bei einer Hinterlassenschaft etwas, das man dir schenken wird, weil du gute Verwendung dafür hast. Möglicherweise bekommst du von einer älteren Person ein Geschenk mit »nur« ideellem Wert, doch ein Geheimnis ist darin verborgen. Versuche es zu ergründen, du wirst dafür reichlich belohnt werden. Erben heißt bekommen, aber es müssen nicht immer materielle Werte sein.

Sieh nach, welche Karte in das 27. Haus fällt. Befindet sich dort eine rote Karte und fällt das KREUZ AS in ein rotes Haus, so wirst du einmal eine sehr große Erbschaft machen. Deute auch die Häuser 9 und 17 mit. Vielleicht kannst du daraus schließen, wie groß die Erbschaft sein wird. Solltest du aber etwas bekommen, dann spende auch etwas. Befindet sich im 27. Haus eine Kreuz-Karte und fällt das KREUZ AS in ein Kreuz-Haus, so wird dir ein Mensch, den du längst vergessen hast, etwas hinterlassen. Er erinnert sich des Guten, das du ihm getan hast, und er wird dich in seinem Testament bedenken.

Befindet sich aber im 27. Haus ein PIK-KARTE und fällt das KREUZ AS in ein PIK-HAUS, so kann es sein, daß du dich um ein Erbe streiten mußt. Versuche gelassen zu bleiben und überlasse alles deinem Anwalt. Doch Nachlaßprozesse zahlen sich oftmals nicht aus. Verzichte lieber freiwillig auf deinen Erbschaftsanteil und besinne dich auf deine inneren Werte.

Mache die Atemübungen regelmäßig, dann wirst du selbst merken, was uns das Leben Schönes gibt.

## KARO SIEBEN · 3. HAUS
### ERFOLG · KARRIERE · AUFSTIEG · LEISTUNG

Im Haus der Geschenke wird dir mitgeteilt, daß das Geschenk, das du bekommst, dir auch beruflich weiterhelfen wird. Solltest du beispielsweise Schriftsteller oder Journalist sein, wird man dir eine Schreibmaschine schenken. Es wird ein nützliches Geschenk sein. Eine Hausfrau zum Beispiel wird etwas für den Haushalt bekommen, vielleicht ein elektrisches Küchengerät. Solltest du ein Geschäft haben, bekommst du eventuell eine günstige Offert.

Sieh nach, welche Karte in das 3. Haus fällt. Befindet sich dort eine rote Karte und fällt das KREUZ AS in ein rotes Haus, so wird es ein Geschenk sein, das zu deiner Weiterbildung beitragen kann. Möglicherweise wirst du das Geschenk umtauschen, da es nicht deiner Vorstellung entspricht. Befindet sich eine Kreuz-Karte im 3. Haus und fällt das KREUZ AS in ein Kreuz-Haus, so wird es ein persönliches Geschenk sein. Vielleicht entwirfst du auch Geschenke und bist sehr erfolgreich dabei. Oder du bastelst Kleinigkeiten, die den Menschen zur Unterhaltung und zum Zeitvertreib dienen. Ziehe das 25. Haus hinzu. Rote Karten sind sehr positiv. Du mußt bei den verschiedenen Fragen immer auch die entsprechenden Häuser beachten.

Befindet sich eine PIK-KARTE im 3. Haus und fällt das KREUZ AS in ein PIK-HAUS, so bist du nicht erfreut, wenn man dir etwas schenkt. Du glaubst nun, daß du ein Gegengeschenk machen mußt. Dem ist aber nicht so; nur wenige Menschen schenken, um beschenkt zu werden. Nimm Geschenke freudiger an. Du kannst ja ein Geschenk geben, das dich keinen Groschen kostet: zum Beispiel einen guten Rat, der mehr wert sein kann als alle Geschenke zusammen. Vergiß aber nicht, die Atemübungen regelmäßig zu machen.

# KREUZ

## KREUZ AS · 20. HAUS

GESCHENK · GESCHENKE · (MIT PIK AS: TOD · LAST)

Im Haus der Geschenke wird dir mitgeteilt, daß du sehr bald etwas sehr Liebliches und Schönes bekommen wirst. Vielleicht ein wertvolles Juwel oder eine große Summe Geld. Viele Geschenke wirst du in naher Zukunft erhalten, denn wenn das KREUZ AS ins eigene Haus fällt, bedeutet das ein sicheres Zeichen für Geschenke. Es ist auch möglich, daß du Einkäufe tätigen wirst, um für andere Geschenke zu besorgen. Ein großes Ereignis steht bevor, und du wirst alle Hände voll zu tun haben, um die schönen Dinge, die du gekauft hast, auch hübsch zu verpacken. Vielleicht mußt du jemanden beraten, was er verschiedenen Menschen schenken soll. Möglicherweise wirst du für ein Unternehmen oft unterwegs sein. Du gehst vielleicht auf Fachmessen oder startest Werbekampagnen. Ziehe das 25. Haus hinzu. Sollte sich dort eine rote Karte befinden, so wirst du Erfolge verbuchen können. Beachte auch das 3. Haus. Sieh immer in den dich interessierenden Häusern nach, damit du mit den Antworten etwas anfangen kannst. Diese Antworten sind aber nur allgemein gehalten, und du mußt sie für dich interpretieren. Das Buch soll dir Hinweise geben, wie du dich im einzelnen Fall verhalten sollst. Vergiß die Atemübungen nicht, durch sie wird dir manches besser gelingen.

## KREUZ KÖNIG · 10. HAUS

FERIEN · URLAUB · VATER · ONKEL · GROSSVATER

Im Haus der Geschenke wird dir mitgeteilt, daß du, solltest du noch zur Schule gehen, in Kürze eine Auszeichnung erhalten wirst. Es kann auch sein, daß du von deiner Firma zu einem Weiterbildungskurs geschickt wirst. Als Dank für deinen Einsatz wird man dir einige Urlaubstage schenken oder zu den Spesen einen zusätzlichen Betrag auszahlen. Mache diesen Urlaub, denn du scheinst ihn zu gebrauchen. Es kann auch sein, daß man dich um einen kleinen Gefallen bittet und diesen Gefallen reichlich honoriert.

Sieh nach, welche Karte in das 10. Haus fällt. Befindet sich dort eine rote Karte und fällt das KREUZ AS in ein rotes Haus, so kann es sein, daß du bei einem Wettbewerb eine Reise gewonnen hast oder gewinnen wirst. Möglicherweise bekommst du von deiner Firma eine Gratifikation. Befindet sich eine Kreuz-Karte im 10. Haus und fällt das KREUZ AS in ein Kreuz-Haus, so werden dir deine Eltern oder Freunde eine Reise oder einen Hotelaufenthalt bezahlen. Du hast für diese Menschen viel Gutes getan, daß sie dir in dieser Form danken wollen.

Befindet sich eine PIK-KARTE im 10. Haus und fällt das KREUZ AS in ein PIK-HAUS, so wird eine Einladung zu einer Reise rückgängig gemacht, oder du kannst die Reise durch gewisse Umstände nicht antreten. Der Urlaub könnte ins Wasser fallen. Sei nicht enttäuscht, denn so etwas kann passieren. Mache lieber die Atemübungen regelmäßig, dann werden wieder bessere Tage kommen.

## KREUZ DAME · 30. HAUS

UNTERSUCHER · UNTERSUCHUNGEN · MUTTER · TANTE · GROSSMUTTER

Im Haus der Geschenke wird dir mitgeteilt, daß du ein unerwartetes persönliches Geschenk erhalten wirst. Es kann auch sein, daß du etwas prüfen wirst, bevor du es verschenkst. Vielleicht wirst du in den nächsten Tagen überraschend Geld erhalten, das für dich gerade im richtigen Moment kommt, denn du kannst es gut gebrauchen.

Sieh nach, welche Karte in das 30. Haus fällt. Befindet sich dort eine rote Karte und fällt das KREUZ AS in ein rotes Haus, so wirst du bald ein Geschenk erhalten, das du gut brauchen kannst und mit dem du nicht gerechnet hast. Befindet sich im 30. Haus eine Kreuz-Karte und fällt das KREUZ AS in ein Kreuz-Haus, so wirst du möglicherweise von deinen Eltern beschenkt werden oder von jemandem aus deinem Freundeskreis. Das 4. und das 27. Haus sind auch zu deuten.

Befindet sich eine PIK-KARTE im 30. Haus und fällt das KREUZ AS in ein PIK-HAUS, so kann es sein, daß sich jemand mit dir einen schlechten Scherz erlaubt. Er schenkt dir etwas, weiß jedoch genau, daß du es nicht haben willst. Es kann auch sein, daß du dir einen Scherz erlaubst und jemandem etwas ihm Verhaßtes schenkst. Du bist manchmal schadenfroh; diese Untugend solltest du ablegen. Versuche immer die Atemübungen zu machen, sie werden dir helfen, dummen Unfung zu vermeiden.

## KREUZ BUBE · 15. HAUS

FAMILIE · SOHN · NEFFE (MIT DAME: TOCHTER · NICHTE)

Im Haus der Geschenke wird dir mitgeteilt, daß du ein längst versprochenes Geschenk erwartest. Es wird sicher kommen, habe noch etwas Geduld. Nachzufragen wäre unklug, denn damit kannst du jemanden verärgern und deinem Geschenk nachsehen. Sollte man es vergessen haben, so vergiß es auch du, denn so wichtig ist es nicht, daß davon dein Leben abhängt. Es kann auch sein, daß dich jemand in seinem Testament bedacht hat, und du das Geschenk erst nach dessen Tod erhältst.

Sieh nach, welche Karte in das 15. Haus fällt. Befindet sich dort eine rote Karte und fällt das KREUZ AS in ein rotes Haus, dann hat man das versprochene Geschenk nicht vergessen, sondern es noch nicht fertig. Habe Geduld, denn dem Geduldigen gehört die Welt. Befindet sich eine Kreuz-Karte im 15. Haus und fällt das KREUZ AS in ein Kreuz-Haus, so wirst du eines Tages deine Familie mit einem Geschenk überraschen. Es kann dies aber nach dem Tod deiner Eltern oder eines Verwandten sein.

Befindet sich eine PIK-KARTE im 15. Haus und fällt das KREUZ AS in ein PIK-HAUS, so wirst du das versprochene Geschenk nicht erhalten. Deine Familie hat dir schon zu vieles versprochen, als daß du noch daran glauben kannst. Nimm es gelassen, wenn es kommt, ist es gut, wenn nicht, ist es auch gut. Du wirst dir das Gewünschte aus eigener Kraft leisten können, ohne auf Almosen angewiesen zu sein. Wenn du aber etwas versprichst, so halte es auch immer, denn das stärkt deine Moral. Vergiß nicht, die Atemübungen regelmäßig zu machen; sie helfen dir, im Leben vieles zu erreichen und auch anderen Menschen eine Freude zu bereiten.

## KREUZ ZEHN · 8. HAUS

REISE · STRASSE · WASSER · MEER

Im Haus der Geschenke wird dir mitgeteilt, daß du eine Einladung zu einer Auslandsreise bekommen wirst und du dich darüber freust, weil du gerne reist. Vielleicht erhältst du auch ein Paket aus dem Ausland oder sendest ein Paket in ein anderes Land. Es kann auch sein, daß du eine Reise in ein fernes Land unternimmst. Man wird dich dort reichlich beschenken, weil du für dieses Land sehr viel getan hast oder noch tun wirst.

Sieh nach, welche Karte in das 8. Haus fällt. Befindet sich dort eine rote Karte und fällt das KREUZ AS in ein rotes Haus, so wird man dich mit Sicherheit zu einer Reise in ein fremdes Land einladen. Eine große Aufgabe erwartet dich dort, aber du wirst sie dank deiner guten Ausbildung gut ausführen. Befindet sich eine Kreuz-Karte im 8. Haus und fällt das KREUZ AS in ein Kreuz-Haus, so kann es sein, daß dich Verwandte zu sich ins Ausland einladen werden. Eine lange Reise steht dir bevor.

Befindet sich eine PIK-KARTE im 8. Haus und fällt das KREUZ AS in ein PIK-HAUS, dann solltest du die Einladung lieber nicht annehmen, denn man will dich von einem sicheren Ort weglocken. Du könntest in eine Falle tappen. Lege dir eine Woche später wieder die Karten und vergleiche sie mit dem aufgezeichneten Kartenbild. Vielleicht droht dir nur eine geringe Gefahr, aber sie muß beachtet werden. Jeder ist für sich selbst verantwortlich, und jeder kann selbst zu seinem Glück oder Unglück beitragen, es ist nicht immer die Schuld der anderen.

## KREUZ NEUN · 31. HAUS
GLÜCK · KLEINE REISE · RISIKO

Im Haus der Geschenke wird dir mitgeteilt, daß du ein Geschenk erhalten wirst, das du bei einem Preisausschreiben oder bei einer Tombola gewonnen hast. Es kann auch sein, daß du etwas findest und es behalten kannst, weil man den Besitzer nicht ausfindig machen kann. Vielleicht hast du auch eine kleine Reise gewonnen, und du wirst froh sein, ein bißchen aus deiner gewohnten Umgebung herauszukommen.

Sieh nach, welche Karte in das 31. Haus fällt. Befindet sich dort eine rote Karte und fällt das KREUZ AS in ein rotes Haus, so wirst du überglücklich über ein gewonnenes Geschenk sein, oder du wirst jemanden glücklich machen, weil du dieses Geschenk weitergibst. Diese Person wird es auch nötiger brauchen als du. Selbstlos helfen können leider nur wenige Menschen. Befindet sich eine Kreuz-Karte im 31. Haus und fällt das KREUZ AS in ein Kreuz-Haus, so kann es sein, daß du eine kleine Reise gewonnen hast oder jemanden zu einer Reise einladen wirst. Möglicherweise gibst du einen gefundenen Gegenstand dem Besitzer zurück und wirst seinen Dank ernten.

Befindet sich eine PIK-KARTE im 31. Haus und fällt das KREUZ AS in ein PIK-HAUS, so kann es sein, daß du etwas findest, das sehr gefährlich sein könnte, beispielsweise einen Blindgänger oder ähnliches. In diesem Fall verständige die Behörde. Auch kann es sein, daß du in nächster Zeit etwas verlierst, das für andere gefährlich sein könnte. Du mußt gefährliche Gegenstände immer am richtigen Ort aufbewahren, damit du nicht andere Menschen in Gefahr bringst. Du bist zeitweise sehr zerstreut, mache deshalb die Atemübungen!

## KREUZ ACHT · 26. HAUS

### Neue Unternehmungen · Mut · Heldentat

Im Haus der Geschenke wird dir mitgeteilt, daß eine Tat, die du vollbringst, durch ein Geschenk belohnt wird. Viele werden bei der Geschenkübergabe dabei sein. Wenn du Firmeninhaber bist, bezahlst du vielleicht deinen Angestellten einen Bonus, um sie anzuspornen. Möglicherweise wirst du den Jahresabschluß in deiner Buchhaltung machen und dabei gute Unterstützung bekommen. Vielleicht macht dir jemand, der dich sehr gerne hat, einen Antrag.

Sieh nach, welche Karte in das 26. Haus fällt. Befindet sich dort eine rote Karte und fällt das KREUZ AS in ein rotes Haus, so wirst du eine große Überraschung bei einem dir zu Ehren abgehaltenen Empfang erleben. Es kann auch sein, daß du die Vorbereitungen zu einem Empfang triffst. Befindet sich eine Kreuz-Karte im 26. Haus und fällt das KREUZ AS in ein Kreuz-Haus, so kann es sein, daß dich die Verwandtschaft mit einem Geschenk überraschen wird.

Befindet sich eine PIK-KARTE im 26. Haus und fällt das KREUZ AS in ein PIK-HAUS, so kann es sein, daß man dir eine Einladung geschickt hat und der Anlaß nun ins Wasser fällt. Vielleicht bringst du auch zuwenig Mut auf, wenn du an einem Wettstreit teilnimmst. Oder du kümmerst dich zu sehr um die Meinung anderer. Mache die Atemübungen regelmäßig, damit du Mut findest, dein Leben nach deinen Vorstellungen zu gestalten. Positives Denken bringt auch positives Handeln.

## KREUZ SIEBEN · 14. HAUS

### Nachrichten · Botschaft · Tränen · Leid

Im Haus der Geschenke wird dir mitgeteilt, daß dich jemand anrufen und dir mitteilen wird, daß er ein Geschenk für dich hat. Es kann auch sein, daß man dir telephoniert und dich bittet, bei der Wahl von Geschenken behilflich zu sein. Vielleicht besprichst du mit Kollegen, was ihr eurem Chef zu einem Jubiläum kaufen solltet. Man hört auf deinen Rat, denn du findest immer das Passende. Es kann auch sein, daß dir jemand ein Geschenk, das er bekommen hat, zur Verfügung stellt. Möglicherweise ein Auto.

Sieh nach, welche Karte in das 14. Haus fällt. Befindet sich dort eine rote Karte und fällt das KREUZ AS in ein rotes Haus, so kann es sein, daß dir jemand durch das Radio Grüße oder Wünsche zu deinem Jubiläum übermittelt. Vielleicht kommen auch Glückwünsche über Telephon oder Fernsehen. Befindet sich eine Kreuz-Karte im 14. Haus und fällt das KREUZ AS in ein Kreuz-Haus, so werden dir deine Eltern oder Verwandten Glückwünsche per Zeitung, Telegramm oder durch eine andere Nachrichtenübermittlung übersenden.

Befindet sich eine PIK-KARTE im 14. Haus und fällt das KREUZ AS in ein PIK-HAUS, so bist du traurig, daß man ein dir wichtiges Jubiläum vergessen hat. Nicht einmal deine engsten Verwandten denken an deinen Festtag. Schenke dir doch selbst etwas und sei nachsichtig mit den anderen. Mache die Atemübungen regelmäßig, und du wirst bald über den Dingen stehen und merken, daß es unwichtig ist, ob man dir gratuliert oder nicht. Vielleicht hast auch du schon einmal den Geburtstag oder einen anderen Festtag einer Person vergessen, und sie ist nicht daran gestorben. Lege nicht so viel Wert auf nebensächliche Dinge.

# PIK

## PIK AS · 24. HAUS
TOD · UNFALL · SCHICKSALSSCHLÄGE · QUAL · NOT

Im Haus der Geschenke wird dir mitgeteilt, daß du nach einem Todesfall in deiner Familie oder deinem Bekanntenkreis ein Geschenk erhalten wirst. Möglicherweise wirst du das Geschenk ablehnen, weil du diesen Todesfall noch nicht überwunden hast. Es kann sein, daß du einen Kranz oder ein Blumengebinde zu einem Begräbnis senden wirst.

Sieh nach, welche Karte in das 24. Haus fällt. Befindet sich dort eine rote Karte und fällt das KREUZ AS in ein rotes Haus, so wird dir eine liebe Person etwas hinterlassen, das du gut gebrauchen kannst. Ziehe das 27. Haus hinzu. Befindet sich dort auch eine rote Karte und fällt die KARO ACHT in ein rotes Haus, so wirst du etwas sehr Schönes erben. Befindet sich im 24. Haus eine Kreuz-Karte und fällt das KREUZ AS in ein Kreuz-Haus, so kann es sich um einen Todesfall in deiner Familie handeln. Du wirst dann etwas bekommen, auf das du schon lange Anspruch hattest. Das 27. Haus ist zu beachten. Rote Karten in diesem Haus sind sehr gut und deuten darauf hin, daß du ein wertvolles Objekt erben wirst.

Befindet sich im 24. Haus eine PIK-KARTE und fällt das KREUZ AS in ein PIK-HAUS, so kann es sein, daß dir jemand nach einem Todesfall etwas schenken will. Er wird vorgeben, es gekauft zu haben, aber du weißt, daß es von einer verstorbenen Person ist. Vielleicht gibst du etwas von den ererbten Sachen weiter. Vergiß die Atemübungen nicht und denke beim Weiterschenken von ererbten Sachen an die, die nur wenig haben.

## PIK KÖNIG · 28. HAUS
RUFER · BEHÖRDE · SCHULE · SPITAL · INSTITUTION

Im Haus der Geschenke wird dir mitgeteilt, daß dich jemand anrufen oder besuchen wird, um dir etwas zu geben, das du überhaupt nicht willst. Es kann auch sein, das du vor Gericht gerufen wirst oder bei einer Gerichtsverhandlung als Zeuge aussagen mußt. Solltest du beim Militär sein, so wirst du befördert werden.

Sieh nach, welche Karte in das 28. Haus fällt. Befindet sich dort eine rote Karte und fällt das KREUZ AS in ein rotes Haus, so wird dir in absehbarer Zeit die Mitteilung deiner Beförderung ins Haus flattern. Möglicherweise wird auch eine Rechtssache für dich gut ausgehen. Befindet sich eine Kreuz-Karte im 28. Haus und fällt das KREUZ AS in ein Kreuz-Haus, so kann es sein, daß du in einer familiären Angelegenheit als Zeuge vorgeladen wirst oder eine Familien- oder Geschäftsangelegenheit vor Gericht ausgetragen wird. Das kann beim Handelsgericht sein und muß nichts Negatives bedeuten. Es müssen vielleicht nur gewisse Dokumente in Ordnung gebracht werden. Das 9. und das 27. Haus sind mitzudeuten. Rote Karten sind sehr positiv.

Befindet sich eine PIK-KARTE im 28. Haus und fällt das KREUZ AS in ein PIK-HAUS, so kann es sein, daß du vor Gericht gerufen wirst und dort die Sache für dich nicht gut aussieht. Möglicherweise wird abgeklärt, wer bei einem Verkehrsunfall die Schuld hatte, und es kann sein, daß du der Schuldige bist. Sollte bei diesem Unfall jemand den Tod gefunden haben, so wird man sich auch mit den finanziellen Ansprüchen der Hinterbliebenen auseinandersetzen müssen. Es wird für dich eine schwere Zeit sein, aber du kannst sie durchstehen, indem du die Atemübungen regelmäßig machst. Sie sind kein Allheilmittel, doch sie helfen dir über schwierige Stituationen hinweg.

## PIK DAME · 29. HAUS

### DANKBARKEIT · DUNKLE DAME · UNDANK · NEID

Im Haus der Geschenke wird dir mitgeteilt, daß du von jemandem ohne besonderen Anlaß ein Geschenk erhalten wirst, weil diese Person sehr großzügig ist und Freude am Schenken hat. Es kann aber auch sein, daß du eine undankbare Person in deinem Bekanntenkreis hast, die verhindern will, daß du ein versprochenes Geschenk bekommst. Möglicherweise bekommst du von einer großzügigen Person ein noch fast neues Kleidungsstück geschenkt, das dir sehr gut paßt.

Sieh nach, welche Karte in das 29. Haus fällt. Befindet sich dort eine rote Karte und fällt das KREUZ AS in ein rotes Haus, so wirst du einen sehr großzügigen Menschen um dich haben, der dich stets reichlich beschenken wird. Befindet sich eine Kreuz-Karte im 29. Haus und fällt das KREUZ AS in ein Kreuz-Haus, so kann es sein, daß du einmal einen Laden eröffnest, in dem du getragene Kleider verkaufen wirst. Vielleicht übernimmst du ein Antiquitätengeschäft.

Befindet sich eine PIK-KARTE im 29. Haus und fällt das KREUZ AS in ein PIK-HAUS, so solltest du dich in acht nehmen, denn um dich sind mehrere Personen, die dir alles mißgönnen und die dir schaden möchten. Sie werden versuchen zu verhindern, daß du etwas dir Zustehendes bekommst. Deute auch das 27. Haus mit. Befinden sich dort rote Karten, so wirst du das, was dir zusteht, trotzdem bekommen, vor allem, wenn auch die KARO ACHT in ein rotes Haus fällt. Schwarze Karten bedeuten eine Opposition oder eine Verzögerung. Mache regelmäßig die Atemübungen, damit du deine Aufgaben gut erledigen kannst und ein froher Mensch bleibst.

## PIK BUBE · 1. HAUS

GEGENWART · WAHRHEIT · DUNKLER MANN · UNIFORMIERTER

Im Haus der Geschenke wird dir mitgeteilt, daß eine falsche Person dir etwas schenken und später hinter deinem Rücken schlecht von dir sprechen wird. Du solltest dieser Person nicht allzuviel anvertrauen, denn das könnte dir schaden. Diese Person ist nur auf ihren Vorteil bedacht. Du solltest auch darauf achten, nur qualitativ gute Waren einzukaufen, denn oft ist das Billige im Endeffekt das Teure.

Sieh nach, welche Karte in das 1. Haus fällt. Befindet sich dort eine rote Karte und fällt das KREUZ AS in ein rotes Haus, so wirst du von Freunden ein Geschenk erhalten, das dich sehr freut. Es kann auch sein, daß dich eine uniformierte Person beschenkt. Du solltest aber nicht gleich jedem, der dir ein Geschenk gibt, zu sehr vertrauen. Befindet sich eine Kreuz-Karte im 1. Haus und fällt das KREUZ AS in ein Kreuz-Haus, so kann es sein, daß du von Verwandten, von Kollegen oder Kolleginnen ein Geschenk bekommst. Doch später werden diese schlecht über dich sprechen, und das Geschenk wird sie reuen. Man wollte dich mit dem Geschenk bestechen, aber du hast dies durchschaut.

Befindet sich eine PIK-KARTE im 1. Haus und fällt das KREUZ AS in ein PIK-HAUS, dann solltest du in der nächsten Zeit vorsichtig sein, wem du was anvertraust. Du kannst nicht jedem die Wahrheit ins Gesicht sagen, so schaffst du dir nur Feinde. Es ist auch möglich, daß du deinen Wagen nicht ordnungsgemäß parkierst und dieser abgeschleppt wird. Vergiß nicht, die Atemübungen regelmäßig zu machen.

## PIK ZEHN · 32. HAUS
### Sonne · Entfernungen · Andere Länder · Nacht

Im Haus der Geschenke wird dir mitgeteilt, daß du ein längst versprochenes Geschenk endlich erhalten wirst. Du hast gar nicht mehr an dieses gedacht, nun kommt es endlich doch. Möglicherweise hast du vor längerer Zeit eine Investition gemacht und bekommst jetzt einen schönen Gewinn. Vielleicht unternimmst du auch eine Reise in den Süden.

Sieh nach, welche Karte in das 32. Haus fällt. Befindet sich dort eine rote Karte und fällt das KREUZ AS in ein rotes Haus, so wirst du für längere Zeit verreisen und dich sehr gut erholen. Es ist auch möglich, daß du zu einer Reise in den Süden eingeladen wirst und du keinen Groschen bezahlen mußt. Das 8. Haus ist auch zu deuten. Eine rote Karte oder die KREUZ NEUN ist in diesem Haus für dich persönlich sehr positiv, für ein Geschenk auf einer Reise oder auch für eine Einladung zu einer Auslandsreise. Befindet sich eine Kreuz-Karte im 32. Haus und fällt das KREUZ AS in ein Kreuz-Haus, so wirst du ein Geschenk, das schon vor Jahren abgesandt wurde, erst jetzt erhalten. Auch ist es möglich, daß du ein Geschenk ins Ausland sendest.

Befindet sich eine PIK-KARTE im 32. Haus und fällt das KREUZ AS in ein PIK-HAUS, so kann es sein, daß du ein beschädigtes Geschenk erhältst. Oder ein von dir abgeschicktes Paket wird beim Transport zerstört. Nun, so schlimm wird es nicht sein, ärgere dich nicht darüber, das Geschenk wird sich ersetzen lassen. Vergiß nicht, deine Atemübungen zu machen.

## PIK NEUN · 23. HAUS
### Depression · Unannehmlichkeiten · Kälte

Im Haus der Geschenke wird dir mitgeteilt, daß du ein Geschenk erhalten wirst, das dich aber enttäuscht. Man hat deinen Geschmack nicht getroffen. Vielleicht kommt das Geschenk zerstört oder gar nicht an. Es kann sein, daß das Geschenk an einen falschen Bestimmungsort gelangt. Möglicherweise bekommst du ein Kleidungsstück geschenkt, das beschädigt oder von schlechter Qualität ist. Solltest du in einem Kleidergeschäft arbeiten, so mußt du dich vielleicht über fehlerhafte Ware ärgern.

Sieh nach, welche Karte in das 23. Haus fällt. Befindet sich dort eine rote Karte und fällt das KREUZ AS in ein rotes Haus, so wird sich der Verlust der Geschenke bald aufklären. Es kann auch sein, daß du Geschenke erhältst, die nicht für dich bestimmt sind. Du wirst sie dem richtigen Empfänger bringen und kannst bei dieser Gelegenheit neue Kontakte anknüpfen. Befindet sich eine Kreuz-Karte im 23. Haus und fällt das KREUZ AS in ein Kreuz-Haus, so wirst du nun endlich ein lang versprochenes Geschenk von deinen Eltern erhalten.

Befindet sich eine PIK-KARTE im 23. Haus und fällt das KREUZ AS in ein PIK-HAUS, so wirst du sehr deprimiert sein. Ein Geschenk, das du jemandem geben wolltest, ist unauffindbar. Es kann auch sein, daß ein für dich bestimmtes Geschenk unauffindbar ist. Vielleicht ein Ring oder ein anderes Schmuckstück. Nimm es nicht so schwer, freue dich lieber darüber, daß die Sonne scheint! Versuche die Atemübungen regelmäßig einzuhalten, sie werden dir über Verluste hinweghelfen.

## PIK ACHT · 22. HAUS
### Ärger · Ärgernisse · Streit · Verleumdungen

Im Haus der Geschenke wird dir mitgeteilt, daß du eines Geschenkes wegen großen Ärger bekommen oder dich über ein Geschenk ärgern wirst. Vielleicht möchtest du ein Geschenk an einem bestimmten Tag überreichen, und du ärgerst dich, weil der Termin nicht eingehalten werden kann. Man will den vor dir festgelegten Termin absichtlich nicht einhalten, oder man streitet ab, daß du den Termin bekanntgegeben hast.

Sieh nach, welche Karte in das 22. Haus fällt. Befindet sich dort eine Herz-Karte und fällt das KREUZ AS in ein Herz-Haus, so wird der Widerstand von privater Seite kommen. Befindet sich eine Karo-Karte im 22. Haus und fällt das KREUZ AS in ein Karo-Haus, so wird man ein für einen Kollegen bestimmtes Geschenk als zu teuer befinden. Du bringst den Betrag beim Sammeln nicht zusammen und mußt aus eigener Tasche draufzahlen. Befindet sich eine Kreuz-Karte im 22. Haus und fällt das KREUZ AS in ein Kreuz-Haus, so wird es wegen eines für Geschäftsfreunde oder Verwandte bestimmten Geschenkes Schwierigkeiten geben.

Befindet sich eine PIK-KARTE im 22. Haus und fällt das KREUZ AS in ein PIK-HAUS, so mußt du mit großen Schwierigkeiten wegen eines Geschenkes rechnen. Vielleicht wurde eine entsprechende Rechnung nicht korrekt verbucht. Es könnte sich auch um eine Bestechung handeln. Ziehe das 9. und das 28. Haus hinzu. Befinden sich dort rote Karten, so wird sich die Angelegenheit regeln lassen. Schwarze Karten hingegen, speziell PIK-KARTEN, bedeuten aber eine Warnung. Laß dich nicht auf krumme Geschäfte ein, du könntest sonst im Gefängnis landen. Die Atemübungen werden dir helfen, Verlockungen standhaft zu begegnen.

## PIK SIEBEN · 16. HAUS

GESUNDHEIT · KRANKHEIT · KUR · OPERATION

Im Haus der Geschenke wird dir mitgeteilt, daß du ein Geschenk für deine Gesundheit erhalten wirst, vielleicht ein Vitaminpräparat oder etwas Ähnliches. Möglicherweise weiß man, daß du auf deine Gesundheit sehr achtgibst, und schenkt dir ein Kräuterbuch. Es kann auch sein, daß du jemandem geholfen hast und dafür nun ein Geschenk bekommst. Vielleicht sorgst du dich um die Gesundheit oder die Genesung eines Menschen. Es kann auch sein, daß du demnächst einen Spitalbesuch machst oder dich einer Vorsorgeuntersuchung unterziehst.

Sieh nach, welche Karte in das 16. Haus fällt. Befindet sich dort eine rote Karte und fällt das KREUZ AS in ein rotes Haus, so hast du wegen deiner Gesundheit in nächster Zeit nichts zu befürchten. Du scheinst ein sehr vitaler Mensch zu sein. Halte die Atemübungen trotzdem regelmäßig ein. Befindet sich eine Kreuz-Karte im 16. Haus und fällt das KREUZ AS in ein Kreuz-Haus, so kann es sein, daß du jemanden aus deiner Familie oder aus deinem Freundeskreis im Krankenhaus besuchen wirst.

Befindet sich eine PIK-KARTE im 16. Haus und fällt das KREUZ AS in ein PIK-HAUS, so solltest du in den nächsten Tagen einen Arzt aufsuchen, denn du warst schon lange nicht mehr bei einer Kontrolluntersuchung. Auch deine Zähne sollten einmal kontrolliert werden. Versuche die Atemübungen regelmäßig einzuhalten, denn sie tragen zur Erhaltung deines höchsten Gutes – der Gesundheit – bei.

Das 21. Haus

# KARO BUBE

Das Haus der Briefe, der Schriftstücke, der Telegramme, des Boten und des Freundes

# HERZ

## HERZ AS · 7. HAUS

Wohnung · Besitz · Haus · Eigentum

Im Haus der Briefe wird dir mitgeteilt, daß du, wenn du zur Zeit von deinem Partner getrennt lebst, in den nächsten Tagen von ihm einen Brief erhalten wirst, in dem er dir einige Neuigkeiten mitteilt. Es kann auch sein, daß ein Freund dir seine neue Adresse schriftlich bekanntgibt. Möglicherweise bittet dich jemand in einem Brief um Hilfe. Oder du erwartest eine schriftliche Baubewilligung. Vielleicht arbeitest du zu Hause und hast sehr viel zu schreiben.

Sieh nach, welche Karte in das 7. Haus fällt. Befindet sich dort eine rote Karte und fällt der KARO BUBE in ein rotes Haus, so wirst du Briefe mit positivem Inhalt erhalten. Befindet sich im 7. Haus eine Karo-Karte und fällt der KARO BUBE in ein Karo-Haus, so kann es sein, daß dir in einem Brief Geld gesandt wird. Befindet sich eine Kreuz-Karte im 7. Haus und fällt der KARO BUBE in ein Kreuz-Haus, so wirst du einen Brief von deinen Eltern oder guten Freunden erhalten. Möglicherweise beginnst du mit einem Unbekannten einen Briefwechsel.

Befindet sich eine PIK-KARTE im 7. Haus und fällt der KARO BUBE in ein PIK-HAUS, so wirst du in einem Brief schlechte Nachrichten bekommen. Deute auch das 14. Haus. Befindet sich im 14. Haus eine rote Karte und fällt die KREUZ SIEBEN in ein rotes Haus, so wird der Briefinhalt nicht allzu schlimm sein. Befindet sich im 7. Haus eine PIK-KARTE und fällt der KARO BUBE in ein PIK-HAUS, so wirst du mittels Brief jemandem eine schlechte Nachricht übersenden. Leider sind wir manchmal gezwungen, schlechte Nachrichten weiterzuleiten. Vergiß in solchen Momenten nicht, die Atemübungen durchzuführen.

## HERZ KÖNIG · 13. HAUS

Unterhaltung · Männlicher Freund · Blond · Sponsor

Im Haus der Briefe wird dir mitgeteilt, daß dich ein Brief beim Lesen sehr freuen wird, denn jemand interessiert sich für dich und deine Zukunft und bietet dir seine Hilfe an. Es kann auch sein, daß du eine schriftliche Einladung zu einer Party bekommst.

Sieh nach, welche Karte in das 13. Haus fällt. Befindet sich dort eine rote Karte und fällt der KARO BUBE in ein rotes Haus, so wirst du in nächster Zukunft sehr viele Einladungen erhalten. Du wirst sie vielleicht nicht alle annehmen können, aber versuchen, ihnen Folge zu leisten. Gewisse Einladungen könnten für dein berufliches Weiterkommen wichtig sein. Ziehe das 25. Haus hinzu. Rote Karten sind hier sehr positiv. Schwarze Karten müssen gesondert gedeutet werden. Befindet sich eine Kreuz-Karte im 13. Haus und fällt der KARO BUBE in ein Kreuz-Haus, so werden dich deine Eltern in einem Brief bitten, sie zu besuchen. Mache ihnen diese Freude. Vielleicht solltest du andere Verwandte schon längst einmal besuchen. Pflege die verwandtschaftlichen Kontakte, du kannst so vielen Freude bereiten.

Befindet sich eine PIK-KARTE im 13. Haus und fällt der KARO BUBE in ein PIK-HAUS, so kann es sein, daß ein Brief verlorengeht und daß du dadurch einen wichtigen Termin versäumst. Es kann auch sein, daß jemand deinen Brief, in dem du ein Treffen vorschlägst, nicht erhält. Rufe zur Sicherheit an, denn doppelt genäht hält besser! Vergiß nicht, regelmäßig die Atemübungen zu machen.

## HERZ DAME · 19. HAUS

FREUNDE · WEIBLICHER FREUND · BLOND · SPONSOR

Im Haus der Briefe wird dir mitgeteilt, daß du sehr bald eine erfreuliche Neuigkeit von einem Freund erfahren wirst. Er wird dir sehr nett schreiben und wird dir ein tolles Angebot machen. Es kann ein Angebot für eine andere Arbeit sein, oder du wirst zu einer Reise in ein fremdes Land eingeladen. Vielleicht wirst du eine gute Nachricht in einem Brief übermitteln.

Sieh nach, welche Karte in das 19. Haus fällt. Befindet sich dort eine rote Karte und fällt der KARO BUBE in ein rotes Haus, so wird man dich bald über etwas Erfreuliches informieren. Vielleicht teilt man dir die Geburt eines Kindes mit und bittet dich, Taufpate zu sein – ein Angebot, das du annehmen solltest. Befindet sich eine Kreuz-Karte im 19. Haus und fällt der KARO BUBE in ein Kreuz-Haus, so kann es sein, daß ein Verwandter, der es im Ausland zu etwas gebracht hat, dir schreibt und dich zu sich einlädt. Du kannst die Einladung annehmen, wenn sich im 8. Haus eine rote Karte befindet und wenn die KREUZ ZEHN in ein rotes Haus oder in ein Kreuz-Haus fällt.

Befindet sich eine PIK-KARTE im 19. Haus und fällt der KARO BUBE in ein PIK-HAUS, so wirst du einen Brief erhalten, in dem eine Einladung wegen eines Unfalles widerrufen wird. Es kann auch sein, daß du eine Einladung absagen mußt. Sieh auch im 14. Haus nach. Wenn sich dort eine rote Karte befindet, wird es nicht so schlimm sein. Eine schwarze Karte in diesem Haus würde aber bedeuten, daß du in nächster Zeit traurig sein wirst. Vergiß nicht, die Atemübungen regelmäßig zu machen, denn sie werden dich wieder fröhlich stimmen.

## HERZ BUBE · 6. HAUS

POPULARITÄT · KUNST · JÜNGERER MÄNNLICHER FREUND · KÜNSTLER

Im Haus der Briefe wird dir mitgeteilt, daß du einmal in deinem Leben etwas schreiben und dadurch sehr berühmt werden wirst. Es kann auch sein, daß du, weil du sehr bekannt bist, in nächster Zeit sehr viele Briefe erhältst. Arbeitest du in der Modebranche, am Theater oder beim Film, so wird dir ein Agent in einem Brief einen für dich günstigen Vertrag unterbreiten.

Sieh nach, welche Karte in das 6. Haus fällt. Befindet sich dort eine rote Karte und fällt der KARO BUBE in ein rotes Haus, so wirst du von einem Agenten einen guten Vertrag erhalten oder mit einem Buch sehr berühmt werden. Vielleicht schreibst du zur Zeit ein Buch, das sich als Bestseller erweisen und reißenden Absatz finden wird. Deute in diesem Fall auch das 9. und das 17. Haus. Befinden sich in diesen Häusern rote Karten und fallen der KARO KÖNIG und die KARO ZEHN in ein rotes Haus, so scheint deine Zukunft gesichert. Befindet sich eine Kreuz-Karte im 6. Haus und fällt der KARO BUBE in ein Kreuz-Haus, so wird vielleicht eines deiner Kinder einmal sehr berühmt, oder du hast ein Geschäft, wo nur berühmte Menschen verkehren. Ziehe das 25. Haus hinzu. Rote Karten sind sehr positiv, schwarze Karten müssen gesondert gedeutet werden.

Befindet sich eine PIK-KARTE im 6. Haus und fällt der KARO BUBE in ein PIK-HAUS, so kann es sein, daß du in einen Skandal verwickelt wirst. Solltest du bekannt sein, so ist es möglich, daß man von dir Skandalgeschichten erzählt, um deinem Ruf zu schaden. Gib acht, mit wem du verkehrst und was du in Briefen schreibst, man könnte es eines Tages gegen dich verwenden und damit einen Skandal heraufbeschwören. Mache regelmäßig die Atemübungen!

## HERZ ZEHN · 11. HAUS
### Heirat · Verbindungen · Vereine · Bruderschaften

Im Haus der Briefe wird dir mitgeteilt, daß du eine Einladung zu einer Hochzeit erhalten wirst. Es kann auch sein, daß du Einladungen für ein Hochzeitsfest versenden wirst, vielleicht zu deinem eigenen. Möglicherweise bekommst du auch einen Brief, in dem dir mitgeteilt wird, daß ein Bekannter geheiratet hat. Vielleicht wirst du auch Dokumente per Einschreibebrief an eine Behörde senden und in den nächsten Tagen einen wichtigen Brief von dieser Behörde erhalten.

Sieh nach, welche Karte in das 11. Haus fällt. Befindet sich dort eine rote Karte und fällt der KARO BUBE in ein rotes Haus, so wirst du ganz sicher eine Einladung zu einer Hochzeit erhalten oder eine versenden. Befindet sich eine Kreuz-Karte im 11. Haus und fällt der KARO BUBE in ein Kreuz-Haus, so kann es sein, daß sich deine Mutter oder dein Vater wieder verheiratet oder ein Arbeitskollege heiratet. Zu dieser Hochzeit bist du eingeladen.

Befindet sich eine PIK-KARTE im 11. Haus und fällt der KARO BUBE in ein PIK-HAUS, so solltest du dir, wenn du in nächster Zeit heiraten möchtest, diesen Schritt genau überlegen. Laß dir lieber noch etwas Zeit. Vielleicht kommst du auch zu einer Hochzeitsfeier zu spät, weil du die Einladung zu spät erhalten hast. Es kann sein, daß du einmal sogar zu deiner eigenen Hochzeit zu spät kommst. Es ist hier ein Hindernis, das deiner Heirat im Wege steht. Sieh auch nach, welche Karten in das 9. und in das 28. Haus fallen. Befinden sich dort rote Karten, so wird das Hindernis leicht zu überwinden sein. Schwarze Karten müssen gesondert gedeutet werden. Mache regelmäßig die Atemübungen.

## HERZ NEUN · 2. HAUS
### Wunsch · Wünsche · Sehnsucht · Hoffnung

Im Haus der Briefe wird dir mitgeteilt, daß du, solltest du dir einen bestimmten Brief gewünscht haben, diesen in den nächsten Tagen erhalten wirst. Es kann auch sein, daß du jemandem ein Glückwunschtelegramm sendest oder daß du in den nächsten Tagen sehr viele Glückwunschbriefe erhältst.

Sieh nach, welche Karte in das 2. Haus fällt. Befindet sich dort eine Herz-Karte und fällt der KARO BUBE in ein Herz-Haus, so wird dich bald ein langersehnter Brief erreichen. Befindet sich eine Karo-Karte im 2. Haus und fällt der KARO BUBE in ein Karo-Haus, so wirst du einen wichtigen Brief mit einem Scheck erhalten, auf den du schon gewartet hast. Vielleicht wirst du jemandem einen Scheck senden. Befindet sich eine Kreuz-Karte im 2. Haus und fällt der KARO BUBE in ein Kreuz-Haus, so wird dir ein Vewandter eine Einladung schicken. Vielleicht bringt dir die Post eine wichtige Nachricht, auf die du schon lange gewartet hast, oder man erfüllt dir einen langgehegten Wunsch.

Befindet sich eine PIK-KARTE im 2. Haus und fällt der KARO BUBE in ein PIK-HAUS, so wird dir in einem Brief mitgeteilt, daß man dir deinen Wunsch nicht erfüllen kann. Vielleicht wirst aber auch du einen Brief mit einer Absage abschicken. Möglicherweise hast du dich um einen Posten beworben und mußt noch warten, bist du ihn erhältst. Deute auch das 25. Haus. Befindet sich dort eine rote Karte, so wird dir dein Wunsch in Erfüllung gehen. Schwarze Karten sind gesondert zu deuten, aber sie zeigen einen Widerstand an. Mache regelmäßig deine Atemübungen, sie werden dir helfen, deine Sehnsucht zu stillen.

## HERZ ACHT · 4. HAUS

LIEBE · MONDSCHEIN · ROMANZE · HERZ

Im Haus der Briefe wird dir mitgeteilt, daß du, wenn du noch allein sein solltest, bald einen Liebesbrief erhalten oder einen schreiben wirst. Es kann auch sein, daß du auf ein Inserat in der Zeitung antwortest; du wirst eine positive Antwort erhalten. Es ist auch möglich, daß ein Brief dein Leben total verändern wird.

Sieh nach, welche Karte in das 4. Haus fällt. Befindet sich dort eine Herz-Karte und fällt der KARO BUBE in ein Herz-Haus, so wirst du mit Sicherheit in den nächsten Tagen oder Wochen einen Liebesbrief erhalten oder einen schreiben und wegschicken. Befindet sich eine Karo-Karte im 4. Haus und fällt der KARO BUBE in ein Karo-Haus, so wirst du einen Wertbrief erhalten oder einen Brief mit einem wichtigen Dokument. Es kann auch sein, daß du einen wichtigen Brief absenden wirst. Befindet sich eine Kreuz-Karte im 4. Haus und fällt der KARO BUBE in ein Kreuz-

Haus, so wirst du von deiner Familie einen Brief erhalten, in dem dir Wichtiges mitgeteilt wird. Du solltest sofort antworten, damit nicht allzuviel Zeit verlorengeht. Zeit spielt hier eine ganz wichtige Rolle.

Befindet sich eine PIK-KARTE im 4. Haus und fällt der KARO BUBE in ein PIK-HAUS, so kann es sein, daß dir jemand schriftlich seine Freundschaft aufkündigt oder daß du eine Freundschaft beendest, weil man dich sehr enttäuscht hat. Wenn du anderen Menschen ihre Fehler nicht verzeihen kannst, so überlege einmal, wie viele Fehler du schon gemacht hast. Mache die Atemübungen regelmäßig, durch sie wirst du daran erinnert, daß man seinen Schuldigern vergeben soll.

## HERZ SIEBEN · 12. HAUS

FRÖHLICHKEIT · GUTE LAUNE · HERZLICHKEIT · FROHSINN

Im Haus der Briefe wird dir mitgeteilt, daß du durch eine Neuigkeit in gute Laune versetzt wirst. Vielleicht gibt man dir beim Theater oder beim Film eine Rolle, oder du hast dich sonst irgendwo beworben. Es kann aber sein, daß du dich erst bewerben wirst. Bewirb dich in den nächsten zwei Wochen, denn die Zeit ist sehr gut für dich.

Sieh nach, welche Karte in das 12. Haus fällt. Befindet sich dort eine rote Karte und fällt der KARO BUBE in ein rotes Haus, so sind die Zeiten für dich sehr gut. Deine Bewerbung wird angenommen werden. Sieh auch nach, in welches Haus das KARO AS fällt und welche Karte sich im 25. Haus befindet. Rote Karten sind positiv zu deuten, schwarze Karten müssen gesondert gedeutet werden. Sie müssen nicht unbedingt eine Opposition bedeuten, es kann auch nur eine zeitliche Verzögerung bei einer Bewerbung oder die Verspätung eines Briefes sein. Befindet sich eine Kreuz-Karte im 12. Haus und fällt der KARO BUBE in ein Kreuz-Haus, so wirst du Unterstützung aus deiner Familie oder Verwandtschaft erhalten, wenn du einen bestimmten Beruf ausüben oder ein bestimmtes Fach studieren möchtest. Ziehe das 28. Haus hinzu. Rote Karten sind für eine Protektion sehr gut. Schwarze Karten müssen gesondert gedeutet werden.

Befindet sich eine PIK-KARTE im 12. Haus und fällt der KARO BUBE in ein PIK-HAUS, so kann es sein, daß du eine schriftliche Absage bekommst. Lerne weiter und bewirb dich um eine andere Stelle oder lege dir eine

Woche später wieder die Karten und vergleiche sie mit dem jetzigen Kartenbild. Vielleicht ist es nur ein vorübergehendes Tief. Mache immer regelmäßig die Atemübungen, denn durch diese wird dir im Leben einiges besser gelingen. Du leidest manchmal an Depressionen und glaubst, daß dir nichts gelingt. Du mußt dich vom negativen auf ein positives Denken umstellen. Das wird dir sicherlich gelingen, wenn du die Atemübungen regelmäßig machst.

# KARO

## KARO AS · 25. HAUS

BERUF · FIRMA · UNTERNEHMEN · PROJEKTE

Im Haus der Briefe wird dir mitgeteilt, daß du bald einen Brief erhalten wirst, in dem dir mitgeteilt wird, daß du ein betimmtes Vorhaben beginnen kannst. Es kann auch sein, daß dir ein Freund einen Brief schreiben wird, in dem er dir ein gutes Angebot macht. Du sollst mit ihm eine Geschäftspartnerschaft eingehen. Vielleicht erhältst du auch durch einen Freund einen guten Posten. Es ist auch möglich, daß du selbst eine Firma besitzt, und du wirst in den Zeitungen inserieren oder Stellenanzeigen aufgeben.

Sieh nach, welche Karte in das 25. Haus fällt. Befindet sich dort eine rote Karte und fällt der KARO BUBE in ein rotes Haus, so wird die nächste Zeit für dich sehr arbeits-, aber auch ertragreich sein. Du wirst sehr viel verdienen, wenn im 17. und im 27. Haus Karo- oder Herz-Karten liegen. Du kannst dir in kurzer Zeit eine sichere Existenz aufbauen. Sollten sich im 25. und im 27. Haus PIK-KARTEN befinden, dann sei vorsichtig, daß du von deinen Gechäftspartnern nicht hereingelegt wirst. Befindet sich eine Kreuz-Karte im 25. Haus und fällt der KARO BUBE in ein Kreuz-Haus, dann kann es sein, daß du den Betrieb deiner Eltern oder eines Angehörigen übernehmen wirst. Gute Zeiten stehen dir bevor, wenn du deine Arbeit präzise und sorgfältig machst.

Befindet sich eine PIK-KARTE im 25. Haus und fällt der KARO BUBE in ein PIK-HAUS, so kann es sein, daß dir ein Freund mitteilt, daß seine Firma Pleite gemacht hat. Er will dich nun anpumpen. Vielleicht ersuchst du um ein Darlehen zur Finanzierung deines Betriebs. Sieh nach, welche Karte im 17. Haus liegt. Befindet sich auch dort eine PIK-KARTE, dann solltest du weder in ein Geschäft einsteigen noch eine bankrotte Firma übernehmen, denn dies würde dein eigener Ruin bedeuten. Sei auch vorsichtig, wenn du Geld verleihst, und lasse dir Sicherheiten geben. Vergiß auch bei all deinen Geschäften nicht, die Atemübungen regelmäßig zu machen.

## KARO KÖNIG · 9. HAUS
### Legale Papiere · Arzt · Anwalt · Notar

Im Haus der Briefe wird dir mitgeteilt, daß dir in nächster Zeit viele Briefe zugehen werden. Es kann auch sein, daß du einen Brief erhältst, in dem man dich bittet, für jemanden bei Gericht auszusagen. Hier ist aber Vorsicht geboten.

Sieh nach, welche Karte in das 9. Haus fällt. Befindet sich dort eine rote Karte und fällt der KARO BUBE in ein rotes Haus, so wirst du in naher Zukunft eine eigene Firma gründen. Ziehe das 25. Haus hinzu. Rote Karten sind sehr positiv, schwarze müssen gesondert gedeutet werden.

Befindet sich eine Kreuz-Karte im 9. Haus und fällt der KARO BUBE in ein Kreuz-Haus, so wird dir ein Freund oder jemand aus der Familie bei der Einrichtung eines Büros behilflich sein, oder du hast in nächster Zeit sehr viel Geschäftspost zu erledigen. Deine Firma verzeichnet ein erfreuliches Wachstum. Das 25. Haus ist auch zu beachten. Kreuz-Karten und rote Karten in diesem Haus sind sehr positiv für den Aufbau einer neuen Firma.

Befindet sich eine PIK-KARTE im 9. Haus und fällt der KARO BUBE in ein PIK-HAUS, so sei in nächster Zeit mit Verträgen vorsichtig. Lies alles genau durch und unterschreibe nicht, bevor du dir über alle Punkte im klaren bist. Mache die Atemübungen regelmäßig, sie können dich vor übereilten Handlungen und deren unangenehmen Folgen bewahren.

## KARO DAME · 18. HAUS
### Jahreszeit · Frühjahr · Sommer · Herbst · Winter

Im Haus der Briefe wird dir mitgeteilt, daß du nicht so lange warten solltest, um deine Briefe zu beantworten, du könntest sonst eine große Chance in deinem Leben versäumen. Versuche deine Post so rasch als möglich zu erledigen. Jemand wartet ungeduldig auf eine Nachricht von dir. Laß ihn nicht so lange warten, denn es ist wichtig für dich! Oder hast du es schon vergessen?

Sieh im 14. Haus nach, wenn dort oder im 1. Haus eine Personenkarte liegt, dann kannst du daraus schließen, wem du endlich schreiben solltest.

Sieh nach, welche Karte in das 18. Haus fällt. Befindet sich dort eine rote Karte und fällt der KARO BUBE in ein rotes Haus, so wirst du viel Post bekommen. Du weißt gar nicht, wem du zuerst antworten sollst. Beantworte die Briefe in der Reihenfolge, wie du sie bekommst. Es kann auch sein, daß du betrübt bist, weil du von einer gewissen Person schon lange nichts mehr gehört hast. Versuche ganz konzentriert an sie zu denken, und du wirst bald Nachrichten erhalten.

Befindet sich eine Kreuz-Karte im 18. Haus und fällt der KARO BUBE in ein Kreuz-Haus, so wirst du in nächster Zeit sehr viele Geschäftsbriefe zu beantworten haben. Ziehe das 25. Haus hinzu. Rote Karten sind sehr positiv für Korrespondenzen, schwarze Karten müssen gesondert gedeutet werden.

Befindet sich eine PIK-KARTE im 18. Haus und fällt der KARO BUBE in ein PIK-HAUS, so kann es sein, daß du Drohbriefe erhalten wirst. Wende dich in solchen Fällen an die Polizei. Wenn in die Häuser 22, 23 und 24 schwarze Karten fallen, dann solltest du Drohbriefe nicht bagatellisieren, sondern etwas dagegen unternehmen, daß ein Unglück abgewendet werden kann. Mache die Atemübungen, damit du künftig nicht leichtfertig handelst, denn dein Leben könnte auf dem Spiel stehen!

## KARO BUBE · 21. HAUS

BRIEFE · SCHRIFTSTÜCKE · TELEGRAMME · BOTE · FREUND

Im Haus der Briefe wird dir mitgeteilt, daß du – da diese Karte in ihr eigenes Haus fällt – in Zukunft sehr viele Briefe schreiben und auch welche erhalten wirst. Du solltest einen Fanklub gründen, bei der vielen Post, die du bekommst. Möglicherweise sammelst du Briefmarken. Auch Luftpostbriefe wirst du bekommen. Es kann sein, daß du in deiner Firma beim Posteingang arbeitest oder Postbote bist. Briefe scheinen es dir angetan zu haben; du liebst es, mit vielen Menschen in brieflichem Kontakt zu stehen. Du wirst in Zukunft wichtige Nachrichten mit der Post erhalten. Solltest du künstlerisch begabt sein, so entwirfst du vielleicht Briefmarken.

Wenn du zur Zeit keine Arbeit hast, so versuche es doch einmal bei der Post. Die Chance, dort eine Stelle zu finden, sind gut, wenn im 25. Haus eine rote Karte liegt. Schwarze Karten im 25. Haus bedeuten entweder eine Verzögerung oder eine Absage. Sieh auch nach, in welches Haus das KARO AS fällt. Befindet sich diese Karte in einem roten Haus, so dürfte dir eine Stelle bei der Post sicher sein. Solltest du Briefmarken sammeln, so kann es sein, daß du einmal eine sehr wertvolle Briefmarke dein eigen nennen darfst. Du kannst sie vielleicht bei einer Auktion mit hohem Gewinn verkaufen. Deute auch das 17. und das 9. Haus. Wenn sich dort rote Karten befinden, so wirst oder bist du ein Experte für Philatelie. Sei aber vorsichtig, wenn sich in diesem Haus schwarze Karten, speziell aber PIK-KARTEN, befinden. Du könntest einem Betrüger aufsitzen. Prüfe jedes Postwertzeichen genau, ehe du es erwirbst, damit du nicht die Katze im Sack kaufst. Vergiß trotz deiner Sammlerleidenschaft nicht, die Atemübungen regelmäßig zu machen.

## KARO ZEHN · 17. HAUS

### GELD · FINANZEN · BÖRSE · EINNAHMEN · AUSGABEN

Im Haus der Briefe wird dir mitgeteilt, daß du in den nächsten Tagen einen eingeschriebenen Brief erhalten wirst, in dem sich Geld befindet. Vielleicht wirst du aber in einem Brief um Geld gebeten. Oder es kann auch sein, daß du jemanden schriftlich um Geld bittest. Möglicherweise will dir jemand eine Freude machen und schickt dir ein Briefmarkenalbum, mit dem du aber nichts anzufangen weißt. Wenn sich Briefmarken darin befinden, so informiere dich über deren Wert. Vielleicht wirst du sehr erstaunt sein, denn es könnten wertvolle Stücke dabei sein. Also nicht voreilig handeln.

Sieh nach, welche Karte in das 17. Haus fällt. Befindet sich dort eine rote Karte und fällt der KARO BUBE in ein rotes Haus, so wirst du durch die Post Geld erhalten. Befindet sich eine Kreuz-Karte im 17. Haus und fällt der KARO BUBE in ein Kreuz-Haus, so möchte sich jemand von dir Geld ausleihen, aber du solltest sicher sein, daß du es zurückbekommst. Sonst kannst du ihm es gleich schenken, und du ersparst dir dadurch Ärger. Es kann auch sein, daß du ein Darlehen benötigst. Zahle dieses pünktlich zurück oder – solltest du in Verzug geraten sein – bitte um einen Zahlungsaufschub, vielleicht wird dir deine Schuld gestundet.

Befindet sich eine PIK-KARTE im 17. Haus und fällt der KARO BUBE in ein PIK-HAUS, dann solltest du in nächster Zeit dein Glück nicht im Spiel versuchen oder nur kleine Beträge einsetzen, deren Verlust du dir auch leisten kannst. Deute auch das 31. Haus. Rote Karten könnten auf eine Gewinnchance hinweisen. Schwarze Karten hingegen sagen dir, daß du nicht zuviel riskieren sollst. Suche deinen Gewinn lieber bei den Atemübungen, sie werden dir zum Erfolg verhelfen.

## KARO NEUN · 5. HAUS

Überraschung · Überraschungen · Kleine Finanzen

Im Haus der Briefe wird dir mitgeteilt, daß dich eines Tages ein Brief sehr überraschen wird. Dieser Brief kommt von einer Person, von der du nie angenommen hättest, daß sie dir schreibt. Vielleicht braucht sie deine Hilfe, und du solltest frühere unfaire Handlungen dieser Person vergessen und ihr nach deinen Möglichkeiten helfen. Denke nicht an Vergangenes und sei nicht nachtragend. Es kann auch sein, daß du in einem Brief zu einer Wohltätigkeitsverstaltung eingeladen wirst.

Sieh nach, welche Karte in das 5. Haus fällt. Befindet sich dort eine rote Karte und fällt der KARO BUBE in ein rotes Haus, dann wirst du in einem freundlichen Brief gebeten, jemanden auf einer Rundreise oder zu einer Ausstellung zu begleiten. Es kann auch sein, daß jemand dich besucht. Dieser Besuch freut dich, und du wirst eine schöne Zeit mit ihm verbringen. Befindet sich eine Kreuz-Karte im 5. Haus und fällt der KARO BUBE in ein Kreuz-Haus, so kann es sein, daß du überraschend Besuch erhältst. Du bist sehr gastfreundlich und freust dich über alle Gäste.

Befindet sich im 5. Haus eine PIK-KARTE und fällt der KARO BUBE in ein PIK-HAUS, so kann es sein, daß ein Besucher unangemeldet oder früher oder später kommt, als es geplant war. Versuche dich nicht darüber zu ärgern, mache die Atemübungen, denn der Besucher wird bald wieder wegfahren. Sei auch vorsichtig in der nächsten Zeit, wenn dich ein Besucher anpumpen möchte. Vielleicht wäre es auch ratsam, ein Telephonschloß anbringen zu lassen. Dein Gast könnte versucht sein, in deiner Abwesenheit teure Ferngespräche zu führen. Die Telephonrechnung könnte dir dann eine böse Überraschung bringen.

## KARO ACHT · 27. HAUS

Erbe · Erbschaften · Hinterlassenschaften · Bekommen

Im Haus der Briefe wird dir mitgeteilt, daß du durch einen Brief die Nachricht erhältst, daß du geerbt hast. Es kann auch sein, daß dir jemand per Post Geld zurücksendet. Möglicherweise bekommst du monatlich einen festen Betrag per Post, oder du machst eine monatliche Posteinzahlung, um eine bestimmte Schuld zu begleichen. Vielleicht wirst du eines Tages als Schalterbeamter arbeiten und viel mit Geld zu tun haben.

Sieh nach, welche Karte in das 27. Haus fällt. Befindet sich dort eine rote Karte und fällt der KARO BUBE in ein rotes Haus, so wird dich bald ein Brief erreichen, der dich reich macht, oder du wirst eine kleine Summe Geld überwiesen bekommen. Ziehe das 17. Haus hinzu. Liegt dort eine Karo-Karte, so wirst du eine größere Summe Geld erhalten. Befindet sich eine Kreuz-Karte im 27. Haus und fällt der KARO BUBE in ein Kreuz-Haus, so kann es sein, daß dir deine Eltern oder Verwandte monatlich eine kleine Geldsumme überweisen. Oder du unterstützest durch einen kleinen monatlichen Betrag jemanden aus der Familie.

Befindet sich eine PIK-KARTE im 27. Haus und fällt der KARO BUBE in ein PIK-HAUS, dann solltest du Geldbeträge nicht in Briefen absenden, sondern Postzahlkarten benützen. So bist du sicher, daß das Geld auch an seinem Bestimmungsort ankommt. Vergiß nicht, die Atemübungen regelmäßig zu machen.

## KARO SIEBEN · 3. HAUS

ERFOLG · KARRIERE · AUFSTIEG · LEISTUNG

Im Haus der Briefe wird dir mitgeteilt, daß, wenn du einen bestimmten Brief erhalten wirst, dein Erfolg gesichert ist und du in Zukunft machen kannst, was du schon immer machen wolltest. Vielleicht wird dir eine andere Arbeit mehr Geld einbringen. Wenn du Sekretärin oder Sekretär bist, so wirst du dich in nächster Zeit über zuwenig Arbeit nicht beklagen können. Es kann auch sein, daß du einen Bericht oder ein Buch verfassen willst. Der Erfolg wird nicht auf sich warten lassen, wenn du den nötigen Fleiß mitbringst.

Sieh nach, welche Karte in das 3. Haus fällt. Befindet sich dort eine rote Karte und fällt der KARO BUBE in ein rotes Haus, so wirst du in nächster Zeit sehr gute Nachrichten über eine Arbeit erhalten. Ziehe das 25. Haus hinzu. Es kann auch sein, daß du den Auftrag erhältst, ein Drehbuch oder einen Zeitungsartikel zu schreiben. Befindet sich eine Kreuz-Karte im 3. Haus und fällt der KARO BUBE in ein Kreuz-Haus, so wirst du in deiner Firma viel Post erledigen müssen, oder du bekommst in nächster Zeit sehr viel Post aus aller Herren Ländern.

Befindet sich eine PIK-KARTE im 3. Haus und fällt der KARO BUBE in ein PIK-HAUS, so kann es sein, daß du mit dem, was du schreibst, Ärger bekommst. Es kann sein, daß du illegale Flugblätter verteilen läßt oder solche in die Hand bekommst. Laß besser die Finger davon, denn du könntest straffällig werden. Versuche lieber die Atemübungen regelmäßig zu machen, denn sie werden dir helfen, ein zufriedener und gerechter Mensch zu werden. Wenn du unbedingt etwas schreiben möchtest, so lege dir doch ein Tagebuch an. In ihm kannst du alle deine Sorgen niederschreiben. Dies wird dich erleichtern, und wenn du später dein Tagebuch lesen wirst, so kannst du über deine heutigen Sorgen vielleicht lachen.

# KREUZ

## KREUZ AS · 20. HAUS

GESCHENK · GESCHENKE (MIT PIK AS: TOD · LAST)

Im Haus der Briefe wird dir mitgeteilt, daß du durch die Post ein Geschenk erhalten wirst. Das kann ein Abonnement für eine Zeitung oder eine Zeitschrift sein. Es ist auch möglich, daß dir durch die Post ein Buch oder eine Geldüberweisung übersandt wird. Möglicherweise sendest du jemandem Geld per Post.

Sieh nach, welche Karte in das 20. Haus fällt. Befindet sich dort eine rote Karte und fällt der KARO BUBE in ein rotes Haus, so wirst du per Post ein Geschenk erhalten und dich darüber sehr freuen. Es kann auch sein, daß du ein Geschenk zur Post bringst oder ein Glückwunschtelegramm aufgibst. Befindet sich eine Kreuz-Karte im 20. Haus und fällt der KARO BUBE in ein Kreuz-Haus, so wirst du von deinen Verwandten durch die Post ein Geschenk erhalten oder in nächster Zeit sehr viele Glückwunschtelegramme bekommen. Auch ist es möglich, daß du viele Anrufe bekommst oder viele Telephongespräche führst.

Befindet sich eine PIK-KARTE im 20. Haus und fällt der KARO BUBE in ein PIK-HAUS, so kann es sein, daß du vergeblich auf ein Glückwunschtelegramm wartest. Vielleicht erwartest du auch einen Brief, der aber nicht geschrieben wird, da der Betreffende gestorben ist. Es kann auch sein, daß ein Brief verlorengeht oder daß du selbst einen Brief verlegst. Schreibe ihn noch einmal, denn der Empfänger wartet auf Nachrichten. Vergiß nicht, deine Atemübungen regelmäßig zu machen.

## KREUZ KÖNIG · 10. HAUS

FERIEN · URLAUB · VATER · ONKEL · GROSSVATER

Im Haus der Briefe wird dir mitgeteilt, daß man dir eine schriftliche Einladung schicken wird. Es kann auch sein, daß man dich zu einem Aufenthalt auf dem Land einlädt oder daß du dich bei einer Firma vorstellen kannst. Vielleicht schreibst du in deinem Urlaub Bewerbungsschreiben. Es kann auch sein, daß du in der Zeitung lesen wirst, daß einer deiner Bekannten versetzt oder befördert wurde, vielleicht ein Politiker, ein Bankangestellter oder jemand aus der Privatwirtschaft. Es ist auch möglich, daß ein Brief eine Änderung in deinem Berufsleben anzeigen wird. Möglicherweise wirst du versetzt oder erhältst die Kündigung.

Sieh nach, welche Karte in das 10. Haus fällt. Befindet sich dort eine rote Karte und fällt der KARO BUBE in ein rotes Haus, so wirst du in einem Brief oder per Telephon eine gute Nachricht erhalten. Befindet sich eine Kreuz-Karte im 10. Haus und fällt der KARO BUBE in ein Kreuz-Haus, so wirst du während deines Urlaubs Berufspläne schmieden. Es könnte sein, daß du um eine Versetzung nachkommst, die dir auch gewährt wird, wenn im 25. Haus eine rote Karte oder eine Kreuz-Karte liegt.

Befindet sich eine PIK-KARTE im 10. Haus und fällt der KARO BUBE in ein PIK-HAUS, so kann es sein, daß deine Bewerbung abgelehnt wird, daß du ein neues Angebot nicht annehmen kannst oder daß dir deine Stelle in den nächsten Tagen gekündigt wird. Wenn sich im 25. Haus eine PIK-KARTE befindet, könnte es bedeuten, daß du deinen Angestellten kündigen mußt, weil deine Firma in Konkurs gegangen ist. Du kannst den Schwierigkeiten in deinem Berufsleben begegnen, wenn du flexibel bist und dich auf eine andere Tätigkeit einstellen kannst. Mit den Atemübungen wirst du dein positives Denken stärken. Bleibe optimistisch, und du wirst bald einen dir zusagenden Arbeitsplatz finden.

## KREUZ DAME · 30. HAUS

UNTERSUCHER · UNTERSUCHUNGEN · MUTTER · TANTE · GROSSMUTTER

Im Haus der Briefe wird dir mitgeteilt, daß dich in Kürze ein sehr persönlicher Brief erreichen wird. Es ist auch möglich, daß du kürzlich einen Brief erhalten hast, der dich nachdenklich stimmt. Du wirst in nächster Zeit sehr viel Post erhalten und auch viele Briefe schreiben. Vielleicht beginnst du auch einen Fernkurs.

Sieh nach, welche Karte in das 30. Haus fällt. Befindet sich dort eine rote Karte und fällt der KARO BUBE in ein rotes Haus, so wirst du in nächster Zeit sehr viel Post erhalten und versenden. Befindet sich im 30. Haus eine Kreuz-Karte und fällt der KARO BUBE in ein Kreuz-Haus, so wirst du einen Fernkurs beginnen oder dir anderes Informationsmaterial zuschicken lassen. Es ist auch möglich, daß du mit dem Versand von Lehrmitteln oder Prospekten beschäftigt bist. Ziehe das 8. und das 28. Haus hinzu. Befinden sich in diesen Häusern rote Karten, dann ist es gut, wenn du durch einen Fernkurs ein Studium beginnst. Schwarze

Karten, speziell PIK-KARTEN, bedeuten einen Widerstand, es könnte sein, daß dir ein Fernstudium nichts bringt.

Befindet sich im 30. Haus eine PIK-KARTE und fällt der KARO BUBE in ein PIK-HAUS, so kann es sein, daß du einen schriftlichen Hilferuf erhältst oder einen Bittbrief verschickst. Vielleicht bittet dich jemand, einen Bittbrief zu verfassen. Hilf, wo du helfen kannst, und vergiß nicht, die Atemübungen regelmäßig zu machen.

## KREUZ BUBE · 15. HAUS

### FAMILIE · SOHN · NEFFE (MIT DAME: TOCHER · NICHTE)

Im Haus der Briefe wird dir mitgeteilt, daß dir deine Eltern in Kürze einen Brief senden werden oder daß du von deinen Verwandten einen Brief bekommst. Eine Familienangelegenheit muß besprochen werden. Es kann auch sein, daß du einen Brief bekommst, auf den du schon lange gewartet hast, vielleicht einen Brief von einem Freund, von guten Bekannten, deinen Eltern oder deinen Kindern. Es kann auch sein, daß dich jemand bittet, ihm einen Brief vorzulesen, weil er sehr schlecht sieht.

Sieh nach, welche Karte in das 15. Haus fällt. Befindet sich dort eine rote Karte und fällt der KARO BUBE in ein rotes Haus, so wirst du bald einen langersehnten Brief bekommen. Es kann auch sein, daß du einen Brief schreibst, den du schon längst hättest schreiben sollen. Es ist auch möglich, daß du wichtige Neuigkeiten schriftlich mitteilst. Befindet sich eine Kreuz-Karte im 15. Haus und fällt der KARO BUBE in ein Kreuz-Haus, so werden dir deine Verwandten etwas Wichtiges mitteilen. Es könnte sich um eine Erbteilung handeln. Ziehe das 27. Haus hinzu. Daraus kannst du vielleicht ersehen, um wen es sich handelt.

Befindet sich eine PIK-KARTE im 15. Haus und fällt der KARO BUBE in ein PIK-HAUS, so wirst du in nächster Zeit von der Familie schlechte Nachrichten empfangen. Vielleicht wurde jemand eingesperrt, und man bittet dich, dieser Person zu helfen. Es kann auch sein, daß du eingesperrt wirst und dann einen Hilferuf an Verwandte oder gute Freunde richtest. Das 13. und das 19. Haus sind auch zu deuten. Rote Karten sind sehr positiv für deine oder der anderen Anliegen. Schwarze Karten mußt du gesondert deuten. Vergiß nicht, die Atemübungen regelmäßig zu machen.

## KREUZ ZEHN · 8. HAUS
REISE · STRASSE · WASSER · MEER

Im Haus der Briefe wird dir mitgeteilt, daß du einen Brief nach Übersee schicken wirst oder daß du von dort einen erhältst. Möglicherweise planst du eine Seereise und hast bei einem Reisebüro Prospekte angefordert. Es kann auch sein, daß du, wenn du einen bestimmten Brief bekommst, auf eine lange Seereise gehen wirst. Vielleicht wirst du auf einem Schiff, in einem Flugzeug oder Raumfahrzeug arbeiten. Es kann auch sein, daß dich jemand zu einer großen Reise einladen wird.

Sieh nach, welche Karte in das 8. Haus fällt. Befindet sich dort eine rote Karte und fällt der KARO BUBE in ein rotes Haus, dann wirst du viele Briefe aus dem Ausland und aus Übersee erhalten oder wirst durch Briefe Auslandskontakte anknüpfen. Es kann auch sein, daß du als Bote arbeitest oder mit Geheimdokumenten zu tun hast. Sieh nach, welche Karten in das 25. und das 28. Haus fallen. Befinden sich dort rote Karten, dann wirst du eine heikle Aufgabe zu bewältigen haben.

Befindet sich eine Kreuz-Karte im 8. Haus und fällt der KARO BUBE in ein Kreuz-Haus, so kann es sein, daß du von Verwandten aus Übersee eine Einladung bekommst. Sollte ins 28. Haus eine rote Karte oder eine Kreuz-Karte fallen, so kann es sein, daß du als Diplomat im Ausland arbeiten wirst. Das 25. Haus ist da auch zu deuten.

Befindet sich eine PIK-KARTE im 8. Haus und fällt der KARO BUBE in ein PIK-HAUS, so solltest du Tätigkeiten, die mit Geheimdokumenten im Zusammenhang stehen, meiden. Es würde dir nichts einbringen. Man wird durch ein Schreiben an dich herantreten. Alles erscheint im ersten Moment sehr harmlos, doch es steckt mehr dahinter. Versuche das herauszufinden und sieh im 25. und im 28. Haus nach. Befinden sich dort rote Karten, so kannst du das Angebot annehmen. Sollten sich dort aber schwarze Karten befinden, so mußt du mit Gefahren rechnen, vielleicht bist du sogar schon mittendrin. Mache die Atemübungen, sie werden dir helfen, aus dem Teufelskreis herauszukommen.

## KREUZ NEUN · 31. HAUS
GLÜCK · KLEINE REISE · RISIKO

Im Haus der Briefe wird dir mitgeteilt, daß du einen Brief erhalten wirst, der dich sehr glücklich machen oder dir Glück bringen wird. Möglicherweise gewinnst du einen Wettbewerb. Es ist auch möglich, daß du einen Brief schreiben wirst, der anderen Glück bringt.

Sieh nach, welche Karte in das 31. Haus fällt. Befindet sich dort eine rote Karte und fällt der KARO BUBE in ein Herz-Haus, so wirst du durch einen Brief privates Glück haben, oder ein anderer wird durch deinen Brief sehr glücklich sein. Befindet sich eine Karo-Karte im 31. Haus und fällt der KARO BUBE in ein Karo-Haus, so wirst du in den nächsten Tagen Glück im Spiel haben; das Glück wird dir zur Seite stehen. Deute auch das 17. und das 27. Haus und beachte das 5. Haus. Befinden sich dort Karo-, Herz- oder Kreuz-Karten, dann kannst du einen größeren Betrag riskieren. Doch dies gilt nur für kurze Zeit. Befindet sich im 31. Haus eine Kreuz-Karte und fällt der KARO BUBE in ein Kreuz-Haus, so wirst du von deinen Verwandten einen Brief erhalten, in dem dir mitgeteilt wird, daß jemand aus der Familie für dich gespielt und dabei gewonnen hat.

Befindet sich eine PIK-KARTE im 31. Haus und fällt der KARO BUBE in ein PIK-HAUS, dann solltest du in nächster Zeit das Glück nicht herausfordern, du könntest es bereuen. Es ist auch möglich, daß du beim Glücksspiel alles verlieren kannst. Deute das 17., 5. und 27. Haus. Befinden sich dort rote Karten, so kannst du froh sein, wenn du beim Glücksspiel den Einsatz zurückbekommst. Befinden sich schwarze Karten in diesen Häusern, speziell eine PIK-KARTE, so könntest du, falls du spielst, mit einem Schlag ein armer Mensch sein. Sei also vernünftig und mache regelmäßig die Atemübungen, denn sie helfen dir, Risiken und Verluste zu umgehen.

## KREUZ ACHT · 26. HAUS
### Neue Unternehmungen · Mut · Heldentat

Im Haus der Briefe wird dir mitgeteilt, daß du durch einen Brief Mut zu neuen Taten erhalten wirst. Es kann sein, daß du ein Rundschreiben verfassen wirst, um Menschen auf gewisse Zustände aufmerksam zu machen. Möglicherweise bekommst du ein Arbeitsangebot von einem großen Konzern. Es kann auch sein, daß du in nächster Zeit sehr viel Geschäftspost zu erledigen hast.

Sieh nach, welche Karte in das 26. Haus fällt. Befindet sich dort eine rote Karte und fällt der KARO BUBE in ein rotes Haus, so wirst du mit einer Werbekampagne einen durchschlagenden Erfolg haben. Die Zeiten sind sehr gut für dich. Befindet sich eine Kreuz-Karte im 26. Haus und fällt der KARO BUBE in ein Kreuz-Haus, so kann es sein, daß du eine Stellenanzeige liest und einen Bekannten in einem Brief auf diese offene Stelle aufmerksam machst. Es kann auch sein, daß jemand aus der Verwandtschaft dir eine Warensendung zum Testen schickt. Vielleicht bewirbst du dich bei einer Firma um einen Posten in der Qualitätskontrolle. Das 25. Haus ist auch zu deuten. Rote Karten sind sehr positiv. Schwarze Karten könnten Widerstand bedeuten, sie müssen gesondert gedeutet werden.

Befindet sich eine PIK-KARTE im 26. Haus und fällt der KARO BUBE in ein PIK-HAUS, dann solltest du ein Angebot oder ein Werbegeschenk lieber ausschlagen. Man will dich zur Unterzeichnung eines Vertrages verleiten, der dir aber schaden würde. Laß dich nicht durch verlockende Angebote hereinlegen. Mache die Atemübungen regelmäßig, damit du krummen Dingen aus dem Weg gehen kannst.

## KREUZ SIEBEN · 14. HAUS
NACHRICHTEN · BOTSCHAFT · TRÄNEN · LEID

Im Haus der Briefe wird dir mitgeteilt, daß du einen Brief mit sehr traurigem Inhalt erhalten wirst oder daß du in einem Brief traurige Nachrichten mitteilen mußt. Es kann auch sein, daß du sehr schlechte Nachrichten aus dem Ausland bekommen wirst. Möglicherweise sendest du aus dem Ausland deiner Familie schlechte Nachrichten. Vielleicht bist du zur Zeit in einem Kriegsgebiet. Solltest du Reporter sein, wird man dich vielleicht in ein Katastrophen- oder Kriegsgebiet schicken. Du wirst in der nächsten Zeit durch deine Nachrichten viele Menschen informieren.

Sieh nach, welche Karte in das 14. Haus fällt. Befindet sich dort eine rote Karte und fällt der KARO BUBE in ein rotes Haus, dann scheinst du der geborene Reporter, Schriftsteller oder Dichter zu sein. Deute in diesem Fall auch das 6. Haus. Befindet sich auch dort eine rote Karte und fällt der HERZ BUBE in ein rotes Haus, dann liegt deine Berufung im intellektuellen Bereich oder in der Kunst. Deute auch das 25. Haus. Befindet sich dort eine rote Karte und fällt das KARO AS in ein rotes Haus, so wirst du durch deine Arbeiten berühmt werden. Befindet sich im 14. Haus eine Kreuz-Karte und fällt der KARO BUBE in ein Kreuz-Haus, dann kann es sein, daß du Zeitungsartikel, Bücher oder Autogramme sammelst. Du wirst in nächster Zeit auch sehr viel Post von Verwandten, Bekannten und Freunden bekommen.

Befindet sich eine PIK-KARTE im 14. Haus und fällt der KARO BUBE in ein PIK-HAUS, dann kann es sein, daß du durch deine Nachrichten, seien sie mündlich oder schriftlich, Schwierigkeiten bekommst. Es kann auch ein Brief sein, der dir Unannehmlichkeiten bringt, oder man veröffentlicht einen vernichtenden Zeitungsartikel über dich. Vielleicht mußt du dich wegen übler Nachrede vor Gericht verantworten, oder du klagst gegen jemanden. Ziehe das 9. und das 28. Haus hinzu. Vergiß nicht, die Atemübungen täglich einzuhalten, damit du auch in schlechten Zeiten einen klaren Kopf behältst.

# PIK

## PIK AS · 24. HAUS

TOD · UNFALL · SCHICKSALSSCHLÄGE · QUAL · NOT

Im Haus der Briefe wird dir mitgeteilt, daß du bald einen Brief erhalten wirst, der dir einen Todesfall anzeigt. Es kann auch sein, daß dir ein Freund über seine Scheidung schreibt oder daß du einem Freund in einem Brief deine Scheidungsabsicht bekanntgibst. Du bittest ihn, dir dabei behilflich zu sein. Solltest du Kinder haben, so wird dich bald ein Kind verlassen, um in eine eigene Wohnung zu ziehen. Wenn du noch bei deinen Eltern wohnst, kann es sein, daß du dir eine eigene Wohnung suchst. Möglicherweise wirst du für ein Bestattungsunternehmen arbeiten oder selbst eines eröffnen.

Sieh nach, welche Karte in das 24. Haus fällt. Befindet sich dort eine rote Karte und fällt der KARO BUBE in ein rotes Haus, so wirst du dein Testament durch einen Anwalt abfassen lassen oder auch eine Lebensversicherung abschließen. Deute auch das 9. Haus. Rote Karten sind sehr positiv. Bei schwarzen Karten mußt du die genaue Deutung beachten. Befindet sich im 24. Haus eine Kreuz-Karte und fällt der KARO BUBE in ein Kreuz-Haus, so kann es sein, daß du dich in deinem Beruf oft mit schlechten Nachrichten befassen mußt. Vielleicht arbeitest du in einer Depeschenagentur, beim Strafgericht oder Konkursamt.

Befindet sich eine PIK-KARTE im 24. Haus und fällt der KARO BUBE in ein PIK-HAUS, so wirst du jemandem die traurige Nachricht über einen Todesfall übermitteln, oder du bekommst einen Brief, wo dir der Tod eines nahestehenden Menschen angezeigt wird. Auch solltest du im Straßenverkehr achtgeben, denn du fährst manchmal etwas leichtsinnig. Versuche dich auf den Straßenverkehr zu konzentrieren und lasse deine Gedanken nicht abschweifen. Mache immer regelmäßig die Atemübungen.

## PIK KÖNIG · 28. HAUS

RUFER · BEHÖRDE · SCHULE · SPITAL · INSTITUTION

Im Haus der Briefe wird dir mitgeteilt, daß dir ein Briefbote einen Brief übergeben wird, der dich interessiert. Es kann auch sein, daß in den nächsten Tagen der Gerichtsvollzieher zu dir kommt, um eine fällige Summe einzutreiben. Auch kann es sein, daß du eine Gerichtsvorladung bekommst. Es ist auch möglich, daß dich ein Freund anrufen wird. Er möchte eine Auskunft von dir über ein Schreiben, das ihm zugestellt wurde, und er wird dich wahrscheinlich um Hilfe bitten. Wenn es in deiner Macht steht, ihm zu helfen, dann tue es oder rate ihm, an wen er sich wenden kann.

Sieh nach, welche Karte in das 28. Haus fällt. Befindet sich dort eine rote Karte und fällt der KARO BUBE in ein rotes Haus, so wirst du einen belanglosen Brief bekommen. Oder du erhältst gleich mehrere Briefe von einer Person, die dir immer wieder das gleiche schreibt. Sollte der Gerichtsvollzieher in den nächsten Tagen bei dir auftauchen, so wirst du diese Angelegenheit rasch erledigen können. Die Zeit ist nun gut für dich, um alle deine fälligen Zahlungen zu erledigen. Befindet sich eine Kreuz-Karte im 28. Haus und fällt der KARO BUBE in ein Kreuz-Haus, so wirst du vielleicht als Zeuge vor Gericht geladen, oder eine Verhandlung gegen dich wird einen positiven Abschluß finden. Das 9. Haus ist auch zu deuten. Befindet sich dort eine rote Karte, dann wird dein Anwalt einen Prozeß für dich gewinnen. Schwarze Karten müssen genauestens gedeutet werden, denn es kann sein, daß deine Gerichtsverhandlung vertagt wird.

Befindet sich eine PIK-KARTE im 28. Haus und fällt der KARO BUBE in ein PIK-HAUS, so kann es sein, daß dir in einem Brief ein Gerichtsurteil eröffnet wird. Möglicherweise mußt du die Strafe antreten, vielleicht bekommst du aber einen Aufschub. Es kann auch sein, daß du einen Prozeß anstrebst, der aber sinnlos ist und nur Kosten verursacht. Entweder bist du nicht im Recht, oder du hast dir einen falschen Anwalt ausgesucht. Mache deine Atemübungen und laufe nicht wegen jeder Kleinigkeit vor Gericht. Es wird dir nichts nützen, wenn du dauernd gegen irgend etwas opponierst. Durch die Atemübungen wird es dir gelingen, einsichtiger zu werden, und du wirst künftig nicht mehr gleich in jedem Mitmenschen einen Widersacher sehen.

## PIK DAME · 29. HAUS
DANKBARKEIT · DUNKLE DAME · UNDANK · NEID

Im Haus der Briefe wird dir mitgeteilt, daß eine undankbare Person dich um Rat bitten wird. Später wird sie aber über dich schlecht sprechen, denn dein Rat hat ihr nicht den erwünschten Erfolg gebracht. Sie hat deinen Ratschlag falsch ausgelegt. Es kann auch sein, daß du mit Rat und Tat jemandem helfen willst, dieser aber genau das Gegenteil von dem, was du gesagt hast, tun wird. Sei auch vorsichtig, was du in den nächsten Briefen schreibst, denn auch hier könnten dir die Worte falsch ausgelegt werden. Laß die Menschen ihre eigene Entscheidung treffen. Jemand wird dich nämlich um Rat bitten und dir dann die Schuld am Nichtgelingen zuschieben. Es kann auch sein, daß du sehr großzügig sein wirst, wenn du einen bestimmten Brief erhältst.

Sieh nach, welche Karte in das 29. Haus fällt. Befindet sich dort eine rote Karte und fällt der KARO BUBE in ein rotes Haus, dann wird dein Ratschlag richtig interpretiert. Es kann auch sein, daß du jemanden in einem Brief um einen Ratschlag bitten und dankbar sein wirst, daß dir geholfen wird. Befindet sich eine Kreuz-Karte im 29. Haus und fällt der KARO BUBE in ein Kreuz-Haus, so werden dich vielleicht Familienangehörige oder deine Kinder um einen Ratschlag bitten, den du nach Möglichkeit geben solltest.

Befindet sich eine PIK-KARTE im 29. Haus und fällt der KARO BUBE in ein PIK-HAUS, so wirst du Undank ernten für einen guten Rat, den du jemandem in einem Brief gegeben hast. Es kann auch sein, daß du dich zeitweise undankbar verhältst gegenüber Verwandten oder Menschen, die doch nur dein Bestes wollen. Versuche durch die Atemübungen zu lernen, daß man für alles dankbar sein soll, für jeden Tag, den uns Gott schenkt.

## PIK BUBE · 1. HAUS
### GEGENWART · WAHRHEIT · DUNKLER MANN · UNIFORMIERTER

Im Haus der Briefe wird dir mitgeteilt, daß du bald einen Brief erhalten wirst, der dir aber gar nicht behagt. Die Art, wie er formuliert oder geschrieben ist, behagt dir nicht. Den Brief bekommst du von einer negativ eingestellten Person. Es kann auch sein, daß du in den nächsten Tagen eine Mahnung erhalten wirst. Oder du bekommst oder schreibst einen Beschwerdebrief. Wenn du im Geschäftsleben stehst, wirst du sehr viel Post erhalten. Arbeitest du beim Radio oder Fernsehen, kannst du mit guten Nachrichten rechnen, vielleicht bekommst du auch eine Einladung zu einer Quizsendung.

Sieh nach, welche Karte in das 1. Haus fällt. Befindet sich dort eine rote Karte und fällt der KARO BUBE in ein rotes Haus, so wirst du in Kürze eine gute Nachricht bekommen, die dich sehr freuen wird. Befindet sich eine Kreuz-Karte im 1. Haus und fällt der KARO BUBE in ein Kreuz-Haus, dann kann es sein, daß du gute Nachrichten von einer Firma bekommst. Möglicherweise wirst du bei einer Firma eine Bewerbung einreichen oder deinen Kindern ein Glückwunschtelegramm schicken.

Befindet sich eine PIK-KARTE im 1. Haus und fällt der KARO BUBE in ein PIK-HAUS, dann kann es sein, daß du Mahnungen erhalten wirst oder daß dein Telephon, das Gas oder der Strom gesperrt wird. Es kann auch sein, daß sich dein Nachbar über die Störung der Nachtruhe bei der Polizei beschwert, weil du so laut Musik spielst. Versuche deine Angelegenheiten so rasch als möglich in Ordnung zu bringen. Es wird Zeit, daß du lernst, Ordnung zu halten. Dadurch werden dir viele Unannehmlichkeiten erspart bleiben. Versuche die Atemübungen zu machen, denn sie werden dir helfen, in deinen Belangen wieder Ordnung zu schaffen.

## PIK ZEHN · 32. HAUS
### SONNE · ENTFERNUNGEN · ANDERE LÄNDER · NACHT

Im Haus der Briefe wird dir mitgeteilt, daß ein Brief Sonnenschein in dein Leben bringen und deine Zukunft verändern wird. Wenn du Geld investiert hast, so wird dir jetzt die Rendite ausbezahlt. Es kann auch sein, daß du eine nette Reise machen oder jemanden zu einer Reise einladen willst. Vielleicht verbessert sich in nächster Zeit dein Einkommen durch Investitionen oder Glücksspiele.

Sieh nach, welche Karte in das 32. Haus fällt. Befindet sich dort eine rote Karte und fällt der KARO BUBE in ein rotes Haus, so kannst du dich schon jetzt auf einen Brief freuen. Er wird dir die Einladung bringen, die du dir schon immer gewünscht hast. Deute das 31. und das 17. Haus. Es kann auch sein, daß du bei einem Glücksspiel gewinnen wirst. Befindet sich im 32. Haus eine Kreuz-Karte und fällt der KARO BUBE in ein Kreuz-Haus, so kann es sein, daß du deine Familie im Ausland besuchen wirst. Möglicherweise willst du dein Geld im Ausland investieren. Ziehe das 17. und das 31. Haus hinzu. Rote Karten in diesen Häusern sind sehr positiv, bei Kreuz-Karten kannst du dein Geschäft erweitern, bei PIK-KARTEN laß es aber lieber bleiben.

Befindet sich eine PIK-KARTE im 32. Haus und fällt der KARO BUBE in ein PIK-HAUS, so kann es sein, daß du bei einer Auslandsinvestition eine Pleite erleben wirst. Vielleicht will man dir auch die Reise vermiesen, oder du fährst in der Nacht zu schnell Auto und baust einen Verkehrsunfall. Sei auf der Straße vorsichtiger und vergiß die Atemübungen nicht. Sie sind für deinen Kreislauf und für deine Gesundheit wichtig.

## PIK NEUN · 23. HAUS
DEPRESSION · UNANNEHMLICHKEITEN · KÄLTE

Im Haus der Briefe wird dir mitgeteilt, daß du einen Brief erhalten wirst, der dich mit den Problemen eines Menschen konfrontiert. Es kann auch sein, daß dich jemand bittet, ihm in seiner Not beizustehen, oder daß du dich selbst in einer Notlage befindest und dies jemandem per Brief mitteilst. Es kann auch sein, daß du durch eine Investition Geld verlierst und man dir das per Brief mitteilt. Möglicherweise bist du auch sehr deprimiert, weil dir eine bestimmte Person auf deinen Brief nicht antwortet. Vielleicht wirst du auch in einem Brief einem Freund dein Leid klagen.

Sieh nach, welche Karte in das 23. Haus fällt. Befindet sich dort eine Herz-Karte und fällt der KARO BUBE in ein Herz-Haus, dann handelt es sich um Liebeskummer. Deute auch das 4. Haus. Rote Karten zeigen an, daß der Kummer bald vorbei sein wird. Schwarze Karten, speziell PIK-KARTEN, deuten aber auf ein lange währendes Leid. Befindet sich eine Karo-Karte im 23. Haus und fällt der KARO BUBE in ein Karo-Haus, dann solltest du in der nächsten Zeit vorsichtig mit deinem Geld umgehen, du könntest es verlieren. Es kann auch sein, daß du in einem Brief über deine Verluste bei einer Investition informiert wirst. Das wird dich sehr depressiv stimmen. Befindet sich eine Kreuz-Karte im 23. Haus und fällt der KARO BUBE in ein Kreuz-Haus, dann wirst du möglicherweise unglücklich sein, weil du mit einigen Kollegen nicht auskommst.

Befindet sich im 23. Haus eine PIK-KARTE und fällt der KARO BUBE in ein PIK-HAUS, so wirst du eine sehr traurige Nachricht erhalten. In einem Abschiedsbrief wird dir ein Mensch sein großes Leid klagen und dir schreiben, daß er seinem Leben ein Ende setzen möchte. Es ist aber auch möglich, daß du dich in einer solchen Verfassung befindest und einen Abschiedsbrief schreibst. Du solltest aber die Atemübungen durchführen, dann wirst du merken, daß man sein Leben nicht wegwerfen und nicht in Gottes Handwerk pfuschen soll.

## PIK ACHT · 22. HAUS

ÄRGER · ÄRGERNISSE · STREIT · VERLEUMDUNGEN

Im Haus der Briefe wird dir mitgeteilt, daß du einen Brief erhalten wirst, der dir viel Ärger bereitet. Es kann auch sein, daß du einen Brief schreiben wirst, der viel Ärger auslöst. Auf alle Fälle wird es in den nächsten Tagen Ärger geben. Du befindest dich in einer negativen Phase. Vielleicht will auch jemand mit seinem Brief seinen Ärger loswerden. Sei vorsichtig, wenn du dieser Person antwortest, damit sie dir nicht jedes Wort verdreht. Mache von deinen Schreiben eine Kopie, damit kannst du dich absichern.

Sieh nach, welche Karte in das 22. Haus fällt. Befindet sich dort eine rote Karte und fällt der KARO BUBE in ein rotes Haus, so wirst du einen sehr persönlichen Brief erhalten; jemand teilt dir seine Meinung über dich mit. Es kann auch sein, daß du in einer bestimmten Angelegenheit einen Detektiv einschalten wirst, um herauszufinden, ob du einer gewissen Person vertrauen kannst oder nicht. Befindet sich im 22. Haus eine Kreuz-Karte und fällt der KARO BUBE in ein Kreuz-Haus, dann wirst du Beschwerdebriefe erhalten. Es kann auch sein, daß du als Briefkastenonkel oder -tante für das Fernsehen, Radio oder für eine Zeitschrift arbeiten wirst. Ziehe das 14. und das 25. Haus hinzu. Rote Karten sind sehr gut, schwarze Karten sind gesondert zu deuten.

Befindet sich aber im 22. Haus eine PIK-KARTE und fällt der KARO BUBE in ein PIK-HAUS, dann solltest du in nächster Zeit besser keine Briefe schreiben, denn du bist gegenwärtig nicht in guter Verfassung. Du würdest am liebsten jedem einen Fluch nachsenden, so speiübel ist dir. Du kannst dich selbst nicht mehr leiden, weil dir alles mißlingt, und du glaubst, daß die anderen schuld sind. Teilweise hast du vielleicht recht, aber versuche die Atemübungen zu machen, denn diese werden dich ganz sicher wieder ins Gleichgewicht bringen, und du wirst ein fröhlicher und glücklicher Mensch werden.

## PIK SIEBEN · 16. HAUS
### Gesundheit · Krankheit · Kur · Operation

Im Haus der Briefe wird dir mitgeteilt, daß du in den nächsten Tagen durch einen Brief erfahren wirst, daß jemand sehr schwer erkrankt ist. Es kann aber auch sein, daß dir die Genesung eines Freundes mitgeteilt wird. Vielleicht erkundigt sich jemand in einem Brief nach deiner Gesundheit. Dieser Brief wird für dich sehr wichtig sein, auch wenn es vorerst nicht den Anschein hat. Möglicherweise sendet man dir per Post ein Diätrezept, oder du schickst jemandem einen Diätplan. Es kann auch sein, daß du ein Gesundheitsbuch bekommst oder ein solches abschickst, vielleicht hast du soeben das vorliegende Buch erhalten oder willst es jemandem schicken.

Sieh nach, welche Karte in das 16. Haus fällt. Befindet sich dort eine rote Karte und fällt der KARO BUBE in ein rotes Haus, so wirst du einen freundlichen Brief erhalten. Jemand macht sich aber Sorgen um deine Gesundheit und gibt dir einige Ratschläge, wie du dich fit erhalten kannst. Befindet sich eine Kreuz-Karte im 16. Haus und fällt der KARO BUBE in ein Kreuz-Haus, dann kann es sein, daß du bei einer pharmazeutischen Firma oder beim Gesundheitsamt eine Stelle bekommst und man dir den Arbeitsvertrag zuschickt. Vielleicht läßt du dir auch für deine Familie Medikamente zusenden.

Befindet sich eine PIK-KARTE im 16. Haus und fällt der KARO BUBE in ein PIK-HAUS, dann solltest du vorsichtig mit deiner Gesundheit umgehen und nicht alles schlucken, was dir an Medikamenten angeboten wird. Du neigst dazu, alles Erdenkliche einzunehmen, doch wenn diese Mittel anderen geholfen haben, müssen sie nicht unbedingt dir helfen. Es wäre besser, in der nächsten Zeit einen guten Arzt aufzusuchen, der feststellen kann, ob du krank bist oder nicht. Vielleicht bildest du dir eine Krankheit nur ein. Versuche die Atemübungen zu machen, denn sie werden dir bestimmt helfen, ein gesunder Mensch zu bleiben, der auf den unkontrollierten Konsum von Medikamenten verzichten kann.

Das 22. Haus

# PIK ACHT

## Das Haus des Ärgers, der Ärgernisse, des Streites und der Verleumdung

# HERZ

## HERZ AS · 7. HAUS

Wohnung · Besitz · Haus · Eigentum

Im Haus des Ärgers wird dir mitgeteilt, daß du in deinen vier Wänden sehr bald Ärger mit deinen Freunden oder Bekannten haben wirst. Möglicherweise hast du auch mit deinem Partner einen Streit. Es kann aber auch sein, daß dich ein aggressiver Nachbar ärgert. Vielleicht möchtest du umziehen und findest keine Wohnung, und das verärgert dich. Es kann sein, daß du mit der Baubehörde Ärger bekommst, weil sie zum Kabelverlegen durch deinen Garten einen Graben ziehen will.

Sieh nach, welche Karte in das 7. Haus fällt. Befindet sich dort eine rote Karte und fällt die PIK ACHT in ein rotes Haus, so wird der Ärger bald vorüber sein. Es wird nicht so schlimm werden, wie es den Anschein hatte. Befindet sich eine Kreuz-Karte im 7. Haus und fällt die PIK ACHT in ein Kreuz-Haus, so kann es sein, daß du in deiner Wohnung Ärger mit deiner Familie haben wirst oder in der Wohnung deiner Eltern. Deute auch das 15. Haus. Befindet sich eine rote Karte in diesem Haus, so wird sich der Streit schlichten lassen, eine schwarze Karte bedeutet Opposition; es wäre besser, wenn du nachgeben würdest.

Befindet sich eine PIK-KARTE im 7. Haus und fällt die PIK ACHT in ein PIK-HAUS, dann kannst du dich auf einen Ärger gefaßt machen, den du so schnell nicht vergessen wirst. Entweder du streitest dich um deinen rechtlichen Anteil an einem Haus, oder deine Eltern werden nicht dir, sondern jemand anderem ein zugesagtes Haus übergeben. Versuche Diskussionen sachlich zu führen. Laß dich nicht aus der Reserve locken. Mache regelmäßig die Atemübungen, und du wirst in Kürze ein selbstsicherer Mensch werden, der über alles ruhig sprechen kann und nicht gleich die Fassung verliert.

## HERZ KÖNIG · 13. HAUS

Unterhaltung · Männlicher Freund · Blond · Sponsor

Im Haus des Ärgers wird dir mitgeteilt, daß du in nächster Zeit sehr achtgeben solltest, damit nicht Ärger und Schwierigkeiten auf dich zukommen. Trink nicht zuviel Alkohol, wenn du eingeladen bist, denn du weißt dann nicht mehr, was du sprichst und tust. Sollte dir etwas Unangenehmes widerfahren, wird dir aber eine freundliche Person zu Hilfe kommen.

Sieh nach, welche Karte in das 13. Haus fällt. Befindet sich dort eine rote Karte und fällt die PIK ACHT in ein rotes Haus, so wird dir ein freundlicher Mensch in einer schwierigen Angelegenheit helfen und dich unterstützen. Befindet sich eine Kreuz-Karte im 13. Haus und fällt die PIK ACHT in ein Kreuz-Haus, so solltest du in nächster Zeit mit deiner Familie keinen Streit beginnen, sondern du solltest dir überlegen, ob die Schuld nicht bei dir liegt. Es kann auch sein, daß du beruflichen Ärger haben wirst oder daß man dich in deiner Firma in einen Streit verwickelt, der auch dein Privatleben tangiert.

Befindet sich eine PIK-KARTE im 13. Haus und fällt die PIK ACHT in ein PIK-HAUS, dann wirst du dich bei einer Einladung sehr danebenbenehmen, was dir und deiner Zukunft schadet. Es ist an der Zeit, daß du dich änderst, wenn du nicht alle deine Freunde verlieren willst. Mache regelmäßig die Atemübungen, denn durch sie wirst du wieder zu dir und deinen Freunden finden. Meide den Alkohol, denn er schadet dir und deinem Ansehen.

## HERZ DAME · 19. HAUS

FREUNDE · WEIBLICHER FREUND · BLOND · SPONSOR

Im Haus des Ärgers wird dir mitgeteilt, daß du von einem Freund erfahren wirst, daß er in Schwierigkeiten steckt. Du wirst alles Erdenkliche unternehmen, um ihm zu helfen. Es kann auch sein, daß ein Freund von dir hört, daß du in Schwierigkeiten bist. Er wird bereit sein, dir zu helfen, und du wirst ihm sehr dankbar sein. Möglicherweise wirst du dein Ziel nicht durch Talent, sondern nur durch Geld erreichen können. Du wirst aber von einem freundlichen Menschen, wahrscheinlich einer Dame, große Unterstützung erhalten.

Sieh nach, welche Karte in das 19. Haus fällt. Befindet sich dort eine rote Karte und fällt die PIK ACHT in ein rotes Haus, so wirst du von einer großzügigen Dame unterstützt werden. Auch dein Ärger wird bald verschwinden. Es ist auch möglich, daß jemand durch deine Hilfe von seinem Ärger befreit wird. Befindet sich eine Kreuz-Karte im 19. Haus und fällt die PIK ACHT in ein Kreuz-Haus, dann kann es sein, daß dir deine Familie aus Schwierigkeiten heraushelfen wird. Vielleicht wird dir auch ein Geschäftspartner helfen, aus den Schwierigkeiten herauszukommen, sei es durch finanzielle oder moralische Unterstützung.

Befindet sich eine PIK-KARTE im 19. Haus und fällt die PIK ACHT in ein PIK-HAUS, so wirst du durch einen Freund in arge Schwierigkeiten kommen. Du wirst lange brauchen, um dich davon zu erholen. Es kann aber auch sein, daß du jemandem großen Schaden zufügen wirst. Du wirst dann die entstandenen Kosten abzahlen müssen. Deute auch das 17. Haus. Wenn sich dort eine rote Karte befindet und die KARO ZEHN in ein rotes Haus fällt, so wird dir ein Freund helfen, den Schaden zu beheben. Versuche die Atemübungen regelmäßig zu machen, damit du in Zukunft weniger Ärger hast.

## HERZ BUBE · 6. HAUS

### POPULARITÄT · KUNST · JÜNGERER MÄNNLICHER FREUND · KÜNSTLER

Im Haus des Ärgers wird dir mitgeteilt, daß du bei einer Zusammenkunft deiner Freunde etwas über dich hören wirst, das dich sehr ärgern wird. Jemand wird ein Gerücht über dich verbreiten, und fast alle werden es glauben. Nur einer, dein bester Freund, wird zu dir halten, denn er kennt dich besser als alle anderen. Deine Bekannten machen dich zum Sündenbock, aber da haben sie sich den Falschen ausgewählt. Es kann aber auch sein, daß du dich bei deinen Freunden durch eine Indiskretion in ein schiefes Licht setzt. Sei bei gesellschaftlichen Anlässen vorsichtig und trinke nicht zuviel Alkohol, denn er löst bekanntlich die Zunge, und es kann einem etwas rausrutschen, das man im nüchternen Zustand nicht sagen würde. Die anderen würde es dir nicht verzeihen.

Sieh nach, welche Karte in das 6. Haus fällt. Befindet sich dort eine rote Karte und fällt die PIK ACHT in ein rotes Haus, könnte es auf einer Party einen Streit geben, doch er wird bald geschlichtet sein. Befindet sich eine Kreuz-Karte im 6. Haus und fällt die PIK ACHT in ein Kreuz-Haus, kann es sein, daß du dir mit einer prominenten Persönlichkeit in die Haare gerätst.

Befindet sich eine PIK-KARTE im 6. Haus und fällt die PIK ACHT in ein PIK-HAUS, so kann es sein, daß du dich auf einer Prominentenparty mit jemandem streitest, ja dich sogar mit ihm raufst. Du solltest lernen, dich besser zu beherrschen. Versuche die Atemübungen zu machen, denn sie werden dich von übermäßigem Alkoholkonsum abhalten.

## HERZ ZEHN · 11. HAUS
### Heirat · Verbindungen · Vereine · Bruderschaften

Im Haus des Ärgers wird dir mitgeteilt, daß, wenn du verheiratest bist, du mit deinem Gefährten Streit haben wirst. Es kann auch sein, daß ihr euch gegenseitig Seitensprünge vorwerft. Es ist auch möglich, daß du mit Freunden streiten wirst. Vielleicht willst du einen Streit schlichten und gerätst nun selbst in Teufels Küche. Bedenke, wir haben alle unsere Fehler. Auch sollte man sich nie in die Streitereien von Eheleuten mischen, denn das bringt nur Undank und kann sogar das Ende einer Freundschaft bedeuten.

Sieh nach, welche Karte in das 11. Haus fällt. Befindet sich dort eine rote Karte und fällt die PIK ACHT in ein rotes Haus, dann wird der Streit mit deinem Gefährten bald vorüber sein, und ihr werdet euch in die Arme fallen. Man sollte dem Partner gegenüber ein bißchen toleranter sein. Solltest du mit einem Freund Streit haben, wird auch dieser bald geschlichtet werden. Deute auch das 13. und 19. Haus. Rote Karten sind sehr positiv, schwarze Karten sollten gesondert gedeutet werden. Befindet sich eine Kreuz-Karte im 11. Haus und fällt die PIK ACHT in ein Kreuz-Haus, so kann es sein, daß du mit deinen Eltern oder Verwandten eine Auseinandersetzung haben wirst. Ein baldiges Ende ist in Sicht, wenn im 15. Haus eine rote Karte oder eine Kreuz-Karte liegt und wenn sich der KREUZ BUBE in einem positiven Haus befindet.

Befindet sich eine PIK-KARTE im 11. Haus und fällt die PIK ACHT in ein PIK-HAUS, so kann es sein, daß ein Streit sogar zu einer Scheidung oder einer Trennung von einem guten Freund führt. Vielleicht durch deine Schuld, weil du zu stur und zu unnachgiebig bist. Durch die Atemübungen lernst du dich besser kennen. Erst wenn du fähig bist, dich selbst objektiv zu beurteilen, hast du das Recht, über andere ein Urteil zu fällen. Versuche dich von deiner Voreingenommenheit zu befreien.

## HERZ NEUN · 2. HAUS
### Wunsch · Wünsche · Sehnsucht · Hoffnung

Im Haus des Ärgers wird dir mitgeteilt, daß du dir Sorgen machen wirst, ob dein Wunsch erfüllt wird oder nicht. Diese Sorgen bestehen zu Recht, denn es ist ein Hindernis zu überwinden. Es kann auch sein, daß dir ein Wunsch erst in Erfüllung geht, wenn du gewisse Vorkommnisse aus der

Vergangenheit bereinigt hast. Möglicherweise erfüllt sich dein Wunsch, aber du bekommst später dadurch Ärger. Es kann sein, daß du dir schon lange ein Auto gewünscht hast.

Sieh nach, welche Karte in das 2. Haus fällt. Befindet sich dort eine rote Karte und fällt die PIK ACHT in ein rotes Haus, so darfst du hoffen, daß sich dein Wunsch erfüllt. Du solltest aber vorsichtig sein, wenn er in Erfüllung geht. Befindet sich eine Kreuz-Karte im 2. Haus und fällt die PIK ACHT in ein Kreuz-Haus, so kann es sein, daß du wegen deines Wunsches mit deinen Verwandten Ärger bekommst. Sie finden dich zu anspruchsvoll. Es kann auch sein, daß dir ein Wunsch erfüllt wird, du dich aber nicht freust und dadurch Ärger mit deinen Verwandten bekommst.

Befindet sich eine PIK-KARTE im 2. Haus und fällt die PIK ACHT in ein PIK-HAUS, so wirst du dich sicher mit jemandem streiten, der zur Erfüllung deines Wunsches beitragen wollte. Es kann auch sein, daß du jemandem hilfst und dich dann ärgerst, weil er hinterher grob zu dir ist. Auch wirst du dich mit der Familie über Wünsche und Geschenke streiten. Wenn du dir eine Arbeit gewünscht hast, so wirst du diese in nächster Zeit nicht erhalten oder dann nur einige Tage an diesem neuen Arbeitsplatz bleiben. Mache die Atemübungen regelmäßig, und du wirst bald feststellen, daß du ruhiger und ausgeglichener wirst. Wenn deine Wünsche nicht so erfüllt werden, wie du es dir erträumt hast, so denke daran: »Einem geschenkten Gaul schaut man nicht ins Maul.«

## HERZ ACHT · 4. HAUS

LIEBE · MONDSCHEIN · ROMANZE · HERZ

Im Haus des Ärgers wird dir mitgeteilt, daß du in Zukunft in deinem Liebesleben sehr viel Ärger haben wirst. Du bist für manche Menschen zu stürmisch in deinen Liebesäußerungen. Vielleicht verlangst du von deinem Partner sexuelle Praktiken, die er nicht mag. Es kann auch sein, daß du mit deinem Partner im Bett Schwierigkeiten hast oder daß du sonst mit ihm nicht zurecht kommst. Das könnte auf Überarbeitung oder auf nervöse Störungen zurückzuführen sein. Du solltest es einmal mit den Atemübungen versuchen und einen Arzt aufsuchen, um mit ihm die Probleme zu besprechen. Möglich ist auch, daß du dir Kinder wünschst und dir dieser Wunsch versagt bleibt. Vielleicht hast du aber auch mit deinen Kindern Probleme.

Sieh nach, welche Karte in das 4. Haus fällt. Befindet sich dort eine Herz-Karte und fällt die PIK ACHT in ein Herz-Haus und liegt zudem die PIK SIEBEN in einem Herz-Haus, so scheint es, daß die sexuellen Störungen nicht organisch, sondern psychisch bedingt sind. Du solltest die Atemübungen regelmäßig machen. Befindet sich eine Karo-Karte im 4. Haus und fällt die PIK ACHT in ein Karo-Haus, so kann es sein, daß du in Geldangelegenheiten Ärger haben wirst. Ziehe das 17. Haus hinzu. Es kann aber auch sein, daß du in der Firma Ärger hast und sich dieser auf dein Sexualleben negativ auswirkt. Das 25. Haus ist auch zu deuten. Rote Karten schwächen die negative Phase ab. Befindet sich eine Kreuz-Karte im 4. Haus und fällt die PIK ACHT in ein Kreuz-Haus, so kann es sein, daß sich deine Eltern in dein Privatleben einmischen und daß dein Geschlechtsleben durch diese Einmischung gestört ist. Möglicherweise verweigert sich dir dein Partner. Versuche mit ihm offen und ohne falsche Scham über alle sexuellen Belange zu sprechen – ein Gespräch kann oft sehr viel helfen. Mache mit ihm gemeinsam die Atemübungen.

Befindet sich eine PIK-KARTE im 4. Haus und fällt die PIK ACHT in ein PIK-HAUS, so sieht die nächste Zeit für dich nicht gerade rosig aus. Meist bist du selbst an deinem Versagen schuld, denn du übertreibst gerne, und deine Behauptungen erweisen sich dann oft als falsch. Versuche nicht durch Großsprechen und Angeben die Menschen für dich zu gewinnen. Versuche lieber die Atemübungen zu machen, sie werden dir bestimmt helfen.

## HERZ SIEBEN · 12. HAUS

FRÖHLICHKEIT · GUTE LAUNE · HERZLICHKEIT · FROHSINN

Im Haus des Ärgers wird dir mitgeteilt, daß jemand auf dich sehr eifersüchtig sein wird, und das wird dir Ärger bringen. Es kann auch sein, daß du in nächster Zeit aus Eifersucht einen Streit beginnst. Möglicherweise erhältst du wegen eines Streites am Arbeitsplatz die Kündigung. Es könnte sein, daß jemand gegen dich intrigiert. Du hast es gar nicht bemerkt; erst durch eine private oder geschäftliche Auseinandersetzung kommst du darauf. Solltest du Kinder haben, so wird eines in nächster Zeit sehr depressiv gestimmt sein. Behandle das Kind verständnisvoll, denn es ist sehr sensibel.

Sieh nach, welche Karte in das 12. Haus fällt. Befindet sich dort eine rote Karte und fällt die PIK ACHT in ein rotes Haus, so wird dein Ärger nicht eine zu große Bedeutung haben. Doch solltest du Ärger auch nicht bagatellisieren, denn er zeugt von gewissen Spannungen, die aber mit den Atemübungen abgebaut werden können. Befindet sich eine Kreuz-Karte im 12. Haus und fällt die PIK ACHT in ein Kreuz-Haus, so kann es sein, daß sich jemand aus der Verwandtschaft in deine Privatsphäre einmischen möchte, und das wird deine gute Laune sehr beeinträchtigen. Vielleicht ist auch jemand auf dich eifersüchtig und möchte dir das Leben zur Hölle machen. Mache die Atemübungen regelmäßig, damit du negativen Schwingungen ausweichen kannst.

Befindet sich im 12. Haus eine PIK-KARTE und fällt die PIK ACHT in ein PIK-HAUS, dann solltest du in nächster Zeit den Menschen, die dir nicht gut gesinnt sind, aus dem Weg gehen. Ein plötzlicher Wutanfall könnte dich ganz schön in Schwierigkeiten bringen. Du mußt lernen, dich zu beherrschen und deinen Jähzorn abzulegen. Mache regelmäßig die Atemübungen, und du wirst lernen, wie man sich beherrscht und damit ausgeglichener wird.

# KARO

## KARO AS · 25. HAUS

### Beruf · Firma · Unternehmen · Projekte

Im Haus des Ärgers wird dir mitgeteilt, daß es, wenn du ein neues Unternehmen starten oder eine neue Firma gründen möchtest, für dich großen Ärger geben wird. Es kann aber auch sein, daß du dir große Sorgen um den kommenden Tag machst und überlegst, wie es weitergehen soll. Du mußt auch in deiner jetzigen Stelle mit großen Schwierigkeiten rechnen, eine Kündigung könnte dir drohen. Es kann auch sein, daß in deinem Betrieb die Aufträge zurückgegangen sind, und du weder ein noch aus weißt.

Sieh nach, welche Karte in das 25. Haus fällt. Befindet sich dort eine rote Karte und fällt die PIK ACHT in ein rotes Haus, so wird dein Tief bald vorbei sein, vielleicht schon in den nächsten Tagen. Mache einstweilen die Atemübungen, denn sie werden dich stärken. Befindet sich eine Kreuz-Karte im 25. Haus und fällt die PIK ACHT in ein Kreuz-Haus, so kann es sein, daß du mit deinen Vorgesetzten in Schwierigkeiten gerätst, weil du deine privaten Affären mit dem Beruflichen verbindest. Deute auch das 4. und das 11. Haus. Befinden sich dort rote Karten, so wirst zu noch einmal mit einem blauen Auge davonkommen. Schwarze Karten müssen gesondert gedeutet werden, sie werden dich auf eine kommende Gefahr aufmerksam machen. Die Atemübungen solltest du nun regelmäßig machen, denn du wirst sie brauchen können!

Befindet sich eine PIK-KARTE im 25. Haus und fällt die PIK ACHT in ein PIK-HAUS, dann dürfte eine schwere Zeit auf dich zukommen. Es wird nicht leicht sein, aus dem Fahrwasser, in dem du dich befindest, herauszukommen. Wenn dir da nicht ein guter Freund hilft, wirst du in Zukunft schwer zu kämpfen haben. Mache die Atemübungen, sie werden dir helfen, die schlechten Zeiten zu überstehen. Auch für dich wird wieder die Sonne scheinen – du mußt dich nur positiv auf die Zukunft einstimmen.

## KARO KÖNIG · 9. HAUS
### LEGALE PAPIERE · ARZT · ANWALT · NOTAR

Im Haus des Ärgers wird dir mitgeteilt, daß du mit irgendwelchen Papieren, seien es Dokumente oder Verträge, Schwierigkeiten haben wirst. Möglicherweise wirst du einen Anwalt einschalten müssen, damit die Sache geregelt wird. Vielleicht hast du auch wichtige Dokumente verlegt. Du solltest auch schon längst zum Zahnarzt gehen, aber du hast Angst. Aber dieser Gang wird dir nicht erspart bleiben, je früher du dich überwindest, desto besser ist es für dich.

Sieh nach, welche Karte in das 9. Haus fällt. Befindet sich dort eine rote Karte und fällt die PIK ACHT in ein rotes Haus, so werden sich die Schwierigkeiten rasch beheben lassen. Du wirst entweder deine Dokumente oder ein anderes wichtiges Schriftstück bald wieder finden oder wirst einen Prozeß mit Hilfe eines Anwaltes gewinnen. Ziehe das 28. Haus hinzu. Es ist wichtig, daß in diesem Haus auch eine rote Karte liegt und daß der PIK KÖNIG in ein rotes Haus fällt. Befindet sich die Kreuz-Karte im 9. Haus und fällt die PIK ACHT in ein Kreuz-Haus, dann kann es sein, daß du und deine Angehörigen ein gewisses Schriftstück suchen oder daß du vergessen hast, bei wem du dieses deponiert hast. Konzentriere dich, es wird dir sicher wieder einfallen.

Befindet sich eine PIK-KARTE im 9. Haus und fällt die PIK ACHT in ein PIK-HAUS, so kann es sein, daß du in nächster Zeit ein wichtiges Papier nicht findest oder daß es durch Feuer vernichtet wird, wenn es nicht schon vernichtet wurde. Lege dir von allen Dokumenten Duplikate an und gib diese einem Anwalt, Notar oder einem Freund zur Verwahrung. Es ist auch möglich, daß du jemandem hilfst, ein gewisses Dokument zu bekommen, doch sei vorsichtig, daß du nichts Illegales tust. Du solltest auch das 28. Haus deuten. Aus roten Karten kannst du vielleicht ersehen, wie du legal zu dem Dokument kommst. Schwarze Karten warnen dich vor ungesetzlichen Handlungen. Laß die Finger davon, auch wenn du in Geldschwierigkeiten bist, es zahlt sich nämlich nicht aus! Mache die Atemübungen regelmäßig.

## KARO DAME · 18. HAUS
JAHRESZEIT · FRÜHJAHR · SOMMER · HERBST · WINTER

Im Haus des Ärgers wird dir mitgeteilt, daß du dir in nächster Zeit über etwas große Sorgen machen wirst. Es hat auch den Anschein, als würde dieser Zustand länger dauern. Es kann sein, daß du mit älteren Personen Streit haben wirst oder daß man dich wegen Ruhestörung anzeigt. Möglicherweise erstattest du eine Anzeige. Doch überlege diesen Schritt. Laß lieber Gras über die Angelegenheit wachsen, so wirst du deinen Frieden haben. Gehe Menschen, die dich nicht leiden können oder die du nicht magst, aus dem Weg. Du wirst dir dadurch viel Ärger ersparen.

Sieh nach, welche Karte in das 18. Haus fällt. Befindet sich dort eine rote Karte und fällt die PIK ACHT in ein rotes Haus, dann wird der Unfrieden mit den Nachbarn bald ein Ende finden, weil du vielleicht umziehst. Das 7. Haus ist auch zu deuten. Rote Karten sind sehr positiv, bei schwarzen Karten sollte die Deutung genau beachtet werden. Ein alter Ärger geht, ein neuer stellt sich ein! Befindet sich eine Kreuz-Karte im 18. Haus und fällt die PIK ACHT in ein Kreuz-Haus, so wirst du bald Meinungsverschiedenheiten mit deinen Eltern haben, falls du noch bei ihnen wohnst. Versuche die Atemübungen zu machen, damit du bald wieder in Frieden mit deinen Eltern lebst. Man muß auch einmal nachgeben können, auch wenn man im Recht ist.

Befindet sich eine PIK-KARTE im 18. Haus und fällt die PIK ACHT in ein PIK-HAUS, dann solltest du wirklich jedem Streit aus dem Weg gehen, denn Tätlichkeiten sind nicht ausgeschlossen, und einer könnte im Spital landen. Wenn du aber die Atemübungen regelmäßig machst und an dir arbeitest, dann kannst du dir das alles ersparen. Es ist sehr wichtig, daß du in den nächsten Jahreszeiten deine Einstellung zu den Menschen änderst.

## KARO BUBE · 21. HAUS
BRIEFE · SCHRIFTSTÜCKE · TELEGRAMME · BOTE · FREUND

Im Haus des Ärgers wird dir mitgeteilt, daß du sehr bald einen Brief erhalten wirst, der dir ein unangenehmes Gefühl hinterläßt. Vielleicht ahnst du schon, um welchen Brief es sich hier handeln könnte. Es kann eine Mahnung, eine saftige Rechnung oder auch ein Drohbrief sein. Es kann aber auch sein, daß du Neuigkeiten erfährst, die dir nicht angenehm sind. Auch ist es möglich, daß dir ein Gerichtsurteil schriftlich zugestellt wird.

Sieh nach, welche Karte in das 21. Haus fällt. Befindet sich dort eine rote Karte und fällt die PIK ACHT in ein rotes Haus, so machst du dir umsonst große Sorgen, denn die Nachricht, die du befürchtest, wird harmloser ausfallen, als du glaubst. Befindet sich eine Kreuz-Karte im 21. Haus und fällt die PIK ACHT in ein Kreuz-Haus, so kann es sein, daß dich ein Schreiben eines Verwandten sehr betrübt, weil du in diesem Brief zu Unrecht beschuldigt wirst. Vielleicht erhältst du auch von deiner Firma ein Schreiben, das dich unruhig stimmt, weil eine Versetzung oder ein Disziplinarverfahren droht. Ziehe das 25. und das 28. Haus hinzu. Rote Karten sind positiv, schwarze Karten sind gesondert zu deuten, aber sie zeigen Unangenehmes an.

Befindet sich eine PIK-KARTE im 21. Haus und fällt die PIK ACHT in ein PIK-HAUS, dann wirst du einen Brief mit einer Morddrohung oder ein Kündigungsschreiben erhalten. Es kann auch sein, daß du um einen Strafaufschub nachgekommen bist und dieser abgelehnt wird. Oder du gelangst mit deinen Sorgen an eine Person, die dir aber nicht helfen will. Helfen werden dir aber ganz bestimmt die Atemübungen, wenn du sie regelmäßig einhältst.

## KARO ZEHN · 17. HAUS

GELD · FINANZEN · BÖRSE · EINNAHMEN · AUSGABEN

Im Haus des Ärgers wird dir mitgeteilt, daß du dich sehr bald ärgern wirst, weil du eine bestimmte Geldsumme nicht erhältst. Es kann auch sein, daß du zur Zeit Geldprobleme hast. Du hast dir diesen Ärger selbst zuzuschreiben, denn du lebst zeitweise auf zu großem Fuße und hast nicht gelernt, das Geld einzuteilen. Es ist auch möglich, daß du in der nächsten Zeit nicht vorsichtig bist und einen größeren Geldbetrag verlieren wirst.

Sieh nach, welche Karte in das 17. Haus fällt. Befindet sich dort eine rote Karte und fällt die PIK ACHT in ein rotes Haus, so wirst du bald Geld erhalten, um deine Schulden zu bezahlen oder dir Unannehmlichkeiten vom Halse zu schaffen. Es kann auch sein, daß du Geld für Möbel oder für eine Wohnung brauchst. Ziehe das 7. Haus hinzu. Rote Karten sind sehr positiv, schwarze Karten sind gesondert zu deuten, sie sind meistens negativ. Befindet sich eine Kreuz-Karte im 17. Haus und fällt die PIK

ACHT in ein Kreuz-Haus, dann kann es sein, daß dir jemand aus deiner Familie Geld leihen wird, oder du wirst deiner Familie, einem Geschäftsfreund oder Kollegen eine alte Schuld zurückbezahlen.

Befindet sich eine PIK-KARTE im 17. Haus und fällt die PIK ACHT in ein PIK-HAUS, so scheint es, daß du in nächster Zeit Schwierigkeiten haben wirst, dir Geld zu beschaffen. Zeitweise spielst du mit gefährlichen Gedanken, wie du dir auf leichte Art Geld beschaffen könntest. Vertreibe diese Gedanken. Deute auch das 1., 31. und 28. Haus. Schwarze Karten in diesen Häusern könnten für dich Gefängnis bedeuten. Mache deine Atemübungen regelmäßig, sie werden deine Ausdauer steigern, und deine finanzielle Lage wird sich bald wieder bessern.

## KARO NEUN · 5. HAUS

ÜBERRASCHUNG · ÜBERRASCHUNGEN · KLEINE FINANZEN

Im Haus des Ärgers wird dir mitgeteilt, daß du sehr überrascht sein wirst, denn du hast etwas nach deinen besten Kräften erledigt, du hättest es gar nicht besser tun können, und trotzdem kriegst du nun Ärger. Es kann auch sein, daß du etwas Ärgerliches über einen Freund hörst, das dich sehr erstaunt, denn du hättest dies von ihm nie gedacht. Vielleicht gerätst du auch in Schwierigkeiten mit einer Behörde. Sei vorsichtig und erlaube dir keine dummen Scherze, sonst mußt du wirklich bald mit Schwierigkeiten rechnen.

Sieh nach, welche Karte in das 5. Haus fällt. Befindet sich dort eine rote Karte und fällt die PIK ACHT in ein rotes Haus, dann wirst du von einem Ärger hören, der aber nicht so schlimm ist, wie er dargestellt wird. Möglicherweise wirst du bald durch etwas überrascht, das dir zuerst nicht behagt, sich aber schließlich als für dich positiv herausstellen wird. Befindet sich eine Kreuz-Karte im 5. Haus und fällt die PIK ACHT in ein Kreuz-Haus, so wirst du mit deiner Familie oder einem Freund eine böse Überraschung erleben. Es wird sich nun erweisen, ob du jedem, der deine Hilfe braucht, ein guter Freund bist. Es muß sich hier nicht um eine befreundete Person handeln, es kann auch sein, daß du einem anderen hilfst. Deute auch das 13., 19. und 31. Haus. Rote Karten sind für dich sehr gut, schwarze Karten sollten gesondert gedeutet werden, sie müssen aber nicht unbedingt etwas Negatives bedeuten.

Befindet sich eine PIK-KARTE im 5. Haus und fällt die KARO ACHT in ein PIK-HAUS, so kann es für dich in den nächsten Tagen eine böse Überraschung geben. Es kann sein, daß du etwas Dummes anstellen oder in eine krumme Sache hineingezogen wirst. Du gibst dir über den Umfang dieser Sache vielleicht nicht Rechenschaft. Sei in der nächsten Zeit vorsichtig mit deinen Vorhaben. Deute auch die Häuser 9, 13, 18 und 31. Befinden sich dort rote Karten oder Kreuz-Karten, dann wird alles nicht so schlimm sein, wie es zuerst den Anschein hatte. Mache regelmäßig die Atemübungen, dann wirst du, auf die Dauer gesehen, vom Leben positiv überrascht werden.

## KARO ACHT · 27. HAUS

### Erbe · Erbschaften · Hinterlassenschaften · Bekommen

Im Haus des Ärgers wird dir mitgeteilt, daß du durch eine Erbschaft Ärger bekommen wirst. Vielleicht wirst du Geld, das dir zusteht, nicht bekommen, oder du mußt dich sehr lange darum bemühen, es einzutreiben. Es kann auch sein, daß du von deiner Firma Geld erhalten solltest und sie dir dieses nicht ausbezahlt. Du wirst einen Anwalt einschalten müssen, um endlich zu deinem Geld zu kommen.

Sieh nach, welche Karte in das 27. Haus fällt. Befindet sich dort eine rote Karte und fällt die PIK ACHT in ein rotes Haus, so wirst du zwar dein Geld oder deine Erbschaft erhalten, aber du wirst dadurch viel Ärger bekommen. Ärgere dich nicht darüber, sondern mache lieber die Atemübungen, sie helfen dir, einen klaren Verstand zu behalten, wenn es um eine wichtige Angelegenheit geht. Aufregung schadet nur deiner Gesundheit. Befindet sich eine Kreuz-Karte im 27. Haus und fällt die PIK ACHT in ein Kreuz-Haus, so kann es sein, daß du mit einem Angehörigen oder mit einem Freund zum Notar gehst, wo ein Testament zu deinen Gunsten aufgesetzt wird.

Befindet sich eine PIK-KARTE im 27. Haus und fällt die PIK ACHT in ein PIK-HAUS, dann wirst du dich sehr bald ärgern müssen, weil man dir eine Erbschaft oder eine Hinterlassenschaft vorenthalten möchte. Man wird dich als Erbschleicher bezeichnen, obwohl dir das Erbe rechtlich zusteht. Es kann auch sein, daß du dich bei Gericht herumschlagen mußt wegen einer Erbschaftsunterschlagung oder eines gefälschten Testaments. In diesem Fall müssen auch das 9., 17. und das 28. Haus gedeutet werden. Befinden sich dort rote Karten oder auch Kreuz-Karten, dann wird das Gericht zu deinen Gunsten entscheiden. Befinden sich in diesen Häusern PIK-KARTEN, so besteht Opposition. Es kann sein, daß du um dein Erbe oder um deine Forderung kommst. Mache deine Atemübungen und bete regelmäßig, sie werden dir über Ungerechtigkeiten hinweghelfen.

## KARO SIEBEN · 3. HAUS
### ERFOLG · KARRIERE · AUFSTIEG · LEISTUNG

Im Haus des Ärgers wird dir mitgeteilt, daß du dir Sorgen um deine Zukunft machen wirst. Das macht dich sehr nervös, denn du weißt nicht, wie es weitergehen soll. Wenn du dir jedoch die Karten legst und dem vorliegenden Buch die Deutungen entnimmst, solltest du die Hinweise für deine Zukunft finden. Versuche dich zu entspannen und denke an all das Schöne, das uns das Leben bringen kann. Es kann auch sein, daß du dir um dein Alter Sorgen machst. Sei auch da optimistisch; wenn du dich frühzeitig auf das Alter einstellst, wirst du auch einen schönen Lebensabend genießen können.

Sieh nach, welche Karte in das 3. Haus fällt. Befindet sich dort eine rote Karte und fällt die PIK ACHT in ein rotes Haus, so machst du dir unberechtigte Sorgen um deine Zukunft. Du kannst für dein künftiges Leben vorsorgen, so wird dir später Ärger erspart bleiben. Befindet sich eine Kreuz-Karte im 3. Haus und fällt die PIK ACHT in ein Kreuz-Haus, so kann es sein, daß du mit deiner Familie oder deinen Freunden über das Altwerden sprechen wirst. Auch kann es sein, daß du dich in nächster Zeit über ältere Menschen aufregen wirst. Alte Menschen sind oft eigensinnig wie Kinder; aber denke daran, daß auch du einmal alt wirst. Pflege liebevollen Umgang mit alten Menschen, sie werden es dir zu danken wissen. Mit den Atemübungen kannst du lernen, nachsichtiger und verständnisvoller zu werden.

Befindet sich eine PIK-KARTE im 3. Haus und fällt die PIK ACHT in ein PIK-HAUS, dann kann es sein, daß du dir berechtigte Sorgen um deine Zukunft machst. Du scheinst zur Zeit überarbeitet; vielleicht hast du dich in letzter Zeit zu sehr um Erfolg bemüht. Doch Erfolg ist nicht alles im Leben. Versuche die Atemübungen zu machen, sie werden dir helfen, daß du deinen Einsatz richtig dosieren lernst. Vergeude nicht deine ganze Kraft auf einmal, teile die Kräfte, die dir gegeben sind, genau ein. Mache die Atemübungen immer regelmäßig, sie spenden dir die Lebenskraft.

# KREUZ

## KREUZ AS · 20. HAUS

GESCHENK · GESCHENKE (MIT PIK AS: TOD · LAST)

Im Haus des Ärgers wird dir mitgeteilt, daß du Schwierigkeiten haben wirst, ein bestimmtes Geschenk zu bekommen. Dies können Schwierigkeiten beim Postversand sein, oder vielleicht will man dir ein gekauftes Geschenk nicht umtauschen. Es kann auch sein, daß dein Geschenk kurz nach dem Erhalt kaputtgeht. Möglicherweise wirst du dich ärgern, weil du für jemanden ein bestimmtes Geschenk suchst und es nirgends bekommst. Vielleicht spricht auch jemand schlecht über dich, nachdem du ihm ein Geschenk gegeben hast.

Sieh nach, welche Karte in das 20. Haus fällt. Befindet sich dort eine rote Karte und fällt die PIK ACHT in ein rotes Haus, so wirst du das gesuchte Geschenk finden oder das Geschenk bekommen, das du dir schon lange gewünscht hast. Befindet sich eine Kreuz-Karte im 20. Haus und fällt die PIK ACHT in ein Kreuz-Haus, so wirst du mit deiner Familie oder jemand anderem einen Stadtbummel machen. Es ist auch möglich, daß du für einen Verwandten ein Geschenk aussuchen wirst. Es wäre aber besser, vorher zu fragen, ob dieses Geschenk erwünscht ist.

Befindet sich eine PIK-KARTE im 20. Haus und fällt die PIK ACHT in ein PIK-HAUS, so wird man in deiner Familie über ein bestimmtes Geschenk streiten, weil dieses jemandem nicht gegönnt wird. Vielleicht schenkst du auch etwas Verkehrtes oder mißgönnst jemandem ein Geschenk. Mache regelmäßig die Atemübungen, und du wirst sehen, daß Neid und Mißgunst dich nur unglücklich machen. Lerne, allen Lebewesen das zu schenken, was in unserem Leben das Wichtigste ist, nämlich Liebe.

## KREUZ KÖNIG · 10. HAUS

FERIEN · URLAUB · VATER · ONKEL · GROSSVATER

Im Haus des Ärgers wird dir mitgeteilt, daß du in nächster Zeit Schwierigkeiten haben wirst, geeignete Arbeit zu finden. Vielleicht hast du auch vor, in den Urlaub zu fahren, und nun stellen sich dir Hindernisse in den Weg. Es ist auch möglich, daß du berufliche Probleme hast und die Kündigung bekommen wirst. Vielleicht hast du auch

Schwierigkeiten, eine bestimmte Arbeit fertigzustellen. Versuche diese negativen Schwingungen mit Hilfe der Atemübungen in positive umzuwandeln.

Sieh nach, welche Karte in das 10. Haus fällt. Befindet sich dort eine rote Karte und fällt die PIK ACHT in ein rotes Haus, so ist ein baldiges Ende der schlechten Zeit abzusehen. Schwarze Karten müssen gesondert gedeutet werden. Sie müssen nicht unbedingt negativ sein, sondern können auf die Ursache einer negativen Schwingung hinweisen. Befindet sich im 10. Haus eine Kreuz-Karte und fällt die PIK ACHT in ein Kreuz-Haus, so kann es sein, daß du die Schwierigkeiten in deinem Familienbetrieb mit deinen Teilhabern besprechen wirst. Es ist auch möglich, daß in dem Betrieb, in dem du arbeitest, Zwangsurlaub, Kurzarbeit oder eine andere Arbeitszeitverkürzung eingeführt werden muß.

Befindet sich eine PIK-KARTE im 10. Haus und fällt die PIK ACHT in ein PIK-HAUS, dann scheint es, daß dir Kummer bevorsteht. Vielleicht findest du keine passende Arbeit, weil deine Berufsausbildung zu einseitig war. Du solltest dich eventuell auf einen anderen Beruf umschulen lassen. Es gibt viele Branchen, die das Problem der Arbeitslosigkeit nicht kennen. Versuche durch die Atemübungen zu lernen, dich den neuen Gegebenheiten anzupassen. Auch wenn du vorübergehend eine Tätigkeit ausüben mußt, die du als unter deiner Würde empfindest, denke daran, daß jede Arbeit adelt.

## KREUZ DAME · 30. HAUS

UNTERSUCHER · UNTERSUCHUNGEN · MUTTER · TANTE · GROSSMUTTER

Im Haus des Ärgers wird dir mitgeteilt, daß dich in nächster Zeit einige Probleme so sehr plagen werden, daß dir graue Haare wachsen. Versuche dich zu konzentrieren, damit du nicht in eine zu heikle Lage hineinschlitterst. Es wäre besser, alles genau zu überlegen, bevor du etwas unternimmst! Laß dich in komplizierten Dingen von einem Fachmann beraten. Deine Probleme werden sich leichter bewältigen lassen, wenn du ihnen gelassen gegenüberstehst. Sei nicht böse auf jemanden, dem ein Fehler unterlaufen ist. Wie du weißt, ist irren menschlich. Wenn du dir deiner Sache sicher bist, brauchst du auch keine Angst zu haben.

Sieh nach, welche Karte in das 30. Haus fällt. Befindet sich dort eine rote Karte und fällt die PIK ACHT in ein rotes Haus, so wird sich deine jetzige schlechte Lage bald bessern. Laß dich bei deinen Plänen und Taten nicht durch Miesmacher beeinflussen. Befindet sich eine Kreuz-Karte im 30. Haus und fällt die PIK ACHT in ein Kreuz-Haus, so wirst du mit einem Geschäftsfreund oder der Familie in nächster Zeit sehr viele Probleme haben. Versuche, mit ihnen gemeinsam eine Lösung zu finden. Sollte dies nicht möglich sein, so versuche es im Alleingang. Das hilft oft mehr als endlose Diskussionen, bei denen schlußendlich nichts Produktives herauskommt. Mache auch die Atemübungen regelmäßig, sie werden dir bei der Bewältigung deiner Probleme helfen.

Befindet sich eine PIK-KARTE im 30. Haus und fällt die PIK ACHT in ein PIK-HAUS, so kann es sein, daß eine Untersuchung zu deinen Ungunsten ausfällt. Laß dich nicht zu illegalen Handlungen verleiten, du würdest der Verlierer sein. Mache die Atemübungen regelmäßig, sie werden dir helfen, einen Weg zum Erfolg zu finden.

## KREUZ BUBE · 15. HAUS

FAMILIE · SOHN · NEFFE (MIT DAME: TOCHTER · NICHTE)

Im Haus des Ärgers wird dir mitgeteilt, daß du dich in der nächsten Zeit mit deiner Verwandtschaft überwerfen wirst. Es kann sein, daß es zu einer handfesten Auseinandersetzung mit deinen Angehörigen, Freunden oder Bekannten kommt. Möglicherweise wird dir deine Familie auch helfen, wenn du dich in argen Schwierigkeiten befindest, oder Freunde oder Bekannte werden dir beistehen, wenn du sie am nötigsten brauchst.

Sieh nach, welche Karte in das 15. Haus fällt. Befindet sich dort eine rote Karte und fällt die PIK ACHT in ein rotes Haus, so wirst du von deiner Familie, Freunden oder Bekannten unterstützt werden. Du hast auch eine gute Beziehung zu einem Mann, der dir immer helfen wird, oder eine gute Beziehung zu einer alten Dame, die dir wie eine Mutter ist. Deute auch die Häuser 13 und 19. Rote Karten in diesen Häusern sind sehr positiv. Schwarze Karten sind gesondert zu deuten. Sie müssen nicht immer etwas Negatives bedeuten, es kann sein, das sie die Gefahren andeuten. Befindet sich eine Kreuz-Karte im 15. Haus und fällt die PIK ACHT in ein Kreuz-Haus, so kann es sein, daß es Unstimmigkeiten in der Familie geben wird, weil ihr euch über ein Projekt nicht einigen könnt oder weil du am Abend mehr trinkst, als gut ist, und dann ausfällig wirst. Gib acht, trinke nicht zuviel Alkohol.

Befindet sich eine PIK-KARTE im 15. Haus und fällt die PIK ACHT in ein PIK-HAUS, so kann es sein, daß du eine schwere Auseinandersetzung mit deiner Familie haben wirst. Es kann auch sein, daß es zum endgültigen Bruch einer Freundschaft oder Bekanntschaft kommt, wenn du dich in nächster Zeit nicht beherrschst. Versuche die Atemübungen regelmäßig zu machen. Du wirst durch sie ausgeglichener und erhältst dir deine gute Beziehungen, denn es hängt von dir ab, wie man sich dir gegenüber verhält.

## KREUZ ZEHN · 8. HAUS
Reise · Strasse · Wasser · Meer

Im Haus des Ärgers wird dir mitgeteilt, daß du, solltest du in nächster Zeit verreisen wollen, in arge Bedrängnis geraten wirst. Es kann sein, daß du deine Tickets verlierst oder dein Bahnbillet. Wenn du mit dem Auto wegfährst, so kontrolliere, ob du nichts Wichtiges vergessen hast. Es besteht auch eine erhöhte Unfallgefahr. Schlage diese Warnung nicht in den Wind, das wäre wider alle Vernunft. Es kann aber auch sein, daß du eine Reise verschieben mußt. Beziehe auch Unvorhergesehenes in deine Pläne ein, dann wird es besser klappen.

Sieh nach, welche Karte in das 8. Haus fällt. Befindet sich dort eine rote Karte und fällt die PIK ACHT in ein rotes Haus, so wirst du deine Reise unbesorgt antreten können. Vielleicht gibt es einige kleine Pannen, die aber nicht der Rede wert sind. Befindet sich eine Kreuz-Karte im 8. Haus und fällt die PIK ACHT in ein Kreuz-Haus, so kann es sein, daß deine Familie verärgert ist, weil du zu oft abwesend bist. Vielleicht ist dein Partner eifersüchtig und befürchtet, daß du auf deinen Geschäftsreisen Seitensprünge machst. Deute in diesem Fall auch das 4. und das 11. Haus. Befinden sich rote Karten in diesen Häusern und fallen auch die HERZ ACHT und HERZ ZEHN in rote Häuser, dann wird sich deine Familie bald wieder beruhigen, und dein Partner wird dir wieder sein Vertrauen schenken. Schwarze Karten sind gesondert zu deuten. Diese Deutungen müssen genau beachtet werden, denn vielleicht sind die Sorgen deiner Angehörigen berechtigt.

Befindet sich eine PIK-KARTE im 8. Haus und fällt die PIK ACHT in ein PIK-HAUS, dann verzichte in nächster Zeit auf größere Reisen, denn es droht Gefahr. Vorsicht ist auch bei neuen Bekanntschaften geboten, denn sie enden manchmal nicht so gut, wie sie begonnen haben. Versuche auch auf Reisen die Atemübungen einzuhalten. Deute auch das 31. Haus. Rote Karten in diesem Haus schwächen die negative Schwingung ab; bei schwarzen Karten mußt du die genaue Deutung beachten. Sie können dir eine große Gefahr anzeigen und auch, wie du dich vor ihr schützen kannst.

## KREUZ NEUN · 31. HAUS
### Glück · Kleine Reise · Risiko

Im Haus des Ärgers wird dir mitgeteilt, daß sich ein Mißverständnis zwischen dir und Freunden oder der Familie beseitigen lassen wird, weil du, obwohl du im Recht warst, nicht auf dein Recht gepocht hast. Es kann auch sein, daß du auf einer kleineren Reise eine nette Bekanntschaft machen wirst, die sich für dich glücklich auswirken wird. Du solltest dir aber Menschen, die du kennenlernst, besser ansehen und nicht gleich vertrauensselig werden. Nicht alle verdienen dein Vertrauen. Eine gesunde Portion Mißtrauen wird dich vor Enttäuschungen schützen.

Sieh nach, welche Karte in das 31. Haus fällt. Befindet sich dort eine rote Karte und fällt die PIK ACHT in ein rotes Haus, so wirst du in nächster Zeit einige nette Bekanntschaften machen, die du pflegen solltest. Es kann auch sein, daß du durch einen Glücksfall deinen Partner findest oder daß eine Auseinandersetzung mit deinem Partner dir Glück bringt, eine sonderbare Situation, die nicht der Komik entbehrt. Befindet sich eine Kreuz-Karte im 31. Haus und fällt die PIK ACHT in ein Kreuz-Haus, dann kann es sein, daß sich jemand bei dir entschuldigen wird, weil er dich verkannt hat, oder daß deine Familie bereit ist, sich mit dir zu versöhnen. Deute auch das 15. Haus. Rote Karten sind positiv, schwarze Karten sind gesondert zu deuten.

Befindet sich eine PIK-KARTE im 31. Haus und fällt die PIK ACHT in ein PIK-HAUS, dann scheint sich ein Streit zwischen deiner Familie und dir auszuweiten. Vielleicht erlebst du auch ein Fiasko mit Geschäftsfreunden. Sei auch vorsichtig im Straßenverkehr, damit du durch unvorsichtiges Fahren nicht eine Massenkarambolage auslöst. Du solltest dich in nächster Zeit besser konzentrieren, denn du bist sehr nervös. Mache die Atemübungen regelmäßig, sie werden dir helfen, wieder ins Gleichgewicht zu kommen. Sei auch nicht zu leichtsinnig in der nächsten Zeit, denn du könntest es teuer bezahlen.

## KREUZ ACHT · 26. HAUS
### NEUE UNTERNEHMUNGEN · MUT · HELDENTAT

Im Haus des Ärgers wird dir mitgeteilt, daß du Ärger bekommen wirst durch das, was du zur Zeit herstellst oder studierst. Es kann auch sein, das du in Zahlungsschwierigkeiten kommst. Möglicherweise mußt du dich mit einem Geschäftspartner in nächster Zeit vor Gericht verantworten. Suche dir einen tüchtigen Anwalt aus, du wirst ihn brauchen.

Sieh nach, welche Karte in das 26. Haus fällt. Befindet sich dort eine rote Karte und fällt die PIK ACHT in ein rotes Haus, dann werden sich die Wogen wieder glätten, und Frieden wird einkehren. Du solltest aber diesem Frieden nicht zu sehr trauen und auch in Zukunft achtgeben. Befindet sich eine Kreuz-Karte im 26. Haus und fällt die PIK ACHT in ein Kreuz-Haus, so kann es sein, daß du versucht sein wirst, einem Geschäftspartner durch eine falsche Zeugenaussage zu helfen. Du glaubst, damit auch dir helfen zu können, aber du bist im Irrtum. Überlege dir, daß du hier eine große moralische Verantwortung trägst! Mache die Atemübungen, sie werden dich im richtigen Tun unterstützen. Leichte Unstimmigkeiten sind auch im privaten Bereich gegeben. Deute auch das 4. und 28. Haus. Rote Karten schwächen die Situation ab; bei schwarzen Karten mußt du die genaue Deutung beachten.

Befindet sich eine PIK-KARTE im 26. Haus und fällt die PIK ACHT in ein PIK-HAUS, dann solltest du in nächster Zeit bei Angelegenheiten, die dich eigentlich gar nichts angehen, nicht versuchen, deinen Mut unter Beweis zu stellen. Du würdest dir damit nur selbst schaden, denn das Aufschneiden hat schon manchen zu Fall gebracht. Mache die Atemübungen, dann wirst du bald merken, daß du in eine Falle getappt bist. Nur ein Schutzengel kann hier noch helfen.

## KREUZ SIEBEN · 14. HAUS
### NACHRICHTEN · BOTSCHAFT · TRÄNEN · LEID

Im Haus des Ärgers wird dir mitgeteilt, daß du eine Nachricht erhalten wirst, die dir Ärger bringt. Entweder wird man dich in der Zeitung verunglimpfen, oder du liest in der Zeitung, daß ein Freund oder jemand aus deiner Familie in Schwierigkeiten geraten ist. Es kann auch sein, daß du dich bei einem Telephongespräch aufregen wirst oder daß jemand durch dich aufgeregt wird.

Sieh nach, welche Karte in das 14. Haus fällt. Befindet sich dort eine rote Karte und fällt die PIK ACHT in ein rotes Haus, dann wird es dich nicht berühren, wenn man schlecht über dich berichtet. Es kann auch sein, daß sich alles als Irrtum herausstellt und daß du rehabilitiert oder gar entschädigt wirst. Befindet sich eine Kreuz-Karte im 14. Haus und fällt die PIK ACHT in ein Kreuz-Haus, dann kann es sein, daß du eine schlechte Nachricht von deiner Familie bekommst oder auch, daß deine Familie schlechte Nachrichten über dich verbreitet. Möglicherweise wirst du aber jemandem helfen, der in der Zeitung zu Unrecht angegriffen wurde. Deute auch das 9. und 28. Haus. Rote Karten sind sehr positiv, bei schwarzen Karten ist die genaue Deutung zu beachten.

Befindet sich eine PIK-KARTE im 14. Haus und fällt die PIK ACHT in ein PIK-HAUS, dann kann es sein, daß du in einen Skandal verwickelt wirst. Vielleicht aber verbreitest du über jemanden schlechte Nachrichten, nur weil er nicht so denkt wie du. Sollte das der Fall sein, dann mußt du dich wirklich ändern. Durch diese destruktive Einstellung läufst du Gefahr, ein verhärterter und böser Mensch zu werden. Mache die Atemübungen zweimal jeden Tag, damit du wieder zu positivem Denken findest. Wir alle machen manchmal schwere Zeiten durch, doch wir sollten uns durch diese nicht entmutigen lassen, sondern diese Zeit als Bewährungsprobe betrachten, aus der wir seelisch-geistig gereift hervorgehen können.

# PIK

## PIK AS · 24. HAUS

TOD · UNFALL · SCHICKSALSSCHLÄGE · QUAL · NOT

Im Haus des Ärgers wird dir mitgeteilt, daß es durch einen Todesfall in deiner Familie Aufregung oder Ärger geben wird. Es kann auch sein, daß du jemanden aus deinem Bekanntenkreis oder einen Geschäftspartner durch einen Unfall verlieren wirst. Solltest du noch die Schule besuchen, ist es möglich, daß du einen deiner Lehrer durch den Tod verlieren wirst. Es könnte auch bedeuten, daß du dein Studium ernst nehmen sollst, denn du könntest sonst bei der Prüfung durchfallen. Ärger und unruhige Zeiten stehen dir bevor.

Sieh nach, welche Karte in das 24. Haus fällt. Befindet sich dort eine rote Karte und fällt die PIK ACHT in ein rotes Haus, dann kann der Ärger privater oder auch finanzieller Natur sein. Es kann sich auch um eine Erbschaft handeln; deute hier das 27. Haus. Es kann aber auch Geschäftsbelange betreffen, vielleicht das Weiterbestehen der Firma oder die Nachfolge in der Geschäftsleitung. Hier ist das 25. Haus zu deuten. Befindet sich eine Kreuz-Karte im 24. Haus, speziell das KREUZ AS, und fällt die PIK SIEBEN in das 25. Haus, so kann es sein, daß du in deiner Familie einen Todesfall haben wirst. Befindet sich eine Kreuz-Karte im 24. Haus und fällt die PIK ACHT in ein Kreuz-Haus, dann dürftest du bald geschäftliche Probleme haben, sei es ein Bankrott, eine Versetzung oder ein Todesfall in der Firma. Für dich sind die Probleme nicht so schwerwiegend, wenn in das 24. Haus eine rote Karte fällt. Schwarze Karten sind gesondert zu deuten.

Befindet sich eine PIK-KARTE im 24. Haus und fällt die PIK ACHT in ein PIK-HAUS, so scheinst du durch einen Todesfall in ernstliche Schwierigkeiten zu kommen. Sei vorsichtig im Straßenverkehr und deute das 8. Haus. Rote Karten sind positiv, schwarze Karten gesondert deuten. Laß dich auch nicht in einen Streit verwickeln, denn er würde für dich schlecht ausgehen. Versuche die Atemübungen immer zu machen, damit du dich in nächster Zeit besser beherrschst. Meide auch den Alkohol. Die Atemübungen sollten täglich zweimal gemacht werden.

## PIK KÖNIG · 28. HAUS
### RUFER · BEHÖRDE · SCHULE · SPITAL · INSTITUTION

Im Haus des Ärgers wird dir mitgeteilt, daß du bald mit dem Gesetz in Konflikt kommen wirst, wenn du nicht aufpaßt, oder daß Vergangenes erst jetzt ans Licht kommt und nun überprüft wird. Sei vorsichtig, wenn du Auto fährst, und gibt acht, mit wem du verkehrst. Es könnte auch sein, daß einer deiner Freunde in Schwierigkeiten ist und dich hineinziehen möchte. Möglicherweise besucht dich jemand und weint sich bei dir aus, oder du selbst wirst dich bei jemandem ausweinen.

Sieh nach, welche Karte in das 28. Haus fällt. Befindet sich dort eine rote Karte und fällt die PIK ACHT in ein rotes Haus, so solltest du achtgeben, daß du nicht vor eine Behörde zitiert wirst. Vielleicht wirst du einen Prozeß gewinnen oder als Zeuge oder Schöffe geladen werden, aber den Termin nicht einhalten können. In diesem Fall solltest du die entsprechende Amtsstelle rechtzeitig informieren. Möglicherweise plant einer deiner Freunde eine nicht ganz legale Sache; sei vorsichtig, du könntest da hineingezogen werden. Jetzt läßt sich etwas Schlimmes aber noch vermeiden. Befindet sich eine Kreuz-Karte im 28. Haus und fällt die PIK ACHT in ein Kreuz-Haus, so kann es sein, daß du einen Streit in Familiensachen vor Gericht austragen wirst. Das 15. Haus ist auch zu deuten. Befindet sich dort eine rote Karte und fällt der KREUZ BUBE in ein rotes Haus, dann wird dir dein Recht zugesprochen. Schwarze Karten sind gesondert zu deuten, aber sie weisen hier meist auf etwas Negatives hin. Auch kann es sein, daß du einen geschäftlichen Rechtsanspruch beim Handelsgericht durchsetzen mußt. Deute auch das 25. Haus. Für dich ist es gut, wenn ins 25. Haus eine rote Karte fällt und das KARO AS in einem roten Haus liegt. Schwarze Karten bedeuten Opposition.

Befindet sich eine PIK-KARTE im 28. Haus und fällt die PIK ACHT in ein PIK-HAUS, so solltest du in der nächsten Zeit achtgeben, was du tust und was du gemeinsam mit Freunden unternimmst. Schwierigkeiten mit den Behörden wären nicht ausgeschlossen. Versuche die Atemübungen regelmäßig zu machen, damit du nicht in eine krumme Sache verwickelt wirst.

## PIK DAME · 29. HAUS
### Dankbarkeit · Dunkle Dame · Undank · Neid

Im Haus des Ärgers wird dir mitgeteilt, daß Freunde, denen du geholfen hast, auf dich böse sein werden. Sie können dich nicht mehr benützen, um durch dich in die feine Gesellschaft aufzusteigen. Entweder hast du ihre Absichten erkannt und läßt dich nicht mehr »benützen«, oder deine Freunde haben gemerkt, daß du dich nicht mehr von ihnen manipulieren läßt. Sei in der nächsten Zeit vorsichtig, denn du wirst es mit undankbaren Menschen zu tun haben, die überhaupt nicht schätzen, was du für sie tust. Hilf lieber denen, die es wirklich brauchen. Laß dich auch nicht durch Schmeichler beeindrucken. Undank ist der Welten Lohn. Wenn du aber keinen Dank erwartest, wirst du auch weniger enttäuscht sein.

Sieh nach, welche Karte in das 29. Haus fällt. Befindet sich dort eine rote Karte und fällt die PIK ACHT in ein rotes Haus, kann es sein, daß einer deiner Freunde sich in nächster Zeit als sehr undankbar erweisen wird. Es könnte auch sein, daß dein Partner anspruchsvoller ist, als du angenommen hattest. Möglicherweise wird es zwischen dir und deinem Freund oder Partner zu Streitereien kommen, denen du aber besser aus dem Weg gehen solltest. Befindet sich eine Kreuz-Karte im 29. Haus und fällt die PIK ACHT in ein Kreuz-Haus, so solltest du in nächster Zeit keinen Streit in deiner Verwandtschaft beginnen und dich nicht in Auseinandersetzungen hineinziehen lassen, denn es wäre zu deinem Schaden. Reden ist Silber, Schweigen ist Gold. Man würde dir deine Worte falsch auslegen, und daraus könnten Spannungen entstehen, die sich für lange Zeit nicht beilegen ließen.

Befindet sich eine PIK-KARTE im 29. Haus und fällt die PIK ACHT in ein PIK-HAUS, so wirst du in nächster Zeit kaum Dank ernten, was immer du für jemanden tust. Aber dies ist auch deine Schuld, denn du servierst deinen Freunden manchmal Grobheiten, die man dir zu Recht verübelt. Es kann auch sein, daß dich die Undankbarkeit von jemandem sehr verletzt. Mache die Atemübungen, denn dann wirst du leicht darüber hinwegkommen.

## PIK BUBE · 1. HAUS

GEGENWART · WAHRHEIT · DUNKLER MANN · UNIFORMIERTER

Im Haus des Ärgers wird dir mitgeteilt, daß ein schlechter Mensch dir schön tun wird. Er wird dir unwahre Nachrichten mitteilen, in der Absicht, daß du, wenn du sie weiterverbreitest, in schlechten Ruf gerätst. Es kann auch sein, daß du in nächster Zeit von einer Katastrophe hören wirst. Vielleicht vernimmst du auch, daß einer deiner Bekannten in eine schlechte Lage gerät. Möglicherweise wirst du das über das Fernsehen erfahren. Es kann auch sein, daß du am Radio oder Fernsehen von jemandem hörst, den man sucht und dessen Aufenthalt dir bekannt ist. Vielleicht bist es du selbst, der über das Fernsehen oder das Radio gesucht wird; es kann sich hier um ein Mißverständnis handeln. Es ist auch möglich, daß du in der Zeitung deinen Namen und dein Bild entdeckst.

Sieh nach, welche Karte in das 1. Haus fällt. Befindet sich dort eine rote Karte und fällt die PIK ACHT in ein rotes Haus, so wird sich die Aufregung um deine Person rasch aufklären. Sicherlich wird dein Ruf dadurch etwas leiden. Menschen lassen sich nun einmal leicht von den Medien beeinflussen. Vielleicht ist es auch bei dir so, denke darüber nach! Befindet sich eine Kreuz-Karte im 1. Haus und fällt die PIK ACHT in ein Kreuz-Haus, so kann es sein, daß jemandem aus deiner Familie oder einem deiner Freunde oder Kollegen eine Katastrophe widerfährt oder daß eine Katastrophe über dich hereinbricht. Du mußt dabei nicht unbedingt zu Schaden kommen, aber du könntest einen Schock erleiden.

Befindet sich eine PIK-KARTE im 1. Haus und fällt die PIK ACHT in ein PIK-HAUS, dann solltest du dich vor Heuchlern und falschen Menschen in acht nehmen. Sei vorsichtig, denn durch Intrigen wurde schon mancher zu Fall gebracht. Gib in der nächsten Zeit auch acht, wenn du Auto fährst. Versuche die Atemübungen regelmäßig einzuhalten, denn sie helfen dir bestimmt, vorsichtiger, aber trotz allem positiv zu sein.

## PIK ZEHN · 32. HAUS

SONNE · ENTFERNUNGEN · ANDERE LÄNDER · NACHT

Im Haus des Ärgers wird dir mitgeteilt, daß du demnächst am späten Abend Schwierigkeiten mit dem Geld haben wirst, wenn du nicht besser achtgibst. Solltest du einen Bauernhof, ein Haus oder ein Ferienheim besitzen, so könntest du Ärger bekommen. Versuche herauszufinden, was bei dir nicht in Ordnung ist. Es gibt sicher eine Möglichkeit, dies in den nächsten Tagen zu regeln. Schiebe es aber nicht auf die lange Bank, denn du könntest so alles verlieren, was du dir aufgebaut hast. Konrolliere auch, ob alle deine Papiere in Ordnung sind.

Sieh nach, welche Karte in das 32. Haus fällt. Befindet sich dort eine rote Karte und fällt die PIK ACHT in ein rotes Haus, so wird es für dich nicht schlimm werden. Trotzdem solltest du aber in der nächsten Zeit nicht so leichtsinnig sein, dann bleiben dir auch böse Überraschungen erspart. Befindet sich eine Kreuz-Karte im 32. Haus, dann wird es Zeit, daß du einmal alle deine Papiere überprüfst. Es scheint da einiges nicht in Ordnung zu sein. Es kann auch sein, daß du aus diesem Grund mit deiner Familie oder mit Geschäftsfreunden eine Auseinandersetzung haben wirst. Sie könnte aber vermieden werden, wenn du in gewissen Dingen sorgfältiger würdest. Denke einmal in Ruhe darüber nach, dann wird dir sicherlich manches bewußt, was du besser machen könntest.

Befindet sich eine PIK-KARTE im 32. Haus und fällt die PIK ACHT in ein PIK-HAUS, dann dürfte in nächster Zeit allerlei Unangenehmes auf dich zukommen. Es wird für dich nicht leicht sein, alles zu bewältigen, auch wenn du gute Vorsätze hast. Es kann auch sein, daß du aus einem unehrenhaften Grund die Zelte abbrechen möchtest, um in einem anderen Land neu zu beginnen. Es ist kein guter Start, wenn vor dem Auswandern nicht Ordnung geschaffen wird; das schlechte Gewissen wird dich überallhin verfolgen. Versuche die Atemübungen zu machen, denn mit ihrer Hilfe wird es dir gelingen, deine äußere und innere Ordnung wiederzufinden. Die Atemübungen sollten aber regelmäßig durchgeführt werden, wenn sich Erfolge einstellen sollen.

## PIK NEUN · 23. HAUS

### DEPRESSION · UNANNEHMLICHKEITEN · KÄLTE

Im Haus des Ärgers wird dir mitgeteilt, daß du bald deprimiert sein wirst durch das, was man dir antun wird oder schon angetan hat. Es kann auch sein, daß du unter dem Ärger und der Depression eines anderen leiden wirst. Du wirst es in der nächsten Zeit nicht sehr leicht haben. Vielleicht wird man dich verraten, oder du wirst dich gesundheitlich nicht wohl fühlen. Möglich ist auch, daß du mit jemandem Streit haben wirst, was du aber gar nicht möchtest, oder daß du schon Streit gehabt hast und dir jetzt Vorwürfe machst.

Sieh nach, welche Karte in das 23. Haus fällt. Befindet sich dort eine rote Karte und fällt die PIK ACHT in ein rotes Haus, so wird dein Tief bald vorüber sein. Befindet sich eine Kreuz-Karte im 23. Haus und fällt die PIK ACHT in ein Kreuz-Haus, dann kann es sein, daß du deine Depression aus familiären Gründen hast. Es kann an deinem Partner oder an deinen Kindern liegen. Vergleiche in diesem Fall die Häuser 11 und 15. Deute auch die Häuser 9, 17 und 25, wenn es sich um finanzielle Schwierigkeiten handelt. Solltest du mit Freunden Schwierigkeiten haben, so deute die Häuser 13 und 19. Befinden sich in diesen Häusern rote Karten, dann wird bald alles wieder in Ordnung sein. Du steigerst dich zu sehr in deine Probleme hinein. Entspanne dich und mache regelmäßig deine Atemübungen.

Befindet sich eine PIK-KARTE im 23. Haus und fällt die PIK ACHT in ein PIK-HAUS, dann solltest du einmal einen Psychiater oder Psychologen aufsuchen, denn deine Nerven scheinen angegriffen zu sein. Mache die Atemübungen regelmäßig, denn sie werden dir helfen; aber es wäre doch angezeigt, einen Arzt aufzusuchen.

## PIK ACHT · 22. HAUS
### Ärger · Ärgernisse · Streit · Verleumdungen

Im Haus des Ärgers wird dir mitgeteilt, daß du, da die PIK ACHT in ihr eigenes Haus fällt, in der nächsten Zeit keine ruhige Minute mehr haben wirst, wenn du nicht schleunigst Vorsichtsmaßnahmen triffst. Erstens mußt du nachsehen, ob alles in deiner Umgebung in Ordnung ist. Zweitens sieh dir deine Freunde etwas genauer an, vielleicht solltest du einem von ihnen nicht zu sehr vertrauen. Es ist an der Zeit, in deinen privaten und geschäftlichen Angelegenheiten reinen Tisch zu machen, wenn du deine Zukunft einigermaßen gesichert haben willst. Du darfst nicht länger einfach so dahinleben. Deute jene Häuser, die dir am wichtigsten erscheinen. Sie zeigen dir an, was du an dir und in deiner Umgebung ändern sollst. Du machst dir auch oft Gedanken, wie du es anstellen könntest, einiges in deinem Leben zu ändern. Doch der Weg scheint dir zu schwer zu sein, ist es aber nur, weil du ihn dir selbst so schwer machst.

Versuche die Atemübungen zweimal jeden Tag zu machen; nur wenn du sie regelmäßig machst, wirst du den erhofften Erfolg erzielen. Versuche dir klarzuwerden, wer du bist und welchen Sinn dein Leben hat. Durch diese Meditation wirst du zu deinem Unbewußten und zu der dir – wie jedem Menschen – innewohnenden göttlichen Kraft finden. Setze dir auch ein Lebensziel und glaube voller Überzeugung daran, daß du dieses Ziel erreichen wirst. Vergiß nie, was du durch bildliche Vorstellung geistig vorwegnimmst, wird sich in deinem Leben auch realisieren.

## PIK SIEBEN · 16. HAUS
### Gesundheit · Krankheit · Kur · Operation

Im Haus des Ärgers wird dir mitgeteilt, daß du in der nächsten Zeit vielleicht durch eine Aufregung krank werden wirst. Es kann auch sein, daß dir vor Ärger schlecht wird. Versuche deine Nerven zu schonen, damit du nicht organisch krank wirst. Auch solltest du dich an eine gesunde, vitaminreiche Nahrung halten und deinen Alkoholkonsum einschränken. Vielleicht hast du Liebeskummer oder bist wegen eines Streites sehr deprimiert. Es kann auch sein, daß du sehr traurig sein wirst, weil dir ein geliebtes Haustier stirbt.

Sieh nach, welche Karte in das 16. Haus fällt. Befindet sich dort eine rote Karte und fällt die PIK ACHT in ein rotes Haus, so wird sich alles wieder zum Guten wenden, wenn du dich zum Leben auch wieder positiv einstellst. Du neigst manchmal dazu, vieles zu schwarz zu sehen. Mache die Atemübungen, sie helfen dir, deinem Denken eine positive Richtung zu geben. Befindet sich im 16. Haus eine Kreuz-Karte und fällt die PIK ACHT in ein Kreuz-Haus, dann kann es sein, daß einer deiner Angehörigen ins Spital muß. Ziehe das 28. Haus hinzu. Rote Karten deuten auf eine nur harmlose Sache hin. Schwarze Karten müssen gesondert gedeutet werden, sind aber in diesem Fall meistens negativ.

Befindet sich eine PIK-KARTE im 16. Haus und fällt die PIK ACHT in ein Pik-Haus, so kann es sein, daß du vor Aufregung so krank wirst, daß du ins Krankenhaus mußt. Das 28. Haus ist auch zu deuten. Befindet sich im 28. Haus eine rote Karte und fällt der PIK KÖNIG in ein rotes Haus, dann wird die Krankheit nicht so schlimm sein, schwarze Karten hingegen könnten auf Komplikationen hinweisen. Du solltest immer rechtzeitig zum Arzt gehen. Versuche auch die Atemübungen regelmäßig zu machen, denn sie sind deiner Gesundheit und deinem Wohlbefinden förderlich. Sie ersetzen sicher nicht den Arzt, aber durch sie kannst du lernen, dich zum Leben positiv einzustellen. Wir werden täglich mit Negativmeldungen überschüttet. Es ist deshalb wichtig, daß wir uns durch aufbauende Gedanken vor destruktivem Denken und Handeln schützen. Die Atemübungen helfen dir, auf deine innere Stimme zu hören, und leiten dich zu rechtem Tun.

Das 23. Haus

# PIK NEUN

## Das Haus der Depression, der Unannehmlichkeiten und der Kälte

# HERZ

## HERZ AS · 7. HAUS
WOHNUNG · BESITZ · HAUS · EIGENTUM

Im Haus der Depression wird dir mitgeteilt, daß du etwas in deiner Wohnung verlieren wirst, wenn du nicht sehr aufpaßt, oder daß du bereits etwas verloren hast. Du solltest in der nächsten Zeit sehr achtgeben, damit du nicht dein ganzes Haus oder deine Wohnung verlierst. Es ist aber auch möglich, daß du dein derzeitiges Zuhause nicht magst und dich deshalb nach einem neuen Heim umsiehst. Hüte dich auf alle Fälle vor Verlusten und versuche alle deine Zahlungen pünktlich einzuhalten.

Sieh nach, welche Karte sich im 7. Haus befindet. Befindet sich dort eine rote Karte und fällt die PIK NEUN in ein rotes Haus, so wird die nächste Zeit für dich nicht so schlimm werden, wie es den Anschein hatte. Trotzdem solltest du vorsichtig sein, damit dir nichts Unvorhergesehenes passiert. Befindet sich eine Kreuz-Karte im 7. Haus und fällt die PIK NEUN in ein Kreuz-Haus, so kann es sein, daß deine Eltern oder jemand anderer aus der Verwandtschaft dich besuchen werden und dabei Unruhe stiften. Es kann auch sein, daß ein früherer Geschäftsfreund noch einiges von dir zu fordern hat. Möglicherweise hast du auch selbst Forderungen an einen Besucher und wirst nicht einig mit ihm, und daraus entsteht Unruhe in deinem Heim.

Befindet sich aber im 7. Haus eine PIK-KARTE und fällt die PIK NEUN in ein PIK-HAUS, so solltest du nachsehen, ob dein Heim auch ausreichend gegen Einbrecher abgesichert ist. Solltest du unterversichert oder gar nicht versichert sein, so sorge schleunigst für den angemessenen Versicherungsschutz, denn deinem Heim oder deiner Wohnung droht Gefahr. Es könnte auch Schwierigkeiten mit den Nachbarn oder dem Partner geben. Versuche ruhig zu bleiben, lasse dich nicht von anderen in heikle Situationen bringen und mache die Atemübungen! Du wirst sehen, es kommen auch wieder bessere Tage.

## HERZ KÖNIG · 13. HAUS

UNTERHALTUNG · MÄNNLICHER FREUND · BLOND · SPONSOR

Im Haus der Depression wird dir mitgeteilt, daß du zu jemandem nett und freundlich sein möchtest, aber feststellen mußt, daß du mit dieser Person nicht auskommen kannst. Es kann auch sein, daß dich jemand seelisch tief verletzen wird. Das wird dich sehr deprimieren, weil du das von diesem Menschen nicht erwartet hättest. Möglicherweise wirst du selbst jemanden beleidigen, und das wird dir nachher sehr leid tun, doch es scheint zu keiner Versöhnung zu kommen.

Sieh nach, welche Karte sich im 13. Haus befindet. Befindet sich dort eine rote Karte und fällt die PIK NEUN in ein rotes Haus, dann wirst du dich wieder versöhnen, sollte es zu einer Auseinandersetzung oder zu einem Mißverständnis zwischen dir und einer netten Person kommen. Befindet sich eine Kreuz-Karte im 13. Haus und fällt die PIK NEUN in ein Kreuz-Haus, so kann es sein, daß du in nächster Zeit Schwierigkeiten mit deinen Eltern haben wirst, vielleicht auch mit Geschäftsfreunden oder Kollegen. Solltest du mit der Familie Probleme haben, dann ziehe auch das 15. Haus zur Deutung heran. Rote Karten sind günstig für eine Lösung der Probleme, aber schwarze Karten bedeuten größere Schwierigkeiten. Für den beruflichen Bereich deute das 25. Haus mit. Rote Karten sind positiv, schwarze Karten negativ. Du solltest auch in nächster Zeit achtgeben, was du den Menschen sagst, denn es wird dich nicht jeder so verstehen, wie du es gerne möchtest.

Befindet sich aber im 13. Haus eine PIK-KARTE und fällt die PIK NEUN in ein PIK-HAUS, so wird dich jemand sehr enttäuschen, weil er das, was er versprochen hat, nicht einhält. Vielleicht bist du auch überempfindlich und machst dir dadurch die Menschen zu Feinden. Vergiß die Atemübungen nicht! Dann wirst du bald ein fröhlicher und positiver Mensch sein, der über die Dinge lachen kann, die ihn früher kränkten.

## HERZ DAME · 19. HAUS

FREUNDE · WEIBLICHER FREUND · BLOND · SPONSOR

Im Haus der Depression wird dir mitgeteilt, daß du sehr deprimiert sein wirst, weil du einen Freund durch eine Auseinandersetzung verlierst oder schon verloren hast. Du solltest in nächster Zeit deine Zunge besser im Zaum halten, denn du neigst dazu, deinen Freunden die Wahrheit ins

Gesicht zu sagen, und diese Offenheit verträgt nicht jeder. Du mußt viel diplomatischer vorgehen und nicht gleich mit der Tür ins Haus fallen. Vielleicht wird dich auch jemand sehr kränken, und du möchtest ihm Gleiches mit Gleichem vergelten. Du solltest lieber nachsichtig sein und ihm verzeihen, auch wenn er dich verletzt hat.

Sieh nach, welche Karte sich im 19. Haus befindet. Befindet sich dort eine rote Karte und fällt die PIK NEUN in ein rotes Haus, so wirst du dich bald wieder versöhnen. Trotzdem solltest du in Zukunft besser aufpassen, was du sprichst. Befindet sich eine Kreuz-Karte im 19. Haus und fällt die PIK NEUN in ein Kreuz-Haus, so kann es sein, daß du mit deinen Eltern eine heftige Auseinandersetzung haben wirst. Deine Eltern werden nicht verstehen wollen, daß du einer anderen Generation angehörst, die andere Bedürfnisse und andere Erwartungen ans Leben hat. Versuche dich mit deinen Eltern zu verständigen und verlange nicht, daß sie dich verstehen, denn zuerst solltest du lernen, dich selbst zu verstehen. Dabei können dir die Atemübungen eine große Hilfe sein.

Befindet sich aber eine PIK-KARTE im 19. Haus und fällt die PIK NEUN in ein PIK-HAUS, so wirst du in nächster Zeit unter schweren Depressionen leiden, und es wäre besser, einen Arzt aufzusuchen. Vielleicht hast du dich so in eine Sache verrannt, daß du nicht mit anderen Leuten darüber sprechen willst. Mache die Atemübungen! Dann wirst du wieder mit dir selbst und deinen Mitmenschen ins reine kommen.

## HERZ BUBE · 6. HAUS

POPULARITÄT · KUNST · JÜNGERER MÄNNLICHER FREUND · KÜNSTLER

Im Haus der Depression wird dir mitgeteilt, daß du mit dir selbst unzufrieden sein wirst, weil du nicht so populär bist wie einer deiner Freunde oder Bekannten. Es kann auch sein, daß du Freunde verlierst, weil du dich unbeliebt bei ihnen machst, und dadurch gerätst du in eine depressive Phase. Lasse den Kopf nicht hängen, sondern mache die Atemübungen! Sie werden dir helfen, dich besser auf deine Freunde einzustellen. Vielleicht verhält sich auch ein Freund dir gegenüber nicht ganz korrekt, und du willst es ihm mit gleicher Münze heimzahlen. Versuche lieber dich zu beherrschen, dann wirst du auch gut mit allen auskommen.

Sieh nach, welche Karte sich im 6. Haus befindet. Befindet sich dort eine rote Karte und fällt die PIK NEUN in ein rotes Haus, dann wirst du deine Depressionen bald überwunden haben, und deine Freunde werden sich wieder mit dir versöhnen. Auch solltest du einem Freund, der dich einmal gekränkt hat, nicht gleich deine Freundschaft aufkündigen, sondern ihm großzügig verzeihen. Befindet sich eine Kreuz-Karte im 6. Haus und fällt die PIK NEUN in ein Kreuz-Haus, so wirst du wegen deiner Familie in eine depressive Phase verfallen, oder jemand aus deiner Familie wird deinetwegen an Depressionen leiden, ohne daß es dir auffällt.

Befindet sich aber im 6. Haus eine PIK-KARTE und fällt die PIK NEUN in ein PIK-HAUS, dann solltest du, wenn du populär bist, sehr aufpassen, daß du deine Popularität nicht durch einen Skandal verlierst. Es kann auch sein, daß ein Freund seine Popularität durch einen Skandal verlieren und dir dann sein Leid klagen wird. Weise ihn nicht ab, nur weil du glaubst, es könnte auch deiner Popularität schaden. Stärke dich mit den Atemübungen! Dann brauchst du dir um deine Popularität keine Sorgen zu machen.

## HERZ ZEHN · 11. HAUS
### Heirat · Verbindungen · Vereine · Bruderschaften

Im Haus der Depression wird dir mitgeteilt, daß du nicht zufrieden sein wirst, wenn du in nächster Zeit heiraten willst. Möglicherweise wirst du die Trauzeremonie abbrechen, weil du es dir anders überlegt hast. Vielleicht wirst du aber auch gute Freunde verlieren, weil sie heiraten und aus deiner Umgebung wegziehen, und das wird dich sehr traurig stimmen. Es kann auch sein, daß eine geschäftliche Verbindung nicht zustande kommt, weil der Partner mehr von dir erwartet hatte, oder daß du eine Konferenz erfolglos beenden mußt, weil du in eine depressive Stimmung verfällst und dadurch deine Chancen verspielst.

Sieh nach, welche Karte sich im 11. Haus befindet. Befindet sich dort eine rote Karte und fällt die PIK NEUN in ein rotes Haus, so wird es für dich nicht so schlimm ausgehen, wie du im ersten Moment befürchtet hast. Befindet sich im 11. Haus eine Kreuz-Karte und fällt die PIK NEUN in ein Kreuz-Haus, so wirst du mit deinen zukünftigen Schwiegereltern nicht zurechtkommen oder mit deinem zukünftigen Partner uneins sein, wenn es um eine bestimmte Sache geht. Überlege dir gut, ob du wirklich heiraten willst oder ob du noch eine Weile warten solltest.

Befindet sich aber im 11. Haus eine PIK-KARTE und fällt die PIK NEUN in ein PIK-HAUS, dann solltest du auf keinen Fall in nächster Zeit heiraten und auch keinem Verein beitreten. Wenn du einem Verein beitreten möchtest, kann es sein, daß man dich nicht aufnimmt, und wenn du heiraten möchtest, wirst du wahrscheinlich einen Korb bekommen. Sei nicht allzu betrübt darüber, denn das wird dir am wenigsten helfen. Mache lieber die Atemübungen regelmäßig! Dann wirst du auch das Richtige für dein Leben finden und glücklich werden.

## HERZ NEUN · 2. HAUS
### Wunsch · Wünsche · Sehnsucht · Hoffnung

Im Haus der Depression wird dir mitgeteilt, daß du sehr traurig sein wirst, weil dir ein Wunsch nicht in Erfüllung gehen oder weil dir jemand deinen Wunsch abschlagen wird. Es kann auch sein, daß dir ein Wunsch in Erfüllung geht, aber hinterher möchtest du lieber, daß er nicht in Erfüllung gegangen wäre. Möglicherweise wirst du auch traurig sein, weil du jemandem einen Wunsch nicht erfüllen kannst und derjenige dir deswegen böse ist.

Sieh nach, welche Karte sich im 2. Haus befindet. Befindet sich dort eine rote Karte und fällt die PIK NEUN in ein rotes Haus, so kann es sein, daß dir dein Wunsch noch in allerletzter Minute erfüllt werden wird. Damit dieses eintritt, müßten aber auch noch im 3. und 5. Haus rote Karten liegen, oder zumindest müßten die KARO SIEBEN und KARO NEUN in rote Häuser fallen. Sollte dies nicht zutreffen, so wird dein Wunsch nicht erfüllt werden, aber sei nicht traurig darüber, es kann nicht immer alles im Leben in Erfüllung gehen, was man sich wünscht. Befindet sich im 2. Haus eine Kreuz-Karte und fällt die PIK NEUN in ein Kreuz-Haus, dann wird dir jemand aus deiner Familie nicht gönnen, daß dir ein Wunsch in Erfüllung geht. Diese Person kann auch aus deinem Freundes- oder Kollegenkreis sein. Du solltest lernen, zufrieden zu sein, auch wenn nicht alle deine Wünsche erfüllt werden.

Befindet sich aber im 2. Haus eine PIK-KARTE und fällt die PIK NEUN in ein PIK-HAUS, so wird dir dein Wunsch unter keinen Umständen, was immer du auch versuchst, in Erfüllung gehen. Laß ab von diesem Wunsch, sonst könntest du dich zu Taten hinreißen lassen, die du dir später nicht verzeihen würdest und die dich in tiefe Depressionen stürzen würden. Mache die Atemübungen regelmäßig! Dann wirst du lernen, dir nicht das Blaue vom Himmel herunter zu wünschen. Zufriedenheit und Bescheidenheit werden dich zu einem glücklichen Menschen machen.

## HERZ ACHT · 4. HAUS
Liebe · Mondschein · Romanze · Herz

Im Haus der Depression wird dir mitgeteilt, daß du sehr deprimiert sein wirst über eine Person, die du sehr liebst. Es kann sein, daß dein Partner dich so verletzen wird, wie du es dir im Traum nicht vorgestellt hättest. Vielleicht wirst du von ihm betrogen werden und ihn dabei ertappen oder auf andere Weise davon erfahren. Möglicherweise wird es zu einer Ehescheidung oder zur Auflösung einer Verlobung kommen. Auch eine langjährige Freundschaft kann in die Brüche gehen. Vielleicht wird dir eine Freundschaft am Telephon oder per Brief aufgekündigt.

Sieh nach, welche Karte sich im 4. Haus befindet. Befindet sich dort eine rote Karte und fällt die PIK NEUN in ein rotes Haus, dann wird es zu einer Versöhnung kommen. Es kann allerdings eine geraume Zeit dauern, bis ihr euch versöhnt, doch die Zeichen stehen nicht schlecht, wenn sich im 13. und 19. Haus rote Karten befinden oder wenn die HERZ DAME und der KREUZ KÖNIG in rote Häuser fallen. Befindet sich im 4. Haus eine Kreuz-Karte und fällt die PIK NEUN in ein Kreuz-Haus, so kann es sein, daß sich deine Eltern oder die Eltern deines Partners in eure Partnerschaft einmischen und versuchen werden, die Verbindung aufzulösen. Vielleicht wird es ihnen gelingen, und du wirst darüber sehr traurig sein. Du solltest dich nicht allzusehr kränken, denn wenn dein Partner in schweren Zeiten nicht zu dir hält, dann scheint er auch nicht der geeignete für dich gewesen zu sein.

Befindet sich aber im 4. Haus eine PIK-KARTE und fällt die PIK NEUN in ein PIK-HAUS, so scheinst du in der Liebe von deinem Partner betrogen worden zu sein oder noch betrogen zu werden. Vielleicht wirst du aufdecken, daß du schon eine geraume Zeit betrogen worden bist, und du wirst darüber sehr deprimiert sein. Du solltest immer die Atemübungen machen! Sie werden dir helfen, deine Enttäuschung zu überwinden.

## HERZ SIEBEN · 12. HAUS
Fröhlichkeit · Gute Laune · Herzlichkeit · Frohsinn

Im Haus der Depression wird dir mitgeteilt, daß du zu einer Party eingeladen werden wirst, die kurz vorher wieder abgesagt wird, oder daß du als einziger dort erscheinst oder daß du selbst eine Party geben wirst, zu der kein Mensch erscheint. Es kann sein, daß du über etwas deprimiert sein wirst, was dich eigentlich fröhlich machen sollte, oder daß du in nächster Zeit auch andern die gute Laune verdirbst. Du kannst dich selbst nicht leiden und befindest dich in einem Tief, von dem du selbst nicht weißt, wo es herkommt.

Sieh nach, welche Karte sich im 12. Haus befindet. Befindet sich dort eine rote Karte und fällt die PIK NEUN in ein rotes Haus, dann solltest du dir den Termin deiner nächsten Party genau merken und auch darauf achten, daß du deinen Gästen den richtigen Termin sagst. Vielleicht wirst du selbst zu einer Party eingeladen und schreibst dir einen falschen Termin auf. Überzeuge dich lieber zweimal, damit dir kein Fehler passiert. Befindet sich eine Kreuz-Karte im 12. Haus und fällt die PIK NEUN in ein Kreuz-Haus, dann kann es sein, daß du dich in nächster Zeit so sehr ärgern wirst, daß du am liebsten aus der Haut fahren möchtest. Versuche dich zu entspannen und mache die Atemübungen! Sie werden dir helfen, dein Gleichgewicht wiederzufinden.

Befindet sich aber im 12. Haus eine PIK-KARTE und fällt die PIK NEUN in ein PIK-HAUS, dann scheinst du in der nächsten Zeit allen Grund zu haben, traurig zu sein. Du gibst dir Mühe, den andern jeden Wunsch von den Augen abzulesen, aber man lacht dich nur aus. Mache die Atemübungen regelmäßig! Sie werden dir rasch auch über eine solche Situation hinweghelfen.

# KARO

## KARO AS · 25. HAUS
BERUF · FIRMA · UNTERNEHMEN · PROJEKTE

Im Haus der Depression wird dir mitgeteilt, daß du sehr bestürzt sein wirst, weil ein Projekt, das du begonnen hast, sich als Fehlinvestition erweisen wird. Es kann auch sein, daß du ein neues Unternehmen planst, bei dem du nicht gut abschneiden wirst. Vielleicht wird deine Pechsträhne damit beendet sein. Aber Vorsicht, es kann auch anders kommen.

Sieh nach, welche Karte sich im 25. Haus befindet. Befindet sich dort eine rote Karte und fällt die PIK NEUN in ein rotes Haus, so besteht in nächster Zeit kein Grund zur Besorgnis, daß dir deine Geschäfte nicht gelingen könnten. Du mußt nur das Private beiseite lassen, denn es würde dir bei den Geschäften hinderlich sein. Ziehe auch das 4. Haus mit zur Deutung heran. Rote Karten weisen darauf hin, daß du dich mehr für das Private interessieren wirst, aber das Geschäftliche wird trotzdem einen guten Ausgang nehmen. Schwarze Karten sind negativ zu deuten. Befindet sich im 25. Haus eine Kreuz-Karte und fällt die PIK NEUN in ein Kreuz-Haus, dann scheinst du bei deinen Unternehmungen auf Schwierigkeiten familiärer Natur zu stoßen. Du solltest Geschäftliches streng von Privatem trennen, sonst wirst du auf beiden Seiten nur Mißerfolge ernten.

Befindet sich aber im 25. Haus eine PIK-KARTE und fällt die PIK NEUN in ein PIK-HAUS, dann solltest du in nächster Zeit mit Investitionen sehr vorsichtig sein. Du könntest einen großen Reinfall erleben, der dich auch persönlich sehr treffen wird. Gib auf deine Gesundheit acht und schone deine Nerven. Mache regelmäßig die Atemübungen! Dann wirst du bald wieder voll einsatzfähig sein.

## KARO KÖNIG · 9. HAUS
LEGALE PAPIERE · ARZT · ANWALT · NOTAR

Im Haus der Depression wird dir mitgeteilt, daß du wahrscheinlich in der nächsten Zeit ein sehr wichtiges Schriftstück verlieren und darüber sehr betrübt sein wirst. Du könntest durch den Verlust des Schriftstückes sehr viel Ärger haben; es kann sogar sein, daß du einen Anwalt einschalten mußt. Vielleicht mußt du zum Arzt oder Zahnarzt, um dich untersuchen zu lassen, oder zum Notar, um ein Schriftstück beglaubigen zu lassen. Du solltest danach gut aufpassen, daß du es nicht verlierst.

Sieh nach, welche Karte sich im 9. Haus befindet. Befindet sich dort eine rote Karte und fällt die PIK NEUN in ein rotes Haus, so wirst du ein verlorenes Schriftstück in Kürze wiederfinden, oder jemand anders wird es finden und dir wiedergeben. Befindet sich eine Kreuz-Karte im 9. Haus und fällt die PIK NEUN in ein Kreuz-Haus, so kann es sein, daß du mit der Familie über ein Schriftstück einen Disput haben wirst oder daß du mit deinen Eltern einen Notar aufsuchen wirst, um ein bestimmtes Schriftstück beglaubigen zu lassen. Ziehe auch das 15. Haus mit zur Deutung heran. Rote Karten sind positiv, schwarze Karten sollten gesondert gedeutet werden. Wenn du mit Geschäftsfreunden einen Vertrag abschließen möchtest, solltest du einen Anwalt hinzuziehen, damit alles gesetzlich abgesichert wird. Deute auch das 25. Haus mit. Rote Karten sind sehr gut, schwarze Karten hingegen weisen auf einen negativen Einfluß hin. Wenn du diese Karten genau deutest, kannst du dir in Zukunft viel Ärger ersparen.

Befindet sich aber im 9. Haus eine PIK-KARTE und fällt die PIK NEUN in ein PIK-HAUS, dann kann es sein, daß du große Unannehmlichkeiten haben wirst wegen eines verlorenen Schriftstücks und versuchen mußt, es wieder herbeizuschaffen. Vielleicht brauchst du ein bestimmtes Schriftstück vor Gericht und kannst es nicht wiederfinden. Deute auch das 28. Haus mit. Wenn sich dort eine rote Karte befindet, so wird die Angelegenheit glimpflich für dich enden; schwarze Karten weisen auf größere Probleme hin. Mache regelmäßig die Atemübungen! Sie werden dir helfen, deine Vergeßlichkeit zu überwinden und deine Konzentrationsfähigkeit zu verbessern.

## KARO DAME · 18. HAUS

### JAHRESZEIT · FRÜHJAHR · SOMMER · HERBST · WINTER

Im Haus der Depression wird dir mitgeteilt, daß dir in der nächsten Zeit etwas nicht so gelingen wird, wie du es dir vorgestellt hast, und daß dabei die Jahreszeit eine wichtige Rolle spielen wird. Es kann auch sein, daß ein bestimmter Termin nicht eingehalten wird, eine sehr lange Freundschaft in die Brüche geht, dein Geschäft pleite geht oder auch deine Partnerschaft sich auflöst. Es wird eine sehr lange dauernde negative Zeit für dich kommen.

Sieh nach, welche Karte sich im 18. Haus befindet. Befindet sich dort eine Herz-Karte und fällt die PIK NEUN in ein rotes Haus, so wird für dich eine Herzensfreundschaft zu Ende gehen. Ziehe auch das 4. Haus mit zur Deutung heran. Befindet sich dort eine Herz-Karte, dann wird es nicht so schlimm werden, denn ihr werdet euch noch einmal versöhnen. Karo-Karten würden eine Freundschaft materieller Natur anzeigen. Schwarze Karten sind negativ zu bewerten. Befindet sich im 18. Haus eine Karo-Karte und fällt die PIK NEUN in ein rotes Haus, dann kann es sein, daß deine Partnerschaft ein baldiges Ende findet, vor allem, wenn auch in das 11. Haus eine Pik-Karte fällt. Schwarze Karten im 24. Haus bedeuten mit Sicherheit ein endgültiges Ende der Partnerschaft. Wenn auch in das 22. und 4. Haus eine schwarze Karte fällt, wird die Partnerschaft ein trauriges Ende nehmen. Befindet sich im 18. Haus eine Kreuz-Karte und fällt die PIK NEUN in ein Kreuz-Haus, dann kann es sein, daß die Partnerschaft durch einen Freund oder Verwandten beendet wird. Deute auch das 13. Haus und 19. Haus mit. Rote Karten in diesen Häusern könnten die Beendigung einer Freundschaft noch einmal hinauszögern. Schwarze Karten deuten nichts Gutes an. Vorsicht vor Gewalt!

Befindet sich aber im 18. Haus eine PIK-KARTE und fällt die PIK NEUN in ein PIK-HAUS, so scheinst du dich mit deinem Partner überhaupt nicht zu verstehen, denn du suchst immer wieder Streit mit ihm und auch mit deinen Freunden. Du solltest dich ändern, bevor es zu spät ist, denn ansonsten wird es eines Tages ein böses Erwachen geben. Mache immer die Atemübungen! Sie werden dir zu innerer Ruhe und Ausgeglichenheit verhelfen.

## KARO BUBE · 21. HAUS

BRIEFE · SCHRIFTSTÜCKE · TELEGRAMME · BOTE · FREUND

Im Haus der Depression wird dir mitgeteilt, daß du in nächster Zeit ein sehr ärgerliches Schriftstück oder einen unangenehmen Brief erhalten wirst. Möglicherweise bist du auch sehr verärgert, weil ein Schriftstück oder ein Brief nicht zeitgerecht oder gar nicht bei dir eintrifft. Vielleicht erhältst du auch einen Brief, in dem dir mitgeteilt wird, daß ein für dich sehr wichtiges Schriftstück abhanden gekommen ist, und das wird dir große Sorgen bereiten. Es kann auch sein, daß du in der nächsten Zeit deine Autopapiere verlierst.

Sieh nach, welche Karte sich im 21. Haus befindet. Befindet sich dort eine rote Karte und fällt die PIK NEUN in ein rotes Haus, so werden dir vielleicht private Briefe oder Schriftstücke gestohlen werden, mit denen man dich kompromittieren kann, oder du selbst bekommst solche Papiere in die Hand, mit denen du andern schaden kannst. Tue es nicht, denn es würde auf dich zurückfallen. Befindet sich eine Kreuz-Karte im 21. Haus und fällt die PIK NEUN in ein Kreuz-Haus, dann kann es sein, daß du einen bestimmten Brief deiner Eltern oder eines Geschäftsfreundes nicht auffinden kannst oder daß man dich mit einem Liebesbrief, der gar nicht von dir stammt, zu erpressen versucht. Deute auch das 17. und 28. Haus mit. Befinden sich rote Karten in diesen Häusern und fallen auch die KARO ZEHN und der PIK KÖNIG in rote Häuser, dann wird die Sache ohne Schaden an dir vorübergehen. Schwarze Karten haben einen negativen Einfluß.

Befindet sich im 21. Haus eine PIK-KARTE und fällt die PIK NEUN in ein PIK-HAUS, dann kann es sein, daß du in der nächsten Zeit Drohbriefe erhalten wirst. Vielleicht möchte man dich erpressen. Lasse dich nicht beirren, sondern schalte die Behörden ein. Deute auch das 28. und das 1. Haus mit. Befinden sich dort rote Karten und fallen auch der PIK KÖNIG und der PIK BUBE in rote Häuser, so wird sich die Angelegenheit bald zu deinen Gunsten aufklären. Schwarze Karten sollten gesondert gedeutet werden, zeigen aber Probleme an. Mache immer die Atemübungen! Dann wirst du die Kraft haben, alle negativen Schwingungen gut zu überstehen.

## KARO ZEHN · 17. HAUS

### GELD · FINANZEN · BÖRSE · EINNAHMEN · AUSGABEN

Im Haus der Depression wird dir mitgeteilt, daß du dich sehr ärgern wirst, weil dir eine bestimmte Geldsumme nicht ausbezahlt wird oder weil dir ein Schuldner zum fälligen Termin das Geld nicht zurückzahlen will. Es kann auch sein, daß du in der nächsten Zeit von deiner Firma weniger Geld erhältst, weil du weniger zu arbeiten hast. Möglicherweise wirst du in Kürze einen Vertrag unterschreiben, in dem dir Geld zugesagt wird, das du dann doch nicht bekommst. Du solltest in nächster Zeit besonders vorsichtig bei Investitionen und Glücksspielen sein, denn dir könnten dabei große Verluste entstehen.

Sieh nach, welche Karte sich im 17. Haus befindet. Befindet sich dort eine rote Karte und fällt die PIK NEUN in ein rotes Haus, so kannst du einmal einen Verlust verkraften, aber kein zweites Mal. Sei lieber vorsichtig und ziehe auch das 31. und 5. Haus mit zur Deutung heran. Befinden sich dort rote Karten und fallen auch die KREUZ NEUN und die KARO NEUN in rote Häuser, dann wirst du noch einmal Glück haben. Befindet sich im 17. Haus eine Kreuz-Karte und fällt die PIK NEUN in ein Kreuz-Haus, dann sei mit deinem Geld in nächster Zeit sehr vorsichtig. Teile es dir gut ein, denn du wirst Geldreserven nötig haben.

Befindet sich aber im 17. Haus eine PIK-KARTE und fällt die PIK NEUN in ein PIK-HAUS, dann sei besonders sparsam mit dem letzten Geld, das du noch besitzt, denn es scheint in der nächsten Zeit keines mehr nachzukommen. Die Zeiten werden für dich sehr hart werden, wenn du deinen Lebenswandel nicht änderst. Mache die Atemübungen regelmäßig! Dann wirst du beizeiten lernen, deinen Gürtel enger zu schnallen.

## KARO NEUN · 5. HAUS
### Überraschung · Überraschungen · Kleine Finanzen

Im Haus der Depression wird dir mitgeteilt, daß du sehr bald böse überrascht sein wirst über die Handlungsweise einer Person, der du vertraut hast. Du wirst es nicht glauben können und dich sehr aufregen, aber zuletzt wird sich herausstellen, daß alles zu deinem Vorteil war. Vielleicht wird man dir auch in nächster Zeit etwas erzählen, das dich in Erstaunen versetzen wird, aber es wird sich später für dich als Vorteil herausstellen. Es kann auch sein, daß du in der nächsten Zeit einen kleinen finanziellen Gewinn machen wirst.

Sieh nach, welche Karte sich im 5. Haus befindet. Befindet sich dort eine rote Karte und fällt die PIK NEUN in ein rotes Haus, dann wirst du demnächst überraschend eine Rückzahlung oder Erstattung vom Staat oder einer anderen Stelle bekommen. Befindet sich im 5. Haus eine Kreuz-Karte und fällt die PIK NEUN in ein Kreuz-Haus, so kann es sein, daß du über kleinere finanzielle Dinge mit deiner Familie sprechen oder von Verwandten mit einem kleinen Preis überrascht werden wirst.

Befindet sich aber im 5. Haus eine PIK-KARTE und fällt die PIK NEUN in ein PIK-HAUS, so scheint es eine böse Überraschung für dich zu geben. Sei vorsichtig, wenn du einkaufen gehst, damit dir deine Tasche nicht gestohlen wird und du auf der Straße kein Geld verlierst. Wenn du auf der Straße Geld findest, so gib es bei den Behörden ab, du bekommst dann den gesetzlichen Finderlohn. Du solltest auch in der nächsten Zeit dein Glück nicht im Spiel versuchen, denn du hast jetzt keine Glückssträhne. Wenn sich im 31. Haus eine rote Karte befindet, so deutet das nur darauf hin, daß du gerade mit deinem Geld zurechtkommen wirst. Mache immer regelmäßig die Atemübungen! Damit wirst du auch in schlechteren Zeiten gut über die Runden kommen.

## KARO ACHT · 27. HAUS

### Erbe · Erbschaften · Hinterlassenschaften · Bekommen

Im Haus der Depression wird dir mitgeteilt, daß du eine Erbschaft von deiner Verwandtschaft, deinen Eltern oder einem Freund erwartest. Du wirst sehr enttäuscht sein und es nicht glauben können, daß man dich mit so wenig abspeisen will, da man dir vorher mehr versprochen hatte. Du solltest aber froh sein, daß du überhaupt etwas bekommst. Vielleicht wirst du auch in nächster Zeit etwas Wichtiges verlieren und dann nur die Hälfte davon zurückbekommen. Möglicherweise versäumst du einen Termin, der für dich und deine Zukunft sehr wichtig ist, denn du hättest damit dein Einkommen verbessern können.

Sieh nach, welche Karte sich im 27. Haus befindet. Befindet sich dort eine rote Karte und fällt die PIK NEUN in ein rotes Haus, dann ärgere dich nicht, daß du weniger als erwartet bekommen hast, denn »einem geschenkten Gaul schaut man nicht ins Maul«. Befindet sich im 27. Haus eine Kreuz-Karte und fällt die PIK NEUN in ein Kreuz-Haus, so wird die Erbschaft mit einer Bedingung verknüpft sein. Diese Bedingung kann zum Beispiel darin bestehen, daß du heiraten oder einen Nachkommen haben mußt.

Befindet sich aber im 27. Haus eine PIK-KARTE und fällt die PIK NEUN in ein PIK-HAUS, so wirst du gänzlich um dein Erbe kommen, und zwar durch dein eigenes Fehlverhalten. Vielleicht wirst du auch wegen einer Erbschaft vor Gericht gehen. Es kann auch sein, daß du eine Erbschaft übernehmen wirst, die dir dann nur Ärger und Ausgaben verursacht. Deute auch das 17. und 28. Haus mit. Befinden sich dort rote Karten, so wird sich die Erbschaft doch lohnen, vor allem wenn auch die KARO ZEHN und der PIK KÖNIG in rote Häuser fallen. Bei schwarzen Häusern sollest du lieber nicht vor Gericht um die Erbschaft streiten, denn du kannst dir damit hohe Kosten ersparen. Mache die Atemübungen regelmäßig! Sie werden dir helfen, auch ohne fremdes Erbe erfolgreich und glücklich zu sein.

## KARO SIEBEN · 3. HAUS

### Erfolg · Karriere · Aufstieg · Leistung

Im Haus der Depression wird dir mitgeteilt, daß du bald über dich selbst verärgert sein wirst, weil du nicht solch eine steile Karriere wie ein anderer machst. Es kann auch sein, daß du nur anfangs erfolglos bist, später aber Erfolg haben wirst, da sich dann herausstellt, daß du im Recht warst. Möglicherweise wirst du auch beharrlich auf deinen Erfolg warten. Aber glaube nicht, daß du ihn dadurch herbeiführen kannst, daß du anderen ein Bein stellst. Genau das Gegenteil wird der Fall sein.

Sieh nach, welche Karte sich im 3. Haus befindet. Befindet sich dort eine rote Karte und fällt die PIK NEUN in ein rotes Haus, so solltest du mehr Wert auf dein Äußeres legen, dann wirst du Erfolg auf der ganzen Linie haben. Du müßtest dich ein bißchen besser pflegen und auch den Stil deiner Kleidung und deine Frisur ändern. Befindet sich eine Kreuz-Karte im 3. Haus und fällt die PIK NEUN in ein Kreuz-Haus, so wirst du durch jemanden Erfolg haben, von dem du niemals geglaubt hättest, daß er dir helfen würde. Versuche anderen Menschen zu vertrauen, auch wenn sie dich manchmal kritisieren sollten, denn gerade die Kritiker meinen es ehrlich mit dir.

Befindet sich aber im 3. Haus eine PIK-KARTE und fällt die PIK NEUN in ein PIK-HAUS, dann kann es sein, daß du in der nächsten Zeit nur Mißerfolge haben wirst, und zwar durch dein eigenes Verschulden. Vielleicht wirst du zu spät zur Arbeit oder zu Terminen kommen. Wenn du Karriere machen möchtest, mußt du lernen, daß Pünktlichkeit und Disziplin das Wichtigste sind. Mache die Atemübungen regelmäßig! Durch sie wird es dir leichtfallen, das zu lernen, was dir fehlt.

# KREUZ

## KREUZ AS · 20. HAUS

GESCHENK · GESCHENKE (MIT PIK AS: TOD · LAST)

Im Haus der Depression wird dir mitgeteilt, daß du sehr traurig sein wirst, weil du ein versprochenes Geschenk nicht erhältst oder weil das Geschenk, wenn du es erhältst, nicht mehr in Ordnung ist. Es kann auch sein, daß du traurig bist, weil du jemandem etwas versprochen hast und es ihm jetzt nicht schenken kannst. Möglicherweise wirst du etwas sehr Wertvolles zerstören aus Ärger über eine Person, die du sehr gerne hast. Sei auch vorsichtig mit deinen guten Kleidern, denn es könnte sein, daß sie zerstört werden, und du würdest darüber sehr betrübt sein.

Sieh nach, welche Karte sich im 20. Haus befindet. Befindet sich dort eine rote Karte und fällt die PIK NEUN in ein rotes Haus, so wirst du ein Geschenk später erhalten, als du erwartet hast. Befindet sich eine Kreuz-Karte im 20. Haus und fällt die PIK NEUN in ein Kreuz-Haus, dann kann es sein, daß das Geschenk bei dir zerstört ankommt, und du wirst dich ärgern, weil du glaubst, es sei mit Absicht so abgeschickt worden. Sei aber mit deinen Rückschlüssen nicht zu voreilig, denn es kann auch auf dem Postweg zerstört worden sein.

Befindet sich aber im 20. Haus eine PIK-KARTE und fällt die PIK NEUN in ein PIK-HAUS, so wirst du ein versprochenes Geschenk niemals erhalten. Der Grund dafür kann ein Streit sein, er kann aber auch darin bestehen, daß du es ablehnst, von der betreffenden Person ein Geschenk anzunehmen. Möglicherweise wirst du auch jemandem den Mund wäßrig machen und ihm etwas versprechen, das du dann nicht halten kannst. Mache immer die Atemübungen. Sie werden dir bestimmt eine gute Hilfe dazu sein, dich zu ändern und deine Versprechen zu halten.

## KREUZ KÖNIG · 10. HAUS

FERIEN · URLAUB · VATER · ONKEL · GROSSVATER

Im Haus der Depression wird dir mitgeteilt, daß du sehr ungehalten sein wirst, weil du deinen Urlaub nicht so nehmen kannst, wie du es gerne möchtest. Du solltest in der nächsten Zeit sehr achtgeben, was du zu deinem Arbeitgeber sagst, sonst könntest du deine Stelle verlieren. Es kann auch sein, daß dir ein Vertrag aufgekündigt wird und daß dir daraus ein großer finanzieller Verlust entsteht. Möglicherweise kannst du auch eine bestimmte Arbeit nicht beenden oder mußt kurzarbeiten oder einen unbezahlten Urlaub nehmen.

Sieh nach, welche Karte sich im 10. Haus befindet. Befindet sich dort eine rote Karte und fällt die PIK NEUN in ein rotes, aber nicht in das 25. Haus, dann wird es bei deiner Arbeit nur zu einer vorübergehenden Störung kommen. Befindet sich im 25. Haus eine schwarze Karte, so wirst du in Zukunft lange keine Arbeit haben. Befindet sich eine Kreuz-Karte im 10. Haus und fällt die PIK NEUN in ein Kreuz-Haus, so kann es sein, daß du kurzarbeiten oder deinen Betrieb auf Kurzarbeit umstellen mußt. Befindet sich im 25. Haus eine rote Karte und fällt das KARO AS in ein rotes Haus, so wird es für dich kein Verlust werden. Schwarze Karten verheißen nichts Gutes, sie sollten gesondert gedeutet werden.

Befindet sich aber im 10. Haus eine PIK-KARTE und fällt die PIK NEUN in ein PIK-HAUS, so steht es zur Zeit und auch in Zukunft nicht gut um deinen Arbeitsplatz oder um deinen geplanten Urlaub. Sei in der nächsten Zeit in deiner Firma und auf deinem Arbeitsplatz möglichst pünktlich und versuche dich genauestens an die Arbeitsvorschriften zu halten, wenn du deine Stelle behalten möchtest. Mache auch regelmäßig die Atemübungen! Sie werden dir helfen, ein ruhiger und zuverlässiger Mensch zu werden.

## KREUZ DAME · 30. HAUS

UNTERSUCHER · UNTERSUCHUNGEN · MUTTER · TANTE · GROSSMUTTER

Im Haus der Depression wird dir mitgeteilt, daß du in der nächsten Zeit mit einigen Verlusten zu rechnen haben wirst, auch dort, wo du geglaubt hast, es ginge noch einmal gut. Es kann auch sein, daß du einen persönlichen Verlust erleidest, wenn du nicht auf dich achtgibst, oder daß du einige Dinge verlierst. Möglicherweise wirst du einen Prozeß verlieren; du solltest daher in nächster Zeit keinerlei Prozesse beginnen, denn die Zeit dafür wäre schlecht gewählt.

Sieh nach, welche Karte sich im 30. Haus befindet. Befindet sich dort eine rote Karte und fällt die PIK NEUN in ein rotes Haus, so wirst du dir den Verlust eines guten Menschen selbst zuschreiben müssen. Vielleicht verlierst du Freunde, weil du dich unbeherrscht ihnen gegenüber benimmst. Sei auch vorsichtig, daß du nicht lange Finger bekommst, wenn es dir zur Zeit finanziell nicht so gutgeht. Befindet sich im 30. Haus eine Kreuz-Karte und fällt die PIK NEUN in ein Kreuz-Haus, so solltest du dich in schwierigen Zeiten an deine Verwandten halten oder an jemanden, der dich sehr gern hat und der auch bereit ist, dir zu helfen.

Befindet sich aber im 30. Haus eine PIK-KARTE und fällt die PIK NEUN in ein PIK-HAUS, so scheint eine Untersuchung gegen dich nicht gut auszugehen. Du wirst dich für das, was du getan hast, verantworten müssen. Nimm Hilfe an, wenn sie dir geboten wird, und mache die Atemübungen regelmäßig! Dann wirst du in Zukunft wieder ein glücklicher und stabiler Mensch werden.

## KREUZ BUBE · 15. HAUS

### FAMILIE · SOHN · NEFFE (MIT DAME: TOCHTER · NICHTE)

Im Haus der Depression wird dir mitgeteilt, daß du mit deiner Familie eine Auseinandersetzung haben wirst, die für dich schlecht ausgehen wird, wenn du dich nicht beherrschst. Wenn du glaubst, daß du mit dem Kopf durch die Wand gehen kannst, so wirst du nicht weit damit kommen. Vielleicht wirst du auch einem deiner Freunde unnötige Vorwürfe machen und damit die Freundschaft in Frage stellen. Es kann auch sein, daß du dich in letzter Zeit nicht mehr so ganz in der Hand hattest und damit deine Zukunft ruinierst. Du solltest deine Sorgen nicht im Alkohol ertränken, sondern vernünftig mit einem deiner Freunde sprechen oder einen Arzt aufsuchen, bevor es zu spät ist.

Sieh nach, welche Karte sich im 15. Haus befindet. Befindet sich dort eine rote Karte und fällt die PIK NEUN in ein rotes Haus, so wirst du dich noch einmal auffangen können. Du mußt aber in Zukunft besser auf dich aufpassen, damit du nicht einen Rückfall erleidest. Befindet sich eine Kreuz-Karte im 15. Haus und fällt die PIK NEUN in ein Kreuz-Haus, dann kann es sein, daß es zwischen deiner nahen Familie und dir zu einer Auseinandersetzung kommt. Wenn du gereizt bist, so versuche dich durch die Atemübungen zu entspannen.

Befindet sich aber im 15. Haus eine PIK-KARTE und fällt die PIK NEUN in ein PIK-HAUS, so scheinst du ganz die Beherrschung verloren zu haben. Mache immer regelmäßig die Atemübungen! Sie können aus dir einen ganz neuen Menschen machen, der auch wieder lachen und fröhlich sein kann. Je früher du damit beginnst, desto früher wirst du auch Erfolg haben.

## KREUZ ZEHN · 8. HAUS
REISE · STRASSE · WASSER · MEER

Im Haus der Depression wird dir mitgeteilt, daß du dich über eine Reise sehr aufregen oder im Nachhinein über einen bestimmten Vorfall sehr ärgern wirst. Es kann auch sein, daß du sehr traurig sein wirst, weil jemand, den du sehr gerne hast, verreisen will, denn es kann ein Abschied für immer sein. Möglicherweise wirst du dich auch über einen Besuch sehr freuen, aber später wird sich die Freude in eine herbe Enttäuschung verwandeln.

Sieh nach, welche Karte sich im 8. Haus befindet. Befindet sich dort eine rote Karte und fällt die PIK NEUN in ein rotes Haus, dann wirst du dich sehr auf eine Reise freuen. Freu dich nicht zu früh, denn im letzten Moment könnte die Reise abgesagt werden, oder du könntest an der Teilnahme gehindert werden und darüber sehr deprimiert sein. Befindet sich eine Kreuz-Karte im 8. Haus und fällt die PIK NEUN in ein Kreuz-Haus, so kann es sein, daß dich deine Eltern in Kürze besuchen werden. Es wird ein Gegenbesuch sein, und sie werden dir über deine letzten Besuche bei ihnen Vorhaltungen machen. Vielleicht wirst du auch deine Eltern besuchen, und ihr werdet euch dort streiten.

Befindet sich aber im 8. Haus eine PIK-KARTE und fällt die PIK NEUN in ein PIK-HAUS, so solltest du in der nächsten Zeit keine größeren Reisen unternehmen, denn es kann sein, daß du bei einer Reise einen Unfall erleidest. Es kann auch sein, daß du mit jemandem auf einer Reise in Streit gerätst oder daß du mit der Polizei Schwierigkeiten bekommst und über Nacht ins Gefängnis mußt. Meide den Alkohol, wenn du Auto fährst, sei nicht leichtsinnig und gib im Straßenverkehr auf dich und die andern acht. Mache die Atemübungen regelmäßig! Dann wirst du nicht in eine gefährliche Situation geraten, die nur durch Leichtsinn verursacht wurde.

## KREUZ NEUN · 31. HAUS
GLÜCK · KLEINE REISE · RISIKO

Im Haus der Depression wird dir mitgeteilt, daß du über etwas sehr deprimiert sein wirst, das aber für dich sehr glücklich enden wird. Es kann sein, daß eine Reise, auf die du dich schon gefreut hattest, abgesagt wird, aber du wirst glücklich sein, wenn du hörst, daß dadurch vielleicht ein Unglück oder ein Unfall vermieden wurde. Es kann auch sein, daß du jemand bist, der ein künftiges Unglück vorhersehen und dadurch andern Menschen helfen kann, nur macht es dich nicht immer glücklich, weil du das Unglück oft nicht verhindern kannst. Sei trotzdem froh, daß du diese Gabe hast, aber versuche nicht, in Gottes Handwerk hineinzupfuschen. Du darfst warnen, aber du solltest genau zwischen Parapsychologie und okkultistischen Spekulationen unterscheiden.

Sieh nach, welche Karte sich im 31. Haus befindet. Befindet sich dort eine rote Karte und fällt die PIK NEUN in ein rotes Haus, so wirst du die Gabe haben, in die Zukunft schauen zu können. Helfe, wenn du glaubst, daß du helfen mußt. Lasse dich aber nicht von bösen Dämonen beeinflussen. Du mußt dich täglich durch die Atemübungen positiv aufladen, damit du destruktive Kräfte von dir fernhalten kannst. Befindet sich eine Kreuz-Karte im 31. Haus und fällt die PIK NEUN in ein Kreuz-Haus, so kann es sein, daß du zeitweise von bösen Dämonen geplagt wirst. Durch positives Denken und Atemübungen kannst du sie daran hindern, von dir Besitz zu ergreifen.

Befindet sich aber im 31. Haus eine PIK-KARTE und fällt die PIK NEUN in ein PIK-HAUS, so scheinst du das Negative durch dein Verhalten anzuziehen. Versuche dies zu ändern, denn wenn du weiter so handelst, wirst du bald in den Bann der Schwarzen Magie geraten. Mache die Atemübungen regelmäßig! Gib nicht auf, wenn es dir nicht gleich am Anfang gelingen sollte, das Böse von dir abzuschütteln, denn ein bißchen Geduld wirst du brauchen, um aus diesem Teufelskreis wieder herauszukommen.

## KREUZ ACHT · 26. HAUS
### Neue Unternehmungen · Mut · Heldentat

Im Haus der Depression wird dir mitgeteilt, daß du sehr betrübt sein wirst, weil du dein Ziel nicht in Kürze erreichen kannst. Es kann auch sein, daß du in der nächsten Zeit einen gesellschaftlichen Erfolg nicht so genießen kannst, wie du es dir vorgestellt hast. Vielleicht möchtest du auch jemanden übertrumpfen, aber du mußt lernen, daß andere manches besser können als du. Du mußt vielleicht noch mehr an dir arbeiten, denn du hast noch nicht erkannt, welche Ziele dein Schicksal für dich bereithält. Du solltest dich entspannen und die Atemübungen machen, damit du schneller darauf kommst, wohin dein Leben dich führt und welche Aufgaben es dir gestellt hat.

Sieh nach, welche Karte sich im 26. Haus befindet. Befindet sich dort eine rote Karte und fällt die PIK NEUN in ein rotes Haus, dann solltest du nicht stur auf deiner Linie beharren, sondern neue Überlegungen anstellen, wie du dein Leben ändern kannst, um deine Ziele zu erreichen. Nur wer zuerst sich selbst ändert, kann auch von andern Menschen verlangen, daß sie sich ändern. Befindet sich eine Kreuz-Karte im 26. Haus und fällt die PIK NEUN in ein Kreuz-Haus, so wirst du in der nächsten Zeit keine rasche Änderung herbeiführen können, denn deine Pläne für die Zukunft sind von dir selbst oder von jemand anderem zunichte gemacht worden.

Befindet sich aber im 26. Haus eine PIK-KARTE und fällt die PIK NEUN in ein PIK-HAUS, dann solltest du in der nächsten Zeit Abstand von neuen Unternehmungen nehmen oder sie gründlich überdenken, damit du keine böse Überraschung erlebst. Es kann auch sein, daß du von andern beeinflußt und dadurch von deinem eigentlichen Ziel abgelenkt wirst. Mache regelmäßig die Atemübungen! Dann wirst du lernen, auf dich selbst zu hören und nicht auf andere, die dir zu deinem Glück nicht verhelfen können.

## KREUZ SIEBEN · 14. HAUS
### NACHRICHTEN · BOTSCHAFT · TRÄNEN · LEID

Im Haus der Depression wird dir mitgeteilt, daß du dich sehr darüber wundern oder ärgern wirst, daß ein angemeldeter Freund bei dir nicht auftaucht und sich auch nicht für sein Fernbleiben entschuldigt. Es kann auch sein, daß eine Konferenz, die für dich sehr wichtig gewesen wäre, nicht stattfindet. Vielleicht bist du auch selbst verhindert, an der Konferenz teilzunehmen, und hast dadurch in Zukunft eine schlechte Ausgangsposition. Es kann auch sein, daß dich jemand anrufen wird, um dir zu sagen, daß er etwas verloren hat, und das wird dir sehr leidtun.

Sieh nach, welche Karte sich im 14. Haus befindet. Befindet sich dort eine rote Karte und fällt die PIK NEUN in ein rotes Haus, so wirst du zu der Konferenz noch in letzter Minute eintreffen. Befindet sich eine Kreuz-Karte im 14. Haus und fällt die PIK NEUN in ein Kreuz-Haus, so wirst du eine wichtige Sitzung versäumen, und es wird dir in Zukunft daraus ein Schaden entstehen. Vielleicht hast du auch die Einladung zur Sitzung ohne dein Verschulden zu spät erhalten, das wird dir aber nichts helfen, wenn du bei einem wichtigen Termin nicht erscheinen kannst.

Befindet sich aber im 14. Haus eine PIK-KARTE und fällt die PIK NEUN in ein PIK-HAUS, so kann durch dein Nichterscheinen bei einer wichtigen Sitzung deine Karriere auf dem Spiel stehen. Es ist auch möglich, daß dir jemand eine wichtige Information entlocken will, um sie dann weiterzuverkaufen. Bleibe stark und begehe keinen Verrat, denn es würde dir in Zukunft sehr schaden. Mache regelmäßig die Atemübungen! Sie werden dein moralisches Verantwortungsgefühl stärken und dir helfen, jeder nur erdenklichen Verlockung widerstehen zu können.

# PIK

## PIK AS · 24. HAUS

TOD · UNFALL · SCHICKSALSSCHLÄGE · QUAL · NOT

Im Haus der Depression wird dir mitgeteilt, daß du dich sehr über die Strenge deines Partners ärgern wirst oder daß du eine strenge Person aus deiner Familie verlieren wirst. Möglicherweise wirst du auch über einen Todesfall aus deinem Bekannten- oder Freundeskreis sehr deprimiert sein. Es kann sein, daß dich der Gedanke an den Tod sehr deprimiert und daß du dich nicht mit dem Tod auseinandersetzen möchtest.

Sieh nach, welche Karte sich im 24. Haus befindet. Befindet sich dort eine rote Karte und fällt die PIK NEUN in ein rotes Haus, so wird dich eine dir nahestehende Person bald durch den Tod verlassen. Es kann auch sein, daß du durch den Tod von einer strengen Zucht befreit wirst und darüber recht froh bist. Befindet sich eine Kreuz-Karte im 24. Haus und fällt die PIK NEUN in ein Kreuz-Haus, so scheinst du strenge Eltern zu haben oder gehabt zu haben. Es kann auch sein, daß jemand aus deiner unmittelbaren Familie sterben wird oder daß du widerstrebend zu einem Begräbnis gehen mußt. Es stimmt dich immer sehr depressiv, wenn jemand stirbt oder zu Grabe getragen wird. Mache die Atemübungen! Durch sie wirst du lernen, daß Leben und Tod zusammenhängen, denn durch den Tod wird es auch ein neues Leben geben.

Befindet sich aber im 24. Haus eine PIK-KARTE und fällt die PIK NEUN in ein PIK-HAUS, so kann es sein, daß du von einem Unfall hörst, bei dem es mehrere Tote gegeben hat, unter denen auch ein Bekannter von dir sein wird. Es kann aber auch bedeuten, daß du in nächster Zeit selbst in einen Unfall verwickelt wirst, wenn du nicht besser achtgibst, und es könnte dabei jemand sterben. Du solltest, wenn du Auto fährst, dich voll und ganz auf den Verkehr konzentrieren und nicht von etwas anderem träumen. Deute auch das 8. Haus mit. Befindet sich dort eine rote Karte, dann kannst du noch von Glück reden, denn, sollte dir ein Unfall passieren, wird alles harmlos verlaufen. Befindet sich im 8. Haus eine schwarze Karte, so solltest du dich besser nicht ans Steuer setzen, du vermeidest dadurch sicherlich ein schlimmes Unglück. Mache regelmäßig die Atemübungen! Dann wirst du lernen, dich besser zu konzentrieren.

## PIK KÖNIG · 28. HAUS

RUFER · BEHÖRDE · SCHULE · SPITAL · INSTITUTION

Im Haus der Depression wird dir mitgeteilt, daß du in der nächsten Zeit besser auf deine Sachen aufpassen solltest, damit dir nichts verlorengeht. Es kann sein, daß du zur Polizei gehen mußt, weil du etwas verloren hast, oder daß du zum Gericht mußt, um dort eine Aussage zu machen. Es kann auch sein, daß dich jemand anrufen wird, um dir zu sagen, daß er etwas verloren hat, und dich bittet, ihm beim Suchen zu helfen. Es ist aber auch möglich, daß man dir dein Auto oder etwas anderes stiehlt.

Sieh nach, welche Karte sich im 28. Haus befindet. Befindet sich dort eine rote Karte und fällt die PIK NEUN in ein rotes Haus, so wirst du den verlorenen Gegenstand zwar wiederfinden, aber er wird nicht mehr in gutem Zustand sein. Befindet sich eine Kreuz-Karte im 28. Haus und fällt die PIK NEUN in ein Kreuz-Haus, so kann es sein, daß du jemanden aus der Familie zur Polizei begleitest oder daß du selbst zur Polizei mußt, um eine Anzeige zu machen oder eine Vermißtenanzeige aufzugeben. Deute auch das 1. Haus mit. Befindet sich dort eine rote Karte, so wird die vermißte Person bald wieder gefunden werden. Befindet sich eine schwarze Karte im 1. Haus, dann sollte diese Karte genauer gedeutet werden, denn sie weist auf einen möglichen Verlust hin.

Befindet sich aber im 28. Haus eine PIK-KARTE und fällt die PIK NEUN in ein PIK-HAUS, so wirst du vor Gericht geladen, entweder in deiner eigenen Sache oder als Zeuge. Möglicherweise wirst du nicht gerne vor Gericht gehen, und du wirst dann eine nochmalige Vorladung erhalten, oder man wird dich zwangsweise vorführen. Lasse es nicht soweit kommen, denn du wirst die Sache dadurch nur verschlimmern. Mache immer regelmäßig die Atemübungen! Durch sie lernst du, andere zu respektieren und dich auf den Weg der Besserung zu begeben.

## PIK DAME · 29. HAUS

DANKBARKEIT · DUNKLE DAME · UNDANK · NEID

Im Haus der Depression wird dir mitgeteilt, daß du dich sehr über jemanden aufregen und deprimiert sein wirst, weil diese Person sehr undankbar dir gegenüber ist. Es kann auch sein, daß ein Bekannter bei dir einbrechen wird oder daß jemand versucht, dich um deine Stelle zu bringen. Es könnte auch bedeuten, daß du jemandem etwas anvertraust und dieser später dein Vertrauen mißbraucht. Sei vorsichtig, mit welchen Menschen zu verkehrst, und vertraue nicht jedem etwas an. Du irrst dich, wenn du glaubst, daß alle Menschen gut sind.

Sieh nach, welche Karte sich im 29. Haus befindet. Befindet sich dort eine rote Karte und fällt die PIK NEUN in ein rotes Haus, so wirst du noch einmal Glück haben: Sollte bei dir eingebrochen werden, wird der Täter wahrscheinlich bei der Tat ertappt werden, und dir wird nichts abhanden kommen. Es kann auch sein, daß jemand versuchen wird, dich bei deinem Vorgesetzten schlechtzumachen, aber du wirst Schützenhilfe von einer sehr einflußreichen Person bekommen. Befindet sich im 29. Haus eine Kreuz-Karte und fällt die PIK NEUN in ein Kreuz-Haus, so kann es sein, daß dich jemand aus deiner Familie, vielleicht eines deiner Kinder, sehr enttäuschen wird. Du wirst darüber sehr traurig sein, weil du das nicht erwartet hättest. Ziehe auch das 15. Haus mit zur Deutung heran. Befindet sich dort eine rote Karte, dann wird es nicht so schlimm werden. Schwarze Karten sind meist negativ und sollten gesondert gedeutet werden.

Befindet sich aber im 29. Haus eine PIK-KARTE und fällt die PIK NEUN in ein PIK-HAUS, so wirst du in nächster Zeit all deinen Lebensmut zusammennehmen müssen, denn man wird dich enttäuschen und so sehr kränken, daß du des Lebens überdrüssig wirst. Mache die Atemübungen regelmäßig! Dann wirst du bei guter Laune bleiben, auch wenn man dich kränken will. Denke daran, daß alles vergänglich ist, auch das Leid, das man dir zufügt.

## PIK BUBE · 1. HAUS

GEGENWART · WAHRHEIT · DUNKLER MANN · UNIFORMIERTER

Im Haus der Depression wird dir mitgeteilt, daß jemand versuchen wird, dir eine falsche Adresse anzugeben. Es scheint so, als hätte jemand Interesse daran, daß du die richtige Adresse nicht findest. Es kann auch sein, daß du demnächst etwas aufdecken wirst und dich dabei in große Gefahr begibst. Vielleicht bist du dabei, ein großes Abenteuer zu erleben, aber paß auf, daß dir dabei nichts passiert.

Sieh nach, welche Karte sich im 1. Haus befindet. Befindet sich dort eine rote Karte und fällt die PIK NEUN in ein rotes Haus, dann solltest du in der nächsten Zeit sehr achtgeben, wenn du etwas entdeckst, das dich in Gefahr bringen kann. Du solltest die Behörden einschalten und dich dann schleunigst aus der Gefahrenzone begeben. Befindet sich im 1. Haus eine Kreuz-Karte und fällt die PIK NEUN in ein Kreuz-Haus, dann kann es sein, daß du etwas sehr Wichtiges aus deiner Familie oder über deine Familie erfahren wirst. Vielleicht wirst du etwas aufdecken, nach dem du schon lange gesucht hast. Sei dir klar darüber, daß diese Aufdeckung auch für dich selbst unangenehme Folgen haben kann, wenn in das 15. Haus eine schwarze Karte fällt.

Befindet sich aber im 1. Haus eine PIK-KARTE und fällt die PIK NEUN in ein PIK-HAUS, so kann es sein, daß du einer Sache auf der Spur bist, die dein Leben in Gefahr bringen wird. Versuche nicht den Helden zu spielen; du kannst es nur wagen, die Wahrheit aufzudecken, wenn im 24. Haus eine rote Karte liegt. Eine schwarze Karte bedeutet, daß du lieber noch abwarten solltest. Mache immer regelmäßig die Atemübungen! Durch sie lernst du, deiner inneren Stimme zu folgen, wenn du in Lebensgefahr bist.

## PIK ZEHN · 32. HAUS

SONNE · ENTFERNUNGEN · ANDERE LÄNDER · NACHT

Im Haus der Depression wird dir mitgeteilt, daß du in der nächsten Zeit etwas verlieren, aber gleichzeitig auch etwas finden wirst, das dann ein Gewinn für dich sein wird. Manchmal ist auch ein Verlust ein Gewinn. Bei dir scheinen sich in der nächsten Zeit beide die Waage zu halten. Möglicherweise wirst du bei einem Geschäft eine Fehlinvestition tätigen, aber gleichzeitig bei einem andern einen großen Gewinn machen. Vielleicht verlierst du auch einen Freund, gewinnst aber gleich wieder einen neuen.

Sieh nach, welche Karte sich im 32. Haus befindet. Befindet sich dort eine rote Karte und fällt die PIK NEUN in ein rotes Haus, dann wirst du mehr Gewinn als Verlust haben. Auch wenn der Verlust sehr groß ist, so wird der Gewinn noch größer sein. Befindet sich eine Kreuz-Karte im 32. Haus und fällt die PIK NEUN in ein Kreuz-Haus, dann kann es sein, daß du deine Familie verlieren, aber eine neue Familie gewinnen wirst. Vielleicht glaubst du nur, deine Familie verloren zu haben, aber im nächsten Moment hast du sie wiedergewonnen. Das kann zum Beispiel durch eine Falschmeldung geschehen, die im nächsten Moment schon berichtigt wird.

Befindet sich aber im 32. Haus eine PIK-KARTE und fällt die PIK NEUN in ein PIK-HAUS, so kann es sein, daß du über Nacht mit einem Schlag dein ganzes Vermögen verlieren wirst. Es kann auch sein, daß du über Nacht deine Familie oder einen sehr guten Freund verlierst. Ziehe auch die Häuser 13, 15 und 19 mit zur Deutung heran. Befinden sich in diesen Häusern rote Karten, so wird es sich nur um einen materiellen Verlust handeln. Befinden sich aber schwarze Karten in diesen Häusern und darüber hinaus auch im 20. und 24. Haus, dann scheint dich ein schwerer Schlag zu treffen, der dich für die Zukunft prägen wird. Mache die Atemübungen regelmäßig! Dann wirst du alles, was dir zustoßen sollte, mit der Zeit verkraften können.

## PIK NEUN · 23. HAUS

DEPRESSION · UNANNEHMLICHKEITEN · KÄLTE

Im Haus der Depression, da, wie in diesem Fall, die PIK NEUN in ihr eigenes Haus fällt, wird dir mitgeteilt, daß du in der nächsten Zeit mit schweren Verlusten zu rechnen hast, von denen du dich nur schwer erholen wirst, wenn du dich nicht beizeiten absicherst. Es kann sein, daß in der nahen Zukunft eine Tragödie über dich hereinbricht. Es kann aber auch sein, daß du bereits begonnen hast, an dir zu arbeiten und dich zu ändern, dann wirst du in der nächsten Zeit ein großes Unglück vermeiden können.

Du bist zeitweise sehr trübsinnig, verzweifelt und unzufrieden mit deinem Leben und deiner Umwelt. Doch bedenke, warum es so gekommen ist. Ist es die Schuld der anderen, oder ist es nicht vielmehr dein eigenes Verschulden, dein Verhalten den andern gegenüber? Wenn du zum Alkoholismus oder zu Drogen neigst, so wird es Zeit, damit aufzuhören, denn das stürzt dich nur noch tiefer in die Verzweiflung, und die Gesellschaft wird dich über kurz oder lang abschieben, sei es in eine Irrenanstalt oder in ein Gefängnis.

Sieh nach, welche Karte sich im 16. Haus befindet. Befindet sich dort eine rote Karte, dann scheinst du dich selbst aus dem Dilemma befreien zu können. Mache die Atemübungen, sie werden dich dabei bestens unterstützen. Befindet sich eine Kreuz-Karte im 15. Haus und fällt der KREUZ BUBE in ein Pik-Haus, so scheinst du dein schweres Los von deiner Familie geerbt zu haben, aber das ist kein Grund, alles auf die Eltern abzuschieben, denn als Erwachsener bist du selbst für dich verantwortlich. Mit Vorwürfen gegen die andern wirst du nicht weiterkommen, es liegt in deiner Hand, dich zu ändern. Mache die Atemübungen regelmäßig! Dann wirst du den Weg zu dir selbst finden.

## PIK ACHT · 22. HAUS

### Ärger · Ärgernisse · Streit · Verleumdungen

Im Haus der Depression wird dir mitgeteilt, daß du dir sehr große Sorgen um deine Zukunft und um dein weiteres Schicksal machst oder machen wirst. Du bist manchmal viel zu besorgt, und das nagt an deinen Nerven, auch wirst du weiterhin von Alpträumen geplagt werden, wenn du nicht lernst, positiv zu denken. Oft sind wir selbst durch unser negatives Denken oder Verhalten die Ursache von Unglücksfällen, die uns zustoßen. Versuche deine Gedanken auf das zu konzentrieren, was in der nächsten Zeit wichtig ist, und lasse dir nicht von Nebensächlichkeiten den Kopf verwirren.

Sieh nach, welche Karte sich im 22. Haus befindet. Befindet sich dort eine rote Karte und fällt die PIK NEUN in ein rotes Haus, dann bist du nicht selbst schuld an all deinen Sorgen, denn es scheint so, als kämen Einflüsse von außen hinzu, die dir den Schlaf rauben. Das können Freunde oder Bekannte sein, die dich nicht verstehen oder denen gegenüber du dich nicht klar genug ausdrückst. Die Atemübungen werden dir wieder zu einem gesunden und ruhigen Schlaf verhelfen, und es wird dir bald gelingen, deinen Freunden das zu sagen, was du gerne sagen möchtest. Befindet sich im 22. Haus eine Kreuz-Karte und fällt die PIK NEUN in ein Kreuz-Haus, so kann es sein, daß du sehr durch andere Menschen beeinflußbar bist und dadurch in Konfliktsituationen gerätst, die dir in der Nacht den Schlaf zu einem Alptraum werden lassen. Die Atemübungen werden dir zu einem gesunden und harmonischen Schlaf verhelfen, und du wirst auch wieder besser träumen.

Befindet sich aber im 22. Haus eine PIK-KARTE und fällt die PIK NEUN in ein PIK-HAUS, so wirst du von einer fremden Kraft beeinflußt, von der du dich nur schwer befreien kannst. Mache immer regelmäßig Atemübungen! Durch sie wirst du positive Kraft sammeln und durch diese negativen Einflüssen wirksam entgegentreten können. Du wirst sehr bald wieder ein froher und lebensbejahender Mensch sein.

## PIK SIEBEN · 16. HAUS
### Gesundheit · Krankheit · Kur · Operation

Im Haus der Depression wird dir mitgeteilt, daß deine Gesundheit oder die eines andern Menschen dir in Zukunft große Sorgen bereiten wird. Solltest du in Geldschwierigkeiten sein, so ist es möglich, daß du dich auch dadurch gesundheitlich nicht wohl fühlen wirst. Vielleicht hast du in deinem Leben noch nicht das gefunden, nach dem du suchst, und bist deswegen nervös und unruhig. Möglicherweise bereitet dir eine bevorstehende Operation schlaflose Nächte. Es kann auch sein, daß du überraschend die Nachricht erhältst, daß jemand operiert werden muß, aber daß es ungewiß ist, ob die Operation auch gelingen wird.

Sieh nach, welche Karte sich im 16. Haus befindet. Befindet sich dort eine rote Karte und fällt die PIK NEUN in ein rotes Haus, so kann es sein, daß du dich unwohl oder krank fühlst, ohne einen konkreten Grund dafür nennen zu können. Vielleicht versuchst du, dich in etwas hineinzusteigern, was gar nicht vorhanden ist. Mache zur Entspannung die Atemübungen und versuche positiv zu denken. Befindet sich eine Kreuz-Karte im 16. Haus und fällt die PIK NEUN in ein Kreuz-Haus, dann scheinst du bezüglich deiner Gesundheit erblich vorbelastet zu sein. Auch deine Nervosität und deine Neigung, dir Krankheiten einzubilden, scheinen in der Familie öfter vorzukommen. Du läßt dich gerne von andern bedauern, auch wenn du vollkommen gesund bist. Im Alter wirst du deinen Mitmenschen damit einmal sehr lästig fallen.

Befindet sich aber im 16. Haus eine PIK-KARTE und fällt die PIK NEUN in ein PIK-HAUS, so solltest du dich von einem Arzt gründlich untersuchen lassen, vor allem wenn du unter nervösen Störungen leidest und einen äußerst unruhigen Schlaf hast. Mache auch die Atemübungen regelmäßig! Sie werden dir helfen, dich wieder zu stabilisieren.

Das 24. Haus

# PIK AS

Das Haus des Todes, des Unfalls,
der Schicksalsschläge, der Qual und der Not

# HERZ

## HERZ AS · 7. HAUS

WOHNUNG · BESITZ · HAUS · EIGENTUM

Im Haus des Todes wird dir mitgeteilt, daß du auf deine Gesundheit zu Hause besser aufpassen solltest, denn dort lauert Gefahr auf dich. Es kann auch sein, daß bei dir zu Hause jemand krank ist, der aber bald wieder gesund werden wird. Möglicherweise wirst du großen Hausputz halten oder dein Heim neu einrichten. Vielleicht wirst du auch die Wohnung eines Verstorbenen übernehmen und sie nach deinem Geschmack herrichten.

Sieh nach, welche Karte sich im 7. Haus befindet. Befindet sich dort eine rote Karte und fällt das PIK AS in ein rotes Haus, so wirst du sehr bald eine neue Wohnung bekommen und sie nett einrichten, möglicherweise mit antiken Sachen. Vielleicht bekommst du von einem Verwandten alte Möbel für deine neue Wohnung. Befindet sich eine Kreuz-Karte im 7. Haus und fällt das PIK AS in ein Kreuz-Haus, so kann es sein, daß du eine kranke Person aus deiner Familie bei dir zu Hause betreuen wirst. Es ist aber auch möglich, daß dich jemand besuchen wird, der bei dir krank wird. Deute in diesem Fall auch das 16. Haus mit. Befindet sich dort eine rote Karte, so wird es nur eine leichte Grippe sein. Befindet sich dort eine schwarze Karte, speziell eine PIK-KARTE, dann sollte diese gesondert gedeutet werden; es kann sein, daß ein Arzt gerufen werden muß.

Befindet sich aber im 7. Haus eine PIK-KARTE und fällt das PIK AS in ein PIK-HAUS, so kann es sein, daß du bei dir zu Hause sehr schwer krank werden wirst, weil du in letzter Zeit nicht auf deine Gesundheit achtgegeben hast. Es ist auch möglich, daß jemand in deiner Wohnung oder in unmittelbarer Nähe sterben wird. Deute auch das 16. Haus mit. Befindet sich dort eine rote Karte, so wird deine Krankheit nicht so schlimm werden. Schwarze Karten deuten darauf hin, daß es dir in nächster Zeit sehr schlechtgehen wird, wenn du nicht beizeiten Vorsorge triffst. Mache die Atemübungen regelmäßig! Sie werden dir helfen, ein gesunder und vitaler Mensch zu bleiben.

## HERZ KÖNIG · 13. HAUS

UNTERHALTUNG · MÄNNLICHER FREUND · BLOND · SPONSOR

Im Haus des Todes wird dir mitgeteilt, daß du demnächst hören wirst, daß eine Person gestorben ist, die du sehr gerne hattest und mit der du eine schöne Zeit verbracht hast. Es kann sein, daß du in der Familie einen Todesfall haben wirst oder daß jemand aus der Nachbarschaft stirbt, für den du früher einmal gesorgt hast. Es kann auch sein, daß jemand, den du jetzt betreust, bald sterben wird. Aber es kann auch bedeuten, daß du auf einer Party einen Todesfall miterleben wirst.

Sieh nach, welche Karte sich im 13. Haus befindet. Befindet sich dort eine rote Karte und fällt das PIK AS in ein rotes Haus, so kann es sein, daß der Todesfall auf der Party nur vorgetäuscht ist, weil sich jemand einen Jux erlauben will. Es kann auch sein, daß dir jemand aus der Familie mitteilt, daß eine Person gestorben ist, die aber in Wirklichkeit noch lebt. Ziehe in diesem Fall das 15. Haus mit zur Deutung heran. Befindet sich eine Kreuz-Karte im 13. Haus und fällt das PIK AS in ein Kreuz-Haus, so kann es sein, daß jemand aus der Familie sterbenskrank wird oder daß ein Geschäftsfreund erkrankt und du sein Geschäft übernehmen mußt. Solltest du einen Förderer haben, so kann es sein, daß dieser sehr krank wird und ins Krankenhaus eingeliefert werden muß. Deute auch das 28. Haus mit. Befindet sich dort eine rote Karte und fällt der PIK KÖNIG in ein rotes Haus, so wird es deinem Förderer bald wieder besser gehen. Schwarze Karten deuten negative Aussichten für den Kranken an.

Befindet sich aber im 13. Haus eine PIK-KARTE und fällt das PIK AS in ein PIK-HAUS, so kann es sein, daß dich ein plötzlicher Todesfall in deiner Familie oder deinem Freundeskreis sehr treffen wird. Mache die Atemübungen regelmäßig! Durch sie wirst du lernen, dich rechtzeitig im Leben auch mit dem Tod auseinanderzusetzen.

## HERZ DAME · 19. HAUS

FREUNDE · WEIBLICHER FREUND · BLOND · SPONSOR

Im Haus des Todes wird dir mitgeteilt, daß du sehr bald vom Ableben eines guten Freundes hören wirst, der vielleicht durch einen Unfall oder durch ein plötzliches Herzversagen sterben wird. Es kann aber auch sein, daß du vom Ableben einer sehr bekannten weiblichen Person, vielleicht einer berühmten Schauspielerin, hören wirst. Möglicherweise stirbt eine bekannte Person in deiner unmittelbaren Nähe, der du noch kurz vorher helfen wirst. Aber vielleicht erweist du dich im letzten Augenblick durch deinen raschen Einsatz für jemanden als Lebensretter, und es wird dich dann mit dieser Person ein sehr nahes Verhältnis verbinden.

Sieh nach, welche Karte sich im 19. Haus befindet. Befindet sich dort eine rote Karte und fällt das PIK AS in ein rotes Haus, so wirst du einmal das Leben eines Menschen noch in letzter Minute retten können. Es ist auch möglich, daß dir einmal jemand helfen wird, wenn es dir nicht sonderlich gutgeht. Befindet sich eine Kreuz-Karte im 19. Haus und fällt das PIK AS in ein Kreuz-Haus, so kann es sein, daß ein naher Freund bald sterben muß oder daß jemand aus deiner Familie dich noch einmal sehen will, bevor er stirbt. Versuche diesem Menschen seinen letzten Wunsch zu erfüllen, denn es ist für ihn sehr wichtig, daß er beruhigt in die andere Welt eingehen kann.

Befindet sich aber im 19. Haus eine PIK-KARTE und fällt das PIK AS in ein PIK-HAUS, so kann es sein, daß du jemandem den Tod wünschst oder daß dir jemand den Tod wünscht. Man sollte aber nie jemanden den Tod wünschen, denn die bösen Wünsche können auf einen selbst zurückfallen. Mache die Atemübungen regelmäßig! Damit wirst du dein Gewissen reinigen oder, falls dir jemand den Tod wünscht, die negativen Kräfte von deinem Körper und deiner Seele fernhalten können.

## HERZ BUBE · 6. Haus
### Popularität · Kunst · Jüngerer männlicher Freund · Künstler

Im Haus des Todes wird dir mitgeteilt, daß du vom Ableben einer sehr berühmten Person, vielleicht eines Künstlers, hören wirst. Es ist möglich, daß du diese Person gekannt hast oder persönlich mit ihr befreundet warst. Vielleicht wirst du zu ihrem Begräbnis gehen oder ein Begräbnis für einen verstorbenen Freund vorbereiten. Auf jeden Fall wirst du in Kürze mit einigen Todesfällen zu tun haben. Es kann auch sein, daß du eines Tages ein Bestattungsinstitut gründen wirst, und zwar ein sehr vornehmes Institut für reiche Leute.

Sieh nach, welche Karte sich im 6. Haus befindet. Befindet sich dort eine rote Karte und fällt das PIK AS in ein rotes Haus, so wirst du, solltest du Schauspieler sein, meist tragische Rollen spielen, bei denen du einen Sterbenden mimen mußt. In der nächsten Zeit wirst du sehr überzeugend eine solche Rolle darstellen. Befindet sich eine Kreuz-Karte im 6. Haus und fällt das PIK AS in ein Kreuz-Haus, so wirst du von einem Todesfall in deinem Bekanntenkreis hören oder vom Tod einer sehr berühmten Person, oder du wirst zum Begräbnis eines Freundes gehen.

Befindet sich aber im 6. Haus eine PIK-KARTE und fällt das PIK AS in ein PIK-HAUS, so wirst du einem Gespräch beiwohnen, bei dem es um den Tod geht. Es kann auch sein, daß du ein berühmtes Medium aufsuchen wirst, um über dich und andere etwas zu erfahren. Deute in diesem Fall auch das 25. Haus mit. befindet sich dort eine rote Karte und fällt das KARO AS in ein rotes Haus, so wird dein Besuch sehr erfolgreich werden. Schwarze Karten deuten darauf hin, daß du einem Scharlatan aufsitzen wirst oder dir einbildest, selbst mit den Toten reden zu können. Sei vorsichtig, wenn du dich mit dieser Materie beschäftigst, denn es kann dir etwas passieren, das dir einen bleibenden Schock hinterläßt. Mache immer die Atemübungen! Dann wirst du merken, ob du einen sechsten Sinn hast.

## HERZ ZEHN · 11. HAUS

### Heirat · Verbindungen · Vereine · Bruderschaften

Im Haus des Todes wird dir mitgeteilt, daß du sehr bald vom Ableben einer jungen Person hören wirst. Vielleicht hast du einen jüngeren Freund oder Arbeitskollegen, der durch einen Unfall umkommt, oder du lernst jemanden bei einer Party kennen und erfährst am nächsten Tag, daß diese Person nicht mehr lebt. Möglicherweise wird eine Verbindung, die du eingegangen bist, durch den Tod aufgelöst, oder du verlierst ein Kind durch den Tod.

Sieh nach, welche Karte sich im 11. Haus befindet. Befindet sich dort eine rote Karte und fällt das PIK AS in ein rotes Haus, so ist es möglich, daß du einen sehr lieben Menschen aus deinem Freundeskreis durch den Tod verlieren wirst oder daß du im letzten Moment jemanden vor dem Tod durch Ertrinken oder Unfall rettest. Befindet sich eine Kreuz-Karte im 11. Haus und fällt das PIK AS in ein Kreuz-Haus, so kann es sein, daß jemand aus deiner Familie, vielleicht eine junge Person, bald sterben muß. Möglicherweise befindet sich jemand in deiner Familie, der zwar sehr gesund aussieht, aber nicht mehr lange zu leben hat, und er weiß es auch. Mache mit ihm die Atemübungen, denn damit wirst du diesem Menschen sehr helfen und ihm zumindest das Sterben leichter machen.

Befindet sich aber im 11. Haus eine PIK-KARTE und fällt das PIK AS in ein PIK-HAUS, dann wirst du von einer Familientragödie hören. Es kann sein, daß eine ganze Familie mit einem Schlag umkommt, sei es durch Vergiftung, Unfall oder Selbstmord. Mache immer die Atemübungen! Durch sie wirst du den Tod besser verstehen, und er wird für dich seinen Schrecken verlieren.

## HERZ NEUN · 2. HAUS
### WUNSCH · WÜNSCHE · SEHNSUCHT · HOFFNUNG

Im Haus des Todes wird dir mitgeteilt, daß du dir etwas wünschst, das mit dem Tod eines anderen Menschen zu tun hat. Es kann sein, daß du einen besonderen Wunsch hast, der durch den Tod einer anderen Person in Erfüllung geht. Aber es kann auch sein, daß dein Wunsch sich selbst durch den Tod nicht realisieren läßt. Sollte es dir bis jetzt schlecht ergangen sein, so wird jetzt eine bessere Zeit für dich anbrechen. Möglicherweise wirst du durch den Tod einer Person eine lange Partnerschaft eingehen, oder jemand, dem du das Leben gerettet hast, wird dir aus Dank einen Wunsch erfüllen, wozu er aber auch die Einwilligung einer anderen Person braucht.

Sieh nach, welche Karte sich im 2. Haus befindet. Befindet sich dort eine rote Karte und fällt das PIK AS in ein rotes Haus, so wird dir dein Wunsch sicherlich bald in Erfüllung gehen, aber zuvor wird jemand sterben. Befindet sich eine Kreuz-Karte im 2. Haus und fällt das PIK AS in ein Kreuz-Haus, so kann es sein, daß jemand aus der Familie stirbt und du das bekommst, was dir zu Lebzeiten versprochen wurde. Möglicherweise geht dir durch den Tod eines Geschäftspartners oder Freundes ein Wunsch in Erfüllung.

Befindet sich aber im 2. Haus eine PIK-KARTE und fällt das PIK AS in ein PIK-HAUS, so kann es sein, daß du schon des öfteren mit Schrecken an den Tod gedacht hast. Mache regelmäßig die Atemübungen! Durch sie wirst du lernen, total abzuschalten und zu dir selbst zu finden. Dann wirst du den Tod besser verstehen und auch, daß es keinen Tod, sondern nur Leben in verschiedenen Realitäten gibt.

## HERZ ACHT · 4. HAUS

LIEBE · MONDSCHEIN · ROMANZE · HERZ

Im Haus des Todes wird dir mitgeteilt, daß der Tod einer sehr netten Person dich für eine längere Zeit traurig stimmen wird. Du wirst es lange Zeit nicht verwinden können, daß du mit dieser Person nun nicht mehr sprechen kannst. Es kann auch sein, daß jemand, den du sehr schätzt, seinen Partner verliert und du mit ihm sein Leid teilen wirst. Dein Einfühlungsvermögen läßt in Zukunft so manchen Menschen zu dir kommen, der Trost bei dir sucht. Es kann aber auch sein, daß du eine Verlobung auflösen wirst.

Sieh nach, welche Karte sich im 4. Haus befindet. Befindet sich dort eine rote Karte und fällt das PIK AS in ein rotes Haus, so wirst du in Zukunft vielleicht einen Beruf ergreifen, der mit Seelenforschung zu tun hat. Deute auch das 25. Haus mit. Befindet sich dort eine rote oder eine Kreuz-Karte, dann solltest du einen solchen Beruf ergreifen. Eine PIK-KARTE in diesem Haus würde bedeuten, daß du nicht reif für diesen Beruf bist. Befindet sich im 4. Haus eine Kreuz-Karte und fällt das PIK AS in ein Kreuz-Haus, dann kann es sein, daß jemand aus deiner Familie sehr große Probleme hat, und zwar im privaten Bereich, und dir von ihren Problemen erzählen wird. Durch deine Einfühlungsgabe wirst du ihr das Richtige sagen und sie beruhigen können.

Befindet sich aber im 4. Haus eine PIK-KARTE und fällt das PIK AS in ein PIK-HAUS, so kann es sein, daß du dir aus Liebeskummer das Leben nehmen möchtest oder daß jemand dir mitteilt, daß er sich aus Liebeskummer das Leben nehmen möchte. Versuche auf alle Fälle, dieser Person durch positives Zureden zu helfen, und schlage ihr auch vor, mit dir gemeinsam die Atemübungen zu machen. Durch diese wird auch sie zu einer bejahenderen Lebenseinstellung kommen.

## HERZ SIEBEN · 12. HAUS

FRÖHLICHKEIT · GUTE LAUNE · HERZLICHKEIT · FROHSINN

Im Haus des Todes wird dir mitgeteilt, daß du gerade einen Menschen oder ein liebes Tier durch den Tod verloren hast oder demnächst verlieren wirst. Möglicherweise wirst du einen sehr netten und hilfsbereiten Menschen aus deiner unmittelbaren Nachbarschaft verlieren. Es ist auch möglich, daß du mit einem deiner Nachbarn einen Streit hast oder haben wirst, der durch den Tod des Nachbarn ein Ende findet. Vielleicht wirst du jemanden aus der Nachbarschaft zu einem Begräbnis begleiten, oder du wirst eine Spende für einen Totenkranz geben.

Sieh nach, welche Karte sich im 12. Haus befindet. Befindet sich dort eine rote Karte und fällt das PIK AS in ein rotes Haus oder in ein Kreuz-Haus, so wirst du ein sehr liebes Tier verlieren oder jemand wird dir erzählen, daß er seinen treuen Gefährten verloren hat. Befindet sich eine Kreuz-Karte im 12. Haus und fällt das PIK AS in ein Kreuz-Haus, so kann es sein, daß du deine Eltern durch ein tragisches Schicksal verloren hast, an das du immer wieder denken mußt, oder daß du bald jemanden durch den Tod verlieren wirst und danach für eine sehr lange Zeit nicht mehr fröhlich sein kannst. Lerne durch die Atemübungen dich selbst und das Leben verstehen, dann wirst du auch ein besseres Empfinden für den Tod bekommen.

Befindet sich aber im 12. Haus eine PIK-KARTE und fällt das PIK AS in ein PIK-HAUS, so kann es sein, daß du zu einer feuchtfröhlichen Feier eingeladen wirst und dann mit deinem Auto nach Hause fahren möchtest. Das solltest du lieber bleibenlassen, denn es könnte ein Unfall geschehen, den du selbst verursacht hättest und bei dem jemand den Tod fände. Mache auch immer regelmäßig die Atemübungen! Sie werden dir helfen, ein vernünftiger, einsichtiger und selbstloser Mensch zu werden.

# KARO

## KARO AS · 25. HAUS

Beruf · Firma · Unternehmen · Projekte

Im Haus des Todes wird dir mitgeteilt, daß sich dein ganzes Leben durch einen Tod verändern wird. Vielleicht wirst du durch einen Todesfall die Firma eines Verwandten übernehmen oder in deiner Firma einen anderen Posten bekommen. Möglicherweise wirst du durch den Tod eines Freundes dessen Anteile in einer Firma übernehmen und die Firma gänzlich umorganisieren. Es kann auch sein, daß du durch den Tod eines andern endlich deine Ideen durchsetzen kannst, woran er dich bisher gehindert hatte, oder daß du jemandem helfen wirst, einen bestimmten Posten zu bekommen, wenn jemand anderer stirbt.

Sieh nach, welche Karte sich im 25. Haus befindet. Befindet sich dort eine rote Karte und fällt das PIK AS in ein rotes Haus, so wird sich deine Zukunft durch den Tod einer bestimmten Person entscheidend, aber positiv ändern. Befindet sich eine Kreuz-Karte im 25. Haus und fällt das PIK AS in ein Kreuz-Haus, so wirst du nach einem Todesfall von einem Menschen protegiert werden oder jemandem helfen, einen bestimmten Posten zu bekommen, der durch einen Todesfall freigeworden ist.

Befindet sich aber im 25. Haus eine PIK-KARTE und fällt das PIK AS in ein PIK-HAUS, so gib in der nächsten Zeit acht, denn es könnte sein, daß deine Firma Pleite machen wird oder daß du deine Stelle durch einen Wechsel in der Geschäftsleitung verlieren wirst. Möglicherweise wirst du eines Tages einen Beruf ausüben, für den nur wenige Menschen geeignet sind. Du kannst auch dem Negativen, Krankheit und Tod, mit einer positiven Einstellung begegnen, sei aber vorsichtig, denn du bist nicht immer in der gleichen guten Verfassung. Mache auch die Atemübungen regelmäßig! Dann wirst du noch mehr Sicherheit im Umgang mit Krankheit und Tod erlernen.

## KARO KÖNIG · 9. HAUS

Legale Papiere · Arzt · Anwalt · Notar

Im Haus des Todes wird dir mitgeteilt, daß du vom Tod einer sehr prominenten Person hören wirst. Es kann auch sein, daß du in der nächsten Zeit bei einem Notar ein Testament verfassen oder unterschreiben wirst. Möglicherweise wirst du bei einem Anwalt in einer Erbschaftssache verschiedene Unterschriften leisten müssen oder zu einer Testamentseröffnung vorgeladen. Solltest du Arzt sein, so kann es sein, daß du in nächster Zukunft einen oder mehrere Totenscheine ausstellen wirst. Es kann auch sein, daß du jemandem etwas testamentarisch hinterlassen wirst, das du selbst einmal geerbt hast.

Sieh nach, welche Karte sich im 9. Haus befindet. Befindet sich dort eine rote Karte und fällt das PIK AS in ein rotes Haus, so kann es sein, daß du eine größere Erbschaft machen wirst. Deute auch das 27. Haus mit. Befindet sich dort eine rote Karte und fällt auch die KARO ACHT in ein rotes Haus, so wirst du eine sehr große Erbschaft machen und einen Anwalt oder Notar hinzuziehen müssen. Schwarze Karten deuten auf einen möglichen Erbschaftsstreit hin. Befindet sich im 9. Haus eine Kreuz-Karte und fällt das PIK AS in ein Kreuz-Haus, so kann es sein, daß du als Anwalt sehr viel mit Erbschaften zu tun hast oder als Arzt in der Pathologie arbeitest. Es kann auch sein, daß du einmal einen Beruf, der mit dem Tod in Zusammenhang steht, ergreifen wirst.

Befindet sich aber im 9. Haus eine PIK-KARTE und fällt das PIK AS in ein PIK-HAUS, so kann es sein, daß du dich in nächster Zeit über eine Erbschaft streiten wirst. Es kann aber auch sein, daß du dich demnächst mit Parapsychologie beschäftigen wirst oder daß du manchmal Erscheinungen hast und dich nicht traust, mit jemandem darüber zu sprechen. Mache die Atemübungen regelmäßig! Dann wirst du mit der Zeit an die Menschen kommen, die mit diesen Phänomenen vertraut sind und dir eine Erklärung darüber geben können.

## KARO DAME · 18. HAUS

JAHRESZEIT · FRÜHJAHR · SOMMER · HERBST · WINTER

Im Haus des Todes wird dir mitgeteilt, daß du in deiner unmittelbaren Familie in nächster Zeit keinen Todesfall haben wirst. Vielleicht wirst du im Sommer den Beruf eines Bademeisters ausüben. Deute auch das 25. Haus mit. Befindet sich dort eine rote Karte und fällt das KARO AS in ein rotes Haus, so kannst du den Beruf problemlos ausüben. Schwarze Karten könnten Schwierigkeiten bedeuten, das heißt, daß du einige Todesfälle durch Ertrinken erleben wirst. Es kann sein, daß du im Winter als Lawinenwarner, Schilehrer, auf eine Eisbahn oder als Trainer für eine

Eishockeymannschaft arbeiten wirst. Auch hier solltest du das 25. Haus mitdeuten. Es ist wichtig für deinen Beruf, daß sich im 25. Haus eine rote Karte befindet und daß das KARO AS in ein rotes Haus fällt. Befindet sich im 25. Haus eine schwarze Karte und fällt das KARO AS in ein schwarzes Haus, so kann es sein, daß du zwar einen verantwortungsvollen Beruf ausübst, aber mit Todesfällen zu tun haben wirst.

Sieh nach, welche Karte sich im 18. Haus befindet. Befindet sich dort eine rote Karte und fällt das PIK AS in ein rotes Haus, so wirst du jede Jahreszeit, die uns die Natur schenkt, voll genießen und dich auch für die Erhaltung des Lebens und den Umweltschutz einsetzen. Befindet sich eine Kreuz-Karte im 18. Haus und fällt das PIK AS in ein Kreuz-Haus, so kann es sein, daß du einmal einen Friedhof verwalten wirst, weil du gerne in jeder Jahreszeit auf den Friedhof gehst, um dort die Ruhe zu finden, die du ersehnst.

Befindet sich aber im 18. Haus eine PIK-KARTE und fällt das PIK AS in ein PIK-HAUS, so bist du zwar manchmal traurig, wenn du über das Leben und das Sterben nachdenkst, aber trotzdem siehst du einen Sinn darin und erkennst, daß das Sterben in den Kreislauf der Natur gehört. Mache die Atemübungen regelmäßig! Dann wirst du über den Tod und das Leben zu noch tieferen Erkenntnissen kommen.

## KARO BUBE · 21. HAUS

BRIEFE · SCHRIFTSTÜCKE · TELEGRAMME · BOTE · FREUND

Im Haus des Todes wird dir mitgeteilt, daß du in der nächsten Zeit einen Brief erhalten wirst, worin man dir ankündigt, daß jemand aus deiner Familie operiert werden muß. Es kann auch sein, daß dir ein Freund mitteilt, daß er sich einer Operation unterziehen muß, die über Leben und Tod entscheiden kann. Vielleicht wirst du auch in der nächsten Zeit Post erhalten, in der dir über einen oder mehrere Todesfälle berichtet wird. Es ist auch möglich, daß du selbst Todesanzeigen aussenden wirst oder daß du einmal in einem Bestattungsinstitut arbeiten wirst, wo du dich mit Schriftstücken über Tote beschäftigen mußt. Es kann auch sein, daß du bei einer Versicherung, einem Arzt, Anwalt oder Notar arbeiten wirst.

Sieh nach, welche Karte sich im 21. Haus befindet. Befindet sich dort eine rote Karte und fällt das PIK AS in ein rotes Haus und sollte sich außerdem im 13. oder 19. Haus eine rote oder Kreuz-Karte befinden, so wirst du erfahren, daß jemand eine schwere Operation vornehmen lassen muß, und bald darauf die gute Nachricht erhalten, daß die Operation gut überstanden ist. Befindet sich eine PIK-KARTE im 24. Haus und fallen auch in das 13. und 19. Haus PIK-KARTEN, so wird die Operation schlecht ausgehen. Befindet sich im 21. Haus eine Kreuz-Karte und fällt das PIK AS in ein Kreuz-Haus, so wirst du in der nächsten Zeit sehr viel Post wegen eines Todesfalles aussenden müssen oder jemandem helfen, diese Post zu erledigen. Möglicherweise bist du ein Sensitiver und wirst gebeten, von Verstorbenen Botschaften zu empfangen. Falls du dieses Talent besitzt, lasse dich nicht von andern ausnutzen, denn es kostet sehr viel seelische Kraft und kann dir auch gesundheitlich schaden.

Befindet sich aber im 21. Haus eine PIK-KARTE und fällt das PIK AS in ein PIK-HAUS, so kann es sein, daß du in nächster Zeit zu einer Séance gehen und dich brennend für alles, was du dort siehst und hörst, interessieren wirst. Versuche dich aber zuerst mit den Atemübungen seelisch zu festigen, denn wenn du seelisch nicht gereift bist, ist es besser, solchen Sitzungen fernzubleiben.

## KARO ZEHN · 17. HAUS

### Geld · Finanzen · Börse · Einnahmen · Ausgaben

Im Haus des Todes wird dir mitgeteilt, daß du durch den Tod eines Tages zu viel Geld kommen wirst. Es kann sein, daß du in der nächsten Zeit eine Lebensversicherung ausbezahlt bekommst, eine Erbschaft machst oder du für jemanden eine gewisse Geldsumme aufbewahren wirst, die du auch zu seinen Gunsten vermehren kannst, was er dir eines Tages hoch anrechnen wird. Möglicherweise wirst du durch einen Todesfall in Zukunft monatlich eine kleine Rente erhalten. Vielleicht wirst du auch eine Sterbeversicherung abschließen oder zumindest dich danach erkundigen, was sie kostet. Es ist auch möglich, daß jemand im Sterben liegt und du ihm hilfst, einige finanzielle Dinge zu regeln.

Sieh nach, welche Karte sich im 17. Haus befindet. Befindet sich dort eine rote Karte und fällt das PIK AS in ein rotes Haus, so kann es sein, daß dir eine Lebensversicherung ausbezahlt wird, vor allem dann, wenn sich auch im 9. Haus eine rote Karte befindet und der KARO KÖNIG in ein rotes Haus fällt. Befindet sich eine Kreuz-Karte im 17. Haus und fällt das PIK AS in ein Kreuz-Haus, so kann es sein, daß du mit deiner Familie einige Dinge regeln wirst für den Fall, daß dir etwas zustoßen sollte. Es kann auch sein, daß jemand aus deiner Familie entsprechende Regelungen treffen wird oder daß du von einer bestimmten Person eine Erbschaft noch zu Lebzeiten ausbezahlt bekommst.

Befindet sich aber im 17. Haus eine PIK-KARTE und fällt das PIK AS in ein PIK-HAUS, so kann es sein, daß du nach dem Tod eines Verwandten in einen Streit um finanzielle Dinge hineingezogen wirst. Wenn dir etwas nicht bestimmt ist, so versuche es auch nicht zu bekommen. Mache immer die Atemübungen! Dann wirst du lernen, selbstlos zu denken und zu handeln.

## KARO NEUN · 5. HAUS
### Überraschung · Überraschungen · Kleine Finanzen

Im Haus des Todes wird dir mitgeteilt, daß du sehr bald durch die Nachricht von einem Unfall, einer Katastrophe oder vom Todesfall eines Freundes überrascht werden wirst. Es kann auch sein, daß du in den Morgennachrichten von einem Flugzeug- oder Eisenbahnunglück hören wirst, bei dem ein Freund von dir ums Leben gekommen ist. Möglicherweise mußt du jemandem in deiner unmittelbaren Nachbarschaft die Nachricht übermitteln, daß jemand aus der Familie gestorben ist oder bei einem Unfall schwer verletzt wurde. Vielleicht hast du auch manchmal Vorahnungen und versuchst die Leute zu warnen, damit sie nicht in ihr Unglück rennen. Aber man wird dir keinen Glauben schenken.

Sieh nach, welche Karte sich im 5. Haus befindet. Befindet sich dort eine rote Karte und fällt das PIK AS in ein rotes Haus, so wirst du sehr bald eine böse Überraschung erleben, die dich im ersten Moment hart treffen wird, aber sich im nachhinein als Falschmeldung herausstellen wird. Befindet sich eine Kreuz-Karte im 5. Haus und fällt das PIK AS in ein Kreuz-Haus, so kann es sein, daß du eine Nachricht aus deiner Familie oder deinem Kollegenkreis erhalten wirst, worin dir ein Unglücksfall, möglicherweise ein Arbeitsunfall, mitgeteilt wird.

Befindet sich im 5. Haus eine PIK-KARTE und fällt das PIK AS in ein PIK-HAUS, so kann es sein, daß du hellseherische Fähigkeiten besitzt und diese auch auswerten möchtest. Du mußt aber zuerst zu dir selbst finden, ehe du in die Bereiche des Außersinnlichen vorstoßen kannst. Wenn du nicht große innere Stabilität besitzt, können sich allzuleicht negative Schwingungen Zutritt verschaffen. Mache regelmäßig die Atemübungen! Durch sie wirst du dich immer wieder positiv aufladen können. Werde dir bewußt, daß es eine wunderbare Aufgabe ist, andern Menschen durch die Gabe des Hellsehens zu helfen, aber sie kann auch sehr belastend sein, wenn man sich nicht täglich positiv auflädt.

## KARO ACHT · 27. HAUS

### Erbe · Erbschaften · Hinterlassenschaften · Bekommen

Im Haus des Todes wird dir mitgeteilt, daß du sehr bald durch eine Erbschaft, einen Nachlaß oder eine Lebensversicherung Geld bekommen wirst, das du dringend brauchst. Vielleicht erbst du auch Pfandbriefe, Briefmarken oder eine Münzensammlung. Möglicherweise wirst du eine größere, wertvolle Erbschaft erhalten, die du aber nicht gleich zu Geld machen solltest, denn sie hat vielleicht einen größeren Wert, als du annimmst. Sollte es eine Juwelensammlung sein, so lasse sie zuerst durch eine staatliche Stelle schätzen, bevor du sie verkaufst.

Sieh nach, welche Karte sich im 27. Haus befindet. Befindet sich dort eine rote Karte und fällt das PIK AS in ein rotes Haus, so wirst du einmal eine sehr große Erbschaft erhalten, vor allem dann, wenn sich auch im 17. Haus eine rote Karte befindet und wenn die KARO ZEHN in ein rotes Haus fällt. Lege das Erbe gut an, lasse es von Fachleuten verwalten, denn wenn man mit solchen Werten nicht umgehen kann, zerfließen sie einem in der Hand. Denke auch an jene, die nichts besitzen. Befindet sich im 27. Haus eine Kreuz-Karte und fällt das PIK AS in ein Kreuz-Haus, so kann es sein, daß du von deiner Familie eine Gemäldesammlung oder eine andere wertvolle Sammlung erben wirst. Es kann auch eine Sammlung von ideellem Wert sein.

Befindet sich aber im 27. Haus eine PIK KARTE und fällt das PIK AS in ein PIK-HAUS, dann solltest du nicht auf eine Erbschaft warten, die dir zugesagt worden ist. Es ist möglich, daß ein anderer die Erbschaft bekommt und du leer ausgehst. Es kann auch sein, daß du dich mit jemandem um eine wertvolle Sammlung streiten und deswegen vor Gericht gehen wirst. Versuche dich nicht um etwas zu streiten, das dir vielleicht versprochen wurde, aber im Testament nicht festgehalten ist. Mache immer die Atemübungen! Dann wirst du lernen, daß wir im Leben die Dinge dieser Erde benutzen, aber nicht besitzen dürfen.

## KARO SIEBEN · 3. HAUS
### ERFOLG · KARRIERE · AUFSTIEG · LEISTUNG

Im Haus des Todes wird dir mitgeteilt, daß du durch einen Todesfall in deiner unmittelbaren Nähe Erfolg haben wirst. Es kann sich dabei um einen Todesfall an deinem Arbeitsplatz, in einer Konkurrenzfirma, in deiner Nachbarschaft oder bei den Behörden handeln. Ein Hindernis, das dir schon lange den Weg zum Erfolg versperrt hat, wird auf einmal überwunden sein. Es kann sein, daß du durch einen Todesfall einen besseren Posten erhältst oder daß du durch einen Todesfall in der Familie dein Leben völlig veränderst, was du schon immer vorhattest. Vielleicht kommst du auch durch den Tod einer Person zu etwas Bestimmten, das du sehr gut gebrauchen kannst. Tod und Erfolg hängen bei dir zusammen, deshalb kann es auch sein, daß du ein erfolgreicher Totenmaskenbildner bist oder werden wirst.

Sieh nach, welche Karte sich im 3. Haus befindet. Befindet sich dort eine rote Karte und fällt das PIK AS in ein rotes Haus, so wirst du sehr bald Erfolg haben. Befindet sich eine Kreuz-Karte im 3. Haus und fällt das PIK AS in ein Kreuz-Haus, so wirst du durch einen Todesfall in deiner Familie dein Leben anders gestalten können. Werde aber nicht übermütig, auch wenn in diesem Fall der Tod eine wahre Befreiung sein wird.

Befindet sich aber im 3. Haus eine PIK-KARTE und fällt das PIK AS in ein PIK-HAUS, so scheinst du jemandem den Tod zu wünschen, damit du endlich dein Ziel erreichen kannst. Du wirst zwar dein Ziel erreichen, aber du wirst nicht glücklich werden, wenn du dafür über Leichen gehen mußt. Du solltest mehr an deinem Inneren arbeiten, wenn du Erfolg haben willst. Mache regelmäßig die Atemübungen! Durch sie wird deine Persönlichkeit eine positive Ausstrahlung bekommen.

# KREUZ

## KREUZ AS · 20. HAUS

GESCHENK · GESCHENKE (MIT PIK AS: TOD · LAST)

Im Haus des Todes wird dir mitgeteilt, daß du durch einen Todesfall ein Geschenk erhalten wirst. Es muß nicht ein Todesfall in deiner unmittelbaren Nähe sein, es kann auch sein, daß dir jemand Sachen von einem Verstorbenen schenkt. Möglicherweise wird ein Freund, der in seiner Familie einen Todesfall hatte, Sachen verschenken und dabei auch an dich denken. Es ist auch möglich, daß du selbst Sachen eines Verstorbenen weiterverschenkst. Vielleicht bist du auch nahe daran, das Leben zu verlieren, und es wird dir noch einmal geschenkt.

Sieh nach, welche Karte sich im 20. Haus befindet. Befindet sich dort eine rote Karte und fällt das PIK AS in ein rotes Haus, so wirst du aus einer Hinterlassenschaft ein sehr schönes Geschenk erhalten oder mit jemandem über ein Geschenk sprechen, das du von einer Person nach ihrem Tod erhalten wirst. Befindet sich eine Kreuz-Karte im 20. Haus und fällt das PIK AS in ein Kreuz-Haus oder auch in ein rotes Haus, so kann es sein, daß du eine Erbschaft von deiner Familie schon früher ausbezahlt bekommst oder daß ein Testament zu deinen Gunsten abgefaßt wird. Hier solltest du auch das 9. und 27. Haus mitdeuten. Rote Karten sind positiv; schwarze Karten sind gesondert zu deuten, sie könnten auf Schwierigkeiten in der Zukunft hinweisen.

Befindet sich aber im 20. Haus eine PIK-KARTE und fällt das PIK AS in ein PIK-HAUS, so kann es sein, daß du dich über ein erwartetes Geschenk ärgern wirst oder es überhaupt nicht erhältst. Es kann auch sein, daß das Geschenk mit einem anderen vertauscht wird oder daß man versucht, dir ein wertvolles Geschenk zu unterschlagen. Deute das 9. und 28. Haus mit. Befinden sich dort rote Karten und fallen auch der KARO KÖNIG und der PIK KÖNIG in rote Häuser, so wirst du mit Mühe und Geschick auf Umwegen das dir zustehende Geschenk erhalten. Schwarze Karten könnten einen Verlust bedeuten, aber sie müßten gesondert gedeutet werden. Mache regelmäßig die Atemübungen! Dann wirst du dich nicht allzusehr aufregen, wenn dir ein Unrecht geschieht.

## KREUZ KÖNIG · 10. HAUS

### Ferien · Urlaub · Vater · Onkel · Grossvater

Im Haus des Todes wird dir mitgeteilt, daß du vielleicht deine berufliche Laufbahn durch einen Todesfall gänzlich ändern wirst. Von der Änderung werden deine Arbeit und deine Pläne ebenso wie deine Familiensituation betroffen sein. Solltest du zur Zeit beruflich in einer schlechten Lage sein, so kann sich das durch einen Todesfall zum Besseren ändern. Vielleicht wartest du schon lange darauf, dich zu verändern, kannst dies aber erst nach dem Tod einer bestimmten Person durchführen.

Sieh nach, welche Karte sich im 10. Haus befindet. Befindet sich dort eine rote Karte und fällt das PIK AS in ein rotes Haus, so wirst du dich bald zu deinem Vorteil verändern können. Ziehe auch das 15. Haus mit zur Deutung heran, wenn es bei der Änderung um deine Familie gehen sollte. Sollte es um den Beruf gehen, dann deute das 25. Haus mit. Rote Karten sind sehr positiv, wenn sich auch der KREUZ BUBE beziehungsweise das KARO AS in roten Häusern befinden. Schwarze Karten sollten gesondert gedeutet werden, sie müssen aber nicht unbedingt etwas Negatives bedeuten, sondern können auch auf eine lange Verzögerung hinweisen. Befindet sich im 10. Haus eine Kreuz-Karte und fällt das PIK AS in ein Kreuz-Haus, so kann es sein, daß du durch einen Todesfall eine Veränderung in deiner Familie oder Verwandtschaft haben wirst. Möglicherweise mußt du die Kinder und die Tiere eines Verwandten in deine Obhut nehmen.

Befindet sich aber im 10. Haus eine PIK-KARTE und fällt das PIK AS in ein PIK-HAUS, so kann es sein, daß du sehr lange auf die gewünschte Veränderung warten mußt. Habe Geduld und füge dich deinem Schicksal, lasse dich nicht zu übereilten Entscheidungen hinreißen, die du später bereuen würdest. Mache lieber die Atemübungen! Sie werden dir helfen, ein geduldiger, glücklicher und positiv denkender Mensch zu werden.

## KREUZ DAME · 30. HAUS

### Untersucher · Untersuchungen · Mutter · Tante · Grossmutter

Im Haus des Todes wird dir mitgeteilt, daß du in nächster Zeit auf der Straße achtgeben solltest, denn du bist sehr gefährdet. Fahre vorsichtig, wenn du ein Auto oder ein anderes Fahrzeug lenkst. Wenn du in den nächsten vierzehn Tagen sehr gut auf dich aufpaßt, kann ein Unfall vermieden werden. Vielleicht möchtest du auch dein Leben verändern, aber es wird dir nicht gleich gelingen, darum habe ein wenig Geduld. Es werden auch wieder bessere Zeiten für dich kommen, in denen du dann etwas Neues beginnen kannst.

Sieh nach, welche Karte sich im 30. Haus befindet. Befindet sich dort eine rote Karte und fällt das PIK AS in ein rotes Haus, so wirst du sehr bald dich selbst verändern. Du wirst eine neue innere Einstellung finden, denn du merkst, daß manche Dinge im Leben wichtiger sind, als du bisher gedacht hattest. Befindet sich im 30. Haus eine Kreuz-Karte und fällt das PIK AS in ein Kreuz-Haus, dann kann es sein, daß du eine geraume Zeit warten mußt, bis du eine Änderung herbeiführen kannst. Vielleicht mußt du entsprechende Schulen oder Kurse besuchen oder dich etwas unabhängiger machen von gewissen Einflüssen deiner Erziehung.

Befindet sich aber im 30. Haus eine PIK-KARTE und fällt das PIK AS in ein PIK-HAUS, so kann es sein, daß du eine bestimmte Angelegenheit genauer untersuchen wirst. Das ist gut so, denn deine innere Stimme warnt dich, und du solltest ihr folgen, auch wenn dich andere Menschen auslachen werden. Mache immer die Atemübungen! Dann wirst du lernen, deiner inneren Stimme zu gehorchen und sehr bald einen spürbaren Erfolg verbuchen können.

## KREUZ BUBE · 15. HAUS

### Familie · Sohn · Neffe (mit Dame: Tochter · Nichte)

Im Haus des Todes wird dir mitgeteilt, daß du wahrscheinlich sehr bald von einem Todesfall in deiner Familie oder vom tödlichen Unfall eines Freundes hören wirst. Vielleicht wirst du auch ein Tier durch einen Unfall verlieren oder jemanden betreuen, der kürzlich einen Menschen oder ein Tier verloren hat.

Sieh nach, welche Karte sich im 15. Haus befindet. Befindet sich dort eine rote Karte und fällt das PIK AS in ein rotes Haus, so wird ein Unfall, der eine Person oder ein Tier aus deiner Familie betrifft, ziemlich kritisch werden. Deute in diesem Fall auch das 16. Haus mit. Befindet sich dort eine rote Karte und fällt die PIK SIEBEN in ein rotes Haus, so wird der Unfall vielleicht noch einmal glimpflich verlaufen. Zur Sicherheit solltest du auch noch das 31. Haus mitdeuten. Rote und Kreuz-Karten sind positiv. PIK-KARTEN sind sehr negativ, möglicherweise ist eine Rettung nicht mehr möglich. Befindet sich im 15. Haus eine Kreuz-Karte und fällt das PIK AS in ein Kreuz-Haus, so kann es sein, daß du einen Freund oder einen Geschäftspartner durch einen Verkehrsunfall verlieren wirst. Es wird ein sehr schwerer Verlust für dich sein.

Befindet sich aber im 15. Haus eine PIK KARTE und fällt das PIK AS in ein PIK-HAUS, dann kann es sein, daß man dich bei einem Todesfall in der Familie des Mordes verdächtigen wird. Wenn sich im 9., 28. und 31. Haus PIK-KARTEN befinden, könnte die Sache schlimm für dich enden. Mache regelmäßig die Atemübungen! Damit wirst du lernen, deine negativen Spannungen abzubauen. Befinden sich im 9., 28. und 31. Haus rote oder Kreuz-Karten, so wird sich deine Unschuld herausstellen. Es wird aber für dich eine wichtige Lektion sein, weil du erkennen kannst, wie sehr die Menschen der Massenbeeinflussung unterliegen.

## KREUZ ZEHN · 8. HAUS

### REISE · STRASSE · WASSER · MEER

Im Haus des Todes wird dir mitgeteilt, daß du sehr bald eine Reise unternehmen wirst, um an einem Begräbnis oder Totenmahl teilzunehmen. Möglicherweise wirst du durch einen Todesfall deinen Wohnort verändern oder sogar dein Land verlassen, um in einem andern Land ein neues Leben zu beginnen. Es kann sein, daß man dich in deinem Land so enttäuscht hat, daß du ganz von vorne beginnen und alle Brücken hinter dir abbrechen möchtest. Es ist auch möglich, daß du nach längerer Zeit wieder in dein Heimatland zurückkehrst, weil du in deinem Land den Lebensabend verbringen willst.

Sieh nach, welche Karte sich im 8. Haus befindet. Befindet sich dort eine rote Karte und fällt das PIK AS in ein rotes Haus, so wirst du zu einem Begräbnis fahren. Die Reise dorthin wird sehr angenehm sein, aber die Menschen, die du bei dem Begräbnis triffst, werden dir mißfallen, weil sie sich gegenseitig in bezug auf den Toten etwas vorheucheln. Befindet sich im 8. Haus eine Kreuz-Karte und fällt das PIK AS in ein Kreuz-Haus oder in ein rotes Haus, so kann es sein, daß du dein Leben durch einen Todesfall gänzlich ändern und auf Reisen gehen wirst. Vielleicht erfüllt sich durch den Tod ein langersehnter Wunsch. Ziehe auch das 2. Haus mit zur Deutung heran. Rote Karten und Kreuz-Karten sind für deinen Wunsch sehr positiv. Eine PIK-KARTE deutet auf Schwierigkeiten hin.

Befindet sich aber im 8. Haus eine PIK-KARTE und fällt das PIK AS in ein PIK-HAUS, so solltest du in der nächsten Zeit auf der Straße sehr vorsichtig sein, damit du keinen tödlichen Unfall erleidest. Es kann auch sein, daß du auf ein Begräbnis gehst und hinterher Streit bekommst wegen der Aufteilung des Erbes, vielleicht weil kein Testament gefunden wurde. Lasse dich nicht in einen solchen Streit hineinziehen, denn du wirst auch ohne Streitereien früh genug zu deinem Recht kommen. Mache die Atemübungen regelmäßig! Dann wirst du gelassen in die Zukunft sehen können.

## KREUZ NEUN · 31. HAUS
### Glück · Kleine Reise · Risiko

Im Haus des Todes wird dir mitgeteilt, daß jemand aus deiner Familie, du selbst oder ein Freund von dir mit Glück noch einmal einem Unfall entrinnen wird. Es kann auch sein, daß du jemandem das Leben rettest oder eine gefahrvolle Situation mit heldenhaftem Mut meisterst. Du wirst in diesem Moment nicht an dich selbst denken und das Glück auf deiner Seite haben. Möglicherweise wirst du auch jemanden betreuen, der sehr lange krank war, aber durch deinen Einsatz und dein Einfühlungsvermögen wieder gesundet.

Sieh nach, welche Karte sich im 31. Haus befindet. Befindet sich dort eine rote Karte und fällt das PIK AS in ein rotes Haus, so wirst du in Zukunft jemanden sehr glücklich machen, und das wird dir selbst ein Hochgefühl des Glücks geben. Du wirst in diesem Moment erkennen, was Glück wirklich bedeutet: Es ist nicht das materielle Glück, das wir brauchen, sondern das innere Glück, nach dem wir streben. Befindet sich eine Kreuz-Karte im 31. Haus und fällt das PIK AS in ein Kreuz-Haus oder in ein rotes Haus, so wirst du in nächster Zeit jemandem durch deinen mutigen Einsatz das Leben retten. Vielleicht übst du auch einen Beruf aus, bei dem du schon vielen Menschen geholfen hast.

Befindet sich aber im 31. Haus eine PIK-KARTE und fällt das PIK AS in ein PIK-HAUS, so kann es sein, daß du hilfst, jemandem das Leben zu retten, und als Dank nur Vorwürfe erntest. Möglicherweise rettest du jemanden aus der Gefahr und kommst dabei selbst zu Schaden. Schätze die Situation genau ein und versuche nicht, den Helden zu spielen. Mache die Atemübungen regelmäßig! Dann wirst du lernen, nicht in Gottes Handwerk zu pfuschen und nur das zu tun, was dir auch wirklich bestimmt ist.

## KREUZ ACHT · 26. HAUS
NEUE UNTERNEHMUNGEN · MUT · HELDENTAT

Im Haus des Todes wird dir mitgeteilt, daß du in nächster Zeit von einem Geschäftsfreund etwas Unerfreuliches hören wirst oder daß dein Geschäftspartner plötzlich sterben wird. Möglicherweise wirst du aufgrund eines Todesfalles dein Geschäft auflösen, oder du beabsichtigst, dich in nächster Zeit aus dem Geschäftsleben zurückzuziehen. Vielleicht willst du aufgrund eines Todesfalles dein Leben ändern oder bekommst durch einen Todesfall ein Geschäft überschrieben, das dein Leben verändern wird.

Sieh nach, welche Karte sich im 26. Haus befindet. Befindet sich dort eine rote Karte und fällt das PIK AS in ein rotes Haus, so wirst du dich in Zukunft nach etwas Neuem umsehen, und ein Todesfall wird dir dabei sehr gelegen kommen. Wenn du dich beruflich verändern willst, so deute auch das 25. Haus mit. Befindet sich das KARO AS in einem roten Haus und fällt in das 25. Haus auch eine rote oder eine Kreuz-Karte, so wird es eine positive Veränderung durch einen Todesfall geben. Befindet sich im 26. Haus eine Kreuz-Karte und fällt das PIK AS in ein rotes oder in ein Kreuz-Haus, so kann es sein, daß du die Anteile deines Geschäftspartners übernehmen wirst oder daß du zum Notar gehst, um bestimmte geschäftliche oder familiäre Dinge für den Fall deines Todes zu regeln.

Befindet sich aber im 26. Haus eine PIK-KARTE und fällt das PIK AS in ein PIK-HAUS, so solltest du dich beizeiten rechtlich absichern, wenn du in deiner Firma einen Geschäftspartner hast. Solltest du Anteile von einer Firma erwerben, so sichere dich für den Fall ab, wenn ein Mitinhaber plötzlich stirbt. Mache auch regelmäßig die Atemübungen! Sie werden dir das nötige Selbstvertrauen für deine neuen Unternehmungen geben.

## KREUZ SIEBEN · 14. HAUS
NACHRICHTEN · BOTSCHAFT · TRÄNEN · LEID

Im Haus des Todes wird dir mitgeteilt, daß du eine Todesanzeige erhalten und danach Blumen an die Hinterbliebenen schicken wirst. Vielleicht hörst du auch, daß ein Freund so krank ist, daß er stündlich sterben kann, aber er wird doch wieder gesund werden. Vielleicht stirbt unerwartet jemand anders, der bisher immer sehr gesund war. Glaube nicht den

Gerüchten, die andere verbreiten, sondern folge deiner inneren Stimme, wenn es um Leben und Tod geht.

Sieh nach, welche Karte sich im 14. Haus befindet. Befindet sich dort eine rote Karte und fällt das PIK AS in ein rotes Haus, so wirst du deinen todgeweihten Freund bald wieder in die Arme schließen können. Deute auch die Häuser 13 und 19 mit. Rote und Kreuz-Karten sind für deinen Freund sehr positiv. Wenn ihr nicht gleichaltrig seid, deute auch die Häuser 1, 6 und 21 mit. Auch dort sind rote oder Kreuz-Karten positiv. Sollten sich in allen Häusern PIK-KARTEN, darunter auch das PIK AS, befinden, so mußt du dich auf eine schlechte Nachricht gefaßt machen. Befindet sich im 14. Haus eine Kreuz-Karte und fällt das PIK AS in ein Kreuz-Haus, so wirst du möglicherweise einem Geschäftsfreund zum Tode eines Angehörigen dein Beileid aussprechen.

Befindet sich aber im 14. Haus eine PIK-KARTE und fällt das PIK AS in ein PIK-HAUS, so kann es sein, daß du aus Radio, Fernsehen oder Zeitung vom Tod eines Freundes erfährst. Es wird verschiedene, sich widersprechende Meldungen geben. Selbst darüber, ob der Freund wirklich gestorben ist, werden die Meldungen auseinandergehen. Mache immer die Atemübungen! Wenn du versuchst, dich auf deinen Freund zu konzentrieren, so wirst du eine Antwort erhalten und mit Bestimmtheit wissen, ob dieser noch am Leben ist oder nicht.

# PIK

## PIK AS · 24. HAUS
Tod · Unfall · Schicksalsschläge · Qual · Not

Im Haus des Todes, da, wie in diesem Fall, das PIK AS in sein eigenes Haus fällt, wird dir mitgeteilt, daß du in nächster Zeit sehr vorsichtig sein mußt, damit du keinen Unfall hast. Es kann sein, daß du in einen Unfall mit tödlichem Ausgang verwickelt wirst oder daß du Zeuge eines Unfalls bist, bei dem es einen oder mehrere Tote gibt. Vielleicht wird der Schuldige Fahrerflucht begehen, und du wirst als Zeuge gegen ihn aussagen müssen. Möglicherweise wirst du auch als Zeuge vorgeladen im Zusammenhang mit einem Mord oder einem Totschlag. Ziehe auch das 28. Haus mit zur Deutung heran. Rote Karten sind positiv für dich, wenn du vor Gericht gehen mußt, schwarze Karten sind gesondert zu deuten. Es kann auch sein, daß du selbst den Schuldigen suchen wirst, sollte jemand aus deiner Familie oder deinem Freundeskreis einem Gewaltverbrechen zum Opfer fallen.

Wenn du Anwalt bist, so wirst du dir als Strafverteidiger einen Namen machen. Deute in diesem Fall auch das 9. und das 25. Haus mit. Rote Karten zeigen dir eine brillante Karriere an, und wenn sich auch der KARO KÖNIG, die KARO SIEBEN und das KARO AS in einem roten oder Kreuz-Haus befinden, so wirst du durch deine Fälle sehr bekannt werden. Diese Deutung würde auch für einen Kriminalbeamten oder Detektiv zutreffen, deute aber hierfür auch noch das 28. Haus. Rote Karten sind positiv, und der PIK KÖNIG muß in ein rotes oder Kreuz-Haus fallen. PIK-KARTEN sind auf alle Fälle für die Karriere negativ.

Vergiß auch nicht, solltest du eine sehr gute Karriere vor dir haben, die Atemübungen regelmäßig zu machen! Du wirst viel Schreckliches in deinem Leben sehen, und die Atemübungen können dir helfen, dich immer wieder mit neuen positiven Kräften aufzuladen.

## PIK KÖNIG · 28. HAUS
Rufer · Behörde · Schule · Spital · Institution

Im Haus des Todes wird dir mitgeteilt, daß du mit jemandem telephonieren und noch in derselben Nacht erfahren wirst, daß der Anrufer verstorben ist. Es kann auch sein, daß dich jemand von der Polizei oder der Behörde anruft und dich über einen Todesfall befragt, über den du genauestens Bescheid weißt. Vielleicht wirst du auch in einen Autounfall verwickelt oder befindest dich am Ort eines Unglücks oder einer Naturkatastrophe. Du solltest auf dich selbst in nächster Zeit sehr achtgeben, denn negative Schwingungen umgeben dich. Lade dich täglich durch Atemübungen positiv auf, damit du Unglücken rechtzeitig entrinnen kannst.

Sieh nach, welche Karte sich im 28. Haus befindet. Befindet sich dort eine rote Karte und fällt das PIK AS in ein rotes Haus, so wirst du sehr bald eine Nachricht über einen bedauerlichen Vorfall erhalten, die dich aber nicht sehr erschüttern wird, da es sich weder um deine Person noch um deine Familie dreht. Du wirst zwar den Vorfall bedauern, ihn aber bald wieder vergessen haben. Befindet sich im 28. Haus eine Kreuz-Karte und fällt das PIK AS in ein Kreuz-Haus oder in ein rotes Haus, so kann es sein, daß du mit jemandem aus deiner Verwandtschaft sprechen wirst und kurz darauf erfährst, daß diese Person gestorben ist.

Befindet sich aber im 28. Haus eine PIK-KARTE und fällt das PIK AS in ein PIK-HAUS, so kann es sein, daß du dich als Helfer oder Berichterstatter in ein Katastrophengebiet begeben wirst. Du wirst dich selbst dabei in große Gefahr begeben, aber wenn du helfen kannst, so ist es richtig, dies zu tun, aber du solltest doppelt auf dich achtgeben. Deine Hilfe ist nämlich nur sinnvoll, wenn du dich in gefahrvollen Situationen auch richtig verhältst. Mache die Atemübungen regelmäßig! Dann wirst du lernen, die Gefahren rechtzeitig zu spüren und das Richtige zu tun.

## PIK DAME · 29. HAUS
### Dankbarkeit · Dunkle Dame · Undank · Neid

Im Haus des Todes wird dir mitgeteilt, daß du in der nächsten Zeit von einem Selbstmord in deiner unmittelbaren Nachbarschaft hören und davon sehr betroffen sein wirst. Vielleicht erfährst du auch von jemandem, daß eine Person in deiner Nähe Selbstmord begehen will, oder du beziehst eine Wohnung, in der ein Selbstmord begangen wurde. Es kann auch sein, daß du einen Abschiedsbrief erhalten wirst und nicht weißt, was du damit anfangen sollst, oder daß du selbst einen Abschiedsbrief schreibst. Denke daran, daß kein Mensch das Recht hat, sich selbst das

Leben zu nehmen, denn wer die Aufgabe des Lebens nicht bewältigt, darf nicht erwarten, daß er es nach dem Tod leichter haben wird.

Sieh nach, welche Karte sich im 29. Haus befindet. Befindet sich dort eine rote Karte und fällt das PIK AS in ein rotes Haus, so wirst du die richtigen Worte für einen Menschen finden, der sich das Leben nehmen will. Befindet sich eine Kreuz-Karte im 29. Haus und fällt das PIK AS in ein Kreuz-Haus oder in ein rotes Haus, so wird es vielleicht jemand aus deiner Familie sein, der Selbstmord begehen will oder schon einen Selbstmordversuch durchgeführt hat, den du entdeckt hast oder von dem du in Kenntnis gesetzt worden bist.

Befindet sich im 29. Haus eine PIK-KARTE und fällt das PIK AS in ein PIK-HAUS, so kann es sein, daß du dir aus lauter Enttäuschung über den Undank der andern das Leben nehmen willst. Mache zuerst einmal regelmäßig die Atemübungen! Dann wirst du verstehen, daß Gott dir das Leben gegeben hat und es dir wieder nehmen wird, wenn es an der Zeit ist. Greife ihm nicht vor, denn du würdest deiner Seele, die ja unsterblich ist, nichts Gutes antun; du kannst den Aufgaben nicht entgehen, die dir gestellt werden.

## PIK BUBE · 1. HAUS

GEGENWART · WAHRHEIT · DUNKLER MANN · UNIFORMIERTER

Im Haus des Todes wird dir mitgeteilt, daß du von jemandem getäuscht werden wirst, der dir sagen wird, daß er bei bester Gesundheit ist, aber in Wirklichkeit seine Krankheit nur verheimlicht, um andere nicht damit zu belasten. Es kann auch sein, daß du eine solche Täuschung noch rechtzeitig erkennst und im letzten Moment dem Kranken, der dem Tod schon nahe ist, noch helfen kannst. Möglicherweise wirst du Nachrichten vom Ableben einer berühmten Person bekommen, die du auch selbst sehr gut gekannt hast.

Sieh nach, welche Karte sich im 1. Haus befindet. Befindet sich dort eine rote Karte und fällt das PIK AS in ein rotes Haus, so wirst du einmal einem andern Menschen das Leben retten, nur weil du mit ihm rechtzeitig zum Arzt gehen oder ihn in ein Krankenhaus bringen wirst. Es kann auch sein, daß dein eigenes Leben einmal im letzten Moment gerettet wird. Befindet sich eine Kreuz-Karte im 1. Haus und fällt das PIK AS in ein Kreuz-Haus oder in ein rotes Haus, so wirst du eine Nachricht aus deiner Familie erhalten, an der du nichts mehr ändern kannst. Möglicherweise wird dir dein Vater oder deine Mutter eine Mitteilung machen, wie es um einen andern in der Familie steht. Es wird für dich sehr wichtig sein, da gewisse Aufgaben auf dich warten werden.

Befindet sich aber im 1. Haus eine PIK-KARTE und fällt das PIK AS in ein PIK-HAUS, so kann es sein, daß du selbst einmal eine Krankheit haben wirst, die du allen verheimlichst, oder daß jemand anders dir seine Krankheit verschweigt, um dich nicht zu beunruhigen. Mache, auch wenn du krank bist, regelmäßig die Atemübungen! Durch sie kann der Körper Abwehrstoffe aufbauen, die wertvoller sind als viele Heilmittel. Durch die Atemübungen kannst du dir deiner seelisch-geistigen Kraft bewußt werden und sie anwenden lernen.

## PIK ZEHN · 32. HAUS

### Sonne · Entfernungen · Andere Länder · Nacht

Im Haus des Todes wird dir mitgeteilt, daß für dich die Sonne wieder scheinen wird, wenn verschiedene Menschen das Zeitliche gesegnet haben. Manche Menschen machen dir das Leben zur Hölle, und du weißt nicht, wie du dieser entrinnen kannst. Du kannst dieser Hölle entrinnen, wenn du lernst, dir durch Atemübungen eine positive Geisteshaltung aufzubauen. Vielleicht werden deine Qualen auch durch eine Trennung oder Scheidung ein Ende haben.

Sieh nach, welche Karte sich im 32. Haus befindet. Befindet sich dort eine rote Karte und fällt das PIK AS in ein rotes Haus, so wirst du sehr bald von deinem Leid erlöst werden. Befindet sich eine Kreuz-Karte im 32. Haus und fällt das PIK AS in ein rotes oder ein Kreuz-Haus, so kann es sein, daß du jemandem helfen wirst, sich aus einer quälenden Situation zu befreien, oder daß dir jemand helfen wird, der Qual ein Ende zu machen. Deute auch das 14. Haus mit. Rote Karten und Kreuz-Karten kündigen dir ein baldiges Ende deiner Leiden an; PIK-KARTEN sagen aus, daß das Leid noch länger andauern wird. Beachte aber auch, in welches Haus die KREUZ SIEBEN fällt. Nur wenn sie in ein PIK-HAUS fällt, wird das Leid noch lange andauern.

Befindet sich im 32. Haus eine PIK-KARTE und fällt das PIK AS in ein PIK-HAUS, so kann es sein, daß du einmal als Missionar in die dritte Welt reisen wirst oder daß du dich in ein Kloster zurückziehen wirst, um deinen inneren Frieden zu finden. Mache immer die Atemübungen! Sie werden dir helfen, dein eigenes Leid und das Leid anderer Menschen zu verstehen und zu lindern. Wenn du andern Menschen helfen willst, werden die Übungen dir immer wieder neue Kraft dafür geben.

## PIK NEUN · 23. HAUS

### Depression · Unannehmlichkeiten · Kälte

Im Haus des Todes wird dir mitgeteilt, daß ein Todesfall dich so schwer treffen wird, daß du selbst nicht mehr leben möchtest. Es kann auch sein, daß du eine bestimmte, für dich sehr wichtige Angelegenheit verschieben mußt, weil sich in deiner Familie, in deinem Freundeskreis oder im Geschäftsbereich ein Todesfall ereignet. Der Todesfall wird einige Umstellungen in deinem Leben hervorrufen. Vielleicht wirst du mehr arbeiten müssen als bisher oder eine Arbeit übernehmen, die dir nicht zusagt. Der Tod bringt dir in nächster Zeit so viel Unannehmlichkeiten, daß du zeitweise weder ein noch aus weißt. Mit Hilfe der Atemübungen wirst du auch diese schwere Zeit überstehen.

Sieh nach, welche Karte sich im 23. Haus befindet. Befindet sich dort eine rote Karte und fällt das PIK AS in ein rotes Haus, so wird es nicht so schlimm für dich kommen, wie du befürchtet hast. Befindet sich eine Kreuz-Karte im 23. Haus und fällt das PIK AS in ein Kreuz-Haus oder in ein rotes Haus, so kann es sein, daß du nicht nur mit geschäftlichen, sondern auch noch mit familären Problemen zu kämpfen hast. Die Atemübungen werden dir helfen, alles durchzustehen.

Befindet sich aber im 23. Haus eine PIK-KARTE und fällt das PIK AS in ein PIK-HAUS, so wirst du bald glauben, daß diese Last, die man dir aufgebürdet hat, nicht mehr zu ertragen ist. Versuche, wenn es möglich ist, einen Urlaub zu bekommen und mache regelmäßig die Atemübungen! Du wirst sehen, welche verborgenen Kräfte noch in dir schlummern.

## PIK ACHT · 22. HAUS

### Ärger · Ärgernisse · Streit · Vrleumdungen

Im Haus des Todes wird dir mitgeteilt, daß du dir in der nächsten Zeit sehr große Sorgen um einen Menschen machen wirst, den du sehr gerne hast und der möglicherweise sterben muß. Es kann auch sein, daß du traurig bist über einen Todesfall, der kürzlich eingetreten ist. Es kann sich aber auch um ein Tier handeln, das du verloren hast oder verlieren wirst. Vielleicht wirst du auch mit jemandem besprechen, wie du ein Grab schmücken sollst, oder übernimmst für jemand anders die Aufgabe, ein Grab instandzuhalten. Es ist auch möglich, daß du wöchentlich ein Grab auf dem Friedhof besuchst und dort immer wieder dieselbe Person triffst und daß sich daraus eine innige Freundschaft entwickelt.

Sieh nach, welche Karte sich im 22. Haus befindet. Befindet sich dort eine rote Karte und fällt das PIK AS in ein rotes Haus, so wirst du sehr gerne auf den Friedhof gehen, um dir die geschmückten Gräber anzusehen oder um Ruhe zu finden. Möglicherweise wirst du in Zukunft einmal für die Friedhofsverwaltung arbeiten. Befindet sich eine Kreuz-Karte im 22. Haus und fällt das PIK AS in ein Kreuz-Haus oder in ein rotes Haus, so wirst du dich in deinen Kummer vergraben, wenn ein dir Nahestehender stirbt. Du verstehst den Sinn des Todes nicht: Der Tod ist ein freudiges Ereignis, denn er bringt die Befreiung vom irdischen Leid.

Befindet sich aber im 22. Haus eine PIK-KARTE und fällt das PIK AS in ein PIK-HAUS, so kann es sein, daß du dich bei einem Begräbnis ärgern wirst, weil eine Person erscheinen wird, von der du genau weißt, daß sie dem Verstorbenen den Tod gewünscht hat. Vergib dieser Person, denn jeder hat ein Anrecht darauf, sich von einem Toten zu verabschieden. Mache regelmäßig die Atemübungen! Durch sie wirst du verstehen lernen, daß Tod und Leben zusammengehören, ebenso wie Freude und Leid.

## PIK SIEBEN · 16. HAUS
### Gesundheit · Krankheit · Kur · Operation

Im Haus des Todes wird dir mitgeteilt, daß deine Gesundheit von einem Todesfall abhängt, der sich in nächster Zeit ereignen wird. Es ist möglich, daß du ins Krankenhaus mußt und ein Organ brauchst, das nur einem gerade Verstorbenen entnommen werden kann, da es keinen lebenden Spender dafür gibt. Möglicherweise wirst du selbst einmal einem Menschen helfen, indem du ein Organ spendest, und später wird dich vielleicht eine sehr innige Freundschaft mit diesem Menschen verbinden. Möglicherweise hast du erst kürzlich eine schwere Operation überstanden und brauchst in nächster Zeit sehr viel Ruhe, viel frische Luft und Vitamine. Es kann auch sein, daß du häufiger jemanden im Krankenhaus besuchst, dort auch übernachtest oder selbst dort arbeitest.

Sieh nach, welche Karte sich im 16. Haus befindet. Befindet sich dort eine rote Karte und fällt das PIK AS in ein rotes Haus, so solltest du zur

Kur fahren. Es kann auch bedeuten, daß du jemandem im richtigen Moment helfen wirst, wenn er deine Hilfe am nötigsten braucht. Befindet sich eine Kreuz-Karte im 16. Haus und fällt das PIK AS in ein Kreuz-Haus oder in ein rotes Haus, so wirst du vielleicht durch einen Todesfall selbst schwerkrank werden oder lange Zeit an einer Infektionskrankheit leiden.

Befindet sich aber im 16. Haus eine PIK-KARTE und fällt das PIK AS in ein PIK-HAUS, so kann es sein, daß du einmal eine schwere Krankheit haben wirst, von der du dich nie mehr ganz erholen wirst. Sei mit deiner Gesundheit nicht zu leichtsinnig, denn sie ist schnell verspielt. Mache regelmäßig die Atemübungen! Sie können dir helfen, rechtzeitig eine Krankheit zu erkennen und etwas dagegen zu unternehmen. Die Gesundheit ist das Kostbarste, das wir in unserem Leben mitbekommen haben, und nur wer sie zu schätzen weiß, wird sie auch bewahren können.

Das 25. Haus

# KARO AS

## Das Haus des Berufes, der Firma, des Unternehmens und der Projekte

# HERZ

## HERZ AS · 7. HAUS
WOHNUNG · BESITZ · HAUS · EIGENTUM

Im Haus des Berufes wird dir mitgeteilt, daß du sehr bald ein neues Angebot für eine Arbeit bekommen wirst, die du auch zu Hause ausüben kannst. Möglicherweise übst du auch deine Arbeit schon zu Hause aus und wartest auf neue Aufträge; du wirst sehr bald wieder Arbeit bekommen. Es ist auch möglich, daß du deine Wohnung neu tapezieren möchtest oder einem Freund hilfst, seine Wohnung zu renovieren. Es kann auch sein, daß du einen Freund hast, der den Beruf eines Innenarchitekten ausübt und von dem du dir deine Wohnung oder dein Haus neu gestalten läßt.

Sieh nach, welche Karte sich im 7. Haus befindet. Befindet sich dort eine rote Karte und fällt das KARO AS in ein rotes Haus, so wirst du bald sehr viel zu tun bekommen. Vielleicht übst du deinen Beruf auch bei verschiedenen Menschen in deren Wohnungen aus. Es kann sein, daß du Vertreter bist oder einen anderen Beruf hast, der dich in fremde Wohnungen führt. Befindet sich eine Kreuz-Karte im 7. Haus und fällt das KARO AS in ein Kreuz-Haus, so wird dir deine Familie vielleicht im Betrieb helfen, oder du kannst einen Familienbetrieb übernehmen. Es kann auch sein, daß du mit einem Partner einmal eine sehr große Fabrik leiten oder besitzen wirst.

Befindet sich aber im 7. Haus eine PIK-KARTE und fällt das KARO AS in ein PIK-HAUS, so kann es sein, daß du zwar in der nächsten Zeit eine Arbeit bekommst, aber sie nicht lange ausüben wirst. Solltest du einen Betrieb führen, so kann es noch eine Weile dauern, bis du wieder Aufträge bekommst. Solltest du deinen Betrieb aber nachlässig führen, so kann es sogar sein, daß du Pleite machst. Denke an die Atemübungen! Sie werden dir helfen, Ideen zu bekommen, wie du deinen Betrieb wieder auf Vordermann bringen kannst. Ziehe auch das 3. Haus mit zur Deutung heran. Rote Karten deuten auf einen Erfolg hin, schwarze Karten sind gesondert zu deuten, könnten aber auf Schwierigkeiten hinweisen.

## HERZ KÖNIG · 13. HAUS

UNTERHALTUNG · MÄNNLICHER FREUND · BLOND · SPONSOR

Im Haus des Berufes wird dir mitgeteilt, daß dir ein sehr netter und vornehmer Herr das Angebot machen wird, dich an einem seiner Betriebe zu beteiligen. Du wirst durch ihn sehr viel sehen und lernen können. Seine Intuitionen sind gut, und du kannst seinen Ratschlägen folgen, denn er weiß genau, was er will. Dieses Angebot kann in der nächsten Zeit ganz überraschend auf dich zukommen, es wird dein ganzes Leben ändern, möglicherweise wirst du mit dieser Person sogar deine Heimat für Jahre verlassen.

Sieh nach, welche Karte sich im 13. Haus befindet. Befindet sich dort eine Herz-Karte und fällt das KARO AS in ein Herz- oder in ein Karo-Haus, so wirst du bald einen erfolgreichen und herzlichen Menschen kennenlernen, der in Zukunft auch dein bester Freund sein wird. Befindet sich eine Karo-Karte im 13. Haus und fällt das KARO AS in ein Herz- oder Karo-Haus, so wirst du einen Geschäftsmann kennenlernen, der sein Geschäft mit allen Raffinessen führt und der dich in Zukunft fördern wird. Befindet sich im 13. Haus eine Kreuz-Karte und fällt das KARO AS in ein Kreuz-Haus, so wirst du jemanden kennenlernen, der dir zugleich Vater und Lehrer ist. Von ihm wirst du einmal sehr viel lernen.

Befindet sich aber im 13. Haus eine PIK-KARTE und fällt das KARO AS in ein PIK-HAUS, so wirst du jemanden kennenlernen, der zwar sehr streng ist, der es aber gut mit dir meint. Du wirst dich allerdings sehr bald wieder von diesem Menschen lösen. Sei vorsichtig deinen Bekanntschaften gegenüber, denn nicht alles, was dir versprochen wird, wird auch eingehalten. Man wird versuchen, dich auszunutzen und dich sogar in krumme Dinge mit hineinzuziehen. Mache die Atemübungen regelmäßig! Dann wirst du immer erkennen, wer es ehrlich mit dir meint und wer nicht.

## HERZ DAME · 19. HAUS

FREUNDE · WEIBLICHER FREUND · BLOND · SPONSOR

Im Haus des Berufes wird dir mitgeteilt, daß eine sehr nette und vornehme Dame dir einen Job anbieten wird, der dich in deinem Leben weiterbringen wird. Möglicherweise ist ihr dein Talent aufgefallen, und sie hat Interesse daran, dich zu fördern. Es kann sich auch eine dauerhafte

Freundschaft daraus entwickeln. Wenn du nicht weißt, wie du an gewisse Leute herankommen kannst, so wird dir diese Dame dabei helfen. Du wirst mit ihr rechnen können, solange sie lebt, vielleicht wirst du sogar einmal bei ihr selbst arbeiten. Folge ihren Anweisungen, denn sie hat einen ausgeprägten sechsten Sinn, und sie wird dich wie ein Schutzengel führen.

Sieh nach, welche Karte sich im 19. Haus befindet. Befindet sich dort eine rote Karte und fällt das KARO AS in ein rotes Haus, so wirst du sehr bald einen erfolggewohnten und einflußreichen Menschen kennenlernen, der dir helfen wird, dein Ziel zu erreichen. Befindet sich im 19. Haus eine Kreuz-Karte und fällt das KARO AS in ein Herz-, Karo- oder Kreuz-Haus, so wirst du eine Dame kennenlernen, die für dich wie eine Mutter, Schwester oder Frau sein wird. Sie wird dich unterstützen, wo sie nur kann. Du wirst durch sie deinen Horizont erweitern, und es könnte auch sein, daß du durch sie deine Heimat für lange Zeit verlassen wirst.

Befindet sich aber im 19. Haus eine PIK-KARTE und fällt das KARO AS in ein PIK-HAUS, so kann es sein, daß du jemanden kennenlernen wirst, dem du nicht vertrauen solltest. Vielleicht will man dir mit Versprechungen den Mund wäßrig machen und dich hinterher nur ausnutzen. Gib acht vor Rauschgift und mache die Atemübungen regelmäßig!

## HERZ BUBE · 6. HAUS

### Popularität · Kunst · Jüngerer männlicher Freund · Künstler

Im Haus des Berufes wird dir mitgeteilt, daß du ein Angebot von einem Theater bekommen wirst, solltest du Regisseur oder Kameramann sein oder anderweitig mit der Kunst des Theaters zu tun haben. Du wirst deine Arbeit so gut ausführen, daß du damit Weltruhm erlangst. Vielleicht schreibst du auch ein Buch, das ein Bestseller wird. Es ist auch möglich, daß du in Zukunft erfolgreich für Prominente arbeiten wirst, sei es als Agent, Regisseur, Kosmetiker oder Schönheitschirurg.

Sieh nach, welche Karte sich im 6. Haus befindet. Befindet sich dort eine rote Karte und fällt das KARO AS in ein rotes Haus, so wirst du Erfolg haben, die Karriereleiter emporklettern und schon in naher Zukunft sehr viele Länder bereisen. Befindet sich im 6. Haus eine Kreuz-Karte und fällt das KARO AS in ein Kreuz-Haus oder in ein rotes Haus, so wirst du im In- und Ausland sehr populär werden, aber trotzdem ein bescheidener und zurückhaltender Mensch bleiben. Befindet sich im 6. Haus eine PIK-

KARTE und fällt das KARO AS in ein Kreuz-Haus, so kann es sein, daß du einmal eine missionarische Tätigkeit ausüben wirst, die dich sehr bekannt machen wird, aber um die dich niemand beneiden wird.

Befindet sich aber im 6. Haus eine PIK-KARTE und fällt das KARO AS in ein PIK-HAUS, so kann es sein, daß du einmal durch einen großen Skandal berühmt werden wirst, aber es wird nicht die Berühmtheit sein, die du dir vorgestellt hast. Es kann auch sein, daß du eine Arbeit ausführen wirst, die du lieber hättest bleibenlassen sollen, denn sie wird dir traurigen Weltruhm einbringen. Mache die Atemübungen! Dann wirst du auch die Unaufrichtigkeit mancher Menschen begreifen und überstehen können.

## HERZ ZEHN · 11. HAUS

### HEIRAT · VERBINDUNGEN · VEREINE · BRUDERSCHAFTEN

Im Haus des Berufes wird dir mitgeteilt, daß du in ein Geschäft einheiraten oder einmal ein Heiratsinstitut leiten wirst. Es kann auch sein, daß du deinen zukünftigen Partner durch ein Heiratsinstitut kennenlernst. Du solltest vielleicht einen Beruf ausüben, der Menschen miteinander in Verbindung bringt, denn du hast Talent dafür, menschliche Kontakte herzustellen, und scheinst eine ganze Portion vom Liebesgott Amor mit auf den Weg bekommen zu haben.

Sieh nach, welche Karte sich im 11. Haus befindet. Befindet sich dort eine rote Karte und fällt das KARO AS in ein rotes Haus, so werden sich in Zukunft viele Menschen Rat bei dir holen. Du besitzt die Gabe, für jeden den richtigen Partner zu finden. Nur wenn du für dich selbst einmal auf Partnersuche gehen solltest, so kann es dabei Schwierigkeiten geben. Du mußt dir diesen Schritt genauestens überlegen. Mache die Atemübungen und lerne, auf deine innere Stimme zu hören. Befindet sich im 11. Haus eine Kreuz-Karte und fällt das KARO AS in ein Kreuz-Haus oder in ein rotes Haus, so wirst du vielleicht ein Beratungsinstitut für ältere Leute gründen. Daraus könnten auch für dich einmal gute Partnerschaften entstehen.

Befindet sich aber im 11. Haus eine PIK-KARTE und fällt das KARO AS in ein PIK- oder Kreuz-Haus, so wirst du vielleicht einmal einen Verein gründen, aber du solltest dir gut überlegen, ob er wirklich den anderen dient oder ob du ihn nur aus Gewinnsucht eröffnest. Mache die Atemübungen! Dann wirst du auch in dieser Frage bald sehr klarsehen.

## HERZ NEUN · 2. HAUS

### WUNSCH · WÜNSCHE · SEHNSUCHT · HOFFNUNG

Im Haus des Berufes wird dir mitgeteilt, daß dein Wunsch nach einem besseren Job oder einer geeigneteren Arbeit, den du vielleicht schon längere Zeit hegst, bald in Erfüllung gehen wird, vielleicht schon in den nächsten Tagen. Wenn du dich spezialisieren möchtest oder dich schon spezialisiert hast, aber noch keine passende Stelle gefunden hast, so wird sich das rasch ändern. Wenn du dich schon längere Zeit selbständig machen möchtest, so wird dir auch das bald gelingen.

Sieh nach, welche Karte sich im 2. Haus befindet. Befindet sich dort eine rote Karte und fällt das KARO AS in ein rotes Haus, so wird dein Wunsch schon sehr bald in Erfüllung gehen. Es kann auch sein, daß du einem anderen Menschen helfen wirst, einen Job zu bekommen, vielleicht stellst du ihn sogar bei dir an. Befindet sich eine Kreuz-Karte im 2. Haus und fällt das KARO AS in ein Kreuz-Haus oder in ein rotes Haus, so wird dir vielleicht jemand aus der Verwandtschaft dabei helfen, daß dein Wunsch in Erfüllung geht. Möglicherweise wirst du einmal einem Menschen helfen, Arbeit zu bekommen, und dieser wird dir später helfen, wenn du selbst Hilfe brauchst. Befindet sich im 2. Haus eine PIK-KARTE und fällt das KARO AS in ein Kreuz-Haus, so kann es sein, daß du einmal einen außergewöhnlichen Wunsch haben wirst, der sich auf das Wohlergehen anderer Menschen bezieht.

Befindet sich aber im 2. Haus eine PIK-KARTE und fällt das KARO AS in ein PIK-HAUS, so wird dein Wunsch nach Arbeit zwar in Erfüllung gehen, aber du wirst sehr undankbar jenem Menschen gegenüber sein, der dir geholfen hat, den Wunsch zu realisieren. Mache immer die Atemübungen! Dann wirst du lernen, bescheiden und dankbar zu sein.

## HERZ ACHT · 4. HAUS

### LIEBE · MONDSCHEIN · ROMANZE · HERZ

Im Haus des Berufes wird dir mitgeteilt, daß du dir im klaren darüber sein solltest, ehe du eine neue Arbeit beginnst, ob du sie auch wirklich annehmen möchtest. Es kann sein, daß du einmal zu einer Arbeit gezwungen wirst, die du nicht ausüben möchtest. Vielleicht wirst du eine Arbeit annehmen, bei der du dich nicht so sehr anstrengen mußt, aber du bist nicht mit dem Herzen dabei. Überlege dir gut, ob du diese Arbeit wirklich willst. Möglicherweise wirst du auch eine Geldheirat eingehen und deinem Partner Liebe nur vortäuschen. Es wird zwar zeitweise recht nett sein, aber es ist nicht das, was du wirklich suchst. Es kann auch sein, daß du einmal ein Bordell oder einen Nachtklub führen wirst. Denke darüber nach, ob du eine solche Arbeit wirklich machen möchtest.

Sieh nach, welche Karte sich im 4. Haus befindet. Befindet sich dort eine rote Karte und fällt das KARO AS in ein rotes Haus, so wirst du deinen Beruf gerne ausüben und später einmal sogar davon profitieren. Das, was du machst, muß ja nicht von Dauer sein, vielleicht ist es nur eine vorübergehende Notlösung. Befindet sich eine Kreuz-Karte im 4. Haus und fällt das KARO AS in ein Kreuz- oder in ein rotes Haus, so kann es sein, daß du einmal einen Beruf ausüben wirst, in dem du viel mit Sozialfällen zu tun hast. Deute auch das 28. Haus mit. Rote Karten sind positiv für dich, schwarze Karten sollten gesondert gedeutet werden.

Befindet sich aber im 4. Haus eine PIK-KARTE und fällt das KARO AS in ein PIK- oder Kreuz-Haus, so solltest du dich in acht nehmen, daß du nicht in falsche Hände gerätst, wenn man dir einen Job anbietet. Deine neue Arbeit wird nicht das halten, was sie verspricht. Es kann sein, daß sie mit Unannehmlichkeiten verbunden ist oder daß man dich unter Druck setzen wird. Mache die Atemübungen regelmäßig! Dann wirst du auch Erfolg haben.

## HERZ SIEBEN · 12. HAUS

FRÖHLICHKEIT · GUTE LAUNE · HERZLICHKEIT · FROHSINN

Im Haus des Berufes wird dir mitgeteilt, daß du in nächster Zeit ein neues Angebot erhalten wirst, das dich sehr froh stimmen wird, weil du endlich das tun kannst, was du dir schon immer gewünscht hast. Möglicherweise wirst du einmal in der Unterhaltungsbranche arbeiten oder bist schon dort tätig und wirst ein noch besseres Angebot bekommen. Vielleicht wirst du dich auch in Kürze verlieben, und das wird dich auf neue Ideen bringen. Möglicherweise wirst du unterhaltsame Gedichte oder Fernsehstücke schreiben. Wenn du froh bist, wirst du die besten Einfälle haben. Probiere doch einmal, für Kinder kleine Kurzgeschichten zu schreiben. Wenn du die Geschichten vorliest und die Kinder lachen, so werden die Geschichten gut sein, denn Kinder sind die besten Kritiker.

Sieh nach, welche Karte sich im 12. Haus befindet. Befindet sich dort eine rote Karte und fällt das KARO AS in ein rotes Haus, so wirst du sehr bald an etwas arbeiten, das dir und anderen Freude bereitet. Befindet sich eine Kreuz-Karte im 12. Haus und fällt das KARO AS in ein Kreuz- oder in ein rotes Haus, so kann es sein, daß du ein Amateurtheater oder ein Theater für Kinder eröffnen möchtest. Vielleicht wirst du auch in einer Gruppe mitspielen, in der du Kinder unterhalten kannst.

Befindet sich eine PIK-KARTE im 12. Haus und fällt das KARO AS in ein PIK- oder Kreuz-Haus, so kann es sein, daß du deine jetzige Arbeit nicht gerne ausübst oder nicht das arbeiten kannst, was du gerne möchtest. Mach dich frei und laß dich nicht unter Druck setzen! Mach auf alle Fälle die Atemübungen! Durch sie wirst du lernen, das zu tun, wozu du Lust hast und wozu du auch geeignet bist. Je freier du innerlich wirst, um so ideenreicher wirst du in Zukunft sein.

# KARO

## KARO AS · 25. HAUS

BERUF · FIRMA · UNTERNEHMEN · PROJEKTE

Im Haus des Berufes wird dir mitgeteilt, daß deine nächste Arbeit für dich sehr erfolgreich sein wird. Es kann auch sein, daß du erst kürzlich ein neues Projekt begonnen hast oder mit mehreren Menschen an einem Projekt zusammenarbeitest, das sehr erfolgreich sein wird. Möglicherweise willst du dich in nächster Zeit selbständig machen. Die Zeiten sind gut für einen neuen Start, denn wenn das KARO AS in sein eigenes Haus fällt, kann eigentlich nichts mehr schiefgehen. Vielleicht arbeitest du bis zur Pensionierung in einem bedeutenden Konzern oder entwickelst ein neues Produkt in deiner Firma oder beschäftigst dich mit Erfindungen, die dir viel Erfolg bringen.

Sieh nach, welche Karte sich im 3. Haus befindet. Befindet sich dort eine rote Karte und fällt die KARO ZEHN in ein rotes Haus, so wirst du sehr viel Erfolg haben und viel Geld verdienen. Deute auch das 9. Haus mit. Für Verträge muß auch der KARO KÖNIG in ein rotes Haus fallen, und im 9. Haus muß sich eine rote Karte befinden. Schwarze Karten müssen gesondert gedeutet werden, denn sie weisen vielleicht auf Verzögerungen bei einem Neubeginn hin. Wenn du zum Beispiel mit einem Freund Geschäfte machen oder eine geschäftliche Partnerschaft eingehen möchtest, so mußt du das 9., 13. und 19. Haus zusammen deuten. Es ist sehr gut, wenn sich rote Karten in diesen Häusern befinden. Wenn du mit dem Staat Geschäfte machen möchtest, so mußt du das 9. und 28. Haus deuten. Auch hier sind rote Karten sehr gut für Verträge. Schwarze Karten sind gesondert zu deuten. Wenn du mit deinem Ehepartner zusammen eine Gesellschaft gründen möchtest, so deute das 9. und das 11. Haus zusammen. Rote Karten sind sehr gut, schwarze Karten könnten auf familiäre Schwierigkeiten hinweisen. Beachte auch das 15. Haus! Sollten sich in den genannten Häusern PIK-KARTEN befinden, so solltest du von einer gesellschaftlichen Partnerschaft Abstand nehmen. Lege dir lieber eine Woche später wieder die Karten und vergleiche sie mit dem aufgezeichneten Kartenbild. Vergiß nicht, die Atemübungen regelmäßig zu machen!

## KARO KÖNIG · 9. HAUS

### Legale Papiere · Arzt · Anwalt · Notar

Im Haus des Berufes wird dir mitgeteilt, daß du wahrscheinlich in der nächsten Zeit bei einem Notar ein Schriftstück unterzeichnen wirst, um in einer Firma als Beteiligter einzutreten. Es kann auch sein, daß du mit einem Freund gemeinsam eine Firma oder eine Praxis eröffnen wirst. Möglicherweise sehnst du dich auch nach einer neuen Arbeit oder einem neuen Arbeitsbereich. Achte darauf, daß alles, was du machst, vertraglich bestätigt wird, damit du für später abgesichert bist. »Gute Freundschaft und klare Verhältnisse« sollte deine Devise werden. Vielleicht bekommst du auch in einem großen Konzern eine Stelle, um die du dich beworben hast. Es ist auch möglich, daß du in deine Firma einen Partner aufnehmen wirst.

Sieh nach, welche Karte sich im 9. Haus befindet. Befindet sich dort eine rote Karte und fällt das KARO AS in ein rotes Haus, so wirst du einen langfristigen Vertrag abschließen, der dir viel Erfolg bringt. Deute auch das 3. Haus mit. Es ist günstig, wenn sich dort eine rote Karte oder eine Kreuz-Karte befindet oder wenn die KARO SIEBEN in ein rotes Haus oder Kreuz-Haus fällt. Befindet sich im 9. Haus eine Kreuz-Karte und fällt das KARO AS in ein Kreuz-Haus oder in ein rotes Haus, so kann es sein, daß du dich einmal einer Firmengemeinschaft anschließen oder mehrere Firmen besitzen oder leiten wirst. Möglicherweise wirst du den elterlichen Betrieb übernehmen.

Befindet sich aber im 9. Haus eine PIK-KARTE und fällt das KARO AS in ein PIK-HAUS, so solltest du sehr aufpassen, wenn du Verträge unterzeichnest. Lies alle Klauseln genau und beachte auch die Rückseite des Vertrages. Es ist auch möglich, daß du selbst jemanden mit einem Vertrag hereinlegen möchtest. Laß es lieber sein, denn es wird dich im Endeffekt selber treffen. Mache regelmäßig die Atemübungen! Dann wirst du ein ehrlicher Geschäftspartner und ein erfolgreicher, positiver Mensch bleiben.

## KARO DAME · 18. HAUS

### Jahreszeit · Frühjahr · Sommer · Herbst · Winter

Im Haus des Berufes wird dir mitgeteilt, daß du sehr bald für jemanden arbeiten wirst, mit dem du dich später anfreundest. Wenn du in der nächsten Zeit Pläne machst, so höre auf einen Freund, denn er meint es gut mit dir, auch wenn du es momentan nicht glauben kannst. Möglicherweise wirst du auch in nächster Zeit einige Kurse besuchen, um dich weiterzubilden oder umzuschulen. Die Zeit ist günstig zum Lernen und für einen Neubeginn. Du wirst bald merken, daß du etwas aus dir machen kannst, wenn du nur willst. Um noch schneller und leichter vorwärtszukommen in deinem Leben, solltest du auch die Atemübungen machen, denn sie werden deine Konzentrationsfähigkeit fördern.

Sieh nach, welche Karte sich im 18. Haus befindet. Befindet sich dort eine rote Karte und fällt das KARO AS in ein rotes Haus, so wirst du für viele Monate oder Jahre eine erfolgreiche Zukunft vor dir haben. Es kann auch sein, daß sich in Kürze etwas entscheidend zu deinem Vorteil verändert. Befindet sich im 18. Haus eine Kreuz-Karte und fällt das KARO AS in ein Kreuz-Haus oder in ein rotes Haus, so kann es sein, daß dich deine Familie noch längere Zeit unterstützen wird, bis du dein Ziel erreicht hast oder ein Stipendium bekommst. Deute auch das 15. und das 28. Haus mit. Befinden sich dort rote oder Kreuz-Karten, so sind gute Aussichten für eine Unterstützung gegeben. Sollten sich aber dort PIK-KARTEN befinden, so brauchst du dir keine Hoffnungen auf eine Unterstützung zu machen.

Befindet sich im 18. Haus eine PIK-KARTE und fällt das KARO AS in ein PIK-HAUS, so solltest du in nächster Zeit sehr an dir arbeiten. Du möchtest in deinem Leben weiterkommen, also mußt du auch einen Beitrag dazu leisten. Mache auch die Atemübungen regelmäßig! Sie werden dir helfen, dein Ziel zu erreichen.

## KARO BUBE · 21. HAUS

BRIEFE · SCHRIFTSTÜCKE · TELEGRAMME · BOTE · FREUND

Im Haus des Berufes wird dir mitgeteilt, daß du sehr bald ein Schreiben erhalten wirst, auf das du schon lange gewartet hast. In diesem Schreiben wird dir eine positive Nachricht mitgeteilt werden. Möglicherweise ist es eine positive Beantwortung einer Bewerbung oder ein Brief, worin dir ein Job angeboten wird. Es könnte sein, daß du für eine ältere Person arbeiten wirst. Sei aber nicht gleich zu vertrauensselig; sieh dir alles genau an, bevor du die neue Stelle annimmst. Möglicherweise willst du in nächster Zeit einen Fernkurs oder Lehrgang machen und wirst deswegen sehr viel Post erhalten. Die Zeit ist günstig für ein Studium oder für einen

Fernlehrgang, aber erkundige dich, ob diese Schule auch im Ausland anerkannt wird und nicht nur an deinem Geld interessiert ist.

Sieh nach, welche Karte sich im 21. Haus befindet. Befindet sich dort eine rote Karte und fällt das KARO AS in ein rotes Haus und fällt darüber hinaus auch in das 28. Haus eine rote oder eine Kreuz-Karte, so kannst du an dem Lehrgang oder Fernkurs teilnehmen. Befindet sich im 21. Haus eine Kreuz-Karte und fällt das KARO AS in ein rotes oder Kreuz-Haus, so kann es sein, daß du zu Hause Privatunterricht nehmen wirst, vielleicht wirst du ein Instrument spielen lernen.

Befindet sich aber im 21. Haus eine PIK-KARTE und fällt das KARO AS in ein PIK-HAUS, so solltest du vorsichtig sein, mit wem du in nächster Zeit korrespondierst oder welche Schulverträge du unterschreibst. Es kann sein, daß du für einen Kurs nur Geld bezahlst, ohne den gewünschten Erfolg zu haben. Erkundige dich bei den zuständigen Behörden, ob diese Schule auch ordnungsgemäß zugelassen ist und ob die Diplome für deine weitere berufliche Laufbahn einen Nutzen haben. Vergiß nicht, die Atemübungen regelmäßig zu machen!

## KARO ZEHN · 17. HAUS
### GELD · FINANZEN · BÖRSE · EINNAHMEN · AUSGABEN

Im Haus des Berufes wird dir mitgeteilt, daß du sehr bald bei einer Firma eine Investition machen wirst, die dir eine hohe Rendite verspricht. Sei vorsichtig, wenn jemand an dich herantritt, untersuche und prüfe die Verträge genau, ob es wirklich ein profitables Geschäft für dich sein wird. Möglicherweise wolltest du dich am Abbau von Bodenschätzen beteiligen, das ist wie ein Spiel, bei dem man gewinnt oder verliert.

Sieh nach, welche Karte sich im 17. Haus befindet. Befindet sich dort eine rote Karte und fällt das KARO AS in ein rotes Haus, so wirst du bald durch dein Glück und deinen Einsatz einen erheblichen Gewinn machen. Wenn sich darüber hinaus im 3. und 5. Haus Karo-Karten befinden, dann kannst du dir eines großen Gewinnes sicher sein. Deute auch das 9. und 31. Haus mit. Es müssen sich in diesen Häusern rote Karten oder Kreuz-Karten befinden, wenn du dein Glück an etwas Neuem versuchen möchtest. Wenn auch der KARO KÖNIG und die KREUZ NEUN in rote Häuser fallen, so wird es der Glücksfall deines Lebens sein. Befindet sich im 17. Haus eine Kreuz-Karte und fällt das KARO AS in ein rotes oder Kreuz-Haus, so kann es sein, daß du bei deinen Plänen durch Freunde oder Verwandte unterstützt wirst. Geld kommt bestimmt, wenn auch vielleicht nicht ganz so schnell, wie du erwartest.

Befindet sich aber im 17. Haus eine PIK-KARTE und fällt das KARO AS in ein PIK-HAUS, so solltest du in der nächsten Zeit beim Geldleihen vorsichtig sein. Achte vor allem auf die Bedingungen, die man dir stellen wird. Es kann sein, daß man überhöhte Zinsen von dir verlangt oder daß du selbst Geld verleihst, das du nie wiedersiehst. Sei vorsichtig in Geldangelegenheiten! Es ist nicht alles Gold, was glänzt. Mache regelmäßig die Atemübungen! Dann wirst du die Absichten der anderen besser durchschauen.

## KARO NEUN · 5. HAUS

Überraschung · Überraschungen · Kleine Finanzen

Im Haus des Berufes wird dir mitgeteilt, daß du sehr bald angenehm überrascht werden wirst, nämlich durch ein Abenteuer, das du schon länger geplant hattest und das auf einmal auch bei anderen Zustimmung findet. Möglicherweise schlägst du eine neue unerwartete Studienrichtung ein oder planst eine Studienreise, die dich in verschiedene Länder bringen wird, in denen du ungewöhnliche Dinge erlebst. Vielleicht suchst du dir auch einen besonders geeigneten Lehrer oder Lehrmeister, der dir helfen wird, deinen Horizont zu erweitern.

Sieh nach, welche Karte sich im 5. Haus befindet. Befindet sich dort eine rote Karte und fällt das KARO AS in ein rotes Haus, so wirst du einmal einen ganz besonderen Beruf ausüben, den nur wenige Menschen ergreifen können. Als Spezialist auf deinem Gebiet wirst du bald einen guten Namen haben und viel Geld verdienen. Befindet sich im 5. Haus eine Kreuz-Karte und fällt das KARO AS in ein Kreuz-Haus oder in ein rotes Haus, so wirst du einmal etwas ganz Besonderes leisten, das dir viel Bewunderung einbringen und dein ganzes Leben verändern wird.

Befindet sich aber im 5. Haus eine PIK-KARTE und fällt das KARO AS in ein PIK-HAUS, so kann es sein, daß du ein Angebot bekommst, das du lieber ablehnen solltest, denn du würdest nur ausgenutzt werden. Es kann sein, daß jemand versucht, dir zu schaden, weil er neidisch auf dich ist. Du mußt in nächster Zeit besonders vorsichtig sein. Mache die Atemübungen regelmäßig! Damit baust du dir einen Schutzwall gegen negative Einflüsse auf.

## KARO ACHT · 27. HAUS

Erbe · Erbschaften · Hinterlassenschaften · Bekommen

Im Haus des Berufes wird dir mitgeteilt, daß sich durch eine Erbschaft oder ein Geschenk dein Leben und auch dein Beruf ändern wird. Es kann sein, daß du eine Tierzucht oder ein Weingut oder einen anderen landwirtschaftlichen Betrieb erbst. Auf alle Fälle wird es etwas sein, das deine Einstellung zum Leben und zur Arbeit ändern wird. Möglicherweise erbst du eine größere Summe Geld, mit der du deinen Betrieb erweitern kannst, oder du erhältst durch eine Erbschaft ein monatliches Einkommen, mit dem du dir in Zukunft das Leben leichter machen kannst.

Sieh nach, welche Karte sich im 27. Haus befindet. Befindet sich dort eine rote Karte und fällt das KARO AS in ein rotes Haus, so wird das Erbe für dich sehr annehmbar ausfallen. Vielleicht kannst du dir durch diese Erbschaft endlich deine Wünsche erfüllen. Es ist auch möglich, daß du ein Testament aufsetzen läßt und dieses in deiner Firma aufbewahrst. Befindet sich eine Kreuz-Karte im 27. Haus und fällt das KARO AS in ein Kreuz-Haus oder in ein rotes Haus, so wirst du eines Tages den elterlichen Betrieb oder den Betrieb eines Freundes erben. Es kann auch sein, daß dich jemand aus der Verwandtschaft als Erben einsetzt.

Befindet sich aber im 27. Haus eine PIK-KARTE und fällt das KARO AS in ein PIK-HAUS, so kann es sein, daß dir eine Erb- oder Hinterlassenschaft entgeht, von der du geglaubt hast, daß sie dir zufallen würde. Möglicherweise wirst du Schwierigkeiten bekommen, wenn einem Freund, mit dem du zusammen eine Firma hast, etwas zustoßen sollte. Du wirst dich dann mit seinen Angehörigen über die Hinterlassenschaft streiten. Sorge dafür, daß ein klares Testament vorhanden ist, und kläre auch das Rechtliche, damit Streitereien wegen der Hinterlassenschaft vermieden werden können. Mache regelmäßig die Atemübungen! Dann wirst du in Zukunft immer richtig handeln.

## KARO SIEBEN · 3. HAUS

Erfolg · Karriere · Aufstieg · Leistung

Im Haus des Berufes wird dir mitgeteilt, daß du sehr bald ein Angebot bekommen wirst, das dir eine neue Zukunft verspricht. Möglicherweise wirst du mit jemandem einen neuen Klub gründen oder eine Privatschule eröffnen. Es ist auch möglich, daß du für verschiedene Menschen in verschiedenen Bereichen tätig sein wirst. Vielleicht bekommst du eines Tages ein Angebot, in einer Firma die Leitung zu übernehmen oder Leute für eine bestimmte Berufssparte auszubilden.

Sieh nach, welche Karte sich im 3. Haus befindet. Befindet sich dort eine rote Karte und fällt das KARO AS in ein rotes Haus, so kannst du getrost in die Zukunft sehen, denn es wird dir bald eine entscheidende Rolle im Leben zuteil werden, die du aber gut meistern wirst. Es kann auch sein, daß du dich in Zukunft ganz auf den Beruf konzentrieren wirst, weil du Karriere machen möchtest. Befindet sich allerdings eine Kreuz-Karte im 3. Haus und fällt das KARO AS in ein Kreuz-Haus oder in ein rotes Haus, so wirst du noch eine geraume Zeit warten müssen, bis sich dein Wunsch nach einer Traumkarriere erfüllt. Es fehlen dir noch gewisse Voraussetzungen, wie zum Beispiel Erfahrung oder eine Spezialausbildung.

Befindet sich aber im 3. Haus eine PIK-KARTE und fällt das KARO AS in ein PIK-HAUS, so solltest du in nächster Zeit ein bißchen ausspannen und nicht nur deiner Karriere nachjagen. Du solltest dir überlegen, was dir wichtiger ist, die Karriere oder ein harmonisches Familienleben. Beides wirst du nicht verwirklichen können. Es wäre besser, mit den Atemübungen zu beginnen, damit du dich selbst besser kennenlernst.

# KREUZ

## KREUZ AS · 20. HAUS

### Geschenk · Geschenke (mit Pik As: Tod · Last)

Im Haus des Berufes wird dir mitgeteilt, daß du wahrscheinlich in der nächsten Zeit für eine Firma, die Geschenke herstellt, oder für ein Geschenkartikel- oder Spielwarengeschäft arbeiten wirst. Es kann auch sein, daß du schon in einem solchen Geschäft arbeitest und dich selbständig machen möchtest. Möglicherweise wirst du von einem alten Ehepaar oder von einem älteren Menschen, den du schon längere Zeit kennst, als Geschäftsnachfolger eingesetzt. Vielleicht stellst du auch privat kleine Geschenke für deine Freunde her, und man freut sich über deine geschickten Hände und deine guten Einfälle. Diese Fähigkeit kannst du kommerziell auswerten, wenn es dir einmal wirtschaftlich nicht so gut gehen sollte.

Sieh nach, welche Karte sich im 20. Haus befindet. Befindet sich dort eine rote Karte und fällt das KARO AS in ein rotes Haus, so wirst du einmal eine Spielwarenfabrik oder ein Spielwarengeschäft besitzen. Vielleicht wirst du selbst Spielwaren entwerfen und herstellen oder als Spielwarenvertreter ein gutes Geschäft machen. Befindet sich im 20. Haus eine Kreuz-Karte und fällt das KARO AS in ein Kreuz-Haus oder in ein rotes Haus, so kann es sein, daß dir ein altes Ehepaar einen Betrieb überlassen wird.

Befindet sich aber im 20. Haus eine PIK-KARTE und fällt das KARO AS in ein PIK-HAUS, so solltest du dir deine neue Arbeitsstätte genau anschauen und gut überlegen, ob du die Arbeit, die man dir anbieten wird, auch ausüben möchtest. Du brauchst für deine neue Tätigkeit gute Ideen und viel Idealismus. Es kann auch sein, daß du ein Geschäft übernehmen und ruinieren wirst. Du scheinst deine neue Tätigkeit nicht allzu ernst zu nehmen, weil du meinst, es liefe alles von selbst. Das trifft aber nicht zu! Du mußt ganze Arbeit leisten, wenn du Erfolg haben möchtest. Das kannst du sehr rasch durch Atemübungen erlernen.

## KREUZ KÖNIG · 10. HAUS

### FERIEN · URLAUB · VATER · ONKEL · GROSSVATER

Im Haus des Berufes wird dir mitgeteilt, daß du dich vielleicht zur Zeit in deiner Firma nicht sehr wohl fühlst. Du könntest mehr leisten, wenn man dich versetzen würde oder wenn du erst einmal Urlaub machtest. Es kann sein, daß du dich nach dem Urlaub verändern oder selbständig machen willst oder zumindest mit deinem Vorgesetzten über deine Zukunft in der Firma sprechen möchtest. Möglicherweise wirst du in der Firma eine neue Stellung bekommen. Vielleicht wird man dich für eine sehr verantwortungsvolle Position vorschlagen oder dir die Leitung eines Betriebes anbieten oder dich sogar ins Parlament wählen! Es kann auch sein, daß du zum Betriebsrat gewählt wirst oder daß deine Arbeit sich durch Wahlen verändert.

Sieh nach, welche Karte sich im 10. Haus befindet. Befindet sich dort eine rote Karte und fällt das KARO AS in ein rotes Haus, so wird sich nach deinem nächsten Urlaub einiges in deiner beruflichen Laufbahn bessern. Für jemanden, der studiert, kann die Veränderung in den nächsten Semesterferien kommen. Befindet sich im 10. Haus eine Kreuz-Karte und fällt das KARO AS in ein Kreuz-Haus oder in ein rotes Haus, so kann es sein, daß du mit deiner Familie in den Urlaub fährst. Während des Urlaubs wird dir ein sehr guter Einfall kommen, den du später in die Tat umsetzen wirst. Dieser Einfall hat etwas mit einer Arbeitserleichtung am Arbeitsplatz zu tun.

Befindet sich aber im 10. Haus eine PIK-KARTE und fällt das KARO AS in ein PIK-HAUS, so solltest du in deinem nächsten Urlaub einmal richtig ausspannen. In den Ferien soll man sich nicht abhetzen, sondern erholen. Trotzdem kann man auch etwas für die Körperertüchtigung tun. Mache die Atemübungen regelmäßig, wandere sehr viel und genieße die Natur mit allen ihren Schönheiten!

## KREUZ DAME · 30. HAUS

### UNTERSUCHER · UNTERSUCHUNGEN · MUTTER · TANTE · GROSSMUTTER

Im Haus des Berufes wird dir mitgeteilt, daß du sehr bald eine neue Arbeit aufnehmen oder dich selbständig machen wirst oder zumindest schon Pläne machst, was du in nächster Zeit tun willst. Möglicherweise wirst du demnächst die Zeitungen studieren, um etwas Geeignetes zu finden. Vielleicht bietet dir auch ein Arbeitsvermittler eine Stelle an. Es kann auch sein, daß du nur saisonbedingt arbeiten wirst oder von einer Agentur für Teilzeitkräfte Arbeit vermittelt bekommst. Vielleicht bekommst du auch eine Arbeit, bei der du häufig im Ausland zu tun hast.

Sieh nach, welche Karte sich im 30. Haus befindet. Befindet sich dort eine rote Karte und fällt das KARO AS in ein rotes Haus, so wird dir deine nächste Arbeit nach langem Suchen endlich gefallen, und du wirst in Zukunft vorankommen. Für Auslandsarbeit das 8. Haus mitdeuten! Rote Karten und Kreuz-Karten sind sehr positiv, PIK-KARTEN könnten Schwierigkeiten bedeuten. Befindet sich im 30. Haus eine Kreuz-Karte und fällt das KARO AS in ein Kreuz-Haus oder in ein rotes Haus, so kann es sein, daß du für verschiedene Firmen arbeiten wirst. Vielleicht hast du dich auf ein gewisses Gebiet spezialisiert und wirst daher von vielen Leuten und Firmen gebraucht. Deine Zukunftsaussichten sind sehr gut, wenn sich im 3. Haus eine rote oder eine Kreuz-Karte befindet. Eine PIK-KARTE im 3. Haus würde bedeuten, daß es noch eine Weile dauern wird, bist du Erfolg hast.

Befindet sich aber im 30. Haus eine PIK-KARTE und fällt das KARO AS in ein PIK-HAUS, so solltest du in nächster Zeit achtgeben, für wen du arbeitest. Vielleicht gefällt dir deine Arbeit, aber du solltest trotzdem weitersuchen, denn mit der Zeit wirst du unzufrieden mit deiner jetzigen Stellung werden. Möglicherweise wird auch eine Firma an dich herantreten, deren Angebot du nicht annehmen solltest. Mache die Atemübungen regelmäßig, damit du ein ausgeprägtes Gefühl dafür bekommst, welche Firma für dich gut ist und welche nicht.

## KREUZ BUBE · 15. HAUS

### FAMILIE · SOHN · NEFFE (MIT DAME: TOCHTER · NICHTE)

Im Haus des Berufes wird dir mitgeteilt, daß du eine sehr großzügige Unterstützung von deiner Familie oder Verwandtschaft erhalten wirst, wenn du etwas Neues beginnen möchtest oder wenn du für sie arbeitest. Man ist sehr interessiert an dir und gönnt dir eine bessere Zukunft. Es kann auch sein, daß du mit jemandem aus deiner Familie oder Verwandtschaft ein Geschäft beginnst oder du einige Personen aus deiner Familie oder Verwandtschaft bei dir arbeiten läßt. Vielleicht handelt es sich dabei um einen Familienbetrieb, ein Hotel, ein Restaurant oder etwas Ähnliches, das mit dem Fremdenverkehr zu tun hat. Eine gute Zusammenarbeit in der Zukunft ist gegeben, weil ihr euch gut miteinander versteht. Möglicherweise möchtest du mit einem Freund zusammen etwas Neues beginnen, oder du triffst dich immer wieder mit deinen Freunden auf Messen oder Jahrmärkten aus beruflichen Gründen.

Sieh nach, welche Karte sich im 15. Haus befindet. Befindet sich dort eine rote Karte und fällt das KARO AS in ein rotes Haus, so wird deine Zukunft sehr positiv sein. Es wird zu einer guten Zusammenarbeit zwischen dir und deinen Freunden oder Bekannten kommen. Befindet sich im 15. Haus eine Kreuz-Karte und fällt das KARO AS in ein Kreuz-Haus oder in ein rotes Haus, so wirst du dich mit deiner Familie gut verstehen und es wird zu einer produktiven Zusammenarbeit mit der Familie oder der Verwandtschaft kommen.

Befindet sich aber im 15. Haus eine PIK-KARTE und fällt das KARO AS in ein PIK-HAUS, so solltest du dir die Zusammenarbeit mit deiner Verwandtschaft oder Familie noch einmal gut überlegen. Es hat den Anschein, daß du in Zukunft Verluste haben wirst, die aber nicht unbedingt auf dein eigenes Verschulden zurückzuführen sind, sondern darauf, daß jemand in deinem Betrieb in die eigene Tasche wirtschaftet. Lasse deine Geschäftsbuchhaltung durch einen Treuhänder überprüfen. Mache auch die Atemübungen regelmäßig! Sie werden dir helfen, die Absichten der anderen zu durchschauen.

## KREUZ ZEHN · 8. HAUS
### Reise · Strasse · Wasser · Meer

Im Haus des Berufes wird dir mitgeteilt, daß du in nächster Zeit entweder für eine Maschinenfabrik oder dort, wo Maschinen gebraucht werden, arbeiten wirst. Vielleicht leitest du selbst eine Maschinenfabrik, hast mit der Frachtbeförderung zu tun oder arbeitest bei einer Bahn-, Schiffs- oder Fluggesellschaft. Deine Zukunft hat viel mit Reisen zu tun, vielleicht gründest du selbst ein Reisebüro oder ein anderes Unternehmen, das in vielen Orten der Welt zu Hause ist. Du wirst viel reisen und Monate oder Jahre deiner Familie fernbleiben. Ledige sollten die Möglichkeit wahrnehmen, sich die Welt anzuschauen und ihren Horizont zu erweitern. Die Karte ist auch günstig für Globetrotter.

Sieh nach, welche Karte sich im 8. Haus befindet. Befindet sich dort eine rote Karte und fällt das KARO AS in ein rotes Haus, so wirst du vor allem die südlichen Länder des Erdballs bereisen. Du scheinst dich dort wohler zu fühlen, wo es wärmer ist. Befindet sich eine Kreuz-Karte im 8. Haus und fällt das KARO AS in ein Kreuz-Haus oder in ein rotes Haus, so kann es sein, daß du im Rahmen deiner beruflichen Tätigkeit mehrmals den Erdball umrunden wirst. Deute auch das 31. Haus mit. Befindet sich dort eine Kreuz-Karte oder eine rote Karte, so wirst du keine ernsthaften Schwierigkeiten auf deinen Reisen haben. Wenn sich allerdings im 31. Haus eine PIK-KARTE befindet, so mußt du mit Schwierigkeiten rechnen.

Befindet sich aber im 8. Haus eine PIK-KARTE und fällt das KARO AS in ein PIK-HAUS, so kann es sein, daß du auf einer Auslandsreise einmal sehr schwer enttäuscht oder dich ernstlich verletzen wirst oder daß man dich sogar des Landes verweisen wird. Mache immer, auch wenn du dich auf Reisen befindest, die Atemübungen! Sie können dir überall weiterhelfen.

## KREUZ NEUN · 31. HAUS
### Glück · Kleine Reise · Risiko

Im Haus des Berufes wird dir mitgeteilt, daß du etwas ganz Neues in deinem Leben beginnen wirst und daß es ein glücklicher Start werden wird. Man wird versuchen, dich von deinen waghalsigen Plänen abzuhalten. Führe sie trotzdem aus, denn du wirst gewinnen. Man muß manchmal im Leben etwas riskieren, um Erfolg zu haben, aber bedenke immer, daß nur du selbst dein Schicksal richtig einschätzen kannst. Vielleicht bekommst du ein Angebot von einer Firma, das du im ersten Moment nicht annehmen möchtest, weil es dir zu riskant erscheint. Nimm es an, denn du wirst so schnell kein besseres mehr bekommen.

Sieh nach, welche Karte sich im 31. Haus befindet. Befindet sich dort eine rote Karte und fällt das KARO AS in ein rotes Haus, so wirst du Glück und Erfolg haben in nächster Zeit. Es wird dir etwas gelingen, womit du sogar Weltruhm erlangen könntest. Befindet sich im 31. Haus eine Kreuz-Karte und fällt das KARO AS in ein Kreuz-Haus oder in ein rotes Haus, so kann es sein, daß dir ein Verwandter oder ein Freund Glück bringen wird. Vielleicht wirst du auch in nächster Zeit sehr viele Reisen unternehmen.

Befindet sich aber im 31. Haus eine PIK-KARTE und fällt das KARO AS in ein PIK- oder Kreuz-Haus, so solltest du in nächster Zeit etwas vorsichtiger sein und das Schicksal nicht herausfordern. Du mußt lernen, dein Glück richtig zu dosieren, und darfst nicht glauben, daß man im Leben immer nur Glück hat. Möglicherweise wird dich das Glück im entscheidenden Augenblick verlassen. Mache die Atemübungen regelmäßig! Dann wirst du erkennen, was Glück wirklich ist.

## KREUZ ACHT · 26. HAUS
### NEUE UNTERNEHMUNGEN · MUT · HELDENTAT

Im Haus des Berufes wird dir mitgeteilt, daß du vielleicht ein neues Unternehmen starten möchtest. Wenn du dir alles reiflich überlegt hast, so wirst du sehr viel Erfolg mit diesem Unternehmen haben. Man wird dich bewundern, weil du alles alleine und ohne jede Unterstützung machst, aber du besitzt das richtige Know-how, um dich unabhängig von anderen Menschen zu machen und erfolgreich zu behaupten. Es kann sein, daß du schon seit längerer Zeit nach einer anderen Tätigkeit suchst, und es wird dir bald gelingen, eine solche zu finden. Versuche dich mit Hilfe von Atemübungen auf das Wesentliche zu konzentrieren. Erst wenn du mit dir selbst ins reine gekommen bist, kannst du auch eine positive Schwingung aufnehmen, die dich an dein Ziel führen wird.

Sieh nach, welche Karte sich im 26. Haus befindet. Befindet sich dort eine rote Karte und fällt das KARO AS in ein rotes Haus, so wirst du im Eiltempo dein Ziel erreichen, auch wenn die anderen dich nicht unterstützen. Nur durch deinen eigenen Fleiß und deinen Einsatz wirst du es schaffen. Laß dich von dem eingeschlagenen Weg nicht abbringen, denn du besitzt dort den nötigen Weitblick, wo andere nur Scheuklappen vor den Augen haben. Befindet sich im 26. Haus eine Kreuz-Karte und fällt das KARO AS in ein Kreuz-Haus oder in ein rotes Haus, so kann es sein, daß du eine Zeitlang von deiner Familie moralische Unterstützung bekommst. Aber schließlich wird sie an deinen Plänen zweifeln, und du wirst alleine – nur mit Gottes Hilfe – dein Ziel erreichen.

Befindet sich aber im 26. Haus eine PIK-KARTE und fällt das KARO AS in ein PIK- oder Kreuz-Haus, so kann es sein, daß jemand dich hindern will, dein Ziel zu erreichen. Es wäre vielleicht besser, wenn du nicht allen von deinen Plänen erzählst. Arbeite deine Pläne allein aus, denn die anderen werden dich nicht verstehen und deine Pläne durchkreuzen. Mache auch die Atemübungen! Sie werden dich in deinem Selbstbewußtsein stärken, und du wirst allein das Ziel erreichen können.

## KREUZ SIEBEN · 14. HAUS

### NACHRICHTEN · BOTSCHAFT · TRÄNEN · LEID

Im Haus des Berufes wird dir mitgeteilt, daß du sehr bald eine Nachricht über eine Arbeit bekommen wirst, nach der du schon lange gesucht hast. Möglicherweise wirst du auch durch die Zeitung eine Arbeit finden oder selbst bei einer Zeitung arbeiten, vielleicht als Reporter, Zeichner oder Photograph. Wenn du erst vor kurzem eine neue Arbeit bekommen hast, so wirst du dich langsam, aber sicher emporkämpfen. Es wird nicht leicht für dich sein, aber mit der nötigen Ausdauer und mit den Atemübungen wirst du dein Ziel erreichen, auch wenn nicht immer alles nach deinen Plänen verläuft. Vielleicht bekommst du auch in nächster Zeit sehr viele Anrufe, oder du tätigst selbst wegen einer Arbeit viele Anrufe. Es kann auch sein, daß du einmal ein Stellenvermittlungsbüro eröffnen wirst.

Sieh nach, welche Karte sich im 14. Haus befindet. Befindet sich dort eine rote Karte und fällt das KARO AS in ein rotes Haus, so wirst du bald eine geeignete Arbeit finden, die dir auch gefällt. Befindet sich eine Kreuz-Karte im 14. Haus und fällt das KARO AS in ein Kreuz-Haus oder in ein rotes Haus, so wirst du in nächster Zeit ein gutes Angebot bekommen, wobei du nicht lange überlegen, sondern gleich zugreifen solltest.

Befindet sich aber im 14. Haus eine PIK-KARTE und fällt das KARO AS in ein PIK- oder Kreuz-Haus, so kann es sein, daß du eine geraume Zeit brauchen wirst, bis du die Arbeit gefunden hast, die du haben möchtest. Es ist auch möglich, daß du mehrere Arbeiten durchführen wirst, die dir aber mißfallen werden. Vielleicht will man dich auch an einer kriminellen Unternehmung beteiligen, nur weil man weiß, daß du Geld brauchst. Warte lieber ab, dann wirst du bald eine Arbeit angeboten bekommen, an der du mehr Freude hast. Mache auch die Atemübungen! Dann wirst du dir klar darüber werden, wie du dich verhalten solltest.

# PIK

## PIK AS · 24. HAUS

Tod · Unfall · Schicksalsschläge · Qual · Not

Im Haus des Berufes wird dir mitgeteilt, daß ein Unternehmen, das du planst, mit einem Todesfall in deiner unmittelbaren Umgebung zu tun haben wird. Es kann auch sein, daß du dich selbständig machen möchtest, aber dabei auf Dauer keinen Erfolg haben wirst. Vielleicht hast du dich zuwenig auf die neue Arbeit vorbereitet, oder du hast zuwenig Geld, um deine Pläne zu verwirklichen. Es kann sein, daß deine neue Firma bald in Konkurs geht. Prüfe alles genauestens, bevor du etwas Neues anfängst, denn wenn du erst dein Vermögen verloren hast, wird ein neuer Start sehr schwierig für dich sein. Du würdest vielleicht so viele Schulden haben, daß du daran denken könntest, dir das Leben zu nehmen. Aber das wäre keine Alternative, denn dazu wurden wir nicht geboren. Du mußt dein Leben leben, auch wenn es dir schwierig erscheint. Mache die Atemübungen regelmäßig, dann wird es dir gelingen, alles wieder in Ordnung zu bringen.

Sieh nach, welche Karte sich im 24. Haus befindet. Befindet sich dort eine rote Karte und fällt das KARO AS in ein rotes Haus, so ist es möglich, daß du bei einem Bankrott noch einmal mit einem blauen Auge davonkommst. Aber dann muß sich auch im 9. und im 28. Haus eine rote Karte befinden, und der KARO KÖNIG und der PIK KÖNIG müssen in rote oder zumindest in Kreuz-Häuser fallen. PIK-HÄUSER würden dir eine große Pleite anzeigen. Deute auch das 17. Haus mit. Rote Karten würden anzeigen, das dir von deiner Barschaft noch etwas bleiben könnte. Schwarze Karten zeigen den totalen Verlust an. Befindet sich im 24. Haus eine Kreuz-Karte und fällt das KARO AS in ein Kreuz-Haus oder in ein rotes Haus, so kann es sein, daß dich Freunde noch einmal vor dem Ruin retten werden.

Befindet sich aber im 24. Haus eine PIK-KARTE und fällt das KARO AS in ein PIK- oder Kreuz-Haus, so solltest du die Hände von der Neugründung einer Firma lassen, denn es würde von Anfang an eine Pleite bedeuten, von der du dich niemals mehr erholen könntest. Lerne auch, auf deine innere Stimme zu hören. Mache die Atemübungen regelmäßig! Dann wirst du Ideen für einen neuen Start bekommen.

## PIK KÖNIG · 28. HAUS
### Rufer · Behörde · Schule · Spital · Institution

Im Haus des Berufes wird dir mitgeteilt, daß du in den nächsten Tagen telephonisch oder brieflich aufgefordert wirst, dein Geld zu investieren. Es kann auch sein, daß dich jemand kontaktieren wird, um dich an einem Geschäft zu beteiligen; es kann sich dabei um eine Investition im In- oder Ausland handeln. Möglicherweise läßt du dir gerade Informationsmaterial schicken, um eine Möglichkeit der Geldanlage zu prüfen. Sei aber in nächster Zeit mit Geldgeschäften vorsichtig, denn es könnte sein, daß du in illegale Unternehmungen verwickelt wirst. Momentan hast du keine positive Schwingung, du kannst dir daher Ärger ersparen, wenn du noch eine Weile abwartest. Geldangelegenheiten sind für dich zur Zeit mit Verlusten verbunden.

Sieh nach, welche Karte sich im 28. Haus befindet. Befindet sich dort eine rote Karte und fällt das KARO AS in ein rotes Haus, so kannst du zwar investieren, aber du wirst keinen Gewinn machen. Immerhin wirst du dabei auch nicht dein ganzes Vermögen verlieren. Sei aber in der nächsten Zeit doppelt vorsichtig, wenn du dein Geld investierst. Folge deiner Intuition: Wenn du bei einem Geschäft ein schlechtes Gefühl hast, dann ist das eine Warnung, dieses Geschäft nicht abzuschließen. Befindet sich eine Kreuz-Karte im 28. Haus und fällt das KARO AS in ein Kreuz-Haus oder in ein rotes Haus, so kann es sein, daß du jemanden an einem Geldgeschäft beteiligen möchtest, aber du solltest dieser Person nicht trauen, denn du würdest übervorteilt werden. Der Betreffende kann auch aus der Familie oder der Verwandtschaft sein.

Befindet sich aber im 28. Haus eine PIK-KARTE und fällt das KARO AS in ein PIK- oder Kreuz-Haus, so solltest du dich in der nächsten Zeit gänzlich von Geldgeschäften zurückhalten, denn du würdest alles dabei verlieren. Laß dich nicht verleiten, Geld in eine Sache zu stecken, die keinen Pfifferling wert ist. Mache in dieser Zeit lieber die Atemübungen regelmäßig! Schließlich wird dein Geld besser angelegt sein, als du zu hoffen gewagt hast. Sei vorsichtig und laß dir nicht von Heuchlern die Ohren vollschmeicheln.

## PIK DAME · 29. HAUS

DANKBARKEIT · DUNKLE DAME · UNDANK · NEID

Im Haus des Berufes wird dir mitgeteilt, daß du in nächster Zeit von einer Person getäuscht werden wirst, die dich umschmeichelt, damit du dein Geld in ein Geschäft investierst. Du solltest vorsichtig sein, denn es wäre ein Verlustgeschäft. Es kann auch sein, daß sich eine Person durch falsche Mitteilungen in deine Ehe einmischen wird. Sie wird dich aufhetzen, damit du in eine Scheidung einwilligst oder dich von Freunden trennst. Möglicherweise wird sie sehr schlecht über dir nahestehende Menschen sprechen. Sei sehr vorsichtig mit dem, was du zu ihr sagst, denn sie wird dir das Wort im Mund umdrehen und den andern alles verdreht weitererzählen. Es ist eine sehr böse Person, die nur aus Menschenhaß handelt.

Sieh nach, welche Karte sich im 29. Haus befindet. Befindet sich dort eine rote Karte und fällt das KARO AS in ein rotes Haus, so kann es sein, daß du diese Person in deinem privaten Kreis ausfindig machen wirst. Es könnte sich um eine dunkelhaarige und dunkeläugige Person handeln, die aber nicht weiblich sein muß. Sei vorsichtig an deinem Arbeitsplatz, denn auch dort könnte sie zu finden sein. Mache die Atemübungen regelmäßig, damit du dich vor solchen Leuten schützen kannst. Befindet sich eine Kreuz-Karte im 29. Haus und fällt das KARO AS in ein Kreuz-Haus oder in ein rotes Haus, so kann es sein, daß sich eine Person, auf die die vorhergehende Beschreibung paßt, in deiner Verwandtschaft befindet. Sei vorsichtig mit allem was du sagst.

Befindet sich aber im 29. Haus eine PIK-KARTE und fällt das KARO AS in ein PIK- oder Kreuz-Haus, so kann es sein, daß du schon in die Klauen einer bösen Person geraten bist. Vielleicht hat sie dir schon Schaden zugefügt, und sie wird dich wieder schädigen, wenn du dich nicht vorsiehst. Vertraue nicht dem schönen Gesicht oder den schönen Worten, sondern mache die Atemübungen! Dann wirst du beizeiten auf deine innere Stimme hören, wenn du einem solchen Menschen begegnest.

## PIK BUBE · 1. HAUS

GEGENWART · WAHRHEIT · DUNKLER MANN · UNIFORMIERTER

Im Haus des Berufes wird dir mitgeteilt, daß du sehr bald etwas Neues in deinem Leben beginnen wirst. Du scheinst aber, vor allem was die finanzielle Seite betrifft, noch keine genaue Vorstellung davon zu haben. Du erhoffst dir mehr, als die Zukunft für dich bereithält, und du solltest dir den Gürtel etwas enger schnallen. Vielleicht wird dir auch deine Stellung gekündigt, und du mußt eine Gelegenheitsarbeit annehmen, damit du finanziell zurechtkommst. Du mußt dich in nächster Zeit sehr geschickt anstellen, wenn du eine Stelle bekommen möchtest, denn es wird viele Bewerber geben. Bereite dich gut auf das Bewerbungsgespräch vor. Solltest du bei einem Anzeigenblatt arbeiten, so wirst du demnächst sehr viel zu tun bekommen.

Sieh nach, welche Karte sich im 1. Haus befindet. Befindet sich dort eine rote Karte und fällt das KARO AS in ein rotes Haus, so wirst du aufgrund deiner geschickten Verhandlungen sicherlich einen Job bekommen. Vielleicht mußt du vorgeben, etwas zu können, was du gar nicht kannst. Aber das macht nichts, du kannst rasch lernen, was dir noch fehlt. Befindet sich eine Kreuz-Karte im 1. Haus und fällt das KARO AS in ein Kreuz-Haus oder in ein rotes Haus, so solltest du dich sehr anstrengen, um den Job zu bekommen, den du haben möchtest. Sei nicht zu vertrauensselig, denn das könnte dir die Chance, die neue Stelle zu bekommen, verderben. Mache die Atemübungen, dann wirst du auch die richtigen Worte finden, die du bei einer Verhandlung brauchst.

Befindet sich aber im 1. Haus eine PIK-KARTE und fällt das KARO AS in ein PIK- oder Kreuz-Haus, so kann es sein, daß du eine Arbeit, die dir schon zugesichert war, trotzdem nicht erhältst. Laß dich nicht auf mündliche Zusagen ein, sondern bestehe darauf, daß alle Absprachen vertraglich abgesichert werden. Mache immer die Atemübungen! Dann kannst du ruhig und sicher auftreten.

## PIK ZEHN · 32. HAUS
### Sonne · Entfernungen · Andere Länder · Nacht

Im Haus des Berufes wird dir mitgeteilt, daß du einen Job, den du in nächster Zeit annehmen willst, genau prüfen solltest, ob er auch der richtige für dich ist. Es kann sein, daß du ein besseres Angebot dafür ausschlägst und dich mit einer Arbeit zufriedengibst, die dir gar nicht liegt. Vielleicht bekommst du demnächst ein Angebot auf einem Gebiet, auf dem du dich spezialisiert hast. Nimm es an, denn auf diesem Gebiet liegt deine Zukunft. Möglicherweise bist du noch in der Ausbildung zum

Spezialisten, dann kannst du sicher sein, daß du in Zukunft eine gute Stelle bekommen wirst.

Sieh nach, welche Karte sich im 32. Haus befindet. Befindet sich dort eine rote Karte und fällt das KARO AS in ein rotes Haus, so kann es sein, daß du einmal in schwindelnder Höhe arbeiten wirst oder daß du für eine solche Arbeit ausgebildet wirst. Es kann auch sein, daß du ein Trainingsprogramm absolvierst, das dich zum Spezialisten macht. Befindet sich eine Kreuz-Karte im 32. Haus und fällt das KARO AS in ein Kreuz-Haus, so kann es sein, daß du dich als Testperson zur Verfügung stellen wirst. Sollte in das 25. Haus eine rote Karte fallen, so wirst du vielleicht als Double oder Stuntman beim Film arbeiten oder eine andere gefährliche Tätigkeit, zum Beispiel einen artistischen Beruf, ausüben.

Befindet sich aber im 32. Haus eine PIK-KARTE und fällt das KARO AS in ein PIK- oder Kreuz-Haus, so kann es sein, daß du dich in der nächsten Zeit bei einer gefährlichen Tätigkeit verletzen wirst oder daß du eine Tätigkeit ausübst, bei der du dich öfter verletzt. Versuche dich so gut wie möglich gegen alle Gefahren abzusichern, die bei der Tätigkeit oder dem Beruf, den du ausübst, auf dich lauern. Mache regelmäßig die Atemübungen! Du wirst sie nötig haben, wenn du in der nächsten Zeit mit heiler Haut davonkommen willst. Lerne auf alle Fälle die Gefahren, die dir drohen, richtig einzuschätzen.

## PIK NEUN · 23. HAUS

### DEPRESSION · UNANNEHMLICHKEITEN · KÄLTE

Im Haus des Berufes wird dir mitgeteilt, daß du nicht sehr lange auf deinem neuen Arbeitsplatz verweilen wirst, solltest du eine neue Arbeit beginnen. Es kann sein, daß du die neue Stelle schon nach ein paar Tagen wieder verlierst oder daß du etwas beginnst, bei dem du nicht sehr erfolgreich sein wirst. Möglicherweise wirst du auf eine Bewerbung einen ablehnenden Bescheid erhalten oder du hast gerade eine solche Absage erhalten. Mach dir nichts daraus, denn die Zukunft hält etwas Besseres für dich bereit. Lasse dich nicht nervös machen, sondern mache lieber die Atemübungen, damit du in der nächsten Zeit die positiven Schwingungen, die dir zu einer Arbeit verhelfen, auffangen kannst.

Sieh nach, welche Karte sich im 23. Haus befindet. Befindet sich dort eine rote Karte und fällt das KARO AS in ein rotes Haus, so kann es sein, daß dir ein Freund eine Arbeit versprochen hat und sie dir dann doch nicht gibt. Es ist aber auch möglich, daß du durch einen Freund in der nächsten Zeit eine geeignete Arbeit finden wirst. Befindet sich eine Kreuz-Karte im 23. Haus und fällt das KARO AS in ein Kreuz-Haus, so wirst du dich noch ein bißchen gedulden müssen, bis du eine geeignete Arbeit findest. Wenn das KARO AS in ein rotes Haus fällt, so wird dir ein Bekannter helfen, eine Arbeit zu finden, die dir Freude bereiten wird, weil du dir deine Arbeitszeit dabei selbst einteilen kannst.

Befindet sich aber im 23. Haus eine PIK-KARTE und fällt das KARO AS in ein PIK-HAUS, so kann es sein, daß du ein Angebot für eine Arbeit bekommen wirst, die nicht ganz legal ist. Sei sehr vorsichtig in nächster Zeit, wenn dir für eine Arbeit übermäßig viel Geld angeboten wird. Du würdest dich dabei in eine große Gefahr begeben. Mache immer die Atemübungen! Dann wirst du die Kraft haben abzuwarten, bis du etwas Geeignetes gefunden hast.

## PIK ACHT · 22. HAUS
### Ärger · Ärgernisse · Streit · Verleumdungen

Im Haus des Berufes wird dir mitgeteilt, daß du in nächster Zeit Ärger haben wirst, weil du eine neue Arbeit beginnst oder weil du noch keine Arbeit gefunden hast. Vielleicht möchtest du gar nicht arbeiten und wirst daher mit einigen Leuten Schwierigkeiten haben. Es ist auch möglich, daß du in der nächsten Zeit ganz auf die schiefe Bahn gerätst und schließlich im Gefängnis landest. Versuche dein inneres Gleichgewicht durch die Atemübungen wieder zu gewinnen. Es sind genug Möglichkeiten für dich vorhanden, auch wenn du die ganze Welt haßt und verurteilst. Wenn du die Welt verändern und verbessern willst, so mußt du zuerst dich selbst verändern und verbessern. Andernfalls wirst du nie dein Ziel erreichen.

Sieh nach, welche Karte sich im 22. Haus befindet. Befindet sich dort eine rote Karte und fällt das KARO AS in ein rotes Haus, so wird sich für dich bald eine bessere Chance für eine Arbeit zeigen. Befindet sich im 22. Haus eine Kreuz-Karte und fällt das KARO AS in ein Kreuz-Haus oder in ein rotes Haus, so kann es sein, daß du dich eines Tages für etwas einsetzen wirst, womit du heute noch nichts zu tun haben willst. Vielleicht wirst du auch deine Arbeitsmoral verbessern, fleißiger werden als bisher und mehr Freude an der Arbeit haben. Suche eine Arbeit, zu der du Lust und Begabung verspürst, lasse dein Talent nicht brachliegen.

Befindet sich aber im 22. Haus eine PIK-KARTE und fällt das KARO AS in ein PIK- oder Kreuz-Haus, so kann es sein, daß du demnächst an deinem Arbeitsplatz Ärger haben wirst. Mache die Atemübungen! Wenn du dich nicht beherrschst, kann es zu einer Kündigung kommen.

## PIK SIEBEN · 16. HAUS
GESUNDHEIT · KRANKHEIT · KUR · OPERATION

Im Haus des Berufes wird dir mitgeteilt, daß deine Gesundheit oder die eines anderen Menschen in deinem Leben eine entscheidende Rolle spielen wird. Es kann sein, daß du deinen Beruf ändern mußt, weil du krank bist oder weil ein anderer Mensch erkrankt. Es kann auch sein, daß du Menschen leiden siehst, vielleicht in einem fremden Land, und dich berufen fühlst, ihnen zu helfen. Solltest du Arzt sein, so kann es sein, daß du eine Privatklinik eröffnest oder daß du dich in der nächsten Zeit sehr für leidende Menschen einsetzen wirst. Möglicherweise beginnst du noch einmal mit einem Studium, obwohl du schon älter bist, um im medizinischen Bereich tätig zu werden. Vielleicht hast du die Gabe, durch Magnetismus und Handauflegen zu heilen.

Sieh nach, welche Karte sich im 16. Haus befindet. Befindet sich dort eine rote Karte und fällt das KARO AS in ein rotes Haus und sollte sich darüber hinaus im 9. und im 1. Haus rote Karten befinden, so kann es sein, daß du Fähigkeiten als Heiler besitzt, die dir noch gar nicht bewußt geworden sind. Mache die Atemübungen, um diese Fähigkeiten zu erkennen und zu entwickeln. Befindet sich im 16. Haus eine Kreuz-Karte und fällt das KARO AS in ein Kreuz-Haus, so kann es sein, daß du später einmal Heilpraktiker wirst oder dich sehr für Pflanzenkunde interessierst. Wenn das KARO AS in ein rotes Haus fällt, so kann es sein, daß du dich als Sozialhelfer ausbilden läßt, um ältere Menschen zu betreuen. Du wirst im sozialen Bereich deine Erfüllung und Aufgabe finden.

Befindet sich aber im 16. Haus eine PIK-KARTE und fällt das KARO AS in ein PIK- oder Kreuz-Haus, so kann es sein, daß du einmal sehr schwer erkranken wirst und diese Krankheit dir den Weg für die Zukunft weist. Vielleicht wirst du durch diese Krankheit deine eigentliche Berufung im Leben erkennen. Mache die Atemübungen! Sie werden dir die nötige Kraft verleihen, Leiden zu lindern und Menschen zu helfen.

Das 26. Haus

# KREUZ ACHT

## Das Haus der neuen Unternehmungen, des Muts und der Heldentat

# HERZ

## HERZ AS · 7. HAUS

WOHNUNG · BESITZ · HAUS · EIGENTUM

Im Haus der neuen Unternehmungen wird dir mitgeteilt, daß dir die Erziehung, die du zu Hause erhalten hast, im Leben einmal helfen wird oder sogar schon geholfen hat. Möglicherweise erhältst du zu Hause eine Ausbildung, die dir später einmal beruflich oder privat nützen wird. Es kann auch sein, daß du am besten bei dir zu Hause arbeiten kannst. Vielleicht richtest du gerne Wohnungen ein und wechselst deine Wohnung öfter, weil du dich gerne veränderst.

Sieh nach, welche Karte sich im 7. Haus befindet. Befindet sich dort eine rote Karte und fällt die KREUZ ACHT in ein rotes Haus, so solltest du deinen Beruf darauf ausrichten, daß du Wohnungen einrichten kannst. Möglicherweise wirst du einmal als Innenarchitekt arbeiten. Deute auch das 25. Haus mit. Befindet sich dort eine rote Karte und fällt die KREUZ ACHT in ein rotes Haus, so solltest du diesen Beruf ergreifen, denn dort scheint dein Talent zu liegen. Befindet sich im 7. Haus eine Kreuz-Karte und fällt die KREUZ ACHT in ein Kreuz-Haus oder in ein rotes Haus, so wirst du von deiner Verwandtschaft, deiner Familie oder von einem Freund gebeten werden, deren Wohnung einzurichten oder ein Haus für sie zu bauen.

Befindet sich aber im 7. Haus eine PIK-KARTE und fällt die KREUZ ACHT in ein PIK- oder Kreuz-Haus, so kann es sein, daß du über die Einrichtung deiner Wohnung oder deines Hauses sehr enttäuscht sein wirst, da sie nicht nach deinen Plänen gemacht wurde. Es kann auch sein, daß du dir ein Haus bauen läßt, das ganz anders wird, als du es dir vorgestellt hast. Sorge rechtzeitig dafür, daß deine Wünsche und Pläne genau beachtet werden. Mache die Atemübungen! Sei vorsichtig, wenn du in nächster Zeit ein Haus bauen willst.

## HERZ KÖNIG · 13. HAUS

UNTERHALTUNG · MÄNNLICHER FREUND · BLOND · SPONSOR

Im Haus der neuen Unternehmungen wird dir mitgeteilt, daß du etwas unternehmen wirst, das dich öffentlich bekannt machen wird. Möglicherweise wirst du durch eine schöpferische Leistung bekannt werden, zum Beispiel durch eine Erfindung, ein Gemälde, eine Plastik usw. Es kann auch sein, daß dich Beharrlichkeit zum Ziel führt. Bleibe daher deiner Linie treu, dann wirst du später deinen Erfolg auskosten können. Vielleicht wirst du dich auch bei einem Besuch in einem Museum oder in einer Galerie sehr gut unterhalten und dabei neue Freunde gewinnen.

Sieh nach, welche Karte sich im 13. Haus befindet. Befindet sich dort eine rote Karte und fällt die KREUZ ACHT in ein rotes Haus, so kannst du, wenn du noch sehr jung bist, damit rechnen, einen Förderer für dein nächstes Vorhaben zu finden. Es kann sein, daß sich jemand für deine Zukunft interessiert und dir helfen wird, wo er kann. Wenn du schon älter bist, so wirst du in der nächsten Zeit einen durchschlagenden Erfolg mit deinen Werken erzielen, wobei es sich wahrscheinlich um künstlerische Werke handelt. Befindet sich eine Kreuz-Karte im 13. Haus und fällt die KREUZ ACHT in ein Kreuz-Haus oder in ein rotes Haus, so scheinst du einiges vom Kochen zu verstehen und wirst sehr bald ein Spezialitätenrestaurant eröffnen, in dem nur die oberen Zehntausend verkehren. Ziehe auch das 6. und das 25. Haus mit zur Deutung heran. Es müssen sich auch in diesen Häusern rote Karten befinden, und der HERZ BUBE und das KARO AS müssen in rote Häuser fallen, dann wirst du ein sehr berühmter Koch werden, der seine Kunst versteht.

Befindet sich aber im 13. Haus eine PIK-KARTE und fällt die KREUZ ACHT in ein PIK- oder Kreuz-Haus, so scheinst du noch nicht ganz deine Linie gefunden zu haben, um erfolgreich im Leben zu sein. Vielleicht bist du zu sehr in dich gekehrt, oder du bist in der Ausführung deiner Pläne zu oberflächlich. Versuche mit Hilfe von Atemübungen gründlicher zu werden, dann wirst du sicher zum Erfolg gelangen. Arbeite an dir, denn es steckt mehr in dir, als du glaubst.

## HERZ DAME · 19. HAUS

### FREUNDE · WEIBLICHER FREUND · BLOND · SPONSOR

Im Haus der neuen Unternehmungen wird dir mitgeteilt, daß du sehr bald von einem Freund zu einer Zusammenkunft eingeladen werden wirst. Dieses Treffen hat einen sozialen Zweck, und man wird Mitglieder brauchen und Ehrenämter vergeben. Du solltest dich bereit erklären, ein solches Amt zu übernehmen. Vielleicht wirst du als Zuschauer bei einer Quizveranstaltung gebeten werden, auf die Bühne zu kommen und bei einem Spiel mitzumachen. Mache mit, denn du wirst dabei etwas gewinnen. Vielleicht wirst du auch etwas vortragen, und man wird auf dein Talent aufmerksam werden.

Sieh nach, welche Karte sich im 19. Haus befindet. Befindet sich dort eine rote Karte und fällt die KREUZ ACHT in ein rotes Haus, so solltest du bei einem Wettbewerb mitmachen, und zwar auf jenem Gebiet, in dem du dich am besten auskennst. Du wirst sicherlich gewinnen und auch sehr nette Menschen kennenlernen, die dein Talent zu schätzen wissen. Es kann auch sein, daß sich darunter eine nette Dame befindet, die dich in Zukunft fördern wird. Ein sehr gutes Omen ist es, wenn in das 25. Haus eine rote Karte fällt. Eine rote Karte im 9. Haus deutet auf gute Verträge hin. Greife zu, denn du wirst Glück damit haben. Befindet sich im 19. Haus eine Kreuz-Karte und fällt die KREUZ ACHT in ein Kreuz-Haus oder in ein rotes Haus, so kann es sein, daß dir deine Familie erst später, wenn du dir schon einen Namen gemacht hast, helfen wird. Du solltest diese Hilfe nicht ablehnen, denn damit würdest du deine Familie verletzen.

Befindet sich aber im 19. Haus eine PIK-KARTE und fällt die KREUZ ACHT in ein PIK- oder Kreuz-Haus, so kann es sein, daß dich jemand mit einem Vertrag nur ködern möchte, um deinen Aufstieg zu verhindern. Paß auf, was du in nächster Zeit unterschreibst, laß dich nicht durch Geld auf eine falsche Fährte locken. Mache die Atemübungen! Dann wirst du erkennen, ob man es mit dir ehrlich meint oder ob man dich nur festnageln möchte.

## HERZ BUBE · 6. HAUS

POPULARITÄT · KUNST · JÜNGERER MÄNNLICHER FREUND · KÜNSTLER

Im Haus der neuen Unternehmungen wird dir mitgeteilt, daß, wenn du weiter an dir arbeitest und deiner Linie folgst, du Dinge vollbringen wirst, die dich berühmt machen werden. Du wirst dir einen guten Namen machen und im Wohlstand leben können. Solltest du noch unbekannt sein, so kann es sein, daß du in nächster Zeit vor ein Publikum treten und über Nacht in aller Munde sein wirst. Du wirst aus dir herausgehen und ein Talent zeigen, das niemand von dir erwartet hätte. Vielleicht wird es ein besonderer Anlaß sein, der diese Wandlung in dir herbeiführt, zum Beispiel ein Gespräch oder eine Auseinandersetzung.

Sieh nach, welche Karte sich im 6. Haus befindet. Befindet sich dort eine rote Karte und fällt die KREUZ ACHT in ein rotes Haus, so wirst du dich selbst bald nicht mehr wiedererkennen: heute noch unbekannt, aber morgen schon ein großer Star! Wenn so etwas eintreten sollte, gib acht, daß du deine Freunde und dein früheres Leben nicht vergißt. Laß dir Reichtum und Ruhm nicht zu Kopfe steigen. Mache regelmäßig die Atemübungen, damit du auf dem Boden der Realität bleibst. Befindet sich im 6. Haus eine Kreuz-Karte und fällt die KREUZ ACHT in ein Kreuz-Haus, so wurdest du schon von frühester Kindheit an von deinen Eltern oder von deiner Verwandtschaft auf eine Karriere vorbereitet. Werde nicht hochmütig und bedenke, daß andere sich ein Leben lang alles erkämpfen müssen.

Befindet sich aber im 6. Haus eine PIK-KARTE und fällt die KREUZ ACHT in ein PIK- oder Kreuz-Haus, so kann es sein, daß dir eines Tages der Ruhm zu Kopfe steigen wird und du dann ein eitler und unausstehlicher Mensch wirst. Versuche dieses mit Hilfe von Atemübungen zu verhindern, denn jeder Mensch besitzt Schwächen, aber auch die positive Kraft, die Schwächen zu überwinden.

## HERZ ZEHN · 11. HAUS

### HEIRAT · VERBINDUNGEN · VEREINE · BRUDERSCHAFTEN

Im Haus der neuen Unternehmungen wird dir mitgeteilt, daß du eines Tages durch eine Ehe oder eine Verbindung mit einem Freund dein Talent entdecken und öffentlich bekannt werden wirst. Vielleicht erkennt dein Partner oder Freund das Talent, das in dir schlummert, und wird dich »managen«. Vielleicht kannst du dich auch durch die Ausgeglichenheit eines Partners oder Freundes besser auf deine Fähigkeiten konzentrieren und wirst an die Öffentlichkeit treten, weil du in der betreffenden Person den besten Kritiker hast, der es ehrlich mit dir meint und der dir objektiv gegenübersteht.

Sieh nach, welche Karte sich im 11. Haus befindet. Befindet sich dort eine rote Karte und fällt die KREUZ ACHT in ein rotes Haus, so kannst du in Zukunft mit einer sehr guten Partnerschaft oder Heirat rechnen, die dich auch privat und beruflich weiterbringen wird. Befindet sich im 11. Haus eine Kreuz-Karte und fällt die KREUZ ACHT in ein Kreuz-Haus oder in ein rotes Haus, so kann es sein, daß du in ein Geschäft einheiraten und dort zum Starverkäufer werden wirst. Verkaufen scheint deine große Stärke zu sein. Deute auch das 25. Haus mit. Rote Karten sind sehr positiv; schwarze Karten sollten gesondert gedeutet werden, sie weisen auf mögliche Widerstände hin.

Befindet sich im 11. Haus eine PIK-KARTE und fällt die KREUZ ACHT in ein PIK- oder Kreuz-Haus, so solltest du dich in der nächsten Zeit vor einer Partnerschaft hüten, denn du würdest nicht den richtigen Partner fürs Leben finden. Glaube nicht allen Beteuerungen und höre nicht auf Schmeichler, denn sie werden nur so lange zu dir halten, wie sie von dir profitieren können. Mache die Atemübungen! Dann wirst du solche Menschen in Zukunft durchschauen.

## HERZ NEUN · 2. HAUS

### Wunsch · Wünsche · Sehnsucht · Hoffnung

Im Haus der neuen Unternehmungen wird dir mitgeteilt, daß du in Zukunft etwas erreichen möchtest, das dir zur Zeit noch nicht möglich ist und das erst in dir schlummert. Du möchtest so sein wie dein Vorbild. Dein Wunsch wird nur teilweise in Erfüllung gehen, denn du kannst niemals genau wie dein Vorbild werden, sondern mußt aus dir selbst eine eigenständige Persönlichkeit schaffen. Lerne deinen eigenen Weg zu gehen, und deine Sehnsucht, so wie eine andere Person zu sein, wird verschwinden. Du wirst dich dann selbst erst richtig kennenlernen. Es wird noch einige Zeit dauern, bis du dich verwirklichen kannst, aber wenn du die Atemübungen machst, dann wird es dir bald gelingen, deine Persönlichkeit zu entwickeln.

Sieh nach, welche Karte sich im 2. Haus befindet. Befindet sich dort eine rote Karte und fällt die KREUZ ACHT in ein rotes Haus, so kannst du dich in Zukunft, wenn du auch weiterhin an dir arbeitest, so entwickeln, wie du es dir wünschst. Du solltest das aber in der richtigen Reihenfolge tun, das heißt, du mußt zuerst deine Eitelkeiten und Fehler abbauen, dann ergibt sich der positive Aufbau ganz von selbst. Befindet sich im 2. Haus eine Kreuz-Karte und fällt die KREUZ ACHT in ein Kreuz-Haus oder sollte sich im 26. Haus eine rote Karte befinden, so wird dich ein Freund oder ein guter Lehrmeister in deiner persönlichen Entwicklung fördern. Mache auch die Atemübungen, denn sie werden dein Leistungs- und Lernvermögen steigern.

Befindet sich aber im 2. Haus eine PIK-KARTE und fällt die KREUZ ACHT in ein PIK- oder Kreuz-Haus, so kann es sein, daß du anderen Menschen gegenüber mit deinen Wünschen zu offen bist. Sie werden dich entweder lächerlich machen oder deine Offenheit ausnutzen und damit die Realisierung deiner Wünsche verhindern. Versuche zu dir selbst zu finden, das kannst du am besten durch die Atemübungen erreichen, wenn du sie regelmäßig einhältst.

## HERZ ACHT · 4. HAUS

LIEBE · MONDSCHEIN · ROMANZE · HERZ

Im Haus der neuen Unternehmungen wird dir mitgeteilt, daß das größte Werk, das du in deinem Leben vollbringen wirst, durch jemanden gefördert wird, der dich sehr liebt und dich immer wieder unterstützen wird, wenn du eine solche Unterstützung brauchst. Es kann auch sein, daß du selbst jemandem helfen wirst, ein Werk zu vollbringen, nur weil du ihn liebst. Es ist auch möglich, daß du in deinem Leben sehr viele Bewunderer haben wirst, die deine Werke anerkennen werden. Du hast die Gabe, deine inneren Bilder durch kreatives Gestalten zum Ausdruck zu bringen.

Sieh nach, welche Karte sich im 4. Haus befindet. Befindet sich dort eine rote Karte und fällt die KREUZ ACHT in ein rotes Haus, so wirst du sehr bald ein neues Unternehmen planen, mit dem du sehr bekannt werden wirst. Es kann sein, daß du in einem dir nahestehenden Freund einen Lehrmeister finden wirst, der dich voll und ganz unterstützt und dir hilft, dich zu einer selbständigen Persönlichkeit zu entwickeln. Befindet sich im 4. Haus eine Kreuz-Karte und fällt die KREUZ ACHT in ein Kreuz-Haus oder in ein rotes Haus, so kann es sein, daß du jemanden in deiner Familie hast, der sehr bekannt ist und durch den auch du sehr bekannt werden kannst, oder du wirst jemanden, den du liebst, sehr bekannt machen, indem du im Hintergrund für ihn tätig wirst.

Befindet sich aber im 4. Haus eine PIK-KARTE und fällt die KREUZ ACHT in ein PIK-HAUS, so kann es sein, daß du einmal jemanden lieben wirst, der deine Liebe nicht verdient und der dich nur ausnutzt, um seine eigenen Ideen und Bedürfnisse zu verwirklichen. Wenn er dich nicht mehr braucht, wird er dich kaltblütig fallenlassen. Mache regelmäßig die Atemübungen! Dann wird sich deine Menschenkenntnis verbessern, und du lernst, hinter die Fassaden der Menschen zu schauen.

## HERZ SIEBEN · 12. HAUS
### Fröhlichkeit · Gute Laune · Herzlichkeit · Frohsinn

Im Haus der neuen Unternehmungen wird dir mitgeteilt, daß du in Zukunft deine Arbeit oder deinen Beruf mit sehr viel Freude ausüben wirst. Du bist in der glücklichen Lage, Hobby und Arbeit miteinander verbinden zu können. Vielleicht wirst du in Zukunft als freischaffender Künstler tätig sein und sehr vielen Menschen durch deine Arbeit Freude bereiten. Möglicherweise wartest du noch auf den Durchbruch, aber du wirst damit bald rechnen können, denn man wird dein Talent und deinen Humor sehr bald entdecken. Vielleicht arbeitest du noch zu ernsthaft an gewissen Dingen und wirst den nötigen Humor erst etwas später entwickeln.

Sieh nach, welche Karte sich im 12. Haus befindet. Befindet sich dort eine rote Karte und fällt die KREUZ ACHT in ein rotes Haus, so wirst du sehr bald mit deiner Arbeit an die Öffentlichkeit treten, möglicherweise anläßlich einer Ausstellung oder eines Wettbewerbs. Vielleicht bist du auch noch an einen bestimmten Auftrag oder Vertrag gebunden, aber diese Bindung wird bald vorüber sein. Befindet sich im 12. Haus eine Kreuz-Karte und fällt die KREUZ ACHT in ein Kreuz-Haus oder in ein rotes Haus, so kann es sein, daß dir deine Familie oder Verwandtschaft Anregungen für deine Arbeit geben wird, und deine Werke oder Arbeiten werden einen sehr familiären oder volkstümlichen Hintergrund haben, der dich überall beliebt machen wird.

Befindet sich aber im 12. Haus eine PIK-KARTE und fällt die KREUZ ACHT in ein PIK- oder Kreuz-Haus, dann kann es sein, daß man nicht verstehen wird, was du mit deinen Arbeiten aussagen möchtest. Vielleicht solltest du weniger abstrakte Themen wählen, unter denen sich auch andere etwas vorstellen können. Vielleicht ist die Zeit noch nicht reif für deine weit vorausschauenden Gedankengänge. Mache regelmäßig die Atemübungen! Dann wirst du deine Gedanken und Visionen mit der Realität in Einklang bringen können.

# KARO

## KARO AS · 25. HAUS
Beruf · Firma · Unternehmen · Projekte

Im Haus der neuen Unternehmungen wird dir mitgeteilt, daß du in der Zukunft etwas ausführen wirst, das eine sehr harte Hand und viel Kraft erfordert, aber die Anstrengung wird sich später für dich bezahlt machen. Es kann sein, daß du an dieser Arbeit einige Monate zu tun haben wirst, aber du wirst durch deine Arbeitsdisziplin eine brillante Karriere machen können. Vielleicht wirst du eines Tages ein harter Trainer sein, aber wer unter deiner Anleitung trainiert, wird sicher in Zukunft das Beste aus sich machen können.

Sieh nach, welche Karte sich im 25. Haus befindet. Befindet sich dort eine rote Karte und fällt die KREUZ ACHT in ein rotes Haus, dann wirst du dir einen Namen machen. Vielleicht mußt du auch noch einige Zeit hart arbeiten, bis du Anerkennung findest, aber du hast die nötige Ausdauer dazu. Es kann sein, daß du in einem Berufszweig bekannt wirst, der wenig verbreitet oder sogar etwas verpönt ist, aber trotzdem bewundert wird. Befindet sich eine Kreuz-Karte im 25. Haus und fällt die KREUZ ACHT in ein Kreuz-Haus oder in ein rotes Haus, dann wirst du in deinen Plänen tatkräftig von anderen Menschen unterstützt werden, die zwar nicht immer deine Freunde sind, die aber Respekt vor deiner Leistung haben.

Befindet sich aber im 25. Haus eine PIK-KARTE und fällt die KREUZ ACHT in ein PIK- oder Kreuz-Haus, so kann es sein, daß du deine Kraft oft für sinnlose Dinge vergeudest oder für Dinge, die dir nur Schwierigkeiten einbringen. Du solltest lieber Sport treiben oder dir ein anderes Hobby suchen, bei dem du deine überschüssigen Kräfte loswerden kannst. Mache auch die Atemübungen! Durch sie wird dir bald ein Gedanke kommen, was du in Zukunft mit deinen Kräften anfangen kannst.

## KARO KÖNIG · 9. HAUS
Legale Papiere · Arzt · Anwalt · Notar

Im Haus der neuen Unternehmungen wird dir mitgeteilt, daß du in der kommenden Zeit sehr viel erreichen wirst, solltest du einen medizinischen oder juristischen Beruf ausüben. Du wirst demnächst sehr viel mit Verhandlungen, Papieren oder Verträgen zu tun haben, und dabei wird dir vieles in die Finger kommen, was in Zukunft sehr wichtig sein wird. Möglicherweise mußt du auch deine Rechte für ein Patent verteidigen oder mit Papieren vor Gericht erscheinen oder Beweismaterial herbeischaffen, um deine Glaubwürdigkeit zu beweisen. Sei getrost, es wird dir gelingen, wie schwierig es auch sein mag.

Sieh nach, welche Karte sich im 9. Haus befindet. Befindet sich dort eine rote Karte und fällt die KREUZ ACHT in ein rotes Haus, so wird es keine ernsthaften Schwierigkeiten geben, wenn du in nächster Zeit um dein Recht kämpfen oder vor Gericht gehen mußt. Papiere sowie auch Verträge werden deine Stärke sein. Vielleicht wirst du in der nächsten Zeit auch ein gutgehendes Maklerbüro führen. Befindet sich im 9. Haus eine Kreuz-Karte und fällt die KREUZ ACHT in ein Kreuz-Haus oder in ein rotes Haus, so kann es sein, daß du mit deiner Familie oder deinen Verwandten bei einem Anwalt einen Vertrag aushandeln mußt. Auch hier steht alles gut, wenn sich im 28. Haus eine rote oder eine Kreuz-Karte befindet.

Befindet sich aber im 9. Haus eine PIK-KARTE und fällt die KREUZ ACHT in ein PIK- oder Kreuz-Haus, so kann es sein, daß du statt legaler Papiere eine Fälschung bekommst und dadurch mit den Behörden in große Schwierigkeiten gerätst. Es scheint so, als hätte es jemand auf Aufzeichnungen, die du bei dir trägst, abgesehen. Es wäre besser, einen anderen Aufbewahrungsort dafür zu finden, sonst könntest du in Lebensgefahr geraten. Mache die Atemübungen regelmäßig! Dann kannst du dich in Zukunft besser auf negative Schwingungen vorbereiten und auch Gefahren früher erkennen.

## KARO DAME · 18. HAUS

JAHRESZEIT · FRÜHJAHR · SOMMER · HERBST · WINTER

Im Haus der neuen Unternehmungen wird dir mitgeteilt, daß alles, was du in der nächsten Zeit zu machen oder auszuführen versuchst, eine gewisse Zeit brauchen wird, bis du es realisieren kannst. Das soll nicht heißen, daß du nicht an dein Ziel gelangen wirst, aber du mußt dich in Geduld üben. Vielleicht brauchst du Hilfe von einer bestimmten Person, die du aber nicht erreichen kannst, weil sie zur Zeit erkrankt ist. Es kann auch sein, daß deine Pläne noch nicht ganz ausgereift sind. Mache die

Atemübungen und konzentriere dich darauf herauszufinden, was dir noch fehlt, dann wird es dir sicherlich nicht schwerfallen, sehr bald das Richtige zu treffen.

Sieh nach, welche Karte sich im 18. Haus befindet. Befindet sich dort eine rote Karte und fällt die KREUZ ACHT in ein rotes Haus, so wirst du ganz bestimmt dein Ziel erreichen, auch wenn die Zeichen zur Zeit nicht gut dafür stehen. Du mußt nur ein bißchen Geduld haben und deine Pläne ruhig und bestimmt durchführen. Befindet sich im 18. Haus eine Kreuz-Karte und fällt die KREUZ ACHT in ein Kreuz-Haus, so wirst du bei deinen Plänen von Verwandten oder Freunden unterstützt werden. Allerdings kann es sein, daß man von dem, was du vorhast, nicht gleich überzeugt sein wird. Fällt die KREUZ ACHT in ein rotes Haus, so kannst du dich sogar eine gewisse Zeit ausruhen, um deine Ziele später weiterzuverfolgen.

Befindet sich aber im 18. Haus eine PIK-KARTE und fällt die KREUZ ACHT in ein PIK- oder Kreuz-Haus, so solltest du dich lieber in der nächsten Zeit entspannen, denn du scheinst dich in eine Sache verrannt zu haben. Wenn du nicht rechtzeitig damit aufhörst, wirst du nicht mehr davon loskommen und in deiner Verbohrtheit an die Grenze des Wahnsinns geraten. Die Atemübungen werden dir helfen, dich zu entspannen und einzusehen, daß du einen Fehler gemacht hast.

## KARO BUBE · 21. HAUS

BRIEFE · SCHRIFTSTÜCKE · TELEGRAMME · BOTE · FREUND

Im Haus der neuen Unternehmungen wird dir mitgeteilt, daß du einen Brief erhalten wirst, worin dir bestätigt wird, daß du einen Kurs erfolgreich absolviert hast. Es kann sein, daß du auch nur Werbematerial über Kurse bekommst oder daß du dich über gewisse Ausbildungsmöglichkeiten informieren möchtest. Vielleicht möchtest du eine Prüfung als Fahrzeugführer, Pilot oder Steuermann machen. Möglicherweise bekommst du einen Brief aus Übersee, oder du versendest ein Paket oder einen Brief dorthin. Auf jeden Fall wirst du in nächster Zeit sehr viel Post erledigen müssen und auch eine Menge Post erhalten. Für einen Politiker oder einen Geschäftsmann sind in nächster Zeit gute Übersee- und Ostgeschäfte gegeben.

Sieh nach, welche Karte sich im 21. Haus befindet. Befindet sich dort eine rote Karte und fällt die KREUZ ACHT in ein rotes Haus, so wirst du durch deine Tätigkeit sehr bekannt werden, und zwar nicht nur in deinem Heimatland, sondern auch im Ausland und in Übersee. Du wirst brieflich viele gute Neuigkeiten erhalten und anderen gute Neuigkeiten mitteilen. Befindet sich eine Kreuz-Karte im 21. Haus und fällt die KREUZ ACHT in ein Kreuz-Haus oder in ein rotes Haus, so kann es sein, daß Familienangehörige oder Verwandte aus Übersee oder aus dem Osten sich zu einem Besuch bei dir anmelden. Vielleicht planst du auch selbst einen Besuch bei deinen Verwandten und sendest ihnen deswegen einen Brief, um deine Reise anzukündigen. Deute auch das 8. und das 31. Haus mit. Rote Karten und Kreuz-Karten sind sehr gut, bei PIK-KARTEN ist die gesonderte Deutung zu beachten.

Befindet sich aber im 21. Haus eine PIK-KARTE und fällt die KREUZ ACHT in ein PIK- oder Kreuz-Haus, dann kann es sein, daß du einen Kurs ohne Abschluß beenden wirst. Vielleicht erhältst du eine negative Nachricht, weil man dich nicht als genügend qualifiziert erachtet, oder du mußt in nächster Zeit selbst einige schlechte Nachrichten aussenden. Mache die Atemübungen regelmäßig! Durch sie wirst du auf einen Weg geführt, der dir Erfolg und Freude bringen wird.

## KARO ZEHN · 17. HAUS
### GELD · FINANZEN · BÖRSE · EINNAHMEN · AUSGABEN

Im Haus der neuen Unternehmungen wird dir mitgeteilt, daß du einmal in deinem Leben sehr viel erreichen und deshalb von vielen bewundert werden wirst. Du wirst von vielen Seiten Einkünfte beziehen und großen Wohlstand genießen können. Allerdings mußt du zunächst hart dafür arbeiten, denn geschenkt wird auch dir nichts, aber dafür kannst du es dir später gutgehen lassen und das nachholen, was du vorher versäumt hast. Du wirst in vielen Städten der Welt zu Hause sein; möglicherweise legst du dein Geld in Form von Aktien oder anderen Investitionen in verschiedenen Ländern an.

Gute Zeiten liegen vor dir, wenn sich im 17. Haus eine rote Karte befindet und wenn die KREUZ ACHT in ein rotes Haus fällt. Deute auch das 25., das 3. und das 27. Haus mit. Sollten sich in allen diesen Häusern rote Karten befinden, speziell aber Karo-Karten, dann kannst du bestimmt damit rechnen, daß du einmal sehr wohlhabend sein wirst, solltest du es noch nicht sein. Befindet sich im 17. Haus eine Kreuz-Karte und fällt die KREUZ ACHT in ein Kreuz-Haus oder in ein rotes Haus, so kann es sein, daß du durch deine Eltern oder deine Verwandtschaft einmal zu Geld kommen wirst. Vielleicht bekommst du bereits jetzt genügend Geld von deiner Familie, um deine Pläne und Projekte zu verwirklichen. Eine rote oder eine Kreuz-Karte im 6. Haus zeigt Künstlern eine gute Zukunft an. PIK-KARTEN sollten dir eine Mahnung sein, dich in nächster Zeit nicht allzusehr auf die Verwandtschaft zu verlassen und keine Unterstützung von dort zu erwarten.

Befindet sich aber im 17. Haus eine PIK-KARTE und fällt die KREUZ ACHT in ein PIK- oder Kreuz-Haus, so solltest du lernen, besser mit deinem Geld umzugehen, denn sonst zerrinnt es dir zwischen den Fingern. Versuche durch die Atemübungen in deinen finanziellen Belangen Ordnung zu schaffen, sonst wirst du einmal sehr arm enden.

## KARO NEUN · 5. HAUS
ÜBERRASCHUNG · ÜBERRASCHUNGEN · KLEINE FINANZEN

Im Haus der neuen Unternehmungen wird dir mitgeteilt, daß dir einmal etwas gelingen wird, das dir vorher ganz unmöglich erschien. Du wirst selbst so überrascht sein, daß du vor Freude in die Luft springen könntest, und es wird dir Auftrieb für neue Unternehmungen geben. Sage dir nie, daß du etwas nicht schaffen kannst. Lerne positiv zu denken, dann wird es auch klappen. Wenn deine innere Stimme dir sagt, daß du es schaffen wirst, dann mache es und lasse dich nicht von anderen davon abhalten.

Sieh nach, welche Karte sich im 5. Haus befindet. Befindet sich dort eine rote Karte und fällt die KREUZ ACHT in ein rotes Haus, so wirst du sehr bald eine Überraschung besonderer Art erleben, die du dein ganzes Leben lang nicht vergessen wirst. Vielleicht gewinnst du eine Flugreise bei einem Preisausschreiben. Befindet sich eine Kreuz-Karte im 5. Haus und fällt die KREUZ ACHT in ein Kreuz-Haus oder in ein rotes Haus, so kann es sein, daß die Überraschung aus dem Kreise deiner Familie oder Verwandtschaft kommt. Möglicherweise wirst du auch deine Verwandtschaft und dich selbst mit den Erfolgen deiner Arbeit überraschen. Ziehe auch das 3. und das 25. Haus mit zur Deutung heran. Befinden sich dort rote Karten und fallen die KARO SIEBEN und das KARO AS auch in rote Häuser, so wirst du vielleicht ein berühmter Zauberkünstler werden und auf sehr bekannten Bühnen der Welt auftreten.

Befindet sich aber im 5. Haus eine PIK-KARTE und fällt die KREUZ ACHT in ein PIK- oder Kreuz-Haus, so solltest du mit Überraschungen, die du anderen machen möchtest, etwas vorsichtig sein, denn du bringst nicht nur dich, sondern auch die anderen damit in Gefahr. Mache die Atemübungen regelmäßig! Dann wirst du rechtzeitig die Gefahren erkennen.

## KARO ACHT · 27. HAUS

### ERBE · ERBSCHAFTEN · HINTERLASSENSCHAFTEN · BEKOMMEN

Im Haus der neuen Unternehmungen wird dir mitgeteilt, daß du in den nächsten Tagen ein sehr gutes Angebot bekommen wirst. Wenn du geschickt verhandelst, kannst du etwas daraus machen, das du später in deinem Leben niemals mehr erhalten würdest. Es kann sein, daß du eine Arbeit bekommst, an der du schon lange sehr interessiert warst. Diese neue Tätigkeit wird dich vor ein Publikum bringen, und du wirst dir dabei einen Namen machen können. Bald wird man dich überall im Lande kennen. Es ist auch möglich, daß du etwas von einem älteren Menschen bekommst, zu dem du eine gute Beziehung hast. Er hat vielleicht deine geheimen Wünsche erraten und wird dir etwas hinterlassen, das du zu einem späteren Zeitpunkt sehr gut gebrauchen kannst. Sieh nach, welche Karte sich im 27. Haus befindet. Befindet sich dort eine rote Karte und fällt die KREUZ ACHT in ein rotes Haus, so wirst du einmal in deinem Leben eine sehr große Erbschaft machen. Diese muß nicht unbedingt materieller Natur sein, es könnte auch sein, daß dir jemand sein Wissen und sein Können hinterläßt. Zieh auch das 24. Haus mit zur Deutung heran. Eine rote Karte bedeutet eine gute Erbschaft auf wissenschaftlichem Gebiet, schwarze Karten sind gesondert zu deuten. Befindet sich im 27. Haus eine Kreuz-Karte und fällt die KREUZ ACHT in ein Kreuz-Haus oder in ein rotes Haus, so wirst du vielleicht das Erbstück eines Verwandten sehr lange bei dir aufheben und zu einem späteren Zeitpunkt entweder selbst restaurieren oder veräußern.

Befindet sich aber im 27. Haus eine PIK-KARTE und fällt die KREUZ ACHT in ein PIK- oder Kreuz-Haus, so solltest du dich vorsehen. Man wird dir eine Erbschaft unterschlagen wollen, und du wirst vielleicht vor Gericht gehen müssen, um zu deinem Recht zu kommen. Mache auch die Atemübungen regelmäßig!

## KARO SIEBEN · 3. HAUS
### ERFOLG · KARRIERE · AUFSTIEG · LEISTUNG

Im Haus der neuen Unternehmungen wird dir mitgeteilt, daß du durch deine Arbeit in nächster Zeit zu Ehre und Ruhm gelangen wirst, ohne daß du es darauf abgesehen hättest; es wird aber für deine weitere Karriere nützlich sein, daß man dich kennt. Es kann auch sein, daß du in der nächsten Zeit etwas versuchen wirst, was du vorher gar nicht gewagt hättest, und es wird dir gelingen, denn die Zeichen stehen gut für dich. Bald werden viele an deinen Leistungen und Fähigkeiten interessiert sein, und du wirst vielen Menschen Interviews geben. Vielleicht wirst du eine Erfindung machen oder eine technische Neuerung einführen. Vielleicht fällt dir auch etwas ganz Simples ein, das dich zum Millionär machen wird.

Sieh nach, welche Karte sich im 3. Haus befindet. Befindet sich dort eine rote Karte und fällt die KREUZ ACHT in ein rotes Haus, so kann es sein, daß du sehr bald eine steile Karriere machen wirst, und es muß nicht einmal sonderlich anstrengend für dich sein. Befindet sich eine Kreuz-Karte im 3. Haus und fällt die KREUZ ACHT in ein Kreuz-Haus oder in ein rotes Haus, so kann es sein, daß du eine sehr gute Idee haben wirst. Du wirst mit jemandem darüber sprechen und dann den Schritt in die Öffentlichkeit wagen, worauf du sehr bekannt werden wirst. Gute Zeiten stehen dir bevor, auch beruflich, wenn sich im 25. Haus eine rote oder eine Kreuz-Karte befindet oder wenn das KARO AS in ein rotes Haus oder Kreuz-Haus fällt.

Befindet sich aber im 3. Haus eine PIK-KARTE und fällt die KREUZ ACHT in ein PIK-HAUS, so ist es besser, wenn du deine Ideen noch eine Weile für dich behältst, denn jemand scheint sie für sich vermarkten zu wollen. Laß deine Ideen rechtlich schützen und sei vorsichtig mit deiner Unterschrift unter Verträgen. Ziehe auch das 9. Haus mit zur Deutung heran. Rote Karten sind zwar positiv, aber sei trotzdem vorsichtig. Bei schwarzen Karten mußt du besonders vorsichtig sein. Mache regelmäßig deine Atemübungen!

# KREUZ

## KREUZ AS · 20. HAUS

GESCHENK · GESCHENKE (MIT PIK AS: TOD · LAST)

Im Haus der neuen Unternehmungen wird dir mitgeteilt, daß dir jemand aus der Verwandtschaft helfen wird, wenn du Geld zum Studieren brauchst, oder daß du ein Stipendium erhalten wirst, wenn du gute Noten vorzeigen kannst. Möglicherweise hast du besondere Fähigkeiten und möchtest dich spezialisieren, und man wird dich darin finanziell unterstützen. Vielleicht wirst du eines Tages in der Schule, beim Studium oder bei einer späteren Tätigkeit der Beste sein. Solltest du ein Sportler sein, so wirst du aus vielen Wettbewerben als Sieger hervorgehen und mit Preisen überhäuft werden. Solltest du noch jung sein, so wirst du vielleicht sogar Olympiasieger. Die Atemübungen werden dir zu einer optimalen geistigen und körperlichen Entwicklung verhelfen.

Sieh nach, welche Karte sich im 20. Haus befindet. Befindet sich dort eine rote Karte und fällt die KREUZ ACHT in ein rotes Haus, so wirst du einmal durch eine besondere Leistung hervortreten, für die du von vielen Menschen bewundert wirst und viele Geschenke erhältst. Befindet sich im 20. Haus eine Kreuz-Karte und fällt die KREUZ ACHT in ein Kreuz-Haus oder in ein rotes Haus, so kann es sein, daß ein Verwandter, der deine Fähigkeiten erkennt, dich unterstützen wird. Vielleicht weißt du schon, um wen es sich hier handelt.

Befindet sich aber im 20. Haus eine PIK-KARTE und fällt die KREUZ ACHT in ein PIK- oder Kreuz-Haus, dann solltest du vorsichtig mit Versprechungen sein. Du bist eben auch nur ein Mensch, und man erwartet von dir Dinge, die du nicht zu geben imstande bist. Laß dich nicht von den anderen ruinieren, denn es geht um deine Zukunft, in der du gesund leben möchtest. Mache auch die Atemübungen! Dann wirst du erkennen, wo deine Stärken liegen. Vertraue auf dich selbst, dann wirst du dem Erfolg näher sein, als wenn du dich von anderen abhängig machst.

## KREUZ KÖNIG · 10. HAUS

### Ferien · Urlaub · Vater · Onkel · Grossvater

Im Haus der neuen Unternehmungen wird dir mitgeteilt, daß du deine besten Ideen und Leistungen erst später in deinem Leben erreichen wirst. Du brauchst noch eine gewisse Zeit, um zu reifen, um deine Persönlichkeit zu entwickeln und um deinen Ideen Form zu verleihen. Dir wird nichts geschenkt werden, du wirst dir das, was du erreichen möchtest, immer hart erarbeiten müssen. Sogar den Urlaub wirst du verwenden müssen, um Dinge zu lernen, die andere mit Leichtigkeit schaffen. Vielleicht mußt du auch an dir selbst noch viel arbeiten, und zwar ebenso in körperlicher wie in seelischer Hinsicht. Dabei können dir die Atemübungen sehr nützlich sein; neue Wege werden sich dir dann wie von selbst eröffnen.

Sieh nach, welche Karte sich im 10. Haus befindet. Befindet sich dort eine rote Karte und fällt die KREUZ ACHT in ein rotes Haus, so wirst du deine Ziele zwar immer erreichen, aber du mußt sehr beharrlich daran arbeiten. Du darfst niemals in deinen Bemühungen nachlassen, wenn du vorwärtskommen willst. Das gilt bis ins hohe Alter, das du erreichen kannst, wenn sich im 16. Haus eine rote Karte befindet und die PIK SIEBEN in ein rotes Haus fällt. Befindet sich im 10. Haus eine Kreuz-Karte und fällt die KREUZ ACHT in ein Kreuz-Haus, so kann es sein, daß eine ältere Person dir helfen wird, deine Ziele zu erreichen.

Befindet sich aber im 10. Haus eine PIK-KARTE und fällt die KREUZ ACHT in ein PIK- oder Kreuz-Haus, so kann es sein, daß es dir in der nächsten Zeit sehr schwerfallen wird, deine Pläne zu verwirklichen. Mache dir keine Illusionen, denn deine Pläne scheinen sich zur Zeit nicht realisieren zu lassen. Mache regelmäßig die Atemübungen, damit du beizeiten erkennen kannst, auf welchem Irrweg du dich befindest! Selbsterkenntnis ist der erste Schritt zur Besserung.

## KREUZ DAME · 30. HAUS

### Untersucher · Untersuchungen · Mutter · Tante · Grossmutter

Im Haus der neuen Unternehmungen wird dir mitgeteilt, daß du eines Tages ein Experte oder Spezialist sein wirst, wenn du deine Ausbildung konsequent weiterverfolgst. Möglicherweise bist du im beruflichen Leben schon auf dem Weg zum Experten. Vielleicht hast du großes manuelles Geschick, und man wird dich von überall her aufsuchen, um etwas von dir herstellen zu lassen, das nur du machen kannst. Es kann auch sein, daß dein Leben bereits ausgefüllt ist und daß du ein zufriedenes und harmonisches Dasein führst. Du glaubst, alles erreicht zu haben, was du erreichen konntest. Versuche einmal die Atemübungen zu machen, vielleicht wirst du erkennen, daß du dich auch noch in anderen Richtungen sinnvoll weiterentwickeln kannst. Ruhe dich nicht auf deinen Lorbeeren aus, sondern bleibe weiterhin aktiv, das wird dir ein hohes und erfülltes Alter bescheren.

Sieh nach, welche Karte sich im 30. Haus befindet. Befindet sich dort eine rote Karte und fällt die KREUZ ACHT in ein rotes Haus, so scheinst du auf dem Höhepunkt deines Erfolges zu sein. Es kann auch sein, daß du bald ein fertig ausgebildeter Spezialist sein wirst, den viele Menschen um Rat fragen werden. Befindet sich im 30. Haus eine Kreuz-Karte und fällt die KREUZ ACHT in ein Kreuz-Haus oder in ein rotes Haus, so kann es sein, daß du von jemandem aus der Verwandtschaft oder aus deinem Bekanntenkreis gebeten wirst, etwas zu machen, das nur du kannst, oder daß du selbst jemanden aus deiner Verwandtschaft bittest, dir bei etwas zu helfen.

Befindet sich aber im 30. Haus eine PIK-KARTE und fällt die KREUZ ACHT in ein PIK- oder Kreuz-Haus, so solltest du in Zukunft achtgeben, daß du dich nicht verletzt. Als Spezialist brauchst du deine Hände, und wenn sie verletzt sind, kannst du deinen Beruf nicht mehr ausüben. Mache auch immer die Atemübungen. Mit ihnen kannst du dich darauf vorbereiten, die Erfolgsleiter emporzusteigen.

## KREUZ BUBE · 15. HAUS

FAMILIE · SOHN · NEFFE (MIT DAME: TOCHTER · NICHTE)

Im Haus der neuen Unternehmungen wird dir mitgeteilt, daß jemand aus deiner Familie eines Tages etwas Großes leisten wird, worüber man sprechen wird. Sein Erfolg wird auch dir helfen, etwas zu vollbringen, das dir bisher nicht gelungen ist. Es kann auch sein, daß deine besten Leistungen erst dann kommen, wenn du deine Familie verlassen und dich auf die eigenen Beine gestellt hast. Vielleicht hast du auch schon etwas Großes geleistet und bist jetzt zu müde, um noch etwas Neues zu schaffen. Doch du wirst dieses Tief sehr bald überwunden haben. Du kannst nicht allzulange ruhen, denn zuviel Ruhe macht dich nervös.

Möglicherweise bereitest du dich auf etwas vor, wofür du viel Energie brauchen wirst.

Sieh nach, welche Karte sich im 15. Haus befindet. Befindet sich dort eine rote Karte und fällt die KREUZ ACHT in ein rotes Haus, so wirst du bald durch jemanden aus deiner Familie gefördert werden, und du wirst ein Talent zeigen, von dem niemand etwas wußte. Die Zeit ist gut für neue Ideen und neue Schaffenskraft. Befindet sich im 15. Haus eine Kreuz-Karte und fällt die KREUZ ACHT in ein Kreuz-Haus oder in ein rotes Haus, dann kann es sein, daß du jemanden in der Familie hast, der schon sehr bekannt ist, und durch ihn wirst auch du bekannt werden. Deute für deine berufliche Zukunft das 25. Haus mit. Rote Karten sind sehr gut. Ziehe das 3. Haus mit zur Deutung heran, wenn es um den Erfolg gehen sollte. Auch hier sind rote Karten sehr gut, schwarze Karten sollten gesondert gedeutet werden.

Befindet sich aber im 15. Haus eine PIK-KARTE und fällt die KREUZ ACHT in ein PIK- oder Kreuz-Haus, so könntest du eines Tages einen Nervenzusammenbruch erleben, wenn du nicht rechtzeitig ausspannst. Versuche dich auch beizeiten mit den Atemübungen vertraut zu machen. Mit ihrer Hilfe wirst du lernen, dich zu entspannen.

## KREUZ ZEHN · 8. HAUS
### REISE · STRASSE · WASSER · MEER

Im Haus der neuen Unternehmungen wird dir mitgeteilt, daß du, wenn du für die eigene oder eine andere Firma auf Reisen gehst, durch deinen Einsatz und deine Leistung sehr viel erreichen wirst, so daß es sehr bald zu einer Erweiterung des Betriebes kommen kann. Vielleicht wirst du von einer Firma eingesetzt werden, um dich nach neuen Niederlassungen umzuschauen. Möglicherweise bist du Schriftsteller oder Journalist, und es wird etwas von dir gedruckt werden, das sehr gut bei den Lesern ankommt, da es Bezug nimmt auf die Nöte der Menschen in dieser Zeit. Es kann auch sein, daß dein Buch oder Artikel großes Aufsehen erregt und viele Befürworter, aber auch Gegner findet.

Sieh nach, welche Karte sich im 8. Haus befindet. Befindet sich dort eine rote Karte und fällt die KREUZ ACHT in ein rotes Haus, so schreibst du vielleicht Gedichte, die vertont werden können, oder Liebesromane. Es kann sein, daß sich sogar die Filmindustrie für ein Buch von dir interessieren wird. Befindet sich im 8. Haus eine Kreuz-Karte und fällt die KREUZ ACHT in ein Kreuz-Haus oder in ein rotes Haus, so kann es sein, daß deine Familie dir Schützenhilfe gibt, wenn es sich um einen besonders heiklen Artikel handelt. Es ist auch möglich, daß du sehr scharfe Kritik an der Gesellschaft übst und dich dafür öffentlich rechtfertigen mußt. Mach dir keine Sorgen darum, denn du wirst genug Befürworter finden. Sieh auch nach, welche Karten in das 13. und 19. Haus fallen. Befinden sich dort rote oder Kreuz-Karten, so hast du nichts zu befürchten, denn du wirst mehr Befürworter haben als Gegner. PIK-KARTEN hingegen würden auf das Gegenteil hinweisen. Gib acht, daß du bei einem Anschlag nicht verletzt wirst. In diesem Fall sollte auch das 16. Haus mitgedeutet werden.

Befindet sich aber im 8. Haus eine PIK-KARTE und fällt die KREUZ ACHT in ein PIK- oder Kreuz-Haus, so solltest du dich in nächster Zeit vor öffentlichen Angriffen hüten. Du solltest dich eine Weile zurückziehen, in dich gehen und die Atemübungen regelmäßig machen, damit du neue Kraft schöpfen kannst.

## KREUZ NEUN · 31. HAUS
### GLÜCK · KLEINE REISE · RISIKO

Im Haus der neuen Unternehmungen wird dir mitgeteilt, daß du in der nächsten Zeit Glück haben wirst, denn jemand wird dir Geld geben, damit du deine Pläne verwirklichen kannst. Es kann sein, daß du auf eine kleine Reise gehen oder dich für eine Weile zurückziehen möchtest, um etwas zu schreiben, zu malen oder sonst etwas Kreatives zu gestalten, das Zeit und Muße braucht. Vielleicht wirst du in nächster Zeit sogar eine kleine Summe Geld gewinnen und kannst dadurch deine Pläne realisieren. Möglicherweise wirst du auch durch eine Wette etwas gewinnen, das dich unabhängiger machen und dir helfen wird, deine Pläne in die Tat umzusetzen.

Sieh nach, welche Karte sich im 31. Haus befindet. Befindet sich dort eine rote Karte und fällt die KREUZ ACHT in ein rotes Haus, so wirst du bald Unterstützung erhalten oder das Geld, das du notwendig brauchst. Ziehe auch das 5., das 17. und das 27. Haus zur Deutung mit heran. Befinden sich dort Karo-Karten und fallen auch die KARO ACHT, die KARO NEUN und die KARO ZEHN in Karo-Häuser, so wirst du eine größere Summe erhalten, als du erhofft hast. Du wirst dann sehr bald kreativ sein und dein Talent zur Entfaltung bringen können. Befindet sich im

31. Haus eine Kreuz-Karte und fällt die KREUZ ACHT in ein Kreuz-Haus oder in ein rotes Haus, so kann es sein, daß jemand so beeindruckt ist von dem, was du machst, daß du mit seiner Unterstützung rechnen kannst.

Befindet sich aber im 31. Haus eine PIK-KARTE und fällt die KREUZ ACHT in ein PIK- oder Kreuz-Haus, so kann es sein, daß du dich manchmal unterschätzt und mehr leisten könntest, als du wirklich tust. Du scheinst dir deine Energie nicht richtig einteilen zu können und vergeudest zuviel unnötige Kraft an unwichtige Dinge. Mache die Atemübungen regelmäßig zweimal am Tag! Dann wirst du lernen, mit deiner Energie richtig umzugehen, denn in dir stecken Möglichkeiten, die du brachliegen läßt.

## KREUZ ACHT · 26. HAUS

NEUE UNTERNEHMUNGEN · MUT · HELDENTAT

Im Haus der neuen Unternehmungen wird dir mitgeteilt, daß du, da die KREUZ ACHT in ihr eigenes Haus fällt, einmal in deinem Leben sehr viel leisten und viele Bewunderer haben wirst, die dir nacheifern wollen. Du wirst den anderen ein Vorbild sein oder solltest es werden. Du wirst in nächster Zeit sehr viel zu tun haben, und die Menschen werden gerne für dich arbeiten, um in deiner Nähe zu sein, denn sie können eine Menge von dir lernen. Es kann sein, daß du demnächst ein Zentrum eröffnen wirst, in dem viele Menschen ein und aus gehen werden, oder daß du etwas machen wirst, das sehr viele Menschen gebrauchen können. Vielleicht wirst du ein Buch schreiben, zum Beispiel ein Buch für praktische Lebenshilfe oder ein anderes Sachbuch, vielleicht ein Koch- oder Pflanzenbuch. Auf alle Fälle hast du die Gabe zum Schreiben und Freude an der Arbeit.

Deute auch das 25. Haus mit. Befindet sich dort eine rote Karte und fällt das KARO AS in ein rotes Haus, so wirst du das ganze Leben lang Arbeit haben. Das ist für dich sehr wichtig, denn du bist ein Leistungsmensch. Ziehe auch das 9. und 21. Haus mit zur Deutung heran. Befinden sich dort rote Karten, dann hast du als Schriftsteller oder Verleger eine positive Zukunft, und wenn sich auch noch im 17. Haus eine rote Karte befindet, dann kannst du damit sogar sehr viel Geld verdienen. Sollten sich in den genannten Häusern schwarze Karten, speziell PIK-KARTEN befinden, dann wäre das gesondert zu deuten. Es könnte sein, daß dir in Zukunft etwas Negatives bevorsteht.

Wichtig ist auch, daß immer das 18. Haus mitgedeutet wird, denn es ist das Haus der Jahreszeit. Hier kannst du erkennen, wann die Zeit für ein Erscheinen deiner Bücher oder Schriften günstig ist. Rote Karten deuten immer das Frühjahr und den Sommer an. Schwarze Karten deuten den Herbst und den Winter an. In diesem Falle ist es immer positiv, wenn sich die KARO DAME in einem roten Haus befindet. Vergiß, auch wenn es dir gutgeht, nicht, regelmäßig deine Atemübungen zu machen!

## KREUZ SIEBEN · 14. HAUS

NACHRICHTEN · BOTSCHAFT · TRÄNEN · LEID

Im Haus der neuen Unternehmungen wird dir mitgeteilt, daß du in nächster Zeit, solltest du Artist oder Künstler sein, aufgrund deiner Leistungen und deines Könnens sehr viele Anrufe und Angebote erhalten wirst. Du wirst dich am Anfang gar nicht entscheiden können, welches Angebot du annehmen sollst. Es kann auch sein, daß du in der nächsten Zeit sehr viele Patienten, Klienten oder Kunden haben wirst, die deine Hilfe in Anspruch nehmen. Vielleicht wird in der Presse ein Artikel über dich erscheinen, und du wirst über Nacht berühmt werden.

Sieh nach, welche Karte sich im 14. Haus befindet. Befindet sich dort eine rote Karte und fällt die KREUZ ACHT in ein rotes Haus, so kann es sein, daß dein Name bald in aller Munde sein wird oder daß du eines Morgens deinen Namen in der Zeitung lesen wirst. Befindet sich eine Kreuz-Karte im 14. Haus und fällt die KREUZ ACHT in ein Kreuz-Haus oder in ein rotes Haus, dann wirst du durch jemanden aus deiner Familie zu Ehre und Ruhm gelangen, denn ohne dein Wissen wird er der Presse ein Interview über dich geben. Das wird dir zwar am Anfang nicht recht sein, aber mit der Zeit wirst du dich mit der Berühmtheit abfinden, denn es hat nicht nur Negatives, es hat auch etwas Angenehmes an sich.

Befindet sich aber im 14. Haus eine PIK-KARTE und fällt die KREUZ ACHT in ein PIK- oder Kreuz-Haus, dann solltest du vorsichtig sein, wenn du auf einmal über Nacht berühmt wirst, denn es wird auch schlechte Menschen geben, die dich mit Anrufen terrorisieren. Du kannst dich dagegen wehren, indem du dein Telephon überwachen läßt. Es kann auch sein, daß dir deine Berühmtheit zu Kopfe steigt. Gib auf dich selbst acht und mache die Atemübungen regelmäßig! Dann wirst du der bleiben, der du wirklich bist. Allzuschnell zeigt der Mensch auch seine schlechten Seiten, wenn es ihm gutgeht.

# PIK

## PIK AS · 24. HAUS

TOD · UNFALL · SCHICKSALSSCHLÄGE · QUAL · NOT

Im Haus der neuen Unternehmungen wird dir mitgeteilt, daß du in der nächsten Zeit ein Angebot bekommen wirst, aber genau prüfen solltest, ob du es auch wirklich annehmen willst. Es handelt sich um eine gefährliche Arbeit, der du vielleicht gar nicht gewachsen bist. Solltest du die neue Stelle trotzdem annehmen oder schon angenommen haben, so paß in der nächsten Zeit gut auf dich auf. Es wäre besser, wenn du dir Urlaub nehmen würdest oder dich für ein paar Tage krankschreiben ließest, denn die nächsten Wochen sehen nicht sehr gut für dich aus. Danach wird es wieder besser werden.

Sieh nach, welche Karte sich im 24. Haus befindet. Befindet sich dort eine rote Karte und fällt die KREUZ ACHT in ein rotes Haus, so wirst du zwar in Zukunft eine gefährliche Arbeit verrichten, aber es wird dir nichts passieren, wenn du aufpaßt. Vielleicht wirst du einen sehr gefährlichen Beruf ausüben, bei dem viel von dir verlangt wird, der dir aber auch eine Menge Geld einbringen wird. Befindet sich im 24. Haus eine Kreuz-Karte und fällt die KREUZ ACHT in ein Kreuz-Haus oder in ein rotes Haus, so kann es sein, daß jemand aus deiner Familie, der einmal einen sehr gefährlichen Beruf ausgeübt hat, dich zu seinem Nachfolger bestimmt. Es wäre aber besser, wenn du die Nachfolge nicht antreten würdest, denn sie wäre mit Lebensgefahr für dich verbunden.

Befindet sich aber im 24. Haus eine PIK-KARTE und fällt die KREUZ ACHT in ein PIK- oder Kreuz-Haus, dann solltest du dich bei deiner jetzigen Arbeit nicht so anstrengen. Du könntest leicht einen Herzinfarkt oder einen Schlaganfall bekommen. Achte auf deine Gesundheit und überarbeite dich nicht um des Geldes willen, sonst wirst du die Früchte deiner Arbeit nicht mehr ernten können. Mache die Atemübungen regelmäßig, höre auf deine innere Stimme und befolge auch den Rat des Arztes!

## PIK KÖNIG · 28. HAUS

RUFER · BEHÖRDE · SCHULE · SPITAL · INSTITUTION

Im Haus der neuen Unternehmungen wird dir mitgeteilt, daß dir in der nächsten Zeit jemand helfen wird, das Ziel zu erreichen, das du dir gesetzt hast. Die Hilfe kann auch von einer fremden Person oder vom Staat kommen. Vielleicht wirst du auch in der nächsten Zeit deine Leistung steigern können, weil man dir gewisse Arbeiten oder Belastungen abnimmt. Es kann auch sein, daß du selbst aus heiterem Himmel heraus jemandem helfen wirst, weil du sein Talent erkannt hast und weil diese Person ohne Hilfe nicht weiterkann. Du siehst in dieser Person deine Jugendträume verwirklicht und du nimmst dich ihrer an und förderst sie.

Sieh nach, welche Karte sich im 28. Haus befindet. Befindet sich dort eine rote Karte und fällt die KREUZ ACHT in ein rotes Haus, so wirst du sehr bald mit Hilfe rechnen können, es kann sogar sein, daß du mehr Hilfe in der nächsten Zeit bekommst, als du erwartet hast. Die Hilfe kann auch von einer großen Organisation kommen, die Interesse an dir zeigt. Sei aber vorsichtig und bleibe lieber unabhängig; vielleicht will diese Organisation dich mit einem Vertrag auf Dauer binden. Gib acht, was du unterschreibst! Befindet sich im 28. Haus eine Kreuz-Karte und fällt die KREUZ ACHT in ein Kreuz-Haus oder in ein rotes Haus, so wirst du selbst einmal jemanden unterstützen, vielleicht dein eigenes oder ein anderes Kind, dem du alle Wünsche erfüllst.

Befindet sich aber im 28. Haus eine PIK-KARTE und fällt die KREUZ ACHT in ein PIK- oder Kreuz-Haus, so kann es sein, daß du einmal jemandem helfen und danach sehr enttäuscht sein wirst, denn du erntest nur Undank. Kränke dich aber nicht, lasse die Menschen ihren Weg gehen, wohin sie auch immer wollen. Mache die Atemübungen! Dann wirst du auch die Motive der andern besser verstehen.

## PIK DAME · 29. HAUS

DANKBARKEIT · DUNKLE DAME · UNDANK · NEID

Im Haus der neuen Unternehmungen wird dir mitgeteilt, daß du sehr bald mit einer unangenehmen Person zu tun haben wirst, die dich in deiner Arbeit oder in deinen Leistungen behindern will. Sie wird versuchen, dich zu stören, wo sie nur kann. Das kann ein verspäteter Racheakt sein, oder sie ist neidisch auf dich, weil du etwas leistest und immer mehr Ansehen gewinnst. Darum wird sie auch versuchen, dich bei anderen Menschen schlechtzumachen. Solltest du in deinem bisherigen Leben wenig erfolgreich gewesen sein, so könnte das ebenfalls an dieser Person liegen. Zur Zeit hättest du gute Erfolgschancen, vor allem wenn du regelmäßig die Atemübungen machst. Dann wirst du bald merken, wo deine Stärken liegen, und wirst Großes leisten können.

Sieh nach, welche Karte sich im 29. Haus befindet. Befindet sich dort eine rote Karte und fällt die KREUZ ACHT in ein rotes Haus, so wirst du sehr schnell erfolgreich sein, noch bevor diese Jahreszeit vorbei sein wird. Versuche dein Inneres zu entfalten, dann werden Qualitäten zum Vorschein kommen, die andere an dir nicht kennen. Befindet sich im 29. Haus eine Kreuz-Karte und fällt die KREUZ ACHT in ein Kreuz-Haus oder in ein rotes Haus, so solltest du dich von deiner Verwandtschaft trennen, denn du wirst durch sie immer unterdrückt werden.

Befindet sich aber im 29. Haus eine PIK-KARTE und fällt die KREUZ ACHT in ein PIK- oder Kreuz-Haus, so kann es sein, daß du von jemandem festgehalten wirst, der deine Liebe nicht verdient. Du kannst dich nicht zu einer eigenständigen Persönlichkeit entwickeln, weil dieser Mensch von dir Besitz ergriffen hat. Mache die Atemübungen, sie werden dir helfen, selbständig zu werden.

## PIK BUBE · 1. HAUS

GEGENWART · WAHRHEIT · DUNKLER MANN · UNIFORMIERTER

Im Haus der neuen Unternehmungen wird dir mitgeteilt, daß du mit deiner Leistung nie zufrieden sein wirst. Was immer du in deinem Leben machst, du wirst meinen, du könntest es noch besser machen. Du wirst immer versuchen, die Sonne zu erreichen, und nicht merken, daß du dich dabei verbrennst. Das heißt, du wirst dich zu sehr verausgaben und möchtest immer noch mehr Lob ernten, aber die Menschen werden sich schließlich von dir abwenden, weil du ihnen zu perfektionistisch bist. Man muß auch mit den andern fühlen können, aber dir geht es nur um die eigene Person, du siehst die andern gar nicht mehr. Versuche einmal die Atemübungen über einen längeren Zeitraum zu machen. Vielleicht wirst du merken, was du falsch gemacht hast.

Sieh nach, welche Karte sich im 1. Haus befindet. Befindet sich dort eine rote Karte und fällt die KREUZ ACHT in ein rotes Haus, so wird dir sehr bald klarwerden, daß im Leben nicht alles perfekt sein muß und daß du auch einmal der Natur ihren Lauf lassen solltest. Auch in der Natur ist nicht alles so, wie es deiner Ansicht nach sein sollte, aber das ist gerade das Schöne an ihr. Befindet sich eine Kreuz-Karte im 1. Haus und fällt die KREUZ ACHT in ein Kreuz-Haus oder in ein rotes Haus, so kann es sein, daß du dich wegen deiner Familie nicht verwirklichen kannst, denn sie steht dir immer im Weg. Mache die Atemübungen regelmäßig, damit du dich selbst erkennen kannst und nicht versuchst, die andern durch deine Perfektion zu ändern.

Befindet sich aber im 1. Haus eine PIK-KARTE und fällt die KREUZ ACHT in ein PIK- oder Kreuz-Haus, so kann es sein, daß du eines Tages durchdrehen wirst, wenn du dich nicht rasch änderst. Ein Einzelgänger wie du wird von niemandem geliebt werden. Mache die Atemübungen! Dann wirst du in Zukunft wieder den Weg zu den anderen Menschen finden.

## PIK ZEHN · 32. HAUS

### SONNE · ENTFERNUNGEN · ANDERE LÄNDER · NACHT

Im Haus der neuen Unternehmungen wird dir mitgeteilt, daß du deine besten Leistungen erbringst, wenn du in der Nacht oder am Abend arbeitest. Möglicherweise machst du deine Zukunftspläne auch immer nachts oder am Abend, denn in der Nacht hast du die besten Einfälle und sprühst nur so vor Ideen. Denke in der Nacht nach, überlege alles genau und verwirkliche deine Gedanken am Tag, wenn die Sonne scheint. Du wirst sehen, welche Erfolge du in der nächsten Zeit damit hast.

Sieh nach, welche Karte sich im 32. Haus befindet. Befindet sich dort eine rote Karte und fällt die KREUZ ACHT in ein rotes Haus, so wirst du dich einmal in einem wärmeren Land niederlassen. Du wirst dort auch die besten Ideen haben und sie dann zu Papier bringen. Vielleicht arbeitest du in der Nacht, hast aber auch Sehnsucht, den Tag voll auszukosten. Das wird dir erst dann gelingen, wenn du deine Pläne am Abend machst und deine Arbeit am Tag durchführst. Befindet sich im 32. Haus eine Kreuz-Karte und fällt die KREUZ ACHT in ein Kreuz-Haus oder in ein rotes Haus, dann könnte es sein, daß jemand aus deiner Familie in einem südlichen Land wohnt oder daß du eine Südländerin beziehungsweise einen Südländer heiraten wirst. Du liebst eben die Abwechslung und das Rassige.

Befindet sich aber im 32. Haus eine PIK-KARTE und fällt die KREUZ ACHT in ein PIK- oder Kreuz-Haus, dann solltest du dich in der nächsten Zeit aus dem Nachtleben zurückziehen, denn du scheinst in schlechte Gesellschaft zu geraten. Vielleicht hast du auch schon mehrere kriminelle Dinge getan, aber man ist dir noch nicht auf die Schliche gekommen. Mache die Atemübungen! Sie werden dir helfen, wieder auf den richtigen Weg zu kommen, denn wenn du dich nicht änderst, wirst du auch nicht sehr alt werden.

## PIK NEUN · 23. HAUS

DEPRESSION · UNANNEHMLICHKEITEN · KÄLTE

Im Haus der neuen Unternehmungen wird dir mitgeteilt, daß du dich bald kränken wirst, weil man deine Leistungen nicht anerkennt, sondern sich höchstens darüber lustigmacht. Möglicherweise wirst du dich auch darüber kränken, daß du trotz aller Bemühungen und Leistungen ein Ziel, das du dir gesetzt hast, noch nicht erreichen konntest. Vielleicht erwartest du auch Anerkennung deiner Leistungen von Menschen, die eigentlich von dem, was du machst, nichts verstehen und dich aus Unwissenheit auslachen werden. Es kann auch sein, daß du in nächster Zeit mit einer Verzögerung deiner Pläne rechnen mußt, denn du scheinst die richtigen Partner dafür noch nicht gefunden zu haben. Du glaubst, das was dir gefällt, müsse auch den anderen gefallen. Versuche das zu ändern und mache die Atemübungen, durch sie wirst du erkennen können, was du in deinem Leben falsch machst.

Sie nach, welche Karte sich im 23. Haus befindet. Befindet sich dort eine rote Karte und fällt die KREUZ ACHT in ein rotes Haus, so wirst du demnächst eine Chance haben, dich besser zu verwirklichen. Greife zu, wenn du ein solches Angebot bekommst, denn es wird dich weiterbringen. Befindet sich im 23. Haus eine Kreuz-Karte und fällt die KREUZ ACHT in ein Kreuz-Haus oder in ein rotes Haus, so kann es sein, daß sich deine Familie in der nächsten Zeit immer mehr von dir entfernen wird oder daß du dich immer mehr von deiner Familie entfernen wirst, weil du dich nicht verstanden fühlst. Mache die Atemübungen, durch sie wirst du lernen, nicht vor dir selbst und den anderen davonzulaufen.

Befindet sich aber im 23. Haus eine PIK-KARTE und fällt die KREUZ ACHT in ein PIK- oder Kreuz-Haus, so wird es sehr lange dauern, bis deine Leistungen anerkannt werden. Anstatt dich in deine Arbeit zu verrennen, solltest du etwas Neues versuchen. Die Atemübungen werden dir helfen, den Weg zu dir und auch zu deinem Erfolg zu finden!

## PIK ACHT · 22. HAUS

### Ärger · Ärgernisse · Streit · Verleumdungen

Im Haus der neuen Unternehmungen wird dir mitgeteilt, daß du in deinem Leben noch einiges durchzustehen haben wirst, bevor du dein Ziel erreichst. Entweder ist deine Zeit noch nicht gekommen, oder dir fehlt noch die nötige Ausbildung. Vielleicht hast du auch noch nicht die nötige innere Reife, um gewisse Dinge zu verwirklichen. Möglicherweise wirst du es in deinem Leben niemals schaffen, das zu erreichen, was du gerne erreichen möchtest. Vielleicht bist du einfach nicht dazu geboren, dieses Ziel zu erreichen, und mußt noch viel an dir arbeiten, damit du lernst, deinen wahren Weg zu erkennen. Mit den Atemübungen wirst du dein Ziel besser erkennen und anstreben können.

Sieh nach, welche Karte sich im 22. Haus befindet. Befindet sich dort eine rote Karte und fällt die KREUZ ACHT in ein rotes Haus, so wirst du dein Ziel zwar erreichen, aber du mußt noch einige Zeit warten und vielleicht auch noch einige Rückschläge hinnehmen. Befindet sich eine Kreuz-Karte im 22. Haus und fällt die KREUZ ACHT in ein Kreuz-Haus oder in ein rotes Haus, so kann es sein, daß du versuchst, dich mit deinen Familienangehörigen zu verständigen, um ihnen klarzumachen, was du brauchst. Aber du wirst auf taube Ohren stoßen. Mache die Atemübungen, und du wirst sehr bald merken, wie es auch ohne Hilfe der Familie aufwärtsgeht.

Befindet sich aber im 22. Haus eine PIK-KARTE und fällt die KREUZ ACHT in ein PIK- oder Kreuz-Haus, dann kann es sein, daß du nach etwas strebst, das du schon lange hättest aufgeben sollen. Du läßt dich mit Menschen ein, die nur dein Geld wollen, und läßt dich von jemandem beraten, der dir nicht die Wahrheit sagt, wie es wirklich um dich steht. Lerne, dir selbst die Wahrheit einzugestehen, dann wirst du auch weiterkommen. Es gibt viele Möglichkeiten, sich zu finden, aber eine der wirksamsten und schnellsten Methoden ist die tägliche Anwendung der Atemübungen!

## PIK SIEBEN · 16. HAUS
### Gesundheit · Krankheit · Kur · Operation

Im Haus der neuen Unternehmungen wird dir mitgeteilt, daß du in der nächsten Zeit auf deine Gesundheit achtgeben solltest, andernfalls wird deine Leistung rapide absinken, entweder durch Überanstrengung oder durch eine verschleppte Grippe. Es kann auch sein, daß du dir um jemandes Gesundheit Sorgen machst, und du wirst dann weniger leisten können, weil du zuviel an diese Person denkst. Es ist aber auch möglich, daß du in der nächsten Zeit bei sehr guter Gesundheit sein wirst und einen Leistungsanstieg zu verzeichnen hast. Du solltest aber nicht versuchen diese Leistungen noch weiter zu steigern, denn alles hat seine Grenzen.

Sieh nach, welche Karte sich im 16. Haus befindet. Befindet sich dort eine rote Karte und fällt die KREUZ ACHT in ein rotes Haus, so wirst du dich in der nächsten Zeit sehr gesund fühlen, und du wirst versuchen, noch mehr aus dir herauszuholen. Überfordere deinen Körper nicht, denn er wird sich später einmal dafür rächen. Ein gesundes Mittelmaß bringt mehr und erhält dir deine Leistungsfähigkeit. Befindet sich im 16. Haus eine Kreuz-Karte und fällt die KREUZ ACHT in ein Kreuz-Haus oder in ein rotes Haus, dann kann es sein, daß du jemandem aus deiner Familie imponieren möchtest und dabei nicht auf deine Gesundheit achtgibst und auf die Nase fällst.

Befindet sich aber im 16. Haus eine PIK-KARTE und fällt die KREUZ ACHT in ein PIK- oder Kreuz-Haus, so solltest du dich in der nächsten Zeit schonen, wenn du nicht im Krankenhaus landen möchtest. Wenn du Höchstleistungen aus deinem Körper herausholen möchtest, dann befrage lieber vorher einen Arzt, ob er damit einverstanden ist und ob du die richtige Kondition dafür hast. Mache immer regelmäßig die Atemübungen! Dann wirst du beizeiten erkennen, was du dir zumuten kannst und was nicht.

Das 27. Haus

# KARO ACHT

## Das Haus des Erbes, der Erbschaften, der Hinterlassenschaften und des Bekommens

# HERZ

## HERZ AS · 7. HAUS

Wohnung · Besitz · Haus · Eigentum

Im Haus des Erbes wird dir mitgeteilt, daß jemand bei dir zu Hause eine Erbschaft machen wird, und zwar wird diese Person ein Haus, ein Grundstück oder eine Wohnung erben. Vielleicht bist du es selbst, der die Erbschaft macht, und weißt auch schon, von wem du etwas erben kannst. Möglicherweise wirst du ein Erbe bekommen, ohne daß jemand stirbt, denn es ist möglich, daß dir das Erbe schon früher ausbezahlt oder übergeben wird. Es ist auch möglich, daß du eine Erbschaft gerecht unter deinen Verwandten verteilen wirst oder daß du auf das Grundbuchamt mußt, um eine Eintragung oder Änderung vornehmen zu lassen oder um eine wichtige Auskunft zu bekommen.

Sieh nach, welche Karte sich im 7. Haus befindet. Befindet sich dort eine rote Karte und fällt die KARO ACHT in ein rotes Haus, so wirst du ganz sicher einmal in deinem Leben einen Besitz erben, welchen du dann später verwalten wirst. Du wirst dich dort sehr wohl fühlen, weil du schon als Kind einige Zeit dort verbracht hast. Befindet sich eine Kreuz-Karte im 7. Haus und fällt die KARO ACHT in ein Kreuz-Haus oder in ein rotes Haus, so kann es sein, daß du in der nächsten Zeit Gespräche mit deiner Verwandtschaft wegen der Aufteilung einer Erbschaft führen wirst. Möglicherweise werden deine Eltern dir sagen, wie sie eines Tages Haus und Besitz unter der Verwandtschaft aufteilen werden. Bleibe bescheiden und sei zufrieden mit dem, was dir zufallen wird, denn Streit hat jetzt keinen Sinn.

Befindet sich aber im 7. Haus eine PIK-KARTE und fällt die KARO ACHT in ein PIK- oder Kreuz-Haus, so scheinst du einmal in Erbstreitigkeiten verwickelt zu werden. Wenn beide Seiten so weiter streiten, dann wird von dem ganzen Erbe nichts mehr übrigbleiben, denn die Anwälte kosten viel Geld. Es wäre besser zu verzichten, als mit Habgier noch einen Prozeß anzustreben. Mache die Atemübungen! Dann wirst du eines Tages darauf kommen, was es bedeutet, im Leben etwas zu besitzen. Es ist sicherlich wichtiger, einen festen Charakter zu besitzen als alle Reichtümer, die nur vergänglich sind.

## HERZ KÖNIG · 13. HAUS
UNTERHALTUNG · MÄNNLICHER FREUND · BLOND · SPONSOR

Im Haus des Erbes wird dir mitgeteilt, daß du einmal von deinen Eltern, deiner Verwandtschaft, deinem Partner oder von einem Freund sehr wertvolle Sachen erben wirst. Es sind Werte, die möglicherweise schon sehr lange in der Familie sind, und man möchte, daß sie in Ehren gehalten werden. Es kann aber auch sein, daß du in der nächsten Zeit von einer sehr netten Person ein Geschenk erhalten wirst, worüber du dich wie ein kleines Kind freuen wirst, denn dieses Geschenk kommt sehr überraschend für dich und ist etwas, das du dir schon lange gewünscht hast. Es wird dich um so mehr freuen, weil niemand etwas von deinem Wunsch gewußt hat. Merke dir diese Person, sie ist sehr einfühlsam, und es kann sein, daß sie in deinem Leben eine entscheidende Rolle spielen wird.

Sieh nach, welche Karte sich im 13. Haus befindet. Befindet sich dort eine rote Karte und fällt die KARO ACHT in ein rotes Haus, so wirst du in Zukunft gute Menschen um dich haben, die nur dein Bestes wollen und dir die Wünsche von den Augen ablesen. Befindet sich eine Kreuz-Karte im 13. Haus und fällt die KARO ACHT in ein Kreuz-Haus oder in ein rotes Haus, so wirst du von der Verwandtschaft sehr verwöhnt werden, und es kann sein, daß es einen Menschen geben wird, der dich auf Händen trägt. Es ist ein wahrer Freund, lerne diese Person schätzen und enttäusche sie nicht!

Befindet sich aber im 13. Haus eine PIK-KARTE und fällt die KARO ACHT in ein PIK- oder Kreuz-Haus, so solltest du dich in nächster Zeit nicht allzusehr von Geschenken blenden lassen, denn man weiß, daß du sehr leicht durch Geschenke und Versprechungen zu beeinflussen bist. Versuche diese Untugend abzulegen, denn sie würde dir in deinem weiteren Leben nur schaden. Gib acht auf deinen Charakter und mache die Atemübungen regelmäßig, damit du zeigen kannst, welcher Kern in dir steckt!

## HERZ DAME · 19. HAUS
FREUNDE · WEIBLICHER FREUND · BLOND · SPONSOR

Im Haus des Erbes wird dir mitgeteilt, daß du bald sehr persönliche Sachen von einem Freund bekommen wirst, sei es, daß er plötzlich stirbt oder daß er auswandert und dir seine Sachen überläßt. Es kann auch sein, daß du von einem Freund Möbel bekommst, die er nicht mehr gebrauchen kann. Vielleicht erbt dein Freund etwas und möchte dir auch einiges davon überlassen, weil er selbst gar nicht alles braucht. Es kann auch sein, daß du von einem Freund ein sehr schönes und persönliches Geschenk erhalten wirst, vielleicht einen Ring oder ein anderes Schmuckstück.

Sieh nach, welche Karte sich im 19. Haus befindet. Befindet sich dort eine rote Karte und fällt die KARO ACHT in ein rotes Haus, dann hast du einen sehr großzügigen Freund oder wirst einmal einen solchen haben. Es kann aber auch sein, daß du einmal sehr großzügig zu einem Menschen sein wirst oder daß es dir Freude macht, jemanden zu beschenken. Befindet sich eine Kreuz-Karte im 19. Haus und fällt die KARO ACHT in ein Kreuz-Haus oder in ein rotes Haus, dann kann es sein, daß du einen Freund haben wirst, der zugleich eine Art Mutterersatz für dich sein wird, oder daß du in ihm einen Bruder oder eine Schwester siehst. Vielleicht wünschst du dir einen solchen Freund und suchst überall nach ihm.

Befindet sich aber im 19. Haus eine PIK-KARTE und fällt die KARO ACHT in ein PIK- oder Kreuz-Haus, dann kann es sein, daß man versuchen wird, dich mit Geschenken zu blenden, indem man darauf hinweist, wie wertvoll das Geschenk ist. Lasse dich nicht täuschen. Wenn jemand auf den Wert eines Geschenkes aufmerksam macht, dann steckt meistens eine Absicht dahinter. Prüfe das Geschenk genau und achte dabei auf die Reaktion des anderen. Meistens wird er sich in eine Ausrede verwickeln oder mit einem Vorwand das Geschenk zurückfordern, denn er fühlt sich durchschaut. Mache immer regelmäßig die Atemübungen! Sie sind das beste Geschenk in deinem Leben, das du dir selbst machen kannst.

## HERZ BUBE · 6. HAUS

POPULARITÄT · KUNST · JÜNGERER MÄNNLICHER FREUND · KÜNSTLER

Im Haus des Erbes wird dir mitgeteilt, daß du von Kollegen, Eltern oder Verwandten, bei denen du sehr beliebt bist, Juwelen erhalten wirst oder daß jemand dich reich beschenken möchte. Es kann auch sein, daß du gerne Feste feierst oder daß für dich jeder Tag ein Festtag ist, der gefeiert werden muß. Außerdem bist du gerne in Gesellschaft, und man schätzt dich sehr in einer geselligen Runde, denn du bist eine Stimmungskanone. Bewahre dir deinen Humor und Optimismus, denn die Zeit wird noch kommen, wo du sie brauchen kannst.

Sieh nach, welche Karte sich im 6. Haus befindet. Befindet sich dort eine rote Karte und fällt die KARO ACHT in ein rotes Haus, dann hast du eine Portion Optimismus mit in die Wiege gelegt bekommen wie kaum ein anderer. Auch besitzt du die Gabe, die Menschen in der traurigsten Stimmung zum Lachen zu bringen. Sei dankbar für diese Gabe! Um deine inneren Kräfte noch zu verstärken, solltest du die Atemübungen regelmäßig machen, denn du bist wie ein roher Diamant, aber du könntest ein Brillant sein. Befindet sich im 6. Haus eine Kreuz-Karte und fällt die KARO ACHT in ein Kreuz-Haus oder in ein rotes Haus, so kann es sein, daß jemand aus deiner Familie dich wegen deines Humors sehr liebt. Vielleicht ist es ein Neffe oder eine Nichte, und die betreffende Person würde dich gern öfter sehen, weil du so nett mit ihr plauderst.

Befindet sich aber im 6. Haus eine PIK-KARTE und fällt die KARO ACHT in ein PIK- oder Kreuz-Haus, so kann es sein, daß du dich in der nächsten Zeit sehr wundern wirst, warum man dich und deinen Optimismus ablehnt. Du scheinst zu viele Pessimisten in deiner Umgebung zu haben, die dir deine positive und fröhliche Grundeinstellung nicht gönnen. Mache die Atemübungen! Dann wirst du dich nicht über Dinge ärgern, die es nicht wert sind, daß man auch nur ein Wort darüber verliert.

## HERZ ZEHN · 11. HAUS

### HEIRAT · VERBINDUNGEN · VEREINE · BRUDERSCHAFTEN

Im Haus des Erbes wird dir mitgeteilt, daß du durch die Verbindung zu einer bestimmten Person einmal sehr viel erben wirst. Es kann auch sein, daß du eine Partnerschaft oder eine gesellschaftliche Verbindung eingehst, die so erfolgreich werden wird, daß du zu den reichsten Menschen auf dieser Erde zählen wirst. In diesem Fall müssen auch die Häuser 3, 5, 9, 17, 18, 21 und 25 mit Karo-Karten besetzt sein, aber auch andernfalls wirst du sehr wohlhabend werden. Es kann auch sein, daß du durch gute Verbindungen in ein Geschäft eingeführt wirst, in dem du Karriere machst, oder aber daß du etwas machen wirst, das noch kein Mensch gemacht hat und das dir Weltruhm einbringen wird.

Sieh nach, welche Karte sich im 11. Haus befindet. Befindet sich dort eine rote Karte und fällt die KARO ACHT in ein rotes Haus, so wirst du einmal eine sehr gute Partnerschaft eingehen, wenn du sie noch nicht eingegangen bist. Es kann auch sein, daß du einen Konzern als Generaldirektor leiten wirst. Das trifft für Frauen ebenso zu wie für Männer.

Befindet sich im 11. Haus eine Kreuz-Karte und fällt die KARO ACHT in ein Kreuz-Haus oder in ein rotes Haus, so wird dir in Zukunft deine Familie wichtiger sein als die Karriere.

Befindet sich aber im 11. Haus eine PIK-KARTE und fällt die KARO ACHT in ein PIK- oder Kreuz-Haus, so solltest du in nächster Zeit von einer vielversprechenden Partnerschaft lieber Abstand nehmen, denn das, was du dir davon erhoffst, wird sie nicht halten. Wenn du bei einer Partnerschaft nur darauf schaust, was der Partner in die Ehe einbringt, so solltest du besser die Finger davon lassen, denn sie würde in jedem Fall enttäuschend werden. Mache lieber die Atemübungen! Dann wird dir mit der Zeit bewußt werden, um was es in einer Partnerschaft geht.

## HERZ NEUN · 2. HAUS
### WUNSCH · WÜNSCHE · SEHNSUCHT · HOFFNUNG

Im Haus des Erbes wird dir mitgeteilt, daß ein großer Wunsch dir erst dann in Erfüllung gehen wird, wenn dir etwas Bestimmtes vererbt oder hinterlassen wird. Vielleicht wirst du auch von jemandem eine Hilfe bekommen, durch die du deine Ziele rascher erreichen kannst. Solltest du allerdings noch zur Schule gehen, so wirst du dich eine Weile gedulden müssen, bis du deine Wünsche realisieren kannst. Möglicherweise wirst du etwas, auf das du dir Hoffnung gemacht hast, in absehbarer Zeit bekommen, und du wirst dich darüber sehr freuen, weil du schon im Begriff warst, deine Hoffnung aufzugeben.

Sieh nach, welche Karte sich im 2. Haus befindet. Befindet sich dort eine rote Karte und fällt die KARO ACHT in ein rotes Haus, so wird dein Wunsch vielleicht früher, als du glaubst, in Erfüllung gehen. Befindet sich im 2. Haus eine Kreuz-Karte und fällt die KARO ACHT in ein Kreuz-Haus oder in ein rotes Haus, dann kann es sein, daß du aus deiner Familie Hilfe bekommen wirst, damit du dir deinen Wunsch erfüllen kannst. Es ist auch möglich, daß man dir früher als vorgesehen dein Erbe ausbezahlen oder dich großzügig unterstützen wird, bis du durch das Erbe unabhängig wirst.

Befindet sich aber im 2. Haus eine PIK-KARTE und fällt die KARO ACHT in ein PIK- oder Kreuz-Haus, dann kann es sein, daß du sehr lange warten mußt, bis dein Wunsch erfüllt wird. Vielleicht erwartest du zuviel und solltest lieber selbst versuchen, auf die Realisierung deines Wunsches hinzuarbeiten. Mache die Atemübungen! Durch sie wirst du rasch erkennen können, was im Leben wichtig und was nebensächlich ist.

## HERZ ACHT · 4. HAUS
Liebe · Mondschein · Romanze · Herz

Im Haus des Erbes wird dir mitgeteilt, daß dir jemand, der dich sehr liebt, in seinem Letzten Willen etwas hinterlassen wird. Es kann auch sein, daß du in den nächsten Tagen von einem Menschen, der dich gern mag, ein nettes Geschenk erhalten wirst. Vielleicht wirst du auch demnächst schöne Blumen erhalten oder einmal ein Blumengeschäft führen oder in einem Blumengeschäft arbeiten. Du scheinst die Natur sehr zu mögen und fühlst dich mit ihr verbunden. Laß dir deine romantischen Gefühle nicht nehmen, denn durch sie wirst du Dinge im Leben entdecken, die die andern nicht sehen.

Sieh nach, welche Karte sich im 4. Haus befindet. Befindet sich dort eine rote Karte und fällt die KARO ACHT in ein rotes Haus, dann kannst du in nächster Zeit mit vielen Blumengeschenken rechnen. Es kann auch sein, daß du dein Heim immer mit vielen Blumen geschmückt haben wirst. Solltest du einen eigenen Garten haben, so wirst du deine Blumen immer selbst ziehen. Befindet sich eine Kreuz-Karte im 4. Haus und fällt die KARO ACHT in ein Kreuz-Haus oder in ein rotes Haus, dann erbst du vielleicht einmal von deinen Eltern oder von deiner Verwandtschaft ein Grundstück, das du in einen Blumengarten umwandeln wirst. Es kann auch sein, daß dir ein ganz fremder Mensch einmal etwas schenken wird, das dir große Freude bereitet.

Befindet sich aber im 4. Haus eine PIK-KARTE und fällt die KARO ACHT in ein PIK- oder Kreuz-Haus, so kann es sein, daß du dich bei einer Erbschaftsangelegenheit streiten wirst, weil du einer Person, in die du verliebt bist, alles auf ihren Namen überschrieben hast. Lasse lieber alles auf getrennten Namen laufen und sichere auch deine Kinder ab, dann kannst du dir spätere Enttäuschungen ersparen. Mache die Atemübungen! Dann wirst du die Kraft haben, beizeiten zu dieser Einsicht zu gelangen.

## HERZ SIEBEN · 12. HAUS
### Fröhlichkeit · Gute Laune · Herzlichkeit · Frohsinn

Im Haus des Erbes wird dir mitgeteilt, daß du es sehr bald mit dem Neid einer Person zu tun haben wirst, die dir ein Erbe nicht gönnt. Vielleicht ist diese Person aus deiner Familie und versucht innerhalb der Familie zu intrigieren, oder sie wird versuchen, in deiner Firma Streit anzufangen oder in deiner Firma anzurufen und dort zu intrigieren. Solltest du verliebt sein, kann es auch sein, daß sie schlecht über deinen Partner reden wird. Wenn du weißt, um welche Person es sich hier handelt, so versuche ihr aus dem Weg zu gehen und mit ihr so wenig wie möglich zu sprechen, damit sie keine Gelegenheit hat, ihre bösen Absichten zu verwirklichen. Mache aber zu deinem eigenen Schutz die Atemübungen regelmäßig!

Sieh nach, welche Karte sich im 12. Haus befindet. Befindet sich dort eine rote Karte und fällt die KARO ACHT in ein rotes Haus, so wirst du sehr bald ein Erbe erhalten. Du wirst sogar noch anderen davon abgeben, weil es für dich zuviel sein wird. Befindet sich im 12. Haus eine Kreuz-Karte und fällt die KARO ACHT in ein Kreuz-Haus oder in ein rotes Haus, so hast du jemanden in deiner Familie, der dir mit Geldgeschenken unter die Arme greifen wird, weil du immer ein netter und fröhlicher Mensch bist.

Befindet sich aber im 12. Haus eine PIK-KARTE und fällt die KARO ACHT in ein PIK- oder Kreuz-Haus, dann will jemand aus deiner Familie dich um dein Erbe bringen, nur weil du dich zuwenig um die Erbschaften in deiner Familie kümmerst. Mache die Atemübungen regelmäßig! Dann wirst du deine Rechte verteidigen können. Verschenke lieber das, was du bekommst, bevor du es einem gierigen Menschen in den Rachen schmeißt.

# KARO

## KARO AS · 25. HAUS

Beruf · Firma · Unternehmen · Projekte

Im Haus des Erbes wird dir mitgeteilt, daß du durch eine Erbschaft, die du in der nächsten Zeit wahrscheinlich bekommen wirst, in eine neue Firma einsteigen kannst. Es kann auch sein, daß dir eine Erbschaft schon früher ausbezahlt wird, damit du dich selbständig machen oder dich an einer Firma beteiligen kannst. Möglicherweise wirst du auch unerwartet von jemandem Geld bekommen, das du in eine Firma investieren wirst. Vielleicht wirst du auch ganz unerwartet eine Firma erben und stehst damit vor neuen Tatsachen, die du aber gut meistern wirst. Die Zeiten sind gut für dich. Es kann auch sein, daß du von jemandem Geld geliehen hast, das du später nicht mehr zurückzuzahlen brauchst.

Sieh nach, welche Karte sich im 25. Haus befindet. Befindet sich dort eine rote Karte und fällt die KARO ACHT in ein rotes Haus, so wirst du sehr bald eine Unterstützung erhalten, mit der du deine Pläne realisieren kannst. Befindet sich im 25. Haus eine Kreuz-Karte und fällt die KARO ACHT in ein Kreuz-Haus oder in ein rotes Haus, so wirst du die Unterstützung entweder aus deiner Familie erhalten, oder ein sehr guter Bekannter der Familie oder ein Freund wird dich in deinen Plänen voll unterstützen. Vielleicht wirst du auch selbst jemanden, den du sehr gerne hast, unterstützen.

Befindet sich aber im 25. Haus eine PIK-KARTE und fällt die KARO ACHT in ein PIK- oder Kreuz-Haus, so wirst du mit einer Absage rechnen müssen. Durch ein unvorhergesehenes Ereignis wird man dir eine versprochene Unterstützung nicht geben können. Vielleicht war das Versprechen von vorneherein nicht ernst gemeint, darum solltest du dir solche Zusagen lieber schriftlich geben lassen. Mache auch immer regelmäßig die Atemübungen! Dann wirst du auf solche Versprechungen in Zukunft nicht mehr angewiesen sein.

## KARO KÖNIG · 9. HAUS
### Legale Papiere · Arzt · Anwalt · Notar

Im Haus des Erbes wird dir mitgeteilt, daß du von einer bestimmten Person, wahrscheinlich einem Arzt, Anwalt oder Notar, Geld oder Unterstützung bekommen wirst. Es kann auch sein, daß du bei einem Notar ein Testament hinterlegen, als Zeuge ein Testament unterzeichnen oder bei einer Testamentsverlesung dabei sein wirst. Vielleicht wird dich auch jemand als Testamentvollstrecker einsetzen oder in seinem Letzten Willen bedenken. Vielleicht wirst du dich mit einem Anwalt über Erbrecht unterhalten oder, solltest du selbst Anwalt sein, dich auf Erbrecht spezialisieren. Du wirst auf alle Fälle in der nächsten Zeit mit Schriftstücken zu tun haben, die deine Zukunft verändern werden.

Sieh nach, welche Karte sich im 9. Haus befindet. Befindet sich dort eine rote Karte und fällt die KARO ACHT in ein rotes Haus, so wirst du eines Tages eine Erbschaft machen, die dich selbst überraschen wird. Es wird eine positive Überraschung sein, wenn sich im 5. Haus eine rote oder eine Kreuz-Karte befindet. Eine PIK-KARTE könnte bedeuten, daß sich der Verstorbene vor seinem Tode einen Scherz mit dir erlaubt hat, aber ärgere dich nicht darüber, denn es war sicherlich nicht böse gemeint. Befindet sich im 9. Haus eine Kreuz-Karte und fällt die KARO ACHT in ein Kreuz-Haus oder in ein rotes Haus, so kann es sein, daß du mit jemandem aus der Verwandtschaft über eine Erbschaft sprechen oder einen Nachlaß betreuen oder jemandem bei der Regelung einer Erbschaft helfen wirst.

Befindet sich aber im 9. Haus eine PIK-KARTE und fällt die KARO ACHT in ein PIK- oder Kreuz-Haus, so solltest du dein Testament, falls du eines gemacht hast, nicht offen herumliegen lassen. Es könnten jetzt schon Streitereien dadurch entstehen, und du könntest dich selbst dadurch in Gefahr bringen. Mache die Atemübungen! Sie werden dir helfen, einen ruhigen und klaren Kopf zu behalten.

## KARO DAME · 18. HAUS
### Jahreszeit · Frühjahr · Sommer · Herbst · Winter

Im Haus des Erbes wird dir mitgeteilt, daß eine ältere Person in der nächsten Zeit sterben und dir ein großes Erbe hinterlassen wird, das dein Leben in vielen Bereichen verändern wird. Es kann sein, daß du einen

Landsitz erbst oder ein Mietshaus, durch das du in Zukunft ein regelmäßiges Einkommen haben wirst. Vielleicht erbst du auch ein großes Grundstück mit hohen Wertsteigerungsraten oder bekommst eine Lebensversicherung früher ausbezahlt.

Sieh nach, welche Karte sich im 18. Haus befindet. Befindet sich dort eine rote Karte und fällt die KARO ACHT in ein rotes Haus, so wirst du dein Erbe wahrscheinlich im Frühjahr oder Sommer antreten. Befindet sich die KARO DAME in einem schwarzen Haus, dann wirst du dein Erbe im Herbst oder Winter antreten. Befindet sich eine Kreuz-Karte im 18. Haus und fällt die KARO ACHT in ein Kreuz-Haus oder in ein rotes Haus, so kann es sein, daß du zu einem späteren Zeitpunkt deinen Kindern sagen wirst, was sie nach deinem Tod bekommen werden, denn du möchtest beizeiten alles geregelt wissen.

Befindet sich aber im 18. Haus eine PIK-KARTE und fällt die KARO ACHT in ein PIK- oder Kreuz-Haus, so kann es sein, daß du dich mit jemandem aus der Familie auseinandersetzen wirst, und zwar wegen eines Erbstücks, das du bekommen hast, obwohl es angeblich jemand anderem zugesagt worden war. Versuche dich nicht über solche Dinge zu streiten, sondern überlege dir, ob dir das Stück wirklich zusteht; andernfalls gib es der Person, die es beansprucht. Mache die Atemübungen regelmäßig! Dann wirst du dich bei Erbangelegenheiten nicht von der Habgier leiten lassen.

## KARO BUBE · 21. HAUS

BRIEFE · SCHRIFTSTÜCKE · TELEGRAMME · BOTE · FREUND

Im Haus des Erbes wird dir mitgeteilt, daß du in der nächsten Zeit einen Brief erhalten wirst, worin man dir ankündigt, daß du in einem Letzten Willen als Erbe eingesetzt bist. Vielleicht ist es eine Tante, die dir etwas hinterläßt, oder ein Onkel, den du nur selten gesehen hast. Es kann auch sein, daß du einen Brief erhalten wirst, worin dir jemand mitteilt, was er dir einmal hinterlassen möchte. Möglicherweise wird dir in einem Brief Geld versprochen, und du solltest diesen Brief gut aufbewahren, denn er könnte einmal als Ersatz für ein Testament dienen. Jemand will kein offizielles Testament hinterlassen, aber wenn du diesen Brief vorweisen kannst, wird man dir das Versprochene geben.

Sieh nach, welche Karte sich im 21. Haus befindet. Befindet sich dort eine rote Karte und fällt die KARO ACHT in ein rotes Haus, so wirst du sehr bald einen solchen Brief bekommen, den du dir gut aufheben solltest. Es kann auch sein, daß dir in einem Brief mitgeteilt wird, daß dir zu einem bestimmten Zeit- und Treffpunkt ein wichtiger Brief ausgehändigt wird. Befindet sich im 21. Haus eine Kreuz-Karte und fällt die KARO ACHT in ein Kreuz-Haus oder in ein rotes Haus, so kann es sein, daß deine Familie in nächster Zeit einen Familienrat einberufen wird, aber es könnte auch sein, daß die älteste Person der Familie jeden einzeln sprechen will, um zu prüfen, wem sie was hinterlassen wird.

Befindet sich aber im 21. Haus eine PIK-KARTE und fällt die KARO ACHT in ein PIK- oder Kreuz-Haus, so wirst du dich über einen Brief sehr wundern, denn dieser wird dir Dinge mitteilen, die sehr lange verborgen geblieben sind. Vielleicht vernimmst du, daß ein Testament gefälscht wurde, und das echte Testament wird dir nun zugestellt. Laß dich von einem Anwalt beraten, aber mache auch regelmäßig die Atemübungen!

## KARO ZEHN · 17. HAUS

### Geld · Finanzen · Börse · Einnahmen · Ausgaben

Im Haus des Erbes wird dir mitgeteilt, daß du dich eines Tages über eine sehr große Summe Geld wundern wirst, die man dir hinterläßt, denn du hast eigentlich mit dem Menschen, der dir die Summe hinterläßt, nichts zu tun gehabt. Aber du hast einmal einen tiefen Eindruck auf ihn gemacht; vielleicht hast du ihm das Leben gerettet oder ihm einen anderen Gefallen erwiesen, den du als selbstverständlich erachtet hast. Es kann sein, daß es jemand aus deiner Familie ist, der dich sehr liebt und den du vielleicht nur einmal gesehen hast, und zwar als Kind, der aber deine Schritte verfolgt hat. Möglicherweise wirst du auch dein Einkommen durch ein Erbe oder durch Geldanlagen aus einem Erbe verbessern.

Sieh nach, welche Karte sich im 17. Haus befindet. Befindet sich dort eine rote Karte und fällt die KARO ACHT in ein rotes Haus, so wirst du einmal durch eine Erbschaft sehr reich werden und dir deine Wünsche erfüllen können. Befindet sich im 17. Haus eine Kreuz-Karte und fällt die KARO ACHT in ein Kreuz-Haus oder in ein rotes Haus, dann wirst du, solltest du einmal etwas erben, auch viele Neider haben, denn du hast dich wenig um die Familie gekümmert, aber trotzdem am meisten geerbt.

Befindet sich aber im 17. Haus eine PIK-KARTE und fällt die KARO ACHT in ein PIK- oder Kreuz-Haus, dann wird sich, wenn du einmal etwas erbst, deine ganze Familie bei dir einfinden, denn jeder will auf einmal etwas von dir haben, weil du am meisten geerbt hast und die anderen möglicherweise nur ihren Pflichtanteil bekommen haben. Mache die Atemübungen regelmäßig! Dann wirst du wissen, wem du zu geben hast und wem nicht.

## KARO NEUN · 5. HAUS

ÜBERRASCHUNG · ÜBERRASCHUNGEN · KLEINE FINANZEN

Im Haus des Erbes wird dir mitgeteilt, daß du einmal eine Erbschaft machen und davon sehr überrascht sein wirst, weil du sie gar nicht erwartet hast. Es kann auch sein, daß man dich erst ausfindig machen muß, um dir mitzuteilen, daß du geerbt hast. Vielleicht liest du ganz überraschend in der Zeitung, daß jemand deines Namens als Erbe gesucht wird in einem anderen Land; du bist eventuell der letzte Nachkomme. Kümmere dich darum, denn vielleicht kannst du endlich dein schweres Dasein erleichtern. Möglicherweise wirst du auch eine Geldsumme zurückbekommen, die du einmal ausgeliehen hast, oder jemand wird dir als Dank dafür, daß du ihm einmal Geld geliehen hast, eine Erbschaft hinterlassen. Es kann auch sein, daß dir jemand ein Darlehen erläßt.

Sieh nach, welche Karte sich im 5. Haus befindet. Befindet sich dort eine rote Karte und fällt die KARO ACHT in ein rotes Haus, dann wirst du sicherlich sehr bald angenehm überrascht werden durch eine Erbschaft oder eine Geldsumme, die du gar nicht erwartet hast. Deute auch das 17. Haus mit. Rote Karten sind sehr positiv. Solltest du in der Zeitung eine Ausschreibung lesen, dann ziehe auch das 9. und das 21. Haus mit zur Deutung heran. Rote Karten und Kreuz-Karten sind sehr positiv, PIK-KARTEN sind gesondert zu deuten. Befindet sich im 5. Haus eine Kreuz-Karte und fällt die KARO ACHT in ein Kreuz-Haus oder in ein rotes Haus, dann kann es sein, daß du in der nächsten Zeit mit jemandem aus deiner Familie sprechen und bald darauf wieder von ihm hören, in der Zeitung lesen oder einen Brief bekommen wirst. Vielleicht wird es eine schlechte Nachricht sein, zum Beispiel, daß diese Person gestorben ist, aber dann ist es auch eine gute Nachricht, weil du als Alleinerbe eingesetzt wurdest.

Befindet sich aber im 5. Haus eine PIK-KARTE und fällt die KARO ACHT in ein PIK- oder Kreuz-Haus, so solltest du dir genau überlegen, ob du eine Erbschaft annehmen willst oder nicht, denn es scheint nur Ärger damit verbunden zu sein. Lasse dich von einem Anwalt beraten, und mache auch immer regelmäßig die Atemübungen!

---

## KARO ACHT · 27. HAUS

Erbe · Erbschaften · Hinterlassenschaften · Bekommen

Im Haus des Erbes wird dir mitgeteilt, daß du, da die KARO ACHT in ihr eigenes Haus fällt, ganz sicher sehr bald etwas bekommen wirst, wobei aber nicht unbedingt jemand sterben muß. Vielleicht bekommst du ein Darlehen bei einer Bank oder eine Hypothek. Es ist auch möglich, daß dir demnächst ein Erbe ausbezahlt wird. Möglicherweise wird man dir Geld leihen, oder du wirst früher, als es ursprünglich geplant war, ein Geschäft oder eine Fabrik übernehmen. Du wirst auch dein zukünftiges Einkommen verbessern können. Auf alle Fälle wirst du in der nächsten Zeit einen großen finanziellen Aufschwung erleben. Vielleicht sprichst du auch mit einer älteren Person über eine Erbschaft, und du wirst ihr unbewußt so behilflich sein, daß du selbst einmal etwas von dieser Person erben wirst.

Sieh nach, welche Karten sich im 5., 9. und im 17. Haus befinden. Befinden sich in diesen Häusern Herz-Karten, so wirst du einmal von einem Menschen persönliche Sachen erben, die du sehr gut gebrauchen kannst. Befinden sich in diesen Häusern Karo-Karten und fallen die KARO NEUN, die KARO ZEHN und der KARO KÖNIG auch in Herz- oder Karo-Häuser, so wirst du einmal sehr persönliche und wertvolle Sachen erben. Befinden sich im 3. und 5. Haus rote Karten, dann wirst du dein Erbe erfolgreich vermehren können. Befinden sich im 13. und 19. Haus rote Karten, so wirst du von einem Freund etwas erben. Befindet sich im 28. Haus eine rote Karte, so wirst du wegen eines Erbes vor Gericht gehen müssen. Befindet sich im 28. Haus eine schwarze Karte, so wird man dir das Erbe streitig machen. Befindet sich im 29. Haus eine rote Karte, so wirst du ein Erbe aus Dankbarkeit bekommen. Befindet sich im 29. Haus eine schwarze Karte, speziell aber eine PIK-KARTE, so wirst du viel Undank erleiden, wenn du einmal etwas erbst. Mache die Atemübungen regelmäßig! Dann wirst du Neid und Undank leichter verkraften können.

## KARO SIEBEN · 3. HAUS

### Erfolg · Karriere · Aufstieg · Leistung

Im Haus des Erbes wird dir mitgeteilt, daß du in nächster Zeit durch eine Erbschaft oder die vorzeitige Auszahlung eines Erbes deine Pläne erfolgreich verwirklichen kannst. Es kann auch sein, daß du bei jemandem Unterricht nehmen und danach dein Einkommen erstaunlich verbessern wirst oder daß jemand dir etwas anvertrauen wird, das andere nicht wissen sollen. Das wird dich aber in Zukunft sehr erfolgreich machen, denn es ist fast so, als hättest du den Stein der Weisen gefunden. Die Zeichen stehen gut für deine Zukunft und deinen Erfolg.

Sieh nach, welche Karte sich im 3. Haus befindet. Befindet sich dort eine rote Karte und fällt die KARO ACHT in ein rotes Haus, so wirst du sehr bald etwas erhalten, das mit Geld nicht zu bezahlen ist. Du wirst Wissen von einem Menschen erhalten, der diesen Planeten sehr bald verlassen muß. Gebrauche dieses Wissen aber so, wie dir gesagt wird, und mißbrauche es nie, denn es wäre dein eigener Schaden. Du darfst es auch niemals anderen mitteilen. Erst wenn du selbst diesen Planeten verlassen mußt, dann wirst du einen Geeigneten finden müssen, dem du dieses Wissen anvertrauen kannst und der würdig ist, es zu verwalten. Befindet sich im 3. Haus eine Kreuz-Karte und fällt die KARO ACHT in ein Kreuz-Haus oder in ein rotes Haus, so kann es sein, daß eine Erbschaft für dich auch Glück und Erfolg bedeutet. Sie gibt deinem Leben den richtigen Impuls.

Befindet sich aber im 3. Haus eine PIK-KARTE und fällt die KARO ACHT in ein PIK- oder Kreuz-Haus, so kann es sein, daß dir jemand eine Erbschaft nicht gönnen wird. Diese Person wird alles versuchen, dir deine Erbschaft abzujagen; vielleicht heiratet sie dich sogar, nur um an dein Erbe zu kommen. Wenn du die Atemübungen machst, wird es dir leichtfallen, die Erbschleicher zu durchschauen!

# KREUZ

## KREUZ AS · 20. HAUS

GESCHENK · GESCHENKE (MIT PIK AS: TOD · LAST)

Im Haus des Erbes wird dir mitgeteilt, daß du einmal eine Erbschaft machen wirst, die du auch sehr gut gebrauchen kannst. Solltest du ein Schriftstück erben, so wirst du anfangs glauben, es sei ein wertloses Papier, aber sein Wert wird vielleicht ein Mehrfaches von deinem jährlichen Einkommen betragen. Möglicherweise wirst du in der nächsten Zeit ein Geschenk erhalten, das du als Plunder ansiehst, jedoch bei näherer Betrachtung wird es sich als sehr wertvoll herausstellen. Es kann sein, daß du ein Möbel mit einem Geheimfach bekommen wirst. Vielleicht wirst du das Geheimfach nie finden, da du dir gar nicht die Mühe machst, es zu suchen, aber das wäre dein eigener Schaden.

Sieh nach, welche Karte sich im 20. Haus befindet. Befindet sich dort eine rote Karte und fällt die KARO ACHT in ein rotes Haus, so wirst du dich einmal über ein Geschenk sehr freuen, da es genau deinen Geschmack trifft. Vielleicht wirst du in nächster Zeit dein Einkommen wesentlich erhöhen können. Ziehe auch das 25. Haus mit zur Deutung heran. Rote Karten sind sehr gut, schwarze Karten sind gesondert zu deuten. Befindet sich im 20. Haus eine Kreuz-Karte und fällt die KARO ACHT in ein Kreuz-Haus oder in ein rotes Haus, so wirst du von jemandem aus der Verwandtschaft etwas erhalten, das du schon lange haben wolltest, aber du wirst es nicht ganz umsonst bekommen, du wirst eine Gegenleistung erbringen müssen.

Befindet sich aber im 20. Haus eine PIK-KARTE und fällt die KARO ACHT in ein PIK- oder Kreuz-Haus, so kann es sein, daß dir jemand ein Geschenk vor der Nase wegschnappen wird. Vielleicht solltest du ein Geschenk erhalten, aber es wird vorher von jemandem, der es dir nicht gönnt, zerstört. Diese Person könnte auch in deiner Familie zu finden sein, und du weißt vielleicht schon, um wen es sich hier handeln könnte. Mache regelmäßig die Atemübungen, damit du Streit in deinem Leben möglichst vermeiden kannst.

## KREUZ KÖNIG · 10. HAUS

### FERIEN · URLAUB · VATER · ONKEL · GROSSVATER

Im Haus des Erbes wird dir mitgeteilt, daß du ein Geschenk erhalten wirst, das dir bei deiner Arbeit weiterhilft. Vielleicht ist es ein Auto oder ein Gerät, das dir deine Arbeit erleichtern könnte, oder auch Geld, mit dem du dir etwas anschaffen kannst, das du für deine Arbeit brauchst. Möglicherweise wirst du eine Erbschaft bekommen, mit deren Hilfe du dich selbständig machen oder auf eine ausgedehnte Urlaubsreise gehen oder ein Studium aufnehmen kannst. Vielleicht wirst du auch für jemanden Erbschaftsangelegenheiten regeln.

Sieh nach, welche Karte sich im 10. Haus befindet. Befindet sich dort eine rote Karte und fällt die KARO ACHT in ein rotes Haus, so stehen dir gute Zeiten bevor, und du wirst endlich das tun können, was du schon lange wolltest. Es kann sein, daß du durch eine Erbschaft unabhängig wirst und endlich zeigen kannst, was in dir steckt. Befindet sich im 10. Haus eine Kreuz-Karte und fällt die KARO ACHT in ein Kreuz-Haus oder in ein rotes Haus, so kann es sein, daß du demnächst jemandem aus deiner Familie erzählen wirst, was du machen würdest, wenn du dieses oder jenes erben würdest. Zu deiner eigenen Überraschung wird man dir in den nächsten Tagen genau das, worüber ihr gesprochen habt, anbieten. Nimm es an, denn man will dich und deine Pläne unterstützen.

Befindet sich aber im 10. Haus eine PIK-KARTE und fällt die KARO ACHT in ein PIK- oder Kreuz-Haus, so kann es sein, daß du gerne etwas haben möchtest, es aber nie bekommen wirst, weil es dir jemand aus der Familie nicht gönnt. Es kann auch sein, daß du dich einmal von deiner Familie weiter entfernst und jemand dir dein Erbteil unterschlägt. Du scheinst habgierige Angehörige zu besitzen, die alles kassieren wollen, was dir eigentlich zusteht. Mache immer regelmäßig die Atemübungen! Sie werden dir mehr nützen als die entgangene Erbschaft.

## KREUZ DAME · 30. HAUS

### UNTERSUCHER · UNTERSUCHUNGEN · MUTTER · TANTE · GROSSMUTTER

Im Haus des Erbes wird dir mitgeteilt, daß du in Zukunft einmal eine gerichtliche Untersuchung anstreben mußt, weil das Testament für eine Erbschaft, die dir zusteht, vielleicht gefälscht wurde. Verteidige dein Recht, denn der Verstorbene wollte, daß dir etwas zufällt, und hatte sicher seine Gründe dafür. Vielleicht wirst du erst nach einer gewissen Zeit darauf kommen, daß du um dein Erbe betrogen worden bist. Möglicherweise wirst du es durch einen Traum erfahren, in dem der Tote dir erscheint, um dir mitzuteilen, daß er dir etwas hinterlassen hat. Solltest du in der nächsten Zeit einen solchen Traum haben, so suche jemanden auf, der sich in den Grenzwissenschaften auskennt, und bitte ihn um seinen Rat.

Sieh nach, welche Karte sich im 30. Haus befindet. Befindet sich dort eine rote Karte und fällt die KARO ACHT in ein rotes Haus, so wirst du in der kommenden Zeit jemanden aufsuchen, den du über die Zukunft befragen möchtest. Gib aber acht, daß du keinem Scharlatan aufsitzt. Befindet sich im 30. Haus eine Kreuz-Karte und fällt die KARO ACHT in ein Kreuz-Haus oder in ein rotes Haus, so wirst du möglicherweise mit jemandem aus der Familie Kontakt aufnehmen wollen, weil dir einiges nicht geheuer ist. Versuche dich mit Hilfe von Atemübungen auf deine innere Stimme zu konzentrieren, sie wird dich zu der richtigen Person führen, die dir in Zukunft weiterhelfen wird.

Befindet sich aber im 30. Haus eine PIK-KARTE und fällt die KARO ACHT in ein PIK- oder Kreuz-Haus, dann prüfe die Menschen genau, die du in der nächsten Zeit aufsuchst, um dir einen Rat zu holen. Du vertraust dir selbst nicht und glaubst, daß dir die anderen helfen werden, sie aber wollen nur dein Geld. Mache die Atemübungen! Dann wirst du dir selbst helfen können.

## KREUZ BUBE · 15. HAUS

FAMILIE · SOHN · NEFFE (MIT DAME: TOCHTER · NICHTE)

Im Haus des Erbes wird dir mitgeteilt, daß du einmal von deinen Eltern oder Verwandten Wertpapiere erben wirst, die dir helfen werden, wenn du in Not bist, denn du kannst sie jederzeit gegen Geld umtauschen. Vielleicht werden dir deine Eltern auch helfen, wenn du in Zukunft Geld in Wertpapieren oder Grundbesitz anlegen möchtest, oder ein Freund wird dich beraten, wie du dein Geld am besten gewinnbringend anlegen kannst. Möglicherweise wirst du dich auch mit jemandem über eine Lebensversicherung unterhalten, oder du mußt auf das Grundbuchamt, oder du hast in der nächsten Zeit wegen deiner Familie sehr viel mit schriftlichen Dingen zu tun. Vielleicht bittet auch jemand aus deiner Familie um deinen Rat, weil du über alles so gut informiert bist.

Sieh nach, welche Karte sich im 15. Haus befindet. Befindet sich dort eine rote Karte und fällt die KARO ACHT in ein rotes Haus, so wirst du sehr bald mit einer Vermögensanlage zu tun haben. Vielleicht handelt es sich dabei auch um eine wertvolle Briefmarkensammlung. Befindet sich eine Kreuz-Karte im 15. Haus und fällt die KARO ACHT in ein Kreuz-Haus oder in ein rotes Haus, so wirst du dich vielleicht in der nächsten Zeit mit deinen Eltern unterhalten, wie du dein Geld am besten anlegen sollst. Sie werden dir einen guten Ratschlag geben. Ziehe auch das 17. Haus mit zur Deutung heran. Rote Karten sind für Anlagen und Grundstücke sehr gut, wenn sich auch im 17. Haus eine rote oder eine Kreuz-Karte befindet. Auch das HERZ AS sollte in ein rotes oder ein Kreuz-Haus fallen. PIK-KARTEN sind gesondert zu deuten, aber sie könnten darauf hinweisen, daß du von einem Kauf zurücktreten solltest.

Befindet sich aber im 15. Haus eine PIK-KARTE und fällt die KARO ACHT in ein PIK- oder Kreuz-Haus, dann solltest du in der nächsten Zeit sehr vorsichtig sein, wenn du Wertpapiere kaufen möchtest. Paß auf, daß du dir keine Fälschungen andrehen läßt. Deute auch das 9. Haus mit. Rote Karten deuten darauf hin, daß du die Papiere lieber von einem Fachmann überprüfen lassen solltest. Schwarze Karten würden eine Fälschung bedeuten. Mache die Atemübungen, damit du solchen Gaunern nicht auf den Leim gehst!

## KREUZ ZEHN · 8. HAUS

### Reise · Strasse · Wasser · Meer

Im Haus des Erbes wird dir mitgeteilt, daß du möglicherweise ein Erbe verlieren wirst, das dir rechtmäßig gehört. Entweder wird man dich nicht ausfindig machen können, oder du wirst zu dem gesetzten Zeitpunkt nicht erscheinen können. Vielleicht wirst du auch eine Reise wegen einer Erbschaft antreten, möglicherweise sogar ins Ausland. Solltest du im Immobiliengeschäft tätig sein, kann es sein, daß du Objekte aus deinem Wohnort verkaufst, oder es kann auch bedeuten, daß du Objekte in anderen Ländern betreuen wirst. Als Geschäftsmann hast du die besten Aussichten, in der nächsten Zeit einen Erfolg zu erzielen. Das Geschäft deines Lebens scheint auf dich zu warten.

Sieh nach, welche Karten sich im 8. und 31. Haus befinden. Befinden sich dort Karo-Karten und fallen die KREUZ NEUN und die KARO ACHT in ein Karo-Haus, so mußt du zugreifen, solltest du in nächster Zeit ein

Angebot bekommen. Vielleicht wirst du ein Erbe im Ausland antreten oder ein Verkaufsangebot bekommen, das dich über Nacht zum Multimillionär machen könnte. Ziehe auch das 17. Haus mit zur Deutung heran. Eine Karo-Karte ist positiv, doch die KARO ZEHN muß auch in ein Karo-Haus fallen. Befindet sich im 8. Haus eine Kreuz-Karte und fällt die KARO ACHT in ein Kreuz-Haus oder in ein rotes Haus, so wirst du in der nächsten Zeit sehr gute Geschäfte mit Menschen machen, die etwas verkaufen wollen, oder du wirst Nachlässe kaufen. Deute auch das 25. Haus mit. Rote Karten und Kreuz-Karten sind sehr positiv. PIK-KARTEN bedeuten: Vorsicht bei Käufen und Verkäufen.

Befindet sich aber im 8. Haus eine PIK-KARTE und fällt die KARO ACHT in ein PIK- oder Kreuz-Haus, so kann es sein, daß dir im Ausland ein großes Erbe entgehen wird, wenn du dich nicht rechtzeitig darum kümmerst. Wenn das Erbe so groß ist, daß du dir einen Anwalt leisten kannst, dann lasse das Geschäft durch ihn abwickeln. Mache regelmäßig die Atemübungen! Dann kannst du dich in Zukunft besser um deine Sachen kümmern.

## KREUZ NEUN · 31. HAUS
### Glück · Kleine Reise · Risiko

Im Haus des Erbes wird dir mitgeteilt, daß du in der nächsten Zeit Glück im Spiel oder in Erbschaftsangelegenheiten haben wirst. Es kann sein, daß du in der Lotterie gewinnen oder durch den günstigen Verkauf eines Wertpapiers einen großen Gewinn machen wirst. Möglicherweise wirst du bei einem Spiel einen Menschen kennenlernen, von dem du eigentlich keine besonders gute Meinung hattest, doch in Zukunft wird sich deine Meinung ändern, weil dir dieser Mensch viel Glück bringen wird.

Sieh nach, welche Karte sich im 31. Haus befindet. Befindet sich dort eine rote Karte und fällt die KARO ACHT in ein rotes Haus, so wirst du in nächster Zeit sehr viel Glück haben, das du auskosten solltest. Befindet sich im 31. Haus eine Karo-Karte und fallen in das 17. und 27. Haus Karo-Karten, so kannst du ein Kasino aufsuchen, denn du wirst eine Glückssträhne haben, die aber ein paar Tage nach Lesen des Kartenbildes endet. Befindet sich im 31. Haus eine Kreuz-Karte und fällt die KARO ACHT in ein Kreuz-Haus oder in ein rotes Haus, so wirst du in Zukunft ein sehr glückliches und harmonisches Familienleben haben oder auch anderen Familien Glück bringen. Es kann auch sein, daß du durch eine

Erbschaft ein sehr glücklicher und zufriedener Mensch wirst oder daß ein glücklicher Moment dich eine schwierige Situation meistern läßt. Vielleicht ziehst du in nächster Zeit einen Haupttreffer.

Befindet sich aber im 31. Haus eine PIK-KARTE und fällt die KARO ACHT in ein PIK- oder Kreuz-Haus, dann solltest du dich im Spiel nicht allzusehr auf dein Glück verlassen. Es wäre besser, wenn du dein Geld zusammenhalten würdest, vor allem wenn du eine Familie hast, denn du wirst diese sonst in nächster Zeit durch deine Spielleidenschaft ins Unglück stürzen. Mache die Atemübungen regelmäßig! Dann wirst du rechtzeitig die Verantwortung deiner eigenen Familie gegenüber erkennen.

## KREUZ ACHT · 26. HAUS
### NEUE UNTERNEHMUNGEN · MUT · HELDENTAT

Im Haus des Erbes wird dir mitgeteilt, daß man dich einmal, wenn du dich weiter so anstrengst und gute Leistungen am richtigen Platz zeigst, als Partner in ein Geschäft hineinnehmen wird, ohne daß du selbst etwas dabei investieren mußt. Vielleicht sucht der Besitzer einen Nachfolger, und da er in seiner Familie keinen Geeigneten findet, wird er dir eines Tages die überraschende Mitteilung machen, daß du seinen Betrieb einmal übernehmen oder erben wirst. Du wirst aus allen Wolken fallen, aber es lohnt sich eben, tüchtig zu sein. Es kann aber auch sein, daß du von jemandem aus der Familie etwas bekommst, weil ihm deine Arbeitsweise gefällt. Möglicherweise wirst du in der nächsten Zeit eine unerwartete Gehaltserhöhung bekommen.

Sieh nach, welche Karte sich im 26. Haus befindet. Befindet sich dort eine rote Karte und fällt die KARO ACHT in ein rotes Haus, so wirst du einmal vor einer großen Überraschung stehen und nicht gleich wissen, was du davon halten sollst, aber es wird eine gute Überraschung für dich sein. Befindet sich eine Kreuz-Karte im 26. Haus und fällt die KARO ACHT in ein Kreuz-Haus oder in ein rotes Haus, so wird aus dem Kreis deiner Familie eine nette Überraschung kommen, mit der du überhaupt nicht gerechnet hast. Es wird eine positive Überraschung sein, wenn sich im 5. Haus eine rote oder eine Kreuz-Karte befindet. Eine PIK-KARTE könnte eine etwas enttäuschende Überraschung bedeuten. Trotzdem ist sie gut gemeint, und du solltest sie nicht ablehnen.

Befindet sich aber im 26. Haus eine PIK-KARTE und fällt die KARO ACHT in ein PIK- oder Kreuz-Haus, so kann es sein, daß deine Leistung nicht gerecht honoriert wird, und du solltest endlich die längst fällige Gehaltserhöhung fordern. Mache die Atemübungen, damit du auch die nötige Courage hast, deine Forderung durchzudrücken!

## KREUZ SIEBEN · 14. HAUS
### NACHRICHTEN · BOTSCHAFT · TRÄNEN · LEID

Im Haus des Erbes wird dir mitgeteilt, daß du möglicherweise schon in den nächsten Tagen die Nachricht erhalten wirst, daß du Geld geerbt hast. Es kann auch sein, daß es sich um eine andere Erbschaft handelt; dir wird dann von einem Notar eine Erklärung vorgelegt werden, ob du das Erbe antreten möchtest oder nicht. Möglicherweise wirst du eine Nachricht erhalten, daß du bei einem Wettbewerb einen Preis gewonnen hast. Vielleicht hast du an einem Preisausschreiben teilgenommen und erhältst die Nachricht, daß du bei einer Verlosung dabei sein wirst. Es kann sein, daß du mit jemandem am Telephon darüber sprichst, wie schön es wäre, eine Reise zu gewinnen, und kurz darauf erfährst, daß du eine Reise gewonnen hast.

Sieh nach, welche Karte sich im 14. Haus befindet. Befindet sich dort eine rote Karte und fällt die KARO ACHT in ein rotes Haus, so wirst du bald gute Nachrichten erhalten, die dich freuen werden, denn sie bringen Abwechslung in deinen Alltag. Befindet sich eine Kreuz-Karte im 14. Haus und fällt die KARO ACHT in ein Kreuz-Haus oder in ein rotes Haus, dann wird dich jemand aus deiner Familie anrufen und dir mitteilen, daß du einen Preis gewonnen hast. Du wirst es zuerst für einen Scherz halten, aber es wird wahr sein, denn deine Familie hat es gerade im Radio oder Fernsehen erfahren.

Befindet sich aber im 14. Haus eine PIK-KARTE und fällt die KARO ACHT in ein PIK- oder Kreuz-Haus, so wirst du eine sehr erfreuliche Nachricht erhalten, die sich aber später als Irrtum herausstellt. Versuche über diesen Irrtum nicht traurig zu sein und mache die Atemübungen, denn damit wirst du den größten Gewinn in deinem Leben erzielen!

# PIK

## PIK AS · 24. HAUS

Tod · Unfall · Schicksalsschläge · Qual · Not

Im Haus des Erbes wird dir mitgeteilt, daß sich einmal durch einen Todesfall dein Leben total verändern wird. Es wird in deinem Dasein eine totale Umstellung geben, du wirst dich auch selbst völlig ändern. Du hast bisher ein ruhiges, gemütliches Leben führen können, aber mit einem Schlag wird alles vorbei sein. Vielleicht wirst du durch einen Todesfall sehr berühmt werden, oder du wirst eine Erbschaft machen, von der die ganze Welt spricht, oder du bist der letzte Nachkomme des Verstorbenen, und nach seinem Tod wirst du zu deinem größten Erfolg gelangen. Möglicherweise wirst du auch vor einem Publikum viele Fragen zu beantworten haben.

Sieh nach, welche Karte sich im 24. Haus befindet. Befindet sich dort eine rote Karte und fällt die KARO ACHT in ein rotes Haus, so wird sich deine Zukunft durch einen Todesfall zum Positiven ändern, aber du wirst eine gewisse Zeit brauchen, bis du dich daran gewöhnt hast, daß man auf einmal über dich spricht und nicht mehr über den Verstorbenen. Befindet sich im 24. Haus eine Kreuz-Karte und fällt die KARO ACHT in ein Kreuz-Haus oder in ein rotes Haus, so wirst du, wenn ein Angehöriger stirbt, in deiner Familie die Führung übernehmen. Es kann auch sein, daß du einmal aus deiner Verwandtschaft sehr schöne Gegenstände erben wirst.

Befindet sich aber im 24. Haus eine PIK-KARTE und fällt die KARO ACHT in ein PIK- oder Kreuz-Haus, dann scheint dir ein gewisser Todesfall keine Vorteile zu bringen, eher Nachteile. Vielleicht wird man dich in Verruf bringen wollen und ein böses Gerücht über dich verbreiten. Es kann sogar sein, daß du deinen Wohnort verlassen mußt. Mache die Atemübungen! Bedenke, daß auch schlechte Erfahrungen der Seele helfen, sich zu erweitern und zu reifen.

## PIK KÖNIG · 28. HAUS

Rufer · Behörde · Schule · Spital · Institution

Im Haus des Erbes wird dir mitgeteilt, daß jemand dich anrufen und dir mitteilen wird, daß er etwas geerbt hat. Diese Person möchte dir von ihrem Erbteil etwas abgeben, das du gut gebrauchen kannst. Es kann auch sein, daß du selbst jemandem mitteilst, daß du eine Erbschaft gemacht hast, und dieser Person dann etwas abgibst, das sie gebrauchen kann. Vielleicht mußt du auch vor Gericht, um dort Erbschaftsangelegenheiten zu regeln oder um dein Recht geltend zu machen. Möglicherweise wird dir Geld zurückbezahlt, oder du wirst durch eine Erbschaft in der Lage sein, außenstehende Schulden zu begleichen, oder du erkundigst dich bei einem Notar, wie man ein Testament abfassen sollte. Aber es kann auch sein, daß du ein Testament anfechten wirst.

Sieh nach, welche Karte sich im 28. Haus befindet. Befindet sich dort eine rote Karte und fällt die KARO ACHT in ein rotes Haus, dann kann es zwar sein, daß du wegen eines Erbschaftsstreites vor Gericht gehen mußt, aber du wirst diesen Prozeß gewinnen. Befindet sich im 28. Haus eine Kreuz-Karte und fällt die KARO ACHT in ein Kreuz-Haus oder in ein rotes Haus, so wirst du mit jemandem aus der Familie eine Erbschaftsteilung ordnungsgemäß abwickeln. Vielleicht werdet ihr auch die Sachen, die ihr geerbt habt, nicht selbst beanspruchen, sondern einem karitativen Verein überlassen.

Befindet sich aber im 28. Haus eine PIK-KARTE und fällt die KARO ACHT in ein PIK- oder Kreuz-Haus, so wirst du einen Prozeß in einer Erbschaftsangelegenheit verlieren. Es scheint, als wärst du hier im Unrecht, und du solltest dir abgewöhnen, etwas haben zu wollen, was anderen zusteht. Mache die Atemübungen regelmäßig! Durch sie wirst du lernen, daß man im Leben niemals etwas besitzen wird, sondern alles nur zum Benutzen da ist.

## PIK DAME · 29. HAUS

### Dankbarkeit · Dunkle Dame · Undank · Neid

Im Haus des Erbes wird dir mitgeteilt, daß du einmal von einer großzügigen Person als Erbe eingesetzt werden wirst. Vielleicht wird diese Person dir auch schon zu Lebzeiten sehr viel schenken. Es kann auch sein, daß du eine Erbschaft weitergeben wirst und daß man versuchen wird, die Erbschaft anzufechten, weil sich jemand dadurch betrogen fühlt. Du wirst deswegen vor Gericht gehen müssen. Vielleicht wird dir jemand aus Dank etwas vererben, und dessen Familie wird vor Gericht bestreiten, daß es dir wirklich rechtmäßig zusteht. Lasse dir bei größeren Geschenken von einer fremden Person immer eine schriftliche

Bestätigung geben. Ziehe auch das 28. Haus mit zur Deutung heran. Rote Karten oder Kreuz-Karten deuten darauf hin, daß du den Prozeß gewinnen wirst. Ein sicheres Zeichen dafür ist es, wenn auch der PIK KÖNIG in ein rotes Haus fällt.

Sieh nach, welche Karte sich im 29. Haus befindet. Befindet sich dort eine rote Karte und fällt die KARO ACHT in ein rotes Haus, so wirst du einmal aus Dank von einer Person eine Erbschaft bekommen, die dir in deinem Leben sehr viel weiterhelfen wird. Befindet sich eine Kreuz-Karte im 29. Haus und fällt die KARO ACHT in ein Kreuz-Haus oder in ein rotes Haus, so kann es sein, daß dir jemand aus der Verwandtschaft schon zu Lebzeiten ein Erbstück geben wird, aber nach dessen Tod wird jemand aus der Familie Anspruch darauf erheben. Bitte jenen Verwandten, das Geschenk im Testament ordnungsgemäß zu vermerken.

Befindet sich aber im 29. Haus eine PIK-KARTE und fällt die KARO ACHT in ein PIK- oder Kreuz-Haus, dann kann es sein, daß du einmal von jemandem aus deinem Bekanntenkreis oder aus deiner Familie sehr enttäuscht wirst. Nach einem Todesfall wird dir etwas zustehen, aber derjenige wird es nicht hergeben wollen. Wenn du kannst, so verzichte darauf, und mache die Atemübungen! Diese sind mehr wert als jeder Besitz.

## PIK BUBE · 1. HAUS

### GEGENWART · WAHRHEIT · DUNKLER MANN · UNIFORMIERTER

Im Haus des Erbes wird dir mitgeteilt, daß jemand dich einladen wird, denn er möchte dir nach seinem Tode etwas hinterlassen, aber er weiß noch nicht, was er dir geben könnte oder für was du dich wirklich interessierst. Es kann aber auch sein, daß dich jemand einladen wird, der von einer Erbschaft weiß und dich prüfen möchte, ob du würdig bist, diese Erbschaft anzutreten. Möglicherweise wirst du auch von einer Person eingeladen, die weiß, daß du ein großes Erbe zu erwarten hast, und die versuchen wird, durch Schmeichelei etwas davon abzugewinnen. Du mußt dich in Zukunft vor solchen Menschen hüten, denn sie wollen dir dein Erbe abjagen.

Sieh nach, welche Karte sich im 1. Haus befindet. Befindet sich dort eine rote Karte und fällt die KARO ACHT in ein rotes Haus, so wirst du die offenen oder versteckten Prüfungen, die man dir in nächster Zeit stellen wird, bestehen. Die versteckten sind die strengsten, aber dein Charakter ist ehrlich, und du hast nichts zu befürchten. Befindet sich eine Kreuz-Karte im 1. Haus und fällt die KARO ACHT in ein Kreuz-Haus oder in ein rotes Haus, so wird einer deiner Familienangehörigen dich durch jemanden aushorchen lassen, denn diese Person möchte wissen, wie du über sie denkst, und danach wird sich dein Erbe richten.

Befindet sich aber im 1. Haus eine PIK-KARTE und fällt die KARO ACHT in ein PIK- oder Kreuz-Haus, so solltest du dich in der nächsten Zeit vor allzu freundlichen Menschen in acht nehmen. Sie lauern dir auf, weil du etwas zu bekommen hast, das sie selbst gerne haben möchten, aber sie werden sich durch heuchlerische Äußerungen selbst verraten. Meide in Zukunft solche Menschen und mache deine Atemübungen regelmäßig, damit du dir eine gute Menschenkenntnis aneignest!

## PIK ZEHN · 32. HAUS

### SONNE · ENTFERNUNGEN · ANDERE LÄNDER · NACHT

Im Haus des Erbes wird dir mitgeteilt, daß wegen der liebenswürdigen Art, wie du mit den Menschen umgehst, sich einmal jemand an dich erinnern und dir eine Erbschaft hinterlassen wird. Dieser Person gefällt vielleicht dein Lachen, deine fröhliche Art, dein sonniges Gemüt und deine Hilfsbereitschaft. Es kann auch sein, daß du einmal völlig unerwartet etwas Geld bekommen wirst, das du gerade gut gebrauchen kannst. Vertraue deiner sonnigen Einstellung, und du wirst im Leben niemals untergehen. Vielleicht wirst du auch einmal etwas von einem Menschen erben oder bekommen für einen kleinen Gefallen, den du ihm erwiesen hast und der dir nun hoch honoriert wird.

Sieh nach, welche Karte sich im 32. Haus befindet. Befindet sich dort eine rote Karte und fällt die KARO ACHT in ein rotes Haus, so wirst du in der nächsten Zeit etwas bekommen oder träumen, daß du etwas bekommst, und dieser Traum wird sehr bald Wirklichkeit werden. Es kann sein, daß du öfter solche Wahrträume hast, diese solltest du dir aufzeichnen, denn es ist deine innere Stimme, die zu dir spricht. Befindet sich im 32. Haus eine Kreuz-Karte und fällt die KARO ACHT in ein Kreuz-Haus oder in ein rotes Haus, so scheinst du vom Schicksal die Gabe mitbekommen zu haben, die Zukunft vorauszusehen. Baue deine Fähigkeit mit Hilfe der Atemübungen aus, denn durch deine Gabe wirst du auch anderen Menschen helfen können.

Befindet sich aber im 32. Haus eine PIK-KARTE und fällt die KARO ACHT in ein PIK- oder Kreuz-Haus, dann scheinst du deine Gabe in Form der Schwarzen Magie anzuwenden, und das wird dir einmal sehr schaden. Du scheinst dir falsche Vorstellungen von den Grenzwissenschaften zu machen, und du solltest dich nicht zu gefährlichen okkultistischen Experimenten hinreißen lassen. Mache die Atemübungen! Sie werden dir zum richtigen Verständnis der außersinnlichen Wahrnehmung verhelfen.

## PIK NEUN · 23. HAUS
### DEPRESSION · UNANNEHMLICHKEITEN · KÄLTE

Im Haus des Erbes wird dir mitgeteilt, daß du in der nächsten Zeit vielleicht ein Erbe oder einen Erbschaftsstreit verlieren wirst, und zwar durch dein eigenes Fehlverhalten. Es kann auch sein, daß du etwas bekommen wirst, mit dem du nicht sonderlich zufrieden bist, denn du hattest mehr erwartet. Möglicherweise wirst du jemanden um ein privates Darlehen bitten, das dir aber abgelehnt wird, weil dem anderen dein Benehmen nicht paßt. Du meinst, alle müßten sich nach dir richten. Du verurteilst die Welt und deine Umgebung, aber wenn du etwas brauchst, sollten die andern es dir geben. Du scheinst nicht zu erkennen, daß du auf dem Weg der Einsamkeit und der Kälte bist. Frage dich selbst einmal, ob du das willst. Versuche die Atemübungen zu machen und dich mit ihrer Hilfe zu ändern.

Sieh nach, welche Karte sich im 23. Haus befindet. Befindet sich dort eine rote Karte und fällt die KARO ACHT in ein rotes Haus, so scheinst du einen guten Kern zu besitzen. Du hast dir nur aufgrund von Enttäuschungen eine harte Schale zugelegt. Versuche dich nicht in deinen Kummer zu vergraben, denn du hast Fähigkeiten, die die Menschheit braucht. Befindet sich im 23. Haus eine Kreuz-Karte und fällt die KARO ACHT in ein Kreuz-Haus, dann sei nicht traurig, wenn die Erbschaft nicht so ausgefallen ist, wie du sie dir vorgestellt hast, und denke an die Menschen, die überhaupt nichts haben.

Befindet sich aber im 23. Haus eine PIK-KARTE und fällt die KARO ACHT in ein PIK- oder Kreuz-Haus und sollten sich auch die HERZ DAME, der HERZ KÖNIG, die PIK ACHT und der PIK KÖNIG in einem PIK- oder Kreuz-Haus befinden, so scheinst du dich in sehr schlechter Gesellschaft zu bewegen. Nur ein wahrer Gesinnungswandel mit Hilfe der Atemübungen kann dir noch helfen, wieder ein positiv denkender und fühlender Mensch zu werden.

## PIK ACHT · 22. HAUS

### Ärger · Ärgernisse · Streit · Verleumdungen

Im Haus des Erbes wird dir mitgeteilt, daß dir eine Erbschaft, die du in der nächsten Zeit antreten könntest, nur Ärger und Verdruß einbringen würde. Vielleicht wirst du dich auch in der nächsten Zeit nicht wohl fühlen, denn du spürst vielleicht schon, daß ein Mensch oder ein Tier in deiner unmittelbaren Nähe sterben muß. Vielleicht weißt du, um wen es sich hier handeln könnte. Manche Menschen haben ein sehr ausgeprägtes Empfinden und sind sensitiv für die Schwingungen, die ein Tod oder ein Unfall vorausschickt. Auch die Atemübungen können dir helfen, deinen sechsten Sinn zu entwickeln und besser zu verstehen.

Sieh nach, welche Karte sich im 22. Haus befindet. Befindet sich dort eine rote Karte und fällt die KARO ACHT in ein rotes Haus, so bist du ein sensitiver Mensch, der versuchen sollte, seine Fähigkeiten mit den Atemübungen weiterzuentwickeln. Befindet sich im 22. Haus eine Kreuz-Karte und fällt die KARO ACHT in ein Kreuz-Haus oder in ein rotes Haus, so kann es sein, daß du sehr bald einen Todesfall in deiner unmittelbaren Nähe erahnen wirst. Aber hüte dich davor, anderen Menschen davon Mitteilung zu machen, solange du dir deiner Gabe noch nicht ganz sicher bist, denn man würde dich für verrückt erklären.

Befindet sich aber im 22. Haus eine PIK-KARTE und fällt die KARO ACHT in ein PIK- oder Kreuz-Haus, dann wirst du einmal eine Katastrophe vorhersehen, aber die Menschen nicht davor bewahren können, denn sie werden dich nur höhnisch auslachen. Versuche nicht über das Schicksal anderer zu entscheiden, denn das ist allein die Aufgabe von Gott. Für dich ist es wichtig, daß du dort hilfst, wo geholfen werden kann und wo man deine Hilfe auch annimmt. Mache regelmäßig die Atemübungen! Mit ihnen wirst du deine Sensitivität richtig verstehen und anwenden lernen.

## PIK SIEBEN · 16. HAUS
### GESUNDHEIT · KRANKHEIT · KUR · OPERATION

Im Haus des Erbes wird dir mitgeteilt, daß dir offenbar eine ganz gute Gesundheit mit in die Wiege gelegt worden ist. Es kann aber auch sein, daß du dir sehr große Sorgen über jemanden machst, der im Krankenhaus liegt. Möglicherweise wirst du in der nächsten Zeit die traurige Mitteilung erhalten, daß die Ärzte den Kranken aufgegeben haben oder ihn nicht mehr operieren können. Vielleicht erfährst du bereits in den nächsten Stunden oder Tagen, daß jemand gestorben ist. Der Tod ist eine Befreiung und nichts Endgültiges, sondern nur eine Stufe auf dem Weg der Seele, darum sollst du nicht traurig sein, wenn jemand stirbt. Versuche die Atemübungen zu machen, damit du selbst zu dieser Erkenntnis gelangst, denn solange du es nicht selbst an dir erfährst, wird dir das geschriebene Wort nichts helfen.

Sieh nach, welche Karte sich im 16. Haus befindet. Befindet sich dort eine rote Karte und fällt die KARO ACHT in ein rotes Haus und befinden sich darüber hinaus auch rote Karten im 13., 19. und 28. Haus, dann wird jemand wieder gesund werden, auch wenn sich diese Person im Krankenhaus befindet und es den Anschein hat, als würde sie nicht mehr gesund. Befinden sich schwarze Karten in diesen Häusern, dann sollten diese gesondert gedeutet werden, sie haben aber meistens ein negatives Gewicht. Befindet sich im 16. Haus eine Kreuz-Karte und fällt die KARO ACHT in ein Kreuz-Haus oder in ein rotes Haus, so kann es sein, daß du für jemanden, der im Krankenhaus liegt, ein Testament abfassen wirst, und das wird dich traurig stimmen.

Befindet sich aber im 16. Haus eine PIK-KARTE und fällt die KARO ACHT in ein PIK- oder Kreuz-Haus, so solltest du nicht der erste sein, der versucht, das Erbe aufzuteilen, wenn jemand gestorben ist, denn du kannst dich dabei gewaltig irren. Gib auch auf deine Gesundheit acht, denn du scheinst in der letzten Zeit etwas leichtsinnig mit ihr umzugehen. Mache die Atemübungen, damit du dich in Zukunft wieder besser fühlst.

Das 28. Haus

# PIK KÖNIG

Das Haus des Rufers, der Behörde,
der Schule, des Spitals und der Institution

# HERZ

## HERZ AS · 7. HAUS
Wohnung · Besitz · Haus · Eigentum

Im Haus des Rufers wird dir mitgeteilt, daß jemand dich anrufen oder besuchen wird, um dir mitzuteilen, daß er erst kürzlich umgezogen ist, sich ein Haus oder eine Wohnung gekauft hat und sehr erfreut wäre, wenn du sein neues Heim besichtigen würdest. Du wirst dich sehr über diese Einladung freuen. Möglicherweise wirst du auch eine Einladung bekommen, um etwas anderes zu besichtigen, oder du wirst mit jemandem einen Schaufensterbummel machen und dir dabei Sachen ansehen, die du für deine eigene Wohnung oder für die Wohnung deiner Kinder einmal kaufen wirst. Vielleicht suchst du auch für jemanden etwas aus, weil du den besseren Geschmack hast.

Sieh nach, welche Karte sich im 7. Haus befindet. Befindet sich dort eine rote Karte und fällt der PIK KÖNIG in ein rotes Haus, so wirst du bald sehr erfreuliche Nachrichten per Telephon erhalten. Es kann auch sein, daß du eine Angelegenheit bei einer Behörde positiv erledigen kannst, die schon lange gedauert hat. Befindet sich eine Kreuz-Karte im 7. Haus und fällt der PIK KÖNIG in ein Kreuz-Haus oder in ein rotes Haus, so kann es sein, daß du dir für deine Familie etwas ansehen oder die Aussteuer für eines deiner Kinder zusammenstellen wirst. Es könnte auch sein, daß eines deiner Kinder in ein neues Haus oder eine Wohnung zieht und du mit Rat und Tat bei der Inneneinrichtung hilfst. Möglicherweise läßt du dich von jemandem aus deinem Freundeskreis in einer behördlichen Angelegenheit oder einer Hausfinanzierung beraten. Die Dinge stehen gut für dich, wenn sich im 9. und 17. Haus rote oder Kreuz-Karten befinden. Fallen PIK-KARTEN in diese Häuser, solltest du bei Verträgen sehr gut aufpassen, mit welchen Gesellschaften sie abgeschlossen werden.

Befindet sich aber eine PIK-KARTE im 7. Haus und fällt der PIK KÖNIG in ein PIK- oder Kreuz-Haus, so kann es sein, daß du die passende Sache für die Wohnung einer anderen Person nicht finden wirst. Vielleicht wirst du auch etwas bekommen, das aber nicht in die Wohnung paßt. Dich erwarten Unannehmlichkeiten per Telephon oder mit dem Telephon. Mache immer die Atemübungen!

## HERZ KÖNIG · 13. HAUS
Unterhaltung · Männlicher Freund · Blond · Sponsor

Im Haus des Rufers wird dir mitgeteilt, daß jemand dich sehr bald anrufen wird und du dich sehr darüber freuen wirst, weil du schon lange nichts mehr von dieser Person gesehen und gehört hast. Es kann dies ein Mensch sein, den du liebst oder sehr gerne magst und mit dem du auch in Zukunft gerne zusammen sein würdest. Es kann auch sein, daß du zu einer nette Party eingeladen wirst und dort einen Menschen triffst, den du schon lange nicht mehr gesehen hast. Möglicherweise wirst du zu einer Tagung gehen und dort eine Schulfreundin oder einen Schulfreund nach langer Zeit wiedertreffen. Vielleicht wirst du abends ausgehen und dabei einen sehr guten alten Freund treffen, den du schon des öfteren sehen wolltest, aber dessen Adresse du nicht ausfindig machen konntest.

Sieh nach, welche Karte sich im 13. Haus befindet. Befindet sich dort eine rote Karte und fällt der PIK KÖNIG in ein rotes Haus, so wirst du dich in nächster Zeit sehr über einen Anruf freuen, mit dem du nicht gerechnet hast, oder du wirst alte Freunde wiedertreffen. Es kann auch sein, daß du versuchen wirst, für alte Freunde ein Treffen zu arrangieren. Befindet sich im 13. Haus eine Kreuz-Karte und fällt der PIK KÖNIG in ein Kreuz-Haus oder in ein rotes Haus, so kann es sein, daß dich jemand aus der Familie anrufen wird, der sehr bald auf Besuch kommen und Veränderung in dein Alltagsleben bringen wird.

Befindet sich aber im 13. Haus eine PIK-KARTE und fällt der PIK KÖNIG in ein PIK- oder Kreuz-Haus, so kann es sein, daß du dich anfangs zwar sehr über den Anruf oder Besuch eines alten Freundes freuen wirst, aber wenn ihr euch begegnet, dann werden euch viele alte Dinge einfallen, die ihr geplant habt und aus denen nichts geworden ist. Vielleicht ist dein Freund ein Angeber geworden oder jemand, der nur in seinen Träumen lebt. Empfiehl ihm die Atemübungen, vielleicht ist ihm noch zu helfen!

## HERZ DAME · 19. HAUS
Freunde · Weiblicher Freund · Blond · Sponsor

Im Haus des Rufers wird dir mitgeteilt, daß du in der nächsten Zeit einen Freund treffen wirst, der es in seinem Leben weit gebracht hat. Solltest du noch jung sein, wirst du vielleicht eine Schulfreundin oder einen Schulfreund treffen, mit dem zusammen du Pläne für die Zukunft schmiedest.

Es kann auch sein, daß du in der nächsten Zeit jemanden suchen wirst, den du für gewisse Pläne gewinnen willst. Vielleicht wirst du auch von einem früheren Bekannten besucht werden, der dich für eine bestimmte Sache gewinnen möchte. Höre dabei auf deine innere Stimme.

Sieh nach, welche Karte sich im 19. Haus befindet. Befindet sich dort eine rote Karte und fällt der PIK KÖNIG in ein rotes Haus, so kann es sein, daß du einen guten Freund treffen wirst, der dein Leben entscheidend verändern wird. Entweder findest du die Idee gut, die er dir vorträgt, oder du wirst selbst versuchen, jemanden für eine Idee zu begeistern. Es gelingt, wenn im 13. Haus eine rote oder Kreuz-Karte liegt oder wenn der HERZ KÖNIG in ein rotes oder Kreuz-Haus fällt. Ein PIK-HAUS wäre gesondert zu deuten, aber es weist darauf hin, daß die Idee keine große Zukunft hätte. Befindet sich im 19. Haus eine Kreuz-Karte und fällt der PIK KÖNIG in ein Kreuz-Haus oder in ein rotes Haus, so kann es sein, daß du jemanden aus der Verwandtschaft treffen wirst, den du als Vermittler einsetzen möchtest, um die Menschen für deine Idee zu gewinnen. Es kann auch sein, daß man dich in einer bestimmten Angelegenheit einsetzen möchte, zum Beispiel als Wahlhelfer eines Politikers.

Befindet sich aber im 19. Haus eine PIK-KARTE und fällt der PIK KÖNIG in ein PIK- oder Kreuz-Haus, dann solltest du in der nächsten Zeit aufpassen, wenn man dich für eine neue Idee gewinnen möchte. Die Sache scheint nicht ganz astrein zu sein. Vorsicht in jeder Beziehung! Stärke dich mit den Atemübungen!

## HERZ BUBE · 6. HAUS

### Popularität · Kunst · Jüngerer männlicher Freund · Künstler

Im Haus des Rufers wird dir mitgeteilt, daß du in der nächsten Zeit von einer sehr wichtigen Person einen Anruf erhalten oder dich mit ihr treffen wirst, und dieses Treffen wird für deine Zukunft ausschlaggebend sein. Vielleicht wirst du auch bei einem Wettbewerb mitmachen, und wenn du dich gut darauf vorbereitest, könnte sich daraus deine zukünftige Karriere ergeben. Möglicherweise bereitest du dich gerade auf eine Prüfung vor. Solltest du beim Theater oder beim Film vorgesprochen haben, so wirst du sehr bald einen Anruf erhalten, in dem dir mitgeteilt wird, daß du die Hauptrolle in einem Stück bekommen wirst. Vielleicht erhältst du auch von einem früheren Freund plötzlich wieder eine Nachricht, und er hat mit dir große Pläne für die Zukunft vor.

Sieh nach, welche Karte sich im 6. Haus befindet. Befindet sich dort eine rote Karte und fällt der PIK KÖNIG in ein rotes Haus, so wirst du bald sehr gute Nachrichten erhalten, die deine Zukunft und dein Leben verändern werden. Du bist auf dem richtigen Weg, und deine früheren Leistungen und Bemühungen werden sich nun endlich bezahlt machen. Du scheinst eine Kämpfernatur zu sein und verstehst es, die Dinge realistisch zu sehen und selbst Träume in Wirklichkeit zu verwandeln. Sehr gute Zeiten stehen dir bevor. Befindet sich im 6. Haus eine Kreuz-Karte und fällt der PIK KÖNIG in ein Kreuz-Haus oder in ein rotes Haus, so wirst du von der Familie Unterstützung für deine Pläne erhalten.

Befindet sich aber im 6. Haus eine PIK-KARTE und fällt der PIK KÖNIG in ein PIK- oder Kreuz-Haus, so solltest du dir die Lebensschule nicht zu leicht machen, denn es kann sein, daß du bei den Prüfungen durchfällst. Arbeite an dir und mache regelmäßig die Atemübungen!

## HERZ ZEHN · 11. HAUS

HEIRAT · VERBINDUNGEN · VEREINE · BRUDERSCHAFTEN

Im Haus des Rufers wird dir mitgeteilt, daß du sehr bald von einem verlobten Paar hören wirst, daß sie heiraten wollen, oder daß du einen Heiratstermin auf dem Standesamt festlegen lassen wirst. Es ist auch möglich, daß du dich auf eine politische Karriere vorbereiten oder einmal einen Politiker oder eine Politikerin heiraten wirst. Möglicherweise hast du Freunde in der Politik, oder ein guter Freund der Familie ist Politiker oder in der Regierung beschäftigt. Vielleicht wird auch jemand aus deinem engsten Familienkreis Politiker oder Diplomat werden, oder eines deiner Kinder wird einmal in die Politik gehen oder Mitglied einer großen Organisation werden.

Sieh nach, welche Karte sich im 11. Haus befindet. Befindet sich dort eine rote Karte und fällt der PIK KÖNIG in ein rotes Haus, so wirst du mit einer wichtigen Person sehr bald Termine festsetzen, entweder zu einer Wahl, einer Wiederwahl, einer Hochzeit oder einem anderen für dich zukunftsweisenden Ereignis, das mit einer Verbindung zu tun haben wird. Befindet sich im 11. Haus eine Kreuz-Karte und fällt der PIK KÖNIG in ein Kreuz-Haus oder in ein rotes Haus, so kann es sein, daß du jemandem in der Familie helfen wirst, eine politische Karriere aufzubauen, oder daß du von deiner Familie, einem Verein, einer Bruder- oder Schwesternschaft Unterstützung erhältst. Vielleicht möchtest du auch selbst einen neuen Verein oder eine neue politische Partei gründen und hältst nach gleichgesinnten Menschen Ausschau.

Befindet sich aber im 11. Haus eine PIK-KARTE und fällt der PIK KÖNIG in ein PIK- oder Kreuz-Haus, dann solltest du in der nächsten Zeit genauestens prüfen, wofür man dich werben oder gewinnen möchte. Es kann auch sein, daß du selbst Menschen für eine bestimmte Sache gewinnen möchtest, die aber nicht sehr gut durchdacht ist. Mache die Atemübungen! Sie werden dir helfen, einen klaren Verstand zu bewahren.

## HERZ NEUN · 2. HAUS
### Wunsch · Wünsche · Sehnsucht · Hoffnung

Im Haus des Rufers wird dir mitgeteilt, daß du einen Wunsch hast, der etwas mit einem Anruf zu tun haben wird. Vielleicht ist es dein Wunsch, einen Telephonapparat zu besitzen, um besseren Kontakt mit deinen Freunden halten zu können. Vielleicht hoffst du auch, daß ein Mensch, den du sehr gerne hast, wieder zu dir zurückkommt; du wirst sehr bald von ihm hören, denn die Zeichen stehen gut für dich.

Sieh nach, welche Karte sich im 2. Haus befindet. Befindet sich dort eine rote Karte und fällt der PIK KÖNIG in ein rotes Haus, so wird dir dein Wunsch auf ein Wiedersehen bald in Erfüllung gehen. Befindet sich im 2. Haus eine Kreuz-Karte und fällt der PIK KÖNIG in ein Kreuz-Haus oder in ein rotes Haus, so wirst du sehr bald von jemandem aus deinem Verwandten- oder Freundeskreis eine Nachricht erhalten, die dir neue Hoffnung gibt, daß ein bestimmter Wunsch erfüllt wird. Du mußt noch etwas Geduld haben, aber das Warten wird sich lohnen.

Befindet sich aber im 2. Haus eine PIK-KARTE und fällt der PIK KÖNIG in ein PIK- oder Kreuz-Haus, so wird sich deine Ahnung bestätigen, daß sich dein Wunsch in nächster Zeit nicht realisieren läßt. Es kann auch sein, daß du auf jemanden umsonst wartest und dadurch deine Zeit unnötig vergeudest. Mache regelmäßig die Atemübungen! Dann wirst du in Zukunft schon vorher wissen, ob es einen Sinn hat, auf jemanden zu warten oder nicht. Deine innere Stimme wird dich nicht im Stich lassen.

## HERZ ACHT · 4. HAUS
### Liebe · Mondschein · Romanze · Herz

Im Haus des Rufers wird dir mitgeteilt, daß jemand dich sehr bald anrufen wird, weil diese Person sehr viel an dich denkt und dich liebt. Es kann auch sein, daß du sehr viele Liebesbeteuerungen am Telephon erhalten oder in der nächsten Zeit Marathongespräche am Telephon führen wirst. Möglicherweise wirst du einmal für die Telephonseelsorge oder eine ähnliche Einrichtung arbeiten oder ein parapsychologisches Studium beginnen oder einen Heiratsantrag von einem Parapsychologen bekommen. Es ist auch möglich, daß du dich einmal auf das Land zurückziehen wirst, um dort dein Selbst zu erforschen.

Sieh nach, welche Karte sich im 4. Haus befindet. Befindet sich dort eine rote Karte und fällt der PIK KÖNIG in ein rotes Haus, so wirst du in der nächsten Zeit viele Liebesgespräche am Telephon führen und dabei vielleicht einen Weltrekord im Dauersprechen aufstellen. Möglicherweise wirst du einmal bei einer Telephongesellschaft arbeiten, oder deine Tätigkeit wird sonstwie mit dem Telephon zu tun haben. Befindet sich im 4. Haus eine Kreuz-Karte und fällt der PIK KÖNIG in ein Kreuz-Haus oder in ein rotes Haus, dann kann es sein, daß du in der nächsten Zeit jemanden aus deiner Familie kontaktieren wirst, weil du eine bestimmte Sache bei den Behörden zu erledigen hast, die du selbst nicht gerne tun möchtest. Es kann aber auch sein, daß du gerne Verwaltungsarbeit machst, du scheinst diesen Beruf mehr zu lieben als andere. Ziehe auch das 25. Haus mit zur Deutung heran, rote Karten sind sehr gut, schwarze Karten sollten dir zu denken geben, ob es nicht besser wäre, die Familie dem Beruf vorzuziehen.

Befindet sich aber im 4. Haus eine PIK-KARTE und fällt der PIK KÖNIG in ein PIK- oder Kreuz-Haus, so solltest du sehr aufpassen, wenn du dich mit Minderjährigen abgibst, nicht des Sprechens wegen, sondern wegen des Sexuellen. Überschreite hier nicht die Gesetze, sonst landest du auf einmal im Gefängnis. Mache die Atemübungen, wenn du dich nicht beherrschen kannst!

## HERZ SIEBEN · 12. HAUS

FRÖHLICHKEIT · GUTE LAUNE · HERZLICHKEIT · FROHSINN

Im Haus des Rufers wird dir mitgeteilt, daß du dich sehr bald mit jemandem treffen wirst, den du sehr lange nicht mehr gesehen hast, und mit diesem Menschen eine nette Zeit verbringen wirst. Vielleicht wirst du versuchen, einen traurigen Menschen wieder fröhlich zu stimmen, oder es wird jemand versuchen, dich zum Lachen zu bringen, wobei dir zunächst gar nicht danach zumute ist. Aber schließlich wirst du nicht widerstehen können und dich köstlich amüsieren. Du wirst wahrscheinlich in der nächsten Zeit auch sehr viel ausgehen, vielleicht bist du gerne unter Menschen, weil du dabei gewisse Probleme vergessen kannst. Möglicherweise bist du im Moment nicht ganz auf der Höhe, es wird dir aber bald wieder besser gehen. Gehe spazieren, genieße die Natur und mache auch die Atemübungen, das wird deine schlechte Laune verbessern.

Sieh nach, welche Karte sich im 12. Haus befindet. Befindet sich dort eine rote Karte und fällt der PIK KÖNIG in ein rotes Haus, so wirst du in nächster Zeit voller guter Laune und Übermut sein. Vielleicht trittst du als Clown oder Komödiant auf. Ziehe auch das 6. und 25. Haus mit zur Deutung heran. Befinden sich dort rote oder Kreuz-Karten und fallen auch der HERZ BUBE und das KARO AS in rote oder Kreuz-Häuser, so sind deine beruflichen Aussichten in nächster Zeit vielversprechend. PIK-KARTEN oder -HÄUSER sollten gesondert gedeutet werden. Befindet sich im 12. Haus eine Kreuz-Karte und fällt der PIK KÖNIG in ein Kreuz-Haus oder in ein rotes Haus, so wirst du deine Familie sehr bald wiedersehen und mit ihr einen fröhlichen Abend verbringen. Vielleicht wirst du auch zu einer feuchtfröhlichen Feier eingeladen, wo du dich einmal richtig austoben kannst.

Befindet sich aber im 12. Haus eine PIK-KARTE und fällt der PIK KÖNIG in ein PIK- oder Kreuz-Haus, dann wirst du in der nächsten Zeit vielleicht zu einem Fest eingeladen werden, das aber sehr schlecht enden kann. Du solltest besser auf dich aufpassen und bei klarem Verstand bleiben, damit es nicht zum Äußersten kommt. Dabei können dir die Atemübungen helfen!

# KARO

## KARO AS · 25. HAUS

Beruf · Firma · Unternehmen · Projekte

Im Haus des Rufers wird dir mitgeteilt, daß dir in den nächsten Tagen ein Anrufer mitteilen wird, daß er etwas fertiggestellt hat, auf das du schon gewartet hast. Es kann auch sein, daß dich jemand anrufen wird, der dir helfen will, etwas fertigzustellen, oder daß du jemanden bittest, dir zu helfen. Möglicherweise wird dich ein Lehrer anrufen, um mit dir etwas zu besprechen, oder du selbst wirst ein Institut anrufen, um dort zu erfahren, was du alles benötigst, wenn du eine bestimmte Studienrichtung einschlagen möchtest. Vielleicht läßt du dir auch nur Informationsmaterial zusenden.

Sieh nach, welche Karte sich im 25. Haus befindet. Befindet sich dort eine rote Karte und fällt der PIK KÖNIG in ein rotes Haus, so wirst du Bescheid darüber bekommen, daß eine bestimmte Arbeit abgeschlossen ist, sei es eine eigene Arbeit oder die eines andern. Durch die abgeschlossene Arbeit wirst du eventuell neue und sehr gute Aufträge für die Zukunft bekommen. Befindet sich im 25. Haus eine Kreuz-Karte und fällt der PIK KÖNIG in ein Kreuz-Haus oder in ein rotes Haus, so kann es sein, daß dich jemand aus der Familie anrufen wird, um dir mitzuteilen, daß etwas bereits fertig ist oder daß dir jemand helfen wird, es fertigzustellen.

Befindet sich aber im 25. Haus eine PIK-KARTE und fällt der PIK KÖNIG in ein PIK- oder Kreuz-Haus, so kann es sein, daß du mit einer Arbeit, die ein anderer fertiggestellt hat, nicht zufrieden bist oder daß man mit deiner eigenen Arbeit nicht zufrieden ist. Du solltest dich vielleicht in der nächsten Zeit etwas erholen, vielleicht bist du überlastet und neigst dadurch zu schlampiger Arbeit. Mache die Atemübungen! Durch sie wirst du schnell wieder zu Kräften kommen.

## KARO KÖNIG · 9. HAUS

Legale Papiere · Arzt · Anwalt · Notar

Im Haus des Rufers wird dir mitgeteilt, daß ein Arzt, Anwalt oder Notar dich wegen eines Schriftstückes anrufen wird, das du ihm noch bringen mußt oder das du vielleicht bei ihm vergessen hast und schon seit Tagen suchst. Es kann aber auch sein, daß du einen Anruf bekommst, weil du bei einem wichtigen Schriftstück die Unterschrift vergessen hast. Möglicherweise wirst du eine Aufforderung bekommen, vor Gericht zu erscheinen oder dich einer ärztlichen Untersuchung zu unterziehen. Es kann auch sein, daß sich ein Arzt über den Gesundheitszustand eines Familienmitgliedes informieren wird. Vielleicht mußt du einen Anruf tätigen, weil du ein Schriftstück abgeschickt hast, und es war nicht das richtige. Du solltest die Atemübungen machen, damit du nicht so zerstreut bist.

Sieh nach, welche Karte sich im 9. Haus befindet. Befindet sich dort eine rote Karte und fällt der PIK KÖNIG in ein rotes Haus, so kann es sein, daß du in den nächsten Tagen sehr wichtige Dokumente bei einem Anwalt unterzeichnen mußt oder daß du eine Professur bekommst oder einen Doktortitel oder auch einen anderen Titel. Befindet sich eine Kreuz-Karte im 9. Haus und fällt der PIK KÖNIG in ein Kreuz-Haus oder in ein rotes Haus, so kann es sein, daß du mit jemandem aus der Familie einige Schriftstücke bei einem Notar oder bei Gericht beglaubigen lassen mußt. Es kann auch sein, daß du sonst etwas mit Anwälten, Notaren oder Gerichten zu tun haben wirst.

Befindet sich aber im 9. Haus eine PIK-KARTE und fällt der PIK KÖNIG in ein PIK- oder Kreuz-Haus, so scheinst du in den nächsten Tagen keinen guten Bescheid von den Behörden zu bekommen, oder du mußt Wege zu Behörden oder anderen offiziellen Stellen machen, die du gar nicht gerne machst. Die Zeiten sind nicht leicht für dich, aber mit den Atemübungen wirst du alle Schwierigkeiten überwinden!

## KARO DAME · 18. HAUS

JAHRESZEIT · FRÜHJAHR · SOMMER · HERBST · WINTER

Im Haus des Rufers wird dir mitgeteilt, daß dich in der nächsten Zeit alte Menschen anrufen werden, vielleicht deine Großeltern oder andere ältere Verwandte. Es kann auch sein, daß du in nächster Zeit alte Menschen betreuen wirst; vielleicht besteht überhaupt deine zukünftige Arbeit darin, alten Menschen zu helfen oder sie zu betreuen. Vielleicht wirst du auch für einen längeren Zeitraum Besuch erhalten. Möglicherweise wird deine Großmutter oder dein Großvater bei dir wohnen, oder du wirst jemanden aus der Familie für eine längere Zeit pflegen oder zu jemandem ziehen müssen, um diese Person zu betreuen.

Sieh nach, welche Karte sich im 18. Haus befindet. Befindet sich dort eine rote Karte und fällt der PIK KÖNIG in ein rotes Haus, so wirst du für längere Zeit einen netten Besuch erhalten, auf den du dich schon lange freust, oder du wirst selbst für längere Zeit jemandem einen Besuch abstatten. Befindet sich im 18. Haus eine Kreuz-Karte und fällt der PIK KÖNIG in ein Kreuz-Haus oder in ein rotes Haus, so wirst du einmal jemanden aus deiner Familie betreuen müssen, und zwar eventuell für sehr lange Zeit, oder du selbst wirst für lange Zeit von jemandem betreut werden. Wenn du jemanden betreuen mußt, so sei geduldig, denn es ist eine ehrenvolle Aufgabe. Mache die Atemübungen, um dich immer wieder mit der nötigen positiven Kraft aufzuladen.

Befindet sich aber im 18. Haus eine PIK-KARTE und fällt der PIK KÖNIG in ein PIK- oder Kreuz-Haus, so kann es sein, daß du in der nächsten Zeit jemanden aus dem Krankenhaus holen und bei dir zu Hause aufnehmen mußt, was dir aber nicht recht sein wird. Sei nicht mürrisch, wenn du jemanden pflegen mußt, bedenke, es könnte dir auch einmal so ergehen. Mache die Atemübungen! Durch sie wirst du die Kraft bekommen, auch schwere Lasten als eine der Aufgaben zu betrachten, die wir in diesem Leben zu lösen haben.

## KARO BUBE · 21. HAUS

BRIEFE · SCHRIFTSTÜCKE · TELEGRAMME · BOTE · FREUND

Im Haus des Rufers wird dir mitgeteilt, daß jemand dich anrufen und dir einen Brief vorlesen wird oder daß dich jemand bitten wird, einen Brief zu entziffern, zu übersetzen oder zu schreiben, womöglich in einer fremden Sprache, deren du mächtig bist. Es kann aber auch sein, daß dich jemand anrufen und dir mitteilen wird, daß er ein bestimmtes Schriftstück an dich abgesandt hat. Vielleicht wird dich die Post benachrichtigen, daß du dir ein Schriftstück bei einer bestimmten Stelle abholen sollst. Möglicherweise wirst du auch eine dringende Nachricht per Telegramm bekommen.

Sieh nach, welche Karte sich im 21. Haus befindet. Befindet sich dort eine rote Karte und fällt der PIK KÖNIG in ein rotes Haus, so wirst du von den Behörden eine sehr gute Nachricht erhalten. Vielleicht weißt du schon, um was es sich hier handeln könnte, und bereitest dich in den nächsten Tagen schon auf die gute Nachricht vor. Befindet sich eine Kreuz-Karte im 21. Haus und fällt der PIK KÖNIG in ein Kreuz-Haus oder in ein rotes Haus, so kann es sein, daß du von deinen Geschäftsfreunden eine gute Nachricht erhältst oder daß dich jemand zur Eröffnung einer neuen Firma einlädt oder daß du für deine Familie viele Briefe oder Schriftstücke verfassen oder verwahren wirst.

Befindet sich aber im 21. Haus eine PIK-KARTE und fällt der PIK KÖNIG in ein PIK- oder Kreuz-Haus, so kann es sein, daß du in den nächsten Tagen bei den Behörden eine Verlustmeldung machen wirst oder daß dich ein Brief erreichen wird, der keine guten Neuigkeiten enthält. Es ist auch möglich, daß in der nächsten Zeit bei einem Brand wichtige Papiere zerstört werden. Sei in der kommenden Zeit besonders vorsichtig und mache regelmäßig die Atemübungen!

## KARO ZEHN · 17. HAUS

### Geld · Finanzen · Börse · Einnahmen · Ausgaben

Im Haus des Rufers wird dir mitgeteilt, daß jemand dich anrufen und dir mitteilen wird, wo du dein Geld gut anlegen könntest, um in Zukunft die Inflationsrate besser aufzufangen. Folge seinem Rat, denn die Zeiten sind günstig für kleine Erfolge. Es kann auch sein, daß dich jemand anrufen wird, der vor kurzem noch arm war, aber über Nacht ein reicher Mensch wurde, und der dir vielleicht verraten wird, wie er es gemacht hat, reich zu werden. Es ist auch möglich, daß dich wohlhabende Freunde in deiner bescheidenen Hütte besuchen werden oder daß du selbst reich geworden bist und dich umsehen wirst, was aus deinen Freunden geworden ist.

Sieh nach, welche Karte sich im 17. Haus befindet. Befindet sich dort eine rote Karte und fällt der PIK KÖNIG in ein rotes Haus, so kannst du sehr bald mit einem Gewinn in der staatlichen Lotterie rechnen, wenn du dort spielst. Deute auch das 5., 27. und 31. Haus mit. Wenn sich dort Karo-Karten befinden und die KARO ACHT, KARO NEUN und KREUZ NEUN auch in Karo-Häuser fallen, dann handelt es sich um eine große Gewinnchance. Dazu aber auch das 3. Haus mitdeuten, es muß sich dort eine rote oder eine Kreuz-Karte befinden und die KARO SIEBEN muß in ein rotes oder in ein Kreuz-Haus fallen. Andernfalls gehe kein zu großes Risiko im Spiel ein. Befindet sich im 17. Haus eine Kreuz-Karte und fällt der PIK KÖNIG in ein Kreuz-Haus oder in ein rotes Haus, so kann es sein, daß du mit jemandem aus deiner Familie ein Los kaufen wirst oder daß du den Gewinn innerhalb deiner Familie aufteilen wirst oder daß ein anderer aus der Familie den Gewinn mit dir teilt.

Befindet sich aber im 17. Haus eine PIK-KARTE und fällt der PIK KÖNIG in ein PIK- oder Kreuz-Haus, dann solltest du deinen Einsatz beim Spiel lieber verringern, denn du wirst in der nächsten Zeit viel verlieren, wenn du nicht aufpaßt. Es kann auch sein, daß du in der nächsten Zeit als Strafe für deinen Leichtsinn eine große Zahlung machen mußt. Die Atemübungen werden dir helfen, auf dem Weg des Gesetzes zu bleiben!

## KARO NEUN · 5. HAUS
### Überraschung · Überraschungen · Kleine Finanzen

Im Haus des Rufers wird dir mitgeteilt, daß du vielleicht schon in den nächsten Stunden einen sehr überraschenden und erfreulichen Anruf bekommen wirst. Es kann sein, daß du bei einem Preisausschreiben mitgemacht hast und man dich anruft, um dir den Gewinn mitzuteilen, oder daß du bei einem Fernsehquiz als Hauskandidat gezogen worden bist. Es ist auch möglich, daß du jemanden mit einem Anruf überraschen oder ihm ein Glückwunschtelegramm schicken wirst. Vielleicht wirst du auch ganz überraschend eine Paketsendung mit Geschenken erhalten.

Sieh nach, welche Karte sich im 5. Haus befindet. Befindet sich dort eine rote Karte und fällt der PIK KÖNIG in ein rotes Haus, so wirst du ein sehr schönes und großes Geschenk erhalten. Es wird so groß sein, daß du es nicht mit in dein Zimmer oder in deine Wohnung nehmen kannst. Oder du wirst jemanden mit etwas überraschen, das er nicht mit in die Wohnung nehmen kann, weil es zu groß ist. Möglicherweise wirst du in den nächsten Tagen versuchen, etwas zu finden, womit du jemanden überraschen kannst. Es kann auch sein, daß dich jemand fragen wird, womit er jemanden überraschen könnte, und daß er dich selbst dann damit überraschen wird. Befindet sich im 5. Haus eine Kreuz-Karte und fällt der PIK KÖNIG in ein Kreuz-Haus oder in ein rotes Haus, dann kann es sein, daß du von staatlicher Seite eine Überraschung erhältst oder daß deine Eltern oder Verwandten dich in den nächsten Tagen überraschen.

Befindet sich aber im 5. Haus eine PIK-KARTE und fällt der PIK KÖNIG in ein PIK- oder Kreuz-Haus, so kann es sein, daß du eine böse Überraschung erleben wirst, wenn du bei den Behörden eine bestimmte Sache erreichen willst. Es kann sogar sein, daß man dich nicht für voll nehmen und dich sogar vorübergehend einsperren wird, ohne daß du etwas verübt hast. Versuche die Atemübungen zu machen und bleibe ruhig bei allem, was dir widerfährt.

## KARO ACHT · 27. HAUS

### Erbe · Erbschaften · Hinterlassenschaften · Bekommen

Im Haus des Rufers wird dir mitgeteilt, daß dich sehr bald jemand anrufen wird, um dir mitzuteilen, daß er etwas Schönes bekommen hat. Es kann auch sein, daß man dir mitteilen wird, daß du etwas geerbt hast, oder daß du selbst jemanden anrufen wirst, um ihm mitzuteilen, daß er etwas geerbt hat. Vielleicht wirst du in der nächsten Zeit häufig zum Essen eingeladen werden, oder du wirst viele geschäftliche Besprechungen haben wegen einer Umstellung in deiner Firma, die mit einem Todesfall zu tun hat.

Sieh nach, welche Karte sich im 27. Haus befindet. Befindet sich dort eine rote Karte und fällt der PIK KÖNIG in ein rotes Haus, so wirst du wahrscheinlich sehr bald einen Anruf erhalten, daß du eine Nachfolge oder ein Erbe antreten sollst, oder du wirst selbst jemanden verständigen wegen einer rechtlichen Nachfolge, wobei für deine Dienste und Leistungen auch etwas herausspringt. Befindet sich im 27. Haus eine Kreuz-Karte und fällt der PIK KÖNIG in ein Kreuz-Haus oder in ein rotes Haus, so kann es sein, daß du zusammen mit jemandem aus deiner Familie einen Erben suchen wirst, und zwar für einen guten Bekannten, der erst kürzlich verstorben ist. Es kann aber auch sein, daß du selbst etwas geerbt hast und daß man dich schon länger gesucht hat, um dir dies mitzuteilen. Möglicherweise wird dich eine behördliche Stelle oder ein ausländischer Anwalt anrufen. Vielleicht suchst du schon des längeren nach einem Förderer. Deute in diesem Fall das 13. und das 19. Haus mit. Befinden sich in diesen Häusern rote Karten und fallen der HERZ KÖNIG und die HERZ DAME auch in rote Häuser, dann wirst du bald einen Förderer finden, vielleicht schon in den nächsten Tagen.

Befindet sich aber im 27. Haus eine PIK-KARTE und fällt der PIK KÖNIG in ein PIK- oder Kreuz-Haus, so kann es sein, daß du sehr bald einen bösen Anruf bekommen wirst und daß man dich als Erbschleicher bezeichnen wird. Vielleicht hast du dich einmal in einer Erbschaftsangelegenheit unkorrekt verhalten. Mache die Atemübungen! Durch sie wirst du lernen, deine Fehler zu erkennen und auszumerzen.

## KARO SIEBEN · 3. HAUS
### ERFOLG · KARRIERE · AUFSTIEG · LEISTUNG

Im Haus des Rufers wird dir mitgeteilt, daß dich jemand anrufen und dir erzählen wird, wie erfolgreich er ist und wie er es gemacht hat, um solch einen Aufstieg zu schaffen. Sei vorsichtig, vielleicht will derjenige nur angeben, um sich hinterher Geld von dir zu borgen. Es kann aber auch sein, daß dir jemand aus vollem Herzen zu deinem Aufstieg in letzter Zeit gratulieren wird.

Sieh nach, welche Karte sich im 3. Haus befindet. Befindet sich dort eine rote Karte und fällt der PIK KÖNIG in ein rotes Haus, so wirst du einen netten Anruf erhalten, und ihr werdet über die alten Tagen plaudern. Es kann auch sein, daß du von jemandem angerufen wirst, der dir einen Weg sagen wird, wie man erfolgreicher durch das Leben gehen kann. Vielleicht wirst du selbst jemandem mitteilen, wie erfolgreich du geworden bist, seit du den Ratschlägen dieses Buches folgst. Befindet sich eine Kreuz-Karte im 3. Haus und fällt der PIK KÖNIG in ein Kreuz-Haus oder in ein rotes Haus, dann kann es sein, daß dich jemand aus deiner Familie anrufen wird, um dir eine Erfolgsmeldung zu machen, die für deine Zukunft sehr wichtig sein wird.

Befindet sich aber im 3. Haus eine PIK-KARTE und fällt der PIK KÖNIG in ein PIK- oder Kreuz-Haus, dann kann es sein, daß du dir etwas eingebrockt hast, wofür dir jetzt die Rechnung präsentiert wird. Es kann auch sein, daß dich jemand in eine Sache mit hineinziehen möchte, die für dich nicht gut enden würde, wenn du nicht bei klarem Verstand bleibst. Mache die Atemübungen regelmäßig! Dadurch wirst du dich seelisch stärken, so daß du den Verlockungen widerstehen kannst.

# KREUZ

## KREUZ AS · 20. HAUS

GESCHENK · GESCHENKE (MIT PIK AS: TOD · LAST)

Im Haus des Rufers wird dir mitgeteilt, daß du sehr bald von jemandem ein nettes Geschenk erhalten wirst, der dich erst kürzlich angerufen hat, oder daß du einen neuen Telephonapparat bekommst. Möglicherweise wird dich ein Versicherungsvertreter aufsuchen und dir eine Treueprämie überreichen, oder eine andere Gesellschaft möchte dir ein Geschenk machen, weil du ihr so lange die Treue gehalten hast. Möglicherweise bist du bei einer Ausstellung gerade der millionste Besucher, und man wird dich dort mit Geschenken überhäufen.

Sieh nach, welche Karte sich im 20. Haus befindet. Befindet sich dort eine rote Karte und fällt der PIK KÖNIG in ein rotes Haus und sollte sich darüber hinaus auch im 25. Haus eine rote Karte befinden und das KARO AS in ein rotes Haus fallen, dann kann es sein, daß du ein Dienstjubiläum feiern wirst, zu dem du schöne Geschenke bekommst. Wenn sich im 11. Haus eine rote oder Kreuz-Karte befindet, so kann es sein, daß du einen Hochzeitstag feiern wirst oder daß du als Kunde einer Firma mit einem Geschenk überrascht wirst. Befindet sich im 20. Haus eine Kreuz-Karte und fällt der PIK KÖNIG in ein Kreuz-Haus oder in ein rotes Haus, so kann es sein, daß du mit jemandem aus deiner Familie ein bestimmtes Fest feiern wirst, bei dem es Geschenke geben wird. Es kann auch sein, daß du für jemanden ein nettes Geschenk besorgen wirst, der denselben Gedanken gehabt hat wie du und dir das gleiche schenken wird. Ihr werdet beide darüber lachen.

Befindet sich aber im 20. Haus eine PIK-KARTE und fällt der PIK KÖNIG in ein PIK- oder Kreuz-Haus, so kann es sein, daß du dich sehr über ein Geschenk ärgern wirst oder daß du ein versprochenes Geschenk niemals erhalten wirst oder daß du selbst zu leichtfertig bist und am Telephon ein Geschenk versprichst, das du nie schenken wirst. Mache regelmäßig die Atemübungen! Das wird dir auch helfen, kleine Charakterfehler auszumerzen.

## KREUZ KÖNIG · 10. HAUS
FERIEN · URLAUB · VATER · ONKEL · GROSSVATER

Im Haus des Rufers wird dir mitgeteilt, daß deine nächste Stelle, solltest du zur Zeit keine Arbeit haben, mit sehr vielen Telephongesprächen verbunden sein wird. Vielleicht wirst du in einem Hotel oder anderswo als Telephonist arbeiten. Es kann auch sein, daß du Urlaubspläne schmiedest und verschiedene Telephongespräche führst, um Informationen über dein Urlaubsziel zu bekommen. Vielleicht hast du auch Schwierigkeiten, eine bestimmte Person oder Firma telephonisch zu erreichen. Es kann auch sein, daß du in nächster Zeit Probleme mit dem Telephon hast, vielleicht weil die Rechnung nicht bezahlt ist.

Sieh nach, welche Karte sich im 10. Haus befindet. Befindet sich dort eine rote Karte und fällt der PIK KÖNIG in ein rotes Haus, so wirst du sehr bald Arbeit bekommen, solltest du keine haben. Deute auch das 25. Haus mit, rote Karten und Kreuz-Karten sind sehr gut, PIK-KARTEN könnten noch Probleme bei der Arbeitssuche bedeuten. Befindet sich im 10. Haus eine Kreuz-Karte und fällt der PIK KÖNIG in ein Kreuz-Haus oder in ein rotes Haus, so wirst du mit deiner Familie Ferienpläne schmieden und viele Stellen anschreiben, um eine geeignete Unterkunft zu bekommen. Es kann auch sein, daß du in nächster Zeit eine Ferienreise für die ganze Familie gewinnen oder in deinem Urlaubsort Freunde und Bekannte treffen wirst.

Befindet sich aber im 10. Haus eine PIK-KARTE und fällt der PIK KÖNIG in ein PIK- oder Kreuz-Haus, dann wird es lange dauern, bis du Arbeit findest. Es kann auch sein, daß dir eine zugeteilte Arbeit mißfallen wird oder daß du deinen geplanten Urlaub nicht antreten kannst. Es kann auch sein, daß dir der Urlaub nicht gefallen wird. Vielleicht wirst du in der nächsten Zeit schlechte Anrufe erhalten, oder dein Telephon wird dir abgesperrt werden, weil du nicht bezahlt hast, oder dein Telephonanschluß wird längere Zeit gestört sein. Versuche dich nicht zu ärgern, sondern mache lieber regelmäßig die Atemübungen!

## KREUZ DAME · 30. HAUS
UNTERSUCHER · UNTERSUCHUNGEN · MUTTER · TANTE · GROSSMUTTER

Im Haus des Rufers wird dir mitgeteilt, daß du sehr bald den Anruf erhalten wirst, auf den du schon lange gewartet hast. Es kann auch sein, daß du in nächster Zeit sehr viele Einladungen erhältst oder daß du selbst sehr viele Einladungen versendest. Möglicherweise möchtest du eine bestimmte Sache erforschen, und dabei mußt du mit vielen Menschen Kontakt aufnehmen, um dir die nötigen Notizen zu machen, vielleicht für ein Buch, an dem du arbeitest. Es kann auch sein, daß du bei Gericht als Untersuchungsrichter oder -richterin arbeiten oder den Beruf eines Privatdetektivs ausüben wirst. Möglicherweise arbeitest du auch in einem Labor oder in einem Krankenhaus, es wird auf alle Fälle ein Beruf sein, bei dem du etwas zu untersuchen hast.

Sieh nach, welche Karte sich im 30. Haus befindet. Befindet sich dort eine rote Karte und fällt der PIK KÖNIG in ein rotes Haus, so wirst du sehr bald den langersehnten Anruf bekommen, der dein Leben verändern wird. Es kann auch sein, daß du endlich die Arbeit finden wirst, die du schon lange gesucht hast. Deute das 25. Haus mit. Rote Karten sind sehr gut, schwarze Karten müssen gesondert gedeutet werden. Sie müssen aber nicht unbedingt negativ sein, sondern könnten auch nur eine Zeitverzögerung bedeuten. Befindet sich im 30. Haus eine Kreuz-Karte und fällt der PIK KÖNIG in ein Kreuz-Haus oder in ein rotes Haus, so wirst du durch deine Familie oder Verwandtschaft protegiert werden und eine bestimmte Stelle bei einer Behörde erhalten, oder du wirst selbst jemandem helfen, eine bestimmte Stelle zu erhalten, und mußt dafür mehrere Gespräche führen.

Befindet sich aber im 30. Haus eine PIK-KARTE und fällt der PIK KÖNIG in ein PIK- oder Kreuz-Haus, so wirst du noch lange auf eine bestimmte Stelle warten müssen, vielleicht wartest du ganz umsonst. Es ist auch möglich, daß du mit Behörden Schwierigkeiten haben wirst, vielleicht weil du nicht arbeitest oder weil du dich gegen etwas auflehnen wirst. Die Atemübungen werden dir helfen, dich zu stabilisieren, damit du in Zukunft nicht zu jenen gezählt wirst, die man als asozial bezeichnet!

## KREUZ BUBE · 15. HAUS

### FAMILIE · SOHN · NEFFE (MIT DAME: TOCHTER · NICHTE)

Im Haus des Rufers wird dir mitgeteilt, daß du vielleicht in nächster Zeit einige Telephongespräche führen wirst, um ein Familienmitglied zur Kur zu schicken oder um einen Platz in einem Altersheim zu finden. Es kann auch sein, daß du mit den Behörden sprechen wirst, um selbst eine Unterstützung oder vielleicht einen Platz in einem Pflegeheim oder

Krankenhaus zu bekommen. Es kann sich hier auch um eine Familienplanung handeln, solltest du noch jung sein. Möglicherweise wirst du auch einen Zuschuß beantragen, weil du eine Person bei dir aufnehmen wirst.

Sieh nach, welche Karte sich im 15. Haus befindet. Befindet sich dort eine rote Karte und fällt der PIK KÖNIG in ein rotes Haus, so wirst du sehr bald einen positiven Bescheid von den Behörden bekommen, selbst wenn du deinen Antrag jetzt erst stellst. Auch wenn du jemanden bei dir aufnehmen oder vielleicht ein Kind adoptieren willst, wird alles glatt verlaufen. Deute das 13. und das 19. Haus mit, wenn es ein Mädchen sein soll. Wenn es ein Junge sein soll, dann deute das 13. und 6. Haus mit. Rote Karten und Kreuz-Karten sind positiv, PIK-KARTEN deuten auf Probleme hin. Befindet sich im 15. Haus eine Kreuz-Karte und fällt der PIK KÖNIG in ein Kreuz-Haus oder in ein rotes Haus, so wirst du einen Anruf erhalten, und zwar von Verwandten, worin dir angekündigt wird, daß du dich von nun an um einen Erwachsenen oder um ein Kind kümmern mußt. Es kann auch sein, daß dir eine Behörde eine Vormundschaft übertragen wird.

Befindet sich aber im 15. Haus eine PIK-KARTE und fällt der PIK KÖNIG in ein PIK- oder Kreuz-Haus, so kann es sein, daß dir das Sorgerecht deiner Kinder genommen wird. Möglicherweise wirst du sogar selbst entmündigt werden, solltest du deinen Lebenswandel nicht ändern. Mache die Atemübungen! Durch sie kannst du dein Gleichgewicht wiedererlangen.

## KREUZ ZEHN · 8. HAUS
### REISE · STRASSE · WASSER · MEER

Im Haus des Rufers wird dir mitgeteilt, daß du entweder sehr bald zu einer Reise eingeladen oder gebeten wirst, jemanden in einer andern Stadt oder einem andern Land zu betreuen. Vielleicht wirst du auch einmal ein Kind aus einem andern Land adoptieren oder dich gänzlich in einem andern Land niederlassen. Reisen scheinen deine Spezialität zu sein, möglicherweise wirst du einmal einen Beruf ausüben, bei dem du viel reisen kannst. Du wirst dich bei deinen Reisen für die sozialen Belange der Menschen gegen den Hunger der Welt, für den Schutz der Kinder und der Tiere einsetzen und dich einmal einer entsprechenden Organisation anschließen.

Sieh nach, welche Karte sich im 8. Haus befindet. Befindet sich dort eine rote Karte und fällt der PIK KÖNIG in ein rotes Haus, befinden sich darüber hinaus auch im 25. und 9. Haus rote Karten und fallen das KARO AS und der KARO KÖNIG auch in rote Häuser, so wirst du ein hervorragender Kämpfer sein, der sich für eine gute Sache einsetzen wird und diese auch durchboxen kann. Du hast die positive Energie auf deiner Seite und kannst sie noch verstärken, indem du die Atemübungen machst. Befindet sich im 8. Haus eine Kreuz-Karte und fällt der PIK KÖNIG in ein Kreuz-Haus oder in ein rotes Haus, so wirst du einmal in der ganzen Welt zu Hause sein. Vielleicht wirst du als Diplomat in vielen Ländern zu tun haben oder auch als Kämpfer für die Menschenrechte.

Befindet sich aber im 8. Haus eine PIK-KARTE und fällt der PIK KÖNIG in ein PIK- oder Kreuz-Haus, so kann es sein, daß du zur Zeit einen Kursus, zum Beispiel eine Fahrschule, nicht regelmäßig besuchst und deshalb bei der Prüfung durchfallen wirst. Außerdem hast du eine schwache Phase in den nächsten Tagen. Versuche dich mit den Atemübungen wieder aufzuladen!

## KREUZ NEUN · 31. HAUS
### Glück · Kleine Reise · Risiko

Im Haus des Rufers wird dir mitgeteilt, daß du in den nächsten Tagen Glück haben wirst, wenn du angerufen wirst und jemandem etwas Wichtiges mitteilen kannst. Es kann auch sein, daß du bei einem Telephonquiz Glück hast, weil du die richtige Antwort weißt, oder daß du jemandem durch deinen Anruf eine große Freude machst. Vielleicht hast du auch schon seit längerer Zeit umsonst versucht, jemanden zu erreichen, und durch einen glücklichen Zufall wirst du ihn sehr bald erreichen. Möglicherweise wirst du in der Nacht von Zahlen träumen, und diese Zahlen sind der Hinweis auf seine Telephonnummer oder auch auf Lottozahlen, die dir vielleicht einen Gewinn einbringen werden.

Sieh nach, welche Karte sich im 31. Haus befindet. Befindet sich dort eine rote Karte und fällt der PIK KÖNIG in ein rotes Haus, so wirst du sehr bald ein glücklicher Mensch sein, weil dir etwas gelungen ist, das nicht alle Tage jemandem gelingt. Vielleicht wirst du dich mit etwas anderem beschäftigen als bisher, und das wird dich zu einem glücklichen und erfüllten Menschen machen. Es kann auch sein, daß dir im Traum ein Hinweis gegeben wird, wie du dich verändern kannst, um glücklicher zu werden. Befindet sich im 31. Haus eine Kreuz-Karte und fällt der PIK KÖNIG in ein Kreuz-Haus oder in ein rotes Haus, so kann es sein, daß du jemandem aus deiner Familie Glück bringst. Vielleicht bekommst du auch sehr bald einen Anruf, durch den du erfährst, daß du dir unnötigerweise große Sorgen um jemanden gemacht hast. Möglicherweise wirst du aus deiner Firma eine sehr gute Nachricht bekommen, oder du wirst an deine Firma eine gute Nachricht übermitteln können.

Befindet sich aber im 31. Haus eine PIK-KARTE und fällt der PIK KÖNIG in ein PIK- oder Kreuz-Haus, so kann es sein, daß du zur Zeit gerade großen Kummer um jemanden verspürst oder dich selbst in eine mißliche Lage gebracht hast und jetzt nicht mehr ein noch aus weißt. Mache die Atemübungen! Sie werden dir helfen, den richtigen Weg zu finden.

## KREUZ ACHT · 26. HAUS
### NEUE UNTERNEHMUNGEN · MUT · HELDENTAT

Im Haus des Rufers wird dir mitgeteilt, daß jemand aus deinem Bekanntenkreis dich anrufen und dir von einem Geschenk erzählen wird, an dem du dich beteiligen sollst. Es kann auch sein, daß man dich anrufen wird, um dir mitzuteilen, daß du in der nächsten Zeit vielleicht einen anderen Arbeitsplatz bekommst oder an einen anderen Ort versetzt wirst. Vielleicht wird dir jemand eine vertrauliche Mitteilung machen, daß du dich für eine bestimmte Stelle bewerben sollst. Es kann auch sein, daß du etwas herausfinden wirst, das dir in Zukunft helfen wird, dein Leben auf erfreuliche Weise zu verändern.

Sieh nach, welche Karte sich im 26. Haus befindet. Befindet sich dort eine rote Karte und fällt der PIK KÖNIG in ein rotes Haus, so wirst du dich mit deiner neuen Idee sehr bald durchsetzen. Befindet sich im 26. Haus eine Kreuz-Karte und fällt der PIK KÖNIG in ein Kreuz-Haus oder in ein rotes Haus, so wirst du bald etwas in Umlauf bringen oder entdecken, worüber man viel sprechen wird, und man wird dich deshalb oft anrufen. Es kann auch sein, daß du demnächst an diesem Ort in aller Munde sein wirst, weil du eine Heldentat vollbracht hast. Möglicherweise wirst du jemandem das Leben retten oder bei einer anderen Sache großen Mut beweisen, während andere nur zusehen und nichts unternehmen.

Befindet sich aber im 26. Haus eine PIK-KARTE und fällt der PIK KÖNIG in ein PIK- oder Kreuz-Haus, so solltest du in nächster Zeit sehr aufpassen, denn man möchte dich an einem heiklen Geschäft beteiligen.

In diesem Fall ist es besser, wenn du das 25. Haus mitdeutest. Befindet sich dort eine Karo-Karte und fällt das KARO AS in ein Karo-Haus, läßt sich ein positiver Ausgang des Geschäftes voraussehen. Andernfalls solltest du dich von Versprechungen nicht verlocken lassen. Mache die Atemübungen regelmäßig! Dann wirst du auch in geschäftlichen Dingen sicherer werden.

## KREUZ SIEBEN · 14. HAUS
### Nachrichten · Botschaft · Tränen · Leid

Im Haus des Rufers wird dir mitgeteilt, daß dich sehr bald Leute anrufen werden, um dir zu einem Jubiläum zu gratulieren, oder daß dich jemand anrufen wird, weil er sich Sorgen um deine Gesundheit macht. Du wirst viel Post und viele Anrufe erhalten in nächster Zeit. Vielleicht werden sich auch Besucher bei dir anmelden, weil du ein Jubiläum feierst, oder du wirst Einladungen zu einer Premiere versenden oder eingeladen werden, und man wird in den Tageszeitungen darüber berichten. Vielleicht wird sogar dein Bild in den Zeitungen erscheinen, und viele Leute werden mit dir reden wollen. Möglicherweise wird dich jemand anrufen und dich bitten, etwas zu spenden oder bei einem Wohltätigkeitsfest ohne Gage etwas zum besten zu geben.

Sieh nach, welche Karte sich im 14. Haus befindet. Befindet sich dort eine rote Karte und fällt der PIK KÖNIG in ein rotes Haus, so wirst du in der nächsten Zeit viele Einladungen erhalten. Es kann sein, daß diese Einladungen für dich zugleich eine gesellschaftliche Verpflichtung sind. Befindet sich im 14. Haus eine Kreuz-Karte und fällt der PIK KÖNIG in ein Kreuz-Haus oder in ein rotes Haus, so kann es sein, daß du von deiner Familie zu einem Jubiläum oder zu einer Taufe eingeladen wirst.

Befindet sich aber im 14. Haus eine PIK-KARTE und fällt der PIK KÖNIG in ein PIK- oder Kreuz-Haus, so ist es möglich, daß du in der nächsten Zeit mit schlechten Nachrichten überhäuft werden wirst oder daß viele Menschen bei dir anrufen und dich beschimpfen werden. Vielleicht hast du bei einem Interview etwas Falsches gesagt, und die Menschen sind empört darüber. Mache regelmäßig die Atemübungen und rege dich nicht allzusehr darüber auf, was die anderen sagen!

# PIK

## PIK AS · 24. HAUS
TOD · UNFALL · SCHICKSALSSCHLÄGE · QUAL · NOT

Im Haus des Rufers wird dir mitgeteilt, daß jemand dich in den nächsten Tagen anrufen und dir sagen wird, wie schlecht er sich fühlt. Er wird dich vielleicht um deine Hilfe bitten. Es kann auch sein, daß du in den nächsten Tagen einen Arzt aufsuchen oder dich in ein Spital begeben wirst, um dich dort untersuchen zu lassen. Möglicherweise hörst du auch, daß jemand bei einer Operation gestorben ist, oder man wird dich über einen Unfall informieren. Vielleicht wirst du Zeuge eines gräßlichen Unfalls sein oder sogar selbst in den nächsten Tagen einen Unfall haben.

Sieh nach, welche Karte sich im 24. Haus befindet. Befindet sich dort eine rote Karte und fällt der PIK KÖNIG in ein rotes Haus, so kann es sein, daß sich jemand nach deiner Gesundheit erkundigen wird oder daß du dich bei jemandem nach dessen Gesundheit erkundigen wirst oder daß du in nächster Zeit einen Erste-Hilfe-Kurs besuchen wirst. Befindet sich im 24. Haus eine Kreuz-Karte und fällt der PIK KÖNIG in ein Kreuz-Haus oder in ein rotes Haus, so kann es sein, daß du in der nächsten Zeit jemandem im Krankenhaus einen Besuch abstatten wirst oder daß dich jemand am Telephon bittet, ihn bei einem Besuch im Krankenhaus zu begleiten. Es kann auch sein, daß du jemanden in ein Spital bringen wirst, weil sich diese Person einer Operation unterziehen muß.

Befindet sich aber im 24. Haus eine PIK-KARTE und fällt der PIK KÖNIG in ein PIK- oder Kreuz-Haus und sollte darüber hinaus in das 8. Haus eine Kreuz- oder eine PIK-KARTE fallen, so solltest du in der nächsten Zeit auf der Straße sehr achtgeben, daß dir nichts passiert. Es kann auch sein, daß du in einen Unfall verwickelt wirst, wobei dir nichts passiert, du aber Erste Hilfe leisten mußt. Vielleicht wirst du auch in den nächsten Tagen erfahren, daß ein Bekannter oder ein Freund bei einem Unfall tödlich verletzt wurde. Sollte es jemand aus der Familie sein, ziehe das 15. Haus mit zur Deutung heran, bei einem Freund das 13. oder das 19. Haus. Nur wenn sich in einem dieser Häuser ein KREUZ AS befindet, mußt du mit einem Todesfall rechnen. PIK-KARTEN könnten schwere Verletzungen bedeuten. Mache immer regelmäßig die Atemübung!

## PIK KÖNIG · 28. HAUS

Rufer · Behörde · Schule · Spital · Institution

Im Haus des Rufers wird dir mitgeteilt, daß du in der nächsten Zeit sehr viele Besucher haben wirst. Vielleicht wirst du einen festlichen Abend für deine Bekannten, Freunde und Verwandten veranstalten. Es kann aber auch sein, daß du in der nächsten Zeit Menschen treffen wirst, die du lieber nicht treffen würdest. Es ist auch möglich, wenn, wie in diesem Fall, der PIK KÖNIG in sein eigenes Haus fällt, daß du in einen Aufsichtsrat gewählt wirst oder daß du einmal den Posten eines Direktors oder Generaldirektors bekleiden wirst. Das gilt für jüngere oder ältere Männer ebenso wie für Frauen.

Möglicherweise wirst du einmal an die Spitze deiner Landesregierung gewählt werden. In diesem Falle ziehe auch das 9., 10. und das 13. Haus mit zur Deutung heran. Es müßten sich in diesen Häusern die eigenen Karten, also der KARO KÖNIG, KREUZ KÖNIG und HERZ KÖNIG, befinden, und in den Häusern 3, 17 und 25 müßten sich auch Karo-Karten befinden, und die KARO SIEBEN, die KARO ZEHN und das KARO AS müßten auch in Karo-Häuser fallen, erst dann würde die Voraussage zutreffen. Andere Karten in diesen Häusern würden eine andere Bedeutung haben, aber auch sie würden andeuten, daß du einmal sehr einflußreich sein wirst.

Wenn sich aber PIK-KARTEN in diesen Häusern befinden, dann könnte es sein, daß du deine Macht negativ ausüben würdest. Du wärst launisch und korrupt und obendrein ein Diktator. Solltest du jemals in deinem Leben Macht in irgendeiner Form haben, dann mache auch die Atemübungen regelmäßig, damit du die Macht, die dir in die Hände gelegt wurde, niemals mißbrauchst!

## PIK DAME · 29. HAUS

Dankbarkeit · Dunkle Dame · Undank · Neid

Im Haus des Rufers wird dir mitgeteilt, daß dich sehr bald jemand anrufen wird, der dir gegenüber einmal sehr undankbar war und jetzt so tun wird, als wäre nie etwas Derartiges geschehen. Solltest du in der nächsten Zeit jemandem begegnen, den du nicht leiden kannst, so laß es ihn nicht merken, denn vielleicht kann diese Person gar nichts dafür, daß du sie nicht magst. Vielleicht bist du nur voreingenommen oder hast dir voreilig ein schlechtes Urteil gebildet. Solltest du wirklich bei jemandem eine negative Schwingung verspüren, dann gehe diesem Menschen aus dem Weg, aber mache ihn deswegen nicht schlecht vor anderen. Vielleicht habt ihr Spannungsfelder, die sich nicht miteinander vertragen.

Sieh nach, welche Karte sich im 29. Haus befindet. Befindet sich dort eine rote Karte und fällt der PIK KÖNIG in ein rotes Haus, so wirst du sehr bald von jemandem hören, dem du einmal geholfen hast und dem es zur Zeit nicht sehr gut geht. Es kann sein, daß man dich wieder um Hilfe bitten wird. Schlage diese Bitte nicht ab, auch wenn du in einer ähnlichen Situation vorher von derselben Person nur Undank geerntet hast. Befindet sich im 29. Haus eine Kreuz-Karte und fällt der PIK KÖNIG in ein Kreuz-Haus oder in ein rotes Haus, dann kann es sein, daß dich jemand aus deiner Verwandtschaft um einen Gefallen bitten wird, obwohl er erst kürzlich schlecht über dich gesprochen hat. Ist diese Hilfe wichtig, dann hilf; wirst du aber nur ausgenutzt, dann lasse diesen Gefallen lieber bleiben, denn keiner hat das Recht, andere auszunutzen.

Befindet sich aber im 29. Haus eine PIK-KARTE und fällt der PIK KÖNIG in ein PIK- oder Kreuz-Haus, so wirst du dich sehr über einen undankbaren Menschen ärgern, oder du wirst selbst einmal sehr undankbar sein. Mache regelmäßig die Atemübungen! Dann wird dir dieser Fehler der Überheblichkeit nicht unterlaufen.

## PIK BUBE · 1. HAUS
### GEGENWART · WAHRHEIT · DUNKLER MANN · UNIFORMIERTER

Im Haus des Rufers wird dir mitgeteilt, daß Freunde dich anrufen werden, wann immer sie gerade plaudern möchten, meistens aber, wenn sie etwas von dir haben wollen. Es kann auch sein, daß du Freunde hast, die sich das ganze Jahr nicht melden und die dich dann plötzlich jeden Tag mit Gesprächen bombardieren. Vielleicht wirst du auch in der nächsten Zeit sehr schöne Stunden mit deinen Freunden verbringen. Ihr werdet einander helfen, und jeder wird ein offenes Ohr für die Probleme des anderen haben. Das ist leider sehr selten zu finden in dieser Welt, in der die meisten nur Interesse an den anderen haben, wenn sie sich einen Nutzen davon versprechen. Möglicherweise wirst du einmal einen Diskussionsabend über die verschiedensten Alltagsprobleme leiten, und du wirst dabei einen regen Zustrom haben.

Sieh nach, welche Karte sich im 1. Haus befindet. Befindet sich dort eine rote Karte und fällt der PIK KÖNIG in ein rotes Haus, so wirst du in der kommenden Zeit sehr viel unternehmen, und du wirst dir auch einiges für die Zukunft einfallen lassen, so daß dich deine Freunde bewundern werden. Es kann auch sein, daß du mit jemandem versuchen wirst, durch Meditation und Nachdenken die Wahrheit oder den Sinn des Lebens zu ergründen. Befindet sich im 1. Haus eine Kreuz-Karte und fällt der PIK KÖNIG in ein Kreuz-Haus oder in ein rotes Haus, so kann es sein, daß du deine Eltern oder deine Verwandten zu einer anderen Religion überreden möchtest. Das solltest du nicht machen, denn jeder muß für sich den richtigen Weg zu Gott finden, und wenn du glaubst, ihn gefunden zu haben, so arbeite an dir weiter und nicht an den anderen.

Befindet sich aber im 1. Haus eine PIK-KARTE und fällt der PIK KÖNIG in ein PIK- oder Kreuz-Haus, so kann es sein, daß du eine Zahlungsaufforderung von einer Kirche oder einer Glaubensgemeinschaft bekommst. Gott hat nicht verlangt, daß man für seinen Glauben bezahlen muß. Jeder soll geben, was er kann, und nicht, was von ihm gefordert wird. Mache regelmäßig die Atemübungen! Dann wirst du auch in Glaubensdingen den richtigen Weg erkennen.

## PIK ZEHN · 32. HAUS

### SONNE · ENTFERNUNGEN · ANDERE LÄNDER · NACHT

Im Haus des Rufers wird dir mitgeteilt, daß du vielleicht in den nächsten Tagen mit deinen Freunden eine Fahrt ins Blaue machen wirst. Es kann aber auch sein, daß du einmal dein Land über Nacht verlassen mußt und nur das Nötigste mitnehmen kannst oder daß du fortwillst, um irgendwo anders auf diesem Planeten neu zu beginnen. Es ist auch denkbar, daß du in den nächsten Tagen eine Expedition vorbereiten wirst oder daß du ganz einfach noch vieles zu tun hast, bevor du ein bestimmtes Ziel erreicht haben wirst.

Sieh nach, welche Karte sich im 32. Haus befindet. Befindet sich dort eine rote Karte und fällt der PIK KÖNIG in ein rotes Haus, so wirst du dir in der nächsten Zeit keine Sorgen um die Zukunft machen. Du bist mit dem restlos zufrieden, was du hast. Für dich sollte sich jetzt nichts mehr ändern, denn du hast alles erreicht, was du erreichen wolltest. Es kann aber auch sein, daß du ein Nimmersatt bist und immer noch mehr haben möchtest. Befindet sich im 32. Haus eine Kreuz-Karte und fällt der PIK

KÖNIG in ein Kreuz-Haus oder in ein rotes Haus, so kann es sein, daß du einen Verwandtenbesuch in einem fremden Land machen wirst oder daß du überraschenden Besuch von Freunden oder Verwandten bekommen wirst. Vielleicht wirst du auch selbst in der nächsten Zeit jemanden ganz überraschend besuchen, ohne dich vorher anzumelden.

Befindet sich aber im 32. Haus eine PIK-KARTE und fällt der PIK KÖNIG in ein PIK- oder Kreuz-Haus, so wirst du bald einen unangenehmen Besuch bekommen, oder du wirst, solltest du selbst jemanden besuchen, unfreundlich empfangen werden. Es ist auch möglich, daß du von einem Besuch sehr enttäuscht zurückkommen wirst, weil du dir einiges ganz anders vorgestellt hast; es kann sich auch hierbei um einen Verwandtenbesuch handeln. Mache immer die Atemübungen! Dann wirst du solche Enttäuschungen leichter verkraften können.

## PIK NEUN · 23. HAUS
### DEPRESSION · UNANNEHMLICHKEITEN · KÄLTE

Im Haus des Rufers wird dir mitgeteilt, daß du in der nächsten Zeit von einigen Unterhaltungen sehr enttäuscht sein wirst, weil deine Gesprächspartner nicht das Niveau haben, das du von ihnen erwartet hast. Es kann auch sein, daß du bei einem gesellschaftlichen Beisammensein sehr gekränkt werden wirst oder daß man bei dir einbrechen wird, während du dich auf einer Party befindest, oder daß dein Auto gestohlen wird oder daß du auf der Straße überfallen wirst, solltest du zu leichtsinnig sein. Es ist auch möglich, daß du dich mit Freunden in einer fremden Stadt befindest und deine Freunde aus den Augen verlierst, und es wird lange dauern, bis du sie wieder gefunden hast. Vielleicht wirst du auch in einem Lokal übers Ohr gehauen werden. Es scheint so, als würde in der nächsten Zeit gar nichts klappen, was du dir vorgenommen hast.

Sieh nach, welche Karte sich im 23. Haus befindet. Befindet sich dort eine rote Karte und fällt der PIK KÖNIG in ein rotes Haus, so kannst du dich in der nächsten Zeit auf einiges gefaßt machen, das dich ganz schön aus dem Gleichgewicht bringen wird. Möglicherweise wirst du einen Unfall verursachen, der nicht so schlimm, aber sehr unangenehm für dich sein wird. Befindet sich im 23. Haus eine Kreuz-Karte und fällt der PIK KÖNIG in ein Kreuz-Haus oder in ein rotes Haus, so kann es sein, daß du dich in nächster Zeit mit deiner Verwandtschaft streiten wirst. Es muß keine wichtige Angelegenheit sein, aber sie wird Anlaß zum Nachdenken geben. Vielleicht wirst du dich auch in der nächsten Zeit mit jemandem versöhnen, aber unmittelbar darauf werdet ihr wieder böse aufeinander sein. Es kann sich dabei um den Partner, einen Freund oder Verwandten handeln.

Befindet sich aber im 23. Haus eine PIK-KARTE und fällt der PIK KÖNIG in ein PIK- oder Kreuz-Haus, so kann es sein, daß du einmal so krank werden wirst, daß du in eine Nervenklinik eingeliefert werden mußt. Vielleicht wirst du auch ein chronisches Nervenleiden haben oder deine Gedanken auf nichts mehr konzentrieren können. Mache regelmäßig die Atemübungen und suche einen guten Arzt auf!

## PIK ACHT · 22. HAUS
### Ärger · Ärgernisse · Streit · Verleumdungen

Im Haus des Rufers wird dir mitgeteilt, daß sehr bald Leute bei dir anrufen werden, um dir ihr Leid zu klagen, oder daß du mit säumigen Zahlern Ärger haben wirst oder daß du dich mit Freunden um Geld streiten wirst. Möglicherweise wirst du von jemandem Geld zurückfordern, und diese Person wird abstreiten, Geld von dir bekommen zu haben. Es kann auch sein, daß du mit Freunden oder Bekannten in nächster Zeit Streit wegen Nichtigkeiten haben wirst. Es scheint so, als wäre diese Zeit nicht gerade günstig für dich, denn wo du auch hingehst, du wirst immer Ärger haben. Darum solltest du dich für eine Weile zurückziehen, bis du wieder aus dem negativen Spannungsfeld heraus bist.

Sieh nach, welche Karte sich im 22. Haus befindet. Befindet sich dort eine Herz-Karte, dann wirst du vielleicht in nächster Zeit mit einer Scheidung zu tun haben. Befindet sich dort eine Karo-Karte, dann mußt du dich vielleicht vor Gericht wegen einer Geldangelegenheit verantworten oder mußt Geld mit Hilfe eines Anwaltes einklagen. Befindet sich dort eine Pik-Karte, so hast du vielleicht eine Kur beantragt, doch die Krankenkasse will sie dir nicht bezahlen. Hier sollten aber immer die dazugehörigen Häuser mitgedeutet werden: beim Anwalt das 9. Haus, bei der Gesundheit das 16. Haus, bei Geld das 17. Haus usw. Befindet sich im 22. Haus eine Kreuz-Karte und fällt der PIK KÖNIG in ein Kreuz-Haus oder in ein rotes Haus, so kann es sein, daß du einen Streit mit deiner Familie vor Gericht austragen wirst oder daß du eine Verleumdungsklage bei Gericht einreichen wirst. Es ist auch möglich, daß du dich von deiner Familie betrogen fühlst oder daß du wegen einer Vaterschaftsklage das Gericht anrufen wirst.

Befindet sich aber im 22. Haus eine PIK-KARTE und fällt der PIK KÖNIG in ein PIK- oder Kreuz-Haus, so kann es sein, daß du vor Gericht angeklagt wirst. Vielleicht hast du jemanden verleumdet oder beschimpft oder mußt dich wegen Körperverletzung verantworten. Mache die Atemübungen regelmäßig! Dann wirst du in Zukunft lernen, Fehler rechtzeitig zu vermeiden.

## PIK SIEBEN · 16. HAUS
### Gesundheit · Krankheit · Kur · Operation

Im Haus des Rufers wird dir mitgeteilt, daß du in der nächsten Zeit von jemandem angerufen werden wirst, dem es sehr schlechtgeht und der dich fragen wird, ob du nicht einen guten Spezialisten kennst. Es ist möglich, daß du selbst ein solcher Spezialist bist. Vielleicht wirst du jemanden fragen, ob er nicht einen guten Arzt weiß, der dir helfen kann; es kann sein, daß man dir einen Heilpraktiker empfehlen wird, der mit anderen Mitteln heilen wird als die Schulmedizin. Es kann auch sein, daß dir jemand mitteilen wird, wie schwer krank er war. Er wird dir seine Krankengeschichte erzählen, und du wirst ihn geduldig anhören, denn das ist sehr wichtig und trägt viel zur Therapie bei. Auch du brauchst manchmal jemanden, der dir zuhört; nur gibt es leider viel zu wenige Menschen, die bereit sind anzuhören, was ein anderer ihnen zu sagen hat.

Sieh nach, welche Karte sich im 16. Haus befindet. Befindet sich dort eine rote Karte und fällt der PIK KÖNIG in ein rotes Haus, so wirst du für längere Zeit keine ernsthaften Krankheiten haben, du solltest aber etwas auf deinen Blutdruck und auf deine Füße achten. Befindet sich im 16. Haus eine Kreuz-Karte und fällt der PIK KÖNIG in ein Kreuz-Haus oder in ein rotes Haus, so wirst du jemanden aus der Familie, der sehr schlecht gehen kann, zum Arzt begleiten. Es kann auch sein, daß du jemanden stützen mußt, weil er sich ein Bein gebrochen hat.

Befindet sich aber im 16. Haus eine PIK-KARTE und fällt der PIK KÖNIG in ein PIK- oder Kreuz-Haus, so solltest du einen Arzt oder einen Heilpraktiker aufsuchen und nicht versuchen dich selbst zu kurieren. Mache auch die Atemübungen! Sie helfen deiner Seele ebenso wie deinem Körper.

Das 29. Haus

# PIK DAME

## Das Haus der Dankbarkeit, der dunklen Dame, des Undanks und des Neids

# HERZ

## HERZ AS · 7. HAUS

WOHNUNG · BESITZ · HAUS · EIGENTUM

Im Haus der Dankbarkeit wird dir mitgeteilt, daß du einmal, wenn du bei jemandem lebst, den du gern hast und der auch dich gern hat, von diesem Menschen einen großen Besitz oder ein sehr großes Geschenk erhalten wirst. Vielleicht wirst du einmal jemanden betreuen, und aus Dank wird man dir etwas überlassen, was du sehr gut gebrauchen kannst. Möglicherweise arbeitest du für jemanden, der von seiner Familie schlecht behandelt wird; du aber betreust diese Person bis zum Tode und wirst wahrscheinlich alles erben, was sie besitzt. Es kann aber auch sein, daß du sehr dankbar bist für die gute Erziehung, die du bekommen hast, und für alles, was du gelernt hast über die äußere und innere Ordnung des Menschen.

Sieh nach, welche Karte sich im 7. Haus befindet. Befindet sich dort eine rote Karte und fällt die PIK DAME in ein rotes Haus, so wirst du einmal aus Dankbarkeit etwas sehr Schönes erhalten, mit dem du überhaupt nicht gerechnet hast. Es kann auch sein, daß dich aus Dank jemand unterstützen wird oder daß du von einer sehr reichen Person gefördert wirst. Befindet sich eine Kreuz-Karte im 7. Haus und fällt die PIK DAME in ein Kreuz-Haus oder in ein rotes Haus, so kann es sein, daß du einmal von jemandem aus der Familie eine sehr schöne Statue, eine Vase, einen Wandteller oder eine Pendeluhr erhalten wirst. Es kann auch sein, daß du selbst aus Dank jemandem etwas sehr Schönes und Wertvolles schenken wirst.

Befindet sich aber im 7. Haus eine PIK-KARTE und fällt die PIK DAME in ein PIK- oder Kreuz-Haus, so wird es dich vielleicht einmal kränken, daß jemand dir gegenüber sehr undankbar ist, dem du viel geholfen hast. Möglicherweise wird man dir etwas versprechen und dann nicht einhalten. Mache die Atemübungen! Durch sie wirst du lernen, daß man Dank nicht erwarten soll, wenn man jemandem aus vollem Herzen hilft.

## HERZ KÖNIG · 13. HAUS
### Unterhaltung · Männlicher Freund · Blond · Sponsor

Im Haus der Dankbarkeit wird dir mitgeteilt, daß jemand dich sehr gern zu haben scheint und sich aus Dank einmal als sehr großzügig erweisen wird. Du wirst darüber sehr überrascht sein. Vielleicht wirst du auch einmal jemandem unbewußt einen Gefallen erweisen und dafür später großzügig belohnt werden. Es kann auch sein, daß du mit jemandem einen erfreulichen Abend verbringen und als Dank dafür ein nettes Geschenk erhalten wirst oder daß du zu einer weiten Reise eingeladen wirst oder daß du mit jemandem ausgehst, um ihm die Stadt zu zeigen, und als Dank dafür eine nette Überraschung erlebst. Vielleicht wirst du auch dankbar sein, daß man dir einen Theater- oder Opernbesuch ermöglicht, obwohl die Karten schon längst ausverkauft sind.

Sieh nach, welche Karte sich im 13. Haus befindet. Befindet sich dort eine rote Karte und fällt die PIK DAME in ein rotes Haus, so wirst du eines Tages im siebenten Himmel schweben, so sehr wirst du dich über ein Dankgeschenk freuen, von dem du vorher keine Ahnung gehabt hast. Befindet sich im 13. Haus eine Kreuz-Karte und fällt die PIK DAME in ein Kreuz-Haus oder in ein rotes Haus, dann kann es sein, daß du von deiner Familie ein nettes Geschenk erhalten wirst oder daß dich jemand ins Theater, in die Oper oder zu einer anderen Veranstaltung einlädt. Es kann auch sein, daß du deiner Familie in den nächsten Tagen eine Freude bereitest, indem du sie zum Beispiel zu einem Museumsbesuch einlädst.

Befindet sich aber im 13. Haus eine PIK-KARTE und fällt die PIK DAME in ein PIK- oder Kreuz-Haus, so solltest du dich in der nächsten Zeit nicht in ein Streitgespräch mit Freunden einlassen, denn man würde dabei dir gegenüber sehr undankbar sein oder dir Undankbarkeit vorwerfen. Mache die Atemübungen regelmäßig! Dann wirst du anderen Menschen gegenüber nie undankbar sein und Gott danken für jeden Tag, den du erleben darfst.

## HERZ DAME · 19. HAUS
### Freunde · Weiblicher Freund · Blond · Sponsor

Im Haus der Dankbarkeit wird dir mitgeteilt, daß jemand in der nächsten Zeit dir gegenüber sehr großzügig sein wird, und zwar für einen Gefallen, den du diesem Menschen erwiesen hast. Es kann auch sein, daß du jemandem in einer schlimmen Situation helfen wirst und daß derjenige sich später dir gegenüber als sehr dankbar erweisen wird oder daß du eines Tages Hilfe brauchst und jemand dir helfen wird, dem du einmal geholfen hast. Vielleicht wirst du zu jemandem eines Tages sehr großzügig sein, weil er dir einmal einen Gefallen erwiesen hat. Auch ist es möglich, daß eines deiner Kinder einmal sehr dankbar sein wird für die Liebe und Wärme, mit denen du es erzogen hast. Kinder, ebenso wie Tiere, scheinen dich gern zu haben, denn sie spüren deine starke innere Ausstrahlung. Diese kannst du durch Atemübungen noch verstärken!

Sieh nach, welche Karte sich im 19. Haus befindet. Befindet sich dort eine rote Karte und fällt die PIK DAME in ein rotes Haus, so wirst du bald eine nette Überraschung erleben, mit der sich jemand für einen Gefallen, den du ihm einmal erwiesen hast, bedanken wird. Es kann auch sein, daß du selbst deinen Dank zeigen wirst oder daß man dir Zuneigung und Dank entgegenbringt, weil du jemanden vor einem schlimmen Übel bewahrt oder aus Lebensgefahr gerettet hast; diese Dankbarkeit kann auch von Kindern kommen. Befindet sich im 19. Haus eine Kreuz-Karte und fällt die PIK DAME in ein Kreuz-Haus oder in ein rotes Haus, dann wird der Dank aus deiner Verwandtschaft oder deinem Freundeskreis kommen, oder jemand aus deiner Firma wird dir sehr dankbar sein, weil du ihn vor der Entlassung bewahrt hast. Vielleicht kannst du selbst jemandem deinen Dank beweisen, indem du ihm hilfst, die Wahrheit zu finden.

Befindet sich aber im 19. Haus eine PIK-KARTE und fällt die PIK DAME in ein PIK- oder Kreuz-Haus, so scheinst du einen undankbaren Freund zu haben, dem du die Atemübungen empfehlen solltest, auch wenn er deinen Rat am Anfang nicht annehmen möchte. Du mußt im Guten der Stärkere sein, wenn du das Böse besiegen willst. Mache auch selber regelmäßig die Atemübungen!

## HERZ BUBE · 6. HAUS

### Popularität · Kunst · Jüngerer männlicher Freund · Künstler

Im Haus der Dankbarkeit wird dir mitgeteilt, daß man dich, wenn du in Zukunft Freunden oder Bekannten kleine Gefälligkeiten erweist, sehr schätzen wird und dir auch einmal in deinem beruflichen Vorankommen dafür helfen wird. Du weißt immer und überall einen richtigen Tip oder einen Rat, und die Menschen suchen dich auf, um sich von dir beraten oder die Karten deuten zu lassen. Solltest du am Theater beschäftigt sein, wirst du bei den Kollegen und beim Publikum sehr beliebt sein, weil du auch kleine Rollen sehr pointenreich zu spielen verstehst. Ähnliches gilt natürlich auch für andere Bereiche der Kunst.

Sieh nach, welche Karte sich im 6. Haus befindet. Befindet sich dort eine rote Karte und fällt die PIK DAME in ein rotes Haus, so wirst du in der nächsten Zeit von sehr netten Menschen eingeladen werden, die deine Geselligkeit und deine Talente zu schätzen wissen. Es kann auch sein, daß du in der nächsten Zeit einige Menschen mit der Kleinkunst unterhalten wirst, mit der du dir schon einen Namen gemacht hast. Befindet sich im 6. Haus eine Kreuz-Karte und fällt die PIK DAME in ein Kreuz-Haus oder in ein rotes Haus, so wirst du vielleicht in nächster Zeit Kinder und ihre Angehörigen mit deinen Darbietungen sehr gut unterhalten. Du wirst dafür eines Tages ein Liebling der Kinder werden und dies bis ins hohe Alter bleiben. Deine aus dem Inneren kommende Wärme und Herzlichkeit spüren nicht nur die Kinder, sondern auch die Tiere und Pflanzen.

Befindet sich aber im 6. Haus eine PIK-KARTE und fällt die PIK DAME in ein PIK- oder Kreuz-Haus, so wirst du vielleicht eines Tages deine Popularität verlieren, weil du zu den Menschen so undankbar bist. Es ist auch möglich, daß du anderen etwas antun möchtest, nur weil sie sich dir gegenüber als undankbar erweisen. Mache regelmäßig die Atemübungen! Dann wirst du bald lernen, daß man, wenn man jemandem hilft, keinen Dank erwarten soll.

## HERZ ZEHN · 11. HAUS
### HEIRAT · VERBINDUNGEN · VEREINE · BRUDERSCHAFTEN

Im Haus der Dankbarkeit wird dir mitgeteilt, daß dich ein junges Ehepaar einmal sehr ins Herz schließen wird, weil du ihm bei der Gründung seines Ehestandes helfen wirst. Die Hilfe, die du gibst, kann materieller Natur sein, aber es kann auch sein, daß du ihnen mit Rat und Tat zur Seite stehst. Es kann sich dabei um deine eigenen Kinder handeln oder um die Kinder eines Freundes, die deinen Rat und deine Hilfe zu schätzen wissen. Man wird dir sehr dankbar sein und dir später einmal eine schöne Überraschung bereiten. Vielleicht wirst du schon ein hohes Alter erreicht haben, wenn sich auf einmal junge Menschen um dich kümmern werden. Sie werden dir aber nicht aus materiellen Gründen helfen, sondern aus Liebe und Dankbarkeit. Im Leben macht sich alles Gute bezahlt.

Sieh nach, welche Karte sich im 11. Haus befindet. Befindet sich dort eine rote Karte und fällt die PIK DAME in ein rotes Haus, dann kannst du demnächst mit sehr viel Arbeit rechnen; aber es wird eine Arbeit sein, die dir viel Freude macht, denn du wirst alles selbst organisieren. Man wird dir das Organisieren gern überlassen, weil man weiß, daß du alles richtig machen wirst, denn deine Gabe und Erfahrungen erleichtern dir vieles. Befindet sich im 11. Haus eine Kreuz-Karte und fällt die PIK DAME in ein Kreuz-Haus oder in ein rotes Haus, so wirst du von jemandem aus deiner Familie um einen Gefallen gebeten werden, der dir später im Leben, wenn du nicht mehr daran denkst, in irgendeiner Form gelohnt werden wird. Gute Zeiten stehen dir bevor.

Befindet sich aber im 11. Haus eine PIK-KARTE und fällt die PIK DAME in ein PIK- oder Kreuz-Haus, so scheinst du deinem Partner gegenüber sehr undankbar zu sein. Er kann machen, was er will, es scheint dir überhaupt nichts recht zu sein. Mache die Atemübungen! Dann wirst du in Zukunft ein verträglicher Mensch werden.

## HERZ NEUN · 2. HAUS

### WUNSCH · WÜNSCHE · SEHNSUCHT · HOFFNUNG

Im Haus der Dankbarkeit wird dir mitgeteilt, daß du einen Wunsch hast, den dir jemand aus Dankbarkeit bald erfüllen wird, oder daß du dich als sehr dankbar und großzügig erweisen wirst, wenn dein Wunsch in Erfüllung geht. Vielleicht hast du bestimmte Wünsche familiärer oder beruflicher Art, vielleicht möchtest du auch umziehen oder auswandern, und du wirst sehr dankbar sein, wenn dir das jemand ermöglicht. Es kann auch sein, daß du bald mit jemandem zu tun haben wirst, der dir zur Erfüllung deines sehnlichsten Wunsches verhilft.

Sieh nach, welche Karte sich im 2. Haus befindet. Befindet sich dort eine rote Karte und fällt die PIK DAME in ein rotes Haus, so wird dir jemand helfen, dem du schon des öfteren geholfen hast, ohne Lohn oder Dank dafür zu erwarten. Befindet sich im 2. Haus eine Kreuz-Karte und fällt die PIK DAME in ein Kreuz-Haus oder in ein rotes Haus, so wirst du dich einem Familienangehörigen gegenüber, der dir bei der Realisierung eines Wunsches hilft, als sehr großzügig erweisen. Es kann auch sein, daß dir jemand hilft, der seine Dankbarkeit zeigen möchte. Möglicherweise werden deine Kinder dir einmal sehr dankbar sein, oder du wirst deinen Kindern dankbar sein, weil sie dein Leben wieder mit Freude erfüllt haben.

Befindet sich aber im 2. Haus eine PIK-KARTE und fällt die PIK DAME in ein PIK- oder Kreuz-Haus, so wirst du möglicherweise sehr lange warten müssen, bis sich jemand für einen Gefallen als dankbar erweist. Vielleicht wird sich auch ein bestimmter Wunsch nicht erfüllen, oder du wirst jemandem aus Undank deinerseits einen Wunsch versagen. Mache die Atemübungen regelmäßig! Undank schadet, sowohl jetzt als auch im weiteren Leben.

## HERZ ACHT · 4. HAUS

Liebe · Mondschein · Romanze · Herz

Im Haus der Dankbarkeit wird dir mitgeteilt, daß sich jemand in deinem Leben als sehr dankbar erweisen wird, weil du ihm soviel Liebe schenkst. Es kann auch sein, daß diese Dankbarkeit von Kindern, Tieren oder Pflanzen kommen wird; du wirst merken, daß Kinder, Tiere und Pflanzen sich unter deiner Hand sehr gut entwickeln, denn du hast Gefühl für sie. Kranke Menschen werden in deiner Nähe rasch wieder gesund. Vielleicht wirst du durch deinen Magnetismus und deine starke Ausstrahlung auch einmal Tiere heilen oder Pflanzen zu neuem Leben erwecken. Man wird dir Liebe und Dankbarkeit erweisen, aber selbst wenn Undank dein Lohn ist, wird dir das nicht viel ausmachen, denn du hilfst um des Helfens und nicht um des Lohnes willen.

Sieh nach, welche Karte sich im 4. Haus befindet. Befindet sich dort eine rote Karte und fällt die PIK DAME in ein rotes Haus und befinden sich darüber hinaus auch im 16. und 28. Haus rote Karten, so hast du eine seltene Gabe: Wenn du kranke Menschen, Tiere oder Pflanzen nur berührst, dann geht eine besondere Wärme von deinem Körper auf sie über, mit der du sie heilen kannst. Die PIK SIEBEN und die PIK ZEHN sowie der PIK KÖNIG und KARO KÖNIG müßten in Herz-Häuser fallen, wenn man solch eine Fähigkeit besitzt. Befindet sich im 4. Haus eine Kreuz-Karte und fällt die PIK DAME in ein Kreuz-Haus oder in ein rotes Haus, so wirst du deiner Familie, wenn es ihr einmal nicht so gutgehen wird, hilfreich unter die Arme greifen. Es kann auch sein, daß du ihr oder anderen Menschen aus Dank dafür, daß du leben darfst, immer wieder helfen wirst.

Befindet sich aber im 4. Haus eine PIK-KARTE und fällt die PIK DAME in ein PIK- oder Kreuz-Haus, so solltest du dir einmal Gedanken darüber machen, wie du jemandem helfen kannst, ohne gleich Dank oder Lohn dafür zu verlangen. Mache die Atemübungen regelmäßig! Dann lernst du, positiv zu wirken.

## HERZ SIEBEN · 12. HAUS

FRÖHLICHKEIT · GUTE LAUNE · HERZLICHKEIT · FROHSINN

Im Haus der Dankbarkeit wird dir mitgeteilt, daß du in eine Familie große Freude bringen wirst und diese Familie sich für die gute Laune und Herzlichkeit, die du immer mitbringst, als sehr dankbar und großzügig erweisen wird. Möglicherweise erledigst du kleine Gefälligkeiten sehr gerne, und es tut dir gut, wenn du weißt, daß andere Menschen dich brauchen. Du wirst immer versuchen, den anderen gute Laune zu bringen, denn du hast ein offenes Herz für sie. Man möchte dich immer in der Nähe haben und mit dir reden, denn du verbreitest Sonnenschein und neue Hoffnung, an der die Menschen an der Seele wieder gesunden. Vermittle ihnen auch die Atemübungen! Sehr viele Menschen werden dir dafür dankbar sein, daß du ihnen neuen Lebensmut gegeben hast.

Sieh nach, welche Karte sich im 12. Haus befindet. Befindet sich dort eine rote Karte und fällt die PIK DAME in ein rotes Haus, so wirst du in deinem Leben sehr viel Optimismus verbreiten. Wenn du auch noch in den Häusern 2, 4, 7, 13 und 19 Herz-Karten vorfindest, dann wirst du den Menschen die nötige Kraft vermitteln können, die sie brauchen, um ein glückliches und zufriedenes Leben zu führen. Befindet sich im 12. Haus eine Kreuz-Karte und fällt die PIK DAME in ein Kreuz-Haus oder in ein rotes Haus, so wirst du einmal eine große Familie haben und ein sehr gutes Familienoberhaupt für deine Kinder, Enkel und Urenkel sein.

Befindet sich aber im 12. Haus eine PIK-KARTE und fällt die PIK DAME in ein PIK- oder Kreuz-Haus, so solltest du dich selbst einmal beim Schopf packen, um dich aus dem Sumpf wieder herauszuziehen, in den du dich selbst gebracht hast. Mache die Atemübungen und sei den anderen Menschen dankbar dafür, wenn sie dir helfen wollen!

# KARO

## KARO AS · 25. HAUS

### Beruf · Firma · Unternehmen · Projekte

Im Haus der Dankbarkeit wird dir mitgeteilt, daß jemand aus deiner Nähe dir sehr dankbar sein wird, weil du ihm hilfst, Arbeit zu bekommen oder zu behalten. Vielleicht wirst du auch jemandem bei einer schweren Arbeit helfen. Es kann auch sein, daß du einen selbständig Erwerbenden zum Freund hast, der dir gegenüber sehr großzügig ist, oder daß du dich selbst einmal selbständig machen und dann zu deinen Freunden großzügig sein wirst. Vielleicht bist du jemandem zu Dank verpflichtet und wirst sehr viel für ihn tun oder als guter Geist im Hintergrund für ihn wirken.

Sieh nach, welche Karte sich im 25. Haus befindet. Befindet sich dort eine rote Karte und fällt die PIK DAME in ein rotes Haus, so wirst du jemandem sehr dankbar sein, weil er dir in deinem Beruf weiterhilft, oder du wirst jemandem helfen, in seinem Leben weiterzukommen. Vielleicht wirst du jemandem helfen, ein Profi auf seinem Gebiet zu werden, und er wird dir einmal sehr dankbar sein, weil du ihm den Glauben an sich selbst gegeben hast, ohne den er es nicht geschafft hätte. Befindet sich im 25. Haus eine Kreuz-Karte und fällt die PIK DAME in ein rotes oder ein Kreuz-Haus, so kann es sein, daß eines deiner Kinder dir sehr dankbar sein wird, weil du es das lernen läßt, was es möchte. Es kann auch sein, daß du einmal einem Kind oder mehreren Kindern helfen wirst, etwas zu lernen, was sie ohne dich nicht lernen könnten. Man wird dir für deine Hilfe sehr dankbar sein, und wenn du einmal Undank erntest, so wird dir das auch nichts ausmachen.

Befindet sich aber im 25. Haus eine PIK-KARTE und fällt die PIK DAME in ein PIK- oder Kreuz-Haus, so scheint es dir sehr schwerzufallen, für etwas bitte oder danke zu sagen. Mache immer die Atemübungen! Du wirst dadurch glücklicher werden, denn du neigst zu Frustration und Eigensinn.

## KARO KÖNIG · 9. HAUS
### Legale Papiere · Arzt · Anwalt · Notar

Im Haus der Dankbarkeit wird dir mitgeteilt, daß du jemandem sehr dankbar sein wirst, weil er dir hilft, ein Formular auszufüllen oder ein bestimmtes Schriftstück zu verfassen. Es kann aber auch sein, daß man dir dankbar sein wird, weil du einer oder mehreren Personen hilfst, bestimmte Schriftstücke zu verfassen, mit denen sie Erfolg haben. Möglicherweise wirst du ein Buch veröffentlichen, worin die Leser erfahren, wie man bestimmte Schreiben verfassen muß, um Erfolg damit zu haben, oder du wirst ein neues Benimmbuch schreiben oder im Fernsehen oder in einer Zeitung gute Ratschläge geben, und man wird dir sehr dankbar sein, weil man auf deine Ratschläge bauen kann.

Sieh nach, welche Karte sich im 9. Haus befindet. Befindet sich dort eine rote Karte und fällt die PIK DAME in ein rotes Haus, so wirst du bald von jemandem Papiere erhalten, die dir am Anfang bedeutungslos erscheinen, die sich aber bei näherer Durchsicht als sehr wertvoll erweisen. Sie werden dir aus Dank gegeben, weil du einmal jemandem, der es dir niemals vergessen hat, geholfen hast. Befindet sich im 9. Haus eine Kreuz-Karte und fällt die PIK DAME in ein Kreuz-Haus oder in ein rotes Haus, so wirst du einmal etwas aus deinem Verwandten- oder Bekanntenkreis erhalten, womit man sich bei dir bedanken möchte. Es kann auch sein, daß du sehr viele Kinder haben wirst, die dir einmal dankbar sein werden für das, was du für sie getan hast.

Befindet sich aber im 9. Haus eine PIK-KARTE und fällt die PIK DAME in ein PIK- oder Kreuz-Haus, so solltest du beizeiten aufpassen, was du in Briefen schreibst, denn man könnte das später einmal in Form einer Erpressung gegen dich verwenden. Gib in der nächsten Zeit acht, was du sagst, denn du scheinst schlechte Menschen um dich zu haben, die dir Schwierigkeiten bereiten wollen. Mache regelmäßig die Atemübung! Dann wirst du auch in Zukunft gegen des Böse gewappnet sein.

## KARO DAME · 18. HAUS
### Jahreszeit · Frühjahr · Sommer · Herbst · Winter

Im Haus der Dankbarkeit wird dir mitgeteilt, daß jemand dir einmal für das, was du tun wirst, sehr dankbar sein wird, aber der eigentliche Dank wird dich erst später erreichen, wenn du gar nicht mehr daran denkst. Es kann auch sein, daß du von jemandem Unterricht bekommst und durch deine Erfolge diesem Menschen deinen Dank zeigen kannst, denn ohne ihn hättest du dein Ziel vielleicht nie erreicht. Es ist auch möglich, daß du dich zu den verschiedensten Jahreszeiten mit der Natur befassen wirst, denn Gott hat dir das Talent gegeben, alles so zu gestalten, wie du es dir vorstellst, und du bist ihm sehr dankbar dafür. Es kann sein, daß du einmal eine Stätte gründen wirst, in der auch andere Menschen ihr Talent ausbilden können, vielleicht Kinder, deren Eltern kein Geld haben, oder Erwachsene, denen du helfen willst, sich weiterzubilden.

Sieh nach, welche Karte sich im 18. Haus befindet. Befindet sich dort eine rote Karte und fällt die PIK DAME in ein rotes Haus, so wirst du einmal sehr viel Dank bekommen oder selbst ein sehr dankbarer Mensch sein, und aus dieser Dankbarkeit heraus wirst du ein Projekt verwirklichen können, an dem die meisten vorher gezweifelt haben. Du wirst dafür auch sehr viel an dir selbst arbeiten müssen. Befindet sich eine Kreuz-Karte im 18. Haus und fällt die PIK DAME in ein Kreuz-Haus oder in ein rotes Haus, so kann es sein, daß du einmal ein Ferienzentrum für jung und alt erstellen oder eine alternative Schule gründen wirst, an der neue Lernmethoden angewendet werden, die viele für unrealistisch halten, mit denen du aber trotzdem großen Erfolg haben wirst.

Befindet sich aber im 18. Haus eine PIK-KARTE und fällt die PIK DAME in ein PIK- oder Kreuz-Haus, so solltest du dich noch ein bißchen mit deinen Plänen gedulden, denn die Zeit scheint nicht reif dafür zu sein. Mache die Atemübungen regelmäßig! Dann wirst du den richtigen Zeitpunkt finden, zu dem du deine Pläne verwirklichen kannst.

## KARO BUBE · 21. HAUS

BRIEFE · SCHRIFTSTÜCKE · TELEGRAMME · BOTE · FREUND

Im Haus der Dankbarkeit wird dir mitgeteilt, daß du in der nächsten Zeit Dankbriefe oder Kondolenzschreiben verschicken wirst oder daß du selbst Dankschreiben oder Bittbriefe erhalten wirst. Überprüfe die Bittbriefe sehr genau und laß dir nicht von Schmeichlern den Kopf verwirren. Vielleicht wirst du selbst in einem Brief um etwas bitten und dich dabei schon im voraus bedanken. Möglicherweise wirst du etwas in Umlauf bringen, zum Beispiel ein Rezept, oder einen Rundbrief verschicken, in dem du dich für etwas bedankst, oder es wird dich in der nächsten Zeit ein Kettenbrief erreichen. Glaube nicht alles, was in solchen Briefen steht!

Sieh nach, welche Karte sich im 21. Haus befindet. Befindet sich dort eine rote Karte und fällt die PIK DAME in ein rotes Haus, so wird man dir in den nächsten Tagen schriftlich gratulieren, oder du wirst Gratulationswünsche versenden oder dich in einem Brief für etwas bedanken oder selbst ein Dankesschreiben erhalten. Befindet sich eine Kreuz-Karte im 21. Haus und fällt die PIK DAME in ein Kreuz-Haus oder in ein rotes Haus, so wirst du vielleicht ein Schreiben aus deiner Familie erhalten, welches einen Dank beinhaltet oder auch eine Bitte, für deren Erfüllung man dir sehr dankbar sein wird.

Befindet sich aber im 21. Haus eine PIK-KARTE und fällt die PIK DAME in ein PIK- oder Kreuz-Haus, so wirst du bald einen Brief in Händen halten, der nichts Gutes beinhaltet, oder du wirst selbst einen solchen schreiben. Tue es nicht, denn das geschriebene Wort wird vielleicht vor Gericht gegen dich verwendet werden. Mache lieber die Atemübungen und versuche dich auf das Gute im Leben zu konzentrieren!

## KARO ZEHN · 17. HAUS
### Geld · Finanzen · Börse · Einnahmen · Ausgaben

Im Haus der Dankbarkeit wird dir mitgeteilt, daß jemand dir sehr dankbar sein und dich für die Hilfe, die du ihm geleistet hast, finanziell entlohnen wird. Es kann sein, daß du einmal für einen Gefallen, den du jemandem erweist, eine größere Summe Geld erhalten wirst. Vielleicht wirst du dir von jemandem Geld leihen, und später wird dir diese Person deine Schuld erlassen, weil sie dir zu Dank verpflichtet ist. Es kann auch sein, daß du zu jemandem sehr großzügig sein wirst, weil er dir etwas gegeben hat, womit du sehr viel Geld verdienen kannst.

Sieh nach, welche Karte sich im 17. Haus befindet. Befindet sich dort eine rote Karte und fällt die PIK DAME in ein rotes Haus, so wirst du durch einen Menschen, der dir vielleicht auch etwas verdankt, sehr reich werden. Es kann auch sein, daß du Menschen gegenüber sehr großzügig sein wirst, wenn sie dir einen Gefallen erweisen. Befindet sich im 17. Haus eine Kreuz-Karte und fällt die PIK DAME in ein Kreuz-Haus oder in ein rotes Haus, so kann es sein, daß sich jemand aus deiner Familie oder Verwandtschaft ganz überraschend dir gegenüber sehr großzügig zeigen wird. Es kann aber auch sein, daß du selbst zu jemandem aus deiner Familie sehr großzügig sein wirst, weil du ihm etwas zu verdanken hast.

Befindet sich aber im 17. Haus eine PIK-KARTE und fällt die PIK DAME in ein PIK- oder Kreuz-Haus, so solltest du deine Großzügigkeit etwas bremsen, denn du zeigst dich für etwas erkenntlich, was eigentlich selbstverständlich sein sollte. Du wirst von deiner Familie oder deinen Freunden ausgenutzt, oder du hast die Angewohnheit, dich mehrfach für etwas zu bedanken, das gar keinen Dank verdient. Mache die Atemübungen regelmäßig! Dann wirst du lernen, ein vernünftiges Mittelmaß zu finden und dich nicht aus lauter Dankbarkeit zu ruinieren.

## KARO NEUN · 5. HAUS
ÜBERRASCHUNG · ÜBERRASCHUNGEN · KLEINE FINANZEN

Im Haus der Dankbarkeit wird dir mitgeteilt, daß du sehr bald überrascht werden wirst, weil sich jemand bei dir für etwas bedanken wird, das schon sehr lange Zeit zurückliegt und das du eigentlich schon vergessen hast. Diese Überraschung wird dann kommen, wenn du es am wenigsten erwartest, aber es wird für dich gerade der richtige Augenblick sein, und du wirst dich sowohl wundern als auch freuen. Es kann auch sein, daß du jemanden nach langer Zeit wiedersehen und dich sehr über seinen Gesinnungswandel freuen wirst. Man soll nicht zu rasch Vorurteile über jemanden entwickeln. Wenn jemand in der Jugend ein leichtsinniger Mensch war, so muß dies nicht für die ganze Zukunft gelten. Wir Menschen müssen viel erfahren, so auch das Negative; wie sollten wir sonst das Positive erkennen können?

Sieh nach, welche Karte sich im 5. Haus befindet. Befindet sich dort eine Kreuz-Karte und fällt die PIK DAME in ein Kreuz-Haus oder in ein rotes Haus, so wirst du dich über jemanden aus deiner Familie sehr wundern und staunen, was aus diesem Menschen im Laufe der Zeit geworden ist. Es kann sein, daß es ein schwarzes Schaf in deiner Familie gibt und diese Person auf einmal sehr bekannt und von allen angehimmelt wird. Versuche zu erkennen, was wirklich in ihr steckt, und begehe nicht den Fehler, dich selbst zu belügen.

Befindet sich aber im 5. Haus eine PIK-KARTE und fällt die PIK DAME in ein PIK- oder Kreuz-Haus, so kann es sein, daß du bald eine böse Überraschung erleben wirst. Jemand, dem du geholfen hast, wird dich auf einmal anzeigen. Man wird deine Hilfeleistung sogar bezweifeln, und es wird eine Gerichtsverhandlung geben. Deute auch das 28. Haus mit. Rote Karten und Kreuz-Karten sind günstig für dich, aber PIK-KARTEN bedeuten große Schwierigkeiten. Mache die Atemübungen und meide in Zukunft schlechte Menschen, auch wenn sie vor dir schöntun!

## KARO ACHT · 27. HAUS

### ERBE · ERBSCHAFTEN · HINTERLASSENSCHAFTEN · BEKOMMEN

Im Haus der Dankbarkeit wird dir mitgeteilt, daß du sehr bald eine bessere Stelle bekommen wirst, wenn du zur Zeit nach einer solchen Ausschau hältst. Es kann auch sein, daß du einmal jemandem in deiner Firma helfen wirst und daß derjenige sich Jahre später daran erinnern und dich bevorzugt behandeln wird, wenn du gar nicht mehr daran denkst. Es ist auch denkbar, daß dir jemand etwas hinterlassen wird, weil du ihm einmal sehr geholfen hast oder weil du diesem Menschen sehr sympathisch bist. Vielleicht wirst du einmal von jemandem, dem du einen Gefallen erwiesen hast, als Erbe eingesetzt werden. Möglicherweise hast du einen großzügigen Freund oder Bekannten, der dich noch vor seinem Ableben mit Geschenken überhäuft.

Sieh nach, welche Karte sich im 27. Haus befindet. Befindet sich dort eine rote Karte und fällt die PIK DAME in ein rotes Haus oder in ein Kreuz-Haus, so wirst du einmal aus Dankbarkeit eine sehr große Erbschaft von einem Menschen erhalten, dem du sehr zugetan bist. Vielleicht wirst du einen Betrieb erben, ohne der Familie des Besitzers anzugehören, aber dieser wird dich ins Herz geschlossen haben, und weil er sich seinen Nachfolger so wie dich vorgestellt hat, wird der Dank so großzügig ausfallen.

Befindet sich aber im 27. Haus eine PIK-KARTE und fällt die PIK DAME in ein PIK- oder Kreuz-Haus, so wirst du einmal vor Gericht gehen müssen, weil du etwas zu bekommen hast, das dir rechtmäßig zusteht und das die Gegenseite für sich beansprucht. Vielleicht wirst du auch aus Neid vor Gericht eine Erbschaft anfechten, weil du sie dem rechtmäßigen Erben nicht gönnst. Mache regelmäßig die Atemübungen und lasse dein Verhalten anderen Menschen gegenüber nicht von Neid und Mißgunst bestimmen!

## KARO SIEBEN · 3. HAUS
### Erfolg · Karriere · Aufstieg · Leistung

Im Haus der Dankbarkeit wird dir mitgeteilt, daß dein Erfolg in der nächsten Zeit auch etwas mit deiner Dankbarkeit zu tun haben wird. Es kann sein, daß sich jemand sehr erfolgreich für dich einsetzen wird, weil er sich dir gegenüber zu Dank verpflichtet fühlt. Das kann sowohl dein Partner oder dein Freund als auch ein Mensch sein, dem du bisher sehr wenig begegnet bist, dem du aber sehr geholfen oder sogar das Leben gerettet hast und der sich dir gegenüber sehr lange dankbar erweisen wird. Möglicherweise wird dir jemand dankbar sein, weil du ihm zu einer erfolgreichen Arbeit verholfen hast, und daraus kann sich für dich eine lange und vorteilhafte Verbindung ergeben.

Sieh nach, welche Karte sich im 3. Haus befindet. Befindet sich dort eine rote Karte und fällt die PIK DAME in ein rotes Haus, so wirst du in Zukunft durch deine Art und deine Einstellung zum Leben sehr erfolgreich sein. Du wirst überall gern gesehen sein, man will mit dir gemeinsam vieles machen, denn was du anrührst, wird zu Gold. Befindet sich im 3. Haus eine Kreuz-Karte und fällt die PIK DAME in ein Kreuz-Haus oder in ein rotes Haus, so scheinst du ein sehr erfolgreiches Familienoberhaupt zu sein, oder du wirst in der nächsten Zeit einen Betrieb übernehmen und diesen erfolgreich führen. Es kann auch sein, daß du aus Dank von deinen Eltern oder Verwandten in einen Betrieb miteinbezogen wirst und dort den richtigen Platz ausfüllst.

Befindet sich aber im 3. Haus eine PIK-KARTE und fällt die PIK DAME in ein PIK- oder Kreuz-Haus, so wirst du in deinem Leben mit sehr viel Undank zu rechnen haben, oder du wirst selbst andern gegenüber sehr undankbar sein. Mache die Atemübungen regelmäßig! Dann wirst du lernen, dich selbst zu erkennen und dankbar zu sein, wo du dankbar sein solltest.

# KREUZ

## KREUZ AS · 20. HAUS

GESCHENK · GESCHENKE (MIT PIK AS: TOD · LAST)

Im Haus der Dankbarkeit wird dir mitgeteilt, daß du sehr dankbar sein wirst für ein Geschenk, das du demnächst erhalten wirst und das du sehr gut gebrauchen kannst. Vielleicht wirst du in der nächsten Zeit auch eine Party veranstalten, bei der auch für einen gemeinnützigen Zweck gesammelt wird, und du wirst deinen Gästen sehr dankbar sein, daß sie gekommen sind und so großzügig gespendet haben. Möglicherweise bekommst du auch von jemandem einen Auftrag, der dir später einmal zu Ehre und Ansehen verhelfen wird, oder tust in der nächsten Zeit etwas, für das man dir sehr dankbar sein wird. Vielleicht wird eine Spendenaktion durch einen guten Einfall von dir zu einem Riesenerfolg.

Sieh nach, welche Karte sich im 20. Haus befindet. Befindet sich dort eine rote Karte und fällt die PIK DAME in ein rotes Haus, so wirst du ein schönes Geschenk erhalten, das dir sehr viel Freude bereiten wird und das du möglicherweise mit anderen teilen wirst, oder du wirst jemandem, der sehr viel für dich getan hat, ein nettes Geschenk überreichen. Befindet sich im 20. Haus eine Kreuz-Karte und fällt die PIK DAME in ein Kreuz-Haus oder in ein rotes Haus, so wirst du von jemandem aus deiner näheren Verwandtschaft ein wunderschönes Geschenk erhalten. Vielleicht bekommst du auch von jemandem, der dich sehr bewundert, ein Geschenk als Dank für alles, was du für ihn getan hast. Es kann auch sein, daß dir zu Ehren ein nettes Fest gefeiert wird und du einige Geschenke erhalten wirst, die dich sehr freuen werden.

Befindet sich aber im 20. Haus eine PIK-KARTE und fällt die PIK DAME in ein PIK- oder Kreuz-Haus, so kann es sein, daß du dich um jemanden sehr bemühen wirst, aber diese Person wird dir niemals eine Spur des Dankes zeigen. Es ist auch möglich, daß jemand sich sehr für dich einsetzt, aber du nicht bereit bist, das dankend anzuerkennen. Mache die Atemübungen regelmäßig! Dann wirst du dich selbst und die anderen besser verstehen lernen.

## KREUZ KÖNIG · 10. HAUS

FERIEN · URLAUB · VATER · ONKEL · GROSSVATER

Im Haus der Dankbarkeit wird dir mitgeteilt, daß du jemandem in der nächsten Zeit helfen wirst, in der Schule vorwärtszukommen, oder daß du Nachhilfestunden gibst oder daß du jemandem religiöse Unterweisungen erteilst. Vielleicht wirst du auch in deinem Urlaub versuchen, durch Meditation zu dir selbst zu finden. Jemand scheint dich in nächster Zeit in eine Geheimlehre einweihen zu wollen, weil er möglicherweise erkannt hat, daß du reif dafür bist, und weil er weiß, daß du das geheime Wissen nicht mißbrauchen wirst.

Sieh nach, welche Karte sich im 10. Haus befindet. Befindet sich dort eine rote Karte und fällt die PIK DAME in ein rotes Haus, so wirst du in der nächsten Zeit sehr viel damit zu tun haben, anderen Menschen etwas beizubringen, und man wird dir später dafür dankbar sein. Du wirst die richtigen Worte finden, um die Menschen für eine gute Sache zu begeistern, aber man wird auch die Ruhe schätzen, die du anderen gegenüber ausstrahlst. Befindet sich im 10. Haus eine Kreuz-Karte und fällt die PIK DAME in ein Kreuz-Haus oder in ein rotes Haus, so kann es sein, daß du dich einmal in eine religiöse Lehre vertiefen wirst oder daß du deine Ferien dazu benützen wirst, deinen Horizont zu erweitern. Es ist auch möglich, daß du auf der Suche nach dir selbst viele Länder bereisen wirst, bis du auf jemanden stößt, der dich in eine geheime Überlieferung einweiht, die weiterzuführen du ausersehen bist.

Befindet sich aber im 10. Haus eine PIK-KARTE und fällt die PIK DAME in ein PIK- oder Kreuz-Haus, so solltest du, wenn man dir ein Geheimnis anvertraut, es auch für dich behalten, denn du könntest manchen Unfug damit anrichten. Es kann auch sein, daß du allzugern hinter ein Geheimnis kommen möchtest, aber es wird dir nicht gelingen. Mache regelmäßig die Atemübungen! Dann wirst du hinter das Geheimnis des Lebens kommen und auch erfahren, welche Bedeutung der Tod hat.

## KREUZ DAME · 30. HAUS

UNTERSUCHER · UNTERSUCHUNGEN · MUTTER · TANTE · GROSSMUTTER

Im Haus der Dankbarkeit wird dir mitgeteilt, daß du einmal eine Ehrung erhalten wirst für das, was du für eine Stadt oder für die Menschheit geleistet hast. Es kann auch sein, daß du jemandem für eine Hilfe sehr dankbar sein wirst. Vielleicht wirst du einmal eine Angelegenheit genauer untersuchen und dabei festellen, daß du jemandem zu Unrecht mißtraut hast, dem du keine Abbitte mehr leisten kannst, weil er schon verstorben ist. Gräme dich nicht, denn es gibt auch nach dessen Tod noch Möglichkeiten, etwas wiedergutzumachen. Versuche dich dessen Familie gegenüber erkenntlich zu zeigen, vielleicht braucht jemand von ihnen deine Hilfe. Sollte dies nicht der Fall sein, so lege ein Gelübde ab, das du bis zu deinem Tode einhalten wirst, dann wird dir dein Fehler sicher verziehen werden.

Sieh nach, welche Karte sich im 30. Haus befindet. Befindet sich dort eine rote Karte und fällt die PIK DAME in ein rotes Haus, so kann es sein, daß du einmal aus Dankbarkeit mit großem Einsatz für eine karitative Organisation tätig werden wirst. Befindet sich im 30. Haus eine Kreuz-Karte und fällt die PIK DAME in ein Kreuz-Haus oder in ein rotes Haus, so wirst du eines Tages jemandem aus deiner Familie sehr dankbar sein, weil du durch diese Person etwas in Erfahrung bringen konntest, das dein Leben in der kommenden Zeit verändern wird. Es kann auch sein, daß du mit jemandem über Verstorbene sprechen wirst.

Befindet sich aber im 30. Haus eine PIK-KARTE und fällt die PIK DAME in ein PIK- oder Kreuz-Haus, so solltest du davon Abstand nehmen, dich mit der Magie zu beschäftigen, denn du scheinst einen Hang zur Schwarzen Magie zu haben. Mache die Atemübungen regelmäßig! Dann wirst du rechtzeitig erkennen, auf welch gefährliches Gebiet du dich begibst.

## KREUZ BUBE · 15. HAUS

### FAMILIE · SOHN · NEFFE (MIT DAME: TOCHTER · NICHTE)

Im Haus der Dankbarkeit wird dir mitgeteilt, daß du sehr großzügige Eltern, Freunde, Großeltern oder auch Verwandte hast. Es ist auch möglich, daß du einmal einen Partner haben wirst, dessen Eltern oder Großeltern sehr großzügig sind, oder daß du selbst zu deinen Kindern oder Enkeln sehr großzügig sein und von allen sehr geliebt werden wirst. Es ist auch möglich, daß du einmal ein Kinderheim oder eine Schule leiten und neue Unterrichtsmethoden entwickeln wirst, die das Lernen leichtermachen. Deshalb wirst du bei den Kindern ebenso wie bei den Erwachsenen sehr beliebt sein.

Sieh nach, welche Karte sich im 15. Haus befindet. Befindet sich dort eine rote Karte und fällt die PIK DAME in ein rotes Haus, so wirst du sehr bald etwas von deiner Familie erfahren, das dich in Erstaunen versetzt, aber es wird eine gute Nachricht sein. Du wirst vielleicht erfahren, wie man wirklich über dich denkt, und das kann besser ausschauen, als du gedacht hast. Befindet sich eine Kreuz-Karte im 15. Haus und fällt die PIK DAME in ein Kreuz-Haus oder in ein rotes Haus, so kann es sein, daß du eine sehr dankbare und hilfsbereite Familie hast. Ihr werdet euch immer gegenseitig beistehen.

Befindet sich aber eine PIK-KARTE im 15. Haus und fällt die PIK DAME in ein PIK- oder Kreuz-Haus, so kann es sein, daß du einmal von deiner Familie sehr enttäuscht sein wirst. Vielleicht wird sie dich sogar verstoßen. Mache regelmäßig die Atemübungen! Dann wirst du lernen, deinen Weg allein zu gehen, auch wenn es ein sehr harter Weg ist. Eines Tages wirst du den Lohn dafür erhalten.

## KREUZ ZEHN · 8. HAUS
### Reise · Strasse · Wasser · Meer

Im Haus der Dankbarkeit wird dir mitgeteilt, daß du in der nächsten Zeit von jemandem eingeladen werden wirst, dem deine Persönlichkeit sehr gut gefällt, oder daß du jemanden auf einer Reise sehr gut unterhältst und er sich dir gegenüber dafür sehr dankbar erweist. Es kann auch sein, daß du in der nächsten Zeit sehr viele Reisen unternehmen mußt, um Ehrungen für vergangene Leistungen entgegenzunehmen. Möglicherweise wirst du sehr viel reisen, um dich für Menschen einzusetzen, denen es nicht gutgeht. Ob zu Lande oder zu Wasser, überall wirst du zu Hause sein.

Sieh nach, welche Karte sich im 8. Haus befindet. Befindet sich dort eine rote Karte und fällt die PIK DAME in ein rotes Haus, so wirst du ein ausgefülltes und erfolgreiches Leben führen. Befindet sich im 8. Haus eine rote Karte und fällt die PIK DAME in ein rotes Haus und fällt auch die KREUZ NEUN in ihr eigenes Haus, so wirst du in Zukunft auf der ganzen Welt zu Hause sein. Befindet sich eine Kreuz-Karte im 8. Haus und fällt die PIK DAME in ein Kreuz-Haus oder in ein rotes Haus, so kann es sein, daß du in der nächsten Zeit mit der Familie eine größere Reise machen wirst. Vielleicht wird dich jemand aus Dankbarkeit samt Kind und Kegel zu dieser Reise einladen.

Befindet sich aber im 8. Haus eine PIK-KARTE und fällt die PIK DAME in ein PIK- oder Kreuz-Haus, so ist es besser, eine Einladung auszuschlagen, denn man wird dich nur einladen, um mit dir Streit anzufangen. Gib in der nächsten Zeit acht, von wem du Einladungen bekommst, und versuche aus allen negativen Schwingungen herauszubleiben. Mache die Atemübungen regelmäßig! Dann wirst du die positiven Schwingungen spüren, die Freude und Ordnung in dein Leben bringen.

## KREUZ NEUN · 31. HAUS
### Glück · Kleine Reise · Risiko

Im Haus der Dankbarkeit wird dir mitgeteilt, daß dir demnächst, wenn du nett und hilfsbereit zu den anderen bist, auch etwas sehr Nettes widerfahren wird, das dich sehr glücklich machen wird. Es kann sein, daß du in der nächsten Zeit von jemandem eine Unterstützung erhalten wirst, weil du diesem Menschen einmal geholfen hast, oder daß jemand dir sehr dankbar sein wird, weil du ihm Glück gebracht hast. Es kann auch sein, daß es dich sehr glücklich macht, wenn du anderen Menschen eine Freude machen kannst. Möglicherweise lachst du sehr gern und bringst auch andere Menschen gern zum Lachen; du siehst das Leben eben von der heiteren Seite, und darum wird man dich bewundern oder beneiden. Einige Menschen werden zwar glauben, daß du das Leben nicht ernst genug nimmst, aber dabei irren sie sich gewaltig, denn sie verstehen nicht, daß dein Humor auch von tiefer Lebensweisheit geprägt ist.

Sieh nach, welche Karte sich im 31. Haus befindet. Befindet sich dort eine rote Karte und fällt die PIK DAME in ein rotes Haus, so wirst du vielleicht einer der besten Komiker sein. Vielleicht hast du dieses Talent schon an dir entdeckt; wenn nicht, so versuche es zu entdecken und die Menschen damit zu erfreuen. Befindet sich eine Kreuz-Karte im 31. Haus und fällt die PIK DAME in ein Kreuz-Haus oder in ein rotes Haus, so scheinst du ein wahrer Glückspilz zu sein, und zwar nicht nur im materiellen Bereich. Wo du auch hinkommst, bringst du den Menschen Glück. Versuche denen das Glück zu bringen, die es am meisten brauchen, vor allem den Kindern, aber auch den Tieren und Pflanzen.

Befindet sich aber im 31. Haus eine PIK-KARTE und fällt die PIK DAME in ein PIK- oder Kreuz-Haus, so wirst du um deines Glückes willen beneidet und angefeindet werden. Mache die Atemübungen regelmäßig! Dann wirst du lernen, dein Glück richtig einzuteilen und es manchmal auch vor den Menschen verborgen zu halten.

## KREUZ ACHT · 26. HAUS
### NEUE UNTERNEHMUNGEN · MUT · HELDENTAT

Im Haus der Dankbarkeit wird dir mitgeteilt, daß Freunde dir einmal sehr dankbar sein werden, weil du soviel für sie getan hast. Man wird dich einmal überraschend zu einem Fest einladen, wo man dir große Ehre erweist. Es kann sein, daß du in nächster Zeit ein großes Vorhaben planen wirst, für das du Menschen brauchst, die deine Pläne mit viel Idealismus durchsetzen. Du wirst jede einzelne Person für ihre spätere Aufgabe prüfen und sie dann entsprechend einsetzen und später auch angemessen belohnen. Vielleicht wirst du von jemandem einen großen Dankesbeweis bekommen; womöglich wirst du einen Ehrenposten oder einen Ehrendoktor erhalten oder Ehrenbürger der Stadt werden.

Sieh nach, welche Karte sich im 26. Haus befindet. Befindet sich dort eine rote Karte und fällt die PIK DAME in ein rotes Haus, so wirst du einmal einen Ehrentitel erhalten, vielleicht von einer Universität im In- oder Ausland. Möglicherweise wirst du in der nächsten Zeit zu mehreren Veranstaltungen gehen, wo dir und vielen anderen eine Ehrung zuteil wird. Befindet sich eine Kreuz-Karte im 26. Haus und fällt die PIK DAME in ein Kreuz-Haus oder in ein rotes Haus, so wird jemand aus deiner Familie zu Ehren kommen oder einen Doktortitel erhalten. Es kann auch sein, daß du bei einer Familienfeier jemandem deinen Dank aussprechen wirst oder daß deine Familie dir zu Ehren eine Feier veranstalten wird.

Befindet sich aber im 26. Haus eine PIK-KARTE und fällt die PIK DAME in ein PIK- oder Kreuz-Haus, so wird alles vergessen werden, was du geleistet hast, und du wirst anstatt zu Ehren zu Unehren und Undank kommen. Mache immer die Atemübungen und ärgere dich nicht, denn Undank ist der Welt Lohn!

## KREUZ SIEBEN · 14. HAUS
### NACHRICHTEN · BOTSCHAFT · TRÄNEN · LEID

Im Haus der Dankbarkeit wird dir mitgeteilt, daß du in den nächsten Tagen Nachrichten erhalten wirst, in welchen dir Dank ausgesprochen wird. Vielleicht wirst du eine Nachricht in der Zeitung über dich selbst lesen, in der dir für eine Leistung gedankt wird. Es kann aber auch sein, daß du Dankesschreiben aussenden oder zu einer Feier gehen wirst, bei der du viele Dankesschreiben entgegennehmen mußt. Möglicherweise wirst du auch in nächster Zeit ein Dankesschreiben erhalten, das dir mehr als alles andere bedeutet, weil es von einer Person kommt, die du sehr verehrst.

Sieh nach, welche Karte sich im 14. Haus befindet. Befindet sich dort eine rote Karte und fällt die PIK DAME in ein rotes Haus, so wirst du dich in der nächsten Zeit sehr freuen, weil so viele Menschen an dich denken und sehr nett und höflich zu dir sind. Überall wird man über dich sprechen und berichten, und du wirst dich sehr geehrt fühlen. Befindet sich im 14. Haus eine Kreuz-Karte und fällt die PIK DAME in ein Kreuz-Haus oder in ein rotes Haus, so wird dich deine Familie durch Radio, Fernsehen, Zeitung oder Zeitschrift würdigen. Du wirst auf einmal deinen Namen hören oder lesen und viele Glückwünsche oder Danksagungen erhalten.

Befindet sich aber im 14. Haus eine PIK-KARTE und fällt die PIK DAME in ein PIK- oder Kreuz-Haus, so scheinst du keine dankbaren Kinder oder Enkel zu haben. Sie wollen immer nur etwas von dir haben, und wenn du ihnen einmal nichts mehr geben kannst, werden sie dich vergessen. Ärgere dich nicht darüber, sondern mache lieber die Atemübungen! Es gibt andere Menschen, denen du mit deiner Kraft helfen kannst und die dir sicherlich dankbar sein werden.

# PIK

## PIK AS · 24. HAUS
### Tod · Unfall · Schicksalsschläge · Qual · Not

Im Haus der Dankbarkeit wird dir mitgeteilt, daß jemand dir einmal sehr dankbar sein wird, weil du ihm hilfst, wenn er deine Hilfe wirklich braucht. Vielleicht erledigst du bei einem Todesfall alle unliebsamen Schritte und Wege für ihn. Es kann auch sein, daß du selbst einmal sehr dankbar sein wirst, wenn du eine Hilfe erhältst, die du gerade notwendig brauchst. Der Helfer wird nichts dafür haben wollen, aber du wirst ihn trotzdem sehr großzügig belohnen. Vielleicht wirst du einmal eine Erbschaft machen, und zwar von einer Person, an die du dich gar nicht mehr erinnern kannst. Möglicherweise wirst du einem Menschen helfen, der sich deinen Namen notiert, und das kommt dir dann später zugute.

Sieh nach, welche Karte sich im 24. Haus befindet. Befindet sich dort eine rote Karte und fällt die PIK DAME in ein rotes Haus, so wirst du wahrscheinlich in der nächsten Zeit einem lieben Menschen einen Gefallen erweisen, der für dich selbstverständlich ist. Es kann auch sein, daß du einen lieben Verstorbenen zur letzten Ruhe begleitest oder daß du in den nächsten Tagen Begräbnisvorbereitungen treffen wirst. Befindet sich im 24. Haus eine Kreuz-Karte und fällt die PIK DAME in ein Kreuz-Haus oder in ein rotes Haus, so kann es sein, daß du jemandem aus deiner Familie bei einem Todesfall helfen wirst. Es kann auch sein, daß du mit jemandem aus deiner Verwandtschaft über ein Begräbnis sprechen wirst. Dabei wirst du dich als große Hilfe erweisen, und später wird man dir dafür sehr dankbar sein.

Befindet sich aber im 24. Haus eine PIK-KARTE und fällt die PIK DAME in ein PIK- oder Kreuz-Haus, so kann es sein, daß du sogar einmal einem Menschen den Tod wünschst, weil dieser böse und undankbar zu dir war, oder daß dir jemand den Tod wünscht, weil du ihm gegenüber böse und undankbar warst. Mache regelmäßig die Atemübungen! Dann wirst du lernen, die negativen Schwingungen von dir fernzuhalten.

## PIK KÖNIG · 28. HAUS

### RUFER · BEHÖRDE · SCHULE · SPITAL · INSTITUTION

Im Haus der Dankbarkeit wird dir mitgeteilt, daß du in nächster Zeit Gespräche mit Menschen führen wirst, denen du aber besser aus dem Weg gehen solltest, denn sie werden dir in Zukunft nur Ärger bereiten. Vielleicht haben sie dir schon früher Ärger bereitet, und sie werden immer wieder versuchen, deine Gutmütigkeit auszunutzen. Du wirst sie auch nicht ändern können; beginne lieber bei dir selbst und achte darauf, wo du deine Kraft einsetzen kannst und wo du sie vergeudest. Es kann auch sein, daß du in nächster Zeit durch deine Gutgläubigkeit in eine Sache verwickelt wirst, die ein gerichtliches Nachspiel haben wird.

Sieh nach, welche Karte sich im 28. Haus befindet. Befindet sich dort eine rote Karte und fällt die PIK DAME in ein rotes Haus, so wird sich deine Unschuld bald herausstellen, und du wirst sicherlich freigesprochen werden. Jemand wird für dich sprechen und dir damit seinen Dank ausdrücken. Befindet sich eine Kreuz-Karte im 28. Haus und fällt die PIK DAME in ein Kreuz-Haus oder in ein rotes Haus, so kann es sein, daß du in deiner Familie einmal großen Ärger haben wirst, den du vor Gericht austragen mußt. Jemand, dem du einmal in seiner größten Not geholfen hast, wird sich dir gegenüber sehr undankbar zeigen und dich einer Sache beschuldigen, die du gar nicht getan hast. Deute das 9. Haus mit. Befindet sich dort eine rote Karte oder eine Kreuz-Karte und fällt der KARO KÖNIG in ein rotes oder in ein Kreuz-Haus, so wird die Sache bei Gericht für dich gut ausgehen. Sollte sich dort aber eine PIK-KARTE befinden, so kann es sein, daß du längere Zeit deine Unschuld nicht beweisen kannst. Mache regelmäßig die Atemübungen, damit du positive Schwingungen erhältst und bald die Beweise findest, die dich entlasten werden.

Befindet sich aber im 28. Haus eine PIK-KARTE und fällt die PIK DAME in ein PIK- oder Kreuz-Haus, so kann es sein, daß du selbst einmal jemanden beschuldigen wirst, obwohl du weißt, daß diese Person unschuldig ist. Mache die Atemübungen! Sie werden dich wieder auf den richtigen Weg bringen.

## PIK DAME · 29. HAUS

### Dankbarkeit · Dunkle Dame · Undank · Neid

Im Haus der Dankbarkeit wird dir mitgeteilt, daß jemand, dem du sehr vertraust, sich gerade dann, wenn du ihn am nötigsten brauchst, nicht als dein wahrer Freund entpuppen wird. Er wird sogar bereit sein, einen Meineid gegen dich zu schwören. Es kann aber auch sein, daß du einen Freund hast, der mit dir ein ganzes Leben zusammen sein wird. Es könnte sich dabei auch um ein Tier handeln. Ziehe in diesem Fall die Häuser 13, 19 und 21 mit zur Deutung heran. Rote Karten und Kreuz-Karten sind sehr positiv, PIK-KARTEN deuten darauf hin, daß du deinem Freund nicht allzusehr vertrauen solltest.

Möglicherweise wirst du in nächster Zeit von deiner Firma entlassen werden, weil ein Freund, der deinen Posten haben möchte, dich bei deinem Chef schlechtgemacht hat. Hier solltest du das 13., 19. und 25. Haus mitdeuten. Rote Karten könnten auf ein Mißverständnis hinweisen und darauf, daß du auch einen guten Freund und Kollegen in deiner Firma hast, auf den du dich immer verlassen kannst. Kreuz-Karten würden bedeuten, daß jemand aus deiner Familie versuchen wird, dich irgendwo schlechtzumachen. Sei darum in der nächsten Zeit besonders vorsichtig und deute auch das 15. Haus mit! Sollte sich dort eine rote Karte befinden, so wird es nicht so schlimm werden; schwarze Karten bedeuten Neid aus den Reihen der eigenen Familie. Befindet sich im 17. Haus eine rote Karte und fällt die KARO ACHT in ein rotes Haus, so wirst du einmal etwas sehr Schönes erben.

Befinden sich aber im 17. und 27. Haus Kreuz-Karten oder sogar PIK-KARTEN, so wird es einmal mit deiner Familie Streitigkeiten geben. Wenn du wissen willst, wem du vertrauen kannst und wem nicht, dann deute immer die Karten der betreffenden Personen mit. Mache auch regelmäßig die Atemübungen! Dann wirst du mit der Zeit lernen, dich und die andern aus dem Inneren heraus zu erkennen, und du wirst dadurch besser und positiver auf die Umwelt einwirken können.

## PIK BUBE · 1. HAUS

### Gegenwart · Wahrheit · Dunkler Mann · Uniformierter

Im Haus der Dankbarkeit wird dir mitgeteilt, daß du einmal jemandem vertraut hast, dem du niemals hättest vertrauen sollen. Es kann auch sein, daß du in Zukunft jemandem vertrauen wirst, dem du besser nicht vertrauen solltest, denn durch ihn könntest du in eine schlimme Sache verwickelt werden, für die du mehrere Jahre ins Gefängnis kommst oder die sogar dein Leben in Gefahr bringt. Wenn du nicht sicher bist, wie du dich in einer bestimmten Situation verhalten sollst, so mache die Atemübungen regelmäßig! Durch sie wirst du bald erkennen können, was für dich gut ist und was nicht.

Sieh nach, welche Karte sich im 1. Haus befindet. Befindet sich dort eine rote Karte und fällt die PIK DAME in ein rotes Haus, so wirst du dich noch einmal aus der üblen Lage herauswinden können, in die man dich gebracht hat. Deute auch das 28. Haus mit. Rote Karten in diesem Haus sind gut für dich, wenn auch der PIK KÖNIG in ein rotes Haus fällt. Fällt er hingegen in ein schwarzes Haus und befindet sich im 28. Haus eine schwarze Karte, so scheint es um deine Zukunft schlecht bestellt zu sein. Es kann aber auch sein, daß du die schlechte Zeit bereits hinter dir hast. Befindet sich im 1. Haus eine Kreuz-Karte und fällt die PIK DAME in ein Kreuz-Haus oder in ein rotes Haus, so wird dir von jemandem aus deiner Familie einmal großer Undank widerfahren. Es kann sein, daß du jemanden betreuen wirst, ohne je Dank zu ernten, oder daß man sogar gegen dich intrigiert. Nimm dich in acht vor Alkoholikern.

Befindet sich aber im 1. Haus eine PIK-KARTE und fällt die PIK DAME in ein PIK- oder Kreuz-Haus, so wird die nächste Zeit für dich nicht sehr gut sein, denn es scheint sich alles gegen dich verschworen zu haben. Du brauchst aber nichts zu befürchten, wenn du an das Recht und an die Gerechtigkeit glaubst. Mache immer die Atemübungen! Dann wird sich deine positive innere Schwingung auch nach außen hin spürbar verstärken.

## PIK ZEHN · 32. HAUS

### Sonne · Entfernungen · Andere Länder · Nacht

Im Haus der Dankbarkeit wird dir mitgeteilt, daß du vielleicht eines Tages in deinem eigenen Land nicht mehr verstanden und großen Undank erleiden wirst. Deshalb wirst du einmal deine Heimat verlassen und in ein Land gehen, wo man dich besser versteht. Vielleicht wird man sich, wenn du alt bist, in der Heimat wieder an dich erinnern und dich ehren und bitten, dorthin zurückzukehren. Es kann auch sein, daß dich in nächster Zeit jemand wegen eines Mißverständnisses um Verzeihung bitten wird. Möglicherweise wirst du in der nächsten Zeit falsch verdächtigt werden und mußt dafür in Untersuchungshaft oder fällst sogar einmal einem Justizirrtum zum Opfer. Möglicherweise wirst du auch einen Justizirrtum aufklären helfen. Vielleicht wird dich einmal jemand um einen Gefallen bitten, aber du wirst diesen Gefallen nicht erfüllen und dir dadurch viel Ärger ersparen.

Sieh nach, welche Karte sich im 32. Haus befindet. Befindet sich dort eine rote Karte und fällt die PIK DAME in ein rotes Haus, so solltest du in der nächsten Zeit besonders vorsichtig sein bei allem, was mit dem Gesetz oder den Behörden zu tun hat. Du solltest dich eine Zeitlang aus dem öffentlichen Leben zurückziehen. Befindet sich im 32. Haus eine Kreuz-Karte und fällt die PIK DAME in ein Kreuz-Haus oder in ein rotes Haus, so kann es sein, daß der Name deiner Familie einmal in den Schmutz gezogen wird und du dabei merken wirst, wie böse die Menschen sein können, auch wenn sie nicht den geringsten Beweis einer Schuld haben. Es kann auch sein, daß dich jemand aus deiner Familie bei anderen schlechtmachen wird, um sich selbst damit reinzuwaschen.

Befindet sich aber im 32. Haus eine PIK-KARTE und fällt die PIK DAME in ein PIK- oder Kreuz-Haus, so wirst du einmal in eine gerichtliche Untersuchung verwickelt werden, die dir so peinlich ist, daß du sogar an Selbstmord denkst. Aber du mußt das Leben so nehmen, wie es dir das Schicksal aufgebürdet hat. Mache regelmäßig die Atemübungen! Dann wirst du Gottes Wege besser verstehen lernen.

## PIK NEUN · 23. HAUS

DEPRESSION · UNANNEHMLICHKEITEN · KÄLTE

Im Haus der Dankbarkeit wird dir mitgeteilt, daß deine Freundlichkeit anderen Menschen gegenüber einmal schamlos ausgenutzt werden wird. Es kann auch sein, daß man dir einmal etwas in die Schuhe schieben möchte, nur weil du immer so gutmütig und aufrichtig bist. Sei vorsichtig, mit welchen Menschen du dich abgibst, denn viele werden vor dir schöntun, nur um hinter deinem Rücken schlecht über dich zu reden und böse Gerüchte über dich zu verbreiten, ohne daß du es merkst. Darum solltest du beizeiten aufpassen, wem du etwas anvertraust. Mache auch die Atemübungen regelmäßig! Dann wird man dich nicht so leicht seelisch verletzen können.

Sieh nach, welche Karte sich im 23. Haus befindet. Befindet sich dort eine Herz-Karte und fällt die PIK DAME in ein Herz-Haus oder Karo-Haus, dann kann es sein, daß du hinter deinem Rücken bestohlen wirst, und zwar von jemandem, von dem du glaubst, daß er dich liebt. Befindet sich eine Karo-Karte im 23. Haus und fällt die PIK DAME in ein Karo- oder Kreuz-Haus, so kann es sein, daß du von Kollegen bestohlen wirst. Befinden sich Kreuz-Karten im 23. und im 15. Haus und fällt die PIK DAME in ein rotes oder Kreuz-Haus, so kann es sein, daß du von deiner eigenen Familie bestohlen wirst. Sei wachsam allen gegenüber und lasse dich nicht betrügen!

Befindet sich aber im 23. Haus eine PIK-KARTE und fällt die PIK DAME in ein PIK- oder Kreuz-Haus, so scheinst du dich von allen Seiten ausnehmen, hintergehen und betrügen zu lassen. Jemand, der schon mehrmals im Gefängnis war, will dich nun um dein ganzes Bargeld und Erspartes bringen. Sei vorsichtig und rufe lieber beizeiten die Polizei. Mache auch die Atemübungen regelmäßig!

## PIK ACHT · 22. HAUS

### ÄRGER · ÄRGERNISSE · STREIT · VERLEUMDUNGEN

Im Haus der Dankbarkeit wird dir mitgeteilt, daß du einmal, vielleicht sogar schon in der nächsten Zeit, zu jemandem nett sein wirst, und gleich darauf wird es einen fürchterlichen Streit geben, bei dem diese Person dir möglicherweise Undankbarkeit vorwerfen wird, obwohl sie selbst undankbar ist. Es kann auch sein, daß du in nächster Zeit durch Streit einen Freund verlieren oder mit jemandem einen Spaziergang machen wirst, bei dem der andere aus heiterem Himmel Streit beginnen und dir einiges vorwerfen wird. Möglicherweise wirst du demnächst auch mit jemandem verwechselt, was sehr gefährlich für dich werden kann. Vielleicht wirst du dich bei einer Veranstaltung gut unterhalten, aber auf einmal wird jemand Streit mit dir anfangen, und es wird zu einer Kettenreaktion kommen, die in eine Massenschlägerei ausarten kann. Vielleicht wirst du auch in einen Verkehrsunfall verwickelt werden, ohne daß du etwas dafürkannst, aber deine Unschuld wird sich erst nach einem langen Gerichtsprozeß herausstellen. Beginne gleich mit den Atemübungen!

Sieh nach, welche Karte sich im 22. Haus befindet. Befindet sich dort eine rote Karte und fällt die PIK DAME in ein rotes Haus, so wirst du noch einmal mit heiler Haut davonkommen. Befindet sich im 22. Haus eine Kreuz-Karte und fällt die PIK DAME in ein Kreuz-Haus oder in ein rotes Haus, so kann es sein, daß auf einmal jeder in der eigenen Familie gegen dich sein wird, ohne daß du einen Grund dafür erkennen könntest.

Befindet sich aber im 22. Haus eine PIK-KARTE und fällt die PIK DAME in ein PIK- oder Kreuz-Haus, dann wirst du möglicherweise bei einer Demonstration oder auf dem Sportplatz mit der Polizei in Konflikt kommen. Mache regelmäßig die Atemübungen! Damit kannst du verhindern, daß deine Auswirkung auf die Menschen immer negativer wird.

## PIK SIEBEN · 16. HAUS
### Gesundheit · Krankheit · Kur · Operation

Im Haus der Dankbarkeit wird dir mitgeteilt, daß du dich in der nächsten Zeit nicht sehr wohl fühlen wirst, wenn du hörst, wie undankbar jemand dir gegenüber ist. Das ungute Gefühl schlägt sich bei dir auf den Magen und auf das Gemüt. Es kann auch sein, daß jemand sehr eifersüchtig auf dich ist und du dadurch in große Gefahr gerätst. Vielleicht wirst du dich an einem Spiel beteiligen, und man wird sehr unfair gegen dich spielen. Möglicherweise betrügt und hintergeht dich deine Verwandtschaft, und das wird dir sehr große Sorgen bereiten, weil du deinen Verwandten viel anvertraut hast. Vielleicht mußt du dich in nächster Zeit einer Operation unterziehen, und es wurde dir nicht der richtige Arzt empfohlen. Folge deiner inneren Stimme und Intuition. Manche Operationen wären vermeidbar, wenn der Mensch beizeiten an sich und seiner Seele arbeitete, denn vieles kann der Körper ganz allein heilen. Mache die Atemübungen! Dann wirst du vielleicht merken, daß du gar nicht operiert werden mußt. Du kannst es durch deine innere Kraft und durch die Kraft Gottes schaffen, wieder gesund zu werden.

Sieh nach, welche Karte sich im 16. Haus befindet. Befindet sich dort eine rote Karte und fällt die PIK DAME in ein rotes Haus, so wird dich in nächster Zeit jemand sehr enttäuschen, und das wird auf dein Gemüt drücken. Befindet sich eine Kreuz-Karte im 16. Haus und fällt die PIK DAME in ein Kreuz-Haus oder in ein rotes Haus, so kann es sein, daß dich jemand aus der Familie so sehr enttäuschen wird, daß du deswegen erkrankst.

Befindet sich aber im 16. Haus eine PIK-KARTE und fällt die PIK DAME in ein PIK- oder Kreuz-Haus, so wirst du so sehr enttäuscht werden, daß du sehr schwer erkrankst und am liebsten sterben möchtest. Mache lieber die Atemübungen! Dann wirst du lernen, mit den Problemen, auch wenn sie noch so groß sind, fertig zu werden.

Das 30. Haus

# KREUZ DAME

Das Haus des Untersuchers, der Untersuchungen, der Mutter, der Tante und der Großmutter

# HERZ

## HERZ AS · 7. HAUS

WOHNUNG · BESITZ · HAUS · EIGENTUM

Im Haus des Untersuchers wird dir mitgeteilt, daß du dir vielleicht in der nächsten Zeit selbst ein Haus bauen wirst oder dir schon ein Haus gebaut hast, in dem du gerne wohnst, oder daß du dir eine neue Wohnung suchen wirst oder dabei bist, dir eine neue Wohnung einzurichten. Möglicherweise wirst du dir in der nächsten Zeit sehr viele Wohnungen ansehen und einige Zeit brauchen, bis du das Geeignete gefunden hast. Auf alle Fälle wird die neue Wohnung für dich auch mit einem seelischen Neubeginn verbunden sein, denn du bist unzufrieden mit dir, und das könnte auch mit deiner jetzigen Wohnung zusammenhängen, in der du dich nicht wohl fühlst. Vielleicht solltest du deine Wohnung von einem Wünschelrutengänger untersuchen lassen; es ist möglich, daß unter der Wohnung eine Wasserader verläuft. Auch das neue Haus oder die Wohnung solltest du dir zuerst von einem Wünschelrutengänger »auspendeln« lassen. Viele Störungen können so behoben werden.

Sieh nach, welche Karte sich im 7. Haus befindet. Befindet sich dort eine rote Karte und fällt die KREUZ DAME in ein rotes Haus, so wirst du sehr bald eine geeignete Wohnung finden und dort einziehen. Befindet sich im 7. Haus eine Kreuz-Karte und fällt die KREUZ DAME in ein Kreuz-Haus oder in ein rotes Haus, so werden dir Verwandte beim Umzug behilflich sein oder selbst mit in dein neues Heim einziehen. Es kann auch sein, daß du in nächster Zeit eine geeignete Wohnung für jemanden aus deiner Verwandtschaft oder für eines deiner Kinden suchen wirst.

Befindet sich aber im 7. Haus eine PIK-KARTE und fällt die KREUZ DAME in ein PIK- oder Kreuz-Haus, so solltest du sehr vorsichtig sein bei den Wohnungen, die dir in der nächsten Zeit angeboten werden. Lasse dich nicht zu einer übereilten Unterschrift verleiten, sondern folge lieber deiner inneren Stimme. Mache auch regelmäßig die Atemübungen!

## HERZ KÖNIG · 13. HAUS

UNTERHALTUNG · MÄNNLICHER FREUND · BLOND · SPONSOR

Im Haus des Untersuchers wird dir mitgeteilt, daß einmal eine Person in dein Leben treten wird, die dich immer unterstützen wird, wenn du Unterstützung brauchst. Solltest du eine neue Wohnung brauchen, so wird dir diese Person eine beschaffen; solltest du einmal die Miete nicht bezahlen können, so wird sie dir aushelfen. Vielleicht möchtest du studieren, auch hier wird dich diese Person unterstützen. Es kann auch sein, daß du einmal eine Person heiraten wirst, die wesentlich älter ist als du; vielleicht wirst du auch einen Freund haben, der älter ist als du. Ihr werdet euch trotzdem gut verstehen, wenn eure inneren Schwingungen miteinander harmonieren.

Sieh nach, welche Karte sich im 13. Haus befindet. Befindet sich dort eine rote Karte und fällt die KREUZ DAME in ein rotes Haus, so wird es einen Menschen geben, der dir immer helfen wird, wo er nur kann, und dich unterstützen wird, solange er lebt. Es kann auch sein, daß du selbst jemanden unterstützen wirst, solange du lebst. Möglicherweise wirst du diesem Menschen einmal dein ganzes Vermögen vermachen, damit er nach deinem Tod keine materiellen Sorgen zu haben braucht. Befindet sich im 13. Haus eine Kreuz-Karte und fällt die KREUZ DAME in ein Kreuz-Haus oder in ein rotes Haus, so kann es sein, daß du von deinen Eltern Unterstützung erhalten wirst, solange sie leben, oder daß ein älterer Freund, der zu dir wie ein Vater ist, dir immer helfen wird. Vielleicht wirst du selbst einmal zu einem jungen Menschen wie ein Vater oder eine Mutter sein und ihn unterstützen, wo du nur kannst.

Befindet sich aber im 13. Haus eine PIK-KARTE und fällt die KREUZ DAME in ein PIK- oder Kreuz-Haus, so solltest du vorsichtig sein, wenn dich einmal ein älterer Mensch unterstützen wird, denn es wird nicht bei der Unterstützung bleiben, du wirst in ein Abhängigkeitsverhältnis geraten. Mache immer die Atemübungen! Dann wirst du lernen, nicht von andern abhängig zu sein.

## HERZ DAME · 19. HAUS

FREUNDE · WEIBLICHER FREUND · BLOND · SPONSOR

Im Haus des Untersuchers wird dir mitgeteilt, daß einmal jemand einen sehr positiven Einfluß auf dich ausüben wird; es kann dies ein Freund sein oder jemand aus der Familie, der wie ein Freund zu dir ist. Möglicherweise wirst du einmal einen Freund haben, der dich überall dorthin begleitet, wo du hingehen möchtest, der dir von Kindheit an bis ins hohe Alter nahesteht. Vielleicht wirst du einmal deinen Lehrer oder deine Lehrerin heiraten. Vielleicht wirst du auch einmal einem Menschen, der jünger als du ist, ein treuer Freund sein oder jemandem ein Versprechen geben, das du niemals brechen wirst, was immer auch geschieht.

Sieh nach, welche Karte sich im 19. Haus befindet. Befindet sich dort eine rote Karte und fällt die KREUZ DAME in ein rotes Haus, so wirst du dein Leben lang immer einen guten Freund haben, der dich versteht und zu dem du immer mit deinen Problemen gehen kannst. Auch wenn er nicht da ist, werden seine Worte und seine Strahlung bei dir weiterwirken und dir Kraft verleihen. Befindet sich im 19. Haus eine Kreuz-Karte und fällt die KREUZ DAME in ein Kreuz-Haus oder in ein rotes Haus, so wirst du einmal einen mütterlichen oder väterlichen Freund haben, auf den du dich ein ganzes Leben lang verlassen kannst. Dieser wahre Freund kann auch deine Mutter, deine Tante oder deine Oma sein.

Befindet sich aber im 19. Haus eine PIK-KARTE und fällt die KREUZ DAME in ein PIK- oder Kreuz-Haus, so kann es sein, daß du den wahren Freund nicht so schnell finden wirst. Mache immer die Atemübungen und denke daran, wer dich eigentlich erschaffen hat, dann wirst du deinen wahren Freund finden!

## HERZ BUBE · 6. HAUS

POPULARITÄT · KUNST · JÜNGERER MÄNNLICHER FREUND · KÜNSTLER

Im Haus des Untersuchers wird dir mitgeteilt, daß deine Zukunft sehr viel mit deinen Freunden zu tun haben wird. Solltest du noch nicht berühmt sein, so wirst du vielleicht bald berühmt werden, und dann wäre es gut, wenn du dir deine Freunde genauestens ansiehst. Denn auf einmal wirst du so viele Freunde haben, daß du nicht auf Anhieb erkennen kannst, welche von ihnen wahre und aufrichtige Freunde sind. Vielleicht wirst du dich in nächster Zeit mit einer berühmten Person anfreunden und durch diesen Freund selbst zu Ruhm gelangen. Vielleicht wird dich jemand unterstützen, der zugleich auch dein Freund ist. Es kann auch sein, daß du dich einmal mit einer Arbeitsstelle oder einer Tätigkeit so anfreunden wirst, daß du sie niemals mehr aufgeben willst. Möglicherweise wirst du mit einem Freund in einer Show auftreten, die du ohne ihn nicht machen könntest.

Sieh nach, welche Karte sich im 6. Haus befindet. Befindet sich dort eine rote Karte und fällt die KREUZ DAME in ein rotes Haus, so kann es sein, daß du bald mit jemandem gemeinsam auftreten wirst und daß ihr Partner fürs Leben werdet. Befindet sich im 6. Haus eine Kreuz-Karte und fällt die KREUZ DAME in ein Kreuz-Haus oder in ein rotes Haus, so wirst du in der nächsten Zeit von jemandem aus deiner Familie eine Unterstützung erhalten, weil diese Person nach genauer Prüfung eingesehen hat, daß du den Weg gehst, der für dich richtig ist.

Befindet sich im 6. Haus eine PIK-KARTE und fällt die KREUZ DAME in ein PIK- oder Kreuz-Haus, so solltest du vorsichtig sein, daß dir der Ruhm nicht zu Kopf steigt, denn du bist von dir selbst so eingenommen, daß es dir eines Tages das Genick brechen könnte. Mache die Atemübungen regelmäßig! Das wird dich vor Hochmut und Selbstüberschätzung bewahren.

## HERZ ZEHN · 11. HAUS

### HEIRAT · VERBINDUNGEN · VEREINE · BRUDERSCHAFTEN

Im Haus des Untersuchers wird dir mitgeteilt, daß du vorhast, solltest du noch partnerlos sein, in nächster Zeit eine ernste Bindung einzugehen. Es kann sein, daß du demnächst einen Partner fürs Leben finden wirst oder daß du dir verschiedene Personen anschauen wirst, bis du glaubst, den richtigen Partner gefunden zu haben. Solltest du zur Zeit von deinem Partner getrennt sein, so wirst du ihn bald wieder in die Arme schließen können. Wenn ihr getrennt lebt, weil ihr euch scheiden lassen wollt, so werdet ihr euch bald wieder miteinander versöhnen, denn ihr könnt ohneeinander nicht leben. Es kann auch sein, daß jemand von einer langen Reise zurückkehrt und du sehr froh bist, diese Person wieder in deiner Nähe zu haben.

Sieh nach, welche Karte sich im 11. Haus befindet. Befindet sich dort eine rote Karte und fällt die KREUZ DAME in ein rotes Haus, so wirst du mit deinem Freund oder Partner bald wieder zusammenfinden, und du wirst sehr froh darüber sein. Befindet sich eine Kreuz-Karte im 11. Haus und fällt die KREUZ DAME in ein Kreuz-Haus oder in ein rotes Haus, so kann es sein, daß du mit jemandem wieder eine Verbindung eingehst, von dem du dich schon vor längerer Zeit getrennt hast, oder daß du einem neuen

Verein beitreten wirst oder einen Klub gründest. Es kann auch sein, daß du zu deinen Eltern zurückkehrst, solltest du noch sehr jung und von zu Hause ausgerissen sein.

Befindet sich im 11. Haus eine PIK-KARTE und fällt die KREUZ DAME in ein PIK- oder Kreuz-Haus, so kann es sein, daß du einmal eine Trennung erlebst, die du nie ganz verwinden wirst. Deine Seele wird immer mit jemandem weiterleben, von dem du dich trennen mußtest, und du wirst das auf lange Zeit als sehr schmerzlich empfinden. Mache die Atemübungen regelmäßig! Dann wirst du erkennen, daß auch das Leid zum Leben gehört, nicht nur die Freude.

## HERZ NEUN · 2. HAUS

WUNSCH · WÜNSCHE · SEHNSUCHT · HOFFNUNG

Im Haus des Untersuchers wird dir mitgeteilt, daß du einmal einen sehr persönlichen Wunsch haben wirst, aber einige Untersuchungen anstellen mußt, bis sich dein Wunsch erfüllt. Vielleicht hast du einen Menschen sehr gern, aber bist dir nicht sicher, ob dir dieser Mensch wirklich treu ist, und läßt ihn daher von jemandem überwachen. Es kann auch sein, daß du selbst gar nicht einhältst, was du dir von deinem Partner wünschst. Du solltest vielleicht einmal Selbstkritik üben und in dich gehen, dann würdest du allerlei Wünsche entdecken, die deinen wahren Charakter enthüllen.

Sieh nach, welche Karte sich im 2. Haus befindet. Befindet sich dort eine rote Karte und fällt die KREUZ DAME in ein rotes Haus, so wird ein bestimmter Wunsch zu deiner größten Freude sehr bald in Erfüllung gehen. Befindet sich im 2. Haus eine Kreuz-Karte und fällt die KREUZ DAME in ein Kreuz-Haus oder in ein rotes Haus, so wird dir ein bestimmter Wunsch bald in Erfüllung gehen, aber kaum ist dieser Wunsch in Erfüllung gegangen, so wirst du schon wieder einen neuen haben. Du scheinst ein richtiger Nimmersatt zu sein und solltest lernen, deine übersteigerten Wünsche und Bedürfnisse zu mäßigen. Mache die Atemübungen regelmäßig! Dann wirst du erkennen können, was dir im Leben zusteht, und bescheidener werden.

Befindet sich aber im 2. Haus eine PIK-KARTE und fällt die KREUZ DAME in ein PIK- oder Kreuz-Haus, so scheinst du ein Mensch zu sein, der sich etwas von jemandem wünscht und, kaum hat er es bekommen, schon schlecht über diese Person und das Geschenk spricht. Du solltest schleunigst mit den Atemübungen beginnen, wenn du dich noch ändern möchtest, denn andernfalls wird es dir einmal sehr schlecht ergehen. Mit Hilfe der Übungen kannst du dich selbst analysieren.

## HERZ ACHT · 4. HAUS
Liebe · Mondschein · Romanze · Herz

Im Haus des Untersuchers wird dir mitgeteilt, daß deine nahe Zukunft voll von Liebe zu sein scheint, auch wenn es die Vergangenheit nicht war. Solltest du noch jung sein, so wirst du vielleicht bald deine Liebe fürs Leben finden; wenn du schon älter bist, so wirst du vielleicht noch einmal jemanden finden, mit dem du deinen Lebensabend teilen kannst. Es kann auch sein, daß du einmal junge Menschen in Liebesangelegenheiten beraten wirst. Möglicherweise wird dir jemand nahe sein, den du am Anfang gar nicht leiden konntest; aber im Laufe der Zeit beginnst du diesen Menschen zu lieben, und du wirst das erste Mal im Leben entdecken, was Liebe überhaupt bedeutet. Denn erst wenn man die gleiche Wellenlänge wie der andere besitzt, kann der Funke überspringen.

Sieh nach, welche Karte sich im 4. Haus befindet. Befindet sich dort eine rote Karte und fällt die KREUZ DAME in ein rotes aus, so brauchst du nicht mehr lange zu suchen, bis du jemanden findest, den du gern hast. Denke aber auch an den Spruch: »Drum prüfe, wer sich ewig bindet«, und frage dich, ob es wirklich die Liebe fürs Leben ist. Befindet sich im 4. Haus eine Kreuz-Karte und fällt die KREUZ DAME in ein Kreuz-Haus oder in ein rotes Haus, so kann es sein, daß deine Eltern gerne bei deiner Partnerwahl mitreden wollen. Versuche aber selbst die Entscheidungen zu treffen, die dir kein anderer abnehmen kann, und mache die Atemübungen, wenn du noch unsicher sein solltest.

Befindet sich aber im 4. Haus eine PIK-KARTE und fällt die KREUZ DAME in ein PIK- oder Kreuz-Haus, so kann es sein, daß du einmal oder auch öfter in deinem Leben den falschen Partner haben wirst. Aber das wird deine eigene Schuld sein, denn du bist nur auf Geld und Sex aus und nicht auf die wahre Liebe. Mache die Atemübungen regelmäßig, damit du lernst, daß diese Dinge nicht das Wichtigste im Leben sind.

## HERZ SIEBEN · 12. HAUS

### Fröhlichkeit · Gute Laune · Herzlichkeit · Frohsinn

Im Haus des Untersuchers wird dir mitgeteilt, daß du dich in naher Zukunft sehr gut unterhalten und viel Fröhlichkeit erleben wirst. Vielleicht besitzt du selbst ein Talent, womit du dich und andere unterhalten kannst, oder du wirst etwas anderes finden, womit du deine Partys und Feste unterhaltsam machen kannst. Möglicherweise wirst du in der nächsten Zeit sehr viele Einladungen erhalten und verteilen oder dein ständiges Kaffee- oder Teekränzchen haben. Vielleicht vereinbarst du mit ein paar Freunden einen Abend in der Woche, an dem ihr Karten spielt oder euch gegenseitig mit Hilfe dieses Buches die Zukunft deutet.

Sieh nach, welche Karte sich im 12. Haus befindet. Befindet sich dort eine rote Karte und fällt die KREUZ DAME in ein rotes Haus, so wirst du dich sehr bald köstlich unterhalten oder andere Menschen zum Lachen bringen. Vielleicht solltest du dich einmal an einer Fernseh-Show oder einem Wettbewerb beteiligen. Es kann aber auch sein, daß dir einmal die Beteiligung an einem Forschungsvorhaben viel Spaß machen wird. Befindet sich im 12. Haus eine Kreuz-Karte und fällt die KREUZ DAME in ein Kreuz-Haus oder in ein rotes Haus, so kann es sein, daß du einen Tag in der Woche hast, an dem du deine Verwandtschaft besuchst und sie bei guter Laune hältst. Möglicherweise fährst du auch jemanden täglich spazieren, und dabei erzählt ihr euch allerlei Scherze und lustige Erinnerungen.

Befindet sich aber im 12. Haus eine PIK-KARTE und fällt die KREUZ DAME in ein PIK- oder Kreuz-Haus, so kann es sein, daß du manchmal launisch und wechselhaft wie das Wetter bist. Mache die Atemübungen regelmäßig! Dann wird es dir leichterfallen, deinen Gefühlspegel zu stabilisieren.

# KARO

## KARO AS · 25. HAUS

### Beruf · Firma · Unternehmen · Projekte

Im Haus des Untersuchers wird dir mitgeteilt, daß du die Möglichkeit haben wirst, in ein neues Geschäft einzusteigen, aber vorher alles genauestens überprüfen wirst. Es kann auch sein, daß dir in der nächsten Zeit ein Unternehmen angeboten wird oder daß jemand dich bitten wird, für ihn ein Geschäft zu prüfen und die Unterlagen für dieses Geschäft anzusehen. Vielleicht wirst du mit jemandem gemeinsam ein neues Projekt starten, aber vorher wirst du den Leumund und das Geschäftsgebaren deines zukünftigen Partners genau überprüfen lassen. Es ist auch möglich, daß du in der nächsten Zeit eine Firma eröffnen möchtest und dafür einen Partner suchst, welchen du aber einer genauen Prüfung unterziehen wirst. Sei vorsichtig! Jemand könnte versuchen, mit viel Geld vor dir zu prahlen, aber in Wirklichkeit steckt nichts als Angeberei dahinter.

Sieh nach, welche Karte sich im 25. Haus befindet. Befindet sich dort eine rote Karte und fällt die KREUZ DAME in ein rotes Haus, so werden deine Untersuchungen für eine neue Firma sehr positiv ausfallen. Befindet sich im 25. Haus eine Kreuz-Karte und fällt die KREUZ DAME in ein Kreuz-Haus oder in ein rotes Haus, so kann es sein, daß dich jemand aus deiner Familie bitten wird, für ihn etwas zu untersuchen, worin du vielleicht Experte bist, oder daß du für jemanden die geschäftlichen Dinge erledigst, weil du vielleicht als Buchhalter, Prokurist oder Sekretärin tätig bist. Es kann auch sein, daß du jemanden in deiner Familie hast, der für dich in Zukunft die geschäftlichen Dinge erledigen wird.

Befindet sich aber im 25. Haus eine PIK-KARTE und fällt die KREUZ DAME in ein PIK- oder Kreuz-Haus, so solltest du, wenn du ein neues Projekt in Planung hast, äußerst vorsichtig sein, vor allem was deine Partner bei diesem Projekt betrifft. Überprüfe alles genauestens, sonst mußt du später teuer für deine Unvorsichtigkeit bezahlen. Mache auch regelmäßig die Atemübungen!

## KARO KÖNIG · 9. HAUS

### Legale Papiere · Arzt · Anwalt · Notar

Im Haus des Untersuchers wird dir mitgeteilt, daß du wahrscheinlich in der nächsten Zeit einige wichtige Schriftstücke zu unterzeichnen haben wirst. Es kann auch sein, daß du demnächst mehrmals zu Gericht gehen mußt, um dort eine legale Angelegenheit zu bereinigen. Vielleicht wird auch einmal ein Arzt, Anwalt oder Notar in deinem Leben eine Rolle spielen, womöglich spielt er diese Rolle heute schon. Solltest du noch jung sein und nicht wissen, was du studieren sollst, so mache die Atemübungen und lasse dich nicht drängen, denn du wirst sehr bald wissen, was du in Zukunft tun möchtest. Du hast ein Recht das zu studieren, wozu du dich berufen fühlst, denn das wird dir später Erfolg bringen, auch wenn andere dagegen sprechen sollten. Du wirst dein Ziel zwar nicht so rasch, aber um so besser erreichen, wenn du dich nicht von den anderen entmutigen läßt.

Sieh nach, welche Karte sich im 9. Haus befindet. Befindet sich dort eine rote Karte und fällt die KREUZ DAME in ein rotes Haus, so wirst du in der nächsten Zeit sehr viel mit wichtigen Schriftstücken und Dokumenten zu tun haben. Falls du eine Prüfung zu machen hast, so wirst du sie mit guten Zensuren bestehen. Befindet sich im 9. Haus eine Kreuz-Karte und fällt die KREUZ DAME in ein Kreuz-Haus oder in ein rotes Haus, so kann es sein, daß dich jemand aus der Familie das lernen läßt, was du gern möchtest, aber du mußt dir im klaren sein, was du willst, wenn du von jemandem Unterstützung erwartest.

Befindet sich aber im 9. Haus eine PIK-KARTE und fällt die KREUZ DAME in ein PIK- oder Kreuz-Haus, so ist in der nächsten Zeit Vorsicht bei Schriftstücken am Platze, denn es scheint, als wäre einiges nicht in Ordnung, und es könnten daraus Schwierigkeiten entstehen. Mache regelmäßig die Atemübungen! Sie werden dir helfen, alle Schwierigkeiten aufzuklären.

## KARO DAME · 18. HAUS

### Jahreszeit · Frühjahr · Sommer · Herbst · Winter

Im Haus des Untersuchers wird dir mitgeteilt, daß du in der nächsten Zeit einiges Persönliche zu regeln haben wirst. Es kann sein, daß du auf etwas Bestimmtes wartest, möglicherweise auf eine Zukunftschance, die aber ohne dein Zutun nicht zustande kommen wird. Vielleicht haben auch ältere Menschen etwas mit deinen persönlichen Problemen zu tun. Es kann sein, daß du sehr alte Eltern hast oder bei den Großeltern aufgewachsen bist und daß ihr Generationenprobleme miteinander habt. Du wirst sehr bald eine positive Änderung in deinem Leben erfahren, durch die sich für dich eine neue Welt auftun wird. Verurteile dann nicht die Menschen, die dich aufgezogen haben, auch wenn sie dich nicht verstehen. Du selbst solltest lernen, sie zu verstehen und dich ihnen verständlicher zu machen.

Sieh nach, welche Karte sich im 18. Haus befindet. Befindet sich dort eine rote Karte und fällt die KREUZ DAME in ein rotes Haus, so kann es sein, daß du bald eine der größten Chancen in deinem Leben haben wirst, die mit einer totalen geistigen und körperlichen Umstellung für dich verbunden sein wird. Du scheinst deinen wahren Weg erkannt zu haben und wirst dich in Zukunft freier fühlen und vieles vollbringen können. Befindet sich im 18. Haus eine Kreuz-Karte und fällt die KREUZ DAME in ein Kreuz-Haus oder in ein rotes Haus, so kann es sein, daß du dich bald wieder mit deinen Eltern oder Großeltern verstehen wirst, weil du dich selbst geändert hast und nicht mehr nur darauf pochst, daß man dich verstehen müsse. Es wird bald eine entscheidende Wende in deinem Leben geben, die du auch mit Atemübungen unterstützen kannst.

Befindet sich aber im 18. Haus eine PIK-KARTE und fällt die KREUZ DAME in ein PIK- oder Kreuz-Haus, so kann es sein, daß du zu sehr auf dich selbst eingestellt bist und dadurch niemals zu den anderen Menschen finden wirst. Beharre nicht immer auf deinem Recht, versuche auch nachzugeben, und mache regelmäßig die Atemübungen!

## KARO BUBE · 21. HAUS

### BRIEFE · SCHRIFTSTÜCKE · TELEGRAMME · BOTE · FREUND

Im Haus des Untersuchers wird dir mitgeteilt, daß du in der nächsten Zeit einen sehr wichtigen Brief erhalten wirst, auf den du schon lange wartest, und daß dieser eine gute Nachricht enthalten wird. Vielleicht bekommst du Antwort von einer bestimmten Firma, an die du eine Anfrage gerichtet hast, oder man teilt dir mit, daß du bei einem Wettbewerb einen Preis gewonnen hast. Möglicherweise bekommst du einen langersehnten Bescheid von der Behörde.

Sieh nach, welche Karte sich im 21. Haus befindet. Befindet sich dort eine rote Karte und fällt die KREUZ DAME in ein rotes Haus, so wirst du bald eine Antwort, auf die du lange gewartet hast, in Händen halten können. Vielleicht wirst du auch selbst einen Brief beantworten, den du schon lange hättest beantworten sollen. Befindet sich im 21. Haus eine Kreuz-Karte und fällt die KREUZ DAME in ein Kreuz-Haus oder in ein rotes Haus, so kann es sein, daß du in der nächsten Zeit für deine Eltern oder einen Verwandten die Post erledigen wirst, weil diese selbst verhindert sein werden. Vielleicht wirst du auch die Betreuung eines Verwandten übernehmen, weil dieser gelähmt oder schon sehr alt ist. Erfülle diese Aufgabe sorgfältig und versuche niemals einen betagten oder behinderten Menschen zu hintergehen!

Befindet sich aber im 21. Haus eine PIK-KARTE und fällt die KREUZ DAME in ein PIK- oder Kreuz-Haus, so kann es sein, daß du in der nächsten Zeit eine unerfreuliche Nachricht, vielleicht eine Absage, erhalten wirst. Möglicherweise teilt dir auch jemand in einem Brief ganz offen und ehrlich seine Meinung mit, und du wirst ganz empört darüber sein. Lies den Brief mehrmals genau durch, damit du lernst, dich selbst objektiv zu sehen. Mache auch die Atemübungen regelmäßig!

## KARO ZEHN · 17. HAUS

### Geld · Finanzen · Börse · Einnahmen · Ausgaben

Im Haus des Untersuchers wird dir mitgeteilt, daß du möglicherweise sehr bald eine größere Summe Geld erhalten wirst. Vielleicht weißt du schon, um welches Geld es sich handeln könnte. Es kann auch sein, daß du in den nächsten Tagen einen Brief bekommst, in dem dir mitgeteilt wird, daß du viel Geld erhalten wirst. Vielleicht hast du in der Lotterie gewonnen oder eine Erbschaft gemacht oder etwas mit großem Gewinn verkaufen können oder das Geschäft deines Lebens gemacht. Möglicherweise hast du vor, in der nächsten Zeit eine größere Geldsumme zu investieren, dann ziehe die Karo-Häuser mit zur Deutung heran. Nur wenn diese auch gut besetzt sind, wirst du in Zukunft Gewinne machen.

Sieh nach, welche Karte sich im 17. Haus befindet. Befindet sich dort eine rote Karte und fällt die KREUZ DAME in ein rotes Haus, so wirst du sehr bald Geld erhalten und das verwirklichen können, das du schon des längeren vorhattest. Es kann auch sein, daß du in den nächsten Tagen dein Geld sehr gut anlegen oder hohe Zinsen für eine Geldanlage bekommen wirst. Befindet sich eine Kreuz-Karte im 17. Haus und fällt die KREUZ DAME in ein Kreuz-Haus oder in ein rotes Haus, so kann es sein, daß dir jemand aus deiner Familie oder aus deiner Firma einen größeren Betrag zurückzahlt oder daß du jemandem einen größeren Betrag gegen gute Verzinsung leihst. Gib aber immer acht bei Geldgeschäften und deute auf alle Fälle die Karo-Häuser mit! Sie müssen positiv belegt sein, wenn du größere Geldgeschäfte machen möchtest. Bei negativer Belegung der Karo-Häuser oder wenn sich die Karo-Karten in negativen Häusern befinden, solltest du deine Geldgeschäfte auf einen späteren Zeitpunkt verschieben.

Befindet sich aber im 17. Haus eine PIK-KARTE und fällt die KREUZ DAME in ein PIK- oder Kreuz-Haus, so kann es sein, daß du in der nächsten Zeit einen schweren Schlag verkraften mußt, den du hättest vermeiden können. Mache die Atemübungen! Dann wirst du merken, daß Geld allein nicht glücklich macht.

## KARO NEUN · 5. HAUS

### ÜBERRASCHUNG · ÜBERRASCHUNGEN · KLEINE FINANZEN

Im Haus des Untersuchers wird dir mitgeteilt, daß du in nächster Zeit bald eine der größten Überraschungen in deinem Leben haben wirst. Möglicherweise wirst du so überrascht sein, daß du es eine Zeitlang gar nicht fassen kannst, aber dann wirst du so glücklich sein, daß du die ganze Welt umarmen möchtest. Du solltest aber, wenn du sehr viel Geld bekommst, dieses nicht gleich mit vollen Händen ausgeben. Es werden sich Menschen bei dir einfinden, die du noch nie gesehen hast und die auf einmal deine besten Freunde sein wollen. Versuche, wenn du Geld oder andere Werte bekommst, diese für spätere Zeiten anzulegen, und denke auch an die, die nichts haben, an Kinderheime, Tierasyle oder Hilfsorganisationen, die eine Unterstützung gebrauchen können.

Sieh nach, welche Karte sich im 5. Haus befindet. Befindet sich dort eine rote Karte und fällt die KREUZ DAME in ein rotes Haus, so wirst du schon bald eine sehr große Überraschung erleben. Du solltest dich darauf vorbereiten, damit dich nicht der Schlag trifft vor Freude. Befindet sich im 5. Haus eine Kreuz-Karte und fällt die KREUZ DAME in ein Kreuz-Haus oder in ein rotes Haus, so wird die Überraschung wahrscheinlich deine Familie betreffen. Vielleicht wird es sich um die Ankündigung eines Kindes handeln oder darum, daß ein Haustier Nachwuchs bekommt.

Befindet sich aber im 5. Haus eine PIK-KARTE und fällt die KREUZ DAME in ein PIK- oder Kreuz-Haus, so kann es sein, daß du bald eine böse Überraschung erleben wirst, von der du vielleicht schon eine Vorahnung hast. Gib auf alle Fälle acht, was du in der nächsten Zeit machst, damit dich die Überraschung nicht völlig unvorbereitet trifft. Mache regelmäßig die Atemübungen! Sie werden dir helfen, immer einen klaren Kopf zu behalten.

## KARO ACHT · 27. HAUS

### ERBE · ERBSCHAFTEN · HINTERLASSENSCHAFTEN · BEKOMMEN

Im Haus des Untersuchers wird dir mitgeteilt, daß du sehr bald eine Erbschaft machen wirst, die dir in deinem Leben weiterhelfen wird. Es kann auch sein, daß du in der nächsten Zeit ein kleines Geschenk erhältst oder daß du monatlich eine kleine Geldsumme zugewiesen bekommst. Dies kann eine staatliche Unterstützung oder ein Stipendium oder eine Versicherungsrente sein. Vielleicht möchtest du selbst jemandem in der nächsten Zeit eine kleine Geldsumme vermachen oder jemanden für längere Zeit finanziell unterstützen, weil du dich ihm verpflichtet fühlst.

Sieh nach, welche Karte sich im 27. Haus befindet. Befindet sich dort eine rote Karte und fällt die KREUZ DAME in ein rotes Haus, so wird man dir bald das Ergebnis einer Untersuchung mitteilen, wonach du berechtigt bist, eine kleine monatliche Rente oder Geldsumme zu empfangen. Vielleicht schließt du auch mit einer Versicherung einen Vertrag für deine Zukunft ab. Befindet sich im 27. Haus eine Kreuz-Karte und fällt die KREUZ DAME in ein Kreuz-Haus oder in ein rotes Haus, so kann es sein, daß du von jemandem aus deiner Familie eine Erbschaft erhältst oder daß du von jemandem eine Rente beziehen wirst oder daß du selbst jemandem eine Leibrente bezahlen wirst. Es kann auch sein, daß du mit jemandem eine Erbschaftsangelegenheit besprechen oder die Vermögensverhältnisse klären wirst und dafür noch einige Untersuchungen anstellen mußt.

Befindet sich aber im 27. Haus eine PIK-KARTE und fällt die KREUZ DAME in ein PIK- oder Kreuz-Haus, so kann es sein, daß du dich mehr anstrengen mußt, um eine Rente zu erhalten, wenn du nicht eines Tages von der Fürsorge leben willst. Erkundige dich, was du für die Vorsorge deines Alters tun mußt. Mache auch die Atemübungen regelmäßig! Sie werden dir helfen, deiner Zukunft ins Auge zu sehen.

## KARO SIEBEN · 3. HAUS
### Erfolg · Karriere · Aufstieg · Leistung

Im Haus des Untersuchers wird dir mitgeteilt, daß deine nahe Zukunft für dich in finanzieller Hinsicht sehr erfolgreich sein wird. Aber wenn du bei Geschäften Glück hast, darfst du nicht glauben, daß es auch im privaten Bereich so sein muß. Vielleicht wirst du deine jetzige Lebensform bald ändern, weil Geld und Erfolg für dich wichtiger sein werden als alles andere. Möglicherweise möchtest du gern reich sein, aber du gibst das Geld genauso schnell wieder aus, wie du es einnimmst. Damit ersparst du dir die Sorgen eines reichen Mannes und wirst trotzdem immer soviel haben, wie du brauchst.

Sieh nach, welche Karte sich im 3. Haus befindet. Befindet sich dort eine rote Karte und fällt die KREUZ DAME in ein rotes Haus, so wirst du bald als Geschäftsmann oder Geschäftsfrau erfolgreich sein. Das Geld wird dir nur so zufliegen, und wenn du dir auch nicht dein privates Glück dafür erkaufen kannst, so kannst du doch damit in der Welt viel Gutes tun, zum Beispiel durch Spenden an Hilfsbedürftige oder Gründung eines wohltätigen Vereins. Befindet sich im 3. Haus eine Kreuz-Karte und fällt die KREUZ DAME in ein Kreuz-Haus oder in ein rotes Haus, so kann es sein, daß du einmal sehr viel verdienen und zugleich auch eine glückliche Familie haben wirst. Ein intaktes Familienleben scheint für dich wichtig zu sein, und du findest den richtigen Ausgleich zwischen Familie und Beruf.

Befindet sich aber im 3. Haus eine PIK-KARTE und fällt die KREUZ DAME in ein PIK- oder Kreuz-Haus, so scheinst du dich völlig für deine Karriere zu verausgaben. Du solltest dich von Zeit zu Zeit entspannen und einmal ärztlich untersuchen lassen, wenn du nicht bald das Zeitliche segnen willst. Mache auch die Atemübungen! Sie werden dir helfen, dich wieder zu erholen und deinen Sinn auf etwas anderes als die Karriere zu richten.

# KREUZ

## KREUZ AS · 20. HAUS

GESCHENK · GESCHENKE (MIT PIK AS: TOD · LAST)

Im Haus des Untersuchers wird dir mitgeteilt, daß du ein bestimmtes Geschenk sehr bald bekommen wirst oder gerade erhalten hast. Es kann auch sein, daß ein langes Versprechen endlich eingelöst wird oder daß du selbst ein Versprechen einlösen kannst, das du vor sehr langer Zeit gegeben hast. Vielleicht wirst du dir in den nächsten Tagen selbst ein Geschenk machen, weil du dir etwas Bestimmtes gewünscht hast, das dir niemand kaufen konnte. Vielleicht war es zu teuer, oder andere Leute konnten nicht verstehen, was du mit diesem Geschenk anfangen würdest. Möglicherweise wirst du in die Stadt gehen und dir Verschiedenes zeigen lassen, bis du ein geeignetes Geschenk für dich oder jemand anderen gefunden hast. Untersuche immer genau, ob das, was man dir zeigt, in seiner Art und Qualität auch dem entspricht, was du haben möchtest. Lasse dich niemals von geschickten Verkäufern überrumpeln!

Sieh nach, welche Karte sich im 20. Haus befindet. Befindet sich dort eine rote Karte und fällt die KREUZ DAME in ein rotes Haus, so wirst du sehr bald das passende Geschenk finden, oder jemand wird deinen Geschmack genau treffen und dir etwas schenken, woran du in Zukunft viel Freude haben wirst. Befindet sich im 20. Haus eine Kreuz-Karte und fällt die KREUZ DAME in ein Kreuz-Haus oder in ein rotes Haus, so kann es sein, daß du in der nächsten Zeit von deiner Familie ein Geschenk erhalten oder jemandem aus deiner Familie ein Geschenk machen wirst.

Befindet sich aber im 20. Haus eine PIK-KARTE und fällt die KREUZ DAME in ein PIK- oder Kreuz-Haus, so wirst du mit einem Geschenk, das du bekommst, nicht zufrieden sein. Vielleicht begreifst du nicht den wahren Wert des Geschenkes, oder es entspricht nicht deinem Geschmack. Es kann auch sein, daß du selbst jemandem eine Freude bereiten möchtest und genau das Gegenteil erreichst. Versuche die Atemübungen zu machen! Dann wirst du auch die Wünsche anderer Menschen besser verstehen lernen.

## KREUZ KÖNIG · 10. HAUS

### FERIEN · URLAUB · VATER · ONKEL · GROSSVATER

Im Haus des Untersuchers wird dir mitgeteilt, daß du in der nächsten Zeit sehr viel mit Geschäftspartnern oder mit deiner oder einer anderen Firma zu tun haben wirst. Wenn du in letzter Zeit eine Flaute hattest, so werden die Geschäfte nun wieder besser gehen. Solltest du als Angestellter arbeiten, so wirst du in der nächsten Zeit deine Stelle verbessern können. Vielleicht wirst du auch in der nächsten Zeit geschäftliche Reisen für die eigene oder eine andere Firma unternehmen. Möglicherweise wirst du deinen nächsten Urlaub mit einer Geschäftsreise verbinden. Aber wenn dein Beruf dich immer in ferne Länder bringt, dann wirst du vielleicht deinen Urlaub einmal zu Hause verbringen wollen. Es kann auch sein, daß du dich in der nächsten Zeit sehr entfalten wirst, denn du bist auf dem besten Weg dazu, ein Aufsteiger zu werden.

Sieh nach, welche Karte sich im 10. Haus befindet. Befindet sich dort eine rote Karte und fällt die KREUZ DAME in ein rotes Haus, so wirst du in der nächsten Zeit sehr viel zu tun haben, du wirst dich in die Arbeit stürzen müssen, wenn du alles rechtzeitig erledigen möchtest. Deute auch das 25. Haus mit. Befindet sich dort eine rote Karte oder eine Kreuz-Karte und fällt das KARO AS in ein rotes oder in ein Kreuz-Haus, so wirst du beruflich das Richtige schon gefunden haben oder in der nächsten Zeit finden. Ziehe auch das 3. Haus mit zur Deutung heran; rote Karten sind immer positiv, schwarze Karten jedoch mußt du gesondert deuten. Befindet sich im 10. Haus eine Kreuz-Karte und fällt die KREUZ DAME in ein Kreuz-Haus oder in ein rotes Haus, so kann es sein, daß du gerade mit deiner Familie einen Urlaub planst oder demnächst mit ihr in den Urlaub fährst. Es wird eine sehr schöne Zeit werden, wenn sich im 8. Haus eine rote Karte befindet und wenn die KREUZ ZEHN in ein rotes Haus fällt. Schwarze Karten deuten darauf hin, daß das Urlaubswetter nicht so sein wird, wie du es dir gewünscht hast.

Befindet sich aber im 10. Haus eine PIK-KARTE und fällt die KREUZ DAME in ein PIK- oder Kreuz-Haus, so kann es sein, daß du deine Urlaubspläne verschieben mußt oder daß du bei der Arbeit Ärger haben wirst oder daß du ein Aussteiger bist. Mache die Atemübungen! Sie werden dir auch gesundheitlich sehr nützlich sein.

## KREUZ DAME · 30. HAUS

### Untersucher · Untersuchungen · Mutter · Tante · Grossmutter

Im Haus des Untersuchers wird dir mitgeteilt, daß du in deinem Leben ehrliche und treue Freunde oder Eltern haben möchtest. Lieber verzichtest du auf einen Freund oder Verwandten, als dich mit Halbheiten zufriedenzugeben. Für dich zählt das, was du einmal versprochen hast, und dazu wirst du immer stehen. Aber dasselbe erwartest du auch von deinen Freunden, Bekannten und Verwandten. Du wirst ein hohes Alter erreichen, und auch wenn du alt bist, wirst du nicht rasten, sondern weiterhin aktiv am Leben teilnehmen. Du liebst es, zu reisen, zu wandern und Sport zu treiben. Auch deine geistige Aktivität wirst du bis ins hohe Alter aufrechterhalten.

Vielleicht wirst du einmal ein Gesundheitsapostel werden oder auf einem anderen Gebiet anderen Menschen ein Vorbild sein. Bedenke aber, daß nicht alle Menschen deiner Richtung folgen werden; du wirst dir auch Feinde schaffen, denn nicht jeder wird auf Anhieb von dem überzeugt sein, was du ihm verkündest. Versuche auch den Menschen die Atemübungen beizubringen, denn sie werden ihnen genau wie dir helfen, psychisch und physisch gesund zu bleiben. Auch die Meinung von Kritikern solltest du dir anhören, denn dadurch wirst du einiges in deiner Methode verändern und verbessern können.

Sieh nach, welche Karte sich im 16. Haus befindet. Befindet sich dort eine rote Karte und fällt die PIK SIEBEN in ein rotes Haus, so scheinen deine Methoden gut zu sein. Befindet sich im 16. Haus eine schwarze Karte und fällt die PIK SIEBEN in ein schwarzes Haus, speziell in ein PIKHAUS, so solltest du deine Methoden noch einmal überprüfen und dich auch von anderen beraten lassen, die vielleicht mehr Erfahrung haben als du. Mache auch immer die Atemübungen! Sie werden dir helfen, flexibel zu bleiben und deine Methoden weiterzuentwickeln und den Bedürfnissen deiner Mitmenschen anzupassen.

## KREUZ BUBE · 15. HAUS

### Familie · Sohn · Neffe (mit Dame: Tochter · Nichte)

Im Haus des Untersuchers wird dir mitgeteilt, daß jemand aus deiner Familie zu dir kommen wird und bei dir wohnen möchte. Es kann auch sein, daß du von dir aus jemanden aus deiner Verwandtschaft bei dir aufnehmen wirst oder daß eines deiner Kinder zu dir zurückkehren und in Zukunft bei dir wohnen wird. Vielleicht wirst du ein Kind haben, das immer bei dir wohnen wird, solange du lebst, weil es dich sehr liebt. Möglicherweise wirst du einmal sehr viele Tiere haben oder auch sehr viele Kinder, es müssen nicht unbedingt deine eigenen sein. Es kann auch sein, daß du in Zukunft einen Zoo leiten oder in einem Zoo arbeiten wirst. Vielleicht arbeitest du gerne mit Tieren oder wirst einmal Tierarzt werden. Möglicherweise wirst du in nächster Zeit mit deiner Familie einen Besuch in einem Zoo machen und ihr dabei so mancherlei über die Natur und die Tiere erzählen.

Sieh nach, welche Karte sich im 15. Haus befindet. Befindet sich dort eine rote Karte und fällt die KREUZ DAME in ein rotes Haus, so wirst du sicher nette Eltern oder Verwandte haben, mit denen zu zusammenlebst. Es wird dir auch nichts ausmachen, wenn einmal jemand aus deiner Familie zu dir zieht, aber du hast nicht nur für deine Familie eine offene Tür, sondern auch für andere Menschen, die keine Bleibe haben. Du bist sehr gastfreundlich, und man wird bei dir immer willkommen sein. Befindet sich im 15. Haus eine Kreuz-Karte und fällt die KREUZ DAME in ein Kreuz-Haus oder in ein rotes Haus, so kann es sein, daß du in deiner Familie sehr bald Nachwuchs haben wirst oder daß du einmal jemandem bei einer Geburt helfen wirst; das kann sowohl bei einem Mensch als auch bei einem Tier sein. Vielleicht wirst du dich einmal sehr für die Geburtshilfe oder auch für Geburtenkontrolle einsetzen.

Befindet sich aber im 15. Haus eine PIK-KARTE und fällt die KREUZ DAME in ein PIK- oder Kreuz-Haus, so solltest du dir die Menschen besser ansehen, die du bei dir übernachen läßt. Prüfe jeden genau, denn du wirst nicht jedem trauen können. Mache regelmäßig die Atemübungen! Dann wird deine innere Stimme dich rechtzeitig warnen, wenn dir Gefahr drohen sollte.

## KREUZ ZEHN · 8. HAUS
REISE · STRASSE · WASSER · MEER

Im Haus des Untersuchers wird dir mitgeteilt, daß du die Absicht hast, bald eine Änderung in deinem Leben vorzunehmen. Vielleicht möchtest du in eine andere Stadt ziehen oder deinen Beruf ändern, oder du möchtest dir einen anderen Partner suchen. Möglicherweise brauchst du eine Abwechslung, vielleicht genügt dir dein Alltagsleben nicht mehr, und du möchtest dich auch geistig weiterentwickeln. Es kann sein, daß du dir neue Freunde und Bekannte suchen, ein Studium beginnen oder versuchen wirst, in deinem Beruf weiterzukommen. Du wirst auch Strapazen auf dich nehmen, um dein Ziel zu erreichen, aber du wirst dich auf alle Fälle verbessern. Du solltest aber auch dafür sorgen, daß niemand unter der Veränderung, die du herbeischaffen möchtest, leiden muß. Denn die Fehler, die du jetzt begehen würdest, würden dir später zurückgezahlt werden. Mache die Atemübungen und überlege dir deine Änderungspläne genau!

Sieh nach, welche Karte sich im 8. Haus befindet. Befindet sich dort eine rote Karte und fällt die KREUZ DAME in ein rotes Haus, so wirst du eine gute Veränderung erleben. Deute zu der Veränderung auch das Haus, das dir wichtig erscheint! Befindet sich eine Kreuz-Karte im 8. Haus und fällt die KREUZ DAME in ein Kreuz-Haus oder in ein rotes Haus, so kann es sein, daß du innerhalb deiner Familie eine Änderung herbeiführen wirst; es kann sein, daß du dich von deinem Partner trennst oder für eines deiner Kinder ein Internat ausfindig machst oder daß du mit deiner Familie den Wohnsitz wechseln wirst. Wenn du vorhast, ins Ausland umzuziehen, dann deute auch das 31. Haus mit! Rote Karten in diesem Haus sind positiv zu deuten. Wenn auch die KREUZ NEUN in ein rotes Haus fällt, so wird dieser Umzug ins Ausland eine entscheidende Verbesserung für dich bringen. Schwarze Karten sind gesondert zu deuten, müssen aber nicht unbedingt negativ sein, sie könnten auch nur eine Verzögerung anzeigen.

Befindet sich aber im 8. Haus eine PIK-KARTE und fällt die KREUZ DAME in ein PIK- oder Kreuz-Haus, so solltest du dir die geplante Veränderung noch einmal durch den Kopf gehen lassen, denn es scheint so, als wolltest du dich voreilig in eine ungewisse Zukunft stürzen. Mache immer die Atemübungen! Sie werden dir helfen, alle deine Pläne in Ruhe vorzubereiten.

## KREUZ NEUN · 31. HAUS
### Glück · Kleine Reise · Risiko

Im Haus des Untersuchers wird dir mitgeteilt, daß du in der nächsten Zeit in allen persönlichen Angelegenheiten sehr viel Glück haben wirst. Es wird dir vieles gelingen, was du dir vorgenommen hast. Vielleicht wirst du dir in der nächsten Zeit ein bißchen mehr Erholung gönnen und dazu aufs Land oder ans Meer fahren. Es kann sein, daß du schon in den nächsten Tagen eine Reise machen wirst, bei der du dich sehr gut erholen und wahrscheinlich jemanden kennenlernen wirst, der dein Leben sehr verändern wird. Möglicherweise wird dir eine kleine Reise für deine jetzige Tätigkeit neue Impulse geben. Wenn du ein Künstler oder eine Künstlerin bist, so wirst du neu inspiriert werden. Du wirst dich freier und glücklicher fühlen und deinen Gedanken freien Lauf lassen. Es werden dich nicht alle verstehen, aber sie werden dich doch bewundern, denn du wirst ihnen zeigen, daß man in den Wolken schweben und doch auch wieder auf den Boden der Realität zurückkehren kann.

Sieh nach, welche Karte sich im 31. Haus befindet. Befindet sich dort eine rote Karte und fällt die KREUZ DAME in ein rotes Haus, dann scheinst du wirklich ein glücklicher und selbstzufriedener Mensch zu sein, der auch versucht, den andern Glück zu bringen. Befindet sich im 31. Haus eine Kreuz-Karte und fällt die KREUZ DAME in ein Kreuz-Haus oder in ein rotes Haus, so kann es sein, daß du eine sehr glückliche und harmonische Familie hast oder einmal eine solche haben wirst. Du verfügst über alle Voraussetzungen dazu, nämlich Wärme, Liebe, Verständnis und Einfühlungsvermögen dem andern gegenüber.

Befindet sich aber im 31. Haus eine PIK-KARTE und fällt die KREUZ DAME in ein PIK- oder Kreuz-Haus, so scheinst du nicht sehr glücklich zu sein. Vielleicht suchst du nach dem wahren Glück oder auch nach deinem wahren Selbst. Du kannst es finden, indem du die Atemübungen regelmäßig machst. Habe mit dir selbst Geduld und höre nicht auf, dich selbst zu verwirklichen! Je mehr und intensiver du an dir arbeitest, desto größeren seelischen Reichtum wirst du erlangen.

## KREUZ ACHT · 26. HAUS
### NEUE UNTERNEHMUNGEN · MUT · HELDENTAT

Im Haus des Untersuchers wird dir mitgeteilt, daß du in nächster Zeit sehr viel zu tun haben wirst. Es kann auch sein, daß du deine Arbeitsweise in der nächsten Zeit verändern wirst oder daß deine Firma eine Umstellung vornehmen wird, zum Beispiel eine Modernisierung. Denn der Fortschritt läßt sich nicht aufhalten, das heißt, daß auch du dich anpassen und lernen mußt umzudenken. Vielleicht steht dir eine Umschulung bevor. Solltest du den Beruf eines Schneiders ausüben, so wirst du in der nächsten Zeit sehr einflußreiche Kunden bekommen. Du wirst vielleicht der Starschneider der Nation werden oder in der Modebranche sehr beliebt sein, denn man schätzt deine ausgefallenen, aber sehr geschmackvollen Entwürfe. Wenn du in einem anderen Beruf tätig bist, so wirst du auch hier etwas Außergewöhnliches leisten und zu den Ersten deines Fachs gehören.

Sieh nach, welche Karte sich im 26. Haus befindet. Befindet sich dort eine rote Karte und fällt die KREUZ DAME in ein rotes Haus, so wirst du einmal sehr vornehme Leute als Kunden haben, und die Kasse wird in deinem Geschäft nur so klingeln. Vielleicht wirst du kreativ tätig sein, zum Beispiel als Bühnen- oder Maskenbildner. Befindet sich im 26. Haus eine Kreuz-Karte und fällt die KREUZ DAME in ein Kreuz-Haus oder in ein rotes Haus, so wirst du deiner Familie einmal etwas gestehen, von dem nicht alle begeistert sein werden. Deine Eltern oder Verwandten werden über das, was du ihnen zu sagen hast, Vorurteile haben, und du darfst kein Verständnis von ihnen erwarten.

Befindet sich aber im 26. Haus eine PIK-KARTE und fällt die KREUZ DAME in ein PIK- oder Kreuz-Haus, so solltest du deinen Eltern über dich nicht die Wahrheit sagen, denn sie würden dich verstoßen. Schade dir nicht selbst, sondern versuche weiterzukommen wie bisher. Mache auch regelmäßig die Atemübungen!

## KREUZ SIEBEN · 14. HAUS

NACHRICHTEN · BOTSCHAFT · TRÄNEN · LEID

Im Haus des Untersuchers wird dir mitgeteilt, daß du schon seit Tagen auf eine bestimmte Nachricht wartest. Du wirst diese Nachricht bestimmt bekommen. Es ist allerdings nicht sicher, ob dies sehr bald sein wird oder noch eine gewisse Zeit dauern kann. Du brauchst aber nicht ungeduldig zu werden, denn die Nachricht, auf die du wartest, wird eine positive sein und dich froh stimmen. Vielleicht wirst du einmal in einem Nachrichtenbüro arbeiten oder Nachrichtensprecher beim Rundfunk oder Fernsehen oder Herausgeber einer Zeitschrift werden. Möglicherweise möchtest du einmal bei einer diplomatischen Vertretung im Ausland arbeiten. Es kann auch sein, daß du schon in der nächsten Zeit vom Geheimdienst angeworben wirst. Sicherlich wirst du in den nächsten Tagen eine sehr wichtige Nachricht erhalten, die dein Leben völlig verändern kann.

Sieh nach, welche Karte sich im 14. Haus befindet. Befindet sich dort eine rote Karte und fällt die KREUZ DAME in ein rotes Haus, so wirst du, früher als du denkst, eine sehr gute Nachricht erhalten. Es kann sein, daß dir diese Nachricht schon vorher per Telephon oder Telegramm angekündigt wird. Ziehe auch das 21. Haus mit zur Deutung heran. Rote Karten und Kreuz-Karten sind sehr gut. Wenn der KARO BUBE in ein rotes oder ein Kreuz-Haus fällt, so wird es die Nachricht deines Lebens sein. PIK-KARTEN oder PIK-HÄUSER deuten auf weniger gute Nachrichten oder Verzögerungen hin. Befindet sich eine Kreuz-Karte im 14. Haus und fällt die KREUZ DAME in ein Kreuz-Haus oder in ein rotes Haus, so wird dir jemand aus deiner Familie eine sehr wichtige Nachricht übermitteln. Es kann auch sein, daß dir jemand aus deiner Familie eine Nachricht übermitteln sollte und es vergessen hat.

Befindet sich im 14. Haus eine PIK-KARTE und fällt die KREUZ DAME in ein PIK- oder Kreuz-Haus, so kannst du die Nachricht abschreiben, denn sie ist entweder negativ oder in Verlust geraten. Mache die Atemübungen regelmäßig! Dann wirst du sehen, daß andere Dinge in deinem Leben wichtiger sind, als auf Nachrichten zu warten, die dir nichts bringen.

# PIK

## PIK AS · 24. HAUS

TOD · UNFALL · SCHICKSALSSCHLÄGE · QUAL · NOT

Im Haus des Untersuchers wird dir mitgeteilt, daß du erst kürzlich oder auch schon vor längerer Zeit jemanden verloren hast, den du sehr gerne hattest, und dieser Mensch wird dir jetzt fehlen. Es kann sich auch um ein Tier handeln. Es ist aber auch möglich, daß du dir wegen deiner Wohnung oder wegen deines Hauses Sorgen machst oder daß du jemanden bei dir hast, der im Sterben liegt. Vielleicht wirst du einmal in der pathologischen Abteilung eines Krankenhaus arbeiten oder eine Tätigkeit auf dem Friedhof ausüben oder in einem Geschäft arbeiten, wo Schleifen für Kränze oder Gebinde hergestellt werden. Es kann aber auch sein, daß du in der nächsten Zeit Patenzettel verschicken oder bekommen wirst.

Sieh nach, welche Karte sich im 24. Haus befindet. Befindet sich dort eine rote Karte und fällt die KREUZ DAME in ein rotes Haus, so wirst du einmal jemanden verlieren, den du sehr gerne hattest. Vielleicht hast du schon früh in deiner Jugend jemanden verloren, den du sehr gerne hattest und durch dessen Tod sich sehr viel in deinem Leben verändert hat. Vielleicht wirst du auch demnächst zu einen Begräbnis gehen. Sei nachts auf der Straße vorsichtig, denn du bist gefährdet. Befindet sich im 24. Haus eine Kreuz-Karte und fällt die KREUZ DAME in ein Kreuz-Haus oder in ein rotes Haus, so kann es sein, daß du einmal ein Kind durch einen Unfall verlieren wirst oder daß dir einmal ein Kind in dein Auto laufen wird oder daß du einmal zu einem Begräbnis gehen wirst, wo ein Kind zu Grabe getragen wird.

Befindet sich aber im 24. Haus eine PIK-KARTE und fällt die KREUZ DAME in ein PIK- oder Kreuz-Haus, so wirst du einmal einen schweren Schicksalsschlag erleben, von dem du dich nur sehr schwer erholen wirst, es sei denn, du unternimmst beizeiten etwas. Es kann sogar sein, daß du einmal durch Fahrlässigkeit oder durch eine Rauferei einen Menschen töten wirst. Mache die Atemübungen! Dann wirst du deine Kräfte immer unter Kontrolle haben.

## PIK KÖNIG · 28. HAUS
### RUFER · BEHÖRDE · SCHULE · SPITAL · INSTITUTION

Im Haus des Untersuchers wird dir mitgeteilt, daß dich in den nächsten Tagen jemand anrufen wird, den du aber lieber nicht treffen solltest, denn diese Person wird dir Ärger bereiten. Möglicherweise wird in der nächsten Zeit dauernd dein Telephon läuten, und immer ein und dieselbe Person möchte mit dir sprechen, aber du willst mit ihr nichts zu tun haben. Vielleicht wirst du Erfolg haben und den Anrufer per Telephon abwimmeln können, aber du wirst ihn dafür bald zu Besuch haben. Vielleicht wird jemand versuchen, gerichtlich gegen dich vorzugehen. Es kann auch sein, daß jemand versuchen wird, dich negativ zu beeinflussen, aber es wird ihm nicht gelingen, wenn du immer die Atemübungen machst.

Sieh nach, welche Karte sich im 28. Haus befindet. Befindet sich dort eine rote Karte und fällt die KREUZ DAME in ein rotes Haus, so kann es sein, daß dich jemand, in den du einmal verliebt warst, anrufen wird oder ein Freund, der dich aber sehr beleidigt hat. Möglicherweise wirst du in der nächsten Zeit auch Anrufe von Firmen bekommen, die dir etwas verkaufen wollen. Es kann auch ein unangenehmer Anruf von einer Behörde kommen, den du vielleicht schon erwartest. Befindet sich im 28. Haus eine Kreuz-Karte und fällt die KREUZ DAME in ein Kreuz-Haus oder in ein rotes Haus, so kann es sein, daß jemand aus deiner Familie dauernd versuchen wird, dich zu erreichen. Er möchte mit dir über etwas sprechen, worüber ihr euch bisher nicht einigen konntet. Es wird wahrscheinlich auch jetzt zu keiner Einigung kommen, da die Standpunkte völlig unvereinbar sind.

Befindet sich aber im 28. Haus eine PIK-KARTE und fällt die KREUZ DAME in ein PIK- oder Kreuz-Haus, dann wird man in der nächsten Zeit versuchen, dich per Telephon zu terrorisieren. Es kann sein, daß dich jemand ständig anrufen wird und sich dann nicht meldet oder daß man dich am Telephon beschimpft oder bedroht. Lasse deine Telephonleitung überprüfen und mache auch regelmäßig die Atemübungen!

## PIK DAME · 29. HAUS

DANKBARKEIT · DUNKLE DAME · UNDANK · NEID

Im Haus des Untersuchers wird dir mitgeteilt, daß jemand behaupten wird, dein Freund zu sein, nur um auf diese Weise dein Vertrauen zu erschleichen. Es kann auch sein, daß du jemandem etwas anvertrauen wirst, den du in Zukunft nicht mehr zu deinen Freunden zählen kannst oder noch nie zu deinen Freunden gezählt hast. Du solltest in der nächsten Zeit sehr achtgeben, wem du vertraust, denn es kann dir sehr schaden, wenn du dem Falschen etwas mitteilst. Möglicherweise wirst du dich demnächst mit jemandem anfreunden, nur weil du dich mit deinem besten Freund zerstritten hast, und du wirst erst später darauf kommen, daß diese Person die eigentliche Ursache eures Streites war und schon seit längerer Zeit Zwietracht zwischen euch gesät hatte. Dadurch kannst du einen deiner besten Freunde oder deinen Partner verlieren.

Sieh nach, welche Karte sich im 29. Haus befindet. Befindet sich dort eine rote Karte und fällt die KREUZ DAME in ein rotes Haus, so wirst du dich sehr schämen, weil du kein Vertrauen mehr zu deinem besten Freund hast und statt dessen einem Menschen traust, der dir schadet. Glaube keinen Gerüchten, sonst könnte es einmal sehr schlimm für dich ausgehen. Befindet sich im 29. Haus eine Kreuz-Karte und fällt die KREUZ DAME in ein Kreuz-Haus oder in ein rotes Haus, so scheint es in deiner Familie sehr viele Intrigen zu geben, und keiner kann dem andern trauen. Jeder will der Beste sein, jeder weiß über den andern das Neueste zu berichten, und jeder ist für den andern der Schlechteste. Mache die Atemübungen, damit wenigstens einer in deiner Familie beginnt, Vernunft anzunehmen, bevor es Mord und Totschlag gibt.

Befindet sich aber im 29. Haus eine PIK KARTE und fällt die KREUZ DAME in ein PIK- oder Kreuz-Haus, so kann es sein, daß du sehr unglücklich bist, weil eine Person, die du gern hast, sich von dir getrennt hat. Versuche dich mit Hilfe der Atemübungen wieder ins Gleichgewicht zu bringen!

## PIK BUBE · 1. HAUS

GEGENWART · WAHRHEIT · DUNKLER MANN · UNIFORMIERTER

Im Haus des Untersuchers wird dir mitgeteilt, daß jemand versuchen wird, dich aus dem Gleichgewicht zu bringen, weil er selbst sehr labil ist.

Es kann aber auch sein, daß dich jemand aufsuchen wird, weil du der ruhende Pol für ihn bist, oder daß du einmal einen Freund haben wirst, der genau das Gegenteil von dir ist. Wo du Ruhe ausstrahlst, wird er hektisch sein, wo du ja sagst, wird er nein sagen. Aber Gegensätze ziehen sich an, und ihr werdet einander auf fruchtbare Art ergänzen. Vielleicht willst du auch in der nächsten Zeit mehr ausgehen, um dich von etwas abzulenken, vielleicht hast du in der letzten Zeit zuviel gearbeitet oder willst einfach nicht mehr der sein, der du so lange gewesen bist. Möglicherweise wirst du in der nächsten Zeit wichtige Informationen von Verstorbenen erhalten, denn du scheinst sensitiv für diese Botschaften zu sein.

Sieh nach, welche Karte sich im 1. Haus befindet. Befindet sich dort eine rote Karte und fällt die KREUZ DAME in ein rotes Haus, so wirst du einmal einen sehr treuen Freund haben, aber dieser wird sich dir nicht anpassen, sondern immer seinen eigenen Kopf durchsetzen wollen, so wie du auch. Befindet sich im 1. Haus eine Kreuz-Karte und fällt die KREUZ DAME in ein Kreuz-Haus oder in ein rotes Haus, so sind in deiner Familie große Gegensätze vorhanden, sei es in der Weltanschauung, in der Lebensform oder auch im seelischen Bereich.

Befindet sich aber im 1. Haus eine PIK-KARTE und fällt die KREUZ DAME in ein PIK- oder Kreuz-Haus, so kann es sein, daß du mit dir selbst zeitweise große Probleme hast. Mache die Atemübungen! Sie werden dir den Weg zu Harmonie und Ausgeglichenheit zeigen.

## PIK ZEHN · 32. HAUS

### Sonne · Entfernungen · Andere Länder · Nacht

Im Haus des Untersuchers wird dir mitgeteilt, daß du in der nächsten Zeit vielleicht eine Änderung erfahren wirst. Es kann sein, daß du ein fernes Land besuchen oder Einkäufe für eine Firma in einem fernen Land tätigen wirst. Vielleicht hast du als Bauherr viel in einem anderen Land zu tun oder hältst dich einfach gern in warmen Ländern auf oder machst einmal das Geschäft deines Lebens in einem fernen Land. Möglicherweise wirst du viel aus fremden Ländern importieren, wovon deine Heimat profitieren kann, oder eine ausländische Technologie übernehmen. Es kann auch sein, daß du einmal etwas machen wirst, womit du deiner Zeit weit voraus sein wirst. Dann wird man dich als »Spinner« bezeichnen.

Sieh nach, welche Karte sich im 32. Haus befindet. Befindet sich dort eine rote Karte und fällt die KREUZ DAME in ein rotes Haus, so wirst du deinen Weg in dieser Welt machen. Was immer du anpacken wirst, du scheinst das richtige Gespür dafür zu haben. Denke aber auch immer an jene, die nicht mit dem gleichen Glück oder Talent gesegnet sind wie du. Gib, dann wird dir gegeben werden. Befindet sich im 32. Haus eine Kreuz-Karte und fällt die KREUZ DAME in ein Kreuz-Haus oder in ein rotes Haus, so kann es sein, daß du einmal eine Familie haben wirst, die aus vielen Nationalitäten zusammengewürfelt ist. Du wirst dich einmal um viele Kinder dieser Erde kümmern und ihnen ein Zuhause geben. Mach weiter so, denn es wird dir Glück bringen, auch wenn du noch so hart arbeiten mußt.

Befindet sich aber im 32. Haus eine PIK-KARTE und fällt die KREUZ DAME in ein PIK- oder Kreuz-Haus, so solltest du, wenn du fremde Länder bereist, sehr aufpassen, daß du dir keine Krankheiten zuziehst. Mache die Atemübungen! Sie können dir helfen, immer auf deine Gesundheit achtzugeben.

## PIK NEUN · 23. HAUS
### DEPRESSION · UNANNEHMLICHKEITEN · KÄLTE

Im Haus des Untersuchers wird dir mitgeteilt, daß du vielleicht erst kürzlich mit jemandem eine Auseinandersetzung gehabt hast und jetzt herausfinden möchtest, wer dich bei ihm verleumdet hatte. Du wirst dich mit einigen Leuten besprechen, aber sie werden dir nicht alle die Wahrheit sagen, weil sie Angst vor der Aufdeckung der Wahrheit haben. Deine Nachforschungen werden immer weitere Kreise ziehen, und es kann sogar sein, daß einige Leute ins Gefängnis müssen. Vielleicht wirst du auch in der nächsten Zeit einen sehr großen Verlust haben, weil du irgendwo etwas einbezahlt hast, das dir nicht mehr zurückbezahlt wird, oder weil dir eine große Geldsumme unterschlagen wird. Möglicherweise kannst du den Schuldigen gar nicht mehr belangen, weil dieser schon gestorben ist. Aber du wirst auch wieder einmal einen großen Gewinn machen, wenn nicht im materiellen, dann im seelischen Bereich, der für deine persönliche Entwicklung noch wichtiger ist. Das Schicksal geht seltsame Wege, und wir müssen lernen, den verschiedensten Situationen gewachsen zu sein.

Sieh nach, welche Karte sich im 23. Haus befindet. Befindet sich dort eine rote Karte und fällt die KREUZ DAME in ein rotes Haus, so wirst du einmal etwas aufdecken, das an das Licht der Öffentlichkeit gehört, denn viele Menschen sind um den Lohn ihrer Arbeit gekommen. Befindet sich im 23. Haus eine Kreuz-Karte und fällt die KREUZ DAME in ein Kreuz-Haus oder in ein rotes Haus, so kann es sein, daß du in deiner Familie einen sehr großen Verlust erleiden wirst. Vielleicht wird man dich enterben, sollte man es nicht schon getan haben. Aber du wirst dir selbst das erarbeiten können, was du für dein Leben brauchst.

Befindet sich aber im 23. Haus eine PIK-KARTE und fällt die KREUZ DAME in ein PIK- oder Kreuz-Haus, so kann es sein, daß du einmal in deinem Leben für etwas beschuldigt wirst, das du gar nicht getan hast. Mache immer die Atemübungen! Dann wirst du auch denen vergeben können, die dich anprangern.

## PIK ACHT · 22. HAUS

### ÄRGER · ÄRGERNISSE · STREIT · VERLEUMDUNGEN

Im Haus des Untersuchers wird dir mitgeteilt, daß du sehr bald Schwierigkeiten mit jemandem bekommen wirst und vielleicht dafür ins Gefängnis mußt oder zu einer Geldstrafe verurteilt wirst. Es kann sein, daß du in deiner Firma Gegner hast oder daß man dich aufstacheln will, jemanden aus der Firma hinauszuekeln. Vielleicht wirst du jemanden hinausekeln, nur weil er besser und genauer arbeitet als du. Es kann aber auch sein, daß du einmal mutig Partei ergreifen wirst für jemanden, der schwächer ist, und dadurch Menschen zu Freunden gewinnst, die du vorher nie beachtest hast.

Sieh nach, welche Karte sich im 22. Haus befindet. Befindet sich dort eine rote Karte und fällt die KREUZ DAME in ein rotes Haus, so kann es sein, daß du zu jemandem halten wirst und mit dieser Person die Firma verlassen mußt. Aber mach dir keine Sorgen, du wirst bald eine andere und bessere Arbeit finden. Deute auch das 25. Haus mit. Rote Karten und Kreuz-Karten sind sehr gut, vor allem wenn auch das KARO AS in ein rotes oder in ein Kreuz-Haus fällt. Du brauchst dir in der nächsten Zeit keine Sorgen um deinen Arbeitsplatz zu machen. Verlierst du deine Stelle, so wartet schon eine neue auf dich. Befindet sich im 22. Haus eine Kreuz-Karte und fällt die KREUZ DAME in ein Kreuz-Haus oder in ein rotes Haus, so wirst du vielleicht in der nächsten Zeit einen Streit in deiner Verwandtschaft oder Familie haben, wobei es um eine Verleumdung gehen wird. Versuche die Wahrheit zu finden und mache auch die Atemübungen! Dann wird eines Tages die Wahrheit von selbst ans Licht kommen.

Befindet sich aber im 22. Haus eine PIK-KARTE und fällt die KREUZ DAME in ein PIK- oder Kreuz-Haus, so kann es sein, daß du einmal wegen einer Verleumdung vor Gericht stehen wirst. Schwöre aber niemals einen Meineid, denn dieser würde deine Probleme nur vergrößern. Versuche die Wahrheit dort zu sagen, wo es dir nicht schadet, andernfalls schweige, denn Reden ist Silber, Schweigen ist Gold. Mache regelmäßig die Atemübungen! Dann wirst du wissen, was du zu tun hast.

## PIK SIEBEN · 16. HAUS
### Gesundheit · Krankheit · Kur · Operation

Im Haus des Untersuchers wird dir mitgeteilt, daß du bald wieder gesund werden wirst, wenn du dich nach den Anweisungen deines Arztes richtest. Versuche auch mit Hilfe der Atemübungen an deiner Gesundheit zu arbeiten! Solltest du dich in der nächsten Zeit nicht wohl fühlen, so wende die alten Hausmittel an, aber laß dich vorher von einem Heilkundigen beraten! Vielleicht läufst du von einem Arzt zum andern, weil du glaubst, daß mehrere Ärzte dir besser helfen können als einer, aber so heißt doch schon ein altes Sprichwort: »Viele Köche verderben den Brei.« Jeder wird dich mit anderen Methoden und Medikamenten behandeln, und das wird dein Körper nicht lange mitmachen. Suche dir lieber einen Arzt, dem du vertraust; durch ihn wirst du gesund werden.

Sieh nach, welche Karte sich im 16. Haus befindet. Befindet sich dort eine rote Karte und fällt die KREUZ DAME in ein rotes Haus, so wirst du rasch wieder gesund werden, solltest du zur Zeit krank sein, oder du wirst in der nächsten Zeit jemanden gesundpflegen. Befindet sich eine Kreuz-Karte im 16. Haus und fällt die KREUZ DAME in ein Kreuz-Haus oder in ein rotes Haus, so kann es sein, daß du zusätzliche Arbeiten in deiner Firma übernehmen mußt, weil einige deiner Kollegen erkrankt sind, oder daß du dich einer Untersuchung unterziehen mußt oder daß dein Betrieb geschlossen wird, weil einige Angestellte an einem Virus erkrankt sind. Möglicherweise wirst du einmal in einem Laboratorium arbeiten.

Befindet sich aber im 16. Haus eine PIK-KARTE und fällt die KREUZ DAME in ein PIK- oder Kreuz-Haus, so solltest du dich von einem Arzt oder Heilpraktiker gründlich untersuchen lassen und nicht versuchen, dich selbst zu kurieren. Mache auch die Atemübungen! Sie werden dir zu seelischer Gesundheit verhelfen, und eine gesunde Seele braucht keinen Arzt.

Das 31. Haus

# KREUZ NEUN

## Das Haus des Glücks, der kleinen Reise und des Risikos

# HERZ

## HERZ AS · 7. HAUS

WOHNUNG · BESITZ · HAUS · EIGENTUM

Im Haus des Glücks wird dir mitgeteilt, daß du in der nächsten Zeit sehr viel Glück haben wirst, und zwar dort, wo du zur Zeit wohnst. Vielleicht hat dir deine jetzige Wohnung auch bisher schon sehr viel Glück gebracht. Solltest du auf Wohnungssuche sein, so wirst du dabei in der nächsten Zeit sehr viel Glück haben. Möglicherweise hältst du dich gerne in anderen Wohnungen auf oder gestaltest diese nach deinem Geschmack. Es ist auch möglich, daß du demnächst deinen Besitz durch Glück vermehren kannst oder daß du planst, dir ein Haus zu bauen. Diese Pläne werden dir sehr viel Glück bringen, weil du eine gute Hand bei der Gestaltung von Neubauten hast.

Sieh nach, welche Karte sich im 7. Haus befindet. Befindet sich dort eine rote Karte und fällt die KREUZ NEUN in ein rotes Haus, so wirst du in der nächsten Zeit ein Glückspilz sein, wenn du eine Wohnung suchst. Möglicherweise gewinnst du sogar ein Haus bei einem Preisausschreiben. Es kann aber auch sein, daß du dich in deinem jetzigen Haus sehr wohl und glücklich fühlst. Befindet sich eine Kreuz-Karte im 7. Haus und fällt die KREUZ NEUN in ein Kreuz-Haus oder in ein rotes Haus, so kann es sein, daß du deine Wohnung für berufliche Zwecke verwendest oder verwenden wirst. Deute auch das 25. Haus mit. Rote Karten wären sehr gut, Kreuz-Karten weisen darauf hin, daß deine Wohnung für Geschäftszwecke gut geeignet wäre, PIK-KARTEN sollten gesondert gedeutet werden.

Befindet sich aber eine PIK-KARTE im 7. Haus und fällt die KREUZ NEUN in ein PIK- oder Kreuz-Haus, so solltest du in der nächsten Zeit in deiner Wohnung oder deinem Haus sehr aufpassen, daß dir kein Unglück geschieht. Sieh nach, ob alles in deinem Heim gut abgesichert ist. Gib auch acht, daß du deine Zahlungen immer pünktlich erledigst, sonst könnte einmal dein Haus oder deine Wohnung zwangsversteigert werden. Solltest du dich jedoch zur Zeit in deiner Umgebung nicht wohl fühlen, dann sei nicht traurig darüber. Mache die Atemübungen regelmäßig, denn diese werden dir helfen, aus deinen Schwierigkeiten herauszukommen.

## HERZ KÖNIG · 13. HAUS

UNTERHALTUNG · MÄNNLICHER FREUND · BLOND · SPONSOR

Im Haus des Glücks wird dir mitgeteilt, daß du durch die Weisheit eines Freundes sehr glücklich sein wirst. Dieser Freund wird dir immer mit Rat und Tat zur Seite stehen, wann immer du ihn brauchst. Vielleicht wirst du in der nächsten Zeit eine sehr gute Bekanntschaft machen, die für deine Zukunft ausschlaggebend sein wird. Es kann auch sein, daß du deine Freunde sehr glücklich machst, denn sie wissen: Wann immer sie Probleme haben, können sie damit zu dir kommen. Solltest du nach einem Förderer suchen, so wirst du ganz sicher in der nächsten Zeit einen finden, der dir in Zukunft sehr behilflich sein wird. Es kann auch sein, daß du mit deinen Freunden einen sehr netten Abend verbringen wirst, der dich glücklich macht.

Sieh nach, welche Karte sich im 13. Haus befindet. Befindet sich dort eine rote Karte und fällt die KREUZ NEUN in ein rotes Haus, so wirst du durch einen Freund sehr glücklich werden, denn dieser verleiht dir Stabilität und Sicherheit in allen Lebenslagen. Bedenke aber, daß solche Freunde selten sind, und bewahre dir dein Glück! Befindet sich im 13. Haus eine Kreuz-Karte und fällt die KREUZ NEUN in ein Kreuz-Haus oder in ein rotes Haus, so kann es sein, daß dich in Zukunft jemand fördern wird, solltest du nach einem Förderer gesucht haben. Dieser kann auch zugleich ein Freund von dir sein. Versuche von guten Freunden zu lernen und hilf denen, die deine Hilfe nötig haben und denen es schlechtgeht. Erkläre ihnen die Atemübungen, denn diese sind der Leitfaden zu einem glücklichen Leben.

Befindet sich aber im 13. Haus eine PIK-KARTE und fällt die KREUZ NEUN in ein PIK-HAUS, dann solltest du dir deine Freunde und die Gesellschaft, in der du dich befindest, besser ansehen, sonst wirst du eines Tages mit in ein Unglück hineingezogen, das unabsehbare Folgen hat. Arbeite an dir und mache regelmäßig die Atemübungen, damit dir solches nie passiert!

## HERZ DAME · 19. HAUS

FREUNDE · WEIBLICHER FREUND · BLOND · SPONSOR

Im Haus des Glücks wird dir mitgeteilt, daß du sehr gute Freunde hast, die dir auch Glück bringen, oder daß deine Ausstrahlung den Menschen gegenüber dir im Leben sehr viel Glück bringen wird. Versuche dir diese Ausstrahlung zu erhalten und arbeite weiter an dir mit Hilfe der Atemübungen! Es kann auch sein, daß du in der nächsten Zeit jemandem begegnen wirst, dem du sehr viel Glück bringst oder der dir sehr viel Glück bringt. Möglicherweise wirst du von einem Freund bei deinen Zukunftsplänen unterstützt werden. In dir steckt mehr, als du zur Zeit vermutest. Denke darüber nach, und das Glück oder ein glücklicher Einfall wird dir gewiß sein.

Sieh nach, welche Karte sich im 19. Haus befindet. Befindet sich dort eine rote Karte und fällt die KREUZ NEUN in ein rotes Haus, so wirst du einen sehr guten Freund haben, der dich stets begleiten wird, was auch immer sein mag. Es kann sich dabei auch um ein Tier handeln. Vielleicht wirst du selbst einen Menschen immer begleiten, da dich dieser sehr nötig braucht. Durch deine Hilfsbereitschaft machst du die andern Menschen und dich selbst sehr glücklich, denn du bist froh, wenn du gebraucht wirst und für andere dasein kannst. Befindet sich im 19. Haus eine Kreuz-Karte und fällt die KREUZ NEUN in ein Kreuz-Haus oder in ein rotes Haus, so wirst du einmal in deinem Leben mit einem Freund oder einer Freundin das große Glück teilen. Ihr werdet euch sehr gut ergänzen.

Befindet sich aber eine PIK-KARTE im 19. Haus und fällt die KREUZ NEUN in ein PIK-HAUS, so solltest du dich in acht nehmen, wenn man dir Versprechungen macht, denn diese werden meist nicht gehalten werden, und du wirst dann sehr unglücklich darüber sein. Nicht jeder Freund ist ein wahrer Freund, und eine Portion gesundes Mißtrauen solltest du in nächster Zeit schon entwickeln. Mache auch die Atemübungen! Sie werden dir für die Zukunft mehr Sicherheit geben.

## HERZ BUBE · 6. HAUS

POPULARITÄT · KUNST · JÜNGERER MÄNNLICHER FREUND · KÜNSTLER

Im Haus des Glücks wird dir mitgeteilt, daß du ein sehr glücklicher, offener und ehrlicher Mensch bist und deswegen auch von deinen Freunden sehr geschätzt wirst. Du kannst die Wahrheit mit dem nötigen Charme verpacken, so daß die Menschen zuerst mit dir lachen können über das, was du ihnen sagst, aber später nachdenklich gestimmt werden. Der Beruf eines Clowns wäre etwas für dich. Es kann auch sein, daß du eines Tages für die Filmindustrie arbeiten wirst oder einmal dein eigenes Filmatelier haben wirst.

Sieh nach, welche Karte sich im 6. Haus befindet. Befindet sich dort eine rote Karte und fällt die KREUZ NEUN in ein rotes Haus, so wirst du sicherlich deinen Beruf auf den künstlerischen Bereich ausrichten. Ziehe auch das 25. Haus mit zur Deutung heran. Sollte sich dort eine rote Karte befinden, so kann das bedeuten, daß du selbst einmal Regie führen wirst oder viele Menschen deinen Anweisungen folgen werden. Dies ist ein sehr gutes Omen für deine Zukunft und für deinen Beruf. Befindet sich im 6. Haus eine Kreuz-Karte und fällt die KREUZ NEUN in ein Kreuz-Haus oder in ein rotes Haus, so kann es sein, daß du dich mit der bildenden Kunst beschäftigen wirst, möglicherweise auch als Lehrer an einer höheren Schule. Befindet sich im 25. Haus eine rote Karte oder eine Kreuz-Karte und fällt das KARO AS in ein rotes oder in ein Kreuz-Haus, so wirst du einmal für sehr berühmte Leute arbeiten, und deine Ideen werden dir selbst sehr viel Ruhm einbringen.

Befindet sich aber im 6. Haus eine PIK-KARTE und fällt die KREUZ NEUN in ein PIK- oder Kreuz-Haus, so solltest du deine Zukunftspläne noch einmal genau überdenken, denn du scheinst dich selbst zu überschätzen. Sei kritisch auch dir selbst gegenüber, sonst wirst du durch deine Überheblichkeit deine Freunde verlieren. Solltest du dir nicht im klaren über deine Zukunftspläne sein, so beginne mit den Atemübungen, denn sie werden dir helfen, einen besseren Weg zu deinem Glück zu finden.

## HERZ ZEHN · 11. HAUS
### HEIRAT · VERBINDUNGEN · VEREINE · BRUDERSCHAFTEN

Im Haus des Glücks wird dir mitgeteilt, daß du durch eine Heirat sehr glücklich werden wirst. Solltest du jedoch schon verheiratet sein, so hast du den Partner fürs Leben gefunden, mit dem du sehr glücklich bist. Es kann aber auch sein, daß du dich in der nächsten Zeit einem Verein oder einer Bruderschaft anschließen wirst. Das wird dich sehr glücklich machen. Möglicherweise wirst du in der nächsten Zeit eine geschäftliche Verbindung oder Partnerschaft eingehen, und durch diese neue Verbindung wirst du viele gute Freunde gewinnen. Vielleicht bist du auch ein Glücksbringer für andere Menschen und hilfst ihnen, indem du die richtigen Verbindungen herstellst.

Sieh nach, welche Karte sich im 11. Haus befindet. Befindet sich dort eine rote Karte und fällt die KREUZ NEUN in ein rotes Haus, so wirst du einmal eine sehr gute, reiche und harmonische Partnerschaft eingehen.

Für Herzensangelegenheiten deute das 4. Haus mit, für berufliche und finanzielle Angelegenheiten deute das 25. und 17. Haus mit. Befinden sich dort rote Karten und fallen diese Karten auch in rote Häuser, so steht deinem Glück nichts mehr im Wege. Befindet sich im 11. Haus eine Kreuz-Karte und fällt die KREUZ NEUN in ein Kreuz-Haus oder in ein rotes Haus, so wirst du in den nächsten Tagen einen sehr guten geschäftlichen Abschluß tätigen. Es kann auch sein, daß du mit deiner Familie in den Urlaub fahren und dort sehr glücklich sein wirst. Solltest du mit deiner Familie Schwierigkeiten haben, so wäre jetzt die Zeit für eine Aussöhnung gekommen.

Befindet sich aber im 11. Haus eine PIK-KARTE und fällt die KREUZ NEUN in ein PIK- oder Kreuz-Haus, so solltest du dich in nächster Zeit vor Streitereien in acht nehmen. Es könnte sein, daß es durch deine eigene Schuld zu einer Trennung kommt, zum Beispiel zur Aufkündigung einer Partnerschaft im beruflichen Bereich. Mache auch die Atemübungen regelmäßig! Durch sie wirst du lernen, dich selbst besser zu beherrschen.

## HERZ NEUN · 2. HAUS

WUNSCH · WÜNSCHE · SEHNSUCHT · HOFFNUNG

Im Haus des Glücks wird dir mitgeteilt, daß sich dein Wunsch sehr bald in einem glücklichen Moment erfüllen wird, dies kann schon in den nächsten Tagen sein. Vielleicht sehnst du dich nach mehr Glück; du kannst es erlangen, wenn du nur fest an dich und an dein Glück glaubst. Sende positive Strahlen aus, dann werden sich deine Wünsche im Leben oft rascher erfüllen, als du denkst. Wenn dir durch deine gute Ausstrahlung anderen Menschen gegenüber Wünsche in Erfüllung gehen, dann teile dein Glück mit den anderen.

Sieh nach, welche Karte sich im 2. Haus befindet. Befindet sich dort eine Herz-Karte und fällt die KREUZ NEUN in ein Herz-Haus und sollte auch im 4. Haus eine rote Karte liegen, so wird dein Wunsch privater Natur sein, und er wird sich durch einen Zufall erfüllen. Befindet sich im 2. Haus eine Karo-Karte und fällt die KREUZ NEUN in ein Karo-Haus, so wirst du Glück in Geldangelegenheiten haben. Auch wenn sich im 17. Haus eine rote Karte befindet, wird dein Wunsch nach Geld in Erfüllung gehen. Befindet sich im 2. Haus eine Kreuz-Karte und fällt die KREUZ NEUN in ein Kreuz-Haus oder in ein rotes Haus, so wirst du Glück im gesellschaftlichen, beruflichen und familiären Bereich haben. Deine

Wünsche werden sich durch andere Menschen erfüllen lassen. Du scheinst sehr glücklich zu sein, weil du auch glückliche Menschen um dich hast. Nur wenige Menschen besitzen die Fähigkeit, allein glücklich zu sein. Meistens sind dies seelisch reife Menschen, die über den Dingen stehen und die sich im irdischen Dasein auf der höchsten Entwicklungsstufe befinden.

Befindet sich aber im 2. Haus eine PIK-KARTE und fällt die KREUZ NEUN in ein PIK- oder Kreuz-Haus, so scheinen deine Wünsche in nächster Zeit nicht in Erfüllung zu gehen. Vielleicht suchst du dein Glück in der falschen Richtung. Mache die Atemübungen! Durch sie wirst du erfahren, was dir im Leben bestimmt ist und was nicht.

## HERZ ACHT · 4. HAUS

Liebe · Mondschein · Romanze · Herz

Im Haus des Glücks wird dir mitgeteilt, daß du ein sehr glücklicher Mensch in Liebesangelegenheiten zu sein scheinst. Dir fliegen die Herzen nur so zu. Vielleicht wirst du einmal die Menschen in Liebesangelegenheiten beraten, da du auf diesem Gebiet viele Erfahrungen gemacht hast oder noch machen wirst. Solltest du zur Zeit noch allein sein, so wirst du dich in Kürze Hals über Kopf verlieben und sehr glücklich werden. Möglicherweise verbreitest du so viel seelische Wärme, daß jeder froh ist, dich als Freund zu haben.

Sieh nach, welche Karte sich im 4. Haus befindet. Befindet sich dort eine rote Karte und fällt die KREUZ NEUN in ein rotes Haus, so wirst du in Zukunft ein glückliches und verliebtes Dasein führen und den Himmel auf Erden erleben. Solltest du noch allein sein, so ist die nächste Zeit für Neuverbindungen günstig, denn du wirst den Partner fürs Leben finden. Befindet sich im 4. Haus eine Kreuz-Karte und fällt die KREUZ NEUN in ein Kreuz-Haus oder in ein rotes Haus, dann kann es sein, daß du dich in den nächsten Wochen verlieben wirst und sich daraus eine ernsthafte Verbindung entwickeln wird. Versuche aber bei neuen Bekanntschaften nichts zu übereilen, denn dies hat schon oft späteren Kummer verursacht. Prüfe dich selbst und deine Erwartungen genau, denn wenn du nur auf Sex aus bist, wirst du immer auf der Suche nach einem geeigneten Partner bleiben. Suchst du aber die wahre Liebe, dann wirst du dir und deinem Partner Zeit geben, bis ihr euch innerlich gefunden habt.

Befindet sich aber im 4. Haus eine PIK-KARTE und fällt die KREUZ NEUN in ein PIK- oder Kreuz-Haus, so wirst du bald wieder allein sein, oder du wirst betrogen werden. Gib in der nächsten Zeit acht, mit welchen Menschen zu verkehrst, damit du dich nicht ins Unglück stürzt. Mache die Atemübungen! Dann wirst du dich in Zukunft gut in der Hand haben.

## HERZ SIEBEN · 12. HAUS
### FRÖHLICHKEIT · GUTE LAUNE · HERZLICHKEIT · FROHSINN

Im Haus des Glücks wird dir mitgeteilt, daß sich, solltest du dich zur Zeit unglücklich fühlen, schon sehr bald alles ändern wird. Vielleicht wird sich schon in den kommenden Tagen das Blatt für dich wenden, und du wirst dich selbst dann nicht mehr wiedererkennen. Eine positive Schwingung wird für dich arbeiten, vielleicht wird sie die Chance deines Lebens für dich bringen. Du solltest auch die Atemübungen machen, wenn du traurig oder unglücklich bist, denn sie werden dir helfen, den Weg zum Glück zu finden.

Sieh nach, welche Karte sich im 12. Haus befindet. Befindet sich dort eine rote Karte und fällt die KREUZ NEUN in ein rotes Haus, so wirst du bald mit einer glücklichen Situation rechnen können, die dein Leben entscheidend verändern wird. Fröhlichkeit, Glück und Freude warten auf dich. Möglicherweise wird es Zuwachs in deiner Familie geben, oder ein Tier läuft dir zu, das macht dich sehr glücklich, weil du nun für jemanden sorgen kannst. Befindet sich eine Kreuz-Karte im 12. Haus und fällt die KREUZ NEUN in ein Kreuz-Haus oder in ein rotes Haus, so kann es sein, daß du sehr bald durch Glück einem sehr liebenswürdigen Menschen begegnen und mit ihm etwas aufbauen wirst, was auch anderen Menschen Freude bringt. Deute für berufliche Zwecke das 25. Haus mit. Rote Karten haben eine positive Bedeutung, Kreuz- und PIK-KARTEN sind immer gesondert zu deuten.

Befindet sich aber im 12. Haus eine PIK-KARTE und fällt die KREUZ NEUN in ein PIK- oder Kreuz-Haus, so solltest du dich in der nächsten Zeit vor dir selbst in acht nehmen, denn dein Übermut kann dich ins Unglück stürzen. Auch auf der Straße solltest du dich doppelt vorsehen, damit dir nichts passiert, denn du hast eine negative Schwingung um dich. Mache regelmäßig die Atemübungen! Mit ihnen kannst du dir für die Zukunft einen positiven Schutzmantel aufbauen.

# KARO

## KARO AS · 25. HAUS

BERUF · FIRMA · UNTERNEHMEN · PROJEKTE

Im Haus des Glücks wird dir mitgeteilt, daß die Zeit sehr günstig dafür ist, dich auf eine neue Zukunft vorzubereiten und einiges in deinem Leben zu ändern. Du wirst von nun an Probleme bewältigen, über die du in der Vergangenheit gestolpert bist. Vielleicht warst du noch zu jung für deine Pläne oder hattest noch nicht die richtigen Menschen gefunden, die dir behilflich sein konnten. Für dich wird nun ein neuer Lebensabschnitt beginnen, und das Glück wird dich begleiten. Möglicherweise hast du vor, eine Firma zu gründen oder deine Arbeitsstelle zu wechseln oder einen neuen Beruf auszuüben. Selbständiges Arbeiten wird dir in Zukunft den größten Erfolg bringen.

Sieh nach, welche Karte sich im 25. Haus befindet. Befindet sich dort eine rote Karte und fällt die KREUZ NEUN in ein rotes Haus, so wirst du in Zukunft sehr viel Glück haben. Du wirst auch deine finanzielle Lage verbessern. Befindet sich im 25. Haus eine Kreuz-Karte und fällt die KREUZ NEUN in ein Kreuz-Haus oder in ein rotes Haus, so kann es sein, daß du in der nächsten Zeit mit deiner Familie oder deinen Geschäftsfreunden gute Erfolge erzielen wirst, was dich auch sehr glücklich stimmen wird. Deute aber auch die Häuser 3, 9 und 17 mit. Sollten sich dort rote Karten befinden, so kann es sein, daß du in der nahen Zukunft durch deinen Arbeitseinsatz sehr reich werden wirst, vielleicht mit einem Familienbetrieb. Ziehe auch das 15. Haus mit zur Deutung heran, wenn es sich um familiäre Dinge dreht.

Befindet sich aber im 25. Haus eine PIK-KARTE und fällt die KREUZ NEUN in ein PIK- oder Kreuz-Haus, so solltest du in der nächsten Zeit mit neuen Projekten vorsichtig sein. Du könntest mit deinen finanziellen Spekulationen Schiffbruch erleiden und deine Familie, deine Freunde und dich selbst ins Unglück stürzen. Glaube auch nicht, daß man um so glücklicher ist, je mehr man besitzt, denn im Leben besitzen wir nichts, sondern wir dürfen es nur benutzen, solange wir leben. Mache immer regelmäßig die Atemübungen.

## KARO KÖNIG · 9. HAUS
### Legale Papiere · Arzt · Anwalt · Notar

Im Haus des Glücks wird dir mitgeteilt, daß du ein Schriftstück wiederfinden wirst, das du verlegt hattest und von dem du geglaubt hast, es nie mehr wiederzufinden. Vielleicht wirst du ein wichtiges Dokument gerade noch zur rechten Zeit wiederbekommen, und dies wird dich sehr glücklich machen. Möglicherweise wirst du in der nächsten Zeit vor Gericht einen Prozeß gewinnen, bei den ein Schriftstück oder Dokument eine große Rolle spielt. Es kann auch sein, daß du bald einmal wichtige Verträge unterschreiben wirst, die sich für dich in materieller Hinsicht später einmal als großes Glück erweisen werden. Du scheinst in der nächsten Zeit eine gute Hand für Verträge zu haben, nütze diese Chance, aber laß auch andere an deinem Glück und deinen Erfolgen teilhaben.

Sieh nach, welche Karte sich im 9. Haus befindet. Befindet sich dort eine rote Karte und fällt die KREUZ NEUN in ein rotes Haus, so wirst du bald sehr großes Glück mit Schriftstücken haben. Befindet sich eine Kreuz-Karte im 9. Haus und fällt die KREUZ NEUN in ein Kreuz-Haus oder in ein rotes Haus, dann kann es sein, daß du mit deiner Familie oder deinem Geschäftspartner ein bestimmtes Schriftstück, vielleicht ein Testament, unterzeichnen oder dich an einem Sanatorium oder einem anderen Objekt finanziell beteiligen wirst. Ziehe auch das 17. Haus mit zur Deutung heran. Befindet sich dort eine rote Karte oder eine Kreuz-Karte und fällt die KARO ZEHN in ein rotes oder in ein Kreuz-Haus, dann ist die Zeit günstig für Investitionen. Trotzdem solltest du nicht allzuviel riskieren.

Befindet sich aber im 9. Haus eine PIK-KARTE und fällt die KREUZ NEUN in ein PIK- oder Kreuz-Haus, so scheinst du in der nächsten Zeit mit Verträgen und Prozessen kein besonderes Glück zu haben. Du solltest dir alles gründlich überlegen, bevor du einen Schritt unternimmst, den du später einmal bereuen würdest. Verluste sind zu befürchten, wenn du dich nicht auf etwas Besseres besinnst. Mache auch die Atemübungen! Dann wirst du einige gravierende Fehler in deinem Leben vermeiden können.

## KARO DAME · 18. HAUS

### Jahreszeit · Frühjahr · Sommer · Herbst · Winter

Im Haus des Glücks wird dir mitgeteilt, daß eine der kommenden Jahreszeiten eine der glücklichsten in deinem Leben sein wird. Es wird dir eine große Chance gegeben werden, und du solltest sie nützen, denn sie kehrt niemals wieder. Versuche das Beste daraus zu machen, dann wird dein Leben sich in Zukunft entscheidend verbessern. Vielleicht wirst du durch Glück jemanden kennenlernen, der dein Leben entscheidend verändert. Möglicherweise wirst du dein Glück nicht gleich im ersten Augenblick erkennen, aber du wirst es spüren und brauchst nur deinem Gefühl zu folgen.

Sieh nach, welche Karte sich im 18. Haus befindet. Befindet sich dort eine rote Karte und fällt die KREUZ NEUN in ein rotes Haus, so kann es sein, daß schon in dieser Jahreszeit die große Chance deines Lebens kommen wird. Du kannst dich darauf vorbereiten, daß du sehr bald großes Glück haben wirst. Es ist möglich, daß du in den nächsten Wochen einen Haupttreffer im Toto oder Lotto machen wirst oder daß du deine finanzielle Situation auf andere Weise verbessern kannst oder daß du einem sehr einflußreichen Menschen begegnest, der dir zu deinem Glück verhelfen kann. Befindet sich im 18. Haus eine Kreuz-Karte und fällt die KREUZ NEUN in ein Kreuz-Haus oder in ein rotes Haus, so kann es sein, daß du in der nächsten Zeit einem Menschen begegnen wirst, der dir sehr viele Weisheiten vermitteln und dich auch lehren wird, diese Weisheiten anderen Menschen zu vermitteln.

Befindet sich aber im 18. Haus eine PIK-KARTE und fällt die KREUZ NEUN in ein PIK- oder Kreuz-Haus, so solltest du nicht immer auf die große Chance deines Lebens warten, sondern dich lieber für die anderen einsetzen. Wenn du lernst, anderen Menschen zu helfen, dann wirst du auch lernen, was Glück bedeutet. Mache immer die Atemübungen! Dann wirst du erkennen, welcher Weg zum Glück führt.

## KARO BUBE · 21. HAUS

### Briefe · Schriftstücke · Telegramme · Bote · Freund

Im Haus des Glücks wird dir mitgeteilt, daß du sehr glücklich sein wirst, wenn du einen bestimmten Brief bekommst, denn dieser Brief wird eine große Bedeutung für dich haben. Es kann sein, daß du in der nächsten

Zeit einen Brief erhalten wirst, in dem dir mitgeteilt wird, welches Glück du hast. Vielleicht ist eine Angelegenheit gut ausgegangen, oder ein Gewinn wird dir mitgeteilt, oder du erhältst einen netten und persönlichen Brief, der dich sehr glücklich macht. Dies kann zum Beispiel ein Liebesbrief oder ein Versöhnungsbrief sein. Es kann auch sein, daß dir in der nächsten Zeit in einem Brief mitgeteilt wird, daß du Geld, das du sehr nötig hast, von einer bestimmten Person bekommen wirst.

Sieh nach, welche Karte sich im 21. Haus befindet. Befindet sich dort eine rote Karte und fällt die KREUZ NEUN in ein rotes Haus, so wirst du sehr bald eine gute Nachricht erhalten, und du wirst darüber überglücklich sein, denn auf diese Nachricht hast du schon sehr lange gewartet. Befindet sich eine Kreuz-Karte im 21. Haus und fällt die KREUZ NEUN in ein Kreuz-Haus oder in ein rotes Haus, dann kann es sein, daß du von deiner Familie eine Einladung zu einer Versöhnungsfeier bekommen wirst oder daß deine Geschäftspartner sich mit dir versöhnen wollen. Möglicherweise versendest du selbst ein Versöhnungsschreiben. Es kann auch sein, daß du in der nächsten Zeit selbst zu schreiben beginnst, dies können Gedichte oder auch ein Roman sein.

Befindet sich aber im 21. Haus eine PIK-KARTE und fällt die KREUZ NEUN in ein PIK- oder Kreuz-Haus, so ist es möglich, daß du einen Brief erhalten wirst, der dich unglücklich stimmen wird. Vielleicht wirst du selbst jemandem in einem Brief etwas mitteilen, das den anderen sehr unglücklich machen wird. Gib acht, was du in Briefen schreibst. Solltest du eine schlechte Nachricht erhalten, so ärgere dich nicht darüber. Mache lieber die Atemübungen regelmäßig! Diese werden dich wieder glücklicher stimmen.

## KARO ZEHN · 17. HAUS

### GELD · FINANZEN · BÖRSE · EINNAHMEN · AUSGABEN

Im Haus des Glücks wird dir mitgeteilt, daß du in der kommenden Zeit sehr viel Glück in Geldangelegenheiten haben könntest. Möglicherweise spekulierst du erfolgreich an der Börse oder kannst ein bestimmtes Objekt mit einem großen Gewinn günstig verkaufen oder kaufst dir etwas, das später einen enormen Wertzuwachs erhält. Es kann auch sein, daß du als Finanzberater tätig sein wirst. Die Zeit ist günstig für Geldangelegenheiten, doch solltest du beachten, daß Geld allein nicht alles Glück dieser Erde bedeutet. Vergiß nicht, alles im Leben ist eine Prüfung, so auch das Glück.

Sieh nach, welche Karte sich im 17. Haus befindet. Befindet sich dort eine rote Karte und fällt die KREUZ NEUN in ein rotes Haus, so wirst du ganz sicher Glück in Geldangelegenheiten haben. Diese Glückssträhne wird aber nur von kurzer Dauer sein, darum nutze die Chance rechtzeitig! Wenn du Glück im Spiel haben möchtest, dann müssen sich in den Häusern 3, 9, 13 und 27 Karo-Karten oder zumindest Herz-Karten befinden. Sollten die KARO SIEBEN, die KARO ACHT, der KARO KÖNIG sowie der HERZ KÖNIG in ihre eigenen Häuser oder in Karo-Häuser fallen, dann scheinst du das große Los im Leben gezogen zu haben. Befindet sich im 17. Haus eine Kreuz-Karte und fällt die KREUZ NEUN in ein Kreuz-Haus oder in ein rotes Haus, so wirst du Glück bei der Finanzierung eines Familienprojektes oder eines Geschäftes haben. Es kann sich um eine langfristige, vertraglich abgesicherte Sache handeln. Ziehe auch das 9. Haus mit zur Deutung heran. Rote Karten und Kreuz-Karten sind für langfristige Verträge sehr gut. PIK-KARTEN könnten Schwierigkeiten bedeuten.

Befindet sich aber im 17. Haus eine PIK-KARTE und fällt die KREUZ NEUN in ein PIK- oder Kreuz-Haus, so solltest du lieber noch abwarten, wenn du dein Geld durch Glücksspiele verdoppeln möchtest. Es könnte sein, daß du alles, was du zur Zeit besitzt, verspielen oder an Heuchler verlieren würdest. Mache auch immer die Atemübungen! Durch sie wirst du lernen, dein Glück nicht leichtfertig aufs Spiel zu setzen.

## KARO NEUN · 5. HAUS

### ÜBERRASCHUNG · ÜBERRASCHUNGEN · KLEINE FINANZEN

Im Haus des Glücks wird dir mitgeteilt, daß du sehr bald durch eine wunderbare und glückliche Wendung deines Lebens überrascht werden wirst. Niemals mehr wirst du so glücklich sein wie in dieser Zeit. Es muß aber keine kurze Zeit sein, sie kann lange andauern, wenn du es verstehst, dir das Glück richtig einzuteilen. Es kann sogar sein, daß man dich eines Tages bewundern wird für die leichte Art, in der du das Leben meisterst. Versuche diese Zeit für dich und andere zu nutzen und hilf denen, die den Weg ins Glück noch nicht erkannt haben.

Sieh nach, welche Karte sich im 5. Haus befindet. Befindet sich dort eine rote Karte und fällt die KREUZ NEUN in ein rotes Haus, so wirst du ein gutes und erfolgreiches Leben führen, ein Leben, das auch den anderen viel bringen kann, und du wirst immer wieder neue Erkenntnisse sammeln können. Befindet sich im 5. Haus eine Kreuz-Karte und fällt die KREUZ NEUN in ein Kreuz-Haus, so wirst du sehr bald eine glückliche Familie haben. Befindet sich die KREUZ NEUN in einem roten Haus, dann kann es sein, daß du bald einen kleineren Gewinn im Lotto oder Toto machen wirst. Deute das 17. Haus mit. Wenn sich dort eine Karo-Karte befindet und die KARO ZEHN in ein Karo-Haus fällt, dann ist es ein sicheres Zeichen für einen Gewinn. Das gilt aber nur für die Zeit unmittelbar nach dem Lesen dieser Deutung.

Befindet sich aber im 5. Haus eine PIK-KARTE und fällt die KREUZ NEUN in ein PIK- oder Kreuz-Haus, so scheinst du zur Zeit mit deinem Leben nicht zufrieden zu sein. Auch solltest du in den nächsten Wochen achtgeben, daß du nicht beim Spiel verlierst. Versuche auch, dir einen Notgroschen für schlechte Zeiten anzulegen, und mache die Atemübungen regelmäßig! Sie werden dir helfen, dein Leben besser zu gestalten.

## KARO ACHT · 27. HAUS

### Erbe · Erbschaften · Hinterlassenschaften · Bekommen

Im Haus des Glücks wird dir mitgeteilt, daß du durch Glück Geld gewinnen oder eine größere Geldsumme bekommen wirst. Es kann sein, daß jemand sein altes Versprechen einhält und dir eine größere Geldsumme gibt. Vielleicht bekommst du auch von jemandem aus der Familie eine größere Geldsumme geschenkt. Es ist auch möglich, daß du in der Zukunft ein sicheres, ständiges Einkommen haben wirst – zum Beispiel durch ein Miethaus, das dir jemand vermacht. Vielleicht hast du einmal jemandem geholfen, und dieser hilft dir nun mit einer größeren Geldsumme aus.

Sieh nach, welche Karte sich im 27. Haus befindet. Befindet sich dort eine rote Karte und fällt die KREUZ NEUN in ein rotes Haus, so kannst du ganz sicher sein, daß du bald eine Geldsumme oder ein Geschenk erhalten wirst. Deute auch das 17. Haus mit. Hier kannst du erkennen, ob es sich um eine größere Geldsumme handeln wird oder um eine kleinere. Wenn sich eine Karo-Karte im 17. Haus befindet, so wird es eine größere Summe sein; wenn außerdem die KARO ZEHN in ein Karo-Haus fällt, so wird die Geldsumme sehr groß sein. Andere Karten haben eine andere Bedeutung, eine Herz-Karte würde zum Beispiel bedeuten, daß du etwas Liebe geschenkt bekommst. Eine Kreuz-Karte könnte bedeuten, daß du ein Firmengeschenk bekommst, und eine PIK-KARTE würde bedeuten, daß du etwas bekommen solltest, dieses aber nicht bekommst. Befindet sich eine Kreuz-Karte im 27. Haus und fällt die KREUZ NEUN in ein Kreuz-Haus oder in ein rotes Haus, so wirst du eine größere Erbschaft machen. Es kann auch sein, daß du dein Einkommen verbessern wirst.

Befindet sich aber im 27. Haus eine PIK-KARTE und fällt die KREUZ NEUN in ein PIK- oder Kreuz-Haus, so wird ein Versprechen, das man dir gegeben hat, nicht eingehalten werden. Gib dich nicht mit leeren Versprechungen zufrieden, sondern laß dir alles schwarz auf weiß geben, um später Streitereien und Mißverständnisse vermeiden zu können. Mache immer die Atemübungen! Durch sie lernst du, über den Dingen zu stehen und nicht auf Versprechungen zu bauen.

## KARO SIEBEN · 3. HAUS
### ERFOLG · KARRIERE · AUFSTIEG · LEISTUNG

Im Haus des Glücks wird dir mitgeteilt, daß du durch eine sehr gute und glückliche Situation Erfolg in deinem Leben haben wirst, auch wenn du bisher noch keinen Erfolg hattest. Wenn du dich auch innerlich darauf einstellst, so wird diese Situation bald eintreffen. Lerne dir immer vorzusagen: »Ich bin ein glücklicher, positiver, erfolgreicher und gesunder Mensch.« Sage dir das mehrmals täglich im Geiste vor, und du wirst bald merken, wie daraus eine Schwingung entsteht, die für dich arbeitet. Möglicherweise wirst du dich in naher Zukunft an einem Geschäft beteiligen, daß zuerst gar nicht nach einem Erfolg aussehen wird, aber deine innere Stimme wird dir die nötige Kraft geben, das Richtige zu tun, und du wirst dein Ziel erreichen und dich selbst bestätigen können. Wenn du merkst, daß du auf dem richtigen Weg bist, dann bleibe auf diesem Weg, denn er wird dein Erfolgsweg sein.

Sieh nach, welche Karte sich im 3. Haus befindet. Befindet sich dort eine rote Karte und fällt die KREUZ NEUN in ein rotes Haus, so wirst du sehr bald Glück haben und in Zukunft ein erfolgreicher Mensch sein. Nichts steht dir mehr im Wege, dir wird alles gelingen, was du dir erträumt hast. Gib aber trotzdem acht, daß du die anderen nicht vergißt, die Menschen, die vielleicht auch ein bißchen zu deinem Erfolg beigetragen haben. Befindet sich eine Kreuz-Karte im 3. Haus und fällt die KREUZ

NEUN in ein Kreuz-Haus oder in ein rotes Haus, so wirst du durch Glück sehr viel Erfolg mit deiner Familie haben, aber auch durch dein Wissen wirst du Erfolge verbuchen können. Du wirst in Zukunft gute Geschäfte machen, und dein Einkommen wird sich bedeutend verbessern.

Befindet sich aber im 3. Haus eine PIK-KARTE und fällt die KREUZ NEUN in ein PIK- oder Kreuz-Haus, so scheinst du in der nächsten Zeit vom Pech verfolgt zu werden und auch noch selbst an deinem Unglück schuld zu sein. Versuche die Atemübungen regelmäßig zu machen. Sie werden dir helfen, auch aus den negativen Erfahrungen sehr viel zu lernen.

# KREUZ

## KREUZ AS · 20. HAUS

GESCHENK · GESCHENKE (MIT PIK AS: TOD · LAST)

Im Haus des Glücks wird dir mitgeteilt, daß du sehr glücklich bist, weil man dir etwas schenkt; du freust dich über jede Kleinigkeit, die man dir gibt. Du wirst in der nächsten Zeit einen Vorschlag bekommen, der dein Leben verändern wird, wenn du ihn annimmst. Die Zeit ist gut für einen Neubeginn. Sei unbesorgt, das Glück wird dabei auf deiner Seite sein, auch wenn du noch nicht daran glaubst. Vielleicht wird dir jemand einen Antrag privater oder beruflicher Art machen. In diesem Fall solltest du die dafür zuständigen Häuser mit zur Deutung heranziehen. Rote Karten und Kreuz-Karten sind sehr positiv, bei PIK-KARTEN ist Vorsicht angebracht. Glaube nicht alles, was man dir verspricht.

Sieh nach, welche Karte sich im 20. Haus befindet. Befindet sich dort eine rote Karte und fällt die KREUZ NEUN in ein rotes Haus, so wirst du bald eine sehr schöne Zeit erleben, die dir wie ein Geschenk des Himmels vorkommen wird. Du kannst in dieser Zeit alles erreichen, was du willst, denn das Glück ist auf deiner Seite. Befindet sich im 20. Haus eine Kreuz-Karte oder eine rote Karte, so wirst du in den nächsten Wochen von deiner Familie oder einem Geschäftsfreund ein Geschenk erhalten, über das du dich sehr freuen wirst. Es wird vielleicht ein Talismann sein. Benütze ihn, denn man hat ihn dir aus Liebe und Überzeugung geschenkt, und er wird dir in Notzeiten Glück bringen. Ein solcher Talisman kann dir helfen, die Verbindung zu Gott aufrechtzuerhalten und dadurch deinen Glauben zu festigen.

Befindet sich aber im 20. Haus eine PIK-KARTE und fällt die KREUZ NEUN in ein PIK- oder Kreuz-Haus, wirst du umsonst auf ein Geschenk warten oder auch ein Geschenk bekommen, das dich nicht sehr glücklich machen wird. Vielleicht möchte man dir sogar etwas antun mit dem Geschenk. Mache immer die Atemübungen! Sie sind ein wahres Geschenk für dich.

## KREUZ KÖNIG · 10. HAUS

FERIEN · URLAUB · VATER · ONKEL · GROSSVATER

Im Haus des Glücks wird dir mitgeteilt, daß du nach deinem nächsten Urlaub Glück haben und ein sehr gutes Angebot bekommen wirst, und zwar entweder von deinem derzeitigen Arbeitgeber oder von einer anderen Firma. Vielleicht planst du bereits eine Änderung, die zu deinem Vorteil sein wird. Du wirst spüren, wie nahe dir das Glück ist, wenn du dich in Zukunft positiv darauf einstellst. Es kann sein, daß du Glück haben wirst, was immer du in Zukunft machen wirst. Behalte dir diese gesunde Einstellung bei, denn sie wird dir auch helfen, wenn einmal nicht alles nach deinen Wünschen geht.

Sieh nach, welche Karte sich im 10. Haus befindet. Befindet sich dort eine rote Karte und fällt die KREUZ NEUN in ein rotes Haus, so wird dein nächster Urlaub sehr schön werden, und was darauf folgt, wirst du mit viel neuem Optimismus angehen und durchführen. Neue Kontakte und neue Ideen werden sich dir eröffnen. Versuche auch, deine Träume aufzuschreiben, vielleicht kannst du einiges für die Zukunft daraus lernen, denn Träume sind Spiegelbilder der Seele. Durch die Atemübungen können wir unser Bewußtsein erweitern. Im Traum hingegen offenbart sich unser Unbewußtes. Befindet sich im 10. Haus eine Kreuz-Karte und fällt die KREUZ NEUN in ein Kreuz-Haus oder in ein rotes Haus, so wirst du möglicherweise in den nächsten Tagen deiner Familie einen Besuch abstatten oder von ihr einen Besuch erhalten. Es wird ein sehr glückliches Zusammentreffen sein, weil du jemanden aus deiner Familie wiedersiehst, den du schon lange nicht mehr gesehen hast.

Befindet sich aber im 10. Haus eine PIK-KARTE und fällt die KREUZ NEUN in ein PIK- oder Kreuz-Haus, so solltest du dir das Angebot, das man dir macht, noch einmal genauestens überlegen, denn es könnte Unglück für dich bedeuten. Mache die Atemübungen regelmäßig! Sie werden dir helfen zu wissen, was gut für dich ist und was nicht.

## KREUZ DAME · 30. HAUS

UNTERSUCHER · UNTERSUCHUNGEN · MUTTER · TANTE · GROSSMUTTER

Im Haus des Glücks wird dir mitgeteilt, daß du in der nächsten Zeit sehr viel Glück haben wirst. Du solltest dir aber das Glück gut einteilen und nicht zu übermütig werden. Es ist auch möglich, daß jemand aus deiner

Familie dir Glück bringt oder daß eine Untersuchung beim Arzt, bei der Polizei oder beim Gericht für dich gut ausgehen wird. Es kann auch sein, daß du selbst etwas untersuchen läßt, und das Ergebnis wird positiv sein. Möglicherweise wirst du jemanden aus der Familie zu einer Untersuchung begleiten, die gut ausgehen wird.

Sieh nach, welche Karte sich im 30. Haus befindet. Befindet sich dort eine rote Karte und fällt die KREUZ NEUN in ein rotes Haus, so wirst du in der nächsten Zeit sehr viel Glück haben und von Menschen umgeben sein, die dir sehr gefallen. Du wirst mit anderen zusammen Untersuchungen vornehmen, die sehr erfreuliche Ergebnisse haben werden. Solltest du zum Beispiel in einem Labor arbeiten, so kann es sein, daß du mit jemandem eine neue und erfolgreiche Versuchsreihe starten wirst. Vielleicht wirst du etwas entdecken, das für die Menschheit von großer Bedeutung sein wird. Befindet sich eine Kreuz-Karte im 30. Haus und fällt die KREUZ NEUN in ein Kreuz-Haus oder in ein rotes Haus, dann kann es sein, daß du jemanden aus deiner Familie suchen wirst. Die Suche wird zwar sehr lange dauern, aber deine Ausdauer wird sich lohnen. Möglicherweise suchst du mit deinem Geschäftspartner einen Fehler in der Bilanz, und ihr werden durch Glück darauf stoßen.

Befindet sich aber im 30. Haus eine PIK-KARTE und fällt die KREUZ NEUN in ein PIK- oder Kreuz-Haus, so könnte es sein, daß eine Untersuchung gegen dich schlecht ausfallen wird. Vielleicht arbeitest du in deinem Beruf nicht ordentlich, und man wird eine Untersuchung gegen dich einleiten, die negativ für dich ausgeht. Ändere dich lieber beizeiten und mache die Atemübungen regelmäßig! Du wirst sehr bald merken, daß vieles im Leben anders und besser gemacht werden kann.

## KREUZ BUBE · 15. HAUS

### FAMILIE · SOHN · NEFFE (MIT DAME: TOCHTER · NICHTE)

Im Haus des Glücks wird dir mitgeteilt, daß du mit jemandem aus deiner Familie eine sehr gute Investition machen wirst, die euch beiden einen hohen Profit einbringen wird. Deine Finanzen werden sich in der nächsten Zeit durch Glück verbessern lassen. Zur Zeit hast du die Möglichkeit, mit allem Geld zu machen, du mußt dir nur noch den richtigen Ruck geben und anfangen. Das Geld wird von den verschiedensten Seiten kommen, und es kann sein, daß du einmal von sehr vielen Menschen Geld bekommen wirst.

Sieh nach, welche Karte sich im 15. Haus befindet. Befindet sich dort eine rote Karte und fällt die KREUZ NEUN in ein rotes Haus, sollte sich außerdem im 17. Haus eine Karo-Karte befinden und die KARO ZEHN in ein rotes Haus fallen, so wirst du möglicherweise Glück in der Lotterie haben und einen Riesengewinn machen. Du könntest aber auch einen Riesengewinn durch den Kauf von Wertpapieren machen, dann müssen sich in den Häusern 3, 5, 9 und 17 Karo-Karten befinden, und die KARO SIEBEN, KARO NEUN, KARO ZEHN und der KARO KÖNIG müssen in ihre eigenen oder in rote Häuser fallen. Sollten sie in Kreuz-Häuser fallen, so würde der Gewinn nicht so groß ausfallen. Befindet sich im 15. Haus eine Kreuz-Karte und fällt die KREUZ NEUN in ein Kreuz-Haus oder in ein rotes Haus, dann könnte es sein, daß jemand aus deiner Familie schon vor längerer Zeit eine gute Investition gemacht hat und du nun am Gewinn beteiligt wirst. Auch sind die Zeiten sehr günstig für Verkäufe und für kleinere Gewinne in der Lotterie.

Befindet sich aber im 15. Haus eine PIK-KARTE und fällt die KREUZ NEUN in ein PIK- oder Kreuz-Haus, so scheinst du jemanden in deiner Familie zu haben, der dich nicht leiden kann. Du solltest dieser Person aus dem Wege gehen, denn sie würde versuchen, dich immer nur schlechtzumachen. Vielleicht weißt du schon, um welche Person es sich hier handelt. Ärgere dich nicht über sie, sondern mache lieber die Atemübungen! Die Menschen werden von selbst darauf kommen, daß diese Person nur Lügen über dich verbreitet, und keine Verteidigung ist oft die beste Verteidigung.

## KREUZ ZEHN 8. HAUS

REISE · STRASSE · WASSER · MEER

Im Haus des Glücks wird dir mitgeteilt, daß du sehr bald Glück haben wirst, wenn du einen Ortswechsel vornehmen möchtest. Es kann auch sein, daß du in der nächsten Zeit deine Firma wechseln möchtest oder daß deine Firma dich an einem andern Ort oder in einem andern Land einsetzen wird. Vielleicht ist das sogar dein eigener Wunsch. Auf alle Fälle wird dir diese Änderung viel Freude und Glück bringen, und du wirst dich besser als bisher entfalten können. Sollte ein solches Angebot kommen, dann greife zu, denn dies wird für dich eine einmalige Chance sein, die in deinem ganzen Leben nicht wieder kommen wird.

Sieh nach, welche Karte sich im 8. Haus befindet. Befindet sich dort eine rote Karte und fällt die KREUZ NEUN in ein rotes Haus, so wird dir sicherlich sehr bald eine Änderung bevorstehen oder ein Angebot gemacht werden, und in beiden Fällen wird es Glück für dich bedeuten. Befindet sich eine Kreuz-Karte im 8. Haus, speziell die KREUZ NEUN, so wird deine Veränderung mit dem Meer und großer Entfernung zu tun haben, das heißt, du wirst über das große Wasser gehen und dir eine neue Zukunft in einem fremden Land aufbauen. Diese Veränderung wird dir viel Neues bringen, und du wirst sehr glücklich darüber sein. Befindet sich im 8. Haus eine andere Kreuz-Karte und fällt die KREUZ NEUN in ein Kreuz-Haus oder rotes Haus, so werden deine Veränderungen das angrenzende Ausland betreffen. Es kann auch sein, daß du mit deiner Familie umziehen oder vom Wohnort zur Arbeit pendeln wirst.

Befindet sich aber im 8. Haus eine PIK-KARTE und fällt die KREUZ NEUN in ein PIK- oder Kreuz-Haus, so solltest du in der nächsten Zeit keine Veränderungen vornehmen, denn das Glück wäre nicht auf deiner Seite. Wenn du vorhast, ins Ausland zu gehen, so wäre es besser, damit noch zu warten und dir alles noch einmal genau durch den Kopf gehen zu lassen. Zu rasch macht man einen unüberlegten Schritt. Versuche die Atemübungen regelmäßig zu machen! Damit wirst du dir bald im klaren sein, was für dich das beste ist.

## KREUZ NEUN · 31. HAUS
### GLÜCK · KLEINE REISE · RISIKO

Im Haus des Glücks und wenn, wie in diesem Fall, die KREUZ NEUN in ihr eigenes Haus fällt, wird dir mitgeteilt, daß für dich in der kommenden Zeit alles glatt verlaufen wird. Es ist ein sehr gutes Omen für dich, und dir kann jetzt vieles gelingen, das du schon längere Zeit vorhattest. Du mußt nur selbst wissen, was für dich von Wichtigkeit ist, und darin wirst du auch Glück haben.

Sieh nach, welche Karte sich im 18. Haus befindet, denn daraus kannst du erkennen, wann für dich das Glück eintreten wird. Befindet sich zum Beispiel eine Herz-Karte im 18. Haus, so deutet das auf den Frühling hin. Dazu solltest du das 4. Haus mitdeuten: Es müßte sich auch dort eine Herz-Karte befinden. Sollte sich dort eine Karo-Karte befinden, so könnte es Glück im Frühling und im Sommer bedeuten. Eine Kreuz-Karte würde Glück im Frühling und Herbst, eine Pik-Karte würde

Glück im Frühling und Winter bedeuten. Herz bedeutet Frühling, Karo bedeutet Sommer, Kreuz bedeutet Herbst, und Pik bedeutet Winter. Wenn du nun zum Beispiel eine Reise planst, so mußt du nachsehen, welche Karten sich im 8. und im 18. Haus befinden. Befindet sich zum Beispiel im 18. Haus eine Kreuz-Karte und im 8. Haus eine Pik-Karte, dann würde das bedeuten, daß die Zeit von Herbst bis Winter am besten für die geplante Reise geeignet ist. Solltest du wissen wollen, wann für dich der beste Heiratstermin ist, dann deute das 18. und das 11. Haus. Befinden sich zum Beispiel Karo-Karten in beiden Häusern, dann käme der Sommer für die Hochzeit in Frage.

Nun kann man aber auch noch nachsehen, in welche Häuser die zu den befragten Häusern gehörenden Karten fallen, wobei Rot immer als positiv und vermehrend und Schwarz immer als negativ und vermindernd gilt. Mache auch immer die Atemübungen! Dann wird dir die Bedeutung der Karten immer klarer werden.

## KREUZ ACHT · 26. HAUS

### Neue Unternehmungen · Mut · Heldentat

Im Haus des Glücks wird dir mitgeteilt, daß ein geschäftlicher Zusammenschluß oder eine geschäftliche Verbindung für dich sehr glücklich und vorteilhaft sein könnte. Du mußt aber bedenken, daß nicht nur dein Wissen allein, sondern auch dein Glück dir weitergeholfen hat. Du solltest diesem Glück dankbar sein und vielleicht irgendeiner Institution oder einer sozialen Einrichtung etwas spenden, denn es gibt viele, die nicht auf der Sonnenseite des Lebens stehen. Zeitweise scheinst du dich zu sehr in deinem Glück zu wiegen und dabei die andern zu vergessen.

Sieh nach, welche Karte sich im 26. Haus befindet. Befindet sich dort eine rote Karte und fällt die KREUZ NEUN in ein rotes Haus, so werden deine Zukunftspläne sehr rasch in Erfüllung gehen. In deinem Glück wirst du auch anderen Menschen helfen; andernfalls würde das Glück nur von kurzer Dauer sein. Befindet sich im 26. Haus eine Kreuz-Karte und fällt die KREUZ NEUN in ein Kreuz-Haus oder in ein rotes Haus, so wird dir jemand aus deiner Familie oder deinem Freundeskreis zur Seite stehen, wenn du ein neues Unternehmen starten möchtest. Vielleicht wirst du einmal jemandem das Leben retten, und dadurch wird sich auch dein Leben verändern. Das Glück wird mit dir sein, denn du zeigst Mut, aber überschätze deine Kraft nicht!

Befindet sich aber im 26. Haus eine PIK-KARTE und fällt die KREUZ NEUN in ein PIK- oder Kreuz-Haus, so solltet du nicht so viel prahlen oder schwatzen. Du willst dich damit ins Licht rücken, weil du sonst kaum Beachtung finden würdest. Hast du schon einmal darüber nachgedacht, wie eitel und überheblich du bist? Mache regelmäßig die Atemübungen! Dann wirst du dich selbst erkennen und versuchen, dich zu bessern.

## KREUZ SIEBEN · 14. HAUS

### NACHRICHTEN · BOTSCHAFT · TRÄNEN · LEID

Im Haus des Glücks wird dir mitgeteilt, daß ein Anruf oder ein Brief dich sehr glücklich machen wird, da du schon längere Zeit auf eine Nachricht von einer bestimmten Person gewartet hast. Wenn du diese Nachricht bekommst, werde nicht übermütig, denn du könntest dir sonst einiges verderben. Vielleicht wirst du selbst jemandem eine positive Nachricht übermitteln, und das wird dich glücklich machen, oder du wirst jemandem eine Botschaft überbringen, von der du selbst profitieren wirst. Möglicherweise wirst du in deinem Leben oft Nachrichten oder Botschaften übermitteln müssen.

Sieh nach, welche Karte sich im 14. Haus befindet. Befindet sich dort eine rote Karte und fällt die KREUZ NEUN in ein rotes Haus, so wirst du sehr bald eine wichtige Nachricht erhalten, die dein künftiges Leben beeinflussen wird. Es wäre klug, sich danach zu richten, denn diese Nachricht ist zu deinem Vorteil gedacht. Die kommende Zeit ist für Verhandlungen sehr gut. Wichtige Neuigkeiten werden dich in Kürze erreichen. Befindet sich eine Kreuz-Karte im 14. Haus und fällt die KREUZ NEUN in ein Kreuz-Haus oder in ein rotes Haus, dann kann es sein, daß du in der nächsten Zeit eine sehr wichtige Nachricht oder eine Einladung von deiner Familie erhalten wirst oder daß du selbst eine Einladung oder eine wichtige Nachricht an deine Familie schickst. Möglicherweise wirst du in der nächsten Zeit interessante geschäftliche Einladungen bekommen, die mit wichtigen Nachrichten verbunden sein werden und die dich sehr glücklich machen werden. Die Zeiten sind gut für neue geschäftliche Verbindungen, wenn sich auch im 25. Haus eine rote Karte oder eine Kreuz-Karte befindet und wenn das KARO AS in ein rotes oder in ein Kreuz-Haus fällt. PIK-KARTEN bedeuten, vorsichtig zu sein!

Befindet sich aber im 14. Haus eine PIK-KARTE und fällt die KREUZ NEUN in ein PIK- oder Kreuz-Haus, so scheinst du eine Mitteilung zu bekommen, die dich sehr unglücklich machen wird. Halte den Kopf hoch und sei nicht traurig darüber! Mache auch die Atemübungen regelmäßig! Dann wirst du bald wieder lachen können, auch wenn nicht alles so verläuft, wie du es wünschest.

# PIK

## PIK AS · 24. HAUS

Tod · Unfall · Schicksalsschläge · Qual · Not

Im Haus des Glücks wird dir mitgeteilt, daß du infolge eines Todesfalls mehr Glück in finanzieller Hinsicht haben wirst. Das kann der Fall sein durch eine Erbschaft, vielleicht aber bekommst du die Stelle eines verstorbenen Kollegen, oder du wirst sogar selbst die Firmenleitung übernehmen. Es kann auch sein, daß du durch einen Todesfall Zuwachs in deiner Familie bekommst, der dir zwar am Anfang nicht recht passen, aber dann doch sehr große Freude bereiten wird. Das Schicksal geht oft seltsame Wege, und der Tod soll für uns Menschen nichts Böses bedeuten, sondern nur der Übergang in eine andere Dimension sein. Wenn die Seele noch nicht gereift ist, wird uns vielleicht durch eine Wiedergeburt die Möglichkeit gegeben, Fehler gutzumachen, die wir im vorhergegangenen Leben gemacht haben.

Sieh nach, welche Karte sich im 24. Haus befindet. Befindet sich dort eine rote Karte und fällt die KREUZ NEUN in ein rotes Haus, dann wirst du einmal in deinem Leben eine große Erbschaft machen, vielleicht schon in naher Zukunft. Befindet sich im 24. Haus eine Kreuz-Karte und fällt die KREUZ NEUN in ein Kreuz-Haus oder in ein rotes Haus, dann kann es sein, daß dir jemand etwas hinterläßt, das dich sehr freuen und glücklich machen wird, weil es eine nette Erinnerung an die verstorbene Person sein wird. Es kann auch sein, daß du in der nächsten Zeit jemanden zu einem Begräbnis begleiten wirst. Es ist aber auch möglich, daß du für jemanden einen Nachlaß regeln wirst und dabei selbst etwas behalten darfst, das dir gefällt und das dich sehr glücklich machen wird.

Befindet sich aber im 24. Haus eine PIK-KARTE und fällt die KREUZ NEUN in ein PIK- oder Kreuz-Haus, dann könnte es sein, daß es für dich in der nahen Zukunft einen Schicksalsschlag durch einen Unfall oder durch eine Katastrophe geben wird. Sei in der nächsten Zeit sehr vorsichtig auf der Straße. Deute auch das 8. Haus mit. Befindet sich dort eine rote Karte, dann wird das Schicksal dich noch einmal verschonen. Mache immer die Atemübungen! Diese werden dich stärken, wenn dich einmal Not oder Leid treffen sollte.

## PIK KÖNIG · 28. HAUS

RUFER · BEHÖRDE · SCHULE · SPITAL · INSTITUTION

Im Haus des Glücks wird dir mitgeteilt, daß dein Glück etwas mit einem Schreiben oder Anruf zu tun hat, auf den du wartest. Jemand wird dir etwas Wichtiges mitteilen, er wird dir möglicherweise eine gute Investition vorschlagen oder die Nachricht überbringen, daß du etwas gewonnen hast. Vielleicht findest du durch eine Mitteilung etwas heraus, nach dem du schon lange gesucht hast, oder kannst endlich ein bestimmtes Werk vollenden, zu dem du lange gebraucht hast. Du hast das letzte Steinchen zu einem Mosik gefunden; nun hast du ein klares Bild vor dir, und das macht dich sehr glücklich.

Sieh nach, welche Karte sich im 28. Haus befindet. Befindet sich dort eine rote Karte und fällt die KREUZ NEUN in ein rotes Haus, so wirst du in der nächsten Zeit entweder einen Prozeß gewinnen oder jemandem etwas präsentieren können, worauf man schon lange gewartet hat. Es kann sein, daß in der nächsten Zeit dein Geist klarer werden wird und daß viele Dinge für dich ein anderes Gesicht bekommen. Befindet sich im 28. Haus eine Kreuz-Karte und fällt die KREUZ NEUN in ein Kreuz-Haus oder in ein rotes Haus, dann kann es sein, daß du eine Nachricht von deiner Familie über einen Rechtsfall bekommen wirst oder daß du und deine Familie vor Gericht geladen werden. Möglicherweise wirst du auch jemanden vor Gericht vertreten, und du wirst die Sache sehr gut meistern.

Befindet sich aber im 28. Haus eine PIK-KARTE und fällt die KREUZ NEUN in ein PIK- oder Kreuz-Haus, so kann es sein, daß du einen Prozeß verlieren wirst, wenn du nicht bereit bist nachzugeben. Du solltest nicht immer versuchen, mit dem Kopf durch die Wand zu gehen, denn es bringt dir mehr Schaden als Nutzen. Mache regelmäßig die Atemübungen! Sie werden dir eine große Hilfe sein.

## PIK DAME · 29. HAUS

DANKBARKEIT · DUNKLE DAME · UNDANK · NEID

Im Haus des Glücks wird dir mitgeteilt, daß jemand aus deinem Bekanntenkreis dir helfen wird und du darüber sehr glücklich sein und dieser Person auch einmal helfen wirst, sollte sie deine Hilfe eines Tages benötigen. Vielleicht hast du schon einmal jemandem geholfen, der sich daran erinnert und dir helfen wird, wenn du Hilfe brauchst. Es macht dich glücklich, zu wissen, daß jemand für dich da ist, wenn du ihn brauchst. Möglicherweise wirst du etwas finden und es so lange aufheben, bis du den Besitzer ausfindig gemacht hast, und dieser wird dir wiederum helfen, wenn du Hilfe nötig hast. Es ist auch möglich, daß du in der nächsten Zeit einer sehr großzügigen Person begegnen wirst, die dir helfen wird, deine Pläne zu verwirklichen. Es kann auch sein, daß du eine dunkle Dame treffen wirst, mit der du sehr lange befreundet sein wirst.

Sieh nach, welche Karte sich im 29. Haus befindet. Befindet sich dort eine rote Karte und fällt die KREUZ NEUN in ein rotes Haus, so wirst du eines Tages von einer sehr großzügigen Person Hilfe erhalten. Vielleicht wirst du gar nicht wissen, von wem diese Hilfe kommt. Es kann auch sein, daß du einmal von einer Dame gefördert wirst oder von ihr ein sehr schönes, wertvolles Geschenk erhältst, worüber du dich sehr freuen wirst. Möglicherweise wirst du einmal einen Menschen betreuen, der deine Hilfe hoch belohnen wird. Befindet sich eine Kreuz-Karte im 29. Haus und fällt die KREUZ NEUN in ein Kreuz-Haus oder in ein rotes Haus, dann wirst du vielleicht einmal von deiner Tante oder von jemand anderem ein sehr schönes Geschenk erhalten. Eine dunkle Dame aus deiner Familie oder aus deinem Bekanntenkreis hat nur dein Bestes im Sinn und wird dich unterstützen, wo sie kann.

Befindet sich aber im 29. Haus eine PIK-KARTE und fällt die KREUZ NEUN in ein PIK- oder Kreuz-Haus, dann kann es sein, daß du für deine Hilfe mit Undank belohnt wirst, und das wird sich sehr unglücklich stimmen. Es ist aber auch möglich, daß du selbst einmal einem Menschen gegenüber undankbar warst und dir jetzt den Kopf darüber zerbrichst, wie du es wieder gutmachen könntest. Mache immer die Atemübungen! Dann wird dir sehr bald das Richtige einfallen.

## PIK BUBE · 1. HAUS

GEGENWART · WAHRHEIT · DUNKLER MANN · UNIFORMIERTER

Im Haus des Glücks wird dir mitgeteilt, daß du in naher Zukunft jemanden um dich haben wirst, der dich um dein Glück sehr beneidet. Solltest du um dein Glück fürchten, so sage dir jeden Tag: »Ich bin ein glücklicher, positiver und gesunder Mensch.« Wenn du dir diesen Satz mehrmals in Gedanken vorsagst, dann wirst du positive Schwingungen auffangen und dir zu eigen machen können. Du baust dir dadurch einen positiven Schutzmantel gegen das Böse auf. Möglicherweise wirst du in den nächsten Tagen einem besonderen Menschen begegnen, den du sehr viel fragen wirst und der dir Antworten geben wird, die du anfänglich nicht verstehst. Denke lange darüber nach, dann wirst du seine Worte verstehen lernen.

Sieh nach, welche Karte sich im 1. Haus befindet. Befindet sich dort eine rote Karte und fällt die KREUZ NEUN in ein rotes Haus, so wirst du in Kürze das große Glück erleben, um das dich einige Leute beneiden werden. Vielleicht möchtest du ein Haus gewinnen, dann deute das 7. Haus mit. Vielleicht möchtest du Geld gewinnen, dann ziehe das 17. Haus mit zur Deutung heran. Wenn sich in diesen Häusern rote Karten oder Kreuz-Karten befinden, hast du gute Aussichten auf den Gewinn. Befindet sich im 1. Haus eine Kreuz-Karte und fällt die KREUZ NEUN in ein Kreuz-Haus oder in ein rotes Haus, dann kann es sein, daß du einen sehr guten Gewinn bei einem Geschäftsabschluß machen wirst oder daß du mit deiner Familie eine Reise gewinnst, möglicherweise bei einem Quiz.

Befindet sich aber im 1. Haus eine PIK-KARTE und fällt die KREUZ NEUN in ein PIK- oder Kreuz-Haus, dann solltest du mit deinem Glück sehr vorsichtig sein und möglichst nicht spielen und keine Verträge unterzeichnen. Sei auch auf der Straße vorsichtig, denn in der nächsten Zeit besteht erhöhte Unfallgefahr. Lasse dieses Tief vorüberziehen und mache währenddessen die Atemübungen! Du wirst sehen, daß du sehr bald wieder aus dem Tief heraus bist.

## PIK ZEHN · 32. HAUS

### SONNE · ENTFERNUNGEN · ANDERE LÄNDER · NACHT

Im Haus des Glücks wird dir mitgeteilt, daß an einem Abend in nächster Zeit das Glück zu dir kommen wird. Du wirst zuerst förmlich geschockt sein und einige Minuten brauchen, bis du dich wieder gefangen hast. Es wird etwas sein, das du nicht erwartet hast. Vielleicht hast du einmal ein Spiel oder ein Preisausschreiben mitgemacht und gewinnst jetzt eine Reise. Es kann auch sein, daß du einmal gegen Abend in ein Geschäft gehst und man dir auf einmal Blumen und Geschenke überreicht, weil du der soundsovielte Kunde bist. Es könnte auch sein, daß du eines Abends erfährst, daß dich jemand aus der Familie in ein fernes Land eingeladen hat.

Sieh nach, welche Karte sich im 32. Haus befindet. Befindet sich dort eine rote Karte und fällt die KREUZ NEUN in ein rotes Haus, dann wirst du mit Sicherheit in der nächsten Zeit ein großer Glückspilz sein. Vor lauter Glück wirst du Freudentränen vergießen. Du hast zur Zeit sehr gute Schwingungen für alles, was du unternimmst. Nutze diese Chance, denn sie wird vorübergehen. Befindet sich im 32. Haus eine Kreuz-Karte und fällt die KREUZ NEUN in ein Kreuz-Haus oder in ein rotes Haus, dann kann es sein, daß du jemandem aus deiner Familie einen guten Tip gibst, der ihm Glück bringen wird. Es könnte auch sein, daß du selbst von jemandem einen guten Tip bekommst, an dem du zwar am Anfang zweifelst, den du aber trotzdem befolgen und dabei enorm profitieren wirst. Vergiß aber auch denjenigen nicht, der dir zu deinem Glück verholfen hat.

Befindet sich aber im 32. Haus eine PIK-KARTE und fällt die KREUZ NEUN in ein PIK- oder Kreuz-Haus, dann solltest du in der nächsten Zeit den Süden und ferne Länder meiden. Gib auf deine Gesundheit acht und mache immer regelmäßig die Atemübungen!

## PIK NEUN · 23. HAUS
### DEPRESSION · UNANNEHMLICHKEITEN · KÄLTE

Im Haus des Glücks wird dir mitgeteilt, daß du in der nächsten Zeit, wenn du dein Glück herausforderst, sehr enttäuscht werden wirst, denn du wirst hoch einsetzen und alles verlieren. Jede Art von Wetten solltest du in der nächsten Zeit meiden, denn du wirst nur der Verlierer sein. Gib acht, wenn du Verträge unterzeichnest, und lies vorher das Kleingedruckte besonders genau. Vielleicht wirst du auch mit jemandem Streit haben, dieser wird für dich nur gut ausgehen, wenn du ein bißchen nachsichtiger bist. Möglicherweise hast du in einer Angelegenheit um einen Aufschub ersucht, dieser wird dir durch Glück gewährt werden. Wenn du in nächster Zeit sehr vorsichtig bist, dann wirst du dem Unglück geschickt aus dem Wege gehen und trotz allem noch dein Glück machen können.

Sieh nach, welche Karte sich im 23. Haus befindet. Befindet sich dort eine rote Karte und fällt die KREUZ NEUN in ein rotes Haus, dann wird es für dich in einer amtlichen Angelegenheit einen Aufschub geben, oder ein Prozeß wird mit einigem Glück noch einmal gut für dich ausgehen. Sei dankbar und spende dafür etwas an eine soziale Einrichtung. Befindet sich eine Kreuz-Karte im 23. Haus und fällt die KREUZ NEUN in ein Kreuz-Haus oder in ein rotes Haus, so kann es sein, daß du dich mit jemandem aus deiner Familie oder auch mit einem Geschäftspartner oder Kollegen wieder versöhnen wirst. Es kann auch sein, daß du dich über eine Kleinigkeit sehr ärgern wirst und erst später darauf kommst, daß sich der Ärger gar nicht gelohnt hat.

Befindet sich aber im 23. Haus eine PIK-KARTE und fällt die KREUZ NEUN in ein PIK- oder Kreuz-Haus, dann scheint dir ein Streit sehr auf dem Magen zu liegen. Du weißt, daß du eigentlich Schuld hast, aber kannst es nicht über dich bringen, dich zu entschuldigen. Vielleicht wird dich jemand auch sehr schwer beleidigen. Ärgere dich nicht darüber, sondern mache lieber die Atemübungen! Dann wirst du merken, daß es keinen Sinn hat, sich wegen eines Streites die Gesundheit zu ruinieren.

## PIK ACHT · 22. HAUS

### ÄRGER · ÄRGERNISSE · STREIT · VERLEUMDUNGEN

Im Haus des Glücks wird dir mitgeteilt, daß du dich selbst ins Unglück stürzen wirst, wenn du weiter so nachlässig bist. Gib acht auf deine Brieftasche und auf deine Papiere! Sei auch vorsichtig, wenn du in der nächsten Zeit jemanden zu dir in die Wohnung einlädst, den du nicht kennst. Dein Vertrauen in allen Ehren, aber nicht jeder hat es verdient. Vielleicht wirst du in der nächsten Zeit einen größeren Einkaufsbummel machen und deine Brieftasche dabei verlieren oder dir zuwenig herausgeben lassen. Versuche deine Gedanken besser beieinanderzuhalten!

Sieh nach, welche Karte sich im 22. Haus befindet. Befindet sich dort eine rote Karte und fällt die KREUZ NEUN in ein rotes Haus, so wirst du noch einmal Glück haben, solltest du deine Brieftasche verlieren. Ein ehrlicher Finder wird sie dir wieder zurückgeben. Du solltest es dir eine Warnung sein lassen und in Zukunft besser auf deine Sachen aufpassen. Befindet sich eine Kreuz-Karte im 22. Haus und fällt die KREUZ NEUN in ein Kreuz-Haus oder in ein rotes Haus, so kann es sein, daß du in der nächsten Zeit jemanden aus deiner Familie zu Unrecht verdächtigst und dadurch einen Streit vom Zaune brichst. Die Sache wird sich sehr bald aufklären, und du wirst dich entschuldigen müssen, denn du hast die Gefühle eines dir nahestehenden Menschen grundlos verletzt. Sei in Zukunft vorsichtiger mit unbewiesenen Beschuldigungen, und suche die Schuld zuerst bei dir, ehe du sie bei andern suchst.

Befindet sich aber im 22. Haus eine PIK-KARTE und fällt die KREUZ NEUN in ein PIK- oder Kreuz-Haus, dann scheinst du dich über jede Kleinigkeit zu ärgern. Du scheinst ein Prinzipienreiter zu sein und machst deine Umwelt damit nicht glücklich. Auf der einen Seite bist zu übergenau, aber auf der anderen Seite bist du sehr unkonzentriert. Mache immer die Atemübungen! Sie werden dir helfen, in Harmonie mit deiner Umwelt zu leben.

## PIK SIEBEN · 16. HAUS
### GESUNDHEIT · KRANKHEIT · KUR · OPERATION

Im Haus des Glücks wird dir mitgeteilt, daß du in der nächsten Zeit mehr für deine Gesundheit tun solltest. Falls du zur Zeit krank bist, wirst du rasch wieder gesund werden, und das wird dich sehr glücklich machen. Wenn du immer auf deine Gesundheit achtgibst, dann wirst du lange Jahre ein sehr glückliches und harmonisches Leben führen. Dabei werden dir auch die Atemübungen helfen, denn sie halten deine Seele gesund, und eine gesunde Seele hält auch deinen Geist und deinen Körper gesund. Die Atemübungen sind die »Aufbaustoffe« der Seele.

Sieh nach, welche Karte sich im 16. Haus befindet. Befindet sich dort eine rote Karte und fällt die KREUZ NEUN in ein rotes Haus, dann wirst du dich mit Sicherheit in den nächsten Wochen und Monaten einer guten Gesundheit erfreuen. Du solltest aber auch etwas dazu beitragen, daß es so bleibt. Es wäre gut, wenn du etwas Sport betreiben würdest; ältere Menschen sollten wandern und zu Hause Gymnastik machen. Befindet sich im 16. Haus eine Kreuz-Karte und fällt die KREUZ NEUN in ein Kreuz-Haus oder in ein rotes Haus, so kann es sein, daß du einen Kuraufenthalt oder einen Erholungsurlaub planst. Für jüngere Menschen könnte es bedeuten, daß sie einen Sporturlaub machen werden. Vielleicht wirst du auch in der nächsten Zeit jemanden im Krankenhaus besuchen, und diese Person wird sich sehr darüber freuen.

Befindet sich aber im 16. Haus eine PIK-KARTE und fällt die KREUZ NEUN in ein PIK- oder Kreuz-Haus, dann wäre es an der Zeit, endlich einmal einen Arzt oder Zahnarzt aufzusuchen. Alkohol und Zigaretten solltest du in Zukunft meiden. Gib auf deine Gesundheit acht und mache regelmäßig die Atemübungen!

Das 32. Haus

# PIK ZEHN

Das Haus der Sonne, der Entfernungen, der anderen Länder und der Nacht

# HERZ

## HERZ AS · 7. HAUS

Wohnung · Besitz · Haus · Eigentum

Im Haus der Sonne wird dir mitgeteilt, daß du in deinem Garten arbeiten wirst, falls du einen hast, und überprüfen wirst, ob alles dort in guter Ordnung ist. Vielleicht wirst du auch für deine Fenster neue Vorhänge kaufen oder etwas anderes für dein Haus oder deinen Garten einkaufen. Möglicherweise wirst du in der nächsten Zeit eine Gartenparty veranstalten oder zu einer Gartenparty eingeladen. Sollte es Winter sein, so kann es sein, daß du zu einer Schlittenfahrt eingeladen wirst. In der nächsten Zeit wird die Sonne für dich scheinen, aber du liebst auch den Regen, denn er ist ebenso notwendig wie Sonnenschein.

Sieh nach, welche Karte sich im 7. Haus befindet. Befindet sich dort eine rote Karte und fällt die PIK ZEHN in ein rotes Haus, dann wirst du deine Wohnung oder dein Haus renovieren lassen, oder ein Freund wird dich darum bitten, ihm bei der Renovierung seiner Wohnung zu helfen. Es kann auch sein, daß du jemandem im Garten helfen sollst, weil man weiß, daß du eine sehr gute Hand für Blumen hast. Möglicherweise wirst du dir selbst ein paar Blumen für deine Wohnung oder Pflanzen für deinen Garten anschaffen. Vielleicht bringt dir jemand Zimmerpflanzen, die du eine Zeitlang für ihn pflegen sollst. Dein Haus wird in der nächsten Zeit neu belebt werden, als würde der Frühling bei dir einziehen. Befindet sich im 7. Haus eine Kreuz-Karte und fällt die PIK ZEHN in ein Kreuz-Haus oder in ein rotes Haus, dann kann es sein, daß du von deinen Eltern oder jemandem aus deiner Familie zu einer Gartenparty eingeladen wirst oder daß du selbst deine Familie und Freunde zu dir einlädst. Möglicherweise wirst du dich in der nächsten Zeit mehr mit Pflanzenkunde beschäftigen, denn du entdeckst immer mehr deine Liebe zur Natur.

Befindet sich aber im 7. Haus eine PIK-KARTE und fällt die PIK ZEHN in ein PIK- oder Kreuz-Haus, dann solltest du auf die Qualität der Dinge achten, die du in der nächsten Zeit für deine Wohnung oder dein Haus kaufst. Lasse dich beraten und entscheide dich dann für die bessere Qualität. Mache regelmäßig die Atemübungen!

machst oder einen Partner findest, mit dem du beruflich sehr gut harmonierst.

Sieh nach, welche Karte sich im 6. Haus befindet. Befindet sich dort eine rote Karte und fällt die PIK ZEHN in ein rotes Haus, dann wirst du sehr bald jemandem begegnen, der für dich sehr von Vorteil sein wird. Befindet sich eine Kreuz-Karte im 6. Haus und fällt die PIK ZEHN in ein Kreuz-Haus oder in ein rotes Haus, dann kann es sein, daß du jemanden in der Familie hast, der sehr berühmt ist. Vielleicht wird auch eines deiner Kinder einmal sehr berühmt werden, oder du bist selbst auf dem besten Weg dazu, berühmt zu werden. Du scheinst in der nächsten Zeit viele neue Freunde zu gewinnen, und es wird für dich sehr viel zu tun geben. Ziehe auch das 25. Haus mit zur Deutung heran. Rote Karten und Kreuz-Karten sind sehr positiv, PIK-KARTEN sollten gesondert gedeutet werden.

Befindet sich aber im 6. Haus eine PIK-KARTE und fällt die PIK ZEHN in ein PIK- oder Kreuz-Haus, dann solltest du vorsichtig sein, wenn du Karriere machst, denn dein Ruhm scheint dir zu Kopfe zu steigen. Werde nicht überheblich, denn dies hat schon manchen zu Fall gebracht. Also gib acht, daß du auf dem Boden der Realität bleibst. Mache auch die Atemübungen regelmäßig! Sie werden dir helfen, mit einer positiven Ausstrahlung vor die Öffentlichkeit zu treten.

## HERZ ZEHN · 11. HAUS

### Heirat · Verbindungen · Vereine · Bruderschaften

Im Haus der Sonne wird dir mitgeteilt, daß du mit deinem Partner eine harmonische Ehe führen wirst. Solltest du noch allein sein, aber in der nächsten Zeit heiraten wollen, dann scheinst du den richtigen Partner schon gefunden zu haben oder wirst ihn in der nächsten Zeit finden. Stelle dich zum Leben positiv ein, dann wirst du auch einen positiv gestimmten Partner finden. Lasse dich nicht von der Äußerlichkeit des Menschen verleiten, sondern versuche seine innere Einstellung kennenzulernen. Verlange auch nie etwas von deinem Partner, das zu leisten du selbst nicht gewillt bist. Nutze die nächste Zeit, und du wirst einen sehr guten Gewinn machen.

Sieh nach, welche Karte sich im 11. Haus befindet. Befindet sich dort eine Herz-Karte und fällt die PIK ZEHN in ein Herz-Haus, so wirst du bald deinen Herzenspartner finden. Überprüfe aber auch das 4. Haus. Sollte sich dort eine Herz-Karte befinden, dann wird es eine glückliche

Hochzeit in deinem Leben geben. Befindet sich eine Karo-Karte im 11. Haus und fällt die PIK ZEHN in ein Karo-Haus oder in ein Herz-Haus, dann wirst du eine gute Partie machen, aber überprüfe hierzu auch das 17. Haus. Befindet sich dort eine rote Karte, dann ist diese Heirat die Chance deines Lebens. Befindet sich im 11. Haus eine Kreuz-Karte und fällt die PIK ZEHN in ein Kreuz-Haus oder in ein rotes Haus, dann wirst du heiraten und in Zukunft eine sehr glückliche Familie haben, wenn du nicht zu sehr auf materielle Dinge Wert legst. Reichtum des Herzens und der Seele, das sollte zählen!

Befindet sich aber im 11. Haus eine PIK-KARTE und fällt die PIK ZEHN in ein PIK- oder Kreuz-Haus, dann scheinst du noch nicht den geeigneten Partner gefunden zu haben. Vielleicht stellst du zu hohe Anforderungen an deinen zukünftigen Partner, bist aber selbst nicht bereit, Opfer zu bringen. Mache immer die Atemübungen! Durch sie wirst du lernen, was Toleranz ist und daß man im Leben auch Opfer bringen muß.

## HERZ NEUN · 2. HAUS

WUNSCH · WÜNSCHE · SEHNSUCHT · HOFFNUNG

Im Haus der Sonne wird dir mitgeteilt, daß dir ein Wunsch schneller in Erfüllung gehen wird, als du gedacht hast, vielleicht schon kurz nach dem Lesen dieser Karten. In den nächsten Tagen, wahrscheinlich abends, wirst du etwas Wichtiges erfahren, das kann auch deinen Wunsch betreffen. Vergiß aber nicht, wenn dir ein Wunsch in Erfüllung geht, daß du dafür dankbar sein und einer wohltätigen Einrichtung etwas spenden solltest.

Sieh nach, welche Karte sich im 2. Haus befindet. Befindet sich dort eine Herz-Karte und fällt die PIK ZEHN in ein Herz-Haus, dann scheint dein Wunsch mit Herzensangelegenheiten zu tun zu haben, und er wird dir bald in Erfüllung gehen. Ziehe auch das 4. Haus mit zur Deutung heran. Befindet sich eine Karo-Karte im 2. Haus und fällt die PIK ZEHN in ein Karo-Haus, dann scheint dein Wunsch finanzieller oder materieller Art zu sein und wird ebenfalls in Erfüllung gehen. Hier deute aber auch das 17. Haus mit, wenn es sich um Geld handeln sollte. Befindet sich im 2. Haus eine Kreuz-Karte und fällt die PIK ZEHN in ein Kreuz-Haus oder in ein rotes Haus, dann scheint dein Wunsch im familiären Bereich zu liegen. Möglicherweise wünschst du dir ein Kind, dann deute auch das 15. Haus mit. Rote Karten und Kreuz-Karten wären positiv zu deuten,

PIK-KARTEN sollten gesondert gedeutet werden, müssen aber nicht in jedem Fall negativ sein. Solltest du einen geschäftlichen Wunsch haben, dann wäre das 25. Haus mitzudeuten, sollte der Wunsch schriftlicher Natur sein, dann deute das 9. Haus mit. Rote Karten sind gut, schwarze Karten gesondert zu deuten.

Befindet sich aber im 2. Haus eine PIK-KARTE und fällt die PIK-ZEHN in ein PIK- oder Kreuz-Haus, dann scheint zur Zeit die Sonne nicht für deinen Wunsch. Du solltest in Zukunft mehr Geduld aufbringen und dich fragen, ob das, was du dir wünschst, auch wirklich notwendig ist. Mache die Atemübungen regelmäßig! Sie werden dir helfen, bescheidener zu werden.

## HERZ ACHT · 4. HAUS
LIEBE · MONDSCHEIN · ROMANZE · HERZ

Im Haus der Sonne wird dir mitgeteilt, daß die Zeit sehr gut ist für alle jene, die sich gerade erst verliebt haben. Das Alter ist dabei kein Hindernis, denn dieses Haus gilt für jung und alt. Bleibe auch in Zukunft so nett und ehrlich, hilfsbereit und zuvorkommend, wie du es jetzt bist. Sollte dich einmal dein Partner ärgern, so verzeihe ihm, denn auch du wirst einmal froh sein, wenn er dir einen Fehler verzeiht. Solltest du noch allein sein, dann wirst du bald jemanden kennenlernen, den du sehr bewundern wirst oder der dich sehr bewundern wird. Für Verheiratete bedeutet dieses Haus, daß man sich die Treue hält – in guten wie in schlechten Zeiten, so wie es versprochen wurde. Jenen, die ohne Trauschein zusammenleben, sei gesagt: Respektiert euch, seid tolerant, dann werdet ihr euch im Leben sehr gut verstehen.

Sieh nach, welche Karte sich im 4. Haus befindet. Befindet sich dort eine rote Karte und fällt die PIK ZEHN in ein rotes Haus, so wirst du sehr bald die große Liebe finden. Du wirst vor lauter Glück und Liebe nicht mehr wissen, wo dir der Kopf steht. Glaube aber nicht, daß alles von allein so bleibt. Trage Sorge zu dieser Beziehung, dann wirst du ein harmonisches Leben führen. Befindet sich eine Kreuz-Karte im 4. Haus und fällt die PIK ZEHN in ein Kreuz-Haus oder in ein rotes Haus, dann wirst du einmal eine sonnige Familie haben und möglicherweise viele Kinder. Vielleicht wirst du auch sehr viel mit Tieren zu tun haben.

Befindet sich aber im 4. Haus eine PIK-KARTE und fällt die PIK ZEHN in ein PIK- oder Kreuz-Haus, dann kann es sein, daß du dich nach einer

Romanze ganz verlassen fühlst oder daß du deine Gefühle jemand anderem gegenüber nicht zeigen kannst oder magst. Scheinbar leidest du unter einem leichten Minderwertigkeitskomplex. Mache immer die Atemübungen! Dann wirst du selbstsicherer werden.

## HERZ SIEBEN · 12. HAUS

FRÖHLICHKEIT · GUTE LAUNE · HERZLICHKEIT · FROHSINN

Im Haus der Sonne wird dir mitgeteilt, daß du dich sehr bald in sehr fröhlicher Runde befinden wirst oder daß dein nächster Sommer einer deiner schönsten werden wird. Du wirst vielleicht auf Reisen gehen oder dich verlieben oder sogar heiraten. Es wird ein Sommer sein, den du nie vergessen wirst, denn er wird ein entscheidendes positives Erlebnis für dich bringen. Du wirst sicher in deinem Leben sehr viel herumkommen, aber du liebst auch dein Zuhause und magst Kinder und Tiere sehr. Dein jetziges oder zukünftiges Heim wird sehr sonnig sein und dir viel Freude bereiten. Verbreite weiterhin frohe Laune, und du wirst bei deinen Freunden und Bekannten ebenso wie bei anderen Menschen sehr beliebt sein.

Sieh nach, welche Karte sich im 12. Haus befindet. Befindet sich dort eine rote Karte und fällt die PIK ZEHN in ein rotes Haus, so bist du ein sehr fröhlicher und optimistischer Mensch. Du nimmst das Leben von der leichten Seite, das soll aber nicht heißen, daß du nicht auch ernst sein kannst. Durch deinen Frohsinn wirst du im Leben viel erreichen und große Erfolge erzielen. Befindet sich im 12. Haus eine Kreuz-Karte und fällt die PIK ZEHN in ein Kreuz-Haus oder in ein rotes Haus, dann kann es sein, daß du mit deiner Familie sehr bald ein fröhliches Ereignis feiern wirst. Vielleicht wird es eine Taufe oder eine Hochzeit sein oder ein anderweitiger Zuwachs in der Familie. Möglicherweise wirst du auch an einer Betriebsfeier teilnehmen. Es kann auch sein, daß du zu einem Festbankett eingeladen wirst oder zu einem Jubiläum. Man liebt deine Gesellschaft und auch deine sonnige Ausstrahlung.

Befindet sich aber im 12. Haus eine PIK-KARTE und fällt die PIK ZEHN in ein PIK- oder Kreuz-Haus, dann solltest du mit deiner guten Laune nicht allzusehr übertreiben. Du scheinst nicht zu merken, daß jeder Spaß auch mal ein Ende hat, und dadurch verärgerst du die anderen Menschen. In der nächsten Zeit wäre Zurückhaltung angebracht, wenn du nicht bei Bekannten und Freunden alles verscherzen möchtest. Mache die Atemübungen! Durch sie wirst du dich in Zukunft besser beherrschen können.

# KARO

## KARO AS · 25. HAUS
### Beruf · Firma · Unternehmen · Projekte

Im Haus der Sonne wird dir mitgeteilt, daß du eine gute Hand für die Pflanzenzucht auf dem Bauernhof, im Garten, im Haus oder auf dem Balkon hast. Blumen gedeihen unter deinen Händen sehr gut, und wenn du als Landwirt arbeitest, so wirst du reiche Ernten haben. Wer sich mit der Natur versteht und mit ihr in Harmonie lebt, dem wird auch der Anbau gelingen. Auch für jene, die keinen Garten haben, sondern anderweitig mit Pflanzen oder Früchten zu tun haben, zum Beispiel für Gemüsehändler, wird es ein gutes Jahr werden. Die Ernte wird reichlich sein und die Ware von bester Qualität. Für dich wird der Tisch in der nächsten Zeit sehr reich gedeckt sein. Genieße die schönen Tage des Jahres und genieße auch die Natur, denn sie hat so viel zu bieten, und du wirst dich immer an ihr erfreuen können.

Sieh nach, welche Karte sich im 25. Haus befindet. Befindet sich dort eine rote Karte und fällt die PIK ZEHN in ein rotes Haus, so kann es sein, daß du dein Geschäft möglicherweise in der nächsten Zeit erweitern wirst. Die Zukunft hält sehr viel Arbeit für dich bereit. Befindet sich im 25. Haus eine Kreuz-Karte und fällt die PIK ZEHN in ein Kreuz-Haus oder in ein rotes Haus, so kann es sein, daß du einen Familienbetrieb übernimmst oder mit deiner Familie einen solchen gründest. Die Zeiten für einen Neubeginn sind sehr günstig, und du wirst dich über Arbeitsmangel nicht beklagen müssen. Weinbauern werden im kommenden Jahr eine sehr gute Ernte machen. Sei dem Herrn dankbar für das, was er dir gibt, und vergiß auch nie die anderen, die nicht soviel haben wie du!

Befindet sich aber im 25. Haus eine PIK-KARTE und fällt die PIK ZEHN in ein PIK- oder Kreuz-Haus, dann scheinst du deine Arbeit sehr zu vernachlässigen. Versuche mit dir ins reine zu kommen, damit du das, was du erreicht hast, nicht wieder verlierst. Mache die Atemübungen regelmäßig! Sie werden dir neuen Antrieb und neue Arbeitskraft geben.

## KARO KÖNIG · 9. HAUS
### Legale Papiere · Arzt · Anwalt · Notar

Im Haus der Sonne wird dir mitgeteilt, daß du als Arzt, Anwalt, Notar oder in einem ähnlichen Berufszweig sehr hart arbeiten wirst, denn deine Patienten oder Klienten werden immer schwierige Fälle sein. Aber solche Fälle werden dich zum Experten machen, und dein Name wird im ganzen Land, vielleicht sogar weltweit, einen guten Klang haben. Solltest du in einem anderen Beruf tätig sein, dann rechne damit, daß du in Zukunft wichtige Prozesse haben könntest, für die du dir einen guten Experten suchen solltest. Falls du zu einem Arzt gehen mußt, dann gehe zum besten, den du finden kannst, auch wenn es für dich teuer wird. Es kann dir sogar mit ein bißchen Glück passieren, daß du gar nichts zu bezahlen brauchst.

Sieh nach, welche Karte sich im 9. Haus befindet. Befindet sich dort eine rote Karte und fällt die PIK ZEHN in ein rotes Haus, so wirst du einmal sehr bekannt werden. Vielleicht wirst du durch einen Preis berühmt werden, oder man wird sehr viel über dich in den Zeitungen berichten, das kann auch den Sport betreffen. Befindet sich eine Kreuz-Karte im 9. Haus und fällt die PIK ZEHN in ein Kreuz-Haus oder in ein rotes Haus, dann kann es sein, daß du eine Familienangelegenheit mit einem Anwalt oder Arzt besprechen wirst; möglicherweise möchtest du dich und deine Familie für die Zukunft absichern. Vielleicht wirst du auch in nächster Zeit mit einer gerichtlichen Angelegenheit zu tun haben. Die Sache wird gut für dich ausgehen, wenn sich im 28. Haus eine Kreuz-Karte oder eine rote Karte befindet und wenn auch der PIK KÖNIG in ein rotes Haus fällt.

Befindet sich aber im 9. Haus eine PIK-KARTE und fällt die PIK ZEHN in ein PIK- oder Kreuz-Haus, so kann es sein, daß du in der nächsten Zeit wegen einer unangenehmen Sache einen Arzt oder einen Anwalt oder sogar das Gericht aufsuchen mußt. Versuche dich mit Hilfe von Atemübungen zu entspannen und bringe es dann hinter dich, denn wir alle müssen im Leben unangenehme Dinge erledigen, und auch du bleibst davon nicht verschont. Mache die Atemübungen regelmäßig!

## KARO DAME · 18. HAUS
### Jahreszeit · Frühjahr · Sommer · Herbst · Winter

Im Haus der Sonne wird dir mitgeteilt, daß die nächsten drei Monate für dich sehr entscheidend sein werden. Es wird dir viel gelingen, und auch eine große Chance wird dir geboten. Du solltest sie nutzen, wenn du sie erkennst. Für dich wird in der nächsten Zeit die Sonne scheinen. Du solltest aber an dir arbeiten, damit du auch weiterhin im Leben viel Sonnenschein hast. Es kann allerdings auch sein, daß du noch eine geraume Zeit brauchst, um gewisse Ziele zu erreichen. Aber mach dir keine Sorgen deswegen, auch wenn sich Hindernisse zeigen sollten. Sie werden dir ein Ansporn sein zum Weitermachen. Solltest du einmal das Gefühl des Aufgebens haben, dann mache die Atemübungen, sie werden dir seelische Kraft und neuen Antrieb geben.

Sieh nach, welche Karte sich im 18. Haus befindet. Befindet sich dort eine rote Karte und fällt die PIK ZEHN in ein rotes Haus, dann wird für dich in den kommenden drei Monaten alles gutgehen. Gehe viel in die Natur hinaus und mache dir Gedanken über deine Zukunft. Dir werden allerlei neue Ideen kommen, und diese kannst du dann in die Realität umsetzen. Befindet sich im 18. Haus eine Kreuz-Karte und fällt die PIK ZEHN in ein Kreuz-Haus oder in ein rotes Haus, dann wirst du mit deiner Familie oder mit anderen Menschen über wichtige Dinge sprechen oder diskutieren. Sei aber bei einer Diskussion nicht zu eigensinnig und lasse auch die anderen zu Wort kommen, denn du mußt auch deren Standpunkt kennen und respektieren.

Befindet sich aber im 18. Haus eine PIK-KARTE und fällt die PIK ZEHN in ein PIK- oder Kreuz-Haus, so solltest du in der nächsten Zeit, wenn es nicht unbedingt nötig ist, keine größeren Reisen unternehmen. Ziehe aber auch das 8. Haus mit zur Deutung heran. Rote Karten verringern die Gefahr, schwarze Karten sollten gesondert gedeutet werden. Mache auch regelmäßig die Atemübungen! Sie werden dir in allen schwierigen Situationen zu Ruhe und Ausgeglichenheit verhelfen.

## KARO BUBE · 21. HAUS
### Briefe · Schriftstücke · Telegramme · Bote · Freund

Im Haus der Sonne wird dir mitgeteilt, daß du sehr bald eine Nachricht erhalten wirst, die Sonnenschein in dein Leben bringt. Es kann dies eine

Einladung zu einer Reise oder eine sehr wichtige Entscheidung für dein zukünftiges Leben sein. Möglicherweise wirst du auch eine Nachricht versenden, um jemandem etwas sehr Wichtiges mitzuteilen, und dadurch wird sich auch in deinem Leben einiges verändern. Du wirst in den nächsten Tagen und Wochen viel Post bekommen. Wichtige Neuigkeiten werden dein Leben wahrscheinlich gänzlich verändern. Ziehe jeweils die Häuser, die dich am meisten interessieren, mit zur Deutung heran.

Sieh nach, welche Karte sich im 21. Haus befindet. Befindet sich dort eine rote Karte und fällt die PIK ZEHN in ein rotes Haus, so wirst du eine sehr gute Neuigkeit erfahren oder eine wichtige Nachricht erhalten. Dann wirst du strahlen wie die Sonne, denn endlich ist dir etwas gelungen, auf das du schon lange gehofft hast. Wenn es sich um die Liebe drehen sollte, dann deute auch das 4. Haus; sollte es sich um eine Reise handeln, dann beachte auch das 8. Haus; wenn es um wichtige Schriftstücke geht, dann ziehe das 9. Haus mit zur Deutung hinzu. Befindet sich eine Kreuz-Karte im 21. Haus und fällt die PIK ZEHN in ein Kreuz-Haus oder in ein rotes Haus, dann kann es sein, daß du ein sehr wichtiges Schriftstück von deiner Familie oder von Geschäftsfreunden erhalten wirst. Man wird eine schnelle Entscheidung von dir verlangen. Doch lasse dich nicht drängen! Mache, wenn du vor einer Entscheidung stehst, immer zuerst die Atemübungen, denn dadurch wirst du gute Entscheidungen treffen und niemals enttäuscht werden.

Befindet sich aber im 21. Haus eine PIK-KARTE und fällt die PIK ZEHN in ein PIK- oder Kreuz-Haus, dann wirst du in Kürze eine schlechte Nachricht erhalten, die dich erschüttern wird. Verliere aber nicht den Kopf, denn wir müssen auch lernen, mit dem Negativen zu leben. Mache immer die Atemübungen! Sie werden dich stabilisieren, und dann wird bald wieder Sonnenschein in dein Leben einkehren.

## KARO ZEHN · 17. HAUS

GELD · FINANZEN · BÖRSE · EINNAHMEN · AUSGABEN

Im Haus der Sonne wird dir mitgeteilt, daß du dir in der nächsten Zeit etwas sehr Kostbares kaufen wirst, sei es Schmuck, ein Haus oder auch teure, antike Möbel oder Bilder. Es kann auch sein, daß du in Zukunft dein Geld durch eine nicht sehr alltägliche Arbeit verdienen wirst. Sie wird dir viel Geld einbringen, denn der Reichtum scheint dir im Leben zu folgen, er kann auch über Nacht kommen.

Sieh nach, welche Karte sich im 17. Haus befindet. Befindet sich dort eine rote Karte und fällt die PIK ZEHN in ein rotes Haus, so wirst du bald über ein größeres Kapital verfügen oder eine größere Geldsumme erhalten. Sollte sich auch im 27. Haus eine rote Karte befinden und fällt auch die KARO ACHT in ein rotes Haus, so wirst du einmal eine sehr große Erbschaft machen. Wenn sich im 3. und im 5. Haus rote Karten befinden, dann wirst du ganz überraschend zu Geld und Erfolg kommen. Vielleicht wirst du eine Entdeckung machen oder etwas sehr Wertvolles so billig erstehen, daß du selbst ganz überrascht sein wirst. Befindet sich im 17. Haus eine Kreuz-Karte und fällt die PIK ZEHN in ein Kreuz-Haus oder in ein rotes Haus, so wirst du von deiner Familie oder von einem Bekannten einmal eine sehr große Geldsumme erhalten, und du wirst dann später in den Süden ziehen, denn du liebst die Sonne. Es kann auch sein, daß jemand aus deiner Familie dich ganz überraschend besuchen wird. Er hat vielleicht Karriere gemacht und möchte dir nun ein Angebot unterbreiten.

Befindet sich aber im 17. Haus eine PIK-KARTE und fällt die PIK ZEHN in ein PIK- oder Kreuz-Haus, so solltest du in der nächsten Zeit kein Angebot annehmen, auch wenn man dir großen Reichtum verspricht. Man will dich nur ausnützen und obendrein in eine nicht legale Sache verwickeln. Mache regelmäßig die Atemübungen! Sie werden dir die nötige Stärke geben, damit du solchen Verlockungen widerstehen kannst.

## KARO NEUN · 5. HAUS

ÜBERRASCHUNG · ÜBERRASCHUNGEN · KLEINE FINANZEN

Im Haus der Sonne wird dir mitgeteilt, daß du in den nächsten Tagen und Wochen eine sehr angenehme Überraschung erleben wirst. Jemand wird dir etwas bringen, über das du dich sehr freuen wirst, vielleicht einen Hund, eine Katze oder einen Vogel. Es kann auch sein, daß dir ein Tier zuläuft und du den Besitzer nicht ausfindig machen kannst. Wenn das Tier dich ausgesucht hat, so ist das ein Zeichen, daß es bei dir bleiben will und dir Glück bringen wird. Lasse es aber von einem Tierarzt untersuchen, der ihm auch die nötigen Impfungen geben kann. Dieses Tier wird dann viel Sonnenschein in dein Leben bringen. Das Schicksal der Menschen und Tiere geht seltsame Wege, und man soll sich diesen Schicksalsereignissen nicht entgegenstellen. – Es kann aber auch sein, daß du in den nächsten Tagen eine kleine Geldsumme erhalten wirst, ohne dafür sonderlich etwas geleistet zu haben.

Sieh nach, welche Karte sich im 5. Haus befindet. Befindet sich dort eine rote Karte und fällt die PIK ZEHN in ein rotes Haus, so wirst du bald eine reizende und nette Überraschung erleben. Vielleicht wirst du zu einer Hochzeit als Trauzeuge eingeladen, oder man wird dich bitten, Taufpate zu sein. Befindet sich eine Kreuz-Karte im 5. Haus und fällt die PIK ZEHN in ein Kreuz-Haus oder in ein rotes Haus, dann wird dich ein Zuwachs in deiner Familie sehr erfreuen. Es kann auch sein, daß du in deiner Firma eine nette Überraschung erleben wirst. Möglicherweise wirst du mit deiner Familie in der nächsten Zeit einen Ausflug in den Zoo machen oder den Zirkus besuchen.

Befindet sich aber im 5. Haus eine PIK-KARTE und fällt die PIK ZEHN in ein PIK- oder Kreuz-Haus, so wirst du bald eine böse Überraschung erleben. Sieh dieser Überraschung gefaßt ins Auge, sonst wirst du meinen, die Welt gehe für dich unter. Mache regelmäßig die Atemübungen! Dann wirst du lernen, auch dem Negativen etwas Positives abzugewinnen.

## KARO ACHT · 27. HAUS

### ERBE · ERBSCHAFTEN · HINTERLASSENSCHAFTEN · BEKOMMEN

Im Haus der Sonne wird dir mitgeteilt, daß du in der nächsten Zeit mehr verdienen wirst, entweder durch eine Gehaltserhöhung oder dadurch, daß du mehr verkaufen kannst, solltest du ein eigenes Geschäft haben oder selbständig sein. Vielleicht wirst du aber in der nächsten Zeit auch eine Erbschaft machen, die nicht unbedingt aus der Familie kommen muß, sondern auch von einem Freund oder Bekannten kommen kann.

Sieh nach, welche Karte sich im 27. Haus befindet. Befindet sich dort eine rote Karte und fällt die PIK ZEHN in ein rotes Haus, dann wird sich in deiner Zukunft bald einiges zum Positiven ändern, ohne daß du viel dazutun mußt. Möglicherweise wirst du bald eine Einladung oder eine Nachricht bekommen, durch die sich deine Zukunft verändern wird. Es kann auch sein, daß du in der nächsten Zeit jemanden betreuen und dafür dann als Erbe eingesetzt wirst. Befindet sich im 27. Haus eine Kreuz-Karte und fällt die PIK ZEHN in ein Kreuz-Haus oder in ein rotes Haus, so wirst du einmal innerhalb deiner Familie eine ansehnliche Erbschaft machen. Diese Erbschaft scheint aber für dich nicht so wichtig zu sein, weil du in deinem Leben selbst sehr erfolgreich bist. Solltest du keinen Anspruch darauf erheben wollen, so lasse sie einer wohltätigen Institution zukommen, damit du dir sicher sein kannst, daß sie an diejenigen gelangt, die Hilfe brauchen.

Befindet sich aber im 27. Haus eine PIK-KARTE und fällt die PIK ZEHN in ein PIK- oder Kreuz-Haus, so wird man dir einmal eine Erbschaft unterschlagen wollen. Vielleicht wirst du dir auch zuviel von jemandem erhoffen. Mache immer die Atemübungen! Durch sie wirst du lernen, nicht berechnend auf den Tod eines Menschen zu warten. Es könnte auch einmal umgekehrt sein, daß jemand auf deinen Tod wartet.

## KARO SIEBEN · 3. HAUS
### ERFOLG · KARRIERE · AUFSTIEG · LEISTUNG

Im Haus der Sonne wird dir mitgeteilt, daß du in deinem Leben sehr viel Erfolg und Sonnenschein haben wirst, aber dabei auf deine Gesundheit aufpassen solltest. Es wäre besser, wenn du schon beizeiten die Atemübungen anwenden würdest. Dein Leben wird sehr bewegt verlaufen, und wenn du bei all dem Trubel gesund bleiben möchtest, dann kann es dir sicherlich nicht schaden, wenn du dir am Tage einige Minuten Zeit nimmst, um dich zu entspannen. Du erreichst dadurch eine Leistungssteigerung, ohne daß du dich mehr anstrengen mußt. Solltest du bis jetzt noch nicht viel Erfolg verspürt haben, so wird sich das bald ändern, aber es werden auch wieder Tage kommen, die dir nicht gefallen.

Sieh nach, welche Karte sich im 3. Haus befindet. Befindet sich dort eine Herz-Karte und fällt die PIK ZEHN in ein rotes Haus, dann wirst du sehr viel Erfolg in der Liebe und in Geldangelegenheiten haben. Du gehörst zu den wenigen Menschen, denen Liebe und Geld zu gleichen Teilen zufallen. Sei dankbar dafür, denn damit kannst du viel Gutes in deinem Leben tun. Befindet sich eine Kreuz-Karte im 3. Haus und fällt die PIK ZEHN in ein Kreuz-Haus oder in ein rotes Haus, dann kannst du sehr viel Erfolg bei deiner Familie verbuchen, oder jemand aus deiner Familie wird einmal sehr erfolgreich, vielleicht eines deiner Kinder. Es kann auch sein, daß du einmal eine soziale oder politische Tätigkeit ausüben wirst, bei der du sehr erfolgreich bist.

Befindet sich aber im 3. Haus eine PIK-KARTE und fällt die PIK ZEHN in ein PIK- oder Kreuz-Haus, dann kann es sein, daß du noch lange Zeit brauchen wirst, bis du deine Erfolgslinie gefunden hast. Mache regelmäßig die Atemübungen! Durch sie wirst du bald dein wahres Wesen erkennen und dann auch wissen, was du in diesem Leben zu tun hast.

# KREUZ

## KREUZ AS · 20. HAUS

GESCHENK · GESCHENKE (MIT PIK AS: TOD · LAST)

Im Haus der Sonne wird dir mitgeteilt, daß du in der nächsten Zeit etwas geschenkt bekommen wirst, das du sehr notwendig brauchst und das Sonnenschein in dein Leben bringen wird. Vielleicht bekommst du ein Tier geschenkt, das dir zum Freund wird, oder Pflanzen, die dir große Freude bereiten, oder man überläßt dir ein kleines Grundstück zur Betreuung, wo du dir dann selbst Kräuter und Blumen ziehen kannst. Es kann auch sein, daß du in der nächsten Zeit etwas geschenkt bekommst, das dir am Anfang keine große Freude bereiten wird. Aber mit der Zeit wirst du dich daran gewöhnen und möchtest es dann zuletzt gar nicht mehr hergeben.

Sieh nach, welche Karte sich im 20. Haus befindet. Befindet sich dort eine rote Karte und fällt die PIK ZEHN in ein rotes Haus, so wirst du bald etwas sehr Nettes und Reizendes geschenkt bekommen. Vielleicht bekommst du es auch nur zur Betreuung und darfst es dann später behalten. Befindet sich eine Kreuz-Karte im 20. Haus und fällt die PIK ZEHN in ein Kreuz-Haus oder in ein rotes Haus, dann wirst du ein Geschenk aus der Familie oder von Freunden erhalten, mit dem du überhaupt nicht gerechnet hast, obwohl du es dir insgeheim schon seit längerem gewünscht hast. Deute auch das 2. und 5. Haus mit. Rote Karten und Kreuz-Karten bedeuten ein sehr schönes Geschenk. Sollte sich eine PIK-KARTE in diesen Häusern befinden, so scheint das Geschenk doch nicht ganz deinen Wünschen zu entsprechen, oder du bist dir selbst gar nicht über deine Wünsche im klaren. Vielleicht wissen deine Freunde oder Verwandten besser, was du willst, und du möchtest es nur nicht zugeben.

Befindet sich aber eine PIK-KARTE im 20. Haus und fällt die PIK ZEHN in ein PIK- oder Kreuz-Haus, so scheinst du Geschenke wohl zu mögen, aber du meinst, sie verpflichteten dich dann, auch andern Geschenke zu machen. Mache immer regelmäßig die Atemübungen! Dann wirst du begreifen, daß wichtiger als das Geschenk die Freude am Schenken ist, denn Geben ist seliger als Nehmen.

## KREUZ KÖNIG · 10. HAUS

### Ferien · Urlaub · Vater · Onkel · Grossvater

Im Haus der Sonne wird dir mitgeteilt, daß du dich in der nächsten Zeit in die Natur begeben solltest, denn es wird deiner Gesundheit sehr dienlich sein. Du brauchst in der nächsten Zeit mehr Sauerstoff und Sonnenschein, aber die Sonne wird nur für dich scheinen, wenn du den richtigen Weg in deinem Leben gehst. Die nächste Zeit ist für dich eine Zeit des Nachdenkens und Plänemachens. Vielleicht mußt du gewisse Dinge für deinen nächsten Urlaub noch überdenken, oder du wirst in den nächsten Tagen zu einer kleineren Reise eingeladen. Lehne die Einladung nicht ab, denn du kannst die Abwechslung brauchen.

Sieh nach, welche Karte sich im 10. Haus befindet. Befindet sich dort eine rote Karte und fällt die PIK ZEHN in ein rotes Haus, dann solltest du für deinen nächsten Urlaub ein südliches, trockenes Klima wählen, denn es würde deinem Kreislauf sehr guttun. Ziehe auch das 16. Haus mit zur Deutung heran. Befindet sich dort eine rote Karte oder eine Kreuz-Karte, so kannst du deinen Urlaub ans Wasser verlegen. Seeluft wäre für dich sehr gut. Befindet sich eine Kreuz-Karte im 10. Haus und fällt die PIK ZEHN in ein Kreuz-Haus oder in ein rotes Haus, so solltest du mit deiner Familie zusammen einmal richtig ausspannen. Du arbeitest zuviel und hast für deine Familie zuwenig Zeit. Das könnte einmal zu einer Krise führen, an der du dann selbst schuld bist. Auch wenn du alleine lebst, solltest du nicht deine ganze Energie nur in die Arbeit stecken, sondern dich einmal gründlich erholen. Solltest du im 16. Haus eine PIK-KARTE vorfinden, so ist es höchste Zeit, einen Arzt aufzusuchen. Treibe keinen Raubbau an deiner Gesundheit, denn es könnte Jahre dauern, das wieder zu reparieren.

Befindet sich aber im 10. Haus eine PIK-KARTE und fällt die PIK ZEHN in ein PIK- oder Kreuz-Haus, so solltest du in der nächsten Zeit heiße Länder meiden, bleibe lieber in den gemäßigten Zonen, denn sie sind für deine Gesundheit besser. Mache regelmäßig die Atemübungen! Sie können dir helfen, immer gesund zu bleiben.

## KREUZ DAME · 30. HAUS

UNTERSUCHER · UNTERSUCHUNGEN · MUTTER · TANTE · GROSSMUTTER

Im Haus der Sonne wird dir mitgeteilt, daß du nach deiner jetzigen schlechten Zeit bald wieder Sonnenschein haben und die Welt wieder in einem besseren Licht sehen wirst. Du bist an der Unordnung in deinem Leben nicht ganz unschuldig, aber du wirst daraus lernen, was in Zukunft nicht mehr passieren darf. Wir müssen alle im Leben auch schlechte Zeiten durchmachen, um dann das Gute besser zu erkennen. Vielleicht möchtest du in der nächsten Zeit mit dir ganz ins reine kommen, dann mache die Atemübungen und suche einen Ort auf, an dem du in dich gehen kannst. Versuche auch jenen zu helfen, die deiner Hilfe bedürfen, denn auch das wird dir inneren Frieden bringen.

Sieh nach, welche Karte sich im 30. Haus befindet. Befindet sich dort eine rote Karte und fällt die PIK ZEHN in ein rotes Haus, so wird eine Untersuchung gegen dich eingeleitet werden, die aber für dich gut ausgehen wird. Vielleicht strengst du auch selbst gegen jemanden eine Untersuchung an, weil du ihn verdächtigst. Laß dich nicht von anderen Leuten aufhetzen, sondern vertraue lieber deiner inneren Stimme. Befindet sich im 30. Haus eine Kreuz-Karte und fällt die PIK ZEHN in ein Kreuz-Haus, so wird sich in deiner Familie ein falscher Verdacht bald aufklären, und man wird sich wieder versöhnen. Laß es dir eine Warnung sein und sei in deinen Entschlüssen und mit deinen Meinungen über andere Menschen nicht mehr so voreilig.

Befindet sich aber im 30. Haus ein PIK-KARTE und fällt die PIK ZEHN in ein PIK- oder Kreuz-Haus, dann kann es sein, daß du unter falschen Verdacht geraten wirst. Es kann eine sehr unangenehme Angelegenheit für dich werden. Deute auch das 28. Haus mit. Wenn sich dort eine PIK-KARTE befindet und auch der PIK KÖNIG in ein PIK-HAUS fällt, so kann es sogar sein, daß du einmal zu Unrecht verurteilt wirst. Mache immer die Atemübungen! Dann wirst du deinen inneren Frieden finden, was immer dir geschieht.

## KREUZ BUBE · 15. HAUS

FAMILIE · SOHN · NEFFE (MIT DAME: TOCHTER · NICHTE)

Im Haus der Sonne wird dir mitgeteilt, daß Eltern oder Freunde in dein Leben Sonnenschein bringen werden, und zwar durch ihre großzügige

Unterstützung. Möglicherweise wirst du deinen Eltern oder Großeltern in der nächsten Zeit einen Besuch abstatten oder mit ihnen zusammenleben. Vielleicht wirst du auch jemanden aus deiner Familie einmal pflegen müssen. Sollten deine Eltern oder jemand anders aus deiner Familie sehr eigensinnig sein, dann sei mit deinem Urteil nicht so streng. Wir haben alle unsere Fehler, und wir sollten zuerst unsere eigenen sehen, bevor wir die Fehler der andern kritisieren. Versuche durch die Atemübungen zu lernen, über den Dingen zu stehen. Du wirst merken, daß dein Leben dann harmonischer und zufriedener verläuft. Bedenke auch, daß jede Generation ihren eigenen Weg gehen muß und daß du selbst, wenn du einmal alt bist, auch Verständnis von den Jüngeren erwarten wirst.

Sieh nach, welche Karte sich im 15. Haus befindet. Befindet sich dort eine rote Karte und fällt die PIK ZEHN in ein rotes Haus, dann wirst du eine sehr verständnisvolle Familie haben, oder du wirst selbst einmal sehr viel Verständnis für deine Familie haben. Sei gütig im Leben, aber lasse dich auch nicht ausnutzen! Befindet sich im 15. Haus eine Kreuz-Karte und fällt die PIK ZEHN in ein Kreuz-Haus oder in ein rotes Haus, so wirst du einmal eine sehr große Familie haben. Vielleicht wirst du auch für sehr viele Menschen dasein und sie als eine große Familie betrachten. Eine große Aufgabe wartet in deinem Leben auf dich, wenn nicht in deiner Jugend, dann vielleicht im fortgeschrittenen Alter.

Befindet sich aber im 15. Haus eine PIK-KARTE und fällt die PIK ZEHN in ein PIK- oder Kreuz-Haus, so scheinst du keinen rechten Kontakt zu deiner Familie zu haben. Vielleicht wirst du auch in der nächsten Zeit mit deiner Familie oder mit deinen Freunden Streit bekommen. Mache regelmäßig die Atemübungen! Dann wirst du einsehen, daß auch du deine Fehler hast und daß der Streit niemandem etwas nützt.

## KREUZ ZEHN · 8. HAUS
REISE · STRASSE · WASSER · MEER

Im Haus der Sonne wird dir mitgeteilt, daß du in der nächsten Zeit vorsichtig sein solltest beim Sonnenbaden, damit du keinen Sonnenbrand bekommst. Auch solltest du deine Augen untersuchen lassen. Es kann sein, daß du zu Nachtblindheit, Farbenblindheit oder im Winter zu Schneeblindheit neigst. Vielleicht wirst du in der nächsten Zeit zum Angeln fahren oder zur Jagd eingeladen werden. Du solltest dir aber überlegen, ob du nicht lieber zu Hause bleiben möchtest, denn Tiere zu fangen, zu hetzen und zu töten scheint nicht deine Sache zu sein. Möglicherweise wirst du auch zum Schifahren oder zu einer Partie in die freie Natur eingeladen werden. Du wirst dich sehr darüber freuen, aber mache dir auch Gedanken darüber, wie du die Natur schützen und die Umwelt sauber erhalten kannst.

Sieh nach, welche Karte sich im 8. Haus befindet. Befindet sich dort eine rote Karte und fällt die PIK ZEHN in ein rotes Haus, so wirst du bald verreisen. Es wird für dich eine wunderbare Reise werden, und du wirst auf der Reise ein herrliches Erlebnis haben, das du dein ganzes Leben nicht mehr vergißt. Vielleicht wirst auch du jemanden zu einer unvergeßlichen Reise einladen. Befindet sich eine Kreuz-Karte im 8. Haus und fällt die PIK ZEHN in ein Kreuz-Haus oder in ein rotes Haus, so kann es sein, daß du in der nächsten Zeit auf eine Kreuzfahrt gehen wirst. Atme die Seeluft tief ein, denn sie wird dich stärken. Vielleicht wirst du auch eine unterhaltsame Reise mit Freunden oder mit der Familie machen oder eine Einladung von jenseits des Meeres bekommen. Ziehe auch das 21. Haus mit zur Deutung heran. Rote Karten und Kreuz-Karten sind positiv, PIK-KARTEN könnten auf eine Verzögerung oder Absage der Reise hindeuten.

Befindet sich aber im 8. Haus eine PIK-KARTE und fällt die PIK ZEHN in ein PIK- oder Kreuz-Haus, so solltest du auf einer Reise besonders auf deinen Kreislauf und deine Füße achtgeben. Vergiß auch auf der Reise nicht, die Atemübungen zu machen.

## KREUZ NEUN · 31. HAUS
### GLÜCK · KLEINE REISE · RISIKO

Im Haus der Sonne wird dir mitgeteilt, daß du in der nächsten Zeit Sonnenschein und Glück haben wirst. Sprich dir aber jeden Morgen den Satz vor: »Ich bin ein glücklicher, positiver und gesunder Mensch.« Bedanke dich jeden Tag, daß du auf dieser Erde leben darfst, in Freud und in Leid, in Sonnenschein und Regen. Du wirst merken, daß du das Glück immer dann auf deiner Seite hast, wenn du es wirklich brauchst. Das positive Feld, das du auf diese Weise um dich herum aufbaust, wird noch bedeutend verstärkt, wenn du täglich die Atemübungen machst. Gott hat uns das Recht eingeräumt, daß wir in Freiheit unseren Weg wählen können. Aber jeder muß seinen Weg selbst erkennen, denn es ist der Weg der Seele, durch den wir lernen, zu reifen und unser Leben sinnvoll zu gestalten.

Sieh nach, welche Karte sich im 31. Haus befindet. Befindet sich dort eine rote Karte und fällt die PIK ZEHN in ein rotes Haus, so wirst du in der nächsten Zeit sehr viel Glück haben. Sieh in jenen Häusern nach, die dich am meisten interessieren: im 3. Haus für den Erfolg, im 4. Haus für die Liebe, im 17. Haus für das Geld usw. Befindet sich im 31. Haus eine Kreuz-Karte und fällt die PIK ZEHN in ein Kreuz-Haus oder in ein rotes Haus, so wirst du demnächst jemandem Glück bringen, oder jemand wird dir Glück bringen oder dir etwas geben, das dir Glück bringen wird.

Befindet sich aber im 31. Haus eine PIK-KARTE und fällt die PIK ZEHN in ein PIK- oder Kreuz-Haus, so scheinst du in der nächsten Zeit nicht gerade viel Glück zu haben. Deute auch jene Karten mit, die dir anzeigen können, worin du kein Glück haben wirst. Habe Geduld, auch wenn du mehrere negative Antworten bekommst, denn wir alle haben in unserem Leben Pechsträhnen. Mache immer die Atemübungen! Sie werden dich auf den Weg führen, wo du das Glück wiederfindest.

## KREUZ ACHT · 26. HAUS
### NEUE UNTERNEHMUNGEN · MUT · HELDENTAT

Im Haus der Sonne wird dir mitgeteilt, daß du dir in der nächsten Zeit Gedanken machen wirst, was du in Zukunft unternehmen willst. Du wirst bald Klarheit darüber gewinnen und genau wissen, was du zu tun hast und wohin dich dein Weg führt. Vielleicht wirst du bald von neuen Eingebungen überrascht werden, und du wirst merken, daß sie nicht aus dir selbst kommen. Durch Atemübungen kannst du dich selbst empfangsbereit machen für die positiven Schwingungsfelder, aus denen neue Gedanken entstehen.

Sieh nach, welche Karte sich im 26. Haus befindet. Befindet sich dort eine rote Karte und fällt die PIK ZEHN in ein rotes Haus, so wirst du in den nächsten Tagen ein Erlebnis haben, das dich verändern wird. Du wirst einigen Mut aufwenden müssen, aber du wirst auch merken, daß du in diesem Moment nicht aus eigenem Antrieb handelst, sondern daß du geführt wirst, und diese Erkenntnis wird dich manches klarer sehen lassen über dein jetziges Dasein. Wenn du bis heute geglaubt hast, daß es nach dem Tode kein Weiterleben gibt, so wirst du morgen schon anderer Meinung sein. Befindet sich eine Kreuz-Karte im 26. Haus und fällt die

PIK ZEHN in ein Kreuz-Haus oder in ein rotes Haus, so kann es sein, daß du mit Menschen zusammenkommen wirst, die dir helfen können, zu höherem Wissen und einer philosophischen Weltschau zu finden. Vielleicht wird sogar jemand aus deiner Familie dir einiges dazu sagen können.

Befindet sich aber im 26. Haus eine PIK-KARTE und fällt die PIK ZEHN in ein PIK- oder Kreuz-Haus, dann sei in Zukunft vorsichtig, denn es gibt auch sehr viele Scharlatane, die vorgeben, etwas über das Leben nach dem Tode zu wissen, aber in Wirklichkeit gar nichts wissen. Mache regelmäßig die Atemübungen! Sie werden dir helfen, die Antworten auf Fragen zu finden, die dich im Innersten bewegen.

## KREUZ SIEBEN · 14. HAUS
### NACHRICHTEN · BOTSCHAFT · TRÄNEN · LEID

Im Haus der Sonne wird dir mitgeteilt, daß du in den nächsten Tagen oder Wochen zu einer Sitzung gehen wirst, die dich sehr beeindrucken wird, denn du wirst Informationen erhalten, die du noch nie vorher bekommen hast. Es kann sein, daß man dich einladen wird, an einer spiritistischen Sitzung teilzunehmen. Sieh es dir an und lasse dein Gefühl selbst urteilen. Wenn die Sache gut ist, wird dir deine innere Stimme einen positiven Bescheid geben, und du kannst diesen Menschen ruhig vertrauen. Solltest du aber frösteln und ein ungutes Gefühl haben, so sei in Zukunft mit diesen Menschen vorsichtig, denn sie wollen dich vielleicht in einen negativen Bann ziehen. Durch die Atemübungen wirst du lernen, auf deine innere Stimme zu hören.

Sieh nach, welche Karte sich im 14. Haus befindet. Befindet sich dort eine rote Karte und fällt die PIK ZEHN in ein rotes Haus, so wirst du zu einer interessanten Veranstaltung oder einem Vortrag eingeladen werden. Mache dir dabei Notizen, damit du das Gehörte noch einmal in Ruhe überdenken kannst, und bilde dir danach eine Meinung, ob du dich weiter mit dieser Sache beschäftigen willst oder nicht. Nicht jeder Mensch hat die nötige seelische Reife, um bestimmte Dinge zu begreifen, und Neugier führt oft nur zu Verwirrung. Laß dich von erfahrenen Menschen beraten, dann wirst du selbst spüren, was gut für dich ist und was nicht. Befindet sich eine Kreuz-Karte im 14. Haus und fällt die PIK ZEHN in ein Kreuz-Haus oder in ein rotes Haus, so scheinst du jemanden in deiner Familie zu haben, der außersinnliche Botschaften auffangen kann. Vielleicht wirst du auch selbst einmal darauf kommen, daß du dieses Talent besitzt. Gehe aber achtsam damit um, und mache die Atemübungen, damit du nicht in ein negatives Feld hineingerätst.

Befindet sich aber im 14. Haus eine PIK-KARTE und fällt die PIK ZEHN in ein PIK- oder Kreuz-Haus, so wirst du bald im Traum eine schlechte Nachricht mitgeteilt bekommen. Mache die Atemübungen regelmäßig! Sie werden dir helfen, diesen Traum zu analysieren und zu verstehen.

# PIK

## PIK AS · 24. HAUS
TOD · UNFALL · SCHICKSALSSCHLÄGE · QUAL · NOT

Im Haus der Sonne wird dir mitgeteilt, daß du sehr bald schlecht über jemanden sprechen wirst, den du nicht leiden kannst, oder daß man über dich schlecht sprechen wird. Es kann auch sein, daß du über einen Verstorbenen sprechen wirst. Versuche immer an Verstorbene zu denken und sie auch zu grüßen, sie werden es dir danken. Die unsterbliche Seele eines Menschen hat ewige Gültigkeit, sie wechselt nur ihr Kleid. In immer neuen Daseinsformen muß unsere Seele reifen; wir müssen Gutes und Böses erleben, um standhafter gegen das Negative zu werden.

Sieh nach, welche Karte sich im 24. Haus befindet. Befindet sich dort eine rote Karte und fällt die PIK ZEHN in ein rotes Haus, so wirst du mit jemandem über einen Menschen sprechen, der erst kürzlich verstorben ist. Es kann sein, daß du dabei etwas Unerfreuliches über den Verstorbenen erfahren wirst. Sei fair und bitte Gott, daß er diesem Menschen oder seiner Seele vergeben möge für das, was er getan hat. Befindet sich eine Kreuz-Karte im 24. Haus und fällt die PIK ZEHN in ein Kreuz-Haus oder in ein rotes Haus, so kann es sein, daß du jemanden in der Familie oder unter deinen Bekannten hast, der ein Sensitiver ist. Solltest du einmal an einer solchen Séance teilnehmen, so wäre es gut, wenn du dich mit Atemübungen darauf vorbereitest, denn du wirst vielleicht nicht nur Positives erfahren. Es kann auch sein, daß eine negative Kraft von dir Besitz ergreift; meistens geschieht dies bei labilen Charakteren. Also sei vorsichtig, wenn du dich mit außersinnlicher Wahrnehmung beschäftigst.

Befindet sich aber im 24. Haus eine PIK-KARTE und fällt die PIK ZEHN in ein PIK- oder Kreuz-Haus, so scheinst du dich in einer negativen Schwingung oder in einem negativen Feld zu befinden. Das könnte Unglück in der nächsten Zeit für dich bedeuten. Mache die Atemübungen regelmäßig! Damit kannst du dir eine positive Aura als Schutzmantel aufbauen.

## PIK KÖNIG · 28. HAUS

RUFER · BEHÖRDE · SCHULE · SPITAL · INSTITUTION

Im Haus der Sonne wird dir mitgeteilt, daß in der nächsten Zeit einiges Unangenehme auf dich zukommen könnte, wenn du nicht vorsichtig bist. Es kann auch sein, daß du mit einem Prozeß zu tun haben wirst. Vielleicht wirst du auch zu einem Feuerwehr- oder Polizeiball eingeladen werden. Möglicherweise wirst du in deinem Leben einmal eine Uniform tragen oder sogar tragen müssen. Es kann auch sein, daß du dich in der nächsten Zeit in einem Krankenhaus aufhalten wirst. Solltest du ins Ausland reisen, so kann es sein, daß du mit den Zollbeamten Schwierigkeiten haben wirst. Wie du siehst, hat diese Karte in diesem Haus vielerlei Bedeutungen. Wenn du dir das Gesamtbild durchgelesen hast, dann gehe bei den Deutungen ins Detail und ziehe weitere Häuser zu Rate. Greife aber den Deutungen nie vor, sondern gehe immer der Reihe nach, damit Mißverständnisse und falsche Deutungen vermieden werden.

Sieh nach, welche Karte sich im 28. Haus befindet. Befindet sich dort eine rote Karte und fällt die PIK ZEHN in ein rotes Haus, dann wirst du in der nächsten Zeit mit Behörden zu tun haben. Aber du brauchst nicht nervös zu sein, es wird für dich gut ausgehen. Befindet sich eine Kreuz-Karte im 28. Haus und fällt die PIK ZEHN in ein Kreuz-Haus oder in ein rotes Haus, so wirst du jemanden bei einer amtlichen Angelegenheit unterstützen oder selbst Unterstützung bei einer solchen Angelegenheit von der Familie oder von Freunden bekommen.

Befindet sich aber im 28. Haus eine PIK-KARTE und fällt die PIK ZEHN in ein PIK- oder Kreuz-Haus, so wirst du, wenn du zur Zeit mit den Behörden Schwierigkeiten hast, den kürzeren ziehen, wenn du nicht vernünftiger wirst. Gib acht, daß du nicht die gesetzten Fristen überschreitest oder wegen Mißachtung des Gerichts eine Strafe bekommst. Mache regelmäßig die Atemübungen! Dann wirst du bald zur Einsicht kommen und damit besser fahren.

## PIK DAME · 29. HAUS

DANKBARKEIT · DUNKLE DAME · UNDANK · NEID

Im Haus der Sonne wird dir mitgeteilt, daß du in der nächsten Zeit am Abend mit jemandem ein sehr angeregtes und konstruktives Gespräch führen wirst. Die Zeit ist günstig für Gespräche und auch für Verträge. Es kann auch sein, daß du in der nächsten Zeit durch ein Gespräch oder durch ein Buch eine Erleuchtung haben wirst, die dein Leben verändern wird. Vielleicht wirst du jemandem sehr dankbar sein, weil er dir etwas mitteilen wird, das dich und dein zukünftiges Leben sehr verändern wird. Dir werden in Zukunft Dinge gelingen, von denen andere nur träumen, aber du mußt vorsichtig und behutsam vorgehen, denn du wirst dann von Neidern umgeben sein.

Sieh nach, welche Karte sich im 29. Haus befindet. Befindet sich dort eine rote Karte und fällt die PIK ZEHN in ein rotes Haus, dann wird es für dich in der nächsten Zeit keine allzu großen Sorgen geben, dein Leben wird harmonisch verlaufen, und du wirst durch Gespräche von anderen Menschen sehr viel lernen können. In dir scheint ein Philosoph zu stecken, und du scheinst das Gespräch mit den Menschen förmlich zu suchen. Befindet sich im 29. Haus eine Kreuz-Karte und fällt die PIK ZEHN in ein Kreuz-Haus oder in ein rotes Haus, dann kann es sein, daß du von deiner Familie schon gut für dein späteres Leben vorbereitet worden bist, und du wirst es ihr eines Tages danken. Es kann auch sein, daß du selbst deine oder fremde Kinder einmal gut auf das spätere Leben vorbereiten wirst.

Befindet sich aber im 29. Haus eine PIK-KARTE und fällt die PIK ZEHN in ein PIK- oder Kreuz-Haus, so wirst du in deinem Leben mit Undank zu rechnen haben. Es kann auch sein, daß du selbst zeitweise zu den Menschen sehr undankbar bist. Du suchst bei anderen Menschen die Fehler, die du zuerst bei dir selbst suchen solltest. Mache immer die Atemübungen! Sie werden dir helfen, in dich zu gehen und dich selbst zu erkennen.

## PIK BUBE · 1. HAUS

### GEGENWART · WAHRHEIT · DUNKLER MANN · UNIFORMIERTER

Im Haus der Sonne wird dir mitgeteilt, daß du in nächster Zeit Schwierigkeiten haben wirst, wenn du dich nicht vor einer Dummheit hütest. Du solltest in den nächsten Tagen vorsichtig sein, was du sprichst und über wen du sprichst, denn es könnte leicht sein, daß dir deine Worte im Mund umgedreht werden und du dann als Lügner dastehst. Du scheinst leichtfertig mit dem Feuer zu spielen, und wenn du nicht aufpaßt, wirst du darin umkommen. Du hast auch, ohne es selbst zu bemerken, eine Neigung zum Lügen, und daraus kann schnell eine schlechte Angewohnheit werden. Hier können dir die Atemübungen helfen; je früher du damit beginnst, desto früher wirst du dich ändern.

Sieh nach, welche Karte sich im 1. Haus befindet. Befindet sich dort eine rote Karte und fällt die PIK ZEHN in ein rotes Haus, dann wirst du sehr bald über dich oder jemand anders die Wahrheit erfahren, die dich in Erstaunen versetzen wird. Es kann auch sein, daß du manchmal den Menschen die Wahrheit direkt ins Gesicht sagst und sie dadurch verletzt. Versuche, wenn du die Wahrheit sagst, sie mit einem charmanten Lächeln zu servieren, so daß der Betroffene selbst darüber lachen muß. Befindet sich eine Kreuz-Karte im 1. Haus und fällt die PIK ZEHN in ein Kreuz-Haus oder in ein rotes Haus, dann wirst du in den nächsten Tagen etwas aus deiner Familie erfahren, das für dich und für deine Zukunft sehr wichtig ist.

Befindet sich aber im 1. Haus eine PIK-KARTE und fällt die PIK ZEHN in ein PIK- oder Kreuz-Haus, dann scheint dein jetziges Leben aus einer einzigen Lüge zu bestehen. Es kann aber auch sein, daß man über dich in der nächsten Zeit sehr viele Lügen verbreiten wird. Mache regelmäßig die Atemübungen! Dann wirst du bald aus diesem negativen Schwingungsfeld wieder herauskommen.

## PIK ZEHN · 32. HAUS

### Sonne · Entfernungen · Andere Länder · Nacht

Im Haus der Sonne und wenn, wie in diesem Fall, die PIK ZEHN sich im eigenen Haus befindet, wird dir mitgeteilt, daß das kommende Jahr ein gutes Jahr für dich werden wird, besonders wenn du etwas mit dem Verkauf von Grundstücken, Pflanzen, Wasser oder auch Obst zu tun hast. Du wirst Kontakte in aller Welt haben, andere Länder bereisen und viele neue Menschen kennenlernen. Vielleicht hast du vor, im kommenden Jahr deine Heimat aufzugeben, um dich in einem fremden Land niederzulassen. Es kann auch sein, daß dieses Land dir gar nicht so fremd ist, weil du glaubst, in einem früheren Leben schon einmal dort gelebt zu haben.

Sieh nach, in welches Haus die Reisekarte KREUZ ZEHN fällt. Befindet sie sich in einem roten Haus, dann wirst du eine gute und lange Reise vor dir haben. Befindet sie sich in einem Kreuz-Haus, so wirst du eine Reise über das Wasser machen, aber wieder zurückkehren. Befindet sie sich in einem PIK-HAUS, so solltest du deine Reisepläne noch einmal überdenken und vielleicht noch etwas abwarten. Es wäre nicht günstig, jetzt schon eine große Reise anzutreten und alles aufzugeben. Vielleicht mußt du gewisse Dinge in deiner Heimat noch ins reine bringen.

Deute auch jene Häuser mit, die dir in diesem Falle wichtig erscheinen. Vielleicht hast du vor, eine Pilgerreise zu machen. Wenn du eine Reinigung deiner Seele vornehmen möchtest, so beginne jetzt schon mit den Atemübungen. Wenn du eine lange Reise planst, solltest du auch bei guter Gesundheit sein. Deute hierzu das 16. Haus, das Haus der Gesundheit. Wenn die Antwort negativ ist, dann verschiebe die Reise lieber. Mache immer, auch wenn du dich auf Reisen befindest, die Atemübungen! Sie werden dir helfen, so manche Strapazen leichter zu ertragen.

## PIK NEUN · 23. HAUS

### DEPRESSION · UNANNEHMLICHKEITEN · KÄLTE

Im Haus der Sonne wird dir mitgeteilt, daß trotz eines Unglücks die Sonne wieder für dich scheinen wird. Sei nicht traurig, wenn dir ein Unglück zustoßen sollte, und sei auch den Menschen nicht böse, die daran Schuld tragen, denn dieses Unglück wird dich etwas erkennen lassen, woran du nicht einmal im Traum gedacht hättest. Warte ab, werde nicht nervös, die Zeit wird für dich arbeiten. Wenn das Unglück kommt, wirst du es schon kurz vorher erahnen, und es wird dann für dich nicht so schlimm werden. Manchmal erscheint uns das Schicksal unbegreiflich, aber jede einzelne Seele hat die Möglichkeit, vieles zu lernen, und dazu gehört auch zu lernen, wie man sich im Leid verhalten soll. Wer den Glauben an Gott nicht verliert, hat schon sehr viel gewonnen. Mache regelmäßig die Atemübungen, denn durch sie wirst du deine innere Stimme immer besser verstehen lernen. Sei niemals traurig darüber, wenn dir in deinem Schicksal etwas widerfahren sollte, das du nicht verstehst. Eines Tages wird es dir wie Schuppen von den Augen fallen, und du wirst den Sinn dieser und aller anderen Erfahrungen verstehen.

Sieh nach, welche Karte sich im 23. Haus befindet. Befindet sich dort eine rote Karte und fällt die PIK ZEHN in ein rotes Haus, so wirst du wahrscheinlich Kummer haben, für den aber kein Grund besteht. Hege keine Gedanken des Neides und versuche demütig zu werden. Je bescheidener man wird, um so mehr seelisches Glück wird man erfahren. Befindet sich eine Kreuz-Karte im 23. Haus und fällt die PIK ZEHN in ein Kreuz-Haus oder in ein rotes Haus, so kann es sein, daß du einmal für

Menschen arbeiten wirst, die deine Hilfe dringend brauchen. Du wirst dich bei dieser Tätigkeit richtig eingesetzt fühlen. Solltest du doch manchmal etwas Kummer haben, so mache die Atemübungen, dann wirst du lernen, über den Dingen zu stehen und das Leben zu begreifen.

Befindet sich aber im 23. Haus eine PIK-KARTE und fällt die PIK ZEHN in ein PIK- oder Kreuz-Haus, so solltest du zu einem Arzt gehen oder zu jemandem, bei dem du dich aussprechen kannst. Dein Kummer scheint nun chronisch zu werden. Vorsicht vor Tabletten, Alkohol und Zigaretten. Mache immer die Atemübungen!

## PIK ACHT · 22. HAUS

### Ärger · Ärgernisse · Streit · Verleumdungen

Im Haus der Sonne wird dir mitgeteilt, daß für dich sehr bald die Sonne wiederkommen wird, und all dein Kummer und Ärger werden dann verflogen sein. Je positiver du dich in deinen Gedanken auf das Leben einstellst, desto eher wirst du positive Schwingungen erhalten und auch verarbeiten können. Es kann sein, daß du in den nächsten Tagen einen Streit haben wirst, aber wenn du die Atemübungen gleich anwendest, so wirst du merken, wie leicht es ist, dem Streit ein Ende zu setzen. Du wirst dann dem Streitenden gelassen gegenüberstehen und ruhig mit ihm sprechen können.

Sieh nach, welche Karte sich im 22. Haus befindet. Befindet sich dort eine rote Karte und fällt die PIK ZEHN in ein rotes Haus, so wird ein Streit für dich ein gutes Ende finden, oder ein langer Ärger, der dich geplagt hat, wird sich endlich auflösen. Es kann auch sein, daß jemand, über den du dich geärgert hast, sich bei dir entschuldigen wird. Befindet sich eine Kreuz-Karte im 22. Haus und fällt die PIK ZEHN in ein Kreuz-Haus oder in ein rotes Haus, so kann es sein, daß du dich bei jemandem entschuldigen wirst oder daß du mit jemandem aus der Familie, einem Freund oder einem Geschäftspartner wieder Frieden schließen wirst. Wer lange streitet, wird lange leiden müssen, und auf Dauer kann Streit auch gesundheitliche Schäden hervorrufen.

Befindet sich aber im 22. Haus eine PIK-KARTE und fällt die PIK ZEHN in ein PIK- oder Kreuz-Haus, so wirst du dich in der nächsten Zeit möglicherweise in einen Streit einlassen, der dir nicht sehr guttun wird. Es könnte sein, daß du sogar im Krankenhaus landest. Vermeide in der nächsten Zeit alles, was einen Streit hervorrufen könnte. Mache regelmäßig die Atemübungen! Dann erkennst du, daß Streit und Feindschaft im Leben keinen Sinn haben.

## PIK SIEBEN · 16. HAUS
### Gesundheit · Krankheit · Kur · Operation

Im Haus der Sonne wird dir mitgeteilt, daß du in den kommenden Jahren sehr gesund sein und Freude am Leben haben wirst, solange du auf deine Gesundheit achtgibst. Gehe viel spazieren und schwimmen, betreibe, wenn es dein Alter zuläßt, auch leichten Sport oder Gymnastik, um deinen Körper fit zu halten. Lasse dich regelmäßig untersuchen und genieße die Natur, die uns Gott gegeben hat und die so schön ist. Wenn du das alles tust, dann wirst du ein zufriedener und froher Mensch sein, den auch der Regen nicht stört. Solltest du in einem ärztlichen Beruf arbeiten, so wirst du in der kommenden Zeit viel zu tun haben. Für dich ist es besonders wichtig, daß du dich immer fit hältst. Iß vitaminreiche und gesunde Kost und halte dich im übrigen an das, was uns die Natur alles zu bieten hat, um ein gesundes Leben zu führen.

Sieh nach, welche Karte sich im 16. Haus befindet. Befindet sich dort eine rote Karte und fällt die PIK ZEHN in ein rotes Haus, so bist du ein vitaler und stabiler Mensch. Mache aber trotzdem die Atemübungen, sie werden dir helfen, gesund und vital zu bleiben. Befindet sich eine Kreuz-Karte im 16. Haus und fällt die PIK ZEHN in ein Kreuz-Haus oder in ein rotes Haus, so wirst du einmal ein sehr hohes Alter erreichen, wenn du dein Leben vernünftig führst. Auch in deiner Familie scheinen einige Personen zu sein, die sehr alt geworden sind. Selbst im hohen Alter wirst du dich nicht zur Ruhe setzen, sondern weiterhin aktiv bleiben. Sei dankbar für jeden Tag, den du leben darfst, auch wenn ein Tag einmal anders verläuft, als du es möchtest. Alles im Leben hat seinen Sinn, das Positive ebenso wie das Negative.

Befindet sich aber im 16. Haus eine PIK-KARTE und fällt die PIK ZEHN in ein PIK- oder Kreuz-Haus, so scheinst du nicht an dir arbeiten zu wollen, um ein gesunder Mensch zu bleiben. Aber wenn du nichts unternimmst, wird es dir nicht mehr lange gutgehen. Ein baldiger Krankenhausaufenthalt ist in Sicht. Mache immer die Atemübungen! Sie werden dir die Augen öffnen über deinen gesundheitlichen Zustand.

# Atemübungen

Für diese Übungen brauchen Sie nur zweimal täglich fünfzehn Minuten aufzuwenden. Sie sollten sie allerdings regelmäßig durchführen, am besten einmal morgens und einmal abends oder wann immer es Ihnen die Zeit erlaubt. Versuchen Sie jedoch, die für die Übungen festgesetzte Zeit einzuhalten, denn es ist wichtig, daß die Übungen in gleichen Zeitabständen durchgeführt werden.

Bevor Sie mit den Übungen beginnen, sollten Sie den Raum gut durchlüften, dann abdunkeln und dafür Sorge tragen, daß Sie während Ihrer Übungen nicht gestört werden. Am besten werden die Übungen liegend durchgeführt, vielleicht ziehen Sie aber vor, diese sitzend auszuführen. Wichtig ist, daß Sie sich – sei es liegend oder sitzend – völlig entspannen können. Schließen Sie die Augen, damit Ihre Konzentration nicht durch visuelle Wahrnehmungen gestört wird.

Die Fünfzehn-Minuten-Übung wird in drei Fünf-Minuten-Übungen unterteilt:

- Atemübung
- Suggestivübung
- Gedankenübung

## 1. Atemübung

Sie beginnen, indem Sie durch die Nase einatmen. Atmen Sie tief ein, der Bauch soll sich dabei leicht wölben. Nach kurzer Zeit halten Sie den Atem an, dann atmen Sie langsam durch den Mund aus. Nun folgt eine Pause, in der Sie weder ein- noch ausatmen.

Wiederholen Sie dieses Nasen-Mund-Atmen und beginnen Sie zu zählen:

| | |
|---|---|
| ○ einatmen durch die Nase | im Geist bis drei zählen |
| ○ Luft anhalten | im Geist bis drei zählen |
| ○ ausatmen durch den Mund | im Geist bis drei zählen |
| ○ Pause | im Geist bis drei zählen |

Nun müssen Sie sich Ihren Atemrhythmus selbst erarbeiten, zum Beispiel:

| | |
|---|---|
| ○ einatmen durch die Nase | im Geist bis fünf zählen |
| ○ Luft anhalten | im Geist bis sieben zählen |
| ○ ausatmen durch den Mund | im Geist bis vier zählen |
| ○ Pause | im Geist bis fünf zählen |

Die höchste Zahl in diesem Atemrhythmus ist die Sieben. So viele Tage lang, also sieben, müssen Sie nun die Atemübungen in diesem Rhythmus durchführen. Erst nach dieser Zeit können Sie Ihren Atemrhythmus um eine weitere Zahl steigern, beispielsweise:

| | |
|---|---|
| O einatmen durch die Nase | im Geist bis sechs zählen |
| O Luft anhalten | im Geist bis acht zählen |
| O ausatmen durch den Mund | im Geist bis fünf zählen |
| O Pause | im Geist bis sechs zählen |

Nun ist die Acht die höchste Zahl in Ihrem Atemrhythmus, und sie bestimmt die Anzahl der Tage, in der die Übung eingehalten werden muß.

Sollten Sie die jeweilige Höchstzahl einmal bei Ihren Atemübungen nicht erreichen, so versuchen Sie es wieder mit einer niedrigeren Zahl. Auch muß die Höchstzahl nicht unbedingt beim Luftanhalten liegen, sie kann auch beim Ein- oder beim Ausatmen oder in der Pause erreicht werden. Jeder Mensch hat seinen eigenen Atemrhythmus.

Bei diesen Übungen sollten Sie nichts forcieren, begnügen Sie sich lieber mit kleinen Schritten, auch sie führen zum Erfolg.

2. Suggestivübung

Nachdem Sie sich durch die Atemübung entspannt haben, folgt nun die zweite Übung. Der Atem soll dabei ruhig fließen. Sagen Sie sich im Geist rhythmisch folgende Worte:

Ich bin ein *glücklicher, positiver* und *gesunder* Mensch.

Diese Formel können Sie nun erweitern, beispielsweise:

Ich bin ein glücklicher, positiver, gesunder und *ruhiger* Mensch.

Den Satz können Sie nach Ihrem Gutdünken mit einem Wort ergänzen, zum Beispiel:

Ich bin ein glücklicher, positiver, gesunder, ruhiger und *fröhlicher* – und *netter* / und *freundlicher* / und *humorvoller* / und *erfolgreicher* – Mensch.

Sie dürfen die Formel jedoch nur Schritt für Schritt ergänzen, das heißt um nicht mehr als mit einem Wort im Tag. Sie müssen selbst erkennen, welche Qualität für Sie besonders wichtig ist und welche Formel Ihnen am besten dabei helfen kann, Ihre seelisch-geistigen Kräfte zu entfalten und Ihr Bewußtsein zu erweitern.

Doch welche Worte Sie Ihrem Text auch beifügen, die drei Grundqualitäten *glücklich*, *positiv* und *gesund* müssen als Textanfang immer beibehalten werden.

Lernen Sie, sich Ihren positiven Schwingungen hinzugeben und sich auf diese einzustellen. Sie werden Harmonie und Seelenfrieden in Ihr Leben bringen.

3. Gedankenübung

Für die dritte Übung verweilen Sie in diesem entspannten Zustand. Versuchen Sie nun Ihre Gedanken auszuschalten und an nichts, aber auch wirklich an nichts zu denken. Dies wird Ihnen am Anfang sicherlich schwerfallen, doch wenn Sie die Atemübungen täglich durchführen, können Sie schon nach kurzer Zeit die ersten Erfolge erzielen. Sie sind nun imstande, Ihre Gedanken auszuschalten, tiefe Ruhe wird einkehren, und bald schon werden Sie ein bis zwei Gedankenbilder erkennen, die aus Ihrem Unbewußten ins Bewußtsein treten. Sie können Ihnen Antwort auf Ihre Fragen bringen und Ihnen helfen, Ihre Probleme zu meistern.

Vermeiden Sie es, während der Übungen auf die Uhr zu schauen. Sie haben Ihre eigene innere Uhr, die Ihnen die Zeit präzise anzeigt. Es ist auch möglich, daß Sie, wenn Sie die Übungen am Abend durchführen, in diesem entspannten Zustand in den Schlaf hinübergleiten. Dies macht aber nichts, im Gegenteil, die Entspannungsübungen bringen Ihnen einen ruhigen und erquickenden Schlaf.

Zu beachten ist, daß Sie – sollten Sie die Übungen einmal nicht durchführen können – mit dem Atemrhythmus neu beginnen müssen, das heißt mit der niedrigsten Zahl, die Sie erst nach der entsprechenden Anzahl Tage wieder steigern dürfen.

Versuchen Sie aber, den Übungen einen festen Platz in Ihrem Leben einzuräumen. Bald werden sie Ihnen ein Bedürfnis sein, denn Sie werden erkennen, daß Sie durch Entspannung und Meditation zu einem erfüllten und sinnvollen Dasein finden können, einem Leben im Einklang und in Harmonie mit sich selbst und dem Universum.